経済学を使ってみよう

男児か女児か それはコストの問題だ 12 / 高速道路での均衡の回復 23 / ベビーシッティングの冒険 26

富んだ国、貧しい国 54 / 象牙の塔を超える経済学者 59

交通渋滞を抑える 101 / 愛玩される小動物だけになった 110 / 入場券の価格 116 / 2008年の米騒動 122

ベネズエラの飢えと価格統制 145 / 南ヨーロッパの「やみ労働」 153 / ニュージャージーのクラム 160

技能と比較優位 182 / 19世紀の貿易、賃金、地代 189 / アメリカの貿易保護政策 193 / 輸出を増大させる 199

不況を回避する 222 / 景気後退を比較する 229 / 二国物語 232 / ファストフードによるインフレーションの測定 235 / バルト3国の不均衡是正 236

国民経済計算の誕生 257 / ベネズエラの奇跡? 262 / CPIにスライド(連動)させる 267

打ち上げ失敗 286 / 東ドイツの構造的失業 290 / イスラエルのインフレ経験 304

インドは離陸する 319 / 情報技術のパラドックス 329 / ブラジルの穀倉地帯 336 / 経済は収束している? 341 / 気候を保護するコスト 348

50年間にわたるアメリカの利子率 376 / 銀行と韓国の奇跡 386 / アメリカの大きな?住宅バブル 392

乗数と大恐慌 411 / 最初の有名な予測の失敗 418 / 利子率とアメリカの住宅ブーム 423 / 在庫と不況の終焉 434

1979～80年の総需要曲線に沿った移動 455 / 大恐慌時の物価と産出量 465 / 現実の供給ショックと需要ショック 474 / 安定化政策は成功しているのか? 478

復興法の中身は何だったのか? 496 / 乗数とオバマの景気刺激策 501 / ヨーロッパによる財政ルールの探求 506 / 緊縮財政のジレンマ 515

ドルの歴史 537 / 素晴らしき哉、銀行制度 544 / 貨幣供給量の乗数的下落 550 / FRBのバランスシート(貸借対照表)平常と非常 557 / 2008年世界金融危機後の金融規制 566

支払いのための円 585 / FRBは路線を逆にした 592 / FRBが欲したもの、得たもの 598 / 貨幣の中立性の国際的な証拠 603

ジンバブエのインフレーション 622 / 恐怖の70年代から素敵な90年代へ 631 / 1980年代の大きなディスインフレーション 636 / 2010年のデフレ不安 640

リーマンの灯が消えた日 654 / エリンの破綻 660 / 銀行と大恐慌 666 / 切り詰めたイギリス 671 / ベントが額面割れする 674

景気循環はいつ始まったか 683 / 大恐慌の終わり 687 / FRBがマネタリズムに求愛した 694 / 全要素生産性と景気循環 698 / アイルランドモデル? 704

資本移動の黄金時代 724 / 低コスト国アメリカ 735 / 中国人民元をペッグする 741 / ポンド切り下げのよろこび 746

ビジネス・ケース

Priceline.com はいかにして旅行業に革命をもたらしたか 28

効率、機会費用、ボーイングのリーン生産方式 61

シカゴ商品取引所 125

メダリオン(大メダル)・ファイナンシャル:流しの権利 161

Li & Fung(利豊):広州からあなたへ 200

アメリカにとって良いことは、ゼネラルモーターズにとっても良いこと 238

GDPをいち早く入手する 269

モンスター不況 305

大きな箱のブーム 349

マスキーゴンで何とかやり抜く 435

ユナイテッド航空の苦痛 479

ポンプに呼び水を差す 517

完璧なギフト:現金それともギフトカード? 568

PIMCOは安いカネに賭ける 604

貨幣印刷の免許 641

建設機械戦争 747

MACROECONOMICS
PAUL KRUGMAN
ROBIN WELLS

クルーグマン
マクロ経済学

|第2版|

ポール・クルーグマン
ロビン・ウェルス =著

大山道広｜石橋孝次｜塩澤修平｜白井義昌
大東一郎｜玉田康成｜蓬田守弘 =訳

東洋経済新報社

みんな初心者だった時期がある。
はじめて経済学を学ぼうとする人たちに本書をささげる。

Original Title

Economics, Third Edition
by Paul Krugman and Robin Wells

First published in the United States
by
WORTH PUBLISHERS, New York
Copyright © 2013 by WORTH PUBLISHERS
All Rights Reserved.

Japanese translation published by arrangement with
WORTH PUBLISHERS through The English Agency (Japan) Ltd.

はしがき

> ストーリーは私たちにとって良いものだ。それを聞くにしても、
> 読むにしても、書くにしても、そしてまた単に想像するにしても。
> だが、読むストーリーは私たちにとって格別良いものだ。
> 実際、読むストーリーは不可欠なものだと私は信じている。
>
> フランク・スミス『読書について──よくある質問』

ポールとロビンから

　10年以上前にこの教科書の初版を書き始めたとき、私たちにはたくさんの小さなアイデアがあった。経済学には、従来の教科書では正しく記述されていないと思う側面がいくつもあったからだ。けれども私たちにはひとつ大きなアイデアもあった。経済学の教科書は物語風に書けるし、そう書くべきだという信念だ。つまり、経済学の教科書では、経済学とはとどのつまり人々の行為に関するストーリーを集めたものだという事実を見失ってはならない、と信じていたのだ。

　経済学者がつむぐストーリーの多くは、経済モデルというかたちをとる。どんな経済モデルであれ、経済モデルとは世界がどのように動いているかについてのストーリーだ。しかし、できるかぎり現実世界のストーリーにそくして経済モデルを提示すれば、学生たちの経済モデルの理解と評価は大きく高まるだろうと私たちは考えた。そのストーリーとは、経済学的な概念を描き出すストーリーであり、経済活動により形作られるこの世界に生きている私たちがみな直面する問題にまつわるストーリーだ。

　こうしたストーリーは『クルーグマン　マクロ経済学』の旧版にも組み込まれているが、この新版ではこれまで以上に多くのストーリーを取り入れた。それらは旧版と同じく各章冒頭の「オープニング・ストーリー」や「経済学を使ってみよう」、「ちょっと寄り道」、「グローバルに比較してみよう」などのコーナーにも盛り込まれているし、新たに設けられた「ビジネス・ケース」にも見出されるだろう。

　これまで同様、今回の改訂でも最近の出来事を取り入れてカバー範囲の広範な変更と更新を行った。問題山積の激動するこの世界では、この本に反映すべき出来事が次々に起こり、世界中の学生たちの現在の生活と将来の見通しに影響を及ぼしている。時代の流れ（currency）はきわめて重要なものだ。

　私たちはまた、この教科書がカバーするビジネス上の問題の範囲を広げた。ビジネスの現場経験は経済学的教訓を得るもとになるし、多くの学生たちは将来ビジネスの世界ではたらくことになるからだ。私たちは、新しく加えられた「ビジネス・ケース」の出来映えにも、それによりこの本のストーリーが量も増え質も充実したことにも、大いに満足している。

　そして、わかりやすさを保つことよりも正しく理

解することのほうが重要と思う箇所では、できるだけストーリーを整理して、簡潔に説明するよう大きな努力を費やした。

私たちはレビュアーにも非常に恵まれた。彼らはこの本をより良いものにするのに役立つ膨大な量の仕事をしてくれた。また、旧版でうまくいった点、および――さらに重要なことだが――うまくいかなかった点をフィードバックしてくれた読者の皆さんにも謝意を表したい（さらには、この教科書を採用しなかった人たちからもその理由を説明する有益なコメントをいただいた！）。

旧版から変更したことはたくさんある。みてのとおり多くの新たな題材が取り入れられ、説明の仕方も大きく変えた(改善になっているよね)。とはいえ、新版の目指すところは旧版と同じだ。この本は、人々がどのように活動し、どのように相互作用するかを研究する学問としての経済学の本、現実世界の経験から多くの情報を得るような研究としての経済学の本だ。

新しくなったこと

『クルーグマン　マクロ経済学』の旧版はマクロ経済学のベストセラー教科書の１冊として大いに成功を収めたが、改訂版にはつねに改善の余地はあるものだ。私たちは３つの目標を念頭に置いて今回の改訂に取り組んだ。第１に、この本の魅力を経営学を学ぶ学生たちにまで広めること、第２に、取り扱うトピックや掲載される事例をできるかぎり時事的なものにすること、第３に、この本をより親しみやすくすることだ。

そして以下に挙げる改訂が読者にとってより良い教育効果をもたらすことを願っている。

新登場！　ビジネス・ケース

今日、ビジネスの世界に入る学生たちは、これまで以上に、経済学の原理とビジネス上の意思決定へのその応用とを、深く理解しておく必要がある。この需要にこたえるため、新版ではほとんどすべての章の本文を現実世界の「ビジネス・ケース」で結んだ。その章で議論された経済学の論点が、企業と決算書の世界でどのように展開されるかを示している。

事例では多様な話題を取り上げている。かつてアメリカ経済の成功の象徴だったゼネラルモーターズの2009年の破綻と2010年の再生をはじめ、マクロ経済アドバイザーズ社のような企業やGDPの変化を予測している非営利のサプライマネジメント協会（Institute of Supply Management）といった事例をみる。そして、グローバルな物流の改善を原動力としてウォルマートが小売業での生産性の急上昇を達成したケースを詳しく検討する。また、マクロ経済における個別の消費者や企業に関わる事例も扱う。たとえば、景気後退期の労働市場の変化（モンスター・ドットコム）、流通市場でギフトカードが果たす役割（PlasticJungle.com）、個々の消費者がギフトカードの額面全部を使い切れなかったときの「破損（未使用）分（breakage）」の価値、といった事例だ。

各ケースの後には「ビジネス思考力を鍛えよう」が続き、学生にその章で学んだ経済学を現実世界のビジネスで応用することを促している。ビジネス・ケースのリストは本書の表紙見返しを参照してほしい。

時代の流れの重視

新版は、内容、データ、事例に関してもっとも時事的な教科書であり続けるように改訂されている。

新しい章：
危機とそれがもたらしたもの

この新しい章では、最近の金融危機とそれを引き起こした銀行システムに対する最新の見方を提供する。リーマン・ブラザーズの破綻の話から始め、銀行業の抱えるリスク、流動性と収益率とのトレードオフ、「影の銀行」の出現、景気後退初期の銀行破綻をまとめて扱っている。また、資産バブル、金融

危機の伝染、金融パニック、そして2008年の金融危機を経済危機の長い歴史の中にどう位置づけるかについての見方も示している。最後に、銀行危機がなぜこれほど多くの人たちにとってこれほど悪いものなのか、また危機の最中に政府と規制がどんな役割を果たすのかを考える。

経済学を使ってみよう：
語られるストーリーがより豊富に

『クルーグマン　マクロ経済学』が学生にも教員にも支持され続けてきたのは、経済学の原理の応用、とりわけ「経済学を使ってみよう」の記事によるものだ。新版で私たちは、時事的な新鮮さを保てるように、いずれの章でもかなりの数の「経済学を使ってみよう」を改訂したり差し替えたりした。それにより内容が豊かになり、学生と教員の興味を引くものになっていると思う。「経済学を使ってみよう」のリストは表紙見返しに記されている。

オープニング・ストーリー

各章のオープニング・ストーリーでは、その章のカギとなる概念が確実に説得力をもってわかりやすく描き出されるよう、つねに大きな注意を払ってきた。新版でもそれを継続するように、ほとんどすべてのストーリーを更新し3分の1以上を差し替えた。これにより、経済学の概念と身の周りの世界で学生が興味をもっていることとの間を橋渡しできるようつとめた。新しく加えられたオープニング・ストーリーには、以下のようなものがある。フェイスブックが大きなサーバーファームを設置するのに巨額の資金を必要とするという話、アメリカ復興・再投資法（American Recovery and Reinvestment Act）とそれによる景気刺激策が引き起こした２つの大きな反応、中国が世界第２位の経済大国だった日本を追い越したストーリーとそうした趨勢を測定するときに経済学者が用いる手法、タイム誌で2009年のパーソン・オブ・ザ・イヤーに選ばれたベン・バーナンキと連邦準備制度理事会議長として金融危機に決然と立ち向かった彼の姿勢が果たした役割などだ。

より使いやすく、より視覚的に

無駄を省いた章

しばしば、少ないほうがよく伝わる（less is more）ということがある。わかりやすいことよりも、正しく理解することのほうが優先されるべき多くの箇所で、説明を整理した。とりわけ財政政策と金融政策の章は、新版でははるかに洗練されたものになっている。

現在価値の説明は新たな場所で

教育にさらに使いやすくするため、現在価値の説明は、第10章「貯蓄、投資支出、金融システム」に移した。多くの教員がここで説明している可能性が高いからだ。基本的な説明は第10章の本文で行い、現在価値のより詳しい考え方は同章の新しい付録で説明している。新たに加えられたこの内容により、学生は、時間が経つと貨幣の価値がどう増えて、重要な投資の意思決定にどのように影響を与えるのか、より良く理解できるようになるだろう。

ケインジアン・クロスはもっと焦点を絞って

ケインジアン・クロス（45度線図）の主要な説明は総支出と *AD-AS* の章に残してあるが、統合された45度線図に依拠した説明は財政・金融政策に関する後続の章では減らすことにした。この変更は、本書を学生にとってもっと使いやすくするためにケインジアン・クロスの説明を減らしてほしいという声を寄せた教員たちの要望に応えたものだ。これらの章において、ケインズ経済学の説明は以前と変わらず重要だ。だが、より焦点を絞った扱い方にしたので、おそらく、不必要な複雑さはなくなっただろうと期待する。

より視覚的な解説に

最近の調査では、学生たちはますますインター

ネットで散発的な読書をするようになっており、これまで以上に視覚的な情報表現によく反応するという。新版では、学生にもっともうまく教えられるかたちで情報を提示するようつとめた。

パラグラフを短くして読みやすくしたり、番号のついた箇条書きや■のついた箇条書きにできる場合には、できるかぎりそのようにした。読者はこの新版に、使い勝手のよい要約表が新たに加えられていることに気づくだろう。そしてもっとも有用なのは、この本の視覚的な表現、なかでも本文の内容をダイナミックに表現した図解だ。

本書の利点

教科書を執筆するにあたり、基本的なアプローチは変わっていない。

- **各章では現実の事例を通じて直観を鍛える。** 経済学の中心的な概念を説明し学生の学習意欲を高めるために、すべての章で現実世界の事例、ストーリー、応用、ケース・スタディを活用する。経済学的な概念を伝えその理解を深めるいちばんの方法は、現実世界の例を用いることだ。学生は経済学的な概念を身近なものとして容易に理解するだろう。
- **学習を補強するために本書の使い方を示す。** 次ページ以降に「本書の使い方」という非常に有用な記事を見本として掲載している。
- **各章は親しみやすく面白い。** 読みやすく親しみやすい文体によって経済学的な概念をわかりやすく説明している。また、できるかぎり学生になじみ深い例を用いている。
- **わかりやすいだけでなく、さらに進んだ学習にも役立つ。**「教えやすいが学生の経済学理解を損ねる教科書」か、「教えにくいがさらに高度な経済学の学習に役立つ教科書」か、この2つの魅力のない選択肢から教科書を選ぶ必要はない。私たちは「教えやすく、さらに進んだ学習にも役立つ教科書」を提供する。

本書の使い方

すべての章は、一連の共通した要素で構成されている。それらは相互に関連しており、学生たちの学習に役に立つ。

Part 2 Supply and Demand
供給と需要

Chapter 3

Supply and Demand
供給と需要

> **この章の概観**
> その章で学ぶカギとなる概念をあらかじめ確認するのに役立つ。

この章で学ぶこと
- **競争市場**とは何で、**供給と需要のモデル**でどのようにあらわされるか。
- **需要曲線**とは、**供給曲線**とは。
- **曲線に沿った移動**と**曲線のシフト**とのちがい。
- 需要曲線と供給曲線がどのように市場の**均衡価格**と**均衡数量**を決めるか。
- **供給不足**あるいは**供給過剰**のとき、価格はどのように動いて市場を均衡に戻すのか。

ブルージーンズ・ブルース

> **オープニング・ストーリー**
> 各章は、章の本文にもしばしば登場する説得力のあるストーリーで始まる。新版では3分の1以上が新しくなっている。

もしあなたが1着のブルージーンズを2011年に買ったなら、その値段に驚いただろう。いや驚かなかったとしても、ファッションは変わるし、あなたはファッショナブルなるための代価を払っていると考えたかもしれない。しかし実際は、あなたはジーンズにめったに高いカネを払っていたのだ。ジーンズは木綿の特定の種類からつくられるが、衣料品メーカーたちが翌年のデニムを買い付けていた2010年には、木綿の価格は高騰していた。2010年12月までに木綿1ポンドの価格は140年来の高値に達した。南北戦争が終わって以来、いちばんの高値だった。

何が起こっていたのか。需要側では、あらゆる種類の衣料品の需要が激増していた。2008～2009年には、金融危機の影響で神経質な消費者は衣類の購入を切りつめた。だが2010年になると、最悪の事態が収まったようにみえるなかで、買い手が戻ってきたのだ。供給側では、きびしい天候異変が木綿生産に打撃を与えていた。とくに注目されたのはパキスタンだった。この世界で4番目に大きい木綿生産国が猛烈な洪水に襲われ、国土の5分の1が水に浸かり、木綿の収穫が壊滅したのだ。

消費者が木綿製品の価格高騰に耐える力にも限度があるというおそれから、衣料品メーカーは消費者のファッションセンスに背かずにコストを切りつめる方法を見出そうと、先を争い始めた。消費者が木綿製品への支出を増やすことはないだろうと疑い、小さなボタン、安い裏地、それからそうだ、ポリエステルの採用などの修正を採用した。事実、木綿市場のプロたちのなかには、2010～2011年に起きた木綿価格の天井知らずの高騰が、消費者の嗜好を永遠に変えてしまうのではないかと警告する者もいた。木綿価格が下がっても、消費者が合成繊維を喜んで着るようになるのではないかというのだ。

同時に、これは木綿の取引にかかわるすべての人々にとって、まったく悪いニュースでもなかった。アメリカでは、木綿生産者は悪天候に見舞われなかったので、高値をむしろ喜んでいた。アメリカの農民たちは木綿価格の高騰を受けて、木綿栽培に向ける土地を急拡大した。しかし、高価格をすぐに下げるほどの効果はなかった。

ちょっと待った。パキスタンの洪水がどうしてジーンズ価格の高騰を招き、Tシャツのポリエステル成分を増やしたのか、正確に説明できるかな。それは供給と需要の問題だ——だがそれは何を意味しているのだろうか。多くの人たちが「供給と需要」という用語を「市場法則のはたらき」という意味でキャッチフレー

経済学を使ってみよう
各章の主な節の終わりには、さまざまな事例が登場する。この評判のよい「経済学を使ってみよう」のコーナーは、学生たちが勉強した概念を現実の出来事に適用するのに役立つ。

経済学を使ってみよう☞ 愛玩される小動物だけになった

1970年代のことだが、イギリスのテレビが『大きい動物、小さい動物』という人気番組を放映していた。ジェームス・ヘリオットという田舎の獣医の実人生を記録したものだ。ヘリオットは1930年代にイギリスの田舎で体調の悪い牛、豚、羊、馬、たまには家庭で飼われるペットの面倒をみていた。この番組は、当時のイギリスの田舎で獣医が農村社会の重要な一員として貴重な家畜を病気から救い、農家の金融を助けていたことを世に知らせた。ヘリオットが自分の生涯の仕事に満足していたことも明らかにした。

ダイヤルは昔の番号のままだが、『ニューヨーク・タイムズ』の最近の論説によると、……では獣医が激減したという。この問題の原因……、飼い主の所得が増えるにつれて、獣医の需……の家畜の面倒をみる仕事から、もっと割のよい……る獣医は農場の家畜を世話するつもりで職業生活を始めたが、あるとき「牛の帝王切開の報酬は50ドルだが、チワワの帝王切開には300ドルも受け取った。そのときから考えを変えました。いいたくないが、おカネのためです」と述懐している。

このことは、どのように需要曲線と供給曲線の言葉に翻訳できるだろうか。農場の獣医と家庭の獣医はガソリンと灯油のような関係にあり、生産面の代替財だといえる。通常、獣医は農場医と家庭医のどちらかのタイプに特化している。そのどちらに特化するかは、それぞれのサービスの現行価格に依存している。アメリカのペット飼育数の増加と飼い主のペットケアへの支払い意欲の高まりがあいまって、ペット向けの獣医サービスの価格が上昇した。その結果、農場家畜の治療に特化する獣医の数は減る一方になった。農場向けの獣医の供給曲線は左方にシフトし──任意のどんな価格のもとでも、彼らが供給するサービスの数量は減少したのだ。

ついには、農民たちもこれが金銭の問題であることを認める。彼らは多くを支払いたくないので、獣医が減るのだ。最近になって出費を惜しんだために貴重な牛を死なせてしまった牧場……までは慣れていなか……いても、遅かれ早かれ……とは、もっとおカネを払……いうことだ)。

ちょっと復習
「ちょっと復習」にはその章で登場する重要な概念について、▶のついた簡潔な要約がある。これが理解の助けとなる。

ちょっと復習

▶**供給表**は、**供給量**がどのように価格に依存しているかを示す。両者の関係は**供給曲線**で図解される。
▶**供給曲線**は通常右上がりだ。価格が上がれば、人々はその財をもっと売りたいと思う。
▶価格の変化は**供給曲線に沿った移動**と供給量の変化を引き起こす。
▶需要の場合と同様に、経済学者が供給の増加とか減少というとき、その意味は**供給曲線のシフト**であって、供給量の変化ではない。供給の増加は右へのシフトだ。一定の価格のもとで供給量が増加するということだ。供給の減少は左へのシフトだ。一定の価格のもとで供給量が減少するということだ。
▶供給曲線のシフトをもたらす5つの主要な変化は、(1) **投入物**の価格、(2) 関連する財・サービスの価格、(3) 技術、(4) 期待、そして (5) 市場に存在する生産者の数だ。
▶**市場供給曲線**は、市場に存在する全生産者の**個別供給曲線**の水平和だ。

理解度チェック
「理解度チェック」の練習問題によって、学生がそのセクションを理解しているか、すぐに確かめることができる。解答は東洋経済新報社ウェブサイトにある。

✓理解度チェック 3-2

1. 以下の出来事がそれぞれ (1) 供給曲線のシフトを表すものか、あるいは (2) 供給曲線に沿った移動を表すものかを示し、説明しなさい。
   a. 住宅価格の上昇を引き起こした不動産ブームの間に、多くの住宅所有者が持ち家

グローバルに比較してみよう

ここでは、数カ国の実際のデータやグラフを使って、なぜ、どのようにして、各国が異なる経済的な結果に到達したのかを解説する。学生は国際的な視野を得て、経済学の理解を深めることができる。

たくさん払い少なく汲む

　需要法則が現実世界で妥当する例として、消費者がポンプで汲みだすときに支払う価格に応じてガソリン消費量が、どのように変動するかをみてみよう。ヨーロッパでは税金が高いので、ガソリン・ディーゼル燃料はアメリカの2倍以上の高値になっている。需要法則によれば、ヨーロッパ人はアメリカ人よりもガソリンの消費を少なくするはずだし、実際にそうしている。図からわかるように、ヨーロッパ人はアメリカ人の半分以下しか燃料を消費していない。その主な理由は、ヨーロッパ人が小型で燃費のよい車に乗っているからだ。

　価格は燃料消費に影響〔…〕かし、それはたぶんヨー〔…〕り燃料消費のちがいの主〔…〕

ちょっと寄り道

ここでは、意外なやり方で、時には驚くようなやり方で、経済学的な概念を現実世界の出来事に応用し、経済学の力と広がりの感覚を養う。この記事は、本書の目標である学生が現実世界の実例にかかわる直観を鍛えることに役立つ。

ステージの苦悩

　あなたはたぶん、ファッションモデルの試練と苦悩について思いめぐらすようなことはないだろう。ほとんどのモデルは華やかな生活を送ってはいない。実際、少数の幸運なモデルは別として、今日のファッションモデルの生活は非常に苦しく、割に合わないものとなっている。これはひとえに、供給と需要のなせるわざなのだ。

　ビアンカ・ゴメスはロサンゼルス出身の、柳のようにすらっとした、緑の瞳とはちみつ色の髪、それに完璧な肌の少女だ。『ウォールストリート・ジャーナル』の記事に彼女の経験が詳しく載っていた。ビアンカはまだ高校生のときにモデルの仕事をはじめ、3年生になるとモデル料として3万ドルを稼いでいた。ニューヨークのトップデザイナーの関心を引いて、卒業すると彼女はニューヨークに赴いた。一流のファッションハウスで仕事をみつけ、一流のファッション雑誌に写真を載せてもらえると期〔…〕

　ニューヨークに入ると、ビアンカはファッションモデルのグローバル〔…〕ことになった。それはバラ色の世界ではなかった。インターネットで〔…〕

落とし穴

このコーナーでは、経済学を初めて学ぶ人が誤解しやすい概念を解きほぐしてはっきりさせる。

需要と需要量とのちがい

　経済学者が「需要の増加」というとき、それは需要曲線の右方へのシフトを意味している。また「需要の減少」というときには需要曲線の左方へのシフトを意味している。ただし、彼らが注意深く言葉を選んでいる場合には。通常のスピーチでは、職業的経済学者を含めてほとんどの人が需要という用語をいい加減に使っている。たとえば、経済学者は「過去15年の間に旅行需要が倍増したのは部分的には航空運賃が低下したためだ」というかもしれない。しかし、彼が本当にいいたいのは、需要量が倍増したということだ。

　日常の会話でちょっといい加減な言いまわしをするのは結構だ。しかし、経済分析をするときには、需要量の変化が需要曲線に沿っての動きで、需要の変化が需要曲線それ自体のシフトであることを区別することが重要だ（図3-3の説明を参照）。学生たちは往々にして「需要が増加すれば価格が上昇し、その結果、需要が減少し、それがまた価格の低下をもたらす」といった循環論に陥ることがある。需要曲線のシフトを意味する需要の変化と需要量の変化を明確に区別しておけば、多くの混乱を避けることができるはずだ。

けない。それどころか、経済学者は他の種類の市場のはたらきについても重要な洞察を提供することができる。だがそのためには別のモデルが必要だ。それについては、後続の章で、学ぶことにしよう。

BUSINESS CASE

ビジネス・ケース

シカゴ商品取引所

　世界中いたるところで、商品は、売り手と買い手が特定の場所で出会い、取引するために組織された「取引所」で売買されている。だが、いつもそうだったわけではない。

　最初の近代的な商品取引所は、1848年に設立されたシカゴ商品取引所だった。当時、アメリカはすでに主要な小麦生産国だった。そしてシカゴではなくセントルイスがア

> **新登場！　ビジネス・ケース**
> 各章本文の末尾には「ビジネス・ケース」がある。ここでは、重要な経済学の原理を、アメリカ企業や多国籍企業における現実のビジネスに応用する。それぞれの事例は「ビジネス思考力を鍛えよう」という問題で締めくくられる。

業者の協会、シカゴ商品取引所はそれよりもずっと効率的な小麦販売法を開発したのだ。すなわち、売り手たちが1つの場所──「穴蔵」と呼ばれていた──に集まり、売りのオファーをコールし、買いのオファーを受けることにした。協会は成約した取

要約

1. ほとんどすべての経済学は**モデル**に基づいている。モデルは、「思考実験」、すなわち現実を単純化したもので、その多くはグラフのような数学的ツールを使う。経済学で重要な仮定は、**他の条件一定の仮定**だ。他の関係ある要因を固定することによって、ある要因の変化の効果の分析が可能になる。

2. 1つの重要な経済モデルは、**生産可能性フロンティア**だ。それによって次の重要な諸概念がわかる。機会費用（ある財の生産を増やすのに他の財の生産をどれ……らさなければならないかを示す）、生産面の効率（生産可能性フロンティ……で生産している）、配分面の効率（人々が消費したいと思う財・サービス……している）そして経済成長（生産可能性フロンティアの外側への拡張）。……長は2つの基本的な要因によって起こる。**生産要素**──土地、労働、生……い資本と人的資本──の

> **章末の復習**
> 各章末には、重要な経済学的な概念についての過不足のない要約、キーワードのリスト、包括的で質の高い章末問題が収められている。

引利益の源泉を説明する……る。つまり、その人が他

〈問題〉

1. バミューダ島の2つの重要な産業は漁業と観光だ。国連食糧農業機関とバミューダ統計局の資料によれば、2009年にバミューダの306人の登録漁民は387トンの海洋魚を捕獲した。そして2719人のホテル従業員が55万4400人分のホテル宿泊（到着した客数で測って）を供給した。この点が生産面で効率的だったと仮定しよう。また、追加的1トンの漁獲の機会費用はホテル宿泊2000に相当し、この機会費用は一定（変わらない）と仮定しよう。

    a. もし（現在の2719人のホテル従業員に加えて）306人の登録漁民がすべてホテルに雇用されるとしたら、バミューダはあとどれだけの数のホテル宿泊を生み出せるか。

    b. もし（現在の306人の漁民に加えて）2719人の従業員がすべて漁民になるとしたら、バミューダはあとどれだけの数の漁獲を生み出せるか。

    c. 漁獲数を……軸に、ホテル宿泊数を……軸にし、バミューダの生産可能性フ……

本書の構成：何が必須（中核）で何が選択可能か

本書の一部の章は飛ばしてもよいと考える教員がいるだろう。以下には、私たちがどの章が必須でどの章が選択可能だと考えているかを示すリストが掲げられている。選択可能な章でもコースに組み入れたいと考える教員もおられるだろうから、章のリストには各章の内容を示す注釈をつけておいた。

必須の章	選択可能な章
	序章｜日常の生活 基本的な用語をつかって、学生を経済学の勉強へと誘い、ミクロ経済学とマクロ経済学のちがいを説明する。
第1章｜最初の原理 経済学の研究の根底をなす12の原理の概観。個人の選択、個人間の相互作用、経済全体にわたる相互作用の諸原理。	
第2章｜経済モデル：トレードオフと取引 貿易利益と国際比較の導入として、生産可能性フロンティアと比較優位という2つの経済モデルを扱う。	**第2章付録｜経済学のグラフ** 勉強したい学生のためのグラフや数学の包括的な復習。学生はよりよい経済学リテラシーが身につく。
第3章｜供給と需要 供給、需要、市場均衡、超過供給、超過需要という必須概念を載せている。	
第4章｜価格統制と割当て：市場へのおせっかい 市場介入とその帰結を論じる。価格統制、数量統制、非効率性、死荷重など。	
	第5章｜国際貿易 比較優位の源泉を探り、関税と輸入割当てを考察し、貿易保護の政治経済学を検討する。低賃金国からの輸入をめぐる論争についても取り上げる。
	第5章付録｜消費者余剰と生産者余剰 市場の効率性について学ぶ（訳注：市場の失敗についての記述は含まれていない）。
第6章｜マクロ経済学：経済の全体像 マクロ経済学の主要な考え方を紹介する。景気後退と景気拡大、雇用と失業、長期的成長、インフレーション対デフレーション、開放経済について概観する。	
第7章｜GDPとCPI：マクロ経済を追跡する マクロ経済学者が使う数字の計算方法とその理由について説明する。国民所得統計と物価指数の基本を述べる。	
第8章｜失業とインフレーション 失業の測定、好況期でもプラスの失業が存在する理由、インフレが引き起こす諸問題を論じる。	
第9章｜長期の経済成長 国際的観点——経済成長は世界全体で起きている——に重点を置き、いくつかの国々が他の国々より成長に成功したのはなぜかを説明する。	
第10章｜貯蓄、投資支出、金融システム 学生は、金融市場と金融制度、貸付資金、利子率の決定について学ぶ。本文中と新しい付録で現在価値の新たな説明を行う。	**第10章付録｜現在価値をより深く理解するために** 現在価値の説明を加えて拡充する。

必須の章	選択可能な章
第11章｜所得と支出 消費支出と投資支出の決定要因を扱う。有名な45度線図を導入し、乗数がはたらく論理を説明する。	**第11章付録｜乗数を代数的に導く** 厳密な数学的方法で乗数を導く。
第12章｜総需要と総供給 伝統的な AD-AS アプローチを用いて物価水準の決定を考える。経済の長期的な回復力についても説明する。	
第13章｜財政政策 裁量的財政政策の役割、自動安定化装置、債務と支払い能力についての長期問題を考察する。	**第13章付録｜税と乗数** 乗数を小さくする自動安定化装置としての税の役割をより厳密に説明する。
第14章｜貨幣、銀行、連邦準備制度 貨幣の役割、銀行が貨幣を創造する方法、連邦準備制度理事会その他の中央銀行の役割を論じる。	
第15章｜金融政策 利子率と総需要を動かす連邦準備制度理事会の政策がもつ役割を論じる。短期の利子率が貯蓄の長期的な需要と供給をどのように反映するかを示すことにより、短期と長期の橋渡しをする。	**第15章付録｜利子率の2つのモデルを整合させる** この付録では、貸付資金モデル（長期の議論）と流動性選好アプローチ（短期の議論）がともに重要なのはなぜかを説明する。
第16章｜インフレ、ディスインフレ、デフレ インフレの原因と帰結、デフレが経済に負わせる大きなコスト、ディスインフレーションにより経済が流動性の罠に陥る危険について論じる。	
	第17章｜危機とそれがもたらしたもの 最近の金融危機について最新の見方を提供する。リーマン・ブラザーズの破綻から、銀行業のリスク、影の銀行、資産バブル、金融危機の伝染をまとめて扱う。
	第18章｜マクロ経済学：事件とアイデア マクロ経済思想史に関する独自の展望を提供する。政策上の関心の変遷、マクロ経済論争の現状を踏まえて整理する。
	第19章｜開放経済のマクロ経済学 開放マクロ経済学で提起される特別な問題を分析する。ドル安、外国によるドル準備の蓄積、ユーロをめぐる論争を扱う。

謝辞

以下の閲読者、フォーカスグループ参加者、コンサルタントの方々が旧版について寄せてくださった提案と助言に感謝したい。

Rebecca Achée Thornton, *University of Houston*
Carlos Aguilar, *El Paso Community College*
Terence Alexander, *Iowa State University*
Morris Altman, *University of Saskatchewan*
Farhad Ameen, *State University of New York, Westchester Community College*
Christopher P. Ball, *Quinnipiac University*
Sue Bartlett, *University of South Florida*
Scott Beaulier, *Mercer University*
David Bernotas, *University of Georgia*
Marc Bilodeau, *Indiana University and Purdue University, Indianapolis*
Kelly Blanchard, *Purdue University*
Anne Bresnock, *California State Polytechnic University*
Douglas M. Brown, *Georgetown University*
Joseph Calhoun, *Florida State University*
Douglas Campbell, *University of Memphis*
Kevin Carlson, *University of Massachusetts, Boston*
Andrew J. Cassey, *Washington State University*
Shirley Cassing, *University of Pittsburgh*
Sewin Chan, *New York University*
Mitchell M. Charkiewicz, *Central Connecticut State University*
Joni S. Charles, *Texas State University, San Marcos*
Adhip Chaudhuri, *Georgetown University*
Eric P. Chiang, *Florida Atlantic University*
Hayley H. Chouinard, *Washington State University*
Kenny Christianson, *Binghamton University*
Lisa Citron, *Cascadia Community College*
Steven L. Cobb, *University of North Texas*
Barbara Z. Connolly, *Westchester Community College*
Stephen Conroy, *University of San Diego*
Thomas E. Cooper, *Georgetown University*
Cesar Corredor, *Texas A&M University and University of Texas, Tyler*
Jim F. Couch, *University of Northern Alabama*
Daniel Daly, *Regis University*
H. Evren Damar, *Pacific Lutheran University*
Antony Davies, *Duquesne University*
Greg Delemeester, *Marietta College*
Patrick Dolenc, *Keene State College*
Christine Doyle-Burke, *Framingham State College*
Ding Du, *South Dakota State University*
Jerry Dunn, *Southwestern Oklahoma State University*
Robert R. Dunn, *Washington and Jefferson College*
Ann Eike, *University of Kentucky*
Tisha L. N. Emerson, *Baylor University*
Hadi Salehi Esfahani, *University of Illinois*
William Feipel, *Illinois Central College*
Rudy Fichtenbaum, *Wright State University*
David W. Findlay, *Colby College*
Mary Flannery, *University of California, Santa Cruz*
Robert Francis, *Shoreline Community College*
Shelby Frost, *Georgia State University*
Frank Gallant, *George Fox University*
Robert Gazzale, *Williams College*
Robert Godby, *University of Wyoming*
Michael Goode, *Central Piedmont Community College*
Douglas E. Goodman, *University of Puget Sound*
Marvin Gordon, *University of Illinois at Chicago*
Kathryn Graddy, *Brandeis University*

Alan Day Haight, *State University of New York, Cortland*
Mehdi Haririan, *Bloomsburg University*
Clyde A. Haulman, *College of William and Mary*
Richard R. Hawkins, *University of West Florida*
Mickey A. Hepner, *University of Central Oklahoma*
Michael Hilmer, *San Diego State University*
Tia Hilmer, *San Diego State University*
Jane Himarios, *University of Texas, Arlington*
Jim Holcomb, *University of Texas, El Paso*
Don Holley, *Boise State University*
Alexander Holmes, *University of Oklahoma*
Julie Holzner, *Los Angeles City College*
Robert N. Horn, *James Madison University*
Steven Husted, *University of Pittsburgh*
John O. Ifediora, *University of Wisconsin, Platteville*
Hiro Ito, *Portland State University*
Mike Javanmard, *RioHondo Community College*
Robert T. Jerome, *James Madison University*
Shirley Johnson-Lans, *Vassar College*
David Kalist, *Shippensburg University*
Lillian Kamal, *Northwestern University*
Roger T. Kaufman, *Smith College*
Herb Kessel, *St. Michael's College*
Rehim Kilic, *Georgia Institute of Technology*
Grace Kim, *University of Michigan, Dearborn*
Michael Kimmitt, *University of Hawaii, Manoa*
Robert Kling, *Colorado State University*
Sherrie Kossoudji, *University of Michigan*
Charles Kroncke, *College of Mount Saint Joseph*
Reuben Kyle, *Middle Tennessee State University (retired)*
Katherine Lande-Schmeiser, *University of Minnesota, Twin Cities*
David Lehr, *Longwood College*
Mary Jane Lenon, *Providence College*
Mary H. Lesser, *Iona College*
Solina Lincahl, *California Polytechnic Institute, San Luis Obispo*
Haiyong Liu, *East Carolina University*
Jane S. Lopus, *California State University, East Bay*
María José Luengo-Prado, *Northeastern University*
Rotua Lumbantobing, *North Carolina State University*
Ed Lyell, *Adams State College*
John Marangos, *Colorado State University*
Ralph D. May, *Southwestern Oklahoma State University*
Wayne McCaffery, *University of Wisconsin, Madison*
Larry McRae, *Appalachian State University*
Mary Ruth J. McRae, *Appalachian State University*
Ellen E. Meade, *American University*
Meghan Millea, *Mississippi State University*
Norman C. Miller, *Miami University (of Ohio)*
Khan A. Mohabbat, *Northern Illinois University*
Myra L. Moore, *University of Georgia*
Jay Morris, *Champlain College in Burlington*
Akira Motomura, *Stonehill College*
Kevin J. Murphy, *Oakland University*
Robert Murphy, *Boston College*
Ranganath Murthy, *Bucknell University*
Anthony Myatt, *University of New Brunswick, Canada*
Randy A. Nelson, *Colby College*
Charles Newton, *Houston Community College*
Daniel X. Nguyen, *Purdue University*
Dmitri Nizovtsev, *Washburn University*
Thomas A. Odegaard, *Baylor University*
Constantin Oglobin, *Georgia Southern University*
Charles C. Okeke, *College of Southern Nevada*

Una Okonkwo Osili, *Indiana University and Purdue University, Indianapolis*
Terry Olson, *Truman State University*
Maxwell Oteng, *University of California, Davis*
P. Marcelo Oviedo, *Iowa State University*
Jeff Owen, *Gustavus Adolphus College*
James Palmieri, *Simpson College*
Walter G. Park, *American University*
Elliott Parker, *University of Nevada, Reno*
Michael Perelman, *California State University, Chico*
Nathan Perry, *Utah State University*
Dean Peterson, *Seattle University*
Ken Peterson, *Furman University*
Paul Pieper, *University of Illinois at Chicago*
Dennis L. Placone, *Clemson University*
Michael Polcen, *Northern Virginia Community College*
Raymond A. Polchow, *Zane State College*
Linnea Polgreen, *University of Iowa*
Eileen Rabach, *Santa Monica College*
Matthew Rafferty, *Quinnipiac University*
Jaishankar Raman, *Valparaiso University*
Margaret Ray, *Mary Washington College*
Helen Roberts, *University of Illinois at Chicago*
Jeffrey Rubin, *Rutgers University, New Brunswick*
Rose M. Rubin, *University of Memphis*
Lynda Rush, *California State Polytechnic University, Pomona*
Michael Ryan, *Western Michigan University*
Sara Saderion, *Houston Community College*
Djavad Salehi-Isfahani, *Virginia Tech*
Elizabeth Sawyer Kelly, *University of Wisconsin, Madison*
Jesse A. Schwartz, *Kennesaw State University*
Chad Settle, *University of Tulsa*
Steve Shapiro, *University of North Florida*
Robert L. Shoffner III, *Central Piedmont Community College*
Joseph Sicilian, *University of Kansas*
Judy Smrha, *Baker University*
John Solow, *University of Iowa*
John Somers, *Portland Community College*
Stephen Stageberg, *University of Mary Washington*
Monty Stanford, *DeVry University*
Rebecca Stein, *University of Pennsylvania*
William K. Tabb, *Queens College, City University of New York (retired)*
Sarinda Taengnoi, *University of Wisconsin, Oshkosh*
Henry Terrell, *University of Maryland*
Michael Toma, *Armstrong Atlantic State University*
Brian Trinque, *University of Texas, Austin*
Boone A. Turchi, *University of North Carolina, Chapel Hill*
Nora Underwood, *University of Central Florida*
J. S. Uppal, *State University of New York, Albany*
John Vahaly, *University of Louisville*
Jose J. Vazquez-Cognet, *University of Illinois, Urbana–Champaign*
Daniel Vazzana, *Georgetown College*
Roger H. von Haefen, *North Carolina State University*
Andreas Waldkirch, *Colby College*
Christopher Waller, *University of Notre Dame*
Gregory Wassall, *Northeastern University*
Robert Whaples, *Wake Forest University*
Thomas White, *Assumption College*
Jennifer P. Wissink, *Cornell University*
Mark Witte, *Northwestern University*
Kristen M. Wolfe, *St. Johns River Community College*
Larry Wolfenbarger, *Macon State College*

Louise B. Wolitz, *University of Texas, Austin*

Gavin Wright, *Stanford University*

Bill Yang, *Georgia Southern University*

Jason Zimmerman, *South Dakota State University*

以下の閲読者、講義で試用してくれた方々、寄稿者から意見を頂戴したことは、この新版を執筆するうえで大いに役立った。心から深く謝意を表したい。

Carlos Aguilar, *El Paso Community College*

Seemi Ahmad, *Dutchess Community College*

Farhad Ameen, *Westchester Community College*

Dean Baim, *Pepperdine University*

David Barber, *Quinnipiac College*

Janis Barry-Figuero, *Fordham University at Lincoln Center*

Hamid Bastin, *Shippensburg University*

Michael Bonnal, *University of Tennessee, Chattanooga*

Milicia Bookman, *Saint Joseph's University*

Anne Bresnock, *California State Polytechnic University, Pomona*

Colleen Callahan, *American University*

Giuliana Campanelli Andreopoulos, *William Patterson University*

Charles Campbell, *Mississippi State University*

Randall Campbell, *Mississippi State University*

Joel Carton, *Florida International University*

Andrew Cassey, *Washington State University*

Sanjukta Chaudhuri, *University of Wisconsin, Eau Claire*

Eric Chiang, *Florida Atlantic University*

Abdur Chowdhury, *Marquette University*

Chad Cotti, *University of Wisconsin, Oshkosh*

Maria DaCosta, *University of Wisconsin, Eau Claire*

James P. D'Angelo, *University of Cincinnati*

Orgul Demet Ozturk, *University of South Carolina*

Harold Elder, *University of Alabama*

Rudy Fichenbaum, *Wright State University*

Sherman Folland, *Oakland University*

Amanda Freeman, *Kansas State University*

Shelby Frost, *Georgia State University*

Sarah Ghosh, *University of Scranton*

Satyajit Ghosh, *University of Scranton*

Fidel Gonzalez, *Sam Houston State University*

Michael G. Goode, *Central Piedmont Community College*

Alan Gummerson, *Florida International University*

Eran Guse, *West Virginia University*

Don Holley, *Boise State University*

Scott Houser, *Colorado School of Mines*

Russell A. Janis, *University of Massachusetts, Amherst*

Jonatan Jelen, *The City College of New York*

Miles Kimball, *University of Michigan*

Colin Knapp, *University of Florida*

Stephan Kroll, *Colorado State University*

Vicky Langston, *Columbus State University*

Richard B. Le, *Cosumnes River College*

Yu-Feng Lee, *New Mexico State University*

Mary Lesser, *Iona College*

Solina Lindahl, *California Polytechnic State University*

Volodymyr Lugovskyy, *Indiana University*

Mark E. McBride, *Miami University*

Michael Mogavero, *University of Notre Dame*

Gary Murphy, *Case Western Reserve University*

Anna Musatti, *Columbia University*

Christopher Mushrush, *Illinois State University*

ABM Nasir, *North Carolina Central University*

Gerardo Nebbia, *El Camino College*

Pattabiraman Neelakantan, *East Stroudsburg University*

Pamela Nickless, *University of North Carolina, Asheville*

Nick Noble, *Miami University (Ohio)*

Walter Park, *American University*

Brian Peterson, *Central College*

Michael Polcen, *Northern Virginia Community College*

Reza Ramazani, *Saint Michael's College*

Ryan Ratcliff, *University of San Diego*

Robert Rebelein, *Vassar College*

Ken Roberts, *Southwestern University*

Greg Rose, *Sacramento City College*

Jeff Rubin, *Rutgers University, New Brunswick*

Jason C. Rudbeck, *University of Georgia*

Michael Sattinger, *State University of New York, Albany*

Elizabeth Sawyer Kelly, *University of Wisconsin, Madison*

Arzu Sen, *West Virginia University*

Marcia Snyder, *College of Charleston*

Liliana V. Stern, *Auburn University*

Adam Stevenson, *University of Michigan*

Eric Stuen, *University of Idaho*

Christine Tarasevich, *Del Mar College*

Henry S. Terrell, *George Washington University*

Mickey Wu, *Coe College*

　旧版への思慮に富んだ評価、新版の主な変更点に関する時宜にかなう助言をしてくれた Michael Sattinger（State University of New York at Albany）にとりわけ感謝している。これまでの改訂に計り知れない貢献をしてくれた Kathryn Graddy（Brandeis University）にも本当に感謝している。新版をさらに視覚的にして学生にとってもっと使いやすいものになるよう助けてくれた David Barber にも深謝したい。初版と同じく、根気強く細かに目を通してくれる Andreas Bentz を私たちは信頼している。私たちが注力したのは、この新版で述べる、より大きな問題点だからだ。Andreas と出会えたことは至極幸運なことだと感じている。Andreas の努力もまた、正確性をチェックしてくれた Myra Moore（University of Georgia）、Nora Underwood（University of Central Florida）、Martha Olney（University of California–Berkeley）、James Watson（Salt Lake Community College）、Rod Hill（University of New Brunswick）の支援によるものである。Jose J. Vasquez-Cognet（University of Illinois at Urbana–Champaign）と Solina Lindahl（California Polytechnic State University）はこの教科書に関連するメディア・プログラムの専門的な指導をしてくれた。

　私たちは Worth 社の方々の貢献にも感謝しなければならない。Freeman and Worth 社の Elizabeth Widdicombe 社長と Catherine Woods 上席副社長が今回の改訂計画で果たした役割は大きい。各章のビジネス・ケースの元ネタのことでは Liz に感謝している。担当者の Charles Linsmeier の監修は見事なもので、終始、今回の改訂の力になってくれた。Worth 社のもともとの担当者で現在は国内営業部長の Craig Bleyer に特段のお礼を申し上げたい。彼の多大なる尽力のおかげで成功を収めた。新版に向けての改訂計画では彼の鋭い直観を再度垣間見ることができた。

　今回も、この本は信じがたいほどすばらしい制作・装丁のチームに恵まれた。このチームのハードな仕事ぶり、創造性、献身、忍耐強さには驚かされてばかりだ。またもや最高の結果を残せている。以下の方々にも謝意を表したい。本書の制作では Tracey Kuehn、Lisa Kinne、Anthony Calcara だ。Babs Reingold と Lyndall Culbertson は本文の美しいデザインと見事としか言いようがない表紙を考案してくれた。気配りが行き届いた編集をしてくれたのは Karen Osborne だ。変動する事業計画をものともせず、Barbara Seixas はまたまた魔法をかけてくれた。補助教材の制作の全調整にあたってくれた Stacey Alexander と Edgar Bonilla の名も挙げたい。そして今回の改訂では 1 人で何役もの仕事をしてくれた編集助手の Mary Melis だ。その仕事ぶりはどれもが素晴らしかった。

Marie McHale は、本書に付随する印象的なメディア・パッケージや補助教材を考案し調整してくれた。Marie と一緒に補助教材とメディア・パッケージを用意してくれた補助教材執筆者、調整者の驚嘆すべきチームにありがとうといいたい。あなたたちの不断の努力に対して、一生感謝しつづけるだろう。

　エグゼクティブ・マーケティング・マネジャーの Scott Guile はこの本をいつも販売促進してくれた。Steve Rigolosi と Kerri Russini は市場開拓の仕事をしてくれた。営業部の Tom Kling は本書を推してくれた。皆さんにお礼を申し上げたい。

　そして何よりも各版のエグゼクティブ・デベロップメント・エディターをつとめた Sharon Balbos に特段のお礼を申し述べたい。この本が成功を収めた要因は、Sharon の献身とプロ根性によるところが大きい。いつものことだが、彼女はハードな状況下でも決して冷静さを失わなかった。Sharon、君ほどすばらしい編集者にくらべると私たちは力不足だったかもしれないけれど、君がいてくれたことで、この教科書を採用してくれる教員とその学生たちはもちろん、関係者全員がより幸せになっているよ。

Paul Krugman　　　　　　　Robin Wells

主な目次

はしがき

Part 1 | 経済学ってどんな学問？
Introduction	日常の生活	1
Chapter 1	最初の原理	7
Chapter 2	経済モデル：トレードオフと取引	37
Appendix	経済学のグラフ	71

Part 2 | 供給と需要
Chapter 3	供給と需要	91
Chapter 4	価格統制と割当て：市場へのおせっかい	135
Chapter 5	国際貿易	171
Appendix	消費者余剰と生産者余剰	209

Part 3 | マクロ経済学入門
Chapter 6	マクロ経済学：経済の全体像	219
Chapter 7	GDPとCPI：マクロ経済を追跡する	245
Chapter 8	失業とインフレーション	279

Part 4 | 長期の経済成長
Chapter 9	長期の経済成長	315
Chapter 10	貯蓄、投資支出、金融システム	359
Appendix	現在価値をより深く理解するために	403

Part 5 | 短期の経済変動
Chapter 11	所得と支出	407
Appendix	乗数を代数的に導く	443
Chapter 12	総需要と総供給	445

Part 6 | 安定化政策
Chapter 13	財政政策	487
Appendix	税と乗数	527
Chapter 14	貨幣、銀行、連邦準備制度	531
Chapter 15	金融政策	579
Appendix	利子率の2つのモデルを整合させる	611
Chapter 16	インフレ、ディスインフレ、デフレ	615
Chapter 17	危機とそれがもたらしたもの	649

Part 7 | 事件とアイデア
Chapter 18	マクロ経済学：事件とアイデア	681

Part 8 | 開放経済
Chapter 19	開放経済のマクロ経済学	713

訳者あとがき	755
用語解説	760
索引	774

目次

はしがき

Part 1 | 経済学ってどんな学問?

Introduction 日常の生活 — 1
- よくある日曜日 — 1
- 1 みえない手 — 2
- 2 私の利益、あなたのコスト — 3
- 3 いいとき、悪いとき — 4
- 4 前進、そして上昇 — 4
- 5 発見のエンジン — 5

Chapter 1 最初の原理 — 7
- 共通の基盤 — 7
- 1 個人の選択:経済学の核 — 8
  - 原理1 資源が希少だから選択が必要になる — 8
  - 原理2 機会費用:何かの本当のコストは、それを得るためにあなたがあきらめなければならないもののことだ — 9
  - 原理3 「どれだけか」は限界での意思決定 — 11
  - 原理4 人々は通常インセンティブ(誘因)に反応する。すなわち、自分が利益を得る機会を見逃さない — 12
  - 経済学を使ってみよう 男児か女児か それはコストの問題だ — 13
  - ちょっと寄り道 学校での現金報酬 — 14
- 2 相互作用:経済がはたらく仕組み — 16
  - 原理5 取引は利益をもたらす — 16
  - 原理6 市場は均衡に向かう — 18
  - ちょっと寄り道 右側通行か左側通行か — 19
  - 原理7 社会的目標を達成するため、資源はできるだけ効率的に用いられなければならない — 20
  - 原理8 市場は通常、効率を達成する — 21
  - 原理9 市場が効率を達成しない場合には、政府の介入が社会的厚生を高める可能性がある — 22
  - 経済学を使ってみよう 高速道路での均衡の回復 — 23
- 3 経済全体にわたる相互作用 — 24
  - 原理10 ある個人の支出は、他の個人の所得になる — 24
  - 原理11 経済全体の支出は、しばしば経済の生産能力と釣り合わない — 25
  - 原理12 政府の政策は、支出の変化を可能にする — 26
  - 経済学を使ってみよう ベビーシッティングの冒険 — 26
- ビジネス・ケース Priceline.com はいかにして旅行業に革命をもたらしたか — 28

Chapter 2 経済モデル:トレードオフと取引 — 37
- キティホークからドリームライナーへ — 37
- 1 経済学のモデル:重要な例 — 38
  - ちょっと寄り道 経済を食い物にするモデル — 39
  - 1.1 トレードオフ:生産可能性フロンティア — 40
  - 1.2 比較優位と取引利益 — 47
  - 1.3 現実の比較優位と国際貿易 — 51
  - 落とし穴 比較優位の誤解 — 51
  - グローバルに比較してみよう パジャマ共和国 — 52
  - 1.4 取引:経済循環フロー図 — 52
  - 経済学を使ってみよう 富んだ国、貧しい国 — 54
- 2 モデルを使う — 56
  - 2.1 解明経済学と規範経済学 — 56
  - 2.2 経済学者の意見はどんなときに、なぜ食いちがうか — 58
  - ちょっと寄り道 経済学者が同意するとき — 59
  - 経済学を使ってみよう 象牙の塔を超える経済学者 — 59
- ビジネス・ケース 効率、機会費用、ボーイングのリーン生産方式 — 61

Chapter 2 Appendix 経済学のグラフ — 71
- 1 イメージをつかむ — 71
- 2 グラフ、変数および経済モデル — 71
- 3 グラフのはたらき — 72
  - 3.1 2変数のグラフ — 72
  - 3.2 グラフ上の曲線 — 73
- 4 カギとなる概念:曲線の傾き — 74
  - 4.1 線形曲線の傾き — 75
  - 4.2 水平な曲線と垂直な曲線、その傾き — 76
  - 4.3 非線形曲線の傾き — 76
  - 4.4 非線形曲線の傾きを計算する — 78
  - 4.5 最大点と最小点 — 79
- 5 曲線の上下の面積を計算する — 80
- 6 数値情報を示すグラフ — 81
  - 6.1 異なるタイプの数値グラフ — 81
  - 6.2 数値グラフを解釈するときの問題点 — 84

Part 2 | 供給と需要

Chapter 3 供給と需要 — 91
- ブルージーンズ・ブルース — 91
- 1 供給と需要:競争市場のモデル — 92
- 2 需要曲線 — 93
  - 2.1 需要表と需要曲線 — 93
  - 2.2 需要曲線のシフト — 94
  - 落とし穴 需要と需要量とのちがい — 96
  - 2.3 需要曲線のシフトを理解する — 97
  - グローバルに比較してみよう たくさん払い少なく汲む — 97
  - 経済学を使ってみよう 交通渋滞を抑える — 101
- 3 供給曲線 — 104
  - 3.1 供給表と供給曲線 — 104
  - 3.2 供給曲線のシフト — 105
  - 3.3 供給曲線のシフトを理解する — 106
  - 経済学を使ってみよう 愛玩される小動物だけになった — 110
- 4 供給、需要、均衡 — 112
  - 4.1 均衡価格と均衡数量をみつける — 112
  - 落とし穴 売買価格? — 113
  - 4.2 市場で販売と購入が同一価格で行われるのはなぜか — 114
  - 4.3 市場価格が均衡価格よりも高いとき、市場価格が下がるのはなぜか — 114

4.4	市場価格が均衡価格よりも低いとき、市場価格が上がるのはなぜか	115
4.5	均衡を使って市場を描写する	115
経済学を使ってみよう	入場券の価格	116
5	**供給と需要の変化**	**117**
5.1	需要曲線がシフトするとき何が起こるか	118
5.2	供給曲線がシフトするとき何が起こるか	119
5.3	供給と需要の同時シフト	120
落とし穴	結局どっちの曲線なのか？	120
経済学を使ってみよう	2008年の米騒動	122
ちょっと寄り道	ステージの苦悩	122
6	**競争市場：そしてその他の市場**	**124**
ビジネス・ケース		
シカゴ商品取引所		125

Chapter 4 価格統制と割当て：市場へのおせっかい 135
大都市、あまり賢明ではない考え 135

1	**なぜ政府は価格を統制するのか**	**136**
2	**上限価格規制**	**137**
2.1	上限価格規制のモデル化	137
2.2	上限価格規制はどのように非効率の原因となるか	139
ちょっと寄り道	勝者、敗者、そして家賃統制	141
2.3	それでもなぜ上限価格規制があるのか	144
ちょっと寄り道	家賃統制、ムンバイ・スタイル	144
経済学を使ってみよう	ベネズエラの飢えと価格統制	145
3	**下限価格規制**	**147**
3.1	下限価格規制はどのように非効率の原因となるのか	149
落とし穴	上限規制、下限規制と数量	149
3.2	それでもなぜ下限価格規制があるのか	152
グローバルに比較してみよう	われわれの低い、低い賃金を検証しよう！	152
経済学を使ってみよう	南ヨーロッパの「やみ労働」	153
4	**数量を統制する**	**154**
4.1	数量統制の構造	155
4.2	数量統制の費用	159
経済学を使ってみよう	ニュージャージーのクラム	160
ビジネス・ケース		
メダリオン（大メダル）・ファイナンシャル：流しの権利		161

Chapter 5 国際貿易 171
自動車部品と吸引音 171

1	**比較優位と国際貿易**	**172**
1.1	生産可能性と比較優位、再考	172
1.2	国際貿易の利益	175
1.3	比較優位 対 絶対優位	177
1.4	比較優位の要因	178
グローバルに比較してみよう	世界の生産性と賃金	179
ちょっと寄り道	規模に関する収穫逓増と国際貿易	181
経済学を使ってみよう	技能と比較優位	182
2	**供給、需要、国際貿易**	**183**
2.1	輸入の効果	183
2.2	輸出の効果	186
2.3	国際貿易と賃金	186
経済学を使ってみよう	19世紀の貿易、賃金、地代	189
3	**貿易保護政策の効果**	**190**
3.1	関税の効果	190
3.2	輸入割当ての効果	192
経済学を使ってみよう	アメリカの貿易保護政策	193
4	**貿易保護政策の政治経済学**	**194**
4.1	貿易保護政策への支持	194
4.2	貿易保護政策の政治学	195
4.3	国際貿易協定と世界貿易機関	195
4.4	グローバリゼーションへの新たな挑戦	197
ちょっと寄り道	プレッシャーのかかるタイヤ	197
経済学を使ってみよう	輸出を増大させる	199
ビジネス・ケース		
Li & Fung（利豊）：広州からあなたへ		200

Chapter 5 Appendix 消費者余剰と生産者余剰 209

1	**消費者余剰と需要曲線**	**209**
1.1	支払い意欲額と需要曲線	209
1.2	支払い意欲額と消費者余剰	210
2	**生産者余剰と供給曲線**	**213**
2.1	費用と生産者余剰	213
3	**取引利益**	**216**

Part 3 マクロ経済学入門

Chapter 6 マクロ経済学：経済の全体像 219
フーバービル 219

1	**マクロ経済学の性質**	**220**
1.1	マクロ経済学の課題	220
1.2	マクロ経済学：全体は部分の合計よりも大きい	221
1.3	マクロ経済学：理論と政策	222
経済学を使ってみよう	不況を回避する	222
2	**景気循環**	**224**
2.1	景気循環を記録する	225
2.2	景気後退の痛み	226
ちょっと寄り道	景気後退と景気拡大を定義する	227
2.3	景気循環を平準化する	228
グローバルに比較してみよう	国際景気循環	228
経済学を使ってみよう	景気後退を比較する	229
3	**長期の経済成長**	**230**
ちょっと寄り道	長期成長はいつ始まったのか	231
経済学を使ってみよう	二国物語	232
4	**インフレーションとデフレーション**	**233**
4.1	インフレーションとデフレーションの原因	234
4.2	インフレーションとデフレーションの痛み	234
経済学を使ってみよう	ファストフードによるインフレーションの測定	235
5	**国際不均衡**	**235**
経済学を使ってみよう	バルト3国の不均衡是正	236
ビジネス・ケース		
アメリカにとって良いことは、ゼネラルモーターズにとっても良いこと		238

Chapter 7 GDPとCPI：マクロ経済を追跡する 245
新たなナンバー2 245
1 国民経済計算 246
1.1 経済循環フロー図の再考と拡張 246
1.2 国内総生産 249
1.3 GDPの計算 250
ちょっと寄り道 私たちの帰属生活 253
落とし穴 GDP：何が含まれ、何が含まれないか 254
ちょっと寄り道 国民総生産か、国内総生産か？ 256
1.4 GDPからわかること 256
経済学を使ってみよう 国民経済計算の誕生 257
2 実質GDP：総産出量の尺度 258
2.1 実質GDPを計算する 258
2.2 実質GDPでは測れないもの 260
グローバルに比較してみよう GDPと人生の意味 261
経済学を使ってみよう ベネズエラの奇跡？ 262
3 物価指数と物価水準 263
3.1 マーケット・バスケットと物価指数 263
3.2 消費者物価指数 265
3.3 その他の物価指標 266
経済学を使ってみよう CPIにスライド（連動）させる 267
ビジネス・ケース
GDPをいち早く入手する 269

Chapter 8 失業とインフレーション 279
非常にイギリス的なジレンマ 279
1 失業率 280
1.1 失業の定義と測定 280
1.2 失業率の意義 281
1.3 成長と失業 284
経済学を使ってみよう 打ち上げ失敗 286
2 自然失業率 287
2.1 職の創造と消滅 287
2.2 摩擦的失業 288
2.3 構造的失業 290
2.4 自然失業率 293
2.5 自然失業率の変化 293
グローバルに比較してみよう OECDでの自然失業 294
経済学を使ってみよう 東ドイツの構造的失業 296
3 インフレーションとデフレーション 297
3.1 物価の水準は重要でない…… 297
3.2 ……だが物価の変化率は重要 298
3.3 インフレーションの勝者と敗者 301
3.4 インフレは易し、ディスインフレは難し 303
経済学を使ってみよう イスラエルのインフレ経験 304
ビジネス・ケース
モンスター不況 305

Part 4 長期の経済成長

Chapter 9 長期の経済成長 315
背丈のお話 315
1 時空を超えて経済をくらべる 316
1.1 1人当たり実質GDP 316
落とし穴 水準の変化 対 変化率 318
1.2 成長率 319
経済学を使ってみよう インドは離陸する 319
2 長期の成長の原因 321
2.1 生産性に決定的に重要だ 321
2.2 生産性の成長を説明する 322
2.3 成長会計：集計的生産関数 323
落とし穴 逓減するかもしれない……だがそれでもプラス 326
2.4 天然資源はどうなのか 328
経済学を使ってみよう 情報技術のパラドックス 329
3 成長率はなぜちがうのか 331
3.1 成長率格差を説明する 331
3.2 経済成長促進のための政府の役割 333
ちょっと寄り道 R&Dを発明する 333
グローバルに比較してみよう 古いヨーロッパと新しい技術 334
経済学を使ってみよう ブラジルの穀倉地帯 336
ちょっと寄り道 新成長理論 337
4 成功、失望そして失敗 338
4.1 東アジアの奇跡 338
4.2 ラテンアメリカの失望 339
4.3 アフリカの困難と希望 340
経済学を使ってみよう 経済は収束している？ 341
5 世界の成長は持続可能か？ 343
5.1 天然資源と成長：再訪 343
5.2 経済成長と環境 345
経済学を使ってみよう 気候を保護するコスト 348
ビジネス・ケース
大きな箱のブーム 349

Chapter 10 貯蓄、投資支出、金融システム 359
フェイスブックの資金調達 359
1 貯蓄を投資支出につなげる 360
1.1 貯蓄・投資支出の恒等式 360
落とし穴 投資と投資支出のちがい 362
落とし穴 ちがう種類の資本 364
1.2 貸付資金市場 365
グローバルに比較してみよう アメリカの低貯蓄 366
ちょっと寄り道 だれが勘定が合うようにしているのか？ 366
ちょっと寄り道 現在価値を使う 369
経済学を使ってみよう 50年間にわたるアメリカの利子率 376
2 金融システム 377
2.1 金融システムが果たす3つの役割 378
2.2 金融資産のタイプ 381
2.3 金融仲介機関 383
経済学を使ってみよう 銀行と韓国の奇跡 386
3 金融市場の変動 387
3.1 株式の需要 387

ちょっと寄り道	ダウ・ジョーンズはいまどうなっている?	388
3.2	その他さまざまな資産の需要	389
3.3	資産価格予想	390
3.4	資産価格とマクロ経済学	391
ちょっと寄り道	行動ファイナンス	392
経済学を使ってみよう	アメリカの大きな?住宅バブル	392

Chapter 10 Appendix 現在価値をより深く理解するために 403

1. 単年度事業の現在価値はどのように計算するか? 403
2. 複数年度事業の現在価値はどのように計算するか? 404
3. 事業がもたらす収入とそれにかかる費用の現在価値はどのように計算するか? 404

Part 5 短期の経済変動

Chapter 11 所得と支出 407

好況から不況へ 407

1. 乗数:インフォーマルな導入 408
   - 経済学を使ってみよう　乗数と大恐慌 411
2. 消費支出 412
   - 2.1 現在の可処分所得と消費支出 413
   - 2.2 総消費関数のシフト 416
   - 経済学を使ってみよう　最初の有名な予測の失敗 418
3. 投資支出 420
   - 3.1 利子率と投資支出 421
   - 3.2 将来の予想実質GDP、生産設備、投資支出 421
   - 3.3 在庫と、意図しない投資支出 422
   - 経済学を使ってみよう　利子率とアメリカの住宅ブーム 423
4. 所得・支出モデル 425
   - 4.1 意図した総支出と実質GDP 426
   - 4.2 所得・支出均衡 428
   - 4.3 乗数プロセスと在庫調整 430
   - 経済学を使ってみよう　在庫と不況の終焉 434

ビジネス・ケース
マスキーゴンで何とかやり抜く 435

Chapter 11 Appendix 乗数を代数的に導く 443

Chapter 12 総需要と総供給 445

システムへの衝撃 445

1. 総需要 446
   - 1.1 どうして総需要曲線は右下がりなのか 447
   - 1.2 総需要曲線と所得・支出モデル 449
   - 1.3 総需要曲線のシフト 450
   - 落とし穴　富の変化:総需要曲線に沿った移動と総需要曲線のシフト 453
   - 1.4 政府の政策と総需要 453
   - 経済学を使ってみよう　1979~80年の総需要曲線に沿った移動 455
2. 総供給 455
   - 2.1 短期総供給曲線 456
   - ちょっと寄り道　本当に伸縮的なもの、本当に固定的なもの 458
   - 2.2 短期総供給曲線のシフト 459
   - 2.3 長期総供給曲線 461
   - 2.4 短期から長期へ 464
   - 落とし穴　まだわからない? 長期の本当の意味って何? 465
   - 経済学を使ってみよう　大恐慌時の物価と産出量 465
3. AD-AS モデル 466
   - 3.1 短期マクロ経済均衡 467
   - 3.2 総需要曲線のシフト:短期的効果 468
   - 3.3 SRAS 曲線のシフト 469
   - グローバルに比較してみよう　21世紀の供給ショック 470
   - 3.4 長期マクロ経済均衡 470
   - ちょっと寄り道　デフレはどこにあるのか? 473
   - 経済学を使ってみよう　現実の供給ショックと需要ショック 474
4. マクロ経済政策 475
   - ちょっと寄り道　ケインズと長期 476
   - 4.1 需要ショックに直面したときの政策 476
   - 4.2 供給ショックへの対応 477
   - 経済学を使ってみよう　安定化政策は成功しているのか? 478

ビジネス・ケース
ユナイテッド航空の苦痛 479

Part 6 安定化政策

Chapter 13 財政政策 487

刺激するべきか、せざるべきか 487

1. 財政政策:基本的な議論 488
   - 1.1 税、財・サービスの政府購入、政府移転支出、そして政府借入金 488
   - 1.2 政府予算と政府総支出 490
   - 1.3 拡張的財政政策と緊縮的財政政策 491
   - 1.4 拡張的財政政策は実際に機能するのか? 493
   - 1.5 注意点:財政政策のラグ 495
   - 経済学を使ってみよう　復興法の中身は何だったのか? 496
2. 財政政策と乗数 497
   - 2.1 財・サービスの政府購入の増加による乗数効果 497
   - 2.2 政府移転支出と税の変化による乗数効果 498
   - 2.3 税は乗数にどんな影響を与えるか 499
   - 経済学を使ってみよう　乗数とオバマの景気刺激策 501
3. 財政収支 502
   - 3.1 財政政策の目安としての財政収支 502
   - 3.2 景気循環と景気循環調整済み財政収支 503
   - 3.3 財政収支は均衡すべきなのか? 505
   - 経済学を使ってみよう　ヨーロッパによる財政ルールの探求 506
4. 財政政策の長期的意味合い 507
   - 4.1 赤字、黒字、そして債務 508
   - 落とし穴　赤字 対 債務 509
   - 4.2 政府債務の増加によって生じる問題 509
   - グローバルに比較してみよう　アメリカン・ウェイ・オブ・債務 510
   - 4.3 赤字と債務の実際 511
   - ちょっと寄り道　第2次世界大戦の債務はどうなったか? 513
   - 4.4 隠れた債務 513
   - 経済学を使ってみよう　緊縮財政のジレンマ 515

ビジネス・ケース
ポンプに呼び水を差す ... 517

Chapter 13 Appendix 税と乗数 ... 527

Chapter 14 貨幣、銀行、連邦準備制度 ... 531
変な貨幣 ... 531
1 貨幣の意味 ... 532
- 1.1 貨幣とは何か？ ... 532
- 1.2 貨幣の役割 ... 533
- **グローバルに比較してみよう** ビッグ・マネー ... 534
- 1.3 貨幣の種類 ... 535
- 1.4 貨幣供給量を測る ... 536
- **経済学を使ってみよう** ドルの歴史 ... 537
- **落とし穴** 貨幣供給に含まれないものは ... 537
- **ちょっと寄り道** すべての通貨って？ ... 538
2 銀行の貨幣的役割 ... 539
- 2.1 銀行がやっていること ... 540
- 2.2 銀行取り付けの問題 ... 541
- 2.3 銀行規制 ... 542
- **経済学を使ってみよう** 素晴らしき哉、銀行制度 ... 544
3 貨幣供給量の決定 ... 545
- 3.1 銀行はどう貨幣を創出するか ... 545
- 3.2 準備金、銀行預金、貨幣乗数 ... 547
- 3.3 貨幣乗数の実際 ... 548
- **経済学を使ってみよう** 貨幣供給量の乗数的下落 ... 550
4 連邦準備制度 ... 551
- 4.1 連邦準備制度の構造 ... 551
- 4.2 連邦準備制度がやること：支払準備制度と公定歩合 ... 553
- 4.3 公開市場操作 ... 554
- 4.4 欧州中央銀行 ... 556
- **ちょっと寄り道** FRBが保有する資産の利子はだれが受け取る？ ... 556
- **経済学を使ってみよう** FRBのバランスシート（貸借対照表）平常と非常 ... 557
5 アメリカの銀行システムの進化 ... 559
- 5.1 21世紀のアメリカ銀行業の危機 ... 559
- 5.2 銀行危機への対応：連邦準備制度の創設 ... 560
- 5.3 1980年代の貯蓄貸付組合（S&L）危機 ... 562
- 5.4 バック・トゥー・ザ・フューチャー、2008年の金融危機 ... 563
- **経済学を使ってみよう** 2008年世界金融危機後の金融規制 ... 566

ビジネス・ケース
完璧なギフト：現金それともギフトカード？ ... 568

Chapter 15 金融政策 ... 579
パーソン・オブ・ザ・イヤー ... 579
1 貨幣需要 ... 580
- 1.1 貨幣保有の機会費用 ... 580
- 1.2 貨幣需要曲線 ... 582
- 1.3 貨幣需要曲線のシフト ... 583
- **経済学を使ってみよう** 支払いのための円 ... 585
2 貨幣と利子率 ... 586
- 2.1 均衡利子率 ... 587
- 2.2 利子率の2つのモデル？ ... 588
- **落とし穴** 目標 対 市場 ... 589
- 2.3 金融政策と利子率 ... 589
- 2.4 長期利子率 ... 591
- **経済学を使ってみよう** FRBは路線を逆にした ... 592
3 金融政策と総需要 ... 593
- 3.1 拡張的金融政策と緊縮的金融政策 ... 593
- 3.2 実際の金融政策 ... 594
- 3.3 金融政策設定のテイラー・ルール方式 ... 595
- 3.4 インフレターゲット ... 596
- **グローバルに比較してみよう** インフレターゲット ... 597
- 3.5 ゼロ下限問題 ... 597
- **経済学を使ってみよう** FRBが欲したもの、得たもの ... 598
4 長期における貨幣、産出量および物価 ... 600
- 4.1 貨幣供給増加の短期および長期的効果 ... 600
- 4.2 貨幣の中立性 ... 601
- 4.3 長期における貨幣供給量の変化と利子率 ... 602
- **経済学を使ってみよう** 貨幣の中立性の国際的な証拠 ... 603

ビジネス・ケース
PIMCOは安いカネに賭ける ... 604

Chapter 15 Appendix 利子率の2つのモデルを整合させる ... 611
1 短期利子率 ... 611
2 長期利子率 ... 613

Chapter 16 インフレ、ディスインフレ、デフレ ... 615
スーツケースを転がしながら銀行へ行こう ... 615
1 貨幣とインフレーション ... 616
- 1.1 貨幣と価格の古典派モデル ... 616
- 1.2 インフレ税 ... 619
- 1.3 ハイパーインフレーションの論理 ... 620
- **経済学を使ってみよう** ジンバブエのインフレーション ... 622
2 ゆるやかなインフレーションとディスインフレーション ... 623
- 2.1 産出量ギャップと失業率 ... 624
- **ちょっと寄り道** オーークンの法則 ... 626
- 2.2 短期フィリップス曲線 ... 626
- **ちょっと寄り道** 総供給曲線と短期フィリップス曲線 ... 628
- 2.3 インフレ予想と短期フィリップス曲線 ... 630
- **経済学を使ってみよう** 恐怖の70年代から素敵な90年代へ ... 631
3 長期のインフレーションと失業 ... 632
- 3.1 長期フィリップス曲線 ... 633
- 3.2 自然失業率再考 ... 634
- 3.3 ディスインフレーションのコスト ... 635
- **グローバルに比較してみよう** 世界のディスインフレーション ... 636
- **経済学を使ってみよう** 1980年代の大きなディスインフレーション ... 636
4 デフレーション ... 637
- 4.1 債務デフレ ... 638
- 4.2 予想されたデフレーションの効果 ... 638
- **経済学を使ってみよう** 2010年のデフレ不安 ... 640

ビジネス・ケース
貨幣印刷の免許 ... 641

Chapter 17 危機とそれがもたらしたもの　649
生地屋から世界の壊し屋へ　649
1│銀行の仕事：その便益性と危険性　650
1.1　収益性と流動性のトレードオフ　651
1.2　銀行の目的　652
1.3　影の銀行と銀行取り付け騒ぎの再来　653
経済学を使ってみよう　リーマンの灯が消えた日　654
2│銀行危機と金融パニック　656
2.1　銀行危機の論理　656
2.2　歴史的な銀行危機：金融パニックの時代　657
2.3　世界中で起きている現代の銀行危機　659
経済学を使ってみよう　エリンの破綻　660
3│銀行危機の帰結　661
3.1　銀行危機、景気後退、そして回復へ　661
3.2　銀行危機による景気後退がこうもひどいわけは？　663
3.3　政府の介入　664
経済学を使ってみよう　銀行と大恐慌　666
4│2008年の危機とその余波　667
4.1　深刻な危機と遅い回復　667
4.2　ヨーロッパへの余波　668
4.3　刺激策と緊縮策をめぐる論争　670
4.4　危機後の停滞からの教訓　671
経済学を使ってみよう　切り詰めたイギリス　671
5│危機後の規制改革　672
経済学を使ってみよう　ベントが額面割れする　674

Part 7│事件とアイデア

Chapter 18 マクロ経済学：事件とアイデア　681
2つの不況の物語　681
1│古典派のマクロ経済学　682
1.1　貨幣と物価　682
1.2　景気循環　682
経済学を使ってみよう　景気循環はいつ始まったか　683
2│世界大恐慌とケインズ革命　684
2.1　ケインズの理論　684
ちょっと寄り道　ケインズの政治学　686
2.2　不況を克服する政策　687
経済学を使ってみよう　大恐慌の終わり　687
3│ケインズ経済学への挑戦　688
3.1　金融政策の復活　688
3.2　マネタリズム　689
3.3　インフレーションと自然失業率　692
3.4　政治的景気循環　693
経済学を使ってみよう　FRBがマネタリズムに求愛した　694
4│合理的期待、リアル・ビジネス・サイクル、新古典派マクロ経済学　695
4.1　合理的期待　695
4.2　リアル・ビジネス・サイクル　696
ちょっと寄り道　サプライサイドの経済学　697
経済学を使ってみよう　全要素生産性と景気循環　698

5│現代マクロ経済学の合意点と対立点　699
問題1　拡張的金融政策は不況の克服に有効か　700
問題2　財政政策は不況の克服に有効か　700
問題3　金融ないし財政政策は長期の失業削減に有効か　700
問題4　財政政策は裁量的に運用すべきものか　701
問題5　金融政策は裁量的に運用すべきものか　701
5.1　危機とその余波　702
経済学を使ってみよう　アイルランドモデル？　704

Part 8│開放経済

Chapter 19 開放経済のマクロ経済学　713
スイスはあなたのおカネにうんざりしているのだ　713
1│資本の流れと国際収支　714
1.1　国際収支勘定　714
ちょっと寄り道　GDP、GNPと経常収支　719
1.2　金融収支をモデル化する　719
グローバルに比較してみよう　巨額の黒字国　721
1.3　国際資本移動の決定要因　723
ちょっと寄り道　世界的なカネ余り　723
1.4　双方向の資本の流れ　724
経済学を使ってみよう　資本移動の黄金時代　724
2│為替レートの役割　726
2.1　為替レートの解明　726
落とし穴　どちらが上がったのか　727
2.2　均衡為替レート　728
2.3　インフレと実質為替レート　731
2.4　購買力平価　733
ちょっと寄り道　ハンバーガーの経済学　734
経済学を使ってみよう　低コスト国アメリカ　735
3│為替レート政策　736
3.1　為替レート制度　737
3.2　どうすれば為替レートを固定できるのか　737
3.3　為替レート制度のジレンマ　739
ちょっと寄り道　ブレトン・ウッズからユーロまで　740
経済学を使ってみよう　中国人民元をペッグする　741
4│為替レートとマクロ経済政策　742
4.1　固定為替レートの切り下げと切り上げ　743
4.2　フロート為替レート制度下の金融政策　744
4.3　国際的景気循環　745
経済学を使ってみよう　ポンド切り下げのよろこび　746
ビジネス・ケース
建設機械戦争　747

訳者あとがき　755
用語解説　760
索引　774

Part 1 What is Economics ?

経済学ってどんな学問？

Introduction

The Ordinary Business of Life
日常の生活

よくある日曜日

　2011年の夏の日曜日の午後、ニュージャージー州中央部の1号線はにぎわっている。何千もの人々が、トレントンからニューブランズウィックまで20マイルにわたって並ぶショッピングモールにつめかけている。買い物客はほとんどみんな上機嫌だ。それもそのはず、モールの商店はおそろしく広範囲の商品を提供しているのだ。精巧な電子機器から流行の衣服、有機栽培の人参まで、何でも買える。この道路沿いにはたぶん10万もの異なる品物が売られている。その大部分は、金持ちにしか買えないぜいたく品ではない。何百万というアメリカ人が買えるもの、そしてまた実際に毎日買っているものだ。

　この夏の日の1号線沿いの光景はもちろん、まったくありきたりのものであり、同じ午後にアメリカ中の何百という他の道路脇にもみられる光景と大差のないものだ。ところで、経済学という学問は、主としてこのようなありきたりの事柄にかかわっている。19世紀の偉大な経済学者アルフレッド・マーシャルが言ったように、経済学は「ありきたりの生活を送る人間の研究」なのだ。

　経済学者はこの「ありきたりの生活」について何が言えるだろうか。じつは、たくさんのことが言えるのだ。本書では、ありきたりの生活のなかにも重要な問題──経済学者がその解決に貢献できる問題──が潜んでいるということをみていく。その一部をあげると、

- 私たちの経済システムはどのようにはたらいているのか。言い換えれば、それはどのようにして財の供給を実現しているのか。
- 私たちの経済システムはどんなときに、またなぜうまくいかなくなり、人々を非生産的な行動に駆り立てるのだろうか。
- なぜ経済には浮き沈みがあるのか。言い換えれば、経済がときどき「悪い年」に見舞われるのはどうしてか。
- 最後に、長期的には下降よりも上昇が主要な筋書きとなっているのはなぜか。つまり、アメリカが、他の先進国とならんで時とともにこんなに豊かになったのはどうしてか。

これらの問題にちょっと目を向けて、本書で学んでいくことをほんの少しだけ先取りしてみよう。

1 みえない手

　ニュージャージー州中央部のありきたりの光景は、植民地時代のアメリカ人、たとえばジョージ・ワシントンを助けて1776年のトレントンの戦いを勝利に導いた愛国者の目からみれば、ありきたりどころではないだろう（当時、トレントンは小さな村でショッピングモールの姿はなく、のちに1号線となった道路沿いに農場が並んでいた）。

　植民地時代のアメリカ人を私たちがいる現在にタイムトラベルさせることができるとしてみよう（そういう筋書きの映画がいくつかあったね）。この時間旅行者は、何に驚くだろうか。

　もちろん、現代アメリカの繁栄そのもの、つまり普通の家族が買える財・サービスの豊富さに驚くだろう。その豊饒ぶりをみて、植民地からの来訪者は、「どうすれば私はこの富のほんの一部でも手に入れられるだろうか」いやたぶん「どうすれば私の社会はこの富のほんの一部でも手に入れられるだろうか」と自問するにちがいない。

　その答えはこうだ。このような繁栄を達成するためには、生産活動——人々が望む財・サービスをつくり出し、欲しがる者に届ける活動——を全体として調整する高機能のシステムが必要だ。私たちが**経済**について語るとき、念頭においているのはそういうシステムのことだ。**経済学**は、財・サービスの生産、分配、そして消費を研究する社会科学なのだ。

> **経済**とは、社会の生産活動を調整するシステムのことだ。
> **経済学**とは、財・サービスの生産、分配、そして消費を研究する社会科学のことだ。

　ある経済が成功しているかどうかは、文字どおり、それがどれだけの財を提供できるかにかかっている。18世紀からの、いや1950年からの時間旅行者でさえ、現代のアメリカ経済がいかにおびただしい数の財を提供しているか、そしていかに多くの人々がそれらを買うことができるかに目を見張るだろう。過去のどんな経済にくらべても、現代の大多数の国々にくらべても、アメリカは信じられないほど高い生活水準を実現しているのだ。

　だから、アメリカの経済は正しく運営されているにちがいない。時間旅行者はその責任者をほめたたえたいと思うかもしれない。でも、わかるかな？　そんな責任者はどこにもいない。合衆国は、多くの企業や個人の分権化された意思決定の結果として生産や消費が実現する、**市場経済**の国なのだ。そこには、人々に何を生産しどこに配達しろという指示を出す中央当局は存在しない。個々の生産者は、いちばんもうかると思うものをつくり、個々の消費者は自分が選択したものを買うだけだ。

> **市場経済**とは、生産と消費の意思決定が、個々の生産者や消費者によってなされる経済のことだ。

　市場経済にかわるシステムは中央当局が生産と消費を決定する指令経済だ。指令経済の実験もなされてきた。もっとも注目すべき例はソビエト連邦で1917年から1991年までの間行われたものだ。しかしうまくいかなかった。ソ連の生産者たちはいつも必要な原材料が不足して、物を生産することができなかったし、たまたま生産できても誰にも需要されないことが多かった。消費者は必要とする物をなかなか手に入れられなかった。買い物客の長蛇の行列は、指令経済の有名な語り草になっている。

序章│日常の生活

　他方、市場経済はきわめて複雑な活動さえもうまく調整し、消費者が必要とする財・サービスを確保することができる。実際、人々はこともなげに自分の生活を市場システムにゆだねている。何千ものビジネス活動が無計画に、しかしなぜか整然と行われている。万一それらが食料の安定供給に失敗するようなことがあれば、大都市の居住者は日ならずして餓死してしまうだろう。驚くべきことに、無計画な市場経済の「カオス」（混沌状態）のほうが、指令経済の「計画」よりもずっと整然と行われることがわかったのだ。

　1776年に、スコットランドの先駆的な経済学者アダム・スミスは、『国富論』（最新の邦訳は山岡洋一訳、2007年、日本経済新聞出版社）の有名なくだりで、個々人が自分自身の利益を追求することが結果的にいかに社会全体の利益に役立つことが多いかを論じている。スミスは、ビジネスパーソンが利潤追求で国富を増やしていることについて、「かれは自分自身の利益しか考えていないが、他の多くの事例と同様にこの事例でも、みえない手に導かれて自分がまったく意図しなかった目的に貢献しているのだ」と書いている。そのとき以来、経済学者は、自己利益の力を結集し社会の利益に結びつけていく市場経済のはたらきを表すのに**みえない手（みえざる手）**という言葉を使うようになった。

> **みえない手（みえざる手）**は、個人の自己利益追求が社会全体のためによい結果をもたらす可能性があることを表すのに用いられる。

　個人がどのように意思決定するか、そしてそれらの決定がどのように相互作用するかを研究する学問は**ミクロ経済学**と呼ばれる。ミクロ経済学の中心的なテーマの1つは、アダム・スミスの洞察、すなわち自分自身の利益を追求する個人がしばしば社会全体の利益を増進する、という洞察の妥当性を探ることだ。

> **ミクロ経済学**は、人々がどのように意思決定するか、そして人々の意思決定がどのように相互作用するかを研究する経済学の一部門だ。

　だから、くだんの時間旅行者の疑問――あなた方が当然のように享受している繁栄を私の社会で実現するにはどうすればよいかという疑問――に対する答えの一部として、彼の社会は市場経済の美徳とみえない手の力を学ぶべきだといいたい。

　だが、みえない手はいつも私たちの友人ではない。個人の自己利益追求がどんなときに、またどうして非生産的な行動に堕してしまうかについて理解しておくことも重要だ。

2 │ 私の利益、あなたのコスト

　くだんの時間旅行者が、現代の1号線について感心しそうにないのは交通だろう。実際、アメリカではたいていのことはよくなってきたが、交通渋滞はたいへん悪化した。

　交通渋滞が起きているとき、1人1人の運転者は同じ道路にいる他のすべての運転者にコストを強いている。文字どおり、互いに邪魔をしあっているのだ。このコストは相当なものだ。大都市圏では、誰かが自動車で通勤すると、公共の輸送機関を利用するか自宅で仕事をする場合にくらべて、他の運転者にゆうに15ドル以上の隠れたコストをかけることになる。にもかかわらず、運転するかどうかを決めるとき、誰一人として他人に及ぼすコストを勘定に入れる者はいない。

交通渋滞はもっと広範にわたる問題の身近な事例にすぎない。個人の自己利益追求は社会全体の利益を増進するどころか、実際には社会に害を及ぼすことがある。そんなことが起こるとき、それは**市場の失敗**といわれる。市場の失敗の他の重要な事例としては、魚介や森林などの天然資源のとりすぎや、大気と水の汚染があげられる。

> 個人の自己利益追求が社会全体に悪い結果をもたらすとき、**市場の失敗**が生じる。

うれしいニュースがある。それは、本書を読んでミクロ経済学を学べば、経済分析を使って市場の失敗を診断できるようになるということだ。しかも、経済分析は問題の解決策を考えるのにもしばしば役に立つのだ。

3 いいとき、悪いとき

2011年のあの日、1号線はにぎわっていた。しかし、あなたが2008年にショッピングモールを訪れていたら、その光景はそれほどにぎやかではなかったはずだ。2008年にはニュージャージーの経済もアメリカ全体の経済も落ち込んでいたからだ。2007年のはじめごろから大量の失業が出始め、2009年の夏になるまで、雇用に改善の兆しはみられなかった。

このようなむずかしい時期があるのは、現代の経済に普通にみられる特徴だ。実際、経済はいつも順調に進むものではない。そこには変動、つまり一連の浮き沈みがある。平均的なアメリカ人は、中年に達するまでに3、4回の**不況**という名の下降期を経験しているはずだ（アメリカ経済は、1973年、1981年、1990年、2001年、そして2007年に深刻な不況に見舞われた）。きびしい不況の時期には、何百万人もの労働者が職を失う。

> **不況**とは経済が落ち込むことだ。

市場の失敗と同様に、不況は人間生活につきものの現実だ。しかし、市場の失敗と同様に、これもまた経済分析で解くことのできる問題なのだ。不況は、経済学のなかで**マクロ経済学**と呼ばれる部門の主要な課題の1つだ。マクロ経済学は経済全体の浮き沈みを研究対象にしている。マクロ経済学を勉強すれば、経済学者がどのように不況を説明するか、さらには政府の政策によって経済変動から生じる被害をいかに最小限におさえられるかがわかるだろう。

> **マクロ経済学**は、経済の全体的な浮き沈みを研究対象とする経済学の一分野だ。

時々不況に見舞われるとはいえ、長期的にみれば、アメリカ経済には下降の時期よりもはるかに多くの上昇の時期があった。この長期的な上昇こそ最終的な重要課題となる。

4 前進、そして上昇

20世紀のはじめ、ほとんどのアメリカ人は、いまなら極貧と思われるような状態にあった。全家庭のうち、水洗トイレがあるのはわずか10%、セントラル・ヒーティングがあるのはわずか8%、電気が引かれているのはわずか2%だった。洗濯機やエアコンはいうにおよばず、ほとんど誰も自動車をもっていなかった。

> **経済成長**とは、経済が財・サービスを生産する能力の増加である。

このように比較してみれば、私たちの生活が**経済成長**、すなわち経済が財・サービ

スを生産する能力の増加によってどれほど変化したかがはっきりする。

　なぜ経済は、時とともに成長するのだろうか。そしてなぜ、経済成長はある時期あるいはある地域で、他の時期あるいは他の地域より急速に進むのだろうか。これらは経済学の重要な問題となる。なぜなら、あの1号線の買い物客たちをみればわかるように、経済成長はよいものであり、ほとんどの人がもっと欲しいものだからだ。

5 発見のエンジン

　ちょっと考えてみれば「ありきたりの生活」が、じつはまったくたいへんなことであり、そのなかには非常に興味深く、重要な問題が潜んでいることをわかってもらえただろうか。

　本書では、経済学者がこれらの問題にどのような答えを出してきたかを紹介する。しかし、経済学自体と同様に、本書はたんなる解答集ではない。本書は一個の学問、すなわち上記のような問題を提起する方法論へのイントロダクションである。経済学とは「ありきたりの生活」を研究する学問だとしたアルフレッド・マーシャルがいったように、「経済学は、……個々の真理の集合体ではなく、個々の真理を発見するエンジンなのだ」。

　それでは、カギを回しエンジンに点火しよう。

キーワード

経済　　2ページ	経済学　　2ページ
市場経済　　2ページ	みえない手（みえざる手）　3ページ
ミクロ経済学　　3ページ	市場の失敗　　4ページ
不況　　4ページ	マクロ経済学　　4ページ
経済成長　　4ページ	

Chapter 1

First Principles

最初の原理

この章で学ぶこと
- 個人がどのように選択するかを理解するための原理。
- 個人の選択がどのように相互作用するかを理解するための原理。
- 経済全体としての相互作用を理解するための原理。

共通の基盤

　アメリカ経済学会の年次大会は、老いも若きも、著名な人も無名の者も、何千という経済学者を引き寄せる。出版社の人間も来るし、教員商談もあり、就職の面接もたくさん行われる。でも、経済学者がそこに集まるのは、主として自分の意見を述べ、また他人の意見を聴くためだ。いちばん忙しいときには、株式市場の将来から共働きの家族で誰が料理をするかにいたるまで、さまざまな話題について同時に60を超える発表がなされる。

　これらの人々が共通してもっているものは何だろうか。株式市場の専門家はたぶん家事については何も知らないだろうし、家事の研究者は株式市場のことには疎いだろう。それはそれとして、経済学者ならたとえ場違いの会場に迷い込んで不慣れな論題の報告を聴く羽目におちいったとしても、覚えのあることを少なからず耳にするはずだ。というのは、どんな経済分析も、多くの異なる問題に適用できる共通のいくつかの原理に基礎をおいているからである。

　これらの原理は、個人の選択にかかわるものだ。経済学は何よりも個人が行う選択を問題にする。夏の間もはたらくのか、それともバックパッカーの旅行に出るのか。新しいCDを買うのか、それとも映画をみに行くのか。こうした意思決定は、限られた選択肢の間で選択することを迫るものだ。限られた選択肢のなかから選択しなければならないのは、どんな人でも望むものすべてを手に入れることはできないからだ。経済学のすべての問題は、いちばん基礎的なところでは、個人の選択行動にかかわっているのだ。

　しかし、経済社会の動きを理解するためには、個人がどのように意思決定をするかを知るだけでは不十分だ。私たちは離れ小島に1人で暮らすロビンソン・クルーソーではない。私たちは他人の意思決定でつくり出された環境のなかで、ものごとを決めなければならないからだ。実際、現代の経済ではあなたのいちばん単純な意思決定、たとえば朝食に何を食べるかというものでさえ、この果物を栽培することを決めたコスタリカのバナナ園主やコーンフレークのトウモロコシを生産したアイオワの農家など、何千という他人の意思決定によって影響を受けている。市場経済のなかにいる私たち1人1人が多くの人々に依存し、彼らもまた私たちに依存しているため、私たちの意思決定は相互作用を起こす。あらゆる経済学はその基本では個人の選択にかかわっているが、市場経済がどのようにはたらくかを理解するためには、経済的な相互作用、すなわち私の選択があなたの選択にどう影響するか、逆にまたあなたの選択が私の選択にどうひびくかについても、理解していなければならない。多くの主要な経済的相互作用は、トウモロコシの市場のような個別の財の市場をみれば理解できる。しかし経済全体には浮き沈みがあり、それゆえ個別の市場で生じる限られた範囲での相互作用だけでなく、経済全体の相互作用についても理解する必要がある。本章では、経済学の12の基本的な原理、すなわち個人の意思決定にかかわる4つの原理、個人の決定が相互に作用する仕方にかかわる5つの原理、それに加えて経済全体の相互作用にかかわる3つの原理についてみることにしよう。

1 | 個人の選択：経済学の核

> **個人の選択**とは、個人が何をすべきかを決定することだが、当然何をすべきでないかの決定も含むものである。

どんな経済学の問題も、もっとも基礎的なところでは**個人の選択**――何をすべきか、また何をしてはいけないかの選択にかかわっている。実際、選択に関係がなければ経済学ではないといってもよいほどだ。

ウォルマートやホームデポなどの巨大店に一歩足を踏み入れると、何千ものちがった商品が目につくが、あなたにせよ他の誰にせよ、欲しいと思うものすべてを買えるなんてことはまずありえない。どっちみち、あなたの寮やアパートのスペースは少ししかないからね。となると、もう1つ本棚を買うか、小さい冷蔵庫を買うかぐらいのところだ。限られた予算や生活スペースを前提とすれば、あなたは何を買い、何を買わないかを選択しなくてはならないのだ。

そもそも、これらの商品が棚に置かれていること自体が、選択によるものだ。店長がそこに置くことを選択し、メーカーがその商品を生産することを選択した結果なのだ。すべての経済活動が個人の選択から生まれている。

表1-1に示したように、個人の選択の経済学の基礎には4つの原理がある。これらについて、1つ1つもっと詳しくみていこう。

表1-1 | 個人の選択の基礎にある4つの原理

1. 人々が選択をしなければならないのは資源が希少だからだ。
2. ある品目の機会費用――それを得るためにあなたがあきらめなければならないもの――こそ、その本当の費用なのだ。
3. 「どれだけか」の決定は限界でのトレードオフを行うこと、すなわちある活動をもう少し増やすことの費用と便益を、もう少し減らすことの費用と便益と比較することだ。
4. 人々は通常インセンティブに反応する。すなわち自分が利益を得る機会を追求する。

原理1　資源が希少だから選択が必要になる

誰でもいつでも欲しいものが手に入るとは限らない。誰でもすてきな場所にある綺麗な家（しかも掃除人付きの）、2、3台の豪華なクルマ、高級ホテルでの頻繁な休暇が欲しいだろう。でも、アメリカ合衆国のような豊かな国でさえ、それらのもの全部を手に入れられる家族はほとんどない。だから、みんな選択をしなければならないのだ。今年ディズニーワールドに行くかもっといいクルマを買うか、小さな裏庭でがまんするか安い土地に住んで遠距離通勤に耐えるか、といった選択だ。

所得が少ないことが欲しいもの全部を買えない唯一の理由ではない。時間も限られている。1日には24時間しかない。時間が限られているから、ある活動に時間を使うという選択は、別の活動には時間を使わないという選択を意味している。たとえば、試験勉強のために時間を使えば、一晩映画をみに行く時間がなくなる。実際、多くの人が日中の時間が足らず、おカネで時間を買っているではないか。たとえば、コンビニは普通のスーパーより高い値段をつけているが、遠くのスーパーまで出かけるくら

いなら、高い値段を払ったほうがましだと考える時間に窮した顧客のために、貴重な役割を果たしているのだ。このことから、個人的選択の第1の原理が導かれる。

人々が選択をしなければならないのは、資源が希少だからだ。

　資源とは、何か別のものを生産するのに使えるもののことだ。資源の目録は通常、土地、労働（利用可能な労働時間）、資本（機械、建物、その他の人工の生産設備）、人的資本（労働者の教育実績やスキル）などから始まる。資源は、その利用可能量がすべての生産用途を満たすほど多量にはないときに、**希少**であるといわれる。たくさんの希少な資源が存在する。そのなかには、自然環境から生み出される鉱物、木材、石油のような天然資源がある。また、労働、スキル、知恵などの人的資源も量的に限られている。人口が急速に増加し成長し続ける世界経済では、きれいな空気や水でさえ希少な資源となってしまった。

　個人が選択をしなければならないのと同じように、資源が希少だということは、社会全体も何らかの選択をしなければならないことを意味している。社会が選択をする仕方はさまざまだ。その1つは、多くの個人の選択によって自然に発生する結果を、そのまま受け入れることだ。これは、市場経済で通常起こっていることにほかならない。たとえば、アメリカ人が全体として1週間に使える時間は限られている。そのなかからコンビニで買い物をして時間を節約するよりも、スーパーマーケットまで出かけて値段の安いものを探すのに費やすだろうか。答えは、個人が決めたことの総和になる。何百万という個人の1人1人がどこで買い物をするかを決める。全体としてどうなるかは、そうした個人の選択の集計にすぎない。

　だがいろいろな理由で、社会が何を決定するかを個人の選択にゆだねておかないほうがよいこともある。たとえば、本書を書いている私たちが住んでいるのは、最近まで農地だったが急速に造成されつつある地域である。大多数の住民は、土地の一部でも自然のままに残しておいたほうが住みやすい地域になると感じている。それなのに、個人としては自分の土地を宅地造成業者に売らずに空き地にしておこうとする者はいない。アメリカの至るところで、地方政府が未開発の土地を買い上げ、空き地として保存する動きが出てきたのはそのためだ。後の章で、なぜ希少な資源の利用に関する決定が、多くの場合に個人に任されたほうがいいのか、しかし時にはもっと高い、共同体のレベルでなされなければならないのか、について学ぶことになるだろう。

> **資源**とは、何か別のものを生産するために使えるもののことだ。
> 資源は**希少**だ。つまり、すべての生産的用途を満たすのに十分なほど利用可能ではない。

原理2　機会費用：何かの本当のコストは、それを得るためにあなたがあきらめなければならないもののことだ

　これが卒業前の最後の学期だ。あなたの授業計画では、とれる選択科目は1つしかない。だが、あなたは2つの科目、コンピュータ・グラフィックス入門とジャズの歴史を何とかとりたいと思っている。

　結局、あなたはジャズの歴史をとることに決めたとしよう。この決定のコストは何だろうか。コンピュータ・グラフィックス入門をとれないことだ。経済学者は、その

> ある品目の本当の費用はその**機会費用**、すなわちそれを得るためにあなたがあきらめなければならないもののことだ。

種のコスト、すなわち、欲しいものを手に入れるためにあきらめなければならないもののことを、**機会費用**と呼んでいる。このことから個人的選択の第2の原理が導かれる。

ある品目の機会費用――それを得るためにあなたがあきらめなければならないもの――こそ、その本当の費用なのだ。

ジャズの歴史を学ぶことの機会費用は、コンピュータ・グラフィックス入門のクラスから得られたはずの楽しみにほかならない。

機会費用の概念は、個人の選択を理解するのに不可欠だ。なぜなら、結局のところ、すべての費用は機会費用だからだ。経済学者はドルやセントではかれる費用や便益だけにかかずらっていると主張する批判者たちがいる。だが、それは間違いだ。多くの経済分析は、私たちの選択科目の例が示すような問題を対象にしている。もう1つの選択科目をとるのに追加的な授業料はかからない、つまり直接金銭的な費用が生じるわけではない。でも、あなたが選択する科目の機会費用は存在する。それは、時間の制約で1つの科目しか選択できないためにあきらめなければならない、もう1つの科目のことだ。

あなたは、機会費用とは追加的なもの、つまりある品目の金銭的費用に追加される何かだと思うかもしれない。選択科目をとるには750ドルの追加授業料がかかるとしよう。いまやジャズの歴史の金銭的費用は750ドルだ。それをとるための機会費用とは、この金銭的費用とは別のものなのだろうか。

2つのケースを考えてみよう。まず、コンピュータ・グラフィックス入門をとるのにも750ドルかかるとしてみよう。この場合、あなたはどちらのコースをとるとしても、750ドルを払わなければならない。だからジャズの歴史をとるためにあきらめなければならないものは、依然としてコンピュータ・グラフィックス入門といえる。いずれにしても、あなたは750ドルを払わなければならないだろう。だけど、コンピュータ・グラフィックス入門のクラスには授業料がかからないとしてみよう。この場合、あなたがジャズの歴史をとるためにあきらめなければならないのは、コンピュータ・グラフィックス入門のクラスだけではない。それに加えてその750ドルであなたが買ったはずのものということになる。

どちらにしても、あなたが好きな科目をとることの機会費用はそのためにあなたがあきらめなければならないもののことだ。究極のところ、あらゆる費用は機会費用なのだ。

あるものを得るためにあなたが払うおカネが、その機会費用をよく表していることがあるが、そうだとはいえないことも多い。金銭的費用が機会費用をいかに表していないかという1つの重要な例として、大学に行く費用がある。たいていの学生にとって、そのための主要な金銭的支出は授業料と住宅費である。しかし、かりにそれらがタダで提供されるとしても、大学に行くのは高くつく。なぜなら、もし大学に行かな

ければ、たいていの者は仕事に就くはずだからだ。大学に行くことで、学生は大学に行かなければ仕事に就いて稼いだはずの所得をあきらめることになる。これは、大学に行くことの機会費用が、授業料と住宅費に仕事に就いて稼いだはずの所得を加算したものであることを意味している。

大学に行くことの機会費用が、そんなことをしている間に多額の所得を稼ぐことができる者にとって、とくに高くつくことを理解するのはたやすい。レブロン・ジェームスのようなスポーツ選手やフェイスブックを創業したマーク・ザッカーバーグのような起業家が大学に行かなかったり、卒業前に大学を去ったりするのはそのためだ。

原理3 「どれだけか」は限界での意思決定

重要な意思決定のうち、あるものは「あれかこれか」の選択である。たとえば、大学に行くか、はたらき始めるかの決定がそれだ。経済学をとるか、他の科目をとるかの決定もそうだ。だが、他のものは「どれだけか」の選択にかかわる。たとえば今期、経済学と化学をとっているならば、あなたはどれだけの時間をそれぞれの勉強にあてるかを決めなければならない。経済学は、この「どれだけか」という決定を理解するのに重要な洞察を与えてくれる。それは、「どれだけか」というのは、限界での決定という洞察だ。

あなたは経済学と化学の両方をとっているが、医学部前期課程の学生なので化学の成績のほうが経済学の成績より重要だとしよう。だからといって、あなたの勉強時間をすべて化学に使い、経済学の試験は一夜漬けですましてもいいといえるだろうか。たぶんちがうだろう。たとえ化学の成績のほうが重要だと思っても、経済学の勉強もある程度はがんばったほうがいいだろう。

化学の勉強にもっと時間をかけることには、便益（この科目の成績が上がる）と費用（その時間に経済学の成績を上げるための勉強など、別のことをする）がある。言い換えれば、あなたの決定は**トレードオフ**——費用と便益の比較——を必要とするということだ。

この種の「どれだけか」の問題を、あなたはどのように決めているのだろうか。よくある答えは、次の1時間をどう過ごすかというように、一度に少しずつ決めていくやり方だ。2つの科目の試験が同じ日にあり、その前日の夜、あなたは両方の科目のノートを見直して過ごすとしよう。午後6時、あなたは各科目に少なくとも1時間は使うべきだと決める。午後8時、あなたは各科目にもう1時間ずつかけたほうがよいと判断する。午後10時になると、あなたは疲れてきて、化学と経済学のどちらかをもう1時間だけ勉強して寝ることにする。あなたが医学部前期の学生なら化学だろうし、経済学前期の学生なら経済学だろう。

あなたは時間配分の決定をしているのだ。各時点であなたの問題は、どちらの科目にもう1時間使うべきかどうかということだ。次の1時間を化学の勉強に使うべきかどうかを決める際に、あなたはその費用（経済学の勉強ができない、あるいは眠れない）と便益（たぶん化学の点が上がる）を対比しているのだ。次の1時間を化

> 何かをすることの便益と費用を比較するとき、あなたは**トレードオフ**をしているといわれる（訳注：トレードオフは経済学で頻繁に使われる概念だが、日本語の定訳がないので、以下では原語のカタカナ表記を用いる。本書の説明を活かしていして訳せば、「便益—費用の関係」ということになろうか）。

学の勉強に使うことの便益が費用よりも大きければ、あなたはもう1時間化学の勉強をするべきだ。

この種の決定——次の1時間で何をするか、次の1ドルで何をするか等々の決定は**限界的決定**と呼ばれる。それらが前提としているのは、限界のところでのトレードオフ、すなわち何かをもう少しだけ増やすか、もう少しだけ減らすかの便益と費用を比較考量することだ。こうして、個人的選択の第3の原理に到達する。

> 「どれだけか」の決定は限界でのトレードオフを行うこと、
> すなわちある活動をもう少し増やすことの費用と便益を、
> もう少し減らすことの費用と便益と比較することだ。

このような決定の研究は、**限界分析**という名前で知られている。私たちが経済学で直面する問題だけでなく、実際の生活で直面する問題は、限界分析を必要とするものが多い。私の仕事場で何人の働き手を雇うべきか。マイカーはどれくらいの走行距離でオイル交換をすべきか。新薬の副作用の許容限度はどれくらいか。経済学で限界分析は中心的な役割を担っている。それがある活動を「どれだけ」なすべきかを決定するカギとなるからだ。

> 何かの活動をもうちょっとだけ増やすか、あるいはもうちょっとだけ減らすかの決定は**限界的決定**である。このような決定の研究は**限界分析**として知られている。

原理4　人々は通常インセンティブ（誘因）に反応する。すなわち、自分が利益を得る機会を見逃さない

ある日、朝の金融関係のニュースを聴いているときに、著者たちはマンハッタンで安く駐車する方法に関するすごい情報を耳にした。ウォール街周辺の駐車場は1日30ドルもかかる。ニュースキャスターによれば、もっといい方法をみつけた人たちがいる。それは、駐車場に車を置くかわりに、マンハッタンオイル交換所でオイル交換をしてもらう（19.95ドルかかる）というものだ。そこでは、あなたの車を1日中預かってくれるのだ。

これは耳寄りな話だが、残念ながら真実ではなかった。マンハッタンオイル交換所なんて存在しなかったのだ。でも、もしそんなところがあれば、多くの人々がそこでオイル交換をしたにちがいない。なぜかって？　人々は、自分の利益になる機会があれば、通常はそれを見逃さないからだ。もし30ドルでなく19.95ドルで車を駐車させることができるなら、誰でもそうするだろう。

この例では経済学者は、人々が自分の利益になる機会を見逃さず行動する、というだろう。こうして、個人的選択の第4の原理を述べることができる。

> 人々は通常インセンティブに反応する。
> すなわち自分が利益を得る機会を追求する。

ある経済状況で個々人がどのように行動するかを予測しようとするなら、彼らがインセンティブ（誘因）に反応する、つまり自分の利益になるように行動すると予想するのがよいだろう。さらには、彼らはこれらの機会を骨までしゃぶり尽くすまで、利

用し続けるだろう。

　もしマンハッタンオイル交換所があり、オイル交換が車を安く駐車する方法であるとすれば、早晩、数カ月とまではいかなくても何週ものオイル交換の待ち行列ができると自信をもって予測できる。

　実際、人々が自分の利益になる機会にとびつくという原理こそ、経済学者によるあらゆる個人行動の予測の基礎にあるものだ。MBA取得者の稼ぎがうなぎのぼりのときに、法学の学位取得者の稼ぎが下がっているとすれば、ビジネス・スクールに行く者の数が増え、法科大学院の入学者は減るだろう。ガソリンの価格が上がり、いつまでも高止まりしているならば、人々はガソリンマイレージの高い小型車を買い始めるだろう。ガソリン価格が高いときには、燃費のよいクルマを運転することで生活を楽にできるからだ。

　最後に指摘しておきたいのは、人々の誘因を変えずに行動を変えようとする試みには、経済学者は懐疑的だということだ。たとえば、製造業者に対して環境汚染を自発的に減らすように呼びかけても、おそらく大した効果はないだろう。これと対照的に、環境汚染を減らす行動に報酬を与える試みがうまくいく確率はずっと高くなるだろう。なぜなら、それは人々の**インセンティブ**を変えるからだ。

▶ 何であれ、行動を変える人たちに利得を与えるような要因は**インセンティブ**（誘因）と呼ばれる。

　以上で経済学をものにする準備が整ったといえるだろうか。じつはまだまだだ。経済で起こる興味深いことがらの大部分は、個人的選択の結果によるものだけではなく、個人的選択の相互作用から生まれるものだからだ。

経済学を使ってみよう　男児か女児か　それはコストの問題だ

　中国に関して議論の余地のない事実は、多くの人々が住む大国だということだ。2009年の時点で、中国の人口は1,331,460,000人だった。そう、13億人以上だ。

　1978年に中国政府は中国の巨大な人口がつくり出す経済的、人口学的な問題に対処するため「一人っ子」政策を打ち出した。当時、中国は非常に貧しかった。中国の指導者たちは、増加する人口を十分に教育し、面倒をみていくことができないのではないかと憂慮したのだ。1970年代の平均的な中国女性は、一生のうちに5人以上の子どもを出産していた。そこで政府はとくに都市部に住む大多数の夫婦の子どもの数を1人に制限することにし、この命令に違反する者には罰則を適用するとした。その結果、2009年には、中国の平均的な女性の子どもの数は、たった1.8人となった。

　だが一人っ子政策は予期せざる不幸な結果をもたらした。中国の大半は農業地域であり、男子は農作業の筋肉労働に向いていることから、家族は女の子よりも男の子を欲しがっていた。そのうえ新婦は夫の家族の一員になり、息子が年老いた両親の面倒をみるのが伝統的な習慣だった。一人っ子政策の結果、中国には「望まれない女児」が過剰になった。ある子は海外の養女に出されたが、あまりにも多くの子が生まれてから1年以内に「失跡」した。放置、あるいは虐待によるものだった。

もう1つの農業地域で貧しい国インドも大きな人口圧力の下にあり、「女児の失跡」という重大な問題を抱えている。インド生まれのイギリス人経済学者アマルティア・センは、1990年にアジアには1億人にのぼる「失跡女性」が存在すると推定している（この数字については異論もあるが、彼が現実に広くみられる問題を指摘したことは間違いない）。これより後、1998年にセンはノーベル賞を受賞している。

　最近になって人口学者は、急速に都市化が進む中国で、事態の明確な転換が生じて

> **ちょっと寄り道**
>
> ### 学校での現金報酬
>
> 　勉強の本当の報酬は、もちろん勉強そのものの楽しみだ。だが、勉強にがんばる意欲がもてない生徒がたくさんいる。教師と政策担当者は、とくに不利な環境にあり、登校率が低く、退学率が高く、標準的なテストの成績が悪い生徒の支援に苦闘してきた。2007〜2008年の調査で、ハーバード大学の経済学者ロナルド・フライヤーは、経済的に恵まれない地域の学校では金銭的なインセンティブ——現金報酬——が生徒の成績の改善に役立つ可能性があることを発見した。現金のインセンティブがどのようにはたらくかについての調査結果は、驚くべきことに予想どおりのものもあった。
>
> 　フライヤーは4つの異なる学区で、異なるインセンティブと異なる成績評価の基準を用いて調査を行った。ニューヨークでは、生徒は標準的なテストの得点に応じた支払いを受けた。シカゴでは学業成績に応じて、ワシントンD.C.では学業成績だけでなく出席率と素行に応じて、ダラスでは2年生は本を1冊読むたびに支払いを受けた。フライヤーは、同じ学校でこのプログラムに参加した生徒と参加しなかった生徒の成績を比較して、調査結果を評価した。
>
> 　ニューヨークでは、このプログラムはテストの得点にみるべき効果をもたらさなかった。シカゴでは、このプログラムの生徒はよりよい成績をあげ、出席率もより高かった。ワシントンでは、このプログラムはいつもいちばん近づきにくい生徒、深刻な素行問題をもつ生徒の登校率を高め、5カ月間の登校に匹敵するぐらいテストの得点を高めた。もっともドラマティックだったのはダラスで起きたことだった。そこでは、生徒の読解力の得点が著しく高まり、現金報酬が終わった翌年までその効果が持続したのだ。
>
> 　これらの多様な結果は、何によって説明できるだろうか？
>
> 　現金報酬で生徒の意欲を高めるためには、生徒が成績評価に影響力をもっていることを確信する必要があるとフライヤーは気づいた。シカゴ、ワシントン、ダラス——学業成績、出席、素行、読んだ本の数など、生徒が効果的に動かすことができる評価基準が与えられているところ——では、このプログラムは意味のある結果を生み出した。これに対して、ニューヨークの生徒は、どうすれば標準的なテストの得点を変えられるかがわからなかったので、現金報酬の見込みは彼らの行動にほとんど影響しなかったのだ。現金報酬のタイミングもまた重要だ。1ドルの報酬は、対応する行動の観測期間が短ければ短いほど、また報酬の支払いが早ければ早いほど効果的である。
>
> 　フライヤーの実験は、人々の行動をインセンティブによっていかに動かすかという問題に、一定の決定的な洞察を与えるものだ。インセンティブをいかに設計するかが非常に重要なのだ。報酬支払いの早さだけでなく、努力とその成果の関連づけがものをいう。しかも、インセンティブの設計は、動かしたい人々の特性にもすくなからず依存している。経済的に恵まれた環境に育った学生を動かすものは、経済的に恵まれない環境にある学生の動機づけにはならないかもしれない。フライヤーの方法は、教師や政策担当者が不利な環境の学生の学業成績を向上させるのに重要な、新しい武器を与えるものとなるだろう。

いると指摘している。都市センターをもつ（1つを除く）大多数の省で、男女の性差の不均衡は1995年にピークに達し、その後、着実に生物学的に自然な比率に向かって低下しているというのだ。多くの識者は、この変化の原因は強力な経済成長と都市化の進展にあると考えている。人々は仕事が増えている都市を目指して移動するにしたがって、農作業ではたらく男児は必要ではなくなる。そのうえ、中国都市部の土地価格は急上昇し、多くの家庭にとって息子の結婚前にマンションを買ってやるという両親の願いはもはやかなわぬものとなった。

　もちろん、農村地域では依然として男児が好まれてはいる。だが時代が変化してきたことの確かな証しとして、夫婦に男児よりも女児を産むにはどうすればよいかを指南するインターネットのウェブサイトが最近急増している。

✔ 理解度チェック　1-1

1. 下記の状況はそれぞれ個人選択の4つの原理を例解している。そのことを説明しなさい。
   a. あるレストランで、あなたが食べ放題のデザート・ビュッフェに向かうのはこれで3度目、あなたのおなかはいっぱいだ。追加料金がかかるわけではないが、あなたはココナッツ・クリームパイをもう一切れとるのをあきらめてチョコレート・ケーキをもう一切れとることにする。
   b. 世界にもっと資源があったとしても、希少性はなくならないだろう。
   c. 何人かのちがう教育助手が複数の経済学初級コース（101）を教えている。いちばん評判のよい教育助手が教える教室はすぐいっぱいになるが、評判の悪い教育助手が教える教室には空席が残っている。
   d. 週に何時間運動をするかを決めるのに、あなたはもう1時間の運動があなたの健康に及ぼす効果と勉強時間がそれだけ少なくなることによる成績への影響を比較する。

2. あなたはフィズキッズ・コンサルタント社の現在の仕事で年に4万5000ドル稼いでいる。ところが、ブラニアック社から年に5万ドルではたらかないかという誘いがきた。下記のうち、どれが新しい仕事を引き受けることの機会費用になるか。
   a. 新しい職場への長くなる通勤時間
   b. 従来の仕事から得られる4万5000ドル
   c. 新しい職場で使えるもっと広い事務所

解答は https://str.toyokeizai.net/books/9784492314906 にある。

▶ちょっと復習

▶どんな経済学も**個人の選択**を前提としている。

▶人々が選択をしなければならないのは**資源**が**希少**だからだ。

▶何かの費用はそれを手に入れるためにあきらめなければならないもののことだ。すべての**費用**は**機会費用**だ。金銭的費用はしばしばそのよい指標になるが、いつもそうではない。

▶多くの選択は、あれかこれかではなく、どれだけかを問題にする。「どれだけか」の選択は限界点での**トレードオフ**でなされる。**限界的決定**の研究は**限界分析**といわれる。

▶人々は自分が利益を得る機会を見逃さない。だから、その行動は**インセンティブ**によってかわる。

2 | 相互作用：経済がはたらく仕組み

序章で学んだように、経済は多くの人々の生産活動を調整する仕組みである。私たちが経験しているような市場経済の場合、この調整は特定の調整者なしに行われている。各個人が自分の選択を自分でしているのだ。だが、この選択は決して相互に無関係に行われているわけではない。各個人の機会は、したがってその選択は、他の人々によってなされた選択に大きく依存しているからだ。市場経済のはたらきを理解するには、私たちは、私の選択があなたの選択に影響し、逆にあなたの選択が私の選択を左右するという**相互作用**を研究する必要がある。

経済的相互作用を調べれば、個人的選択の帰結は1人1人の個人が意図したこととはまるでちがうものになる可能性があることにすぐ気づく。

たとえば、過去1世紀にわたってアメリカの農家は熱心に新しい農法や品種をとり入れ、費用を削減し、収穫を増やしてきた。最新の農業技術を用いることは明らかに個々の農家の利益になるようにみえる。しかし、各人が自分の所得を増やそうとして努力した結果、多くの農家が倒産する羽目に陥ったのだ。アメリカの農家が見事に増産に成功したために、農産物の価格は着実に低下した。価格の低下は多くの農家の所得の減少をもたらし、その結果として農業に携わる人々の数はどんどん少なくなっていった。個々の農家は改良品種のトウモロコシを作付けすればもうかるけれども、多くの農家が改良品種のトウモロコシを生産すれば、グループ全員が貧窮するということになりかねない。

新しい、生産性の高い品種のトウモロコシを作付けする農家は、単にトウモロコシの収穫を増やすだけでなく、そのことによってトウモロコシの市場に影響を及ぼす。その結果は、他の農家や消費者にとどまらず、諸方面に波及する。

選択というテーマのもとに4つの原理があることをみたが、同様に相互依存というテーマのもとには、5つの原理が存在する。これら5つの原理は表1-2に要約しておいたが、その1つ1つについて、より詳しく検討しよう。

> 私の選択があなたの選択に影響し、逆にあなたの選択が私の選択を左右するという選択の**相互作用**はたいていの経済状況にみられる特徴だ。こうした相互作用によって、個人が意図したこととはまったく異なる結果が生じることが少なくない。

表1-2 | 個人の選択の相互作用の基礎にある5つの原理

5. 取引の利益が存在する。
6. 人々がインセンティブに反応することにより、市場は均衡に近づいていく。
7. 社会的目標を達成するため、資源はできるだけ効率的に用いられなければならない。
8. 人々は通常、取引から得られる利益を使い尽くすので、市場は通常、効率を実現する。
9. 市場が効率を達成しない場合には、政府の介入が社会的厚生を高める可能性がある。

原理5 取引は利益をもたらす

私の選択があなたの選択と相互作用を起こすのは、なぜだろうか。ある家族が必要なものを全部自前でとりそろえるなんて——自分用の食材を育て、自分用の着物を縫

い上げ、自分用の娯楽を提供し、自分用の経済学の教科書を執筆するなんて、やってみることはできるかもしれないが、そんな生活は無茶苦茶に悲惨なものになるだろう。誰にとってもそれよりもはるかによい生活のキーワードは**取引**、すなわち、仕事を分割し、各人が他人の必要とする財・サービスを提供し、かわりに自分が望むほかの財・サービスと交換することだ。

　この世に多数の自給自足の人たちがいるのではなく、そのかわりに１つの経済があるのは、**取引の利益**が存在するからだ。仕事を分割し取引することで、２人の人たち（あるいは60億の人たち）は自給自足でいるよりも欲しいものをより多く手に入れることができる。第５の利益はこのようにして導かれる。

▶ 市場経済では、人々は**取引**に従事する。言い換えれば、他の人々に財・サービスを提供し、他の人々からその見返りに財・サービスを受け取っている。

▶ そして**取引の利益**が存在する。人々は取引を通じて自給自足でいるよりも欲しいものをより多く手に入れることができる。この生産量の増加は**特化**、すなわち各人が得意とするものに専念することによるものだ。

取引の利益が存在する。

　取引の利益はこのような仕事の分割──経済学者はそれを**特化**と呼ぶ──すなわち異なる人々が異なる仕事に携わる状況から生まれる。

　特化の利点、それによって生じる取引利益は、1776年にアダム・スミスが書いた『国富論』すなわち多くの人々が学問としての経済学の始まりとみなす書物の出発点であった。スミスの本は、18世紀のピン工場の活写から始まる。そこでは、10人の労働者がそれぞれピン製造の始めから終わりまでやるのではなく、製造工程を多くの段階に分けてその１つに特化するのだ。

「１人が針金を引き伸ばし、もう１人がそれをまっすぐにし、３番目の者が切断し、４番目の者がとがらせる。５番目はピンの頭を付けるために磨き上げる。この頭を作るためにも、２、３の異なる工程が必要だ。頭を付けるのは特別の仕事だし、ピンを白く仕上げるのもそうだ。ピンを紙包みに入れることだって立派な仕事だ。このように、ピンを製造するという重要なビジネスは18もの異なる作業に分けられる。こうしてこれらの10人の労働者がみんなで１日のうちに４万8000本を超える数のピンを作ることができる。けれども、もし彼らがバラバラに独立してはたらき、誰もこの仕事をするための教育も受けていなかったとしたら、１人で１日に20本はおろか、たぶん１本のピンもつくれなかったであろう……」

　経済社会で人々がいかに分業し取引するかを考えてみると、同じ原理があてはまる。各人が１つの仕事に特化して他の人々と取引するとき、社会全体として、より多くのものを生産できるようになる。

　人が通常ただ１つの職業を選択する理由は、特化の利益にある。医者になるためには、長年の勉強と経験が必要だ。民間航空会社のパイロットになるのにも、長年の勉強と経験が必要だ。優れたパイロットになる素質をもった医者は山ほどたくさんいるだろうし、逆もまた真だろう。だが、両方のキャリアを追求する者がいたとしても、はじめからパイロットや医者になると決めていた者ほどすぐれた職業人になれるとは思えない。だからこそ、個人が自分の選んだ職業に特化することが、全員のためにな

るのだ。

　医者やパイロットが自分の専門分野に特化することを可能にしてくれるのが市場だ。医者が飛行機に乗れ、パイロットが医者をみつけられると安心できるのは、民間の航空サービスや医療サービスの市場が存在するからだ。自分の欲しい財・サービスを市場で手に入れられることを知っていれば、人々は安心して自給自足を捨て特化する気持ちになれる。だが、いったいどうして市場が自分たちの欲しいものを提供してくれると思えるのだろうか。この疑問に答えるには、経済全体の相互作用というもう１つの原理に目を向ける必要がある。

原理6　市場は均衡に向かう

　スーパーマーケットの忙しい午後。レジのところには長い行列ができている。すると、いままでしまっていたレジが開いた。何が起こるだろう。

　まず起こるのは、もちろんそのレジへの買い物客の殺到だ。だが、2、3分もすれば事態は落ち着いているだろう。客は並び直しを終えて、新たに開いたレジの行列も他のレジと同程度の長さになるだろう。

　どうしてわかるって？　個人的選択の第4の原理、すなわち人は自分の生活をよくする機会を見逃さないという原理からだ。それによれば、人々は行列で待つ時間を節約しようと新しく開いたレジに移ろうとする。しかし、列を変えても自分の状態を改善できなくなれば、つまり自分の生活をよくする機会がなくなってしまえば、事態は落ち着くことになる。

　スーパーマーケットのレジの話は、経済全体にわたる相互作用とは無関係のように思われるかもしれない。でも、じつに重要な原理の例解になっているのだ。個々人が何か従来とちがうことをしてみても自分の生活をよくすることができないような状況——レジの行列が全部同じ長さになっている状況——は、経済学者が**均衡**と呼んでいるものだ。ある経済状況にあって、何かちがうことをしてみても誰も自分の生活を改善できなくなったとき、その状況は均衡の状態にあるといわれる。

> どの個人も何かちがったことをすることで生活をもっとよくすることができなくなったとき、その状況は**均衡**の状態にあるといわれる。

　オイル交換を頼んで駐車料を払うよりも車を安く預けられるという、まぼろしのオイル交換所の話を思い出そう。そんな機会が実際に存在するのに、人々が依然として30ドルを払い続けているような状況は、均衡にあるとはいえない。

　それこそが、この話が真実ではありえないことの証拠であったのだ。実際にそんなことがあったなら、レジの行列で時間を節約しようとしたのと同じように、みんな駐車料金を節約しようとしてその機会を鷲づかみにし、しゃぶり尽くしてしまったはずだ。つまり、オイル交換の契約をすることが非常にむずかしくなるか、その料金がものすごく高くなって（あなたが本当にそれを必要としていれば別だが）魅力的な話ではなくなってしまったはずだ。こうして、第6の原理に到達する。

人々がインセンティブに反応することにより、市場は均衡に近づいていく。

　あとでみるように、市場は通常価格の変化を通じて均衡に近づいていく。人々が生

> **ちょっと寄り道**
>
> ### 右側通行か左側通行か
>
> 　アメリカの人たちは、どうして道路の右側でクルマの運転をするのだろうか。もちろん、それは法律で決まっていることだ。でも法律になるずっと前から、それは均衡だったのだ。
>
> 　正規の道路交通法が制定される前には、非公式の「道路のルール」すなわち誰もがみんなそれにしたがうと期待していた慣行があった。そのルールのなかに、原則として道路の片側通行を守るという合意があった。イングランドのように、あるところでは左側通行がルールだった。フランスのような別のところでは、右側通行がルールだった。
>
> 　なぜあるところでは右側で、他のところでは左側なのか。その理由はよくわかっていないが、何が主要な交通形態だったかによるものかもしれない。馬に乗り、剣を左腰にさした男たちは左側を通行することを好んだはずだ（馬に乗り降りすることを考えてみればわかるだろう）。他方、右利きで馬をひいて歩く人たちは、明らかに右側通行を好んだだろう。
>
> 　どちらにせよ、いったん道路のルールができあがると、各個人は道路の「通常の」側を通行する強いインセンティブをもつようになった。それを守らない者は対向車と衝突を繰り返すことになるからだ。だからいったんできあがった「道路のルール」は自動的に守られることになる。それは均衡となるのだ。今日では、道路のどちら側を運転するかはもちろん法律で決められている。なかには、運転する側を変更した国さえある（スウェーデンは1967年に左側から右側に変えた）。
>
> 　だが、歩行者についてはどうだろうか。法律はないが、非公式のルールはある。アメリカでは、都市の歩行者たちは通常右側を歩く。だがもし左側運転の国に行くようなことがあれば気をつけたほうがいい。左側運転の国では、通常同じ左側を歩く。だが外国では、地元の人たちと同じようにしたほうがよい。右側を歩いても逮捕されるようなことはないが、均衡を受け入れ左側を歩くよりも具合が悪いことになるだろう。

活をさらに改善する余地がなくなるまで、価格が上がったり下がったりするのだ。

　均衡の概念は、ときに複雑なものとなる経済的な相互作用を解きほぐして、進む道を示してくれる。そのため、この相互作用を理解するのに、非常に役に立つのだ。スーパーマーケットのレジで新しい行列ができたときに何が起こるかを理解するためには、買い物客たちが正確にどう並び直すかとか、誰が誰の先に出るかとか、開いたばかりのレジはどれかなどの些事に気を配る必要はない。あなたが知る必要があるのは、変化が起きたときにはいつでも事態は均衡に向かうということなのだ。

　市場が均衡に向かうという事実は、私たちが市場のはたらきを予測し、信頼するための基礎となるものだ。実際、私たちは市場が生活必需品を供給してくれると信じている。たとえば、大都市に住む人々はスーパーマーケットの棚がいつも商品でいっぱいになっていると信じてよい。なぜか。もしある食品の流通業者が配達をしないならば、配達する業者に大きな利潤機会が訪れ、ちょうど新たに開いたレジに買い物客が殺到するように、食品の供給ラッシュが始まるだろう。このように、市場は大都市に住む人々がいつでも食品を入手できるということを保証する。そして、前に述べた原理に立ち返るならば、このことは大都市居住者が大都市居住者であり続けることを、農場に住んで自分の食料を栽培するかわりに都市の仕事に特化することを可能にする

ものなのだ。

　市場経済は人々が取引の利益を実現することも助けてくれる。しかし、私たちは経済がいかによく機能しているかを、どのようにして知ることができるのだろうか。次に述べる原理は、経済の性能を評価するのに用いられる基準を与えるものである。

原理7　社会的目標を達成するため、資源はできるだけ効率的に用いられなければならない

　学生数にくらべてせますぎる教室で授業を受けている様子を思い浮かべてみよう。多くの学生たちが立たされ、あるいは床に座らせられている。近くに大きな、空っぽの教室があるというのに。あなたは、こんな大学のやり方はなっていないというだろう。まさに正しい指摘だ。経済学者は、これを非効率的な資源利用と呼ぶ。

　ところで、資源の非効率な利用が望ましくないとしても、資源の効率的利用とは、いったいどういうことだろうか。あなたは、資源の効率的利用とはおカネにかかわること、つまりドルやセントで測れることだと思うかもしれない。しかし、実生活と同様に、経済学ではおカネは他の目的のための手段にすぎない。経済学者が真に問題にする価値尺度はおカネではなく、人々の幸福とか厚生だ。経済学者に聞けば「経済の資源が効率的に利用されているといえるのは、資源がうまく用いられ、みんなの暮らしをよくするためにあらゆる機会が活用され尽くされているような状態だ」という答えが戻ってくるだろう。別の言い方をすれば、他の人々を犠牲にすることなく誰かの暮らしむきをよくする余地がないような場合にはじめて、その経済は**効率的**だということができる。

> 他の人々を犠牲にすることなく誰かの暮らしむきをよくする余地がないような場合にはじめて、その経済は**効率的**だということができる。

　先ほどの教室の例では、大学の他の誰にも迷惑をかけずにみんなを幸せにする方法が存在することは明らかだ。その授業を大きいほうの教室に移しさえすればよい。その授業に小さいほうの教室をあてるのは大学の資源の非効率な利用方法であり、大きいほうの教室をあてるのが効率的な利用方法であったろう。

　経済が効率的であるときには、与えられた利用可能な資源のもとで最大限の取引の利益が引き出されているといえる。なぜか。所与の資源の利用の仕方をどのように変えても、みんなをもっと幸せにすることはできないからだ。経済が効率的であるときには、誰か1人でももっと幸せにするように資源の利用の仕方を変更すれば、必ず他の人たちの暮らしむきを悪化させることになる。先ほどの教室の例では、もしもっと大きい教室がすでにいっぱいであれば、大学は効率的に運営されていたといえるかもしれない。あなたのクラスを大きい教室に移せば、あなた方はよくなるが、それは他の人々を小さい教室に移し不幸な状態に陥れることによってのみ可能なのだ。ここで、第7の原理を明言することができる。

社会的目標を達成するため、資源はできるだけ効率的に用いられなければならない。

　経済政策を立案する人々はいつでも経済的効率を達成するように努力すべきだろうか。うーん、そうとも言い切れない。効率は経済を評価するための唯一の基準ではな

いからだ。公正とか**公平**も重要だからだ。しかも、公平と効率は通常トレードオフの関係にある。つまり、公平を推し進めるような政策は、経済の効率を損なうというコストがかかり、逆もまたそうである。

　この点を理解するため、公共の駐車場で身体障害者専用に設けられた駐車スペースについて考えてみよう。高齢や身体に障害があるため、歩行が著しく困難になっている人たちがたくさんいることを思えば、彼らのために出口に近いところに特別の駐車スペースを設けてあげるのは、もちろん公正なことだ。でも、あなた方はそこに非効率な点もあることに気づいていたかもしれない。身体障害者が必要とするときにはいつでも適当な空きスペースがみつかるように、通常きわめて多くの障害者専用スペースが設けられている。だから、そのようなスペースを必要とする障害者の数よりも多くのスペースがいつでもある。その結果、障害者専用スペースは使われていないのだ（障害のない人たちにとって、そのような空きスペースを使いたいという誘惑はあまりにも強く、それを何とか抑えているのは違反すれば罰金を取られるという恐怖だけというありさまだ）。駐車スペースを配分する係員がいない場合、障害者に「より公正」な処遇をするという公平と、出口に近い駐車スペースが使われないまま放置されるようなことをなくして人々の暮らしをよくする機会を活用するという効率とは、このように矛盾する可能性があるのだ。

　政策立案者たちが効率よりも公平を正確にどのくらい優先すべきかは、政治過程の核心に迫る、非常にむずかしい問題である。それ自体は、経済学者に答えの出せる問題ではない。経済学者にとって重要なのは、社会的目標がどんなものであっても、その達成のために社会の資源をできるだけ効率的に利用する方法を探すことなのだ。

> **公平**とは、誰もが自分の公正な分け前を受け取るということだ。しかし、何が「公正」かについては意見が分かれるから、公平の概念は効率の概念ほど明確に定義されているとはいえない。

原理8　市場は通常、効率を達成する

　市場経済の一般的な効率性を保証するような政府機関は存在しない。脳外科医が畑を耕したり、ミネソタの農家がオレンジの栽培に乗り出したり、といったことがないように監視している役人はいない。たいていの場合、それはみえざる手の仕事であり、政府が効率の達成を強制する必要はない。

　別の言葉でいえば、市場経済に組み込まれているインセンティブによって、資源は通常善用され、人々の暮らしをよくする機会は通常あまさず活用されるようになっているのだ。もしある大学が、大教室が空いているのに学生を小さい教室に詰め込んでいるという評判を立てられれば、日ならずして入学者は減少し、経営者は危地に立たされるだろう。大学生の「市場」がうまく反応して、経営者が効率的に大学を経営するように誘導するのだ。

　なぜ市場は、おおむね資源がよく利用されるように、うまくはたらいてくれるのだろうか。この問題の詳しい解明は、市場が実際にどのようにはたらいているかを勉強するまで、おあずけにしておかなければならない。しかし、もっとも基本的な理由は、個人が何を消費し、何を生産するかを自由に決められる市場経済では、互いの利益になる機会は通常逃さず使われるということだ。もしある人々の利益になるやり方があ

れば、通常その機会は利用される。それはまさにみんなの暮らしをよくする機会が残らず利用されるという効率の定義に含まれていることだ。こうして、第8の原理が導かれる。

人々は通常、取引から得られる利益を使い尽くすので、市場は通常、効率を実現する。

しかし、序章で学んだように、市場は一般に効率的であるという原理には例外がある。市場の失敗が起こる場合には、市場にみられる自己利益の追求が社会の厚生を損なう、すなわち市場が非効率な結果を生み出すことがある。次の原理を検討する際にみるように、市場が失敗するときには、政府の介入が事態の救済に役立つ可能性がある。とはいえ、市場の失敗の事例を別にすれば、一般的原則として、市場は経済を組織するきわめて優れた方法だといえるだろう。

原理9 市場が効率を達成しない場合には、政府の介入が社会的厚生を高める可能性がある

序章で述べた交通渋滞による市場の失敗の性質を思い出そう。それは、仕事場にクルマで通う人たちが、自分の行動が他の運転者に対して交通の混雑を増加させるという形で及ぼすコストを考慮するインセンティブを、まったくもっていないということだった。このような状況に対する救済策はいくつかある。たとえば、道路使用料の取り立て、公共輸送の補助、運転者に対するガソリン税の賦課などだ。これらはどれも、潜在的な運転者のインセンティブを変えることによって運転を減らし、他の交通手段を利用するように動機づけるものだ。これらに共通するもう1つの特徴は、政府の市場に対する介入を要件としているということだ。こうして、私たちは相互作用をめぐる5番目の、そして最後の原理、すなわち、

市場が効率を達成しない場合には、政府の介入が社会的厚生を高める可能性がある。

という原理に引き寄せられる。この原理は、市場がうまくはたらかないときには、適切に設計された政府の政策で社会の資源利用を変えさせることにより、社会の資源配分をより効率的にすることができると言い換えてもよい。

なぜ市場は失敗するか、社会的厚生を改善するためにどのような政策を採用すべきかを研究するのは、経済学のきわめて重要な課題だ。これらの問題と救済策については後の章で深く学ぶ予定だが、ここではなぜ市場が失敗するかを短くまとめておこう。

- 個人の行動が、市場では適切に考慮されない副作用を及ぼす。1つの例は、公害を引き起こす行動だ。
- 取引の一方の側が自分の資源の分け前を増やそうとして、相互に有益な取引の実現を妨げる。1つの例は、価格を生産コストよりも高くして、必要としている人が買えなくなるようにしている製薬会社だ。

■ある種の財は、もともと市場での効率的な処理には適さない性質をもっている。1つの例に航空管制サービスだ。

経済学の勉強で重要なことは、市場がどんなときによくはたらくかだけでなく、どんなときに機能しないかをみきわめ、それぞれの場合に適切な政府の政策は何かを判断できるようになることだ。

経済学を使ってみよう☞ 高速道路での均衡の回復

1994年、強い地震がロサンゼルス地区を襲い、いくつかの高速道路の橋が倒壊し、何十万人ものマイカー族が正常に通勤できなくなった。それに続いて起こった出来事は相互依存的な意思決定――この場合にはいかにして仕事場に行くかという通勤者の意思決定――のおあつらえ向きの好例といえる。

地震の直後には、道路交通への影響が大いに心配された。運転者たちが別のルートに押しかけ、ふさがった道路を避けて回り道するため市内道路を使うと予想されたからである。市役所やニュース番組は、通勤者に対してたいへんな遅れが避けられないと警告し、不必要な運転をやめ、ラッシュアワーの前後に通勤できるように就業時間をずらすか、大量輸送機関を利用するように呼びかけた。これらの警告は予想外に効果があった。実際、多くの人々が耳を傾けた結果、地震のあとの数日間は、仕事場への通常の通勤ルートを変えなかった者は、じつは前よりも速く往復できたほどだ。

もちろん、こうした事態は長続きしなかった。実際には交通事情は少しも悪くないという噂が広がるにつれて、人々は不便な新しい通勤手段を捨ててマイカー通勤に戻り、交通事情は段々悪くなっていった。地震の数週間後には、深刻な交通渋滞が起こった。しかし、さらに数週間たつと、事態は安定化した。いつもよりひどい混雑の現実をみて、多くのドライバーが行いを改め、全市にわたる交通渋滞の悪夢を未然に防いだ。要するに、ロサンゼルスの交通は新しい均衡に落ち着き、個々の通勤者たちは、他の人々の行動を所与として自分にとっていちばんよい通勤方法を選択するようになった。

ところで、話はそれで終わりではない。都市の交通が窒息状態になることを恐れた地方政府は、記録的なスピードで道路の補修を行った。地震から18カ月後には、すべての高速道路は正常に戻り、次の地震への備えもできたのだ。

✓ 理解度チェック　1-2

1. 下記の状況はそれぞれ相互作用の5つの原理を例解している。そのことを説明せよ。

   a. 大学のウェブサイトを通じて、使用済みの教科書を最低30ドルで売りたい学生は、それを30ドルで買いたい学生に売ることができる。

◀ ちょっと復習

▶たいていの経済状況の1つの特徴は、個々人によってなされる選択の**相互作用**である。その最終結果ははじめに意図されたのとはまったくちがったものとなるかもしれない。市場経済では、この相互作用は個々人の間の**取引**という形をとる。

▶個々人が相互作用するのは**取引の利益**があるからだ。取引の利益は**特化**によって生じる。市場は通常は**均衡**に向かう。それは人々が取引の利益を使い尽くすからだ。

▶社会の目標を達成するため、資源はできるかぎり**効率的**に使わなければならない。しかし、効率は経済の唯一の評価基準ではない。**公平**もまた望ましい。公平と効率は往々にしてトレードオフの関係にある。

▶一定のよく定義された例外を別にすれば、市場は通常は効率的である。市場が効率を実現できない場合には、政府の介入が社会的厚生を高める可能性がある。

b. 大学の個人指導協同組合で、学生たちは自分が（経済学のように）得意な科目の個人指導を提供し、見返りに（哲学のように）不得意な科目の個人指導を受ける取り決めをすることができる。
　　c. 地元の市役所が住宅地域の近くにあるバーやナイトクラブに騒音を一定水準以下に抑えることを命じる条例を制定する。
　　d. 低所得の患者によりよい医療を提供するため、市役所は利用度の低い近所の診療所を閉鎖して、中央病院に資金を移すことにした。
　　e. 大学のウェブサイトでは、同じタイトルの本でいたみの度合いがほぼ同じものはほぼ同じ値段で売られている。
2. 以下の記述のうち、どちらが均衡状態を表しているか、どちらが表していないか。理由をのべて答えなさい。
　　a. 大学の食堂の筋向かいにできたレストランは、大学の食堂よりも安い値段でもっと味のよい料理を出している。大多数の学生は引き続き大学の食堂で食べている。
　　b. 現在、あなたは地下鉄で職場に通っている。バスのほうが料金は安いのだが、時間がもっとかかる。あなたは時間を節約するために高い地下鉄の料金を払っているのだ。

解答は https://str.toyokeizai.net/books/9784492314906 にある。

3 経済全体にわたる相互作用

　序章で述べたように、経済は全体としていいときと悪いときがある。たとえば、2008年にアメリカの商店街が軒並み売れ行き不振となったのは、経済が全体として不況に陥ったためだ。2011年までには、経済はいくぶん回復した。経済の不況と回復を理解するためには、経済全体にわたる相互作用を理解する必要がある。そして経済の大きな全体像を理解するためには、さらにもう3つの原理を理解する必要がある。経済全体にわたるこれらの3つの原理は表1-3にまとめられている。

表1-3 経済全体にわたる相互作用の原理

10. ある個人の支出は、他の個人の所得となる。
11. 経済全体の支出は、しばしば経済の生産能力と釣り合わない。
12. 政府の政策は、支出の変化を可能にする。

原理 10 ある個人の支出は、他の個人の所得になる

　2006年、アメリカの住宅建設業界は売り上げがどんどん減り、急速に衰退し始めた。はじめのころは、損害は主として住宅産業に限られていたが、時間が経つうちに経済全体に蔓延し、消費支出が全面的に減少した。
　だが住宅建設の減少が、なぜショッピングセンターの店を空っぽにしていったのか。

何といっても、ショッピングセンターは建設業者ではなく、家族が買い物をするところだ。

その答えは、住宅建設への支出が減ると経済全体の所得が減っていくということだ。直接建設業に雇われていた人々、建設業者が必要とする財・サービス（壁板など）を生産する人々か、あるいは新しい住宅購入者が需要する財・サービス（家具など）を生産する人々が職を失ったか、賃金の切り下げを呑まされたのだ。所得が減ると、消費支出も減っていった。この例は10番目の原理を明らかにしてくれる。

ある個人の支出は、他の個人の所得となる。

市場経済では、人々は何か（自分自身の労働も含め）を他の人々に売ることによって生計を立てている。もし経済のなかのあるグループが、理由は何であれ支出を増やす決断をしたとすれば、他のグループの所得が上がるだろう。あるグループが支出を減らす決断をしたならば、他のグループの所得は減るだろう。

個人の支出が他の個人の所得となるのだから、支出の連鎖反応が経済全体に広がる反響を生み出していく可能性がある。たとえば、2008年に起こったような企業の投資支出の引き下げは家計所得の減少をもたらす。家計は消費支出を切り詰める。これはまた次の所得減少の連鎖を生みだす、等々。こうした反響効果は、不況とその回復をめぐる私たちの理解を深めるのに重要な役割をはたす。

原理 11 経済全体の支出は、しばしば経済の生産能力と釣り合わない

マクロ経済学は、1930年代に経済学の１つの部門として登場した。それは、消費支出、投資支出の減少、銀行産業の危機、その他もろもろの要因があいまって経済全体の支出が落ち込んだ時期だった。この支出の落ち込みは、大恐慌として知られる非常に高い失業が続く事態をもたらした。

1930年代の困難から経済学者が学んだことは、全体としての支出——消費者と企業が全体として買いたい財・サービスの数量——が、経済が生産できる財・サービスの数量と釣り合わないことがあるという事実だった。1930年代には、支出はアメリカの労働者をすべて雇用し続けるのに必要な水準をはるかに下まわっていた。その結果が深刻な経済不振だった。実際、支出不足はすべてではないとしても、ほとんどすべての不況の要因だといえる。

全体としての支出が高すぎることもありうる。この場合には、経済はインフレーション、すなわち経済全体にわたる物価の上昇を経験する。物価が上昇するのは、人々が買いたい数量が供給を上まわり、生産者が価格を引き上げても顧客を失うことはないからだ。支出不足、支出過剰の両方の可能性があることを念頭に置けば、11番目の原理を次のように述べることができる。

経済全体の支出は、しばしば経済の生産能力と釣り合わない。

原理 12 政府の政策は、支出の変化を可能にする

経済全体の支出は、しばしば経済全体の生産能力と釣り合わない。では、このことについて何かできることがあるだろうか。イエス、私たちの12番目の原理はまさにそのことを示すものだ。

政府の政策は、支出の変化を可能にする。

実際、政府の政策は支出に劇的な影響を及ぼす。

1つには、政府自体が軍事施設から教育まで多くのものに多額の支出をしている。またその数量を選択することができる。政府はまた、国民から税金の形でどれだけ徴収するかを決めることができ、それを通じて消費者や企業の余力を左右することができる。さらに、政府による流通貨幣量の制御は、総支出を左右するもう1つの強力な武器となることがわかってきた。政府支出、課税、そして貨幣量の制御はマクロ経済政策の手段である。

現代の政府は、これらマクロ経済政策諸手段を動員して総支出をコントロールし、景気後退とインフレーションという危険の間のかじ取りを試みている。その努力はいつも成功するわけではない。景気後退はいまでも起きているし、インフレの時期も続いている。しかし、2008年と2009年に政府がとった果敢な総支出政策が、2008年の金融危機が本格的な恐慌に発展していくのを食い止めたと広く信じられている。

経済学を使ってみよう ☞ ベビーシッティングの冒険

陸軍の家族に情報を提供する、myarmyonesource.com というウェブサイトで、ベビーシッティング協同組合──いろいろな生活の場でよくある組織──への加入をすすめる提案が出ていた。そこでは、多数の両親がベビーシッティングのために人を雇うのではなく、子守りのサービスを提供しあうのだ。しかし、すべての加入者がどのようにしてこの仕事を公平に分担すると保証できるのだろうか。myarmyonesource.com は「ほとんどの組合員はおカネではなく切符やポイントを交換しあっている。組合内の赤ちゃんの子守りをすることで切符かポイントを稼ぐ。子守りが必要になったら会員名簿に載っている友だちを呼び出し、切符で払う。みんな他の会員の赤ちゃんの子守りをすることで切符を稼いでいるのだ」としている。

いってみれば、ベビーシッティング協同組合は、人々が子守りのサービスを売買するミニチュア経済なのだ。それはまた、マクロ経済で起こるような問題をかかえる経済でもある。1977年に公刊された「貨幣理論と大キャピトルヒル・ベビーシッティング協同組合の危機」と題する有名な論文は、ベビーシッティング協同組合が切符の不足によって見舞われた困難を解説している。ベビーシッティング協同組合の人たちは、子守りが必要になる事態に備えて、平均して数回分のチケットをあらかじめ貯めておきたいと思っている。

この場合、はじめから切符の予備数があまりなかったため、多くの親たちは子守りを買って出て予備切符を増やすことばかり考え、外出してそれを減らすのをいやがった。だが1組の親が外出するのは他の親が切符を稼ぐチャンスとなるので、切符を稼ぐこと自体が困難になった。このことを知って、親たちは特別の日でなければ出かけて予備切符を使うことをますますいやがるようになった。

　要するに、協同組合は不況におちいったのだ。ベビーシッティングではなく、より大きい現実の経済における不況は、これよりも少し複雑だが、キャピトルヒル・ベビーシッティング協同組合の困難は経済全体にわたる相互作用の3つの原理のうち2つまでを実証するものといえる。

　ある個人の支出がすなわち他の個人の収入なのだ。子守りをして所得を稼ぐチャンスは、他の個人が外出しなければありえない。経済全体も過小な支出によって損失をこうむる。外出する親たちが少なければ、子守りの機会がなくなることで、みんなが困るのだ。

　それでは、支出を変化させる政府の政策についてはどうだろうか。実際、キャピトルヒル・ベビーシッティング協同組合はそれをやったのだ。いろいろ試みたあげく、組合はもっと多くの切符を配給することで問題を解決した。手持ちの切符が増えたので、人々はもっと出歩くようになった。

✓ 理解度チェック 1-3

1. 以下の各事例が経済全体にわたる相互作用をいかに例証しているかを説明しなさい。
   a. 雇用が落ち込み失業が大幅に急増していた2009年、ホワイトハウスは議会に対して一時的な支出増と減税の一括法案の可決を促した。
   b. 石油会社はカナダの「オイルサンド」から石油を抽出する事業に大きな投資をしている。その近くのアルバータ州エドモントンでは、飲食店などの消費施設がブームになっている。
   c. 2000年代の半ば、住宅建設ブームに沸いていたスペインではヨーロッパでいちばん高いインフレが生じていた。

解答は https://str.toyokeizai.net/books/9784492314906 にある。

◀ ちょっと復習

▶市場経済では、ある個人の支出は他の個人の所得になる。その結果、支出行動の変化は経済全体に波及する反響効果をもつ。

▶経済全体の支出はしばしば経済の財・サービスの生産能力と釣り合わない。支出が少なすぎれば、景気後退が生じる。支出が多すぎれば、インフレを引き起こす。

▶現代の政府は、景気後退とインフレのはざまで経済を上手に運営するようにマクロ経済政策の手段を駆使する。

BUSINESS CASE

ビジネス・ケース

Priceline.com はいかにして旅行業に革命をもたらしたか

　2001年と2002年に、旅行産業は深刻な難局にあった。2001年のテロ攻撃のあと、多くの人々は飛行機の利用を止めていた。経済が深刻な不振に落ち込んでいくなかで、飛行機は誘導路にからっぽのまま放置され、航空会社は何十億ドルもの損失を出した。いくつかの大きな航空会社が倒産に瀕して10万人もの労働者を休職させたとき、下院は150億ドルの包括的救援法案を通過させ、これが航空機産業の安定化に決定的な役割をはたすことになった。

　それはオンラインの旅行サービス会社 Priceline.com にとっても、とりわけ苦しい時期だった。創業後ちょうど4年、Priceline.com は倒産の危機にさらされていた。この会社の命運は劇的に変転していた。1999年、創業後1年にして、投資家たちは旅行産業に革命をもたらすその潜在力に瞠目して、90億ドルの価値があると評価していた。しかし2002年になると、彼らの見方は決定的に暗転し、その評価を95％も下げて、わずか4億2500万ドルしかないとした。

　悪いことに、Priceline.com は当時1年に数百万ドルもの損失を出していた。にもかかわらず、会社は何とか生きのびた。2010年現在、投資家たちはその価値を88億ドルと見込んでいる。この会社は生きのびただけでなく、栄えているのだ。

　Priceline.com はいったいどうして、旅行産業にそんな革命的なことができたのか、恐ろしい不況の最中に何が会社を生き返らせ、繁栄に導いたのだろうか。

　Priceline.com の成功の秘密は、自社と顧客の利益のために使える機会を探し当てる能力をもっていたことである。この会社は、飛行機が空席のまま出発しホテルに空室があるときには、どちらも機会費用──もし座席や空室をうめることができたら得られたであろう利益──を負担しているということを理解していた。一方では、少々値段が高くてもフライトやホテルを早くから予約する安全策を好む旅客がいるが、他方では望ましいフライトやホテルを確保できなくなるリスクをおかしても、料金が安くなる最後の1分間まで待つことをいとわない人たちがいる。

　顧客は一定の旅行またはホテルについて、支払う用意がある料金を特定する。これに対して Priceline.com は、航空会社やホテルからその料金──旅行の日時が近づくにつれて下がることが多い──で受けるという申し出を集めて顧客に提示する。売れ残った収容力がある航空会社とホテルと、好みを少々犠牲にしても料金が安ければよいという顧客をつなぐことで、Priceline.com は自社を含めすべての関係者の利益になることをしているのだ。自社には取引ができるたびに手数料が入るのだから。

　Priceline.com は Expedia や Orbitz といった新参の会社から市場への挑戦を受けたときも、地に足をつけて俊敏に行動した。彼らに対応してホテルの予約と、オンラインの旅行産業がまだきわめて小規模だったヨーロッパに、ビジネス資源を積極的に移していったのだ。そのネットワークは、全国規模のホテルチェーンが圧倒的な支配力をもつアメリカ市場にくらべて、多数の小規模ホテルからなるヨーロッパ市場でと

りわけ貴重だった。この努力は酬（むく）われた。2003年までに Priceline.com ははじめて利益を計上したのだ。

いまや Priceline.com は、90以上の国々で10万以上のホテルを擁するネットワークをもっている。2010年現在、その売り上げは前3年の各年に少なくとも前年比24%も増加し、2008年の不況時にも34%も増加した。

旅行産業は明らかに変わった。今後も同じ状態にとどまることはないだろう。

ビジネス思考力を鍛えよう

1. このストーリーで、経済学の12の原理がいかに応用されているか説明しなさい。

要約

1. あらゆる経済分析は、一連の基本的な原理に基礎をおいている。これらの原理は、経済の活動の3つのレベルで適用される。第1に、個人がどのように選択を行うか、第2にそれらの選択がどのように相互作用するか。第3に、経済が全体としていかに機能しているか。

2. 誰でも、何をなすべきか、なすべきでないかの選択をしなければならない。**個人の選択**は経済学の基礎になっている。個人の選択に関係がないようなものは経済学ではない。

3. 選択がなされなければならない理由は、**資源**——何か別のものを作るのに必要とされるもの——が**希少**だからだ。個人の選択はおカネと時間によって制約される。経済全体の選択は人的資源や天然資源の供給によって制約される。

4. 限られた選択肢のなかから選択しなければならないから、どんなものでもその費用はそれを手に入れるためにあきらめなければならないものに他ならない。その意味で、すべての費用は**機会費用**なのだ。

5. 多くの経済的な決定は「あれかこれか」ではなく、「どれだけか」というものだ。ある財にどれだけ支出するか、どれだけ生産するか等々。このような決定は、限界での**トレードオフ**、すなわちもう少しするか、もう少ししないかの費用と便益の比較によってなされる。この種の決定は**限界的決定**と呼ばれる。その研究は**限界分析**と呼ばれ、経済学で中心的な役割を果たす。

6. 人々の意思決定がいかになされるべきかを研究するのは、人々が実際にどう行動するかを理解するのによい方法だ。通常、人々は自分の暮らしをよくする機会を見逃さず活用する。みんな**インセンティブ**に反応するのだ。

7. 経済分析の次のステップは、私の選択があなたの選択に依存し、逆にあなたの選択が私の選択に依存するという**相互作用**の研究だ。個人同士が相互作用するとき、その結果は誰も意図しなかったものになる可能性がある。

8. 相互作用がなされる理由は、**取引の利益**が存在することにある。経済の構成員は

互いに財・サービスを**取引**することでみんな自分の暮らしをよくすることができる。この取引の利益の基礎にあるのは**特化**、すなわち自分が得意とする仕事に専念することから得られる利益だ。

9. 通常、個人はインセンティブに反応するので、市場は**均衡**、すなわち誰も従来とちがった行動をとることによって自分の暮らしをさらによくすることができなくなるような状態に向かう。

10. 他の誰の暮らしも悪くすることなく、誰かの暮らしをよくする機会が利用し尽くされているとき、経済は**効率的**であるといわれる。社会の諸目標を達成するために、資源はできるかぎり効率的に用いなければならない。しかし、効率だけが経済を評価する唯一の方法ではない。**公平**、あるいは公正も望ましい基準だ。しかも、公平と効率の間にはトレードオフがあることが多い。

11. 通常、市場は効率を達成するが、明確な例外も存在する。

12. 市場が失敗し効率を達成しない場合、政府の介入で社会の厚生を高めることが可能だ。

13. 市場経済では、人々は自分の労働をふくむ何かを売ることによって所得をかせぐ。だから、ある個人の支出は他の個人の所得になる。その結果、支出行動の変化は経済全体に波及する可能性がある。

14. 経済全体の支出がその経済の生産能力と一致するとは限らない。経済の総支出が生産能力を下回れば不況になる。支出が生産能力を上回ればインフレになる。

15. 政府は総支出に強い影響を及ぼすことができる。政府はこの力を利用して、不況とインフレの間で経済を何とか操縦するのだ。

キーワード

個人の選択　8ページ	資源　9ページ
希少　9ページ	機会費用　10ページ
トレードオフ　11ページ	限界的決定　12ページ
限界分析　12ページ	インセンティブ　13ページ
相互作用　16ページ	取引　17ページ
取引の利益　17ページ	特化　17ページ
均衡　18ページ	効率的　20ページ
公平　21ページ	

〈問題〉

1. 下記の各状況で、12の原理のどれがはたらいているかを明らかにしなさい。
   a. あなたは地元の百貨店で高値で買うより、近所の安売り店で同じものをもっと安く買う。
   b. 春休みの旅行では、あなたの予算は1日30ドルに制限されている。
   c. 学生会館は、卒業していく学生たちが使用済みの教科書、器具、家具などを売れるウェブサイトを提供している。従来、そのようなものはルームメートにもらってもらうしかなかったのだが。
   d. ハリケーンがセント・クリスピン島の家屋に広範な被害をもたらしたあと、家主たちは島で入手できるよりもはるかに多くの建築資材を調達し、労働者を雇用しようとした。その結果、財・サービスの価格は何もかも劇的に高騰した。
   e. あなたはルームメートから中古の教科書を買う。ルームメートはそのカネでiTunesから歌曲を買う。
   f. 試験の前の夜、あなたはもう1杯のコーヒーでどれくらい勉強をがんばれるか、それともどれくらい神経過敏になるかをはかりながら何杯のコーヒーを飲むかを決める。
   g. 化学101の実験に必要な実験室のスペースが限られている。実験指導員は学生がいつ来られるかをみて実験時間を割り当てる。
   h. あなたは、1学期間外国留学をすることを断念すれば、その分だけ早く卒業できることに気付いているよね。
   i. 学生会館の掲示板には、自転車などの中古品販売の広告が出ている。品質のちがいを換算すれば、どの自転車の値段もだいたい同じだといえる。
   j. あなたは実験がうまく、相棒はレポートを書くのが得意だ。そこで、2人は相談して、あなたが実験を全部やり、相棒がレポートを全部書くことにした。
   k. 州政府は、運転の試験に合格していない者が運転をするのは違法としている。
   l. 議会が減税法案を通したことによって、あなたの両親の税引き後所得は増加した。それによって、両親はあなたの小遣いを増やし、あなたはそれを春休みの休暇に使った。

2. あなたが下記のことを決めたとして、その機会費用は何かについてのべなさい。
   a. 就職せずに大学に通う。
   b. 試験勉強をする代わりに映画をみる。
   c. 自分の車を運転する代わりにバスに乗る。

3. リザは来期の経済学の授業のために教科書を買わなければならない。大学のブックストアでの価格は65ドルだ。インターネットで探したら、あるサイトでは55ドル、

別のサイトでは57ドルで売られていた。全部売り上げ税込みの値段だ。下の表には、オンラインで注文した場合の通常の送料と配達にかかる時間が示されている。

配達方法	配達時間	料金（ドル）
普通便	3～7日間	3.99
翌々日航空便	2営業日	8.98
翌日航空便	1営業日	13.98

a. ブックストアではなくオンラインで買う機会費用は何か。もしオンラインで買えば、入手までに時間がかかることに注意しなさい。

b. この学生にとって意味のある選択肢は何か。そのなかで学生がどれを選択するかは何によって決まるだろうか。

4. 機会費用の概念を使って下記の現象を説明しなさい。
   a. 就職事情がよくないとき、大学院での学位取得を選択する人が多くなる。
   b. 景気がよくないとき、家の修理を自分でする人が多くなる。
   c. 公園は都市部よりも郊外に多くある。
   d. スーパーマーケットより値段の高いコンビニは忙しい人たちを対象にしている。
   e. 午前10時より前に始まる授業を受ける学生は少ない。

5. 下記の事例について、意思決定に限界分析の原理をどのように用いるかをのべなさい。
   a. 何日後に洗濯をするか。
   b. レポートを書くのにどれくらい図書館で調べるか。
   c. ポテトチップスを何袋食べるか。
   d. ある授業を何時間サボるか。

6. 今朝、あなたは次のような個人的選択をした。あなたは近所のカフェでベーグルとコーヒーを買った。あなたはラッシュアワーの間に自分の車で学校に行った。あなたはルームメートの学期末レポートをタイプした。あなたがタイピストとしては一枚上の腕をもっているからだ。ただし、彼女があなたの洗濯物を1カ月間引き受けてくれることを交換条件にした。これらの各行動について、あなたの個人的選択がいかに他の人たちの個人的選択と相互作用したか。それぞれのケースで、あなたの行動によって他の人たちは利益を受けたか、あるいは損失をこうむったか。

7. ハタツーチー川の東岸にハットフィールド家が、西岸にマッコイ家が住んでいる。各家族の食べ物はフライドチキンとトウモロコシだ。どちらも鶏を飼い、トウモロコシを栽培して、自給自足で暮らしている。下記のことが正しいといえる条件は何か、説明しなさい。

a. ハットフィールド家が養鶏に特化しマッコイ家がトウモロコシの栽培に特化して互いに取引することにより、両家の暮らし向きはよくなる。
b. マッコイ家が養鶏に特化しハットフィールド家がトウモロコシの栽培に特化して互いに取引することにより、両家の暮らし向きはよくなる。

8. 下記の状況のうち、どれが均衡を表し、どれが表していないか。均衡を表していない状況の場合、均衡はどのようなものになるだろうか。
   a. プレサントヴィルでは、多くの人たちが毎日郊外から市の中心部に通勤している。幹線道路を使うと、混雑のため30分かかるが、街路を使えばたった15分ですむ。
   b. メインとブロードウェーの交差点にガソリンスタンドが2つある。そのうちの1つでは、1ガロンの標準ガソリンが3ドルで、もう1つのところでは2.85ドルだ。1番目のスタンドではすぐサービスが受けられるが、2番目には長い行列ができていて、待たなければならない。
   c. 経済学101に登録した学生は毎週グループ指導に出席しなければならない。今年は、セクションAとセクションBがある。どちらも同じ時間に隣り合わせの教室で開かれ、同じくらい優秀な教員が教えている。セクションAは混み過ぎていて、床に座る学生や、黒板がみえない者が出る始末だ。セクションBには、たくさんの空席がある。

9. 下記の事例について、その状況が効率的と考えられるかどうかを説明しなさい。もし効率的でないとしたら、なぜそうなのか。どうすれば効率的にすることができるか。
   a. あなたの寮費には電気代が含まれている。住人のなかには、部屋にいないときも電灯、コンピュータ、電気器具などをつけっぱなしにしている者がいる。
   b. あなたの寮のカフェテリアは、かかる費用は同じぐらいだが、人気のない蒸し焼き豆腐のような料理が多すぎ、人気のあるドレッシング付きローストターキーのような料理が少なすぎる。
   c. 特定の科目の登録数が教室の座席数を超えている。主専攻を修了するためにその科目をとる必要のある学生が座席をとれず、選択科目としている者が座席をとっている。

10. 下記の各政策についてその効率性と公平性を論じなさい。これらの領域で効率性と公平性のバランスをはかるにはどうしたらよいか。
    a. 政府はすべての大学生に対して、好きな科目の授業料を全額支払う。
    b. 政府は職を失った者に対して、新しい仕事がみつかるまで失業給付を支払う。

11. 政府はよく、望ましい市民行動を促進するためにある種の政策を採用する。下記の各事例についてそのインセンティブは何か、政府はどのような行動を促進しよう

としているのかを判断しなさい。また、それぞれの場合に、なぜ政府は個人の選択にすべてをまかせず、人々の行動を変えたいのかを考えなさい。

a. タバコ1箱に5ドルの税金がかけられる。

b. はしかの予防接種を子どもに受けさせる両親は、政府から100ドルの支払いを受ける。

c. 政府は大学生にカネを払って低所得世帯の子どもたちの家庭教師をさせる。

d. 政府は会社が排出する大気汚染物質の数量に応じて課税する。

12. 下記の各状況について、政府の介入がいかに人々のインセンティブを変え、社会の厚生を改善しうるかを説明しなさい。いかなる意味で、市場がうまくいかないのか。

a. 自動車の排気ガスによる大気汚染が不健康な水準に達した。

b. ウッドヴィルの町に街灯が立てられれば、みんな助かるはずだ。しかし、自分の家の前に街灯を立てる費用を負担しようという者はいない。その恩恵を受ける他の住民から料金を取り立てて費用を回収することができないからだ。

13. 2010年8月2日、財務長官ティム・ガイトナーは政府の政策を擁護する論文を発表した。そのなかで彼は次のように述べた。「2007年の遅い時期に始まった景気後退は非常に厳しいものだった。その最悪期に私たちが経済活性化のためにとった行動は、無際限の崩落をくいとめ、景気のさらなる悪化を防いで経済を回復軌道に乗せようとするものだった」。経済全体にわたる相互作用の3つの原理のうち、この文章のなかでは、どの2つが活用されているか。

14. 2007年8月、アメリカの住宅市場の急激な落ちこみによって、住宅建築産業ではたらく多くの人たちの所得が減少した。『ウォールストリート・ジャーナル』の記事によると、ウォルマートの電信送金システムがこれによって損失をこうむる可能性が高い。その理由は建築労働者の多くはヒスパニック（スペイン語系）で賃金の一部を、いつもウォルマートを通じて故郷の親類に仕送りしているからだ。この情報をもとに経済全体にわたる相互作用の原理の1つを用いて、アメリカの家庭の支出減少がメキシコ経済の動向に影響を及ぼす可能性を説明するつながりの連鎖を調べなさい。

15. 2005年、ハリケーン・カトリーナはアメリカ湾岸地域に甚大な破壊をもたらした。何千何万という人々が家屋や所有物を失った。直接破壊の影響を受けなかった人々もビジネスの破綻・縮小とはたらき口の喪失によって傷ついた。経済全体にわたる相互作用の原理の1つを用いて、政府の介入がいかにこの状況の助けになるかを説明しなさい。

16. 大恐慌の時期に、食料はかつてさかんに耕作されていたがその後放置された田畑で腐り果てた。経済全体にわたる相互作用の原理の1つを用いて、このようなことがどうして起こったかを説明しなさい。　　　　　　　　　　　　　　　K

Chapter 2

Economic Models: Trade-offs and Trade

経済モデル:
トレードオフと取引

> **この章で学ぶこと**
> - なぜ経済学で**モデル**——すなわち現実の単純化された表現——が重要な役割をはたすのか。
> - 2つの単純だが重要なモデル:**生産可能性フロンティア**と**比較優位**。
> - **経済循環フロー図**、経済の図式的表現。
> - 経済がいかにはたらいているかを分析する**解明経済学**と経済政策を処方する**規範経済学**とのちがい。
> - どんな場合に経済学者の意見が一致するのか。またなぜ時々対立するのか。

キティホークからドリームライナーへ

　2009年12月15日、アメリカ・ボーイング社の最新のジェット機787ドリームライナーが、最初の3時間テスト飛行を行った。それは歴史的な瞬間だった。ドリームライナーは空気力学の革新の産物——航空会社の操業コストを削減し、超軽量の合成素材をはじめて用いた超効率的な航空機だった。ドリームライナーが十分軽量で空気力学的に望ましい特徴を備えていることを保証するために、1万5000時間にのぼる風洞テストが行われた。それによって、その性能を高める微妙なデザインの改良が実現された。現存するジェット旅客機にくらべて20%も燃費効率が高く、また20%も汚染物質排出量が少なくなったのだ。

　ドリームライナーの最初の飛行は、1903年ノースカロライナ州キティホークでのライト兄弟の最初の動力機による処女飛行にくらべると、たいへんな進歩だった。しかし、ボーイング社の技術者たち、そしてすべての航空力学のエンジニアたちは、ライトフライヤー号の発明者ウィルバー・ライトとオリバー・ライトに多くのものを負っている。ライト兄弟を真の発明家にしたのは彼らの風洞だった。それによって、彼らはさまざまなデザインの翼や制御面を実験してみることができた。空気より重い物体の飛行を可能にしたのは、船積用の木枠程度の大きさの風洞のなかにミニチュアの飛行機を入れて行ったその実験から得られた知識だった。

　風洞のなかに置かれている飛行機のミニチュアは、本当の飛行機と同じものではない。でも、それは飛行機の非常に役に立つモデル——本当の飛行機を単純化した模型なのだ。それを使って、一定の形をした翼が一定の風速に対してどれだけの浮力を引き起こすかといった、大切な問題に答えることができる。

　いうまでもないが、風洞のなかで模型飛行機の実験をするほうが、飛ぶかどうかわからない実物大の機械を使うよりもずっと安上がりだし安全だ。もっと一般的にいえば、モデルというものは、ほとんどすべての科学研究で決定的な役割をはたしている。経済学でももちろんそうだ。

　実際、経済理論は主として経済的現実の単純化された表現であり、さまざまな経済問題を理解する手がかりとなるモデルの集合にほかならない。本章では、3つの経済モデルをみる。そのどれもが、それ自体決定的に重要なモデルであるばかりか、そもそもなぜモデルがそんなに役に立つものなのかを示す絶好の例にもなる。最後に、経済学者が実際どのように自分たちの仕事にモデルを使うかについてもみる。

1 | 経済学のモデル：重要な例

モデルとは現実を単純化して表現したものであり、現実生活の状況を理解するために用いられる。だが、どうやって経済状況を単純化して表現できるのだろうか。

1つのやり方は経済学者にとって風洞に相当するもので、現実の、しかし単純な経済をみつけるか、そうでなければつくり出すという方法だ。たとえば、貨幣の経済的役割に興味をもった経済学者は、第2次世界大戦中に捕虜収容所にみられた交換システムを研究した。そこではタバコが非喫煙者の間でも広く支払い手段として受領されていたのだ。

もう1つのやり方は、コンピュータで経済学の動きをシミュレートする（モデルでなぞる）方法だ。たとえば、税法の改革が提案されているような場合、政府の担当者は税モデル——大規模なコンピュータプログラム——を使って、改革案が国民各層に及ぼす影響を推定する。

モデルの重要な点は、それによって経済学者が関心をもつ1つの変化だけに集中して、その効果をみることができることだ。つまり、他のすべての要因を不変に保ちながら、ただ1つの変化が経済全体に及ぼす影響を研究できることだ。この**他の条件一定の仮定**、すなわち他のすべての要因が変化しないとする仮定は、経済学モデルを作成するにあたって重要な考慮事項となる。

しかし、全経済の小規模なモデルがいつでもみつかるとは限らないし、つくり出せるわけでもない。コンピュータプログラムだってどんなデータが使えるかで良くも悪くもなる（プログラマーたちは、「ゴミを入れればゴミが出る」といっている）。多くの目的のためにもっとも効果的なモデル化の形は、「思考実験」、すなわち現実生活の単純化された、仮想的な模型の構想だ。

第1章で、均衡の概念を説明するのに、スーパーマーケットで新しいレジが開いたときに顧客たちがどのように並び替えをするかという例を用いた。そうはいわなかったが、これだって単純なモデルの例だったのだ。そこに示された仮想的なマーケットは、多くの細かいこと（顧客が何を買っていたかなどの、どうでもいいこと）は省かれていたが、「もし……なら」型の問題、ここではもし新しいレジが開いたら何が起こったかという問題に答えるのに使えた。

レジの話からわかるように、有用な経済モデルを普通の言葉で記述し、分析することも時には可能だ。しかし、経済学はいろいろな数量——たとえば財の価格、生産量、生産に携わる雇用量など——の変化を取り扱うので、ある種の数学を使えば問題点をより明確にできることが多い。さらには、数値例や簡単な数式、とくにグラフが経済学の概念を理解するカギとなることがある。

どんな形をとるにせよ、良い経済モデルは問題の理解を大いに助けてくれる。この点をはっきりさせるのにいちばん良い方法は、単純だが重要な経済モデルを取り上げ、それで何がわかるかを調べることだ。本章では、はじめに生産可能性フロンティアに

モデルとは現実を単純化して表現したものであり、現実生活の状況を理解するために用いられる。

他の条件一定の仮定は、他のすべての要因が変化しないとする仮定である。

経済を食い物にするモデル

ちょっと寄り道

モデルはモデルにすぎない。経済モデルが実際にどれほどの害を及ぼすことがあるだろうか。2008～2009年の金融崩壊以前なら、それ以後にくらべて経済学者が出す答えはちがっていただろう。金融危機は現在でも経済に影響をとどめている。このことこそ、経済モデルがいかに重要かを示す証言だといえる。経済モデル——後に悪いモデルだとわかったのだが——が危機の発生に重要な役割を果たしたのだ。

「経済を食い物にするモデル」はファイナンス理論、株式や債券のような資産にどれほどの価値があるかを追究する経済学の一部門のなかで生まれた。ファイナンス理論の専門家たちは、どんな資産をいくらで売買するかを決める助けとなる複雑な金融モデルを考案するために、しばしば（たいへんな高給で！）投資会社に雇われた。

ウォール街（ほとんどすべての投資会社が本社をもつニューヨーク市の一区画）が株式と債券のような単純な資産からもっと複雑な資産（とくにMBSと略される抵当担保債券）の取引にウエイトを移すようになってから、ファイナンス理論はますます重視されるようになった。MBSとは、何千という人々の持ち家を担保とする貸付債権を証券化して一般投資家に小口販売する金融商品だ。投資家はこれらの複合資産がどの程度リスキーか、つまり、MBSに投資したおカネが失われる確率がどれくらいのものかに関心をもった。

ここでは詳細には立ち入らないが、MBSへの投資でカネを失う確率の推計は複雑な問題だ。あなたの証券を背後で支える何千という人々のなかで相当数以上の者が将来支払いを止める確率を計算しなければならない。それが計算できなければ、投資家はMBSを買わないだろう。販売を実現するために、ウォール街の会社はMBSを買おうとする顧客にそのリスクをある程度は示さなければならない。

2000年に、ウォール街のある金融理論家が膨大な統計的抽象によって——現在の家主が以前の10年間よりも支払いを停止する確率は少ないと仮定して、この問題を解決したと公表した。この仮定によって、彼はMBSを買うことのリスクを計算する簡単なモデルを考案した。金融取引業者たちはこのモデルを熱愛した。それは巨大で、いくらでももうかる市場を開拓してくれたからだ。この簡単なモデルを使って、ウォール街は何十億ドルものMBSをつくり出し販売することができ、また何十億ドルもの利益をあげることができた。

というか、投資家たちはMBSでカネを失うリスクを計算できたと思ったのだ。ファイナンスの専門家のなかには異を唱える者もいた。とくに、スタンフォード大学教授のDarrell Duffieは、場外からこの簡単なモデルで計算されたリスクの推計はまったくの誤りだと警告していた。彼だけでなく他の批判者も、このモデルは単純化を追求するあまり、多くの家主たちが担保物件に見合う元利の支払いを同時に停止する確率を、あまりに過小に見積もっており、MBSへの投資家たちが巨額の損失をこうむる危険性があるとしていた。

こうした警告は、一顧もされなかった。疑いもなくそれは、ウォール街が莫大な利益を得ていたからだ。何十億ドルもの価値があるMBSがアメリカだけでなく海外の投資家に販売されていた。2008～2009年には、批判者たちが警告していた問題が途方もないかたちで爆発した。それ以前の10年間、アメリカの住宅価格は高くなりすぎていたし、住宅を抵当にしたローンは支払い能力のない多数の人々に提供されていた。住宅価格が急落すると何百万という家主たちはローンを払わなくなった。MBSに投資した人々の損失が大きくなるにつれて、そのモデルがリスクを過小評価していたことが白日のもとにさらされた。世界中の投資家と金融機関が損失の大きさに気づいたとき、世界全体の経済に急ブレーキがかかった。今日まで、世界経済は完全には回復していない。

ついて見る。これはあらゆる経済が直面するトレードオフを考える助けになる。次に、比較優位モデルを取り上げる。これは人々や国々の間の貿易利益の原理を明らかにするものだ。最後に、経済循環フロー図のモデルを検討する。これは経済全体で行われている貨幣取引の分析を容易にするものだ。

これらのモデルを論じるにあたって、数学的な関係を表現するために大量のグラフを使うことになるだろう。この本では、そのようなグラフがこれからも重要な役割をはたす。読者がグラフの利用に慣れているのなら、これから示すグラフを問題なく理解してもらえるだろう。もしそうでなければいますぐ、経済学でのグラフ利用を簡単に解説した本章の付録を参照してほしい。

1.1　トレードオフ：生産可能性フロンティア

第1章で導入した経済学の第1原理は、資源は希少で、その結果数十人の狩猟採集者の経済であろうが21世紀の地球経済を形成する数十億人の経済であろうが、要するにどんな経済でもトレードオフに直面するということだった。ボーイングのドリームライナーがどんなに軽くても、ボーイングの組み立て工場がどんなに効率的でも、ドリームライナーを生産するということは、何か他のものを生産するのに使えたはずの資源が、その分だけ使えなくなるということなのだ。

どんな経済にもあるこの種のトレードオフを考えるため、経済学者はしばしば**生産可能性フロンティア**（PPF）として知られるモデルを使う。このモデルのアイデアは、2つの財だけを生産する単純化された経済によってトレードオフの理解を深めようというものだ。この単純化により、トレードオフをグラフで示すことが可能になる。

ちょっとの間、アメリカを、唯一の雇用者がボーイング、唯一の生産物が航空機である一企業の国だと仮定してみよう。でも、どんな種類の航空機を生産するか――たとえばドリームライナーと小型の通勤用ジェット機との選択の余地はあるものとしよう。図2-1は、この一企業の国が直面するトレードオフを表す仮想的な生産可能性フロンティアを示している。このフロンティア――図中の直線――は、ボーイングが1年間に生産するドリームライナーの数量を一定として、最大限生産できる小型ジェット機の数量、あるいはその逆の関係を表している。つまり、それは「ボーイングが9（あるいは15, 30）のドリームライナーを生産するとして、最大限どれだけの小型ジェット機を生産できるか」という質問に答えるものだ。

この曲線の上ないしその内側（シャドウがかけられた領域）にある点と、曲線の外側にある点とでは決定的なちがいがある。フロンティアの上、あるいはその内側にある生産点――たとえばボーイングが1年に20機の小型ジェット機を生産し、9機のドリームライナーを生産する点Cのように――は実現可能といわれる。フロンティアの意味を考えれば、ボーイングが20機の小型ジェット機を生産するときには、同時に最大15機のドリームライナーを生産できるので、当然9機のドリームライナーを生産することもできるはずなのだ。他方、フロンティアの外側にある点――ボーイングが40機の小型ジェット機を生産し、同時に30機のドリームライナーを生産する点

生産可能性フロンティアは、2財のみを生産する経済が直面するトレードオフを描き出す。それは、一方の財の生産量が任意の水準に与えられているときに、もう一方の財の最大限可能な生産量を示す。

図2-1 | 生産可能性フロンティア

生産可能性フロンティアは、ボーイングがドリームライナーと小型ジェット機を生産するときに直面するトレードオフを表している。それは、一方の財の所与の生産量に対して、もう一方の財の最大限可能な生産量を示す。ボーイングが生産できるドリームライナーの最大数は、同社が生産する小型ジェット機の数に依存しているし、逆もまた真だ。ボーイングにとって実現可能な生産はこの直線上の点かその内側にある点だ。点Cでの生産は実現可能だが、効率的ではない。点Aと点Bは実現可能でしかも効率的だが、点Dは実現可能ではない。

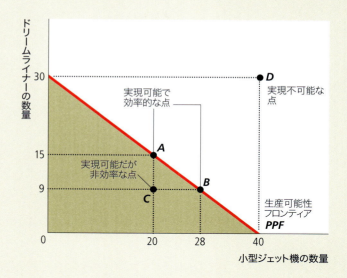

Dのように——は実現可能ではない（この場合、ボーイングが40機の小型ジェット機を生産しドリームライナーを生産しない、または、30機のドリームライナーを生産し小型ジェット機を生産しない、ことは可能だが、同時に40機の小型ジェット機と30機のドリームライナーを生産することはできない）。

図2-1では、生産可能性フロンティアは、ヨコ軸と小型ジェット機40機の点で交わっている。その意味は、ボーイングが小型ジェット機にすべての資源を使えば年に40機を生産できるが、ドリームライナーに使える資源は残っていないということだ。生産可能性フロンティアはドリームライナー30機の点でタテ軸と交わっている。ボーイングがすべての資源を使えば30機のドリームライナーを生産することができるが、そのときには小型ジェット機の生産に使える資源は残っていない。

図2-1には、それほど極端でないトレードオフも示されている。たとえば、ボーイングが20機の小型ジェット機を生産するとすれば、同時に最大15機のドリームライナーを生産できる。点Aはこの生産選択を示している。また、点Bが示すように、28機の小型ジェット機を生産するときには、同時に9機のドリームライナーを生産できる。

生産可能性フロンティアで考えるということは、現実の複雑さを切り捨て単純化しているということだ。現実の経済は何百万という異なる財を生産している。ボーイングだって、2種類以上の異なる航空機を生産できるだろう。だが、このいろいろなものを削り落としたモデルが、単純ではあっても現実の世界に関する重要な洞察を与えてくれる。

現実を単純化してとらえる生産可能性フロンティアのモデルは、現実経済のいくつかの側面、たとえば効率、機会費用、および経済成長などの側面をよりよく理解する

ための助けとなるのだ。

効率　第1に、生産可能性フロンティアを使えば、効率という一般的な経済概念をうまく説明できる。第1章でみたように、経済が効率的だといわれるのは、あらゆる機会が利用しつくされたとき、すなわち他の人々の暮らしを悪くすることなく誰かの暮らしをよくする余地がないときだ。

効率のカギとなる要因の1つは、生産において機会を逃すことがないということ、すなわち他の財の生産量を減らすことなくどの財の生産量も増やす余地がないということだ。ボーイングが生産可能性フロンティアの上にいるかぎり、ボーイングの生産は効率的だ。点Aでは、20機の小型ジェット機を生産することがすでに決まっているならば、ボーイングが最大限生産できるドリームライナーの数は15機だ。点Bでは、28機の小型ジェット機の生産を前提とすれば、最大限生産可能なドリームライナーは9機となる、等々。

だが、何かの理由でボーイングが小型ジェット機20機と9機のドリームライナーを生産して点Cにいるとしよう。このとき、ボーイングは間違いなく非効率だ。両方の生産量をもっと増やせるからだ。

効率と非効率の概念をみるために、1企業2財の経済の例を用いてきたが、これらの概念は多数の企業と多数の財を内包する現実の経済にも適用できる。もし経済が全体として他の財の生産を減らすことなく、どの1つの財の生産も増やすことができないならば──つまりそれが生産効率フロンティアの上にあるのであれば、その経済は生産面で効率的といわれる。しかし、もし経済が他の財の生産を減らさずに何かの財を増やすことができるのであれば──その意味はすべての財の生産を増やすことができるのであれば、それは生産面で非効率ということになる。たとえば、多数の労働者が非自発的に失業しているような経済は、明らかに生産面で効率的とはいえない。しかもそれは、よくないことだ。なぜなら多くの有用な財・サービスが生産できたはずだからだ。

生産可能性フロンティアは、ある経済が生産面で効率的であることを明確にするのに役立つが、生産面での効率性は、経済全体として効率性の一部にすぎない。全体としての効率性は、消費者の暮らしむきがもっともよくなるように資源が配分されることをもう1つの要件とするものだ。この要件が満たされるとき、経済は配分面で効率的であるといわれる。配分面での効率性が、生産面での効率性と同様に重要であることをみるには、図2-1の点A、点Bがどちらも経済の生産面が効率的であるような状況を表していることに注目しよう。どちらにしても、一方の財の生産を増やすためには、他の財の生産を減らさなければならないからだ。しかし、この2つの状況は、社会の観点からみて同等に望ましいとはいえないかもしれない。社会が点Aよりも小型ジェット機を多く、ドリームライナーを少なくもちたい、たとえば、小型ジェット機28機、ドリームライナー9機に対応する点Bがよいと感じているものとしよう。この場合、点Aは社会全体の観点からは配分面で効率的ではない。なぜなら、社会

はボーイングが点Aよりも点Bで生産することを望んでいるからだ。

　この例は、経済全体としての効率性が満たされるには、生産面と配分面という両面の効率性が満たされる必要があることを示している。経済が効率的であるためには、他の財の生産量を一定としてどの財の生産量も最大になっていること、しかも人々にとって望ましい財のミックスが生産されていることが必要なのだ（また、それらの財を適切な人々に届けることも必要だ。小型機を国際空港に配置しドリームライナーを田舎の通勤用に使われる小空港にまわすような経済もまた非効率だ）。

　現実の世界をふりかえると、以前のソ連のような指令型の経済は配分面での非効率性で悪名が高い。たとえば、誰も見向きもしないような品物をそろえ、石けんやトイレットペーパーのような必需品が足りない店に行き当たることが日常茶飯事だった。

機会費用　生産可能性フロンティアは、どんな財でもその真の費用は購入に使われる金額だけでなく、それを手に入れるために金銭以外にも手放さなければならないありとあらゆるもの——機会費用であるという基本的な論点を理解するのにも役に立つ。もしボーイングが生産点を点Aから点Bに移すと決めれば、小型ジェット機の生産を8機増やしドリームライナーの生産を6機減らすことになる。だから1機の小型ジェット機の機会費用は6/8＝3/4機のドリームライナーということになる。

　ドリームライナーの単位で測った小型ジェット機の機会費用は、両者がどれだけ生産されていてもいつも一定なのだろうか。図2-1の図解例ではそのとおりだ。ボーイングが小型ジェット機の生産を28機から40機に増やすと、ドリームライナーの生産量は9機から0機に減少する。だから追加される小型ジェット機1機当たりのボーイングの機会費用は9/12＝3/4機のドリームライナーであり、それはボーイングが小型ジェット機の生産量を20機から28機に増やしたときと同じだ。だが、この例で小型ジェット機のドリームライナーの単位で表した機会費用が常に一定であるという事実は、私たちが立てた仮定、つまり図2-1の描かれ方に反映されている仮定から導かれる帰結なのだ。具体的には、追加生産される財の機会費用が、財の組合せにかかわらず変化しないと仮定すれば、生産可能性フロンティアは直線となるのだ。

　そのうえで、読者はすでに賢察されたと思うが、直線の生産可能性フロンティアの傾斜は機会費用——詳しくは、タテ軸にとられた財の単位で表されるヨコ軸の財の機会費用——に等しくなっている。図2-1では、生産可能性フロンティアはマイナス3/4という一定の傾斜をもっているが、それはボーイングが小型ジェット機1単位当たりのドリームライナーの単位で表した一定の機会費用3/4に直面しているということだ（直線の傾斜をどのように計算するかについては、この章の付録を参照）。これはいちばん簡単なケースだが、生産可能性フロンティアのモデルは、機会費用が生産される財のミックスに応じて変化する状況にも適用可能である。

　図2-2は異なる仮定のケース、すなわち機会費用が逓増するような生産可能性フロンティアをボーイングがもつ場合を描いている。ここでは、小型ジェット機の生産を増やせば増やすほど、それによって失われるドリームライナーの単位で表した費用が

図2-2 | 機会費用逓増

生産可能性フロンティアの外側にふくらんだ形状は、機会費用逓増の現象を表している。この例では、ボーイングははじめの20機の小型ジェット機を生産するのに5機のドリームライナーをあきらめなければならない。だが、次の20機の小型ジェット機を手に入れるためには25機のドリームライナーを失うことになる。

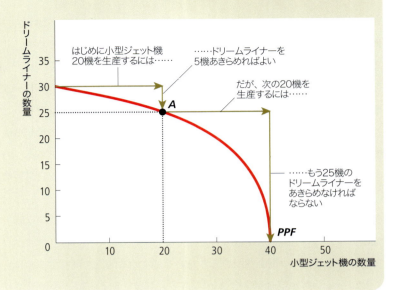

ますます増加する場合を示している。同じことがその逆にもあてはまる。ボーイングがドリームライナーの生産を増やせば増やすほど、それによって失われる小型ジェット機の単位で表した費用はますます大きくなるのだ。たとえば、小型ジェット機を生産しない状態から20機生産する状態に移行するには、ボーイングはドリームライナー5機の生産をあきらめなければならない。つまり、最初の小型ジェット機20機の機会費用はドリームライナー5機だ。だが小型ジェット機の生産を40機に増やすためには——つまりもう20機追加生産するためには——ボーイングはさらに25機のドリームライナーの生産を断念しなければならない。機会費用はずっと高くなるのだ。図2-2からわかるように、機会費用が一定ではなく増加するような場合、生産可能性フロンティアは直線ではなく、外側にふくらんだ形になる。

　生産可能性フロンティアが直線であるという単純な仮定を置いて分析を行うのは、ときに有益ではあるが、経済学者は、機会費用は通常増加すると信じている。その理由はこうだ。ある財をほんのわずかな量だけ生産しているときには、その生産にとくに適合した資源を使うことができる。たとえば、少量のトウモロコシを栽培するとすれば、それは土壌や気候がトウモロコシにはぴったりだが、何か他のもの、たとえば小麦にはさほど向いていないような土地で栽培することができる。だから、それだけのトウモロコシを生産するにはごく少量の小麦生産をあきらめればすむ。しかし、大量のトウモロコシを生産しようとすれば、トウモロコシにはあまりよくないが小麦には好適な土地も使わなければならなくなる。だから、追加的なトウモロコシの生産はもっともっと多くの小麦の生産を犠牲にしなければならないというわけだ。換言すれば、ある財の生産が増やされると、適合するインプットが使い尽くされ、適合性の低いインプットを使わなければならなくなるため、その機会費用は一般に上昇するとい

えるのだ。

経済成長 最後に、生産可能性フロンティアは経済成長の意味を理解する助けになる。経済成長については、本書の序章ですでに論じた。そこでは、経済成長とは経済が財・サービスを生産する能力の増加と定義した。そこでみたように、経済成長は現実の経済の基本的な特徴の1つだ。とはいえ、経済が実際に成長したと言い切ることができるのだろうか。アメリカ経済は、1世紀前にくらべれば多くの財をより多く生産していることは事実だが、他の財、たとえば馬車のようなものの生産は減らしている。別の言い方をすれば、多くのものの生産が実際に減っているのだ。だとすれば、どうして経済が全体として成長したと確信をもっていえるのだろうか。

その答えは、2つの仮想的な生産可能性フロンティアを描いた図2-3に示されている。そこでは、再びすべての人々がボーイングのためにはたらき、ただ2つの財、すなわちドリームライナーと小型ジェット機を生産すると仮定している。これらのフロンティアは一方が他方の入れ子のようになっていることに注意しよう。一方の「当初のPPF」と呼ばれるフロンティアは他方の「新しいPPF」と呼ばれるフロンティアの内側に完全に収まっている。これによって、経済成長の意味を図形的に理解することができる。経済成長とは、生産可能性が拡大するということ、すなわちすべてのものをより多く生産できるということなのだ。たとえば、ボーイングの生産が当初点A（小型ジェット機20機、ドリームライナー25機）にあったとして、経済成長はボーイングが点E（小型ジェット機25機、ドリームライナー30機）に移ることができるということを意味している。点Eは当初のフロンティアの外側に位置している。ということは、生産可能性フロンティアのモデルでは、成長はフロンティアの外側への拡

図2-3 経済成長

経済成長は生産可能性を拡大するから生産可能フロンティアの外側への拡大を引き起こす。経済はいまやすべてのものをより多く生産できる。たとえば、当初の生産点が点A（小型ジェット機20機、ドリームライナー25機）であったとして、経済成長の結果点E（小型ジェット機25機、ドリームライナー30機）に移ることが可能になる。

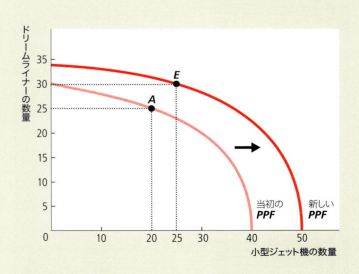

大として表されるのだ。

　何が生産可能性フロンティアを外側に拡大させるのだろうか。経済成長の源泉は、基本的に2つある。1つは経済の**生産要素**、すなわち財・サービスを生産するために使われる資源の増加だ。経済学者は生産要素という用語を生産で使い尽くされることのない資源という意味で使っている。たとえば、伝統的な航空機の製造に携わる作業員は、胴体をつくる金属シートを接合するリベット打ち機を使う。作業員とリベット打ち機は生産要素だが、リベットと金属シートはそうではない。航空機の胴体ができあがったとき、作業員とリベット打ち機は次の胴体を製造するのに使えるが、1つの胴体をつくるのに使われたリベットと金属シートは、他の胴体の製造には使えない。

> **生産要素**とは財・サービスを生産するために使われる資源だ。

　大まかにいって、主要な生産要素は資源としての土地、労働、物的資本、そして人的資本だ。土地は自然によって供給される資源、労働はその経済がもつ働き手のプール、物的資本は機械、建物のような人工の資源、人的資本は労働生産性を高める教育的達成と労働者のスキルを指している。もちろん、これらのどれをとっても、実際には単一の要素というよりは1つのカテゴリーというべきものだ。すなわちノースダコタの土地はフロリダの土地とはまったく異なるものである。

　経済がもつ生産要素の増加が経済成長を導くことをみるために、ボーイングが新しい組み立て格納工場を建設したとしよう。これはボーイングが年間に生産できる飛行機——小型ジェット機かドリームライナー——の数量を増やすことに役立つ。新しい組み立て格納工場はボーイングが年間生産量を増やすために利用できる生産要素である。ボーイングが実際に各タイプの飛行機を何機生産するかはわからない。それは顧客の需要などに依存する経営者の決定事項だ。だがボーイングの生産可能性フロンティアが外側にシフトしたとはいえる。それによって、ボーイングはドリームライナーの生産量を減らさずに小型ジェット機の生産量を増やすことができ、あるいは小型ジェット機の生産量を減らさずにドリームライナーの生産量を増やすことができるからだ。

> **テクノロジー**は財・サービスの技術的な生産方法だ。

　経済成長の他の源泉は**テクノロジー**、すなわち財・サービスの技術的な生産方法の進歩である。ボーイングのドリームライナーが開発される前から飛行機の一部に新しい合成素材が使われていた。しかし、ボーイングの技術者たちは、飛行機の全部を合成素材でつくり上げれば大きな便益が得られることに気づいた。伝統的なやり方でつくられるものよりも、その飛行機はもっと軽く、もっと強く、もっとすぐれた空気力学的特性をもつものとなるだろう。それはもっと長い飛行距離を実現し、もっと多くの旅客を運び、もっと少ない燃料で足り、客室の気圧をもっと高く維持することができるだろう。だから、ボーイングのイノベーション——合成素材で飛行機の全部をつくるという革新——は、言葉の真の意味で一定の資源でより多くのことを成し遂げ、生産可能性フロンティアを押し広げるものだったのだ。

　ジェット技術の進歩が生産可能性フロンティアを押し広げたことで、経済はジェット機や空の旅だけでなく、あらゆるものを増産することができるようになった。過去30年の間の最大の技術進歩は、建設や食品サービスではなく、情報通信で起こった。

しかし、アメリカ人たちはもっと大きな家を買い、もっと外食することを選択した。経済成長がそれを可能にしたからだ。

　生産可能性フロンティアは、非常に単純化された経済のモデルだ。しかし、それは実際生活の経済について重要な教訓を与えてくれる。経済効率とは何かについて明快な意味づけを与えてくれ、機会費用の概念を目にみえるように教えてくれ、経済成長の全容を明らかにしてくれる。

1.2　比較優位と取引利益

　第1章で説明した経済学の12の原理のなかに、取引利益、すなわち人々がそれぞれちがう仕事に特化し取引することによって得られる相互利益に関するものがあった。ここで2番目に取り上げる経済モデルの例は、特別に有益な取引利益のモデル——比較優位に基づく取引利益のモデルだ。

　全経済学のなかでももっとも重要と目されている洞察の1つは、取引から利益が得られる——あなたがとくにうまく生産できるものを生産し、あなたがそれほどうまくできないものを他の人々から買うことには十分意味がある——ということだ。あなたが何もかも自分でつくれる場合でも、これが真実であることにかわりはない。優秀な脳外科医が蛇口の水漏れを自分でなおせるとしても、プロの鉛管工に来てもらったほうが多分、経済的だろう。

　取引利益をどのようにモデル化できるだろうか。引き続き航空機の例にこだわり、アメリカがボーイングという一企業の経済で、国民はみなボーイングのために働き、航空機を生産するとしよう。さらに、ここではアメリカがブラジル——国民がみなエンブラエルというブラジルの航空会社に雇われているもう1つの一企業経済——と取引できるとしよう。ちなみに、エンブラエルは現実の世界では小型ジェット機の生産で成功している会社だ（あなたがアメリカの大都市間を移動するときには、あなたの飛行機は多分ボーイングだろうが、小都市に入るときにはエンブラエルとなる確率が高い）。

　今度の例では、大型ジェット機と小型ジェット機という2つの財だけが生産される。両国ともこの2種類のジェット機を生産する能力があるものとしよう。だがすぐにみるように、各国は異なる機種を生産し、相互に取引することで利益を得ることができる。ただし、この例を分析するに当たっては、生産可能性フロンティアが直線となる簡単なケースを仮定することにしよう。

　アメリカの生産可能性は図2-4のパネル（a）の生産可能性フロンティアによって示される。これは図2-1の生産可能性フロンティアと同じものだ。この図によれば、アメリカは大型ジェット機をまったく生産しなければ40機の小型ジェット機を生産でき、小型ジェット機を生産しなければ30機の大型ジェット機を生産できる。それが意味するのは、アメリカの生産フロンティアの傾斜は−3/4で、小型ジェット機1機の機会費用は大型ジェット機3/4単位ということだったね。

　図2-4のパネル（b）にはブラジルの生産可能性フロンティアが描かれている。ア

図2-4 | 2国の生産可能性

アメリカとブラジルの小型ジェット機の機会費用は一定で、それぞれ直線の生産可能性フロンティアをもつと仮定されている。アメリカの場合、小型ジェット機1機の機会費用は大型ジェット機3/4機だ。ブラジルの場合、小型ジェット機1機の機会費用は大型ジェット機1/3機だ。

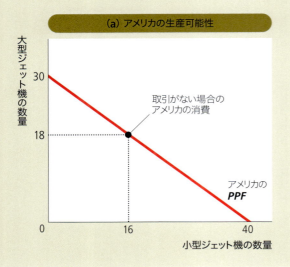
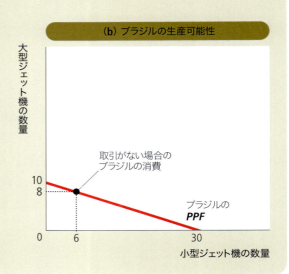

メリカと同様に、ブラジルの生産可能性フロンティアも直線で、小型ジェット機の大型ジェット機で表した機会費用は一定だ。その傾斜は－1/3となっている。ブラジルはどちらの財もアメリカほど大量には生産できない。最大限30機の小型ジェット機か10機の大型ジェット機だ。が、ブラジルはアメリカにくらべて小型ジェット機の製造に優位性をもっている。アメリカが小型ジェット機1機について大型ジェット機3/4機を犠牲にするが、ブラジルにとって小型ジェット機1機の機会費用は大型ジェット機わずか1/3機なのだ。表2-1に2国の小型ジェット機と大型ジェット機の機会費用がまとめてある。

ところで、アメリカとブラジルはわが道を行き、それぞれ自分だけのために大型ジェット機と小型ジェット機を生産し、どの飛行機の取引もせず、それぞれ国内で生産されたものだけを消費する可能性もある（国が飛行機を自国内で所有するとき、それを「消費する」としている）。両国がはじめそのような生き方を選び、図2-4に示される消費をしていたと仮定しよう。取引が行われないとして、アメリカは1年に16機の小型ジェット機と18機の大型ジェット機を生産・消費し、ブラジルは1年に6機の小型ジェット機と8機の大型ジェット機を生産・消費する。

表2-1 | アメリカとブラジルの小型ジェット機と大型ジェット機の機会費用

	アメリカの機会費用		ブラジルの機会費用
小型ジェット機1機	大型ジェット機3/4機	>	大型ジェット機1/3機
大型ジェット機1機	小型ジェット機4/3機	<	小型ジェット機3機

でも、これがいちばんよいやり方だろうか。いやちがう。2国が異なる機会費用をもっている以上、アメリカとブラジルは、双方の暮らしをもっとよくするような取引を行うことができるはずだ。

表2-2は、どうすればそのような取引ができるかを示している。アメリカは大型ジェット機の生産に特化し、年に30機を製造し、そのうち10機をブラジルに販売する。ブラジルは小型に特化し、年に30機を製造して20機をアメリカに販売する。その結果は、図2-5に示されている。アメリカは今や、小型ジェット機も大型ジェット機も以前より多く消費している。実際、その消費量は以前の小型ジェット機16機、大型ジェット機18機から、小型ジェット機20機、大型ジェット機20機に増えている。ブラジルも小型ジェット機6機、大型ジェット機8機から、小型ジェット機10機、大型ジェット機10機に消費を増やしている。表2-2に示したように、アメリカもブラジルも両タイプのジェット機を取引前よりも多く消費することで取引利益を得ているの

表2-2 | アメリカとブラジルはどのように取引利益を得るか

		取引しない場合		取引する場合		取引利益
		生産	消費	生産	消費	
アメリカ	大型ジェット機	18	18	30	20	+2
	小型ジェット機	16	16	0	20	+4
ブラジル	大型ジェット機	8	8	0	10	+2
	小型ジェット機	6	6	30	10	+4

図2-5 | 比較優位と取引利益

特化して取引を行うことにより、アメリカとブラジルは大型ジェット機と小型ジェット機の生産量と消費量をともに増やす。アメリカは大型ジェット機に比較優位をもち、その生産に特化する。ブラジルは両方の機種の生産で絶対劣位にあるが、小型ジェット機の生産に比較優位をもち、その生産に特化する。取引をすることで、取引しない場合にくらべて両国とも両機種の消費を増やすことができる。

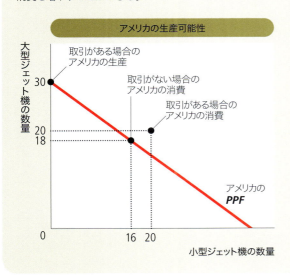
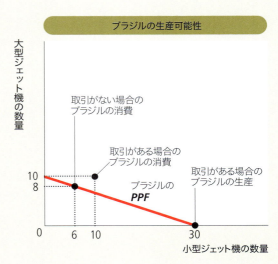

だ。

　両国とも得意な製品に特化し取引することにより豊かになっている。アメリカの大型ジェット機の機会費用は4/3＜3とブラジルより小さいので、アメリカが大型ジェット機の生産に特化することは理にかなっている。ブラジルの小型ジェット機の機会費用は1/3＜3/4とアメリカより小さいから、ブラジルは小型ジェット機の生産に特化すべきなのだ。

　このケースについていえることは、アメリカは大型ジェット機の生産に比較優位をもち、ブラジルは小型ジェット機の生産に比較優位をもつということだ。一国は、ある財・サービスの機会費用が他国よりも低ければ、その財・サービスの生産に**比較優位**をもつ。同じことは企業や個人にもいえる。ある企業や個人が、ある財の機会費用が他の人々よりも低ければ、その企業や人はその財の生産に比較優位をもつ。

　先へ進む前に明確にしておきたいことがある。あなたは、なぜアメリカが10機の大型ジェット機を20機の小型ジェット機と取引したのか疑問に感じたかもしれない。なぜそれとはちがう取引、たとえば10機の大型ジェット機と12機の小型ジェット機との取引ではなかったのか。この疑問への答えは2通りに分かれる。第1に、アメリカとブラジルが合意する、これとは異なる取引もありうるという答え。第2に、たとえば大型ジェット機10機と小型ジェット機10機との交換のように、間違いなく除外できる取引もあるという答え。

　その理由を理解するために表2-1を見直して、まずアメリカについて考えてみよう。ブラジルと取引しない場合、アメリカでの小型ジェット機の機会費用は大型ジェット機の3/4だった。だから、アメリカは小型ジェット機1機に対して3/4機よりも多くの大型ジェット機を提供させられるような取引には応じないだろう。10機の大型ジェット機を12機の小型ジェット機と交換する取引は、アメリカに小型ジェット機1機に対して 10/12＝5/6 機の大型ジェット機の提供を強いることになる。5/6＞3/4なので、これをアメリカが受けることはない。同様に、ブラジルは、小型ジェット機1機に対して大型ジェット機1/3機に満たない見返りしかないような取引には応じないだろう。

　覚えておくべき点は、アメリカとブラジルが取引に応じるのは、各国がその取引で得られる財の「価格」が国内でその財を生産するときの機会費用を下回る場合だけだということだ。しかもこの点は、2企業であれ2国であれ2個人であれ、2つの当事者が自発的に取引する際にはいつでも当てはまる一般命題なのだ。

　ここに示した物語が現実を単純化していることは確かだが、それは現実の経済に適用できる重要な教訓を与えてくれる。

　第1に、このモデルは取引利益の明快な説明を与えてくれる。特化と取引によって両国は自給自足の時よりも多く生産し、より多く消費する。

　第2に、このモデルは、世間の論議で見落とされがちだが非常に重要な論点を教えてくれる。それは、人々の機会費用が異なっているかぎり、誰でも何かの財に比較優位をもち、何かの財に比較劣位をもつということだ。

> 一国は、ある財・サービスの機会費用が他国よりも低ければその財・サービスの生産に**比較優位**をもつ。同様に、ある個人はある財の機会費用が他の人々よりも低ければ、その人はその財の生産に比較優位をもつ。

決定的に重要なのは、私たちの例では明らかに、そして現実にも多分そうだと思うが、アメリカの労働者はブラジルの労働者にくらべて小型ジェット機の生産で引けをとらないどころか、すぐれてさえいる。アメリカはブラジルよりも実際にすべての機種の生産でブラジルをしのいでいると想定してみよう。その場合には、アメリカは大型ジェット機の生産でも小型ジェット機の生産でもブラジルに対して**絶対優位**にあるといえるだろう。つまり、アメリカの労働者が1時間働けばブラジルの労働者よりも多くの大型ジェット機あるいは小型ジェット機を生産できる。つまり、アメリカは両方の活動で絶対優位をもっている。この場合、アメリカは生産性が低いブラジルと取引しても、何も得るところがないと思いたくなるかもしれない。

だが、すでにみたように、アメリカはブラジルと取引することで実際に利益を得るのだ。これは取引による相互利益の基礎が絶対優位にあるのではなく比較優位にあるからだ。ブラジルが小型ジェット機の製造により多くの資源を必要とすることは重要ではない。重要なのは、大型ジェット機で表した小型ジェット機の機会費用が低いということだ。ブラジルは、小型ジェット機の生産でも絶対劣位にありながら、それに比較優位をもっている。他方、自国の資源を小型ジェット機の製造にブラジルより上手に使えるアメリカは大型ジェット機の生産で比較優位に立つ。

> 一国がある財・サービスを労働者1人当たりで他の国より多く生産できるとき、その財・サービスに**絶対優位**をもつ。同様に、個人がある財・サービスを他の人より上手に生産できるとき、その財・サービスに絶対優位をもつ。絶対優位をもつということは比較優位をもつということと同じことではない。

1.3 現実の比較優位と国際貿易

アメリカで売られている製品のラベルをみてごらん。どこかの外国の製品——中国、日本、でなければカナダ製かも——である確率が高いだろう。他方、多くのアメリカ産業も大量の生産物を海外でさばいている（とくに農業、ハイテク産業、娯楽産業がそうだ）。

これらの財・サービスの国際貿易はすべて望ましいものといえるだろうか。それとも憂慮すべきことなのだろうか。政治家や一般大衆は国際貿易を疑問視して、一国の

比較優位の誤解

学生も、賢者といわれる人も、政治家もみんなよくやっている間違い、それは比較優位を絶対優位と混同する間違いだ。たとえば、いまを去る1980年代のこと、アメリカが日本に後れをとっているようにみえたことがあった。その頃よく評論家が口にしたのは、アメリカが生産性を向上させなければ比較優位をもてる産業がなくなってしまうという警告だった。

評論家諸氏がいいたかったのは、アメリカが絶対優位をもてる産業がなくなるのではないかということ——日本がすべての分野でアメリカよりもうまくやれるようになる時代が来るかもしれないということ——だった（実際にはそうはならなかったが、それは別の話だ）。しかも評論家は、そうなったら日本と貿易しても利益が得られなくなると考えていたのだ。

しかし、図2-5はアメリカがすべての産業でブラジルより優れていたとしてもブラジルがアメリカとの取引から恩恵を受ける（逆もまた真である）のとちょうど同じように、どの国々だって、すべての産業で貿易相手国より生産性が低くても取引利益を得ることができるのだ（訳注：国と国との取引はしばしば国際取引、あるいは国際貿易と呼ばれる。国際貿易から得られる取引利益は貿易利益と呼ばれる）。

GLOBAL COMPARISON グローバルに比較してみよう

パジャマ共和国

　貧困国では、衣料品産業の生産性が概して低いのだが、他の産業の生産性がもっと低いため衣料品産業に比較優位をもつことになる。その結果、衣料品産業が経済で圧倒的な地位を占めることが、まれではない。そのような国の官僚があるとき、「わが国はバナナ共和国ではなく、パジャマ共和国だ」とジョークを飛ばしたことがある。

　右の図は、数カ国を選んで、1人当たり所得（国民所得を総人口で割った値）と製造業の雇用が衣料品産業に向けられる比率をプロットしたものだ。このグラフは一国の1人当たり所得と衣料品産業の規模がどれくらい強い逆相関の関係にあるかを示している。貧困国は比較的大きい衣料品産業をもち、富裕国は比較的小さい衣料品産業をもっていることがわかる。

　アメリカ商務省によると、バングラデシュの衣料品産業は「生産性が低く、識字率が概して低く、労働争議が多く、技術は時代遅れだ」としている。それにもかかわらず、バングラデシュの製造業が雇用する労働力の大半は衣料品産業にある。その理由は衣料品産業以外の産業の生産性がさらに低いためだ。これと対照的に、コスタリカの労働人口のうち衣料産業に雇われている者の比率はずっと小さく、しかも低下しつつある。これは非衣料品産業の生産性がコスタリカではバングラデシュよりもいくぶん高いことによるものだ。

（出所）World Bank, World Development Indicators; Nicita A. and M. Olarreaga (2007) "Trade, Production and Protection 1976-2004," *World Bank Economic Review* 21, no. 1: 165-171.

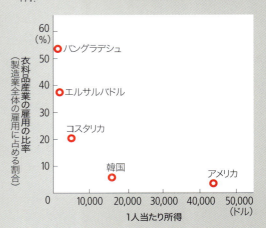

　国民は外国人からものを買うよりも国産品を買うべきだと主張することが多い。世界中の産業が国際競争からの保護を要求している。日本の農家はアメリカの米を入れたくないし、アメリカの鉄鋼業者はヨーロッパの鉄鋼を締め出したい。しかも、こうした要求はしばしば世論の支持を得ている。

　しかし、経済学者は国際貿易を非常に高く評価している。なぜかって？　国際貿易を比較優位の観点からみているからだ。アメリカの大型ジェット機とブラジルの小型ジェット機の例から学んだように、国際貿易は両国の利益になる。各国は、貿易をせず自給自足の状態にあるときよりも、多くのものを消費することができる。しかも、その相互利益は一国が他国よりも同じ財の生産で優れていることによるものではない。一国がすべての産業で絶対優位にあったとしても、貿易による利益は存在する。グローバル経済全域の衣服産業の生産パターンを説明するグローバル比較が上に出てくるが、この点はそこで例解される。

1.4　取引：経済循環フロー図

　これまで学んできたモデル経済──一企業だけを含む経済──は大がかりな単純化だ。アメリカとブラジルの貿易についても、**バーター（物々交換）**と呼ばれるいちばん簡単な取引、すなわち各国が自国の財・サービスを自国が欲しい財・サービスと

> 自分がもっている財・サービスを自分が欲しい財・サービスと直接交換する取引は**バーター（物々交換）**と呼ばれる。

交換する取引に従事するものとして、著しく単純化した。現代の経済では、単純なバーターにはめったにお目にかかれない。通常、人々は自分がもつ財・サービスを貨幣——固有の価値をもたない色刷りの紙切れ——と交換し、さらにそうして得た色刷りの紙切れを自分が欲しい財・サービスと交換する。つまり、彼らは財・サービスを売って別の財・サービスを買っているのだ。

そして彼らは、たくさんのちがうものを売買している。アメリカの経済の実態はものすごく複雑で、1億以上の労働者が何十万という会社に雇われ、何百万もの異なる財・サービスを生み出している。でも、図2-6に示された簡単なモデル、**経済循環フロー図**を考えてみることで、読者はこの経済について非常に重要なことを学ぶことができる。この図は、経済で行われる取引を円の周りの2種類のフロー（流れ）によって示している。ひとつは財・サービス、労働、原料などモノの一方向へのフローで、もうひとつはこれらのモノに対して支払われるカネの逆方向へのフローだ。ここでは、モノのフローは赤、カネのフローは黄色に色分けされている。

▶ **経済循環フロー図**は、経済で行われる取引を円の周りのフローとして表すモデルだ。

いちばん簡単な経済循環フロー図は、**家計**と**企業**という、たった2種類の居住者しかいない経済をモデル化したものだ。家計は、個人か、あるいは所得を分け合う個人のグループ（通常は家族だが、必ずしも家族でなくてもいい）からなっている。企業は、販売を目的として財・サービスを生産し、家計の構成員を雇用する組織（通常は会社だが、そうでなくてもいい）だ。

▶ **家計**は個人か、所得を分け合う個人のグループだ。
企業は販売を目的として財・サービスを生産する組織だ。

図2-6からみてとれるように、このモデル化された経済には2種類の市場がある。一方の側（ここでは左側）には、家計が企業から欲しいものを買う**財・サービスの市場**がある。これは家計への財・サービスのフローと企業への逆方向のカネのフローを生み出している。

▶ 企業は生産した財・サービスを**財・サービスの市場**で家計に売る。

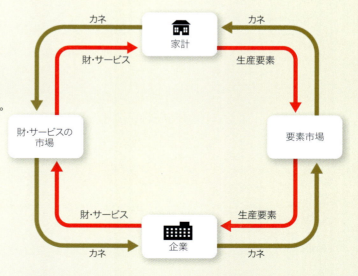

図2-6 経済循環フロー図

このモデルは、経済で貨幣と財・サービスがどのように流れ、循環するかを表している。財・サービスの市場では、家計は企業から財・サービスを買い、企業への貨幣のフローを生み出す。企業が要素市場で家計から生産要素を買いつけるとき、貨幣は家計に戻っていく。

> 企業は生産に必要な資源——生産要素——を**要素市場**で買う。

他方の側には、**要素市場**がある。生産要素とは、財・サービスを生産するのに用いられる資源のことだ。本章の少し前のところで、主要な生産要素は土地、労働、物的資本、そして人的資本だといったよね。

私たちがいちばんよく知っている要素市場は、労働者が時間を売って支払いを受ける労働市場だ。労働の他にも、家計に他の生産要素を所有し、企業に売っていると考えられる。たとえば、会社が物的資本を機械の形で買えば、その支払いは、つきつめれば機械をつくっている会社を所有する家計に行くのだ。この場合、取引は資本が売買される資本市場で行われる。あとで詳しくみるように、要素市場は経済の**所得分配**がいかに行われるか、すなわち経済の総所得がいかに未熟練労働、熟練労働、そして資本や土地の所有者に分配されるかが最終的に決定される市場なのだ。

> ある経済の**所得分配**は、経済の総所得をさまざまな生産要素の所有者の間でどのように分けるかを表している。

経済循環フロー図は現実の多くの複雑な特徴を無視している。少しばかり例をあげると、

- 現実の世界では、企業と家計の区別はそれほどはっきりしたものではない。零細な家族経営のビジネス——農家、工場、小さなホテル——を思い浮かべてもらいたい。これって、企業？　それとも家計？　もっと完全な図にしたければ、家族経営のために別のボックスを設ける必要がある。
- 企業の売り上げの多くは家計に対するものではなく企業に対するものだ。たとえば、鉄鋼会社は家計ではなく、主として自動車メーカーのような企業に製品を販売している。もっと完全な図は、当然ビジネス部門内の財や貨幣のフローを描き入れているはずだ。
- この図には政府が示されていない。現実の世界では、政府は税金として多額の貨幣を経済循環フローの中から抜き取っているし、政府支出のかたちで多額の貨幣を経済循環フローに還流している。

図2-6は、決して現実の経済に存在するあらゆる種類の居住者の完全な図ではないし、それらの居住者の間で流れるすべてのカネやモノのフローを描き出すものでもない。

このように単純化してはいるが、経済循環フロー図は、経済について考えるのにすごく役に立つ道具となる。

経済学を使ってみよう☞　富んだ国、貧しい国

着ているものを脱いで——時と所はわきまえたうえで——、それがどこでつくられたものかを内側のラベルで確かめよう。あなたの衣類は、大部分とはいわないが、かなりの割合のものがアメリカよりずっと貧しい海外の国——たとえばエルサルバドル、スリランカ、あるいはバングラデシュ——でつくられたものだといって間違いないだろう。

なぜこれらの国は、アメリカよりそんなに貧しいのだろうか。すぐに浮かぶ答えは、経済の生産性がずっと低いということだ——それらの国々の企業はアメリカや他のもっと豊かな国の同様な企業にくらべて、一定の資源から少しの生産物しかつくれないということだ。だが、国々の生産性はなぜそんなにちがうのだろうか。これはもっと深い疑問だ——実際、これは多くの経済学者の頭を悩ませている主要な問題の1つだ。いずれにせよ、生産性のちがいは事実としてある。

しかし、これらの国々の経済が私たちの経済よりそんなに貧しいとしたら、どうして私たちの衣類をそんなにたくさんつくっているのだろうか。なぜ私たちは自分でつくろうとしないのだろうか。

答えは「比較優位」だ。バングラデシュのほとんどすべての産業はアメリカの同様な産業より生産性が低い。しかし、富んだ国と貧しい国の生産性のちがいは、財の種類によって異なる。それは航空機のような高度な財の生産ではきわめて大きいが、衣料のようなより単純な財の生産ではそれほど大きくない。バングラデシュの衣料に関する立場は、ブラジルのエンブラエルの小型ジェット機に関する立場に似ている。エンブラエルはボーイングほどうまくはできないが、小型ジェット機の生産はどちらかといえば比較的うまくできる仕事なのだ。

要するに、バングラデシュはアメリカにくらべてほとんどの産業で比較劣位にあるが、衣服産業に比較優位をもっているのだ。このことから、バングラデシュがアメリカに衣料を供給し、アメリカがバングラデシュにもっと高度な財を供給することで、アメリカもバングラデシュもより豊かな消費生活を送れることがわかる。

ちょっと復習

▶ほとんどの経済**モデル**は、「思考実験」、あるいは現実の単純化された表現で、**他の条件一定**の仮定を置いている。
▶1つの重要な経済モデルは**生産可能性フロンティア**と呼ばれるもので、効率、機会費用、さらには経済成長などの概念を示すのに用いられる。
▶**比較優位**は取引利益の原因を説明するモデルだが、よく**絶対優位**と間違えられる。どんな個人でも、どんな国でも何かに比較優位をもっていて、それが取引利益を生み出す。
▶いちばん簡単な経済では、人々は現代経済にみられる貨幣取引ではなく、**バーター（物々交換）**を行う。**経済循環フロー図**は経済内の取引を**企業**と**家計**との間の財・サービス、**生産要素**、および貨幣のフローとして表したモデルだ。これらの取引は、**財・サービスの市場**と**生産要素の市場**で生じる。経済の**所得分配**は最終的に要素市場で決定される。

✓ 理解度チェック　2-1

1. 真か偽か？　答えて説明しなさい。
   a. ボーイングがドリームライナーと小型ジェット機の生産に使える資源が増えても、その生産可能性フロンティアは変化しない。
   b. ドリームライナーの生産量を一定として、ボーイングの小型ジェット機の生産量を増やすような技術の変化が起これば、その生産可能性フロンティアは変化する。
   c. 生産可能性フロンティアが役に立つのは、資源が効率的に使われていてもいなくても、一方の財をもっと得るためにあきらめなければならない他方の財の量を表示するからだ。
2. イタリアでは、8人の労働者が1日に1台の自動車を生産でき、3人の労働者が1日に1台の洗濯機を生産できる。アメリカでは、6人の労働者が1日に1台の自動車を生産でき、2人の労働者が1日に1台の洗濯機を生産できる。
   a. 自動車の生産に絶対優位をもっているのはどちらの国か。洗濯機の生産ではどうか。
   b. 自動車の生産に比較優位をもっているのはどちらの国か。洗濯機の生産ではどうか。

c. これら2国の間の取引は、どんな特化パターンのときにいちばん高い利益を生み出すか。

3. 表2-1の数字を使って、アメリカとブラジルがなぜ10機の大型ジェット機と15機の小型ジェット機との取引に乗り気になれるかを説明しなさい。

4. 経済循環フロー図によって、家計が使う貨幣量の増加がどのようにして経済の働き口を増やすかを説明しなさい。さらに、経済循環モデルで何が予測できるかを言葉で述べなさい。

　　　　　解答は https://str.toyokeizai.net/books/9784492314906 にある。

2 モデルを使う

　もうわかったと思うけれど、経済学は主として一連の基本的な原理に基づきながら、特定の場面にそれらの原理を適用できるように、さらに特定の仮定を付け加えてモデルをつくるという学問なのだ。しかし、実際のところ、経済学者は彼らのモデルを使って、どんなことをするのだろうか。

2.1 解明経済学と規範経済学

　あなたは州知事に対する経済顧問だとしよう。知事はどんな諮問をするだろうか。たとえば、3つの可能性がある。

1. 翌年、州の高速道からどれくらいの料金収入が上がるだろうか。
2. 通行料金を1ドルから1.50ドルに引き上げたら、収入はどれほど増えるだろうか。
3. 料金引き上げが交通量と道路近くの大気汚染を減らす効果がある半面、通勤者に財政負担をかけることを考慮したうえで、引き上げに踏み切るべきか。

　はじめの2つの諮問と第3の諮問との間には、大きなちがいがある。はじめの2つは事実に関する諮問だ。翌年の料金収入の予測は、実際にその数字がわかれば、当たったかはずれたかが判明する。料金変化の効果を推定するのはもう少しむずかしい——収入は料金以外の要因にも依存し、それらを切り分けるのは厄介かもしれない。そうではあっても、原則として正しい答えは1つしかない。

　だが、料金を引き上げるべきかという諮問には「正しい」答えはないかもしれない——料金引き上げの効果について同意する2人の人たちでも、その当否については意見が分かれるだろう。たとえば、高速道のそばに住み通勤していない人は、騒音と大気汚染を大いに気にかけるが、通勤費用のことはそれほど気にしないだろう。高速道近くに住んでいない通勤者の優先順位はこれとはちがったものとなるだろう。

　この例は、経済分析の2つの役割の重要な区別を照らし出している。世の中がどうなっているかという疑問への答えに真偽がはっきりしている。それに答えようとす

る分析は**解明経済学**と呼ばれる。対照的に、世の中がどうあるべきかについて述べようとする分析は**規範経済学**として知られている。別の言い方をすれば、解明経済学は診断にかかわり、規範経済学は処方にかかわるといってもよい。

経済学者が大部分の時間と努力を注ぎ込むのは、解明経済学だ。そして、解明経済学のほとんどすべての領域で、モデルが決定的な役割を演じている。上述したように、アメリカ政府はコンピュータモデルを使って国税政策に関する提案の効果を推計しているし、多くの州政府も同様なモデルによってそれぞれの租税政策の効果を調べている。

ここで、州知事が諮問すると想定した第1と第2の問題との間にも、微妙だが重要なちがいがあることを指摘しておきたい。問題1は、翌年の収入がどうなるかという簡単なこと——**予測**——を聞いている。問題2は、「もし……なら」型の問題で、もし租税法が改正されるとすれば、収入がどう変化するかを尋ねている。経済学者はよく両方のタイプの問題に答えることを要請されるが、モデルはとくに「もし……なら」型の問題に答えるのに向いている。

これらの問題に対する答えは政策のガイドとして役に立つが、あくまでも予報であって処方ではない。言い換えれば、政策が変わったとき何が起こるかをいうものではあるが、その結果の良し悪しをいうものではない。あなたの経済モデルから、高速道の料金を上げるという州知事の提案が共同体の資産価値を高めはするが、高速道を使って仕事場に通う人たちに痛みを与えるという結論が得られたとしよう。だからといって、料金値上げがよいとか悪いとかいえるだろうか。その答えは誰に尋ねるかでちがってくる。たったいまみたように、道路近くの共同体に深くかかわっている人たちは料金値上げを支持するだろうが、ドライバーたちの福祉を重くみる人たちの考えはちがうだろう。これは価値判断の問題であって、経済分析の問題ではない。

それでも、経済学者はよく政策上の助言をする羽目になる。つまり、規範経済学に踏み込むことになるのだ。だが待て。「正しい」答えがないかもしれないのに、何でそんなことができるのだろうか。

1つの答えは、経済学者も市民であって、みんな自分の意見をもっているということだ。だが、誰がどんな意見をもっていようと、経済分析によってある政策が他の政策よりも明らかによいことを示せる場合も多々あるのだ。

政策Aと政策Bは同じ目標を達成するが、政策Aが政策Bよりもすべての人たちの暮らしをよくする——でなくても他の人たちの暮らしを損なうことなく誰かの暮らしをよくする——としよう。このような場合、政策Aは明らかに政策Bよりもよいといえる。これは価値判断ではない。目標を達成するためにいちばんよい方法は何かを論じているのであって、目標それ自体の当否を問題にしているわけではない。

たとえば、低所得者の住宅取得を助成するために、2つのちがう政策が用いられてきた。1つは家賃の規制で、家主が集める家賃に制限を設けるものだ。もう1つは家賃補助で、家賃支払いに補助金を給付するものだ。ほとんどすべての経済学者が一致して補助金のほうがより効率的な政策だと判断している(その理由については第5

> **解明経済学**は、経済が実際にどうなっているかを記述する経済学の一分野だ。**規範経済学**は経済がどうあるべきかについて処方箋を書く分野だ。

> **予測**は将来の単純な予報だ。

章でみる）。だから、個人的な政治的立場がどうであろうと、大多数の経済学者が、家賃規制よりも家賃補助をよしとしている。

政策のランキングがこのようにうまくつけられる場合には、経済学者は一般に合意するものだ。しかし、経済学者の意見がときどき食いちがうことも公然の秘密だ。なぜそんなことが起こるのだろうか。

2.2 経済学者の意見はどんなときに、なぜ食いちがうか

経済学者は喧嘩ばかりしているという評判がある。このような評判はいったいどこから立てられるのだろうか。

1つ重要な点は、メディアが経済学者の意見のちがいを誇張する傾向があるということだ。ある問題について——たとえば家賃の規制が借家の供給を減らすといった命題について——ほとんどすべての経済学者の意見が一致するような場合、記者も編集者も報道に値するニュースはないと判断するので、専門家の見解は伝えられないで終わる。だが、有名な経済学者の意見が対立するような問題——たとえば、現在の減税が経済の助けになるかどうかといった問題——が起こると、格好のニュースになる。その結果、あなた方は経済学者が合意している広範囲の問題についてよりも、意見が食いちがっている分野について散々聞かされることになるのだ。

それから、経済学がよく政治に巻き込まれてしまうことも覚えておいたほうがいい。多くの問題について、有力な利益団体が存在し自分たちが聞きたい意見を知っている。彼らはそういう意見を表明している経済学者を探し応援して、仲間の間でも群を抜く地位と名声を与えて自分たちの立場を有利にしようとするのだ。

実際には、経済学者の意見の食いちがいは見かけほど大きいわけではないが、重要な問題について経済学者の見解がしばしば分かれることも事実だ。たとえば、非常に尊敬されている経済学者たちが、アメリカ政府は所得税をやめて付加価値税（多くの欧州諸国で主要な税源となっている国民売上税）で置き換えるべきだと、熱っぽく論じている。他の同じくらい尊敬されている経済学者がこれに反対している。どうしてこんな意見の相違が生じるのだろうか。

重要な原因の1つは価値観にある。多様な個人からなるどんなグループのなかでも、まともそうにみえる人たちの意見が合わないことがあるものだ。所得税にくらべて、付加価値税は典型的には貧しい階層に重くのしかかる。だから、社会的平等、所得の平等が達成された社会を、そのことだけで高く評価するような学者は、付加価値税に反対する傾向がある。ちがう価値観をもった学者はそれほど反対しない。

第2の重要な原因は、経済モデルのちがいにある。経済学者の結論は現実の単純化された表現であるモデルに基づいている。だから、2人の経済学者がどんな単純化が妥当かについて意見を異にし——したがって異なる結論に達したとしても、おかしくはないのだ。

アメリカ政府が付加価値税の導入を検討しているとしよう。経済学者Aは課税システムの行政費用——つまり、監視、書類の作成、徴税等々の費用——に焦点を合わ

せたモデルを用いているかもしれない。その場合、この学者は付加価値税の行政費用が高いという周知の事実を指摘し、付加価値税に反対するだろう。だが、経済学者Bはこの問題に接近する正しいやり方は行政費用を無視して、法案が貯蓄行動をどのように変えるかに焦点をしぼることだと考えているかもしれない。この学者は付加価値税が消費者の貯蓄性向を高める望ましい効果をもつとする研究を指し示すだろう。

経済学者はさまざまな異なるモデル——つまり異なる単純化の仮定——を使い、異なる結論を導いてきた。この2人の経済学者もこの問題の異なる側面をみているのだ。

このような論争の大部分は、結局のところ、経済学者が提案するさまざまなモデルのうちどれが事実に適合するかを示す証拠の蓄積によって解決される。だが、他のどんな科学でも経済学でも、重要な論争の決着がつけられるまでには、長い時間、時には10年単位の時間がかかる。経済はいつも変化し、古いモデルが役に立たなくなり、新しい政策問題が生じてくる。そのため、いつでも経済学者の意見が対立する新しい問題には事欠かない。政策担当者はどの経済学者を信じるかを決めなければならない。

重要な点は、経済分析は方法であって決まった結論ではないということだ。

ちょっと寄り道 ☕

経済学者が同意するとき

「世界中の経済学者が埋葬され端から端まで縦一列に横たえられたとしても、同じ結論に到達することはできないだろう」。これは経済学者が好きなジョークの1つだが、そこまで彼らの意見は合わないのだろうか。

『アメリカン・エコノミック・レビュー』誌1992年5月号に掲載されたアメリカ経済学会会員の古典的な調査によれば、そんなことはない。アンケート調査の作者たちが回答者に対して経済に関するいくつもの主張に、賛成するか反対するかをたずねた。その結果わかったのは、多くの主張についてプロの経済学者たちの間に高い水準の合意があるということだった。90％以上の経済学者が合意した最上位の主張は「関税と輸入割当は通常一般的な経済厚生を損なう」と「家賃の上限規制は利用可能な借家の量と質を低下させる」というものだった。これら2つの主張が際立つのは、経済学者以外の人たちの多くはどちらにも異論を唱えるからだ。外国産の財を締め出す関税と輸入割当は多くの有権者から支持される。また、ニューヨークやサンフランシスコのような都市では、家賃の上限規制を撤廃しようという提案は激しい政治的反対にあってきた。

喧嘩する経済学者という固定観念は、神話にすぎないのだろうか。そうでもない。経済学者に意見が大きく対立する問題もある。とくにマクロ経済学ではそうだ。しかし、大きな共通の地盤もあるのだ。

経済学を使ってみよう☞ 象牙の塔を超える経済学者

多くの経済学者は、主として教育・研究に携わっている。しかし、現実の出来事により直接的にかかわる者も少なくない。

この章の「ちょっと寄り道：経済を食い物にするモデル」で述べたように、経済学

のある特定の部門「金融理論」はウォール街で、いつも有益とはいえないが、ともかく重要な役割をはたしている。だが、金融資産の評価は決して経済学者がビジネス界ではたす唯一の有益な機能ではない。ビジネス界は製品に対する将来の需要予測、将来の原材料価格の予想、将来の資金の見通し等々を必要としている。これらすべての目的のために経済分析は不可欠なのだ。

ビジネスの世界で雇用される経済学者のなかには、その仕事を必要とする機関で直接はたらく者がいる。とくにゴールドマン・サックスやモルガン・スタンレーのようなトップの金融企業は、金融市場に影響力のある勢力や、次章の分析を生み出す質の高い経済学者のグループをかかえている。その他のエコノミストたちは、広範なビジネス企業に経済分析や助言を販売するマクロ経済アドバイザーズのようなコンサルタント会社ではたらいている。

最後に、しかし最小にではなく、経済学者は広範に政府活動に関与している。労働統計局によれば、政府は全アメリカの職業的経済学者の約半数を雇用している。このことは驚くにあたらない。政府のもっとも重要な機能の1つは、経済政策をつくることだ。しかも、政府はどんな決定をするときにも、その経済効果を考慮に入れなければならない。世界中の政府が経済学者を雇って、さまざまな役割を与えているのはそのためだ。

アメリカ政府の場合、中心的な役割を演じているのは経済諮問委員会で、経済問題について大統領に助言することに専念している。政府機関としては異例のことだが、この委員会にいる経済学者の大部分は長期契約の公務員ではない。彼らは主として大学から1、2年の休暇をとってきた教授たちなのだ。この国のもっとも有名な経済学者の多くは、キャリアのどこかの時点で、諮問委員会で働いている。

経済学者は商務省から労働省まで、政府の他の多くの部門で重要な役割を果たしている。経済のマネーサプライを管理し銀行を規制する連邦準備銀行の大半のスタッフは経済学者だ。経済学者はワシントンD.C.に本拠を置く2つの国際機関で、とりわけ重要な役割を演じている。経済的苦境に陥った国々に助言と貸し付けを与える国際通貨基金と、長期的な経済発展を促進する目的で助言と貸し付けを与える世界銀行だ。

しばらく前までは、これらすべての実際的な仕事に携わるエコノミストたちの動静を追跡することは、容易ではなかった。だが最近では、オンラインのウェブサイトで経済展望や政策の活発な意見交換がなされている。国際通貨基金のホームページ（www.imf.org）から economy.com のようなビジネス向けのサイト、Mark Thoma の（economistsview.typepad.com）のような個別経済学者のブログ、そういえば Technorati top 100 pages に入っている私たちのサイト（krugman.blogs.nytimes.com）にいたるまで。

ちょっと復習

▶経済学者がやっているのは主として**解明経済学**、すなわち世界がどのように動いているかの分析だ。それは、**予測**を立てることも含めて、明確に正しいか、あるいは間違った答えを出す。しかし、事態がどうあるべきかを処方する**規範経済学**には正しい答えが存在せず、価値判断しかないことが多い。

▶世間でいわれているほどではないが、経済学者の意見は食いちがうことがある。理由は2つある。第1に、モデルでどんな単純化をするかで合意できないことがある。第2に、誰でもそうだが、経済学者も価値観が合わないことがある。

✓理解度チェック　2-2

1. 以下の記述のうち、どれが解明的なもので、どれが規範的なものか。

a. 社会は人々が危険な個人行動に走らないように施策を講じるべきだ。
b. 危険な個人行動に走る人々は、医療費の増加を通じて社会の費用負担を高める。
2. 真か偽か？　答えて説明しなさい。
a. 政策Aと政策Bは同一の社会的目標を達成しようとするものだ。だが、政策Aは政策Bにくらべて、資源の利用効率がずっと悪いことがわかった。だから、経済学者たちは政策Bの選択に合意しそうだ。
b. ある政策が望ましいかどうかについて2人の経済学者の意見が一致しないことがあるとすれば、その原因は通常どちらかが間違っているためだ。
c. 政策担当者は、いつでも経済学を使って社会がその達成に努力すべき目標をみつけることができる。

解答は https://str.toyokeizai.net/books/9784492314906 にある。

BUSINESS CASE

ビジネス・ケース

効率、機会費用、ボーイングのリーン生産方式

　2010年の夏と秋、ワシントン州エバレットにあるボーイング社の最終組み立て工場で、作業員たちはボーイング767の生産に備えて備品の設置に余念がなかった。だがそれは困難で時間のかかる仕事だった。というのは、「備品」――ボーイングの組み立て機材――はそれぞれ200トンもの重量があったからだ。それは「リーン生産方式」、あるいは「ジャストインタイム」と呼ばれる生産方式に基づく生産システムの立ち上げに必要な部材だったのだ。日本のトヨタ自動車によって案出された「リーン生産方式」は、部品が生産に必要とされるちょうどそのときに、工場の床面に到着するという慣行に基礎をおくものだった。これで、ボーイングがかかえる部品の在庫と、生産に必要な工場の床面積を抑える――この場合には767に要する床面を平方フィートで40％も切りつめる――ことができる。

　ボーイングは1999年に当時いちばん人気の商業用飛行機だった737の製造に、リーン生産方式を取り入れていた。2005年までに、絶え間ない改善を経て、ボーイングは1機の生産に要する時間を50％、部品在庫を60％削減できた。その重要な特徴は、組み立てラインが連続的に作動して1つの組み立てチームからもう1つのチームへと着実なペースで製品を動かし、作業員が仕事を求めて、あるいは工具と部品を求めて工場の床面をうろつくようなことがないようにすることだ。

　トヨタのリーン生産方式は、あらゆる製造業の生産方式のなかでもっとも広く採用され、世界中の製造業に革命を起こしてきた。簡単にいえば、リーン生産方式は組織と情報交換に集中して効率を高める方法だ。作業員と部品は、無駄な努力と資材を省き、なめらかで矛盾のない作業の流れを確実にするように組織化される。リーン生産方式はまた、生産物の望ましい混合の変化に敏感に対応する――たとえば顧客需要の変化に応じて素早くセダンを増やし、ミニヴァンを減らす――ことができるように設計されている。

トヨタのリーン生産方式は成功し、グローバルな自動車産業をつくり変え、かつて圧倒的だったアメリカ自動車産業の地位を深刻に脅かした。1980年代が来るまで、いわゆる「ビッグスリー」——クライスラー、フォード、ゼネラルモーターズがアメリカの自動車産業を支配し、アメリカで販売できる自動車メーカーは事実上皆無という状態だった。だが1980年代になると、トヨタが高品質で比較的安値だったことから、アメリカでどんどん人気を博するようになった。その結果、ビッグスリーはアメリカ政府に圧力をかけて、アメリカで日本車の販売を制限して国内産業を保護するように迫った。これに対応して、トヨタはアメリカ国内に組み立て工場を建設することになり、それとともにリーン生産方式を持ち込み、やがてこの方式がアメリカの製造業全体に広まっていった。トヨタの成長は続き、2008年には世界最大の自動車メーカーだったゼネラルモーターズをしのぐまでになった。

ビジネス思考力を鍛えよう

1. 工場を横切る形で作業員を1つの作業から別の作業へ、あるいは工具と部品を探しつつうろつかせることの機会費用は何だろうか。
2. リーン生産方式が経済の配分効率をいかに高めるか説明しなさい。
3. リーン生産方式という革新が登場する前は、日本がアメリカに販売していたのはほとんどが家庭用電化製品だった。リーン生産方式は日本のアメリカに対する比較優位をどのように変えたか。
4. トヨタの生産拠点が日本からアメリカに移ったことで、二国間の自動車製造の比較優位がどのように変わるか予測しなさい。

要約

1. ほとんどすべての経済学は**モデル**に基づいている。モデルは、「思考実験」、すなわち現実を単純化したもので、その多くはグラフのような数学的ツールを使う。経済学で重要な仮定は、**他の条件一定の仮定**だ。他の関係ある要因を固定することによって、ある要因の変化の効果の分析が可能になる。
2. 1つの重要な経済モデルは、**生産可能性フロンティア**だ。それによって次の重要な諸概念がわかる。機会費用（ある財の生産を増やすのに他の財の生産をどれだけ減らさなければならないかを示す）、生産面の効率（生産可能性フロンティアの上で生産している）、配分面の効率（人々が消費したいと思う財・サービスを生産している）そして経済成長（生産可能性フロンティアの外側への拡張）。経済成長は2つの基本的な要因によって起こる。**生産要素**——土地、労働、生産過程のインプットとして使い切ってしまうことのない資本と人的資本——の増加、**テクノロジー**の進歩だ。
3. もう1つの重要な経済モデルは、個人間、国家間の取引利益の源泉を説明する

比較優位のモデルだ。誰でも何かに比較優位をもっている。つまり、その人が他の誰よりも低い機会費用でつくり出せる財・サービスがあるものだ。だが、これはよく**絶対優位**、すなわちある財・サービスを他の誰よりも上手につくれる能力と混同される。この混同によって惑わされ、人々や国々の間の取引から何の利益も得られないといった間違った結論を導く人がいる。

4. もっとも単純な経済では人々は**バーター（物々交換）**——財・サービスの直接交換——にたずさわるが、現代の経済では財・サービスを貨幣と交換する。**経済循環フロー図**は経済内の取引を**家計**と**企業**の間の財・サービスおよび所得のフローとして表すモデルだ。これらの取引は、**財・サービスの市場**と、**生産要素**——土地、労働、物的資本、人的資本——の市場である**要素市場**で行われる。このモデルは、支出、生産、雇用、所得、さらには成長が経済のなかでいかに関連しているかを理解するのに役立つ。最終的に要素市場では、経済全体の**所得分配**が決定される。経済全体の総所得が、それぞれの生産要素の所有者にどのように分配されるのかが決まる。

5. 経済学者は**解明経済学**と**規範経済学**の双方のために経済モデルを使う。解明経済学は経済がどのように動いているかを説明するもので、規範経済学は経済がいかに動くべきかを処方するものだ。解明経済学は**予測**を立てることもよくある。経済学者は解明経済学の問題については正しい答えを出すことができるが、価値判断を含む規範経済学の問題には通常正しい答えは存在しない。例外は、ある政策を達成するための諸政策が効率の高いものから低いものに順序づけることできる場合だけだ。

6. 経済学者の意見が食いちがう主要な原因は2つある。第1に、経済学者はモデルでどんな単純化をするかで争う可能性がある。第2に、他の誰とも同じように、経済学者も価値観が合わないことがある。

キーワード

モデル　38ページ	他の条件一定の仮定　38ページ
生産可能性フロンティア　40ページ	生産要素　46ページ
テクノロジー　46ページ	比較優位　50ページ
絶対優位　51ページ	バーター（物々交換）　52ページ
経済循環フロー図　53ページ	家計　53ページ
企業　53ページ	財・サービスの市場　53ページ
要素市場　54ページ	所得分配　54ページ
解明経済学　57ページ	規範経済学　57ページ
予測　57ページ	

〈問題〉

1. バミューダ島の2つの重要な産業は漁業と観光だ。国連食糧農業機関とバミューダ統計局の資料によれば、2009年にバミューダの306人の登録漁民は387トンの海洋魚を捕獲した。そして2719人のホテル従業員が55万4400人分のホテル宿泊（到着した客数で測って）を供給した。この点が生産面で効率的だったと仮定しよう。また、追加的1トンの漁獲の機会費用はホテル宿泊2000に相当し、この機会費用は一定（変わらない）と仮定しよう。

   a. もし（現在の2719人のホテル従業員に加えて）306人の登録漁民がすべてホテルに雇用されるとしたら、バミューダはあとどれだけの数のホテル宿泊を生み出せるか。

   b. もし（現在の306人の漁民に加えて）2719人の従業員がすべて漁民になるとしたら、バミューダはあとどれだけの数の漁獲を生み出せるか。

   c. 漁獲数をヨコ軸に、ホテル宿泊数をタテ軸にとり、バミューダの生産可能性フロンティアを描きなさい。2009年のバミューダの実際の生産点をその上に示しなさい。

2. アトランティスは南大西洋の小さな孤島だ。住民はジャガイモを栽培し、魚を捕っている。表は、ジャガイモと魚の最大限可能な年間生産量の組合せを示すものだ。限られた資源と利用可能な技術のもとでは、ジャガイモ生産に使う資源を増やせば、当然ながら漁業に使える資源は少なくなる。

最大限可能な年間生産量	ジャガイモの数量（ポンド）	魚の数量（ポンド）
A	1,000	0
B	800	300
C	600	500
D	400	600
E	200	650
F	0	675

   a. ジャガイモをヨコ軸に、魚をタテ軸にとって生産可能性フロンティアを描き、点A〜Fを記入しなさい。

   b. アトランティスは魚500ポンドとジャガイモ800ポンドを同時に生産できるか。答えて、理由を説明しなさい。また、その点は生産可能性フロンティアに対してどの辺に位置しているか。

   c. ジャガイモの年間生産量を600ポンドから800ポンドに増やす機会費用はいくらになるか。

   d. ジャガイモの年間生産量を200ポンドから400ポンドに増やす機会費用はいくらになるか。

e. cとdに対する答えはちがうが、あなたはそのわけを説明できるか。このことが生産可能性フロンティアの傾きについてもつ意味は何か。

3. アメリカ農務省の国民農業統計サービスの資料によれば、2004年にはアメリカの1億2400万エーカーの土地が小麦またはトウモロコシの栽培に使われていた。この1億2400万エーカーのうち、農民たちは5000万エーカーで21億5800万ブッシェルの小麦を生産し、7400万エーカーの土地で118億700万ブッシェルのトウモロコシを生産した。アメリカの小麦とトウモロコシの生産が効率的に行われていると仮定しよう。この生産点で、追加1ブッシェルの小麦粉の機会費用はトウモロコシの減産分1.7ブッシェルだった。しかし、農民の機会費用は増加するので、さらなる追加1ブッシェルの小麦粉はトウモロコシ1.7ブッシェルよりも大きいものになる。続く各生産点について、以下の（i）～（iv）のどれにあたるかを判断しなさい。（i）実現可能で効率的かどうか、（ii）実現可能だが効率的でないかどうか、（iii）実現可能でないかどうか、（iv）実現可能かどうかわからない。

a. 農民たちは4000万エーカーの土地で18億ブッシェルの小麦を生産し、6000万エーカーの土地で90億ブッシェルのトウモロコシを生産する。残り2400万エーカーの土地は使われない。

b. はじめの生産点から、農民たちは4000万エーカーの土地をトウモロコシから小麦の生産に移す。いまや、31億5800万ブッシェルの小麦と101億700万ブッシェルのトウモロコシをつくっている。

c. 農民たちは小麦の生産を20億ブッシェルに減らし、トウモロコシの生産を120億4400万ブッシェルに増やす。生産可能性フロンティアに沿って、トウモロコシの生産を118億700万ブッシェルから120億4400万ブッシェルに移すことによるトウモロコシ1単位当たりの機会費用は小麦0.666ブッシェルである。

4. 古代ローマ国では、スパゲッティとミートボールという2つの財しか生産されていない。ローマにはティボリとフリボリという2つの部族が存在する。ティボリは自分たちだけでは月に30ポンドのスパゲッティを生産しミートボールを生産しないか、月に50ポンドのミートボールを生産しスパゲッティを生産しないか、あるいはその中間の組合せを生産できるものとしよう。フリボリは自分たちだけでは月に40ポンドのスパゲッティを生産しミートボールを生産しないか、月に30ポンドのミートボールを生産しスパゲッティを生産しないか、あるいはその中間の組合せを生産できるものとしよう。

a. 生産可能性フロンティアはすべて直線だとしよう。ティボリの毎月の生産可能性フロンティアを示す図とフリボリの毎月の生産可能性フロンティアを示す図を別々に描きなさい。そのためにどんな計算をしたかを示しなさい。

b. スパゲッティに比較優位をもっているのはどちらの部族か、ミートボールはどうか。紀元100年にフリボリはミートボールをつくる新しい技術を発見し、毎月の生産

量を 2 倍に増やせるようになった。
   c. フリボリの新しい生産可能性フロンティアを描きなさい。
   d. この技術革新が起こったあとで、どちらの部族がミートボールの生産に絶対優位をもつようになったか。スパゲッティについてはどうか。どちらの部族がミートボールの生産に比較優位をもつようになったか。スパゲッティについてはどうか。

5. アメリカ国勢調査局によると、2006年7月、アメリカは中国に10億ドルの航空機を輸出し、中国からわずか1万9000ドルの航空機を輸入した。同月、アメリカは8300万ドル相当の男性用ズボン、スラックス、ジーンズを中国から輸入し、中国には8000ドル相当の男性用ズボン、スラックス、ジーンズを輸出した。比較優位による貿易の決定について学んだことを伴い、以下の質問に答えなさい。
   a. 航空機製造に比較優位をもっているのはどちらの国か？ 男性用ズボン、スラックス、ジーンズについてはどちらの国か？
   b. 航空機製造において絶対優位をもっているのはどちらの国か、判断できるだろうか？ 男性用ズボン、スラックス、ジーンズの生産ではどうか？

6. 経済記者のピーター・パンディットによれば、欧州連合（EU）はすべての産業分野で急速に生産性を上げている。この生産性上昇があまりにも速いので、これらの産業のEU生産量はまもなくアメリカ生産量を上回るようになる。そうなれば、アメリカはEUとの貿易から得るものはなくなるだろうと彼はいう。
   a. ピーター・パンディットは正しいことをいっていると思うか。もしそうでなければ、彼の間違いのもとはどこにあると思うか。
   b. もしEUとアメリカが貿易を継続するとすれば、EUがアメリカに輸出する財の特徴は何で、アメリカがEUに輸出する財の特徴は何になるだろうか。

7. あなたの寮の寮生を野球チームとバスケットボールチームに振り分ける役目を言い渡されたとしよう。最後の4人まできて、2人を野球に、残りの2人をバスケットボールに振り分けなければならない。表には、各人の平均打率とフリースロー成功率が示されている。

名前	平均打率(%)	フリースロー成功率(%)
ケリー	70	60
ジャッキー	50	50
カート	10	30
ゲリー	80	70

   a. 選手の振り分けに当たって、あなたは比較優位の概念をどのように使うだろうか。まず、各選手のフリースローの平均打率の単位ではかった機会費用を計算しなさい。
   b. あなたの取り決めについて、野球チームに配属されなかった選手は満足しそうだ

が、バスケットボールチームに配属されなかった選手は不満をもちそうだね。なぜだろうか。にもかかわらず、経済学者は、これがあなたの寮のスポーツチームに選手を振り分ける効率のよい方法だというだろう。なぜだろうか。

8. アトランティスの経済が発展し、住民は今や子安貝の貨幣を使うようになった。家計と企業の経済循環フロー図を描きなさい。企業はジャガイモと魚を生産し、家計はジャガイモと魚を買う。家計はまた、企業に労働と土地を提供する。下記の出来事がそれぞれ子安貝のフローと財・サービスのフローのどの部分に現れるかを示しなさい。さらに、その影響が円の周りでどのように広がるかを説明しなさい。
   a. 壊滅的なハリケーンがジャガイモ畑を水浸しにする。
   b. 魚の大漁期が来て、漁獲量が非常に増加する。
   c. アトランティスの住民がシャキーラ祭を創め、毎月数日をダンスに費やすようになる。

9. 経済学者のなかには、大学は教員と学生を投入物として使って教育を「生産している」という者がいるかもしれない。この考え方によれば、教育は家計によって「消費される」ということになる。本章でみたような経済循環フロー図を描いて、経済の教育に携わる部門を表してみよう。そこでは、大学は企業で、家計は教育を消費するだけでなく、教員と学生を大学に提供する。このモデルで重要な市場は何だろうか。何がどの方向に買われたり売られたりしているだろうか。もし政府がすべての大学の授業料の50%を補助するという決定をしたら、このモデルではどんなことが起こるだろうか。

10. あなたの寮のルームメートはしょっちゅうやかましい音楽をかけている。しかし、あなたはもっと平和で静かなほうがいい。そこで、彼女にイヤホーンを使ってくれないかといってみる。彼女は、イヤホーンを使うのはいいが、他にやりたいことがいっぱいあって今はそのほうにおカネを使いたいと答える。あなたはこの状況を経済学専攻の友人に相談してみる。次のようなやりとりがある。
    彼「イヤホーンの値段はいくらかな」
    あなた「15ドルだ」
    彼「君にとって、この学期が終わるまで平和で静かな環境が得られることの価値はいくらぐらいかな」
    あなた「30ドルはある」
    彼「それなら、君がイヤホーンを買って彼女にあげるのが効率的だ。君が得るものは失うものより大きい。つまり、便益が費用を上回るというわけだ。そうすべきだね」
    あなた「騒音を立てているのは私じゃないのに、イヤホーンの代金を払うなんてフェアじゃないわ」

a. この会話のなかで、どの部分が解明的な言明を含み、どの部分が規範的な言明を含んでいるか。
b. ルームメートが行動を変えるべきだというあなたの考えを支持する議論を立ててみなさい。同様に、ルームメートの立場から、あなたがイヤホーンを買うべきだという議論を立ててみなさい。もし寮生が無制限に音楽をかけることを許すのが寮の方針だとしたら、どちらの議論が優勢になるだろうか。逆に、ルームメートから苦情が出たときには音楽をかけてはいけないという規則があるとしたら、どちらの議論に軍配が上がりそうか。

11. アメリカ衣料産業の代表が以下のような発言をした。「アジアの労働者たちはしばしばタコ部屋のようなところで働き、時給わずか数セントしか稼いでいない。アメリカの労働者はもっと生産性が高いので、高い賃金を稼いでいる。アメリカの職場環境の尊厳を保つために、政府は低賃金のアジア衣料の輸入を禁止する法律をつくるべきだ」。
a. 引用文のなかで、どの部分が解明言明でどの部分が規範的言明か。
b. そこで提案されている政策は、アメリカとアジアの労働者の賃金や生産性に関するその前の主張と整合性があるだろうか。
c. このような政策で、他のアメリカ人の暮らしを損なうことなく誰かの暮らしがよくなるだろうか。別の言い方をすれば、この政策はすべてのアメリカ人の観点からみて効率的なものだろうか。
d. アジアの低賃金労働者は、このような政策で利益を得るだろうか、それとも痛みを受けるだろうか。

12. 以下の文章は真か偽か。答えて、説明しなさい。
a.「人々が稼ぐ賃金から払う税金が上がると、彼らの労働意欲は下がる」は解明的言明だ。
b.「もっと働いてもらうために税金を下げるべきだ」は解明的言明だ。
c. 社会が何をすべきかを決めるために、いつでも経済学が役に立つわけではない。
d.「この国の公共教育制度は、その運営に要する費用よりも多くの便益を社会にもたらしている」は規範的言明だ。
e. 経済学者の間の対立はすべてメディアがつくり出したものだ。

13. 以下の文章を検討しなさい。「すでに起こったことを正しく反映する経済モデルをつくるほうが、将来の出来事を予測するモデルをつくるよりもやさしい」。この文章は正しいと思うか、それとも間違っているか。なぜそうなのか。このことから、よい経済モデルをつくるのがなぜむずかしいかについて何かいえるだろうか。

14. 政府で働く経済学者は、しばしば政策提言を求められる。公衆はこれらの提言の

なかにある解明的言明と規範的言明を区別できることが重要だ。なぜだろうか。

15. ゴッサム市の市長は、この冬人命にかかわるインフルエンザが流行するのではないかと心配し、経済顧問に一連の諮問をした。各諮問について、経済顧問は解明的な検討をしなければならないか、それとも規範的な検討をしなければならないかを考えなさい。
    a. 11月末、市のワクチン備蓄量はどれだけになるだろうか。
    b. ワクチンを供給している製薬会社に1回分10％の割り増し料金を支払うことにしたら、供給は増えるだろうか。
    c. 市のワクチン備蓄が足りないとき、まず誰に――高齢者か若者か――にワクチンを施すべきか（どのグループに属する人もインフルエンザで死亡する確率は同じだとする）。
    d. 1回の注射について市が25ドルをとるとしたら、何人が払うだろうか。
    e. 1回の注射で25ドルとれば、市は10ドルの利益をあげられる。そのカネは貧しい人たちの予防接種に使える。市はそのような仕組みをつくるべきか。

16. 次の文章を検討しなさい。「経済学者が十分なデータをもっていれば、社会的福祉を最大にするようにすべての政策問題を解決することができる。政府が全員に無料の医療サービスを提供すべきか否かといった問題について、政治的討論を戦わせる必要はなくなるだろう」。

Chapter 2 Appendix

Graphs in Economics
経済学のグラフ

1 | イメージをつかむ

『ウォールストリート・ジャーナル』であれ経済学のテキストであれ、経済学に関する文章を読むとたくさんのグラフに出会う。視覚的なイメージは、言葉による記述、数字の情報、アイデアなどの理解をぐっと容易にしてくれる。経済学では、グラフは理解を容易にするために使われる視覚的イメージの典型なのだ。そこで論じられているアイデアや情報を完全に理解するためには、これらの視覚教材をいかに解釈するかをよく知っている必要がある。この付録では、グラフがどのようにつくられ解釈されるか、そして経済学でどのように使われるかを説明する。

2 | グラフ、変数および経済モデル

大学に行く理由の1つは、学士号があれば高賃金の仕事に就くことができるからというものだ。それに加えて、MBAや法学関係の学位があれば、稼ぎはもっと増える。もしあなたが教育と所得の関係を論じた論文を読むとしたら、教育水準の異なる労働者が受け取る所得を示すグラフをみることになるだろう。そしてそのグラフは、教育を受けるほど一般に所得は高くなるという見解を表しているだろう。経済学の他のほとんどのグラフと同じように、そのグラフは2つの経済変数の間の関係を描き出している。**変数**とは、個人の教育年数、ソーダ1本の価格、あるいは家計の所得のように、2つ以上の値をとる数量のことだ。

▶ 2つ以上の値をとる数量は**変数**と呼ばれる。

本章で学んだように、経済分析は現実の状況を単純化して記述したモデルに深く依拠している。ほとんどの経済モデルは、2つの変数の関係を記すものだ。そこではこの関係に影響を与える可能性のある他の変数は一定に保たれると単純化されている。たとえば、ソーダの価格と消費者の買うソーダの数量との関係を記述するモデルの場合、消費者のソーダ購入量に影響するような他のすべての事柄は一定と仮定されている。このタイプのモデルは数式でも言葉でも表現できるが、グラフで図解すればもっ

と理解しやすくなる。次に、経済モデルを描き表すグラフがどのようにつくられ解釈されるかをみてみよう。

3 | グラフのはたらき

　経済学のほとんどのグラフは、2つの変数の値を表示する、直角に交わる2つの直線でつくられた格子に立脚している。これは2つの変数の間の関係をみる助けになる。このようなグラフの使い方を理解する第1のステップは、このシステムが、どのようにはたらくかを知ることだ。

3.1　2変数のグラフ

　図2A-1は典型的な2変数のグラフだ。左側の表にある戸外の気温と、野球場で1試合の間に販売員が通常売ることができるソーダの数量のデータを図示したものだ。この表の第1列には戸外の気温（第1の変数）の値が、第2列にはソーダの販売数量（第2の変数）の値が示されている。第3列には2つの変数の5つの組合せが A から E まで示されている。

　この表のデータをグラフにしてみよう。2変数のグラフでは、1つの変数は x 変数と呼ばれ、もう1つの変数は y 変数と呼ばれる。ここでは、戸外の気温を x 変数、ソーダの販売量を y 変数としている。グラフ中にある水平な実線は**ヨコ軸**、あるいは x **軸**と呼ばれ、x 変数――戸外の気温――の値がこの軸に沿って測られる。同様に、グラフ中の垂直な実線は**タテ軸**、あるいは y **軸**と呼ばれ、それに沿って y 変数――ソーダの販売数量――が測られる。2つの軸が交わる**原点**では各変数の値はゼロとなる。原点から x 軸に沿って右へ進むと、x 変数の値は正でだんだん増加する。原点から y 軸

> x 変数の値が測られる軸は**ヨコ軸**、あるいは x **軸**と呼ばれる。y 変数の値が測られる軸は**タテ軸**、あるいは y **軸**と呼ばれる。2変数のグラフで2つの軸が交わる点は**原点**だ。

図2A-1 | 2変数のグラフに点を記入する

戸外の気温（独立変数）を x 軸に、ソーダの販売数量（従属変数）を y 軸に測ることにして、表のデータがグラフに記入されている。気温とソーダ販売数量の5つの組合せが点 A、点 B、点 C、点 D、点 E で示されている。グラフの各点は2つの値で確定する。たとえば点 C は（40, 30）という組合せ――華氏40度という戸外の気温（x 変数の値）と30本のソーダ販売数量（y 変数の値）――に対応している。

x 変数： 戸外の気温	y 変数： ソーダの販売数量	点
0	10	A
10	0	B
40	30	C
60	50	D
80	70	E

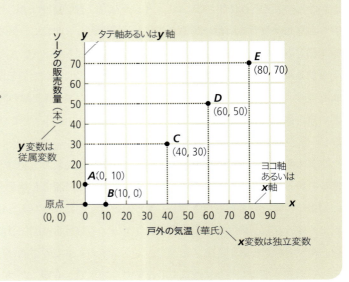

に沿って上方へ進むと、y 変数の値は正でだんだん増加する。

このグラフ上に、2つの対になる数字——x 変数と y 変数がとる値——を用いて A から E までの 5 つの点を示すことができる。図2A-1の点 C では、x 変数は40、y 変数は30という値をとる。点 C の位置を決めるには、x 軸上の40の点から上向きに直線を引き、y 軸上の30の点から横向きに水平線を引けばよい。点 C は（40, 30）、原点は（0, 0）と書く。

図2A-1の点 A と点 B をみるとわかるように、ある点が表す 2 つの変数のうちのどちらか 1 つがゼロの値をとるときには、その点はもう 1 つの変数が測られる軸の上にある。点 A のように x の値がゼロのとき点はタテ軸の上にあり、点 B のように y の値がゼロのとき点はヨコ軸の上にある。

2 つの経済変数の関係を描いたグラフのほとんどが**因果関係**、すなわち一方の変数の値が他方の変数の値を直接左右する、あるいは決定するという関係を表している。因果関係では、決定する側の変数は**独立変数**と呼ばれ、決定される側の変数は**従属変数**と呼ばれる。ソーダ販売の例では、戸外の気温が独立変数だ。それはこの場合の従属変数であるソーダの販売数量に直接影響する。

慣習的に、私たちは独立変数をヨコ軸にとり従属変数をタテ軸にとる。図2A-1は、この慣習に従って作成されている。すなわち、独立変数（戸外の気温）がヨコ軸にとられ、従属変数（ソーダの販売数量）がタテ軸にとられている。この慣習に対する重要な例外は、生産物の価格と生産数量との経済関係を示すグラフだ。価格は一般に数量を決定する独立変数だが、いつでもタテ軸にとられる。

3.2 グラフ上の曲線

図2A-2のパネル（a）には、図2A-1と同じ情報が含まれ、点 B、点 C、点 D、そして点 E を通る直線が引かれている。このようなグラフ上の線は、それがまっすぐな線であっても曲がった線であっても**曲線**と呼ばれる。2 つの変数の関係を示す曲線が直線、つまり線形である場合、それらの変数は**線形関係**をもつといわれる。その曲線が直線ではなく非線形である場合、それらの変数は**非線形関係**をもつといわれる。

曲線上の点は、x 変数の特定の値に対する y 変数の値を示すものだ。たとえば点 D は、華氏60度の気温のときにはソーダ50本の売り上げが期待できることを示している。曲線の方向と形状は、2 つの変数の間の関係の一般的な性質を表す。図2A-2パネル(a)の曲線が右上がりの傾きをもつということは、戸外の気温が上がるにつれてより多くのソーダが売れるようになるということだ。

2 つの変数がこのように関係している場合——すなわち、1 つの変数の増加が他の変数の増加と結びついている場合——、両者は**正の関係**をもつといわれる。この関係は、左から右に上向きの傾斜をもつ曲線で図示される。図2A-2パネル（a）の曲線が示す戸外の気温とソーダの販売数量との関係は、この曲線が線形でもあるから、正の線形関係といわれる。

1 つの変数の増加が他の変数の減少と結び付いている場合、両者は**負の関係**をも

2つの変数のうちの片方の値がもう1つの変数の値を直接左右するか、あるいは決定するような場合、両者の間には**因果関係**がある。因果関係では、決定する側の変数は**独立変数**と呼ばれ、決定される側の変数は**従属変数**と呼ばれる。

曲線は2つの変数の間の関係をグラフ上に示す線で、まっすぐな線であることも曲がった線であることもある。この曲線が直線である場合、それらの変数は**線形関係**をもつといわれる。その曲線が直線ではない場合、それらは**非線形関係**をもつといわれる。

1つの変数の値の増加が他の変数の値の増加と結びついているとき、2つの変数は**正の関係**をもつといわれる。それは左から右に上向きの傾斜をもつ曲線で図示される。
1つの変数の値の増加が他の変数の値の減少と結びついているとき、2つの変数は**負の関係**をもつといわれる。それは左から右に下向きの傾斜をもつ曲線で図示される。

図2A-2 曲線を描く

パネル（a）の曲線は、戸外の気温、ソーダの販売数量という2つの変数の関係を図示したものだ。これら2つの変数は正の線形関係をもっている。正というのはこの曲線が上向きの傾きをもっているからだ。また線形というのはそれが直線だからだ。これは、x（戸外の気温）の上昇がy（ソーダの販売数量）の増加をもたらすことを意味している。パネル（b）の曲線も直線だが、下向きの傾きをもっている。ここでは、2つの変数、戸外の気温と温かい飲み物の販売数量は負の線形関係をもっている。すなわち、x（戸外の気温）の上昇はy（温かい飲み物の販売数量）の減少をもたらす。パネル（a）の曲線は点Bでヨコ軸に交わる。この点はヨコ軸上の切片と呼ばれる。パネル（b）の曲線はタテ軸と交わる点Jでタテ軸上の切片をもち、ヨコ軸と交わる点Mでヨコ軸上の切片をもつ。

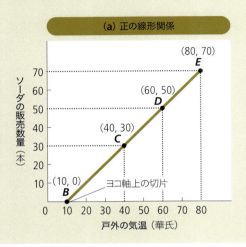
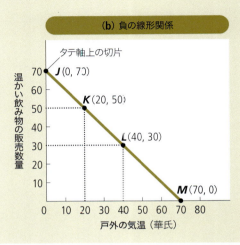

> 曲線の**ヨコ軸上の切片**とは、それがヨコ軸にぶつかる点のことだ。それはy変数の値がゼロのときにx変数がとる値を示している。
> 曲線の**タテ軸上の切片**とは、それがタテ軸にぶつかる点のことだ。それはx変数の値がゼロのときにy変数がとる値を示している。

つといわれる。図2A-2パネル（b）の曲線のように、この関係は左から右に下向きの傾斜をもつ曲線で図示される。この曲線は線形でもあるから、それが示す関係は負の線形関係といわれる。戸外の気温と予想される温かい飲み物の販売数量との間にはこのような関係がありそうだ。

ここでちょっと図2A-2パネル（a）の曲線に戻ろう。それはヨコ軸と点Bで交わっている。この点は**ヨコ軸上の切片**と呼ばれ、y変数がゼロのときにx変数がとる値を示している。図2A-2パネル（b）の曲線は点Jでタテ軸にぶつかっている。この点は**タテ軸上の切片**と呼ばれ、x変数がゼロのときのy変数の値を示している。

4 │ カギとなる概念：曲線の傾き

> 直線、あるいは曲線の**傾き**は、その傾斜の程度を測る尺度だ。直線の傾きは「距離当たりの上昇」――直線上の2点間でのy変数の変化を同じ2点間のx変数の変化で割った値――で測られる。

直線、あるいは曲線の**傾き**は、その傾斜の程度を測るものさしであり、y変数がx変数の変化からどれくらい影響を受けやすいかを示す。戸外の気温と期待されるソーダの販売数量の例では、曲線の傾きは気温が1度上がるごとにソーダの販売数量がどれだけ増えるかを表している。このように解釈すればわかるように、傾きは意味のある情報を与える。xとyの数字を知らない場合でさえ、曲線上のさまざまな点の傾きを調べれば、2つの変数の間の関係について重要な結論を導くことができる。

図2A-3 | 傾きを計算する

パネル（a）とパネル（b）は2つの線形曲線を示している。パネル（a）の曲線上では、点Aと点Bの間でy（上昇）の変化は−5、x（距離）の変化は10だから、点Aと点Bの間の傾きは$\Delta y/\Delta x = -5/10 = -1/2 = -0.5$となる。ここで、符号が負となっているのは、この曲線が右下がりであることを示している。パネル（b）では、曲線は点Aと点Bの間で$\Delta y/\Delta x = 10/2 = 5$の傾きをもつ。点Cと点Dの間の傾きは$\Delta y/\Delta x = 20/4 = 5$だ。この傾きは正で、曲線が右上がりであることを示している。しかも点Aと点Bの間の傾きと点Cと点Dの間の傾きは同じだから、この曲線が線形曲線だということがわかる。線形曲線の傾きは一定だ。つまり、曲線上のどこで測っても同じ値になる。

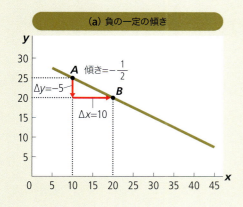

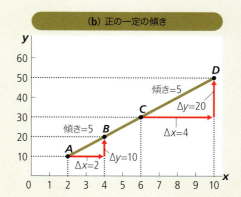

4.1 線形曲線の傾き

　線形曲線の場合、その傾き、あるいは傾斜は、曲線上の2点間の「上昇」を同じ2点間の「距離」で割ることによって求められる。ただし、上昇とはyの変化、距離とはxの変化を指している。その公式はこうだ。

$$\frac{y の変化}{x の変化} = \frac{\Delta y}{\Delta x} = 傾き$$

　この公式で、Δ（ギリシャ語のデルタの大文字）という記号は「変数の変化」を表す。ある変数が増加するときその変化は正の数で表され、減少するときその変化は負の数で表される。

　ある曲線上の上昇（y変数の変化）が距離（x変数の変化）と同じ符号をもつとき、その傾きは正とされる。2つの数字が同じ符号をもつとき、それらの比率は正となるからだ。図2A-2パネル（a）の曲線は正の傾きをもっている。この曲線に沿って右に進むとき、y変数、x変数はともに増加する。ある曲線の上昇と距離が異なる符号をもつとき、その傾きは負となる。2つの数字が異なる符号をもつとき、それらの比率は負となるからだ。図2A-2パネル（b）の曲線は負の傾きをもっている。この曲線に沿って右に進むとき、x変数は増加しy変数は減少する。

　図2A-3は線形曲線の傾きの計算方法を示している。点Aから点Bまで、yの値は25から20に変化し、xの値は10から20に変化する。だから、これらの2点間の直線の傾きは、

$$\frac{y\text{の変化}}{x\text{の変化}} = \frac{\Delta y}{\Delta x} = \frac{-5}{10} = -\frac{1}{2} = -0.5$$

となる。

　直線はすべての点で同じ傾斜をもつから、直線の傾きはすべての点で同じになる。別の言い方をすれば、直線は一定の傾きをもつ。このことは、図2A-3パネル（b）の線形曲線の傾きを点 A と点 B、点 C と点 D の間で計算してみればわかる。

A と B の間　　　$\dfrac{\Delta y}{\Delta x} = \dfrac{10}{2} = 5$

C と D の間　　　$\dfrac{\Delta y}{\Delta x} = \dfrac{20}{4} = 5$

4.2　水平な曲線と垂直な曲線、その傾き

　曲線が水平である場合、その上で y の値は決して変化しない——y は一定だ。曲線に沿ってどこを動いても、y の変化はゼロだ。ところで、ゼロをどんな数で割ってもゼロになる。だから、x の変化がどうであっても水平な曲線の傾きは常にゼロなのだ。

　曲線が垂直である場合、その上で x の値は決して変化しない——x は一定だ。曲線に沿ってどこを動いても、x の変化はゼロだ。つまり、垂直な曲線の傾きは分母がゼロの比率となる。分母がゼロの比率は無限大——無限に大きい数——に等しい。だから、垂直な曲線の傾きは無限大だ。

　垂直、あるいは水平の曲線は特別な意味をもっている。x 変数と y 変数は無関係ということだ。1つの変数（独立変数）の変化がもう1つの変数（従属変数）に何の効果も及ぼさないとき、2つの変数は無関係だ。ちょっと違う言い方をすれば、独立変数の値がどうであっても従属変数の値が一定のとき、2つの変数は無関係だ。y 変数が通常どおり従属変数であれば、曲線は水平となる。もし x 変数が従属変数であれば、曲線は垂直となる。

4.3　非線形曲線の傾き

非線形曲線は、曲線上の各点を組み合わせて求められるさまざまな傾きの値がどれも同じでない曲線のことだ。

　非線形曲線とは、それに沿って移動するにつれて傾きが変化する曲線のことだ。図2A-4のパネル（a）、（b）、（c）、（d）はさまざまな非線形曲線を図示している。パネル（a）、（b）の曲線の場合、それに沿って動くとき傾きは変化するが、いつも正であることに変わりはない。どちらの曲線も上向きだが、パネル（a）の曲線は、左から右に進むにつれて傾斜が急になっていくのに対し、パネル（b）の曲線の傾斜は対照的にゆるやかになっていく。パネル（a）のように、右上がりで傾斜が急になっていく曲線は正の逓増的な傾きをもつといわれる。パネル（b）のように、右上がりで傾斜がゆるやかになっていく曲線は正の逓減的な傾きをもつといわれる。

　これらの非線形曲線の傾きを計算すると、異なる点で異なる傾きの値が得られる。曲線に沿って傾きがどう変化するかで曲線の形が決まる。たとえば、図2A-4のパネ

図2A-4 | 非線形曲線

パネル（a）では、点Aと点Bの間の傾きは$\Delta y/\Delta x=$10/4=2.5で、点Cと点Dの間の傾きは、$\Delta y/\Delta x=$15/1=15だ。傾きは正で、逓増している。つまり、右に進むにつれて傾斜が急になっていく。パネル（b）では、点Aと点Bの間の傾きは$\Delta y/\Delta x=$10/1=10で、点Cと点Dの間の傾きは$\Delta y/\Delta x=$5/3=$1\frac{2}{3}$だ。傾きは正で、逓減している。つまり、右に進むにつれて傾斜がゆるやかになっていく。パネル（c）では、点Aと点Bの間の傾きは$\Delta y/\Delta x=$−10/3=$−3\frac{1}{3}$で、点Cと点Dの間の傾きは$\Delta y/\Delta x=$−15/1=−15だ。傾きは負で、逓増している。つまり、右に進むにつれて傾斜が急になっていく。最後に、パネル（d）では、点Aと点Bの間の傾きは$\Delta y/\Delta x=$−20/1=−20で、点Cと点Dの間の傾きは$\Delta y/\Delta x=$−5/3=$−1\frac{2}{3}$だ。傾きは負で、逓減している。つまり、右に進むにつれて傾斜がゆるやかになっていく。各ケースの傾きは定弧法を用いて、すなわち曲線上の2点を結ぶ直線を引くことによって計算されている。これら2点間の平均的な傾きはこの直線の傾きに等しい。

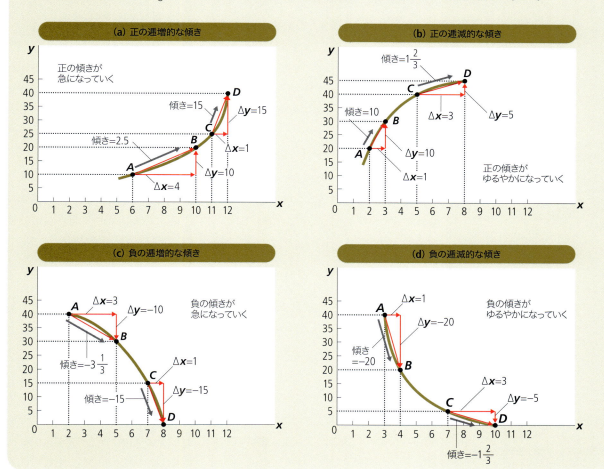

ル（a）では、曲線の傾きは正の数で、左から右に進むにつれて絶えず増加していくが、パネル（b）では、傾きは正の数で絶えず減少していく。

パネル（c）、（d）の曲線の傾きは負の数だ。経済学者は負の数をしばしば**絶対値**で表す。絶対値とは、負の数をマイナス記号をつけずに表した値だ。一般に、ある数の絶対値はその数字の両側2つの平行な線で表される。たとえば、−4の絶対値は$|-4|=4$と書かれる。パネル（c）では、曲線の傾きの絶対値は左から右へ進むにつれて増加する。だから、この曲線は負の逓増的な傾きをもつ。パネル（d）では、

▶ 負の数の**絶対値**は、負の符号をつけずにその値を表したものだ。

曲線の傾きの絶対値は減少する。この曲線は負の逓減的な傾きをもつ。

4.4 非線形曲線の傾きを計算する

いまみたように、非線形曲線の傾きは曲線上のどこで測るかで異なる値になる。では、どうやって非線形曲線の傾きを計算するのか。定弧法と定点法という2つの方法を説明しよう。

定弧法　曲線の弧とは、曲線の断片、あるいは部分のことだ。たとえば図2A-4のパネル (a) には、曲線上の点 A と点 B との間の部分からなる弧が示されている。定弧法で非線形曲線の傾きを計算するには、弧の2つの端点を結ぶ直線を引く。この直線の傾きは、曲線上のこれらの2つの端点の間での平均的な傾きを測るものだ。図2A-4のパネル (a) の点 A と点 B との間に引かれた直線は、y 軸に沿って10から20に高まる（だから $\Delta y = 10$）ときに x 軸に沿って6から10に進んでいる（だから $\Delta x = 4$）。そこで点 A と点 B とを結ぶ直線の傾きは、

$$\frac{\Delta y}{\Delta x} = \frac{10}{4} = 2.5$$

となる。これは曲線上の点 A と点 B の間の平均的な傾きが2.5ということだ。

次に、同じ曲線上の点 C、点 D の間の弧を考えよう。これら2点を通る直線は、y 軸に沿って25から40に高まる（だから $\Delta y = 15$）ときに x 軸に沿って11から12に進んでいる（だから $\Delta x = 1$）。そこで曲線の点 C と点 D の間の平均的な傾きは、

$$\frac{\Delta y}{\Delta x} = \frac{15}{1} = 15$$

となる。点 C と点 D の間の平均的な傾きは、点 A と点 B の間の平均的な傾きよりも大きい。すでに指摘したことだが、この計算によって、この上向きの曲線の傾斜が左から右へ進むにつれてだんだん急になることが確かめられる。

定点法　定点法は、非線形曲線の傾きを特定の点を決めて計算するものだ。図2A-5は、曲線上の点 B でその傾きを計算する方法を示している。第1に、点 B で曲線に接する直線を引く。このような直線は**接線**と呼ばれる。直線が曲線に点 B で触れ、それ以外の点では触れていないとき、直線は点 B でこの曲線に接するといわれる。この接線の傾きがこの非線形曲線の点 B での傾きだ。

> **接線**とは、非線形曲線に特定の点で触れる、あるいは接する直線のことだ。この接線の傾きは、非線形曲線のその点での傾きだ。

図2A-5から、どのようにして接線の傾きを計算するかがわかる。点 A から点 C までの y の変化は15単位で、x の変化は5単位だ。これから、

$$\frac{\Delta y}{\Delta x} = \frac{15}{5} = 3$$

と計算できる。定点法によれば、点 B での曲線の傾きは3に等しい。

ここで頭に浮かぶのは、非線形曲線の傾きを計算するのに定弧法と定点法のどちら

図2A-5 | 定点法で傾きを計算する

ここには曲線に点 B だけで触れている直線、すなわち接線が描かれている。この直線の傾きは点 B での曲線の傾きに等しい。点 A と点 C の間でこの接線の傾きを計算すると、$\Delta y/\Delta x=15/5=3$ となる。

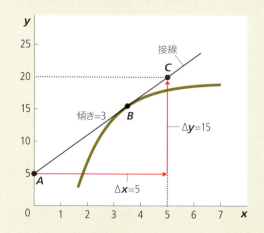

を選ぶかという疑問だ。答えは曲線自体、そしてそれを作成するためのデータに依存している。もしなめらかな曲線が描けるだけの情報がなければ、定弧法を使うしかない。たとえば、図2A-4のパネル（a）に点 A、点 C、点 D のデータだけがあって、点 B や曲線上の他の点のデータがなければ、定点法で点 B での曲線の傾きを求めることはできない。定弧法を使って点 A と点 C の間に直線を引き、その間の傾きを近似するしかない。しかし、図2A-4のパネル（a）に示されているようななめらかな曲線を描くために十分なデータがあれば、定点法で点 B での——あるいは曲線上の他の任意の点での——曲線の傾きを計算できる。

4.5 最大点と最小点

非線形曲線の傾きは、正から負に、あるいは逆に負から正に変わる可能性がある。ある曲線の傾きが正から負に変わるときには、その曲線の**最大点**が生じる。ある曲線の傾きが負から正に変わるときには、その曲線の**最小点**が生じる。

図2A-6のパネル（a）には、左から右に進むにつれて傾きが正から負に変わる曲線が例示されている。x が 0 と 50 の間にあるときには、この曲線の傾きは正だ。x が 50 に等しいとき、この曲線は最高点——曲線上で y が最大になる点——に達する。この点は曲線の**最大点**と呼ばれる。x が 50 を超えると、傾きは負となり曲線は下向きに変わる。企業の利潤が生産量を増やすにつれてどう変わるかを示す曲線など、経済学で重要な多くの曲線がこのように丘の形をしている。

これと対照的に、図2A-6のパネル（b）に示されている曲線はU字形だ。その傾きは負から正に変わる。x が 50 のとき、この曲線は最低点——曲線上で y が最小になる点——に達する。この点は曲線の**最小点**と呼ばれる。企業の費用が生産量を増やすにつれてどう変わるかを示す曲線など、経済学で重要なさまざまな曲線がこのようにU字形になっている。

> 非線形曲線は**最大点**、すなわち曲線上の最高点をもつ可能性がある。最大点で曲線の傾きは正から負に変わる。

> 非線形曲線は**最小点**、すなわち曲線上の最低点をもつ可能性がある。最小点で曲線の傾きは負から正に変わる。

5 | 曲線の上下の面積を計算する

曲線の上の面積あるいは下の面積の大きさを測定できると、役に立つこともあるだろう。この後の章にそのようなケースがある。簡便化のため、線形曲線の上下の面積だけを計算してみよう。

図2A-7のパネル（a）に示されている線形由線の下にある薄い黄色の部分の面積はどれぐらい大きいだろうか。まず、この部分が直角三角形であることに目を向けよう。

図2A-6 | 最大点と最小点

パネル（a）は最大点をもつ曲線を示している。最大点では、曲線の傾きが正から負に変わる。
パネル（b）は最小点をもつ曲線を示している。最小点では、曲線の傾きが負から正に変わる。

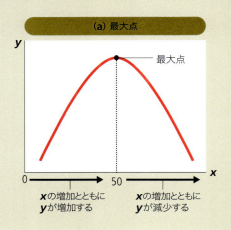
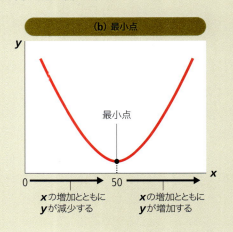

図2A-7 | 線形曲線の上下の面積を計算する

線形曲線の上下の部分は直角三角形だ。直角三角形の面積を計算するには、直角三角形の高さに底辺をかけて、それを2で割ればよい。パネル（a）の薄い黄色の三角形の面積は6×3/2＝9、パネル（b）のピンクの三角形の面積は6×4/2＝12だ。

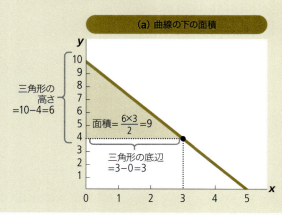
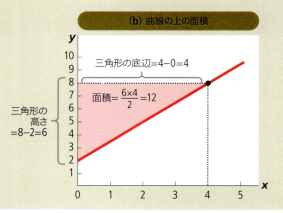

直角三角形は互いに直角をなす2辺がある三角形だ。これら2辺のうちの一方を直角三角形の高さ、もう一方を底辺という。面積を計算するとき、2辺のどちらを底辺と呼んでどちらを高さと呼ぶかは問題ではない。直角三角形の面積を計算する方法は単純明快だ。直角三角形の高さに底辺をかけて、それを2で割ればいい。図2A-7のパネル（a）に示されている直角三角形の高さは10－4＝6、底辺は3－0＝3だから、面積を計算すると、

$$\frac{6 \times 3}{2} = 9$$

となる。

図2A-7のパネル（b）の線形曲線上方のピンクの部分はどうだろうか。この直角三角形の面積も同じ公式を用いて計算できる。直角三角形の高さは8－2＝6、底辺は4－0＝4だから、面積を計算すると、

$$\frac{6 \times 4}{2} = 12$$

となる。

6 │ 数値情報を示すグラフ

グラフは、何かの因果関係を想定せずにデータを要約し図示するための便利な方法としても用いることができる。単純に数値情報を図示するグラフは数値グラフと呼ばれる。ここでは、4つのタイプの数値グラフを取り上げる。時系列グラフ、散布図、円グラフ、それに棒グラフだ。これらのグラフは、さまざまな経済変数に関する現実の経験データを図示するために広く用いられている。経済学者や政策立案者が経済にみられるパターンやトレンドを認識する助けになるからだ。だがこれからみるように、数値グラフを誤解しそれが保証しない結論を導くことのないよう注意する必要がある。つまり、数値グラフの有用性だけでなく限界についても認識しておく必要がある。

6.1 異なるタイプの数値グラフ

あなたは新聞で失業率や株価などの経済変数が時間とともにどう変わったかを示すグラフをたぶん目にしたことがあるだろう。**時系列グラフ**は、ヨコ軸に日付をとりタテ軸にそれらの日付に生じた変数の値を示すものだ。たとえば図2A-8は、1947年から2010年後期までのアメリカの1人当たり実質国内総生産（GDP）――一国の生活水準の大ざっぱなものさし――を示している。暦年ベースの四半期の1人当たり実質GDPに対応する各点をつなげて線にすることで、これらの年月にわたる生活水準の全体としてのトレンドをはっきりさせることができる。

図2A-9は上のグラフとは違った種類の数値グラフの例だ。それは184カ国のサンプルから生活水準として1人当たりGDP、環境汚染のものさしとして1人当たり炭素排出量の情報をとって図示したグラフだ。この図の各点は、各国の居住者の平均的

> **時系列グラフ**は、ヨコ軸に日付をとりタテ軸にそれらの日付に生じた変数の値を示すものだ。

図2A-8 | 時系列グラフ

時系列グラフは、x軸に日付をとりy軸に変数の値を示す。この時系列グラフは、1947年から2010年後期までのアメリカの1人当たり実質GDP、言い換えれば一国の生活水準のものさしを示している。

（出所）アメリカ経済分析局

図2A-9 | 散布図

散布図の各点は、一定の観測で得られたx変数とy変数の対応する値を示す。この図の各点は、184カ国のサンプル中、所定の国の1人当たりGDPと1人当たり炭素排出量を示している。あてはめられた右上がりの線は、これら2つの変数の一般的な関係をもっともよく近似するものだ。

（出所）世界銀行

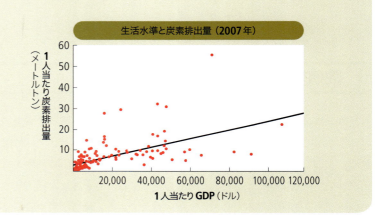

な生活水準と彼／彼女の年間炭素排出量を指し示している。このグラフの右上方にある点は、生活水準の高さと炭素排出量の多さを示し、アメリカのような経済的先進国を表している（このグラフの最上部のもっとも多く炭素を排出している国はカタールだ）。この図の左下方にある点は、生活水準の低さと炭素排出量の少なさの組み合わせを示し、アフガニスタンやシエラレオネのような経済的後進国を表している。これらの点のパターンは、生活水準と1人当たり炭素排出量の間に正の関係があること、つまり、生活水準が高い国の人々はより汚染をすすめるという関係があることを示すものだ。

> 散布図は、x変数とy変数の実際の観測値に対応する諸点を示す。通常、散布点に当てはまる、データの傾向を示す曲線が加えられる。

このタイプのグラフは、**散布図**と呼ばれる。そこに現れる各点はx変数とy変数の実際の観測値に対応している。散布図では、散布された諸点に当てはまる曲線、すなわち変数間の一般的関係をできるだけ密接に近似する曲線が引かれていることが多い。みてのとおり、図2A-9で当てはめられている曲線は右上がりとなっている。これは2つの変数の間に正の関係があることを示すものだ。散布図はデータ群からいかに一般的な関係が推測できるかを示すために用いられることが多い。

第 2 章 付録｜経済学のグラフ

図2A-10 円グラフ

円グラフはある変数の総量がさまざまな構成要素にどのように分けられるかを示す。この円グラフは、2009年における連邦の最低賃金以下ではたらく労働者の種々の教育水準をパーセントで示したものだ。

（出所）アメリカ労働統計局

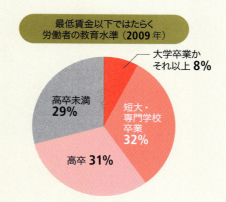

図2A-11 棒グラフ

棒グラフは、さまざまな高さあるいは長さの棒を用いて、ある変数を表示するものだ。この棒グラフは、2009年から2010年にかけての失業者数の変化率を白人、黒人ないしアフリカ系アメリカ人、アジア系に分けて示している。

（出所）アメリカ労働統計局

　円グラフは、総数量のうちさまざまな構成要素が占める割合を、通常パーセントで示すものだ。たとえば図2A-10は、連邦の最低賃金以下ではたらく労働者の種々の教育水準をパーセントで示したものだ。ここにみられるように、最低賃金以下ではたらく労働者の大多数は大学の学位を有しておらず、学士号以上の学位を有していた労働者は8％だけだった。

　棒グラフは、ある変数の値をさまざまな高さあるいは長さの棒で示すものだ。図2A-11の棒グラフは、2009年から2010年までにアメリカで生じた失業者数の変化率を、白人、黒人ないしアフリカ系アメリカ人、アジア系に分けて表示している。この図でもそうだが、観察された変数の正確な数字を棒の先に記入することがある。たとえば、アメリカではたらく黒人ないしアフリカ系アメリカ人の失業者数は2009年から2010年にかけて9.4％増加した。だがこのような正確な数字がなくても、棒の高さや長さをくらべれば変数のさまざまな値の相対的な大きさについて有用な洞察を得ることができる。

▶ **円グラフ**は、何かの総計がさまざまな構成要素にどのように分けられるかを示し、通常パーセントで表される。

▶ **棒グラフ**は、各変数の観測値の相対的な大きさを、さまざまな高さまたは長さの棒を使って示すものだ。

6.2 数値グラフを解釈するときの問題点

この付録の冒頭で、グラフはアイデアや情報を理解する助けになる視覚的なイメージであることを強調した。だが、グラフは（意図するかしないかにかかわらず）まぎらわしく作成され、不正確な結論に導く可能性もある。この項では、グラフを解釈するときに注意しなければならない問題点を挙げる。

作図の特性　数値表の意味について何か結論を出す前に、軸の目盛あるいは増分の大きさに注意を払う必要がある。小さな増分は変数の変化を視覚的に誇張し、大きな増分はそれを視覚的に矮小化する傾向がある。だからグラフの作成に用いられる目盛は、変化の意味の解釈に――たぶん不当な――影響を及ぼすおそれがある。

たとえば、図2A-12をみてみよう。この図は、1981年から1982年のアメリカの1人当たり実質GDPを500ドル刻みの目盛を使って示したものだ。1人当たり実質GDPは2万6208ドルから2万5189ドルに減少している。減少していることは間違いない。この減少はタテ軸の2目盛くらいで、大幅な減少にもみえる。しかしそれは、見かけと同じくらい巨大な減少だろうか。前に戻って1947年から2010年後半までのアメリカの1人当たり実質GDPを示した図2A-8をみると、これが誤って導かれた結論であることがわかるだろう。図2A-8は図2A-12と同じデータを含んでいるが、500ドル刻みの目盛ではなく、1万ドル刻みの目盛を用いている。この図からは、1981年から1982年で1人当たり実質GDPが減少したことは実際には大して重要ではない出来事だったことがみてとれる。事実、アメリカの1人当たり実質GDP――生活水準のものさし――は減少ではなく上昇という道をおおむねたどってきた。この比較から、グラフを解釈するときに目盛の選択に注意しないでいると、非常に異なった、たぶん誤った結論に達する可能性があることがわかる。

目盛の選択に関連することとして、グラフの作成時の**トランケーション**（切り詰め）がある。グラフの軸の一部が省略されることを**トランケート**されるといい、原点付近

> グラフの軸の一部が省略されることを**トランケート**されるという。これは通常スペースを節約するために行われる。

図2A-12　グラフの解釈：目盛の効果

図2A-8で使われた1981年と1982年のデータと同じものがここでも使われているが、1万ドルの増分のかわりに500ドルの増分を用いて表示されている。目盛の変更によって、この図では生活水準の変化が図2A-8にくらべてずっと大きくみえる。

（出所）アメリカ労働統計局

の軸上の2つのスラッシュ（//）で示される。図2A-12のタテ軸はトランケートされている——0から2万5000ドルの範囲の値が省略され、//が軸上に現れている。トランケーションはグラフのスペースを節約し、作図の際に目盛幅をより大きくできる。その結果、トランケートされたグラフに示される変数の変化は、トランケートされず小さな目盛幅を使ったグラフの変数の変化にくらべて大きくみえることになる。

　グラフが正確に何を示しているかにも細心の注意を払う必要がある。たとえば、図2A-11で示されているのは失業者数のパーセント変化であって変化それ自体の数値ではないことを認識すべきだ。この例では、黒人ないしアフリカ系アメリカ人失業者の増加率が9.4％でいちばん大きくなっている。パーセントの変化を数値の変化と混同すると、新たに生み出された失業者でいちばん多かったのは黒人ないしアフリカ系アメリカ人だと間違った結論を下してしまうかもしれない。だが実際には、図2A-11を正しく解釈すれば、新たに生み出された失業者でいちばん多かったのは白人だったことがわかる。白人の総失業者数は26万8000人増加した。これは24万6000人だった黒人ないしアフリカ系アメリカ人失業者の増加数よりも多い。黒人ないしアフリカ系アメリカ人失業者のパーセントでみた増加は確かに高かったが、2009年のアメリカでは黒人ないしアフリカ系アメリカ人の失業者数は白人の失業者数よりも少なかったので、新たに生じた黒人ないしアフリカ系アメリカ人の失業者数は白人よりも少ない数になったのだ。

除外された変数

2つの変数が互いに正あるいは負の方向に動く散布図から、両者の間に因果関係があると結論づけるのはたやすいことだ。だがその関係はかならずしも直接的な原因と結果によるものではない。2つの変数の間に観察された関係が、2つの変数とは別の第3の変数が他の2つの変数それぞれに与える観察されない効果に起因することも大いにありうるのだ。観察された諸変数に影響を与え、それらの間に直接的な因果関係があるかのような見かけ上の効果をつくり出す観察されない変数が存在する場合、それは**除外された変数**と呼ばれる。たとえばニューイングランドでは、1週間の降雪量がいつもより多いと、人々はその週にいつもより多くの雪かきシャベルを買う。また、いつもよりたくさんの解凍液も買う。だがもし降雪量の影響を除外し雪かきシャベルの販売数量と解凍液の販売本数を単純に対置すると、両者の間に正の関係があるとする上向きの点パターンを示した散布図ができるだろう。だが、これら2つの変数の間に因果関係があるというのは誤って導かれた結論だ。雪かきシャベルの販売数量の増加は解凍液の販売数量の増加の原因ではないし逆もありえない。これらの変数が一緒に動いたのは、この場合の除外された変数である第3の決定的な変数——1週間の降雪量——の影響によるものだ。だから、散布図のパターンから因果関係があると決めつける前に、そのパターンが除外された変数の結果ではないかと考えてみることが重要だ。簡潔にいうと、相関は因果ではないのだ。

> **除外された変数**とは、他の諸変数への影響を通じてそれらの間に直接的な因果関係があるかのような見かけ上の効果をつくり出す観察されない変数のことだ。

因果関係の逆転

除外された変数がなく数値グラフに示された2つの変数の間に因

果関係があると確信できる場合でも、**因果関係の逆転**――2つの変数の間の因果関係の真の方向を逆転して、どちらが独立変数でどちらが従属変数かについて間違った結論に達すること――という誤りをおかさないように気をつけなければならない。たとえば、一方の軸にあなたのクラスメート20名の成績平均点（GPA）を、他の軸にそれぞれが勉強に使った時間をとった散布図を想像してみよう。それらの点に当てはめた直線はおそらく正の傾きをもち、GPAと勉強時間の間の正の関係を示すものとなるだろう。そして勉強に使った時間が独立変数でGPAが従属変数であるという妥当な結論を導くことができるだろう。だが、因果関係の逆転という間違いをおかす可能性もある。つまり、高いGPAが学生に勉強する気を起こさせ、低いGPAが勉強する気をなくさせると推論することもできるのだ。

> 2つの変数の間の因果関係の真の方向を逆転して解釈するとき、**因果関係の逆転**という誤りをおかすことになる。

　グラフから誤った結論が導かれたり、グラフが間違って解釈されたりすることを理解しておくのは、純粋に学問的に重要だというだけではない。政策やビジネスの意思決定、さらには政治的な論争は、ここで考察したタイプの数値グラフの解釈に基づいていることが少なくない。誤解されやすい作図の特性、除外された変数、因果関係の逆転といった問題は、非常に重大で憂慮すべき結果を導くおそれがある。

〈問題〉

1. ここにある4つの図について、下記の文章を読んでそれぞれがどの図に適合した記述かを示しなさい。ヨコ軸にあらわれる変数は何で、タテ軸の変数は何か。それぞれの文章について、傾きは正か、負か、ゼロか、それとも無限大だろうか。

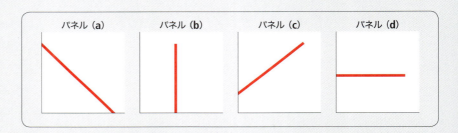

　a. 映画の料金が上がったら、観に行く人は減る。
　b. 経験豊富な労働者は経験が少ない労働者よりも高い所得を得ている。
　c. 戸外の気温がどうであろうと、アメリカ人は毎日同数のホットドッグを消費する。
　d. アイスクリームの価格が上がったら、消費者はフローズンヨーグルトの購入量を増やす。
　e. 調査してみたら、購入されるダイエット本の数量とダイエットをする平均的な人が達成する減量のキロ数と間には何の関係もないことがわかった。
　f. 価格がどうであろうと、アメリカ人は同量の塩を買う。

2. レーガン政権の時代、経済学者アーサー・ラッファーは税収を増やすための策として減税を提唱した。ほとんどの経済学者と同様に、彼は税率が一定水準以上になると、税収は減ると信じていた。高い税率は一部の人々のはたらく気をなくさせ、税引き後の所得がゼロになるほど高い税率でははたらく者はいなくなるからだ。税率と税収との間のこの関係は、ラッファー曲線として広く知られているグラフに要約できる。非線形曲線の傾きをもつと仮定して、ラッファー曲線を描いてみなさい。下記の問題はこのグラフを描くヒントになるだろう。

a. 何が独立変数か。何が従属変数か。つまりどちらの軸に所得税率をとり、どちらの軸に所得税収をとるか。

b. 所得税率が0%のとき、税収はどうなるか。

c. 最大限可能な所得税率は100%だ。100%の税率では、税収はどうなるか。

d. 現在の推計では、ラッファー曲線の最大点は（おおよそ）80%の税率のところにあることがわかっている。80%より低い税率のもとでは税率と所得税収の関係はどのように表されるか。またこの関係は曲線の傾きにどのように反映されるか。80%より高い税率のもとでは税率と所得税収の関係はどのように表されるか、またこの関係は曲線の傾きにどのように反映されるか。

3. 以下の図の両軸上の数値がわからなくなった。わかっているのは、タテ軸の単位とヨコ軸の単位が同一であるということだけだ。

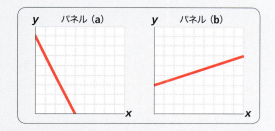

a. パネル（a）の直線の傾きはいくらか。この直線上で傾きが一定であることを示しなさい。

b. パネル（b）の直線の傾きはいくらか。この直線上で傾きが一定であることを示しなさい。

4. 下記の問題に答えなさい。

a. ヨコ軸に沿って右に向かう曲線上の3点でその傾きを定点法で測ると、それは右に進むにつれて−0.3、−0.8、−2.5と変化している。この曲線の概要図を描きなさい。図に描かれた関係をどのように説明するか。

b. ヨコ軸に沿って右に向かう曲線上の5点でその傾きを定点法で測ると、それは右に進むにつれて1.5、0.5、0、−0.5、−1.5と変化している。この曲線の概要図を描きなさい。最大点か最小点があるだろうか。

5. 下図の黄色い直角三角形の面積をそれぞれ計算しなさい。

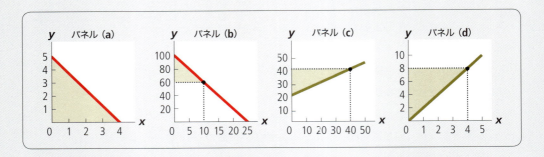

6. 底辺が10、面積が20の直角三角形の高さはいくつか。

7. 下の表は労働者の1週間の労働時間と時給を示している。5人の時給や労働時間は違うが、その他の点では彼らは同じだとする。

名前	労働時間（週当たり）	時給（ドル）
アセナ	30	15
ボリス	35	30
カート	37	45
ディエゴ	36	60
エミリー	32	75

a. どちらの変数が独立変数か。どちらが従属変数か。
b. この関係を示す散布図を描きなさい。これらの点を結ぶ（非線形）曲線を描きなさい。ただし、タテ軸に時給をとりなさい。
c. ここに描かれた関係によれば、時給が15ドルから30ドルに上がるとき、労働時間はそれにどのように反応するか。定弧法を用いて、アセナとボリスのデータ点の間の曲線の平均的な傾きを求めなさい。
d. ここに描かれた関係によれば、時給が60ドルから75ドルに上がるとき、労働時間はそれにどのように反応するか。定弧法を用いて、ディエゴとエミリーのデータ点の間の曲線の平均的な傾きを求めなさい。

8. いろいろな研究によって、一国の1年ごとの経済成長率と1年ごとの大気中の汚染物質の増加率の間に関係があることがわかった。経済成長率が高くなれば、一国の居住者はもっと多くの自動車を買い旅行にももっと出かけるようになり、大気中の汚染物質をより多く放出するようになると信じられている。
a. どの変数が独立変数か。どれが従属変数か。
b. スドランドの国で、経済成長率が年率で3.0％から1.5％に下がったときに大気中の汚染物質の増加率は年率で6％から5％に低下したとしよう。定弧法を用いて、これらの点の間の非線形曲線の平均的な傾きを求めなさい。
c. 今度は、経済成長率が年率で3.5％から4.5％に上がったときに大気中の汚染物質

の増加率は年率で5.5%から7.5%に上昇したとしよう。定弧法を用いてこれらの2点の間の非線形曲線の平均的な傾きを求めなさい。

d. これら2つの変数の関係をどのように記述するか。

9. ある保険会社は、火事による家財損失の程度と現場に来る消防士の数との間に正の関係があることを知った。

a. ヨコ軸に消防士の数を、タテ軸に家財の損失量をとって、この発見を示す図を描きなさい。この図でなされる主張はどのようなものか。次に、2つの軸にとられる変数を逆にしてみよう。このときには、どのような主張がなされるか。

b. 保険加入者への支払いを減らすためには、保険会社は市に対して火事場に派遣する消防士の数を減らすよう要請すべきだろうか。

10. 下の表は、5人の個人の年収と所得税を例示したものだ。異なる給与を受け取り、異なる所得税を支払う義務があることを除けば、他の点では彼らの間に違いはないものとしよう。

名前	年収（ドル）	所得税（ドル）
スーザン	22,000	3,304
エドアルド	63,000	14,317
ジョン	3,000	454
カミラ	94,000	23,927
ピーター	37,000	7,020

a. これらの点をグラフに記入するとして、定弧法を用いエドアルドの給与と税金の点とカミラの給与と税金の点との間の曲線の平均的な傾きを求めなさい。この傾きの値をどう解釈するか。

b. 定弧法を用い、ジョンの給与と税金の点とスーザンの給与と税金の点との間の曲線の平均的な傾きを求めなさい。この傾きの値をどう解釈するか。

c. 給与が増加するにつれて、曲線の傾きはどのようになっていくか。この関係から、所得税の水準が個人のより高い給与を得たいという意欲にどう影響するかについてどんなことがいえるか。

Part 2 Supply and Demand
供給と需要

Supply and Demand

供給と需要

Chapter 3

この章で学ぶこと

☞ **競争市場**とは何で、**供給と需要のモデル**でどのようにあらわされるか。
☞ **需要曲線**とは、**供給曲線**とは。
☞ **曲線に沿った移動**と**曲線のシフト**とのちがい。
☞ 需要曲線と供給曲線がどのように市場の**均衡価格**と**均衡数量**を決めるか。
☞ **供給不足**あるいは**供給過剰**のとき、価格はどのように動いて市場を均衡に戻すのか。

ブルージーンズ・ブルース

もしあなたが1着のブルージーンズを2011年に買ったなら、その値段に驚いただろう。いや驚かなかったかも。ファッションは変わるし、あなたはファッショナブルになるための代価を払っていると考えたかもしれない。だが、そうではない――あなたは木綿のために高いカネを払っていたのだ。ジーンズは木綿の特定の織布であるデニムからつくられている。ジーンズのメーカーたちが翌年のデニムを買い付けていた2010年に、木綿の価格は前年の3倍以上にはね上がった。2010年12月までに木綿1ポンドの価格は140年来の高値をつけていた。はじめて記録が残された1870年以来、いちばんの高値だった。

ではなぜ、木綿の価格がそんなに高かったのか。需要側では、あらゆる種類の衣料品の需要が激増していた。2008〜2009年には、金融危機の影響で神経質な消費者は衣類の購入を切りつめた。だが2010年になると、最悪の事態が収まったようにみえるなかで、買い手が戻ってきたのだ。供給側では、きびしい天候異変が木綿生産に打撃を与えていた。とくに注目されたのはパキスタンだった。この世界で4番目に大きい木綿生産国が猛烈な洪水に襲われ、国土の5分の1が水に浸かり、木綿の収穫が壊滅したのだ。

消費者が木綿製品の価格高騰に耐える力にも限度があるというおそれから、衣料品メーカーは消費者のファッションセンスに背かずにコストを切りつめる方法を見出そうと、先を争い始めた。消費者が木綿製品への支出を増やすことはないだろうと疑い、小さなボタン、安い裏地、それからそうだ、ポリエステルの採用などの修正を採用した。事実、木綿市場のプロたちのなかには、2010〜2011年に起きた木綿価格の天井知らずの高騰が、消費者の嗜好を永遠に変えてしまうのではないかと警告する者もいた。木綿価格が下がっても、消費者が合成繊維を喜んで着るようになるのではないかというのだ。

同時に、これは木綿の取引にかかわるすべての人々にとって、まったく悪いニュースでもなかった。アメリカでは、木綿生産者は悪天候に見舞われなかったので、高値をむしろ喜んでいた。アメリカの農民たちは木綿価格の高騰を受けて、木綿栽培に向ける土地を急拡大した。しかし、高価格をすぐに下げるほどの効果はなかった。

ちょっと待った。パキスタンの洪水がどうしてジーンズ価格の高騰を招き、Tシャツのポリエステル成分を増やしたのか、正確に説明できるかな。それは供給と需要の問題だ――だがそれは何を意味しているのだろうか。多くの人たちが「供給と需要」という用語を「市場法則のはたらき」という意味でキャッチフレー

ズ的に使っている。しかし、経済学者にいわせれば、供給と需要という概念は精確な意味をもっている。それは市場がどのようにはたらくかを示し、多くの――すべてのではないが――市場を理解するのに非常に役立つモデルなのだ。

この章では、供給と需要のモデルを構成する部品を集め、組み上げて、いかに多くの――すべてのではないにしても――市場行動を理解するのに活用できるかをみる。

1 | 供給と需要：競争市場のモデル

木綿の売り手と買い手は市場――財・サービスを代金と交換する生産者と消費者のグループ――を形成している。本章では、競争市場として知られる特定のタイプの市場に注目する。おおざっぱには、**競争市場**とは、多数の売り手と買い手がいる市場のことだ。もっと厳密には、競争市場のカギとなる特徴は、1人1人の行動が財・サービスの販売価格に目立った影響を及ぼさないということだ。ただし、これがすべての市場を正確に記述するものではないことを理解しておくことが重要だ。

たとえば、それはコーラ飲料の市場の記述としては正確でない。なぜならコーラ飲料の市場には、コカ・コーラとペプシが総販売量で非常に大きな比重を占め、コーラ飲料の売買価格に影響力をもっているからだ。だが、それは木綿については正確な記述だといえる。木綿の世界市場はものすごく巨大なので、リーバイ・ストラウス社のように大きなジーンズ・メーカーでもほんのわずかなシェアしかなく、木綿の売買価格に影響を及ぼすことはできないからだ。

競争市場のはたらきを理解する前に、それが他の市場とどうちがうかを説明するのは、ちょっとむずかしい。だからとりあえず約束だけしておいて、その問題は本章の最後に取り上げることにしよう。ここでは、競争市場のモデルは他の市場のモデルよりやさしいとだけいっておこう。試験を受けるとき、やさしい問題から始めることが、いつでもよい戦略だ。本書でも、同じことをしてみよう。競争市場から始めるのはそういうわけだ。

市場が競争的であれば、そのふるまいは**供給と需要のモデル**でうまく説明できる。多くの市場が実際に競争的だから、供給と需要のモデルは本当に非常に役に立つモデルなのだ。

このモデルには、5つの重要な要素がある。

- 需要曲線
- 供給曲線
- 需要曲線を移動させる要因と供給曲線を移動させる要因
- 均衡価格と均衡数量を含む市場均衡
- 供給曲線ないし需要曲線が移動したときに市場均衡が変化する仕方

競争市場は、同じ財・サービスについて多数の買い手と多数の売り手がいるが、誰もその財・サービスの価格に影響を及ぼすことはできないような市場だ。

供給と需要のモデルは、競争市場がどうはたらくかを示すモデルだ。

第3章 | 供給と需要

供給と需要のモデルを理解するために、これらの要素を1つ1つ説明していこう。

2 | 需要曲線

　一定の年に世界の消費者は何ポンドの木綿、あるいはそれでつくられるブルージーンズを買いたいと思うだろうか。とりあえずその答えは、世界中の消費者が毎日消費するブルージーンズの数量を観察して、それにジーンズ1着に含まれる木綿の数量をかけ、さらにそれを365倍することで得られると思うかもしれない。だがそれだけでは不十分だ。なぜなら消費者がどれだけのジーンズ——ひいてはどれだけの木綿——を買いたいと思うかは木綿1ポンドの価格に依存しているからだ。

　2010年に起きたように木綿の価格が上がると、衣服の購入を減らす人もいるだろうし、もしかしたら合成繊維や麻のような他の素材からつくられる衣服に完全に切りかえることで対応する人もいるかもしれない。一般に、木綿衣料、あるいは他のどんな財・サービスでも、人々が買いたいと思う数量はその価格に依存している。価格が高ければ高いほど、その数量は少なくなる。価格が低ければ低いほど、数量は多くなる。

　だから「消費者は何ポンドの木綿を買いたいと思うだろうか？」という質問に対する答えは、木綿1ポンドの価格に依存しているのだ。価格がいくらになるかまだわからなければ、とりあえず、さまざまな価格に対して人々が何ポンドの木綿を買いたいと思うかを一覧できる表をつくってみよう。そのような表は**需要表**と呼ばれる。この表ができたら、それから**需要曲線**を描くことができる。それは供給と需要のモデルの重要な要素の1つとなるものだ。

2.1　需要表と需要曲線

　需要表は、消費者がある財を異なる価格でどれだけ買いたいと思うかを示した表だ。図3-1の右方に、木綿に対する仮想の需要表が示されている。仮想というのは、木綿に対する現実の需要データを使用していないし、すべての木綿が同質的だと仮定しているからだ。

　この表によれば、木綿1ポンドの価格が1ドルなら、世界の消費者は1年間に100億ポンドの木綿を買いたいと思う。1ポンド1.25ドルなら、買いたい数量は89億ポンドに減る。価格がたった0.75ドルなら、買いたい数量は115億ポンドに増える、等々。このように、価格が高ければ高いほど、木綿の**需要量**——特定の価格で実際に消費者が買いたいと思う数量——は減っていく。

　図3-1のグラフは、需要表にある情報を目でみえるように表したものだ（第2章の付録にある経済学のグラフに関する解説を参照されるとよい）。タテ軸には木綿1ポンドの価格がとられ、ヨコ軸には木綿の数量がとられている。グラフ上の各点は、需要表の数字のどれか1つに対応している。これらの点を結んだ曲線が**需要曲線**だ。需要曲線は、需要表のグラフによる表現で、消費者がある財・サービスをさまざまな価

> **需要表**は、消費者がある財・サービスを異なる価格でどれだけ買いたいと思うかを示した表だ。

> **需要量**とは、消費者がある特定の価格で実際に買いたいと思う財・サービスの数量だ。

> **需要曲線**は需要表をグラフで表現したものだ。それは、消費者がある財・サービスをさまざまな価格でどれだけ買いたいかを示す。

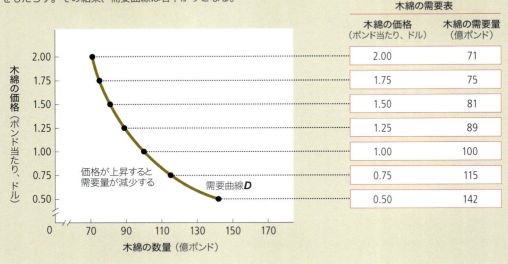

図3-1 需要表と需要曲線

木綿の需要表は、消費者が任意に与えられた価格に対して買いたいと思う財・サービスの数量を示す、需要曲線のおおもとのデータだ。需要曲線と需要表は需要法則を反映する。価格が上昇するにつれて需要量は低下する。同様に、価格の低下は需要量の増加をもたらす。その結果、需要曲線は右下がりとなる。

木綿の需要表	
木綿の価格 （ポンド当たり、ドル）	木綿の需要量 （億ポンド）
2.00	71
1.75	75
1.50	81
1.25	89
1.00	100
0.75	115
0.50	142

格でどれだけ買いたいかを示すもう1つの方法だ。

　図3-1に示した需要曲線が右下がりになっていることに注意しよう。これは、ある財の価格の上昇は需要量を減らすという一般命題を反映するものだ。たとえば、ジーンズの生産者の間では、木綿1ポンドの価格が2ドルでジーンズが高値になるときには、木綿の価格がたった1ドルで安値になるときにくらべて、ジーンズの売れ行きは少なくなることが知られている。同様に、価格が安いときに木綿のジーンズを買う人たちは、価格が高くなると合成繊維や麻のパンツに切り換えるだろう。現実の世界では、需要曲線は、非常に特殊な例外を別にすれば、ほとんどいつも右下がりだ。例外はめったにあるものでなく、実際問題としては無視してかまわないだろう。一般に、ある財の価格の上昇は、他の条件を一定とすれば、その財の需要量の減少をもたらすという命題は十分信頼できるので、経済学者はそれを「法則」――**需要法則**と呼んでいる。

◀ **需要法則**は、ある財の価格が上昇すると、他の条件が一定なら人々はその財を買いたいと思う量を減らすというものだ。

2.2 需要曲線のシフト

　2010年の木綿価格は2007年よりも高かったが、木綿の世界消費量は2010年のほうが多かった。この事実は、他の条件が同じならば価格の上昇は需要量の減少をもたらすとする需要法則と、どう折り合いをつけられるか。

　その答えは、決定的に重要な他の条件が同じならばという限定句にある。この場合には他の条件が同じではなかった。2007年と2010年の間に世界は変わり、需要され

図3-2 | 需要の増加

人口の増加は需要の増加――価格と独立に生じる需要数量の増加――を生み出す1つの要因だ。これは2つの需要表――1つは人口増加が起こる前の2007年の需要表、もう1つは人口増加が起こった2010年の需要表――とそれらに対応する需要関数で示されている。需要の増加は需要曲線の右方へのシフトをもたらす。

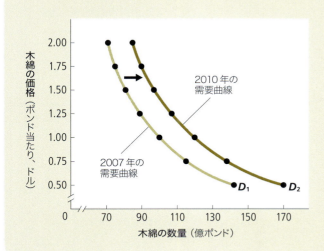

木綿の需要表		
木綿の価格 （ポンド当たり、ドル）	木綿の需要量 （億ポンド）	
	2007年	2010年
2.00	71	85
1.75	75	90
1.50	81	97
1.25	89	107
1.00	100	120
0.75	115	138
0.50	142	170

る木綿の数量は同じ価格のもとで増加したのだ。1つには世界の人口が増加し、木綿の潜在的な買い手が増えた。もう1つは、木綿の人気上昇と中国のような新興国の所得増加で以前より多くの衣服を買うことができるようになったため、同じ価格で木綿の需要量が増えた。図3-2は木綿の需要表と需要曲線を使って、この点を説明している（図3-1と同様、図3-2の数字は仮想的なものだ）。

図3-2には、2つの需要表が示されている。第1の需要表は2007年のもので、図3-1に掲げたのと同じものだ。第2の需要表は2010年のもので、人口増加、木綿人気の高まりなどの要因で木綿の需要が増えたことから、2007年の表とは異なっている。したがって、2010年の表ではすべての価格帯で2007年より需要量が多くなっている。たとえば、1ポンド1ドルの価格で消費者が買いたい木綿の数量は1年間に100億ポンドから120億ポンドに、1.25ドルの価格で需要量は89億ポンドから107億ポンドに増えている、等々。

この例から明らかなように、2007年から2010年の間に起こったさまざまな変化の結果、新しい需要表が生まれた。それは元の需要表にくらべて、すべての価格帯で需要量が2007年よりも多くなっている。図3-2の2つの曲線は同じ情報を図解したものだ。みてとれるように、2010年の新しい需要曲線 D_2 は一様に2007年の需要曲線 D_1 の右方にある。この**需要曲線のシフト**はすべての価格で需要量が変化したことを意味する。当初の需要曲線 D_1 の位置が新しい位置 D_2 に移動したのはそのことを表している。

需要曲線のシフトはすべての価格水準での需要量の変化だ。それは、当初の需要曲線が新しい位置へ移動することで表される。

> **需要曲線に沿った移動**は、価格変化の結果として生じる需要量の変化だ。

このような需要曲線のシフトと**需要曲線に沿った移動**、すなわち価格の変化によって生じる需要量の変化を区別することが大切だ。図3-3はそのちがいを例解している。

点 A から点 B への移動は需要曲線に沿った移動だ。D_1 に沿って下方に動いていくにつれて価格が下がるので、需要量は増加する。ここでは、木綿1ポンドの価格が1.5ドルから1ドルに下がったことで年間の需要量が81億ポンドから100億ポンドに増加している。しかし、価格が変化しなくても、需要が増加する（需要曲線が右にシフトする）ときには需要量はやはり増える。図3-3で、このことは需要曲線の D_1 から D_2 への移動として示されている。価格を1.5ドルに固定していても、需要量は D_1 上の点 A での81億ポンドから D_2 上の点 C での97億ポンドに増加している。

図3-3 需要曲線に沿った移動と需要曲線のシフト

点 A から点 B への需要量の増加は需要曲線に沿った移動で、その財の価格低下の結果として起こったことだ。点 A から点 C への需要量の増加は需要曲線のシフトによるもので、その財に対する需要が一定の価格のもとで増加した結果だ。

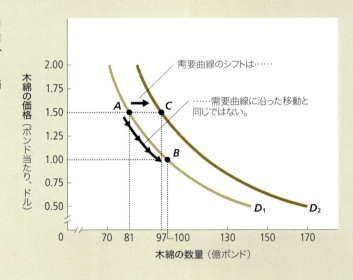

需要と需要量とのちがい

経済学者が「需要の増加」というとき、それは需要曲線の右方へのシフトを意味している。また「需要の減少」というときには需要曲線の左方へのシフトを意味している。ただし、彼らが注意深く言葉を選んでいる場合には。通常のスピーチでは、職業的経済学者を含めてほとんどの人が需要という用語をいい加減に使っている。たとえば、経済学者は「過去15年の間に旅行需要が倍増したのは部分的には航空運賃が低下したためだ」というかもしれない。しかし、彼が本当にいいたいのは、需要量が倍増したということだ。

日常の会話でちょっといい加減な言いまわしをするのは結構だ。しかし、経済分析をするときには、需要量の変化が需要曲線に沿っての動きで、需要の変化が需要曲線それ自体のシフトであることを区別することが重要だ（図3-3の説明を参照）。学生たちは往々にして「需要が増加すれば価格が上昇し、その結果、需要が減少し、それがまた価格の低下をもたらす」といった循環論に陥ることがある。需要曲線のシフトを意味する需要の変化と需要量の変化を明確に区別しておけば、多くの混乱を避けることができるはずだ。

経済学者が「X に対する需要が増加した」とか、「Y に対する需要が減少した」というとき、その意味は X、あるいは Y の需要曲線がシフトしたということであって、価格が変化したために需要が増加、あるいは減少したということではない。

2.3 需要曲線のシフトを理解する

図3-4は、需要曲線の2つの基本的なシフトの仕方を示している。経済学者が「需要の増加」について語るとき、需要曲線の右方へのシフトを意味している。つまり、消費者がどんな価格のもとでも以前よりも多く需要するようになったということだ。図3-4で、このことは当初の需要曲線 D_1 から D_2 へのシフトとして示されている。これに対して、経済学者が「需要の減少」について語るときには、需要曲線の左へのシフトを意味している。つまり、消費者がどんな価格のもとでも以前よりも少なく需要するようになったということだ。図3-4で、このことは当初の需要曲線 D_1 から D_3 へのシフトとして示されている。

需要曲線のシフトをもたらす要因は何だろうか。すでに2つの要因を指摘した。人口の変化と木綿衣料の人気の変化だ。もっと考えてみると、木綿の需要曲線のシフトをもたらしそうな他の要因にも思いあたる。たとえば、ポリエステルの価格が上がったとしよう。これは、以前ポリエステルの衣料を買っていた人たちに、代用品である木綿の購入に向かう誘因を与え、木綿の需要を増やす要因となるだろう。

たくさん払い少なく汲む

需要法則が現実世界で妥当する例として、消費者がポンプで汲みだすときに支払う価格に応じて、ガソリン消費量がどのように変動するかをみてみよう。ヨーロッパでは税金が高いので、ガソリン・ディーゼル燃料はアメリカの2倍以上の高値になっている。需要法則によれば、ヨーロッパ人はアメリカ人よりもガソリンの消費を少なくするはずだし、実際にそうしている。図からわかるように、ヨーロッパ人はアメリカ人の半分以下しか燃料を消費していない。その主な理由は、ヨーロッパ人が小型で燃費のよい車に乗っているからだ。

価格は燃料消費に影響する唯一の要因ではない。しかし、それはたぶんヨーロッパとアメリカの1人当たり燃料消費のちがいの主要な原因といえるだろう。

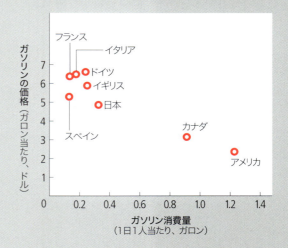

（出所）アメリカ・エネルギー情報局、2009年

図3-4 需要曲線のシフト

何であれ需要を増加させるような出来事があれば、需要曲線は右にシフトする。これは与えられた価格のもとでの需要量の増加によるものだ。需要を減少させるような出来事があれば、需要曲線は左にシフトする。これは与えられた価格のもとでの需要量の減少によるものだ。

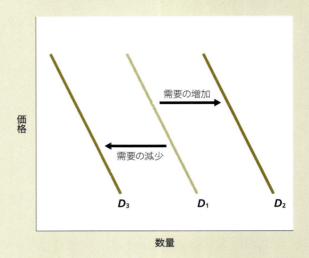

　経済学者は、需要曲線をシフトさせる要因として5つの重要なものがあると考えている。

- ■関連する財の価格変化
- ■所得の変化
- ■嗜好の変化
- ■期待の変化
- ■消費者数の変化

　このリストは完全ではないが、需要曲線をシフトさせる5つのもっとも重要な要因を含んでいる。他の条件を不変とすれば、ある財の需要量は価格が上昇するにつれて減少するとしたが、そこで他の条件が不変というのは、需要曲線をシフトさせるこれらの要因が変化しないということだ。

関連する財の価格変化　木綿100％のジーンズほど気持ちのよいものはないとしても、カーキ——通常ポリエステル混紡でつくられる——も目的によっては悪くない代物だ。カーキは経済学者が代替財と呼んでいるものだ。一方の財（ジーンズ）の価格が上がったとき、消費者が他方の財（カーキ）をもっと買いたくなるような場合、2つの財は**代替財**だ。代替財は通常、ある意味で同様な機能をはたす財のことだ。コーヒーと紅茶、マフィンとドーナツ、鉄道の旅と空の旅のように。代案となる財の価格が上がると、もともと買おうと思っていた財をかわりに買い増す消費者が出てきて、需要曲線を右にシフトさせる。

　だが、一方の財の価格上昇が、消費者にもう一方の財を買いたいという気持ちを弱

> 1つの財の価格が上がるとき、もう1つの財に対する需要が増加する場合、2つの財は**代替財**だ。

くさせることもある。このような2財は**補完財**と呼ばれる。補完財は通常、ある意味で一緒に消費される財のことだ。コンピュータとソフトウエア、カプチーノとクッキー、クルマとガソリンのように。消費者は2つの補完財を一緒に消費することを好むので、一方の財の価格の変化は、その補完財に対する需要に影響する。明確にいえば、一方の財の価格が上がればその補完財に対する需要は減少し、その需要曲線は左にシフトするのだ。

▶ 1つの財の価格が上がるとき、消費者のもう1つの財に対する需要が減少するような場合、2つの財は**補完財**だ。

所得の変化　個人の所得が増えれば、財の購入量を通常は増やす傾向がある。たとえば、ある家族の所得が上がると、夏休みに待望のディズニーワールドへの旅行をするだろうし、だから航空券も買うだろう。このように、消費者の所得の増加は、ほとんどの財に対する需要曲線を右にシフトさせる。

　なぜほとんどの財で、すべての財ではないのか。ほとんどの財は**正常財**——消費者の所得が増えると需要が増加するような財——だ。しかし、所得が増えるとき需要が減るような財もある。所得が増えるとき、需要が減る財は**劣等財**と呼ばれる。通常、劣等財はもっと高価な財にくらべて望ましくないと考えられている代用財だ。たとえばタクシーに対するバスのサービスのように。ある財が劣等財であれば、所得の増加は需要曲線を左方にシフトさせる。当然のことだが、所得の減少は需要曲線を右方にシフトさせる。

▶ 所得の増加がある財の需要を増やす場合——正常なケース——、その財は**正常財**であるという。
所得の増加がある財の需要を減らす場合、その財は**劣等財**だ。

　正常財と劣等財との区別を示す、業界紙でも報じられている1つの例がある。アップルビーやオリーブガーデンなどのカジュアルダイニングと、マクドナルドやケンタッキーフライドチキンなどのファストフードの違いだ。アメリカ人は、所得が増えるとカジュアルダイニングでの食事を増やす傾向がある。ファストフードでの食事をやめて、カジュアルダイニングを増やすのだ。人々はより高級な食事ができるようになると、マクドナルドに行くことをある程度、控えるようになる。カジュアルダイニングでの食事は正常財であり、ファストフードは劣等財だ。

嗜好の変化　人が欲しいものを欲しがるのはなぜだろうか。幸い、この疑問に答える必要はない——ここでは、人が自分の消費するものを決める一定の選好、あるいは嗜好をもっていること、そして嗜好は変化することさえ確認できればよい。経済学者は通常、気まぐれ、信念、文化の遷移等による需要の変化をひとまとめにして、嗜好（あるいは選好）の変化という見出しでくくる。

　たとえば、むかしむかし男性は帽子をかぶっていた。第2次世界大戦のころまで、尊敬すべき男性はそろいのスーツに見合った威厳のある帽子を着用するまでは、正装しているとはみなされなかったものだ。だが戦争から帰還したGIたちは、たぶん過酷だった戦争の反動から、もっと気楽なスタイルを採用した。しかも、連合軍最高司令官だったアイゼンハワー大統領は帽子をかぶらないことが多かった。帽子に対する需要の減少を反映して、帽子の需要曲線は左にシフトした。

　嗜好の変化にかかわる主な注意点は、経済学者はそれについて何もいうべきことは

なくて、ただそれを与えられたものとして受け入れるということだ（市場取引者や宣伝業者たちはそれについて語るべき多くのことがあるだろう！）。嗜好がある財を好むように変化するときには、一定の価格のもとでそれを買いたい人が増え、需要曲線は右方にシフトする。嗜好がある財を好まない方向に変化するときには、一定の価格のもとでそれを買いたい人が減り、需要曲線は左方にシフトする。

期待の変化 消費者が購入のタイミングを選べるような場合、現在のある財への需要が将来の価格についての期待によって左右されることが少なからずある。たとえば、かしこい買い物客は季節のバーゲンを待つことが多い――来年の祝日の贈り物を今年の祝日後の値下がり時期に買う。この場合、将来の値下がり期待が現在の需要減少をもたらす。逆に、将来の値上がり期待は現在の需要増加をもたらしそうだ。たとえば、2010年に木綿価格が上がり始めたとき、多くの繊維工場は将来のさらなる価格上昇に備えて、木綿の購入を増やし在庫を積み上げていた。

将来の所得が変化するという期待も、現在の需要の変化につながるだろう。もし所得が将来増えると期待するならば、あなたはいまカネを借りてある種の財に対する需要を増やすだろう。もし所得が将来減ると期待するならば、あなたはいま貯蓄をして何かの財に対する需要を減らすだろう。

消費者数の変化 すでに指摘したように、2007年と2010年の間に木綿の需要が高まった１つの理由は、世界人口の増加だった。人口成長によって、１人１人の木綿愛好者の需要は変わらなくても、総需要は増加したのだ。

個別需要曲線という新しい概念を導入しよう。それは、個々の消費者が消費する数量と価格との関係を示すグラフだ。たとえば、ダーラは木綿のブルージーンズを１着もっているものとしよう。それだけでなく、すべてのジーンズの質が一定で同一の価格で売られるものとしよう。図3-5のパネル（a）は、彼女が任意に与えられる価格で年に何着のブルージーンズを買うかを示している。D_{Darla} はダーラの個別需要曲線である。

> **個別需要曲線**は、個々の消費者が消費する数量と価格との関係を示している。

市場需要曲線は、すべての消費者の需要量を集計した値がいかにその財の市場価格に依存しているかを示すものだ（経済学者が需要曲線というのは、たいていの場合市場需要曲線のことだ）。市場需要曲線は、市場に存在するすべての消費者の個別需要曲線の水平和である。水平和の意味を理解するために、とりあえずブルージーンズの消費者はダーラとディノの２人だけだと仮定しよう。ディノの個別需要曲線 D_{Dino} は、パネル（b）に示されている。パネル（c）に置かれているのが市場需要曲線だ。どんな価格が与えられても、市場の需要量はダーラとディノの需要量の合計となる。たとえば、１本30ドルの価格では、ダーラは１年に３本、ディノは２本を需要する。だから、市場での需要量は１年に５本となる。

どんな価格のもとでも、ダーラとディノがいる場合に市場での需要量は、ダーラだけが市場にいる場合にくらべて大きくなることは明らかだろう。さらに３番目、４番

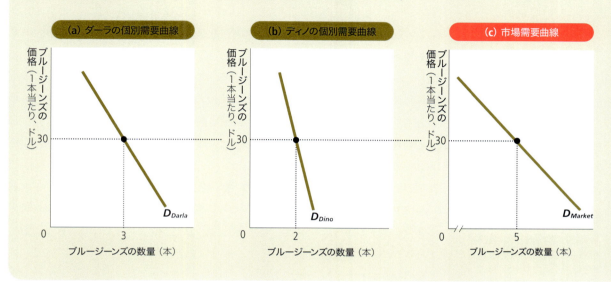

図3-5 個別需要曲線と市場需要曲線

市場に存在するブルージーンズの消費者は、ダーラとディノの2人だけだ。パネル（a）はダーラの個別需要曲線、すなわちダーラが1年にさまざまな価格のもとで買いたいと思うブルージーンズの数量を示している。パネル（b）はディノの個別需要曲線を示している。ダーラとディノが市場に存在するただ2人の消費者であることを前提として、市場需要曲線、すなわちすべての消費者が任意の価格のもとで需要するブルージーンズの数量は、パネル（c）に掲示されている。市場需要曲線は、すべての消費者の個別需要曲線の水平和である。この場合には、任意の価格のもとで市場の需要量はダーラとディノによって需要される数量の合計にほかならない。

目、5番目と消費者を市場に付け加えていけば、どんな価格のもとでも市場の需要量はさらにもっと大きくなるだろう。こうして、消費者数の増加は、市場需要の増加をもたらす。需要をシフトさせる要因を振り返るには、103ページの表3-1をみてほしい。

経済学を使ってみよう☞ 交通渋滞を抑える

　大都市はどこも交通問題に悩んでいる。多くの市当局は、混雑する中心部での運転を抑制しようとしている。中心部への自動車乗り入れを1つの財と考えれば、需要の経済学を使って交通規制政策を分析できる。

　市当局の1つの共通の戦略は、代替財の価格を下げて自動車乗り入れの需要を減らすことだ。多くの都市は通勤者の運転を思いとどまらせようと、バスと鉄道のサービスに補助金を出している。もう1つの戦略は、補完財の価格を上げることだ。アメリカの大都市のなかには、収入目的のためだけでなく市内への乗り入れをやめさせるために、商業駐車場に高い税金をかけ、駐車メーターの短時間制限ときびしい駐車規制を組み合わせて使うところがいくつかある。

　いくつかの大都市——シンガポール、ロンドン、オスロー、ストックホルム、ミラノなど——は直接的で、政治的には問題の多い手法、すなわち運転への課税に意欲を

みせてきた。混雑価格規制（イギリスでは混雑課徴金）の名のもとに業務時間に中心街に進入するクルマに課徴金が課された。運転者はパスを買い、課徴金は走行中にそれを利用することで課徴金が電子的に引き落とされる。自動カメラで乗り入れ車のナンバー・プレートが撮影されてパスの利用が監視される。モスクワは世界の全都市のなかでも最悪の交通渋滞に見舞われている。何しろドライバーの40％が3時間を超える渋滞を報告しているのだから。このひどい状況に取り組む渋滞解決計画を現在検討中だ。

ロンドンでは、1日の運転費用が9ポンドから12ポンド（約13ドル〜19ドル）かかる。支払わないで捕まった者は1回の違反について120ポンド（約192ドル）の罰金をとられる。

驚くにはあたらないが、いくつかの調査で、この混雑価格規制の実施によって渋滞が実際に減少したことが判明した。混雑課徴金の導入は、ただちにロンドン中心部の交通量を約15％減らし、2002〜2006年の間にロンドン全域の交通量を21％も減らした。しかも、この間に公共輸送、自転車、オートバイ、ライドシェアリングなど代替財の利用が増加した。

アメリカでは、合衆国運輸省が5つの地域で混雑価格規制のパイロット・プログラムを実施している。ピークの通勤時間帯の価格を高くするという可変的な混雑課金の採用を提案する専門家もいる。混雑価格規制は反対者が多いとしても、徐々に受け入れられつつあるようだ。

> **ちょっと復習**
>
> ▶**供給と需要のモデル**は**競争市場**——多数の売り手と買い手が同一の財・サービスを売買する市場——のモデルだ。
>
> ▶**需要表**は価格の変化とともに需要量がどのように変化するかを示す。この関係は**需要曲線**で図示される。
>
> ▶**需要法則**は、価格の上昇が需要量を減らすと主張する。だから、需要曲線は通常右下がりだ。
>
> ▶需要の増加は、右への**需要曲線のシフト**をもたらし、与えられた価格のもとで需要量は増加する。需要の減少は左へのシフトをもたらし、与えられた価格のもとで需要量は減少する。価格の変化は、**需要曲線に沿った移動**と需要量の変化を引き起こす。
>
> ▶需要曲線をシフトさせる5つの主要な変化は、(1) **代替財**や**補完財**のように関連する財の価格、(2) 所得、(3) 嗜好、(4) 期待、そして (5) 市場にいる消費者の数だ。
>
> ▶**市場需要曲線**は市場に存在するすべての消費者の**個別需要曲線**の水平和だ。

☑ 理解度チェック 3–1

1. 以下の出来事がそれぞれ（1）需要曲線のシフトを表すものか、あるいは（2）需要曲線に沿った移動を表すものかを示し、説明しなさい。

   a. 店主の観察によれば、雨の日には晴れの日より高値で傘が売れる。

   b. 長距離電話サービスのプロバイダー、XYZテレコムが週末の料金を下げたら、週末の電話利用が激増した。

   c. バレンタインデーの週には、1年の他の時期より値段が高いのに茎の長いバラがよく売れる。

   d. ガソリン価格の急騰によって、ガソリンの購入量を減らすため車を乗り合いで利用する通勤者の数が増えた。

解答は https://str.toyokeizai.net/books/9784492314906 にある。

表3-1 | 需要をシフトさせる要因

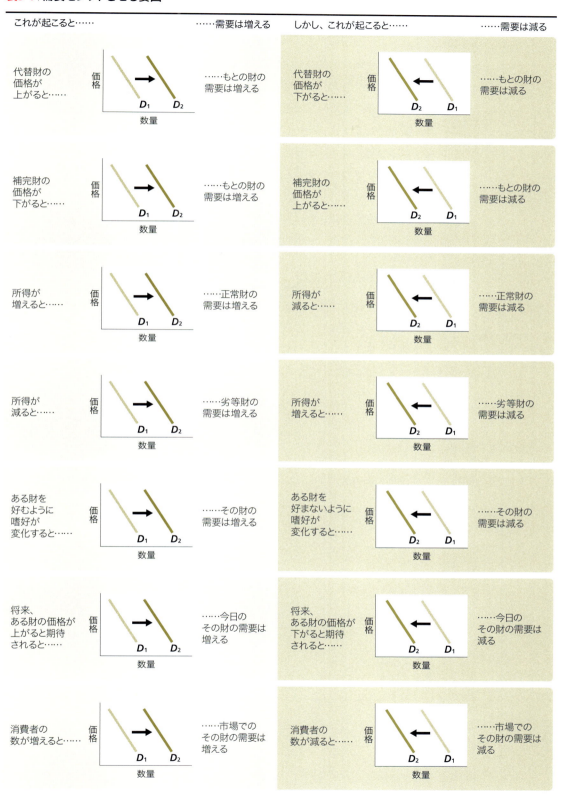

3 | 供給曲線

世界のある地域は木綿の栽培にとくに適している。アメリカはその1つだ。しかし、アメリカのなかでさえ、ある地域は他の地域よりも木綿の栽培に適している。アメリカの農民が木綿の栽培地を最適の土地だけに限定すべきか、それともそれほど適していない土地まで拡大すべきかは、どれくらいの木綿価格を見込めるかに依存している。そのうえ、世界には木綿を栽培できる他の多くの地域──パキスタン、ブラジル、トルコ、中国のような──がある。そこでも、農民が実際に木綿を栽培するかどうかは価格に依存している。

だから、消費者が買いたい木綿の数量が支払うべき価格に依存しているのと同様に、生産者が売りたい数量──**供給量**──も支払われる価格に依存しているのだ。

> ある財・サービスの**供給量**は、特定の価格で人々が実際にそれを売りたいと思う数量のことだ。

3.1 供給表と供給曲線

図3-6にある表は、提供される木綿の数量が価格に依存してどのように変化するかを──すなわち木綿に対する仮想の**供給表**を示している。

> ある財・サービスの**供給表**は、さまざまな価格でそれらが供給される数量を示す。

供給表は、図3-1に示した需要表と同じように読める。この場合、図3-6にある表は、農民がさまざまな価格に対して売りたいと思う木綿の数量（ポンド表示）を示している。価格が1ポンド0.50ドルのときには、農民が1年に売りたいと思う数量は年間

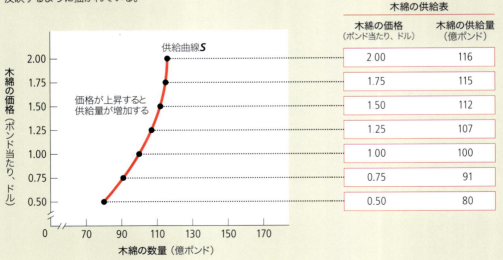

図3-6 | 供給表と供給曲線

木綿に対する供給表を作成し、それに対応する供給曲線を導いた。これらは、人々がある財を任意に決められた価格でどれだけ売りたいと思うかを示すものだ。供給曲線と供給表は供給曲線が通常右上がり、すなわち価格が上がれば供給量が増えるという事実を反映するように描かれている。

80億ポンドに過ぎない。0.75ドルのときには、売りたいと思う量は91億ポンドだ。1ドルになると100億ポンドになる、等々。

需要表がグラフとして需要曲線で表されるように、供給表は**供給曲線**で表される。図3-6に示したとおりだ。曲線上の各点は、表の数字に対応している。

▶ **供給曲線**は価格と供給量との関係を示すものだ。

木綿の価格が1ドルから1.25ドルに上がったとしよう。図3-6から、農民が売りたいと思う数量は100億ポンドから107億ポンドに増えることがわかる。これは、価格の上昇は供給量の増加をもたらすという一般的な命題を反映するもので、供給曲線の正常な姿だ。このように、需要曲線が通常右下がりであるのと同様に、供給曲線は通常右上がりとなる。提示される価格が高ければ高いほど、農民が売りたいと思う木綿の数量は増加する。

3.2 供給曲線のシフト

最近まで数十年もの間、木綿は比較的廉価だった。1つの理由は木綿向けに耕作された土地の数量が、1945年から2007年までに35％以上も増加したことだ。しかし、木綿価格が比較的廉価だった主な要因は、生産技術の進歩だった。1エーカー当たりの収量は1945年から2007年の間に4倍にもなっていたのだ。図3-7は、この出来事を木綿の供給表と供給曲線を使ってどのように図解するかを示している。

図3-7には、2つの供給表がある。進歩した木綿栽培技術が採用される前の供給表は、図3-6にあるものと同じだ。第2の供給表は、進んだ木綿栽培技術が採用された後の

図3-7 | 供給の増加

木綿栽培技術の進歩は供給の増加、すなわち一定の価格のもとでの供給量の増加を引き起こした。この出来事は、2つの供給表——1つは新技術が導入される前の供給表、もう1つはその後の供給表——とそれぞれに対応する供給曲線で示されている。供給の増加は供給曲線を右にシフトさせる。

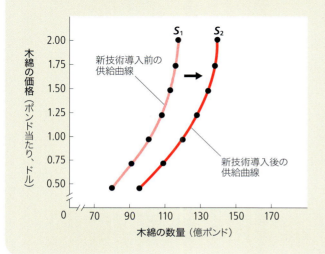

木綿の供給表		
	木綿の供給量 (億ポンド)	
木綿の価格 (ポンド当たり、ドル)	新技術導入前	新技術導入後
2.00	116	139
1.75	115	138
1.50	112	134
1.25	107	128
1.00	100	120
0.75	91	109
0.50	80	96

供給表だ。そして、需要表の変化が需要曲線のシフトをもたらしたように、供給表の変化は**供給曲線のシフト**——一定の価格のもとでの供給量の変化——をもたらす。このことは、図3-7に技術進歩前の供給曲線 S_1 から新しい曲線 S_2 へのシフトとして示されている。技術進歩の結果、同じ価格のもとで供給量が増加したことを反映して、S_2 が S_1 の右方にあることに注意しよう。

> **供給曲線のシフト**は、一定の価格のもとでの財・サービスの供給量の変化だ。それは、当初の供給曲線の、新しい供給曲線で示される新しい位置への移動で表される。
>
> **供給曲線に沿った移動**は、価格変化の結果として生じる供給量の変化だ。

需要の分析と同じく、このような供給曲線のシフトと**供給曲線に沿った移動**——価格の変化にともなう供給量の変化を区別することが大切だ。そのちがいは図3-8でみることができる。点 A から点 B への移動は供給曲線に沿った移動だ。価格が低下したことにより供給量は S_1 に沿って増加している。この場合、1ドルから1.50ドルへの価格上昇が木綿の供給量を100億ポンドから112億ポンドに増やしている。だが、価格が変化しなくても、供給が増加すれば——供給曲線が右にシフトすれば、供給量はやはり増加する。図3-8で、このことは供給曲線の S_1 から S_2 へのシフトで示されている。価格を1ドルに固定するとき、供給量は S_1 上の点 A の100億ポンドから S_2 上の点 C の120億ポンドに増加する。

3.3 供給曲線のシフトを理解する

図3-9は、供給曲線がシフトする2つの基本的な仕方を示している。経済学者が供給の増加というとき、その意味は供給曲線の右方へのシフトということ、つまり一定の価格のもとで、生産者が以前よりも多くの数量を供給するということだ。これは、図3-9で当初の供給曲線 S_1 が S_2 へ右シフトすることで示されている。経済学者が供給の減少というとき、その意味は供給曲線の左方へのシフトということ、つまり一定の価格のもとで生産者が以前よりも少ない数量を供給するということだ。これは、図3-9で当初の供給曲線 S_1 が S_3 へ左シフトすることで示されている。

図3-8 供給曲線に沿った移動と供給曲線のシフト

点 A から点 B への供給量の増加は供給曲線に沿った移動を表している。これはこの財の価格上昇の結果だ。点 A から点 C への供給量の増加は供給曲線のシフトを表している。これは一定の価格のもとで供給量が増加した結果だ。

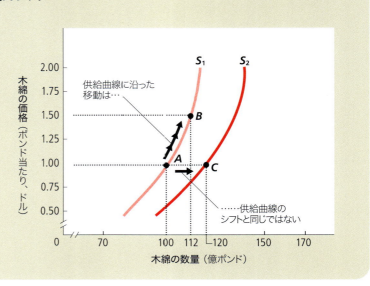

経済学者は、供給曲線のシフトは主として5つの要因の結果だと考えている（需要の場合と同様、他の要因もあるが）。

- 投入物の価格変化
- 関連する財・サービスの価格変化
- 技術の変化
- 期待の変化
- 生産者数の変化

投入物の価格変化　生産物をつくり出すには、投入物が必要だ。たとえば、バニラアイスクリームをつくるには、バニラビーンズ、クリーム、砂糖等々がなくてはならない。**投入物**とは、他の財・サービスの生産に用いられる財・サービスのことだ。生産物と同様、投入物にも価格がある。投入物の価格が上がれば、最終財の生産者または販売者にとってコスト高になる。だから、売り手はどんな価格でも売る意欲が弱まり、供給曲線は左にシフトする。たとえば、燃料は航空会社にとって主要なコストだ。2007～2008年に石油価格が急騰したとき、航空会社は飛行計画を縮小した。倒産した会社もいくつかあった。同様に、投入物価格の低下は最終財の生産コストを下げる。最終財の売り手はどんな価格でも売る意欲が強まり、供給曲線は右にシフトする。

▶ **投入物**とは、他の財・サービスの生産に用いられる財・サービスのことだ。

関連する財・サービスの価格変化　単一の生産者が1つの財だけでなく、複数の財を生産することがよくある。たとえば、石油精製所は原油からガソリンを精製するだけでなく、同じ原材料から灯油やその他の生産物を精製する。単一の生産者が複数の財を生産している場合、与えられた価格で供給する各財の数量は一緒に生産する他の

図3-9　供給曲線のシフト

何であれ供給を増やすような出来事があれば、供給曲線は一定の価格のもとで供給量が増えることを反映して右にシフトする。何であれ供給を減らすような出来事があれば、供給曲線は一定の価格のもとで供給量が減ることを反映して左にシフトする。

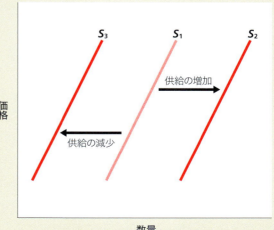

財の価格に依存するだろう。

　その効果はプラスにもマイナスにもはたらく。灯油の価格が上がるとき、石油精製所はどんなガソリン価格のもとでもガソリンの供給量を減らし、その供給曲線を左方にシフトさせるだろう。だが灯油の価格が下がるときには、どんなガソリン価格のもとでもガソリンの供給量を増やし、その供給曲線を右方にシフトさせることになる。これはガソリンと一緒に精製される他の生産物が生産面の代替財であることを意味している。

　これと対照的に、生産過程の特質によって、生産面の補完財となるような生産物もある。たとえば、原油の生産者——油田の掘削者——はしばしば原油掘削の副産物として天然ガスを同時に生産する。天然ガスの価格が高くなればなるほど、油田の掘削者はますます多くの油田を掘り、与えられた原油価格のもとでますます多くの原油を供給するだろう。したがって、天然ガスは生産面で原油の補完財なのだ。

技術の変化　経済学者が「技術」という言葉で意味するのは、必ずしも高度な技術のことではない。人々が投入物を役に立つ財・サービスに変換する、あらゆる方法のことだ。パキスタンでとれた木綿をあなたの衣装棚に下がっているジーンズに変える一連の複雑な活動は、この意味で技術なのだ。

　技術の改良は、生産者が以前と同じ生産量を以前より少ない投入量で生産できるようにする。生産費用を減少させる改良技術が利用できるようになれば、供給は増加し、供給曲線は右にシフトする。前に指摘したように、技術改良は過去数十年にわたって農民たちが木綿の１エーカー当たり収量を４倍以上に増やすことを可能にした。技術改良こそ、世界的な需要増加のなかで木綿価格が最近まで比較的安値に保たれた主な理由なのだ。

期待の変化　期待の変化が需要曲線をシフトさせることはすでにみたが、供給曲線も同様にシフトさせる。供給者が自分たちの財をいつ市場に出すかについて多少とも選択できる場合には、将来の予想価格の変化は、現在の出荷量の増減に影響する。

　たとえば、ガソリンなどの石油製品は、消費者に売られる前に石油精製所にかなりの期間貯蔵されるという事実を考えてごらん。実際、貯蔵は生産者の正常なビジネス戦略の一環なのだ。夏季にガソリン需要がピークを迎えることを知って、石油精製業者は春に生産されたガソリンの一部を夏の販売に備えて貯めておく。同様に、冬季に灯油の需要がピークになることを知って、彼らは秋に生産された灯油の一部を冬の販売に備えて貯めておく。どちらの場合にも、生産物をいま売るか、それとも将来の販売のために貯蔵するかについて決断しなければならない。生産者がどちらを選択するかは、現在の価格と将来の予想価格に依存して決まる。これは期待がどのように供給を変えるかのよい例になる。ある財の価格が将来上がるという予想は現在の供給を減らし、供給曲線の左方へのシフトをもたらす。ある財の価格が将来下がるという予想は現在の供給を増やし、供給曲線の右方へのシフトをもたらす。

生産者数の変化　消費者の数が需要曲線に影響するのと同じように、生産者の数は供給曲線に影響する。図3-10のパネル（a）をみて**個別供給曲線**を考えよう。個別供給曲線は個別の生産者の供給量と価格との関係を示すものだ。たとえば、シルヴァはブラジルの木綿栽培者で、図3-10（a）は、任意に与えられた価格で彼が1年に何ポンドの木綿を供給するかを示している。S_{Silva} はその個別供給曲線だ。

　市場供給曲線は、市場に存在するすべての個別生産者を合わせた総供給量が、その財の価格にいかに依存しているかを示すものだ。市場需要曲線がすべての消費者の個別需要曲線の水平和であるのと同様に、市場供給曲線もすべての生産者の個別供給曲線の水平和として描かれる。とりあえず、シルヴァと中国人の木綿農家リュウという2人の木綿栽培者のみがいるものとしよう。リュウの個別供給曲線はパネル（b）にあり、市場供給曲線はパネル（c）に描き出されている。任意に与えられた価格での市場供給量は、シルヴァとリュウの個別供給量の和に等しい。たとえば、木綿1ポンドの価格が2ドルのとき、シルヴァは年に3000ポンド、リュウは2000ポンドの木綿を供給し、したがって市場は年に5000ポンドの木綿を供給する。

　任意の価格のもとで市場に供給される数量は、リュウがいるときにはシルヴァが唯一の供給者であるときよりも明らかに多くなる。与えられた価格で市場に供給される数量は、第3、第4、等々の生産者が加えられていくにつれて、さらにもっと多くなる。こうして、生産者数の増加は市場供給の増加と市場供給曲線の右方へのシフトをもたらす。供給をシフトさせる要因を振り返るには、表3-2をみてほしい。

> **個別供給曲線**は個別の生産者の供給量と価格との関係を示すものだ。

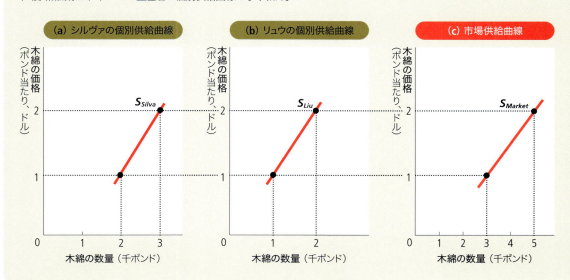

図3-10　個別供給曲線と市場供給曲線

パネル（a）の S_{Silva} はシルヴァの個別供給曲線——任意に与えられた価格で彼が供給する木綿の数量——を示している。パネル（b）の S_{Liu} はリュウの個別供給曲線を示している。パネル（c）は、市場供給曲線——与えられた価格ですべての生産者が供給する木綿の数量——を示している。市場供給曲線は、すべての生産者の個別供給曲線の水平和だ。

経済学を使ってみよう☞ 愛玩される小動物だけになった

　1970年代のことだが、イギリスのテレビが『大きい動物、小さい動物』という人気番組を放映していた。ジェームス・ヘリオットという田舎の獣医の実人生を記録したものだ。ヘリオットは1930年代にイギリスの田舎で体調の悪い牛、豚、羊、馬、たまには家庭で飼われるペットの面倒をみていた。この番組は、当時のイギリスの田舎で獣医が農村社会の重要な一員として貴重な家畜を病気から救い、農家を経済的に助けていたことを世に知らせた。ヘリオットが自分の生涯の仕事に満足していたことも明らかにした。

　だがそれは昔の話、いまはちがう。『ニューヨーク・タイムズ』の最近の論説によると、過去20年の間にアメリカの農村では獣医が激減したという。この問題の原因は競争にある。ホームペットの数が増え、飼い主の所得が増えるにつれて、獣医の需要が急増した。その結果、獣医は農場の家畜の面倒をみる仕事から、もっと割のよいペットの治療に引っぱり出されたのだ。ある獣医は農場の家畜を世話するつもりで職業生活を始めたが、あるとき「牛の帝王切開の報酬は50ドルだが、チワワの帝王切開には300ドルも受け取った。そのときから考えを変えました。いいたくないが、おカネのためです」と述懐している。

　このことは、どのように需要曲線と供給曲線の言葉に翻訳できるだろうか。農場の獣医と家庭の獣医はガソリンと灯油のような関係にあり、生産面の代替財だといえる。通常、獣医は農場医と家庭医のどちらかのタイプに特化している。そのどちらに特化するかは、それぞれのサービスの現行価格に依存している。アメリカのペット飼育数の増加と飼い主のペットケアへの支払い意欲の高まりがあいまって、ペット向けの獣医サービスの価格が上昇した。その結果、農場家畜の治療に特化する獣医の数は減る一方になった。農場向けの獣医の供給曲線は左方にシフトし──任意のどんな価格のもとでも、彼らが供給するサービスの数量は減少したのだ。

　ついには、農民たちもこれが金銭の問題であることを認める。彼らは多くを支払いたくないので、獣医が減るのだ。最近になって出費を惜しんだために貴重な牛を死なせてしまった牧場主は「私たちはこれを営業費用として認めるほかはない。いままでは慣れていなかったが、他にできることは何もない。さもなければ家畜を飼っていても、遅かれ早かれ死なせてしまうのだから」といっている（ここで注意すべきことは、もっとおカネを払って獣医を雇っていれば、この人は牛を救えたかもしれないということだ）。

ちょっと復習

▶**供給表**は、**供給量**がどのように価格に依存しているかを示す。両者の関係は**供給曲線**で図解される。

▶供給曲線は通常右上がりだ。価格が上がれば、人々はその財をもっと売りたいと思う。

▶価格の変化は**供給曲線に沿った移動**と供給量の変化を引き起こす。

▶需要の場合と同様に、経済学者が供給の増加とか減少というとき、その意味は**供給曲線のシフト**であって、供給量の変化ではない。供給の増加は右へのシフトだ。一定の価格のもとで供給量が増加するということだ。供給の減少は左へのシフトだ。一定の価格のもとで供給量が減少するということだ。

▶供給曲線のシフトをもたらす5つの主要な変化は、（1）**投入物**の価格、（2）関連する財・サービスの価格、（3）技術、（4）期待、そして（5）市場に存在する生産者の数だ。

▶**市場供給曲線**は、市場に存在する全生産者の**個別供給曲線**の水平和だ。

✓理解度チェック　3-2

1. 以下の出来事がそれぞれ（1）供給曲線のシフトを表すものか、あるいは（2）供給曲線に沿った移動を表すものかを示し、説明しなさい。

   a. 住宅価格の上昇を引き起こした不動産ブームの間に、多くの住宅所有者が持ち家

表3-2 | 供給をシフトさせる要因

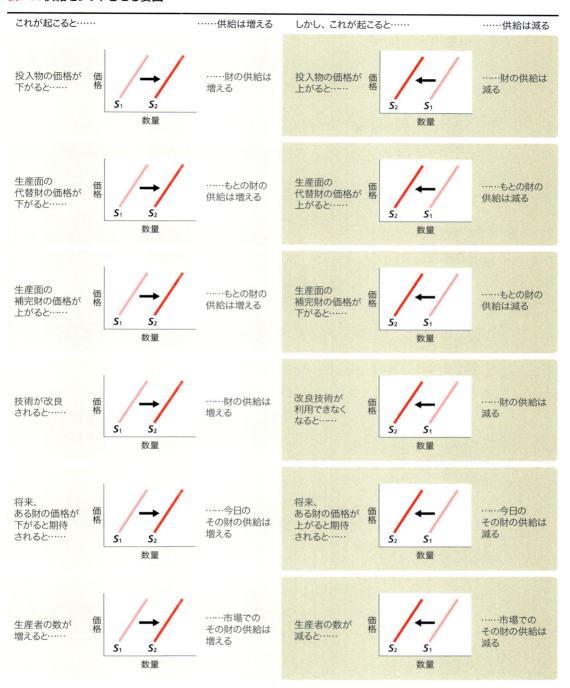

b. 収穫期には通常価格が下がるのに、多くのイチゴ農家が道路沿いに仮設スタンドを設ける。

c. 新学年が始まる直後には、ファストフードのチェーン店は人手を確保するため賃金を上げなければならない。

d. 労働の価格である賃金の上昇にひかれて、多くの建設労働者がハリケーンの被害を受けた地域に一時的に移動する。

e. 新技術によってもっと大きな観光船（乗客1人当たりには安くつく）を建造することが可能になったので、カリブ海観光船の各社はこれまでより低価格で、より多くの客室を提供している。

解答は https://str.toyokeizai.net/books/9784492314906 にある。

4 供給、需要、均衡

これまでに、供給と需要のモデルの3つの重要な要素をみてきた。需要曲線、供給曲線、それに各曲線をシフトさせる諸要因だ。次のステップは、これらの要素をつなぎ合わせて、ある財が売買される実際の価格をいかに予測するかを示すことだ。

ある財が売買される価格は、どのように決定されるのだろうか。ある財が売買される量は、どのように決定されるのだろうか。第1章では、市場は均衡に向かうという一般原理を学んだ。均衡とは、いまとっているのとはちがう行動をとることで誰も自分の満足を高めることができない状態と定義された。競争市場の場合、もっと限定した定義を与えることができる。**競争市場の均衡**は、ある財の価格が需要量と供給量が等しくなる水準に落ち着いた状態だ。その価格のもとで、個々の売り手は誰も現在の販売量よりも多く、あるいは少なく売ることで満足を高めることはできないし、個々の買い手は誰も現在の購入量よりも多く、あるいは少なく買うことで満足を高めることはできない。言い換えれば、市場均衡では、価格は買い手の需要量と売り手の供給量が正確に一致する水準に落ち着く。

供給量と需要量を等しくする価格は**均衡価格**と呼ばれる。その価格で売買される数量は**均衡数量**だ。均衡価格は**市場清算価格**と呼ばれることもある。それは、この価格で買いたいすべての買い手がこの価格で売りたい売り手をみつけ、逆もそうなることを保証し「市場を清算する」価格という意味だ。では、均衡価格と均衡数量は、どうすればみつかるだろうか？

> 競争市場の均衡は、ある財・サービスの価格が需要量と供給量が等しくなる水準に落ち着いた状態だ。この状態になる価格は**均衡価格**、または**市場清算価格**と呼ばれる。この価格で売買される財・サービスの数量は**均衡数量**と呼ばれる。

4.1 均衡価格と均衡数量をみつける

市場の均衡価格と均衡数量をみつけるいちばん簡単な方法は、同じ図の上に供給曲線と需要曲線を描くことだ。供給曲線は任意の価格のもとでの供給量を表し、需要曲線は任意の価格のもとでの需要量を表すのだから、2つの曲線が交わる価格が均衡価

格、すなわち供給量と需要量が等しくなる価格だ。

図3-11は、図3-1の需要曲線と図3-6の供給曲線を結合したものだ。両者が交わる点 E が市場の均衡だ。つまり、1ドルが均衡価格で、100億ポンドが均衡数量だ。

点 E が均衡の定義に適合することを確かめよう。1ポンド1ドルの価格で、木綿農家は年間に100億ポンドを売りたいと思い、木綿の消費者は100億ポンドを買いたいと思っている。

だから、価格が1ドルのとき、木綿の供給量はその需要量に等しい。他の価格では、市場が清算されない、すなわち買いたいと思うすべての買い手が売りたいと思う相手をみつけられないか、逆に売りたいと思うすべての売り手が買いたいと思う相手をみつけられないことに注意しよう。価格が1ドルよりも高ければ、供給量は需要量を

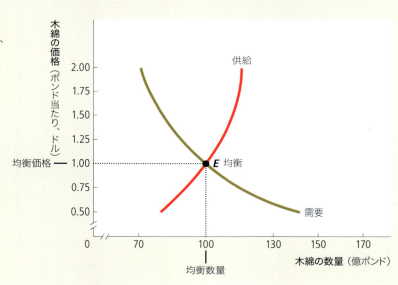

図3-11 市場均衡

市場均衡は、需要曲線と供給曲線が交わる点 E で起こる。均衡では、需要量と供給量が等しくなる。この市場では、均衡価格は1ドル、均衡数量は年間100億ポンドだ。

売買価格？

これまで、ある財が売られそして買われる価格があたかも同じであるように述べてきた。だが、売り手が受け取る価格と買い手が支払う価格を区別しなくてよいのだろうか。原則としては、区別する必要がある。しかし、この段階では、売り手が受け取る価格と買い手が支払う価格の区別を無視し、少しばかり現実性を犠牲にしても単純化するのが得策だ。

現実には、中間業者——売り手と買い手を引き合わせる業者——が存在する。中間業者は生産者から財を買い、利益をのせて消費者に売る——たとえば、木綿のブローカーは木綿農家から買って繊維工場に売り、繊維工場は木綿をあなたや私が身につける衣服に変える。農家が受け取る代金は繊維工場が支払うより少ないが、何の不思議もない。差額は木綿ブローカーやその他の中間業者の生計になるのだ。しかし、多くの市場で売買価格の差額はごくわずかのものだ。だから、買い手が支払う価格と売り手が受け取る価格が同じだと考えるのは悪い単純化ではない。これからも、本章ではそのように仮定する。

上回る。価格が1ドルよりも低ければ、需要量は供給量を上回る。

だから供給と需要のモデルによれば、図3-11の需給曲線が与えられているとして、1ポンド1ドルで100億ポンドの木綿が交換されると予測できる。

しかし、どうして市場が均衡に到達するといえるのだろうか。簡単な3つの問題に答えることから始めよう。

1. 市場で販売と購入が同一価格で行われるのはなぜか。
2. 市場価格が均衡価格よりも高いとき、市場価格が下がるのはなぜか。
3. 市場価格が均衡価格よりも低いとき、市場価格が上がるのはなぜか。

4.2　市場で販売と購入が同一価格で行われるのはなぜか

誰が売り手で誰が買い手かによって、同じ財が異なる価格で売られている市場が存在する。たとえば、あなたは「ツーリスト・トラップ」（旅行者のわな）と呼ばれる店でみやげ物を買ってから、同じものが別の店で（もしかしたら隣の店で）もっと安い値段で売られているのをみつけたことがあるだろう。観光客はどの店がいちばん安いかを知らず、比較する時間もないから、観光地域の売り手は同じ財でもちがう価格をつけることができるのだ。

だが、買い手も売り手もそこである程度の時間を過ごした市場では、販売と購入は一般に同じ価格で行われる傾向があり、唯一の市場価格についてためらわずに語ることができる。理由は簡単だ。ある売り手が特定の買い手に対して、他の買い手が払っているよりも明らかに高い価格を要求するとしよう。もしその買い手がそれを知っていれば、売り手がもっと安い価格にしないかぎり、よそで買ったほうがよいということになるだろう。逆に、売り手は特定の買い手に対してほとんどの買い手が払っているよりも安い価格で売ろうとはしないだろう。もっとましな客が現れるのを待ったほうがいいからだ。だから、よくできた、継続性のある市場では、すべての売り手が同じ値段を受け取りすべての買い手がほぼ同じ値段を支払うことになる。それが**市場価格**と呼ばれるものだ。

4.3　市場価格が均衡価格よりも高いとき、市場価格が下がるのはなぜか

需要曲線と供給曲線が図3-11に描かれているとおりのものだとして、市場価格が均衡水準の1ドルよりも高いところ——たとえば1.50ドルの水準にあるとしよう。この状況は図3-12に示されている。なぜ価格はその水準にありつづけることができないのだろうか。

図からわかるように、1.50ドルの価格では、消費者が買いたいと思うよりも多くの木綿が供給される。81億ポンドに対して112億ポンドだ。そこに生じる31億ポンドの開きは**供給過剰**——あるいは超過供給——と呼ばれる。

供給過剰の存在は、思いどおりにならない木綿生産者がいることを意味している。彼らは自分が売りたいものを買いたい消費者をみつけることができない。だから供給過剰があるときは、売りたくても売れない売り手は値下げをして、他の売り手から顧

ある財の供給量が需要量を上回るとき、**供給過剰**があるといわれる。供給過剰が生じるのは、価格が均衡水準よりも高いときだ。

客を奪おうという気になるだろう。また、買い手のほうには値下げを要求する気をおこさせるだろう。値下げを拒否する売り手は、買い手をみつけることができなくなるだけだ。この値下げの結果、現行価格は下がって均衡価格に近づいていく。このように、ある財に供給過剰があるときには——つまり、価格が均衡水準より高いときには——、その財の価格はかならず下がるのだ。

4.4　市場価格が均衡価格よりも低いとき、市場価格が上がるのはなぜか

今度は、図3-13のように価格が均衡水準よりも低いところ——たとえば0.75ドルの水準——にあるとしてみよう。この場合、需要量は115億ポンドで供給量91億ポンドを上回り、現行の価格では買い手が売り手をみつけられない。24億ポンドの**供給不足**——あるいは超過需要——が生じる。

> ある財の需要量が供給量を上回るとき、**供給不足**があるといわれる。供給不足が生じるのは、価格が均衡水準よりも低いときだ。

供給不足のときには、思いどおりにならない買い手——現行価格で木綿を買いたいのに売りたい相手をみつけられない人々——が存在する。この状況では、買い手が現行価格より高い価格をつけるか、売り手がもっと高い価格を要求できると考えるだろう。どちらにしても、結果は現行価格の引き上げだ。この価格の引き上げは供給不足があるかぎり続く——そして供給不足は価格が均衡水準より低いかぎり続く。だから、価格は、均衡水準より低ければ必ず上がるのだ。

4.5　均衡を使って市場を描写する

市場にはただ1つの価格が成立する傾向があることを知った。市場価格が均衡水準より高いときには、その結果生じる供給過剰が、売り手と買い手に価格を下げる行動をうながす。価格が均衡水準より低いときには、売り手と買い手に価格を上げる行

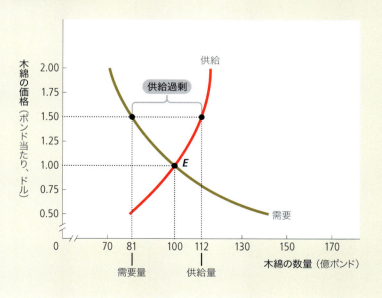

図3-12　均衡水準より高い価格は供給過剰をつくり出す

1.50ドルの市場価格は、1ドルの均衡価格よりも高い。これは供給過剰をつくり出す。1.50ドルの価格では、供給者は112億ポンドの木綿を売りたいのに、消費者は81億ポンドしか買いたくない。だから31億ポンドの供給過剰がある。この供給過剰は1ドルの均衡価格まで価格を押し下げていく。

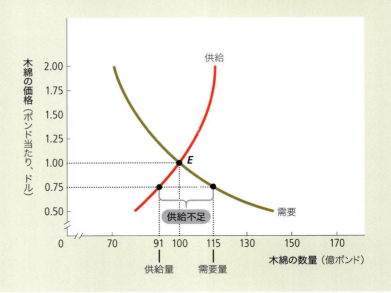

図3-13 均衡水準より低い価格は供給不足をつくり出す

0.75ドルの市場価格は1ドルの均衡価格よりも低い。これは供給不足をつくり出す。0.75ドルの価格では、消費者は115億ポンドの木綿を買いたいのに、91億ポンドしか売りに出されていない。だから24億ポンドの供給不足がある。この供給不足は1ドルの均衡水準まで価格を押し上げていく。

動をうながす。したがって、市場価格はいつも均衡価格、すなわち供給過剰も供給不足もない価格に向かって動いていく。

経済学を使ってみよう☞　入場券の価格

　理論的には、市場均衡はまずまず平等な結果をもたらす、なぜなら均衡価格は万人に平等に与えられるからだと理論家はいうかもしれない。すべての買い手は等しい価格を支払い、すべて売り手は等しい価格を受け取るからだと。だが現実にそうだろうか。

　コンサート・チケットの市場はこの理論と矛盾するように思われる事例だ。同じコンサートでも、StubHub.com や eBay のようなインターネットのサイトでは、入場券売り場の価格とは別の価格（通常ずっと高い）がつけられている。そこでは、すでにチケットを手に入れた人がそれを転売しているのだ。たとえば、マイアミ（フロリダ）で行われた Drake（人気ラッパー）のコンサートの入場券売り場の価格とStubHub.com の価格をくらべると、88.50ドルに対して155ドルとたいへんなちがいがあった。

　これは不可解なことと思われるかもしれない。しかし、機会費用と嗜好を考慮すれば、そこには何の矛盾もない。大きな公演の場合、入場券売り場で切符を買うためには、長い長い行列に並ばなければならない。インターネットの転売業者を使うことにした買い手は、長い行列に並ぶ時間の機会費用が高すぎると考えたにちがいない。大きな公演の切符をオンラインの入場券サイトで正価で買いたくても、数分で売り切れてしまうことが多い。この場合、どうしてもコンサートに行きたいのにオンラインの

売り場で安い切符を買い損ねた人たちのなかには、インターネットの転売者から高価な切符を買おうとする者がいても不思議ではない。

それだけではない。StubHub.com のウェブサイトをよく調べてみると、市場が実際に均衡に向かって動くことがわかる。さまざまな売り手が提示する価格のなかで相互に近いものは非常に近いのだ。Drake のコンサートのメインフロアでは184.99ドル対185ドルという値だった。競争市場のモデルが予測するように、同じ財の各単位は結局同じ価格をつけるようになる。しかも価格は需要と供給に反応して変動する。『ニューヨーク・タイムズ』のある論説によると、StubHub.com では、魅力のない演し物は額面より低い価格で売られるが、高い需要がある演し物の価格は天井知らずになる（マドンナのコンサートは3530ドルの値がついたという）。StubHub.com の最高経営責任者も、このウェブサイトは「需要と供給の経済学を体現するものだ」といっている。

だから競争市場の理論は単なる夢想ではない。それを自分で体験したければ、コンサートの切符を買ってみることだ。

ちょっと復習

▶競争市場の価格は、供給量と需要量が等しくなる**均衡価格**、あるいは**市場清算価格**に向かって動く。この需給量は**均衡数量**だ。

▶市場での販売や購入はすべて同じ価格で行われる。その価格が均衡水準よりも高ければ、**供給過剰**が生じ価格をおし下げる。それが均衡水準よりも低ければ、**供給不足**が生じ価格をおし上げる。

理解度チェック 3-3

1. 以下の3つの状況で市場は当初均衡にある。次に記述する出来事が起こったあとに、当初の均衡価格のもとで供給過剰、あるいは供給不足のどちらが生じるか。その結果、均衡価格はどうなるか。
   a. 2009年は、カリフォルニアのワイン用葡萄の栽培者にとって非常によい年で、大豊作だった。
   b. ハリケーンの後でフロリダのホテル業者がよく経験するのは、多数の人たちが次の休暇をキャンセルしてホテルに空室が増えることだ。
   c. 大雪の後では、多数の人たちが近所の道具屋で中古の散雪機を買おうとする。

解答は https://str.toyokeizai.net/books/9784492314906 にある。

5 | 供給と需要の変化

2010年のパキスタンの洪水は驚きをもって迎えられたが、その後に起こった木綿価格の上昇は驚きでも何でもなかった。突然、供給が減少した。所与の価格で供給される木綿の数量は減少した。予想どおり、供給の減少は価格の上昇をもたらした。

パキスタンの洪水は、ある財の需要曲線にはあまり影響を与えずに供給曲線をシフトさせた出来事だった。供給曲線に影響せずに需要曲線をシフトさせる出来事もある。たとえば、チョコレートがあなたの健康によいという医学関係者の調査報告は、チョコレートの需要を増やすが供給には影響しない。供給曲線、需要曲線のどちらかに影響する出来事は多いが、その両方に影響する出来事は少ない。だからそれぞれの場合

に何が起こるかみておくことは有用だろう。

曲線がシフトするとき、均衡価格と均衡数量が変化することはすでにみてきた。以下では、1つの曲線のシフトが、均衡価格と均衡数量を厳密にどのように変化させるかに注意を集中しよう。

5.1 需要曲線がシフトするとき何が起こるか

木綿とポリエステルは代替財だ。ポリエステルの価格が上がれば木綿の需要は増加するだろう。また、ポリエステルの価格が下がれば木綿の需要は減少するだろう。だが、ポリエステルの価格は木綿の市場均衡にどんな影響を及ぼすだろうか。

図3-14は、ポリエステル価格の上昇が木綿の市場に及ぼす効果を示したものだ。ポリエステル価格の上昇は木綿の需要を増加させる。点E_1は当初の需要曲線に対応する当初の均衡を示す。P_1が均衡価格で、Q_1が均衡需給量だ。

需要の増加は需要曲線のD_1からD_2への右方へのシフトで表される。当初の価格P_1では、この市場はもはや均衡しない。需要量が供給量を上回るから供給不足になっている。木綿の価格は上がり、供給量の増加、すなわち供給曲線に沿った上方への移動をもたらす。新しい均衡は点E_2で確立され、均衡価格は以前よりも高いP_2、均衡数量は以前より多いQ_2となる。この一連の変化は、ある財・サービスの需要が増加したときには均衡価格と均衡数量がともに上昇するという一般原理を反映するものだ。

逆にポリエステル価格が下落した場合はどうだろうか。木綿の需要は減少し、需要曲線は左方へシフトする。当初の価格では、供給量が需要量を上回り、供給過剰が生じる。価格は下がり供給量は減少し、以前よりも低い均衡価格と以前よりも少ない均

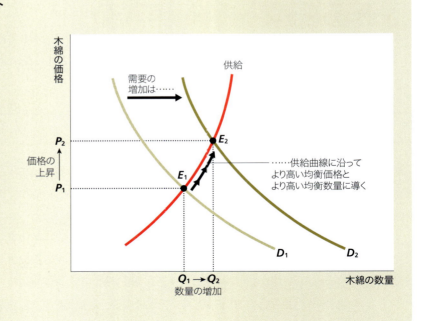

図3-14　均衡と需要曲線のシフト

木綿市場の当初の均衡は、供給曲線と当初の需要曲線D_1との交点E_1にある。代替財であるポリエステルの価格が上がると、需要曲線はD_2まで右にシフトする。当初の価格P_1のもとでは供給不足になるので、価格と供給量がともに上昇する。これは供給曲線に沿った動きだ。新しい均衡は点E_2で達成され、均衡価格はP_2に上昇し、均衡数量はQ_2に増加する。ある財・サービスへの需要が増加するとき、その財・サービスの均衡価格と均衡数量はともに上昇する。

衡数量が成立する。これは、ある財・サービスの需要が減少したときには均衡価格と均衡数量がともに低下するという一般原理を示している。

需要の変化に市場価格がどのように反応するかを要約すると、需要の増加は均衡価格と均衡数量の双方の上昇をもたらし、需要の減少は均衡価格と均衡数量の双方の低下をもたらすということだ。

5.2 供給曲線がシフトするとき何が起こるか

現実の世界では、需要の変化より供給の変化のほうがいくらか予測しやすい。投入物の利用可能量のような供給に影響する物理的要因は、需要量に影響する気まぐれな嗜好よりもつかまえやすいからだ。そうではあるが、需要と同じく供給についても本当によくわかっているのは供給曲線のシフトの効果のほうだ。

本章のはじめの物語で述べたように、2010年にパキスタンを襲ったものすごい洪水は、木綿の供給を急激に減らした。図3-15は、供給曲線のシフトが市場均衡にどんな影響を及ぼすかを示している。当初の均衡は点 E_1、すなわち当初の供給曲線 S_1 と需要曲線の交点にあり、均衡価格は P_1、均衡数量は Q_1 だ。悪天候の結果、供給は減少し、供給曲線は S_1 から S_2 まで左方にシフトする。当初の価格 P_1 のもとでは、木綿の供給不足が生じ市場はもはや均衡ではなくなる。供給不足は価格の上昇と供給量の減少という需要曲線に沿った移動を引き起こす。新しい均衡は点 E_2 となり、均衡価格は P_2、均衡数量は Q_2 となる。新しい均衡 E_2 では、価格は以前よりも高くなり、供給量は以前よりも少なくなる。これは一般原理として次のように述べることができる。ある財・サービスの供給の減少は均衡価格の上昇と均衡数量の減少をもたらす。

図3-15 均衡と供給曲線のシフト

木綿市場の当初の均衡は需要曲線と当初の供給曲線との交点 E_1 にある。悪天候が木綿の供給を減らすと、供給曲線は S_2 まで左方にシフトする。当初の価格 P_1 のもとでは供給不足が生じ、価格は上がり需要量は減る。これは需要曲線に沿った移動だ。新しい均衡は点 E_2 で達成され、以前よりも高い均衡価格 P_2 と以前よりも少ない均衡数量 Q_2 が実現する。

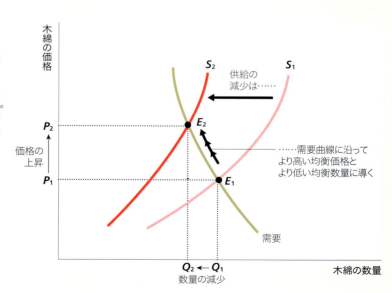

供給が増加するとき、市場はどうなるだろうか。供給の増加は供給曲線の右へのシフトを誘発する。当初の価格では供給過剰となる。その結果、均衡価格は低下し、需要量は増加する。これは、新しい技術が木綿の収穫を増やしたときに木綿の市場に起きたことと合致する。一般原理はこうだ。供給の増加は均衡価格の低下と均衡数量の増加をもたらす。

市場が供給の変化にどう反応するかを要約するとこうなる。供給の増加は均衡価格の低下と均衡数量の増加をもたらす。供給の減少は均衡価格の上昇と均衡数量の減少をもたらす。

5.3　供給と需要の同時シフト

最後に、供給曲線と需要曲線の双方をシフトさせる出来事もある。これは異常なことではない。現実生活では、多くの財・サービスの供給曲線、需要曲線が同時にシフトすることが多い。それは経済環境が間断なく変化するからだ。図3-16は両曲線が同時に変化する2つの例を図解している。2つのパネルがあるが、両方に需要の増加、すなわち需要曲線の D_1 から D_2 への右方へのシフトが描き込まれている。これらは、たとえば嗜好の変化による木綿需要の増加を表している。パネル（a）の右方シフトはパネル（b）の右方シフトよりも大きい。また、両方に供給の減少、すなわち供給曲線の S_1 から S_2 の左方へのシフトが示されている。ただし、パネル（b）の左方シフトはパネル（a）の左方シフトよりも大きい。パネル（b）はパキスタンの最悪の天候の効果を表し、パネル（a）はそれよりもずっと穏やかな悪天候の効果を表すものと解釈できる。

双方のケースで、均衡が点 E_1 から点 E_2 に移るにつれて均衡価格は P_1 から P_2 に上昇する。だが、均衡数量、すなわち売買される木綿の数量はどうなるだろうか。パネル（a）では、需要の増加が供給の減少よりも大きく、均衡数量は結果的に増加する。パネル（b）では、供給の減少が需要の増加よりも大きく、均衡数量は結果的に減少する。つまり、需要が増加し供給が減少するときには、需要曲線と供給曲線がどれだけシフトしたかによって、実際の売買量は増加することも減少することもあるのだ。

一般に、需要曲線と供給曲線が反対方向にシフトするとき、売買量に対する最終的な効果を予測することはできない。いえることは、他の曲線よりも大幅にシフトする曲線が、売買量により大きな影響を及ぼすということだ。結局、需要曲線と供給曲線

結局どっちの曲線なのか？

ある財の価格が変化したとき、それは一般に供給曲線、あるいは需要曲線の変化を反映するものだといってよい。だが、どっちの曲線かがわからなくなることがある。そんなときにヒントになるのは数量の変化の方向だ。もし販売量が価格と同じ方向に変化していれば——たとえば価格も数量もともに上昇していれば——需要曲線がシフトしていると考えてよい。価格と数量が反対の方向に変化していれば、その原因はたぶん供給曲線のシフトだ。

図3-16 | 供給曲線と需要曲線の同時シフト

パネル（a）では、需要曲線が右方にシフトし、同時に供給曲線が左方にシフトしている。ここでは、需要の増加が供給の減少より大きいので、均衡価格と均衡数量はともに上昇している。パネル（b）では、需要曲線が右方にシフトし、同時に供給曲線が左方にシフトしている。ここでは、供給の減少が需要の増加より大きいので、均衡価格は上昇し均衡数量は減少している。

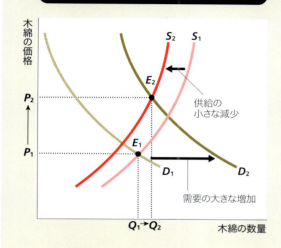
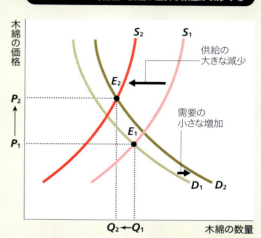

が反対方向にシフトする場合については、次のような予測しか立てられない。

- 需要が増加し供給が減少するとき、均衡価格は上昇するが均衡数量がどう変化するかは明確でない。
- 需要が減少し供給が増加するとき、均衡価格は低下するが均衡数量がどう変化するかは明確でない。

　需要と供給が同じ方向にシフトするときはどうだろうか。2010年以前には、まさにそのような事態が起きていた。10年間もの間、世界の木綿市場では供給も需要も増え続けたのだ。この市場での価格と数量の変化について何かいえることがあるだろうか。この状況では、売買量の変化は予測できるが、価格の変化が明確ではなくなる。需給曲線が同じ方向にシフトする場合、次の2つの結果のどちらかになる（自分で確かめてみなさい）。

- 需要と供給がともに増加するとき、均衡数量は増加するが、均衡価格がどう変化するかは明確でない。
- 需要と供給がともに減少するとき、均衡数量は減少するが、均衡価格がどう変化するかは明確でない。

経済学を使ってみよう 👉 2008年の米騒動

　2008年4月、タイから輸出されるコメの価格——国際市場で取引される米価の標準——が1トン当たり950ドルに達した。2008年はじめの360ドルからの高騰だ。数時間も経たないうちに、世界中の主要なコメ取引所でコメ価格が記録破りの高値となった。この米価暴騰の背後にある要因は需要側、供給側の両面にかかわるものだった。伝統的に巨大なコメの消費国である中国の所得とインドの成長、オーストラリア

> **ちょっと寄り道** ☕
>
> ### ステージの苦悩
>
> 　あなたはたぶん、ファッションモデルの試練と苦悩について思いめぐらすようなことはないだろう。ほとんどのモデルは華やかな生活を送ってはいない。実際、少数の幸運なモデルは別として、今日のファッションモデルの生活は非常に苦しく、割に合わないものとなっている。これはひとえに、供給と需要のなせるわざなのだ。
> 　ビアンカ・ゴメスはロサンゼルス出身の、柳のようにすらっとした、緑の瞳とはちみつ色の髪、それに完璧な肌の少女だ。『ウォールストリート・ジャーナル』の記事に彼女の経験が詳しく載っていた。ビアンカはまだ高校生のときにモデルの仕事をはじめ、3年生になるとモデル料として3万ドルを稼いでいた。ニューヨークのトップデザイナーの関心を引いて、卒業すると彼女はニューヨークに赴いた。一流のファッションハウスで仕事をみつけ、一流のファッション雑誌に写真を載せてもらえると期待していた。
> 　だがいったんニューヨークに入ると、ビアンカはファッションモデルのグローバル市場に身を置くことになった。それはバラ色の世界ではなかった。インターネットで写真を送ることが容易になり、国際的な旅行の費用が比較的安くなったことによって、ニューヨークやイタリアのミラノのような最高のファッションセンターには世界中から若くて美しい女性がモデルとしての成功を夢みて押し寄せていた。ロシア人、東欧人、ブラジル人などがとくに多かったが、なかにはカザフスタン、モザンビークのようなところからやってくる者もいた。あるデザイナーは、「いまはモデルが多すぎる、何しろ何千というモデルがいるのだから」といった。
> 　われわれの（華やかさはない）供給と需要の経済モデルに戻ると、世界中からファッションモデルがやってくるという現象は、ファッションモデル市場での供給曲線の右方シフトと表される。これ自体がモデルへの支払いを低下させる要因だが、それだけが市場で起きた唯一の変化ではなかった。ビアンカや彼女のような人たちにとっては不幸なことに、モデルを雇う人々の趣味・嗜好も変わったのだ。過去数年の間に、ファッション雑誌は読者が見慣れた顔に親しみを感じるとの思いから、無名のモデルよりもアンジェリーナ・ジョリーのような有名人で誌面を飾ることを好むようになった。これはモデルへの需要曲線の左方へのシフト——したがってまた、モデルに支払われる報酬の低下をもたらすもう1つの要因となる。
> 　このことはビアンカの経験にも影を落としている。家賃、移動、モデルとしての諸経費、さらに給料の20％もの（彼女を将来の顧客に売り出し、仕事の依頼を予約する）モデル代理業者への謝礼を払ったら、ビアンカの収支は辛うじてとんとんだった。少しでも貯金するため、ビアンカはマカロニとホットドッグで飢えをしのぎ、多いときには1日に4回も5回も地下鉄を使ってオーディション会場をかけずりまわった。『ウォールストリート・ジャーナル』が報じるところでは、彼女は真剣にモデルの廃業を考えているという。

の干ばつ、そしてヴェトナムの虫害等々。だが、息を呑むようなスピードで価格が上昇したのは、農家の退蔵、消費者の狼狽買い、コメの最大輸出国の1つであるインドの輸出禁止によるものだった。

アジアの大半の地域で主要なコメの買い手は政府だ。政府は米作農家から公定価格でコメを買いつけ、貧しい人々に補助金をつけた価格（市場均衡価格より低い）で売る。過去の記録では、政府が農家に提示した公定価格は民間の市場のどんな価格よりよい値だった。

現在では、アジアの田舎の農家でもインターネットを利用してグローバルなコメの取引で付けられる価格をみることができる。供給と需要の変化に応じてコメの価格が上昇するのをみて、農家は政府が提示する価格に満足せず、政府には売らないで、さらなる値上がりを信じて手もとに退蔵した。退蔵は供給曲線の左方シフトを通じてコメの価格のいっそうの上昇をもたらしたので、これは自己充足的な信念となった。

それと同時に最大の米作国の1つであるインドが、国内消費者を保護するためにコメの輸出を禁止した。これもまたコメの供給曲線のさらなる左方シフトを招き、価格のさらなる上昇に寄与した。

図3-17に示したように、その効果は米作の減少などそれまでまったくなかったアメリカにまで波及した。グローバル市場の激動をみて大きな小売業者が消費者によるコメのバルク買いを制限したため、アメリカの消費者は周章狼狽した。

将来のいっそうの値上がりを恐れて、狼狽買いが始まった。30ポンドのコメを買おうとしていた女性は、「私たちはそんなにたくさんのコメを食べはしないのです。だけど、新聞を読んで値上がりを知り、少しは買うことにしました」といっていた。サンフランシスコでは、アジア人の経営する食料品店のいくつかがコメの取り付け騒ぎにあったと報告した。予想どおり、これがさらなる高値を呼んだ。狼狽買いが需要

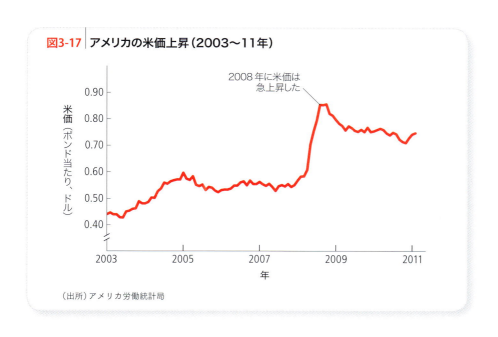

図3-17 アメリカの米価上昇（2003～11年）

2008年に米価は急上昇した

（出所）アメリカ労働統計局

曲線の右方シフトをもたらし、熱狂買いに油を注いだからだ。食料品店の1人は「みんな怖がっているんだ。彼らには『供給は不足していない』と力説したんだが、もう熱狂的な状態になっていた」。

> **ちょっと復習**
>
> ▶市場の均衡価格と均衡数量の変化は、供給曲線、需要曲線、あるいはその両方のシフトによって生じる。
>
> ▶需要の増加は、均衡価格と均衡数量の両方を上昇させる。需要の減少は、均衡価格と均衡数量の両方を低下させる。
>
> ▶供給の増加は均衡価格を低下させるが、均衡数量を増加させる。供給の減少は均衡価格を上昇させるが、均衡数量を減少させる。
>
> ▶市場の変動は、供給曲線と需要曲線の同時シフトによって生じることが少なくない。両者が同じ方向にシフトする場合、供給量の変化は予測できるが価格の変化は予測できない。両者が反対方向にシフトする場合、価格の変化は予測できるが、数量の変化は予測できない。需給曲線が同時に変動するときには、変動幅がより大きい曲線が価格と数量の変化により大きい効果を及ぼす。

✓ 理解度チェック　3-4

1. 以下に述べる事例のそれぞれについて、次の問いに答えなさい。（i）何の市場か。（ii）需要と供給のどちらがシフトしたのか、シフトの方向はどうだったのか、何がシフトを起こさせたのか、そして（iii）シフトは均衡価格と均衡数量にどのような効果を及ぼしたか。
   a. 1990年代にはガソリン価格が低下したので、大型車を買う人の数が増えた。
   b. 技術革新によって中古紙をリサイクルするコストが下がったので、リサイクルされた素材からつくられる再生紙の使用量が増えた。
   c. 地域のケーブル会社が有料映画の料金を下げたので、映画館の空席が増えた。
2. 従来品よりも速いコンピュータチップが導入されると、消費者が新しいチップを取り入れた機械の製造を見越して購入を見合わせるので、従来品を用いたコンピュータに対する需要は減少する。同時に、コンピュータメーカーは古いチップの在庫を一掃しようと、それを用いたコンピュータの製造を増やす。

　　従来のチップを用いたコンピュータの市場について2通りの図を描きなさい。これらの出来事の結果、(a)均衡数量が減少する市場、(b)均衡数量が増加する市場。それぞれの図で、均衡価格はどうなるか。

解答は https://str.toyokeizai.net/books/9784492314906 にある。

6 │ 競争市場：そしてその他の市場

　本章の冒頭で競争市場を定義し、供給と需要のモデルは競争市場のモデルであることを説明した。だが、なぜ市場が競争的かどうかが問題になるかについては、とりあえず先送りしておいた。これまでに供給と需要のモデルがどのようにはたらくかを学んだので、ここでこの問題に多少とも答えることができる。

　競争市場がなぜ他の市場と異なるかを理解するために、次の2人の人物が直面する問題を比較してみよう。(a) 小麦の作付けを増やすかどうかを決めなければならない小麦農家、(b) アルミニウムの生産を増やすかどうかを決めなければならない巨大アルミ会社（たとえばアルコア）の社長。

　小麦農家にとっては、この問題は単純に追加的に生産する小麦が生産コストを償うだけの高値で売れるかどうかだ。農家は小麦の増産が現在すでに生産している小麦の価格に影響を及ぼすかどうかについて考える必要はない。なぜって？　小麦市場は競争的だからだ。小麦農家は何千とあり、そのなかの1人の小麦農家の決定が市場価

格に影響することはないだろう。

アルコアの社長にとっては、問題はそんなに単純ではない。アルミ市場は競争的ではないからだ。そこには、アルコアを含めてわずかの大会社しか存在せず、各社は自分の行動が市場価格に無視できない影響を必ず及ぼすことをよく自覚している。このことは、生産者がしなければならない決定にまったく新しい複雑さを付け加える。アルコアは追加生産が追加コスト以上の値段で売れるかどうかだけで増産を決めることはできない。アルミの増産が市場価格を押し下げ、利潤を減らさないかどうかを考慮しなければならないのだ。

市場が競争的なときには、個々人は非競争的な市場よりも複雑でない分析に基づいて決定を下すことができる。経済学者にとっても、非競争的な市場のモデルよりも競争的な市場のモデルのほうがつくりやすいということになる。

だからといって、経済分析は非競争市場については何もいえないなどと考えてはいけない。それどころか、経済学者は他の種類の市場のはたらきについても重要な洞察を提供することができる。だがそのためには別のモデルが必要だ。それについては、後続の章で学ぶことにしよう。

BUSINESS CASE　ビジネス・ケース

シカゴ商品取引所

世界中いたるところで、商品は、売り手と買い手が特定の場所で出会い、取引するために組織された「取引所」で売買されている。だが、いつもそうだったわけではない。

最初の近代的な商品取引所は、1848年に設立されたシカゴ商品取引所だった。当時、アメリカはすでに主要な小麦生産国だった。そしてシカゴではなくセントルイスがアメリカ西部の先進的な都市として、小麦取引で圧倒的な地歩を占めていた。ただ、セントルイスの小麦市場は大きな欠陥をかかえていた。人々が小麦を売買できる特定の中心となる会場がなかったのだ。仕方なく、売り手はさまざまな倉庫や穀物袋の山から穀物を川端に並べて売っていた。買い手は最適な価格を求めて、町中を歩きまわった。

だがシカゴでは、売り手はもっと賢いやり方を考えた。この地の指導的な穀物販売業者の協会、シカゴ商品取引所はそれよりもずっと効率的な小麦販売法を開発したのだ。すなわち、売り手たちが1つの場所——「穴蔵」と呼ばれていた——に集まり、売りのオファーをコールし、買いのオファーを受けることにした。協会は成約した取引が必ず実行されることを保証して、小麦が物理的にその場所に放置されないようにとりはからった。

このシステムは、買い手が非常にすばやく売り手を発見し、逆もまたしかりというわけで、ビジネスの費用を大幅に軽減するものだった。それはまた、誰もが最新の価格を眼の当たりにすることで、市場の状態に応じてすばやく値を上げたり下げたりで

きるようにした。たとえば、数百マイルも遠方にある小麦生産地の悪天候のニュースがものの数分も経たないうちにシカゴの穴蔵における価格を急騰させるといったことがよくあった。

　シカゴ商品取引所はそのまま前進し、世界でもっとも重要な、小麦だけでなく他の多くの農産物の取引センターとなった。その名声は今日まで揺らいでいない。そして取引所の発展はシカゴの発展にもつながった。カール・サンドバーグが有名な詩で"Chicago"と呼んだ都市は、

> 世界のための豚の食肉処理者、
> 道具の製作者、小麦の収穫者
> 鉄道を動かす者、貨物輸送を担う者
> 荒々しく、屈強で、騒がしい
> 大きな肩をもつ都市

となった。1890年までに、シカゴはニューヨークに次ぎ、セントルイスをはるかに超えて、100万人以上の人口を擁する都市になっていた。良質な市場の形成は本当に最高のビジネスになった。

ビジネス思考力を鍛えよう

1. 本章では旅行者のわなに言及し、そこでいかに価格が店ごとに変化するかを指摘した。セントルイスとシカゴのうち、どちらの市場が旅行者のわなになりやすいだろうか。説明しなさい。
2. 小麦の買い手にとって、セントルイスで買う代わりにシカゴの穴蔵で買うことの利点は何だったか。売り手にとってはどうか。
3. このケースから学んだことに基づいて、eBay がシカゴの穴蔵に類似している理由を説明しなさい。なぜそれがいろいろな蚤の市や販売店からなる市場にくらべて、中古品の市場として大成功したのだろうか。

要約

1. **供給と需要のモデル**は価格に影響力をもたない多くの買い手と売り手がいる**競争市場**がどのようにはたらくかを解明するものだ。
2. **需要表**はさまざまな価格のもとでの**需要量**を示し、グラフとして**需要曲線**で表される。**需要法則**は需要曲線が右下がりということ、つまり財・サービスの価格が高くなると、他の条件を一定として、人々がそれを需要する数量が少なくなるということだ。
3. **需要曲線に沿った移動**は、価格が変化して需要量の変化を誘発するときに起こる

ものだ。経済学者が需要の増加とか減少というのは、**需要曲線のシフト**——ある一定の価格のもとでの需要量の変化という意味だ。需要の増加は需要曲線の右へのシフトを、需要の減少は需要曲線の左へのシフトを引き起こす。

4. 需要曲線のシフトは5つの主要な要因によって生じる。
   - ■ **代替財**、あるいは**補完財**のように、関連する財の価格の変化
   - ■ 所得の変化：所得が増加するとき、**正常財**の需要は増加し**劣等財**の需要は減少する。
   - ■ 嗜好の変化
   - ■ 期待の変化
   - ■ 消費者数の変化

5. ある財・サービスの市場需要曲線は市場にいるすべての消費者の**個別需要曲線**の水平和だ。

6. **供給表**はさまざまな価格のもとでの**供給量**を示し、グラフとして**供給曲線**で表される。供給曲線は通常右上がりだ。

7. **供給曲線に沿った移動**は、価格が変化して供給量の変化を誘発するときに起こるものだ。経済学者が供給の増加とか減少というのは、**供給曲線のシフト**——一定の価格のもとでの供給量の変化という意味だ。供給の増加は供給曲線の右へのシフトを、供給の減少は供給曲線の左へのシフトを引き起こす。

8. 供給曲線のシフトは5つの主要な要因によって生じる。
   - ■ **投入物**の価格の変化
   - ■ 関連する財・サービスの価格の変化
   - ■ 技術の変化
   - ■ 期待の変化
   - ■ 生産者数の変化

9. ある財・サービスの市場供給曲線は市場にいるすべての供給者の**個別供給曲線**の水平和だ。

10. 供給と需要のモデルは、市場の価格が**均衡価格**、あるいは**市場清算価格**、すなわち需要量が供給量に等しくなる価格に向かって動くという原理に基づいている。このときの需要量は**均衡数量**と呼ばれる。価格が市場清算水準よりも上にあるとき、**供給過剰**が生じ、価格を押し下げる。価格が市場清算水準よりも下にあるとき、**供給不足**が生じ、価格を押し上げる。

11. 需要の増加は均衡価格と均衡数量をともに上昇させる。需要の減少の効果はこれと逆になる。供給の増加は均衡価格を引き下げ、均衡数量を増やす。供給の減少の効果はこれと逆になる。

12. 需要曲線と供給曲線のシフトが同時に起こることがある。両曲線が反対方向にシフトするときには、価格の変化は予測できるが数量の変化は予測できない。同方向にシフトするときには、数量の変化は予測できるが価格の変化は予測できない。一般に、シフト幅がより大きい曲線が価格にも数量にもより大きい効果を及ぼす。

キーワード

競争市場	92ページ	供給と需要のモデル	92ページ
需要表	93ページ	需要量	93ページ
需要曲線	93ページ	需要法則	94ページ
需要曲線のシフト	95ページ	需要曲線に沿った移動	96ページ
代替財	98ページ	補完財	99ページ
正常財	99ページ	劣等財	99ページ
個別需要曲線	100ページ	供給量	104ページ
供給表	104ページ	供給曲線	105ページ
供給曲線のシフト	106ページ	供給曲線に沿った移動	106ページ
投入物	107ページ	個別供給曲線	109ページ
均衡価格	112ページ	均衡数量	112ページ
市場清算価格	112ページ	供給過剰	114ページ
供給不足	115ページ		

〈問題〉

1. ある調査によれば、チョコレートアイスクリームはアメリカ人の好きなアイスクリームだ。下記のそれぞれについて、チョコレートアイスクリームの需要ないし供給、均衡価格および均衡数量に対する効果を示しなさい。

   a. 中西部のきびしい干ばつのため、酪農家は乳牛数を3分の1ほど減らした。これらの酪農家はチョコレートアイスクリームの製造に使われるクリームを供給している。

   b. アメリカ医療協会による新しい報告書により、チョコレートに非常によい健康効果があることがわかった。

   c. 安い合成バニラ香料が発見されたことでバニラアイスクリームの価格が下がっている。

   d. アイスクリームの混合・凍結の新技術によって、チョコレートアイスクリームの製造コストが下がっている。

2. 供給と需要の図を用いて、あなたの町のハンバーガーの需要曲線が下記の出来事によってどのようにシフトするかを示しなさい。それぞれの場合について、均衡価格と均衡数量への効果を明らかにしなさい。

   a. タコスの価格が上がる。

   b. すべてのハンバーガー屋がフレンチフライの価格を上げる。

   c. 町の所得が下がる。ただし、ほとんどの人にとってハンバーガーは正常財だとす

d. 町の所得が下がる。ただし、ほとんどの人にとってハンバーガーは劣等財だとする。
  e. ホットドッグスタンドがホットドッグの値下げをする。

3. 多くの財の市場は、祝日、休暇、生産の季節変動などの出来事に応じて予測どおりに変化する。供給と需要のモデルを使って、下記のそれぞれの場合について価格の変化を説明しなさい。
  a. ロブスターの価格は通常夏の収穫の最盛期に下がる。1年の他のどんな時期より夏季にロブスターを食べたがる人が多いにもかかわらずだ。
  b. クリスマスツリーの価格はクリスマス前よりも後のほうが安いが、売れる本数は少ない。
  c. エアフランスのパリ行き往復切符は、学校の休暇が終わる9月に200ドル以上も下がる。この時期、一般に天候が悪化するため、パリ便の運航コストが上がり、エアフランスはあらゆる価格帯でパリ行きフライト数を減らすにもかかわらずだ。

4. 下記の出来事が需要曲線、供給曲線、均衡価格、均衡数量に及ぼす効果を図示しなさい。
  a. あなたの町の新聞の市場
     ケース1：記者の給料が上がる。
     ケース2：あなたの町で大きな事件があり、新聞で報道される。
  b. セントルイス・ラムズの木綿Tシャツの市場
     ケース1：ラムズが全米チャンピオンになる。
     ケース2：木綿の価格が上がる。
  c. ベーグルの市場
     ケース1：ベーグルが肥満の原因になることが知られる。
     ケース2：人々が自分で朝食を調理する時間が少なくなる。
  d. クルーグマン＝ウェルスの経済学テキストの市場
     ケース1：あなたの先生が自分の学生の必読図書に指定する。
     ケース2：合成紙の使用で教科書の印刷費用が下がる。

5. アメリカ農務省の報告によれば、2004年にアメリカ人はガロン当たり2ドルの平均価格で、1人37ガロンのソフトドリンク（ノンダイエット）を消費した。ガロン当たり1.5ドルの価格では、各消費者は50ガロンのソフトドリンクを消費すると仮定しよう。2004年のアメリカの人口は2億9400万人だった。個別需要表の知識から、ソフトドリンクの市場需要表がガロン当たり1.5ドルと2ドルのときにどうなるかを計算しなさい。

6. メインロブスターの供給表が次のとおりだとしよう。

ロブスターの価格（1ポンド当たり、ドル）	ロブスターの供給量（ポンド）
25	800
20	700
15	600
10	500
5	400

メインロブスターはアメリカだけでしか売れないとしよう。アメリカのメインロブスターの需要表は次のとおりだ。

ロブスターの価格（1ポンド当たり、ドル）	ロブスターの需要量（ポンド）
25	200
20	400
15	600
10	800
5	1,000

a. メインロブスターの需要曲線と供給曲線を描き、均衡価格と均衡数量を求めなさい。

今度は、メインロブスターがフランスでも売れるとしよう。フランスの需要表は次のとおりだ。

ロブスターの価格（1ポンド当たり、ドル）	ロブスターの供給量（ポンド）
25	100
20	300
15	500
10	700
5	900

b. フランスの消費者も買えるようになった現在、メインロブスターの需要表はどうなるか。新しい均衡価格と均衡数量を示す需給図を描きなさい。漁師がロブスターを売ることができる価格はどう変わるか。アメリカの消費者が支払う価格はどう変わるか。アメリカで消費される数量はどうなるか。

7. 需給曲線のシフトと需給曲線に沿った移動の区別にとくに注意して、下記の文章で不備な点を指摘しなさい。それぞれの状況で実際に何が起こっているかを示す図を描きなさい。

a. 「ある財の生産費を下げる技術革新は、はじめはその財の消費者価格を低下させるようにみえる。だが、価格の低下は需要を増加させ、需要の増加はまた価格を

おし上げる。だから、技術革新が最終的に価格低下をもたらすかどうかははっきりしない」。

b.「1日にニンニク1片を食べると心臓病の予防になるという研究が発表され、多くの消費者がニンニクの需要を増やしたとしよう。この需要の増加は価格の上昇を引き起こす。消費者はニンニク価格の上昇をみてその需要を減らす。ニンニク需要の減少は価格の低下をもたらす。だから、この研究発表がニンニクの価格に及ぼす究極の効果は不確定だ」。

8. ある正常財の需要表が示されている。

価格（ドル）	需要量
23	70
21	90
19	110
17	130

価格が（たとえば21から19に）低下するとき需要量が（90から110に）増加するのは消費者の所得が増えたからだろうか。なぜそうか、あるいはそうでないかを明確に、しかし簡潔に説明しなさい。

9. 『ニューヨーク・タイムズ』（2006年11月18日）によれば、中国の自動車メーカーの数は急速に増加している。同紙は「中国はいまやアメリカを上まわる自動車の名柄がある……自動車メーカーは本年最初の3四半期で販売台数を38％も増やし、さらに生産量をそれ以上に増やして競争の激化とゆるやかな値下がりを招いている」と報じている。同時に中国の消費者の所得も増加してきた。自動車は正常財と仮定して、中国自動車市場の供給曲線と需要曲線の図を描き、そこで何が起こっているかを説明しなさい。

10. アーロン・ハンクはベイシティー野球チームのスター選手だ。あるシーズン、彼はメジャーリーグのホームラン記録に近づき、次のゲームでそれを破るのではないかと大評判になる。その結果、チームの次のゲームの座席券は人気商品になる。しかし今日になって、ひざの怪我のため、次のゲームに、じつは彼は出場しないことが公表される。シーズン券をもっている人はそれを転売できるとしよう。供給と需要の図を使って次の問いに答え、説明しなさい。

a. この公表の結果、均衡価格と均衡数量が低下するケースを示しなさい。

b. この公表の結果、均衡価格が低下し、均衡数量が増加するケースを示しなさい。

c. ケースaとケースbのどちらが起こるかを決めるのは何か。

d. アーロン・ハンクが次のゲームに出場しないことをひそかに嗅ぎつけたダフ屋がいるとしよう。彼はどんな行動をとるだろうか。

11. 『ローリングストーン』誌で、パール・ジャムを含む何人かのロックスターとファンが対談でコンサート切符の高騰を嘆いていた。スーパースターの1人は、「僕の演奏なんて75ドルの値打ちはないよ。誰だって、コンサートに行くのにそんなに払ってはいけないよ」といっていた。このスーパースターが全国の会場で平均75ドルの切符を完売しているとしよう。

   a. 切符の価格が高すぎるという議論をどう評価するか。
   b. このスターの抗議で切符の価格が50ドルに下げられたとしよう。この価格はどんな理由で低すぎるといえるだろうか。供給と需要の図を使ってあなたの考えを裏付けなさい。
   c. パール・ジャムが本当に切符の値段を下げたいと思ったとしよう。バンドは演奏サービスの供給を管理しているのだから、彼らは何をするべきだろうか。供給と需要の図を使ってあなたの助言を説明しなさい。
   d. バンドの次のCDは完全に不人気だったとしよう。それでも彼らは切符が高すぎると悩まなければならないと思うか。なぜそうなのか、なぜそうでないのか。供給と需要の図を描いてあなたの考えを裏づけなさい。
   e. このグループが次の公演が彼らの最後の公演になると発表したとしよう。それは切符の需要と価格にどんな影響を及ぼすだろうか。供給と需要の図で説明しなさい。

12. 下の表は、アメリカのピックアップトラックについて、年間の需要表と供給表を示したものだ。

トラックの価格（ドル）	トラックの需要量（100万台）	トラックの供給量（100万台）
20,000	20	14
25,000	18	15
30,000	16	16
35,000	14	17
40,000	12	18

   a. これらの表から需要曲線と供給曲線を描き、図の上に均衡価格と均衡数量を示しなさい。
   b. ピックアップトラックに装着されているタイヤに欠陥があることがわかったとしよう。ピックアップトラックの市場に何が起こると思うか。図の上にそれを示しなさい。
   c. アメリカの運輸省が製造業者に金のかかる規制をかけたため、すべての価格帯で供給量が3分の1ほど減ったとしよう。新しい供給表を算出して描き出し、新しい均衡価格と均衡数量を図の上に示しなさい。

13. 数年間の落ち込みの後、手製のアコースティック・ギター市場は回復しつつある。

このギターは通常少数の熟練した職人を使う小さな仕事場でつくられている。以下の出来事のそれぞれについて、手製のアコースティック・ギター市場の均衡価格と均衡数量にどのような影響が及ぶかを推量しなさい。答えのなかで、どちらの曲線がどの方向にシフトするかを示しなさい。

a. 環境主義者たちの運動によりブラジル産シタン材のアメリカでの使用が禁止され、職人はかわりのもっと高い木材を探さなければならなくなる。

b. 外国の生産者がギターの製造プロセスを設計し直して、市場に同じギターをあふれさせる。

c. 聴衆がヘビーメタルや他のロックにあきるにつれて、手製のアコースティック・ギターを売り物にする音楽が人気を回復する。

d. 深刻な不況に突入し、平均的アメリカ人の所得が急激に下がる。

14. 需要のねじれ現象：下記の文章中にある需要関係について説明しなさい。

a. ブリトニー・スピアーズのCDなんて絶対買わないよ。タダでももらわないよ。

b. 通常、私は価格が下がればコーヒーを少し買い増すだけだが、ポンド当たり2ドルまで下がったらスーパーマーケットの全ストックを買い切る。

c. 価格が上がっても、私はオレンジジュースにもっとおカネを使う（私は需要法則を破っていることになるのか）。

d. 授業料の値上げで、大学の大多数の学生の可処分所得は低下する。カフェテリアの価格も上がったのに、ほとんどすべての者が学校のカフェテリアで食べる回数を増やし、レストランで食べる回数を減らしている（この問題に答えるには、カフェテリア料理の需要曲線と供給曲線を両方とも描くことが必要だ）。

15. 劇作家ウィル・シェークスピアは、16世紀ロンドンで苦闘していた。1作当たりの報酬が上がるにつれて、彼はもっと多くの劇を書きたいと思う。シェークスピア戯曲の市場で、下記の状況のそれぞれの出来事が均衡価格と均衡数量にどんな影響を及ぼすかを図示しなさい。

a. シェークスピアの主なライバルだった劇作家クリストファー・マーロウが酒場の喧嘩で殺された。

b. ロンドンで致命的な感染症の腺ペストが発生した。

c. スペイン艦隊の敗北を祝って、エリザベス女王は数週間にわたる祝祭を宣言する。催し事のなかには新しい演劇の注文もある。

16. 小さな町ミドリングで、突然出生率が倍増したが3年後に通常に復した。これらの出来事が下記の市場に与える効果を図示しなさい。

a. 今日のミドリングにおける、ベビーシッティング・サービス1時間の市場。

b. 出生率が通常に戻ってから14年後のベビーシッティング・サービス1時間の市場。それまでには、今日生まれた子どもたちが成長してベビーシッターとしてはたら

けるようになっている。
  c. 30年後のベビーシッティング・サービス1時間の市場。それまでには今日生まれた子どもたちが自分の子どもをもつようになっているだろう。

17. 下記の出来事がそれぞれピザの均衡価格と均衡数量に及ぼす影響を図示しなさい。
  a. モツァレラチーズの価格が上がる。
  b. ハンバーガーによる健康被害の危険が広く公表される。
  c. トマトソースの価格が下がる。
  d. 消費者の所得が上がる。ただし、ピザは劣等財だとする。
  e. 消費者がピザの価格が来週下がると予測する。

18. パブロ・ピカソは多作な芸術家だったが、「青の時代」には1000点の絵しか描いていない。ピカソは亡くなり、青の時代の作品は現在すべてヨーロッパ、アメリカ中の美術館や個人画廊に展示されている。
  a. ピカソの青の時代の作品の供給曲線を描きなさい。この曲線がこれまでに見慣れた供給曲線とちがうのはなぜか。
  b. aで描いた供給曲線が与えられたものとすると、ピカソの青の時代の作品の均衡価格はいかなる要因に全面的に依存しているといえるか。こうした作品の均衡価格がどう決まるかを示す図を描きなさい。
  c. 金持ちの蒐集家たちが、是非ともピカソの青の時代の作品を所蔵品に加えたいと決意したとする。彼らの決意はこうした作品の市場にどのような影響を及ぼすかを示しなさい。

19. 下記のそれぞれの事例について適切な曲線を描きなさい。それらはこれまでに見慣れた曲線に似ているだろうか、似ていないだろうか。そのわけを説明しなさい。
  a. 心臓のバイパス手術に対する需要。ただし、政府がすべての患者に対して手術費用を全額支給するとする。
  b. 急を要しない美容整形手術に対する需要。ただし、依頼者が手術費用を全額負担するとする。
  c. レンブラントの絵の複製画の供給。

Chapter 4

Price Controls and Quotas: Meddling with Markets

価格統制と割当て：
市場へのおせっかい

この章で学ぶこと

☞ **価格統制**と**数量統制**という、政府が市場へ介入するときの2つの方法の意味。
☞ 価格と数量の統制がどのように問題を引き起こし、市場を非効率にするか。
☞ **死荷重**とは何か。
☞ 市場への介入の予想される副作用より、経済学者がその有用性に深い疑念を抱くことが多いのはなぜか。
☞ 市場介入で便益を受けるのは誰で、損失をこうむるのは誰か。そしていろいろ問題があることがよく知られているのに、なぜ市場介入が行われるのか。

大都市、あまり賢明ではない考え

　ニューヨーク市は、ほとんどすべてのものをみつけることができる場所だ。拾いたいときのタクシーや、あなたが支払えるくらいの家賃で借りられるそれなりのアパートを除けばね。この悪名高いタクシーやアパートの不足は、大都市生活では避けることのできない対価だと思うかもしれない。でもその多くは、政府の政策——とくに、いろいろな方法で供給と需要という市場の力を抑えようとする政策の産物なのだ。

　第3章で、市場が均衡へと動く原理を学んだ。すなわちある財について、人々が供給したいと思う数量と、他の人々が需要したいと思う数量が等しくなるように、市場価格が上がったり下がったりすることを学んだ。だが政府はしばしば、この原理を無視しようとする。そのとき、市場は予測できる仕方で逆襲してくる。政府が供給と需要を否定するときに何が起きるかを予測できること自体、供給と需要の分析がもっている力と有用性を示すものだ。

　ニューヨークでのアパートとタクシーの不足は、市場の論理が無視されたときに何が起きるかを明確に示す例だ。ニューヨークの住宅不足は家賃統制の結果だ。これは特別な許可がないかぎり家主が家賃を引き上げるのを禁止する法律で、第2次世界大戦中に入居者の利益を守るために導入され、いまだに効力をもっている。アメリカの他の多くの都市も、時に応じて家賃統制を行ってきた。しかしニューヨークとサンフランシスコという顕著な例外を除けば、こうした統制の多くは廃止されている。

　アパートと同様に、ニューヨークでタクシーの供給に限りがあるのは、1930年代に導入された許可制度の結果だ。ニューヨークのタクシー許可証は「大メダル（メダリオン）」として知られていて、大メダルをもつタクシーだけがお客を拾うことを許されている。この制度には当初、運転手と顧客の双方の利益を守る意図があったにもかかわらず、市内のタクシー不足を招いてしまった。大メダルの数は1937年から1995年まで固定されていて、それ以降に発行された許可証の数はほんの一握りにすぎない。

　この章は、政府が競争市場で価格を統制しようとしたときに何が起きるかを検討することから始める。統

制には、家賃統制のように市場価格を均衡水準よりも低く維持する上限価格規制、あるいは市場価格を均衡水準よりも高く維持する下限価格規制がある。次にタクシー許可証のように、売買される財の数量を統制しようとする計画を検討する。

1 なぜ政府は価格を統制するのか

　第3章では、市場は均衡へと動くことを学んだ。すなわち、市場価格は供給量が需要量と等しくなる水準まで動くというものだ。しかし、この均衡価格は買い手や売り手を必ずしも喜ばすものではない。

　結局のところ、買い手はつねに、できることならより少なく支払うことを望んでいる。そして彼らはしばしば、より低い価格を支払うべきだという強い教訓や政治的事例をつくることができる。たとえば主要都市でのアパートの供給と需要が均衡したとき、平均的な労働者の支払えないような家賃だったらどうなるだろうか。その場合には政府は、家主の設定できる家賃に政府が制限を課すべきだという圧力を受けるだろう。

　一方で、売り手は自らの販売する商品の対価としてより多くのおカネを得たいと望んでいる。そして彼らはしばしば、より高い価格を受け取るべきだという強い教訓や政治的事例をつくることができる。たとえば労働市場を考えよう。労働者の1時間当たりの価格が賃金率だ。もし未熟練労働者の供給と需要が均衡したとき、それが法定貧困レベルよりも低い賃金率だったらどうなるだろうか。その場合政府は、一定の最低賃金未満の額が支払われることがないようにせよ、という圧力を感じるだろう。

　言い換えると、政府が市場に介入することへの強い政治的欲求が多く存在するのだ。そして強力な利害関係者は、彼らに有利な市場介入を「公正」とする、無視できない論拠を主張することができる。政府が価格を規制しようとするとき、**価格統制**を課すという。これらの統制は典型的には、上限を定める**上限価格規制**かあるいは下限を定める**下限価格規制**の形をとる。

　残念なことに、市場に何をすべきかを示すことは、そんなに簡単ではない。いまからみていくように、政府が価格を統制しようとするときに——上限価格規制を課して下げようとする場合でも、下限価格規制を課して上げようとする場合でも——予測可能かつ不愉快な副作用が生じることになる。

　この章では、重要な仮定をする。問題となっている市場は、価格統制が課せられる前は効率的だというものだ。だが市場はときとして非効率的だ。たとえば、市場価格に対する影響力をもつ、ただ1つの売り手である独占者によって支配されている市場だ。市場が非効率的なとき、価格統制は必ずしも問題の原因とはならず、潜在的に市場を効率性に近づけることができる。しかし実際には、ニューヨークのアパート市場のように、価格統制はしばしば効率的な市場に課せられている。それなのでこの章での分析も、多くの重要な現実世界の状況に適用されるのだ。

価格統制は市場価格がどこまで高くなってもよいか、あるいは低くなってもよいかを定める法的な制限だ。それには2つの形態がありうる。売り手がある財につけられる最高の価格を定める**上限価格規制**か、買い手がある財に支払うべき最低の価格を定める**下限価格規制**だ。

2 | 上限価格規制

　家賃統制は別として、今日のアメリカに存在する上限価格規制は、それほど多くない。しかしかつては広く存在していた。上限価格規制は典型的には危機——戦争、凶作、自然災害——のときに課せられる。そうした事態がしばしば急激な価格騰貴をもたらし、多くの人々を苦しめる一方で、運のいい少数の人々に莫大な利益をもたらすからだ。アメリカ政府は第2次世界大戦中、多くの価格に上限を課した。戦争はアルミや鉄といった原材料の需要を急増させたが、価格統制は、これらの原材料を入手できる人々が巨大な利潤を上げることを阻んだ。アラブの石油輸出国の輸出停止でアメリカの石油会社が巨大な利潤を手にしかねなかった1973年には、石油に対する価格統制が課せられた。2001年には、カリフォルニアの大口電力市場に価格統制が課せられた。電力不足が少数の発電会社に大きな利益をもたらした一方で、消費者に高額の使用料を負担させるに至ったからだ。

　ニューヨークの家賃統制は、信じるか否かは別として、第2次世界大戦の遺物だ。戦争が好況を引き起こし、アパートに対する需要を増加させたものの、労働と原材料はアパート建設のためではなく戦争に勝つために使われていたからだ。ほとんどの価格統制は戦後すぐに取り除かれたが、ニューヨークの家賃統制は維持され、次第に以前は対象とならなかった建物にまで拡大されて、きわめて奇妙な状況になっていった。

　もしあなたがひと月に数千ドルを支払うことができ、あまり望ましくない地域に住んでもよいというのなら、マンハッタンで1ベッドルームのアパートをすぐにでも借りられる。でもより少ない家賃で同じ程度のアパートに住んでいる人もいるし、ほとんど同じ家賃でよりよい立地のより大きなアパートに住んでいる人もいるという状況なのだ。

　一部の借家人に有利な条件を与えることはさておき、ニューヨークの家賃統制がもたらすより広範な結果とは何だろうか。この問題に答えるために、第3章で展開したモデルを用いてみよう。そう、供給と需要のモデルだ。

2.1　上限価格規制のモデル化

　競争市場に政府が上限価格規制を課したときに、何がまずいのかをみるために図4-1を考えてみよう。そこではニューヨークのアパート市場の単純化されたモデルが示されている。単純化のために、すべてのアパートはまったく同質であり、統制されていない市場であれば同じ家賃で貸し出されると考えよう。図のなかの表は需要表と供給表だ。そこから導かれる需要曲線と供給曲線が図の右側に示されている。アパートの戸数をヨコ軸に、1カ月の家賃をタテ軸に示している。規制されていない市場では、均衡は点Eとなり、200万戸のアパートが月1000ドルで賃貸されることがみてとれるだろう。

　ここで政府が家賃を均衡価格よりも下の、たとえば800ドルを超えてはならないと制限する上限価格規制を課したとしよう。

図4-2の800ドルのところに引かれた直線は、この上限価格規制の効果を示している。800ドルという強制された家賃では、貸主はアパートを貸そうというインセンティブは小さくなり、均衡家賃1000ドルのときと同じ数量のアパートは供給されない。彼らは供給曲線上の点 A を選び、自由な市場のときよりも20万戸少ない180万戸のみを貸し出す。同時に、800ドルであれば均衡価格である1000ドルのときよりも多くの人々がアパートを借りたいと思うだろう。需要曲線上の点 B で示されているように、1カ月の家賃800ドルでは需要されるアパートの量は、自由市場の状況よりも20万戸多い220万戸に増加し、800ドルで実際に利用可能な量よりも40万戸多い。したがっ

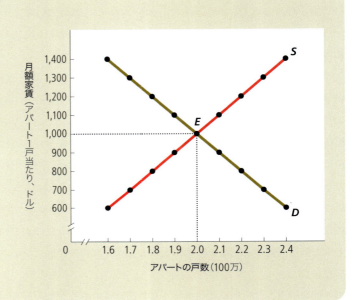

図4-1 価格統制がないときのアパートの市場

政府介入がないときアパート市場は、市場家賃1カ月1000ドルで200万戸が賃貸される点 E で均衡に到達する。

月額家賃 (アパート1戸当たり、ドル)	アパートの戸数 (100万)	
	需要量	供給量
1,400	1.6	2.4
1,300	1.7	2.3
1,200	1.8	2.2
1,100	1.9	2.1
1,000	2.0	2.0
900	2.1	1.9
800	2.2	1.8
700	2.3	1.7
600	2.4	1.6

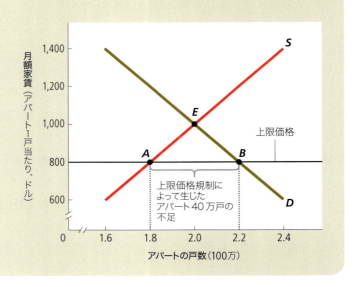

図4-2 上限価格規制の効果

黒い水平線は、政府によって家賃に課せられた1カ月800ドルの上限価格規制を表している。この上限価格規制は、アパートの供給量を180万戸、点 A に減少させ、アパートの需要量を220万戸、点 B に増加させる。これは40万戸の持続的な供給不足をつくり出す。法定家賃800ドルでアパートを欲する40万人がそれを得ることができない。

て恒常的な賃貸住宅の不足が生じる。その価格では、アパートをみつけられる人よりも40万人多い人々がアパートを借りたいと思っているのだ。

　上限価格規制は常に供給不足の原因となるのだろうか。いやそうではない。もし上限価格規制が均衡価格よりも高く設定されていれば、それは何の効果ももたない。アパートの均衡家賃が1カ月1000ドルで、市政府が1200ドルの上限価格規制を設定したとしよう。誰がそれを気にするだろうか。この場合、上限価格規制は拘束とはならず——実際にも市場行動を制約しない——、また何の効果ももたない。

2.2　上限価格規制はどのように非効率の原因となるか

　図4-2で示されているアパートの供給不足は、単に悩ましいだけではない。価格統制が引き起こす他のすべての供給不足と同様、非効率をもたらし、深刻な害悪となりうるのだ。言い換えると、実現されない取引利益があるのだ。あらゆる上限価格規制のように、家賃統制は少なくとも4つの異なる非効率をもたらす。それは、貸し出されるアパートの数量を効率的な水準より減らすこと、借家人へのアパートの非効率的な配分、アパート探しに要する時間の浪費、そして家主がアパートを非効率的に低い質や状態においておくというものだ。さらに非効率に加えて、上限価格規制は、それを回避しようとする非合法的な行動を引き起こす。

非効率的に低い数量　第5章付録では、効率的市場の市場均衡では、売買される財・サービスが「正しい」数量に達することを学ぶ——すなわち、生産者余剰と消費者余剰の合計を最大化するような数量だ。家賃統制は供給されるアパートの数量を減らすので、賃借されるアパートの数量も減らす。

　図4-3は総余剰への影響を示している。総余剰は供給曲線の上側で需要曲線の下側の領域の合計だ。家賃統制の効果が利用可能なアパートの数量を減らすことだけなら、図でグレーの影をつけた三角形の面積に等しい余剰の損失をもたらすだろう。その三角形で表される領域は、経済学では**死荷重**という特別な名前をもっている。市場への介入により行われなくなった取引にともなう余剰の損失だ。この例では、死荷重は家賃統制のためになされなかったアパートの賃借の減少にともなう余剰の損失で、失望した借り手とくじかれた家主の双方がこうむる損失だ。経済学者はしばしば、図4-3にあるような三角形を死荷重三角形と呼ぶ。

　死荷重は、ある行動や政策が効率的な市場均衡数量よりも取引量が減るような結果をもたらす場合に私たちが直面する経済学上のカギとなる概念だ。死荷重は社会に対する損失だということを確認することが重要だ——それは総余剰の減少で、誰も利益として得ることができない余剰の損失だ。それは、経済学者がある人から他の人への余剰の移転と呼ぶ、他の誰かが利益として得るような余剰の損失とは同じではない。上限価格規制が、借り手と家主との間の余剰の移転とともにどのように死荷重を生じさせるかの例は、この後の「ちょっと寄り道」をみてみよう。

　死荷重は、上限価格規制から生じる非効率の唯一の形態ではない。家賃統制によっ

▶ **死荷重**とは、ある行動や政策が効率的市場均衡数量よりも取引量を減らすときに起こる、総余剰の損失だ。

てつくり出される非効率の形態は、利用可能なアパートの数量を減少させることにとどまらない。これらの追加的な非効率——消費者への非効率的な配分、浪費される資源、非効率的に低い質——は死荷重を超えた余剰の損失をもたらす。

消費者への非効率的な配分　家賃統制は単に利用可能なアパートを過少にするだけではない。それは利用可能なアパートの誤った配分ももたらすのだ。住む場所を喫緊に

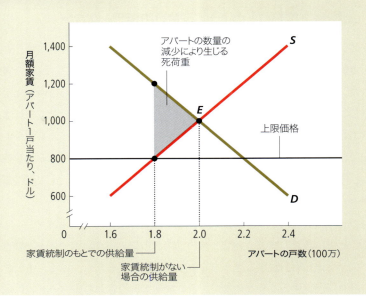

図4-3　上限価格規制は非効率的に低い数量の原因となる

上限価格規制は供給される数量を市場均衡数量以下に減少させ、死荷重をもたらす。グレーの影をつけた三角形の領域は、非効率的に低い取引数量による総余剰の損失分に対応する。

図4-4　家賃統制の勝者と敗者

パネル（a）は家賃統制以前の、アパートについての規制がない均衡での消費者余剰と生産者余剰を示している。パネル（b）は、800ドルの上限価格規制が課された後の市場での、消費者余剰と生産者余剰を示している。みてわかるように、家賃統制のもとでもアパートを借りられる消費者にとって、消費者余剰は増えているが、生産者余剰と総余剰は減っている。

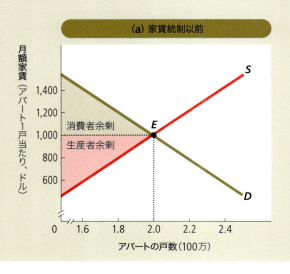
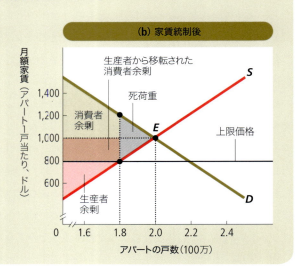

必要としている人々がアパートをみつけられないかもしれないが、必要性がもっと低い人々に占められるアパートがあるかもしれない。

図4-2の場合には、220万人が月800ドルの家賃でアパートを借りたいと思っているが、利用可能なアパートは180万戸しかない。アパートを探している220万人のなかには、アパートを喫緊に欲している人も何人かいて、そのためにより高い価格を支払ってもよいと思っている。他の人々は、かわりの住居をもっているといった理由で、それほどの緊急性はなく、単に支払う家賃をより低く抑えたいと思っているにすぎない。アパートの効率的な配分は、こうしたちがいを反映する。つまり本当にアパートを欲している人がアパートを得て、そうでない人はみつけることができない。でもアパートの非効率的な配分では逆のことが起こりうる。つまりそれほどアパートを欲し

> **ちょっと寄り道**
>
> ## 勝者、敗者、そして家賃統制
>
> 　価格統制は、勝者と敗者をつくり出す。ある人々はその政策から便益を受けるが、他の人々はより悪くなる。
>
> 　ニューヨーク市で家賃統制からもっとも便益を受ける人は、いまではきわめて高い家賃となるはずの極上のアパートに何十年も住んでいるセレブな借り手だ。これらの勝者には、俳優のアル・パチーノやポップ・シンガーのシンディ・ローパーが含まれている。ローパーは、規制がなければ1カ月3750ドルはするはずのアパートにわずか989ドルしか払っていない。また女優のミア・ファローのアパートについての古い事例もある。家賃統制の対象ではなくなったとき、格安の1カ月2900ドルから8000ドルに上昇した。皮肉なことにこれらの場合、敗者は、このシステムが助けるはずだった労働者階級の借り手だった。
>
> 　第5章付録で学ぶ消費者余剰と生産者余剰の概念を用いて、家賃統制の勝者と敗者を図式的に評価することができる。図4-4のパネル（a）は家賃統制以前の、規制がないアパート市場の均衡での消費者余剰と生産者余剰を示している。需要曲線より下で、価格より上の領域で表されている消費者余剰は、市場均衡で消費者が得る総純利益だということを思い出そう。同様にして、供給曲線の上で、価格より下の領域で表されている生産者余剰は、均衡で生産者が得る総純利益だ。
>
> 　図のパネル（b）は、800ドルの上限価格規制が課された市場での、消費者余剰と生産者余剰を示している。みてわかるように、家賃統制のもとでもアパートを借りられる消費者の消費者余剰は増えている。これらの借り手は明らかに勝者だ。彼らは、規制されていない市場価格よりも200ドル安い800ドルでアパートを得ている。これらの人々は、より低い家賃という形で家主から直接余剰を移転されているのだ。しかしすべての借り手が勝者ではない。市場が規制されていない状態よりも少ないアパートしか供給されないので、わが家と呼べる場所をみつけることが、不可能ではなかったとしても、困難になった人もいる。
>
> 　得られる余剰と失う余剰を直接計算することがなければ、借り手全体がよくなるか悪くなるかは一般に明らかではない。いえることは、死荷重がより大きくなるほど――借りられるアパートの数量がより大きく減少するほど――借り手は全体として損失をこうむるだろうことだ。
>
> 　しかしながら、家主がより不利になることははっきりいえる。生産者余剰は明らかに減少してしまった。アパートを貸し続ける家主は毎月200ドル低い家賃を受け取り、他の家主はアパートを市場からすべて引き上げる。パネル（b）でグレーの影をつけられた死荷重三角形は、本質的に家賃統制による借り手と家主双方の損失を表している。

いと思っていない人がアパートをみつけ、アパートを切望している他の人々がみつけられないという事態が生じる。

そして家賃統制のもとでは、人々は通常偶然や個人的なコネのおかげでアパートを得るので、家賃統制は一般的に、数少ない利用可能なアパートの**消費者への非効率的な配分**という結果をもたらす。

> 上限価格規制はしばしば**消費者への非効率的な配分**という非効率をもたらす。これは、その財を非常に欲していて高い価格を支払う意欲のある人がそれを得られず、その財に比較的低い関心しかなく、低い価格を支払う意欲しかない人がそれを得る、というものだ。

ここに含まれている非効率をみるために、小さな子どもがいて、他にかわりの住居をもっているわけでもなく、アパートの家賃として1500ドルまで支払ってもいいと思いながらアパートをみつけることができない、リー一家のかわいそうな状態を考えよう。また、退職して1年のほとんどをフロリダに住んでいながら、40年前に入居したニューヨークのアパートの借家契約をいまだに維持しているジョージのことも考えよう。ジョージはこのアパートに月800ドルの家賃を支払っているが、もし家賃が少しでも、たとえば850ドルに上がったら、彼はこのアパートをあきらめて、ニューヨークに滞在するときには彼の子どものところで過ごすようになるだろう。

このアパートの配分――ジョージは一戸を得ており、リー一家はそれを得ていない――は失われた機会だ。リー一家とジョージの双方の状態を、追加的な費用なしでよりよくする方法がある。リー一家はジョージにたとえば月1200ドルを支払って、彼のアパートを転貸（又貸し）してもらう。ジョージにとってこのアパートは月849ドルより大きな価値はないので、この提案をたぶん喜んで受け入れる。ジョージはアパートを確保するよりもリー一家からのおカネのほうを好むだろう。そしてリー一家はそのおカネよりもアパートを得るほうを好むだろう。こうしてこの取引で双方の状態はよくなり、他の誰も傷つくことはないのだ。

一般に、もし本当にアパートを欲している人々が、そこに住むことにそれほど熱心ではない人々から転借することができれば、アパートを得たほうも、住むかわりにおカネを得たほうも、ともによりよい状態になる。しかしながら、そのやりとりの価格が上限価格規制を超えるかもしれないので、転貸は家賃統制のもとでは違法だ。

転貸が違法であるという事実は、それが起こらないということを意味しない。実際、違法な転貸をみつけることはニューヨークの私立探偵の主要な仕事だ。『ニューヨーク・タイムズ』のある論説では、私立探偵が隠しカメラやその他の技術をどのように使って、家賃統制のアパートの適法な賃借人が、実際には郊外あるいは他の州に住むことさえあり、統制家賃の2倍から3倍で彼らのアパートを転貸していることを証明するかを述べている。この転貸は非合法活動の一種で、後ほど簡単に議論する。いまは、家主と合法的な代理人が、違法な転貸の実践を積極的に阻止しようとしていることを述べるにとどめる。その結果として、アパートの非効率的な配分の問題が残るのだ。

> 上限価格規制は典型的に**資源の浪費**という形で非効率をもたらす。すなわち、人々は上限価格規制で生じる供給不足に対処するため、おカネと労力と時間を費やすというものだ。

資源の浪費　上限価格規制が非効率の原因となる他の理由は、それが**資源の浪費**をもたらすということだ。上限価格規制によって生じたモノ不足に対処するため人々はおカネ、労力そして時間を費やす。1979年に戻るが、合衆国のガソリンに対する価格規制は供給不足をもたらし、何百万人ものアメリカ人が毎週ガソリンスタンドで行列

して待つために何時間も費やすことになった。ガソリンを買うための列に費やされた時間の機会費用——得られなかった賃金、楽しまれなかった余暇——は、消費者および経済全体の観点からみると資源の浪費だ。

家賃統制のために、リー一家は何カ月もの間、すべての空いている時間をアパート探しのために使うだろう。それはむしろ、はたらいたり家族の活動のために使われたりしたであろう時間であった。すなわちリー一家の長いアパート探しには機会費用が生じている。それは彼らが手放さなければならなかった余暇や所得である。もしアパートの市場が自由に機能していれば、リー一家は均衡家賃1000ドルですぐにアパートをみつけることができ、より多く稼ぐか、あるいは自分たちで楽しむ時間がもてたはずだ。その結果、他の誰の状態も悪化させることなく、彼らの状態をよりよくさせている。繰り返すが、家賃統制は失われた機会をつくり出すのだ。

非効率的に低い品質　上限価格規制が非効率をもたらすさらに他の方法は、財が非効率的に低い品質になる原因となることだ。**非効率的に低い品質**とは、買い手がより高い品質を望み、そのためより高い価格を支払ってもよいと思っているにもかかわらず、売り手が低い品質の財を低い価格で提供することだ。

再び家賃統制を考えよう。家主は修繕費をまかなうために家賃を上げることはできない。だがそれでも簡単に借家人をみつけられるから、部屋をよりよい状態にしようというインセンティブをもたない。多くの場合借家人は、アパートをよりよい状態にする——たとえばエアコンやコンピュータの使用に不安のある古い電気系統の改善のために、家主が要する費用よりもはるかに多くの額を支払おうとするだろう。しかしこうした改善のためのいかなる追加的な支払いも、法律的には家賃の値上げとみなされ禁止されている。実際に家賃統制下にあるアパートの管理の悪さは悪名高いもので、ほとんど塗装されず、配電や配管の問題が頻繁に起こり、時には住むのが危ないほどだ。マンハッタンにあるビルの管理人をしていた人物は、自分の仕事を次のように表現している。「規制されていないアパートでは、私たちは入居者が要求するほとんどすべてのことをする。しかし家賃統制された物件では、絶対的に法律が求めることのみをする。……私たちはこれらの入居者を不幸にしてしまうインセンティブをもっていた」。

この状況は全体として、失われた機会だ。入居者にとってよりよい状態のために支払いをするのは幸せだし、家主にとっても、そうした支払いと引き換えによりよい状態を整えるのは幸せだ。しかしこうした交換は、市場が自由に機能することが許されているときしか起こらない。

ブラック・マーケット　そしてそのことは、上限価格規制の最後の局面へとつながる。非合法活動へのインセンティブ、とくに**ブラック・マーケット**の出現だ。すでにある種のブラック・マーケットの活動については述べた——入居者による違法な転貸だ。しかしそれだけにとどまらない。家主は明らかに、入居希望者に対し次のようにいう

> 上限価格規制はしばしば提供される財が**非効率的に低い品質**という非効率をもたらす。たとえ買い手が高い品質の財を高い価格で欲したとしても、売り手は、低い品質の財を低い価格で提供する。

> **ブラック・マーケット**は、財・サービスが非合法的に売買される市場だ——それが非合法なのは、その財を売ること自体が非合法な場合と、つけられる価格が上限価格規制によって法的に禁じられている場合とがある。

誘惑をもっている「毎月何百ドルか余分に現金でくれたら、すぐに入れてやるよ」——そして、もし入居希望者が法定最高家賃以上に支払う気のある人々の1人だったら、その提案に同意するのだ。

ブラック・マーケットの何が悪いのだろうか。一般にいかなる法律でも破ることは悪いことだ。なぜならそれは法律一般に対する軽視を助長するからだ。さらに悪いことに、この場合には違法な行為が、正直であろうとしている人々の立場をより悪くするのだ。もしリー一家が非常にきちょうめんで家賃統制法を破らないとして、リー一家よりもアパートを必要としていない人々が、家主に賄賂を送るならば、リー一家は決してアパートをみつけられないだろう。

2.3　それでもなぜ上限価格規制があるのか

上限価格規制の3つの共通な結果をみた。

- 財の持続的な供給不足
- この持続的な供給不足のせいで生じる、非効率的に低い数量（死荷重）、消費者に対する財の非効率的な配分、財をみつけるための資源の浪費、そして売りに出される財の非効率的に低い品質、という形態の非効率

ちょっと寄り道

家賃統制、ムンバイ・スタイル

家賃統制されたアパートに居続けるためにどこまでやるか。インドはムンバイ市のある賃借人は、実際そこまでやったのだ。『ウォールストリート・ジャーナル』の記事によると、ムンバイの家賃統制されたアパートの建物の4つの階が崩壊したときに3人が死亡したという。老朽化した建物からの市当局による立ち退き要請にもかかわらず、58人の入居者は去ることを拒否した。電気と水道を止められても、アパートが閉鎖されても、警察の手入れがあっても耐えて彼らはとどまった。入居者たちは建物のベランダでキャンプのような生活をしながら、あきらめないことを誓ったのだ。

これらの入居者のすべてが、ひどく貧しかったわけでもなく、他の選択肢がなかったわけでもない。ある家賃統制された入居者は、繁盛している繊維ビジネスのオーナーで、広い2寝室のアパートに毎月合計8.50ドルしか払ってなかった（ムンバイの贅沢なアパートは月何千ドルもする）。

はるかに離れた場所とはいえ、ムンバイでの家賃統制の力学は、ニューヨークのそれとよく似ている（とはいえ明らかにムンバイのほうがはるかに極端な体験だが）。ムンバイの家賃統制は、ヒンドゥー教徒とイスラム教徒の対立から逃れてきた難民の殺到による危機的な住宅不足に対処するために、1947年に始まった。明らかに暫定的な措置として意図されていたが、政治的に人気があったために20回も延長され、いまでも市の中心部の約60％の建物に適用されている。入居者はアパートを相続人に引き渡すか、居住権を他の入居者に売るのだ。

ムンバイでの住宅価格は2007年から2010年の間に60％上昇したにもかかわらず、家賃統制された建物の家主たちは金銭的苦痛を受けている。その結果、市の1200万人の住人の半分が新しい住宅が不足しているためスラムに住んでいるにもかかわらず、市内のあちこちで原始的な建物が朽ちるまま放置されている。

■非合法的ブラック・マーケット活動の生起

　こうした不愉快な帰結があるのに、なぜ政府はいまだにいくつかの上限価格規制を課しているのだろう。そして家賃統制がとくにニューヨークで続いているのは、なぜだろうか。

　1つの答えは、たとえ上限価格規制が逆の効果をもつとしても、それらは、ある人々に便益をもたらすからだ。実際、ニューヨークの家賃統制——われわれの単純モデルより複雑だけれど——でほとんどの住民が害を受ける一方で、ごく少数の賃借人に、規制されていない市場で得られるよりもはるかに安い住居を提供している。そして統制から便益を受ける人々は、通常それによって害を受ける人々よりも組織化され、より声が大きい。

　そしてまた、上限価格規制が長い間効果を発揮していると、買い手たちはそれがない場合に何が起きるのかについての現実的な考えをもたないのかもしれない。前の例では、統制されていない市場（図4-1）での賃貸料は800ドルではなく、統制された市場（図4-2）よりも25%高いだけの1000ドルだ。しかし賃借人はどのようにしてそれを知るのか。なるほど、彼らははるかに高い価格のブラック・マーケットの取引について聞くかもしれない。リー一家や他の家族がジョージに支払おうとする1200ドルかそれ以上のように。そして、これらのブラック・マーケット価格が完全に自由な市場で成立するはずの価格よりもはるかに高いことを実感することはない。

　最後の答えは、政府の役人はしばしば供給と需要の分析を理解しない、ということだ！　現実の世界において経済政策がつねに了解され、あるいは、よく認識されていると想定することは大きな誤りなのだ。

経済学を使ってみよう☞　ベネズエラの飢えと価格統制

　ベネズエラでは何かが腐敗していた。とくに2010年6月にはプエルト・カベロで3万トンの食料が腐り果てていた。この発見は、1998年以来ベネズエラを統治してきたウゴ・チャベス大統領にとってはことさらに困惑するものだ。彼は、この国の経済的エリートを公然と非難し、貧困層と労働者階級に手厚い政策を約束することによって権力を手にしたのだった。それらの政策のなかに基礎食糧の価格統制があり、2003年に始まり2006年までには深刻となった食料不足をもたらした。

　気前のよい政府の政策は消費者の支出増加をもたらし、価格統制を受けない財やブラック・マーケットで買われる財の価格の急上昇をもたらした。その結果は価格統制を受けている財の需要の大幅な増加だった。しかしベネズエラの通貨価値の急落は外国食料の輸入を減少させ、その結果は国中の食料品店の空っぽの棚だった。

　食料不足が続き、食糧価格のインフレが悪化すると（2010年の最初の5カ月で食料と飲料の価格は21%上昇した）チャベスは民間部門の「買いだめと密輸」を叱責する「経済戦争」を宣言した。政府は農場、食品工場、食料雑貨店を収用し、そこに

政府所有の食料分配会社 PDVAL を設立したが、それは腐敗し非効率的だった。そして、何万トンもの食料をベネズエラの港で放置し腐らせてしまった。食料生産も落ち込み、ベネズエラはいまや食料の70%を輸入しなければならないのだ。

　驚くにはあたらないが、政府経営の食料雑貨店の棚は、まだ民間の手にあるそれよりもはるかに空っぽだ。食料不足がそれだけ深刻なので、労働者階級のベネズエラ人の間でチャベスの人気は大幅に落ち込み、彼の土地収用計画を止めさせたのだ。古いベネズエラの諺にあるように、「飢えをともなう愛は続かない」。

ちょっと復習

▶**価格統制**は、法定の最高価格——**上限価格規制**——か、あるいは法定の最低価格——**下限価格規制**——のどちらかの形態をとる。

▶均衡価格よりも低く設定された上限価格規制は、取引に成功した買い手に利益を与えるが、持続的な供給不足といった予測可能な逆効果をもたらし、4つの非効率をもたらす。すなわち、**死荷重、消費者への非効率的な配分、資源の浪費**、そして**非効率的に低い品質**だ。

▶**死荷重**は、政策や行動が取引量を効率的な市場均衡水準以下に減少させるときにいつも生じる総余剰の損失だ。

▶上限価格規制はまた、買い手と売り手が価格制限を避けようとしたとき、**ブラック・マーケット**を創出する。

✓ 理解度チェック　4-1

1. ミドルタウン大学スタジアムの近くの住宅所有者は、彼らの敷地内にある駐車スペースを11ドルでファンに貸していた。新しい町の条例は、駐車料金の最高額を7ドルに設定した。次の供給と需要の図を使って、以下の記述が上限価格規制の概念にどのように対応しているのかを説明しなさい。

    a. 何人かの住宅所有者はもう駐車スペースを貸すには値しないと考える。

    b. これまで相乗りしてゲームに来ていた何人かのファンは1人で運転してくるようになった。

    c. 何人かのファンは駐車場をみつけられずにゲームをみないで帰っていった。

    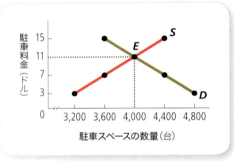

    以下の記述のそれぞれが上限価格規制から生じることを説明しなさい。

    d. 何人かのファンは駐車場をみつけるために何時間か早く来るようになった。

    e. スタジアム近くの住宅所有者の友だちは、それほどのファンではないにもかかわらず、定期的にゲームに来るようになった。しかし、何人かの熱烈なファンは駐車場のためにあきらめた。

    f. 何人かの住宅所有者は7ドル以上で駐車スペースを貸していながら、利用者が料金を払うことのない友だちか家族のようなふりをしている。

2. 正しいか誤りかあなたの考えを説明しなさい。自由市場での均衡価格以下の上限価格規制は次のことをもたらす。

    a. 供給量の増加。

    b. その財を消費しようとしている人々の状態を悪化させる。

    c. すべての生産者の状態を悪化させる。

3. 以下のどれが死荷重をつくり出すか。また、どれがそうではなく、ある人から他の人への単なる移転なのか。あなたの答えを説明しなさい。

    a. あなたは、大家があなたのペットである大蛇をみつけた後、家賃統制されたア

パートから立ち退かされた。アパートはすぐに同じ価格で他の人に貸し出された。あなたと新しい賃借人はそのアパートに対して必ずしも同じ支払い意欲額をもっているわけではない。

b. あるコンテストであなたはジャズ・コンサートのチケットを勝ち取った。しかしあなたは試験のためそのコンサートに行くことはできず、コンテストの条件でそのチケットを売ることも誰かにあげることもできない。この問題に対するあなたの答えは、あなたがチケットを売ることはできなくても誰かにあげることができれば、変わるだろうか。

c. 低脂肪ダイエットの支持者であるあなたの学校の学生部長は、キャンパスでアイスクリームを出してはならないと布告した。

d. あなたのアイスクリーム・コーンが地面に落ちて、あなたの犬がそれを食べた（あなたの犬を社会の一員として数えるという自由な発想をし、あなたの犬はアイスクリーム・コーンに対し、できるならあなたと同じ額を支払いたいと思っていると仮定しなさい）。

解答は https://str.toyokeizai.net/books/9784492314906 にある。

3 下限価格規制

　時として政府は、市場価格を引き下げるのではなく、引き上げるために市場に介入する。下限価格規制は農民の所得を支える手段として、小麦やミルクなどの農産物に対して広く制定されてきた。歴史的に、下限価格規制はトラック輸送や航空旅客サービスなどにも課せられていたが、それらはアメリカでは1970年代に撤廃されている。もしあなたがファストフード店ではたらいていたことがあるなら、おそらく下限価格規制に出くわしているはずだ。アメリカや他の多くの国が労働者の時給、すなわち労働価格に下限を設けていて、それは**最低賃金**と呼ばれている。

　上限価格規制とちょうど同じように、下限価格規制は一部の人々を助けるために意図されたが、予想可能で望ましくない副作用も生じさせる。図4-5はバターの供給と需要曲線の例を示している。市場のなすがままにしておけば、1000万ポンドのバターが1ポンド当たり1ドルの価格で売買される点 E が均衡となるだろう。

　しかしいま、政府が酪農業者を助けるために、バター1ポンド1.2ドルの下限価格規制を課したとしよう。1ポンド1.2ドルの価格においては、生産者は1200万ポンド（図4-6の供給曲線上の点 B）を供給しようとするが、消費者は900万ポンド（需要曲線上の点 A）しか買おうとしないだろう。したがって、持続的に300万ポンドのバターの供給過剰があることになる。

　下限価格規制はつねに望ましくない供給過剰をもたらすだろうか。いや、上限価格規制の場合とちょうど同じように、拘束とならない、すなわち無関係となることもある。もしバターの均衡価格が1ポンド1ドルのときに、下限が0.8ドルに設定されても、

最低賃金は、労働の市場価格である賃金率について法が定める下限だ。

下限は何の効果ももたない。

しかし下限価格規制が拘束的なとき、その望ましくない供給過剰はどうなるのだろうか。答えは、政府の政策に応じて異なる。農産物に対する下限価格規制の場合、望ましくない供給過剰は政府が買い上げている。だからアメリカ政府は時に、何千トンものバター、チーズその他の農産物の在庫を抱えている（多くのヨーロッパ諸国の下限価格規制を管理している欧州委員会はあるとき、自分たちがオーストリアの全人口と同じ重さの、いわばバターの山の所有者になっていることに気がついた）。この場合政府は、望ましくない供給過剰の処分方法を見出さなくてはならない。

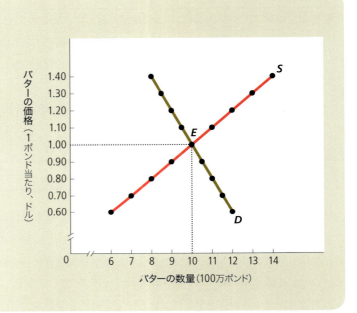

図4-5 政府統制がないときのバターの市場

政府統制がないときのバターの市場は、1000万ポンドのバターが売買される、1ポンド当たりの価格が1ドルのところで均衡に到達する。

バターの価格 （1ポンド当たり、ドル）	バターの数量 （100万ポンド）	
	需要量	供給量
1.40	8.0	14.0
1.30	8.5	13.0
1.20	9.0	12.0
1.10	9.5	11.0
1.00	10.0	10.0
0.90	10.5	9.0
0.80	11.0	8.0
0.70	11.5	7.0
0.60	12.0	6.0

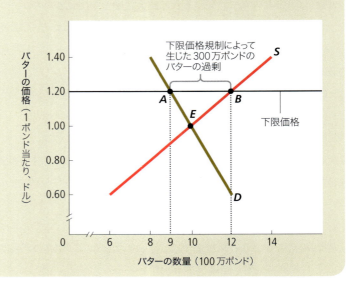

図4-6 下限価格規制の効果

黒い水平線は、政府によって課せられたバター1ポンド当たり1.2ドルの下限価格規制を表している。供給量が1200万ポンドに増加する一方で、需要量が900万ポンドに減少するので、300万ポンドのバターの持続的な供給過剰が生じる。

148　第Ⅱ部　供給と需要

ある国では、海外で損失をこうむっても生産物を売るように、輸出者に支払っている。これはヨーロッパ連合（EU）にとっては標準的な方法だ。アメリカでは過剰な食物を学校に与え、学校はそれを昼食に使っている。ある場合に政府は過剰生産物を実際に廃棄してしまった。望まれない供給に対処する問題を避けるため、アメリカ政府は通常、生産物をまったく生産させないために農民に支払いを行っている。

望まれない供給過剰を購入する用意が政府にないときは、下限価格規制は売り手が買い手をみつけられないことを意味する。これは1時間の労働に対して支払われる賃金率に下限価格規制、すなわち最低賃金が課せられたときに起こることだ。最低賃金が均衡賃金率よりも上にあるときには、はたらきたいと思う人々の何人か——すなわち売り手である労働者——は、買い手すなわち彼らに仕事を与えたいと思う雇用者をみつけることができない。

3.1 下限価格規制はどのように非効率の原因となるのか

下限価格規制が引き起こす持続的な供給過剰は、失われた機会——非効率——をもたらす。それは上限価格規制で生じる供給不足がもたらす非効率とよく似たものだ。その内容は、非効率的に低い数量から生じる死荷重、売り手間の販売機会の非効率的な配分、資源の浪費、非効率的に高い品質、そして法定価格よりも安く売るという法律破りへの誘惑からなる。

非効率的に低い数量　下限価格規制は消費者にとって財の価格を上げるので、その財の需要量を減少させる。売り手は買い手が買いたいと思う以上の量を売ることはできないので、下限価格規制は売買される財の数量を均衡数量以下に減少させ、死荷重をもたらす。これは上限価格規制と同じ効果だということに注意しよう。下限価格規制と上限価格規制は逆の効果をもつと考えたくなるかもしれないが、どちらも売買される財の数量を減少させる効果をもつのだ（下記の「落とし穴」参照）。

効率的市場の均衡は消費者余剰と生産者余剰の総計を最大化するので、数量を均衡

上限規制、下限規制と数量

上限価格規制は財の価格を押し下げる。下限価格規制は財の価格を押し上げる。それで、下限価格規制が上限価格規制とは逆の効果をもつと考えやすい。とくに、上限価格規制が売買される財の数量を減らすならば、下限価格規制は数量を増やさないのだろうか。

いや、増やさないのだ。実際、下限価格規制も上限価格規制も売買される数量を減らす。なぜか。財の供給量が需要量と等しくないとき、現実に売られる数量は市場の「足りない側」——どちらが少ないにせよ——によって決定されるのだ。もし売り手が、買い手が買いたいと思うほど売りたくないのであれば、現実の販売量を決定するのは売り手だ。なぜならば、買い手は気の進まない売り手に売らせることはできないからだ。もし買い手が、売り手が売りたいと思うほど買いたくないのであれば、現実の販売量を決定するのは買い手だ。なぜならば、売り手は気の進まない買い手に買わせることはできないからだ。

数量よりも下げる下限価格規制は総余剰を減少させる。図4-7はバターの価格に対する下限価格規制が総余剰について意味することを示している。総余剰は供給曲線の上と需要曲線の下の領域の合計だ。売られるバターの数量を減少させることにより、下限価格規制は図のなかでグレーの影をつけた三角形の領域に等しい死荷重をもたらす。しかしながら、上限価格規制の場合と同様に、死荷重は価格規制がつくり出す非効率の単なる一形態にすぎないのだ。

売り手の間での販売機会の非効率的な配分　上限価格規制と同様に、下限価格規制も非効率な配分をもたらす。しかしこの場合には、消費者に対する非効率的な配分ではなく、**売り手の間での販売機会の非効率的な配分**である。

> 下限価格規制は**売り手の間での販売機会の非効率的な配分**をもたらす。財をもっとも低い価格で売ろうとしている人々が、つねに実際に売る人々とは限らない。

ベルギー映画『ロゼッタ』は、現実感のあるフィクションだが、そこからのエピソードは、販売機会の非効率的な配分の問題をとてもうまく描写している。他の多くのヨーロッパ諸国と同様に、ベルギーは高い最低賃金を定めており、若者たちにとっての職は希少だった。あるとき、はたらきたくてたまらないロゼッタという若い女性がファストフード店での職を失った。なぜならば店のオーナーが、あまりはたらく気のない彼の息子を彼女のかわりにしたからだ。ロゼッタはもっと安くてもよいからはたらきたいと思ったし、オーナーは浮いたおカネで息子に小遣いをあげて別のことをさせることもできただろう。しかしロゼッタを最低賃金以下で雇うことは違法なのだ。

資源の浪費　これも上限価格規制と同じように、下限価格規制も**資源の浪費**という非効率をもたらす。もっとも図式的な例は、政府が下限価格規制を課された農産物の望ましくない余剰を買い上げるというものだ。余剰生産物は時として廃棄されるが、これは純粋な浪費である。そうでない場合でも、備蓄された生産物は役人が婉曲にいう

図4-7　下限価格規制は非効率的に低い数量の原因となる

下限価格規制は需要量を市場均衡数量以下に減少させ、死荷重をもたらす。

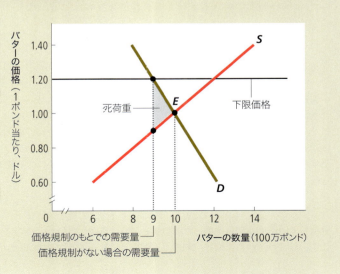

ように「保存状態が悪くなって」、結局捨てなくてはならなくなる。

　また下限価格規制は、時間と労力の浪費にもつながる。最低賃金について考えよう。下限価格規制（最低賃金）のもとで長期間にわたり職を探したり、職を得るための行列に並んだりする人々は、上限価格規制のもとでアパートを探す不運な家族と同じような役割を演じている。

非効率的に高い品質

さらにまた上限価格規制と同じように、下限価格規制も生産される財の品質に非効率をもたらす。

　上限価格規制があると、供給者が非効率的に低い品質の財を生産することをみた。つまり買い手はより高い品質の生産物を好み、喜んでそのために支払おうとするのに、売り手は生産物の品質を改善することを拒否する。上限価格規制がそうした改善の補償を拒むからだ。同じ論理が下限価格規制にも適用されるが、方向が逆になる。供給者は**非効率的に高い品質**の財を提供する。

　どうしてそれが問題かって？　高い品質はよいことではないのかって？　もちろんそうだけど、それは費用をかけるに値する場合だけだ。供給者が財の品質をとてもよくしようと多額の費用をかけたが、消費者にとってその品質はそれほどの値打ちはなく、むしろその品質に費やされたおカネを、低い価格というかたちで享受したいと思っているとしよう。これは、失われた機会を表している。つまり、買い手が若干低い品質の財をはるかに低い価格で得るという、買い手と供給者の双方が便益を得られる取引ができたかもしれないのだ。

　過剰な品質という非効率を表すよい例を、大西洋路線の航空運賃が国際協定により人為的に高く設定されていた時期に求めることができる。航空会社は乗客に低い価格を提供して競争することを禁止されたので、かわりにほとんど食べ残される無駄な機内食といった豪華なサービスを提供した。これに対し規制当局は、たとえば機内の軽食サービスでサンドイッチ以上のものを出してはならないというように、サービス基準の限度を設けようとした。そのときある航空会社は、「スカンジナビア・サンドイッチ」と呼ばれる、サンドイッチとは何かを新たに定義するための会議が必要になるような高くそびえる代物を出してきた。このようなことはすべて無駄だ。乗客が本当に欲しているのがより少ない食べ物とより安い航空運賃であると考えるなら、とくにそうだといえる。

　1970年代のアメリカ航空会社の規制緩和以来、アメリカの乗客は以前より小さな座席、質の低い食事といった機内サービスの質の低下をともなう航空券価格の大幅な下落を経験した。誰もがそのサービスに不満をもったが、より安い運賃のおかげで、アメリカの航空会社の利用者数は規制緩和以来、数百パーセントも増加したのだ。

> 下限価格規制はしばしば、**非効率的に高い品質**の財が提供されるという非効率をもたらす。たとえ買い手が低い価格での低い品質を好んだとしても、売り手は高い品質の財を高い価格で提供する。

非合法活動

最後に、上限価格規制と同様に下限価格規制も非合法活動へのインセンティブをもたらしうる。たとえば、最低賃金が均衡賃金率よりもはるかに高く設定されている国々では、就業に絶望的な労働者は、雇用していることを政府から隠したい

雇用主との間で帳簿外の労働に同意するか、あるいは政府の検査官に賄賂を贈る。これはヨーロッパでは「やみ労働」として知られている。こうした慣習はイタリアやスペインといった南ヨーロッパの国々でとくに一般的だ（次の「経済学を使ってみよう」を参照）。

3.2　それでもなぜ下限価格規制があるのか

要するに、下限価格規制はさまざまな好ましくない副作用をもたらす。

- 財の持続的な供給過剰
- この持続的な供給過剰のせいで生じる、非効率的に低い数量（死荷重）、売り手の間での販売機会の非効率的な配分、資源の浪費、そして供給者によって提供される非効率的に高い品質、といった形態の非効率
- 非合法活動にかかわる誘惑、とくに政府役人の収賄行為と腐敗

これだけ多くの好ましくない副作用があるのに、なぜ政府は下限価格規制を課すのだろうか。その理由は、上限価格規制を課すときのそれと似ている。

政府の役人はしばしば下限価格規制の帰結についての警告を無視するが、その理由は彼らが関係する市場が供給と需要のモデルでは満足に記述されていないと信じてい

われわれの低い、低い賃金を検証しよう！

　アメリカの最低賃金率は、右下のグラフでわかるように、他の富裕な国々とくらべて実際にきわめて低い。最低賃金はその国の通貨で設定されるので——イギリスの最低賃金はポンドで設定され、フランスの最低賃金はユーロで設定されるなど——この比較はその日の為替レートに依存する。2011年4月15日にはオーストラリアの最低賃金はアメリカの2倍以上であり、フランス、カナダ、アイルランドはそれほど低くない。このちがいの効果を、スーパーマーケットのレジの列でみることができる。アメリカでは通常、買い物を袋につめる係がいるが、彼らは典型的に最低賃金か、よくてもそれよりもやや多く支払われている。ヨーロッパでは袋づめ係を雇うことははるかに高価なので、ほとんど常に自分で袋につめなければならない。

（出所）国家労働権利局（アイルランド）、労働雇用保健省（フランス）、オーストラリア公正労働（オーストラリア）、ビジネス・イノベーション・職業技能省（イギリス）、人的資源とスキル開発カナダ（カナダ）、労働省（アメリカ）、セントルイス連邦準備銀行（2011年4月15日の為替レート）

（注）カナダの最低賃金は地域によって8.00カナダドルから11.00カナダドルと異なる。

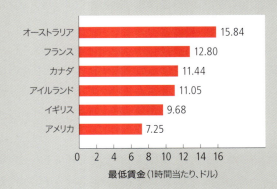

第4章　価格統制と割当て：市場へのおせっかい

るのか、あるいはもっとありうるのは彼らがそのモデルを理解していないかだ。そして何よりも上限価格規制が、一部の影響力のある財の買い手に便益をもたらすという理由で課せられるように、下限価格規制はしばしば一部の影響力のある売り手に便益をもたらすという理由で課せられるのだ。

経済学を使ってみよう☞　南ヨーロッパの「やみ労働」

　もっともよく知られた下限価格規制の例は最低賃金だ。だが多くの経済学者は、最低賃金がきわめて低く設定されていることを主な理由に、アメリカの労働市場には相対的にほとんど影響を与えないと信じている。1964年にはブルーカラー労働者の平均賃金の53％がアメリカの最低賃金だったが、最近の何回かの引き上げにもかかわらず2010年までに約44％に減少した。

　しかし、最低賃金がアメリカよりもはるかに高く設定されているヨーロッパ諸国の多くでは状況は異なっている。これはヨーロッパの労働者が、対応する職種のアメリカの労働者よりもいくらか生産性が低いという事実にもかかわらず生じている。この事実は、労働市場で需給を一致させる賃金である均衡賃金が、ヨーロッパではおそらくアメリカよりも低いことを意味している。さらにヨーロッパ諸国では、雇用者に医療費と退職金を支払うように頻繁に求めているが、それらはアメリカのものよりも範囲が広く、したがってより費用が高くなっている。これらの義務的な支払いは、ヨーロッパの労働者を雇用するときの実質的な費用を、労働者の給料よりもはるかに高いものにしている。結果としてヨーロッパでは、労働に対する下限価格規制は明白に制約となっている。最低賃金は、労働者の労働供給量と雇用主の労働需要量を一致させる賃金よりもかなり高い。

　この下限価格規制の結果である持続的な供給過剰は、高い失業という形で現れる。何百万人という労働者、とくに若年労働者が職を求めているが得られない。

　しかし労働法の強制力がゆるやかな国々では、第2の、そして完全に予測される結果が出ている。広範な法律逃れである。イタリアとスペインの両国では、役人たちは、何百万とまではいかないにしても何十万人もの労働者が法定最低賃金以下しか支払わないか、医療費と退職金を用意していないか、あるいは、その両方であるような企業に雇用されているのは間違いない。多くの場合、これらの職は、単に報告されていないだけだ。スペインの経済学者は国に報告された失業者の約3分の1はやみ労働市場にある——報告されていない職ではたらいている、と推計している。実際、失業対策の役所から小切手をもらうために順番待ちをしているスペイン人たちが、長い行列のせいでなかなか仕事に戻れないと不満をいうのは、知れわたっている！

　これらの国々の雇用主は、賃金の下限をのがれる合法的な手段もみつけた。たとえばイタリアの労働規制は、15人以上の労働者をもつ企業のみ適用される。このことは、イタリアの小企業に大きな費用上の優位を与え、その多くは、高い賃金と各種の便益の支払い義務を避けるために小企業にとどまっている。はたせるかな、イタリアのい

くつかの産業では、零細企業が驚くほど急増している。たとえばイタリアでもっとも成功している産業の1つは毛織物の加工で、プラト地区に集中しているが、その地区の平均的な織物企業は、わずか4人の労働者しか雇っていない！

> **ちょっと復習**
>
> ▶もっともおなじみの下限価格規制は**最低賃金**だ。下限価格規制は農産物にもよく課される。
>
> ▶均衡価格よりも高く設定された下限価格規制は、取引に成功した売り手に利益を与えるが、持続的な供給過剰といった予測可能な逆効果を引き起こし、4つの非効率をもたらす。非効率的に低い数量から生じる**死荷重**、売り手間での販売機会の非効率的な配分、資源の浪費、そして**非効率的に高い品質**だ。
>
> ▶下限価格規制は帳簿外ではたらく労働者のような非合法活動を促し、しばしば役人の腐敗をもたらす。

✓ 理解度チェック 4-2

1. 州の立法府が、ガソリンについて1ガロン P_F の下限価格規制を行った。以下の記述を評価し、以下の図を用いてあなたの答えを説明しなさい。

   a. この法律の賛成者は、この規制でガソリンスタンドの所有者の所得が増加すると主張する。反対者は、この規制で顧客が失われるのでガソリンスタンドの所有者に損失を与えると主張する。

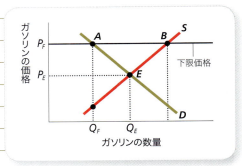

   b. この法律の賛成者は、ガソリンスタンドがよりよいサービスを提供するので消費者の状態はよくなると主張する。反対者は、消費者はガソリンを低い価格で買うほうを好むので、一般に消費者の状態は悪くなると主張する。

   c. この法律の賛成者は、下限価格規制が他の誰も害することなく、ガソリンスタンドの所有者を助けると主張する。反対者は、消費者は害され、ガソリンを近隣の州かブラック・マーケットで買うようになると主張する。

解答は https://str.toyokeizai.net/books/9784492314906 にある。

4 │ 数量を統制する

1930年代にニューヨーク市は、タクシーの許認可システムを構築した。そして「大メダル（メダリオン）」をもつタクシーだけが乗客を拾うことを許可した。このシステムは質の保証を意図していたので、「大メダル」の保有者は安全性と清潔さを含む一定の基準を満たすものと想定された。合計で1万1787枚の大メダルが発行され、タクシーの所有者は大メダル1枚を得るために10ドルを支払った。

1995年にいたっても、いまだにニューヨークにはわずか1万1787台の認可されたタクシーしかいなかった。その間、ニューヨークは世界の金融中心都市となり、毎日何十万もの人がタクシーをつかまえるために急いでいるような場所になっているのに、だ（1995年には追加的に400枚の大メダルが発行され、何回かの追加的な大メダルの販売をへて、今日では1万3128枚の大メダルがある）。

このタクシー数の規制の結果として、これら大メダルはとても価値あるものとなった。もしあなたがニューヨークでタクシー業を営みたいならば、大メダルを借りるか、

あるいは現行価格の数十万ドルで買わなければいけないのだ。

ニューヨークの話は例外的なことではない。他の都市も1930年代に類似の大メダルシステムを導入し、そしてニューヨークと同じようにそれ以来わずかの新しい大メダルしか発行していないからだ。サンフランシスコとボストンでもニューヨークのようにタクシーの大メダルは6桁の価格で取引されている。

タクシーの大メダルのシステムは**数量統制**、あるいは**割当て**の1つの形態であり、それによって政府は取引される価格ではなく、売買される数量を規制する。数量統制のもとで取引される財の数量の総計は**割当て制限**と呼ばれる。政府は典型的には**許可証**を発行することによって数量を制限する。許可証をもつ人だけが合法的にその財を供給できる。

▶ **数量統制**あるいは**割当て**は、ある財の購入可能量や販売可能量の上限だ。合法的に取引されうる財の数量の総計は**割当て制限**だ。
許可証は、その所有者に財を供給する権利を与える。

タクシーの大メダルは、ちょうどそのような許可証だ。ニューヨーク市は、タクシーを大メダルの保有者に限定することによって、タクシーの乗車数を制限している。人々がどれくらい外国為替（たとえばイギリス・ポンドやメキシコ・ペソ）を買うことが許されているか、から、ニュージャージーの漁船がどれくらいハマグリ（クラム）を獲ってよいかまで、他にも数量規制の多くの事例が存在する。ところで、現実世界において価格統制は均衡価格のどちら側にも課せられる――すなわち上限価格規制と下限価格規制がある――が、数量統制は常に数量の下限ではなく上限を設定することに注意してほしい。結局、人々が欲している以上のものを買わせたり売らせたりすることは、誰にもできないのだ！

数量を統制しようという試みには、よい経済的理由のために実施されているものもあれば、悪い理由のために実施されるものもある。これからみていくように、多くの場合、一時的な問題に対処するために導入された数量統制は、たとえその存在理由がとっくになくなっていたとしても、その統制によって便益を受ける人々がそれを撤廃したくないために、後から取り除くのは政治的に困難になる。しかしそのような統制の理由がどうあれ、それらは確実に予測可能な――かつ通常は望ましくない――経済的帰結をもたらすのだ。

4.1 数量統制の構造

ニューヨークのタクシーの大メダルがなぜそれほど高価になるかを理解するために、図4-8で示されるような、単純化されたタクシー乗車の市場を考えよう。家賃統制の分析においてすべてのアパートが同じであると仮定したように、ここでもあるタクシー乗車は他よりも長く、したがってより高額であるといった現実での複雑さを無視し、すべてのタクシー乗車は同じだと想定する。図のなかの表は供給表と需要表を示している。均衡――図の点 E と表の赤で囲んだ数値で示されている――は乗車1回当たり5ドルの運賃と年間1000万回の乗車数である（均衡をこのように表現する理由はすぐにわかるだろう）。

ニューヨークの大メダルシステムはタクシーの台数は制限するが、個々のタクシーの運転手は彼らがなしうるだけの乗車数を提供する（これでニューヨークのタクシー

運転手がなぜそんなに攻撃的なのかわかっただろう！）。ただし、分析を単純化するために、大メダルシステムは合法的に提供されるタクシー乗車数を年間800万回に制限すると仮定しよう。

これまでは、次のような形の問いに答えることによって需要曲線を導いてきた。「運賃が5ドルのときには人々は何回タクシーに乗りたいと思うか？」。しかし問いを逆にして、かわりに次のように聞くこともできる。「人々が年間1000万回タクシーに乗りたいと思うのは運賃がいくらのときか？」。消費者が与えられた数量を買いたいと思う価格——この場合は1000万回のときの1回5ドル——は、その数量の**需要価格**だ。図4-8の需要表から、600万回の需要価格は7ドル、700万回の需要価格は6.5ドル、と読み取っていくことができる。

◀ ある所与の数量の**需要価格**とは、消費者がその数量を需要する価格のことだ。

同様にして、供給曲線は次のような形の問いの答えを表している。「運賃が5ドルのときにタクシーの運転手は何回の乗車を供給したいと思うか？」。しかしこの問いも逆にして次のように聞くことができる。「供給者が年間1000万回の乗車を供給したいと思うのは、運賃がいくらのときか？」。供給者が与えられた数量を供給したいと思う価格——この場合には1000万回のときの1回5ドル——は、その数量の**供給価格**だ。図4-8の供給表から、600万回の供給価格は3ドル、700万回の供給価格は3.5ドルと読み取っていくことができる。

◀ ある所与の数量の**供給価格**とは、生産者がその数量を供給する価格のことだ。

これで、割当てを分析する準備ができた。市政府がタクシーを年間800万回に制限すると仮定しよう。大メダルはそれぞれが年間にある一定数の乗車を提供する権利を保障しており、選ばれた人々が合計800万回の乗車を提供することができるようにつくられている。そして大メダルの保有者は自分のタクシーを運転してもよいし、大メダルを他人に料金をとって貸してもよい。

図4-8 政府統制がないときのタクシー乗車の市場

政府介入がないとき、タクシー乗車の市場は、年間1000万回の乗車数、1回の乗車運賃5ドルで均衡に到達する。

料金 (乗車1回当たり、ドル)	乗車回数 (1年当たり、100万回)	
	需要量	供給量
7.00	6	14
6.50	7	13
6.00	8	12
5.50	9	11
5.00	10	10
4.50	11	9
4.00	12	8
3.50	13	7
3.00	14	6

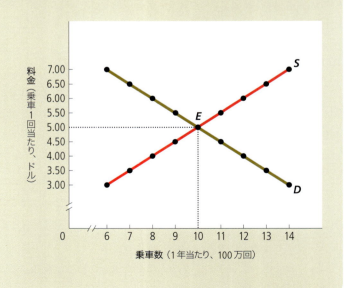

図4-9は、年間の割当て制限800万回を表す垂直の線を引いた後のタクシー乗車の市場を示している。乗車数が800万回に制限されているので、消費者は需要曲線上の点 A にいなければならず、需要表の赤で囲んだ数値に対応している。800万回の乗車の需要価格は6ドルだ。他方、タクシー運転手は供給曲線上の点 B にいなければならず、供給表の赤で囲んだ数値に対応している。800万回の乗車の供給価格は4ドルだ。

　しかし、タクシーの乗車によって支払われる価格が6ドルなのに、タクシー運転手が受け取る価格が4ドルになるのは、どうしてだろうか。答えはタクシー乗車の市場に加えて、大メダルにも市場があるからだ。大メダル保有者は、いつも彼らのタクシーを運転したいとは思わないかもしれない。病気のときや休暇のときもあるかもしれない。それで、自分のタクシーを運転したくない人は、大メダルを使う権利を他の誰かに売るだろう。それで2組の取引、したがって2つの価格を考慮する必要がある。(1) タクシーの乗車の取引とそれがなされる価格、そして (2) 大メダルの取引とそれがなされる価格だ。2つの市場をみているので、4ドルと6ドルがともに正しいということが明らかになる。

　これらすべてが、どのようにはたらくかをみるために、架空の人物である2人のニューヨークのタクシー運転手サニルとハリエットを考えよう。サニルは大メダルをもっているが、彼は深刻な手首の捻挫からの回復途中にあるため、それを使うことが

図4-9 | タクシー乗車の市場に対する割当ての効果

表は各数量に対する需要価格と供給価格とを示している。すなわち、それぞれその数量が需要されるときと供給されるときの価格だ。市政府は、800万回分のみの許可証を発行することにより、800万回の割当てを課し、それが黒い垂直線によって表されている。消費者によって払われる価格は1回6ドルで、800万回の乗車の需要価格であり、点 A で示される。800万回の乗車の供給価格はわずか4ドルであり、点 B で示される。これら2つの価格の差は乗車1回当たりの割当てレントであり、許可証の保有者の収入となる。割当てレントは需要価格と供給価格との間にウェッジ（くさび）を打ち込むのだ。また割当ては相互に便益の得られる取引を抑制するので、グレーに色づけされた三角形に等しい死荷重を生じさせる。

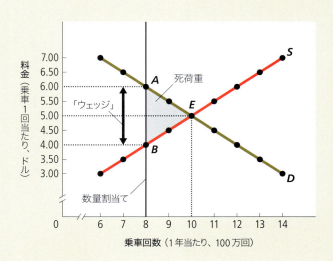

できない。そこで彼は他の誰かに彼の大メダルを貸そうとしている。ハリエットは大メダルをもっていないが、借りたいと思っている。さらに、いつの時点でも、ハリエットのように大メダルを借りたいと思っている他の多くの人々がいる。サニルが彼の大メダルをハリエットに貸すことに合意したとしよう。単純化のためにどの運転手も1日1回の乗車しか提供できず、サニルは彼の大メダルをハリエットに1日貸しているとする。彼らが合意するレンタル価格はいくらだろうか？

　この問いに答えるためには、この取引を双方の運転手の観点からみる必要がある。ハリエットは、大メダルをもてば1日6ドルを得られることを知っている――それは数量割当てのもとでの需要価格だ。そして彼女は少なくとも1日4ドルを得られるときのみ大メダルを借りたいと思う――、それは数量割当てのもとでの供給価格だ。だからサニルは6ドルと4ドルの差である2ドル以上のレントを要求することはできない。そしてもしハリエットがサニルに2ドル以下、たとえば1.5ドルを提示したならば、サニルにその1.5ドルより上で2ドル以下の額を提示する他の熱心な運転手が出てくるだろう。そのため、大メダルを得るためにハリエットは少なくとも2ドルをサニルに提示しなければならない。このように、レントは2ドルを超えても未満にもなることができないので、ちょうど2ドルになるはずだ。

　この2ドルが、乗車800万回の需要価格6ドルと800万回の供給価格4ドルの差にちょうど等しいのは偶然ではない。財の供給が法的に制限されているどんな場合であっても取引される数量の需要価格と取引される数量の供給価格との間には**ウェッジ（くさび）**がある。図4-9で両方向の矢印で示されているこのウェッジは、**割当てレント**という特別な名称がつけられている。これは許可証の保有者が、許可証という価値ある商品を所有することで得られる収入だ。サニルとハリエットの場合、サニルが許可証を所有しているので、2ドルの割当てレントは彼のところへ行き、合計運賃6ドルの残りの4ドルはハリエットのところへ行く。

　このように図4-9は、ニューヨークのタクシー乗車の市場にある割当てレントも描いているのだ。この割当ては、需要価格6ドルが供給曲線4ドルを上回る、年間800万回という数量に乗車数を制限している。これら2つの価格の間のウェッジ2ドルは割当てレントであり、この市場におけるタクシー乗車数に課せられた制限から生じている。

　しかしちょっと待ってほしい。もしサニルが彼の大メダルを貸さなかったらどうなる。もし彼が自分自身で使ったら？　このことは彼が6ドルの価格を得ることを意味しないのか？　いや本当はちがう。たとえサニルが彼の大メダルを貸し出さなくても、彼はそれを貸し出すことはできたのであり、それは大メダルが2ドルの機会費用をもっていることを意味している。もしサニルがハリエットに貸すのではなく、自分のタクシーを運転すると決めたならば、その2ドルは彼が大メダルを貸し出さないことの機会費用を表している。つまり、2ドルの割当てレントは彼が自分のタクシーを運転するためにあきらめた賃貸料なのだ。

　実際上、サニルは2つの業務をしている――タクシー運転業務と大メダル貸し出

数量統制や割当ては、財の需要価格と供給価格の間に**ウェッジ（くさび）**を打ち込む。つまり買い手が支払う価格は売り手が受け取る価格よりも高くなる。

割当て制限を課された数量の需要価格と供給価格の差が**割当てレント**だ。それは許可証の保有者が財を売る権利を所有することから生じる収入で、割当てレントは許可証が取引されるときの許可証の市場価格に等しい。

し業務だ。彼は自分のタクシーを運転することにより、1回当たり4ドルを得ており、大メダルを貸し出すことにより、1回当たり2ドルを得ている。彼の大メダルを彼自身に貸しているこの特殊な事例でも、何らちがいは生じない。そのため、大メダルの所有者がそれを自分自身で使うか、あるいは他人に貸すかにかかわらず、それは価値ある資産だ。そしてこのことはニューヨークのタクシー大メダルの現行価格に表されている。2011年10月には69万4000ドルだった。ニューヨークのタクシー大メダルのブローカーであるサイモン・グリーンバウムによると、運転手に大メダルを賃貸した所有者は月額約2500ドルを得るか、あるいは他の投資とくらべても魅力的な収益率である3％の収益を期待できるという。

　ところで、上限価格規制と下限価格規制と同じように、割当ても常に実質的な効果をもつとは限らないことに注意してほしい。もし割当てが1200万回に――すなわち制限されていない市場での均衡数量よりも多く――設定されていたら、それは拘束的なものとはならず、実質的な効果はない。

4.2　数量統制の費用

　価格統制と同じように数量統制もいくらかの予測可能な、そして望ましくない副作用がありうる。第1は、いまではおなじみの、失われた機会に起因する非効率の問題だ。数量統制は売り手と買い手の双方に便益を与える互恵的な取引が生じることを妨げることにより、死荷重をつくり出す。図4-9に戻ると、乗車数が800万回という割当て制限からもう100万回増えるとすれば、ニューヨーカーたちは少なくとも1回当たり5.5ドルは喜んで払おうとし、タクシー運転手たちは1回当たり少なくとも4.5ドルを得られるかぎりこれらの乗車数を喜んで提供するだろう、ということが読みとれる。これらは、割当て制限がなければ実現されていた乗車数である。

　同じことが次の100万回の乗車についてもいえる。ニューヨーカーたちは乗車数が900万回から1000万回に増えたときに、少なくとも5ドルは喜んで払うだろう。そしてタクシー運転手たちは、1回当たり少なくとも5ドルを得られるかぎり、これらの乗車数を喜んで提供するであろう。繰り返すが、これらの乗車数は割当て制限がなければ実現したものだ。

　市場が1000万回の自由市場均衡数量に達したときのみ「失われた乗車機会」がなくなる。800万回の割当て制限は、200万回の「失われた乗車機会」の原因となるのだ。

　一般に、与えられた数量の需要価格が供給価格を上回るかぎり、死荷重が存在する。買い手は売り手が喜んで受け入れる価格で喜んで買おうとするが、割当てにより禁じられているので、そのような取引は起こらないのだ。200万回の失われた乗車機会から生じる死荷重は図4-9のグレーに色づけされた三角形で表されている。

　そして人々が行いたくとも許されていない取引があるので、数量統制は法律をくぐり抜け、あるいは破ろうとさえするインセンティブをつくり出す。ニューヨークのタクシー業界はここでも明白な事例となっている。タクシー規制は乗客に路上で呼び止められる運転手だけに適用される。予約により迎車を行う自動車サービスには大メダ

ルは必要ない。その結果、規制がなければ他の都市と同じようにタクシーによって提供されたであろうサービスの多くが、そのようなハイヤーによって提供されている。それに加えて、相当数の無許可の車が、単に大メダルなしで乗客を拾うことによって法律を無視している。これらの車は違法なので、その運転手たちはまったく規制されておらず、彼らは、ニューヨークにおいてその比率以上に多くの交通事故を起こしている。

　実際、2004年にニューヨークのタクシーの制限された台数に起因する窮状により、市の指導者は許可されたタクシー数の増加を是認した。何回かの販売で市は900の新しい大メダルを売り、その総数は現在1万3128となった。この動きは確かにニューヨークの乗客たちを喜ばせた。

　しかしすでに大メダルを所有している人々にとって、この増加はうれしくない。彼らは900台の新しいタクシーがタクシー不足を緩和するか、あるいは取り除くことを理解している。その結果、タクシー運転手たちはもはや、常に乗りたい客をみつけることはできなくなるので、収入が減ることを予測した。すると大メダルの価値が下がるだろう。そこで大メダルの所有者たちをなだめるために、市の役人も運賃を引き上げた。2004年に25％、そして再び2006年により少ない率であるが引き上げた。タクシーがより簡単にみつけられるようになったとはいえ、乗車にはより費用がかかり、この価格の上昇はニューヨークの乗客の新たに見出された喜びを少し減らすものだ。

　要するに数量統制は、典型的に次のような望ましくない副作用をもっている。

- 相互に利益のある取引が行われないことによる死荷重
- 非合法活動へのインセンティブ

経済学を使ってみよう☞　ニュージャージーのクラム

　ジャージー高速道路沿いの精製所やテレビが示す現実はさておき、ニュージャージーが本当に他を圧倒している産業の1つは、クラム（ハマグリ）漁だ。2009年にガーデン・ステート社は全国のホンビノスガイ（ハマグリの一種）の39％を供給しており、クラムチャウダーをつくるのに使われている。またバカガイ（サーフ・クラム）の71％を供給しており、その舌はフライド・クラム・ディナーに使われている。

　しかし1980年代に、乱獲のためにニュージャージーのハマグリ養殖場が全滅する恐れが出てきた。この資源を救うためアメリカ政府は、ハマグリの割当てを導入して、採取してもよいハマグリの総量を設定し、従来の漁獲量に応じて漁船の所有者に許可証を配分した。

　ところで、これはおそらくより広範な経済的および環境的な考慮によって正当化される割当ての例であることに注意してほしい——経済的合理性の根拠を失って久しいニューヨークでのタクシーの割当てとはちがう。理論的根拠は何にしても、いまだにニュージャージーでのハマグリの割当ては他の割当てと同じように機能している。

　いったん割当て制度が確立されると、多くの漁船の所有者はハマグリ漁をやめてし

まった。彼らは漁船を一部の時間だけ操業させるよりも、十分な数の許可証を集めて漁船を終日操業することができるような他の人々に許可証を売るか、あるいは貸すほうが利益があることを知ったのだ。今日ハマグリ漁をしている漁船はおよそ50だが、その操業のための許可証は漁船自体よりも価値が高い。

✓ 理解度チェック　4-3

1. タクシー乗車の供給と需要が図4-8で与えられている。ここで800万回ではなく、600万回の乗車に割当てが課せられているとしよう。次のものを、図4-8のなかでみつけて示しなさい。
   a. 乗車1回の価格
   b. 割当てレント
   c. 死荷重
   d. タクシー乗車の割当て限度が900万回に引き上げられたとしよう。このとき割当てレントはどうなるか？
2. 割当て限度が800万回だと仮定し、観光の低迷で需要が減少したとしよう。この割当てが市場に何の効果ももたないようにするには、需要曲線を左に最小限どれくらいシフトさせればよいか。図4-8を使って説明しなさい。

解答は https://str.toyokeizai.net/books/9784492314906 にある。

> **ちょっと復習**
>
> ▶**数量統制**や**割当て**とは、ある財の売買数量に政府が制限を設けることだ。許可された販売数量のことを**割当て制限**という。政府はそのとき**許可証**——割当てのもとで一定の数量の財を売る権利を発行する。
> ▶割当て制限が、規制されていない市場で取引される財の数量よりも小さいときには、**需要価格**は**供給価格**よりも高い——割当て制限ではそれらの間に**ウェッジ**が存在する。
> ▶このウェッジが**割当てレント**であり、許可証の保有者が、財を販売する権利を所有することから得られる収入だ——それは実際に財を供給するか、あるいは許可証を他人に貸すかにはかかわらない。許可証の市場価格は割当てレントに等しい。
> ▶価格統制と同じように、数量統制も非効率をつくり出し、非合法活動を促す。

BUSINESS CASE　ビジネス・ケース

メダリオン（大メダル）・ファイナンシャル：流しの権利

　1937年にさかのぼるが、ニューヨーク市がタクシーの大メダルの個数を凍結する前に、アンドリュー・マーシュタインの、移民であった祖父は、最初の1個を10ドルで買った。時は流れ、祖父は500個の大メダルを蓄積し、他の運転手に賃貸した。この500個のタクシー大メダルがメダリオン・ファイナンシャル社の基礎となった。現在の社長アンドリューに引き継がれる会社だ。

　2011年の終わりに市場価値が2億ドル以上となったなかで、メダリオン・ファイナンシャル社はその主要なビジネスラインを大メダルの賃貸から、大メダルを買いたいがそれに必要な現金をもっていない者におカネを貸す、大メダル購入のための資金提供へと移動させた。マーシュタインは、ポーランド移民である彼の祖父のように、一片のアメリカン・ドリームを買いたいと思っている人々を助けていると信じているのだ。

　アンドリュー・マーシュタインはニューヨーク市のタクシー大メダルの価値を注視している。より費用がかかるなら、メダリオン・ファイナンシャル社からのローンへの需要はより大きくなり、会社はローンからより多くの利子を得ることができる。メダリオン・ファイナンシャル社からのローンは、大メダル自体の価値によって保証されている。もし借り手がローンを返済できなければ、メダリオン・ファイナンシャル

社は大メダルの所有権を取り上げ、ローン債務不履行の費用を相殺するため再販売するのだ。2011年、大メダルの価値は株式、石油そして金よりも急速に上昇した。過去20年、1990年から2011年秋にかけて大メダルの価値は440％上昇したが、株式指数の上昇率は255％にとどまった。

　しかし大メダルの価格は劇的に変動し、利潤を脅かす。1999年と2001年など、経済がきわめて強い時期には、運転手が他の部門で職をみつけるので、ニューヨークのタクシー大メダルの価格は下落した。9.11の余波でニューヨーク経済が低迷しているとき、大メダルの価格は、過去12年間の最低水準である18万ドルまで下落した。2004年に大メダルの所有者は、ニューヨーク市タクシーならびにリムジン委員会による追加的な900の大メダルの差し迫った販売に関心を向けた。メダリオン・ファイナンシャル社からのローンで大メダルを買った、悩めるニューヨークのタクシー運転手であるピーター・ヘルナンデスは、そのときにいった。「もし彼らが新しいタクシーを業界に入れるなら、私の大メダルの価値を減らす。それは日々の所得も減らすのだ」。

　それでもマーシュタインは、大メダルは価値を保ち続けるだろう、とつねに楽観的だ。彼は乗車料金の25％上昇が、新しい販売による大メダルの価値の潜在的損失を相殺するだろうと信じていた。さらに、より多くの大メダルは彼の会社に対するより多くのローンを意味するだろう。2011年にはマーシュタインの楽観主義が正当化された。2007〜2009年の金融危機のため、多くのニューヨークの会社が従業員のために普通に提供していたリムジンによるサービスを止めて、そのかわりにタクシーを使うように求めた。その結果、大メダルの価格は2011年10月には驚くことに69万4000ドルにまで上昇した。そして投資家たちは、メダリオン・ファイナンシャル社のビジネスラインの価値に気がついたのだ。2010年11月から2011年11月まででメダリオン・ファイナンシャル社の株式は44％上昇した。

ビジネス思考力を鍛えよう

1. メダリオン・ファイナンシャル社はニューヨークタクシー大メダルの数量制限からどのように利益を得ているか。
2. ニューヨークの会社が彼らの従業員にリムジンサービスの広範な使用を再開したらメダリオン・ファイナンシャル社にどんな影響があるだろうか。会社にとって、従業員に対しこの役得を提供させる経済的動機は何だろうか（ニューヨーク市での自家用車の所有はきわめて困難で高価であることに注意しなさい）。
3. ニューヨーク市がタクシー数の制限を撤廃するとしたときの、メダリオン・ファイナンシャル社のビジネスへの影響を予測しなさい。

第 4 章｜価格統制と割当て：市場へのおせっかい

要約

1. たとえ市場が効率的であっても、より大きな公正性を求めるか、力のある利益集団を喜ばすために、政府はしばしば市場に介入する。介入は**価格統制**か数量統制の形態をとりうる。しかしそれらは、さまざまな種類の非効率と非合法活動という、予測可能でかつ望ましくない副作用をもたらす。

2. 均衡価格を下回る最高の市場価格である**上限価格規制**は、取引に成功した買い手には便益をもたらすが、持続的な供給不足を生じさせる。価格が均衡価格よりも低く維持されるので、均衡数量とくらべると需要量は増加し、供給量は減少している。これにより、予測可能な問題がもたらされる。非効率的に低い取引量から生じる**死荷重**、**消費者への非効率的な配分**、**資源の浪費**、そして**非効率的に低い品質**という形で非効率的な状況が生じるのだ。また、財を得るために人々が**ブラック・マーケット**へと向かうように仕向け、非合法活動を促す。これらの問題のせいで、上限価格規制は、一般に経済政策手段としての支持を失っている。しかしいくつかの政府は、その効果を理解しない、あるいは影響力のある集団に便益を与えるからという理由で上限価格規制を課し続けている。

3. 均衡価格を上回る最低の市場価格である**下限価格規制**は、取引に成功した売り手には便益をもたらすが、持続的な供給過剰を生じさせる。価格が均衡価格よりも高く維持されるので、均衡数量とくらべると需要量は減少し、供給量は増加している。これにより、予測可能な問題がもたらされる。非効率的に低い取引量から生じる**死荷重**、**売り手の間での販売機会の非効率的な配分**、**資源の浪費**、そして**非効率的に高い品質**という形で生じる非効率だ。また、非合法活動とブラック・マーケットの成立を促す。もっともよく知られた下限価格規制の種類は**最低賃金**だが、農産物にもよく適用されている。

4. **数量統制**、あるいは**割当て**は財の売買数量を制限する。許容される販売数量を**割当て制限**という。政府は、財の一定の数量を売る権利である**許可証**を各主体に発行する。許可証の所有者は、**割当てレント**を得ることができる。それは、財を売る権利を所有することで生じる収入だ。割当てレントは、割当て制限での**需要価格**、つまり割当て制限の数量に対して消費者が進んで支払う額と**供給価格**、つまり割当て制限の数量に対して供給者が進んで受け入れる額の差額になっている。経済学者はこれを、割当てが需要価格と供給価格の間に**ウェッジ（くさび）**を打ち込む、という。このウェッジが割当てレントだ。数量統制は、非合法活動を促すことに加えて、死荷重を生じさせる。

キーワード

価格統制	136ページ	上限価格規制	136ページ
下限価格規制	136ページ	死荷重	139ページ

消費者への非効率的な配分	142ページ	資源の浪費	142ページ
非効率的に低い品質	143ページ	ブラック・マーケット	143ページ
最低賃金	147ページ		
売り手の間での販売機会の非効率的な配分	150ページ		
非効率的に高い品質	151ページ	数量統制	155ページ
割当て	155ページ	割当て制限	155ページ
許可証	155ページ	需要価格	156ページ
供給価格	156ページ	ウェッジ（くさび）	158ページ
割当てレント	158ページ		

〈問題〉

1. ニューヨーク市で家賃統制の廃止が決定され、これから市場価格が成立するとしよう。すべての賃貸住宅は同一で、したがって同じ家賃を求められると仮定する。市場家賃を払えない住民の窮乏に対処するため、すべての低所得世帯に、これまでの統制された家賃と新しい市場家賃との差額に等しい所得補填が支払われる。

   a. 家賃統制廃止の、賃貸市場に対する効果を、図を用いて示しなさい。供給される賃貸住宅の品質と数量に何が起こるだろうか。

   b. 所得補填政策の、市場に対する追加的な効果を別の図を用いて示しなさい。問aに対するあなたの答えとくらべて、供給される賃貸住宅の市場家賃と数量に対しどのような効果があるか。

   c. これらの政策により、入居者の状態はよくなったか、悪くなったか。家主の状態はよくなったか、悪くなったか。社会全体としてはよくなったか、悪くなったか。

   d. 政治的観点から、市当局が低所得者の住居費支払いを援助するための所得補填政策よりも、家賃統制に頼ることが多いのはなぜだと思うか。

2. 有権者の人気を得るためにゴッサム市の市長は、タクシー料金を引き下げると決めた。単純化のために、すべてのタクシー乗車は同じ距離で、したがって同じ費用だと仮定する。下の表はタクシー乗車についての需要表と供給表を示している。

料金（乗車1回当たり、ドル）	乗車回数（1年当たり、100万回）	
	需要量	供給量
7.00	10	12
6.50	11	11
6.00	12	10
5.50	13	9
5.00	14	8
4.50	15	7

a. 市内で供給されうるタクシー乗車数には規制がないと仮定する（すなわち大メダルシステムはない）。均衡価格と数量をみつけなさい。

b. 市長が5.5ドルの上限価格規制を課すとする。タクシー乗車の不足はどれだけの大きさか、図で示しなさい。この政策により、誰が損失をこうむり誰が利益を得るか。

c. 株式市場が暴落し、その結果ゴッサム市の人々が貧しくなったとする。これにより、すべての価格においてタクシー乗車の需要量が年間600万回減少する。このとき、市長の新しい政策はどんな効果をもつか。図で示しなさい。

d. 株式市場が上がり、タクシー乗車の需要が正常に戻ったとする（すなわち、表で与えられている需要表に戻った）。市長は、こんどはタクシー運転手の人気を得ようと決めた。彼は、営業許可証が既存のタクシー運転手に与えられるという政策を発表した。許可証の数は、年間1000万回の乗車のみが提供されるように制限される。この政策の市場に対する効果を描写し、結果として生じる価格と数量を示しなさい。乗車1回当たりの割当てレントはいくらか。

3. 18世紀の終わりごろ、ニューヨーク市におけるパンの価格は統制され、市場価格よりも高い、あらかじめ決められていた価格に設定されていた。

a. この政策の効果を示す図を描きなさい。この政策は上限価格規制として機能しただろうか。あるいは下限価格規制として機能しただろうか。

b. パンの統制された価格が市場価格よりも高いとき、どのような種類の非効率が生じると思われるか。詳しく説明しなさい。

この時期のある年に、小麦の不作がパンの供給の左方シフトを引き起こし、したがって市場価格上昇の原因となった。ニューヨークの製パン業者は、ニューヨークでのパンの統制された価格が市場価格よりも低いことを見出した。

c. この1年間における、パン市場に対する価格統制の効果を示す図を描きなさい。この政策は、上限価格規制として機能しただろうか。あるいは下限価格規制として機能しただろうか。

d. この時期に、どのような種類の非効率が生じたとあなたは考えるか。詳しく説明しなさい。

4. アメリカ農務省（USDA）はバターについて下限価格規制を執行し、2008年の農業法で1ポンド1.05ドルに設定された。USDAからのデータによると、その価格での2010年のバターの供給量は17億ポンド、需要量は16億ポンドだった。したがってバターの価格を下限価格に維持するため、USDAは1億ポンドのバターを買い上げなければならなかった。次ページの図は、バター市場の供給曲線と需要曲線を示している。

a. 下限価格規制がないと、消費者余剰の大きさはどれだけか。生産者余剰はどれだけか。総余剰はどれだけか。

b. 下限価格規制 1 ポンド 1.05 ドルのもとで消費者は16億ポンドのバターを買う。このとき消費者余剰の大きさはどれだけか。

c. 下限価格規制 1 ポンド 1.05 ドルのもとで生産者は17億ポンドのバターを売る（一部は消費者に、一部は USDA に）。このとき生産者余剰の大きさはどれだけか。

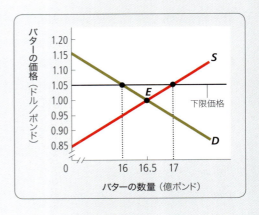

d. この余剰バターを買い上げるために USDA はどれだけのおカネを使うか。

e. USDA によるバターの購入のためには税金が集められなければならない。その結果、総余剰（生産者余剰および消費者余剰）は USDA が余剰バターを買うのに支出した額だけ減少する。問 b〜d への答えを使い、下限価格規制があるときの総余剰はどれだけか答えなさい。問 a で答えた下限価格規制がない総余剰とどのようにくらべられるか。

5. 下の表は、年間のミルクについての仮想的な供給表と需要表を示している。アメリカ政府は酪農家の所得が、伝統的な家族経営の酪農家が生き残るだけの水準に維持されるべきだと決意した。したがってそれは、1 パイント 1 ドルの市場価格が成立するまで、余剰ミルクを購入することにより、1 パイント 1 ドルの下限価格規制を達成する。

ミルクの価格 （1パイント当たり、ドル）	ミルクの数量（1年当たり、100万パイント）	
	需要量	供給量
1.20	550	850
1.10	600	800
1.00	650	750
0.90	700	700
0.80	750	650

a. 非効率的に低い売買量から生じる死荷重を、図において示しなさい。

b. この政策の結果により、どれだけの余剰ミルクが生産されるか。

c. この政策のための政府の費用は何か。

d. ミルクはたんぱく質とカルシウムの重要な摂取源なので、政府は購入した余剰ミルクを小学校にわずか 1 パイント 0.6 ドルで提供することを決定した。学校はこの低い価格で、どれだけの量のミルクでも購入すると仮定する。しかし親たちは、子どもたちが学校でミルクを飲んでいるのを知っているので、その価格にかかわらずミルクの購入量を年間5000万パイント減らした。この酪農プログラムは、

政府にどれだけの費用をかけさせるか。

　e. 売り手に対する非効率的な配分および資源の浪費という形の非効率が、この政策からどのように生じるかを説明しなさい。

6. ヨーロッパの政府はアメリカ政府よりも価格統制を多用する傾向がある。たとえばフランス政府は、高校卒業に対応する、大学入学資格であるバカロレアを取得して、新たに雇用される人々のために初年の最低年間賃金を設定した。バカロレア取得者に対する新規雇用の需要表と、新しく職を求める人々の供給表が下の表に示されている。ここでの価格は——フランスで使われている通貨であるユーロで表されている——年間の賃金と同じだ。

賃金（1年当たり、ユーロ）	需要量（1年当たり求人数）	供給量（1年当たり求職者数）
45,000	200,000	325,000
40,000	220,000	320,000
35,000	250,000	310,000
30,000	290,000	290,000
25,000	370,000	200,000

　a. 政府の介入なしで、卒業者の均衡賃金と年間就業者数はどうなるか。図で描いて示しなさい。均衡賃金で職を求めていながらみつけられない人、すなわち非自発的失業者は存在するだろうか。

　b. フランス政府が最低年間賃金3万5000ユーロを設定したとする。この賃金で非自発的失業者は存在するか。もしそうなら、どれくらいいるか。図で描きなさい。最低賃金が4万ユーロに設定されたらどうか。それも図で描きなさい。

　c. 問bに対するあなたの答えと図表の情報を前提として、非自発的失業と最低賃金の水準との間の関係についてどう思うか。この政策から誰が利益を得るか。誰が損失をこうむるか。ここでの失われた機会は何か。

7. 最近まで、フランスでの常勤の仕事の週間標準的労働時間はちょうどアメリカと同じく39時間だった。しかし非自発的失業の高い水準に対する社会的不安に反応して、フランス政府は週間35時間労働を制度化した。すなわち、たとえ労働者と雇用者が欲しても、1週間に35時間以上はたらくことはできない。この政策の背景にある動機は、もし現在の被雇用者がより少ない時間はたらけば、雇用者はさらに新しい労働者を雇わざるをえなくなるというものだ。新しい労働者を訓練するのは、雇用主にとってコストがかかる。フランスの雇用者はこの政策に大いに反対し、このような雇用規制のない近隣諸国に事業を移動させると脅した。あなたは彼らの姿勢を説明できるか。この政策から生じると思われる非効率と非合法活動の、双方の例を挙げなさい。

8. 過去70年間、アメリカ政府はアメリカの農民の所得補助のために価格支持を採用してきた。あるときには政府は下限価格規制を用い、それは農家の余剰生産物を買うことで維持された。またあるときには目標価格を用いたが、それは売られた各単位について市場価格と目標価格との間の差に等しい額を政府が農民に与えるという政策だ。下の図に描かれているトウモロコシの市場を考えよう。

a. 政府が1ブッシェル5ドルの下限価格規制を課したら、何ブッシェルのトウモロコシが生産されるか。どれだけ消費者に購入されるか。このプログラムは政府にどれだけ費用を強いるか。トウモロコシ農家はどれだけの収入を受け取るか。

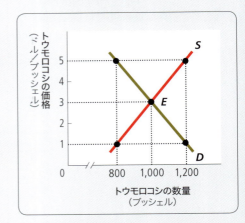

b. 1000ブッシェルまでの任意の数量に対し政府が1ブッシェル5ドルの目標価格を設定したとしよう。消費者と政府はそれぞれ、いくらの価格で何ブッシェルのトウモロコシを購入するか。このプログラムは政府にどれだけの費用を強いるか。トウモロコシ農家はどれだけの収入を受け取るか。

c. どちらのプログラム（問aおよびb）がトウモロコシの消費者により大きな費用を強いるか。どちらのプログラムが政府により大きな費用を強いるか。説明しなさい。

d. これらの政策のどちらかはもう一方の政策よりも非効率性がより小さいか。説明しなさい。

9. 北大西洋岸の水域にはかつて多くの魚がいたが、漁業者による乱獲のため、いまや漁業資源はほとんど枯渇している。1991年にアメリカ政府の国家海洋漁業サービス局（National Marine Fishery Service）は漁業資源を回復させるために割当てを実施した。この割当ては、すべての認可されたアメリカの漁船によって漁獲できるメカジキの数量を年間700万ポンドに制限した。アメリカの漁船団が割当て限度に達するとすぐに、その年の残りの期間のメカジキ漁は停止された。下の表は、アメリカで年間に漁獲されるメカジキの、仮想的な需要表と供給表だ。

メカジキの価格 (1ポンド当たり、ドル)	メカジキの数量（1年当たり、100万ポンド）	
	需要量	供給量
20	6	15
18	7	13
16	8	11
14	9	9
12	10	7

a. 1991年の割当てのメカジキ市場への効果を、図を用いて示しなさい。その図の中に、非効率的に低い数量から生じる死荷重を図示しなさい。

b. 漁業者はこの政策に対し漁の仕方をどのように変えるとあなたは考えるか。

10. メイン州ではロブスターを商業的に獲るには許可証が必要だ。これらの許可証は毎年発行される。メイン州当局は、その沿岸でみつけられるロブスターの供給が減少していることを憂慮している。州の漁業局は、すべてのメイン州水域で獲られるロブスターの数量を年間8万ポンドとする割当ての設定を決めた。また、今年の許可証を前年に許可証をもっていた漁業者のみに与えることも決めた。下の図は、メイン・ロブスターの需要曲線と供給曲線を示している。

a. 政府の介入がないとき、均衡価格と均衡数量はいくらか。

b. 消費者が8万ポンドのロブスターを買おうとするときの需要価格はいくらか。

c. 供給者が8万ポンドのロブスターを供給しようとするときの供給価格はいくらか。

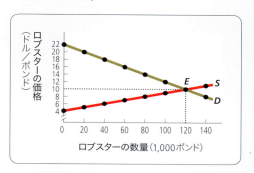

d. 8万ポンドが売られたときのロブスター1ポンド当たりの割当てレントはいくらか。割当てレントと死荷重を図で示しなさい。

e. 買い手と売り手の双方に利益を与えるが、この割当て制限によって実現を阻まれるような取引について説明しなさい。

11. ベネズエラ政府は焙煎されたコーヒー豆の小売価格に上限価格規制を課した。下の図はコーヒー豆の市場を示している。価格統制がないとき、均衡は点 E で、均衡価格は P_E そして均衡売買量は Q_E だ。

a. 上限価格規制が導入される前の消費者余剰と生産者余剰を示しなさい。

上限価格規制導入後、価格は P_C に下落し、売買量は Q_C に下落した。

b. 上限価格規制導入後の消費者余剰を示しなさい（もっとも高い支払い意欲額をもつ消費者が利用可能なコーヒー豆を買うことができると仮定する。すなわち、消費者に対する非効率的な配分がないと仮定する）。

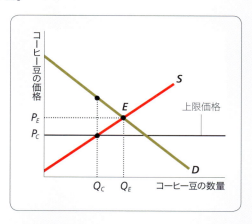

c. 上限価格規制導入後の生産者余剰を示しなさい（もっとも低い費用をもつ生産者がコーヒー豆を売ることができると仮定する。すなわち、生産者の間での非効率的な販売機会の配分がないと仮定する）。

d. 図を用いて、上限価格規制導入前の生産者余剰のどれだけが、上限価格規制の結果として消費者に移転されたかを示しなさい。

e. 図を用いて、上限価格規制導入前の総余剰のどれだけが失われたかを示しなさい。すなわち、死荷重の大きさはどれだけか。

12. 下の図は、アメリカ労働統計局（U. S. Bureau of Labor Statistics）の1975年から1985年までのインフレーション（すべての財の時間を通じた一般的増加）の効果を除くように調整された航空券の平均価格のデータを示している。1978年に合衆国航空路線規制緩和法は航空運賃の下限価格規制を撤廃し、また新しい路線の運行について航空会社により大きな柔軟性を与えた。

   a. 図の航空券価格のデータをみて、1978年以前に存在していた下限価格規制は制約的であったと考えるのか、制約的でなかったかと考えるのか。すなわち、均衡価格の上か、下かどちらに設定されていたと考えるのか。1978年以前に存在していた下限価格規制がどこで均衡価格に関係していたかを示すように、供給と需要の図を描きなさい。

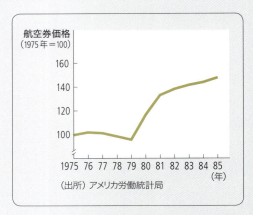

   b. ほとんどの経済学者は航空路線規制緩和法の結果として、1マイル当たりの航空券の平均価格が実際に下がったことに同意している。この見解と、この図でみたものをどう整合させるか。

Chapter 5

International Trade

国際貿易

> **この章で学ぶこと**
> - 比較優位はどのように国際貿易の相互利益を生み出すのか。
> - 比較優位の根本的な要因は何か。
> - 国際貿易で誰が利益を得て、誰が損失をこうむるのか。国際貿易の利益が損失より大きくなるのはなぜか。
> - **関税**や**輸入割当**ては、どのように非効率を生じさせて総余剰を減少させるのか。
> - 輸入から国内産業を保護するために政府が**貿易保護政策**を実施することがよくあるのはなぜか。
> - **国際貿易協定**はそれにどのように歯止めをかけているか。

自動車部品と吸引音

　自動車販売店のショウルームに立ち寄ってみると、展示されている自動車の大半はおそらくアメリカ製である。それらが日産、ホンダ、フォルクスワーゲンであったとしても、この国で販売されている自動車のほとんどは、ビッグ・スリーとよばれるアメリカの三大自動車メーカーか、外国自動車メーカーのアメリカ子会社によって製造されている。これらの自動車は、南北を縦貫する「自動車街道」、おおざっぱにいってシカゴ—モービル間の65号線やデトロイト—西フロリダ間の75号線沿いにある工場で組み立てられている。

　自動車はアメリカ製かもしれないが、その中身のかなりの部分は、どこか別の国、おそらくメキシコで製造されたものだ。1980年代以来、アメリカの自動車生産のメキシコへの依存度が高まっている。労働力を多く必要とする自動車シートのような労働集約的な部品はメキシコで生産されているからだ。

　メキシコからの自動車部品輸入が大きく拡大したのは、数年にわたって経済政策が変更されてきたからだ。1980年代まで、メキシコは保護貿易体制をとっていた。税や規制で輸入を制限することでアメリカ製品を締め出し、外国市場への輸出よりも国内消費者向けへの販売を奨励していた。けれども1985年、メキシコ政府は保護を大幅に削減し、アメリカとの貿易拡大を後押しし始めた。さらに1993年、アメリカ、メキシコ、カナダが北米自由貿易協定（NAFTA）を締結することで、3カ国間の貿易に課される税の大半が撤廃され、メキシコへの商業投資が恣意的な政策変更から保護されるようになると、アメリカ・メキシコ間の貿易はよりいっそう拡大するようになった。

　NAFTAが発効された際には、大きな論争が起こった。メキシコの労働者は、アメリカ労働者の賃金のわずか10%しか支払われていなかったので、低賃金競争によりアメリカの雇用が奪われると多くの人が心配した。特筆すべきは、1992年にアメリカ大統領候補であったロス・ペローの発言だ。彼は「巨大な吸引音（giant sucking sound）」とともに、アメリカの製造業が国境の南へ吸い込まれると警告した。NAFTAの影響についての悲観的な予想は現実のものとはなっていないが、その協定はいまだに論争の種である。

　ほとんどの経済学者は、NAFTAがアメリカ経済の脅威だとは思っていない。第2章で学んだように、国際貿易は相互に貿易の利益をもたらすからだ。それと同じロジックが大部分に当てはまるので、アメリカとメキシコはどちらも自由貿易協定によってより豊かになる。けれども、国が豊かになるからといって、その

国のすべての人の生活が改善されるわけではない。NAFTAのために生活が悪化するアメリカ国民がこれまでもいたし、またいまでもいるのだ。

本書ではこれまで、経済がまるで自給自足であるかのように、言い換えれば消費される財・サービスがすべてその経済のなかで生産されるかのように取り扱ってきた。この想定は世界経済全体でみれば当然、当てはまる。だが個々の国についてみると正しくない。50年前のアメリカでは、生産に占める輸出の割合も、消費に占める輸入の割合もわずかだったので、自給自足の想定はいまより当てはまっていただろう。

だがそれ以降、アメリカの輸出と輸入は経済全体よりも速いスピードで成長してきた。さらに他の国々の貿易依存度は、アメリカよりもはるかに高い。国民経済の全体像をつかむには、国際貿易の理解が不可欠だ。

この章では、国際貿易の経済学を検討しよう。はじめに、第2章で学んだ比較優位のモデルを利用して、なぜ国際貿易が利益をもたらすかを説明する。そのモデルをもう一度簡単に復習した後、国全体は貿易から利益を得るのに、一部の人々が国際貿易から損失をこうむる可能性があるのはなぜかといった、国際貿易をめぐる興味深い問題に取り組もう。この章の最後の部分では、輸入制限や輸出促進を目的とした貿易政策の効果を理解すると同時に、こうした貿易障壁を克服するために、各国がどのように協力しているのかを検討する。

1 比較優位と国際貿易

アメリカは自動車部品以外にも多くの財・サービスを外国から購入している。同時に、多くの財・サービスを外国へ販売している。外国から購入した財・サービスは**輸入**で、外国に販売した財・サービスは**輸出**だ。

> 外国から購入した財・サービスは**輸入**で、外国に販売した財・サービスは**輸出**だ。

この章の冒頭で述べたように、アメリカ経済のなかで輸出と輸入の重要性はますます高まっている。過去50年の間、アメリカの輸出と輸入は、アメリカ経済よりも速く成長してきた。図5-1のパネル（a）は、国内総生産（GDP）に占める輸入額と輸出額の割合が上昇してきたことを示している。パネル（b）が示すように、国際貿易はアメリカ以上に、他の多くの国々にとっていっそう重要なものだ（日本は例外である）。

各国の経済は、国際貿易のみで結びついているわけではない。現代の世界では、ある国の投資家が別の国へ資金を投資するし、多くの企業はいくつもの国に子会社をもつ多国籍企業であり、また、生まれた国とは異なる国で働く人の数も増えている。このように、さまざまな国際取引を通じた経済連関の深化を、**グローバリゼーション**と呼ぶ。

> **グローバリゼーション**は、国家間の経済連関が深化する現象である。

けれども本章では、おもに国際貿易に的を絞ることにする。なぜ国際貿易が生じるのか、また、なぜ経済学者は、それが経済にとって利益となると信じているのか。それを理解するために、はじめに比較優位の概念を復習しておこう。

1.1 生産可能性と比較優位、再考

自動車部品を生産するには、どこの国でも資源を使う必要がある。土地、労働、エネルギー、資本等々の資源は、他の財の生産にも用いられたはずのものだ。1つの自

図5-1 高まる国際貿易の重要性

パネル（a）は、過去50年間にわたって、アメリカの国内総生産（GDP）に占める輸出の割合と輸入の割合がともに上昇していることを示している。パネル（b）は、国際貿易はアメリカ以上に、他の多くの国々にとっていっそう重要だということを示している。

（出所）パネル（a）：アメリカ経済分析局
　　　　パネル（b）：WTO

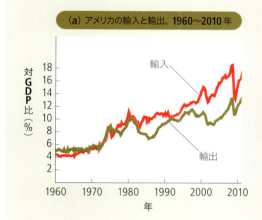
(a) アメリカの輸入と輸出、1960〜2010年

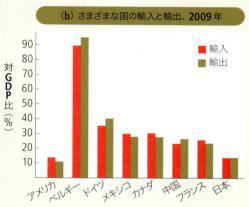
(b) さまざまな国の輸入と輸出、2009年

動車部品を生産するために、その他の財の生産が減らされてしまう。これがその部品の機会費用だ。

　ある国がなぜ特定の財をとりわけ安い機会費用で生産できるのかを、簡単に理解できる場合もある。たとえばエビを考えてみよう。その多くはいまではベトナムやタイの養殖場からやってくる。アメリカにくらべて、ベトナムの気候はエビの養殖に理想的だし、それに適した海岸線が豊富にある。逆に、その他の財をみると、アメリカのほうがベトナムよりも生産が容易である。たとえば、ベトナムには優れた技術をもつ労働者や技術知識の基盤がないが、アメリカにはそれがあるので、アメリカはハイテク財の生産に優れている。したがってベトナムでは、航空機のような他の財で測ったエビ1トンの機会費用は、アメリカよりもずっと安くなる。

　これほど簡単には説明できない場合もある。アメリカで自動車部品を生産することは、メキシコで生産するのと同じくらい簡単だが、メキシコの自動車部品工場ではたらく労働者は、どちらかといえば、アメリカの部品工場の労働者にくらべて効率が悪い。けれども、航空機や化学といった他の分野では、メキシコの労働者はアメリカの労働者よりもずっと効率が低い。このことは、労働者1人が他の財の生産から自動車部品生産に転じることで他の財の生産が減少するとき、その減少量はメキシコのほうがアメリカよりも小さいことを意味する。言い換えれば、メキシコでの自動車部品生産の機会費用は、アメリカのそれよりも小さいということだ。

　したがって、メキシコは自動車部品の生産に比較優位をもつ。第2章で学んだ比較優位の定義を思い出してほしい。他国よりもある財・サービスを生産する機会費用が低い国は、その財・サービスの生産に比較優位をもつ、というものだ。

図5-2 ｜ 比較優位と生産可能性フロンティア

アメリカでは、航空機で測った自動車部品1組の機会費用は2だ。自動車部品1組を追加的に生産するのに、航空機2機を犠牲にする必要がある。メキシコでは、航空機で測った自動車部品1組の機会費用は1/2だ。わずか1/2機の航空機を犠牲にするだけで、自動車部品1組を追加的に生産できるのだ。だからメキシコは自動車部品の生産に比較優位をもち、アメリカは航空機の生産に比較優位をもっている。自給自足のときは、各国はみずから生産したものだけしか消費できない。すなわち、アメリカにとっては1000機の航空機と500組の自動車部品であり、メキシコにとっては500機の航空機と1000組の自動車部品である。

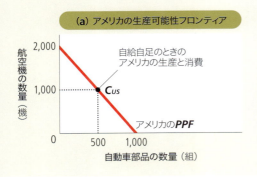
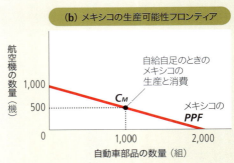

(a) アメリカの生産可能性フロンティア

(b) メキシコの生産可能性フロンティア

図5-2は、国際貿易での比較優位の仮想的な数値例を示したものだ。世界には自動車部品と航空機という2財と、アメリカとメキシコという2国しかないとしている（現実には、自動車部品はそれを搭載する完成車がないかぎり価値もないが、その問題を脇において考えよう）。図には、アメリカとメキシコの仮想的な生産可能性フロンティア（PPF）が示されている。

生産可能性フロンティアは、第2章の図2-2のような外側に膨らんだ形のほうが現実的だが、第2章同様モデルを単純化するために、ここでは図2-1のように直線で描かれている。直線の場合、航空機で測った自動車部品1つの機会費用は一定となる。つまり機会費用の大きさは、生産量とは無関係に一定になるということだ。機会費用を一定とする直線の生産可能性フロンティアを使って国際貿易を分析することは、**国際貿易のリカード・モデル**として知られている。この名前は、19世紀のはじめにこの分析を導入したイギリス人経済学者デビッド・リカードにちなんだものだ。

図5-2では、自動車部品が1万個で1組のまとまりだと想定している。たとえば、自動車部品を500組生産する国は、個々の部品を500万個生産していることになる。アメリカは、自動車部品の生産がゼロのとき航空機2000機を生産できるし、もし航空機の生産がゼロなら、自動車部品1000組を生産できる。アメリカの生産可能性フロンティア、つまりPPFの傾きは、−2000/1000、すなわち−2だ。つまり、アメリカで自動車部品の生産を追加的にもう1組増やすには、航空機の生産を2機減らす必要がある。

一方、メキシコは自動車部品の生産がゼロのとき1000機の航空機を生産でき、航空機の生産がゼロのときには、2000組の自動車部品を生産できる。したがってメキシコのPPFの傾きは、−1000/2000、すなわち−1/2だ。つまり、メキシコで自動車

国際貿易のリカード・モデルでは、機会費用が一定という仮定のもとで国際貿易を分析する。

部品の生産を追加的にもう1組増やすには、航空機の生産を1/2機減らす必要がある。

経済学者は、ある国が他国と貿易しない状況を指して、**自給自足**という。自給自足のとき、アメリカは500組の自動車部品と1000機の航空機を生産・消費することを選択しているとしよう。メキシコが自給自足のときには、1000組の自動車部品と500機の航空機を生産・消費することを選択しているとする。

各国が貿易しないときに直面するトレードオフは、表5-1に要約されている。表からわかるように、アメリカは航空機の生産に比較優位をもつ。なぜなら、アメリカでは自動車部品で測った航空機の機会費用がメキシコよりも安い、つまりアメリカでは航空機1機を生産するために自動車部品の生産を1/2組減らす必要があるが、メキシコでは自動車部品の生産を2組減らさなければならないからだ。それに対応して、メキシコは自動車部品の生産に比較優位をもつ。なぜなら、メキシコでは自動車部品の生産を1組増やすのに航空機の生産を1/2機減らす必要があるが、アメリカでは航空機2機の生産を減らさなければならないからである。

第2章で学んだように、各国は貿易を行うことにより、よりうまく生産できるようになる。それが実現できるのは、国が比較優位のある財の生産に特化しその財を輸出すると同時に、比較劣位にある財を輸入するからだ。どうすれば、うまくできるのかみてみよう。

> **自給自足**とは、ある国が外国と貿易しない状況のことだ。

表5-1 アメリカとメキシコでの自動車部品と航空機の機会費用

	アメリカの機会費用		メキシコの機会費用
自動車部品1組	航空機2機	>	航空機1/2機
航空機1機	自動車部品1/2組	<	自動車部品2組

1.2 国際貿易の利益

図5-3は、2つの国が特化と貿易からどのように利益を得るかを説明したものだ。それぞれの国がどちらの財もより多く消費できるような生産と消費の仮想的な組合せが示されている。パネル（a）はアメリカを、パネル（b）はメキシコを示す。各パネルでは、図5-2で想定された自給自足の生産と消費がもう一度示されている。国際貿易の結果、すべてが変化する。各国は比較優位をもつ財だけを生産するようになる。つまり、アメリカは航空機のみを生産し、メキシコは自動車部品だけを生産する。どちらの財も自給自足にくらべて世界全体の生産が拡大するので、貿易をした場合のほうが各国はどちらの財もより多く消費できる。

表5-2には、貿易がもたらす変化と、2つの国がなぜ利益を得るのかが示されている。表の左側には自給自足、つまり貿易が起こる前の状況が示されていて、各国は消費するすべてのものを生産しなければならない。右側には貿易後の状況が示されている。アメリカは航空機の生産に特化するので、2000機の航空機を生産し自動車部品は生産しないが、メキシコは自動車部品の生産に特化するので、2000組の部品を生産するが航空機は生産しない。

貿易の結果、どちらの財も世界全体での生産が拡大する。表5-2の右側の列には、

図5-3 | 国際貿易の利益

貿易で両財の世界生産が増大し、どちらの国の消費量も拡大する。この例では、各国が比較優位をもつ財の生産に特化している。アメリカは航空機だけを生産し、メキシコは自動車部品だけを生産する。世界全体で両財の生産は増加し、その結果、各国がどちらの財もより多く消費できるようになる。

表5-2 | アメリカとメキシコはいかに貿易から利益を得るか

		自給自足		貿易		
		生産	消費	生産	消費	貿易利益
アメリカ	自動車部品	500	500	0	750	+250
	航空機	1,000	1,000	2,000	1,250	+250
メキシコ	自動車部品	1,000	1,000	2,000	1,250	+250
	航空機	500	500	0	750	+250

貿易後の消費が示されている。アメリカは貿易前よりも、より多くの航空機とより多くの自動車部品を消費できる。自動車部品を生産していないのに消費できるのは、メキシコから輸入するからだ。メキシコの場合も、どちらの財でみても貿易により消費は拡大する。航空機を生産しないが消費できるのは、アメリカから輸入するからだ。

各国がこうした相互利益を得るのは、貿易によって2つの国が自給自足状態から解き放たれるからだ。つまり、消費するのと同じ組合せの財を生産しなくてすむようになる。各国が比較優位のある財の生産に資源を集中すると世界の生産が拡大するので、どちらの国でも生活水準がより高くなるのだ。

この例では、国際貿易をする際の各国における消費の組合せは、単なる仮定にすぎなかった。だが実際には、個人の消費選択と同様、国々の消費選択も居住者の選好と相対価格——国際市場における別の財で測ったある財の価格——によって決まる。ここでは自動車部品で測った航空機の価格を明示してはいないが、暗黙裡には示されている。メキシコは750組の自動車部品を輸出し、その見返りとして750機の航空機を受け取るので、自動車部品1組と航空機1機が交換されることになる。つまり、世界市場で航空機1機の価格は自動車部品1万個の束1組の価格に等しい。

相対価格はある条件を満たさなければならない。それは、各国が支払う相対価格が、自給自足でその財を得るための機会費用を超えてはならないということだ。つまり、アメリカは自動車部品1万個の束1組を受け取るかわりに航空機を2機より多く売

らないだろうし、メキシコもアメリカから受け取る航空機1機の支払いとして自動車部品1万個の束を2組よりも多くは渡さないだろう。この条件が満たされるかぎり、国際貿易をする際の実際の相対価格は需要と供給によって決まる。国際貿易の需要と供給については次節で解説することにして、その前に貿易利益とは何かじっくりみてみよう。

1.3 比較優位 対 絶対優位

　ベトナムやタイがエビの生産に比較優位をもつことは、何ら不思議ではない。なぜなら、その地域の熱帯気候はアメリカ（メキシコ湾岸地域であっても）の気候にくらべエビ養殖にあっているし、そこには養殖場に適した湾岸地域も豊富にある。だから、アメリカはエビをベトナムやタイから輸入しているのだ。けれども、なぜ外国から輸入しているのか、その理由を簡単に理解できないような財もある。

　アメリカがメキシコから自動車部品を輸入するのはその一例だ。メキシコの気候や資源がとりわけ自動車部品の生産に適しているわけではない。実際、アメリカのほうがメキシコよりも、より少ない労働時間で自動車シートやワイヤーハーネス（配線コードの束）を生産できることは間違いないだろう。

　それでは、なぜアメリカはメキシコから自動車部品を輸入するのか？　それは、貿易利益にとって決め手となるのは比較優位であって、絶対優位ではないからだ。アメリカのほうがメキシコよりも少ない労働時間でワイヤーハーネスを生産できることは間違いない。これは、メキシコで自動車部品を生産する労働者のほうが、アメリカの同様な労働者にくらべ生産性が低いからだ。だが、比較優位を決める要因は、ある財を生産するのに必要な資源の量ではなく、その財を生産するための機会費用、ここでは自動車部品1組を生産するために減らさなければならない、他の財の数量である。自動車部品の機会費用はアメリカよりもメキシコのほうが安いのである。

　なぜそうなるのかを、みてみよう。自動車部品産業では、メキシコ労働者の生産性はアメリカ労働者のそれよりも低い。けれども他の産業では、アメリカ労働者とくらべてメキシコ労働者の生産性はさらに低い。自動車部品以外の産業ではメキシコの労働生産性がずっと低いので、メキシコでのワイヤーハーネスの生産は確かに多くの労働を必要とするけれども、他の産業にくらべれば、その生産を増やすために減らさなければならない他の財の数量は、より少なくてすむのだ。

　アメリカでは逆のことが当てはまる。他の産業（ハイテク財のような）の労働生産性がとても高いので、自動車シートの生産は——これはそれほど多くの労働を必要としないけれども——他の財の生産をより多く減らす必要がある。したがって、自動車部品を生産するための機会費用は、アメリカよりもメキシコのほうが安い。アメリカが絶対優位をもち、メキシコの労働生産性が低いにもかかわらず、メキシコは多様な自動車部品の生産に比較優位をもつ。

　グローバルな市場でメキシコが自動車部品に比較優位をもつことは、メキシコ労働者が支払われる賃金水準にも表れている。なぜなら、ある国の賃金率は、一般的にいっ

て、その国の労働生産性から決定されるからだ。多くの産業で労働生産性が高い国では、労働者の獲得をめぐって雇用主がより高い賃金を競って支払うため、全体の賃金率も高くなる。労働生産性が低い国では、労働者の獲得競争が激しくないため賃金率も低い水準にとどまってしまう。

次ページの「グローバルに比較してみよう」に示されているように、経済全体で測った労働生産性の水準と賃金率の間には、世界全体でみても強固な関係がある。メキシコでは全般的に労働生産性が低く、相対的に賃金率も低い。その低賃金ゆえに、メキシコは（アメリカにくらべれば）労働生産性がやや低い自動車部品のような財の生産に比較優位をもつ。つまり、メキシコはアメリカよりも自動車部品を安く生産できるのだ。

メキシコのような低賃金で生産性も低い国と、高賃金で生産性も高いアメリカのような国との貿易が2つの誤った認識を生み出すことがある。1つ目は、貧困労働の誤謬とよばれるもので、低賃金国からの輸入が高賃金国の労働者の生活水準を引き下げるという思い込みである。もう1つは、搾取工場労働の誤謬とよばれるものだ。貧しい国から先進国への輸出は、先進国よりも安い賃金で働く貧しい国の労働者を搾取しているとの思い込みである。

どちらの思い込みも、貿易利益についての誤解がもとにある。貧しい低賃金国が比較優位をもつ財を輸出する場合、たとえその費用の優位が低賃金によるものであったとしても、貿易はどちらの国にも利益となる。つまり、貿易はどちらの国でも生活水準を高めるのだ。

とくに重要なことは、次のポイントを理解することである。アメリカの大半の労働者よりも安い賃金しか支払われていない労働者が生産した財を購入することは、必ずしもその労働者を搾取することではない。そうした労働者にとって他に仕事があるかどうかが決め手となる。貧しい国では、どこではたらいても生産性が低いので、アメリカへの輸出向け製品のためにはたらく場合も、国内販売向け製品のためにはたらく場合も低賃金しか支払われない。先進国の基準からするとひどい仕事も、貧しい国の人々にとっては豊かになるためのワンステップになるのだ。

低賃金に基づく輸出であっても、国際貿易は国の生活水準を改善しうる。この主張は賃金がとりわけ低い国にとってこそ正しい。たとえば、バングラデシュやそれに似通った国々は、もし低賃金労働で生産された衣類などの製品を輸出できなかったとしたら、いまよりもずっと貧しいままであっただろう。

1.4　比較優位の要因

比較優位は国際貿易の原動力だ。では、比較優位が生じる理由はどこにあるのか？

国際貿易を研究する経済学者は、比較優位が生じる背景に、次のような3つの要因があることを見出した。それは、国際的な気候のちがい、国際的な生産要素賦存量のちがい、そして、国際的な技術のちがいだ。

気候のちがい　エビを養殖する機会費用は、アメリカよりもベトナムやタイでのほうが低い。なぜなら、エビには温かい水が必要で、ベトナムにはそれが豊富にあるが、アメリカにはあまりないからだ。一般に、気候のちがいは国際貿易が生じる重要な要因だ。熱帯の国々はコーヒー、砂糖、バナナ、エビのような熱帯特有の生産物を輸出する。温帯にある国々は小麦やトウモロコシのような作物を輸出する。北半球と南半球の季節のちがいによって生じる貿易もある。アメリカやヨーロッパのスーパーマーケットでは、冬になるといつもチリ産のブドウやニュージーランド産のリンゴが売られている。

生産要素賦存量のちがい　カナダは、アメリカ向けの木材製品の一大輸出国だ。木材そのものだけでなく、それを加工した製品、たとえばパルプや紙などを輸出している。こうした輸出がなされるのは、カナダの木こりが特別な技術をもっているからではない。カナダが木材製品に比較優位をもつのは、労働力に対する森林地帯の比率がアメリカよりもはるかに大きいことによる。

　労働や資本のように、森林地帯も生産要素なのだ（第2章で学んだように、生産要素とは土地、労働、物的資本、人的資本のことだったね）。歴史的または地理的な要因のために、利用可能な生産要素の組合せは国々の間で異なっている。それが比較

世界の生産性と賃金

貧困労働や搾取工場労働の主張は本当に誤りなのか。答えはイエスだ。貧しい国で賃金が低いのは、全般的な生産性が低いからである。

グラフには、労働者1人当たりの生産額（GDP）で測った労働生産性と平均的な労働者の月報酬で測った賃金それぞれの2009年推計値がいくつかの国について示されている。生産性と賃金はそれぞれアメリカの値に対する割合で示されている。たとえば、日本の生産性と賃金はそれぞれアメリカの生産性と賃金の79％と91％である。生産性と賃金の間にはっきりと正の関係をみることができる。ただし、この関係は完全ではない。ドイツでは生産性から予測されるよりも高い賃金が支払われている。単純な賃金比較は、貧しい国の労働費用について誤認を生み出しかねない。こうした国々での低賃金による優位は、ほとんどが低生産性によって相殺されているのだ。

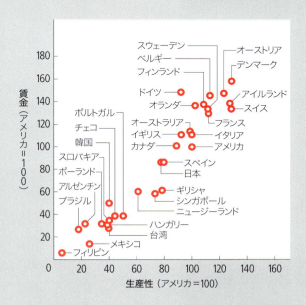

（出所）アメリカ労働省・労働統計局、IMF

優位の重要な源泉の1つとなる。比較優位と生産要素賦存量との関係は、(20世紀前半のスウェーデン人経済学者、ヘクシャーとオリーンによって開発された)**ヘクシャー＝オリーン・モデル**に見出される。これは国際貿易理論の重要なモデルだ。

このモデルのカギとなる2つの概念は、要素豊富度と要素集約度だ。要素豊富度は、ある国においてある生産要素の供給量が他の生産要素の供給量にくらべてどのくらい豊富かを示している。要素集約度とは、異なる財の生産に利用される生産要素の投入比率は財ごとに異なることを示すものだ。たとえば、賃金や資本レンタル料が同じ条件でも、石油精製所は衣服工場にくらべると労働者1人当たりでみて、より多くの資本を使用するだろう。財の間にあるこのちがいを表すために、経済学者は**要素集約度**という言葉を使う。石油精製は、労働にくらべると資本を利用する比率が高いので、資本集約的だという。一方で自動車シートの生産は、資本にくらべると労働を利用する比率が高いので、労働集約的だ。

> 生産の**要素集約度**とは、各財を生産する際にどの生産要素が相対的に多く利用されるかを示す指標のことだ。

ヘクシャー＝オリーン・モデルによれば、各国は国内に豊富にある生産要素を集約的に使う財に比較優位をもつ。つまり他の生産要素にくらべて資本を豊富に保有する国は、石油精製のような資本集約的な産業に比較優位をもち、労働を豊富にもつ国は、自動車シート生産のような労働集約的な産業に比較優位をもつ。

> **ヘクシャー＝オリーン・モデル**によれば、各国は国内に豊富にある生産要素を集約的に使う財に比較優位をもつ。

その直観的な理由は単純で、機会費用の概念に基づいて説明できる。ある生産要素の機会費用とは、その要素が別の用途に利用された際に生み出す価値のことだ。ある生産要素が豊富にある国では、その生産要素の機会費用は低い。アメリカよりもメキシコには未熟練労働力が豊富にある。その結果、未熟練労働集約的な財の生産にかかる機会費用はアメリカよりもメキシコでのほうが低くなる。

衣類の国際貿易は、ヘクシャー＝オリーン・モデルが説明しうる最高の例だ。衣類の生産は労働集約的だ。つまり物的な資本をあまり必要としないし、高学歴の労働者がもつ人的資本もそれほど使わない。だから豊富な労働力をもつ中国やバングラデシュのような国が、衣類の生産に比較優位をもつと考えられる。そして、実際にそうなっているのだ。

多くの国際貿易が、生産要素賦存量のちがいから生じている。このことは国際的な生産の特化がしばしば不完全だという事実の説明にもなる。実際、各国は自国が輸入している財を国内でも生産し続けることが少なくない。そのよい例は、アメリカの石油だ。サウジアラビアがアメリカに石油を輸出しているのは、サウジアラビアには他の生産要素にくらべて石油が豊富にあるからだ。アメリカがサウジアラビアへ医療機器を輸出しているのは、アメリカには他の生産要素とくらべて医療技術についての知識が豊富にあるからだ。ところが石油はアメリカでも生産されている。それはテキサスやアラスカにある国内石油埋蔵量の規模からして、石油を生産することが経済的に見合うからだ。

次節の供給と需要の分析のところで、国々が不完全特化する状態が普通だとされることについてみていこう。ただし強調したいのは、国々が不完全特化していることが多いからといって、貿易が利益をもたらすという結論は何ら変わらないということだ。

技術のちがい　1970年代と80年代に、日本は世界で最大の自動車輸出国になった。大量の自動車を、アメリカをはじめとする世界各地へ販売した。日本が自動車に比較優位をもつのは気候のせいではない。また、生産要素賦存量のちがいだと簡単に結論づけることもできない。なぜなら、土地が希少であることを除けば、日本の生産要素賦存量の構成は他の先進国と似通っているからだ。第２章のビジネス・ケースで取り上げたトヨタやボーイングのリーン生産方式からもわかるとおり、日本が自動車生産で比較優位をもつのは、日本企業が開発した優れた生産技術によるものだ。その技術のおかげで、日本企業は欧米のライバル企業と同じ量の労働と資本を使ったとしても、ライバルたちより多くの自動車を生産することができるのだ。

　日本がもっている自動車生産の比較優位は、技術のちがい、つまり生産に用いられる技量の格差から比較優位が生じる事例だ。なぜそのような技術格差が生まれるのだろうか。その理由は少し謎めいたものだ。時に技術格差は、経験を通じて蓄積された知識のちがいに基づくようにみえる。たとえばスイスが時計の生産に比較優位をもつのは、スイスがもつ時計生産の長い歴史を反映するものだ。だが何らかの理由で技術革新が生じる国と生じない国があるために、それらの国の間で、技術格差が発生することもある。技術の優位性は一時的なものであることが多い。アメリカの自動車メーカーは、生産性の面で、日本の自動車メーカーに追いつきつつある。同様に、ヨーロッパの航空機産業もアメリカの航空機産業とのギャップを埋めつつある。しかしある一時点をとれば、技術格差は比較優位の主要な源泉となるのだ。

規模に関する収穫逓増と国際貿易

ちょっと寄り道

　国際貿易の分析の多くは、各国のちがい——気候・生産要素賦存量・技術のちがい——がどのように国の比較優位を生み出すかに焦点を当ててきた。だが経済学者は、国際貿易の要因がもう１つあることも指摘してきた。それは規模に関する収穫逓増だ。

　ある財の生産量が増加するにつれて労働やその他の生産資源の生産性が上昇する場合、その財の生産は規模に関する収穫逓増の特徴をもつという。規模に関する収穫逓増とは、たとえば生産量を10％増やすのに労働投入は8％、原材料の利用は9％しか増やさなくていいという状況のことだ。規模に関する収穫逓増の特徴を備えた産業の例は、自動車製造、石油精製、大型旅客機生産であり、これらのすべてが大規模資本を必要とする。規模に関する収穫逓増は規模の経済と呼ばれることもある。規模に関する収穫逓増があると規模の小さな企業よりも大きな企業が優位になるので、１社だけの産業、つまり独占につながる要因となる。

　規模に関する収穫逓増が、国際貿易の原因となる可能性がある。その理由はこうだ。ある財の生産に規模に関する収穫逓増が認められる場合、少数の場所に生産を集中して個々の場所で大きな生産量を実現することが合理的だ。しかし、その財の生産が少数の国でなされることになれば、そこから他国へ輸出されることになる。よく知られた例は、北米の自動車産業だ。アメリカとカナダはともに自動車とその部品を生産するが、特定のモデル、または特定の部品はどちらか一方の国で生産され、他方の国へ輸出される傾向がある。先進国間の製品貿易が国際貿易に占めるシェアは約25％だが、そのかなりの部分はおそらく規模に関する収穫逓増によるものだ。

経済学を使ってみよう　技能と比較優位

1953年、アメリカの労働者の資本装備は、他の国々よりも明らかに優れていた。このことから、当時のアメリカの経済学者は、アメリカの比較優位が資本集約財にあると考えていた。だが、ワシリー・レオンティエフは驚くべき発見をした。アメリカの比較優位は、資本集約財以外のものにあったのだ。実際、アメリカが輸入する財のほうが輸出する財よりもいくらか資本集約的であった。この発見は「レオンティエフの逆説」として知られ、その後、アメリカの貿易パターンの謎を解く努力が始まった。

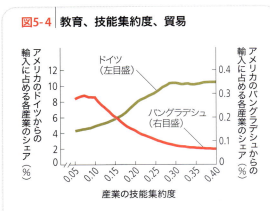

図5-4 教育、技能集約度、貿易

（出所）John Romalis (2004) "Factor Proportions and the Structure of Commodity Trade," *American Economic Review* 94(1): 67-97.

そしてこの逆説を解く主要なカギが、資本の定義にあることが判明した。アメリカの輸出は機械や建物のような物的資本に関して集約的ではなく、技能集約的、つまり人的資本に関して集約的なのだ。アメリカの輸出産業と輸入産業をくらべると、輸出産業のほうが教育水準の高い労働者をそうでない労働者よりも多く雇っている。たとえばアメリカ最大の輸出部門である航空機産業では、肉体労働者にくらべて相対的に多くの技術者や大卒労働者が雇用されている。逆に、アメリカは大量の衣類を輸入しているが、その多くはわずかな教育しか受けていない労働者によって生産されているのだ。

一般に、教育水準の高い労働力をもつ国は技能集約的な財を輸出し、教育水準の低い労働力しかない国は、技能をともなう労働を必要としない財を輸出する傾向にある。これは、教育水準の高いドイツからアメリカが輸入した財と、成人のおおよそ半分がいまだに非識字者であるバングラデシュからアメリカが輸入した財を比較した図5-4からもわかる。それぞれの国で、はじめに技能集約度に応じて産業を順位づけし、次にアメリカへの輸出に占める各産業のシェアを算出する。その結果、各国ごとに異なる産業の技能集約度と輸出シェアをプロットすることができる。

図5-4には、ヨコ軸に各産業の技能集約度、タテ軸にアメリカの輸入に占める各産業のシェア（左がドイツで右がバングラデシュ）が示されている。この図から各国のアメリカへの輸出が、その技能水準を反映していることがわかる。ドイツのグラフが右上がりなのは、技能水準の高い産業ほどアメリカへの輸出シェアが高くなっていることを示している。これとは反対に、バングラデシュのグラフは右下がりである。これは技能水準が低い産業ほど、アメリカへの輸出シェアが高いことを示している。

ちょっと復習

▶アメリカ経済で**輸出**と**輸入**が占めるシェアは拡大している。これと同じ現象が、他の国でも生じている。

▶国際貿易やその他の国際経済取引の拡大を**グローバリゼーション**という。

▶国際貿易は比較優位から生じる。**国際貿易のリカード・モデル**を用いて、貿易の利益を示すことができる。つまり**自給自足**とくらべて、2国間の貿易は両国に利益をもたらす。

▶比較優位の主要な要因は、気候、生産要素賦存量、国際的な技術のちがいだ。

▶**ヘクシャー＝オリーン・モデル**は、生産要素賦存量のちがいから、どのように比較優位が生じるかを説明する。財の**要素集約度**が異なるとき、各国はその国に豊富にある生産要素を集約的に利用する財を輸出する。

✓理解度チェック　5-1

1. アメリカでは、トウモロコシ1トンの機会費用が自転車50台、中国では、自転車

1台の機会費用が0.01トンのトウモロコシだ。
a. 比較優位のパターンを決定しなさい。
b. 自給自足のとき、アメリカはトウモロコシを生産しないと20万台の自転車を生産できる。また、中国は自転車を生産しないと3000トンのトウモロコシを生産できる。機会費用を一定として、それぞれの国の生産可能性フロンティアを描きなさい。タテ軸をトウモロコシのトン数、ヨコ軸を自転車の台数としなさい。
c. 貿易によって、それぞれの国はどちらかの財の生産に特化する。アメリカは、1000トンのトウモロコシと20万台の自転車を消費する。中国は3000トンのトウモロコシと10万台の自転車を消費する。図に生産点と消費点を記しなさい。また、図を用いて貿易の利益を説明しなさい。
2. ヘクシャー＝オリーン・モデルを使って、以下の貿易パターンを説明しなさい。
a. フランスはワインをアメリカに輸出し、アメリカは映画をフランスに輸出する。
b. ブラジルは靴をアメリカに輸出し、アメリカは靴製造機械をブラジルに輸出する。

解答は https://str.toyokeizai.net/books/9784492314906 にある。

2 供給、需要、国際貿易

比較優位の簡単なモデルは、国際貿易が生じる基本的な原因を理解する道具として役に立つものだ。だが、より詳細に国際貿易の効果を分析するには、また貿易政策についての理解を深めるには、供給と需要のモデルに戻ってみることが必要だ。はじめに、輸入が国内生産や国内消費に与える効果をみて、次に、輸出の効果を考えてみよう。

2.1 輸入の効果

図5-5は、アメリカの自動車シート市場を示したものだ。しばらくの間、国際貿易

図5-5 自給自足のときの消費者余剰と生産者余剰

貿易がなければ、国内価格は P_A に決まる。その自給自足価格では、国内供給曲線と国内需要曲線が交わっている。国内で生産・消費される財の数量は Q_A だ。黄色い部分が消費者余剰で、赤い部分が生産者余剰だ。

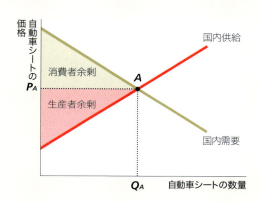

はないものとして話を進めよう。また、いくつかの新しい概念を導入する。国内需要曲線と国内供給曲線、それから国内価格、もしくは自給自足価格だ。

国内需要曲線は、ある国に住む人々が需要するある財の数量と、その財の価格の関係を示すものだ。「国内」とつけるのは、他の国の人々もその財を需要するからだ。国際貿易を考慮するときには、国内消費者の需要と外国消費者の需要を区別しなくてはいけない。つまり国内需要曲線は、自分たちの国に住む人々の需要を反映している。

> **国内需要曲線**は、国内消費者の需要量が、その財の価格に応じてどう変化するかを示している。

同様に、**国内供給曲線**はある国の生産者が供給する財の数量と、その財の価格の関係を示すものだ。国際貿易を考慮するときには、国内生産者の供給と外国生産者の供給を区別しなくてはいけない。

> **国内供給曲線**は、国内生産者の供給量が、その財の価格に応じてどう変化するかを示している。

自給自足の状態、つまり自動車シートの国際貿易が生じていない状態では、この市場の均衡は国内需要曲線と国内供給曲線の交点 A で決まる。自動車シートの均衡価格は P_A、均衡で生産・消費される数量は Q_A だ。これまでの説明と同様に、消費者と生産者はともに国内市場での取引から利益を得る。経済学者は、買い手が財の購入から得る純便益を**消費者余剰**と呼ぶ。同じように売り手が財の販売から得る純便益は**生産者余剰**と呼ばれる。消費者余剰と生産者余剰の合計は**総余剰**だ。これら3つの概念についてはこの章の付録で詳しくみていこう。自給自足では、図5-5の黄色い三角形の面積が消費者余剰、また赤い三角形の面積が生産者余剰だ。その合計が総余剰になる。

この市場が開放されて、輸入が開始されたとしよう。分析を進めるためには、外国からの供給について仮定を置かなくてはいけない。ここでは、もっとも単純な仮定を置こう。それは、ある固定された価格水準で、いくらでも自動車シートを輸入できるというものだ。その固定された価格は**世界価格**と呼ばれる。図5-6は、自動車シート

> ある財の**世界価格**は、その財が外国で購入または販売されるときの価格だ。

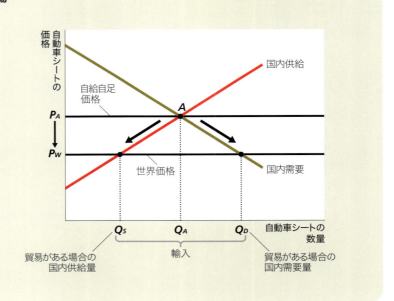

図5-6 財の輸入がある場合の国内市場

自動車部品の世界価格 P_W は自給自足価格（国内価格）P_A を下回っている。国際貿易により輸入財が国内市場に供給されると、国内価格は自給自足価格 P_A から世界価格 P_W まで低下する。価格が低下すると、国内需要量が Q_A から Q_D に拡大し、国内生産量が Q_A から Q_S へ減少する。世界価格 P_W での国内需要量と国内供給量のギャップ $Q_D - Q_S$ は輸入量に等しい。

の世界価格 P_W が国内の自給自足価格 P_A よりも低い場合を示している。

自動車シートの世界価格が国内価格より低いときには、外国で自動車シートを買い、国内でそれを売ることで、利益を生み出すことができる。自動車シートの輸入で国内の自動車シート供給量が増えるので、国内価格は低下する。国内価格が世界価格に等しくなるまで、自動車シートは輸入されるだろう。

その結果は図5-6に示されている。輸入があるので、自動車シートの国内価格は P_A から P_W に低下する。国内消費者の需要量は Q_A から Q_D に増加し、国内生産者の供給量は Q_A から Q_S に減少する。国内の需要量と供給量の差 $Q_D - Q_S$ は、輸入により満たされる。

ここで、輸入が消費者余剰や生産者余剰に与える効果を考えてみよう。自動車シートの輸入は国内価格を低下させるので、消費者余剰は増加するが、生産者余剰は減少する。図5-7は、どのようにしてそうなるかを示したものだ。4つの領域を W、X、Y、Z としよう。図5-5の自給自足のときの消費者余剰は図5-7では W、生産者余剰は $X+Y$ だ。国内価格が世界価格まで低下すると、消費者余剰は $X+Z$ だけ増加する。だから消費者余剰は $W+X+Z$ となる。また、生産者余剰は X だけ減少するので、貿易後の生産者余剰は Y になる。

図5-7にある表は、自動車シート市場が開放されて輸入が生じたときに、消費者余剰と生産者余剰がどう変化するかを要約したものだ。消費者は $X+Z$ だけ新たに余剰を得る。生産者は X だけ余剰を失う。よって自動車シート市場の総余剰は Z だけ増加する。貿易で消費者は利益を得て生産者は損をするが、消費者が得る利益は生産者がこうむる損失を上回るのだ。

これは重要な結果だ。国際貿易により利益が得られるという命題から予測できると

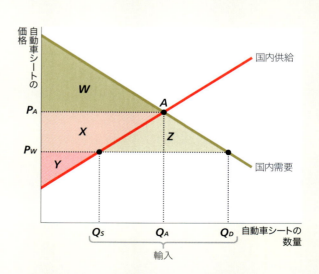

図5-7 | 輸入が余剰に与える効果

国際貿易により国内価格が P_W へ低下すると、消費者は追加的な余剰（領域 $X+Z$）を得るが、生産者は余剰（領域 X）を失う。消費者余剰の増加が生産者余剰の減少を上回るので、経済全体の総余剰は領域 Z の分だけ増加する。

	余剰の変化	
	増加	減少
消費者余剰	$X+Z$	
生産者余剰		$-X$
総余剰の変化	$+Z$	

おり、市場が開放されて輸入が生じると、総余剰は増加するのだ。だが一方で、国全体では利益を得るにもかかわらず、いくつかのグループ——この例では自動車シートの国内生産者——が貿易のせいで損失をこうむることもわかった。国際貿易は通常、勝者だけでなく敗者も生み出す。この事実は、貿易政策の政治学を理解する際に重要となる。

では次に、財を輸出するケースを考えてみよう。

2.2　輸出の効果

図5-8はある財の輸出、ここでは航空機の輸出が輸出国に与える効果を示している。この例では、一定の世界価格 P_W で航空機をいくらでも輸出でき、世界価格は自給自足のときの国内価格 P_A よりも高いとしている。

輸出業者は国内で航空機を買い、それを外国で販売することで利益を得る。世界価格が高ければ高いほど、利益はより大きくなる。輸出業者が国内で航空機を買うと、航空機の国内価格が上昇し、やがて、国内価格は世界価格に等しくなる。その結果、国内消費者の需要量は Q_A から Q_D へと減少し、国内生産者の供給量は Q_A から Q_S に増加する。国内生産量と国内消費量の差 $Q_S - Q_D$ は輸出となる。

輸入の場合と同様、輸出により輸出国の総余剰は増加するが、同時に敗者と勝者が生まれる。図5-9は航空機の輸出で生じる生産者余剰と消費者余剰の変化を示したものだ。貿易が始まる前は、航空機の価格は P_A で、消費者余剰は $W+X$、生産者余剰は Y となる。貿易が始まると、価格は P_A から P_W へ上昇する。その結果、消費者余剰は減少して W となり、生産者余剰は増加して $Y+X+Z$ となる。よって生産者余剰は $X+Z$ だけ増加し、消費者余剰は X だけ減少する。結局、総余剰は Z だけ増加する。この結果は図5-9の表に示されている。

ある財を輸入すると、国内消費者は得をして、国内生産者は損をする。一方ある財を輸出すると、国内消費者が損失をこうむり、国内生産者が利益を得る。だがどちらのケースでも、利益は損失を上回るのだ。

2.3　国際貿易と賃金

ここまで、国際貿易が特定の産業の生産者と消費者にどんな効果をもたらすかに焦点を当ててきた。この方法は多くの目的にとって、とても有効なものだ。けれども、生産者や消費者だけが貿易の影響を受けるわけではない。生産要素の所有者もまたその影響を受けることになる。とりわけ、輸出される財の生産や輸入品と競合する財の生産に利用される労働、土地、資本の所有者たちは貿易から大きな影響を受ける可能性がある。

さらには、貿易の効果は輸出産業や輸入競争産業に限定されるというわけでもない。というのは、生産要素が産業間を移動するからだ。ここでは、国際貿易が所得分配へ及ぼす長期の効果、つまり、ある国の総所得が異なる生産要素の所有者間にいかに配分されるかという問題を考えてみよう。

この問題を考えるために、マリアの職業について考えよう。マリアは現在、ミッドウェスト自動車部品株式会社ではたらく会計士だ。もし、経済が開放されてメキシコからの自動車部品の輸入が開始されれば、国内の自動車部品製造業は縮小し、その産業での会計士の雇用も減少するだろう。だが会計士は多くの産業で雇用機会のある職業なので、マリアは国際貿易で拡大した航空機産業で、よりよい仕事をみつけることができるはずだ。だからマリアのことを、自動車部品の輸入で損害をこうむった自動車部品の生産者だとみなすのは適切ではないかもしれない。というより、マリアにとって重要なのは、国際貿易が会計士の給料に与える効果だ。つまり、貿易が生産要素価格にどんな効果を与えるかを分析することが重要なのだ。

会計士の賃金率も要素価格、つまり、雇用主が生産要素の提供するサービスに支払うべき価格だ。重要なのは国際貿易が要素価格にいかに影響を及ぼすかだ。ここでは、

図5-8 │ 財の輸出がある場合の国内市場

世界価格 P_W は自給自足価格 P_A より高い。国際貿易が始まると、国内供給の一部が輸出され、国内価格 P_A は世界価格 P_W まで上昇する。価格の上昇で国内需要量は Q_A から Q_D に減少し、国内生産量は Q_A から Q_S に増加する。国内供給量のうち、国内で消費されない $Q_S - Q_D$ は輸出される。

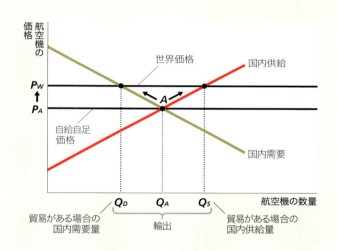

図5-9 │ 輸出が余剰に与える効果

貿易によって国内価格が P_W へと上昇すると、生産者は追加的な余剰（領域 $X+Z$）を得るが、消費者は余剰（領域 X）を失う。生産者余剰の増加が消費者余剰の減少を上回るので、経済全体としては総余剰が領域 Z の分だけ増加する。

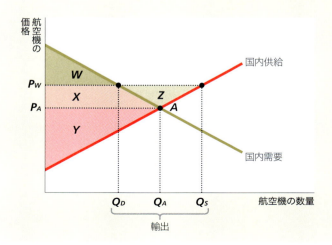

余剰の変化	増加	減少
消費者余剰		$-X$
生産者余剰	$X+Z$	
総余剰の変化	$+Z$	

会計士のようにせまく定義された生産要素ではなく、資本、未熟練労働、熟練労働のような幅広く定義された生産要素を考えよう。

この章ですでに、ヘクシャー＝オリーンの貿易モデルを説明し、比較優位が生産要素賦存量で決まることを示したね。このモデルを使えば、国際貿易が生産要素価格に与える効果を考察することができる。その結果は、次のようなものだ。自給自足にくらべて、貿易はその国に豊富にある生産要素の価格を引き上げ、希少な生産要素の価格を引き下げる。

細かい説明には立ち入らないが、そのアイデアは直観的にわかりやすいものだ。生産要素の価格も財・サービスの価格と同様に供給と需要で決まる。もし、国際貿易がある生産要素の需要を増大させると、その生産要素の価格は上昇し、もし貿易によってある生産要素の需要が減少すると、その生産要素の価格は下落する。

> **輸出産業**は外国に販売される財・サービスを生産する。
> **輸入競争産業**は輸入もされている財・サービスを生産する。

ある国の産業が 2 つに分類できるとしよう。1 つは外国に財・サービスを売る**輸出産業**、もう 1 つは、外国からの輸入もある財・サービスを生産する**輸入競争産業**だ。自給自足の場合にくらべて、国際貿易は輸出産業の生産を拡大し、輸入競争産業の生産を縮小する。その結果、輸出産業で利用されている生産要素への需要が増え、輸入競争産業で利用されている生産要素への需要が減る。

また、ヘクシャー＝オリーンの貿易モデルによれば、国は豊富にある生産要素を集約的に利用する財を輸出し、希少な生産要素を集約的に利用する財を輸入する。つまり国際貿易によって、他国よりも豊富な生産要素への需要が増え、希少な生産要素への需要は減る。その結果、豊富な生産要素の価格が上昇し、希少な生産要素の価格は低下するのだ。つまり、ある国で国際貿易がおこると、その国のあまり豊富でない生産要素からより豊富にある生産要素へ所得が再分配されるのだ。

182 ページの「経済学を使ってみよう」で指摘したように、アメリカの輸出は人的資本集約的で、アメリカの輸入は未熟練労働集約的な傾向をもつ。この結果にしたがうと、国際貿易によってアメリカの高学歴労働者の賃金は上昇し、一方で未熟練労働者の賃金は低下するはずだ。

最近になって、この効果が関心の的になっている。高賃金労働者と低賃金労働者の格差、すなわち賃金不平等が過去 30 年にわたって大きく拡大してきたのだ。経済学者のなかには、その要因の 1 つが国際貿易の拡大だと信じている者もいる。ヘクシャー＝オリーンの貿易モデルが予測するような効果がはたらいているとすれば、国際貿易によって、すでに高賃金を得ている高学歴労働者の賃金は上昇し、低賃金ではたらいてきた低学歴労働者の賃金がさらに低下することになる。だが、もう 1 つの重要な現象を忘れてはならない。貧しい国は豊かな国への輸出によって生活水準を改善できるから、国家間の所得不平等は貿易によって縮小するのだ。

このような効果はどの程度重要なのか。ある歴史的なエピソードは、国際貿易の、生産要素価格に対する効果はとても大きかったことを示している。次の「経済学を使ってみよう」で紹介するように、19 世紀後半のヨーロッパでは、大西洋を越えて行われた国際貿易によって地代が低下し、地主が大きな損失を受ける一方で、労働者

と資本家には利益がもたらされた。

　アメリカではここ数年、貿易が賃金に与える影響がかなりの論争となったが、この問題を分析したほとんどの経済学者は、次のような共通の見方をもつに至った。新興工業地域からの労働集約的な財の輸入と、そうした地域へのハイテク財の輸出は、高学歴労働者とそうでない労働者の賃金格差拡大に貢献した。だが、多くの経済学者は、それがアメリカの賃金不平等の拡大を説明するいくつかの要因の1つにすぎないと信じている。

経済学を使ってみよう☞　19世紀の貿易、賃金、地代

　蒸気エンジンの発明によって、1870年ごろから農産物の世界貿易が爆発的な成長をみせた。帆船にくらべて、蒸気船は速く確実に大洋を渡ることができた。1860年ぐらいまでは蒸気船の輸送費用は帆船よりも高かったのだが、その後、蒸気船の輸送費用は大きく低下した。同時に、蒸気機関車での鉄道輸送によって、穀物や大型の荷を内陸から港まで安く運べるようになった。その結果、土地の豊富なアメリカ、カナダ、アルゼンチン、オーストラリアから大量の農産物が、人口過密で土地の希少なヨーロッパへ輸送されたのだ。

　国際貿易が始まると、輸出国では小麦のような農産物の価格が上昇し、輸入国では逆に低下した。とりわけ、アメリカ中西部とイギリスの間では、小麦の価格差がなくなってしまった。

　農産物の価格変化は、生産要素価格の調整を引き起こした。その結果、大西洋の両岸で利益を得る人と損失をこうむる人が生まれた。イギリスでは、平均賃金と比較した土地の価格が半減した。地主の購買力は大きく落ち込んだが、一方で労働者は安い穀物を買えるようになった。アメリカではそれと逆のことが起こった。賃金と比較した土地の価格が倍増し、地主は大儲けをしたが、食料の価格が高騰したために労働者の購買力は著しい落ち込みをみせたのだった。

✅ 理解度チェック　5-2

1. トラックドライバーのストライキによって、アメリカとメキシコの食料貿易が中断してしまった。自給自足では、メキシコ産ブドウは、アメリカ産ブドウよりも安い。アメリカのブドウ市場における国内需要曲線と国内供給曲線の図を使って、貿易の中断が以下の項目に与える効果を説明しなさい。
   a. アメリカのブドウ市場の消費者余剰
   b. アメリカのブドウ市場の生産者余剰
   c. アメリカのブドウ市場の総余剰
2. 貿易の中断がメキシコのブドウ生産者にどんな効果を与えるかを考えなさい。メキシコでブドウ摘みをする労働者や、ブドウの消費者への効果、また、アメリカ

ちょっと復習

▶**国内需要曲線**と**国内供給曲線**の交点で、国内価格が決まる。市場が開放されて国際貿易が始まると、国内価格は**世界価格**に等しくなる。

▶ある財の世界価格が自給自足価格よりも低いと、その財が輸入され、国内価格が世界価格の水準まで低下する。消費者余剰の増加が生産者余剰の減少よりも大きいので、全体としては貿易によって利益を得る。

▶逆にある財の世界価格が自給自足価格よりも高いと、その財が輸出され、国内価格は世界価格の水準まで上昇する。生産者余剰の増加が消費者余剰の減少よりも大きいので、全体としては貿易によって利益を得る。

▶貿易は、**輸出産業**を拡大させ、**輸入競争産業**を縮小させる。輸出産業の拡大は、豊富な生産要素への需要を増加させ、輸入競争産業の縮小は、希少な生産要素への需要を減少させる。

でブドウ摘みをする労働者への効果も考えなさい。

解答は https://str.toyokeizai.net/books/9784492314906 にある。

3 貿易保護政策の効果

19世紀のはじめに、デビッド・リカードが比較優位の原理をもたらして以来、ほとんどの経済学者が**自由貿易**を支持してきた。つまり、経済学者は次のように主張してきたのだ。輸出や輸入の水準は、需要と供給によって自然に決められるべきであり、政府は政策でそれを拡大または縮小すべきではない。こうした主張にもかかわらず、多くの政府は輸入を制限するために、税金やその他の手段を用いている。またそれより頻度は少ないが、輸出を促進するために補助金を与えることもある。輸入を制限する政策は、国内の輸入競争産業を外国との競争から守るために実施されることがある。こうした政策は、**貿易保護政策**、または単に**保護政策**として知られている。

関税と輸入割当ては、もっとも頻繁に利用される貿易保護政策だ。この2つの政策の効果を検討し、政府がなぜこのような政策を実施するのかを考えてみよう。

3.1 関税の効果

関税は物品税の一形態で、輸入された財のみに課されるものだ。たとえばアメリカ政府は輸入した自動車シート1個につき100ドルの関税を課すことができる。かつて、関税は政府の重要な収入源だった。というのも、関税は比較的徴収しやすいからだ。しかし現代では、関税は政府の収入源というよりは、輸入制限をして輸入競争産業の国内生産者を保護するために利用されている。

関税には、国内生産者価格と国内消費者価格の両方を引き上げる効果がある。たと

> 政府が輸出・輸入を拡大または縮小するような政策を実施せず、その水準が需要と供給のバランスで自然に決定される状態を**自由貿易**という。

> 輸入を制限する政策が**貿易保護政策**で、単に**保護政策**という場合もある。

> **関税**は輸入に課される税金だ。

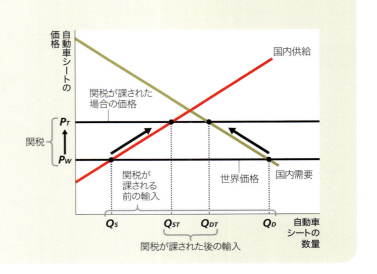

図5-10 関税の効果

関税のために財の国内価格は P_W から P_T へと上昇する。国内需要は Q_D から Q_{DT} に減少し、国内供給は Q_S から Q_{ST} に増加する。その結果、関税が課される前に $Q_D - Q_S$ だった輸入は、関税が課されることで $Q_{DT} - Q_{ST}$ に削減される。

えば、ある国が自動車シートを輸入しているとしよう。世界市場では、自動車シートは200ドルだ。すでにみたように、自由貿易のもとでは国内価格も200ドルになる。しかしもし1個につき100ドルの関税が課せられると、国内価格は300ドルになる。輸入業者が関税分の費用をカバーするのに十分なほど国内価格が高くないなら、自動車シートの輸入はもう利益を生まないだろう。

図5-10には、関税が自動車シートの輸入に与える効果が示されている。前の例と同じように、自動車シートの世界価格は P_W だとしよう。関税が課される前、輸入によって国内価格は P_W まで低下する。そして国内生産は Q_S となり、国内消費は Q_D、輸入は $Q_D - Q_S$ となる。

ここで政府が輸入される自動車シート1個ごとに関税を課したとしよう。その結果、輸入業者の受け取る国内価格が、世界価格と関税の合計よりも高くないと、自動車シートの輸入は利益を生まなくなる。そこで自動車シートの国内価格は、世界価格 P_W と関税を合計した P_T まで上昇する。このとき国内生産は Q_{ST} に拡大し国内消費は Q_{DT} に低下するので、輸入は $Q_{DT} - Q_{ST}$ まで減少する。

自由貿易のときと比較すると、関税により国内価格は上昇し国内生産は拡大するが、国内消費は減少する。図5-11には、関税が余剰に与える効果が示してある。その効果は3つある。

1. 国内価格の上昇で生産者余剰が増加する。それは A で示される。
2. 国内価格の上昇で消費者余剰が減少する。その減少は $A+B+C+D$ で示される。
3. 関税によって政府収入が生じる。その収入はどれくらいだろうか。関税は輸入された数量 $Q_{DT} - Q_{ST}$ に $P_T - P_W$ だけ課されるので、関税による総収入は、$(P_T - P_W) \times (Q_{DT} - Q_{ST})$ となる。これは C で示される。

図5-11 関税による総余剰の減少

関税のために国内価格が上昇すると、生産者は追加的な余剰（領域 A）を獲得し、政府は収入（領域 C）を得るが、消費者は余剰（領域 $A+B+C+D$）を失う。消費者余剰の損失は、生産者余剰と政府収入の増加を上回るので、経済全体としては総余剰が領域 $B+D$ だけ減少する。

	余剰の変化	
	増加	減少
消費者余剰		$-(A+B+C+D)$
生産者余剰	$+A$	
政府収入	$+C$	
総余剰の変化		$-(B+D)$

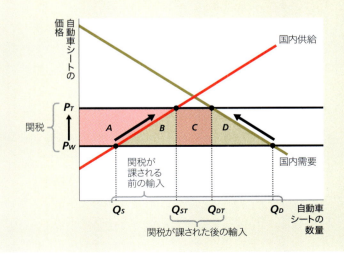

関税が経済厚生に与える効果は図5-11の表に要約されている。生産者は利益を得るが、消費者は損失をこうむる。また、政府は収入を得る。消費者余剰の減少は生産者余剰と政府収入の増加の合計より大きいので、総余剰は減少する。その減少は $B+D$ で示される。

物品税は、ある財の売り手や買い手に課される税だったね。物品税は相互に利益となる取引を阻むことで非効率を、すなわち死荷重をつくり出す。関税についても同じことが当てはまる。社会にとっての死荷重は、総余剰の低下分である $B+D$ の領域に等しい。

関税が非効率を生じさせてその結果死荷重がつくり出されるのは、次のような理由による。

1. 相互に利益となる取引が阻まれることだ。関税のせいで、世界価格 P_W より高く支払ってでも購入したいと考えていた消費者の一部は、購入をあきらめてしまう。たとえその財の購入にかかる費用が P_W だったとしてもだ。この非効率にともなう費用は、図5-11の D で示される。
2. 非効率な生産によって経済の資源が浪費されることだ。関税のせいで、P_W を超える費用でしか生産できない生産者の一部も生産を行うことになる。外国からもう1単位の財を購入するのにかかる費用は P_W で済むというのにだ。この非効率により生じる費用は図5-11の B で示される。

3.2 輸入割当ての効果

> 輸入割当ては、輸入される財の数量に課される法的な制限だ。

貿易保護のもう1つの手段として、**輸入割当て**という、輸入される財の数量に課される法的な制限がある。たとえばアメリカがメキシコで生産された自動車シートに輸入割当てをして、輸入数量が年間で50万個に制限されるかもしれない。輸入割当ては通常許可証を通じて管理されている。多数の許可証が発行され、許可証所有者は毎年一定の数量を輸入することが許可されている。

販売量に対する割当てには物品税と同様の効果がある。ただし唯一のちがいは、物品税の場合には政府の税収となったものが、販売量割当てでは許可証所有者への割当てレントとなってしまうことだ（割当てレントは第4章で定義したね）。同じことが輸入割当てにも当てはまる。輸入割当てには関税と同様の効果があるが、関税の場合には政府の税収となったものが、輸入割当てでは許可証所有者への割当てレントとなる。図5-11を再びみてみよう。輸入を $Q_{DT} - Q_{ST}$ まで制限する輸入割当ては、前項の関税と同じだけ自動車部品の国内価格を引き上げる。すなわち、国内価格は P_W から P_T まで高くなる。ただし C は政府収入ではなく、割当てレントを表している。

輸入許可証を取得して割当てレントを得るのは誰なのか？ アメリカの輸入保護の場合、その答えは驚くべきものだ。もっとも重要な輸入許可証は——主に衣類と、衣類ほどではないが砂糖に対するものだが——外国の政府に与えられているのだ。

アメリカの輸入の割当てレントは外国人の収入となるので、同じ水準まで輸入を制

限する関税と比較すると、割当てのほうが国全体の費用は大きくなる。図5-11では、輸入割当てにともなうアメリカの損失を $B+C+D$ で示すことができる。これは、消費者余剰の損失と生産者余剰の増加の差に等しい。

> **経済学を使ってみよう☞　アメリカの貿易保護政策**

今日、アメリカではおおむね自由貿易政策をとっている。他国と比較して、また過去のアメリカと比較してそうだといえるだろう。大半の製品は関税が課されていないか、課されていたとしても低率だ。では、このルールが適用されていない主なものは何か。

残された保護の大半は農業製品に関連するもので、そのリストのトップに来るのはエタノールである。アメリカでは、エタノールはトウモロコシから生産され自動車用燃料の原料として使われている。輸入されるほとんどのエタノールにはかなり高い関税が課されているが、一部の国は一定数量にかぎり関税が免除され、アメリカで高い価格をつけて販売することが認められている。乳製品もまた、関税と割当ての組合せによる保護を受けている。

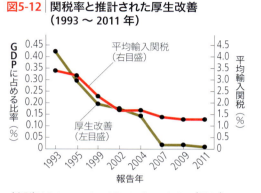

図5-12　関税率と推計された厚生改善（1993～2011年）

（出所）U.S. International Trade Commission (2011) "The Economic Effects of Significant U.S. Import Restraints."

ここ数年前までは、精緻な輸入割当てシステムのおかげで、衣類と織物も輸入競争から手厚く保護されていた。だが、この輸入割当てシステムは、10年以上前に合意された貿易協定にしたがい2005年に廃止された。一部の衣類の輸入にはいまだに比較的高い関税が課されているが、衣類産業の保護は名ばかりのものになりつつある。

アメリカの現在の貿易保護についてもっとも重要なのは、貿易保護が実際にどれほど限定されているかとともに、それによりもたらされる経済への負担がいかに小さいかを知ることだ。アメリカの政府機関である国際貿易委員会は、「著しい貿易制限措置」がアメリカの厚生に及ぼす影響を隔年で推計している。図5-12で示されているように、平均関税水準と国民所得の割合で示された貿易制限にともなう費用は、どちらもはじめからそれほど高くはなかったが、過去20年にわたって大きく低下している。

> **✓理解度チェック　5-3**
>
> 1. バターの世界価格が1ポンド＝0.5ドル、自給自足のときの国内価格が1ポンド＝1ドルだとしよう。図5-10と同様の図を使って、以下のことを示しなさい。
>   a. 自由貿易であれば、バター生産者は政府に1ポンドにつき少なくとも0.5ドルの関税を賦課するよう要求する。
>   b. 1ポンドにつき0.5ドルより高い関税が賦課されたとき、何が起こるかを示しなさい。

> **◀ちょっと復習**
>
> ▶多くの経済学者が**自由貿易**を支持しているが、多くの政府は、輸入競争産業のための**貿易保護**を行っている。代表的な2つの保護政策は関税と輸入割当てだ。まれにではあるが、政府が輸出産業に補助金を出す場合もある。
>
> ▶**関税**は輸入に対する課税だ。それにより、国内価格が世界価格を上回る。また、国内消費と貿易量は低下するが国内生産は拡大する。国内生産者と政府は利益を得るが、消費者は損失をこうむる。消費者の損失は国内生産者と政府の総利益より大きくなり死荷重が発生する。
>
> ▶**輸入割当て**は、輸入数量の法的な制限だ。その効果は関税と似ているが、関税とはちがって、その収入——割当てレント——は課した国の政府ではなく、許可証所有者のものとなる。

2. 政府がバターの輸入に関税でなく割当てを課すとしよう。1ポンド＝0.5ドルの関税と同じ水準まで輸入を制限する割当て数量を求めなさい。

解答は https://str.toyokeizai.net/books/9784492314906 にある。

4 │ 貿易保護政策の政治経済学

　国際貿易が国々に相互に利益をもたらすことをみてきた。また、関税や輸入割当ては、敗者だけでなく勝者も生み出すが、総余剰を減らすことも学んだ。それにもかかわらず、多くの国々が関税や輸入割当てを課したり、あるいは他の保護主義的な措置を実施している。

　なぜ貿易保護が生じるのかを理解するために、保護主義を正当化するための根拠をみることから始めよう。次に貿易保護の政治学について考え、最後に、今日の世界でみられる貿易保護の重要な特徴について検討しよう。それは、関税や輸入割当てが国際交渉の議題となり、国際機関によってその使用が規制されているということだ。

4.1　貿易保護政策への支持

　関税や輸入割当ての支持者は、たくさんの根拠を主張する。よく知られた3つの議論が、国家安全保障、雇用創出、それに幼稚産業論だ。

　国家安全保障の議論は、次のような主張に基づいている。国際紛争があると国交が途絶えることがあるので、財の供給を海外へ依存することは危険だ。よって、国は重要財の自給自足を目指して国内供給者を保護すべき、というものだ。1960年代当時、国内の石油備蓄量が低下したため、アメリカは石油の輸入を開始したが、国家安全保障の議論を根拠として、石油に対して輸入割当てが課された。近年になって再び、石油の輸入——とりわけ中東からの輸入——を抑制すべきだと主張する人々もいる。

　雇用創出の議論では、貿易保護政策をとることで輸入競争産業では追加的な雇用が生まれるという指摘がなされる。だが経済学者は、その雇用増加は他産業、たとえば輸入財を投入物として使っていて、保護政策のためにその価格上昇に直面した産業での雇用減少によって相殺されてしまうと主張する。にもかかわらず、経済学者でない人々は、この主張をかならずしも受け入れようとしない。

　最後に、幼稚産業論は、新しい産業を確立するために、その産業を一時的に保護すべきだという主張だ。これは、新興工業国で支持されることが多い。たとえば1950年代、ラテンアメリカの多くの国々は、製品輸入に関税や割当てを課した。それは原材料輸出国というそれまでの地位から抜け出し、工業国としての新たな地位を確立しようとする試みだった。

　幼稚産業保護は、国全体の技術レベルを向上させるようなハイテク産業に対しては、理論的にも説得力のある主張だ。けれども現実はより複雑だ。政治的影響力の強い産業が保護されるし、政府は最良な新技術がどれかを予測することにも長けてない。最

後に、自立できるほど成熟したとしても、その産業の保護を撤廃するのは困難な場合が多い。

4.2　貿易保護政策の政治学

現実には、前記の議論とは異なる理由で、貿易保護政策が実施されることが多い。それは、輸入競争産業の政治的な影響を反映したものだ。

関税や輸入割当てが、輸入競争に直面する生産者に利益を与え、消費者に損失をもたらすことを学んだ。通常生産者は、貿易政策の決定に対して消費者よりも大きな影響力をもっている。輸入競争に直面する生産者は、消費者にくらべるとその規模は小さいが、より強い結束力をもったグループなのだ。

その一例が、砂糖の貿易保護政策だ。アメリカは、砂糖に輸入割当てを課している。その結果、平均して国内価格は世界価格の2倍ほど高い。この割当ては、経済学上のどんな議論でも正当化できないものだ。ところが消費者は、その割当てに関してほとんど不平を口にしない。というのもその存在を知らないからだ。個別の消費者が大量の砂糖を購入することはないので、割当てによる費用は1世帯当たり毎年2～3ドルにすぎない。これでは、関心のないのも当然だ。ところが、アメリカの砂糖栽培者は数千しかいない。彼らは割当てからの利益に敏感で、議会に議員を送り込んで自分たちの利益を確保しようとする。

こうした政治的な現実を踏まえると、現在のように貿易が自由なのは驚くべきことかもしれない。たとえば、アメリカの関税率は低く、輸入割当ては主に衣類といくつかの農産品に限定されている。このように貿易保護政策が大幅に限定されているのはなぜか。経済学者の説得に応じて、政府が自由貿易の価値を確信しているというのであれば、素晴らしいことだ。だが、より重要な理由は、国際貿易協定が果たす役割にある。

4.3　国際貿易協定と世界貿易機関

国が貿易保護政策を実施すると、損失をこうむるグループが2つある。すでに強調したように貿易保護は国内消費者に不利益を与えるが、外国の輸出産業もまた損失をこうむる。そのため、各国は互いの貿易政策に注意を払っている。たとえばカナダの木材産業にとって、アメリカが木材製品への輸入関税を低く抑えるかどうかは重大な関心事項なのだ。

各国が**国際貿易協定**を取り決めるのは、お互いの貿易政策に関心があるからだ。協定は、相手国からの輸出に対して、お互いに貿易保護を削減することに同意するもので、世界貿易の大部分がそのような協定のもとにある。

いくつかの国際貿易協定は、わずか2国間で、または少数の国の間で締結されている。1993年、アメリカ議会は、アメリカ、カナダ、メキシコ間の**北米自由貿易協定（NAFTA）**を承認した。欧州では28カ国（2016年12月現在）がより包括的な協定である**欧州連合（EU）**を形成している。NAFTAでは、加盟国が非加盟国からの

国際貿易協定は、協定を結んだ国どうしが、相手国からの輸出に対する貿易保護を削減するのに合意することだ。

北米自由貿易協定（NAFTA）は、アメリカ、カナダ、メキシコ間の自由貿易協定である。**欧州連合（EU）**は、欧州28カ国間の関税同盟である。

輸入に対する関税率を独自に決定しているが、EUは関税同盟であるため、EU外からの輸入には同率の関税が課されている。

世界の大部分をカバーする、世界規模の貿易協定もある。そのような世界協定を監督するのが、加盟国で構成される国際機関、**世界貿易機関（WTO）**だ。WTOには、2つの役割がある。第1に、主要な国際貿易協定（1994年に承認された最新の主要な協定は、2万4000ページに及ぶ長いものだった）に必要な、大がかりで複雑な国際交渉の枠組みを提供すること。第2に、加盟国間の紛争を解決することだ。こうした紛争が生じるのは、ある国が、他国の政策が協定違反であると主張した場合だ。2016年12月現在、WTOの加盟国は164カ国にのぼり、世界貿易の大部分がそのルール下にある。

> 世界貿易機関（WTO）は、国際貿易協定を監督し、また、協定に関する国際紛争に裁定を下す。

WTOの役割を明らかにする2つの例を挙げよう。1999年、WTOはEUによるバナナの輸入制限が国際貿易のルールに違反するという裁定を下した。その理由は、輸入制限がかつての植民地の生産者を優遇し、中米諸国の生産者を不利に扱うというものだった。アメリカは中米諸国を支持したので、このバナナをめぐる紛争がEUとアメリカの間で大きな対立にまで発展する危険性があった。ヨーロッパは現在そのシステムを改正しているところだ。2009年には、欧州連合が中米諸国のバナナ生産者への関税を7年かけて35％削減することに同意した。それと引き換えに、アメリカと中米諸国はその申し立てを取り下げたため、「バナナ戦争」は終結した。

より最近の例は、アメリカの綿花農家への補助金をめぐるアメリカとブラジルの間の紛争である。これらの補助金は毎年30億から40億ドルにのぼり、WTOルールに反するものだ。ブラジルは、こうした補助金がアメリカ産綿花の世界市場での価格を引き下げ、ブラジルの綿花農家が損失をこうむっていると主張した。2005年、WTOはアメリカの補助金を違反としてブラジルの主張を支持したため、アメリカは綿花へのいくつかの輸出補助金を削減した。だが、2007年にWTOは、綿花農家への政府貸し付けが廃止されていない等、協定順守のための行動が不十分だとの裁定をアメリカに下した。ブラジルがアメリカからの工業製品輸入に関税を課すと脅しをかけた結果、2010年に両国は綿花紛争解決のための枠組み合意に至った。

ところで、ベトナムとタイはどちらもWTOの加盟国だが、アメリカはこれらの国から輸入されるエビに関税を課すことがある。こうしたことが可能なのは、WTOルールが特定の状況での保護措置を認めているからだ。特定の状況とは、ある一定の技術的な基準にもとづいて、外国との競争が「不公正」だと認められた場合だ。また、輸入の急増が国内産業に損害を及ぼすおそれがある場合にも、一時的な保護措置が認められている。次ページの「ちょっと寄り道」で取り上げた中国のタイヤ輸出への対策は、近年起こった重要な例である。

WTOは、誇張ではあるが、世界の政府と呼ばれることがある。それは実際に、軍隊や警察、また直接的な強制力をもっているわけではない。それなのにそう呼ばれるのは、WTO加盟国は、その裁定にしたがうことに同意しているからだ。その裁定は、関税や輸入割当てだけでなく、名前はちがっても事実上の貿易保護とみなされれば国

内政策にまで適用される。だから WTO への加盟により、国はその主権のうちいくばくかの部分を放棄していることになる。

4.4　グローバリゼーションへの新たな挑戦

　過去1世紀に進展したグローバリゼーションは、一般的には政治的かつ経済的に大きな成功だとみなされている。経済学者や政策担当者はどちらも、拡大してきた世界貿易はとりわけ素晴らしいことだと認識している。けれども、多くの人がグローバリゼーションについて別の見方をもっていることを見落としたとすれば、それは不注意だといわざるをえない。こうした別の見方のほとんどは、多くの経済学者も関心をもっている2つの懸念と重なり合っている。それは、グローバリゼーションが不平等に及ぼす影響についての懸念と、新たに発生したオフショア・アウトソーシングの成長が経済の不安定さを増幅するとの懸念である。

グローバリゼーションと不平等　国際貿易が賃金などの要素価格に影響することは、すでに学んだ。アメリカのような裕福な国は、航空機のような技術集約的な製品を輸出し、衣類のような労働集約的な製品を輸入する。その結果、国内の高学歴な労働者とそうでない労働者の間で、賃金格差が広がる可能性がある。30年前、これは重要な関心事ではなかった。というのは、裕福な国が貧しい国から輸入していたのは、原

プレッシャーのかかるタイヤ　　＜ちょっと寄り道＞

　2009年9月、アメリカ政府は中国からのタイヤ輸入に対して高関税を課した。関税は3年間にわたって課され、1年目は35%、2年目は30%、そして3年目は25%であった。

　この関税は中国からのタイヤ輸入急増に不満をもった労働組合の要請で実施された。2004年から2008年の間に、中国製自動車タイヤのアメリカの輸入は1500万から4600万まで拡大し、労働組合はアメリカの雇用が犠牲になると警告した。組合が要求したのは輸入割当であったが、関税が課されたことは依然として組合側の政治的勝利であった。

　関税はWTOルールに反しなかったのか。オバマ政権の回答はNoだった。2001年に中国がWTOに加盟した際、貿易政策の専門語でいうところの「セーフガード・メカニズム」に中国は同意した。つまり、中国からの輸入が急増した際にそれを制限する権限を輸入国は与えられているのだ。これに同意したにもかかわらず、中国はアメリカの行動に反発し、その関税はルール違反であるとWTOに申し立てた。だが2010年、WTOはアメリカを支持し、オバマ政権はその権限から逸脱していないとの裁定を下した。

　だからといって、タイヤは自由貿易からほど遠いときびしく非難すべきではない。世界貿易の交渉は常に「半分でもないよりはまし（half a loaf is better than none）」の原理で動いている。純粋な自由貿易を目指すよりは、政治的に過敏な産業への保護に配慮した協定を結ぶことのほうが望ましいのだ。タイヤ関税のような行動があったとしても、全体でみれば世界貿易は著しく自由であり、数年前にくらべればずっと多くの分野でより自由化されている。

材料や気候のちがいから比較優位が生じるような財だけだったからだ。今日では、多くの工業製品が比較的貧しい国から輸入されているので、所得分配への潜在的な影響はずっと大きくなっている。

　とりわけ中国との貿易は、裕福な国で賃金水準を維持したいと考える労働組合の間で関心が高まっている。1970年代後半に始まった経済改革以来、目覚ましい経済成長を遂げているものの、中国はいまだに貧しい低賃金国である。中国製造業の賃金はアメリカの賃金のわずか4％にすぎないと推計されている一方で、中国からの輸入は拡大し続けてきた。1983年、アメリカの輸入のうち中国の割合は1％より小さかったが、2010年までにその値は19％以上にまでなった。中国からの輸入増加が、アメリカの低学歴労働者の賃金に少なくとも下落の圧力を加えたことは疑う余地がないだろう。

　アウトソーシング　中国のアメリカへの輸出は、ほとんどが労働集約的工業製品だ。けれども、アメリカの労働者のなかには、自分たちが新たな種類の国際競争に直面しはじめたことに気づいた人たちがいる。アウトソーシングとは、コンピュータ・システム運用のような業務を企業が別会社に委託することであり、長年行われてきたビジネス形態である。最近までは、アウトソーシングは地元で実施されるのが普通で、企業は市内や国内の別会社に業務を委託していた。

　現在、最新の通信技術を利用することで、**オフショア・アウトソーシング**が可能となり、さまざまな業務を海外の会社に委託できるようになった。古典的な例はコール・センターだ。アメリカでは、ある特定の番号で始まるカスタマーサービスに電話すると、答えてくれる相手はインドにいる可能性が高い。インドはオフショア・アウトソーシングで世界をリードしているのだ。オフショア・アウトソーシングは、ソフトウェアの設計や医療サービスの分野にまで及んでいる。あなたのX線写真を検査する放射線医師は、コンピュータのカスタマーサービスのオペレータと同様、別の大陸にいるかもしれない。

　インドに自分たちの仕事が業務委託されてしまったプログラマーをはじめ、一部のアメリカの労働者にとってオフショア・アウトソーシングは衝撃的な出来事だったが、従来からある伝統的な貿易にくらべれば、その規模はまだ小さい。とはいっても、経済学者のなかには、外国との競争で仕事が奪われるなど考えもしなかった何百万、いや何千万の労働者が、それほど遠くない将来、不意打ちを食らって不愉快な思いをすると警告する者もいる。

　前述のように、多くの経済学者も所得分配やアウトソーシングについての懸念をもっている。けれども、一般的にいって反グローバリゼーションの広範な運動はとくに大学生の間で起こっている。1999年に貿易自由化交渉の主要なラウンドを開始できなかった理由の1つは、シアトルで開催予定だったWTO会合が、反グローバリゼーション活動家たちにより妨害されたことにある。けれども、それが失敗したもっと重要な理由は、代表を送った国々の間で足並みがそろわなかったことだ。

> さまざまな業務を外国の人たちに委託することを、**オフショア・アウトソーシング**という。

2001年にカタールのドーハで始まったもう1つの交渉ラウンドは「ドーハ開発ラウンド」と呼ばれているが、これも2008年までに交渉が停止してしまった。その主な理由は、農産物貿易のルールをめぐる対立にある。

反グローバリゼーション運動が起こるのはなぜか。ある部分は、搾取工場労働の誤謬によるものだ。着ているシャツをつくってくれた労働者が低賃金しかもらっていないことに腹を立てることは簡単だが、裕福な国へ製品を売ることができなかったら、その労働者の生活がどれほど悪化するのかを認識することは、ずっとむずかしいだろう。けれどもそうした運動は、果実のみを誇張してきたグローバリゼーション支持者に対する反動であることも事実だ。とくにラテンアメリカ諸国では、関税率の削減によって経済が発展に向け離陸すると期待されたにもかかわらず、実際には残念な結果に終わった。輸入食品との新たな競争に追い込まれた貧しい農家をはじめとして、最終的に生活が悪化してしまった人々もいるのだ。

こうしたグローバリゼーションに対する新たな挑戦は、国際貿易がよいことだという主張をくつがえすだろうか。大多数の経済学者は、貿易保護削減の利益はそれにともなう損失を上回ると断言するだろう。だが、以前よりもいっそう増して、国際貿易の利益が広範に行きわたるよう配慮することが重要だ。貿易の範囲が拡大するにつれて、国際貿易の政治学はより困難をきわめている。

経済学を使ってみよう☞ 輸出を増大させる

2010年12月、アメリカと韓国の間で行われてきた貿易自由化交渉が、最終合意に至った。その結果、両国間の貿易に課されている大多数の関税やその他の制限が段階的に撤廃されることになった。その協定には、アメリカ企業が韓国で操業しやすくなるように、さまざまなビジネス規制の改正も含まれている。これは本当に大きな取り決めだった。韓国経済はメキシコに匹敵する規模であり、NAFTA以来、アメリカが締結したもっとも重要な自由貿易協定である。

この協定が実現できたのはなぜか。アメリカ国際貿易委員会の推計から、控えめに見積もったとしても、その協定が平均的アメリカ人の所得を1%の10分の1ほど上昇させることがわかった。比較的経済規模が大きいにもかかわらず、韓国はアメリカの7番目に重要な貿易相手国でしかないことを考えれば、この数字は悪くはない。

とはいっても、全体の利益は協定の政治判断において何ら重要ではない。むしろアメリカの特定集団の利害が大きくかかわっている。協定反対の動きは労働者とくに自動車産業の労働者から起こった。韓国製自動車に課されている8％の関税が撤廃されると、自分たちの雇用が奪われると心配したからだ。それとは逆に協定に強く賛成した利益団体もいる。なかでも特筆すべき例は牛肉産業だ。なぜなら、牛肉は韓国で大量に消費されるが、アメリカからの市場アクセスは、韓国が課す38％の関税によって阻まれているからだ。

オバマ政権は、経済学の視点とは異なる理由からも協定締結を望んでいた。韓国は

アメリカの重要な同盟国であり、最終交渉の最中にも北朝鮮との軍事的緊張が高まっていた。したがって、その協定はアメリカと韓国の同盟のシンボルともみなされた。労働組合は予期されたほどには抵抗しなかったが、「ちょっと寄り道」でも触れたように、政権が中国製タイヤへ関税を課したことは、労働者の利益を守るとの意思表示だとみなされた。

韓国の賃金はかなり高いうえに、アメリカと国境で接しているわけでもない。こうしたことが幸いして、NAFTA 調印の際のメキシコの場合とは異なり、製造業が大移動するとの懸念はほとんど指摘されなかった。最終的に、利害関係の天秤は協定締結を政治的に可能にする方向へ十分傾いた。とはいうものの執筆時点では、アメリカ議会はまだその協定を可決していない（その後、2012年3月発効）。

ちょっと復習

▶貿易保護政策を正当化する3つの議論は、国家安全保障、雇用創出、それに幼稚産業保護だ。

▶死荷重による損失をもたらすにもかかわらず、輸入保護は頻繁になされる。輸入競争産業を代表する利益団体は、規模は小さいが結束力があるので、消費者団体よりも強い影響力をもつからだ。

▶貿易自由化を進展させるために、各国は**国際貿易協定**を締結する。**北米自由貿易協定（NAFTA）**や**欧州連合（EU）**のように、いくつかの国際貿易協定は少数の国の間で結ばれている。**世界貿易機関(WTO)**は、多数の国々が加盟する組織だ。その役割は、世界規模での貿易協定に向けて交渉を進めるとともに、加盟国間の貿易紛争を裁定することにある。

▶反グローバリゼーションの背景には、比較的貧しい国からの輸入増大に加え、かつては外国競争と無縁であった多くの仕事の**オフショア・アウトソーシング**がある。

✓ 理解度チェック 5-4

1. 2002年に、アメリカは鉄鋼製品の輸入に関税を課した。アメリカでは鉄鋼製品は、多種多様な産業で投入物として利用されている。こうした関税を撤廃するための政治的ロビー活動は、砂糖や衣類のような消費財の関税を撤廃するためのロビー活動よりも、より効果的である可能性が高い。それはなぜか説明しなさい。

2. ここ数年来、関税や割当てに加えて、品質、健康、それに環境への配慮から貿易が制限されるようになった。その結果、WTO もそのような貿易制限にかかわる紛争の裁定を下すことが多くなった。なぜ、このような事態が生じているのか説明しなさい。また、あなたが WTO の職員だとして、品質、健康、それに環境を理由とする制限が自由貿易協定違反かどうかを決める際に、どのような方法を利用できるか、考えなさい。

解答は https://str.toyokeizai.net/books/9784492314906 にある。

BUSINESS CASE

ビジネス・ケース

Li & Fung（利豊）：広州からあなたへ

本書を読んでいるあなたがいま着ている服は、おそらくアジアで製造されたものだろうし、その衣服のデザイン、生産、そして近所のお店までの輸送には、香港の企業である利豊がかかわっていると考えて間違いないだろう。リーバイスやリミテッドからウォルマートまで、利豊は世界中の工場と近所のショッピングモールをつなぐ重要なパイプの役割を果たしている。

利豊は1906年に中国の広州で設立された。会長の Victor Fung によると、彼の祖父の「付加価値」は、英語を話せたので中国人と外国人の商取引で通訳をしたことだという。毛沢東の共産党が中国本土を支配した際に会社は香港へ移った。1960年代と1970年代に香港の市場経済が成長すると、利豊は香港の製造業者と外国のバイヤーを仲介する輸出商社として成功した。

利豊が真に変革したのは、アジア経済が成長し変化していったときである。香港では急速な成長によって賃金が上昇し、利豊はその稼ぎ頭であった衣類で競争力を失っていった。その結果、利豊はみずからを再構築し、一仲介業者からサプライチェーン・マネジャーへと生まれ変わった。財の生産を一製造業者に丸投げするのではなく、その生産を工程ごとに分解したのだ。中間投入財の生産を異なる業者に配分し、最終製造を世界中の1万2000以上あるサプライヤーのなかから選んで委託した。生産は賃金が高いが質や生産性も高い香港や、場合によっては日本のような高度に発展した経済で行われる場合もあれば、生産性はあまり高くないが労働力の安い中国本土や、タイなどの発展途上地域で行われるときもある。

たとえば、あなたがアメリカの小売りチェーンのオーナーでウォッシュ加工されたジーンズを販売したいとしよう。みずからジーンズ生産の準備をしなくても、利豊にそのデザインについて相談すると、流行の素材や色をはじめとして、最新の生産やスタイルについての情報を提供してくれる。デザインが決まったら、利豊は試作品の準備をして、もっとも安く生産できる業者を探し発注までしてくれる。利豊を通じて、糸の生産は韓国、染色は台湾、それにジーンズ縫製はタイまたは中国本土で行われるかもしれない。生産が多くの場所に分散しているので、品質や物流の管理まで提供してくれる。

利豊は多大なる成功を収めた。2010年には時価総額が約233億ドル、総売上高は150億ドル以上にのぼり、世界40カ国以上に事務所や配送センターを置いている。毎年欠かさずに、利豊は利益を2倍、3倍へと拡大している。

ビジネス思考力を鍛えよう

1. 利豊は輸出仲介業者からサプライチェーン・マネジャーへと変貌し、生産を工程ごとに分解し多くの国の異なるサプライヤーから中間投入財を調達するようになった。利豊はなぜこの変革によって利益を拡大できたのだろうか。
2. 利豊が中間投入財の生産地や最終製造地を異なる国々のなかから選ぶ際に、その意思決定の基礎にどのような原理があるだろうか。
3. 小売業者が中国本土の製造業者からジーンズを直接購買するのではなく、利豊にジーンズを国際生産委託するのはなぜか。
4. 利豊の成功の秘訣は何か。それは、人的資本、天然資源の所有、もしくは資本の所有のどれによって実現したのか。

要約

1. アメリカでは、国際貿易の重要性が増している。他の多くの国々ではそれ以上に国際貿易が重要となっている。個人間の取引と同様に、国際貿易は比較優位によって生じる。すなわちある国では、ある財を追加的にもう1単位生産する機

会費用が、他の国のそれよりも小さい。外国から購入した財・サービスは**輸入**、外国に販売された財・サービスは**輸出**だ。国際的な他の経済取引と同様、国際貿易は急速に成長している。こうした現象を**グローバリゼーション**という。

2. **国際貿易のリカード・モデル**では機会費用が一定と仮定される。このモデルは貿易利益が発生することを示す。つまり、2つの国にとって、**自給自足**の場合より貿易をした状態のほうが望ましい。

3. 実際には、気候、生産要素賦存量、それに技術の国際的なちがいを反映して比較優位が決まる。**ヘクシャー＝オリーン・モデル**は、生産要素賦存量のちがいによってどのように比較優位が決まるのかを示している。つまり、財の**要素集約度**が異なるので、それぞれの国は自国に豊富にある生産要素を集約的に利用する財を輸出する傾向にある。

4. **国内需要曲線**と**国内供給曲線**によって、自給自足の場合の財の価格が決定される。国際貿易が開始されると、国内価格は世界価格と等しくなり、その財は**世界価格**で輸出もしくは輸入される。

5. 財の世界価格が自給自足価格より低いとき、その財は輸入される。輸入にともなって消費者余剰は増え、生産者余剰は減る。また、総余剰は増える。世界価格が自給自足価格より高ければ、その財は輸出される。輸出にともなって生産者余剰は増え、消費者余剰は減るが、総余剰は増える。

6. 国際貿易が生じると、**輸出産業**が拡大し、**輸入競争産業**が縮小する。それにともなって、豊富にある生産要素への需要が増加し、希少な生産要素への需要は減少する。その結果、賃金などの生産要素価格が変化する。

7. 多くの経済学者が**自由貿易**を支持しているにもかかわらず、実際には、多くの政府は**貿易保護政策**を実施する。もっとも一般的な**保護政策**の手段は、関税と割当ての2つだ。まれにではあるが、輸出産業に補助金が出されることもある。

8. **関税**は輸入に課される税金だ。関税により、国内価格が世界価格より高くなる。消費者が損失をこうむり、生産者は得をして、政府収入が生じる。その結果、総余剰は減少する。**輸入割当て**は、輸入される財の数量に課される法的な制限だ。輸入割当てには、関税と同様の効果があるが、関税の場合とは異なって、その収入は政府ではなく、輸入許可証の所有者が得る。

9. 貿易保護を支持する議論もいくつかあるが、実際に保護される理由は、おそらく政治的なものだ。輸入競争産業に、強い組織力をもち、貿易保護から得られる利益をよく認識している。一方で、消費者は、貿易保護がもたらす費用について気づいていない。だが、アメリカでは、貿易はおおむね自由だ。その理由は、**国際貿易協定**にある。この協定のもとでは国々が互いの輸出に対する貿易保護を削減することに同意している。**北米自由貿易協定（NAFTA）**や**欧州連合（EU）**には少数の国のみが加盟している。それとは異なって、**世界貿易機関（WTO）**にはずっと多くの国が加盟しているため、世界貿易の大部分はそのルールにしたがって行われている。世界貿易機関は、貿易交渉を監督すると同時に、交渉の結

果締結された協定にしたがうことを強制する。

10. ここ数年グローバリゼーションの影響をめぐって多くの懸念が指摘されている。その1つは、過去20年にわたる比較的貧しい国からの輸入増加が所得の不平等を拡大していることだ。もう1つは**オフショア・アウトソーシング**の増加であり、そのわけは、かつては外国競争とは無関係とみなされていた多くの仕事が外国へ奪われているからだ。

キーワード

輸入	172ページ	輸出	172ページ
グローバリゼーション	172ページ		
国際貿易のリカード・モデル	174ページ		
自給自足	175ページ	要素集約度	180ページ
ヘクシャー＝オリーン・モデル	180ページ	国内需要曲線	184ページ
国内供給曲線	184ページ	世界価格	184ページ
輸出産業	188ページ	輸入競争産業	188ページ
自由貿易	190ページ	貿易保護政策	190ページ
保護政策	190ページ	関税	190ページ
輸入割当て	192ページ	国際貿易協定	195ページ
北米自由貿易協定（NAFTA）	195ページ	欧州連合（EU）	195ページ
世界貿易機関（WTO）	196ページ		
オフショア・アウトソーシング	198ページ		

〈問題〉

1. サウジアラビアとアメリカでの石油と自動車の生産可能な組合せが、下の表で与えられるとしよう。

サウジアラビア		アメリカ	
石油の数量（100万バレル）	自動車の数量（100万台）	石油の数量（100万バレル）	自動車の数量（100万台）
0	4	0	10.0
200	3	100	7.5
400	2	200	5.0
600	1	300	2.5
800	0	400	0

a. サウジアラビアで自動車1台を生産するための機会費用を求めなさい。また、アメリカについても、求めなさい。サウジアラビアで、1バレルの石油を生産するための機会費用を求めなさい。また、アメリカについても求めなさい。

b. 石油生産に比較優位をもつのはどちらの国かを答えなさい。自動車に比較優位をもつのはどちらかを答えなさい。
　　c. 自給自足のもと、サウジアラビアが2億バレルの石油と300万台の自動車を生産するとしよう。また、自給自足のもと、アメリカは3億バレルの石油と250万台の自動車を生産するとしよう。貿易がない場合、サウジアラビアは石油と自動車の両方をこれ以上多く生産できるだろうか。また、アメリカは貿易がない場合、石油と自動車の両方をこれ以上多く生産できるだろうか。

2. アメリカとサウジアラビアの生産可能な石油と自動車の組合せが、問題1の表で与えられるとしよう。各国が比較優位をもつ財の生産に特化して貿易するとしよう。また、各国にとって輸入額が輸出額に等しくなるとしよう。
　　a. 生産される石油と自動車の総量を求めなさい。
　　b. サウジアラビアは4億バレルの石油と500万台の自動車を消費し、アメリカは4億バレルの石油と500万台の自動車を消費することができるだろうか。
　　c. 実際に、サウジアラビアが3億バレルの石油と400万台の自動車を消費し、アメリカが5億バレルの石油と600万台の自動車を消費するとしよう。アメリカは何バレルの石油を輸入するか求めなさい。またアメリカは何台の自動車を輸出するか求めなさい。自動車1台の価格が世界市場で1万ドルだとしよう。世界市場で石油1バレルは何ドルかを求めなさい。

3. カナダとアメリカは、木材と音楽 CD を一定の機会費用で生産しているとしよう。アメリカは CD の生産がゼロのとき10トンの木材を生産できる。また、木材の生産がゼロのとき1000枚の CD を生産できる。この2つの間であれば、両方の財をあらゆる組合せで生産できる。一方、カナダは CD の生産がゼロのとき8トンの木材を生産でき、木材の生産がゼロのとき400枚の CD を生産できる。また、この2つの間であれば、両方の財をあらゆる組合せで生産できる。
　　a. アメリカとカナダの生産可能性フロンティアを別々の図に描きなさい。ただし、ヨコ軸を CD の数量、タテ軸を木材の数量としなさい。
　　b. 自給自足の下、アメリカが500枚の CD を消費したい場合、最大でどれだけの木材を消費できるか、求めなさい。図でその点を A としなさい。同様に、自給自足でカナダが1トンの木材を消費したい場合、何枚の CD を消費できるか、求めなさい。図でその点を C としなさい。
　　c. どちらの国が木材生産に絶対優位をもつか。
　　d. どちらの国が木材生産に比較優位をもつか。
　　各国が比較優位をもつ財の生産に特化し、貿易が開始されるとしよう。
　　e. アメリカは CD を何枚生産するか。カナダは木材を何トン生産するか。
　　f. アメリカは500枚の CD と7トンの木材を消費することができるか。図でこの点を B としなさい。そのとき、カナダは500枚の CD と1トンの木材を消費する

ことができるか。図でその点を D としなさい。

4. 以下の貿易関係について、各国が輸出財に比較優位をもつのはなぜか、その要因を説明しなさい。
   a. アメリカはベネズエラにソフトウェアを輸出し、ベネズエラはアメリカに石油を輸出する。
   b. アメリカは中国に航空機を輸出し、中国はアメリカに衣類を輸出する。
   c. アメリカはコロンビアに小麦を輸出し、コロンビアはアメリカにコーヒーを輸出する。

5. The U. S. Census Bureau（アメリカの国勢調査局）はアメリカの輸出入統計をウェブサイトに公表している。以下のステップにしたがって、外国貿易統計をみつけ、それを利用して次の問いに答えなさい。
   (i) The U. S. Census Bureau ウェブサイト http://www.census.gov を開きなさい。
   (ii) "Business & Industry" の表題から "International Trade" を選びなさい。
   (iii) ページの最上部にある "Data" を選びなさい。
   (iv) ページ左側にある "Country/Product Trade" を選びなさい。
   (v) "North American Industry Classification System（NAICS）-Based" の表題にある、"NAICS web application" を選びなさい。
   (vi) ドロップダウンメニューの "3-digit and 6-digit NAICS by country" をみて興味のある財の分類を選び、"Go" をクリックしなさい。
   (vii) ドロップダウンメニューの "Select 6-digit NAICS" をみて興味のある財もしくはサービスを選び、"Go" をクリックしなさい。
   (viii) ドロップダウンメニューで選べる年と月のなかから、"December" と "2010" を選び、"Go" をクリックしなさい。
   (ix) 表の右側には2010年の全体の輸出入統計が示されている。アメリカの輸入についての以下の問いには、"Consumption Imports, Customs Value Basis" の列を使いなさい。

   a. アメリカの帽子輸入のデータをみなさい。ステップ（vi）で "(315) Apparel & Accessories" そして、ステップ（vii）で、"(315991) Hats and Caps" を選びなさい。どの国からほとんどの帽子を輸入しているだろうか。比較優位の3つの源泉（気候、生産要素の賦存、技術）のうちどれを使えば、その国が帽子生産に比較優位をもつことを説明できるだろうか。
   b. アメリカのブドウ輸入のデータをみなさい。ステップ（vi）で "(111) Agricultural Products" そして、ステップ（vii）で、"(111332) Grapes" を選びなさい。比較優位の3つの源泉（気候、生産要素の賦存、技術）のうちどれを

使えば、その国がブドウ生産に比較優位をもつことを説明できるだろうか。

c. アメリカの食品製造機械輸入のデータをみなさい。ステップ（vi）で"(333) Machinery Except Electrical"そして、ステップ（vii）で、"(333241) Food Product Machinery"を選びなさい。比較優位の3つの源泉（気候、生産要素の賦存、技術）のうちどれを使えば、その国が食品製造機械に比較優位をもつことを説明できるだろうか。

6. 問題5で調べた2010年の中国からの帽子輸入と2000年の同じデータをくらべなさい。問題5で示されたステップを繰り返してデータをみつけなさい。ただし、ステップ（viii）では、"December"と"2000"を選びなさい。
  a. 2000年から2010年の間に中国からの帽子輸入額はどのように変化したか。
  b. ヘクシャー＝オリーン・モデルを使うと、中国労働者の賃金にどのような変化が起こると予想できるだろうか。

7. 靴は労働集約的であり、人工衛星は資本集約的である。アメリカは資本を豊富に保有する国であり、中国は労働を豊富に保有する国である。ヘクシャー＝オリーン・モデルによれば、中国はどちらの財を輸出するだろうか。また、アメリカはどちらの財を輸出するだろうか。アメリカでは、労働の価格である賃金と資本の価格が、どのように変化するか説明しなさい。

8. 北米自由貿易協定（NAFTA）によって輸入関税が徐々に撤廃される以前は、メキシコでのトマトの自給自足価格は世界価格より低く、アメリカでのそれは世界価格より高かった。同様に、メキシコでの鶏肉の自給自足価格は世界価格より高く、アメリカでのそれは世界価格より低かった。各財について、両国の国内需要曲線、国内供給曲線の図を描きなさい。北米自由貿易協定の結果、アメリカはメキシコからトマトを輸入し、鶏肉をメキシコへ輸出するとしよう。以下のグループが、どのような影響を受けるのか説明しなさい。
  a. メキシコのトマト消費者とアメリカのトマト消費者。図を使って消費者余剰への効果を説明しなさい。
  b. メキシコのトマト生産者とアメリカのトマト生産者。図を使って生産者余剰への効果を説明しなさい。
  c. メキシコとアメリカのそれぞれでトマト生産に従事する労働者。
  d. メキシコの鶏肉の消費者とアメリカの鶏肉の消費者。図を使って消費者余剰への効果を説明しなさい。
  e. メキシコの鶏肉の生産者とアメリカの鶏肉の生産者。図を使って生産者余剰への効果を説明しなさい。
  f. メキシコとアメリカのそれぞれで鶏肉生産に従事する労働者。

9. 下の表は、アメリカの商業用ジェット機の国内需要表と国内供給表だ。商業用ジェット機の世界価格は1億ドルであるとしよう。

ジェット機の価格（100万ドル）	ジェット機の需要量	ジェット機の供給量
120	100	1,000
110	150	900
100	200	800
90	250	700
80	300	600
70	350	500
60	400	400
50	450	300
40	500	200

a. 自給自足のとき、アメリカが生産する商業用ジェット機の数を求めなさい。また、それが売買される価格を求めなさい。
b. 貿易があるときの商業用ジェット機の価格を求めなさい。また、アメリカはジェット機を輸入するのか、それとも輸出するのか。その場合、貿易されるジェット機の数を求めなさい。

10. 下の表は、アメリカのオレンジの国内需要表と国内供給表を示している。オレンジの世界価格は1個0.30ドルだ。

オレンジの価格（ドル）	オレンジの需要量（1,000個）	オレンジの供給量（1,000個）
1.00	2	11
0.90	4	10
0.80	6	9
0.70	8	8
0.60	10	7
0.50	12	6
0.40	14	5
0.30	16	4
0.20	18	3

a. アメリカの国内供給曲線と国内需要曲線を描きなさい。
b. 自由貿易のとき、アメリカが輸入または輸出するオレンジの数を求めなさい。アメリカ政府がオレンジ1個につき0.20ドルの関税を課すとしよう。
c. 関税が賦課された後、アメリカが輸入または輸出するオレンジの数を求めなさい。
d. 関税によって経済全体に生じる利益、または損失を図に示しなさい。

11. アメリカでのオレンジの国内需要表と国内供給表が、問題10で与えられているとしよう。オレンジの世界価格は0.30ドルだ。アメリカがオレンジ3000個の輸入

割当てを課し、外国のオレンジ輸出業者が割当てレントを得るとする。
  a. 国内需要曲線と国内供給曲線を描きなさい。
  b. 割当てが課された場合のオレンジの国内価格はいくらか。
  c. 外国の輸出業者が得る割当てレントの額はいくらか。

12. 下の図は、アメリカでの牛肉の国内供給曲線と国内需要曲線を示している。牛肉の世界価格は P_W だ。アメリカは牛肉に輸入関税を課し、その結果、国内価格は P_T となったが、議会はその関税の撤廃を決定した。図の記号を使って、次の問いに答えなさい。

   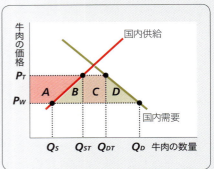

   a. 消費者余剰の増加もしくは減少を示す領域を求めなさい。
   b. 生産者余剰の増加もしくは減少を示す領域を求めなさい。
   c. 政府にとっての収入もしくは損失を示す領域を求めなさい。
   d. 経済全体の余剰の増加もしくは減少を示す領域を求めなさい。

13. アメリカでは、市場開放により国際貿易が開始された結果、非熟練労働集約的な製造業では雇用が減少したが、ソフトウェア産業のような熟練労働集約的な産業では、新たな雇用が生まれた。国全体として、アメリカが貿易によって利益を得るのかどうかを説明しなさい。

14. アメリカは農業を手厚く保護している。農産物の輸入には、関税が課され、また、割当てが課される場合もある。この章では、貿易保護を支持する3つの主張が提示された。それぞれが、アメリカの農産物に対する貿易保護を正当化するのに有効であるかどうかを検討しなさい。

15. 世界貿易機関（WTO）の交渉では、ある国が関税や割当てのような貿易障壁を引き下げることに同意すれば、この行為は他国への譲許と呼ばれる。この用語は適切だろうか。

16. 輸入競争産業の生産者は、よく次のような主張をする。「ある財の生産で、外国がアメリカよりも優位に立つのは、労働者の賃金が安いからだ。実際に、アメリカの労働者の生産性は外国の労働者のそれよりも高い。したがって、アメリカの輸入競争産業は、保護されるべきだ」。これは正当な主張なのかどうか。説明しなさい。

Chapter 5 Appendix
Consumer and Producer Surplus
消費者余剰と生産者余剰

　第5章の本文では、貿易と関税が消費者の厚生と生産者の厚生にどんな影響を与えるのかを分析するために、消費者余剰と生産者余剰という概念を用いた。消費者余剰と生産者余剰は、幅広く多様な経済問題を分析するのにとても有益な概念だ。それを使えば、市場が存在することで生産者と消費者がどれだけ便益を得られるかを計算できる。また、市場価格の変化が消費者の厚生と生産者の厚生にどんな影響を与えるかを計算できる。これらの計算は、たくさんの経済政策を評価する際に決定的な役割を果たしているし、とくに役立つのは、貿易の影響を理解するときだ。

　消費者余剰を計算するには、需要曲線と供給曲線があればよい。つまり、需要と供給のモデルは競争市場がどう機能するかを表すだけのモデルではなく、消費者と生産者がその市場に参加するとどれだけの利益が得られるかを示すモデルでもあるのだ。まずは中古教科書の市場から話を始めよう。なぜなら、この市場は2009年にはおよそ30億ドルという金銭的に大きなビジネスであり、そしてより重要なことに、消費者余剰と生産者余剰の概念を展開していくのに便利だからだ。

1 | 消費者余剰と需要曲線

　買い手の側から中古教科書の市場をみてみよう。これからすぐにわかることだが、カギとなるのは、需要曲線は嗜好や選好から導かれること——そしてその選好が、中古教科書の購入機会からの便益の大きさを確定するということだ。

1.1　支払い意欲額と需要曲線

　中古教科書は新品ほど状態がよくない。傷んでいたり、コーヒーのしみがついていたり、書き込みがあったり、内容的にも古くなっているかもしれない。それをどれだ

表5A-1 中古教科書の価格が30ドルのときの消費者余剰

潜在的な買い手	支払い意欲額（ドル）	支払った価格（ドル）	個別消費者余剰（ドル） ＝支払い意欲額−支払った価格
アレーシャ	59	30	29
ブラッド	45	30	15
クラウディア	35	30	5
ダレン	25	—	—
エドウィナ	10	—	—
すべての買い手			総消費者余剰＝49ドル

> 消費者の財への**支払い意欲額**とは、消費者がこの財を買ってもいいと思う最高価格のことだ。

け気にするかはあなたの選好しだいだ。潜在的な買い手のなかには、新品の教科書よりもわずかでも安ければ中古教科書を買う人もいるだろうし、大幅に安くなければ中古教科書を買わないという人もいるだろう。潜在的な買い手の**支払い意欲額**を、財（この場合は教科書）を買ってもいいと思う最高価格と定義しよう。各個人は中古教科書の価格がこの額よりも高いと買おうとしないが、安ければ買う。価格と支払い意欲額がちょうど等しいなら、買い手にとって、買うか買わないかは無差別だ。

　表5A-1は新品だと100ドルする中古教科書の潜在的な買い手5人を、支払い意欲額の高い順に並べたものだ。いちばん高いのはアレーシャで、中古教科書の価格が59ドルでも買うだろう。ブラッドの支払い意欲額はそれより低く、45ドル以下でなければ中古教科書を買おうとしない。クラウディアの支払い意欲額は35ドル、ダレンはわずかに25ドルだ。そしてエドウィナは、じつは中古教科書が好きではないので、10ドル以下でなければ買おうとしない。

　5人の学生のうち、実際に中古教科書を買うのは何人だろうか。それは価格次第だ。中古教科書の価格が55ドルなら、買うのはアレーシャだけだろう。40ドルならアレーシャとブラッドの2人が中古教科書を買うだろう、といった具合だ。だから、支払い意欲額を示した表は、中古教科書の**需要表**とも定義される。

1.2　支払い意欲額と消費者余剰

　大学キャンパスの書店が中古教科書を30ドルで売り出したとしよう。この場合、アレーシャ、ブラッド、クラウディアはそれを買うだろう。だが彼らは購入することで便益を得られるのだろうか。もしそうなら、どれくらいだろうか。

　答えは、表5A-1にあるように、中古教科書を購入した学生はおのおの純便益を得ているが、その額は人によってちがうということだ。

　アレーシャは59ドルを支払ってもよいと思っていたので、彼女の純便益は59ドル−30ドル＝29ドルだ。ブラッドは45ドルを支払ってもよいと思っていたので、彼の純便益は45ドル−30ドル＝15ドルだ。クラウディアは35ドルを支払ってもよいと思っていたので、彼女の純便益は35ドル−30ドル＝5ドルだ。しかしダレンとエドウィナは、30ドルでは中古教科書を買おうとしない。だから彼らは便益を得ることもなければ損をすることもない。

買い手が財の購入から得る純便益は、その買い手の**個別消費者余剰**と呼ばれる。この例では、支払い意欲額よりも低い価格の支払いですむときには、財の買い手はそれぞれいくらかの個別消費者余剰を得ることを学んだ。

財の買い手が得た個別消費者余剰を全員分合計したものは、その市場での**総消費者余剰**として知られている。表5A-1でいうと、総消費者余剰はアレーシャ、ブラッド、クラウディアが得た個別消費者余剰の和、つまり29ドル＋15ドル＋5ドル＝49ドルだ。

経済学者はたいていの場合、**消費者余剰**という用語を個別消費者余剰と総消費者余剰の両方の意味で使う。私たちもこの慣習にしたがおうと思う。個人が得る消費者余剰とすべての買い手が得る消費者余剰のどちらの意味で用いているかは、常に文脈のなかで明らかになるだろう。

総消費者余剰は図で表現できる。第3章でみたように、需要表をつかうことで、図5A-1の市場需要曲線を導くことができる。第3章で取り上げた数百人から数千人もの消費者がいる市場の需要曲線とは違い、ごく少数の消費者の場合で考察しているから、この曲線はなめらかには見えない。垂直方向と水平方向の線分を交互につなげたこの需要曲線は階段状になっている。水平の線分のそれぞれ——各段——は、潜在的な買い手の支払い意欲額の1つに対応している。需要曲線の各段の幅は本1冊分で、1人の消費者を表している。たとえばアレーシャの段の高さは、彼女の支払い意欲額である59ドルになっている。この段は、彼女が実際に支払う30ドルという価格より上の長方形と、それより下の部分からできている。アレーシャの長方形の面積（59ドル−30ドル）×1＝29ドルは、30ドルで中古教科書を購入することで彼女が得る消費者余剰だ。つまりアレーシャが得る個別消費者余剰は、図5A-1の濃い黄色の長方形の面積になる。

▶ **個別消費者余剰**は財の購入から個々の買い手が得る純便益で、その買い手の支払い意欲額と支払った価格の差に等しい。

▶ 市場での**総消費者余剰**は財の買い手の個別消費者余剰を全員分合計したものだ。

▶ **消費者余剰**という用語はたいていの場合、個別消費者余剰と総消費者余剰の両方の意味で使われる。

図5A-1 | 中古教科書市場の消費者余剰

価格が30ドルのとき、アレーシャ、ブラッド、クラウディアは中古教科書を買うがダレンとエドウィナは買わない。アレーシャ、ブラッド、クラウディアはそれぞれ、支払い意欲額と価格の差に等しい個別消費者余剰を得る。それは黄色い長方形の面積で示される。ダレンとエドウィナの支払い意欲額は30ドルよりも小さいので、2人はこの市場では中古教科書を買おうとしないだろう。つまり彼らの消費者余剰はゼロだ。総消費者余剰は黄色い部分全体の面積になる。それはアレーシャ、ブラッド、クラウディアの個別消費者余剰の合計で、29ドル＋15ドル＋5ドル＝49ドルに等しい。

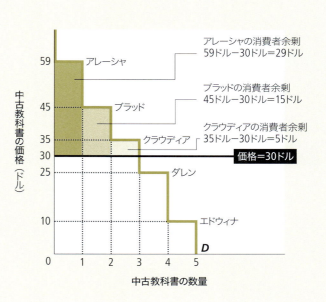

価格が30ドルなら、アレーシャだけでなくブラッドとクラウディアも中古教科書を買うだろう。2人もアレーシャのように中古教科書を購入することで便益を得るが、2人の支払い意欲額はアレーシャよりも低いので、アレーシャほどの純便益にはならない。図5A-1には、ブラッドとクラウディアが得る消費者余剰も示してある。それも、対応する長方形の面積で測ることができる。ダレンとエドウィナは30ドルでは中古教科書を買わないので、消費者余剰を得られない。

この市場で実現する総消費者余剰は、アレーシャ、ブラッド、クラウディアが得る個別消費者余剰の合計だ。だから総消費者余剰は、3つの長方形の面積の和に等しい。つまり図5A-1の黄色い部分全体の面積になる。言い換えると、総消費者余剰は需要曲線の下側で価格より上の領域の面積に等しい、ということだ。

このことは次の一般原理を明らかにしている。ある価格水準で財を購入したときに得られる総消費者余剰は、需要曲線の下側で価格より上側の領域の面積に等しい。この原理は、消費者の人数に関係なく適用できる。

本章で取り上げた自動車部品の市場のような大きな市場を考えるときに、消費者余剰をグラフで表現することはとても役に立つ。たとえば数百万人の潜在的な買い手にiPadを販売することを考えよう。潜在的な買い手はおのおの、支払ってもよいと思う最高価格をもっている。たくさんの潜在的な買い手がいるので、需要曲線は図5A-2で示されているように、なめらかになるだろう。

価格が500ドルのとき、合計100万台のiPadが購入されるとしよう。このように100万台のiPadを購入することから、消費者はどれだけの便益を得るのだろうか。この問いには、各買い手の個別消費者余剰をそれぞれ計算して足し合わせることで答えられる。だが図5A-2をみて、総消費者余剰は黄色い領域の面積に等しいという事実を使うほうがはるかにやさしい。最初の例でみたように、消費者余剰は需要曲線の

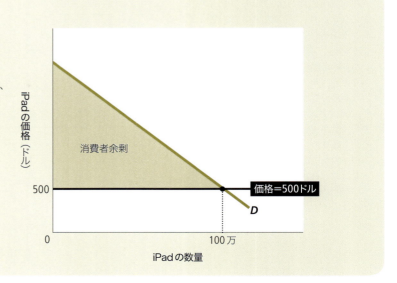

図5A-2 消費者余剰

iPadの需要曲線は、潜在的な買い手が数多くいるのでなめらかだ。価格が500ドルのときのiPadの需要量は100万台だ。この価格での消費者余剰は黄色い部分の面積、つまり需要曲線の下側で価格より上側の領域の面積に等しい。これが、価格が500ドルのときに消費者がiPadを購入することで得る総純便益だ。

下側で価格より上側の領域の面積に等しいのだ（第2章付録を参照することによって直角三角形の面積の計算の仕方を思い出すことができる）。

2 | 生産者余剰と供給曲線

　買い手が財を購入する際、実際に支払う価格よりも高い価格を支払ってもよいと思っているように、売り手は彼らが実際に受け取る価格よりも低い価格で売ってもよいと思っている。だから、市場で買うことから消費者余剰を得る消費者がいるのとちょうど同じように、市場で売ることから生産者余剰を得る生産者がいるのだ。

2.1 費用と生産者余剰

　中古教科書の潜在的な売り手となる学生たちのことを考えよう。彼らの選好は異なっているので、潜在的な売り手として彼らが売ってもよいと思う価格もまたそれぞれ異なっている。表5A-2は、何人かの学生の売ってもよいと思う価格を示している。アンドリューは5ドル以上得られるなら中古教科書を売ってもよいと思っている。ベティは少なくとも15ドル得られなければ中古教科書を売ろうとしない。カルロスは25ドル、ドナは35ドル、エンゲルバートは45ドル得られなければ売ろうとしない。

表5A-2 | 中古教科書の価格が30ドルのときの生産者余剰

潜在的な売り手	費用（ドル）	受け取った価格（ドル）	個別生産者余剰（ドル）＝受け取った価格−費用
アンドリュー	5	30	25
ベティ	15	30	15
カルロス	25	30	5
ドナ	35	—	—
エンゲルバート	45	—	—
すべての売り手			総生産者余剰＝45ドル

　潜在的な売り手が売ってもよいと思う最低の価格は、経済学では特別な名称をもっている。それは売り手の**費用**と呼ばれる。だからアンドリューの費用は5ドル、ベティのそれは15ドルといった具合になる。

　費用という用語は通常は財を生産する際の金銭的費用を指すので、それを中古教科書の売り手に適用するのは、少し変な感じがするかもしれない。学生は中古教科書を生産する必要がないから、彼らが自分の中古教科書を売るために費用を負担することなどないのではないか。

　いや、費用はかかるのだ。中古教科書を売った学生はそれ以降、個人蔵書の一部としてその本を所有することはできない。だからたとえ所有者がその教科書を必要とする授業を終えていたとしても、それを売ることの機会費用が存在するのだ。思い出してほしいのだが、経済学の基本原理の1つは、何かをすることの費用を測る真の尺度は常に機会費用だということだ——何かの本当の費用は、それを得るためにあなた

▶ 売り手の**費用**は、売り手がその財を売ってもよいと思う最低の価格だ。

があきらめなくてはならないものだ。

だから、売り手にとって財を売るために必要な金銭的な支出がないとしても、それを売ってもいい最低の価格を販売の「費用」ということは経済学として妥当なものだ。もちろん現実の世界では、ほとんどの市場で財の売り手は財の生産者で、つまり財を売るための金銭的支出もたしかにしている。その場合には、財を売る費用のなかに金銭的費用が含まれるが、それ以外の機会費用もまた含まれることになる。

ここで中古教科書の例に戻って、アンドリューが彼の中古教科書を30ドルで売ったとしよう。明らかに彼はこの取引から便益を得ている。彼は5ドルで売ってもよいと思っていたので、彼が得た便益は25ドルだ。この便益は彼が実際に受け取った価格と彼の費用――彼が売ってもよいと思う最低の価格――との差で、彼の**個別生産者余剰**として知られるものだ。

> **個別生産者余剰**は、財を売ることから個々の売り手が得る純便益だ。それは受け取った価格と売り手の費用の差に等しい。

消費者余剰と同じように個別生産者余剰を合計すると、その市場での**総生産者余剰**を計算できる。これは市場での売り手の総便益だ。経済学者は**生産者余剰**という用語を総生産者余剰と個別生産者余剰の両方の意味で使う。表5A-2は、中古教科書を価格30ドルで売ったときの各学生の純便益を示している。アンドリューは25ドル、ベティは15ドル、カルロスは5ドルだ。総生産者余剰は25ドル＋15ドル＋5ドル＝45ドルになる。

> 市場での**総生産者余剰**は、財の売り手の個別生産者余剰を全員分合計したものだ。
> 経済学者は**生産者余剰**という用語を個別生産者余剰と総生産者余剰の両方の意味で使う。

消費者余剰と同じように、中古教科書を売った人々が得た生産者余剰も図で表現できる。消費者の支払い意欲額から需要曲線を導出したように、生産者の費用から供給曲線を導出しよう。図5A-3の階段状の曲線が示すのは、表5A-2の費用がほのめかす供給曲線だ。供給曲線の各段の幅は本1冊分で、1人の売り手を表している。アンドリューの段の高さは彼の費用の5ドルだ。これは長方形の底辺となり、彼が実際に

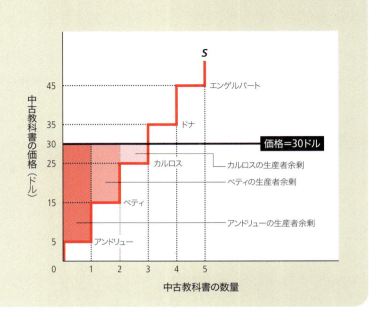

図5A-3 中古教科書市場の生産者余剰

価格が30ドルのとき、アンドリュー、ベティ、そしてカルロスは中古教科書を売るが、ドナとエンゲルバートは売らない。アンドリュー、ベティ、そしてカルロスは価格と費用の差に等しい個別生産者余剰を得る。それぞれ赤の長方形で表される。ドナとエンゲルバートの費用はそれぞれ価格の30ドルよりも高いので、2人は中古教科書を売ってもよいとは思わず、得られる生産者余剰はゼロだ。総生産者余剰は色のついた面積全体で、アンドリュー、ベティ、そしてカルロスの個別生産者余剰を合計した25ドル＋15ドル＋5ドル＝45ドルに等しい。

図5A-4 生産者余剰

小麦の供給曲線がある。価格が1ブッシェル＝5ドルのとき、農家が供給する小麦は100万ブッシェルだ。この価格での生産者余剰は、赤の領域の面積、つまり供給曲線より上側で価格より下側の面積に等しい。これは生産者——この場合は農家——が価格5ドルで生産物を供給することで得る総便益だ。

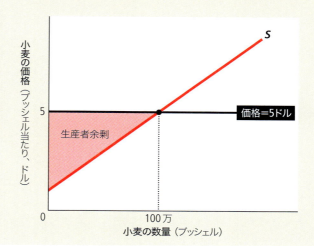

受け取る価格の30ドルは長方形の上の辺となる。長方形の面積（30ドル－5ドル）×1＝25ドルは、彼の生産者余剰だ。つまりアンドリューが中古教科書を売って得る生産者余剰は図の濃い赤の長方形の面積だ。

大学キャンパスの書店が、学生が30ドルで売ってもよいと思っている中古教科書をすべて買おうとしているとしよう。するとアンドリューだけでなく、ベティとカルロスも教科書を売るだろう。彼らの費用はより高いので、アンドリューほどではないが、中古教科書を売ることで便益を得る。先ほどみたように、アンドリューは25ドルを得る。ベティの費用は15ドルなので、彼女が得るのはそれより少ない15ドルだ。カルロスはさらに少なく、わずか5ドルだ。

ここでもやはり消費者余剰と同様に、財の販売から総生産者余剰を決定する一般的な規則がある。ある価格水準で財を販売したときの総生産者余剰は、供給曲線より上側で価格より下側の領域の面積に等しい。

この規則は、図5A-3のように売り手が少数で階段状の供給曲線の例にも、多くの生産者がいてなめらかな供給曲線である現実的な例にも、どちらの場合にも適用できる。

たとえば小麦の供給曲線を考えよう。図5A-4は、生産者余剰が小麦1ブッシェルの価格にどう依存しているかを示したものだ。図で示されているように、価格が1ブッシェルあたり5ドルのとき農家は100万ブッシェルを供給するとしよう。5ドルの価格で小麦を売ることから農家が得る便益はどれだろうか。彼らの生産者余剰は図中の赤色の領域——供給曲線より上側で1ブッシェルあたり5ドルの価格よりも下側の領域の面積に等しい。

図5A-5 総余剰

中古教科書の市場では、均衡価格は30ドルで均衡数量は1000冊だ。消費者余剰は需要曲線の下側で価格より上側の黄色い部分の面積で、生産者余剰は供給曲線の上側で価格より下側の赤い部分の面積だ。黄色と赤の面積の合計は総余剰、つまり財の生産と消費から社会が得る総便益だ。

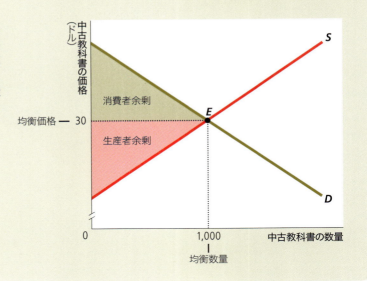

> 市場で生じる**総余剰**は、消費者と生産者が市場で取引することから得る純便益の総計で、消費者余剰と生産者余剰を合計したものだ。

3 | 取引利益

中古教科書の市場の例に戻ろう。だが今度は大きな州立大学のように、潜在的な買い手と売り手が多くいる大きな市場を考えてみよう。だから、この市場は競争的だ。中古教科書の潜在的な買い手である新入生を、彼らの支払い意欲額の順に並べてみよう。支払い意欲額がもっとも高い学生は1番、支払い意欲額が次に高い学生は2番といった具合だ。そうすると、彼らの支払い意欲額を使って図5A-5にあるような需要曲線を導くことができる。同様にして、図5A-5にある供給曲線を導くために、中古教科書の潜在的な売り手である受講し終えた学生を費用の低い順に並べることができる。

その2本の曲線で描いたように、市場は価格が30ドルのときに均衡に至り、その価格水準で1000冊の中古教科書が売買される。色のついた2つの三角形が、この市場で生じた消費者余剰（黄色）と生産者余剰（赤）を表している。消費者余剰と生産者余剰の合計は、市場で生じた**総余剰**として知られる。

この図に関して特筆に値するのは、消費者と生産者の両方が便益を受けていることだ。つまりこの財の市場が存在することで、消費者と生産者の両方の状態がよくなっている。だが驚くことではないだろう——それは、取引は利益をもたらすという、もう1つの経済学のカギとなる原理を明らかにしているのだ。この取引利益があるから、自給自足でいようとするより市場経済に参加したほうが各人の状態はよくなるのだ。

〈問題〉

1. 以下のそれぞれの状況で生じる消費者余剰を求めなさい。

   a. レオンは、彼が10ドルまでは進んで支払ってもよいと思う新しいTシャツを買いに衣料品店へ行った。彼は気に入ったなかで、ちょうど10ドルの値札がついているのを取り上げた。彼はレジで、そのTシャツはセール品なので半額だといわれた。

   b. アルベルトは『ニルヴァーナ・グレーティスト・ヒット』の中古盤を10ドルまででみつけようとCD店へ行った。その店にはそれが1枚あって10ドルで売っており、彼はそれを買った。

   c. サッカーの練習の後でステイシーは、ミネラルウォーター1本に2ドルなら進んで支払っていいと思っている。セブン-イレブンは、ミネラルウォーター1本を2.25ドルで売っていたので、彼女は買わなかった。

2. 以下のそれぞれの状況で生じる生産者余剰を求めなさい。

   a. ゴードンは彼の古いライオネルの鉄道模型をeBayのリストに載せた。彼は最低受入価格(留保価格として知られている)を75ドルに設定した。5日間の入札の結果、最終の最高価格はちょうど75ドルだった。彼はそれを受け入れた。

   b. ソヒは彼女の車を2000ドルで売ると学生新聞の中古車欄に広告した。しかし彼女は1500ドル以上ならどんな価格で売ってもよいと思っていた。買い手の申し出の最高価格は1200ドルだったので、売らなかった。

   c. サンジェイは彼の仕事が大好きで、無給でやってもよいと思っている。しかし彼の年俸は8万ドルだ。

3. あなたが「ファン・ワールド」という小さな遊園地の経営者だとしよう。下の図はファン・ワールドの典型的な顧客の需要曲線を示している。

   a. 乗り物1回の価格が5ドルとしよう。この価格で個別の消費者はどれだけの消費者余剰を得るか(三角形の面積は1/2×底辺×高さであることを思い出そう)。

   b. ファン・ワールドが乗り物1回の価格を5ドルにしたまま入園料を取ることを考えたとしよう。入園料として要求できる最高額はいくらか(すべての潜在的顧客は入園料を払うための十

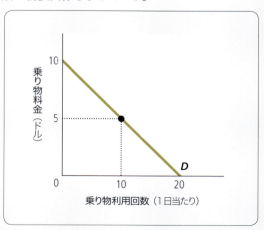

分なおカネをもっていると仮定する)。

c. ファン・ワールドが乗り物1回の価格をゼロに下げたとしよう。どれだけの消費者余剰を個別消費者は得るか。その結果、ファン・ワールドが入園料として要求できる最高額はいくらか。

4. 下の図はタクシー運転手の個別供給曲線（それぞれのタクシー乗車は同じ距離と仮定する）を示している。

a. 市当局がタクシー乗車の価格を4ドルに設定したとしよう。ただし、乗車価格4ドルでタクシー運転手が望むのと同じだけのタクシー乗車があるとする。タクシー運転手の生産者余剰はどれだけか（三角形の面積は1/2×底辺×高さであることを思い出そう）。

b. 市当局は4ドルに設定されたタクシー乗車の価格を維持しながら、タクシー運転手から「免許料」を取ることを決めたとしよう。市当局がタクシー運転手から取ることのできる免許料の最高額はいくらか。

c. 市当局がタクシー乗車の価格を8ドルに上げることを認めたとしよう。ただし、乗車価格8ドルでタクシー運転手が望むのと同じだけのタクシー乗車があるとする。このとき、個別のタクシー運転手はどれだけの生産者余剰を得るか。市当局がこのタクシー運転手から取ることのできる免許料の最高額はいくらか。

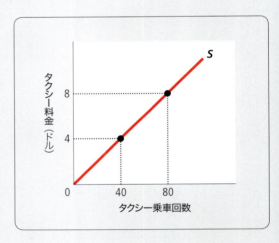

Part **3** Introduction to Macroeconomics

マクロ経済学入門

Chapter **6**

Macroeconomics:
The Big Picture

マクロ経済学：
経済の全体像

この章で学ぶこと
- **マクロ経済学**とミクロ経済学のちがい。
- **景気循環**とは何か。また、政策担当者が景気循環を和らげようとするのはなぜか。
- **長期の経済成長**は国の生活水準をどのように決定するのか。
- **インフレーション**、**デフレーション**とは何か。また、なぜ**物価の安定**が望まれるのか。
- **開放経済のマクロ経済学**の重要性。**貿易黒字**や**貿易赤字**を通じて各国経済はどのように影響しあうのか。

フーバービル

　今日、ニューヨークのセントラルパークでは、多くの人々が散歩、サイクリング、それに乗馬を楽しんでいる。だが、1932年にはそこで暮らしている人々も大勢いた。なぜなら、セントラルパークにはフーバービルというバラック小屋の立ち並ぶスラム街の1つがあったからだ。こうしたスラム街は、1929年に始まる破滅的な経済停滞の結果アメリカ全土で発生した。数百万人の労働者たちが職を失い、食料の無料配給の列に並ぶか、街角でリンゴを売る羽目になった。アメリカ経済は1933年には部分的に回復したものの、1930年代を通じて失業水準の高い期間が続いたのだ。この期間こそ、後によく知られるようになった大恐慌である。

　なぜフーバービルというのだろうか。こうしたバラック街は、1928年に大統領に選出されはしたものの多くのアメリカ人から大恐慌の責任を問われて再選の望みを断たれたハーバート・フーバーを揶揄して、そう名づけられたのだ。彼はエンジニアとしてはたらきはじめた後、大統領になるまでは、とても有能な経営者だと評判だった。だが大恐慌が起こったときには、彼自身も彼の経済顧問もどう対処したらよいのか、まったく見当がつかなかったのだ。

　フーバーにその解決能力がなかったのは偶然ではない。大恐慌当時、個人の消費・生産にかかわる意思決定や産業間の希少資源の配分を扱う**ミクロ経済学**は、経済学のなかでもすでに確立された一分野だった。けれども、経済全体の動向に注目する**マクロ経済学**は、当時生まれたばかりだったのだ。

　1929年から1933年までの期間に起こったこと、また、それほどのインパクトはないにしろ他の時期（最近では2007〜09年の間）に起こった同様の出来事は、経済全体を打ちのめすものだった。どんなときでも従業員を一時雇用する産業はある。たとえば、アメリカの個人レコード販売店の数は、2003年から2007年までにおおよそ30％減少した。消費者がオンラインで購入するようになったからだ。けれども、レコード店で仕事を失った労働者には、どこかほかで新たな仕事を見つけ出すチャンスがある。なぜなら、レコード店が店じまいしても、その他の産業が成長するからだ。だが、1930年代はじめには成長する産業がなかった。

すべてが縮小に向かっていたのだ。

マクロ経済学が経済学の一分野として自立したのは大恐慌の時期だった。アメリカやその他の多くの国を襲った大不況から人々を救うため、そして今後それをどのように回避するかを学ぶため、不況の本質を理解する必要があると経済学者は気づいたのだ。今日まで、経済停滞を理解しその回避方法を見出すことがマクロ経済学の核心部分となっている。だが、時間の経過とともに、マクロ経済学はその範囲を拡大し、長期成長、インフレーション、開放経済のマクロ経済学といった他の多くの分野をもカバーするようになった。

この章では、マクロ経済学を概観する。はじめに、マクロ経済学とミクロ経済学のちがいを一般的に説明し、次にマクロ経済学の主要な課題について簡単に解説しよう。

1 | マクロ経済学の性質

マクロ経済学とミクロ経済学のちがいは何か。マクロ経済学の主要な特徴は、経済全体の動向に注目することだ。

1.1 マクロ経済学の課題

表6-1には、経済学でよく問われるいくつかの問題が示されている。左側にあるミクロ経済学の問題は、右側にあるマクロ経済学の問題と対になっている。これらを比較することで、ミクロ経済学とマクロ経済学のちがいを感じとることができる。

これらの問題からわかるように、ミクロ経済学は、個人や企業がどのように意思決定をするのかという問題に焦点を当てている。たとえば、大学で新しい科目を設置すべきかどうかを決めるためには、ミクロ経済学が利用される。教員の給料や教材費などを含めて費用がいくらかかるのか、それに対してどれほどの便益があるかを比較することで、新しい科目を設置するかどうかを決めることができる。それとは対照的に、マクロ経済学では、経済のあらゆる個人・企業の行動が互いに影響しあった結果、経済全体にかかわる特定の経済効果がどのように生じるかという観点から、経済の総体的動向を考察する。たとえば、ある特定の財・サービスの価格ではなく、経済全体の価格水準（物価水準）が前年にくらべてどの程度上昇もしくは下降したかに関心をもつのがマクロ経済学だ。

表6-1 | ミクロ経済学の問題とマクロ経済学の問題

ミクロ経済学の問題	マクロ経済学の問題
ビジネススクールに進学すべきか、それともいますぐに就職すべきか。	経済全体で、今年はどれだけの人が雇用されているか。
新卒MBAシェリー・カマヨがシティバンクから提示される給料を決める要因は何か。	ある年に労働者に支払われる給与総額の水準を決める要因は何か。
大学が新たな科目を設置するための費用を決める要因は何か。	経済全体の物価水準を決める要因は何か。
低所得家庭の子どもが大学に進学しやすくなるように、政府はどんな政策を実施すべきか。	経済全体の雇用と成長を高めるために、政府はどんな政策を実施すべきか。
シティバンクが上海に支店を開設すべきか否かを決める要因は何か。	アメリカと外国の間で行われる、財・サービスや金融資産の総取引水準を決める要因は何か。

マクロ経済学の問題は、ミクロ経済学的な答えを集計すれば解決できるのではないかと思うかもしれないね。たとえば、第3章で導入した需要と供給のモデルは、個々の財・サービスの均衡価格が競争市場でどのように決まるのかを教えてくれる。だから、経済全体の物価水準を解明する方法は、経済のあらゆる財・サービスに需要と供給の分析を適用してその結果を足し合わせればよいのでは、とあなたは考えるかもしれない。

　けれども、そうはならない。ミクロ経済学と同様に、マクロ経済学でも、需要と供給のような基本的な概念が重要なことに変わりはないが、マクロ経済学の問題に答えを出すには、いくつかのちがったツールと、分析枠組みの拡張が必要となる。

1.2　マクロ経済学：全体は部分の合計よりも大きい

　高速道路を運転したことのある人なら、「やじ馬渋滞」がなぜとても迷惑なのかを知っているだろう。誰かがパンク修理などのささいな理由で車を路肩に止めると、他のドライバーたちがそれを見物しようと車を徐行させ、ほどなく長い渋滞が起こることがある。それがとんでもない迷惑に感じられるのは、そもそもそれを引き起こしたささいな出来事とはまったく釣り合わないほど長い渋滞が生じるからだ。やじ馬見物のために誰かが車のブレーキを踏むと、その後ろの車のドライバーもブレーキを踏まねばならず、そのまた後ろのドライバーも同じことをしなければならない。各ドライバーが前の車よりも少しだけ大きく減速するので、すべてのドライバーによるわずかなブレーキの積み重ねが長くて無駄な交通渋滞を引き起こすのだ。言い換えると、一個人の反応が、後続の人のより大きな反応を引き出すのだ。

　やじ馬渋滞を理解することは、マクロ経済学とミクロ経済学のとても重要なちがいの1つについて、洞察を与えてくれる。つまり、何千あるいは何百万という個人の行動が互いに合成されると、それら個人の行動を単に合計したものよりも大きな帰結を生み出すということだ。

　たとえば、マクロ経済学者が倹約のパラドックスと呼ぶ現象を考えてみよう。不況になる心配が生じると、家計や企業は支出を抑えてそれに備えようとする。消費は切りつめられ、従業員は一時解雇される。こうした支出の低下は、経済を停滞させることになる。家計や企業はよかれと思って支出を切りつめたのに、結果として、何もしなかった場合よりも悪い状態に陥ってしまうのだ。これがパラドックスと呼ばれる理由は、不況に備えて用心深く貯蓄を増やすという一見美徳と思われる行動が、あらゆる人々に経済的な悪影響を及ぼすという帰結を生むところにある。この話にはもう1つの側面がある。それは、家計や企業が将来について楽観的な見通しをもつと、彼らは今日より多くの支出をする、というものだ。それで経済は刺激され、企業はより多く労働者を雇うようになり、それが経済をさらに拡大させる。こうして、一見浪費的にみえる行動が、じつはすべての人々に好景気をもたらすのだ。

　他の例として、何らかの理由で経済に流通する現金の数量が増加したとき、何が起こるのか考えてみよう。現金保有額の増えた人は金持ちになる。だが、すべての人の

現金保有額が増えると、長期的には単に物価水準が上昇し、流通している現金総額の購買力は以前と同じ水準に逆戻りしてしまう。

マクロ経済学を理解するカギは、各個人の行動が積み重なって生じる効果は、個々人が意図したものとはまったく異なったり、時には意図に反する結果になる場合さえあるということだ。マクロ経済の動きは、現実に、個人の行動やそれが市場にもたらす帰結を単に合計したものよりも大きくなるのだ。

1.3　マクロ経済学：理論と政策

ミクロ経済学者がそうである以上に、マクロ経済学者は政策問題に関心をもっている。つまり、マクロ経済の動向を好転させるには、政府は何をすべきかといった課題だ。政策への関心の高さは、歴史的な出来事、とりわけ1930年代の大恐慌によって形成された。

> **自動制御の経済**では、失業等の問題は政府介入がなくても、みえざる手のはたらきを通じて解決される。

1930年代より前、経済学者は経済が**自動制御**するものとみなしていた。つまり、彼らが信じていたのは、失業等の問題はみえざる手のはたらきを通じて修正され、経済の動向を改善させようとする政府の試みは良くても効き目がないか、おそらくは問題を悪化させるだろう、ということだった。

大恐慌がすべてを変えた。非常に大規模な不況が、アメリカ労働者の約4分の1を失業に陥れ、多くの国の政治的安定さえも脅かした。ナチのドイツ乗っ取りを可能にした主要な要因は大恐慌だというのが通説だ。そしてそれが行動を促した。また、経済学者は経済停滞の理解やその回避策の発見に多大な努力を費やした。

> **ケインズ経済学**によると、経済停滞は支出が不十分なことにより起こり、政府介入によって緩和されうる。
> **金融政策**は貨幣数量の変化を通じて利子率や経済全体の支出へ影響を及ぼす。
> **財政政策**は政府支出や税の変化を通じて経済全体の支出へ影響を及ぼす。

1936年、イギリスの経済学者であるジョン・メイナード・ケインズは、マクロ経済学を変容させた『雇用・利子および貨幣の一般理論』を出版した。**ケインズ経済学**によると、経済は不十分な支出のため停滞に陥る。さらにケインズは、金融政策と財政政策を通じて政府介入が停滞した経済を回復させうると主張した。**金融政策**は貨幣数量を変化させることで利子率に影響を与え、それが経済全体の支出水準にも影響を及ぼす。**財政政策**は税と政府支出の変化を通じて経済全体の支出に影響を及ぼす。

一般的にいって、ケインズは経済管理が政府の役割だとの考えを定着させた。ケインズの考えは、経済理論や公共政策の双方に強い影響をもち続けている。次の「経済学を使ってみよう」で取り上げるように、2008年と2009年、議会、ホワイトハウス、連邦準備制度理事会（アメリカの金融政策を管理する準政府機関）は、ケインズの精神に基づいた経済停滞回避の方策を採用した。

経済学を使ってみよう☞　不況を回避する

2008年、世界経済は大恐慌の初期を思わせるような深刻な金融危機に直面した。主要な銀行は崩壊の淵をさまよい、世界貿易は急減した。2009年春には、経済史家のバリー・アイケングリーンとケビン・オルークは、入手可能なデータを再調査し、「世界全体では大恐慌と同じか、それよりも悪い状況に陥りつつある」と指摘した。

図6-1 大恐慌と大停滞における経済活動と世界工業生産の指標

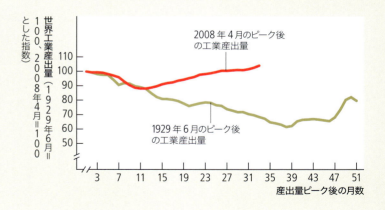

（出所）Barry Eichengreen and Kevin O'Rourke (2009), "A Tale of Two Depressions," ©Vox EU.org: CPB Netherland Bureau Economic Policy Analysis World Trade Monitor.

だが、最悪の事態には至らなかった。図6-1には、アイケングリーンとオルークが示した経済活動指標の1つである世界工業生産が、大恐慌と「大不況（the Great Recession）」——2008年の金融危機後の不景気を示す名称として広く利用されている——の各時期にわたって示されている。どちらの危機でも、はじめの1年間は似た動きをしているが、今回は幸運なことに世界生産は持ち直し上昇に転じた。なぜだろう。

政策当局の対応が異なったことが、少なくともその答えの一部だろう。大恐慌当時、経済不況はあるがままに任せるべきだとの意見が強かった。進行中の大不況を軽減するいかなる方策も「不況の役割を台無しにするものだ」と断言したのは、オーストリア生まれの経済学者でいまでは技術革新の業績で名声を博しているハーバード大学のヨーゼフ・シュンペーターだ。実際、1930年代はじめには、不況に直面するなかで金融当局が利子率を上げ政府が歳出削減と増税を行ったという国もあったのだ。後の章でみるように、これらは不況を深刻化させる行動だ。

それとは対照的に、2008年の金融危機後、利子率は引き下げられ、アメリカを含む多くの国が、支出を下支えするために一時的な歳出増大と減税を実施した。また政府は、融資、援助、保証を駆使することで銀行救済に奔走した。

こうした措置の多くをめぐっては、控えめにいったとしても、議論の余地があった。けれども、マクロ経済学の研究から得られた知見を用いつつ、大不況に対して積極的に対応することで、グローバル経済が大惨事に陥らないよう政府は一定の役割を果たしたと、経済学者の多くは信じている。

✓ 理解度チェック　6-1

1. 以下の問いのなかでミクロ経済学にかかわる問題はどれか。また、マクロ経済学にかかわる問題はどれか。説明せよ。

ちょっと復習

▶ミクロ経済学は個人や企業の意思決定とその帰結に注目し、マクロ経済学は経済全体の動向に焦点を当てる。

▶マクロ経済では、各個人の行動が積み重なって意図せざる結果が生じることや、皆にとって良い結果あるいは悪い結果がもたらされることがある。

▶1930年代以前、経済学者は経済を**自動制御**だとみなしていた。大恐慌の後、停滞した経済を回復させるためには**金融政策**と**財政政策**を通じた政府介入が有効だとの考えを、**ケインズ経済学**が提唱した。

a. 2008年に消費者の小型車人気が相対的に高まったのはなぜか。
b. 2008年に経済全体の消費支出が減速したのはなぜか。
c. 第2次世界大戦後の第1世代の生活水準が第2世代よりも急速に改善したのはなぜか。
d. 最近、地質学を専攻する学生の初任給が急増したのはなぜか。
e. 鉄道輸送と自動車輸送の選択を決める要因は何か。
f. 過去20年、サーモンが安くなったのはなぜか。
g. 1990年代にインフレーションが低下したのはなぜか。

2. 2008年、金融部門の問題により国全体が信用不足の状態となった。その結果、住宅購入者は住宅ローンが組めず、学生は学生ローンが得られず、自動車購入者は自動車ローンを借りることができなかった。

a. 信用不足がどのようにして経済全体での合成効果を引き起こし、結果として経済停滞が生じるのか説明せよ。
b. もしあなたが経済は自動制御だと信じるならば、政策当局に何をすべきだと助言するか。
c. もしあなたケインズ経済学を信じるならば、政策当局に何をすべきだと助言するか。

解答はhttps://str.toyokeizai.net/books/9784492314906にある。

2 景気循環

　大恐慌はアメリカ史上最悪の経済危機だった。20世紀のそれ以後の期間には、そのような大不況こそ避けられたものの、多くの拡大と縮小を経験してきた。

　拡大が縮小を一貫して上回っていることは事実だ。アメリカ経済の軌跡を示すどのような指標のグラフでも上昇トレンドがみてとれる。たとえば図6-2のパネル（a）には、アメリカの民間部門の総雇用（民間企業の総雇用者数）が左タテ軸に測られ、1988年から2011年までのデータが黄色の線で描かれている。また図には、工業生産指数（アメリカ国内工場の総産出量の指標）が右タテ軸に測られ、1988年から2011年までのデータが赤線で描かれている。民間部門の雇用も工業生産もこの期間のはじめよりも終わりのほうがずっと高く、ほとんどの年でどちらも上昇した。

　けれども、それらが着実に上昇したわけではない。図からわかるように、1990年代はじめ、2000年代はじめ、そして再び2007年後半に始まる3つの期間では、雇用と工業産出ともにつまずいていた。パネル（b）には、雇用と工業生産の前年同月比の変化率を示すことで、このつまずきがより鮮明に表されている。たとえば、2007年12月の雇用の変化率が0.7%なのは、2007年12月の雇用が2006年12月の雇用にくらべ0.7%高かったからだ。3つの大幅な下降が際立っていることがわかる。さらに、詳細にデータをみると、それぞれの期間のつまずきは少数の産業に限定されたものでなく、各景気後退期にアメリカ経済のほぼすべての部門が生産を縮小し雇用者数を減らしたことがわかる。

第6章 マクロ経済学：経済の全体像

図6-2 成長、その中断（1988〜2011年）

パネル（a）には2つの重要な経済指標である、工業生産指数と民間部門の総雇用が示されている。どちらも1988年から2011年の間にかなり成長しているが、着実に成長したわけではない。実際、図の影で示された部分では、景気後退にともなう3つの下降が起こっている。パネル（b）には、工業生産と雇用の年変化率、つまり前年からの上昇率が示され、こうした下降がより鮮明になっている。3つの景気後退時には、2つの数値が同時に下降していることがわかる。
（出所）セントルイス連邦準備銀行

言い換えると、経済の前進（進展）ぶりは、なめらかなものではない。前進の速さがいつも均一でないこと、つまり経済の拡大と縮小は、マクロ経済学の主要な関心事となっている。

2.1 景気循環を記録する

図6-3には、経済が時間とともにどのように変動するかを示した典型的な曲線が描かれている。タテ軸には、雇用、または経済がどれだけ生産するかを示す指標、たとえば工業生産もしくは次章で学ぶ経済全体の産出量の尺度である実質国内総生産（実質GDP）が示されている。図6-2のデータが示すように、これら2つの指標は似かよった動きをする傾向がある。この似かよった動きが、短期的には経済の縮小と拡大が交互に起こるというマクロ経済学の主要テーマの出発点だ。

雇用や産出量が多数の産業で減少するという広範囲にわたる下降を、**景気後退**（景気縮小と呼ばれることもある）という。景気後退は全米経済研究所（NBER）（次の「ちょっと寄り道」を参照）により公式に発表されるが、それが図6-2の影の部分で示されている。経済が後退していないとき、つまりほとんどの経済指標が正常に上向いているとき、経済は**景気拡大**（景気回復と呼ぶこともある）しているという。後退と拡大が交互に起こる現象が**景気循環**であり、拡大から後退に転換する時点を**景気循環の山**と呼び、経済が後退から拡大に転じる時点を**景気循環の谷**という。

景気循環は経済の永続的な特徴だ。表6-2には景気循環の山と谷の公式記録が示されている。少なくとも過去155年にわたって、後退と拡大が起こっている。1960年代

▶ **景気後退**もしくは**景気縮小**とは、産出や雇用が低下し経済が縮小傾向にある期間のことだ。**景気拡大**もしくは**景気回復**とは、産出や雇用が上昇し経済が拡大傾向にある期間のことだ。
後退と拡大が短期的に交互に生じることを**景気循環**という。経済が拡大から後退に転じる時点を**景気循環の山**という。経済が後退から拡大に転じる時点を**景気循環の谷**という。

図6-3 景気循環

これは景気循環を示す典型的な曲線だ。縦軸には、雇用あるいは経済の総産出量が測られている。これらの2変数が下向いている期間が景気後退であり、上向いている期間が景気拡大だ。経済が下向いた時点が景気循環の山で、再び上向いた時点が景気循環の谷だ。

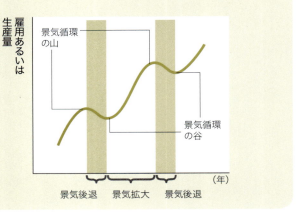

やその後の1990年代のように、長期にわたる拡大が起こる度に、景気循環の終わりを告げる著書や論文が現れた。だがそうした宣言はいつも誤りだった。景気循環はいつでも再びやってきたのだ。では、なぜそれは問題なのだろうか。

2.2 景気後退の痛み

経済が拡大しているとき景気循環に不平を述べる人はいない。だが、景気後退のほうは大きな痛みをともなう。

景気後退のもっとも重要な効果は、労働者の就職と継続的雇用への影響だ。労働市場の状況を示す指標のなかで広く利用されているのは**失業率**だ。その計算方法については第7章で説明するとして、しばらくは、高失業率だと職はみつけにくいが低失業率だと職に就きやすい、との理解で十分だろう。図6-4には、1988年から2011年までのアメリカの失業率が示されている。このグラフが示すように、失業率は各景気後退期とその直後に上昇するが、景気拡大期には最終的には低下している。2008年の失業率の上昇は、新たな景気後退がやってくる兆候だった。この景気後退は、NBERが後になって2007年12月に始まっていた

表6-2 景気循環の歴史

景気循環の山	景気循環の谷
これ以前のデータはない	1854年12月
1857年6月	1858年12月
1860年10月	1861年6月
1865年4月	1867年12月
1869年6月	1870年12月
1873年10月	1879年3月
1882年3月	1885年5月
1887年3月	1888年4月
1890年7月	1891年5月
1893年1月	1894年6月
1895年12月	1897年6月
1899年6月	1900年12月
1902年9月	1904年8月
1907年5月	1908年6月
1910年1月	1912年1月
1913年1月	1914年12月
1918年8月	1919年3月
1920年1月	1921年7月
1923年5月	1924年7月
1926年10月	1927年11月
1929年8月	1933年3月
1937年5月	1938年6月
1945年2月	1945年10月
1948年11月	1949年10月
1953年7月	1954年5月
1957年8月	1958年4月
1960年4月	1961年2月
1969年12月	1970年11月
1973年11月	1975年3月
1980年1月	1980年7月
1981年7月	1982年11月
1990年7月	1991年3月
2001年3月	2001年11月
2007年12月	2009年6月

（出所）全米経済研究所

と確認したものであるが。

　景気後退は多くの人々から職を奪い、新たな就職を困難にするため、多くの家族の生活水準を悪化させる。景気後退によって、貧困線を下回る生活しか送れない人や住宅ローンの支払いに困り家を手放す人が増えると同時に、健康保険加入者の割合が低下する。

　だが、景気後退の痛みを経験するのは労働者だけではない。企業にとっても景気後

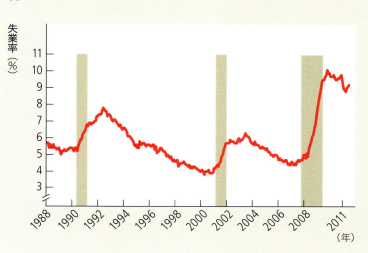

図6-4　アメリカの失業率（1988～2011年）

就職難の尺度である失業率は、景気後退期に急上昇し、景気拡大期に通常は低下する。
（出所）アメリカ労働統計局

景気後退と景気拡大を定義する

ちょっと寄り道

　読者のなかには、景気後退と景気拡大は正確にはどう定義するのかという疑問を抱いた人もいるだろう。正確な定義はない、というのがその答えだ。

　多数の国で採用されているルールでは、少なくとも2連続四半期（四半期とは3カ月のこと）で産出量が低下することを景気後退としている。2連続四半期という要件は、長続きしない、短いしゃっくりのような経済変動を景気後退に分類しないためのものだ。

　けれども時には、この定義がきびしすぎると思われることがある。たとえば3カ月間にわたって産出量が急激に減少し、若干のプラス成長が3カ月続いた後、再び3カ月間急速に減少するような場合には、景気後退が9カ月間続いたとみなされるべきだ。

　アメリカでは、このような誤った分類がなされないよう、景気後退の始まりと終わりの時期を確定する仕事を、全米経済研究所（NBER）のなかにある独立した専門委員会にゆだねている。この委員会は主に生産と雇用に注目しながら、さまざまな経済指標を眺めて最終的な判断を公表する。

　その判断は時に論争の的となることがある。実際、2001年の景気後退をめぐって長い論争が続いた。NBERによれば、それは2001年の3月に始まり、産出量が上昇を始めた2001年11月には終わったという。しかし、工業生産が減少しはじめたその数カ月前に景気後退が始まったのだと批判する人々もいる。また、雇用の減少が続いていて雇用状況がその後1年半も軟調だったので、景気後退は2001年にはじつは終了していなかったと主張する人々もいる。

退は悪いものだ。景気後退期には雇用、賃金、利潤が低下し、多数の中小企業が倒産するが、景気拡大期にはこれらの数値は改善する。

概して景気後退は、ほぼすべての人々にとって悪いものだ。その頻度を減らし深刻さをやわらげるには、どうすればよいのだろうか。

2.3 景気循環を平準化する

現代マクロ経済学の大部分は、歴史上最悪の景気後退が契機となり誕生した。1929年の開始から1933年まで43カ月間にわたる景気の下降は、大恐慌の到来を告げるものだった。1929～33年の景気後退は経済に大混乱をもたらしたので、経済学者はその理解と解決策の探求に駆り立てられた。つまり、それがどのように発生し、どうしたら防げるのかを知ろうとしたのだ。

本章のはじめのほうでも説明したように、大恐慌の最中に出版されたジョン・メイナード・ケインズの著作は、金融・財政政策が景気後退の効果を緩和するのに有効であることを示したものだった。今日でも政府は、景気後退が起こるとケインズ政策を拠り所とする。

後の業績、とりわけもう1人の偉大なマクロ経済学者であるミルトン・フリードマンの著書によって、景気の落ち込みを防ぐことだけでなく、景気の過熱を抑制することも重要だということが認識されるようになった。このため、現代の政策担当者は

国際景気循環

この図には、3つの経済、つまりアメリカ、日本、それに共通通貨ユーロを採用したヨーロッパ諸国における工業生産の年成長率——前年同月比の変化率——が1991年から2011年まで示されている。他の諸国の景気循環はアメリカのそれと似ているのだろうか。

図から明らかなように、その答えはイエスだ。さらに、異なる経済の景気循環は、いつもではないが、同調することが多い。アメリカの2001年の景気後退は、ユーロ圏と日本どちらの景気後退とも同時に起こった。2007～09年の大不況は、アメリカだけでなく全世界での深刻な景気停滞だった。だが、すべての景気循環が国際的な現象というわけ

（出所）経済協力開発機構（OECD）；Eurostat.

ではない。1998年にアメリカやヨーロッパの経済は拡大したにもかかわらず、日本はかなり深刻な景気後退に苦しんだ。

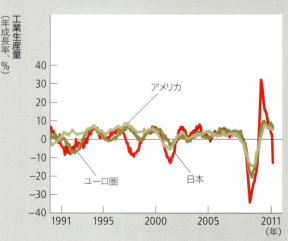

景気循環を「なめらか」にしようと試みている。図6-2をみればわかるように、それが完全に成功しているわけではない。とはいっても、マクロ経済分析に基づいた政策が、経済の安定化に役立っていることも広く知られている。

景気循環はマクロ経済学の主要な関心事の1つであり、歴史的にもマクロ経済学の発展に重要な役割を果たしてきたことは間違いない。だが、マクロ経済学者の関心はそれに尽きるものではない。次に、長期成長の問題を取り上げよう。

経済学を使ってみよう☞ 景気後退を比較する

景気の後退と拡大が交互に起きるという現象は、経済の持続的な特徴のようにみえる。だが、すべての景気循環が同じように生み出されたわけではない。とりわけ、景気後退のなかには、ほかと比較してもいっそう悪いものもあった。

最近の2つの景気後退、すなわち2001年の景気後退と2007〜09年の「大不況」を比較してみよう。これらの景気後退は継続期間が異なっている。前者はわずか8カ月しか続かなかったが、後者はその2倍以上も長く継続した。さらに重要なのは、その落ち込みの深さがまったく異なっていることだ。

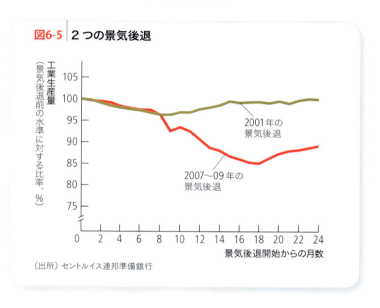

図6-5には、景気後退開始後の数カ月間に工業生産がどのように変化したかを示すことで、それぞれの景気後退の深さが比較されている。各ケースでの生産は、景気後退開始時点での生産水準に対するパーセント比率で示されている。2007〜09年の景気後退を表す曲線からわかるとおり、工業生産は最終的に当初の水準の約85％にまで低下した。

明らかに、2007〜09年の景気後退は2001年の景気後退よりも経済により大きな打撃を与えた。実際、多くの景気後退と比較しても、2001年の経済停滞はとても軽いものだった。

もちろん、その景気後退が軽いものだったという事実は、その際に職を失った数百万人のアメリカの労働者にとっては、何の慰めにもならなかった。

ちょっと復習

▶**景気後退**と**景気拡大**が交互に起こる現象である**景気循環**は、現代マクロ経済学の主要課題だ。
▶景気拡大から景気後退に転じる時点を**景気循環の山**と呼び、景気後退から景気拡大へ転じる時点を**景気循環の谷**という。

✅ 理解度チェック　6-2

1. ある産業の生産変動ではなく、経済全体の景気循環について議論するのはなぜか。
2. 景気後退で損害をこうむるのは誰か、それはどのようにして起こるのか。

解答はhttps://str.toyokeizai.net/books/9784492314906にある。

3 | 長期の経済成長

　1955年、アメリカ人たちは国家繁栄の喜びに満ちあふれていた。経済は拡大し、第2次世界大戦中には配給制だった消費財を誰もが自由に買うことができた。ほぼ

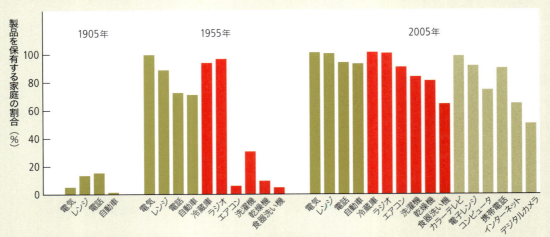

図6-6　アメリカにおける長期成長の果実

長期の経済成長のおかげで、アメリカ人はより多くの製品を保有できるようになった。

（出所）W. Michael Cox and Richard Alm, "How Are We Doing?" *The American* (July/August 2008)（http://www.american.com/archive/2008/july-august-magazine-contents/how-are-we-doing）.

図6-7　長期的にみた経済成長

長期的には1人当たり実質GDPの成長によって景気循環の上下変動は目立たなくなる。大恐慌をもたらした景気後退を除いて、その他の景気後退は2007年までほとんどみえなくなっている。

（出所）Angus Maddison, *Statistics of World Population, GDP, and Per capita GDP, 1-2008AD*（http://www.ggdc.net/maddison/oriindex.htm）；アメリカ経済分析局

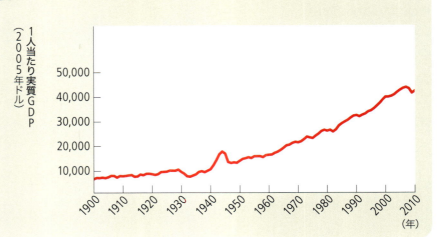

第6章｜マクロ経済学：経済の全体像

　すべてのアメリカ人が、過去・現在を通じてみた世界のどの国の市民たちよりも自分たちは豊かだと信じており、実際それは正しかった。だが今日と比較すると、1955年当時のアメリカ人はきわめて貧しかったのだ。図6-6には、1905年、1955年、2005年におけるアメリカの家庭の家電製品保有率が示されている。1955年当時、アメリカの家庭で洗濯機を保有していたのはわずか37％にすぎなかった。エアコンに至っては、ほとんどの家庭がもっていなかった。さらに半世紀時計の針を戻してみると、1905年当時のアメリカ人の生活は、今日と比較して驚くほど原始的なものだった。

　1955年のアメリカ人には手が届かなかった便利なモノを、今日では多くのアメリカ人が手に入れられるようになったのはなぜか。その答えは、**長期の経済成長**、つまり経済で生産される財・サービスの数量が持続的に増加する現象にある。図6-7には、経済の1人当たり総産出量の尺度である1人当たり実質GDP成長率が1900年から示されている。1929〜33年の深刻な景気後退が際立っているものの、力強い上昇トレンドのために、第2次世界大戦から2007年までに起こった景気循環がほとんどみえなくなっている。産出量が長期にわたり増加するのは、人口と労働力が成長するためでもある。だが、経済全体の生産は人口以上に増加してきた。平均してみると、2010年のアメリカ経済は1人当たり4万2000ドル相当の財・サービスを生産したが、この値は1971年の約2倍、1951年の約3倍、1900年のほぼ8倍の大きさだ。

　長期の経済成長は、今日の非常に緊急性の高い経済問題を解く重要なカギだ。社会保障や老人医療保障等の国の制度を維持するために、国が将来その費用を負担できるかどうかは主要な政策課題だが、それに対する答えは今後数十年にわたりアメリカ経済がいかに成長するかに応じても変わってくる。大まかにいえば、国が発展していると国民が感じるかどうかは、長期成長の達成に成功したか否かによって決まる。

▶ **長期の経済成長**は、経済の産出量が時間の経過とともに持続的に増加することだ。

長期成長はいつ始まったのか

ちょっと寄り道

　今日のアメリカは1955年当時よりもずっと豊かだし、1955年のアメリカは1905年当時よりもずっと豊かだった。では、1855年と1805年もしくは1755年をくらべるとどうだろうか。長期の経済成長は、いつの時代までさかのぼれるのか。

　その答えは、長期成長は比較的最近の現象だというものだ。アメリカ経済は、19世紀の半ばまでにはすでに持続的に成長していた。鉄道を思い出してごらん。だが、1800年以前の世界経済の成長率は、現代の基準からするときわめて低いものだった。しかも人口も経済とほぼ同じスピードで成長していたので、1人当たり総産出量はほとんど増えていなかった。経済史家のアンガス・マディソンによると、1000年から1800年まで世界経済の実質総産出量は年率0.2％以下で成長していたにすぎず、人口もほぼそれと同じ率で成長していた。

　この経済的な停滞は、同期間に生活水準の変化がみられなかったことを意味している。たとえば、修道院の記録などの資料から当時の物価や賃金を調べると、18世紀初頭のイギリス労働者の生活は、それより5世紀前とくらべていちじるしく改善したとはいえない。さらに、彼らがファラオ時代のエジプトの小作農よりも良い生活をしていたかどうかも定かではない。だが、長期の経済成長率は1800年以来上昇してきた。過去50年あまりにわたって、1人当たり実質GDPは年率約3.5％で成長している。

1970年代に実際起こったように、成長が遅いと国民の悲観的な気分が助長されてしまう。とくに、1人当たり長期成長、つまり1人当たり産出量の持続的な上昇は、賃金と生活水準の上昇にとってカギとなる。長期成長の原動力を理解しようとする試みは、マクロ経済学の主要課題の1つであり、また第9章のテーマでもある。

これらの問題は、貧しい開発途上国にとってはより切実なものだ。生活水準の引き上げを図りたい途上国では、どうすれば成長率を高められるかという問題は経済政策の中心的な関心事となっている。

これからみていくように、マクロ経済学者は、長期成長を考察するときと景気循環を考察するときとでは、異なるモデルを使う。だが両方のモデルをいつも頭に入れておくことが重要だ。なぜなら、長期的には良いことが短期的には悪いことになるかもしれないし、その逆が起こることもありうるからだ。たとえば倹約のパラドックスによれば、貯蓄を増やすという家計の試みは景気後退をもたらす。だが、第10章でみるように、高水準の貯蓄は、長期の経済成長の促進にとって決定的な役割を果たすのだ。

経済学を使ってみよう　二国物語

多くの国が長期成長を経験しているが、すべての国が同じように成功しているわけではない。カナダとアルゼンチンは、もっとも役に立つ比較の一例だ。20世紀のはじめには、両国とも経済状況は良好であるようにみえた。

現在の状況を知る者にとっては、第1次世界大戦前にカナダとアルゼンチンが似通っていたことのほうが驚きであろう。どちらの国も農産物の主要な輸出国であり、ヨーロッパから多くの移民を受け入れた。また、内陸農地を開拓するための鉄道にも、ヨーロッパから巨額の資金が投資された。1930年代まではどちらの国も平均的な1人当たり所得水準はほぼ同じだったと経済史家は考えている。

だが第2次世界大戦後、不安定な政治とマクロ経済政策の失敗が重なり、アルゼンチン経済の状況は思わしくなかった（アルゼンチンは極端に高いインフレの時期を経験し、その間に生活費が急上昇した）。他方、カナダは着実に成長した。1930年以来カナダは持続的な長期成長を実現したが、アルゼンチンはそれに失敗したのだ。その結果、今日カナダの生活水準はアメリカとほぼ同程度であり、アルゼンチンにくらべ約3倍も高い水準にある。

ちょっと復習

▶アメリカ経済は**長期の経済成長**を実現したので、アメリカ人の生活は半世紀前もしくはそれ以前にくらべてずっと改善している。

▶長期の経済成長は、生活水準の改善や政策予算の確保等、多くの経済問題にとって決定的に重要だ。それは貧しい国々にとってはとりわけ重要なものだ。

✓理解度チェック　6-3

1. 多くの貧しい国々では人口成長率が高い。こうした諸国で1人当たりの生活水準を高めるために、総産出量の長期成長率を高めなければならないということの意味は。

2. アルゼンチンは、かつてカナダと同程度に豊かだったが、いまではカナダよりも

ずっと貧しい。この事実から、アルゼンチンが昔よりも貧しくなったといえるかどうか、説明しなさい。

解答はhttps://str.toyokeizai.net/books/9784492314906にある。

4 インフレーションとデフレーション

1980年1月、アメリカの平均的な工場労働者は6.57ドルの時給の支払いを受けていたが、2011年6月までに平均時給は19.41ドルへと上昇した。経済の進歩に万歳三唱！

だが、ちょっと待ってほしい。2011年にアメリカの労働者はより多くの報酬を得てはいたが、彼らの生活費もまた上昇していた。卵1ダースは1980年はじめにはわずか0.88ドルあまりだったが、2011年6月までに1.68ドルへと上昇した。白パン1斤の値段は0.5ドルほどだったが1.49ドルとなった。また、ガソリン1ガロンは1.11ドルから3.75ドルへと上昇した。図6-8では、1980年から2011年までの期間について、時給の上昇率と代表的な生活用品の値上がり率が比較されている。平均的な労働者の給与ほど値上がりしていないモノもあれば、それ以上に高くなっているモノもある。全体としては、1980年から2011年の標準的労働者の賃金上昇の多くの部分は生活費の上昇により帳消しにされている。つまり、インフレーションを考慮すると、標準的なアメリカ人労働者の生活水準は1980年から現在まで停滞しているのだ。

1980年から2011年の期間には、経済に相当な**インフレーション**、すなわち物価水準の上昇が起こっている。インフレーション、その逆の現象である**デフレーション**、つまり物価水準の下落を理解することが、マクロ経済学のもう1つの主要課題だ。

> 物価水準の上昇を**インフレーション**という。
> 物価水準の下落を**デフレーション**という。

図6-8 価格の上昇

1980年から2011年の期間、アメリカ人労働者の時給は195％上昇した。だが、労働者の購入するほぼすべての財も、それ以上もしくはそれ以下で値上がりしている。全体でみると、アメリカの平均的労働者の賃金上昇の大半は生活費の上昇により相殺されている。

（出所）アメリカ労働統計局

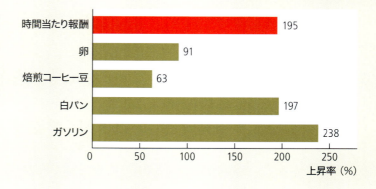

4.1　インフレーションとデフレーションの原因

　物価水準の変化は単に需要と供給の問題だと思うかもしれない。たとえば、ガソリンの値上げは原油価格の上昇により起こり、原油価格の上昇の原因は、主要な油田の枯渇とか、中国その他の新興国での富裕層の自動車購入にともなう需要増加などだ。物価水準がどうなるかを理解するために、こうした個々の市場で起こったことを足し合わせることはできないだろうか。

　それはできない、というのがその答えだ。需要と供給により説明できるのは、ある財やサービスの価格が他の財・サービスとくらべてなぜ高くなるのかということにすぎない。たとえば、鶏肉生産は（あなたは知りたくないわけだが）より効率的になっていて、ほかの財にくらべるとその価格は格段に安くなっている。にもかかわらず、鶏肉の価格は時間の経過とともに上昇している。この現象がなぜ起こるのかは、需要と供給では説明できない。

　物価を上昇させたり下落させたりする原因は何か。第8章で学ぶように、短期的にはインフレーションの動向は景気循環と密接に関連している。経済が停滞し職がみつけにくくなるとインフレーションは低下する傾向があるが、経済が好況だとインフレーションは上昇する傾向がある。たとえば、1929～33年の深刻な不況の際には、ほとんどの財・サービスの価格が急激に下落した。

　対照的に長期では、物価水準は主に**貨幣供給**、つまりモノの購入に容易に使える資産の総量の変化により決まる。第16章でみるように、物価が数千パーセントもしくは数十万パーセントも上昇する**ハイパーインフレーション**が起こるのは、政府が支払いの大部分にあてる目的で紙幣を刷ったときだ。

4.2　インフレーションとデフレーションの痛み

　インフレーションとデフレーションはともに経済に厄介な問題をもたらす。2つ例を挙げよう。まず、インフレーションが起こると人々は現金をもちたがらなくなる。物価水準が上昇していくと、時とともに、現金の価値が低くなっていくからだ。極端な場合には、人々は現金をもつことをやめて物々交換を始める。次に、デフレーションはこれと反対の問題を引き起こす。物価水準が下落していくと、時とともに現金の価値が高くなる。つまり、一定の現金で買える財・サービスが増えるということだ。だから新しい工場やその他の生産的資産に投資するよりも、現金を保有するほうが魅力的となる。それは、景気後退をさらに悪化させうる。

　インフレーションとデフレーションのこれ以外の費用については、第8章と第16章で説明しよう。ここでは、経済学者は一般に物価水準のゆるやかな変化、つまり**物価の安定**を望ましい目標だと考えていることを覚えておこう。物価の安定という目標は、第2次世界大戦後のほとんどの時期で達成困難だと思われていたが、1990年代には、たいていのマクロ経済学者が満足する程度にまで達成されるようになった。

> 物価水準がゆるやかに変化する、もしくはまったく変化しないことを、**物価の安定**という。

経済学を使ってみよう☞ ファストフードによるインフレーションの測定

　最初のマクドナルドがオープンしたのは1954年だった。速くて安いサービスを提供したマクドナルドは、実際、ファストフード・レストランの元祖だった。ハンバーガーはたったの0.15ドル、フライドポテトは0.25ドルだった。2010年までに、マクドナルドの代表的なハンバーガーの価格は、その6倍も高い約0.9ドルとなった。マクドナルドは、ファストフードの原点を忘れてしまったのだろうか？　ハンバーガーはぜいたくな食べ物になったのだろうか？

　いや、そうじゃない。実際、ほかの消費財とくらべてみると、ハンバーガーは1954年当時よりも現在のほうが安いのだ。2010年のハンバーガーの価格は、1954年の約6倍の高さになっている。けれども、もっとも広く利用されている生活費の指標である消費者物価指数は、2010年には1954年の8.2倍もの高さになっているのだ。

✓ 理解度チェック 6-4

1. 次のなかでインフレーションだと思われるのはどれか。デフレーションだと思われるのはどれか。また、どちらともいえないのはどれか。
   a. ガソリン価格は10％上昇し、食料品価格は20％下落し、ほとんどのサービス価格は1〜2％上昇する。
   b. ガソリン価格は2倍になり、食料品価格は50％上昇し、ほとんどのサービス価格は5％または10％上昇したようだ。
   c. ガソリン価格は変化せず、食料品価格は下落し、サービスも安くなった。

解答はhttps://str.toyokeizai.net/books/9784492314906にある。

> **ちょっと復習**
> ▶1971年に1ドルで買えたものを、今日1ドルで買うことはできない。なぜなら、ほとんどの財の価格が上昇しているからだ。過去30年にわたり、アメリカの標準的な労働者が得た賃金上昇のすべてではないにしろ、そのほとんどは物価水準の上昇により帳消しにされてきた。
> ▶マクロ経済学の研究分野の1つに物価水準の変化がある。**インフレーション**や**デフレーション**は経済に問題をもたらすので、経済学者は通常、**物価の安定**を維持することを支持する。

5 国際不均衡

　アメリカは他国と財・サービスを貿易している**開放経済**だ。アメリカが世界のほかの国々から買った額が売った額とだいたい同じで、貿易がほぼ均衡している時期もあった。だが、現在はそうではない。

　2010年、アメリカは巨額の**貿易赤字**を計上した。アメリカの居住者が世界から購入した財・サービスの額が、アメリカの生産者が海外の顧客に売った財・サービスの額を大きく上回っていたのだ。他方、それとは逆に、買った額よりも多くの額を外国に売っている国もある。図6-9には、いくつかの重要な経済の2010年における財の輸出入が示されている。図からわかるように、アメリカの輸入額は輸出額を上回っているが、ドイツ、中国、サウジアラビアは、逆に、**貿易黒字**である。世界の他の諸国から買った財・サービスの額が海外へ売った財・サービスの額より小さいとき、その国は貿易黒字を計上する。アメリカの貿易赤字は、経済に問題があることを示す兆候だ

▶ **開放経済**とは他国と財・サービスを貿易する経済のことをいう。

▶ ある国が外国人から買った財・サービスの額が外国人に売った財・サービスの額を上回るとき、その国は**貿易赤字**を計上する。ある国が外国人から買った財・サービスの額が外国人に売った財・サービスの額を下回るとき、その国は**貿易黒字**を計上する。

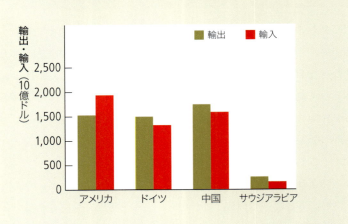

図6-9 不均衡な貿易

2010年、アメリカが他国から買った財・サービスの額は、海外へ売った財・サービスの額をかなり上回っていた。ドイツ、中国、サウジアラビアはそれとは逆の状態にあった。貿易赤字と貿易黒字はマクロ経済効果、とりわけ貯蓄と投資支出の差によって決まる。

（出所）世界貿易機関（WTO）

ろうか。つまり、他国の人が買いたいと思うモノをつくることができなかったのか。

いや、そうではない。貿易赤字、またその逆の貿易黒字はマクロ経済の現象だ。全体が部分の合計と非常にちがったものになる状況のなかで生じるものなのだ。高度に生産的な労働者や有望な製品・サービスを売ることのできる国が貿易黒字となり、労働者は生産的でなく質の低い財・サービスしか売れない国が貿易赤字になると思うかもしれない。だが現実には、経済の成功と貿易黒字や貿易赤字の間に単純な関係は成り立たない。

ミクロ経済分析を学ぶと、ある国がなぜ貿易するかはわかるが、ある国の貿易収支がなぜ黒字や赤字になるかはわからない。第2章で国際貿易は比較優位の結果生じることを学んだ。つまり、各国は生産するのが比較的得意な財を輸出し不得意な財を輸入する。だからアメリカは麦を輸出しコーヒーを輸入している。比較優位の概念では説明がつかないことの1つは、ある国の輸入額が輸出額を超えることもあれば、下回ることもあるということだ。

では、国の貿易収支が黒字になるか赤字になるかを決めるものは何なのだろうか。第19章でその驚くべき答えを学ぶだろう。つまり、輸出と輸入の全体のバランスは、貯蓄と投資支出の意思決定により決まるのだ。投資支出とは、消費者向けの財・サービスを生産するために必要な機械や工場などの財への支出のことだ。貯蓄にくらべて投資支出が大きい国では貿易赤字となり、貯蓄にくらべて投資支出が小さい国では貿易黒字となる。

経済学を使ってみよう　バルト3国の不均衡是正

アメリカに次ぐ世界の大国であったソビエト連邦は、1991年に15の独立国へと分割された。これら諸国の多くは、政治的にも経済的にも世界のなかでの新たな立ち位置をみつけるのに苦労してきた。だが、バルト海に面しているためにしばしば「バル

ト3国」と呼ばれる3つの小国、エストニア、ラトビア、リトアニアは、短期間のうちに民主制度の確立と市場経済への移行を達成し、西欧の民主主義・市場経済と強い絆を築いた。

図6-10 バルト3国の経常収支（2000〜10年）

（出所）国際通貨基金（IMF）

これは国際貿易にとってどんなことを意味するのだろうか。図6-10には、3カ国について、貿易収支を広く定義した概念である経常収支が2000年から2010年まで示されている。図からわかるように、この10年間の半ば過ぎには、3カ国すべてが相当な赤字を計上していたが（各国が生産した財・サービスの総額の10％を超える）、2008年以後は、3カ国すべてが突然黒字に移行した。

この変化が意味するのは、これら諸国の経済が2005年か2006年頃にはひどいことになっていたが、この10年間の最後になって急に持ち直したということなのだろうか。だが実際は、それとは逆だった。2000年から2007年までの期間、金融市場ではバルト3国の経済について極端に楽観的な見通しがあり、これらの国へ資金が流入したため投資支出率が高まり、大幅な貿易赤字が計上された。世界が金融危機に陥ると、資金の流れが止まったため、バルト3国は貿易黒字にならざるをえなかった。3カ国はきびしい調整を迫られ、失業率は大恐慌時代の水準にまで上昇した。

理解度チェック 6-5

1. 次のうち比較優位によるものはどれか、また、マクロ経済効果によるものはどれか。
   a. アルバータ州で巨大なオイルサンドを開発したため、カナダは石油の輸出国、工業品の輸入国となった。
   b. 他の多くの消費財と同様、アップル社（Apple）のiPodは中国で組み立てられているが、多くの部品は他国で製造されている。
   c. 2002年以来、ドイツでは輸出が輸入を超過し巨額の貿易黒字が計上されてきた。
   d. アメリカでは1990年代のはじめには貿易収支はほぼ均衡していたが、その10年間の後半にはテクノロジー・ブームが巻き起こり、大幅な貿易赤字が計上されはじめた。

解答はhttps://str.toyokeizai.net/books/9784492314906にある。

ちょっと復習

▶ **比較優位**は、**開放経済**がある財・サービスを輸出し、他の財・サービスを輸入するのはなぜかを説明することができるが、ある国の輸入額が輸出額を上回ったり下回ったりするのはなぜかを説明することはできない。

▶ **貿易赤字**と**貿易黒字**はマクロ経済現象であり、投資支出と貯蓄にかかわる意思決定により決定される。

BUSINESS CASE

ビジネス・ケース

アメリカにとって良いことは、ゼネラルモーターズにとっても良いこと

　2009年6月1日、ゼネラルモーターズ（GM）は破産を申請した。かつては、アメリカ経済成功の象徴であった同社にとって、それは哀れな没落だった。1953年、GMのCEOは、「長年の間、ゼネラルモーターズにとって良いことは国にとっても良いことであり、その逆も成り立つと、私は考えていました」と述べ、ゼネラルモーターズの利益は国益だと断言するほどだった。

　2009年の破産は、GMの閉鎖を意味したわけではない。500億ドルにものぼる連邦政府の支援を受け同社は存続できた。その支援と引き換えに、政府は再建される会社の株式を受け取った。この会社が再び利益を出したらその株式を売却しようと政府は意図していたのだ。

　だが、政府高官はなぜGM再生に期待がもてると信じたのか。再生への期待は観察事実と経済予測に基づいたものだった。

　観察事実によればGMのかかえていた問題は特別なものではなかった。たしかに、同社の経営状態は悪く、より良い車をより低い費用で生産することが必要だった。だが、アメリカの自動車メーカーすべてが問題をかかえていた。自動車販売は全体的に落ち込み、それにも増して、製造業全体の生産も低下していた。製造業全般の落ち込みと自動車販売低下の関係は、歴史的なパターンと一致していた。図6-11には、アメリカの自動車販売と生産能力に対する割合でみたアメリカの工業総生産が示されている。2つのグラフは、常にではないにしろ、似たような動きをしていることが多い。

　経済予測の内容は、工業生産と自動車販売はどちらもすぐに持ち直し、GMの最終利益も改善するだろうということだった。これは実際そのとおりとなった。経済とともにGMも持ち直し、2010年には利益を生み出した。2010年の終わりまでに、政府はGMの株式を売却し始めることができ、納税者も最終的には自分のおカネを取り戻せるという期待をもつことができた。

図6-11 アメリカの自動車販売と工業総生産（1976〜2011年）

（出所）セントルイス連邦準備銀行

少なくともこの例では、かつての名言がまだ通用した。アメリカにとって良いことは確かにゼネラルモーターズにとっても良いことだし、その逆もまた正しいということだ。

ビジネス思考力を鍛えよう

1. 工業総生産と自動車販売が、似通った動きを示すのはなぜか。
2. 2009年6月に自動車販売が近い将来回復すると予測することが適切だったのはなぜか。
3. オバマ政権は2009年6月にGM救済に乗り出したが、この時期がたとえば半年ほど早くなかったことは、政権にとってとりわけ幸運だった。それはなぜか。

要約

1. マクロ経済学は経済全体の動向を研究する。経済全体の動向は部分の合計とは異なりうる。マクロ経済学はミクロ経済学とは異なる種類の課題を対象とする。マクロ経済学は政策志向が強い。大恐慌の最中に誕生した**ケインズ経済学**は、経済不況と闘うために**金融政策**と**財政政策**の発動を奨励する。大恐慌が起こる以前は、経済は**自動制御**だとみなされていた。

2. マクロ経済学の主要な関心事の1つが**景気循環**だ。これは、雇用や産出量が減少する**景気後退**と雇用や産出量が増加する**景気拡大**とが短期的に繰り返す現象だ。景気拡大が景気後退に転じる時点が**景気循環の山**、景気後退が景気拡大に転じる時点は**景気循環の谷**だ。

3. マクロ経済学のもう1つの主要な領域は、経済の産出量が時間とともに持続的に上昇する現象、すなわち**長期の経済成長**だ。長期の経済成長は、生活水準の長期的な上昇をもたらす原動力であると同時に、経済計画を資金面で支えるうえでも重要なものだ。それは貧しい国々にとって、とりわけ重要なものだ。

4. 多数の財・サービスの価格が上昇し、その結果として物価水準が上昇しているとき、経済は**インフレーション**の状態にある。物価水準が下落しているとき、経済は**デフレーション**の状態にある。短期的にみると、インフレーションとデフレーションは景気循環と密接に関連している。長期的には、物価は貨幣総量の変化に応じて決まる傾向がある。インフレーションとデフレーションはどちらも経済に問題をもたらすので、経済学者と政策担当者は一般的には**物価の安定**を目標としている。

5. 比較優位は**開放経済**の国がある財を輸出し別な財を輸入するのはなぜかを説明してくれる。だが、国が**貿易黒字**もしくは**貿易赤字**を計上するのはなぜかを説明するにはマクロ経済分析が必要だ。輸出と輸入の全体の収支を決める要因は、貯蓄と投資支出にかかわる意思決定にある。

> **キーワード**

自動制御の経済	222ページ	ケインズ経済学	222ページ
金融政策	222ページ	財政政策	222ページ
景気後退	225ページ	景気拡大	225ページ
景気循環	225ページ	景気循環の山	225ページ
景気循環の谷	225ページ	長期の経済成長	231ページ
インフレーション	233ページ	デフレーション	233ページ
物価の安定	234ページ	開放経済	235ページ
貿易赤字	235ページ	貿易黒字	235ページ

〈問題〉

1. 以下の質問のうち、マクロ経済学の研究課題として適切なものはどれか、またミクロ経済学の研究課題として適切なものはどれか。
   a. マーティン夫人のはたらくレストランのそばにある製造工場が閉鎖したことで、彼女が受け取るチップの額はどう変化するだろうか。
   b. 経済が景気下降局面に移行すると、消費者の支出はどうなるだろうか。
   c. 遅霜の影響でフロリダのオレンジ畑が損害を受けると、オレンジの価格はどう変化するだろうか。
   d. 労働者が組合を組織すると、製造工場の賃金はどう変化するだろうか。
   e. 他の通貨に対するドルの価値が下がると、アメリカの輸出はどうなるだろうか。
   f. 一国の失業率とインフレ率にはどんな関係があるだろうか。

2. ある人が貯蓄を増やすと、その人は富が増加して将来より多く消費できる。だが、すべての人が貯蓄を増やすと、全員の所得が低下して、すべての人の現在の消費が減少する。この一見矛盾のようにみえることが矛盾ではないことを説明しなさい。

3. 大恐慌が起こる前、経済学者や政策担当者が抱いていた通説は、経済はおおむね自動制御だということだった。
   a. この見方はケインズ経済学と一致するか、それとも矛盾するか。説明しなさい。
   b. 大恐慌はこの通説にどのような影響を与えただろうか。
   c. 2007〜09年の景気後退時に政策担当者がとった対応と、大恐慌の際に政策担当者がとった行動を比較しなさい。もし、大恐慌のときと同じ対応をとっていたとすれば、2007〜09年の景気後退はどのような結末を迎えていただろうか。

4. アメリカの経済学者は景気後退の始まりと終わりをどのように決めているのか。

他の国では、景気後退が起こっているかどうかを、どのような仕方で決めているのか。

5. アメリカの労働省は雇用・報酬統計を公表しており、多くの経済学者は経済の健康状態を測るための重要な指標としてそれを利用している。本文の図6-4には、過去の月ごとの失業率データが記録されている。1990年代はじめ、2001年、2007〜09年には、景気後退のためその数値が著しく高くなった。
   a. 国レベルの失業率に関する最新のデータをみつけなさい（ヒント：アメリカ労働統計局のウェブサイトで、Employment Situation の最新版をみつけなさい）。
   b. 現在の数値と1990年代はじめ、2001年、2007〜09年の景気後退時点の数値、および、それらの景気後退が起こる直前の経済成長率が比較的高い期間の数値を比較しなさい。現在の数値は景気後退を示唆しているか。

6. 下の図には、日本とイギリスの雇用成長が1991年から2010年まで年率で示されている（年成長率とは、前年と比較した各年の雇用変化率である）。

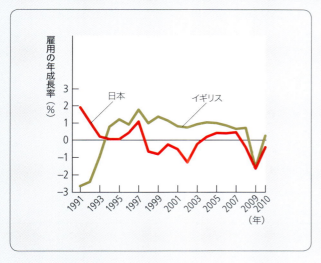

   a. 2国の景気循環について論評しなさい。景気循環は似ているか、それとも異なっているか。
   b. この図と本文の「グローバルに比較してみよう」「国際景気循環」の図を用いて、2国の景気循環とアメリカおよびユーロ圏の景気循環をくらべなさい。

7.
   a. 景気循環のなかで同じような動きをする経済の3つの指標とは何か。それらは景気回復時にはどの方向に動くだろうか。また、景気下降時にはどうだろうか。
   b. 景気後退時に損失をこうむるのは誰か。どのようにしてか。
   c. ミルトン・フリードマンは、経済をどう管理すべきかについての大恐慌以後に形成された合意をどのように変化させたか。経済を管理する際に政策担当者が掲げ

る現代の目標とは何か。

8. 景気循環の拡大と長期の経済成長を区別するのはなぜか。人口成長率の値と実質GDPの長期成長率の値との対比に関心をもつのはなぜか。

9. 1798年に、トマス・マルサスの『人口論』という書籍が出版された。そのなかで彼は次のように述べている。「人口は抑制されないかぎり幾何級数的に増加する。生存に必要な最低限のものは、算術級数的にしか増加しない……これは、生存に必要な最低限のものが入手できないことにより、人口は絶えず強力に抑制されることを意味する」。マルサスが述べているのは、人口の成長は食糧によって抑制される、つまり人々の生活は永遠に最低の生存水準にとどまるということだ。なぜマルサスの説明は1800年以後の世界に当てはまらなかったのか。

10. 過去20〜30年の間に大学の学費は大きく上昇した。1979〜80年度から2009〜10年度の間に、正規の学部学生が支払う授業料、部屋代、食費の総額は、公立校で2327ドルから1万5041ドルに、私立校で5013ドルから3万5061ドルに上昇した。これは年間の平均的な学費上昇率が、公立校で6.4%、私立校で6.7%であることを意味する。同時期に、課税後の平均的な個人所得は年収で7956ドルから3万5088ドルまで上昇し、個人所得の年間の平均上昇率は5.0%だった。学費の上昇は、平均的な学生が学費をまかなうことをむずかしくしたといえるだろうか。

11. 『エコノミスト』誌は毎年、さまざまな国のビッグマックの価格と為替レートのデータを公表している。下の表は、そのうち2007年と2011年のデータを示したものだ。この情報を使って、以下の問いに答えなさい。

	2007		2011	
国	ビッグマックの価格（各国通貨表示）	ビッグマックの価格（米ドル表示）	ビッグマックの価格（各国通貨表示）	ビッグマックの価格（米ドル表示）
アルゼンチン	8.25ペソ	2.65	20.0ペソ	4.84
カナダ	3.63カナダドル	3.08	4.73カナダドル	5.00
ユーロ圏	2.94ユーロ	3.82	3.44ユーロ	4.93
日本	280円	2.31	320円	4.08
アメリカ	3.22米ドル	3.22	4.07米ドル	4.07

a. 2007年に米ドルでビッグマックをもっとも安く買える国はどこか。
b. 2011年に米ドルでビッグマックをもっとも安く買える国はどこか。
c. 各国通貨でのビッグマック価格の上昇をもとに、2007年から2011年にその国が経験した物価水準の変化率を測定すると、最大のインフレーションを経験した国はどこか。また、デフレーションを経験した国はあるだろうか。

12. 下の図にはアメリカの貿易赤字が1987年から示されている。アメリカは一貫して輸出するよりも多くの財を輸入し、全体としてみればその動きを強めてきた。アメリカが貿易赤字を計上している相手国の1つは中国だ。以下の記述のなかで、この事実をうまく説明できるのはどれか。説明しなさい。

a. テレビのような、かつてはアメリカで製造されていた多くの製品が現在では中国で生産されている。

b. 平均的な中国人労働者の賃金は、平均的なアメリカ人労働者の賃金よりもかなり低い。

c. アメリカの投資支出は貯蓄水準にくらべて高い。

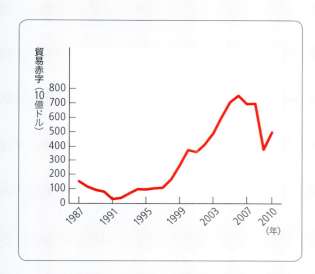

Chapter 7

GDP and CPI:
Tracking the Macroeconomy

GDPとCPI：
マクロ経済を追跡する

この章で学ぶこと

- 経済学者は、経済動向（パフォーマンス）を追跡するために集計量をどんなふうに使っているのか。
- **国内総生産（GDP）** とは何か。それを算出するための3つの方法とは。
- **実質GDP** と **名目GDP** のちがい。実質GDPが実際の経済活動の適切な尺度となるのはなぜか。
- **物価指数** とは何か、それを使ってどのように **インフレ率** を計算するのか。

新たなナンバー2

　「中国、日本を抜き世界第2位の経済大国に」。これは2010年8月15日付『ニューヨーク・タイムズ』の見出しだ。この記事は、経済データをもとに日本経済の衰退と中国経済の躍進を予測していたのだが、その後それは現実のものとなった。2010年、成長する中国経済はついに日本経済を追い抜き、はじめてアメリカに次ぐ世界第2位の経済になったのだ。『ニューヨーク・タイムズ』は、さらにこうも指摘していた。「これまでも予期されたことだが、この画期的な出来事は、中国の優位が現実のものとなり、世界が新たな経済超大国に一目置かざるをえなくなることの、いちばんはっきりした証拠である」。

　だが、ちょっと待ってほしい。中国経済が日本経済より大きいとはどのような意味なのか。2つの経済はまったく異なる財を生産している。急速な成長にもかかわらず、中国はローテク財に最大の強みをもつ貧しい国だ。対照的に日本はハイテク国家であり、自動車の電子センサー（感知器）のような精巧な財の生産で世界を圧倒している。このため、2011年に日本の東北地方で起きた地震によって多くの工場が操業停止すると、世界の自動車工場は一時的な生産停止に追い込まれた。

　異なる財を生産する2つの経済の規模はどうしたら比較できるのだろうか。

　生産の価値額によって比較するというのが答えだ。中国経済が日本経済を追い抜いたという報道は、中国の国内総生産、すなわち生産された財・サービスの総額を示す尺度であるGDPが、日本のGDPを上回ったという意味なのだ。

　GDPはマクロ経済を追跡するために使われるもっとも重要な尺度の1つだ。それは、経済全体の産出量と価格の動きを数値で示したものだ。GDPや物価指数のような尺度は経済政策の策定にとって重要な役割を果たす。政策担当者は実際に何が起こっているかを知る必要があり、個々の出来事は信頼性のおけるデータのかわりには、まったくならないからだ。これらの尺度はビジネス上の意思決定にとっても重要だ。章末のビジネス・ケースで紹介するように、企業やその他の法人は公式統計の公表前におカネを支払ってでもその内容を把握しようとしている。

この章では、マクロ経済学者が経済の主要な側面をどのように測定するのかを説明する。はじめに、経済の総産出量と総所得の測り方を説明し、次に経済の物価水準とその変化をどのように測定するかを解説する。

1 国民経済計算

　ほぼすべての国で、**国民所得・生産物計算**と呼ばれる一連の統計数字が算定されている。実際、ある国の経済計算の精度は、その国の経済発展の度合いを示すきわめて信頼度の高い指標だといってよい。つまり、経済的に発展している国ほど経済計算の信頼度は一般に高くなるのだ。国際機関が途上国への援助を考えるときに第1に取り組むべき仕事は、通常、その国の経済計算を監査・改善するための専門家チームを派遣することだ。

　アメリカでは、商務省の一部局であるアメリカ経済分析局がその計算を担当している。略して**国民経済計算**と呼ばれることが多い**国民所得・生産物計算**は、消費支出、生産者売り上げ、民間投資支出、政府支出や、各部門間のさまざまな貨幣のフロー（流れ）を追跡するものだ。それがどうなっているのかをみていこう。

1.1 経済循環フロー図の再考と拡張

　国民経済計算の原理を理解するには、第2章で紹介した経済循環フロー図を修正・拡張した図7-1が参考になる。図2-6では、経済における貨幣（おカネ）、財・サービス、生産要素の流れが示されていたことを思い出してほしい。ここでは、貨幣のフロー（流れ）だけを描いているが、国民経済計算のカギとなる概念を示す追加的な要素が加えられている。もとの経済循環フロー図と同様に、その基礎にある原理は、各市場や各部門への貨幣の流入はその市場や部門からの貨幣の流出に等しくなる、ということだ。

　図2-6は、家計と企業というたった2種類の「住民」しかいない単純化した世界を描いたものだった。そこで示されていた家計と企業の間の資金のフロー循環は、図7-1にも描かれている。家計は財・サービス市場で国内や外国の企業から財・サービスを購入するための**消費支出**を行っている。家計はまた、労働、土地、物的資本、人的資本、金融資本といった生産要素を所有している。それらを企業に提供し、見返りに賃金、利潤、利子、賃貸料を受け取っている。企業は要素市場でそれらの生産要素を購入し、家計に対価を支払っている。ほとんどの家計にとって、所得の大部分は、労働と人的資本を提供する対価として得られる賃金だ。だが、企業が使用する物的資本に対する間接的な所有権を通じて、追加的な所得を得ている家計もある。それは主に、企業の所有権の持ち分である**株式**と、利払いをともなう借用証書である**債券**というかたちをとる。このため、家計が要素市場から受け取る所得には、株式所有者に分配される企業利潤すなわち配当と、家計が所有する債券につく利子の支払いが含まれる。最後に、家計は企業に貸し出している土地や建物の賃貸料を受け取る。こうして

国民所得・生産物計算（国民経済計算）は、経済の各部門間で生じる貨幣のフロー（流れ）を記録するものだ。

消費支出は財・サービスに対する家計の支出だ。

株式は株主が保有する企業の所有権の持ち分だ。
債券は利払いをともなう借用証書のかたちで行われる借り入れだ。

第7章 GDPとCPI：マクロ経済を追跡する

図7-1 拡張された経済循環フロー図：経済全体の貨幣のフロー（流れ）

資金の循環フローは、家計、企業、政府、外国という4つの経済部門を、要素市場、財・サービス市場、金融市場という3種類の市場を通じてつないでいる。企業から家計へは、要素市場を通じて、賃金、利潤、利子、賃貸料などのかたちで資金が流れる。政府に税（金）を支払い、政府移転支出を受け取った後、家計は残った所得である可処分所得を民間貯蓄と消費支出に振り分ける。民間貯蓄と外国からの資金は、金融市場を通じて、企業の投資支出、政府借り入れ、外国借り入れや外国貸し付け、外国との株取引へと向かう。次に、財・サービス購入の対価として政府や家計から企業へ資金が流れる。最後に、外国への輸出は資金流入をもたらし、外国からの輸入は資金流出をもたらす。財・サービスへの消費支出、企業の投資支出、財・サービスの政府購入、それに輸出を合計して輸入の金額を差し引くと、その資金フローの総額はアメリカで生産された最終財・サービスへの総支出額に等しくなる。同じことではあるが、それはアメリカで生産されたすべての最終財・サービスの価値、つまり国内総生産に等しい。

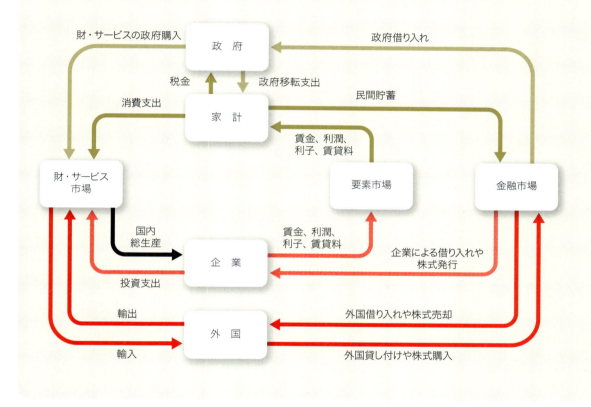

家計は、要素市場を通じ、賃金、利潤、利子、賃貸料のかたちで所得を受け取るのだ。

もとの簡単な経済循環フロー図では、家計は要素市場で受け取ったすべての所得を財・サービスの購入にあてていた。けれども図7-1では、より複雑だが現実的なモデルが示されている。この図から、家計の所得と財・サービスの購入とが実際には等しくならない2つの理由がみてとれる。第1に、家計が要素市場で得た所得は、家計が使える金額と同じではない。家計は所得の一部を、所得税や売上税などの税として政府に支払わなければならない。くわえて、社会保障や失業保険の給付など、財・サービスを提供しなくても政府が支給してくれるおカネ、つまり**政府移転支出**を受け取っている家計もある。こうして、税を支払い、政府移転支出を受け取った後に家計に残された総所得のことを、家計の**可処分所得**という。

政府移転支出は、対価として財・サービスの提供をともなわない政府から個人への支払いだ。
所得に政府移転支出を加えて税を差し引いた**可処分所得**は、家計が消費や貯蓄に回せる所得の総額だ。

第2に、家計は通常、すべての可処分所得を財・サービスの購入にあてるわけではない。その一部を、**民間貯蓄**として蓄えるのだ。それは、個人や企業、銀行やその他の金融機関が株式や債券を売買したり資金の貸し付けをしたりする**金融市場**へと流れる。図7-1が示すように、金融市場には外国からも資金が流入し、また政府や企業、それに外国へも資金が提供される。

> **民間貯蓄**は可処分所得から消費支出を除いた残り、つまり、消費支出に回されなかった可処分所得である。
> 民間貯蓄や外国貸し付けを投資支出、政府借り入れ、外国借り入れへと配分する銀行、株式、債券市場のことを**金融市場**と呼ぶ。

　先に進む前に、家計のボックスを使って、経済循環フロー図の重要な一般的特徴を説明しよう。それは、あるボックスから流出する貨幣の総額は、そのボックスへ流入する貨幣の総額に一致するということだ。これは単に会計の問題であり、支払いと受け取りは等しくなければならないということだ。つまり、たとえば、家計から流出する貨幣の総額すなわち税の支払い、消費支出、民間貯蓄の合計は、家計へ流入する貨幣の総額すなわち賃金、利潤、利子、賃貸料、政府移転支出の合計に等しくなければならない。

　さて、経済循環フロー図に新たに加えられた「住民」、つまり政府——連邦政府、州政府、それに地方政府——と外国をみてみよう。政府は、課税で得られた収入の一部を政府移転支出のかたちで家計に還元する。だが税収の大半と、金融市場から政府が追加的に調達する資金である**政府借り入れ**とは、財・サービスの購入に使われる。連邦政府、州政府、それに地方政府などの政府が購入するものはすべて**財・サービスの政府購入**と呼ばれ、弾薬を買うための軍事支出から地域の公立学校で使うチョークや黒板消し、それに教員に支払う給与まであらゆるものを含んでいる。

　外国は3つの経路でアメリカ経済に関与している。

> **政府借り入れ**は、金融市場で連邦政府、州政府、地方政府が借り入れる資金の総額だ。**財・サービスの政府購入**は財・サービスを買うための連邦政府、州政府、地方政府による支出の総額だ。

1. アメリカで生産された財・サービスのなかには、外国の居住者に対して販売されるものがある。たとえば、アメリカで毎年収穫される小麦や綿花のうち、半分以上が外国に対して販売される。外国に販売される財・サービスのことを**輸出**という。輸出は、その対価として外国からアメリカへの資金の流入をもたらす。
2. アメリカの居住者が購入する財・サービスのなかには外国で生産されるものがある。たとえば今日、消費財の多くは中国製だ。外国の居住者から購入する財・サービスのことを**輸入**という。輸入は、その対価としてアメリカから外国への資金の流出をもたらす。
3. 外国人はアメリカの金融市場に参加できる。外国人によるアメリカの借入者に対する融資すなわち外国貸し付けと、外国人によるアメリカ企業の株式購入は、外国からアメリカへの資金の流入をもたらす。逆に、アメリカの融資者からの外国人の借り入れすなわち外国借り入れと、アメリカ人による外国企業の株式購入は、アメリカから外国への資金の流出をもたらす。

> 外国の居住者に販売される財・サービスは**輸出**、外国の居住者から購入する財・サービスは**輸入**だ。

　最後に、財・サービス市場に戻ることにしよう。第2章では家計による財・サービスの購入だけに焦点を絞ったが、ここではそれ以外にも、政府購入、企業による投資支出、輸入、輸出というかたちでの財・サービスへの支出があることをみていこう。

このように拡張された経済では、企業もまた財・サービスを購入することに注意してほしい。たとえば、新たな工場を建設する自動車会社は、消費者へ販売する財・サービスを生産するための投資財、すなわちプレス機械、溶接ロボット等々の機械を、それらの機械生産に特化した企業から購入するだろう。また、自動車ディーラーへの出荷に備えて、完成車の在庫を積み増すかもしれない。**在庫**とは企業が事業運営に備えて保有する商品や原材料のことだ。国民経済計算では、これら**投資支出**、つまり機械の購入や建造物の建設など生産的な物的資本への支出や在庫変動に対する支出も、財・サービスへの総支出の一部として計上される。

> **在庫**は事業運営に備えて保有される商品や原材料のストックだ。
> **投資支出**は、機械や建造物の建設など生産的な物的資本への支出、それに在庫変動に対する支出だ。

完成車を使ってより多くの自動車を生産することなどできないのに、なぜ在庫の変動が投資支出に含まれるのかと、疑問に思うかもしれないね。最終財の在庫の増加が投資支出として計算される理由は、それが機械と同じように、企業の将来の売り上げ能力を変化させるから、というものだ。つまり在庫を増やすための支出は、企業による投資支出の一形態なのだ。逆に、在庫の減少は投資支出の減少として計算される。それが将来の売り上げ減少につながるからだ。また、組立工場であれ新しい住宅であれ、あらゆる建造物の建設のための支出が投資支出に含まれるということを理解しておくのも重要だ。なぜ住宅の建設が含まれるのか？　それは、新築の家は工場と同じように、将来にわたる産出量の流れ——家の所有者に対する住宅サービス——を生み出すからだ。

財・サービスの消費支出、投資支出、財・サービスの政府購入、それに輸出額をすべて合計して、そこから輸入額を除いたとしよう。これは経済で生産された財・サービスの総額を測ったものだ。この指標には、国内総生産という名前がある。だが国内総生産すなわち GDP を正式に定義する前に、財・サービスに関する重要な区別をわきまえておく必要がある。それは**最終財・サービス**と**中間財・サービス**の区別だ。

1.2　国内総生産

消費者がディーラーから新車を購入したとしよう。これは**最終財・サービス**が販売された一例にあたる。最終財・サービスとは、最終需要者（エンド・ユーザー）に販売される財・サービスのことだ。一方、自動車会社が製鋼所から鋼鉄を購入したりガラスメーカーからガラスを調達したりするのは、**中間財・サービス**が購入された一例にあたる。中間財・サービスとは、最終財・サービスを生産するために投入される財・サービスのことだ。中間財・サービスの場合、購入者は企業であって最終需要者ではない。

> **最終財・サービス**は、最終需要者（エンド・ユーザー）に販売される財・サービスだ。
> **中間財・サービス**は、ある企業が別の企業から購入する財・サービスで、最終財・サービスを生産する際の投入物となる。

国内総生産（GDP） は、通常 1 年という一定期間に、ある経済で生産されるすべての最終財・サービスの総額だ。2010年のアメリカの GDP は14兆527億ドルで、1人当たりにして約 4 万6844ドルだった。あなたがある国の国民経済計算を構築しようとしている経済学者だとしたら、GDP を計算する 1 つの方法は、それを直接計算すること、つまり企業を調査し彼らが生産した最終財・サービスの価値を足し合わせることだ。次の節で、中間財やそれ以外のある種の財がなぜ GDP に算入されないの

> **国内総生産（GDP）** は、ある年にある経済で生産された最終財・サービスの総額だ。

かを、詳細に解説しよう。

　生産された最終財・サービスの総額を求めることだけが、GDPを計算する方法だというわけではない。最終財・サービスへの支出をもとにしたほかの方法がある。GDPはある経済で生産された最終財・サービスの総額に等しいということから、GDPは財・サービスの市場で企業が受け取った資金の流れにも等しいはずだといえる。

　図7-1の経済循環フロー図をみると、財・サービスの市場から企業へ向う矢印は「国内総生産」と示されている。あるボックスからの資金の流出はそのボックスへの資金の流入に等しいという会計原則に従えば、財・サービスの市場から企業への資金の流出は、企業以外の部門からの財・サービスの市場への資金の流入に等しくなる。図7-1からわかるように、財・サービスの市場へ流入する資金の総額は、国内で生産された最終財・サービスへの**総支出**、つまり消費支出、投資支出、財・サービスの政府購入の合計に輸出マイナス輸入を加えたものに等しい。よってGDPを計算する第2の方法は、ある経済の国内で生産された最終財・サービスへの総支出を求めることだ。

> 消費支出、投資支出、財・サービスの政府購入の合計に輸出マイナス輸入を加えた**総支出**は、国内で生産された最終財・サービスへの支出の総額だ。

　さらにもう1つ、GDPを計算する第3の方法がある。これは経済で得られた総所得に基づくやり方だ。企業や企業が雇用した生産要素は家計が所有している。したがって、企業は稼いだ額を最終的に家計に支払わなければならない。企業から要素市場へ流入する資金は、賃金、利潤、利子、賃貸料として企業が家計に支払った要素所得だ。再び会計原則に従うと、企業から家計への要素所得の流入額は、財・サービスの市場から企業への資金の流入額に等しいはずだ。この最後の額は経済の総生産額、すなわちGDPにほかならない。なぜ、GDPは企業が家計に支払った要素所得の総額に等しくなるのか。企業が支払う要素所得の総額とGDPが等しくなる理由を直観的に説明すると、経済のあらゆる売り上げは、賃金、利潤、利子、または賃貸料として誰かの所得になるからだ。よってGDPを計算する第3の方法は、家計が企業から得た要素所得の合計を求めることだ。

1.3　GDPの計算

　GDPには3つの計算方法があることを説明してきた。

1. 生産されたすべての最終財・サービスの総額を合計する。
2. 国内で生産されたすべての財・サービスへの総支出を合計する。
3. 経済で家計が企業から得た総要素所得を合計する。

　政府の統計学者はこの3つの方法をすべて利用している。この3つの方法がどんな役割を果たすのかをみるために、図7-2に示されている仮想的な経済を考えよう。この経済には、3つの企業がある。毎年1台の自動車を生産するアメリカン・モーターズ、自動車生産に必要な鋼鉄を生産するアメリカン・スチール、鋼鉄の原料となる鉄鉱石を採掘するアメリカン・オーアだ。この経済では2万1500ドルの自動車が1台生産されている。よってこの経済のGDPは2万1500ドル、経済で1年に生産され

図7-2 GDPを計算する

3つの企業があるこの仮想的な経済では、次の3通りの方法でGDPを計算できる。1．各企業の付加価値を合計して最終財・サービスの生産額としてGDPを計算する方法、2．国内で生産された最終財・サービスへの総支出としてGDPを計算する方法、3．家計が企業から得た要素所得としてGDPを計算する方法だ。

2．国内で生産された最終財・サービスへの総支出＝21,500ドル

	アメリカン・オーア	アメリカン・スチール	アメリカン・モーターズ	総要素所得（ドル）
売上額（ドル）	4,200（鉄鉱石）	9,000（鋼鉄）	21,500（車）	
中間財	0	4,200（鉄鉱石）	9,000（鋼鉄）	
賃金	2,000	3,700	10,000	15,700
利子	1,000	600	1,000	2,600
賃貸料	200	300	500	1,000
利潤	1,000	200	1,000	2,200
企業の総支出	4,200	9,000	21,500	
1企業当たりの付加価値＝売上額−中間財費用	4,200	4,800	12,500	

3．生産要素への総支払い額＝21,500ドル

1．最終財・サービスの生産額、付加価値の合計＝21,500ドル

る自動車1台の価値だ。3つの異なる計算方法がどのようにして同じ値を導くのかをみていこう。

最終財・サービスの生産額としてGDPを測定する GDPを計算する第1の方法は、経済のすべての最終財・サービスの価値を合計することだ。その計算は、中間財・サービスの価値を除いている。なぜ中間財・サービスが除かれるのだろう？ 経済全体からみれば、つまるところ、中間財・サービスは規模も小さく価値の少ない部分でしかないということだろうか？

なぜ最終財・サービスだけがGDPに含まれるのかを理解するために、図7-2にある単純化された経済をみてみよう。経済のGDPを測るために、鉄鉱石採掘会社、製鉄会社、自動車会社の売り上げをすべて合計するべきだろうか。仮にそうしてしまうと、鋼鉄の価値を二重に計算することになるだろう。1度目は製鉄会社から自動車会社へ販売されたとき、2度目は鋼鉄製の自動車が消費者に販売されたときだ。また鉄鉱石の価値は三重に計算されることになる。1度目は採掘されて製鉄会社に販売されたとき、2度目は鋼鉄になって自動車会社へ販売されたとき、そして3度目は自動車になって消費者へ販売されたときだ。

こうして各生産者の売り上げを合計すると、同じものを何度も加えるという事態が生じ、GDPが見かけ上膨らむことになる。たとえば図7-2では、中間財と最終財の総売り上げは、自動車の売り上げ2万1500ドル、鋼鉄の売り上げ9000ドル、鉄鉱石の売り上げ4200ドルのすべてを足した3万4700ドルになる。しかしご存じのとおり、

GDPはわずか2万1500ドルでしかない。GDPを求める際に二重計算を避ける方法は、各生産者の**付加価値**のみを合計することだ。付加価値とは、他の企業から購入した中間財・サービスの購入額を売上額から除いたものだ。

> ある生産者の**付加価値**とは、その売上額から投入物の購入額を差し引いたものだ。

つまり、生産の各工程で投入された中間財の費用を差し引いているのだ。この例では、自動車会社の付加価値とは、製造した自動車の価値から購入した鋼鉄の費用を引いた額、すなわち1万2500ドルだ。製鉄会社の付加価値とは、生産した鋼鉄の価値から購入した鉄鉱石の費用を引いた額の4800ドルだ。鉄鉱石採掘会社だけは中間投入物を購入していないと仮定しているので、その付加価値は販売額の4200ドルとなる。3つの企業の付加価値の総計である2万1500ドルは、GDPに等しくなっている。

国内で生産された最終財・サービスへの支出としてGDPを計測する

GDPを計算する第2の方法は、国内で生産された最終財・サービスへの総支出を計算することだ。つまり、GDPは企業への資金の流入をみて測定することもできる。GDPを最終財・サービスの国内生産額として推計する方法と同じく、この測定方法も二重計算を避けるように行われるべきだ。鋼鉄と自動車の例でいうと、消費者が自動車を購入する価格（図7-2では1万2500ドル）と、自動車会社が鋼鉄を購入する価格（図7-2では9000ドル）の両方を計算に含めてはいけないということだ。両者を計算に含めると、自動車に使われている鋼鉄を2度足すことになるからだ。この問題は、最終購入者に対する売り上げのみを計算することで避けることができる。最終購入者とは、消費者、投資財を購入する企業、政府、外国の買い手のことだ。言い換えれば、支出における二重計算を避けるには、支出データを使ってGDPを推計する際に、ある企業から別の企業への投入物の販売を除外すればいい。図7-2からわかるように、最終財・サービス、つまり完成車への総支出は2万1500ドルである。

だが、前に指摘したように、企業の投資支出は国民経済計算では最終支出の一部とされている。つまり、自動車会社が自動車をつくるのに必要な鋼鉄を買うのは最終支出とはされないのに、その会社が工場に設置する機械を買うのは最終支出とされるのだ。ちがいがわかるかな？　そのちがいは、鋼鉄は生産の際に消費し尽くされるが、機械は、同じように生産に利用されるものの、数年間にわたり継続的に使えるということだ。機械のように、長きにわたって耐久力のある資本財を購入することは、現時点の生産と密接に関連するわけではないので、国民経済計算はそれを最終支出の一部とするのだ。

後の章で私たちは、GDPは国内で生産された財・サービスの最終購入者の総支出に等しいという関係を何度も使うだろう。また、最終購入者がどのようにして支出額を決定するのかを説明するモデルも展開する。だからここで、GDPを構成する総支出の内訳をみておくことは有益だろう。

図7-1の財・サービスの市場をもう一度みてほしい。消費支出が企業の売り上げの構成要素の1つだということがわかるだろう。消費支出をCという記号で示そう。図7-1から、企業の売り上げにはほかに3つの構成要素があることもわかる。他企業

の投資支出による売り上げI、財・サービスの政府購入G、外国人に対する売り上げ、つまり輸出X、の3つだ。

現実には、最終支出がすべて国内で生産された財・サービスに向かうわけではない。輸入のための支出IMを考慮する必要がある。輸入へ支出される所得は、国内財・サービスへの支出にあてられるわけではない。これは国境を越えて「漏れる」所得だ。したがって、支出データから国内生産額を正確に測るには、輸入への支出を除いた国内財・サービスへの支出を求めなければならない。これらをすべてまとめると、GDPを4つの支出項目に分解した次の等式が得られる。

$$GDP = C + I + G + X - IM \qquad (7-1)$$

後の章で、式（7-1）を何度も目にすることになるだろう。

企業から得られる要素所得としてGDPを計測する　GDPを計算する最後の方法は、生産要素が企業から得たあらゆる所得、つまり労働者が稼いだ賃金、企業や政府に貯蓄を貸し出した人が得る利子、土地や建物を貸し出した人が得る賃貸料、企業の物的資本を所有する株主が得た利潤、のすべてを合計することだ。これは正しい方法だ。というのも、企業が財・サービスを販売して得た貨幣は、必ずどこかに行かなければならないからだ。賃金、利子、賃貸料として支払われなかった残りは利潤となる。そして利潤の一部は、最終的には配当として株主へ支払われる。

図7-2は、単純化した経済ではこの計算がどう行われるかを示している。いちばん右にある色つきの列には、すべての企業の利潤の合計、またすべての企業が支払った

ちょっと寄り道

私たちの帰属生活

保守的な人は、ある人がその人の家政婦と結婚するとGDPが低下するという。これは正しい。人が対価を得てサービスを提供している場合、そのサービスはGDPの一部として算入される。けれども、家族がお互いに家事サービスを提供しあうとき、そのサービスはGDPには含まれない。経済学者のなかには、家事の価値を「帰属」させるための指標をつくった者もいる。つまり、もしその家事に対して報酬が支払われるとすればその市場価値はいくらになるかを推計して、その数字を使おうというのだ。しかし、GDPの標準的な計算にはそうした帰属価値は含まれていない。

だがGDPの推定値には、「持ち家」の帰属価値は含まれている。つまり以前借りていた家を購入したとしても、GDPは低下しないのだ。たしかに、あなたはもう家主に家賃を支払っていないし、家主ももうあなたにサービス（家やアパート）を提供していない。しかし統計の専門家は、仮にあなたがアパートであれ家であれ、自分の住居に家賃を支払うとしたらいくらになるかを推計する。統計上の目的から、あなたが自分の家を自分から借りているとみなすのだ。

考えてみれば、これは大いに意味のあることだ。アメリカのような持ち家の多い国では、住居から得られる満足は生活水準の重要部分を占めている。だからGDPの推計は、正確性を確保するために、貸家だけでなく持ち家の価値も考慮に入れられるべきなのだ。

賃金、利子、賃貸料の合計がそれぞれ示してある。それらの要素所得をすべて合計すると、2万1500ドルになる。これもGDPに等しくなっている。

この要素所得を使ったGDPの計算方法を、他の2つの方法ほど強調するつもりはない。だが、国内で生産された財・サービスに支出されたすべての貨幣（おカネ）が家計の要素所得を生み出すということ、つまり本当に貨幣の流れ（フロー）が循環しているということを心にとめておくのは、重要なことだ。

GDPの構成　GDPが原理上どう計算されるのかを学んだので、次は、実際のGDPがどうなっているかをみてみよう。

図7-3は最初の2つの方法で計算したGDPを並べて示している。ヨコ軸より上にあるそれぞれの棒グラフの高さは、2010年のアメリカ経済のGDP、14兆5270億ドルを示している。2本の棒グラフはそれぞれ、どこで付加価値が発生したか、貨幣がどう支出されたかに応じて、区分けされている。

GDP：何が含まれ、何が含まれないか

GDPに何が含まれて、何が含まれないのかの区別はわかりにくい。ここでちょっと立ち止まって、そのちがいを明確にしておこう。もっともわかりにくいのはおそらく、投資支出と中間投入財・サービスへの支出のちがいだろう。生産的な物的資本（商業用あるいは住居用の建造物の建設を含む）への支出や在庫変動への支出といった投資支出はGDPに含まれるが、中間財・サービスへの支出はGDPに含まれない。

ちがいは何だろう？　第2章で、生産の際に使い尽くされる資源とそうでない資源を区別したことを思い出してほしい。鋼鉄のような投入物は生産の際に使い尽くされるが、プレス機械のような投資財は使い尽くされずに残る。それは何年間ももちこたえ、何台もの自動車を生産するために繰り返し使用されるだろう。物的生産資本つまり投資財や建造物への支出は現在の産出量に直接的な結びつきがないので、経済学者はそうした支出を最終財への支出とみなしている。

在庫変動に対する支出もまた投資支出の一部と考えられていて、GDPに含まれる。なぜかって？　在庫の追加は、機械への投資と同じく、将来の売り上げのための投資とみなせるからだ。逆に在庫から商品が販売されると、その販売額は在庫の価値から、つまりGDPから差し引かれる。

中古品はGDPには含まれない。それを含めると、投入物を含める場合と同様に、新品として販売されたときと中古品として販売されたときの2度にわたって算入されることになるからだ。

また、株式や債券などの金融資産は、最終財・サービスの生産でも、売り上げでもないので、GDPには含まれない。債券は利子とともに資金を返済するという約束を表すものであり、株式は所有権の証しとなるものだ。そして、当然、外国で生産された財・サービスはGDPの計算には含まれない。

ここで、GDPに含まれるものとそうでないものを要約しておいた。

GDPに含まれるもの
- ■国内で生産された最終財・サービス。投資財、新たな建造物の建築、在庫の変動を含む

GDPに含まれないもの
- ■中間財・サービス
- ■投入物
- ■中古品
- ■株式や債券のような金融資産
- ■外国で生産された財・サービス

図7-3 | 2010年のアメリカのGDP：GDPを計算する2つの方法

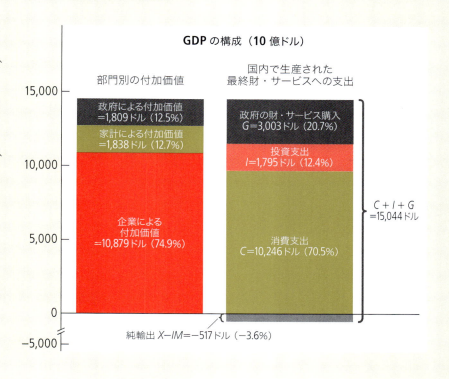

2つの棒グラフは、GDPを計算する2つの方法を表している。各棒グラフのヨコ軸より上の高さは、2010年のアメリカのGDPである14兆5270億ドルを示している。左の棒グラフは、経済の各部門、政府、家計、企業の付加価値に応じたGDPの構成を表している。右側の棒グラフは、C、I、G、$X-IM$の4種類の支出に応じたGDPの内訳だ。その棒グラフの全長は14兆5270億ドル+5170億ドル=15兆440億ドルとなっている。ヨコ軸の下にはみ出している5170億ドルは、2010年の総支出額のうち純輸入（負の純輸出）として吸収された部分だ（端数処理のため各数値の合計と総額は一致しない）。

（出所）アメリカ経済分析局

　図7-3の左の棒グラフでは、GDPを計算する第1の方法に従って、経済の各部門の付加価値に応じたGDPの構成をみることができる。14兆5270億ドルのうち、10兆8790億ドルは企業による付加価値、1兆8090億ドルは軍事、教育、その他の政府サービスというかたちで政府が生み出した付加価値だ。最後に、1兆8380億ドルは家計や他の法人による付加価値だ。その大部分は持ち家の帰属サービスであり、［ちょっと寄り道］「私たちの帰属生活」にその解説がある。

　図7-3の右の棒グラフは、GDPを計算する2番目の方法に対応していて、総支出を4つの項目に分けて示している。右の棒グラフは左のものよりも全体が5170億ドル分だけ長くなっている（みてわかるように、その額だけヨコ軸の下にはみ出している）。その理由は、右側の棒グラフの長さは経済の支出全体を、つまり国内だけでなく外国で生産された最終財・サービスへの支出も表しているからだ。棒グラフの項目では、GDPの70.5％を占める消費支出（C）が目を引く。その一部は、外国で生産された財・サービスに対する支出だ。2010年には、輸出額と輸入額の差である**純輸出**（式（7-1）の$X-IM$）はマイナスだった。つまりアメリカは外国の財・サービスの純輸入国だった。2010年の純輸出額はGDPの-3.6％を占める-5170億ドルだった。右の棒グラフのヨコ軸より下に突き出している5170億ドルは、純輸入として吸収された部分で、アメリカのGDPを高めることにはつながらなかった。投資支出（I）はGDPの12.4％を、財・サービスの政府購入（G）はGDPの20.7％を占めている。

▶ **純輸出**とは輸出額と輸入額の差である。

ちょっと寄り道

国民総生産か、国内総生産か？

時として、国内総生産でなく、国民総生産、すなわち GNP という言葉をみかけることがあるだろう。これは同じものの単なる別名にすぎないのだろうか？ いや、そうじゃない。

図7-1を注意深くみてみると、この図には何か欠けているものがあることに気づくだろう。この図では、要素所得はすべて国内の家計に向かっている。でも、ゼネラルモーターズやマイクロソフトの株式を所有する外国人へ利潤が支払われたときにはどうなるのだろう？ それに、外国で活動しているアメリカ企業の利潤はどこに含まれるのだろうか？

その答えは、それらの利潤は GDP ではなく GNP に含まれる、というものだ。GNP は、その国の居住者が得る総要素所得と定義される。GNP には、アメリカ株を所有する外国人投資家に支払われた利潤や、アメリカで一時的にはたらく外国人労働者への支払いなど、外国人の得た所得は含まれない。一方、アメリカ人が外国で稼いだ要素所得は GNP に含まれる。たとえば、IBM がヨーロッパで稼いだ利潤のうち、同社の株をもつアメリカ人の懐に入った分や、アメリカ人が海外で一時的にはたらいて得た賃金などだ。

国民経済計算が利用されはじめたころ、この2つの尺度は一般的には非常に近い値を示していたのだが、経済学者は通常、経済規模を測る尺度として GDP より GNP を使っていた。彼らが GDP のほうを利用するようになった主な理由は、GNP にくらべると生産の短期変動をより適切に表していると考えられたことや、要素所得の国際的なフローを示すデータがやや信頼性に欠けていたためだ。

外国への要素所得の純流出が比較的小さいアメリカのような大きな経済では、どちらの尺度を使おうが実際は大したちがいはない。2010年には、アメリカの GNP は GDP よりも1.3％ほど大きかった。それは主にアメリカ企業が外国で得た利潤があったからだ。だが、多くの外国企業が拠点を置く小さな国では、GDP と GNP がかなり乖離する場合がある。たとえばアイルランドでは、アメリカ企業が産業のかなりの部分を所有しているので、アメリカ企業が得る利潤はアイルランドの GNP から控除されなければならない。さらに、アイルランドはヨーロッパの貧しい国々から一時的な労働者を多数受け入れているので、彼らが稼ぐ賃金もアイルランドの GNP から控除される必要がある。その結果、2010年のアイルランドの GNP は、GDP のわずか82％だった。

1.4 GDPからわかること

GDP を計算するいろいろな方法をみてきたが、GDP を測定することで何がわかるのだろうか？

GDP のもっとも重要な使い道は経済規模の測定で、ある年と別の年の経済パフォーマンスを比較したり、異なる国の経済パフォーマンスのちがいを比較したりすることができる。たとえば、あなたが異なる国の経済パフォーマンスを比較しようとしているとしよう。その際の自然な方法は GDP を比較することだ。2010年には、すでにみたように、アメリカの GDP は14兆5270億ドルだった。日本の GDP は5兆4590億ドルで、EU27カ国の GDP 総額は16兆2630億ドルだ。この比較によると、日本は国民経済の大きさでは世界第2位だが、アメリカにくらべると世界経済全体に占める

割合はかなり小さいことがわかる。EUは全体でアメリカに等しいかそれを超える規模だ。

GDPの数値を扱うときには注意深くなければならない。異なる時点の間で比較をするときには、とりわけ注意が必要だ。時間を通じたGDPの上昇（増加）のうち一部は、産出量の増大ではなく、財・サービス価格の上昇によって起こっているからだ。たとえば、1995年のアメリカのGDPは7兆4150億ドルで、2010年までにはほぼ2倍の14兆5270億ドルになっていた。けれども、その期間にアメリカの経済規模が実際に2倍になったわけではない。総産出量の実際の変化を測るには、価格の変化を織り込んだ修正版のGDPである実質GDPを使う必要がある。次に、どのように実質GDPを計算するのかをみていこう。

経済学を使ってみよう☞　国民経済計算の誕生

国民経済計算が誕生したのは、現代マクロ経済学と同じく、大恐慌がきっかけだった。経済が不況に陥ったとき、政府の役人たちは、対策がとれない原因は適切な経済理論がないだけでなく、適切な情報をもっていないことにあると気づいた。当時手もとにあったのは、鉄道貨物の積荷や株価、工業生産に関する不完全な指標などのバラバラな統計だけだった。経済全体に何が起きているかについては、憶測するしかなかったのだ。

情報の欠如に気づいた商務省は、ロシア生まれの若き経済学者サイモン・クズネッツに国民経済計算を整備するよう委嘱した（クズネッツは後にこの業績でノーベル経済学賞を受賞した）。最初の経済計算は1937年に議会に提出され、『国民所得1929〜35』と題する研究報告書に収められた。

クズネッツの初期の推計は生産ではなく所得に注目していたため、現代のような完全な体系には至っていなかった。国民経済計算の拡充は第2次世界大戦中に進められた。この時期、政策担当者たちは経済パフォーマンスを包括的に示す尺度が必要だとより切実に感じていたからだ。連邦政府は1942年に、国内総生産と国民総生産の公表を開始した。

2000年1月に商務省は、自身が出版している『サーベイ・オブ・カレント・ビジネス』に、「GDP：20世紀の偉大な発明の1つ」というタイトルの記事を掲載した。これは少し誇張のようにも思えるが、アメリカで発明されて以来、国民経済計算は経済分析や政策策定の道具として世界中で広く使われている。

ちょっと復習

▶一国の**国民所得・生産物計算**つまり**国民経済計算**は経済部門間の貨幣のフロー（流れ）を追跡するものだ。
▶**家計**は、賃金、**株式**保有による利潤、**債券**保有による利子、賃貸料というかたちで要素所得を受け取る。また**政府移転支出**も受け取る。
▶家計は**可処分所得**を**消費支出**と**民間貯蓄**に振り分ける。貯蓄は**金融市場**へ流入し、**投資支出**や**政府借り入れ**として活用される。
▶**財・サービスの政府購入**は連邦、州、地方政府による財・サービスへの総支出である。
▶**輸出**は国内への資金流入をもたらし、**輸入**は国内からの資金流出をもたらす。
▶**国内総生産（GDP）**には3通りの計算方法がある。すべての企業の**付加価値**を足し合わせて**最終財・サービス**の生産額を計算する方法、国内で生産された最終財・サービスへの支出総額である**総支出**を求める方法、それに企業が支払ったすべての要素所得を合計する方法だ。**中間財・サービス**はGDPの計算には含まれないが、**在庫**と**純輸出**の変化は含まれる。

✓ 理解度チェック　7-1

1. GDPを計算する3通りの方法のうちどれを用いても、GDPの推計値が一致するのはなぜか。
2. 企業はどんな部門に向けて販売をするのか。家計は経済の他の部門とどのように

結びついているか。

3. 図7-2をみて、付加価値の合計が自動車1台の売り上げと自動車に投入された鋼鉄の価値の合計である3万500ドルだと誤解していたとする。二重計算されているのはどの項目か。

解答は https://str.toyokeizai.net/books/9784492314906 にある。

2 │ 実質GDP：総産出量の尺度

　本章の「オープニング・ストーリー」で、2010年に中国が日本を抜いて世界第2位の経済大国になったと説明したね。その当時、日本経済は衰弱していて、2010年の第2四半期には産出量が年率でみて6.3％減少した。けれども、奇妙なことにGDPは増加していたのだ。実際、日本のGDPは自国通貨の円建てで同期間に年率4.8％も増加していた。どうしてこんなことが起こりえたのか。答えは、当時の日本がインフレーションを経験していたからだ。結果として、実際には産出量は減少したのに、日本の円建てGDPは増加したのだ。

　この話には次のような教訓がある。よく引用されるGDPの数値は、興味深く有益な統計であり、異なる経済の規模を比較するのに役立つ指標なのだが、時間を通じた経済成長の尺度としては望ましくない。GDPは経済が成長するがゆえに増加しうるのだが、単にインフレーションによっても増加することがありうる。経済の産出量が変化しなくても、そこで生産される財・サービスの価格が上昇するとGDPは増加するのだ。同様に、GDPが減少するのは経済の生産が減るからか、もしくは物価が下落するからだ。

> 総産出量は経済全体での最終財・サービスの産出量である。

　経済の成長を正確に測るには**総産出量**、つまり経済で生産される最終財・サービスの総量を測る尺度が必要だ。この目的に利用される尺度が**実質GDP**だ。実質GDPを時間の経過に応じて追跡することで、物価の変化が財・サービスの生産額を歪めてしまうという問題を避けることができる。はじめに、実質GDPの計算方法をみて、次にその意味を考えよう。

2.1 実質GDPを計算する

　実質GDPがどう計算されるかを理解するために、リンゴとオレンジの2つの財だけが生産され、最終消費者に対してのみ販売されるという経済を想定してみよう。表7-1に、2つの果物の2年間にわたる産出量と価格が示されている。

　このデータからいえることは、第1に、1年目から2年目にかけて売上額が増えていることだ。1年目の総売上額は（2兆個×0.25ドル）＋（1兆個×0.5ドル）＝1兆ドルだ。2年目の総売上額は、（2.2兆個×0.3ドル）＋（1.2兆個×0.7ドル）＝1.5兆ドルで、50％増えている。けれどもこの表では、ドル表示のGDPの増加が実際の経済成長を過大評価していることも明らかだ。リンゴとオレンジの数量はどちらも増えているが、

表7-1 | 単純化した経済のGDPと実質GDPを計算する

	1年目	2年目
リンゴの数量（10億個）	2,000	2,200
リンゴの価格（ドル）	0.25	0.30
オレンジの数量（10億個）	1,000	1,200
オレンジの価格（ドル）	0.50	0.70
GDP（10億ドル）	1,000	1,500
実質GDP（1年目のドル表示で10億ドル）	1,000	1,150

リンゴとオレンジの価格もまた上昇しているからだ。つまり、ドル表示のGDPの1年目から2年目への50％の増加のうちの一部は、産出量の増加ではなく単に価格上昇を反映したものなのだ。

総産出量の真の増加分を推定するためには、次のような問いに答える必要がある。価格が変わらなかったなら、GDPはどれだけ増えただろうか？　この問いに答えるには、1年目の価格で表示した2年目の産出額を求めなければならない。1年目には、リンゴ1個の価格は0.25ドルで、オレンジ1個の価格は0.5ドルだった。そこで1年目の価格で表示した2年目の産出量は（2.2兆個×0.25ドル）＋（1.2兆個×0.5ドル）＝1.15兆ドルとなる。1年目の価格で表示した1年目の産出量は1兆ドルだったので、この例では、1年目の価格で表示したGDPは、1兆ドルから1.15兆ドルに15％増加している。

これで**実質GDP**を定義できる。実質GDPとは、1年間に生産された最終財・サービスの総額であり、ある基準年と価格が変わらないという想定のもとに計算される。実質GDPの値は常に、基準年が何年かという情報とともに示される。

価格の変化を調整していないGDPの値は、生産物が生産された年の価格を使って計算される。経済学者はこの尺度を**名目GDP**、当年価格のGDPと呼ぶ。リンゴとオレンジの例で、もし私たちが1年目から2年目にかけての産出量の変化を名目GDPで測っていたとしたら、産出量の実際の成長を過大評価することになっていた。つまり実際にはわずか15％だった成長率を、50％だったと主張していただろう。共通の価格、つまりこの例では1年目の価格を用いて1年目と2年目の産出量を比較すれば、価格変化の影響を取り除いて、産出量の変化のみに注目することができるのだ。

表7-2は、リンゴとオレンジの例の現実版だ。第2列には、1995年、2005年、2010年の名目GDPが示してある。第3列には、2005年ドルで表示した実質GDPが示してある。2005年では2つの数値は一致しているが、2005年ドルで表示した1995年の実質GDPは、1995年の名目GDPよりも高くなっている。これは、1995年の価格よりも、2005年の価格のほうが概して高かったことを反映している。けれども、2005年ドルで表示した2010年の実質GDPは、2010年の名目GDPより小さかった。これは、2005年の価格が2010年の価格よりも低かったためだ。

表7-1のデータを使って、別なやり方で実質GDPを求められることに気づいた人

> **実質GDP**は、ある年に国内で生産されたすべての最終財・サービスの総価値を、基準年の価格を使って計算したものだ。

> **名目GDP**は、ある年に国内で生産されたすべての最終財・サービスの総価値を、その年の価格を使って計算したものだ。

表7-2 名目GDPと実質GDP（1995年、2005年、2010年）

	名目GDP （各年ドル表示、10億ドル）	実質GDP （2005年ドル表示、10億ドル）
1995年	7,415	9,086
2005年	12,623	12,623
2010年	14,527	13,088

がいるかもしれないね。基準年の価格として、1年目ではなく2年目の価格を使ってみたらどうだろうか？ これは同じようにうまく行きそうだ。実際に計算すると、2年目の価格で表示した1年目の実質GDPは（2兆個×0.3ドル）+（1兆個×0.7ドル）＝1.3兆ドルで、2年目の価格で表示した2年目の実質GDPは2年目の名目GDPと同じ1.5兆ドルだ。だから、2年目の価格を基準とした実質GDPの成長率は、（1.5兆ドル−1.3兆ドル）/1.3兆ドル＝0.154、つまり15.4%だ。この値は、1年目を基準年として求めた値よりもやや大きい。1年目を基準とした計算では、実質GDPは15%増加していた。15.4%と15%を比較して、どちらか一方が他方よりも「正確」だとはいえない。

実際には、アメリカの国民経済計算をとりまとめる政府の経済学者たちは、前のほうの年を基準年とした成長率と後のほうの年を基準年とした成長率の平均をとった「連鎖方式」という方法を採用した。そのため、アメリカの実質GDP統計は常に**連鎖ドル**で表示されている。

> **連鎖ドル**とは実質GDPの変化を計算する方法であり、前のほうの年を基準に求めた成長率と後のほうの年を基準として求めた成長率の平均を利用するものだ。

2.2　実質GDPでは測れないもの

GDPは、名目・実質どちらも一国の総産出量を測る尺度だ。他の条件を一定とすれば、より大きな人口をかかえる国では、単に多くの人々がはたらいているという理由からGDPは大きくなる。そこで人口のちがいという影響を取り除いて国ごとのGDPを比較したいときは、GDPを人口で割った**1人当たりGDP**という尺度を使う。これは、平均GDPに等しくなる。

> **1人当たりGDP**はGDPを人口で割ったもので、平均GDPに等しい。

1人当たり実質GDPは、労働生産性の国際比較をするような場合には便利な尺度となりうる。それは各個人の平均的な実質産出量のおおざっぱな尺度ではあるが、よく知られているように、一国の生活水準の尺度としては限界がある。経済学者は、1人当たり実質GDPの成長だけを重要視しそれ自体が究極の目標だと信じているとして、しばしば批判される。だが実際には、経済学者がそのような間違いを犯すことはめったにない。経済学者が1人当たり実質GDPだけを重要視するという考え自体が、一種の都市伝説にすぎない。ここで少し時間を割いて、一国の1人当たり実質GDPがその国に住む人々の福祉を測る尺度としてなぜ不十分なのか、また1人当たり実質GDPの成長それ自体がなぜ適切な政策目標ではないのかを明らかにしよう。

この問題を考える際の1つのとらえ方は、実質GDPの増加が経済の生産可能性フロンティアを拡大させるとみなすことだ。経済が生産能力を拡大させているので、社会が達成できることも増えている。けれども、その拡大した可能性を生活水準の改善

に向けて実際に使っているかどうかは別問題だ。少し言い方を変えると、昨年よりも今年のほうが所得は増えているかもしれないが、その高くなった所得を生活の質を向上させるために用いるかどうかは各人の選択次第なのだ。

　もう一度繰り返しておこう。1人当たり実質GDPは一国の各個人の平均総産出量を示す、つまり何が可能かを示す尺度だ。だがそれだけでは国の目標として不十分だ。その理由は、この尺度ではその国がその産出物を、生活水準を良くするために使っているかどうかは示せないからだ。GDPの高い国は、人々は健康で教育水準も高く、一般的には生活の質も高い。けれどもGDPと生活の質の間には、1対1の対応関係はない。

GDPと人生の意味

　「私はお金持ちだったことも貧乏だったこともあるわ」。女優メイ・ウェストのいった有名な言葉だ。「私を信じて。お金持ちのほうがいいわ」。だが、同じことは国についても当てはまるのか。

　この図は多くの国について2種類の情報を示したものだ。1人当たりGDPによる裕福度とその国の人々が自分たちの幸福度をどう評価したかである。幸福度はギャラップ社の世界調査によるもので、人々の現在の生活と今後5年間の生活に対する期待を評価したものだ。図には自分たちの幸福度が高いと答えた人の割合が示されている。ここから3つのことが読みとれる。

1. 裕福なほうがよい　平均してみると、裕福な国の人は貧しい国の人よりも幸福だ。
2. 裕福になるほど、おカネは問題でなくなる　1人当たりGDPが5000ドルから2万ドルまで上昇することにともなう人生の満足度の増大は、それが2万ドルから3万5000ドルまでの上昇にともなう満足度の増加よりも大きい。
3. おカネがすべてではない　イスラエルは世界標準からみると裕福な国だが、アメリカよりも貧しい国だ。だが、イスラエルの人々はアメリカ人よりも生活に満足しているようだ。日本は他の多数の国よりもおカネ持ちだが、概して人々は不幸である。

　これらの結果は次のような見方と一致する。1人当たりGDPが高いほうが生活水準の改善は容易になるが、すべての国がその可能性をうまく利用できているわけではない。

（出所）Gallup; 世界銀行

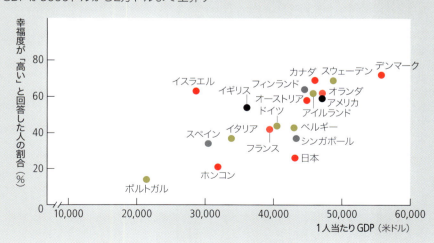

経済学を使ってみよう 👉 ベネズエラの奇跡？

南米のベネズエラには、驚くべき特徴がある。ここ数年、ベネズエラは名目GDP成長率が世界でもっとも高い国の1つなのだ。2000年から2010年の間、ベネズエラの名目GDPは年平均で29%も成長した。これはアメリカの名目GDPよりもずっと高い成長率であり、中国のような経済ブームに沸く国の成長率さえも上回る値だ。

ベネズエラの経験は経済的奇跡なのか。いや、そうではない。異常に高いインフレーションに苦しんでいるにすぎないのだ。図7-4には、2000年から2010年までのベネズエラの名目GDPと1997年の価格で測った実質GDPが示されている。実質GDPはこの期間に成長しているが、その大きさは年率わずか3%である。この値は同じ期間のアメリカの成長率の2倍だが、中国の10%にははるかに及ばない。

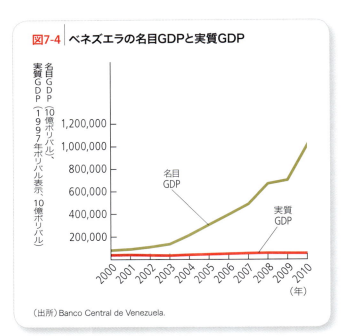

図7-4 ベネズエラの名目GDPと実質GDP
(出所) Banco Central de Venezuela.

ちょっと復習

▶ **総産出量**の実際の成長を確定するには、基準年の価格を使って**実質GDP**を計算する必要がある。それと対照的に、**名目GDP**は、各時点での価格を使って計算された総産出量の価値だ。アメリカの実質GDP統計は、常に**連鎖ドル**で表示される。

▶ **実質の1人当たりGDP**とは、各個人の平均総産出量だ。だがそれは、人間の福祉を測る十分な尺度とはいえないし、それ自体が適切な政策目標だともいえない。というのも、その指標は、生活水準に関する重要な点を反映していないからだ。

✓ 理解度チェック 7-2

1. 経済には2種類の財しかないとしよう。フライドポテトとオニオンリングだ。2011年には、100万個のフライドポテトが1つ0.4ドルで販売され、80万個のオニオンリングが1つ0.6ドルで販売された。2011年から2012年にかけて、フライドポテトの価格が25%上昇し、販売数が10%低下した。オニオンリングの価格は15%低下し、販売数が5%上昇した。

   a. 2011年と2012年の名目GDPを計算しなさい。2011年を基準年として、2012年の実質GDPを計算しなさい。

   b. 名目GDPを使って成長を評価することはなぜ誤りなのか。

2. 2005年から2010年にかけて電子機器の価格が劇的に低下し、住宅価格が大幅に上昇した。2012年の実質GDPを計算するのに2005年と2010年のどちらを基準年とするかを決める材料として、この事実をどう考えるか。

   解答は https://str.toyokeizai.net/books/9784492314906 にある。

3 | 物価指数と物価水準

　2011年の春と夏、ガソリンスタンドの給油機をみたアメリカ人は誰もが驚きを隠せなかった。2008年の12月末には1ガロン当たり平均で1.61ドルだったガソリンの値段が4ドルまで上昇したのだ。ほかにも多くの商品が値上がりした。けれども、食料品のなかには、卵のように、2010年後半までの値上がりから価格が下落に転じたものもあり、電子機器関連で事実上あらゆる製品が安くなった。だが、実際には誰もが生活費の高騰を感じていた。では、どれだけの速さで高騰していたのか。

　いうまでもなく、消費者価格に何が起こったのかを要約するような単一の数値が必要だった。マクロ経済学者たちは、経済全体の産出量水準を単一の数値で示すと便利だというのと同じ理由で、経済全体での価格水準を単一の数値、つまり**物価水準**で表すと便利だと気づいた。とはいえ経済では、多くの種類の財・サービスが生産・消費されている。どうすればそれらすべての財・サービスの価格を1つの数字に集約させられるだろう？　その答えは物価指数という概念にある。それは、数値例を使って紹介するのがいちばん良いだろう。

▶ **物価水準**は経済全体での価格水準の尺度である。

3.1　マーケット・バスケットと物価指数

　フロリダの霜害の影響で、かんきつ類の大半が台なしになったとしよう。その結果、オレンジの価格は1個当たり0.2ドルから0.4ドルへ、グレープフルーツの価格は1個当たり0.6ドルから1ドルへ、レモンの価格は1個当たり0.25ドルから0.45ドルへそれぞれ上昇した。さて、かんきつ類の価格はいくら上昇しただろうか。

　この問いに答える1つの方法は、3つの数字、つまりオレンジ、グレープフルーツ、レモンのそれぞれの価格の変化をみることだ。だがこれは非常に面倒なやり方だ。かんきつ類の価格がどうなったのかを調べるたびに3つの数字を挙げるよりも、価格の平均的な変化を示す何らかの全体的な指標を使ったほうがいいだろう。

　経済学者は、典型的な消費者がそれまでの消費の組合せに対する支出にくらべてどれだけ多くあるいは少なく支払う必要があるかをみることで、消費財・サービスの平均的な価格変化を測定する。それまでの消費の組合せとは、価格が変化する前に購入していた財・サービスのバスケットのことだ。価格水準の全体的な変化を測るために使う仮想的な消費の組合せを**マーケット・バスケット**と呼ぶ。霜害が発生する前には、典型的な消費者は1年間にオレンジ200個、グレープフルーツ50個、レモン100個を購入していたとしよう。これがこの例についてのマーケット・バスケットである。

▶ **マーケット・バスケット**とは財・サービス消費の仮想的な組合せのことだ。

　表7-3は、霜害が起こる前と後のマーケット・バスケットの価格を示している。霜害の前は95ドルだが、霜害の後は175ドルだ。175ドル/95ドル＝1.842なので、霜害の後のバスケットの価格は霜害の前の1.842倍になっている。つまり価格は84.2%上昇した。この例に沿っていうと、霜害の影響でかんきつ類の平均的な価格は基準年にくらべ84.2%上昇した、ということになる。基準年とは価格の変化が起こる前の年である。

表7-3 | マーケット・バスケットの価格を計算する

	霜害の前	霜害の後
オレンジの価格（ドル）	0.20	0.40
グレープフルーツの価格（ドル）	0.60	1.00
レモンの価格（ドル）	0.25	0.45
マーケット・バスケットの価格 （オレンジ200個、グレープフルーツ50個、 レモン100個、ドル）	(200×0.20)＋ (50×0.60)＋ (100×0.25)＝95.00	(200×0.40)＋ (50×1.00)＋ (100×0.45)＝175.00

経済学者はこれと同様の方法を用いて、経済全体の価格水準の変化を測定している。つまり、ある特定のマーケット・バスケットの価格の変化を追跡するのだ。経済学者は、これこれの年にはマーケット・バスケットは95ドルだった、という情報を記録しなくてもすむようにするため、さらにもう１つの単純化を行っている。それは、マーケット・バスケットの価格がある特定の基準年に100になるように、物価水準の尺度を基準化することだ。マーケット・バスケットと基準年を定め、さらに基準化の作業をした後、基準化された物価水準の尺度である**物価指数**が得られる。それは常に測定年と基準年が何年か、という情報とともに示される。物価指数は、次の公式を使って算出できる。

> **物価指数**は、ある年のマーケット・バスケットの価格を測定するもので、基準年の価格の値が100となるよう基準化されたものだ。

$$\text{ある年の物価指数} = \frac{\text{その年のマーケット・バスケットの価格}}{\text{基準年のマーケット・バスケットの価格}} \times 100 \quad (7\text{–}2)$$

たとえば、霜害の前のかんきつ類のマーケット・バスケットの価格は95ドルだったので、式（7-2）から、かんきつ類の物価指数を（マーケット・バスケットの当該年の価格/95ドル）×100と定義できる。その結果、霜害の前の物価指数は100となり、霜害の後の物価指数は184.2となる。基準年の物価指数を計算すると、その値は常に100となることに注意してほしい。つまり基準年の物価指数は、（基準年のマーケット・バスケットの価格/基準年のマーケット・バスケットの価格）×100＝100となるのだ。

物価指数を使うことで、かんきつ類の平均的な価格が霜害の影響で84.2%上昇したことが明快になる。この方法は、単純で直観的だという理由から、さまざまな財・サービスの平均的な価格の変化を追跡するための各種の物価指数を計算するのに利用されている。たとえば、これから取り上げる消費者物価指数は、もっともよく利用される物価水準の尺度であり、これは経済全体の最終財・サービスの価格水準である。

> **インフレ率**は、価格指数――通常は消費者物価指数を指す――の各年の変化率だ。

物価指数はまた、インフレーションを測定する際の基礎ともなる。**インフレ率**は、公式な物価指数の各年の変化率だ。１年目から２年目のインフレ率は、次の公式を使って計算できる。

$$\text{インフレ率} = \frac{\text{２年目の物価指数} - \text{１年目の物価指数}}{\text{１年目の物価指数}} \times 100 \quad (7\text{–}3)$$

通常、ニュースで引用される「インフレ率」とは、消費者物価指数の各年の変化率のことだ。

3.2 消費者物価指数

アメリカでもっとも広く使われている物価指数は**消費者物価指数**（単にCPIとされることが多い）だ。これは都会の典型的な家庭が購入するすべてのものの価格が時間の経過とともにどれだけ変化したかを示す尺度だ。この指数は、アメリカの代表的な都市に住む典型的な4人家族の消費内容に対応するマーケット・バスケットの市場価格を調査して算出される。指数の基準期間は本書執筆時点では1982〜84年とされている。つまり、1982〜84年の平均消費者物価が100となるように計算される。

CPIの計算に用いられるマーケット・バスケットは、いましがた説明した3種類のかんきつ系果物のマーケット・バスケットよりもずっと複雑なものだ。実際、労働統計局はCPIを計算するために、スーパーマーケット、ガソリンスタンド、金物店など、87都市の約2万3000の小売店へ調査員を派遣している。そして毎月、ロメインレタスから健康診断まで、あらゆるものの約8万にも及ぶ価格を集計している。図7-5は、2010年12月の消費者物価指数における主要項目の構成割合を示したものだ。たとえば2010年12月には、自動車燃料（主にガソリン）がCPIの5％を占めていた。したがって、2008年終盤にガロン当たり1.61ドルであったガソリンが2011年5月には3.96ドルまで値上がりしたとき、CPIは約1.5×5％、つまり大まかにいって7.5％上昇したことになる。

図7-6は、1913年の測定開始以来、CPIがどう変化してきたかを示している。1940年以降、CPIは一貫して上昇しているが、最近の年間上昇率は1970年代や1980年代はじめにくらべるとずっと小さくなっている。CPIの変化率が同じであれば同じ変化にみえるように、対数目盛を使っている。

消費者物価指数を計算している国はアメリカだけではない。実際のところ、ほぼす

> **消費者物価指数（CPI）**は、都市に住む典型的なアメリカ人家庭のマーケット・バスケットの価格を測定したものだ。

図7-5 | 消費者物価指数の構成（2010年）

図は2010年12月におけるCPIの主要支出項目の割合を示している。住居費、食料・飲料費、交通費、自動車燃料費がCPIの基礎となるマーケット・バスケットの73％を占めている（端数切捨てのため各項目の合計は100％にならない）。

（出所）アメリカ労働統計局

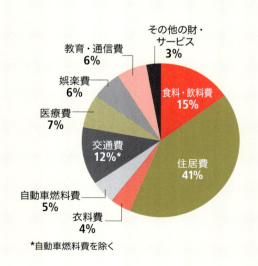

*自動車燃料費を除く

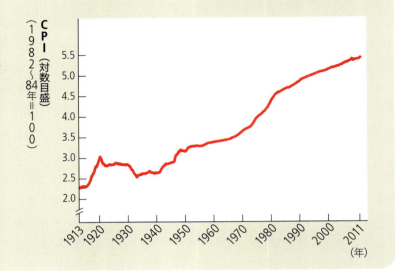

図7-6 CPI(1913〜2007年)

1940年以降CPIは一貫して上昇しているが、ここ数年の年間上昇率は1970年代や1980年代はじめにくらべるとずっと小さい（CPIの変化率が同一であればその変化が同じようにみえるように、タテ軸は対数目盛で表示している）。

（出所）アメリカ労働統計局

べての国がそれを計算している。容易に予想できるように、指数の基礎となるマーケット・バスケットの構成は国ごとに大きく異なっている。所得に占める食費の割合が高い貧しい国では、物価指数のなかで食料が大きなウエイトを占める。所得の高い国の間では、消費パターンのちがいが物価指数のちがいをもたらす。日本の物価指数は、アメリカの物価指数にくらべて、生魚のウエイトが大きく牛肉のウエイトが小さい。フランスの物価指数ではワインがより大きなウエイトを占めている。

3.3　その他の物価指標

　経済全体での価格水準の変化を追跡するために、広く利用されている尺度がほかにも2つある。1つは**生産者物価指数**（**PPI**、以前は卸売物価指数として知られていた）だ。生産者物価指数は、その名前が示しているように、鉄鋼、電気、石炭などの原材料を含む生産者が購入する財・サービスのバスケットの価格を測る尺度だ。原材料の生産者は、自分たちの生産物に対する需要の変化に気づくと比較的素早く価格を調整するので、PPIはインフレ圧力やデフレ圧力に対してCPIよりも迅速に反応する。そのためPPIは、インフレ率の変化を示す「早期警戒信号」とみなされることが多い。

　よく使われるもう1つの尺度はGDPデフレーターだ。これは正確には物価指数ではないが、同じ目的に利用される。名目GDP（当該年の価格で表示したGDP）と実質GDP（基準年の価格で表示したGDP）をどう区別したかを思い出してほしい。ある年の**GDPデフレーター**とは、その年の実質GDPに対する名目GDPの比率に100をかけたものだ。現在の実質GDPは2005年ドルで表示されているので、2005年のGDPデフレーターは100に等しい。もし名目GDPが2倍になり実質GDPが変化していなかったら、GDPデフレーターから、物価水準が2倍になったことが示される。

　これら3つの物価の尺度から求められたインフレ率についてもっとも重要なこと

生産者物価指数（PPI）は、生産者が購入する財の価格の変化を測定するものだ。

ある年のGDPデフレーターとは、その年の実質GDPに対する名目GDPの比率に100をかけたものだ。

はおそらく、どの尺度も通常はほぼ同じ方向に動くということだ（ただし生産者物価指数はほかの2つの尺度にくらべてより大きく変動する傾向がある）。図7-7には、3つの物価指数の1930年以後の年間変化率が示されている。3つのどの尺度でみても、アメリカ経済は大恐慌の初期にデフレを、第2次世界大戦時にインフレを、1970年代に加速的インフレを経験した後、1990年代には相対的に物価の安定を回復したことがわかる。なお、2000年から2010年には生産者物価が乱高下していることに注意しよう。これは消費者物価指数やGDPデフレーターよりも生産者物価指数に対してはるかに大きな影響を与えるエネルギーや食糧の価格が大きく変動したことを反映したものだ。

経済学を使ってみよう☞　CPIにスライド（連動）させる

　GDPは経済政策の策定にとって非常に重要な数値だが、GDPの公式統計が人々の生活に直接影響を与えることはない。それとは対照的に、CPIは何百万というアメリカ人に直接かつ即座に影響を及ぼす。なぜかというと、多くの支払いがCPIに「スライド（連動）」しているからだ。つまり、CPIが上下するのに応じて支払い額も上下するのだ。

　支払いを消費者物価にスライドさせる慣行の始まりは、アメリカが国家として誕生した頃にまでさかのぼる。1780年、マサチューセッツ州議会はイギリスと戦った兵士たちへの支払いを増やす必要があると認めた。その理由は、独立戦争中に起こったインフレーションだった。5ブッシェルのトウモロコシ、68と4/7ポンドの牛肉、10ポンドの羊毛、16ポンドの底革で構成されたマーケット・バスケットの価格変化に応じて支払い額も決定されるというやり方が採択された。

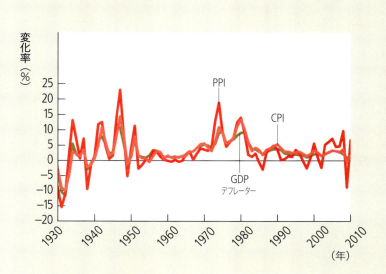

図7-7　CPI、PPIとGDPデフレーター

図が示すとおり、これら3つの異なるインフレーションの尺度（PPIは赤、CPIはオレンジ、GDPデフレーターは黄色）は通常は密接に連動した動きをする。どの尺度も、1970年代に深刻な加速度的上昇を示したが、1990年代には比較的安定した状態に戻っている。

（出所）アメリカ労働統計局、アメリカ経済分析局

今日では5400万の人々が国民退職年金制度の社会保障給付金を受け取っている。その大半は高齢者や障害者だ。支払い総額は現在の連邦支出の約4分の1を占め、国防費を超えている。各人の社会保障給付額は、その人が過去にその制度に支払った金額その他の要因を考慮した算式によって決まる。さらに、すべての社会保障給付額は、前年の消費者物価の上昇を相殺するように毎年調整されている。毎年の給付額の調整に用いられるインフレ率の公式推定値の計算にCPIが用いられているのだ。インフレ率の公式推定値が1％上昇するたびに、何千万人もの個人が受け取る金額も1％増える。

これ以外の政府支出もCPIにスライドしている。さらに、納税者の所得税率を決定する課税階層もCPIにスライドしている（アメリカのような累進課税制度のもとでは、課税階層が高い人ほど所得税率が高くなっている）。スライド制は民間部門にも広がっていて、賃金妥結を含む多くの契約で、CPIの変化に応じて支払い額が調整される生計費調整（COLAsと呼ばれる）が導入されている。

CPIは人々の生活のなかでこのように重要で直接的な役割を果たしているので、政治的にも繊細（敏感）な数値となっている。CPIの算出に当たっている労働統計局は、細心の注意を払って価格と消費のデータを収集・解析している。労働統計局は、家計が何をどこの店で買っているかを調べたり、典型的な価格を捕捉するべく注意深く抽出した店舗を調査したりするという複雑な手法を駆使している。

ちょっと復習

▶**物価水準**の変化は、ある特定の**マーケット・バスケット**の価格が年ごとにどう異なるかで測定される。ある年の**物価指数**とは、基準年の価格を100としたときの、その年のマーケット・バスケットの価格だ。

▶**インフレ率**は物価指数の変化率として計算される。もっとも広く使われている物価指数は、消費財・サービスのバスケットの価格を追跡した**消費者物価指数（CPI）**だ。**生産者物価指数（PPI）**は企業の投入物として利用される財・サービスの価格を追跡したものだ。**GDPデフレーター**は、実質GDPに対する名目GDPの比率に100をかけた値で物価水準を測定する。これら3つの尺度は、通常は非常に似た動きをする。

✓ 理解度チェック 7-3

1. 表7-3で、マーケット・バスケットの構成がオレンジ100個、グレープフルーツ50個、レモン200個となったとしよう。この変化によって霜害の前後の物価指数はどう変わるか、説明しなさい。より一般的に、マーケット・バスケットの構成が物価指数にどう影響するかを説明しなさい。

2. 10年前に決められたマーケット・バスケットに基づくCPIは今日の物価の変化を測定するのにどの程度うまく機能するかを説明しなさい。次の事項は、どんな影響をもたらすだろうか。

    a. 現在の家計は、10年前にくらべてより多くの自動車を所有している。その間に、自動車の平均的な価格は他の財の平均的な価格以上に上昇している。

    b. 10年前にブロードバンド・インターネットを使っていた家計は事実上なかった。だが現在では多くの家計がそれを使っていて、その価格は毎年着実に低下している。

3. アメリカの消費者物価指数（1982〜84年が基準）は、2009年には214.537で、2010年には218.056だった。2009年から2010年のインフレ率を計算しなさい。

解答はhttps://str.toyokeizai.net/books/9784492314906にある。

BUSINESS CASE

ビジネス・ケース

GDPをいち早く入手する

　GDPは重要だ。投資家や企業経営者は常に最新の値を入手しようと躍起になっている。アメリカ経済分析局は、通常、四半期が終わった月の27日か28日に、四半期GDPの速報値を公表するが、それはいつも大きなニュースとなる。

　事実、多くの企業やその他の関係者たちは、公式推計値の公表を待たずにGDPがどう変化しているかを知ろうと試みている。そのため、多くの機関が公式GDPの予測を行っている。こうした機関のなかから、経済コンサルティング会社のマクロ経済アドバイザーズ社(Macroeconomic Advisers)と非営利のサプライマネジメント協会(Institute of Supply Management, ISM)の2つを紹介しよう。

　マクロ経済アドバイザーズ社はアメリカ政府の公式データを使ってGDPを独自に推計している。アメリカ経済分析局は四半期ベースでGDPを推計しているが、マクロ経済アドバイザーズ社は月例で推計値を求めている。そのため顧客は、たとえば1月と2月の推計値をみて、1～3月の第1四半期GDPを予想する。月例の推計値は、自動車やトラック販売、新たな住宅建設、輸出など支出の月例値から導かれている。

　サプライマネジメント協会は、異なる手法を採用している。ISMが拠り所とするのは、企業の購買部長に対して実施する月例調査である。この調査は、主に企業が生産を増加させているか減少させているかを知る目的で行われ（実際にはもっと詳細に調査している）、その調査結果は生産を拡大している企業の割合を指数化した形で公表されている。この指数はGDPの変化を直接示すものではない。だが歴史的にみれば、GDP成長率と強い相関があり、この歴史的な相関関係によって、ISM指数はGDP推計値の「早期警報」とみなされている。

　四半期GDPの値を待ちきれないのは、皆さんだけではない。民間部門がその需要に応じているので、毎月確実にGDPデータを手に入れることができるのだ。

ビジネス思考力を鍛えよう

1. 企業が早めに推計値を得たいと思うほどGDPにこだわる(執着する)のはなぜか。
2. マクロ経済アドバイザーズ社(Macroeconomic Advisers)とサプライマネジメント協会(Institute of Supply Management)の手法は、GDPを求める3つの異なる方法とどのように関連しているのだろうか。
3. 民間企業がGDPを推計するならば、なぜアメリカ経済分析局が必要なのか。

要約

1. 経済学者は**国民所得・生産物計算(国民経済計算)**を用いて、部門間の資金の流れを追跡する。家計は、賃金、**債券**の利子、**株式**所有にともなう利潤、土地の賃

貸料というかたちで要素市場から所得を得る。家計はさらに、**政府移転支出**を受け取る。家計の総所得から課税額を差し引いて政府移転支出を加えた**可処分所得**は、**消費支出**（C）と**民間貯蓄**に振り分けられる。民間貯蓄と外国貸し付けは、**金融市場**を通じて、**投資支出**（I）、政府借り入れ、それに外国借り入れに回る。**財・サービスの政府購入**（G）は、税収と**政府借り入れ**によってまかなわれる。**輸出**（X）は外国からの資金流入であり、**輸入**（IM）は外国への資金流出だ。外国人もアメリカの金融市場で株や債券を購入できる。

2. **国内総生産（GDP）**は、経済で生産されたあらゆる**最終財・サービス**の価値を測ったものだ。それには、**中間財・サービス**の価値は含まれないが、**在庫**と**純輸出**（$X-IM$）は含まれる。それを計算する方法は3つある。すべての生産者の**付加価値**を合計すること、国内で生産された最終財・サービスへの**総支出**を合計すること（式で書くと、$GDP=C+I+G+X-IM$）、さらに国内の企業が生産要素に支払った要素所得をすべて合計することだ。経済全体としてみれば、国内の企業が生産要素へ支払った要素所得は、国内で生産された最終財・サービスへの総支出に等しくなければならないので、これら3つの方法は等しい。

3. **実質 GDP** はある基準年の価格を使って計算した最終財・サービスの価値だ。各年の価格を使って計算した**総産出量**の金額である**名目 GDP** と実質 GDP は、基準年以外の年では異なる値をとる。総産出量の成長率を分析する際には実質 GDP を用いる必要がある。そうすることで、価格変化による総産出量の価値の変動を取り除くことができるからだ。実質の **1 人当たり GDP** は、各個人の平均的な総産出量を測ったものだが、それ自体は適切な政策目標とはならない。アメリカの実質 GDP 統計は常に**連鎖ドル**で表示される。

4. **物価水準**を測るために、経済学者は**マーケット・バスケット**の価格を計算する。**物価指数**とは、マーケット・バスケットの当該年の価格と基準年の価格の比率に 100 をかけたものだ。

5. **インフレ率**とは物価指数の年間変化率のことだ。通常、物価水準のもっとも一般的な指標である**消費者物価指数（CPI）**に基づいて計算される。企業が購入する財・サービスの価格を測る指数に**生産者物価指数（PPI）**がある。最後に、経済学者は、物価水準を測る指標として、実質 GDP に対する名目 GDP の比に 100 をかけて求める **GDP デフレーター**も利用する。

キーワード

国民所得・生産物計算（国民経済計算） 246ページ	
消費支出　246ページ	株式　246ページ
債券　246ページ	政府移転支出　247ページ
可処分所得　247ページ	民間貯蓄　248ページ
金融市場　248ページ	政府借り入れ　248ページ

財・サービスの政府購入	248ページ	輸出	248ページ
輸入	248ページ	在庫	249ページ
投資支出	249ページ	最終財・サービス	249ページ
中間財・サービス	249ページ	国内総生産（GDP）	249ページ
総支出	250ページ	付加価値	252ページ
純輸出	255ページ	総産出量	258ページ
実質GDP	259ページ	名目GDP	259ページ
連鎖ドル	260ページ	1人当たりGDP	260ページ
物価水準	263ページ	マーケット・バスケット	263ページ
物価指数	264ページ	インフレ率	264ページ
消費者物価指数（CPI）	265ページ	生産者物価指数（PPI）	266ページ
GDPデフレーター	266ページ		

〈問題〉

1. 下の図はミクロニアの経済を単純化した経済循環フロー図だ（ミクロニアには投資がないことに注意しよう）。

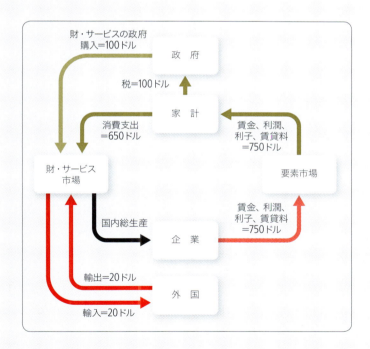

a. ミクロニアのGDPはいくらか。
b. 純輸出はいくらか。
c. 可処分所得はいくらか。
d. 家計から流出する貨幣の総額である納税額、消費支出の合計は、家計に流入する

貨幣の総額と等しくなっているか。
e. ミクロニア政府は財・サービスの購入資金をどのように調達するのか。

2. マクロニア経済のより複雑な経済循環フロー図が下に示されている（マクロニアには投資と金融市場があることに注意しよう）。

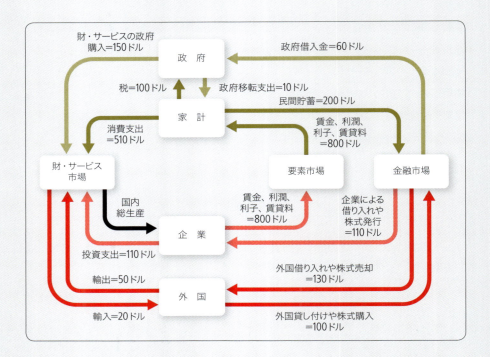

a. マクロニアの GDP はいくらか。
b. 純輸出はいくらか。
c. 可処分所得はいくらか。
d. 家計から流出する貨幣の総額である納税額、消費支出、民間貯蓄の合計は、家計に流入する貨幣の総額と等しくなっているか。
e. マクロニア政府は財・サービスの購入資金をどのように調達するのか。

3. 次ページの表の GDP 構成項目額はアメリカ経済分析局が作成した数値だ。
a. 2010年の消費支出を求めなさい。
b. 2010年の民間投資支出を求めなさい。
c. 2010年の純輸出を求めなさい。
d. 2010年の政府の財・サービス購入と投資支出を求めなさい。
e. 2010年の国内総生産を求めなさい。
f. 総消費支出に占めるサービス消費支出の割合を求めなさい。
g. 2010年の輸入に占める輸出の割合を求めなさい。
h. 2010年の連邦政府の財・サービス購入に占める国防支出の割合を求めなさい。

構成項目	2010年のGDPに占める額（10億ドル）
消費支出	
耐久財	1,085.5
非貿易財	2,301.5
サービス	6,858.5
民間投資支出	
固定投資支出	1,728.2
非住居	1,390.1
構造	374.4
機器・ソフトウェア	1,015.7
住居	338.1
民間在庫変動	66.9
純輸出	
輸出	1,839.8
輸入	2,356.7
政府の財・サービス購入と投資支出	
連邦	1,222.8
国防	819.2
非国防	403.6
州・地方	1,780.0

4. ピッザニアの小さな経済では、パン、チーズ、ピザの3つの財をそれぞれ別の会社が生産している。パンとチーズの会社は、生産に必要なすべての投入物をそれぞれ自分で生産しているが、ピザの会社は、ピザの生産に必要なパンとチーズをほかの会社から購入している。どの会社も財を生産するために労働者を雇っていて、売れた財の価値から賃金と投入物の費用を除いた金額が会社の利潤となる。下の表は、生産されたパンとチーズがすべてピザ会社に販売されて投入物になったときの3つの会社の活動をまとめたものだ。

	パンの会社	チーズの会社	ピザの会社
投入物の費用（ドル）	0	0	50（パン） 35（チーズ）
賃金（ドル）	15	20	75
産出物の価値（ドル）	50	35	200

a. 生産の付加価値としてのGDPを計算しなさい。
b. 最終財・サービスへの支出としてのGDPを計算しなさい。
c. 要素所得としてのGDPを計算しなさい。

5. 問題4のピッザニア経済では、生産されたパンとチーズがピザ生産の投入物としてピザ会社に販売されるとともに、最終財として消費者へも販売される。次ページの表は3つの会社の活動をまとめたものだ。

	パンの会社	チーズの会社	ピザの会社
投入物の費用（ドル）	0	0	50（パン） 35（チーズ）
賃金（ドル）	25	30	75
産出量の価値（ドル）	100	60	200

a. 生産の付加価値としての GDP を計算しなさい。

b. 最終財・サービスへの支出としての GDP を計算しなさい。

c. 要素所得としての GDP を計算しなさい。

6. 以下の取引のうち、アメリカの GDP に含まれるのはどれか。

a. コカ・コーラがアメリカに新しい瓶詰め工場を建設した。

b. デルタ航空が大韓航空に既存の航空機1機を売却した。

c. マネーバッグ夫人がディズニーの発行済み株式を1株購入した。

d. カリフォルニアのワイナリーがシャルドネ1瓶を生産し、カナダのモントリオールの顧客に販売した。

e. アメリカ人がフランスの香水1瓶をパリで購入した。

f. 今年発売したある新刊書の売れ行きが悪く、印刷部数も多すぎたので、出版社は売れ残った本を在庫に加えた。

7. ブリタニカ経済はコンピュータ、DVD、ピザの3つの財を生産している。下の表は、3つの財の2010年、2011年、2012年の価格と生産量を示したものだ。

年	コンピュータ		DVD		ピザ	
	価格（ドル）	数量	価格（ドル）	数量	価格（ドル）	数量
2010	900	10	10	100	15	2
2011	1,000	10.5	12	105	16	2
2012	1,050	12	14	110	17	3

a. 2010年から2011年、2011年から2012年の各財の生産量の変化率はそれぞれ何%か。

b. 2010年から2011年、2011年から2012年の各財の価格の変化率はそれぞれ何%か。

c. 各年のブリタニカの名目 GDP を計算せよ。2010年から2011年、2011年から2012年の名目 GDP の変化率はそれぞれ何%か。

d. 2010年の価格を使って各年のブリタニカの実質 GDP を計算しなさい。2010年から2011年、2011年から2012年の実質 GDP の変化率はそれぞれ何%か。

8. 次ページの表は1960、1970、1980、1990、2000、2010年のアメリカの名目 GDP（10億ドル）、2005年を基準年とした実質 GDP（10億ドル）、人口（1000人）を示

している。1960～2010年の期間アメリカの物価水準は一貫して上昇していた。

年	名目GDP（10億ドル）	実質GDP（2005年ドル表示、10億ドル）	人口（1,000人）
1960	526.4	2,828.5	180,760
1970	1,038.5	4,266.3	205,089
1980	2,788.1	5,834.0	227,726
1990	5,800.5	8,027.1	250,181
2000	9,951.5	11,216.4	282,418
2010	14,526.5	13,088.0	310,106

a. 2000年より前のすべての年で年実質GDPが名目GDPよりも大きいのに、2010年ではそれが逆転しているのはなぜか。

b. 1960～70年、1970～80年、1980～90年、1990～2000年、2000～10年の実質GDPの変化率をそれぞれ計算しなさい。もっとも高い成長率を記録したのはどの期間か。

c. 各年の1人当たり実質GDPを計算しなさい。

d. 1960～70年、1970～80年、1980～90年、1990～2000年、2000～10年の1人当たり実質GDPの変化率をそれぞれ計算しなさい。どの期間がもっとも高い成長率を記録したか。

e. 実質GDPの変化率と1人当たり実質GDPの変化率を比較しなさい。どちらが大きいか。この関係が成立することは予想通りだろうか。

9. イーストランド大学は、学生が購入しなければならないテキストの価格が上昇することを心配している。テキストの価格上昇をより適切に把握するために、学部長が経済学部の優等生であるあなたにテキストの物価指数を作るよう依頼した。平均的な学生なら、1年間に英語のテキスト3冊、数学のテキスト2冊、経済学のテキスト4冊を購入する。テキストの価格は下の表のとおりだ。

	2010年	2011年	2012年
英語のテキスト（ドル）	50	55	57
数学のテキスト（ドル）	70	72	74
経済学のテキスト（ドル）	80	90	100

a. 2010年から2012年にかけての英語のテキストの価格の変化率を求めなさい。

b. 2010年から2012年にかけての数学のテキストの価格の変化率を求めなさい。

c. 2010年から2012年にかけての経済学のテキストの価格の変化率を求めなさい。

d. 2010年を基準年として、すべての年のテキスト全体の物価指数を求めなさい。

e. 2010年から2012年にかけての物価指数の変化率を求めなさい。

10. 消費者物価指数（CPI）は、都市に住む平均的な家計の生活費を測定するものだ。これは、平均的消費者のマーケット・バスケットの内訳となる各支出項目（住居費、食料費等）の重要度を示すウエイトにそれぞれの価格をかけて、それらを足し合わせることで求められる。しかし、消費者物価指数のデータを使うと、生活費の変化は消費者がどんなタイプかによって大きく異なることがわかる。仮想の定年退職者と大学生を比較してみよう。定年退職者のマーケット・バスケットは、10％が住居費、15％が食料費、5％が交通費、60％が医療費、0％が教育費、10％が娯楽費という構成になっている。大学生のマーケット・バスケットは5％が住居費、15％が食料費、20％が交通費、0％が医療費、40％が教育費、20％が娯楽費だ。下の表は2011年7月の各項目のCPIを示している。

	2011年7月のCPI
住居費	220.2
食料費	228.3
交通費	216.2
医療費	400.3
教育費	206.2
娯楽費	113.5

各項目のCPIに個人ごとに異なる各項目の相対的重要度をかけ、それをすべての項目について合計したものが全体のCPIになる。定年退職者と大学生のCPIを計算しなさい。2011年7月の全体のCPIは225.9だった。このCPIと、いま計算で求めた退職者のCPIと大学生のCPIとは、どのようにちがうか。

11. アメリカ労働統計局は毎月、前月の「CPI概況」（Consumer Price Index Summary）を公表している。アメリカ労働統計局のホームページを開いて、"Economic Releases"にカーソルを置き、ドロップ・ダウンメニューの"Major Economic Indicators"をクリックしてみよう。"Major Economic Indicators"のページが開いたら、"Consumer Price Index"をクリックし、"not seasonally adjusted figure"を利用してみよう。そのページが開いたら、"Table of Contents"の下にある"Consumer Price Index Summary"をクリックしよう。前月のCPIはどうだったか。それは前々月からどう変化しているか。1年前の同じ月のCPIとくらべてどうか。

12. 次ページの表はアメリカの1年間の実質GDP（2005年ドルで10億ドル）と名目GDP（10億ドル）を示したものだ。

年	2006	2007	2008	2009	2010
実質GDP（2005年ドル、10億ドル）	12,958.5	13,206.4	13,161.9	12,703.1	13,088.0
名目GDP（10億ドル）	13,372.2	14,028.7	14,291.5	13,939.0	14,526.5

a. 各年のGDPデフレーターを求めなさい。

b. GDPデフレーターを用いて2006年を除いたすべての年のインフレ率を求めなさい。

13. 下の表には2008年、2009年、2010年のGDPデフレーターとCPIの2つの物価指数が示してある。各指数について、2008〜09年、2009〜10年のインフレ率をそれぞれ計算しなさい。

年	GDPデフレーター	CPI
2008	108.582	215.303
2009	109.729	214.537
2010	110.992	218.056

14. アメリカでは大学の学費がインフレ率よりも高い率で上昇している。次ページの表は2009年と2010年の各1年間のアメリカにおける公立大学と私立大学の平均学費を示したものだ。表は1年間にさまざまな大学の学生たちが支払った費用のみを示しているとしよう。

a. 2009年と2010年の平均的大学生の生活費を学生のタイプ別に計算しなさい。

b. 2009年から2010年にかけてのインフレ率を学生のタイプ別に計算しなさい。

	2009年の学費（2009年ドルでの平均）				
	授業料・手数料	住居費・食費	書籍・文具費	交通費	その他の支出
2年制の公立大学、自宅通学	2,544	7,202	1,098	1,445	1,996
4年制の公立大学、州内出身、学内寮生活	7,020	8,193	1,122	1,079	1,974
4年制の公立大学、州外出身、学内寮生活	18,548	8,193	1,122	1,079	1,974
4年制の私立大学、学内寮生活	26,273	9,368	1,116	849	1,427
	2010年の学費（2010年ドルでの平均）				
	授業料・手数料	住居費・食費	書籍・文具費	交通費	その他の支出
2年制の公立大学、自宅通学	2,713	7,259	1,133	1,491	2,041
4年制の公立大学、州内出身、学内寮生活	7,605	8,535	1,137	1,073	1,989
4年制の公立大学、州外出身、学内寮生活	19,595	8,535	1,137	1,073	1,999
4年制の私立大学、学内寮生活	27,293	9,700	1,181	862	1,440

Chapter 8

Unemployment and Inflation

失業と
インフレーション

この章で学ぶこと

- **失業**はどのように測定し、**失業率**はどのように計算するのか。
- 経済にとっての失業率の意義。
- 失業率と経済成長との関係。
- **自然失業率**を決定する要因。
- インフレーションの経済的コスト。
- インフレとデフレがいかにして勝者と敗者を生み出すか。
- 政策立案者が安定したインフレ率を維持しようとするのはなぜか。

非常にイギリス的なジレンマ

　イングランド銀行は権威ある機関だ。アメリカの中央銀行である連邦準備制度理事会が成り上がりの若僧にみえるくらい威厳がある。「スレッドニードル通りの老婦人」とも呼ばれることのある同行は、3世紀にわたってイギリスの貨幣供給を管理してきた。すなわち、経済を押し上げる必要があるときには貨幣供給を増やし、インフレの予兆があるときにはブレーキをかけてきた。

　だが、2011年初頭、同行が何をすべきかはまったく不明瞭だった。イギリスのインフレは昂進を続けており、2011年2月の消費者物価は前年同期比で4.4%高くなっていた。この上昇率は同行が容認できる水準より大幅に高かった。だが同時に、イギリス経済は依然として深刻な景気後退の後遺症に苦しんでおり、とりわけ若者の失業率は穏やかならぬ高さだった。果たして同行はインフレと闘うことに焦点を合わせるべきだったのか、それとも失業率を引き下げる努力を続けるべきだったのか。

　意見は鋭く対立していた。カーディフ大学教授パトリック・ミンフォードは、同行は「本当に信頼できる中央銀行なのかという問題」を突き付けられているのだと主張し、利子率を引き上げてインフレと闘うよう迫った。同行の政策委員アダム・ポーゼンは、インフレの昂進は一時的要因を反映したものですぐに反転するだろうと反論した。彼は、どんな引き締め策もイギリスを長期不況に陥れる危険があると主張した。

　どちらが正しかったにせよ、論争はマクロ経済政策の中心的関心事に光を当てていた。失業とインフレこそマクロ経済学における2大悪なのだ。したがって、低い失業と物価の安定の2つがマクロ経済政策の主要目標となるのだ。ここで、物価の安定というのは、通常、インフレ率が正の低い値をとる状態として定義される。不幸にして、この2つの目標は時として互いに対立してみえることがある。経済学者がよく警告するように、失業と闘う意図で行われる政策はインフレを昂進させる危険がある。逆に、インフレを抑制する意

図で行われる政策は失業を増大させる可能性がある。

　低い失業と低いインフレの間のトレードオフ関係のもつ性質は、それが引き起こす政策のジレンマとともに、後の章に取っておこう。この章では、失業とインフレについての基本的事実、つまりそれらはどのように測定されるのか、消費者や企業にどんな影響を与えるのか、そして時間を通じてどう変化するのかを概観する。

1 失業率

　2011年はじめ、イギリスの失業率は7.7%で、2008年の5.7%より高かった。それは悪い数字だったが、アメリカの失業率はもっと悪かった。図8-1は、1948年から2011年半ばまでのアメリカの失業率を示している。ご覧のとおり、2007年から2009年の景気後退期に失業は急増し、2011年までにゆるやかに低下した。失業率の上昇は何を意味したのか。なぜそれが人々の生活のなかでこれほど重大な要因であったのか。政策立案者が雇用と失業に非常に大きな注意を払う理由を理解するためには、両者がどのように定義されるのか、また測定されるのかをともに理解する必要がある。

1.1　失業の定義と測定

　雇用を定義するのは簡単だ。雇用されているとは職に就いているということだからだ。**雇用**とは、フルタイムであれパートタイムであれ、現在雇われている人々の総数のことだ。

▶ 雇用とは、フルタイムでもパートタイムでも、現在雇われている人々の総数のことだ。

　だが、失業はより微妙な概念だ。はたらいていないからといって、その人が失業しているとはいえない。たとえば、2012年1月時点で、アメリカでは3億5800万人の

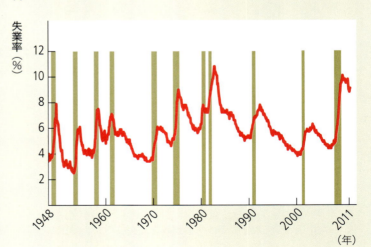

図8-1 アメリカの失業率（1948～2011年）

失業率は時間を通じて大幅に変動してきた。影をつけた柱で表された景気後退期には、失業率は常に上昇している。経済の拡張期に失業率は、必ずとはいえないが、通常は低下する。

（出所）アメリカ労働統計局、全米経済研究所

退職した労働者が社会保障小切手を受け取っていた。彼らの大多数はもうはたらいておらず、おそらくは幸せだったので、十分に所得を得て快適な生活を送っている退職者は失業者とは考えない。また、8600万人の障害をもつアメリカ労働者は、労働ができないため給付金を受け取っていた。彼らもはたらいていないけれども、失業しているとは普通は考えないだろう。

失業データの収集を職務とする連邦政府機関であるアメリカ国勢調査局では、「就職しておらず、職を探しており、かつ職に就くことができる」人たちを失業者と考えている。退職者は職を探していないために、障害者は職に就くことができないために、失業者に算入されていない。より具体的には、現在職に就いておらず過去4年間就職活動している人を失業者と考えている。つまり**失業**は、就職活動しているが現在雇われていない人々の総数として定義されている。

ある国の**労働力**とは、雇用と失業の合計、つまり現在仕事をしている人々と仕事を探している人々を合わせたものだ。**労働参加率**は、生産年齢人口のうち労働力となっている人々の割合として定義され、次のように計算される。

$$労働参加率 = \frac{労働力}{16歳以上の人口} \times 100 \tag{8–1}$$

失業率は、労働力の総数のなかで失業している人々の割合として定義され、次のように計算される。

$$失業率 = \frac{失業者数}{労働力} \times 100 \tag{8–2}$$

失業率の計算に使う数値を推計するため、アメリカ国勢調査局は人口動態調査という月次調査を実施している。これは6万戸のアメリカ家計から無作為抽出したサンプル家計に対する聞き取り調査だ。現在雇用されているかどうかを問い、もし雇用されていなければ過去4週間職を探しているかどうかを尋ねる。そしてその結果を総人口の推計値を使って延長し、雇用されている人と失業している人のアメリカ全体での総数を推計するのだ。

1.2　失業率の意義

一般に失業率は、経済の現状において職をみつけることがどのくらい容易か、あるいはむずかしいかを示す良い指標である。失業率が低いときには、職を求めるほとんどすべての人が職を得ることができる。失業率が平均して4％だった2000年には、職がたくさんあったので、雇い主たちの間では就職は「ミラーテスト」だと噂されていた。つまり、息をしていたら（したがって自分の息で鏡が曇れば）仕事がみつけられたのだ。対照的に、失業率が年間を通じて9％を上回っていた2010年には、仕事をみつけるのは非常にむずかしかった。事実、求人数の約5倍のアメリカ人が職を探していたのだ。

失業率は、現在の労働市場の状態を表す良い指標であるとはいえ、職を求めているのに得られない人々の割合を文字どおりに示す尺度ではない。なぜなら、失業率は就

> **失業**とは、就職活動しているが現在雇われていない人々の総数だ。

> **労働力**とは、雇用と失業の合計だ。
> **労働参加率**とは、16歳以上の人口のうち労働力となっている人々の割合だ。

> **失業率**とは、労働力の総数のうち失業している人々の割合だ。

職することのむずかしさをいくつかの面で誇張しているからだ。だがほかの面では、その逆が成り立つ。すなわち、失業率は低いのだが就職機会の欠如を引き起こす根深い問題が覆い隠されていることがありうるのだ。

失業率が真の失業水準を過大評価しうるのはなぜか　職探しをするなら、自分に適した職をみつけるまでに通常は少なくとも2〜3週間かかるものだ。でも、職探しに大きな自信をもちながらいまはまだ職に就こうとしていない労働者は、失業に算入される。結果として、たとえ職があふれるほどある好況にあってさえ、失業率がゼロまで低下することは決してない。活況を呈していてすぐに職にありつけた2000年の労働市場においてすら、失業率はまだ4％だったのだ。この章の後のほうでは、職がたくさんあるときでも失業が観測され続ける理由をもっと深く掘り下げて議論する。

失業率が真の失業水準を過小評価しうるのはなぜか　はたらきたいと思っているがいまははたらいていない人々が失業に算入されていないことがしばしばある。とくに、就ける職がないために当面のところ職探しをあきらめた人、たとえば深刻な鉄鋼不況の町にいるレイオフされた鉄鋼労働者は、過去4週間に職探しをしていなかったため、失業には算入されない。はたらきたいのだが労働市場の状況をみると職に就ける見通しがほとんどなさそうに思えるために、いまは職探しをしていないと政府の調査員に対して述べるような人は、**就業意欲喪失者（discouraged workers）**と呼ばれる。就業意欲喪失者が算入されないために、実際に観測される失業率は、はたらきたいのに職を得られない人々の割合を過小評価する可能性がある。

就業意欲喪失者はより大きなグループである**限界的待機労働者（marginally attached workers）**の一部だ。これは、職に就きたいので最近まで職探しをしていたのだが現在は探していない、といっている人々のことだ。彼らも失業率の計算に含まれていない。

最後に、就職に失敗しているのだが失業には算入されないもう1つの労働者グループは**不完全就業者（underemployed）**だ。すなわち、フルタイムの職に就きたいのだが「経済的理由」からいまはパートタイムで働いている労働者のことだ。つまり、彼らはフルタイムの職を得ることができていないのだ。彼らも失業率には算入されていない。

アメリカ労働統計局は、公式の失業率を計算しているアメリカ連邦政府の機関だ。彼らは職探しに失敗した3通りの労働者たちを含むより広範な「労働の不完全利用の尺度」も計算している。図8-2は、就業意欲喪失者、他の限界的待機労働者および不完全就業者を算入したら失業率がどうなるかを示したものだ。U−6として知られる失業と不完全就業についてのもっとも広い尺度は、これら3つの尺度と失業者の合計だ。これはニュースで通常伝えられる失業率より有意に高い。だが、U−6と失業率はかなり並行的に動くので、失業率の変化は職探しに失敗した労働者を含めた労働市場全体に何が起きているかを知る良い手がかりになる。

就業意欲喪失者とは、はたらく能力はあるが、いまの労働市場の状況のもとでは職探しをあきらめたために、はたらいていない人たちのことだ。

限界的待機労働者とは、職に就きたいと考えて最近まで職探しをしていたが、現在は探していない人たちのことだ。

不完全就業者とは、フルタイムの職に就きたいのだがパートタイムではたらいている労働者のことだ。

図8-2 失業のいろいろな測定法（1994〜2011年）

ニュースで通常伝えられる失業者数は、過去4週間に職を探している人々だけを失業に算入している。より広範な尺度には、就業意欲喪失者、限界的待機労働者および不完全就業者も算入されている。これらのより広範な尺度は、失業率をより高く表示するが、標準的な失業率と密接な並行関係をもって動いている。

（出所）アメリカ労働統計局

最後に、失業率は人口グループの間で大きく異なっているという認識をもつことが重要だ。ほかの条件が同じなら、経験豊かな労働者や仕事をするのに「もっとも適した」時期にいる労働者、つまり25歳から54歳の労働者にとっては、仕事をみつけるのは一般に容易だ。若い労働者は、ほかの条件が同じなら、退職年齢が近づいている労働者と同様、仕事をみつけにくいことが多い。

図8-3は、総失業率が歴史的基準でみて低い5.0％だった2007年12月について、異なるグループごとの失業率を示したものだ。みてわかるように、この時期にはアフリカ系アメリカ人労働者の失業率は全国平均よりはるかに高かった。白人の若年層（16歳から19歳まで）の失業率は全国平均の約3倍だったが、アフリカ系アメリカ人の若年層失業率33.1％は全国平均の6倍を超えていた（若年層は、職を探しているのに

図8-3 異なるグループごとの失業率、2007年

失業率は、異なる人口グループの間で大きく異なっている。たとえば、2007年12月の総失業率は5.0％だったが、10代のアフリカ系アメリカ人の失業率は33.1％だった。その結果、総失業が低い期間においても、グループによっては依然として失業は深刻な問題なのだ。

（出所）アメリカ労働統計局

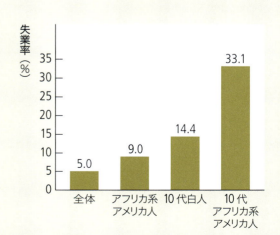

得られないというわけでないかぎり、たとえはたらいていなくても失業者とはみなされないことに注意してほしい)。それゆえ、総失業率が比較的低かった時期でさえ、就職することはあるグループの人々にとっては困難だったのだ。

そこで、失業率は労働市場全体の状態を表す指標と解釈するべきであり、職を得られない人々の割合を文字どおり正確に測るものと解釈するべきではない。だが、失業率は非常に良い指標だ。というのも、失業率の上昇・低下は人々の生活に有意な影響を与える経済的変化を密接に反映するものだからだ。では、これらの変動の原因を考えていこう。

1.3　成長と失業

図8-4は、図8-1との対比でいえば、1978年から2011年までの33年間といういくぶん短い期間について、合衆国の失業率を示したものだ。影をつけた柱は景気後退期を表している。みてのとおり、すべての景気後退期に失業率は例外なく上昇した。2007年から09年の深刻な景気後退期には、以前の1981年から82年のときと同様、失業は大幅に増加した。

これに対応して、経済の拡張期には失業率は通常低下する。1990年代の長期にわたる経済の拡張で失業率は最終的に4%未満に下がり、2000年代半ばの拡張では4.7%にまで下がった。だが、経済の拡張期に必ず失業が低下するというわけではないのを認識することが重要だ。図8-4の1990年から91年と2001年の景気後退直後の時期をみてみよう。どちらのケースでも、公式に景気後退が終わった後1年以上にわたって失業率は上昇し続けたのだ。両ケースともにあてはまる説明は、経済は成長していたものの失業率を低下させるほど急速には成長していなかったからだ、というものだ。

図8-4　失業と景気後退(1978〜2011年)

この図は過去30年間の失業率をくわしく示したものだ。影をつけた柱が景気後退期を表している。失業が景気後退期には常に上昇し、景気拡大期には通常は低下するということははっきりしている。だが、1990年代はじめと2000年代はじめには、景気後退が終了したとの公式発表の後しばらくの間、失業は上昇し続けた。

(出所)アメリカ労働統計局、全米経済研究所

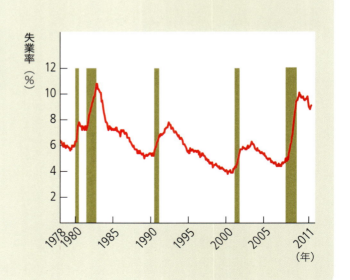

図8-5は、1949年から2010年の間のアメリカのデータを示した散布図だ。ヨコ軸には、実質GDPの年間成長率、すなわち各年の実質GDPが前年の実質GDPにくらべて何パーセント変化したかを測っている（成長が負となった、つまり実質GDPが縮小した期間が9年あったことに注意）。タテ軸には、前年からの失業率の変化をパーセント表示してある。各点は、当該年について実質GDP成長率と失業率の変化の観測値を表している。たとえば2000年には、平均失業率は1999年の4.2％から4.0％に低下した。これは、2000年についてのタテ軸方向でのマイナス0.2％という値で示されている。同じ期間に、実質GDPは3.7％成長した。これが、ヨコ軸方向での2000年についての値で示されている。

図8-5の散布図での右下がりの傾向は、一般的にいえば強力な負の関係が経済成長と失業率の間に存在することを示している。実質GDPの成長率が高かった年は失業率が低下した年でもあり、実質GDPの成長率が低かった年は失業率が上昇した年でもあったということだ。

図8-5の3.25％という値にあるオレンジ色の垂直線は、1949年から2010年までの実質GDPの平均成長率を示している。垂直線の右に位置する各点は、平均を上回る成長をした年だ。これらの年にはタテ軸の値はふつうは負となっており、失業率が低下したことを意味している。つまり、平均を上回る成長をした年には通常、失業率は低下したのだ。逆に、垂直線の左に位置する各点は、平均を下回る成長をした年だ。これらの年にはタテ軸の値はふつうは正となっており、失業率が上昇したことを意味

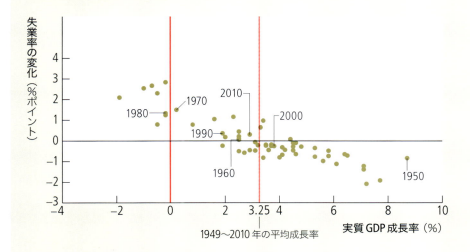

図8-5 ｜ 成長と失業の変化（1949〜2010年）

各点は、1949年から2010年までという特定期間の経済成長率と失業率の変化を示している。たとえば、2000年には経済成長率は3.7％で、失業率は4.2％から4.0％へ0.2％低下した。一般に、成長率が年率で平均3.25％を超えると失業率は低下し、成長率が平均を下回ると失業率は上昇した。実質GDPが減少したときはいつでも、失業率は上昇した。

（出所）アメリカ労働統計局、アメリカ経済分析局

する。つまり、平均を下回る成長をした年には通常、失業率は上昇したのだ。

実質GDPが平均を下回る率で成長し失業率が上昇している期間は、**雇用なき景気回復**または「成長する景気後退」期と呼ばれる。1990年以来3回の景気後退があったが、そのすべての後に雇用なき景気回復が生じた。だが、実質GDPが減少する真の景気後退は、労働者にとってとりわけ苦痛なものだ。図8-5の0％という値にある赤い垂直線の左側にある各点（実質GDP成長率が負の年を表している）で示されるように、実質GDPの低下は常に失業率の上昇に対応し、家計に大きな試練を与えるのだ。

> **雇用なき景気回復**とは、実質GDP成長率はプラスだがまだ失業率が上昇している期間のことだ。

経済学を使ってみよう　打ち上げ失敗

アメリカの労働市場の状況が最悪に近かった2010年3月、『ハーバード・ロー・レコード』紙に「就職口なき法学生、160Kドルプラス給付金の職に」と題された短信が掲載された。著者は自虐的な調子で、前年にハーバード・ロー・スクールを卒業したのだがついに就職できなかったことを認めた。短信は「履歴書のなかで赤点をしのぐほど悪かった評点とは何なのだろうか」と問いかけた。

もちろん、悪かったのは履歴書ではなく経済だったのだ、というのがその答えだ。高失業の時期は新卒者にとってはとりわけ辛いものだ。どんな種類のフルタイムの職でも、新卒者は就きにくいことがよくあるのだから。

短信が書かれた2010年3月頃、状況はどのくらい悪かったのだろうか。サンフランシスコ連銀の研究者たちは、21〜23歳の大卒者の雇用経験を分析した。彼らの発見が図8-6に示されている。

図8-6　最近の大卒者の失業率（1995〜2010年）

（出所）サンフランシスコ連邦準備銀行、アメリカ労働統計局

25歳以上の大卒者の総失業率はピーク時でも約5％にすぎなかったが、最近の21〜23歳の大卒者の失業率は2010年のピーク時で10.7％だった。しかも、実際に雇われた人たちの多くはパートタイムの職しか得られなかった。2007年12月、つまり2007〜09年の景気後退期のはじめには、24歳未満の大卒者でもう大学に在籍していない人たちの83％はフルタイムで雇われていた。2009年12月までにその数値は72％まで落ち込んだ。きわめて明らかなことだが、多くの大卒者が職業人生を始めるのに苦労していたのだ。

1年後、状況は好転し始めたが、その動きはゆっくりしていた。2010年12月、直近の大卒者の74％はフルタイムの職に就いた。アメリカの労働市場が大卒者そして若者一般に対して彼らに値するような就業機会を提供できるようになるまでに、道の

りはまだ遠い。

✓ 理解度チェック　8-1

1. 雇用ウェブサイトが登場したおかげで求職者が適職をみつけるまでの時間が短くなったと仮定する。このことは時間を通じて失業率にどのような効果を与えるか。これらのウェブサイトが職探しをあきらめていた求職者に職探しを再開する動機を与えると仮定する。このことは失業率にどのような効果を与えるか。

2. 以下のどのケースで労働者は失業に算入されるか、説明しなさい。
    a. 一時解雇されて数カ月前に職探しをあきらめた高齢の労働者のローザ。
    b. 夏休みの3カ月間はたらいていない学校教師のアンソニー。
    c. 一時解雇され今は別の職を探している投資銀行家のグレイス。
    d. 地方のパーティでしか演奏の場を見つけられないクラシック音楽家のセルジオ。
    e. 職が少ないので学校に戻ってきた大学院生のナターシャ。

3. 実質 GDP の成長と失業率の変化との間に観察される関係と整合的なのは次のうちどれか。そうでないのはどれか。
    a. 失業率の上昇は実質 GDP の減少をともなう。
    b. 例外的なほど強力な景気回復は、労働力のうち雇用される人たちの割合を上昇させる。
    c. 実質 GDP のマイナス成長は、失業率の低下につながる。

解答は https://str.toyokeizai.net/books/9784492314906 にある。

> **ちょっと復習**
>
> ▶雇用と失業の合計である**労働力**には、就業意欲喪失者は含まれない。労働統計には、**不完全就業者**のデータは含まれない。**労働参加率**は16歳以上の人口で労働力のなかにいる人口の割合だ。
>
> ▶**失業率**は、労働市場の状態を示す指標であって、就職できない労働者の割合の正確な尺度ではない。失業率が失業の真の水準を過大評価する可能性があるのは、職がたくさんあるときでさえ労働者は職探しに時間を費やすことがよくあるからだ。だが、失業率が失業の真の水準を過小評価する可能性があるのは、失業率に**就業意欲喪失者**、**限界的待機労働者**および**不完全就業**の労働者が算入されていないからだ。
>
> ▶実質 GDP の成長と失業率の変化の間には、強い負の関係がある。成長率が平均を上回るとき、一般に失業率は低下する。成長率が平均を下回るとき、一般に失業率は上昇する。後者は、深刻な景気後退の後に続くことの多い**雇用なき景気回復**と呼ばれる時期である。

2 | 自然失業率

　急速な経済成長は失業率を低下させる傾向がある。失業率はどこに落ち着くのか。ゼロになるといいたいかもしれないが、それは実現不可能だ。過去半世紀にわたり、国レベルの失業率が2.9%を下回ったことはまったくなかったのだ。

　多くの産業で労働者をみつけるのがたいへんなときだというのに、なぜそんなに大きな失業が存在しうるのか。この問いに答えるには、労働市場の性質を調べ、職がたくさんあるときでさえ、ふつうは相当な大きさの失業が観測されるのはなぜかを考える必要がある。出発点は、最良の時代でさえ職はつねにつくり出されたり消滅したりしているという観察事実にある。

2.1　職の創造と消滅

　好況時でさえ、大部分のアメリカ人は職を失った人を知っているものだ。2007年7月、合衆国の失業率は歴史的基準でみれば比較的低い4.7%にすぎなかった。だが、同月には、労働者が解雇されるか自発的に辞職することによる雇用の中断、つまり離

職が450万件存在していた。

　そうした離職にはたくさんの理由がある。1つは経済の構造変化だ。新技術の出現や消費者の嗜好の変化にともない、産業は浮き沈みする。たとえば電気通信のようなハイテク産業の雇用は1990年代後半に急増したが、2000年以降には深刻な落ち込みをみせた。だが同時に構造変化は新たな職をつくり出す。2000年以降、新たな医療技術と人口の高齢化が医療ケアの需要を増加させるにつれて、アメリカのヘルスケア部門の求人数は急増した。個別企業の経営実績の悪さ、あるいは単なる運の悪さで従業員が職を失うということもある。たとえば2005年に、トヨタなどの日本企業が増大する自動車需要を満たすべく北米に新しい工場を開設する計画を発表したときでも、ゼネラルモーターズは過去数年間の販売不振により3万人分の職を減らす計画を発表したのだった。

　職の創造と消滅が絶えず起きていることは現代経済の特徴であり、自然に生じる量の失業は避けられないものとなっている。この自然に生じる量のなかには2つのタイプの失業がある。摩擦的失業と構造的失業だ。

2.2　摩擦的失業

　労働者が職の消滅によって非自発的に職を失ったとき、最初にみつけた新しい仕事には就かないことがよくある。たとえば、ソフトウェア会社の製品ラインの不振で解雇された熟練プログラマーが、事務職の求人広告をオンラインでみたとする。彼女はその求人広告に応募して仕事に就けるかもしれないが、そんなことをするのは通常はバカなことだ。彼女はそうするかわりに、自分の技能を活かすことができそれに見合った稼ぎのある仕事を、時間をかけて探すはずだ。さらに個々の労働者は、家族の引越し、不満、別の場所でのもっと良い仕事への期待といった個人的な理由から、絶えず自発的に職を離れている。

> 就職先を探すことに時間を費やしている労働者は**職探し（ジョブサーチ）** をしているという。

　経済学者は、就職先を探すことに時間をかけている労働者は**職探し（ジョブサーチ）** をしているという。もしすべての労働者が似たり寄ったりですべての仕事が同じようなものだとしたら、職探しは必要ないだろう。また、仕事に関する情報と労働者に関する情報が完全であれば、職探しはあっという間に終わるはずだ。だが実際には、職を失った労働者（やはじめて仕事を探す若い労働者）は通常、少なくとも2～3週間かけて仕事を探すものだ。

> **摩擦的失業**とは、労働者が職探しに時間をかけることで生じる失業のことだ。

　摩擦的失業は、労働者が職探しに時間をかけることで生じる失業のことだ。一定量の摩擦的失業が避けられない理由は、経済的変化の過程がつねに生じているからだ。低失業だった2007年ですら、労働者が職を離れるか失うかする「離職」が6200万件あった。これらの離職は6300万件の就職によって相殺されて余りあったので、総雇用量は増加した。新たに労働力に入る労働者と同じように、職を離れるか失うかした労働者のなかに、少なくともいくらかの時間失業して過ごす人たちが出たのは避けられないことだった。

　図8-7は、2007年において、雇用されているか、失業しているか、労働力に含まれ

図8-7 | 2007年の平均的な1カ月における労働市場のフロー

低失業の2007年においてすら、毎月、多くの労働者が雇用されたり失業したりと移動していた。平均すると、2007年には毎月178万1000人の失業者が雇用され、192万9000人の有職者が失業した。

（出所）アメリカ労働統計局

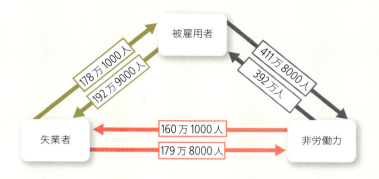

ないかの3つの状態の間で移動した労働者の月平均フロー量を示したものだ。この図は、労働市場にいつもどのくらいの攪拌が起きているかを示している。そうした攪拌の不可避的な結果として、まだ次の職をみつけていない労働者がかなりの人数出ることになる。これが摩擦的失業なのだ。

摩擦的失業は限られた量なら比較的無害で、良いものですらありうる。もし労働者たちが時間を割いて自分の技能に適した仕事をみつけ、しかも適職を探すために短期間失業する労働者たちの困難がそれほど大きくないとすれば、経済はより生産的になる。現実に、失業率が低いときには失業期間はきわめて短くなる傾向があり、これは失業の多くが摩擦的なものだということを示唆している。

図8-8は、失業率がわずか4.6％だった2007年における失業の内容を表している。失業者の36％は5週間未満の失業で、15週間以上の失業はわずか33％だった。「長期失業者」と考えられる27週間以上の失業は失業者6人のうちおよそ1人だった。

だが失業率が高い時期には労働者の失業期間が長くなる傾向があり、それは摩擦的失業の割合が小さくなることを示唆している。2010年までに、「長期失業者」と考え

図8-8 | 2007年の失業者の失業期間による分布

失業率の低い時期には、多くの失業者の失業期間は短くなる。失業率の低かった2007年には、失業者の36％は5週間未満の失業で、67％が15週間未満の失業だった。ほとんどの労働者の失業期間が短いということは、2007年の失業の大部分が摩擦的失業だったことを示唆している。

（出所）アメリカ労働統計局

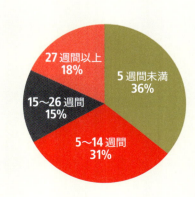

られる失業者の割合は43％に跳ね上がった。

2.3　構造的失業

摩擦的失業は、職を探す人の数と提供される職の数が等しいときでも存在する。つまり摩擦的失業の存在は労働が過剰であることを意味していない。しかし時には、経済が景気循環のピークにあるときでさえ、特定の労働市場で求職者の持続的な過剰が起きることがある。たとえば、ある特定の技能をもつ労働者の数がその技能に適した職の数より多いことがあるかもしれないし、ある特定の地域で提供される職の数がその地域の労働者の数より少ないこともあるかもしれない。現行賃金率のもとで、提供される職の数よりも多くの求職者が特定の労働市場にいる結果生じる失業は**構造的失業**だ。

> **構造的失業**があるときには、たとえ経済が景気循環のピークにあっても、特定の労働市場では現行賃金率のもとで提供される職の数よりも多くの求職者が存在している。

供給と需要のモデルが教えるところでは、財・サービスや生産要素の価格は、供給量と需要量が等しくなる均衡水準に向かって動く傾向がある。一般的にいって、これは労働市場にも当てはまる。

図8-9は典型的な労働市場を表している。労働需要曲線は、労働の価格である賃金率が上昇すると雇い主が労働需要量を減らすことを表している。労働供給曲線は、労働の価格である賃金率が上昇すると労働を進んで供給しようとする労働者が増えることを表している。ある特定の場所のどんな種類の労働についても、これら2つの力が合わさることで均衡賃金率が成立する。その均衡賃金率が W_E で示されている。

均衡賃金率 W_E のもとでさえ、まだいくらかの摩擦的失業は存在している。提供される職の数と求職者の数が等しくても、職探しをする労働者は常にいるからだ。だがこのとき、この労働市場に構造的失業は存在しないだろう。構造的失業が生じるのは、何らかの理由で賃金率が W_E より高いままになっているときだ。賃金率が W_E を超え

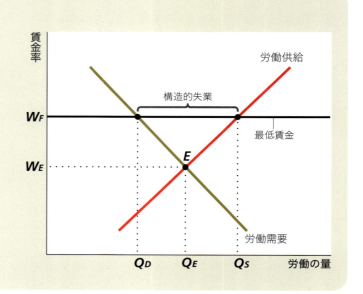

図8-9　最低賃金が労働市場に与える効果

政府が市場均衡賃金率 W_E を超える最低賃金 W_F を設定する場合、その最低賃金ではたらきたいと思う労働者数 Q_S はその賃金率で需要される労働者数 Q_D を上回る。この労働者の過剰は構造的失業と考えられる。

るのには複数の要因があるが、なかでももっとも重要なのは最低賃金、労働組合、効率賃金、政府の政策の副作用、そして雇い主と労働者との間のミスマッチだ。

最低賃金　最低賃金とは政府が賃金率に課す下限のことだ。アメリカでは、2012年はじめに国レベルでの最低賃金は時給にして7.25ドルだった。多くのアメリカ労働者にとって、最低賃金は縁のないものだ。というのも、市場均衡賃金はこの下限価格より十分に高くなるからだ。だが技能の低い労働については、最低賃金が拘束的になる可能性がある。そのとき、最低賃金は実際に支払われる賃金に影響を与え、この特定の労働市場で構造的失業を生み出す可能性がある。他の富裕国では最低賃金はもっと高い。たとえば、2012年にフランスの最低賃金は、時給9.22ユーロ、つまり約11.90ドルだった。これらの国々では最低賃金が適用される労働者の範囲はより広い。

図8-9は拘束力をもつ最低賃金の効果を表したものだ。この市場では賃金率の法定下限 W_F が均衡賃金率 W_E を超える水準にある。そのため労働市場に持続的な供給過剰が生じている。つまり労働供給量 Q_S が労働需要量 Q_D を上回っている。言い換えれば、最低賃金で提供される仕事の量よりも多くの人たちがはたらきたいと思っており、構造的失業が生じているのだ。

一般的に、拘束的な最低賃金は構造的失業をもたらす。だったらなぜ政府は最低賃金を課すのだろう、と思うかもしれないね。その合理的根拠は、最低賃金ははたらく人々が最低限の快適な生活様式を維持するだけの所得を得る助けになる、ということにある。だがこれには対価がともなうかもしれない。もっと低い賃金ではたらいてもいいと思っている労働者たちから仕事の機会を奪うことになる可能性があるのだ。図8-9は、労働の買い手より売り手のほうが多いだけでなく、最低賃金ではたらく労働者数（Q_D）は、最低賃金がなかった場合にはたらく労働者数（Q_E）より少ないことを示している。

図8-9で示したように、高い最低賃金が雇用削減効果をもつことには経済学者の間で広い合意があるが、それがアメリカで最低賃金が実際にどう作用するかを示すのにふさわしい説明かどうかには若干の疑問がある。アメリカの最低賃金は他の富裕国のそれよりもきわめて低い。1970年代から2000年代半ばまでの30年間、アメリカの最低賃金はとても低かったので大部分の労働者にとって拘束的ではなかったのだ。

加えて、アメリカで一時そうだったように平均賃金にくらべて最低賃金が低いときには、最低賃金を引き上げると実際に雇用が増えるという証拠を示した研究者たちもいる。彼らの主張では、技能の低い労働者を雇っている企業は賃金を低く保つために雇用を制限することがあるので、結果として、職を減らさずに最低賃金を引き上げられることもあるという。だがほとんどの経済学者は、最低賃金を十分に高くすれば構造的失業が生じるということに同意している。

労働組合　労働組合の活動は、構造的失業を引き起こすという点で、最低賃金と似たような効果をもっている。ある企業の労働者全員が団結して雇い主と交渉することで、

各労働者が個別に交渉した場合に得られる市場賃金よりも高い賃金を組合が勝ち取れることも多い。団体交渉として知られるこのプロセスは、交渉力の比重を雇い主から労働者に移すことを意図したものだ。労働組合は集団的に労働を拒否する労働ストライキで企業に脅しをかけて交渉力を行使する。ストライキに入った労働者を入れ替えることがむずかしい企業にとって、ストライキの脅威は非常に深刻な結果をもたらしうる。そのような場合には、労働者は集団として行動することによって、1人で行動する場合よりも大きな交渉力を行使できるのだ。

雇い主は、組合の交渉力に対抗するために、ロックアウト——組合加入の労働者を閉め出して失業させる期間——の脅しをかけたり、かわりの労働者を雇い入れてそれを実行したりしてきた。

交渉力が大きくなると労働者は昇給を要求し、それを勝ち取る傾向がある。組合はまた、追加的な賃金とみなせる医療費給付や年金などをめぐっても交渉を行う。実際、組合が賃金にどんな影響を与えるかを研究している経済学者は、組合に加入している労働者は同等の技能をもつ組合非加入の労働者よりも高い賃金とより寛大な給付金を得ていることを見出している。こうした昇給の結果、最低賃金の結果生じるのと同じことが生じる可能性がある。労働組合は労働者が受け取る賃金を均衡賃金より高い水準まで押し上げるのだ。その結果、その賃金水準ではたらこうとする人の数が就ける職の数より多くなる。拘束的な最低賃金と同様に、これは構造的失業を引き起こす。だがアメリカでは、組合組織率が低いため、組合の要求によって生じる失業の大きさは非常に小さいだろう。

> **効率賃金**とは、従業員からより良いパフォーマンスを引き出すためのインセンティブとして、雇い主が均衡賃金率より高く設定する賃金のことだ。

効率賃金　企業のとる行動によって構造的失業が生じることもある。企業が**効率賃金**を支払う可能性があるからだ。効率賃金とは、労働者からより良いパフォーマンスを引き出すためのインセンティブとして、雇い主が均衡賃金率より高く設定する賃金のことだ。

雇い主がそうしたインセンティブを必要と感じる理由はいくつかある。たとえば、労働者がどのくらい頑張ってはたらいているかを雇い主が直接に観察することは困難なことがよくある。だが雇い主は、市場均衡賃金より高い賃金を支払うことで、労働者からより高い労働努力を引き出すことができる。この高い賃金を受け取っている労働者たちは、解雇されて高い賃金を失うことがないと確信できるように、より懸命にはたらく可能性が高い。

多くの企業が効率賃金を支払うとその結果、就職したいのに職がみつからない労働者が多く生まれる。つまり、企業が効率賃金を使うと構造的失業が生じるのだ。

政府の政策の副作用　それに加えて、職を失った労働者を助けるために考案された政府の政策が、意図しない副作用として構造的失業を引き起こすことがある。ほとんどの経済的先進国では、新しい仕事をみつけるまで何とかやっていけるように、解雇された労働者に給付金を与えている。アメリカではこうした給付金は概して所得のほん

の一部を埋めるにすぎず、26週間で終了する（2009年から2011年の高失業期には99週間まで延長されるケースもあった）。他の国々、とくにヨーロッパの給付金は、より寛大でより長く給付される。この寛大さの欠点は、新しい職を早く探そうとする労働者のインセンティブを削ぐことだ。一部のヨーロッパ諸国での寛大な失業給付金は、多くのヨーロッパ経済を悩ませた持続的な高失業である「欧州硬化症」の大きな原因の1つだと、しばしば主張されている。

雇い主と労働者の間のミスマッチ　労働者と企業が経済の変化に適応するには時間がかかる。その結果、労働者が提供するものと雇い主が求めているものの間にミスマッチが生じる可能性がある。1つの形は技能のミスマッチだ。たとえば、2009年の住宅不況の後には、就ける職より多い数の建設労働者が職を探していた。もう1つの形は地理的なもので、ミシガン州では自動車産業の没落後に労働者の過剰が長期にわたって続いた。余剰労働者の賃金が十分に大きく低下して再訓練や再配置が促されミスマッチが解消されるまでは、構造的失業が存在するのだ。

2.4　自然失業率

　いくらかの摩擦的失業は避けられないものだし、多くの経済が構造的失業に苦しんでもいるのだから、ある程度の失業は正常あるいは「自然」なものだ。実際の失業率はこの正常な水準の周りを変動する。**自然失業率**とは正常な失業率のことで、実際の失業率はその周りを変動する。自然失業率は、摩擦的失業と構造的失業の効果を合わせた結果として生じる。**循環的失業率**とは、実際の失業率と自然失業率のギャップ、すなわち差のことだ。その名のとおり、循環的失業は景気循環の下降局面で生じる失業だ。

　第16章で、政府がインフレを加速させることなく失業率を自然失業率より低く保ち続けることはできないため、自然失業率が重要な政策変数となるという話をする。

　さまざまな種類の失業の間にある関係は、以下のようにまとめることができる。

$$\text{自然失業} = \text{摩擦的失業} + \text{構造的失業} \tag{8–3}$$

$$\text{実際の失業} = \text{自然失業} + \text{循環的失業} \tag{8–4}$$

　たぶんその名称のせいで、自然失業率は時間が経過しても変化せず一定であり、政府の政策に影響されることもないとしばしば思われている。だがこの2つはどちらも正しくない。ちょっと立ち止まって、自然失業率が時間の経過とともに変化すること、また政府の政策の影響を受けることの2つを強調しておこう。

> **自然失業率**とは摩擦的失業と構造的失業の効果から生じる失業率だ。
> **循環的失業率**とは、景気循環の下降局面で生じる実際の失業率と自然失業率とのギャップのことだ。

2.5　自然失業率の変化

　民間エコノミストと政府機関は、経済予測のためにも政策分析のためにも自然失業率の推定値を必要としている。こうした推定のほとんどすべてが、アメリカの自然失業率は時間の経過とともに上下に変動したことを示している。たとえば、連邦議会の

GLOBAL COMPARISON グローバルに比較してみよう

OECDでの自然失業

　OECD（経済協力開発機構）はヨーロッパ、北米だけでなく日本、韓国、ニュージーランド、オーストラリアを含む比較的富裕な国々の連合体だ。OECDは、いろいろな活動をするなかで、加盟諸国について失業率データの収集を行っている。この図は、OECDのなかの選ばれた国々について、2000年から2010年までの平均失業率を表している。これは自然失業率の大まかな推計値となるものだ。中ほどの赤い柱が、OECD諸国全体での平均値を示している。

　アメリカの自然失業率は平均をいくらか下回っているようだ。多くの（ドイツ、イタリア、フランスといった主要な経済を含む）ヨーロッパ諸国では、平均を上回っている。ヨーロッパで高い失業率が持続しているのは、最低賃金の高さや寛容な失業給付金のような政府の政策の結果だと、多くの経済学者は考えている。これらにより、雇い主は職を提供する気がなくなり、労働者は職に就く気がなくなってしまい、構造的失業率が高くなっているのだ。

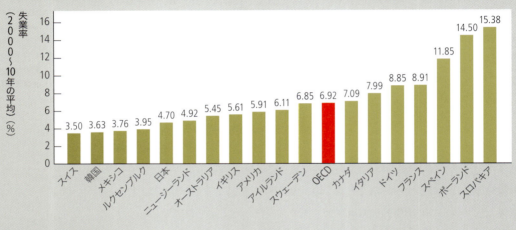

（出所）経済協力開発機構（OECD）

ために予算と経済の分析を実施する独立機関である連邦議会予算事務局（CBO）では、1950年のアメリカの自然失業率は5.3％だったが、1970年代末までに6.3％に上昇し、今日では5.2％まで低下したとみている。ヨーロッパ諸国は、もっと大きな自然失業率の変動を経験している。

　何が自然失業率を変化させるのだろうか。もっとも重要な要因は、労働力の特性の変化、労働市場制度の変化、そして政府の政策の変更だ。それぞれの要因を簡単にみていこう。

労働力の特性の変化　2007年にはアメリカ全体の失業率は4.6％だった。だが若年労働者の失業率はこれよりはるかに高く、10代では15.7％、20歳から24歳までの労働者では8.2％だった。25歳から54歳までの労働者の失業率はわずか3.7％だった。

　一般的には、経験豊かな労働者のほうが経験のない労働者よりも失業率は低くなりがちだ。経験豊かな労働者は経験のない労働者よりも1つの職に長く就いている傾向があるため、摩擦的失業率は低い。また、年齢の高い労働者は若い労働者とは異な

り一家の大黒柱であることが多いため、職をみつけるインセンティブや継続してはたらくインセンティブが強い。

　1970年代に自然失業率が上昇した理由の1つは、新規労働者数が大きく上昇したことだった。第2次世界大戦後に生まれたベビーブーマーが労働力人口に加わり、また既婚女性の労働力人口に占める割合が増えたのだ。図8-10に示されるように、労働力人口に占める25歳未満の労働者と女性労働者の割合はどちらも1970年代に急激に上昇した。だが1990年代末までに労働力人口における女性の割合は横ばいになり、25歳未満の労働者の割合は急激に落ち込んだ。この結果、今日の労働力人口全体は1970年代より経験を積んでおり、今日の自然失業率が1970年代よりも低い理由の1つと考えられる。

労働市場制度の変化　先ほど指摘したように、均衡水準より高い賃金を求める労働組合は構造的失業の原因となりうる。「グローバルに比較してみよう」で論じているように、労働組合が強いことがヨーロッパで自然失業率が高い理由の1つだと信じている経済学者もいる。アメリカでは1980年以降組合員数が激減したのだが、これが1970年代から1990年代にかけて自然失業率が低下した理由の1つだったのかもしれない。

　ほかの制度上の変化も影響を与えた可能性がある。たとえば、近年増えている人材派遣会社が労働者と最適な仕事とを結びつけることで摩擦的失業を減らしていると考える労働経済学者もいる。さらに、本章末の「ビジネス・ケース」で論ずるように、モンスター・ドットコムのようなインターネットのウェブサイトが摩擦的失業を減らしたのかもしれない。

　技術変化も、労働市場制度と結びつくことで自然失業率に影響を与えうる。技術変化はその技術に精通した熟練労働者への需要を増加させる一方で、非熟練労働者への

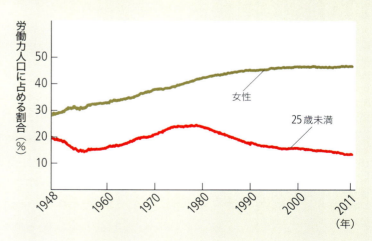

図8-10　アメリカの労働力人口の構成変化（1948〜2011年）

1970年代には、労働力人口に占める女性の割合と25歳未満の労働者の割合が急激に上昇した。これらの変化は、多数の女性がはじめて有給の労働力として加わったことと、ベビーブーマーが就労年齢に達したことを反映したものだ。自然失業率が上昇したのは、これら多くの労働者が相対的に経験が浅かったからかもしれない。今日では労働者ははるかに経験を積んでおり、それが1970年代以降の自然失業率低下の理由の1つと考えられる。

（出所）アメリカ労働統計局

需要を減少させるだろう。経済理論で予測すると、熟練労働者の賃金は上昇し非熟練労働者の賃金は低下するはずだ。だが、たとえば最低賃金に抵触するなどの理由で非熟練労働者の賃金を下げられないとしたら、構造的失業が増え、したがって自然失業率は高くなるだろう。

政府の政策の変化 最低賃金が高いと構造的失業が生じうる。寛大な失業給付金は構造的失業と摩擦的失業の両方を増加させる可能性がある。このように、労働者を救済する意図でとられた政府の政策は自然失業率を上昇させるという望ましくない副作用をもたらす可能性がある。

だが政策によって自然失業率が低下することもありうる。職業訓練と雇用補助金の２つがその例といえる。職業訓練プログラムは失業者に対しできる仕事の範囲を拡大するような技能を提供する。雇用補助金は労働者が職を受け入れたり雇い主が職を提供したりする金銭的なインセンティブを与える。

経済学を使ってみよう　東ドイツの構造的失業

世界史におけるもっとも劇的な事件の１つとして、1989年、民衆の自発的蜂起により東ドイツの共産主義独裁制が放棄された。市民はベルリンを分断していた壁をすぐさま取り壊し、あっという間に東西ドイツは１つの民主主義国家に統一された。

それから困難が始まった。

再統一の後、東ドイツの雇用は落ち込み、失業率は跳ね上がった。しかもこの高失業率は持続してしまった。ドイツ連邦政府から巨額の援助を受け取ったにもかかわらず、旧東ドイツ経済は2008年には16％超の失業率をかかえて、ずっと落ち込んだままだった。以前は共産主義だったほかの東ヨーロッパ諸国ははるかにうまくやっていた。たとえば、比較的成功した共産主義経済として東ドイツとともによく引き合いに出されるチェコ共和国は、2007年７月には失業率がたったの5.5％だった。東ドイツでは、何が誤っていたのだろうか。

その答えは、誰の失敗だったわけでもなく、東ドイツ自身が深刻な構造的失業をかかえていたということだ。ドイツが再統一されたとき、東ドイツの労働者は西側のドイツ労働者よりはるかに生産性が低いということが明らかになった。だが、組合は当初、西ドイツと同じ賃金を要求し、それを受け取っていた。東ドイツの労働者たちは西ドイツの労働者より悪い処遇を受けることに反対したため、この賃金が低下するには時間がかかった。他方、以前の独裁制のもとで数十年間にわたり投資の方向性が誤っていたこともあって、旧東ドイツの生産性は西ドイツの水準を大きく下回っていた。その結果、需要される労働者数と職探しをする労働者数との間での大きなミスマッチが継続することになり、旧東ドイツでは高い構造的失業が持続したのだ。

ちょっと復習

▶**摩擦的失業**は、失業者が**職探し（ジョブサーチ）**をするために生じる。したがって、ある程度の量の失業は避けられないものだ。
▶**最低賃金**、組合、**効率賃金**、失業給付金のような政府の政策の副作用、雇い主と従業員との間のミスマッチといったさまざまな要因が**構造的失業**を引き起こす。
▶摩擦的失業と構造的失業の合計は自然失業に等しく、**自然失業率**が決まる。それと対照的に、**循環的失業**は景気循環にともなって生じる。現実の失業は、自然失業と循環的失業の合計に等しい。
▶自然失業率は労働力の特色と制度の変化により、時間とともに変化しうる。労働者を支援するために設計された政府の政策がヨーロッパの自然失業率が高いことの１つの理由だと信じられている。

> ✓ **理解度チェック** 8-2
>
> 1. 以下について説明しなさい。
>   a. 技術進歩のペースが速まると、摩擦的失業は増える。
>   b. 技術進歩のペースが速まると、構造的失業は増える。
>   c. 失業率が低いとき、失業全体のうち摩擦的失業により説明できる割合は大きくなる。
> 2. 団体交渉が失業率に対して最低賃金と同じ一般的効果をもつのはなぜか。図を使って説明しなさい。
> 3. アメリカが景気循環のピーク時に失業者への給付金を劇的に引き上げるとしよう。このとき自然失業率に何が生じるか説明しなさい。
>
> 解答は https://str.toyokeizai.net/books/9784492314906 にある。

3 インフレーションとデフレーション

オープニング・ストーリーで述べたように、2011年はじめ、イギリス政府当局者は2つのことを懸念していた。失業率が高いこととインフレが昂進していたことだ。そして、どちらの懸念を優先するべきかをめぐり激しい議論があった。インフレを懸念するべきなのはなぜだろうか。インフレ率が上昇するのをみると政策立案者がいまでも懸念を募らせるのはなぜなのだろうか。その答えは、インフレが経済にコストを負わせる可能性があるからだ。だが、ほとんどの人たちが考えているのとはちがった方法で負わせるのだ。

3.1 物価の水準は重要でない……

物価水準の上昇すなわちインフレーションについていちばんよくある不満は、みんなが貧しくなってしまうこと、つまり貨幣の購買力が下がることだ。だがインフレはみんなを貧しくするわけではない。それがなぜかを理解するためには、アメリカが他の国々がときどき行ってきたことを行ったとしたら、つまりドルを新しい通貨に変更したとしたら何が起きるかを考えてみるとわかりやすい。

こうした通貨交代の1つの事例が、2002年、他の多くのヨーロッパ諸国と同様に、フランスが自国通貨フランをヨーロッパ全体での新通貨ユーロに切り替えたときに起きた。人々は1ユーロ当たり6.55957フランきっかりの率でフランの硬貨と紙幣を渡し、それと交換にユーロの硬貨と紙幣を受け取ったのだった。同時に、すべての契約が同じ交換比率でユーロ表示に改訂された。たとえば、あるフランス市民が50万フランの住宅抵当債務を負っていれば、それは50万/6.55957＝76,224.51ユーロの債務となった。もし労働者の契約が時給で100フランを支払うというものだったら、それは時給で100/6.55957＝5.2449ユーロの賃金を支払う契約となった、という具合だ。

それと同じことをここで行うことにし、1ドルを「新1ドル」に7対1の比率で

交換するとしよう。もし自分の住宅について14万ドルの借金があるとすれば、それは新ドルで2万ドルの債務になる。もし時給14ドルの賃金率を得ているとすれば、新ドルでは時給2ドルになる、という具合だ。こうすれば、合衆国全体の物価水準はジョン・F・ケネディが大統領だった1962年の水準にほぼ戻ることになるだろう。

　物価がわずか7分の1の高さになったので、その結果みんながより裕福になるというのだろうか。もちろん、そうはならない。物価は低下するだろうが、賃金と所得一般も低下するだろう。もし労働者の賃金が以前の7分の1の値に切り下がるとしても、すべての価格も以前の7分の1の値に切り下がるなら、賃金を物価水準で割った**実質賃金**は変化しない。実際、全般的な物価水準をケネディ政権時代の水準に引き戻したとしても、それは所得を物価とちょうど同じだけ低下させるため、全般的な購買力には何の影響もないのだ。

　これとは逆に、1960年代はじめ以降現実に生じた物価上昇によってアメリカ人が貧しくなることはなかった。なぜなら、同時に所得が同じ大きさだけ押し上げられたからだ。つまり、所得を物価水準で割った**実質所得**は、全般的な物価の上昇によっては影響を受けなかったのだ。

　この話の教訓は、物価の水準は重要ではないということだ。もし全般的な物価水準がまだ1961年の低さだったとしても、合衆国がいまより富裕であろうなどということはないのだ。逆に、過去50年にわたる物価上昇によって私たちが貧しくなったということもない。

> **実質賃金**とは賃金を物価水準で割ったものだ。
>
> **実質所得**とは所得を物価水準で割ったものだ。

3.2 ……だが物価の変化率は重要

　物価の水準が重要でないという結論はインフレ率も重要でないといっているように聞こえるかもしれない。だが、それは正しくない。

　それがなぜかを理解するためには、物価の水準と、全般的な物価の1年当たりの上昇をパーセント表示したインフレ率とを区別することが決定的に重要だ。第7章でインフレ率が次のように定義されたことを思いだそう。

$$\text{インフレ率} = \frac{2\text{年目の物価指数} - 1\text{年目の物価指数}}{1\text{年目の物価指数}} \times 100$$

図8-11は、過去半世紀にわたるアメリカの物価水準とインフレ率とのちがいを示している。ここで、物価水準は左のタテ軸、インフレ率は右のタテ軸で測っている。2000年には、アメリカの物価水準は1960年よりはるかに高かったのだが、いま学んだように、それは重要ではなかった。しかし、2000年のインフレ率は1970年代よりはるかに低かった。そのおかげで高インフレが続いていた場合より経済が豊かになったことはほぼ確実だったのだ。

　経済学者は、高インフレ率が大きな経済的コストを負わせるものだと信じている。これらのコストのなかでもっとも重要なのは、靴底コスト、メニューコスト、計算単位コストだ。1つずつ考えていこう。

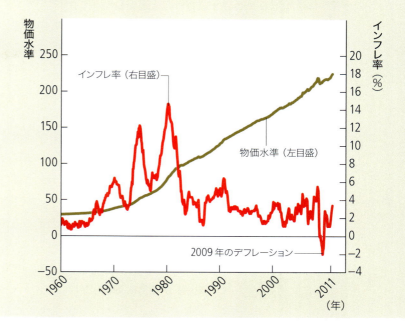

図8-11 物価水準とインフレ率（1960〜2011年）

2009年を除き過去半世紀にわたってCPIは持続的に上昇してきた。しかしインフレ率——CPIの伸び率——は上昇したり下降したりしている。そして2009年にはインフレ率は一時的にマイナスになり、デフレーションと呼ばれる現象が起きた。

（出所）アメリカ労働統計局

靴底コスト　取引を便利にするために、人々は貨幣——財布のなかの現金や小切手を振り出せる銀行預金——を保有している。だが、インフレ率が高いと、物価水準の上昇にともなって財布のなかの現金や銀行口座の預金の購買力が着実に失われていくため、貨幣を保有する動機は弱くなっていく。そこで人々は貨幣の保有量を減らす方法を模索するようになり、しばしばかなりの経済的コストが生じる。

このセクションの末尾にある「経済学を使ってみよう」では、イスラエルを悩ませた1984年から1985年の高インフレ率の時期に、イスラエル人が銀行で長い時間を過ごしていた様子が描かれている。あらゆるインフレのなかでもっとも有名な1921年から23年のドイツのハイパーインフレの期間、商人たちは1日に何回も銀行に現金を引き出しに行く走り屋を雇い、安定した外貨のような価値を維持できるものに現金を引き換えていた。どちらのケースでも、貨幣の購買力が損なわれないように努力することで、イスラエル市民にとっての時間やどこかほかのところで生産的な使い方ができたであろうドイツの走り屋の労働力のような価値ある資源が使われてしまったのだ。ドイツのハイパーインフレの時期には非常に多くの銀行取引が行われたため、ドイツの銀行に雇用されている人の数はほぼ4倍に増加した。1913年には10万人程度だったのに、1923年には37万5000人に増えたのだ。

もっと最近だと、1990年代はじめに、ブラジルがハイパーインフレを経験した。この出来事の間にブラジルの銀行部門は大きく成長しGDPの15％を占めるようになった。この数値は、アメリカの金融部門の対GDP比を2倍以上上回るものだ。インフレが引き起こした問題に対処するために必要となったブラジルの銀行部門の大幅な拡大は、ブラジル社会の実物資源の損失を表すものだった。

> **靴底コスト**とは、インフレによって生じる取引費用の増加分だ。

インフレが引き起こした取引費用の増大は**靴底コスト**として知られている。これは、人々が貨幣保有を避けるために余分に走りまわって消耗したことの隠喩だ。インフレ率が非常に高い経済、たとえば年率100%以上のインフレ経済のなかで生活した人ならば誰もが証言するように、靴底コストはそうした高インフレ経済では相当なものになる。だが、ほとんどの推計によると、平時では決して15%を超えないアメリカでみられるようなインフレ率では、靴底コストは些細なものだ。

> **メニューコスト**とは、値札の変更にともなう実物的コストのことだ。

メニューコスト　現代経済では、購入するモノのほとんどに値札がつけられている。スーパーマーケットの各商品の下にも、書籍の裏表紙にも、レストランのメニューにある各料理にも値札がついている。値札の変更には、**メニューコスト**と呼ばれる実物的コストがかかる。たとえば、スーパーマーケットで価格を変更するには、従業員に店中を回らせて各商品の値札を貼り替える必要がある。企業がインフレに直面したときには、物価が安定しているときとくらべると、より頻繁に価格の変更を強いられる。これにより経済全体にとっての費用が増加する。

インフレ率が非常に高いときには、メニューコストは甚大なものとなる。たとえば報道によると、ブラジルでの1990年代はじめのインフレ期に、スーパーの従業員は勤務時間の半分を価格表示ラベルの貼り替えに費やしたといわれている。インフレ率が高いときには、商店は地域通貨での価格表示を止め、相対価格を計るために何か人工的なものを利用したり、米ドルのようなより安定した通貨を利用したりするかもしれない。これこそまさにイスラエルの不動産市場で1980年代半ばに始まったことだ。支払いはイスラエルの通貨シェケルで行われたが、価格は米ドルで定められたのだ。そしてこれはジンバブエで起きたことでもあった。2008年5月、公式推定によるインフレ率は169万4000%だった。2009年までに政府はジンバブエ・ドルを支払い停止とし、外国通貨を用いた財の売買を認めた。

メニューコストは低インフレ経済にも存在するが、深刻なものではない。低インフレ経済では商人は価格を散発的にしか変更せず、高インフレ経済やハイパーインフレ経済のように、毎日もしくはそれ以上の頻度で変更することはない。また、技術の発達にともない、メニューコストの重要性はどんどん低下している。価格変更はコンピュータを使って処理されるようになり、商品に価格表示ラベルを貼っている商人はほとんどいなくなったからだ。

計算単位コスト　中世には、契約はしばしば「現物で」結ばれていた。たとえば、小作人は地主に対して毎年一定数の牛を提供しなければならなかったかもしれない（実際、「現物で（in kind）」という表現は牛（cattle）を表す古い言葉に由来する）。これは当時は意味があったのかもしれないが、現代のビジネスで行うとしたら臆病なやり方だろう。そのかわりに私たちは貨幣表示の契約を作成している。賃借人は1カ月に一定額のドルを支払う義務を負う、債券を発行する会社は満期が来たら債券保有者に債券金額だけのドルを支払うと約束する、という具合だ。また経済計算はドルで

行われる傾向がある。家計は予算の計画を立てているし、商売がどのくらいうまくいっているかをつかもうとしている小規模企業所有者は、出入りする貨幣の量を推定している。

　契約と計算の基礎としてのドルのこうした役割は、貨幣の計算単位機能と呼ばれる。それは現代経済の重要な側面だ。だが、その機能はインフレによって侵害される可能性がある。インフレは、時間を通じてドルの購買力を変化させる——来年の1ドルは今年の1ドルより価値が小さくなる——からだ。多くの経済学者の主張によれば、それは経済的意思決定の質を低下させる効果をもつ。つまり、ドルという計算単位の変化が引き起こす不確実性のために、経済全体での資源の利用効率が低下するのだ。インフレの**計算単位コスト**とは、インフレが貨幣という測定単位の信用度を低下させることによる費用だ。

▶ **計算単位コスト**とは、インフレが貨幣という測定単位の信用度を低下させることによる費用だ。

　計算単位コストは、課税ベースとなる所得を測る尺度がインフレによって歪められる可能性があるという理由で、税制においてとくに重要なものだろう。こんな例が考えられる。インフレ率が10％、したがって物価水準が毎年10％上昇すると仮定しよう。そして、ある企業がたとえば土地のような資産を10万ドルで購入し、それを1年後に11万ドルで転売すると仮定する。根本的な意味ではこの企業はその取引から利潤を得ていない。実質値でみると、企業が土地から得るものと土地への支払いとはまったく同じになるからだ。だが合衆国の税法に基づけば、この企業は1万ドルのキャピタル・ゲインを得たのでそのみかけの利益に基づく税を支払わなければならない、ということになる。

　1970年代、アメリカのインフレ率が比較的高かったころ、インフレが税制に与える歪みの効果は深刻な問題だった。企業のなかには、みかけの利益に基づいて税を支払っていることに気づき、生産性を高める投資支出を控えるものもあった。他方、非生産的な投資のなかには、みかけの損失を出して税の支払いを軽減できるために魅力的になったものもあった。だが1980年代にインフレが低下し税率が引き下げられると、これらの問題の重要性ははるかに低くなった。

3.3　インフレーションの勝者と敗者

　いま学んだように、高インフレ率は経済に全般的なコストを負わせる。それに加えて、インフレは経済のなかに勝者と敗者をつくり出す可能性がある。インフレで得をする人と損をする人が時として出る主な理由は、経済取引がたとえば貸し付けのような一定期間にわたる契約に基づくことがよくあり、これらの契約が通常は名目値、すなわちドル表示で書かれているからだ。

　貸し付けのケースでは、はじめに借り手が一定金額を受け取る。その貸し付けの利子率と返済期限は貸付契約によって定められる。**利子率**とは、貸し手の貯蓄を借り手が1年間使うこととひきかえに貸し手が受け取る報酬を、借入額に対するパーセント割合で計算したものだ。

▶ 貸し付けの**利子率**とは、貸し手が自分の貯蓄を1年間借り手に使わせるために課す価格を、借入量に対する割合として計算したものだ。

　だが、そのドル額が実質値すなわち購買力でみてどのくらいの価値があるかは、貸

付期間のインフレ率に大きく依存する。経済学者は借り手と貸し手に対するインフレの効果を、名目利子率と実質利子率とを区別することによって説明している。**名目利子率**とはドル表示での利子率で、たとえば学生ローンの利子率のことだ。**実質利子率**とは、名目利子率マイナスインフレ率のことで、たとえば貸し付けの利子率は 8 %だが 5 %のインフレが生じているのなら、実質利子率は 8 %− 5 %＝ 3 %だ。

> **名目利子率**とは、ドル単位で表示した利子率のことだ。
> **実質利子率**とは、名目利子率マイナスインフレ率のことだ。

　借り手と貸し手が貸付契約を結ぶとき、通常はドル表示で契約が書かれる。つまり、定められる利子率は名目利子率だ（後の章では、とくに断らないかぎり、利子率といえば名目利子率だ）。だが、貸付契約の各当事者は将来のインフレ率、したがって貸し付けの実質利子率を予想している。もし実際のインフレ率が予想より高ければ、貸し手の犠牲のもとに借り手が得をする。つまり、借り手は予想していたより低い実質価値の借入金を返済すればよい。逆に、インフレ率が予想より低ければ、借り手の犠牲のもとに貸し手が得をする。つまり、借り手は予想していたより高い実質価値をもつ借入金を返済しなければならない。

　歴史的にみると、インフレが勝者と敗者を生み出すという事実は、時として政治的論争の大きな原因となった。1896年、ウィリアム・ジェニングス・ブライアンは民主党大統領指名大会で、「人類を金の十字架にかけるべきではない」と主張する演説を行った。彼が実際に要求していたのはインフレ政策だった。当時、合衆国のドルは金の単位で固定されていた。ブライアンは金本位制を撤廃し、アメリカ政府がより多くの貨幣を印刷することで物価水準が上昇することを望んだのだ。彼がインフレを望んだ理由は、深刻な負債に苦しむ農民を助けることにあった。

　現代のアメリカでインフレからの利益と損失の最大原因となっているのは、住宅ローンだ。1970年代はじめに住宅ローンを申し込んだアメリカ人の場合、予想インフレ率よりも高い率で実質返済額が減少した。1983年の 1 ドルの購買力は1973年の45％でしかなかったのだ。1990年代はじめに住宅ローンを申し込んだ人はそれほど幸運ではない。その後、インフレ率が予想インフレ率を下回る水準まで下がったからだ。2003年の 1 ドルの購買力は1993年の78％だった。

　予想を上回ったり下回ったりするインフレで得をする人と損をする人が出るために、もう 1 つ別の問題が生じる。すなわち、将来のインフレ率についての不確実性によって、人々がどんな形の長期契約も結ぶ気がなくなることだ。高いインフレ率は通常予測できないので、これは高インフレの追加的なコストとなる。不確実な高インフレの国では長期貸し付けは稀であり、そのことが多くのケースにおいて長期的投資をむずかしくしている。

　最後にもう 1 点、予想されない**デフレーション**、つまり物価水準の思いがけない低下もまた勝者と敗者を生み出す。1929年から33年の間にアメリカ経済が世界恐慌に陥ったとき、消費者物価指数は35％低下した。これにより、多くの農民と住宅所有者を含む債務者の目には債務の実質価値が急上昇したようにみえた。そして顧客たちが借入金を返済できないことを貸し手が認識するや倒産が拡大し、銀行危機を生み出すこととなった。図8-11をみてわかるように、2009年には再びデフレが生じ、当

時のインフレ率はマイナス2%という深刻な景気後退の最底辺にあった。世界恐慌と同じように（はるかにマシな程度ではあるが）、2009年の予想されていなかったデフレは債務者に重いコストを負わせたのだ。デフレの効果については第16章でより詳細に論じる。

3.4 インフレは易し、ディスインフレは難し

インフレ率がたとえば2%から5%に上昇することが経済に甚大な害を及ぼすとする証拠は多くあるわけではない。それでも一般に政策立案者は、インフレ率が2%か3%を超えてくるとインフレを抑制しようと強力に動く。なぜだろうか。それは、経済内でいったん高インフレ率が定着するとインフレ率を再び低下させること——**ディスインフレーション**と呼ばれる過程——は非常に困難でコストがかかることを、経験的に知っているからだ。

> **ディスインフレーション**とは、インフレ率を引き下げるプロセスのことだ。

図8-12は、1970年代半ばから1980年代はじめのアメリカで、2回の大きなディスインフレ期に何が起きたかを示している。ヨコ軸は失業率を、タテ軸は前年の「コアな」インフレ率を示している。「コア・インフレ率」とは、変動の大きな食糧とエネルギーの価格を除いたインフレの尺度で、基礎的なインフレをみるには全般的な消費者物価指数より良いと広く考えられている指標だ。各点はインフレ率と1カ月の失業率を表している。2回の時期ともに、失業とインフレは時計回りのスパイラルをたどり、失業が非常に高い時期が長くなると高インフレは次第に低下したのだった。

多くの経済学者によれば、経済に深く埋め込まれたインフレを低下させるために、一時的に経済を落ち込ませる高失業の時期は必要なものだった。だが、インフレを低下させるというきびしい試練に経済がさらされるのを避ける最良の方法は、はじめから深刻なインフレ問題が生じるのを避けることだ。それゆえ、政策立案者は、経済に

図8-12 ディスインフレのコスト

現代アメリカ史において、1970年代半ばと1980年代はじめに2回の大きなディスインフレ期があった。この図はこれら2回の時期を通じて、失業率と食糧およびエネルギーを除いたコア・インフレ率とをたどったものだ。どちらのケースも、インフレを低下させるには一時的にだが非常に大きな失業率の上昇が必要だった。これがディスインフレの高いコストを例証している。

（出所）アメリカ労働統計局

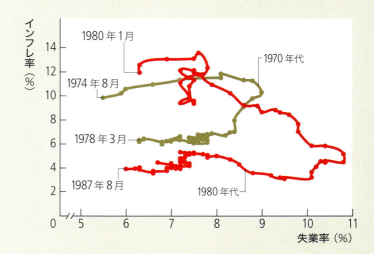

とっての予防薬の形で、インフレ加速の可能性のある兆候に対しては強力に対処するのだ。

経済学を使ってみよう ☞ イスラエルのインフレ経験

インフレのコストをはっきりと理解することが困難なことはしばしばある。それは、深刻なインフレの問題が、とくに戦争や政治的不安定性（あるいはその両方）のような経済生活を崩壊させる他の諸問題と結びついていることがよくあるからだ。しかし1980年代半ば、イスラエルは「混じり気のない」インフレを経験した。戦争はなく政府は安定し街路には秩序があったというのに、一連の誤った政策によって非常に高いインフレが生じてしまい、しばしばひと月に10％を超える率で物価が上昇したのだ。

それが起きたとき、著者の1人は1カ月間のテルアビブ大学訪問中でそのインフレの真っ只中にいた。そのため、本書ではその効果について直接の説明ができるのだ。

第1に、インフレの靴底コストは相当なものだった。当時、イスラエル人は長い時間銀行に列をなし、インフレを相殺するために十分な高さの利子率を提供してくれる口座におカネを出し入れしていた。人々は出歩くとき財布のなかにほとんど現金をもたず、少し大きめの現金支払いが必要になったという程度でも毎回銀行に行かなければならなかった。銀行のほうは支店を多く開設することでそれに対応したのだが、これは費用のかさむ仕事だった。

第2に、訪問学者の身ではメニューコストはそれほど目につかなかったのだが、企業がそれを最小化しようとする努力はみることができた。たとえば、レストランのメニューに値段がつけられていないこともよくあった。そのかわりに、掛け算するべき数字を黒板にチョークで書き、それを毎日変更することで料理1品当たりの価格を計算する方法をとっていた。

最後に、価格がとても大幅にしかもとても頻繁に変更されるため、意思決定をするのがむずかしかった。みんなが共通に経験したのは、普段の買い物店より価格が25％高かったのでその店を出て普段の店に行ってみたら、そこの価格も25％高くなっていた、ということだった。

ちょっと復習

▶ **実質賃金**と**実質所得**は物価水準によって影響を受けない。

▶ **インフレーション**は失業と同じく、政策立案者にとっての主要な関心事だ。インフレを低下させる対価として高失業を受け入れてきた過去があるからだ。

▶ 全般的な物価水準は重要でないのに対して、インフレ率が高いことは経済に**靴底コスト**、**メニューコスト**、**計算単位コスト**といった実物的コストを負わせる。

▶ **利子率**は、1年間自分の基金を使わせたことに対して貸し手が受け取る収益だ。**実質利子率**は**名目利子率**マイナスインフレ率に等しい。その結果、予想されない高インフレは借り手を助け、貸し手を害する。不確実な高インフレのもとでは、人々はしばしば長期的投資を避けてしまう。

▶ **ディスインフレーション**は非常にコストが高いから、政策立案者は高インフレの状況になることをはじめから避けるよう努力している。

✓ 理解度チェック　8-3

1. 技術の普及は銀行業に革命をもたらした。顧客が自分の資産にアクセスして管理することがはるかにしやすくなった。これによりインフレの靴底コストは以前よりも高くなるだろうか。それとも低くなるだろうか。

2. アメリカのほとんどの人たちは、約2％から3％という穏やかなインフレ率に慣れている。インフレが今後15年ないし20年にわたり予想に反して完全に止まったとしたら、誰が得をし、誰が損をするだろうか。

解答は https://str.toyokeizai.net/books/9784492314906 にある。

第8章｜失業とインフレーション

BUSINESS CASE

ビジネス・ケース

モンスター不況

　1990年代は好景気の時代として有名だ。この10年間には、無数のインターネット関連企業が起こされ、その株が信じられない高値で売られ、そして最後には破産した。だが、ドットコム企業のなかには使えるビジネスモデルとして存続しているものもある。それらのなかで、就職斡旋会社モンスター社（モンスター・ドットコム）は競合他社とともに、伝統的な新聞での募集広告からオンライン登録への切り換えを促している。

　モンスター・ワールドワイド社（現在の社名）と競合他社は、労働者を探している雇い主と職探しをしている労働者の両方にサービスを提供している。雇い主は職のリストを提示し、労働者はそれに応募することができる。このリストへの応募に加えて、求職者たちはおカネを出して履歴書の作成や優先提示のような割増サービスを受けることもできる。

　職のオンライン登録がますます重要になったのは、募集広告の指標をつくることで長く経済調査にあたってきたコンファレンス・ボードという企業グループが、2007年にオンラインでの募集広告の指標を加えたことがきっかけだった。図8-13が示すように、オンラインでの募集広告の急減は、2008年から2009年の失業の急増の前兆だった。オンライン広告が回復を始めたとき、失業は安定し、ゆっくりと低下しはじめた。

　アメリカ経済が異常に低い失業を経験していた1990年代後半、経済学者のなかには、モンスター・ワールドワイド社と他のインターネット就職サービスは、労働者が長期間失業しなくても新しい職に就けるようにしたのだから、部分的には失業の低下に役立っているのかもしれない、という人たちもいた。だが、こうした効果に証拠があるのか、結論は出ていない。

　一時解雇された多くの労働者たちが必死で新しい就職口を探していた2007年から2009年の景気後退期はモンスター社にとっては良いものだったと、読者は考えたかもしれない。事実、同社は履歴書の提示を望む労働者たちから非常に多くの仕事を請け負っていた。だが、同社は雇い主からの職の提示からはるかに多くの収入を得ている。この不況期にはその収入が急減したので、モンスター社の最終利益は減少したのだった。

　2010年末までに経済は回復軌道に乗ったように思われたが、モンスター社もそうだった。ただ、2010年までには、10年前に注目されたオンラインでの職の提示はツイッターとソーシャルネットワークのほうに基盤が移っている、ということは警告

図8-13 オンラインでの採用募集広告の急減は失業急増の前兆（2008～09年）

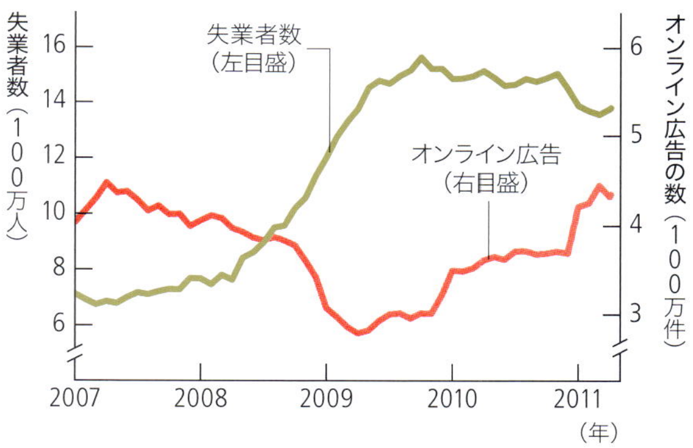

（出所）コンファレンス・ボード社、アメリカ労働統計局

305

しておこう。

ビジネス思考力を鍛えよう

1. 図8–7に示されたフロー図を用いて、オンラインでの職の提示が経済のなかで果たす潜在的役割について説明しなさい。
2. 失業率の決定因についての議論に照らすと、オンラインでの職の提示を通じた求職者と雇い主の間のマッチングはどのように改善しただろうか。
3. 2008年から2009年までの失業急増期間にモンスター社の実績が悪かったという事実は、この急増の性質についてどんな示唆を与えるだろうか。

要約

1. インフレと失業はマクロ経済学の双子の悪であり、マクロ経済政策の主要な関心事となっている。
2. **雇用**とは、雇われている人たちの人数のことだ。**失業**とは、雇われ口がなくかつ就職活動をしている人たちの人数だ。それらの合計が**労働力**に等しくなっている。**労働力参加率**とは、16歳以上の人口のなかで労働力に含まれる人たちの割合だ。
3. 雇われ口がなくかつ就職活動をしている労働力の割合である**失業率**は、真の失業水準を過大評価することも過小評価することもありうる。過大評価する理由は、職を提供されていたにもかかわらず職探しを続けている人々が失業に算入されるからだ。過小評価される理由は、**就業意欲喪失者**、**限界的待機労働者**および**不完全就業者**のような就職がうまくいかなかった労働者が失業率には含まれていないからだ。加えて、失業率は異なる人口グループ間で大きく異なっている。典型的には、労働に適した年齢の労働者より、若年労働者や退職の近い労働者のほうが失業率は高い。
4. 失業率は景気循環により影響を受ける。一般に、失業率は、実質GDP成長率が平均を上回っているとき低下し、平均を下回っているとき上昇する。景気後退の後には、実質GDPが増加しているのに失業率が上昇する期間、すなわち**雇用なき景気回復**がしばしば生じる。
5. 自発的な離職ばかりでなく職の創造と消滅によっても、**職探し（ジョブサーチ）**と**摩擦的失業**が生じる。加えて、最低賃金、労働組合、**効率賃金**、一時解雇された労働者を助けるために考案された政府の政策、雇い主と労働者（訳注：原文はemployeeだが本文の説明内容から労働者とする）とのミスマッチといったさまざまな要因が、市場賃金率のもとで労働の余剰が存在する状況を生じさせ**構造的失業**を生み出す。その結果、摩擦的失業と構造的失業の合計である**自然失業率**は、たとえ職がたくさんあるときであっても、ゼロを大きく上回る。
6. 現実の失業率は、景気循環から独立な自然失業率に、景気循環に依存する**循環的**

失業率を加えたものに等しい。

7. 労働力の特性、労働市場制度、政府の政策の変化に大きく反応して、自然失業率は時間を通じて変化する。

8. 多くの人が思っているように、インフレは物価水準を押し上げることですべての人々を貧しくする、というわけではない。なぜなら、賃金と所得が物価水準に合わせて調整され、**実質賃金**と**実質所得**が不変にとどまるからだ。だが、高インフレ率は経済全体にコストを負わせる。それは、**靴底コスト**、**メニューコスト**、**計算単位コスト**だ。

9. 長期契約は一般にドル表示で書かれるため、インフレにより経済のなかに勝者と敗者が生み出される可能性がある。貸し付けに適用される**利子率**は典型的には**名目利子率**だが、これはインフレがあると**実質利子率**とはちがうものになる。予想を上回るインフレ率は、借り手には良いが貸し手には悪い。予想を下回るインフレ率は、貸し手には良いが借り手には悪い。

10. 経済に埋め込まれたインフレを低下させるためには経済を落ち込ませ高い失業を生み出す政策が必要だと、多くの人々が信じている。**ディスインフレーション**は非常にコストが大きいので、政策立案者はインフレが過大となるのをはじめから避けるよう努力している。

キーワード

雇用　　280ページ	失業　　281ページ
労働力　　281ページ	労働参加率　　281ページ
失業率　　281ページ	就業意欲喪失者　　282ページ
限界的待機労働者　　282ページ	不完全就業者　　282ページ
雇用なき景気回復　　286ページ	職探し（ジョブサーチ）　　288ページ
摩擦的失業　　288ページ	構造的失業　　290ページ
効率賃金　　292ページ	自然失業率　　293ページ
循環的失業率　　293ページ	実質賃金　　298ページ
実質所得　　298ページ	靴底コスト　　300ページ
メニューコスト　　300ページ	計算単位コスト　　301ページ
利子率　　301ページ	名目利子率　　302ページ
実質利子率　　302ページ	ディスインフレーション　　303ページ

〈問題〉

1. アメリカ労働統計局は毎月、通常は第1金曜日に、前月の雇用情勢概要（Employment Situation Summary）を公表している。www.bls.gov に行って最新

のレポートを参照しなさい（アメリカ労働統計局 Bureau of Labor Statistics のホームページのトップページにある "Subject Area" タブから "Unemployment" を探し、そのなかの "National Unemployment Rate" を選択しなさい。ページ左側の "News Releases" に "Employment Situation Summary" がある）。失業率は1カ月前の失業率とくらべてどうちがうか。1年前の失業率とくらべるとどうちがうか。

2. 一般的には、失業率の変化は実質 GDP の変化に応じてどのようにちがっているだろうか。深刻な景気後退が数四半期続いた後で、公式の失業率の低下がみられるのはなぜか、説明しなさい。強力な景気拡大が数四半期続いた後で、公式の失業率の上昇がみられるのはなぜか、説明しなさい。

3. 以下のそれぞれの状況で、メラニーが直面しているのはどのタイプの失業か。
   a. メラニーは複雑なプログラミングの仕事を完成させた後で解雇された。その技能を活かす新しい職に就ける見通しは十分にあり、プログラマー紹介サービスに登録した。彼女は支払い額の低い職の依頼を断った。
   b. メラニーと彼女の同僚が減給を受け入れなかったところ、雇い主はプログラミングの仕事を国外の労働者へ発注した。この現象はプログラミング業界全体で起きている。
   c. 最近の不況で、メラニーはプログラマーの職を解雇された。雇い主は景気が良くなったら彼女を再雇用すると約束している。

4. 雇用情勢概要で発表される情報のなかには、個人がどのくらいの期間失業しているかを示すものが含まれている。www.bls.gov に行き、最新のレポートを参照しなさい。問題1と同じ方法で Employment Situation Summary を見つけなさい。Employment Situation の末尾近くにある "Unemployed persons by duration of unemployment" という題の表 A-12 をクリックしなさい。季節調整済みのデータ（数値）を用いて、以下の設問に答えなさい。
   a. 5週間未満の失業者数はどれだけか。そうした労働者は失業している全労働者の何パーセントに相当するか。これらの数字は前月のデータと比較してどうか。
   b. 27週間以上の失業者数はどれだけか。そうした労働者は失業している全労働者の何パーセントに相当するか。これらの数字は前月のデータと比較してどうか。
   c. 平均的労働者はどのくらいの期間失業しているか（平均期間は何週間か）。これは前月のデータの平均と比較してどうか。
   d. データのある最近月をその前月と比較して、長期失業の問題は改善されたか、それとも悪化したか。

5. プロファンクティアには労働市場が1つしかない。すべての労働者は同一の技能をもち、すべての企業はその技能をもった労働者を雇う。労働の供給と需要を表す

下の図を用いて、以下の問いに答えなさい。それぞれの答えを図で説明しなさい。

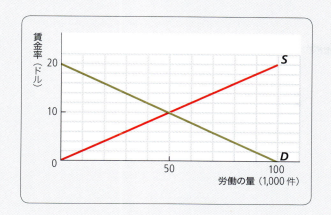

a. プロファンクティアの均衡賃金率はいくらか。この賃金率のもとで、雇用水準、労働力人口、失業率はどれだけか。

b. プロファンクティア政府が最低賃金を12ドルに設定したら、雇用水準、労働力人口、失業率はどうなるか。

c. 労働組合がプロファンクティアの企業と交渉し賃金率を14ドルに設定したら、雇用水準、労働力人口、失業率はどうなるか。

d. 企業が労働者を雇いつづけることで質の高い仕事を奨励しようと賃金率を16ドルに設定したら、雇用水準、労働力人口、失業率はどうなるか。

6. 一国の労働力は、雇用されている労働者数と失業している労働者数との合計だ。下の表は合衆国の異なる地域について、労働力の規模と失業している労働者数のデータを示している。

地域	労働力（1,000人）		失業者（1,000人）	
	2010年5月	2011年5月	2010年5月	2011年5月
北東部	28,303.7	28,201.9	2,482.7	2,254.1
南部	55,223.5	55,544.1	5,126.3	4,896.6
中西部	34,520.2	34,430.0	3,305.7	2,803.7
西部	35,827.2	35,613.0	3,954.0	3,664.4

（出所）アメリカ労働統計局

a. 2010年5月と2011年5月について、各地域で雇用されている労働者数を計算しなさい。その答えを用いて、2010年5月から2011年5月までの雇用されている労働者総数の変化分を計算しなさい。

b. 各地域について、2010年5月から2011年5月までの労働力の成長率を計算しなさい。

c. 2010年5月と2011年5月について、各地域の失業率を計算しなさい。

d. この期間の失業率の低下についてどんなことが推測できるか。求人数の純増が原因だったのだろうか。それとも、求職者数の大幅な減少が原因だったのだろうか。

7. 下記のうち、効率賃金がもっとも存在しそうなのはどのケースか。それはなぜか。
  a. ジェーンと彼女の上司はチームでアイスクリームを売っている。
  b. ジェーンは上司に直接監督されずにアイスクリームを売っている。
  c. ジェーンは韓国語を話し韓国語が主要言語である地域でアイスクリームを売っている。ほかに韓国語を話す労働者をみつけるのはむずかしい。

8. 以下の変化は自然失業率にどのように影響するか。
  a. 失業した労働者の失業給付の受給期間を政府が短縮した。
  b. 勉学に打ち込み大学卒業まで職探しをしない若者が増えた。
  c. インターネットへのアクセスが増えたおかげで、潜在的な雇い主と労働者がともに求人・求職のためにインターネットを使うようになった。
  d. 労働組合への加入が減少した。

9. かつて日本では多くの労働者が終身雇用だという伝統があったため、アメリカより失業率がはるかに低かった。1960年から1995年までの間、日本の失業率が3％を超えたのはたった1度しかなかった。だが1989年の株式市場での株価下落と1990年代の経済成長の鈍化で終身雇用制は崩壊し、2003年には失業率は5％超まで上昇した。
  a. 日本の終身雇用制度の崩壊が日本の自然失業率に及ぼすと考えられる効果を説明しなさい。

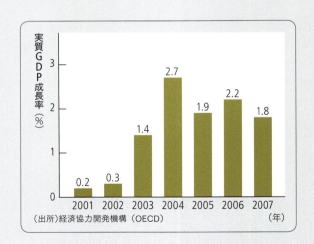

  b. 上の図が示すように、2001年から2007～2009年のグローバル経済危機以前について、日本の実質GDP成長率が取り上げられている。実質GDPのこの増加が失業率に対してもつと考えられる効果を説明しなさい。この期間の失業率の変化

を引き起こしたと考えられる要因は、自然失業率の変化だったのだろうか、それとも循環的失業率の変化だったのだろうか。

10. 次の例のそれぞれについて、インフレは経済に純費用をもたらすことなく勝者と敗者を生み出すだろうか。それとも経済に純費用をもたらすだろうか。もし純費用をもたらすとすれば、どのタイプの費用だろうか。

   a. インフレ率が高いと予想されるとき、より頻繁に賃金が支払われ、従業員が銀行を訪れる回数が増える。
   b. ランウェイの出張旅費は会社から支給される。だが会社が支給するまでに長い時間がかかることがある。そのためランウェイはインフレ率が高いとき出張したいとはあまり思わない。
   c. ヘクター・ホームオーナーは5年前に住宅ローンを組んだ。その固定名目利子率は6パーセントだ。この5年間にインフレ率は予想外にじわじわと上昇し、現在は7パーセントだ。
   d. 予想外に高いインフレへの対処として、コッド岬のコージー・コテージの経営者は、今季のレンタル価格を訂正するために高価なカラーパンフレットを再度印刷して再送しなければならない。

11. 下の図はアルバーニア経済の1995年から2010年にかけての1年貸し付けの利子率とインフレ率を示している。1年貸し付けがとくに魅力的である時期はいつか。またそれはなぜか。

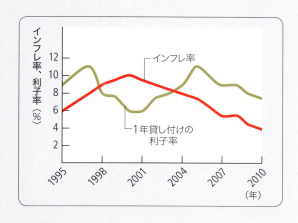

12. 下の表は、異なる7カ国について、2000年のインフレ率と2001年から2010年までの期間の平均インフレ率を示している。

国	2000年の インフレ率	平均インフレ率 （2001〜10年）
ブラジル	7.06	6.70
中国	0.4	2.16
フランス	1.83	1.86
インドネシア	3.77	8.55
日本	−0.78	−0.25
トルコ	55.03	18.51
アメリカ	3.37	2.40

（出所）国際通貨基金（IMF）

a. 平均インフレ率とメニューコストの関係についての予想を所与として、2001年から2010年までの期間の平均インフレ率を使い、メニューコストの高い国から低い国へ順に並べなさい。

b. 2000年から10年間の貸し付けを受けた借り手がもっとも得をするインフレ率の順に、国を並べなさい。2001年から2010年までのインフレ率が2000年のインフレ率と同じという予想のもとで貸し付けが合意されたと仮定しなさい。

c. 日本で10年間の貸し付けを受けた借り手は、貸し手に対して全体として得をしたか、損をしたか。説明しなさい。

13. 下の図は、1980年から2010年までのイギリスのインフレ率を示している。

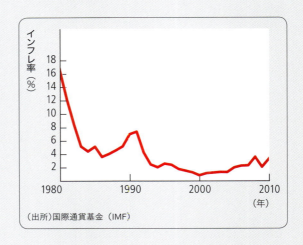

（出所）国際通貨基金（IMF）

a. 1980年と1985年の間、イギリスの政策立案者たちはインフレ率を低下させるためにはたらいていた。1980年と1985年の間で失業はどうなるとあなたは予測するか。

b. イギリスの政策立案者はインフレ率が2％という目標値を超えて上昇すると強

力に反応する。インフレ率が（2010年水準の）3.4％からたとえば5％に上昇するとしたら、それはなぜ有害なのだろうか。

Part 4　Long-Run Economic Growth

長期の経済成長

Chapter 9

Long-Run Economic Growth
長期の経済成長

この章で学ぶこと

- 長期の経済成長が1人当たり実質GDPの増加として測定されるのはなぜか。1人当たり実質GDPは時間の経過とともにどう変化してきたか。また各国間でどうちがっているか。
- **生産性**が長期の経済成長のカギとなるのはなぜか。**物的資本**、**人的資本**、技術進歩はどのようにして生産性を向上させるか。
- 各国間で長期の経済成長率が大きく異なる原因とは。
- 世界の重要地域の経済成長はどうちがっているか。先進諸国で**収束仮説**が成り立つのはなぜか。
- **持続可能性**の問題。天然資源の希少性と環境悪化による経済成長への挑戦とは。

背丈のお話

　中国は成長している。中国人も成長している。公式統計によれば、中国の子どもは30年前より約2.5インチ背が高くなった。平均的な中国人は平均的なアメリカ人よりまだずっと背が低いが、現在の成長率でいけばその差は2〜3世代でほとんどなくなる可能性がある。

　もしこれが実際に起きたら、中国は日本と同じ道をたどるだろう。年長のアメリカ人は日本人は背が低いと思いがちだが、今日の若い日本人男性は1900年時点にくらべて平均で5インチ以上背が高く、同年代のアメリカ人とほぼ同じなのだ（この平均は本書の著者のどちらよりも高い）。

　日本人の背が高くなった理由は何ら謎ではない。彼らが豊かになったからだ。20世紀はじめの日本は比較的貧しい国で、多くの家庭では子どもに十分な栄養を与えられなかった。その結果、子どもたちは背の低い大人になった。だが、第2次世界大戦後、日本は経済大国となったので食料が豊富になり、若者は昔より背が高くなったのだ。

　中国で現在同じ現象が起きている。まだ比較的貧しい国ではあるものの、中国は過去30年間に大きな経済的進歩を遂げた。その最近の歴史は、おそらく、長期の経済成長すなわち1人当たり産出量の持続的上昇の、世界史上もっとも顕著な事例だろう。だがその印象深い実績にもかかわらず、いまの中国はアメリカや日本のような経済的先進国に追いついていない。他の国では何十年も前に、とくにアメリカやヨーロッパ諸国では1世紀以上前に長期の経済成長過程が開始されたので、中国はまだ比較的貧しい国なのだ。

　マクロ経済学のもっとも重要な問題を1つだけ挙げるなら、それは長期の経済成長の問題、つまり経済成長はなぜ起きるのか、またどうしたら実現できるのかという問題だと、多くの経済学者は主張してきた。この章では長期の経済成長にかかわる事実をいくつか示し、経済学者が長期の成長のスピードを決めると考えている要因をみていこう。そして、政府の政策がどのようにして成長を促したり妨げたりしうるかを検討する。また、長期的成長の環境持続可能性に関する問題を考察する。

1 | 時空を超えて経済をくらべる

　長期の経済成長を分析する前に、アメリカ経済が時間の経過とともにどのくらい成長してきたのか、またアメリカのような豊かな国々とそれほどの成長を遂げていない国々との間の格差がどのくらいなのか、感じをつかんでおくことは有益だ。そこで、データをみることにしよう。

1.1　1人当たり実質GDP

　経済成長を記録するカギとなる統計は、実質GDPを人口規模で割った1人当たり実質GDPだ。GDPに注目するのは、第7章で学んだとおり、GDPは1年間にその経済が稼いだ所得を測るものであり、またその経済が生産する最終財・サービスの総価値額を測るものでもあるからだ。実質GDPを使うのは、物価水準の影響を取り除いて財・サービスの数量の変化をみるためだ。また、1人当たり実質GDPを使うのは、人口変化の影響を取り除きたいからだ。たとえば、他の条件を一定とすれば、人口が増加すると一定の実質GDPを分け合う人数が多くなるので、平均的な個人の生活水準は低下する。実質GDPと人口が同じ率で増加すれば、平均的な生活水準は変わらない。

　第7章では、1人当たり実質GDPの成長だけを政策目標にすべきでないことも学んだ。だが、一国経済の時間を通じた進歩を要約する尺度としては、1人当たり実質

図9-1 過去1世紀のアメリカ・インド・中国の経済成長

1900年価格で測った1900年から2010年までの1人当たり実質GDPがアメリカ、インド、中国について示されている。1人当たり実質GDPの同じパーセントでの変化が同じ大きさになるように描かれている。中国とインドを表す線の傾きが急になっていることが示すように、1980年以降中国とインドはアメリカよりはるかに成長率が高かった。2000年に、中国の生活水準は1900年にアメリカが達成した水準に到達した。2010年のインドは1900年のアメリカより貧しかった（1940〜50年の中国のデータ欠損は戦争によるものだ）。

（出所）Angus Maddison, *Statistics on World Population, GDP, and Per Capita GDP, 1-2008AD*（http://www.ggdc.net/maddison）、国際通貨基金（IMF）

GDPは実際とても役に立つ。図9-1は、アメリカ、インド、中国の1900年から2010年までの1人当たり実質GDPを、1990年のドル価値で表示したものだ（インドと中国のことはすぐあとで話す）。タテ軸は対数値をとっている。これは、1人当たり実質GDPの変化率が各国で同じなら、それが同じ変化にみえるようにするためだ。

アメリカ経済が前世紀にどれくらい成長してきたかの感じをつかめるように、表9-1に、選び出した各年の1人当たり実質GDPを2通りの数値で表示した。1つは1900年を基準としたもの、もう1つは2010年を基準としたものだ。アメリカ経済は1920年に、1人当たりですでに1900年の136％の生産を行っていた。2010年には、1900年の758％の生産、つまり1人当たりで7倍を超える生産を行っていた。言い換えれば、アメリカ経済の1900年の1人当たり総生産は、2010年のわずか13％でしかなかったということだ。

標準的な家庭の所得は、多かれ少なかれ、1人当たり所得に比例して増加する。たとえば、1人当たり実質GDPが1％増加すると、所得分布の中央にいる中位の（標準的な）家庭の所得はおよそ1％増加する。アメリカの中位家庭の所得は、2010年には約5万ドルだった。表9-1によれば、1900年の1人当たり実質GDPは2010年水準の13％しかなかったので、1900年の標準家庭の購買力はおそらく2010年の標準家庭の購買力の13％しかなかっただろう。それは現在のドルでは約6100ドルに当たる。いまでは深刻な貧困と考えられる生活水準だ。現在のアメリカの標準的な家族が1900年のアメリカに連れて行かれたとすれば、とても不自由な思いをすることだろう。

だが世界の多くの人々は、前世紀はじめのアメリカと同じかそれ以下の生活水準にある。図9-1でみた中国とインドの状況はそうなっている。中国は過去30年間に劇的な経済成長を遂げたし、インドもそれほど劇的ではないものの経済成長が加速した。中国は最近になってやっと20世紀はじめのアメリカの生活水準を上回ったが、インドはまだ当時のアメリカより貧しい。しかも現在の世界の多くの国々は、中国やインドよりも貧しいのだ。

世界の多くの国々がいかに貧しいままなのか、その感じをつかむには、図9-2をみればいい。これは、アメリカドルでの2010年の1人当たり実質GDPの大きさに応じて国々を分類した世界地図だ。みてわかるように、世界の大部分では非常に所得が低い。一般的にいえば、ヨーロッパと北米、それに太平洋地域の数カ国は所得が高い。

表9-1 | アメリカの1人当たり実質GDP

年	1900年の1人当たり実質GDPに対する比率（％）	2010年の1人当たり実質GDPに対する比率（％）
1900	100	13
1920	136	18
1940	171	23
1980	454	60
2000	696	92
2010	758	100

（出所）Angus Maddison, *Statistics on World Population, GDP, and Per Capita GDP, 1-2008AD*（http://www.ggdc.net/maddison），アメリカ経済分析局

世界人口の大部分が暮らすそれ以外の地域では、実質GDPが1人当たりで3976ドルに及ばず、それよりはるかに少ない国々が多い。実際、世界人口の約50%を超え

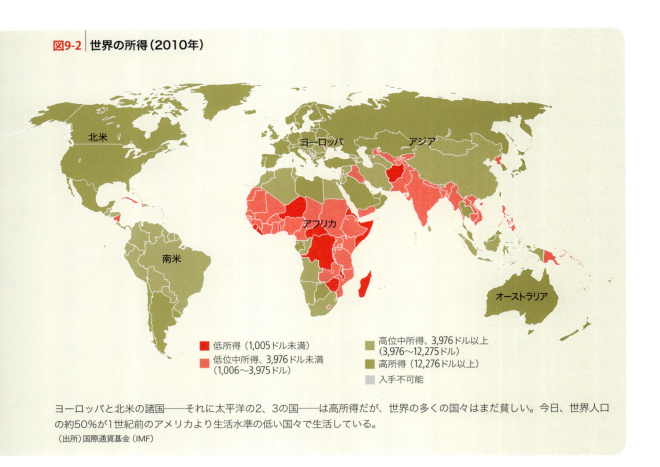

図9-2 | 世界の所得（2010年）

凡例：
- 低所得（1,005ドル未満）
- 低位中所得、3,976ドル未満（1,006〜3,975ドル）
- 高位中所得、3,976ドル以上（3,976〜12,275ドル）
- 高所得（12,276ドル以上）
- 入手不可能

ヨーロッパと北米の諸国——それに太平洋の2、3の国——は高所得だが、世界の多くの国々はまだ貧しい。今日、世界人口の約50%が1世紀前のアメリカより生活水準の低い国々で生活している。
（出所）国際通貨基金（IMF）

水準の変化 対 変化率

経済成長を研究する際には、水準の変化と変化率とのちがいを理解することが決定的に重要だ。実質GDPが「成長した」というのは、実質GDPの水準が上昇したという意味だ。たとえば2010年にはアメリカの実質GDPは3850億ドル成長した。

アメリカの2009年の実質GDP水準がわかれば、2010年の成長の大きさを変化率で表せる。たとえば2009年のアメリカの実質GDPが12兆7030億ドルであれば、2010年のアメリカの実質GDPは12兆7030億ドル＋3850億ドル＝13兆880億ドルだったことになる。この場合、2010年のアメリカの実質GDPの変化率、すなわち成長率は｛（13兆880億ドル－12兆7030億ドル）/12兆7030億ドル｝×100＝（3850億ドル/12兆7030億ドル）×100＝3.03％だ。一定年数の間の経済成長を語るときは、たいてい、成長率の変化を述べるものだ。

経済学者は成長や成長率を語るとき、この2つの概念をはっきり区別できない表現をすることが多く、混乱を招いてしまう。たとえば「1970年代にアメリカの成長は低下した」という場合、本当にいいたいのは、1970年代には1960年代にくらべてアメリカの実質GDPの成長率が低かったということなのだ。「1990年代前半に成長が加速した」という場合、それが言っていることは、1990年代前半には成長率が年々たとえば3％から3.5％に、さらに4％に上昇したということだ。

る人々が、いま1世紀前のアメリカより生活水準の低い国々で生活しているのだ。

1.2 成長率

アメリカはどうやって、2010年の1人当たりの生産を1900年の7倍超にしたのだろうか。少しずつ、成長したのだ。長期の経済成長は通常は漸進的なプロセスで、1人当たり実質GDPの成長はどんなに高くても年率で2〜3％だ。アメリカでは1900年から2010年までの間、1人当たり実質GDPは年平均で1.9％増加したのだった。

1人当たり実質GDPの1年ごとの成長率とその長期の成長率との関係について感じをつかむには、**70の法則**を覚えておくと良い。これは1人当たり実質GDPやその他の変数が2倍になるのにどのくらいの時間がかかるかを教えてくれる数学の公式だ。おおよその答えは、次のようになる。

$$\text{変数が2倍になる年数} = \frac{70}{\text{変数の年間成長率}} \quad (9\text{--}1)$$

> **70の法則**によれば、時間の経過とともに成長する変数が2倍になるのにかかる時間は、70をその変数の1年間の成長率で割った値にほぼ等しい。

もし1人当たり実質GDPが年率1％で成長するなら、2倍になるのに70年かかる（70の法則はプラスの成長率にのみ当てはまることに注意してほしい）。もしそれが年率2％で成長するなら、2倍になるのに35年しかかからない。現実には、アメリカの1人当たり実質GDPは20世紀に年平均で1.9％上昇した。この値に70の法則を適用すると、1人当たり実質GDPが2倍になるのに37年かかったはずだ。ということは、アメリカの1人当たり実質GDPが2倍になる事態が3回起きるには、37年が3回だから111年かかるだろう。すなわち70の法則によれば、111年間にアメリカの1人当たり実質GDPは、2×2×2＝8倍に増加したはずだ。1世紀が111年よりちょっとだけ短いことを考えれば、これは現実を非常によく近似していることがわかる。1899年から2010年までの111年間で、1人当たり実質GDPは約8倍に上昇したのだ。

図9-3は選び出した国々について1980年から2010年までの1人当たり実質GDPの年平均成長率を示したものだ。注目すべき成功物語をもつ国々もある。たとえば中国はいまでも非常に貧しい国だが、すばらしい進歩を遂げた。次の「経済学を使ってみよう」で論じるように、インドも、中国の実績に匹敵するほどではないが、強く印象に残る成長を遂げた。

他方、大きな失望を感じざるをえない成長しかできなかった国々もある。アルゼンチンはかつて豊かな国で、20世紀はじめにはアメリカとカナダと同じ階層に入っていた。だがそれ以後、成長著しい経済に大きく後れをとった。さらには、ジンバブエのように、衰退した国々もある。

成長率のこうしたちがいを説明するものは何か。この問題に答えるためには、長期の経済成長の原因を調べる必要がある。

経済学を使ってみよう☞ インドは離陸する

1947年、インドはイギリスからの独立を果たし、世界最大の人口をもつ民主主義

図9-3 最近の成長率の比較

1980年から2010年までの1人当たり実質GDPの平均年間成長率を、選ばれた国々について示した。中国と、程度はそれより小さいがインドとアイルランドは、印象に残る成長を達成した。アメリカとフランスは穏やかに成長した。かつては経済的先進国と考えられていたアルゼンチンでは成長はさらに鈍かった。ジンバブエのような他の国々は、衰退した。

（出所）国際通貨基金（IMF）

＊データの制約のため、ジンバブエのデータは2000年から2010年の平均年間成長率である。

国となった。その地位は今日も変わっていない。だが独立後30年以上の間、この政治的に幸福な話は経済的失望によりやや影が薄くなっている。経済発展計画は野心的だったにもかかわらず、インドの実績は一貫して不振だった。1980年には、インドの1人当たり実質GDPは1947年にくらべてわずか約50％しか増加していなかった。インドとアメリカのような豊かな国との生活水準の格差は、縮小するのではなく、拡大してきた。

しかしながら、それ以後のインドははるかに良くなっている。図9-3に示すように、1人当たり実質GDPは平均年率4.2％で成長し1980年から2010年までに3倍超となった。インドは現在大きな中間層をもち、それは急速に成長している。そう、中間層の栄養の良くなった子どもたちは親たちよりずっと背が高いのだ。

1980年以後インドでは何がうまくいったのか。多くの経済学者は政策改革を指摘している。独立後の数十年間、インド経済はきびしくコントロールされ高度に規制されていた。今日では事情は非常にちがっている。一連の改革により国際貿易が開かれ国内競争も自由になった。だが、1991年まで大きな政策改革がとられていなかったのに成長は1980年ごろに加速したのだから、これが主要な説明ではありえないと主張する経済学者もいる。

説明はともかく、インドは経済成長により新たな経済大国に変貌し、何億人もの人々がはるかに良い生活を、祖父母が夢みたよりも良い生活を送れるようになったのだ。

現在の大きな問題は、この成長が継続できるのかどうかということだ。懐疑的な人たちは、インド経済には将来の成長を制約しかねない重要なボトルネックがあると主張する。彼らが指摘するのはとくに、インド人口の多くはまだ教育水準が低いこと、またインフラが不十分なこと、すなわち国内の道路、鉄道、電力供給などの質が低いこととその能力に限界があることだ。だが、インド経済はそうした疑いを数十年間退

けてきた。そしてそれを続けられる希望がある。

✅ 理解度チェック　9-1

1. 経済の進歩を測るために、経済学者が1人当たり名目GDPや実質GDPのような尺度よりも、1人当たり実質GDPを使うのはなぜか。
2. 70の法則を図9-3のデータに当てはめて、そこに掲載されている（ジンバブエ以外の）各国で1人当たり実質GDPが2倍になるのにどのくらいの時間を要するか求めなさい。成長率が図9-3に示されている値と変わらないとすると、インドの1人当たり実質GDPは将来アメリカのそれを超えるだろうか。
3. 現在、中国とインドの経済成長率はアメリカよりはるかに高いが、アメリカの標準的な家計より中国やインドの標準的な家計のほうがはるかに貧しい。それはなぜか説明しなさい。

解答は https://str.toyokeizai.net/books/9784492314906 にある。

> **ちょっと復習**
> ▶経済成長は1人当たり実質GDPを用いて測定される。
> ▶アメリカでは、1990年以来1人当たり実質GDPが7倍を超えて増加し、生活水準が大きく上昇した。
> ▶多くの国々の1人当たり実質GDPはアメリカよりはるかに低い。世界人口の半分を超える人々の生活水準は、1900年代はじめのアメリカ人の生活水準よりも低い。
> ▶1人当たり実質GDPの長期的な増加は、（漸進的な）成長の成果だ。**70の法則**を用いると、年間成長率が与えられたとき1人当たり実質GDPが2倍になるのに何年かかるかがわかる。
> ▶1人当たり実質GDPの成長率は国によって大きくちがっている。

2│長期の成長の原因

　長期の経済成長は、ほぼ全面的に、ある1つの要因にかかっている。それは生産性の上昇だ。だが生産性の上昇に影響を与える要因は多く存在する。まず、なぜ生産性がもっとも重要な要因なのかをみて、その後何が生産性に影響を与えるかを調べていこう。

2.1　生産性は決定的に重要だ

　持続的な経済成長が生じるのは、平均的な労働者の産出量が着実に増大するときだけだ。

　労働生産性または単に**生産性**という用語は、労働者1人当たりの産出量を指す。場合によっては1時間当たりの産出量を指すこともある（平均的労働者の労働時間数は生活水準のちがいをもたらす重要な要因ではないが、国によって、たとえばインドとアメリカの間では、いくらかちがっている）。本書では、労働者1人当たりの産出量のほうに焦点を合わせよう。経済全体では、生産性すなわち労働者1人当たりの産出量は、単に実質GDPを労働者数で割った値となる。

　ひょっとすると読者は、どうして生産性上昇が長期的成長の唯一の原因だといっているのだろう、と思っているかもしれないね。人口のうちより多くの人たちに働いてもらえば、1人当たり実質GDPを増加させることができるのではないかって？　答えは「そのとおり、だけど……」というものだ。短期でみれば、人口のうちより多くの人たちを生産に投入することで1人当たりの産出量の成長を急激に高めることができる。それはアメリカで第2次世界大戦中に起きたことだ。以前は家庭でしか働

> 単に**生産性**と呼ばれることも多い**労働生産性**とは、労働者1人当たりの産出量のことだ。

いていなかった何百万人もの女性が有給の労働力として雇われたのだ。家庭外で雇用される成人市民の割合は、1941年の50％から1944年には58％にまで上昇した。その間に起きた1人当たり実質GDPの急上昇は、図9-1でみることができる。

だが長期でみれば、雇用の成長率が人口成長率と大きく異なることは決してない。たとえば20世紀にはアメリカの人口は年平均で1.3％増加し、雇用は年率1.5％で増加した。1人当たり実質GDPは年率1.9％で増加したが、そのうち1.7％、すなわち全体のほぼ90％が生産性上昇の結果だった。一般的には、実質GDP全体は人口成長によって成長しうるが、1人当たり実質GDPの大きな上昇をもたらすのは労働者1人当たりの産出量の増加にほかならない。つまりその原因は生産性の上昇なのだ。

こうして、生産性上昇こそが長期の経済成長のカギとなる。しかし生産性の上昇をもたらすものは何なのだろう？

2.2 生産性の成長を説明する

今日のアメリカの平均的労働者が、1世紀前の平均的労働者よりはるかに多くの生産ができる主な理由は、3つある。第1に、現代の労働者は機械やオフィス空間といった物的資本をはるかに多く使える。第2に、現代の労働者ははるかに良い教育を受け、はるかに大きな人的資本を身につけている。最後に、現代の企業は大きな技術進歩により1世紀にわたって積み上げられた技術改善の恩恵を受けている。

これらの要因を順にみていこう。

物的資本の増大 経済学者は**物的資本**を建物や機械のような人工の資源と定義する。物的資本があると労働者はより生産的になる。たとえば、ショベルカーを使える労働者は、シャベルしか使えない労働者にくらべて1日当たりではるかに長い距離の溝を掘ることができる。

> **物的資本**とは、建物や機械のような人工の資源のことだ。

アメリカの現在の平均的な民間部門労働者は15万ドルを上回る物的資本を利用している。これは、100年前のアメリカの労働者や現在の他のほとんどの国々の平均的労働者よりも、はるかに大きな金額だ。

人的資本の増大 労働者が良い設備を利用できるだけで十分なわけではない。労働者たちがそれを使って何をするべきか理解できている必要がある。教育や知識が労働者に与えられることにより発生する労働力の改善を**人的資本**という。

> **人的資本**とは、労働者に体化された教育や知識が生み出す労働力の改善のことだ。

アメリカの人的資本は過去1世紀の間に劇的に増大した。1世紀前、ほとんどのアメリカ人は読み書きはできたが、高等教育を受ける人はほとんどいなかった。1910年には、25歳以上のアメリカ人のうち高卒者は13.5％、4年制大学卒業者は3％にすぎなかった。2010年までにその値はそれぞれ87％、30％となった。人々の教育水準が1世紀前と変わらず低いままだったなら、現在の経済を運営することは不可能だろう。

この章で今後説明する成長会計を基礎とした分析によると、教育は、物的資本の増

加よりもはるかに重要な生産性成長の原因だ。

技術進歩　生産性の成長にとっていちばん重要な原動力はおそらく、財・サービスの技術的な生産方法の改善として広く定義される**技術進歩**だろう。技術が経済成長に及ぼす効果を経済学者がどのようにして測るのかを、すぐ後でみることにしよう。

> **技術進歩**とは、財・サービスの技術的な生産方法の改善のことだ。

今日の労働者は、物的・人的資本の量が同じでも、過去の労働者よりも多くの生産ができる。それは、時間の経過とともに技術が進歩してきたからだ。経済的に重要な技術進歩が、注目を集める最先端の科学的成果から生じるとは限らないことを認識するのは大切だ。歴史家が注意を促してきたように、過去の経済成長の原動力となったのは、鉄道や半導体チップのような大きな発明ばかりでなく、何千という地味な技術革新だった。たとえば、1870年に特許をとった野菜など多くの品物をずっと入れやすくしてくれた平底の紙バッグや、1981年に登場してオフィスに驚くほど大きな利便性をもたらしてくれた「ポストイット」のふせんなどがそうだ。20世紀後半にアメリカで起きた生産性の急上昇の原因は、ハイテク企業ではなく、むしろウォルマートのような小売企業が採用した新しい技術にあったと専門家たちは考えている。

2.3　成長会計：集計的生産関数

他の条件が一定なら、労働者が物的資本、人的資本、より良い技術、あるいはそれらの組合せをより多く備えているほど、生産性は高くなる。その効果を数値化できるだろうか？　そのために経済学では、**集計的生産関数**を推定する。集計的生産関数とは、生産性が労働者1人当たりの物的資本や人的資本の量、また技術水準にどう依存しているかを表す関数だ。一般的にいえば、これら3つの要因は時間を通じて高まる傾向がある。つまり労働者はより多くの機械を備え、より多くの教育を身につけ、技術の改善から利益を受けるようになる。集計的生産関数を使えば、これら3つの要因が経済全体の生産性に及ぼす効果を解きほぐして理解することができる。

> **集計的生産関数**は、生産性(1人当たり実質GDP)が労働者1人当たりの物的資本や人的資本の量、また技術水準にどう依存しているかを表す仮想的な関数だ。

集計的生産関数を現実のデータに適用した例は、ブルッキングス研究所の経済学者バリー・ボスワースとスーザン・コリンズによる中国とインドの経済成長の比較研究だ。彼らは次のような集計的生産関数を用いた。

労働者1人当たりGDP
$= T \times ($労働者1人当たり物的資本$)^{0.4}$
$\times ($労働者1人当たり人的資本$)^{0.6}$

ここで、Tは技術水準の推定値を表す。彼らは、1年の教育で労働者の人的資本が7％上昇すると仮定した。この関数を使い、1978年から2004年までの間に中国がインドより急速に成長したのはなぜかを説明しようとした。わかったのは、そのちがいの原因の半分は、労働者1人当たり物的資本をインドより急速に引き上げた中国の高い投資支出にあるということだった。残りの半分の原因は、中国の急速な技術進歩だっ

> 人的資本と技術を一定として、物的資本を増やすごとに生産性の上昇分が小さくなる場合、集計的生産関数は**物的資本に関する収穫逓減**を示す。

た。

　過去の経済成長を分析するなかで、経済学者たちは、推定された集計的生産関数に関する決定的な事実を発見した。それは、集計的生産関数は**物的資本に関する収穫逓減**の性質をもつということだ。すなわち、労働者1人当たり人的資本と技術が一定のとき、労働者1人当たり物的資本を増やしていくと生産性の上昇分は小さくなっていくのだ。図9-4とその右の表は、労働者1人当たり人的資本と技術を一定としたとき、労働者1人当たり物的資本が労働者1人当たり実質GDPにどう影響するかを示した仮想例だ。この例では物的資本をドルで測っている。

　労働者1人当たり物的資本と生産性の関係がなぜ収穫逓減になるかをみるために、農業機械を使うと農場労働者の生産性にどんな影響があるかを考えよう。わずかな機械があるだけで大きなちがいが生じる。1台のトラクターを使う労働者は、それを使えない労働者よりはるかに多くの仕事ができる。そして他の条件が一定なら、より高価な機械を使う労働者はより生産性が高い。より高価な機械は馬力が大きいか、こなせる仕事が多いか、あるいはその両方なので、4万ドルのトラクターを使う労働者は、2万ドルのトラクターを使う労働者よりも一定時間内に耕せる農地がふつうは多いのだ。

　だが人的資本と技術を一定とするとき、4万ドルのトラクターを使う労働者の生産

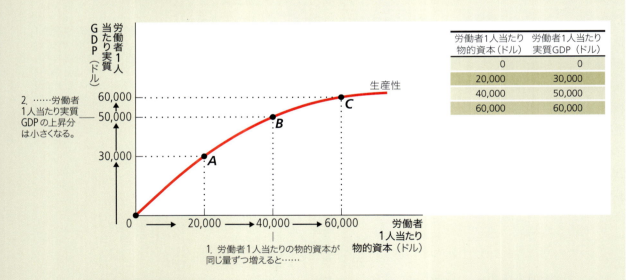

図9-4 物的資本と生産性

ここでの集計的生産関数は、労働者1人当たり人的資本と技術を一定として、労働者1人当たり物的資本が増加するとき生産性がどのように上昇するかを示している。他の条件が一定なら、労働者1人当たり物的資本が多くなるほど、労働者1人当たり実質GDPも増加する。だが、それは収穫逓減を示す。つまり労働者1人当たりの物的資本が増えるにつれて生産性の上昇分は小さくなっていく。原点0から労働者1人当たりの物的資本が2万ドル増えると、点Aで示されるように、労働者1人当たり実質GDPは3万ドル増える。次に、点Aから労働者1人当たりの物的資本が2万ドル増えるときは、点Bで示されるように、労働者1人当たり実質GDPは2万ドルしか増えない。最後に、労働者1人当たりの物的資本がもう1回2万ドル増えても、点Cで示されるように、労働者1人当たり実質GDPは1万ドルしか増えない。

性は、2万ドルのトラクターを使う労働者の2倍になるのだろうか？　たぶん答えはノーだ。

　トラクターをまったく使わないのと安いトラクターを使うのとでは大きなちがいがある。でも、安いトラクターを使うことと良いトラクターを使うこととのちがいは、ずっと小さくなる。となると、20万ドルのトラクターを使う労働者の生産性が10倍高いわけではないこともすぐわかる。1台のトラクターではそんなには改善できないのだ。他の種類の機械にも同じことが当てはまるので、集計的生産関数は物的資本に関して収穫逓減となる。

　物的資本に関する収穫逓減とは、労働者1人当たりの物的資本と産出量の間にある図9-4に示すような関係のことだ。この物的資本の生産性曲線とそこにつけた表が示しているように、労働者1人当たり物的資本が増えるにつれて労働者1人当たり産出量は増加する。だが労働者1人当たり物的資本を2万ドルずつ増やすごとに生産性の上昇幅は小さくなっていく。表からわかるとおり、最初の2万ドルの物的資本からは大きな利得がある。労働者1人当たり実質GDPは3万ドル増加する。2番目の2万ドルの物的資本も生産性を引き上げるが、同じ大きさでではない。つまり、労働者1人当たり実質GDPは2万ドルしか増加しない。3番目の2万ドルの物的資本は労働者1人当たり実質GDPを1万ドルしか増加させない。曲線上の点を比較することによっても、労働者1人当たり物的資本が上昇するにつれて労働者1人当たり産出量は上昇しているがその増え方が小さくなっていくことがわかる。原点0から点Aまで、労働者1人当たり物的資本が2万ドル増加すると、労働者1人当たり実質GDPは3万ドル増加する。点Aから点Bまで、労働者1人当たり物的資本が2万ドル増加するときは、労働者1人当たり実質GDPは2万ドルしか増加しない。そして点Bから点Cまで、労働者1人当たり物的資本が2万ドル増加するときには、労働者1人当たり実質GDPは1万ドルしか増えないのだ。

　ここで重要なのは、物的資本に関する収穫逓減は「他の条件が一定」のもとでの現象だということだ。つまり、1人当たり人的資本と技術とを一定としたときに、物的資本量の増加分がもつ生産性が低下していくということなのだ。労働者1人当たり物的資本が増えると同時に労働者1人当たり人的資本を増やすか、技術を改善するか、またはその両方を行うなら、収穫逓減は消えてしまうかもしれない。

　たとえば、4万ドルのトラクターを使う労働者が、同時に最先端の耕作技術の訓練を受けたとすれば、その追加的な訓練を受けずに2万ドルのトラクターを使う労働者の2倍を超える生産性を実際に発揮するかもしれない。とはいえ、物的資本であれ人的資本であれ労働者数であれ、何か1つの投入物に関する収穫逓減は、どんな生産活動にも当てはまる特徴だ。典型的な推計によると、労働者1人当たり物的資本が1％増加したとき、現実には労働者1人当たり産出量は0.33％、つまり1％の3分の1しか増えない。

　現実には、労働者1人当たり物的資本、労働者1人当たり人的資本、それに技術の進歩といった生産性上昇に貢献するすべての要因が、経済成長の過程で向上する。

> **成長会計**とは、集計的生産関数に含まれる各要因の経済成長への貢献度を推定するものだ。

これらの要因の効果を整理するために、経済学者は**成長会計**を用いる。それは集計的生産関数に含まれる各要因の経済成長への貢献度を推定するものだ。例として、以下のような仮定を置いてみよう。

- 労働者１人当たりの物的資本は年率３％で成長する。
- 集計的生産関数の推定によれば、人的資本と技術を一定とするとき、労働者１人当たり物的資本が１％上昇すると労働者１人当たり産出量は１％の３分の１、つまり0.33％だけ増加する。

このケースでは、労働者１人当たり物的資本の成長で生産性の年間成長の３％×0.33＝１％を説明できると推定される。人的資本の成長の効果を推定するには、同じような、だがもっと複雑な手続きが必要となる。なぜなら、人的資本をドル単位で測るような単純な尺度はないからだ。

成長会計を使えば、物的資本、人的資本の増加が経済成長に及ぼす効果を計算できる。でも、技術進歩の効果はどう推定すればいいのだろう？　それには、物的資本と人的資本の効果を考慮した後に残ったものを推定すればよい。たとえば、労働者１人当たり人的資本の増加がなかったと想定する。これは、物的資本と技術の変化の影響だけをみるためだ。

図9-5で低い位置にある曲線は、図9-4と同じく、労働者１人当たり物的資本と労働者１人当たり産出量との仮想的な関係を示している。これが1940年に使える技術のもとでの関係だったと仮定しよう。高い位置にある曲線も労働者１人当たり物的資本と生産性との関係を示しているが、こちらは2010年に使える技術のもとでの関係だ（70の法則を使えるように70年間隔を選んだ）。2010年の曲線が1940年の曲線より上に位置しているのは、過去70年間に開発された技術のおかげであり、労働者１人当たり物的資本が同じでも、1940年の技術のもとでよりも大きな産出量を達成できるようになったからだ（２本の曲線はドルの価値を一定として測っていることに注意）。

逓減するかもしれない……だがそれでもプラス

物的資本に関する収穫逓減が何を意味し何を意味しないかを理解することが重要だ。すでに説明したように、それは「他の条件が一定」のもとでの話なのだ。つまり、労働者１人当たり人的資本と技術が変わらないとして、労働者１人当たり物的資本を増やしていくと労働者１人当たり実質GDPの増加分が小さくなる、という意味だ。だが、物的資本を増やすにつれて労働者１人当たり実質GDPが最終的に減少する、という意味ではない。あくまでも労働者1人当たり実質GDPの増加分がゼロより大きいままでだんだん小さくなるというだけだ。だから、労働者1人当たり物的資本の増加が生産性を低下させることは決してない。しかし収穫逓減がはたらくために、労働者１人当たり物的資本の増加はある点までくるとそれ以上は経済的利得を生み出さなくなる。すなわち、産出量の増加が小さすぎて、追加的な物的資本コストに見合うだけの価値をもたなくなる点に到達するのだ。

図9-5 技術進歩と生産性の成長

技術進歩は、労働者1人当たり物的資本の任意の水準での生産性を高めるので、集計的生産関数を上にシフトさせる。労働者1人当たり人的資本を一定としよう。低い位置にある曲線（図9-4と同じもの）は1940年の技術を、高い位置にある曲線は2010年の技術を反映している。技術と人的資本を一定として、労働者1人当たり物的資本が2万ドルから6万ドルへと3倍になると、労働者1人当たり実質GDPは3万ドルから6万ドルへと2倍になる。これは点Aから点Cへの動きで表され、労働者1人当たり実質GDPが1年におよそ1%成長することを意味する。だが実際には、技術進歩が労働者1人当たり物的資本の任意の水準での生産性を高めた——ここでは曲線の上方シフトで示される——ので、労働者1人当たり実質GDPは点Aから点Dの水準へと成長した。労働者1人当たり実質GDPは年率2%で成長し、この期間に4倍になった。労働者1人当たり実質GDPのこのもう1%の成長は、全要素生産性の上昇によるものだ。

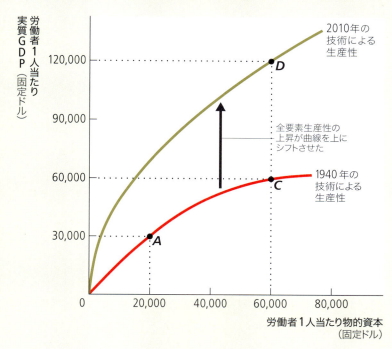

1940年から2010年の間に、労働者1人当たり物的資本が2万ドルから6万ドルに増加したと仮定しよう。労働者1人当たり物的資本のこの増加が技術進歩なしで起きたとしたら、経済は点Aから点Cに移動したはずだ。労働者1人当たりの産出量は上昇するだろうが、3万ドルから6万ドルへと、年率1%の上昇となったと考えられる（70の法則を使うと、年率1%で70年間成長すると産出量は2倍になる）。だが実際には、経済は点Aから点Dに移った。産出量は3万ドルから12万ドルへと、年率2%で上昇したのだ。つまり、労働者1人当たり物的資本の増加と、集計的生産関数をシフトさせる技術進歩の両方が生じたのだ。

このケースでは、年率2%の生産性成長の50%、つまり年率の生産性成長のうちの1%を、要素投入量を一定として生産できる産出量である**全要素生産性（TFP）**の上昇で説明できる。全要素生産性が上昇するとは、同量の物的資本、同量の人的資本、同量の労働によってもっと多くの産出量を生み出せるということだ。

全要素生産性の上昇が一国の経済成長で中心的役割を果たすことが多くの推計で見

▶ **全要素生産性（TFP）**とは、要素投入量を一定として生産できる産出量だ。

出されている。また、観測された全要素生産性の上昇は技術進歩の経済効果を現実に測ったものだと信じられている。これらすべてのことが意味するのは、技術進歩は経済成長にとって決定的なものだということだ。アメリカ労働統計局はアメリカの非農業部門の労働生産性と全要素生産性の成長率を推計しているが、それによれば1948年から2010年までにアメリカの労働生産性は年率2.3%で上昇した。労働者1人当たり物的資本と労働者1人当たり人的資本の増加によって説明されるのは、この上昇分のうち49%にすぎない。残りは全要素生産性の上昇、つまり技術進歩によって説明されるのだ。

2.4 天然資源はどうなのか

これまでの議論では出てこなかったが、天然資源は確かに生産性に影響を与える。もし他の条件が同じなら、肥沃な土地や豊かな鉱床といった価値ある天然資源に恵まれた国は、そうした幸運に恵まれない国にくらべて1人当たり実質GDPが高い。現代のもっともはっきりした例は中東だ。巨大な原油埋蔵量のおかげで、人口の希薄な少数の国々が非常に豊かになっている。たとえばクウェートの1人当たり実質GDPはドイツとほぼ同じだ。クウェートが豊かなのは原油のおかげであり、ドイツのように製造業を原動力にして1人当たり産出量を高めたわけではない。

だが、他の条件が同じではないこともよくある。現代の世界の大多数の国々では、生産性の決定因としての天然資源の重要性は、物的資本・人的資本にくらべればはるかに低い。たとえば日本のように、1人当たり実質GDPがきわめて高い国々のなかには天然資源がとても少ない国がある。一方、（大きな原油埋蔵量をもつ）ナイジェリアのように、天然資源の豊富な国々のなかにも非常に貧しい国がある。

歴史的にみれば、天然資源は生産性の決定に顕著な役割を果たしてきた。19世紀に1人当たり実質GDPがもっとも高い国々は、豊かな農地と鉱床に恵まれたアメリカ、カナダ、アルゼンチン、オーストラリアだった。その結果、天然資源は経済思想の発展のなかで重要なものとして取り上げられた。イギリスの経済学者トマス・マルサスは、1798年に出版した有名な著作『人口論』で、世界の土地の量が一定であることを根拠に将来の生産性について悲観的な予測を行った。彼の指摘によれば、人口が増大するにつれて1人当たりの土地の量は減少し、他の条件が一定なら生産性は低下することになる。

彼の見通しでは、技術の改善や物的資本の増加は一時的な生産性の上昇を引き起こすにすぎない。人口増大圧力と土地への労働投入の増加によって、それらの効果がつねに打ち消されてしまうからだ。彼の結論は、大部分の人々は長期的には飢餓との境界線上で生きるよう運命づけられているということだった。そうなってはじめて、死亡率は十分に高く出生率は十分に低くなり、人口成長が生産性上昇を上回らないところまで低下する、というわけだ。

人類史の大半において生産性が低下または停滞するというマルサスの予測は有効だったと多くの歴史家は信じているが、近代以降はそうはならなかった。18世紀ま

ではおそらく、人口圧力は現実に生産性の大きな上昇を妨げていた。だがマルサスが著書を書いた時点以後は、技術進歩、人的資本・物的資本の増加、新世界での広大な可耕地の開拓といった正の効果のほうが、人口成長が生産性に及ぼす負の効果を大幅に上回るようになったのだ。

だが、石油のような資源の供給も有限、環境悪化の影響を吸収する能力も有限な地球上で私たちが生活していることに変わりはない。この章の最後のセクションでは、これらの限界が経済成長に突き付ける問題を考察する。

経済学を使ってみよう ☞ 情報技術のパラドックス

1970年代はじめから1990年代半ばまで、アメリカでは全要素生産性の成長が停滞していた。図9-6は、アメリカ労働統計局による全要素生産性の年間成長率の推定値を、1948年から2010年まで10年ごとに平均して示したものだ。みてのとおり、1970年代はじめに全要素生産性成長率は大きく低下しはじめた。全要素生産性の上昇は長期的成長のカギなので、経済成長全体も思わしくなく、経済的進歩が止まってしまったという感覚が広まった。

1973年以降、全要素生産性の成長率の低下をみて多くの経済学者は困惑した。それ以外の点では、この時期は急速な技術進歩の時代と思われていたからだ。現代の情報技術が本当に始まったのは、マイクロプロセッサ、つまりチップ上のコンピュータが1971年にはじめて開発されたときだった。その後の25年間で、ファクシミリ、デスクトップコンピュータ、携帯電話、電子メールなど、革新的と思われた一連の発明品がビジネスの世界で標準的な設備となった。だが、全要素生産性の成長率は停滞したままだった。マサチューセッツ工科大学（MIT）経済学部教授でノーベル賞を受賞した経済成長分析の先駆者ロバート・ソローは、ある有名な論評のなかで次のように述べている。情報技術革命はあらゆる場面に現れているのに経済統計にだけ現れない。

なぜ情報技術は大きな報酬を生まなかったのか。スタンフォード大学の経済史家ポール・デイビッドは1つの理論と予測を提示した。彼が指摘したのは、もう1つの奇跡的な技術である電力が100年前に経済全体に普及したときも、当初、生産性成長に与えたインパクトは驚くほど小さかったということだ。彼が考えたその理由は、新しい技術は昔ながらの使い方をすると潜在的可能性を十分には発揮できない、というものだった。

たとえば1900年頃の従来の工場は複数階建てのビルで、機械はぎっしりと置かれ、地下に

図9-6 アメリカの生産性成長の鈍化と回復

（出所）アメリカ労働統計局

ある蒸気エンジンを動力源として使うように設計されていた。この設計には問題があった。人や材料を自由に移動させるのがむずかしかったのだ。でも当初、工場を電化した工場主たちは複数階建てでぎゅうぎゅう詰めの配置を変更しなかった。生産性が飛躍的に向上したのは、電力がもつ柔軟性をうまく活かして広々した平屋建て工場に配置変更が行われてからだった。そのいちばん有名な例がヘンリー・フォードの自動車組立てラインだ。

デイビッドは情報技術でも同じ現象が起きているという。彼の予測では、手紙や電話を電子メールに切り換えるなど、人々がこの新技術を活用するためにビジネスのやり方を本当に変えるなら、そのときにこそ生産性は飛躍的に向上する。確かに、ウォルマートのような会社が情報技術を効果的に使う方法を発見した1990年代後半になると、生産性成長は劇的に加速したのだった。

ちょっと復習

▶長期的に生活水準が上昇する主な原因は、単に**生産性**と呼ばれることも多い**労働生産性**の成長だ。

▶**物的資本**の増加は生産性上昇の原因の1つだが、生産性上昇は**物的資本に関する収穫逓減**を示す。

▶**人的資本**と**技術進歩**も生産性上昇の原因となる。

▶**集計的生産関数**は生産性上昇の要因を推定するために用いられる。**成長会計**は、技術進歩の効果とみなされる**全要素生産性（TFP）**の上昇が長期の経済成長の中心であることを示している。

▶今日の大多数の経済では、天然資源は生産性成長の要因としては物的資本・人的資本より重要性が低い。

✅ 理解度チェック　9-2

1. 次のそれぞれの出来事が生産性成長率に与える効果を予測しなさい。
   a. 労働者1人当たり物的資本・人的資本は変わらないが、重要な技術進歩が起きる。
   b. 労働者1人当たり物的資本が一定率で増えるが、労働者1人当たりの人的資本水準と技術は変わらない。
2. エリューホン経済の産出量は過去30年のあいだ年率3％で成長した。労働力は年率1％で、物的資本量は年率4％で成長した。平均的な教育水準は変化しなかった。経済学者の推定では、他の条件が同じなら、労働者1人当たり物的資本が1％増加するごとに生産性は0.3％上昇する（ヒント：（X/Y）のパーセント変化＝ Xのパーセント変化－ Y のパーセント変化）。
   a. エリューホンの生産性の成長率はいくらか。
   b. 労働者1人当たり物的資本の成長率はいくらか。
   c. 労働者1人当たり物的資本の成長はどのくらい生産性成長に寄与したか。それは生産性成長の何％か。
   d. 技術進歩はどのくらい生産性成長に寄与したか。それは生産性成長の何％か。
3. マルチノミクス社は国中に多くのオフィスをもつ大会社だ。同社は、社内で使われるほとんどすべての機能に影響を及ぼす新しいコンピュータ・システムを採用した。新しいコンピュータ・システムによって従業員の生産性が上昇するまでに一定の時間がかかる可能性があるが、それはなぜか。従業員の生産性が一時的に低下することはありうるか。

解答は https://str.toyokeizai.net/books/9784492314906 にある。

3 | 成長率はなぜちがうのか

　経済史家アンガス・マディソンの推定によれば、1820年にはメキシコの1人当たり実質GDPは日本よりいくらか高かった。今日では日本の1人当たり実質GDPはほとんどのヨーロッパ諸国よりも高いが、メキシコは決して最貧国ではないものの貧しい国だ。ちがいは何かって？ 長期的にみて、つまり1820年以降、1人当たり実質GDPが日本では年率1.9％で成長したのに対して、メキシコでは年率1.3％でしか成長しなかったことだ。

　この例が示すように、成長率のわずかな差が長期的には大きなちがいをもたらす。では、成長率が国ごとにまた時期によってちがうのは、なぜなのだろうか？

3.1　成長率格差を説明する

　予想できるように、急速な成長を遂げている経済は、物的資本の蓄積、人的資本の増加、急速な技術進歩を経験していることが多い。1950年代と60年代の日本や今日の中国のような目覚ましい経済的成功の物語は、これら3つがすべて当てはまる国、つまり高い貯蓄と投資支出を通じて物的資本の急速な蓄積、教育水準の向上、技術進歩の促進が起きているような国で生じやすいのだ。また、成長要因を活性化するには政府の政策、所有権、政治的安定性、良いガバナンスが重要であることを示す証拠が見出されている。

貯蓄と投資支出　国によって成長率がちがう1つの理由は、高い投資支出率を達成して他国より急速に物的資本ストックを増やす国があるからだ。1960年代、日本はもっとも成長の速い主要経済国だった。日本のGDPに占める投資財への支出率は、他の主要経済国よりはるかに高かった。今日、中国はもっとも成長の速い主要経済国で、同様にGDPのうち非常に大きな割合を投資財に支出している。2010年の投資支出は、アメリカではGDPの16％にすぎないのに中国では38％だった。

　高い投資支出に必要な資金はどこから来るのか。貯蓄からだ。次章で金融市場がどのようにして貯蓄を投資に転換するのかを分析する。だがいまのところのキーポイントは、投資支出の支払い資金は国内家計の貯蓄か、外国家計の貯蓄すなわち外国資本の流入でまかなわれるということだ。

　外国資本は、いくつかの国の長期の経済成長において重要な役割を果たした。アメリカも工業化の初期には外国資金に大きく依存していた。だが、ほとんどの場合、GDPの大きな割合を投資できた国は、高い国内貯蓄があったからこそ、それができたのだ。事実、2010年の中国のGDP比でみた貯蓄はGDP比でみた投資支出よりもずっと高かった。余分な貯蓄は海外に、多くはアメリカに投資された。

　このように、成長率にちがいが生じる1つの理由は、物的資本ストックの追加量が各国でちがうからで、それは各国での貯蓄率と投資支出率がちがうからだ。

教育　各国で物的資本ストックの蓄積率が実質的にちがっているのとまったく同じように、教育を通じた人的資本ストックの蓄積率にも各国で大きなちがいがある。

適切な例としてはアルゼンチンと中国を比較するとよい。両国とも平均的な教育水準は着実に上昇してきたが、中国のほうがはるかに急速に上昇してきた。図9-7は、長期の経済成長の目覚ましい事例として注目される中国と失望するような成長しかしなかったアルゼンチンの、成人についての平均的な教育年数を示している。中国とくらべると、60年前、アルゼンチンでは教育を受けた人口ははるかに大きかったのに対し、多くの中国人は字が読めなかった。今日でも、中国の平均的な教育水準はアルゼンチンよりまだ少し低い。だが、その主な理由は基礎教育を受けていない高齢者がまだ多く生存しているからだ。中等・高等教育については、中国はかつて豊かだったアルゼンチンを追い越している。

研究開発　技術の進歩は経済成長の主要な原動力だ。では、技術を進歩させるものは何なのだろうか？

科学の進歩は新しい技術を生み出す。今日の世界でのもっとも顕著な例を挙げるなら、現代のすべての情報技術の基礎になっている半導体チップは、物理学に量子力学の理論がなかったら開発されなかっただろう。

だが、科学だけでは十分ではない。科学的知識は、有用な製品や工程に具体化されなくてはならない。そのために、**研究開発（R&D）** という、新技術を創造してそれを実用化するための活動に多くの資源を投入する必要がある。

> 研究開発（R&D）とは新しい技術を創造し実用化するための活動だ。

政府が実施する研究開発もあるが、以下でみるように、研究開発コストの大部分は民間部門が支払っている。アメリカ経済は世界を先導する経済となったが、その大きな理由は、事業活動の一環として系統立った研究開発をはじめて取り入れたのがアメリカ企業だったからだ。以下の「ちょっと寄り道」では、トマス・エジソンが初の現

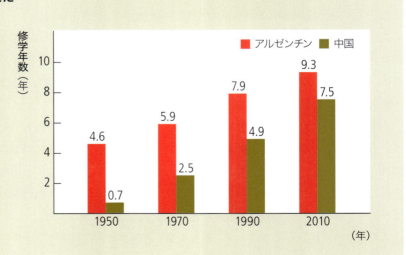

図9-7　中国の学生が追いついてきた

中国とアルゼンチンの両国で、25歳以上の平均的な成人の修学年数で測った平均的な教育水準は、時間とともに向上してきた。中国は、まだアルゼンチンに後れをとってはいるが、追いついてきている。そして中国が人的資本蓄積に成功したことはこの国の素晴らしい成長の1つのカギになっている。

（出所）Robert Barro and Jon-Wha Lee, "A New Data Set of Educational Attainment in the World, 1950-2010," NBER Working Paper No. 15902（April 2010）.

代的な産業技術研究所をどのようにつくったかを説明する。

1つには新技術を開発すること、もう1つにはそれを実用化することだ。新技術を活用するスピードにはしばしば国によって大きなちがいがある。この章の「グローバルに比較してみよう」で示すように、1995年以降、アメリカ企業は情報技術を利用することを学び、アメリカの生産性の急成長は、少なくとも当初は、ヨーロッパには匹敵するものがないくらいだった。

3.2 経済成長促進のための政府の役割

物的資本、人的資本、技術進歩という長期の経済成長の3つの要因を促進したり阻害したりするうえで、政府は重要な役割を果たすことができる。成長力を強化する要因への補助金を通じて直接に成長を促すか、成長促進的または抑制的な環境をつくり出すかすることにより、政府は成長に影響を与えることができる。

政府の政策　政府の政策は4つの主要なチャンネルを通じて経済の成長率を高めることができる。

1．**インフラストラクチャーへの政府の補助金**　政府は**インフラストラクチャー**の建設に直接的に重要な役割を果たす。インフラストラクチャー（インフラ）という用語は、道路、電力供給ライン、港湾、情報ネットワーク、経済活動の基盤を提供するその他の大規模な事業を指している。民間企業が提供するインフラもあるが、多くは政府が提供するか、政府による大規模な規制や支援を必要とするものだ。政府が提供するインフラが重要だという例としてアイルランドがよく引き合いに出される。1980

> 道路、電力供給ライン、港湾、情報ネットワーク、その他経済活動の土台となるものは、**インフラストラクチャー（インフラ）**として知られている。

R&Dを発明する

〈ちょっと寄り道〉

トマス・エジソンは電球と蓄音機の発明でもっともよく知られている。だが彼の最大の発明は、読者にとって意外なものかもしれない。彼は研究開発を発明したのだ。

むろんエジソンの時代以前にも、たくさんの発明家がいた。チームで発明に取り組む人たちもいた。だが、1875年にエジソンは新しいもの、つまりニュージャージーのメンロパーク研究所を創設した。そして、ビジネスに役立つ新しい製品や製造方法を生み出す人を常勤で25人雇った。エジソンは特定のアイデアを追究しておカネにすることを始めたのではなく、新しいアイデアを毎年つくり出すことを目的とした組織を立ち上げたのだ。

エジソンのメンロパーク研究所はいまでは博物館になっている。その博物館のウェブサイトによると、「メンロパークで開発された製品をいくつか挙げると、次のようなものがある。電話のカーボンマイク、蓄音機、白熱電球、配電システム、電車、鉱石分離符、エジソン効果真空管、初期の無線実験装置、自動電信機、電信の改良である」。

エジソンの研究所以前には、技術はただ偶然に生じるものだった。アイデアをもつ人たちは現れたものの、企業は継続的に技術進歩を引き起こそうという計画はもっていなかった。R&D事業の多くは現在、エジソンの当初のチームよりはるかに大きな規模で行われており、産業界全体で当たり前のものとなっている。

年代に政府の投資で素晴らしい電気通信インフラが生み出されると、その後海外からハイテク企業が好んで立地するようになり、アイルランド経済は1990年代に離陸したのだ。

　貧弱なインフラ、たとえば電力網が壊れやすくてよく停電するといったことが、多くの国々で経済成長の大きな障害となっている。良いインフラを提供するためには、経済にそれを担うだけの余裕が必要なばかりでなく、それを維持できるだけの政治的な規律も不可欠だ。

　もっとも決定的なインフラはおそらく、先進国の私たちが当たり前のように感じている、清潔な水の供給や疾病管理などの基本的な公衆衛生措置だ。次節でみるように、貧弱な健康インフラは、とりわけアフリカのような貧しい国々では、経済成長の大きな障害となっている。

2．政府の教育補助金　主として民間投資支出によってつくり出される物的資本とは対照的に、経済の人的資本の大半は政府による教育支出の成果だ。政府は初等・中等教育の大部分に支出を行っている。さらに高等教育の相当な部分にも支出を行っている。大学生の75％は公立大学に通っており、政府は私立大学での研究にかなりの補助金を与えている。結果として、各国の人的資本蓄積率には政府の政策が大きく反映

古いヨーロッパと新しい技術

　1995年以降、アメリカは生産性の急成長を経験した。その理由はおそらく、現代の情報技術の効果的な使い方を産業界が理解したからだ。本章末尾の「ビジネス・ケース」でみるように、技術進歩の加速は流通業、つまり財を消費者に届ける産業においてとくに劇的だった。だが、同じような急成長はほかの産業でも起きたのだろうか。

　答えは、どこでも起きたわけではない、というものだ。この図は、アメリカとフランス、ドイツ、イタリア、イギリスの西欧4大経済国における労働生産性の平均成長率を、1970年から2009年まで5年ごとに示したものだ。1990年代半ばまで、ヨーロッパはアメリカより高い生産性成長率を一貫して達成していた。だがその後の10年間、ヨーロッパの成長は低下しアメリカの成長は急上昇した。2000年代半ばまでに、アメリカの生産性成長は情報技術以前の水準に戻った。

　ヨーロッパでこれと時を同じくして生産性の急成長が起きなかったのはなぜなのか、ヨーロッパはすぐにアメリカに追いつくのか、ともに大きな議論となっている。経済学者のなかには、ヨーロッパ産業では政府規制が強いために新技術の活用がむずかしいのだと主張する人もいる。はっきりしていることは、少なくとも10年、ヨーロッパは後れを取ったということだ。

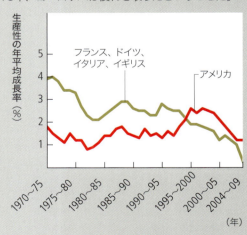

（出所）アメリカ労働統計局

される。図9-7でみたように、中国の教育水準はアルゼンチンよりはるかに急速に上昇している。だがこれは、中国がアルゼンチンより豊かだからではない。平均的にみれば、最近まで中国はアルゼンチンより貧しかった。むしろ、これは中国政府が国民の教育を大いに優先してきたからだ。

3. **政府によるR&Dへの補助金**　技術進歩は民間の創意の結果として生じることが多い。だが先進国では、重要なR&Dを政府機関が行うこともある。後述の「経済学を使ってみよう」でブラジルの農業ブームを取り上げるが、それは政府の研究者たちがブラジルの気候のもとでよく育つ新品種を開発したり耕作可能な土地を拡大したりするような発見をしたことによって生じたものだ。

4. **良好な機能を果たす金融システムの維持**　政府は間接的にも民間の投資支出率を高める重要な役割を果たす。貯蓄量とそれを生産的な投資支出につなげる経済の能力は、その経済の制度、とくに金融システムに依存する。とりわけ、適切に規制され良好な機能を果たす金融システムは、経済成長にとって非常に重要だ。なぜなら、それこそがほとんどの国で貯蓄を投資支出につなげる主要な方法となっているからだ。

　もし銀行を信用しているなら国民は貯蓄を預金し、銀行はそれを顧客企業に貸し付ける。だが、もし銀行を信用していないなら国民は金や外貨を退蔵し貯蓄を金庫かマットレスの下にいれたままにするから、貯蓄は生産的な投資支出につなげられない。後で議論するように、金融システムがうまく機能するためには、預金者が自分の資金が損なわれないよう守られていると確信できる適切な政府規制が必要だ。

所有権の保護　所有権とは、価値のある物品の所有者がその物品を自分の好きなように処分できる権利のことだ。その一部である知的所有権は、イノベーションを起こした人がそのイノベーションから報酬を得る権利だ。一般に所有権、とくに知的所有権のあり方は、各国経済間の成長率格差を説明する主要な要因となる。なぜだろうか。もし他人がイノベーションを盗用しその報酬を手に入れてしまえるのなら、わざわざイノベーションに努力と資源を費やす人はいなくなるだろう。それゆえ、イノベーションを活発にするためには、知的所有権が保護されなければならないのだ。

　ときには、コピーがむずかし過ぎたりコストがかかり過ぎたりするといったイノベーションの性質によって、これが達成されることもある。だが一般的にいえば、知的所有権は政府が保護しなければならないものだ。特許とは、イノベーションの成果をその担い手が利用・販売できるように政府が一時的に与える独占だ。それは永続的というよりはむしろ一時的な独占だ。なぜなら、イノベーションの担い手に発明のインセンティブを与えることは社会の利益にかなうが、他方、長期的に競争を促進することも社会の利益にかなうからだ。

政治の安定と良いガバナンス　暴動でビジネスが破壊されそうなときにそのビジネス

に投資したり、裏で政界とつながりのある者があなたのおカネを盗み取れるときに貯蓄を行ったりするのは、意味のないことだ。政治の安定と良いガバナンス（財産権の保護を含む）は、長期の経済成長を促進するために不可欠だ。

アメリカのような成功した経済で長期的成長が達成できたのは、良い法律、その法律を履行させる制度、その制度を維持できる安定的な政治システムがあったからだ。個人の財産は本当にその人のもので誰も奪えないことが法律で定められていなければならない。裁判所と警察は誠実で、賄賂を受け取って法律を無視するようなことをしてはならない。また法律が気まぐれに変わることがないよう、政治システムは安定していなければならない。

アメリカ人はこれらの前提条件を当然のものと思っているが、そうである保証はまったくない。戦争や革命による崩壊だけでなく、法律を遵守させるべき立場の政府官僚の汚職によっても、多くの国で経済成長が損なわれている。たとえばインド政府は1991年まで企業に多くの官僚主義的な制限を課していたので、企業は日常業務においてさえ認可を得るために官僚に賄賂を渡さなければならなかった。それは企業への事実上の課税のようなものだった。近年のインドがはるかに急速な成長を遂げた理由の1つは、こうした汚職の負担が減ったことにあると、経済学者たちは主張している。

政府の腐敗がないとしても、過剰な政府介入は経済成長のブレーキになる可能性がある。経済の大きな部分が政府の補助金で支えられていたり、輸入圧力から保護されていたり、不必要な独占にさらされていたり、あるいは競争から隔離されていたりすれば、自助努力が欠如して生産性は損なわれやすい。次節でみるように、過剰な政府介入はラテンアメリカの低成長を説明するときによく引き合いに出されるものだ。

経済学を使ってみよう☞　ブラジルの穀倉地帯

ブラジルの悪い冗談に、「ブラジルは未来の国だ、そしていつまでもそうだ」というのがある。世界で5番目に人口の多いこの国は、しばしば主要な経済大国になりうる国と考えられてきたが、その見込みが実現したことは一度もなかった。

しかし近年のブラジル経済は、とくに農業において、改善されているようにみえる。この成功は、熱帯サバンナの植生であるセラードという天然資源を活用したおかげだ。四半世紀前まで、その土地は農業に不向きと考えられていた。研究開発による技術進歩、経済政策の改善、物的資本の増加という3つの要因が組み合わさって、それが変わったのだ。

ブラジル農牧研究公社という政府機関が画期的な技術を開発した。この公社は、石炭とリンを加えるとセラードの土地が生産力をもつようになることを発見し、気候に適した牛と大豆の新品種を開発した（いまは小麦に取り組んでいる）。またブラジルの国際貿易政策では1980年代まで為替レートが過大評価されており、ブラジルの財は外国人からみて割高になるため輸出が抑制されていた。経済改革後、ブラジルでの

第 9 章｜長期の経済成長

> **ちょっと寄り道**
>
> ### 新成長理論
>
> 　1990年代まで、技術進歩の経済モデルではイノベーションの原動力は未知で予測できないもの、つまりは謎だと仮定されてきた。経済学者の言葉でいえば、技術進歩の源泉は外生的なものだった。つまり経済学のモデルの外にあるもので、「それが起きる」ということだけが仮定されていた。その後ポール・ローマーは、1980年代と90年代に書いた一連の影響力ある論文群により、いまの呼び名でいう「新成長理論」を確立した。ローマーのモデルでは、技術進歩は経済変数とインセンティブの作用した結果として決まる内生的なもの、それゆえ説明されうるものとされた。さらに、技術進歩が内生的であることから、政策を使って成長を促進するという議論も可能となった。
>
> 　どの時点でも経済には、知識資本のストック、つまり他国の経済からもたらされた知識と、研究開発、教育、技能向上のための過去の投資によって生み出され蓄積された知識が存在している。その知識資本ストックは経済全体に広がるので、すべての企業がその恩恵を受ける。「新成長理論」によれば、イノベーションの成果が経済全体の企業に共有されるとさらなるイノベーションが可能になるから、知識資本ストックの増加はさらなる技術進歩の基礎をつくり出す。たとえば、タッチスクリーンの技術は1970年代と80年代に開発されたものだが、後にスマートフォンやタブレットコンピュータが開発される基礎となった。
>
> 　だが、ローマーが指摘したように、この筋書きには深刻な副作用がある。知識は経済全体で共有されるため、イノベーションの成果を他人が自分の利益のために利用してしまうと、開発者がイノベーションの報酬を手に入れることが非常に困難になるかもしれないのだ。そこで「新成長理論」では、さらなる技術進歩を引き起こすうえで、政府による知的所有権の保護が決定的なものとされる。加えて、政府、制度、企業は、教育投資と研究開発投資への助成を通じて技術進歩を促進することができる。これによっても知識資本ストックは増大しうるのだ。
>
> 　「新成長理論」は、技術進歩が何から生じるのかについてより良いモデルを提供し、政府、制度、企業の政策が技術進歩を促進するうえでいかに重要かを解明してくれている。

農業投資ははるかに大きな利潤を生むようになり、企業は土地利用に必要な農業機械、建物、その他の物的資本を投下しはじめた。

　ブラジルの成長をいまも阻害している要因は何だろう？　それはインフラストラクチャーだ。『ニューヨーク・タイムズ』のあるレポートによれば、ブラジル農民たちは「頼りになる高速道路、鉄道、水運がないことを懸念している。なぜなら、それらがないと事業費用がかさむからだ」。これを認識したブラジル政府はインフラ投資に乗り出し、ブラジル農業は拡大を続けている。この国はすでに世界最大の牛肉輸出国としてアメリカを追い越しており、大豆輸出でももはや大きな後れはとっていないのかもしれない。

✓理解度チェック　9-3

1. 一国の成長率、投資支出対 GDP 比率、国内貯蓄の関係を説明しなさい。
2. アメリカの大学のバイオテクノロジー研究所は、ヨーロッパのそれにくらべて民間のバイオテクノロジー企業と密接に結びついている。このことはアメリカとヨーロッパの新薬開発の速度にどんな効果を及ぼすだろうか。

▶ちょっと復習

▶各国の1人当たり実質 GDP 成長率が大きくちがうのは、技術進歩率のちがいおよび物的・人的資本の蓄積率のちがいによる。成長率格差の主要な原因は貯蓄率と投資支出率のちがいだが、教育水準と**研究開発**すなわち**R&D** の水準もある。R&D は技術進歩を引き起こす大きな原因だ。

▶**政府**の行動は、長期的成長の要因を後押しすることも阻害することもある。

▶成長を直接的に促す政府の政策には、**インフラストラクチャー（インフラ）**、とくに公的保健インフラへの補助金、教育補助金、R&D 補助金、良好な機能を果たす金融システムの維持がある。

▶**政府**は、所有権（とくに特許を通じた知的所有権）の保護、政治的安定性の提供、良いガバナンスを通じて、成長のための環境を改善する。貧弱なガバナンスにあたるものには、汚職と過剰な政府介入がある。

3. 1990年代の旧ソビエト連邦では権力者が多くの財産を没収・管理した。このことは当時の同国の成長率にどんな影響を及ぼしただろうか。

解答は https://str.toyokeizai.net/books/9784492314906 にある。

4 | 成功、失望そして失敗

　これまでみてきたとおり、長期の経済成長率は世界中で大きくちがっている。では、過去数十年間、非常に異なった経済成長を経験してきた3つの地域をみてみよう。

　図9-8はアルゼンチン、ナイジェリア、韓国の3国について、2000年ドル表示での1人当たり実質GDPの1960年以降のトレンドを示している（図9-1と同じく、タテ軸は対数目盛だ）。これらの国を選んだのは、その地域で何が起きたかをとくに鮮明に示す例だからだ。韓国の驚くべき成長は、東アジアで広範に生じた「経済的奇跡」の一例だ。アルゼンチンの後戻りを繰り返しながらの緩慢な成長は、ラテンアメリカを特徴づける典型的な失望の種だ。実質GDPが2000年以降ごく最近までほとんど成長していないナイジェリアの不幸な経験は、残念ながら多くのアフリカ諸国に共通した話なのだ。

4.1　東アジアの奇跡

　1960年には、韓国は非常に貧しい国だった。実際、当時の1人当たり実質GDPは今日のインドより低かった。だが図9-8からわかるように、韓国経済は1960年代はじめから猛烈なスピードで成長を始めた。1人当たり実質GDPは30年以上にわたり毎年約7％で成長した。韓国の所得は今日でもヨーロッパやアメリカよりまだいくらか低いが、ほとんど経済的先進国のようだ。

　韓国の経済成長は歴史上前例のないものだった。他の国が何世紀も要した成長をわずか35年で達成したのだ。とはいえ韓国は、しばしば東アジアの経済的奇跡といわれている広範な現象の一例にすぎない。高い成長率は当初は韓国、台湾、香港、シンガポールでみられ、その後地域全体に、もっとも注目すべきことには中国に広がった。1975年以降、この地域全体で1人当たり実質GDPは年率6％で増大した。これはアメリカのこれまでの平均成長率の3倍を超える高さだった。

　アジア諸国がそんなに高い成長率を達成できたのはなぜなのか？　それは、生産性成長のすべての要因にいっせいに火がついたからだ。GDPのうち1年間に国全体で貯蓄される割合、つまり貯蓄率が非常に高かったため、1人当たり物的資本は目にみえて増加した。非常に良い基礎教育のおかげで人的資本も急速に改善した。さらにこれら諸国はかなりの技術進歩をも達成した。

　過去にこうした成長をした国がなかったのはなぜなのか？　東アジアで急成長が実現したのは相対的な後進性のためだった、とほとんどの経済アナリストが考えている。東アジア経済は、近代化された世界に仲間入りしはじめた時点で、アメリカのような

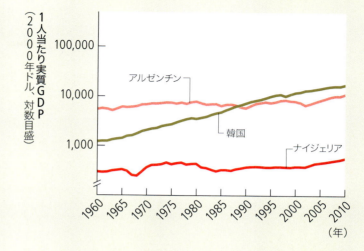

図9-8 成功と失望

2000年価格で測った1960年から2010年までの1人当たり実質GDPが、アルゼンチン、韓国、ナイジェリアについて対数目盛で示されている。東アジア諸国は経済成長の達成に大きな成功をおさめた。アルゼンチンは、多くのラテンアメリカ諸国と同様、何回か後退し成長が鈍化した。2010年のナイジェリアの生活水準は1960年より辛うじて高いにすぎないが、これは多くのアフリカ諸国の経験と同じだ。ナイジェリアもアルゼンチンも50年間大きな成長をしなかったが、近年はかなり高い成長を経験した。

（出所）世界銀行

技術先進国が過去に生み出した先進技術を利用できる恩恵に浴することができたのだ。

1900年には、ジェット機からコンピュータまで、現代経済を動かす技術の多くはまだ発明されていなかった。そのため、アメリカは現代的な生産性のレベルにすぐに乗り移ることはできなかった。1970年の韓国では、おそらくまだ1900年のアメリカより労働生産性は低かったが、アメリカ、ヨーロッパ、日本が20世紀に開発した技術を採用して生産性を急速に高めることができた。広範な学校教育を通じた巨大な人的資本投資がこれを後押しした。

東アジアの経験が示すのは、1人当たり実質GDPの高い国に追いつこうとする国は経済成長がとくに急速になりうるということだ。これに基づいて、多くの経済学者は**収束仮説**と呼ばれる一般原理を提唱している。それによれば、1人当たり実質GDPの各国間での格差は、時間が経つと小さくなっていく。なぜなら、1人当たり実質GDPの水準が当初低かった国は、その後の成長率が高くなる傾向があるからだ。このセクションの末尾にある「経済学を使ってみよう」では、収束仮説の実証的な証拠をみる。

だがその証拠をみる前にいえるのは、ラテンアメリカとアフリカの例がともに示すとおり、比較的低い1人当たり実質GDP水準から出発したからといって、必ずしも急速な成長ができるわけではないということだ。

> **収束仮説**によれば、1人当たり実質GDPの国際的な格差は時間が経つと小さくなる傾向がある。

4.2 ラテンアメリカの失望

1900年には、ラテンアメリカは経済的な後進地域とは考えられていなかった。耕作可能な土地や鉱物といった天然資源も豊富だった。なかでもアルゼンチンのように、ヨーロッパからより良い生活を求めて何百万人もの移民がやってくる国もあった。ア

ルゼンチン、ウルグアイ、ブラジル南部の1人当たり実質GDPは経済先進国のそれに匹敵していた。

だが1920年ころ以降、ラテンアメリカの成長は失望するようなものとなっている。図9-8のアルゼンチンの状況が示すように、何十年もの間がっかりするような成長ぶりだったが、2000年になってやっと上向きはじめた。いまでは韓国のほうがアルゼンチンよりずっと豊かだという事実は、2、3世代前の人には考えられなかったことだろう。

なぜラテンアメリカは停滞に陥ったのか？ 東アジアの成功物語と比較すると、いくつかの要因が思い浮かぶ。高いインフレーション、銀行の破綻、それ以外の混乱など、貯蓄に害を及ぼすような無責任な政府の政策のせいもあって、ラテンアメリカの貯蓄率と投資支出率は東アジアよりもはるかに低い。教育、とくに広範な基礎教育は重視されてこなかった。ラテンアメリカでは天然資源の豊富な国々ですら、獲得した富を教育システムにつぎ込んでこなかったのだ。そして、不安定な政治が無責任な経済政策をもたらし大きな損害が生じた。

1980年代には、ラテンアメリカは市場への過剰な政府介入に苦しんでいるのだと多くの経済学者が信じていた。経済学者は、経済を開放して輸入ができるようにすること、国有企業を売り払うこと、また一般的にいえば個人の創意を自由に発揮させることを推奨した。そうすれば、東アジア型の経済成長が生み出されることを期待したのだ。だがこれまでのところ、急速な持続的経済成長を達成したラテンアメリカの国は、ただ1つチリだけだ。経済的奇跡を起こすことは意外にむずかしいようなのだ。だが近年ブラジルとアルゼンチンは、先進諸国や急速な発展を遂げている中国に大量の商品輸出を行い、成長率が大きく伸びている。

4.3 アフリカの困難と希望

サハラ以南のアフリカには、アメリカの2.5倍を超える約7億8000万の人口が暮らしている。彼らはおしなべて非常に貧しく、100年前どころか200年前のアメリカの生活水準にすら及ばない。さらに、同地域で最大の人口をもつナイジェリアの例が示すように、経済的進歩は緩慢かつ不均等なものだ。じつのところ、1980年から1994年の間に、サハラ以南のアフリカの1人当たり実質GDPは、それ以降回復はしたものの、現実に13％低下した。こうした経済成長実績の悪さからきびしい貧困が持続してきた。

これは非常に暗澹たる話だ。どうしてこうなるのか？

おそらくいくつかの決定的要因がある。何よりもまず、政治の不安定性だ。1975年以降、アフリカの多くの地域では、激しい内戦により何百万人もが殺戮され生産的な投資支出が不可能だった（敵対する陣営のそれぞれに外国勢力が加担していることが多かった）。戦争と無政府状態の脅威は、教育やインフラ整備などの成長にとって重要な前提条件も失わせてしまう。

財産権も大きな問題だ。法的保護手段がないと、政府の腐敗により財産の所有者は

しばしば強奪に遭う。すると人は財産をもったり増やしたりするのを避けるようになる。非常に貧しい国では、これはとくに大きな痛手だ。

多くの経済学者は、政治の不安定性と政府の腐敗がアフリカの発展を阻害する主な原因とみているが、その逆を信じる人たちもいる。そのなかでもっとも注目すべき人物はコロンビア大学と国連に所属するジェフリー・サックスだ。彼らの主張では、アフリカは貧しいがゆえに政治的に不安定なのであり、アフリカの貧困の原因は極端に不運な地理的条件にあるという。すなわちアフリカ大陸の多くの地域は内陸で、暑くて熱帯病がはびこり、やせた土壌に呪われているからなのだ。

サックスは世界保健機関（WHO）の経済学者とともに、アフリカの健康問題の重要性を強調している。貧困国では、栄養失調と病気によって労働者の生産性が大きく損なわれていることが多い。とくにマラリアのような熱帯病は有効な公衆衛生インフラがなければ予防できないのに、アフリカの多くの地域にはそれが欠けているのだ。この本を書いている時点でも、穀物収穫量を増やしたりマラリアを減らしたり就学率を上げるために現地の人に直接与えられるひかえめな量の援助が生活水準を持続的に向上させられるかどうか、経済学者たちはアフリカの特定地域を取り上げて研究している。

アフリカ諸国の例は、長期の経済成長を当たり前のことだと思ってはいけないと警告しているが、希望の兆しもいくらかある。図9-8で指摘したように、ナイジェリアの1人当たりGDPは、何十年かの停滞の後2000年以降に上向きはじめ、2010年には5.5％という1人当たり実質GDP成長率を達成した。同じことがサハラ以南のアフリカ諸国全体にも当てはまる。2011年、サハラ以南のアフリカ諸国での1人当たり実質GDP成長率は平均して約5.5％であり、2012年にはほぼ6.2％になると予測されている。近年の成功の理由は部分的には輸出品価格の上昇にあるが、開発の専門家たちの間では、比較的平和で良い統治の時代を前兆としてアフリカ経済は新しい時代に入りつつあるという楽観論が盛り上がっている。

経済学を使ってみよう　経済は収束している？

1950年代、アメリカから来た人には、ヨーロッパの大半は古風で後れているように、また日本は非常に貧しい国にみえただろう。今日、パリや東京を訪れる人は、ニューヨークに並ぶほど豊かな都会を目のあたりにする。1人当たり実質GDPはアメリカのほうがまだいくらか高いが、アメリカ、ヨーロッパ、日本の生活水準にさほどのちがいはない。

このような生活水準の収束は正常なものだと、多くの経済学者は主張する。収束仮説によれば、比較的貧しい国は比較的豊かな国より1人当たり実質GDPの成長率が高いはずだ。そして今日比較的暮らし向きの良い国をみると、収束仮説は当てはまるように思われる。図9-9のパネル（a）は、今日では豊かになっている多くの国のデータを1990年ドルで示している。ヨコ軸は1955年の1人当たり実質GDP、タテ軸は

1955年から2008年までの1人当たり実質GDPの年平均成長率だ。データに当てはめた直線からみて、負の関係があることははっきりしている。アメリカは1955年にはこのグループでいちばん豊かだったが、成長率はいちばん低かった。日本とスペインは1955年にはいちばん貧しかったが、成長率はいちばん高かった。これらのデータは収束仮説が当てはまることを示唆している。

だが類似のデータをみた経済学者は、この結果がどんな国々を選んだかに依存していることに気づいた。現在の生活水準が高い成功した経済をみれば、1人当たり実質GDPが収束したことがわかる。だが貧しいままの国を含めて世界全体を見渡すと、収束が起きている証拠はほとんどない。図9-9のパネル(b)は、国（アメリカを除く）ではなく地域のデータを使ってこのことを例証している。1955年には、東アジアとアフリカはともに非常に貧しい地域だった。その後の53年間、東アジア経済は収束仮説が予測したように急速に成長したが、アフリカ地域の経済成長は非常に鈍かった。1955年には、西ヨーロッパの1人当たり実質GDPはラテンアメリカより目にみえて高かった。だが収束仮説とは逆に、その後の53年間も西ヨーロッパ地域のほうが急速に成長し、地域間格差は拡大した。

では収束仮説はすべて間違いなのだろうか？　いや、そうじゃない。他の条件を一定とすれば、1人当たり実質GDPが比較的低い国はそれが比較的高い国より成長率が高い傾向があると、経済学者はいまも信じている。だが教育、インフラ、法の支配などの他の条件が一定でないこともよくある。統計的研究によれば、これらの他の条件のちがいを補正した場合には、貧しい国が高い成長率を示す傾向が実際にあるのだ。この結果は、条件付き収束として知られている。

だが、他の条件が異なるので、世界経済全体では収束のはっきりした傾向はみられ

図9-9 │ 経済は収束しているか

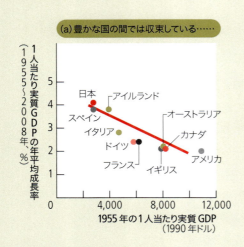
(a) 豊かな国の間では収束している……

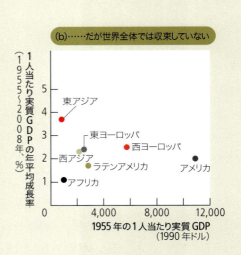
(b) ……だが世界全体では収束していない

（出所）Angus Maddison, *Statistics on Population, GDP, and Per Capita GDP, 1-2008AD* (http://www.ggdc.net/maddison)

ない。西ヨーロッパ、北アメリカ、アジアの一部では1人当たり実質GDPは接近してきているが、これらの地域と世界の他の地域の格差は拡大している。

> **理解度チェック　9-4**
>
> 1. 多くのアジア経済で達成された高い生産性成長率は持続不可能と考える経済学者もいる。それが正しい可能性があるのはなぜか。それが誤りであるためにはどんなことが起きなければならないか。
> 2. 図9-9のパネル（b）のデータを基礎にして、どの地域で収束仮説が支持されるか、されないか、説明しなさい。
> 3. アフリカ諸国を援助する最良の方法は、豊かな国々が基礎的インフラ整備のための資金提供を増やすことだと考える経済学者もいる。アフリカ諸国にこうしたインフラを維持できるような金融的手段と政治的手段が欠けているなら、この政策は長期的には効果がないと考える経済学者もいる。あなたならどんな政策をすすめるか。
>
> 解答は https://str.toyokeizai.net/books/9784492314906 にある。

> **◀ちょっと復習**
>
> ▶東アジアの目覚ましい成長を生み出したのは、高い貯蓄率と投資支出、教育の重視、外国からの先進技術の導入だった。
> ▶貧弱な教育、政治の不安定性、無責任な政府の政策がラテンアメリカの低成長の主要な原因だ。
> ▶サハラ以南のアフリカでは、深刻な政治の不安定性、戦争、とくに公衆衛生に関するインフラの貧弱さの結果、経済成長の破滅的な失敗が生じた。だが、近年の経済実績は以前よりはるかに改善している。
> ▶教育、インフラ、財産権等の経済成長に影響する他の条件が一定に保たれれば、**収束仮説**は成り立つ傾向がある。

5 | 世界の成長は持続可能か？

　この章の前のほうで、19世紀初頭の経済学者トマス・マルサスの見解を説明した。彼は、人口増加圧力によって生活水準の限界が訪れるだろうと警告したのだった。過去については、マルサスは正しかった。約58世紀の間、文明の黎明期から彼自身の生きた時代までは、土地供給の有限性が1人当たり実質所得の大きな上昇を妨げる効力をもってきた。だが、それ以後は、技術進歩と物的・人的資本の急速な蓄積のおかげで、マルサス流の悲観主義は世界全体で否定できるようになっている。

　だが、これはつねに正しいのだろうか。**持続可能な長期的経済成長**が実現できるのか、すなわち天然資源の供給の有限性と成長の環境影響とに対処しなければならない経済が成長を継続できるのか、疑念をもつ人たちもいる。

▶ **持続可能な長期的経済成長** とは、天然資源の供給の有限性と成長の環境影響に対処しつつ長期的に継続できる経済成長のことだ。

5.1　天然資源と成長：再訪

　1972年ローマクラブという科学者のグループが、石油や天然ガスなどの再生不可能資源の供給が有限であるために長期の経済成長は持続可能でないと主張する著書『成長の限界』を刊行し、大きな波紋を巻き起こした。こうした「新マルサス主義」的な懸念は、1970年代の資源価格の急騰によって当初は確かなものに思われたが、1980年代に資源価格が急落すると馬鹿らしいものと思われるようになった。だが、2005年以降資源価格が再び急騰し、資源による成長の限界をめぐる懸念がまたしても呼び覚まされた。図9-10は、石油の実質価格、すなわちその他の経済部門でのイ

ンフレを調整した石油価格を示したものだ。資源を基礎とした成長の限界への懸念は、多かれ少なかれ、図にあるような石油価格の変動にともなって湧いては消える動きをしてきた。

　天然資源の有限性が長期の経済成長に及ぼす影響について異なった見方をすることで、次の3つの問いに対する答えが得られる。

- カギとなる天然資源の供給はどのくらいの大きさなのか？
- 天然資源のかわりになるものを発見するために技術はどの程度効果的なのか？
- 資源の希少性に直面していても長期の経済成長は続けられるのか？

　第1の問いに答えるのは主として地質学者の仕事だ。とくに将来の石油生産の見通しに関しては、不幸にして専門家の間に大きな意見の不一致がある。地下には十分な量の未採掘の石油があるので世界の石油生産は数十年間増加を続けられると信じるアナリストもいる。新油田の発見がますますむずかしくなるのでかなり近い将来に石油生産は頭打ちになる、つまり増産が止まりついには減産に転じると信じる多くの石油会社経営者のような人たちもいる。もうすでに頭打ちになったと信じているアナリストもいる。

　第2の問い、つまり天然資源に代替物はあるのかという問いへの答えは、技術者から得られるはずだ。現在枯渇しつつある天然資源に多くの代替物──その一部はすでに利用されている──があることに疑問はない。たとえば、カナダのタールサンドから採取される「非在来型の」石油は世界の石油供給にすでにかなり貢献しているし、風力タービンによる発電は急速に大きな産業になりつつある。

　第3の問い、つまり資源の希少性に直面していても経済は成長し続けることができるのかは、主として経済学者が答えるべき問題だ。すべてではないがほとんどの経

図9-10 石油の実質価格（1949〜2010年）

石油のような天然資源の価格は、1970年代に劇的に上昇し1980年代には同じくらい劇的に低下した。だが2005年以後、天然資源の実質価格は高騰した。

（出所）アメリカエネルギー情報局

済学者は楽観的だ。彼らは現代経済では天然資源の供給の限界を回避する方法をみつけられると信じている。この楽観主義の1つの理由は、資源が希少になれば資源価格が上昇するという事実にある。この価格上昇が、今度はその希少資源を保全したり代替物を発見したりするインセンティブを強めるのだ。

たとえば、1970年代の石油価格の急騰後、アメリカの消費者はより小型で燃費の良いクルマに乗り換え、アメリカ産業界もエネルギー費を低下させるよう甚大な努力を払った。その結果が図9-11に示されている。これは1970年代のエネルギー危機の前後でアメリカの1人当たり実質GDPと石油消費を比較したものだ。1973年以前のアメリカでは、経済成長と石油消費の間には多かれ少なかれ1対1の関係があるように思われていた。だが1973年以後のアメリカ経済では、石油消費が大幅に減少した時期ですら1人当たり実質GDPの成長は持続した。こうした節約への動きは、1990年以後、石油の実質価格の低下により消費者がガソリン使用量の多い大型車やSUVに戻ったために中断した。だが2005年から2008年、さらには2010年の石油価格の急騰により、再び石油節約への新たなシフトが引き起こされた。

価格に対するこうした反応を前提に、経済学者は、資源の希少性は現代社会がうまく対処できる問題であり、したがって長期の経済成長の根本的な限界にはならないとみる一般的傾向をもっている。だが、環境問題は、その対処に効果的な政治行動を必要とするため、よりむずかしい問題を引き起こす。

5.2　経済成長と環境

経済成長は、他の条件が同じなら、人間の環境に対する影響を増大させる傾向をもつ。たとえば、中国での目覚ましい経済成長は、国内都市部での大気汚染をも目覚ましく増加させた。

図9-11 ｜ 時間を通じたアメリカの石油消費と成長

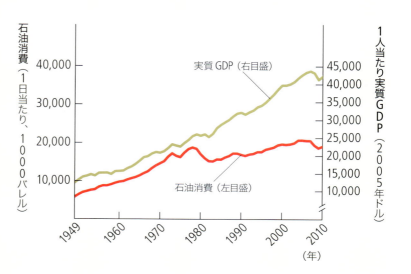

1973年まで石油の実質価格は比較的低く、経済成長と石油消費との間には多かれ少なかれ1対1の関係があった。1970年代半ばに石油の実質価格が急上昇した後には、節約努力が急増した。だが、アメリカ経済は、石油消費を切り詰めたにもかかわらず、なお成長を続けることができた。

（出所）アメリカエネルギー情報局、アメリカ経済分析局

だが、他の条件が必ずしも同じではないと認識することが大切だ。各国は自国の環境を保護する行動をとることができるし、実際にとってもいる。事実、今日の先進国での大気と水の質は、一般的にみれば、20〜30年前にくらべてはるかに改善されている。ロンドンの有名な「霧」は、じつは大気汚染の一形態で、1952年には2週間で4000人の死亡者を出したのだが、石炭暖房を実質的に使用禁止にする規制のおかげでみられなくなった。同じくらい有名なロサンゼルスのスモッグは、なくなってはいないものの、これも汚染規制のおかげで、1960年代や70年代はじめにくらべればはるかに深刻でなくなった。

　これら過去の環境保護の成功例にもかかわらず、今日では、問題の規模が変わったことを反映して、持続的経済成長の環境への影響について懸念が広がっている。環境保護の成功例は、主に経済成長の地域的な影響、たとえば、自動車所有の拡大がロサンゼルス盆地の大気の質に及ぼす影響に関してのものだ。だが今日、私たちは地球環境問題、つまり世界の経済成長が地球全体の環境に及ぼす負の影響に直面している。これらのなかで最大のものは、化石燃料の消費が世界の気候に及ぼす影響に関する問題だ。

　石炭や石油を燃焼させると大気中に二酸化炭素が放出される。二酸化炭素とその他のガスのレベルが高まることで地球温暖化効果が生じ、太陽エネルギーがより多く閉じ込められて地球全体の気温が上昇している、という広範な科学的合意が存在している。気温上昇は高い人的・経済的コストをもたらす可能性がある。海面上昇は海岸地域に洪水を引き起こすかもしれない。気候が変化すると、とくに貧困な発展途上国では農業が崩壊するかもしれない。

　気候変動問題は明らかに経済成長と結びついている。図9-12は1980年以降のアメリカ、ヨーロッパおよび中国からの二酸化炭素の排出を示したものだ。歴史的にみれば、豊かな国々はこれらの排出の大半に責任がある。なぜなら、豊かな国はより貧し

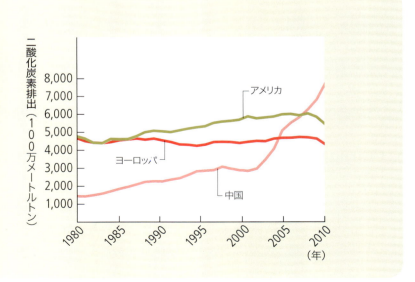

図9-12　気候変動と成長

温室効果ガスの排出は成長と正の相関がある。ここでアメリカとヨーロッパが示すように、富裕国はより豊かでより成長の速い経済であるがゆえに、歴史的には温室効果ガスの排出の大半に責任がある。中国と他の新興経済は、成長にともない、それよりはるかに大きな二酸化炭素排出を始めた。

い国よりはるかに大きな1人当たりエネルギーを消費してきたからだ。だが、中国と新興諸国は、成長にともない、それよりはるかに大きなエネルギーを消費し二酸化炭素を排出しはじめた。

温室効果ガスの排出を抑えながら長期の経済成長を持続することは可能なのだろうか。この問題を研究しているほとんどの経済学者の答えはイエスだ。温室効果ガスの排出はさまざまな方法で減らせるはずだ。風力、太陽光、原子力といった化石以外のエネルギー源を使うことから、二酸化炭素固定化（発電所から出る二酸化炭素を捕まえて貯蔵する）のような予防的な方策まで、また冬は暖かく夏は涼しくしやすいビルを設計するというもっと簡単なことまで、いろいろある。そうした方策をとるとしたら経済にコストをもたらすことにはなるだろう。だが、利用できる最良の推計によれば、今後数十年間温室効果ガスを大幅に減らした場合ですら、1人当たり実質GDPの長期的上昇は穏やかに抑制されるにすぎないとのことだ。

問題は、これらすべてのことを実現するにはどうしたらよいかだ。資源の希少性とはちがい、環境問題は行動を変化させるインセンティブを自動的に提供するわけではない。汚染は、補償する義務を負わない個人や企業が他人に押し付けるコスト、つまり負の外部性の例だ。だから、政府の介入がないと、個人や企業は負の外部性を減少させるインセンティブをもたない。これがアメリカの都市部で大気汚染を減らすために規制が必要だった理由だ。そして気候変動に関する影響力ある報告書の著者ニコラス・スターンがいうように、温室効果ガスの排出は「すべての外部性の母」なのだ。

そのため経済学者の間では、反対する人もいくらかはいるが、気候変動に対処するには政府の行動が必要だという広い合意がある。もう1つの広範な合意は、この行動が市場ベースのインセンティブという形、つまり炭素税——排出される炭素1単位当たりの税——の形か、総排出量に上限を課し温室効果ガスを排出したい生産者は許可証を買わなければならないという排出権取引制度の形かをとるべきだということだ。だが、どのくらいの行動が適切かについては、コストと便益の不確実性と気候変動のペースと程度についての科学的不確実性の両方を反映して、かなりの論争がある。

気候変動問題には、たとえばロサンゼルスのスモッグにくらべて対処をはるかに困難にする側面もいくつかある。1つは長期的視野が必要になるという問題だ。温室効果ガスが気候に与える影響は非常にゆっくりと進む。現在大気中に排出された二酸化炭素のもつ気候へのすべての影響は数世代では終わらないだろう。その結果、子どもたち、孫たち、さらには曾孫たちが受ける利益と引き換えに今日の苦痛を受け入れるように投票者を説得しなければならないという政治的問題が生じる。

また国際的な負担の配分という困難な問題もある。図9-12が示すように、今日の豊かな経済は歴史的にみればほとんどすべての温室効果ガスの排出に責任があるのだが、近年の排出増加の大部分は中国など新興経済諸国にその責任がある。避けられないことながら、豊かな国々は、新たなプレーヤーたちの急速な排出増加で自分の排出削減努力が無駄になるだけなので排出削減の対価を支払うことには消極的になる。他方、まだ比較的貧しい中国のような国々は、豊かな国々の過去の行動のせいで脅かさ

れている環境を保護する負担を負うよう期待されることは、不公平だと考えている。

　この話の一般的な教訓は、長期の経済成長は環境保護と調和させることが可能だということだ。主要な問題は、必要な政策をめぐって政治的合意を形成することなのだ。

経済学を使ってみよう　気候を保護するコスト

　近年、アメリカでの温室効果ガスの排出を減らすために野心的かつ長期的な努力を求める多くの法案が、アメリカ議会に提出された。なかには2党議員提案によるものもある。たとえば、上院議員ジョセフ・リーバーマンとジョン・マケインが提出した法案は、排出権取引制度を使って時間を通じて徐々に排出を削減し、最終的には2050年までに1990年水準を60％下回る排出水準を達成するというものだった。上院議員バーバラ・ボクサーとバーニー・サンダースが提案した別の法案は、2050年までに85％の削減を求めていた。

　これらの法案や類似の法案を策定・実施したら、長期の経済成長は止まってしまうのだろうか。MITのチームによる包括的な研究によれば、そうはならない。排出削減にはかなりのコストがかかるが、それは圧倒的な大きさではないからだ。MITグループは、環境政策と経済との相互作用の精巧なモデルを用いて、リーバーマン＝マケイン提案では2050年の1人当たり実質GDPが1.11％、それより厳格なボクサー＝サンダース提案では1.79％減少すると推定したのだ。

　これらは大きな数値に思われるかもしれない。現在の2000億ドルから2500億ドルに相当するからだが、経済の長期的成長率が低下することはほとんどないだろう。アメリカ経済では、長期的には平均年率ほぼ2％で1人当たり実質GDPが増大してきたことを想起しよう。もしMITチームの推定値が正しいなら、気候変動を回避するために強力な政策を採ったとしても、結局、今後40年間の1年当たりに満たない成長率の低下が必要となるにすぎない。

ちょっと復習

▶持続可能な長期的経済成長が実現できるかに関しては、広く意見の不一致がある。だが経済学者は一般に、価格の反応を通じて節約と代替物の創造が促されるので天然資源の希少性にもとづく成長の限界を軽減する方法はみつかると信じている。

▶環境悪化から生じる成長の限界を克服することは、効果的な政府介入を必要とするため、よりむずかしい。温室効果ガスの排出を減少させるのに必要な成長率の低下は穏やかなものにすぎない。

▶気候変動と温室効果ガスの問題を解決するための政府の行動は、炭素税や排出権取引制度のような市場ベースのインセンティブの形をとるべきということは、広く合意されている。富裕国と貧困国とが排出削減のコストをどう分担するべきかについての合意形成も必要だ。

理解度チェック 9-5

1. 経済学者は、たいていの場合、環境悪化による成長の限界と資源の希少性による成長の限界のどちらを問題視するか。負の外部性の役割に留意して、説明しなさい。
2. 温室効果ガスの排出と経済成長との関係はどうなっているのか。排出削減は経済成長にどのような影響を及ぼすと予想されるか。温室効果ガスの排出削減コストの国際的分担問題が議論を巻き起こすのはなぜか。

解答はhttps://str.toyokeizai.net/books/9784492314906にある。

大きな箱のブーム

アメリカの生産性成長は、20年間停滞した後、1990年代後半に急に加速した。すなわち、生産性が過去よりはるかに急速に成長しはじめたのだ。その加速の原因は何だったのか。インターネットの成長だったのだろうか。

有名な経営コンサルティング会社マッキンゼー・アンド・カンパニーのアナリストによれば、そうではない。彼らの発見では、1995年以後の生産性改善の主因は小売業での労働者1人当たり生産の急増、つまり各店舗での商品販売が労働者1人当たりでみてはるかに多くなったことだった。

他のアナリストたちもこれに賛同している。図9-13はアメリカの生産性が急上昇した1995年から2004年の10年間について、フランス、ドイツ、アメリカの全要素生産性の成長を分析した結果を示している。みてわかるように、アメリカはヨーロッパのどの国よりもはるかに実績が良い。急上昇のカギは流通部門、すなわち卸売および小売取引の生産性が非常に急速に成長したことだった。

なぜアメリカでは小売りの生産性が急上昇したのか。マッキンゼー社の記述によれば、「その理由はたった2つの音節で説明できる。ウォルマートだ」

ウォルマートは、地味ではあるが枢要な物流——モノを必要とされるところに必要とされるときに届ける——の分野に注力して成功をおさめたことで、ビジネス界で名声を得ている。同社は、たとえばコンピュータを駆使して在庫を調べたり、バーコードスキャナを使ったり、サプライヤーと直接に電子ネットワークを結んだりした最初の会社の1つだった。これらの慣行は同社に競合他社を上回る大きな優位性を与え、高い利潤と急速な拡大をもたらした。ウォルマートの成功をみた他社がそのビジネス慣行を見習ったため、経済全体に生産性の利益が拡大したのだ。

マッキンゼー社のいう「ウォルマート効果」から2つの教訓が得られる。1つは、技術をどのように応用するかが、ちがいのすべてをもたらすということだ。小売業界では誰でもコンピュータは知っていたが、ウォルマートはそれを使って何をすべきかを理解していたのだ。もう1つは、経済成長の多くの部分が華々しい新技術よりも毎日の改善から生じるということだ。

ビジネス思考力を鍛えよう

1. この章では生産性成長の原因を説明した。これらの原因のうち、ウォルマート効果に対応するのはどれか。
2. ウォルマートの役割の説明は新成長理論にどのように結びつけられるか。

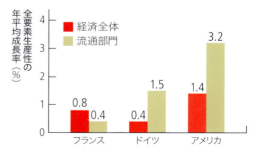

図9-13 アメリカとヨーロッパの生産性成長（1995〜2004年）

（出所）Bart Van Ark, "Productivity, Sources of Growth and Potential Output in the Euro Area and the United States," *Intereconomics* 45, no.1 (2010). Brussels: Center for European Policy Studies.

3. ウォルマートの話はどのように「情報技術の逆説」に関係づけられるか。

要約

1. 物価水準と人口規模の変化の効果を取り除くために、成長は1人当たり実質GDPの変化として測定する。1人当たり実質GDPの水準は世界中で大きくちがっている。世界人口の半分以上は、1900年のアメリカよりも貧しい国々で生活している。20世紀を通じて、アメリカの1人当たり実質GDPは5倍以上に増加した。

2. 1人当たり実質GDPの成長率も大きくちがっている。**70の法則**によれば、1人当たり実質GDPが2倍になるのにかかる年数は、70を1人当たり実質GDPの年間成長率で割った値に等しい。

3. 長期の経済成長のカギは、労働者1人当たり産出量、すなわち**労働生産性**(単に**生産性**ともいう)の上昇だ。生産性の上昇は、**技術進歩**や労働者1人当たり**物的資本・人的資本**の増加から生じる。**集計的生産関数**は、労働者1人当たりの実質GDPがこれら3つの要因にどう依存するかを示すものだ。他の条件が一定なら、**物的資本に関する収穫逓減**がはたらく。すなわち、労働者1人当たりの人的資本と技術を一定とすれば、労働者1人当たりの物的資本を増やすごとに、生み出される生産性の上昇分は以前より小さくなる。同じことだが、労働者1人当たりの物的資本を増やすと生産性成長率はプラスではあるが低くなる。**成長会計**とは、一国の経済成長に対する各要因の貢献度を推定するものだ。それによれば、長期の成長のカギは一定の要素投入から生み出される産出量、つまり**全要素生産性(TFP)** が上昇することだ。通常それは技術進歩の効果と解釈されている。昔とちがって今日では、ほとんどの国で、生産性成長の原因としての天然資源の重要性は低い。

4. 各国の成長率が大きくちがうのは、技術進歩のちがいのほか、物的・人的資本の蓄積率のちがいによるところが大きい。外国貯蓄の流入は助けになるものの、物的資本への投資支出の大きい国々の大半はそれを国内の高い貯蓄でまかなっている。これより、主要な原因は国内の貯蓄率と投資支出率のちがいにあるといえる。技術進歩は、**研究開発**すなわち**R&D**の成果だ。

5. 政府は成長を促すことも妨げることもある。直接に成長を促す政策としては、**インフラストラクチャー(インフラ)**、とくに公的保健インフラへの補助金、教育やR&Dへの補助金、国内貯蓄を投資支出、教育、R&Dにつなげるよう適切に機能する金融システムを維持することがある。政府は、所有権(とくに特許による知的所有権)の保護、政治的安定性の維持、良いガバナンスの提供により、成長のための環境を強化することができる。悪いガバナンスとしては、汚職や過剰な政府介入がある。

6. 世界経済には、長期の経済成長を達成する努力が成功した例と失敗した例がある。東アジア経済は多くのことを適切に行って非常に高い成長率を達成した。ラテンアメリカとアフリカでの何年間にもわたる低成長率をみて、1人当たり実質GDPの国際格差が時間とともに縮小するという**収束仮説**がデータと適合するのは、教育、インフラストラクチャー、望ましい政策や制度といった成長に影響する要因に各国間でちがいがないとされる場合のみだと、経済学者は信じている。近年、ラテンアメリカとサハラ以南のアフリカには、商品輸出の急増を大きな原因として成長が上向いてきた国々もある。

7. 経済学者は一般に、天然資源の希少性よりは環境悪化のほうが**持続可能な長期的経済成長**に大きな挑戦を突きつけると考えている。環境悪化は効果的な政府介入を必要とするのに対して、天然資源の希少性問題は市場価格の反応によってうまく処理されることも多い。

8. 温室効果ガスの排出は明らかに経済成長と結びつきがある。排出を抑制すると成長はいくらか低下する。だが、手に入る最良の推計が示唆するのは、排出を大きく減らしても成長率の低下は穏やかなものにすぎないということだ。

9. 気候変動と温室効果ガスの問題を解決するための政府の行動は、炭素税や排出権取引制度のような市場ベースのインセンティブの形をとるべきだということは、広く合意されている。豊かな国々と貧しい国々が排出削減のコストをどう分担するべきかについての合意形成も必要だ。

キーワード

70の法則	319ページ	労働生産性	321ページ
生産性	321ページ	物的資本	322ページ
人的資本	322ページ	技術進歩	323ページ
集計的生産関数	323ページ	物的資本に関する収穫逓減	324ページ
成長会計	326ページ	全要素生産性（TFP）	327ページ
研究開発（R&D）	332ページ	インフラストラクチャー	333ページ
収束仮説	339ページ	持続可能な長期的経済成長	343ページ

〈問題〉

1. 次ページの表はアルゼンチン、ガーナ、韓国、アメリカについて、1960年、1970年、1980年、1990年、2000年、2009年の1人当たり実質GDPを2005年ドルで表示したデータを、ペン・ワールド・テーブル7.0版を使って示したものだ。

年	アルゼンチン			ガーナ			韓国			アメリカ		
	1人当たり実質GDP (2005年ドル)	1人当たり実質GDPの対1960年比(%)	1人当たり実質GDPの対2009年比(%)	1人当たり実質GDP (2005年ドル)	1人当たり実質GDPの対1960年比(%)	1人当たり実質GDPの対2009年比(%)	1人当たり実質GDP (2005年ドル)	1人当たり実質GDPの対1960年比(%)	1人当たり実質GDPの対2009年比(%)	1人当たり実質GDP (2005年ドル)	1人当たり実質GDPの対1960年比(%)	1人当たり実質GDPの対2009年比(%)
1960	6,243	?	?	603	?	?	1,782	?	?	15,438	?	?
1970	7,810	?	?	939	?	?	3,018	?	?	20,480	?	?
1980	8,638	?	?	807	?	?	5,339	?	?	25,090	?	?
1990	6,823	?	?	844	?	?	11,437	?	?	31,637	?	?
2000	9,172	?	?	887	?	?	18,926	?	?	39,175	?	?
2009	11,961	?	?	1,239	?	?	25,029	?	?	41,102	?	?

a. 各年の1人当たり実質GDPの1960年水準、2009年水準に対する割合をパーセントで表示して、表を完成させなさい。

b. 1960年から2009年までの生活水準の成長はこれら4カ国の間でどうちがっているか。そのちがいは何によって説明できるか。

2. 下の表はアルゼンチン、ガーナ、韓国について1人当たり実質GDPの過去数十年の年平均成長率を、ペン・ワールド・テーブル6.2版のデータを使って示したものだ。

年	1人当たり実質GDPの年平均成長率(%)		
	アルゼンチン	ガーナ	韓国
1960〜70	2.53	15.54	7.50
1970〜80	1.12	0.85	7.62
1980〜90	−2.50	0.10	11.33
1990〜2000	3.83	2.08	6.37

a. 各10年間につき、各国の1人当たり実質GDPが2倍になるまでにどのくらいの時間がかかるか、可能な場合には70の法則を用いて計算しなさい。

b. 各国が1990年から2000年までの期間に達成した年平均成長率が将来も続くと仮定する。2000年から出発して1人当たり実質GDPが2倍になる年がいつか、可能な場合には70の法則を使って計算しなさい。

3. 次ページの表は、所得水準で規定された地域ごとに、1人当たり所得の水準と成長率を概算した統計だ。70の法則によれば、2010年から出発すると、高所得国で1人当たり所得が2倍になるのはおよそ78年後の2088年と予測される。本問では、各地域の成長率が2000年から2010年までの平均値に等しく一定だと仮定する。

地域	1人当たり実質GDP（2010年）（ドル）	1人当たり実質GDPの年間平均成長率（2000〜10年）（％）
高所得国	38,293	0.9
中所得国	3,980	4.8
低所得国	507	3.0

（出所）世界銀行

a. 2010年の1人当たりGDP比率を以下について計算しなさい。
   i. 中所得国の高所得国に対する比率
   ii. 低所得国の高所得国に対する比率
   iii. 低所得国の中所得国に対する比率
b. 低所得国と中所得国で1人当たりGDPが2倍になるまでにかかる年数を計算しなさい。
c. 各地域について2088年の1人当たりGDPを計算しなさい（ヒント：2010年から2088年までの78年間に1人当たりGDPが2倍になるのは何回か）。
d. 2088年の1人当たりGDPの予測値について、問aを解きなさい。
e. 問aと問dの答えをくらべて、地域間の経済的不平等の変化についてコメントしなさい。

4. あなたは、アルバーニアとブリタニカという国の経済コンサルタントとして雇われている。各国の労働者1人当たり物的資本と労働者1人当たり産出量との現在の関係は、下の図の「生産性₁」の曲線で与えられる。アルバーニアは点A、ブリタニカは点Bだ。

a. 「生産性₁」の曲線で示される関係で一定とされているのは何か。これらの国々は労働者1人当たり物的資本に関する収穫逓減を示しているか。
b. 各国で労働者1人当たり人的資本と技術が一定に保たれると仮定する。アルバーニアの労働者1人当たり実質GDPを2倍にする政策を提言できるか。
c. 労働者1人当たり人的資本が変化しうるとしたら、読者の提言する政策は変わるだろうか。労働者1人当たり物的資本が1万ドルのとき、人的資本の増加によって労働者1人当たりの産出量が2倍になると仮定する。図中にアルバーニアについてのこの政策を表す曲線を描きなさい。

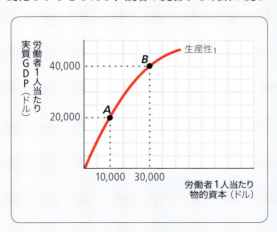

5. アンドロード国は生産関数として現在メソッド1を用いている。科学者たちがアンドロード国の生産性を改善するための技術的な突破口を偶然に発見した。この技術的な突破は、もう1つの生産関数メソッド2に表されている。下の表は労働者1人当たり人的資本を一定と仮定して、両国の労働者1人当たり物的資本と労働者1人当たり産出との組合せを示したものだ。

メソッド1		メソッド2	
労働者1人当たり物的資本	労働者1人当たり実質GDP	労働者1人当たり物的資本	労働者1人当たり実質GDP
0	0.00	0	0.00
50	35.36	50	70.71
100	50.00	100	100.00
150	61.24	150	122.47
200	70.71	200	141.42
250	79.06	250	158.11
300	86.60	300	173.21
350	93.54	350	187.08
400	100.00	400	200.00
450	106.07	450	212.13
500	111.80	500	223.61

a. 上の表のデータを用いて、2つの生産関数を1つの図に描きなさい。アンドロードの現在の労働者1人当たり物的資本量は100だ。図のなかにその点Aを記しなさい。

b. 点Aから出発して70年間に、アンドロードの労働者1人当たり物的資本量は400に上昇した。アンドロードがいまもメソッド1を用いていると仮定して、その結果生じる生産点Bを図中に記しなさい。70の法則を用いて、1年間の労働者1人当たり産出が何パーセント増加したか、計算しなさい。

c. 今度は、点Aから出発して同じ70年間にアンドロードの労働者1人当たり物的資本量は400に上昇したが、その期間にアンドロードがメソッド2に転換したと仮定する。その結果として生じる生産点Cを図中に記しなさい。70の法則を用いて、1年間の労働者1人当たり産出が何パーセント増加したか、計算しなさい。

d. アンドロード経済が点Aから点Cに移動するとき、1年間の生産性上昇のうち、全要素生産性の上昇に起因する割合を求めなさい。

6. アメリカ労働統計局は定期的に、前月の「生産性とコスト」（Productivity and Costs）レポートを発表している。www.bls.gov に行き、最新のレポートを参照しなさい。Bureau of Labor Statistics（アメリカ労働統計局）のホームページで、"Subject Areas" タブから "Labor Productivity & Costs" へのリンクを選びなさい。そして "LPC News Releases" という見出しから、最新の "Productivity and Costs" レポートをみつけなさい）。前四半期の企業生産性と非農業企業生産性の変化率は

いくらだったか。その前四半期の生産性はさらにその前の四半期データにくらべてどのように変化しているか。

7. 物的資本、人的資本、技術、天然資源は1人当たり産出量の長期的成長にどんな影響を及ぼすか。

8. アメリカの政策と制度は同国の長期の経済成長にどのような影響を及ぼしたか。

9. 今後の100年間に、グローランドの1人当たり実質GDPは年平均2.0%で成長すると期待されている。だがスローランドでは成長はいくらか遅く、年平均成長率は1.5%と見込まれている。両国の現在の1人当たり実質GDPが2万ドルだとすると、100年後の1人当たり実質GDPはどのくらいちがっているだろうか（ヒント：現在の実質GDPがxドルで年率y%で成長する国は、z年後に$x \times (1+(y/100))^z$ドルの実質GDPを達成する。ただし、$0 \leq y \leq 10$と仮定する）。

10. 下の表は、1950年と2009年のフランス、日本、イギリス、アメリカについて、1人当たり実質GDP（2005年ドル表示）のデータをペン・ワールド・テーブル7.0版を使って示したものだ。表を完成させなさい。これらの国々は経済的に収束しただろうか。

	1950年		2009年	
	1人当たり実質GDP（2005年ドル）	アメリカの1人当たり実質GDPに対する比率（%）	1人当たり実質GDP（2005年ドル）	アメリカの1人当たり実質GDPに対する比率（%）
フランス	7,112	?	30,821	?
日本	3,118	?	31,958	?
イギリス	10,401	?	33,386	?
アメリカ	13,183	?	41,102	?

11. 次ページの表は、1960年と2009年のアルゼンチン、ガーナ、韓国、アメリカについて、1人当たり実質GDPのデータ（2005年ドル表示）のデータをペン・ワールド・テーブル7.0版を使って示したものだ。表を完成させなさい。これらの国々は経済的に収束しただろうか。

12. 1人当たり実質GDPはカリフォルニアとペンシルバニアの間では収束を示すが、カリフォルニアとアメリカ国境にあるメキシコの州バハ・カリフォルニアの間では収束を示さないと予想される。それはなぜか。

13. 『オイル・アンド・ガスジャーナル』誌によれば、2009年の世界の石油の確認埋

	1960年		2009年	
	1人当たり実質GDP（2005年ドル）	アメリカの1人当たり実質GDPに対する比率（%）	1人当たり実質GDP（2005年ドル）	アメリカの1人当たり実質GDPに対する比率（%）
アルゼンチン	6,243	?	11,961	?
ガーナ	603	?	1,239	?
韓国	1,782	?	25,029	?
アメリカ	15,438	?	41,102	?

蔵量は1兆3420億バレルだ。同年、アメリカエネルギー情報局（US Energy Information Administration）は世界の日量での石油生産が1日当たり7226万バレルと発表した。

a. この率で考えると、確認埋蔵量は何年間枯渇せずにもつだろうか。自分がいま計算した年数からマルサス流の見解について議論しなさい。

b. 問aの計算をするために、時間の経過のなかでの石油埋蔵総量についてどんな仮定を置いたか。時間の経過のなかでの石油価格についてはどんな仮定を置いたか。これらの仮定は、資源の限界についてのマルサス流の見解と整合的か。

c. 新たな石油埋蔵量が発見されることはなく、また石油の需要曲線は不変に保たれると仮定して、確認埋蔵量が枯渇するまでの時間に対して市場の力がどのように影響するかを考察しなさい。

14. 次ページの表は、2000年から2009年までについて、各国の1人当たり二酸化炭素（CO_2）排出量の年間増加率と1人当たり実質GDPの年間成長率を示している。

a. CO_2排出量の増加率の高い国から低い国へ順序をつけなさい。排出増加率のもっとも高いのはどの5カ国か。排出増加率のもっとも低いのはどの5カ国か。

b. 1人当たり実質GDP成長率の高い国から低い国へ順序をつけなさい。成長率のもっとも高いのはどの5カ国か。成長率のもっとも低いのはどの5カ国か。

c. 上の結果から、1人当たり産出の成長がCO_2排出に結びつくと、読者は推測するか。

d. 成長率が高いと必ずCO_2排出が大きいといえるか。

国	2000～09年の平均年間成長率(%)	
	1人当たり実質GDP	1人当たりCO_2排出
アルゼンチン	2.81	1.01
バングラディシュ	4.17	5.47
カナダ	0.68	−1.46
中国	9.85	11.11
ドイツ	0.59	−1.23
アイルランド	1.05	−2.10
日本	0.29	−1.03
韓国	3.48	1.68
メキシコ	0.18	0.44
ナイジェリア	6.07	−2.46
ロシア	5.22	0.52
南アフリカ	2.39	0.80
イギリス	0.88	−1.35
アメリカ	0.58	−1.78

(出所)アメリカエネルギー情報局、国際通貨基金(IMF)

Chapter 10

Savings, Investment Spending, and the Financial System

貯蓄、投資支出、金融システム

この章で学ぶこと

- **貯蓄と投資支出**の関係。
- **貸付資金市場**のいろいろな性質について。それはどのように資金の貸し手は借り手に引きあわされるかを示す。
- 5種の主要な**金融資産**が果たす役割：株式、債券、**銀行貸し出し**、不動産、**銀行預金**。
- **金融仲介機関**は投資家たちが**分散投資**をするのにどう役立っているか。
- 資産価格はどう決まるか、また資産価格変動がマクロ経済の不安定性の原因になってしまう可能性があるのはなぜか、といったことについてのいくつかの競合する見方。

フェイスブックの資金調達

　2009年、『ビジネスウィーク』誌のある号には「フェイスブックはより多額の資金を探している」という見出しがあった。記事によれば、このソーシャルネットワークサイトは限度額1億ドルの資金を借り入れようとしている。フェイスブックのように大成功しているビジネスがなぜ資金を借り入れる必要があるのか？

　だれもがフェイスブックのことを知っている。2004年に立ち上げられ、いまのところ、ほぼ間違いなく21世紀ビジネス界最大のサクセスストーリーだ。現在、アメリカ人の40％が自分のフェイスブックページをもっている。フェイスブックはどのようにして、それほどの短期間に、ここまで大きくなったのか？

　もちろん、その大きな理由はアイデアが良かったからだ。多くの人が友だちに情報を提供する個人用ウェブページを欲しがっていたのだ。それと同じくらい重要なことは、広告主がこのウェブページ読者へのアクセスを必要としていたので、フェイスブックは広告スペースを売って大もうけできた。

　だが、いいアイデアをもっているだけでは起業できない。企業家には資金が必要だ。もうけるためには資金が必要だ。フェイスブックのようなビジネスはサイバースペースという仮想空間に存在するだけなので、従来の店舗型企業が負う現実世界の費用から解放されているようにみえるかもしれない。だが、実際にはそんなビジネスをするのにも非常に実物的で高価なハードウエアが多量に必要なのだ。グーグルやヤフーといった巨大インターネット関連会社と同様に、フェイスブックもとてつもなく大きい「サーバーファーム」を維持管理している。それは、こういったユーザエクスペリエンス提供に必要な全情報を整理し処理するために連結されたコンピュータ列のことだ。

　ではフェイスブックはこれらのサーバーファームを設置するための資金をどこから調達したのか？　その一部は株式を買った投資家たちから得たが、大半は借り入れによる。フェイスブックが大きくなるにつれ、借入額も大きくなった。

会社の成長に必要な多額の資金をフェイスブックが調達する能力も、その製品と同じくらいすごい。実際に、絶妙なアイデアをもったある若者が自分のビジネスをつくり上げるために何億ドルもの資金を手に入れることができるのだ。これは驚くべき話だ。

でも、こういった話は現代の経済にはよくあることなのだ。前章で分析した長期の経済成長は金融システムと総称される諸市場と諸機関の集まりに大きく左右される。それは貸し手の資金を生産的な投資支出に振り分けるものだ。このシステムがなければ、フェイスブックのような企業は生産性を高めるのに必要な物的資本購入がほとんどできなくなってしまう。そして貸し手が受け取る資金貸付報酬は低くなってしまう。歴史的にみて、金融システムは鉄道や工場といった投資支出プロジェクトに資金を投入してきた。今日はグリーンテクノロジー、ソーシャルメディア、そして人的資本への投資といった経済成長の新発生源に資金を投入している。健全に機能する金融システムがなければ、国の経済成長は低下するだろう。

本章では経済全体をみることから始める。貯蓄と投資支出の関係を確認する。次に、その関係の背後を探り、金融システムを分析する。これは貯蓄を投資支出に変化させる手段だ。金融システムが金融資産、金融市場、金融機関を生み出すことでどのようにうまく機能し、そしてそれが（運用する資金をもっている）貸し手と（資金が必要な投資支出プロジェクトをもっている）借り手の両方の経済厚生をどのように高めるのかをみることにする。最後に金融市場のふるまいを考察し、経済学者がそれを説明しようとしてもうまくいかないことが多いのはなぜかについて考察する。

1｜貯蓄を投資支出につなげる

前章で学んだように、経済成長に不可欠な2つの要素は経済に備わる人的資本と物的資本の増大だ。人的資本の大部分は、公教育を通じて政府によって提供される（アメリカのように民間教育の割合が大きい国では、民間による高等教育も人的資本形成に大きく貢献している）。だが、物的資本形成は、インフラストラクチャーを除けば、ほとんどが民間の投資支出によって、つまり政府ではなく民間企業の支出で行われている。

民間投資支出の資金源はだれのものか？ 実際にその投資支出を行っている国民や企業の資金で支払われる場合もある。たとえば、会社を保有している一族が自身の貯蓄を使って新規の設備や建物を購入したり、会社が自身の利潤を再投資して新工場を建設したりする。だが現代の経済では、個人や企業は、他人の資金を使って物的資本をつくり出すことが多い。その資金は借り入れや、株式売却で調達したものだ。

投資支出がどのように資金融通されるかを理解するためには、まず経済全体でどのように貯蓄と投資支出が関係しているかをみる必要がある。そしてどのように貯蓄資金がさまざまな投資支出プロジェクトに配分されているかを考察する。

1.1 貯蓄・投資支出の恒等式

貯蓄と投資支出について理解しておくべきもっとも基本的なことは、両者は必ず等しくなるということだ。これは理論ではない。会計上の事実であり、**貯蓄・投資支出恒等式**と呼ばれている。

貯蓄・投資支出恒等式によれば、一国の貯蓄と投資支出は常に等しくなる。

貯蓄と投資支出が常に等しくなることを理解するために、第7章で分析した国民経済計算について振り返ってみよう。GDPは国内で生産された最終財・サービスへの総支出に等しく、次の式で表現できることを思い出してほしい（これは式（7–1）と同じだ）。

$$\text{GDP} = C + I + G + X - IM \tag{10–1}$$

Cは消費支出、Iは投資支出、Gは財・サービスの政府購入、Xは外国への輸出、そしてIMは外国からの輸入だ。

閉鎖経済での貯蓄・投資支出恒等式 閉鎖経済では、輸出も輸入もない。つまり$X=0$、$IM=0$となるので、式（10–1）はさらに簡単になる。第7章で学んだようにこの単純化された経済全体の所得は定義によって総支出に等しくなる。なぜか？ 第1章で説明した経済の基本原理の1つを思い出してほしい。ある人の支出はある人の収入になる。所得を得ることができる唯一の方法は何かを他の人に売ることだ。そして経済で使われたすべてのおカネはだれかの所得を生み出している。これは式（10–2）で表されている。左辺のGDPはこの経済で得られた総所得を表している。そして右辺の$C+I+G$はこの経済の総支出を表している。

$$\begin{aligned}\text{GDP} &= C + I + G \\ \text{総所得} &= \text{総支出}\end{aligned} \tag{10–2}$$

さて、この所得で何ができるか？ 消費活動に使う、つまり民間消費支出（C）と政府の財サービス購入（G）を足し合わせたものに使うか、貯蓄（S）に使われる。というわけで次が成立するはずだ。

$$\begin{aligned}\text{GDP} &= C + G + S \\ \text{総所得} &= \text{消費活動への支出} + \text{貯蓄}\end{aligned} \tag{10–3}$$

ここでSは貯蓄を指す。一方、式（10–2）は、総支出は消費活動への支出（$C+G$）と投資支出（I）だということを示している。

$$\begin{aligned}\text{GDP} &= C + G + I \\ \text{総所得} &= \text{消費活動への支出} + \text{投資支出}\end{aligned} \tag{10–4}$$

式（10–3）と式（10–4）をあわせると、次を得る。

$$\begin{aligned}C + G + S &= C + G + I \\ \text{消費活動への支出} + \text{貯蓄} &= \text{消費活動への支出} + \text{投資支出}\end{aligned} \tag{10–5}$$

両辺から消費活動への支出（$C+G$）を差し引くと

$$\begin{aligned}S &= I \\ \text{貯蓄} &= \text{投資支出}\end{aligned} \tag{10–6}$$

となる。ということは、先にいったように、経済全体で貯蓄と投資支出が等しくなるのも基本的な会計上の事実なのだ。

では貯蓄についてくわしくみてみよう。経済で家計だけが貯蓄をするとはかぎらない。もしある年に支出以上に税収を獲得できるならば政府も貯蓄できる。その場合、その差額は**財政黒字**と呼ばれ、それは政府貯蓄と同じだ。そうでなく政府支出が税収以上ならば**財政赤字**、つまり負の財政黒字が発生する。この場合、私たちは政府が「負の貯蓄をしている」という。税収以上の支出をすることで政府は貯蓄と逆のことをしているのだ。**財政収支**という用語はその両方のケースを扱えるように定義しよう。財政収支はプラス（財政黒字）にもマイナス（財政赤字）にもなると考える。財政収支は次のように定義される。

> **財政黒字**は税収と政府支出の差額で税収が政府支出より多いときに発生する。
> **財政赤字**は税収と政府支出の差額で政府支出が税収より多きときに発生する。
> **財政収支**は税収と政府支出の差額だ。

$$S_{Government} = T - G - TR \tag{10-7}$$

ここで T は税収、TR は政府移転支出を表す。財政収支は政府の貯蓄と同等だ。それがもしプラスならば政府は正の貯蓄をしている。マイナスならば政府は負の貯蓄をしている。**国民貯蓄**、以後単に貯蓄ということにするが、それは財政収支と民間貯蓄の和に等しい。ここで民間貯蓄とは可処分所得（税引後の所得）から消費を差し引いたもので次のように表される。

> **国民貯蓄**は民間貯蓄と財政収支の総額で、一国経済内で生み出された貯蓄だ。

$$S_{National} = S_{Government} + S_{Private} \tag{10-8}$$

そのため式（10-6）と式（10-8）を使うと閉鎖経済では貯蓄・投資支出の恒等式は次のように表せることがわかる。

$$S_{National} = I \tag{10-9}$$
国民貯蓄＝投資支出

開放経済での貯蓄・投資支出恒等式　開放経済とは、財や貨幣が国外へ流出したり、国内へ流入したりする経済だ。この場合の貯蓄・投資支出恒等式は、閉鎖経済とはちがったものになる。必ずしもその国の貯蓄はその国の物的資本を購入するためだけに使われていないからだ。ある国の住人の貯蓄が、他国の投資支出の資金として使われることが可能なのだ。だからどの国も、外国からの資金の流入を受け入れられる。この資金は、その国の投資支出をまかなう外国の貯蓄だ。またどの国でも、資金の流出

投資と投資支出のちがい

マクロ経済学者が投資支出という言葉を使うとき、それはほぼ必ず「新規の物的資本に対する支出」を意味する。これはわかりにくい。というのも普段の生活では株やすでに存在する建物を買うことを「投資」ということが多いからだ。いつも念頭においておくべき重要なことは経済全体に存在する物的資本のストックを増やすような支出だけが「投資支出」になるということだ。それに対して、株式、債券、既存の不動産のような資産を購入する行為は「投資をする」ことなのだ。

が発生しうる。これにより、国内の貯蓄が外国の投資支出の資金になる。

　ある国の投資支出をまかなうための総貯蓄に国際的な資金の流入と流出が与える純効果は、その国への**純資本流入**と呼ばれる。それはある国への資金の純流入額で、外国資金の流入額から国内資金の流出額を差し引いたものだ。財政収支と同様に、純資本流入は負の値にもなる。つまり資金が流入する以上に流出することもある。近年アメリカは、外国からの一貫した純資本流入が生じている。外国人たちは、アメリカ経済は魅力的なので自分の貯蓄資金の一部を投入しても良いと考えているのだ。たとえば、2010年のアメリカへの純資本流入は4710億ドルあった。

　国家的な観点からみると、国民貯蓄から調達される1ドルの資金と資本流入で調達される1ドルの資金は同じではないということを認識しておくのは重要だ。もちろんどちらも1ドルの投資支出をする資金に使える。だが、貯蓄主体から借り入れたドルはすべて、最終的に利子をつけて返済する必要がある。国民貯蓄から調達された1ドルは、（民間であれ政府であれ）国内の貯蓄主体に利子をつけて返済される。だが資本流入から調達された1ドルは、外国人に利子をつけて返済される。つまり資本流入で調達した1ドルの投資支出の費用は、その国の国民からすると、最終的に外国人に支払う利子の分だけ、国民貯蓄で調達したときよりも大きくなる。

　純資本流入が外国からの借入資金だという事実は、開放経済での貯蓄・投資支出恒等式がもつ1つの重要な性質だ。所得以上の支出をする人のことを考えてみよう。その人は足りない分を他人から借りる必要がある。それと同じように、ある国が輸出して外国から得る収入以上に輸入に支出をすると、その不足資金を外国から借り入れる必要があるのだ。その不足分、つまり外国から借り入れた資金はその国の純資本流入と等しい。第19章でさらにくわしく説明するが、これは一国の純資本流入が輸入と輸出の差額に等しいことを意味する。つまり、

$$NCI = IM - X \tag{10-10}$$
純資本流入＝輸入－輸出

となる。式（10-1）を整理すると次の式を得る。

$$I = (GDP - C - G) + (IM - X) \tag{10-11}$$

式（10-3）と式（10-9）を使うと、$(GDP-C-G)$ は国民貯蓄と等しいことがわかっているので、次式が成立する。

$$I = S_{National} + (IM - X) = S_{National} + NCI \tag{10-12}$$

つまり、

　　　投資支出＝国民貯蓄＋開放経済での純資本流入

となる。

　貯蓄・投資支出の恒等式を資本の流入と流出が起こる開放経済に適用すれば、やは

> **純資本流入**とは、ある国の流入額からある国の流出額を差し引いたものだ。

り投資支出は貯蓄に等しくなることを意味する。ただしここでの貯蓄は国民貯蓄に純資本流入を足し合わせたものだ。つまりプラスの純資本流入が生じている経済では投資支出の一部は外国人の貯蓄が資金源になっている。またマイナスの純資本流入が発生している（つまり資本は流入ではなく流出している）経済では貯蓄の一部が他国の投資支出の資金源になっている。2010年のアメリカでは投資支出の総額は2兆3000億ドルだった。民間貯蓄3兆1190億ドルから財政赤字1兆2990億ドルを差し引いて足りない分4710億ドルは純資本流入で埋め合わされた。これらの数字を足し合わせても投資支出額とぴったりにならないのに気づくだろう。その差は90億ドルの「誤差脱漏」だ。これはデータ上の誤差で理論的な誤りから発生しているのではない。なぜなら貯蓄・投資支出の恒等式は現実に必ず成立しなくてはならないからだ。

2010年は通常の年ではなかったことも指摘に値する。これまでの章で指摘してきたように2008年のアメリカ経済は（他の多くの国のように）きびしい金融危機に直面した。この危機は投資支出の激減と財政赤字の拡大をもたらし、それはこの本の執筆時点（訳注：2012年）も続いている。本章の残りの大半は危機の起こる前の年2007年のデータに焦点を合わせる。そのほうが通常時の貯蓄と投資に近いだろうからだ。

図10-1は、世界でもっとも大きな経済2カ国、アメリカと日本の貯蓄・投資支出の恒等式が2007年にどのような状況だったかを示している。この2つの経済の比較を簡単にするために貯蓄と投資支出をGDP比で測った。各パネルの左端にあるピンク色の棒グラフは投資支出を、右端にある3色の棒グラフは貯蓄の内容を描いている。アメリカの投資支出はGDPの18.8%で、その資金源は民間貯蓄（GDP比15.7%）とプラスの純資本流入または資本流入（GDP比5.2%）から財政赤字（GDP比 －1.6%）を差し引いたものの組み合わせだ（誤差脱漏があるためにこれらの数字を足し上げると18.8%以上になる）。日本の投資支出はGDP比でみると23.8%より高い。その資金はGDP比でもっと高い民間貯蓄（32.1%）からマイナスの純資本流入または資本流出（GDP比 －4.9%）と財政赤字（GDP比 －3.4%）を差し引いたものから調達されている。

一国経済で、貯蓄は投資支出の資金源になっている。でも投資支出に使われるこれら資金はさまざまなプロジェクトに対してどのように配分されているのだろうか？つまり、（フェイスブックのサーバーファームのように）資金が融通されるのはどのプロジェクトで、（ソフトウエアの巨大企業マイクロソフト社が画期的発想のタブレッ

ちがう種類の資本

3種類の資本を明確に理解することは重要だ。それは（以前の章で説明してきた）物的資本、人的資本、そして金融資本だ。

1. 物的資本は建物や機械といったような製造された資源だ
2. 人的資本は教育や知識による労働力の改善だ
3. 金融資本は投資支出に使える貯蓄をもとにした資金だ。プラスの純資本流入が発生している国は投資支出に使える資金が外国からその国に流入していることになる。

図10-1 開放経済での貯蓄・投資支出の恒等式：2007年のアメリカと日本

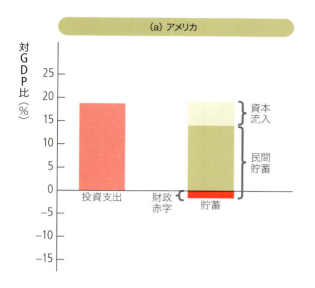
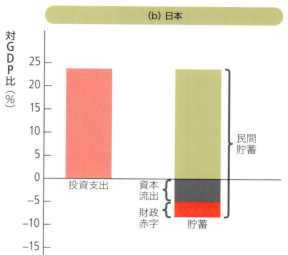

2007年のアメリカの民間投資支出（対 GDP 比18.8％）の資金源は民間貯蓄（対 GDP 比15.7％）と資本流入（対 GDP 比5.2％）を足し合わせたものから財政赤字（対 GDP 比 −1.6％）を差し引いたものだった。2007年の日本の民間投資支出は対 GDP 比ではもっと高い（23.8％）。その資金源はやはり対GDP 比でより高い民間貯蓄（32.1％）から資本流出（対 GDP 比 −4.9％）と比較的に大きい財政赤字（対 GDP 比 −3.4％）の両方を差し引いたものだ。

（出所）アメリカ経済分析局、経済協力開発機構（OECD）

トコンピュータ、クーリエの事業を継続しなかったように）資金が融通されないのはどのプロジェクトかといったことを決める要因は何なのか？ 投資支出プロジェクトに資金をどう配分するかを私たちになじみのある方法ですぐにみることにしよう。需要と供給を通じて市場でそれが決まるのだ。

1.2　貸付資金市場

　経済全体でみれば、貯蓄と投資支出は必ず等しくなる。閉鎖経済での貯蓄は国民貯蓄のことだ。開放経済での貯蓄は国民貯蓄と資本流入を合わせたものになる。だがどんな時点でも、貸し出し可能な資金を保有している貯蓄主体と、投資支出をするために資金が必要な借り入れ主体は同じではない。では、貯蓄主体は借り入れ主体にどのように引き合わせられるのだろうか？

　貯蓄主体と借り入れ主体が引き合わせられる方法は、生産者と消費者が引き合わせられるのと同じだ。つまり、需要と供給を通じて市場で引き合わせられる。図7-1の拡張された経済循環フロー図で指摘したように、家計の貯蓄は金融市場を通して資本設備の購入資金が必要な企業に渡される。それでは、金融市場がどう機能するかをみることにしよう。

　そのためには単純化された現実を考察するのが理解の助けになる。第 7 章で指摘したとおり、金融システムのなかには、債券市場や株式市場などのいろいろな金融市

GLOBAL COMPARISON グローバルに比較してみよう

アメリカの低貯蓄

　この図は2007年の7カ国の経済について国民貯蓄を対GDP比（パーセント表記）で表している（再び、金融危機前の最後の年として2007年に注目する）。アメリカの貯蓄率がもっとも低い、ただしイギリスはそれよりほんのちょっと高いだけだ。

　貯蓄率の観点からみると2007年は例年とちがわなかった。アメリカはほかの豊かな国にくらべて1980年代からずっと国民貯蓄が低かった。こういった貯蓄率の国際的なちがいの主要因はアメリカの多大な財政赤字よりも民間貯蓄が低いことにある。

　なぜアメリカ人の貯蓄はそれほど低いのか？　手短に答えるといくつかの仮説はあるにせよ、経済学者にははっきりわかっていない。1つの仮説はほかの国にくらべてアメリカでは消費者は資金を借りやすいということだ。たとえば、日本の貸し手は住宅購入者に多額の頭金を要求する。でもアメリカでは最近の住宅価格暴落が起こるまでは非常に少ない頭金または頭金まったくなしに住宅購入ができた。

　また退職するとアメリカの社会保障システムは保証所得を支給してくれるので民間貯蓄をする誘因を弱めているともいわれている。いずれにせよ、アメリカが低貯蓄にもかかわらず高水準の投資支出を維持できたのは大きなプラスの純資本流入があったからだ。

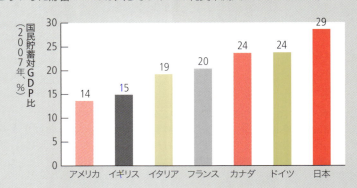

ちょっと寄り道

だれが勘定が合うようにしているのか？

　貯蓄・投資支出の恒等式は会計上の事実だ。定義によって経済全体として貯蓄は投資支出と等しくなる。だが、その計算をだれが行っているのか？　たとえば、諸企業の望んでいる資本設備に対する投資額が家計の望んでいる貯蓄額より小さいときどうなるのか？

　手短な答えは、実際の投資支出と望まれている投資支出は常に等しくはないということだ。家計が支出を控えて貯蓄を増やそうとしたとしよう。たとえば新車を買うのを急に先延ばしにしたとする。この直接効果は売れ残りが発生することだ。この場合、自動車がディーラーの車庫に売れ残る。この在庫増は意図したものではないが投資支出の増大になる。それで貯蓄と投資支出の恒等関係は成り立つのだ。自動車のディーラーは意図していた以上に投資支出をすることになってしまったからだ。同様に、家計が貯蓄を縮小して支出を増やすと、在庫は減少しこれはマイナスの投資支出になる。

　そのような例が2001年に現実の世界で起こった。2001年の第2四半期から第4四半期にかけて貯蓄と投資支出はともに年率換算で1260億ドル低下した。だが投資支出をみると、低下の710億ドル分は負の在庫投資支出によるものだった。とくに自動車ディーラーが多くの在庫車両を売りさばいたのだ。

　もちろん会社は在庫の変化に対応して生産調整をする。2001年後半の在庫減少は2002年前半の生産急増の地ならしをした。第11章では在庫が経済変動について果たす役割について考えてみよう。

場が存在する。だが経済学者は通常、資金を貸したい人（貯蓄主体）と資金を借りたい人（投資プロジェクトをもつ企業）が取引する市場は1つだけという単純化したモデルを使って考える。この仮想の市場は**貸付資金市場**と呼ばれる。貸付資金市場で決まる価格は利子率で、それは r で表される。第8章で指摘したように、典型的には貸し付けは名目利子率を定めている。単に r を「利子率」と呼んでいるが、この r は名目利子率、つまり物価上昇分を調整していない利子率だという前提で話をする。

> **貸付資金市場**は仮想の市場で、借り手による資金需要と貸し手による資金供給がどう調整されるかを説明してくれるものだ。

これで単純化はすべてすんだわけではない。現実にはいろんな種類の利子率がある。なぜならいろんな種類の貸し付けがあるからだ。短期貸し付け、長期貸し付け、企業向けの貸し付け、政府への貸し付けなどなどだ。単純化のためにこれらのちがいを無視してたった1種類の貸し付けしかないとしよう。

OK。これでどのように貯蓄が投資に一致させられるかを分析する用意ができた。

貸付資金需要 図10-2には仮想的な貸付資金需要曲線 D が右下がりに描かれている。ヨコ軸は貸付資金需要量を示す。タテ軸は利子率、つまり借り入れの「価格」を示す。だがどうして貸付資金需要曲線は右下がりなのか？

この問いに答えるために、企業が投資支出を行うとき、たとえば新設備を購入するときどうするかを考えてみよう。投資支出をするにはいま資金の支払いが必要になる。将来あるときに、より高い利潤をもたらすことを期待してその支払いをする。だが実際には将来、5年か10年後の1ドルの支払い約束は現在の1ドルほどの価値はない。だから、ある投資が将来もたらす報酬がその投資に現在かかる金銭的費用より大きいときにだけその投資をする価値がある。どのくらい大きくなければいけないか？　これに答えるためには、企業が見込んでいる将来の報酬の現在価値について説明する必要がある。現在価値の概念は以下の「ちょっと寄り道」で検討する。そして本章の付録で将来複数年にわたって獲得する収入を計算するのに現在価値の概念をどう適用するかを説明する。

現在価値の計算をするにあたって、利子率を使って現在の1ドルの価値から将来の1ドルの価値を割り出す。だけども実際には将来のドルは現在の1ドルより価値が低いのだ。そして利子率が高いほどその価値は低くなる。現在価値の計算は直観的には簡単だ。利子率は将来の報酬をもたらす現在の投資支出を行う機会費用なのだ。投資支出プロジェクトに資金を投入するかわりに、単にそれを銀行に預けて利子収入を得ることができる。利子率が高いほど投資プロジェクトに資金投入するより銀行に資金を預けるのが魅力的になる。言い換えれば、利子が高いほど投資プロジェクトの機会費用が高くなるのだ。投資プロジェクトの機会費用が高いほど、企業が実現したい投資プロジェクトの数は少なくなる。それで貸付資金需要量は少なくなるのだ。（以下の「ちょっと寄り道」で検討しているように）これが貸付資金需要曲線が右下がりになることの説明だ。

会社が投資支出をするとき、現在資金を投入して将来見込まれる利得を獲得しようとする。なので、ある特定の投資支出プロジェクトを実行する価値があるかどうか見

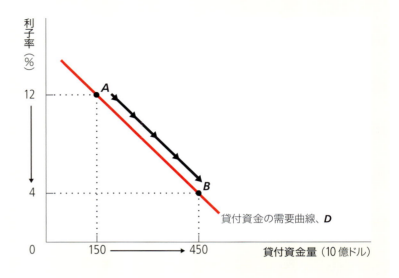

図10-2 貸付資金の需要

貸付資金需要曲線は右下がりだ。利子率が低いほど貸付資金需要量は大きくなる。ここでは利子率が12%から4%に低下すると、貸付資金需要量は1500億ドルから4500億ドルに増大する。

きわめるには、将来の利得の現在価値とそのプロジェクトに現在かかる費用を比較する必要がある。将来の利得の現在価値が現在かかる費用より大きければそのプロジェクトは利益を生むので投資する価値がある。もし利子率が低下すればいずれのプロジェクトの現在価値も上昇するので、利益を生むと判断されるプロジェクトの数は増える。もし利子率が上昇すればプロジェクトの現在価値は下落するので、利益を生むと判断されるプロジェクトの数は減る。そのため投資支出の総額、つまりその支出を融資する貸付資金需要量は利子率と負の相関をもつ。それで貸付資金需要曲線は右下がりになっている。これは図10-2にみることができる。利子率が12%から4％に低下すると貸付資金需要量は1500億ドル（点A）から4500億ドル（点B）へと増える。

貸付資金供給　図10-3には仮想的な貸付資金供給曲線Sが描かれている。やはりここでも利子率は、通常の需要供給分析で価格が果たすのと同じ役割を果たす。でもどうしてこの曲線は右上がりなのか？

　その答えは、貯蓄主体が貸付資金を供給していて、ある事業への貸し付けの機会費用は彼らが負うことになるからだ。その資金は消費に、たとえば素敵なバケーションなんかに使えたかもしれないのだ。ある貯蓄主体が貸し手になってある借り手が資金を使えるようにするかどうかは見返りとして受けとる利子率に依存する。資金を預け利子を得ることは、貸し付けた資金が利払いを含めて返済される将来に、より多くの消費ができる報酬を得ることなのだ。そういうわけで利子率が高いほどより多くの人々が現在の消費をあきらめて借り手に貸し付けたくなるとするのはよい仮定だ。この結果、仮想的な貸付資金供給曲線は右上がりになる。図10-3では、利子率4％のときに貸し手は1500億ドルの貸付資金を供給する（点X）。利子率が12%に上昇すれ

> ### ちょっと寄り道 ☕
>
> ### 現在価値を使う
>
> 　現在価値の概念を理解することは貸付資金需要曲線が右下がりになることの説明になる。現在価値の本質を理解する簡単な方法は、現時点でのある金額の価値と1年後の同じ金額の価値のちがいを示す例を考えることだ。
>
> 　あなたはいまからちょうど1年後に学校を卒業するので、そのお祝いに1000ドルかかる旅行に行くとしよう。1年後に1000ドルを手にするためには現在いくら必要か？　それは1000ドルではない。利子率が関係するからだ。そのために現在必要な額をXとしよう。銀行に預金したときにもらえる利子率をrで表すことにしよう。今日、銀行にXを預けてその利子率がrならば、1年後に銀行はあなたに$X \times (1+r)$支払う。または1年後に銀行が支払う額が1000ドルに等しいならば、
>
> $$X \times (1+r) = 1000 \text{ドル}$$
>
> となる。計算をするとXの答えは、
>
> $$X = 1000 \text{ドル} / (1+r)$$
>
> となる。ここでXの値はいつもゼロ以上の利子率rに依存する。これはXが必ず1000ドルより小さいことを意味する。たとえば$r = 5\%$（つまり$r = 0.05$）ならば$X = 952$ドル38セントだ。言い換えるならば、今日952ドル38セントもっていることは1年後に1000ドルもっていることと同等なのだ。つまり利子率が5％のときには1年後の1000ドルの本日の価値は952ドル38セントなのだ。これでXの**現在価値**を定義できる。それはある利子率のもとで将来Xを受け取るために現在必要な金額だ。先ほど示した数値例では利子率5％のときの1年後の1000ドルの現在価値は952ドル38セントだ。
>
> 　現在価値の概念は企業の意思決定にも適用できる。ある企業には2つの潜在的投資プロジェクトがあるとしよう。どちらも1年後に1000ドルをもたらす。ただし、それぞれ最初にかかる費用はちがう。たとえば、1つのプロジェクトを行うには現在900ドル借りる必要がある。もう1つのプロジェクトを行うには950ドル借りる必要がある。どちらのプロジェクトのほうが資金を借りて実行するに値するか？
>
> 　その答えは1年後の1000ドルの現在価値を決定する利子率に依存する。利子率が10％ならば、1年後の1000ドルの現在価値は909ドルだ。1番目のプロジェクトだけが初期費用が909ドルより小さいので利益になり、実行するに値する。利子率が10％のときには初期費用が909ドル以上かかるプロジェクトはいずれも借入金を返済するときに損してしまう。だが、利子率が5％のときは、1年後の1000ドルの現在価値は952ドルに上昇する。この利子率のもとでは第1、第2どちらのプロジェクトも利益になる。なぜならば両方とも初期費用が952ドルより小さいからだ。利子率が低くなると企業はもっと資金を借り入れてより多くの投資支出を行う。
>
> 　その一方で他の企業も同じような計算をするので、利子率が低下すると経済全体ではより大きな投資支出が行われ、貸付資金需要曲線は右下がりになるのだ。

▶ Xの**現在価値**とは、ある利子率のもとで将来のある時点にXだけ受け取るのに必要な現在の資金量だ。

ば貸付資金供給量は4500億ドルに増加する（点Y）。

均衡利子率　均衡利子率は貸付資金の供給量と需要量が一致するような利子率だ。図10–4をみるとわかるように、均衡利子率r^*と総貸付額Q^*は需要曲線と供給曲線の

図10-3 貸付資金の供給

貸付資金供給曲線は右上がりだ。利子率が高いほど貸付資金供給量は増える。ここでは利子率が4％から12％に上昇すると、貸付資金供給量は1500億ドルから4500億ドルに増加する。

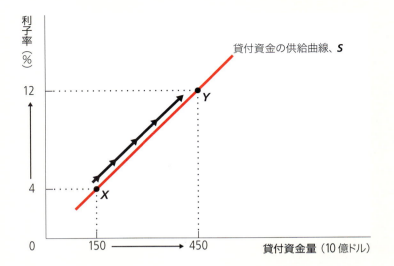

交点Eで決まっている。ここでは均衡利子率は8％で3000億ドルが貸し借りされている。この均衡では利子率が8％かそれ以上のときだけ利益になるような投資プロジェクトに資金が融通される。利子率が8％より低くなければ利益が発生しない投資プロジェクトには資金は融通されない。そのため、利子率が8％かそれ以下であっても貸し付けをしてもよいと考えている貸し手だけが資金貸し付けのオファーを受けいれてもらえる。8％を超える利子率を要求する貸し手は貸し付けのオファーを受けいれてもらえない。

図10-4は貸付資金市場が望まれる貯蓄と望まれる投資支出をどのように一致させているかを描いている。均衡では貯蓄主体が貸し付けたい資金量と企業が借り入れたい資金量が等しい。図はこの一致が2つの意味で効率的だということも示している。第1に正しい投資が行われているということだ。実際に融資された投資プロジェクトは融資されなかった投資プロジェクトよりも（現在価値で）より高い利得をもたらす。第2にやるべき人が貯蓄と貸し付けをしている。実際に貸し付けをしている貯蓄主体は貸し付けをしていない人よりもより低い利子率で貸し付けてもよいと思っているのだ。

貸付資金市場は貯蓄資金の効率的な利用をもたらすという洞察は、非常に単純化されたモデルから導き出されているが、現実の世界にも重要な意味合いがある。これからすぐみるように、それが健全に機能している金融システムが長期の経済成長率を高める理由なのだ。

その話をする前に、貸付資金市場がその需要と供給のシフトにどう応じるかをみることにしよう。需要供給の標準的なモデルで需要曲線や供給曲線のシフトによって均衡価格が変化するのと同じように、ここでは貸付資金の需要曲線や供給曲線のシフト

図10-4 貸付資金市場の均衡

均衡利子率のもとで貸付資金供給量と貸付資金需要量は一致する。ここでは均衡利子率は8%で、3000億ドルの資金が貸し借りされている。8%以下の利子率しか要求しない貸し手の貸し付けは実現し、それより高い利子率を要求する貸し手の貸し付けは実現しない。8%以上の利子率のもとで利益を生むプロジェクトは融資される。利子率が8%より小さいときにしか利益を生まないプロジェクトには融資されない。

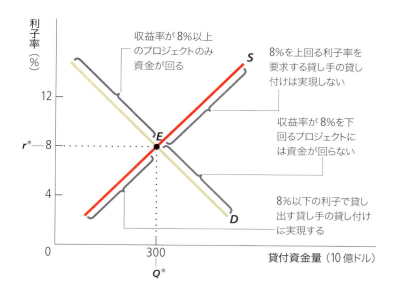

またはその両方のシフトによって均衡利子率が変化する。

貸付資金需要のシフト

需要の変化の原因と結果をみることから始めよう。

貸付資金需要曲線のシフトを生む要因は以下のようなことを含む。

1. **見込まれている事業機会の変化** 投資支出が生む利得についての信念が変化すると一定の利子率のもとで望ましいと考えられている投資支出額が増えたり減ったりすることがありうる。たとえば、1990年代にちょうど広まりはじめたインターネットが生み出したビジネスの可能性に熱狂がわき起こった。その結果、諸企業はこぞってコンピュータ設備を購入し、光ファイバーケーブルを地下に設置するなどした。これが貸付資金需要を右にシフトさせた。2001年までには多くのドットコムビジネスが破綻し、それは技術関連投資への幻想をなくした。それで貸付資金需要は左にシフトした。

2. **政府借り入れの変化** ある年に政府が収入以上に支出をすると財政赤字が発生する。財政赤字を出している政府は大きな貸付資金需要源になることがある。その結果、財政赤字の変化が貸付資金需要曲線をシフトさせることがある。たとえば、2000年から2003年にかけてアメリカの連邦政府は財政黒字から財政赤字に転換した。政府は貸付資金市場に資金供給する貯蓄主体から借り手に変わったのだ。2000年に連邦政府の純借入金はマイナス1890億ドルで、これまでにあった債務残高の一部を払い戻していた。だが2003年までには政府には支払いに必要な大きな借り入れをする必要があったので純借入金はプラス4160億

ドルになった。他の条件を一定として、連邦政府の財政状態のこのような変化は貸付資金需要曲線を右にシフトさせる。

図10-5は貸付資金需要の増大が引き起こす変化を描いている。S は貸付資金の供給、D_1 はもとの需要曲線だ。もとの均衡利子率は r_1 だ。貸付資金需要の増大はいずれの利子率のもとでも資金需要額が増えることを意味するので、需要曲線が D_2 へと右にシフトする。その結果、均衡利子率は r_2 に上昇する。

他の条件を一定として、貸付資金需要の増大は利子率の上昇につながるという事実は重要な意味をもつ。財政赤字の増大や継続は問題の原因になる。なぜなら財政赤字の増大は貸付資金需要曲線を右にシフトし利子率の上昇をもたらすからだ。利子率が上昇すると企業は投資支出を縮小しようとする。だから他の条件を一定として、財政赤字の拡大は投資支出全体を低下させる傾向をもつのだ。経済学者は財政赤字が投資支出に及ぼす負の効果を**クラウディング・アウト**と呼んでいる。クラウディング・アウトの問題は財政赤字の拡大や継続に懸念をいだかせる大きな理由の1つだ。

だが、1つ但し書きをつけ加えておくことも重要だ。不況時の経済ではクラウディング・アウトは起きないかもしれない。でも、経済の活動水準が完全雇用状態よりはるかに低いときには、政府支出は所得上昇をもたらすかもしれない。そしてこの所得増はどんな利子率のもとでも貯蓄の増大につながる。貯蓄増は利子率上昇をともなわない政府借り入れを可能にする。たとえば、2008年から（現在執筆中の）2012年にかけてのアメリカの大きな財政赤字は、不況経済に直面してほとんどクラウディング・アウトを引き起こしていないと多くの経済学者が信じている。

貸付資金供給のシフト　貸付資金需要のときと同じように、貸付資金供給もシフトすることがある。貸付資金供給のシフトを引き起こすことができる要因のなかに次のようなものがある。

1. **民間貯蓄行動の変化**　ある値で一定な利子率のもとでも、民間貯蓄の変化を生む要因はいくつもある。たとえば、2000年から2006年にかけてアメリカでの住宅価格上昇で多くの住宅保有者が前よりも金持ちになったように感じ、消費を増やして貯蓄を減らすようにさせた。これは貸付資金供給曲線を左にシフトさせる効果があった。
2. **純資本流入の変化**　ある国に対する投資家たちの見方が変わると、それがその国の資本流出入を変えてしまうことがある。たとえば、1999年にヨーロッパの共通通貨ユーロがつくり出されたときにギリシアでは大きな純資本流入が起きた。なぜならギリシアがユーロを採用したことで投資家たちがギリシアに資金を投資しても安全だと考えたからだ。だが、2009年にはギリシア政府の債務支払い能力に対する懸念（と債務過小報告がみつかってしまったこと）によって投資家たちのギリシア政府に対する信頼が崩れ落ち、資金の純流入は枯渇して

> クラウディング・アウトとは財政赤字が利子率を上昇させ投資支出の減少をもたらすことだ。

図10-5 貸付資金需要の増大

一定の利子率のもとで、借り手が需要する貸付資金量が増加すると貸付資金需要はD_1からD_2へと右シフトする。その結果均衡利子率はr_1からr_2へ上昇する。

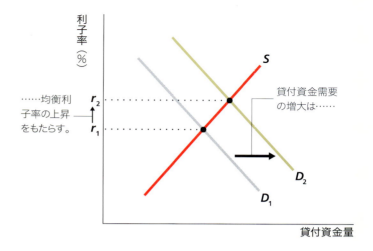

しまった。資本流入縮小の効果はギリシアの貸付資金市場の供給曲線を左にシフトさせてしまった。

すでに述べたように、近年アメリカには多額の純資本流入があったが、その資金源の大部分は中国と中東だった。これら流入は2003年から2006年にかけて、新規住宅建設という住宅投資支出の大増加を生み出す助けになった。2008年にアメリカで住宅バブルがはじけてその後大きな不況に陥ってしまった結果、2008には資本流入は少なくなりはじめた。

図10-6には貸付資金供給増加の効果が描かれている。曲線Dは貸付資金需要、S_1はもとの供給曲線だ。もとの均衡利子率はr_1だ。貸付資金供給の増大は一定の利子率のもとで資金供給量が増大することだ。それで供給曲線はS_2へと右にシフトする。その結果、均衡利子率はr_2へと下落する。

インフレと利子率 貸付資金の供給曲線または需要曲線をシフトさせるものは利子率の変化を引き起こす。歴史的にみて、利子率の大きな変化はいろいろな要因が引き起こしてきた。それには政府の政策変更、新規投資支出をもたらす技術のイノベーションなども含まれる。だが、時間を通じた利子率の動きに影響を与えてきたもっとも重要な要因、たとえばいまの利子率が1970年代後半から1980年代前半のときよりずっと低いことの原因、それは将来のインフレについての予想の変化だ。これは貸付資金供給と需要の両方をシフトさせる。

将来のインフレ率についての予想が利子率に及ぼす影響を理解するために、第8章ではインフレで得する人と損する人が出ると説明したのを思い出してほしい。たとえば、1970年代および1980年代のアメリカのインフレ率は予想以上に高く、そのた

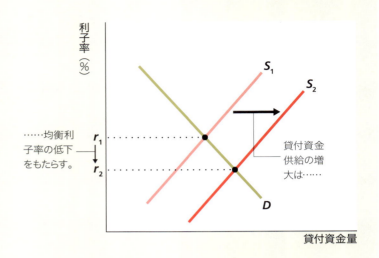

図10-6 貸付資金供給の増大

一定の利子率のもとで、貸し手が供給する資金量が増えると、貸付資金供給は S_1 から S_2 へと右にシフトする。その結果、均衡利子率は r_1 から r_2 へと低下する。

め住宅保有者の実質借り入れ価値は減った。これは住宅保有者にはよかったが、銀行にはよくなかった。第8章で学んだように、借り手と貸し手に対するインフレの効果を考えるために経済学者は名目利子率と実質利子率のちがいについてはっきりさせている。そのちがいは次のとおりだ。

実質利子率＝名目利子率－インフレ率

借り入れの真の費用は実質利子率だ。名目利子率ではない。なぜかを理解するために、ある企業が1万ドルを1年間年率10%の名目利子率で借り入れるとしよう。年末には借りた額と利払いを合わせて1万1000ドルの返済が必要だ。だが、この1年間に価格は平均して10%上昇したとしよう。これで実質利子率は0になる。すると返済金1万1000ドルで買えるものはもとの借り入れ1万ドルで買えたものとがまったく同量になる。実質でみると、借り手は利子率ゼロの借り入れをしたことになる。

同じように、貸し付けの利得は実質利子率であり、名目利子率ではない。ある銀行が1万ドルを名目利子率10%で1年間貸し出したとする。年末には銀行は1万1000ドルの返済金を受け取る。でも平均価格上昇率が10%ならば、銀行が受け取った返済金で買えるものは、銀行が貸し出した金額で当時買えたものと何ら変わっていない。実質でみると、銀行は利子ゼロで貸し出したことになる。

ここで、私たちが行ってきた貸付資金市場の分析についての重要な詳細を追記しよう。図10–5と図10–6のタテ軸には将来もインフレ率の予想が一定で変化しないことを前提とした名目利子率の大きさをとった。どうして実質利子率ではなく名目利子率なのか？ それは現実の世界では借り手も貸し手も貸し借りの取引をするとき将来のインフレ率がどうなるか知らないからだ。そのため実際の貸借契約は実質利子率ではなく名目利子率を決めて取り交わされる。図10–5や10–6では将来インフレ率の予想値

を一定にしているので、名目インフレ率の変化は実質利子率の変化を示すことになる。

将来のインフレ率についての貸し手と借り手の予想値は最近の経験をもとに設定される。1970年代後半には10年も高インフレを経験した後で、借り手も貸し手も将来のインフレ率は高いと予想した。逆に1990年代には、それまでの10年間はまあまあインフレ率が低かったので、貸し手も借り手も将来のインフレ率は低いと予想した。将来のインフレ率についての予想がこのように変化すると名目利子率に強い影響を及ぼす。このように考えれば、なぜ21世紀初期の数年の名目利子率が1980年代初期よりもずっと低かったのか、だいたい説明できる。

将来のインフレ率についての予想の変化が貸付資金市場モデルにどのように反映されているかをみることにしましょう。

図10-7では、将来のインフレ率予想値は0％だとして貸付資金供給と需要をそれぞれ S_0 と D_0 のように描かれている。この場合、均衡は E_0 で均衡名目利子率は4％だ。将来のインフレ率予想値は0％なので、貸借契約期間の均衡実質利子率の予想値も4％になる。

ここで将来インフレ率の予想値が10％に上昇したとしよう。貸付資金の需要曲線は D_{10} と上にシフトする。借り手は以前4％で借りてよいと思っていただけの資金量を、いまは名目利子率が14％になっても借りたいと思うのだ。インフレ率が10％ならば名目利子率14％のときの実質利子率は4％だからだ。同じように、貸付資金供給曲線も S_{10} へと上にシフトする。貸し手は以前利子率4％で貸し付けたいと思っていた金額と同等の金額を、現時点で貸し付けさせるよう説得するには名目利子率14％が必要になるのだ。これで新しい均衡は E_{10} になる。将来インフレ率の予想値が10％になった結果、均衡名目利子率は4％から14％に上昇するのだ。

図10-7 フィッシャー効果

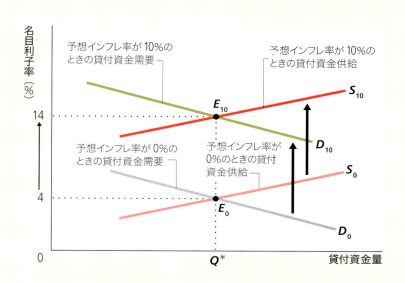

D_0 と S_0 はそれぞれ将来インフレ率の予想値が0％のときの貸付資金需要と供給を表す。予想インフレ率が0％のときに、均衡名目利子率は4％だ。将来インフレ率の予想値が1％上昇するごとに、それは需要曲線も供給曲線もともに1％ずつ上に押し上げる。D_{10} と S_{10} はそれぞれ将来インフレ率の予想値が10％のときの貸付資金の需要と供給だ。将来インフレ率の予想値のパーセンテージが10ポイント上昇すると、均衡名目利子率14％に上昇する。予想実質利子率は4％のままで、均衡での貸付資金量も変化しない。

> **フィッシャー効果**によれば、将来インフレ率予想値が上昇すると名目利子率が上昇し、予想実質利子率を一定に保つ。

この状況は一般的な原理としてまとめることができる。それは**フィッシャー効果**（1930年にこれを提唱したアメリカ人経済学者アーヴィング・フィッシャーの名を冠したもの）として知られている。これは、予想実質利子率は将来のインフレ率予想値の変化に影響を受けないということだ。フィッシャー効果によれば、将来のインフレ率予想値が上昇すると名目利子率が上昇する。そこでは将来のインフレ率予想値が1％上昇するにつれて、ちょうど名目利子率も1％上昇する。いちばん主要なポイントは貸し手も借り手もともに予想実質利子率をもとに意思決定していることだ。その結果、予想インフレ率の変化は均衡での貸付資金量にも予想実質利子率にも影響しない。それは均衡名目利子率にだけ影響するのだ。

経済学を使ってみよう　50年間にわたるアメリカの利子率

過去半世紀にわたってアメリカの利子率には大きな動きがあった。これらの動きは、将来インフレ率の予想値の変化と投資支出に対する予想報酬の変化の両方がどのように利子率を動かすかをはっきりと示した。

図10-8のパネル（a）は第1の効果を描いている。そこには1960年から2011年半ばまでのアメリカ政府が発行した国債、つまり政府が10年後に満額を支払う約束としての債券の平均利子率と消費者物価上昇率がいっしょに描かれている。みてわかるように、これら利子率についていえる大きな話は1970年代に急上昇したことだ。それは1980年代に落ち着いた。どうしてそうなったのかを理解するのは簡単だ。1970年代にインフレは上昇し、高インフレが持続するという予想が広がったのだ。これまでみたように、この予想インフレは均衡利子率を押し上げる。1980年代になってインフレ率が低下して、将来のインフレ率の予想も低下し、それが利子率も低下させた

図10-8　アメリカ利子率の推移

(a) 予想インフレ率と利子率の変化

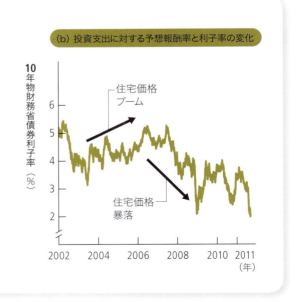

(b) 投資支出に対する予想報酬率と利子率の変化

（出所）セントルイス連邦準備銀行、アメリカ労働統計局

のだ。

　パネル（b）は第2の効果を描いている。投資支出の予想報酬率と利子率の変化を2002年から2011年にかけてクローズアップして描いている。過去10年間の中盤に利子率が上昇し、その後急落していることに注目しよう。他の証拠（投資家意識調査など）からこの間、予想インフレ率はそれほど変化していないことがわかっている。そのかわり何が起きたかというと、住宅価格の高騰と暴落だ。住宅需要の急騰が貸付資金の需要曲線を右にシフトさせて利子率が上昇し、次に住宅ブームが崩壊して貸付資金の需要を左に戻してしまって利子率が下落した。

　この間、ずっと総貯蓄と総投資支出は等しかった。利子率の上昇と下落が貸し手と借り手の資金を一致させるのに重要な役割を果たしたのだ。

理解度チェック 10-1

1. 貸付資金市場の図を使って、次の事象が均衡での利子率と投資支出額に及ぼす影響を描き示しなさい。
   a. 経済は開放されていて、国際資本移動が可能で純資本流入が発生した。
   b. 同じ利子率に直面していても、退職した人ははたらいている人にくらべて一般に貯蓄は少ない。人口に占める退職者の比率が増加した。
2. 次の主張のどこがおかしいか説明しなさい。「貯蓄と投資支出は経済全体で等しくならないかもしれない。なぜなら利子率が上昇したとき、企業が投資したくなる金額以上に家計は貯蓄を増やしたくなるからだ」。
3. 予想インフレ率3％から6％に上昇したとしよう。
   a. この変化で実質利子率はどのような影響を受けるか？
   b. この変化で名目利子率はどのような影響を受けるか？
   c. 均衡での貸付資金量はどのようになるか？

解答は https://str.toyokeizai.net/books/9784492314906 にある。

2 金融システム

　金融システムが健全に機能して、投資家の資金がオタクの考えついた素晴らしいアイデアに投下されてフェイスブックが実現した。これが現代だけに起こるような現象だと考えるのは間違いだ。金融市場はインド植民地の開発やヨーロッパのさまざまな運河建設のための資金を融通したし、18世紀から19世紀初期にかけてのナポレオン戦争の資金もまかなったのだ。経済発展初期のアメリカは資本流入によって鉱業、鉄道、そして運河建設の資金を調達した。実際に金融市場と金融資産の多くの主要な特性は18世紀からヨーロッパとアメリカでは理解されていた。これらの特性は現在もなお通用している。それでは金融市場では正確には何が交換されているかを理解する

ちょっと復習

▶**貯蓄・投資支出恒等式**は会計上の事実だ。経済全体では貯蓄と投資支出は等しくなる。

▶プラスの**財政収支**状態のとき、つまり**財政黒字**が出ているときには、政府は貯蓄していることになる。マイナスの財政収支状態、つまり**財政赤字**が出ているときには政府は負の貯蓄をしていることになる。

▶**貯蓄**は**国民貯蓄**と**純資本流入**を足し合わせたものに等しくなる。純資本流入はプラスにもマイナスにもなる。

▶費用と便益がちがう時点で発生するとき、時差がもたらすやっかいな問題を考慮する必要がある。それは将来に実現する金額を**現在価値**に変換することで処理できる。

▶**貸付資金市場**は貯蓄主体と借り手をマッチさせる。均衡では均衡利子率以上の期待報酬率を見込める投資プロジェクトだけが融資される。

▶貸付資金市場では政府と民間の借り手が競い合ってしまうので、財政赤字は**クラウディング・アウト**を引き起こす可能性がある。だが、経済が不況のときにはそれは起こりにくい。

▶**フィッシャー効果**によって、将来インフレ率の予想値が高いほど名目利子率は高くなるが、実質利子率は一定に維持される。

ことから始めよう。

金融市場は家計がそこで金融資産を購入して、現期間の貯蓄とこれまでに累積してきた貯蓄すなわち富を投資する場所だ。**金融資産**とは売り手が将来所得の支払いを保証する買い手にとっての請求権証書だ。たとえば、貯蓄主体がある会社に資金を貸し付けたとき、この貸し付けはこの会社が販売した金融資産になり、それは貸し手（この金融資産の買い手）に対するこの会社からの将来所得の支払いを保証するものだ。家計は貯蓄や富を投資するとき、**物的資産**、つまりすでに存在する住宅や設備のように将来所得を生むのに使える有形の物体を購入することもできる。それは保有者が望むように処分できる（たとえば貸したり、売却したりすることだ）。

> 家計の**富**は累積されてきた貯蓄の価値だ。
> **金融資産**はその売り手から買い手に対して将来所得の支払いが約束された請求権証書だ。
> **物的資産**は将来所得を生み出すのに使える有形物だ。

金融資産や物的資産の購入は投資と呼ばれるのが典型だということを思い出そう。なので、すでに存在する設備の1台買う、たとえば中古の航空機を買うと、物的資産に投資したことになる。それに対して、経済に存在する物的資本の存在量を新たに追加するために資金を使ったならば、たとえば新しく製造されたばかりの航空機を買ったならば、投資支出をしたことになる（投資をすることと投資支出のちがいについての本章の「落とし穴」を参照せよ）。

たとえば新車を買うために、地元の銀行から借り入れをしたら、あなたと銀行は銀行貸し付けという金融資産を創出したことになる。貸し付けは現実世界で1つの重要な金融資産で、貸し手（この場合は地元の銀行）が所有するものだ。銀行貸し付けを創出するとあなたと銀行は**負債**も創出している。それは将来所得の支払い義務だ。あなたの受けた銀行貸し付けは銀行からみると資産だが、あなたからみると債務、つまり銀行貸し付けに対する利払いも含めた返済義務になる。銀行貸し付けのほかに3つの主要な金融資産がある。株式、債券、そして銀行預金だ。金融資産は将来所得の請求権でだれかが将来所得の支払い義務を負っているものなので、そのだれかにとっての債務なのだ。それぞれの種類の金融資産についてだれが債務を負うかすぐに詳しく説明する。

> **負債**は将来所得の支払い義務だ。

これら4種類の金融資産、銀行貸し付け、株式、債券、銀行預金が存在するのは、株式市場や債券市場のように特化した市場と、銀行のように貸し手から借り手への資金の流れを容易にする特化した機関の集まりが経済で発展してきたからだ。第7章では、経済循環フロー図のなかで金融市場と金融機関が金融システムを成立させていることを定義した。健全に機能している金融機関は長期の経済成長を達成するのに必要不可欠だ。なぜなら、それは貯蓄と投資支出をより多くするからだ。それはまた貯蓄と投資支出を効率的に実行することを保証する。どのようにそれが起こっているのかを理解するためには、金融システムが果たす役割について知る必要がある。その次にどのようにそれが実行されるかが理解できる。

2.1　金融システムが果たす3つの役割

これまでの貸付資金市場分析では借り手と貸し手が直面する3つの重大な問題を無視してきた。それらは取引費用、リスク、そして流動性を望むことだ。金融システ

ムの3つの役割はこれらの問題の軽減を費用効率よく行うことだ。そうすることで金融市場の効率性が増す。それは貸し手と借り手はお互いに利益になる交易を行いやすくなり、その交易は社会全体を豊かにする。ここで、金融資産がどのように工夫されてこれらの問題に対処するために諸機関がどのように発達してきたかをみることにしよう。

役割1：取引費用の軽減

取引費用とは実際に取引をとりまとめて実行するのにかかる支出だ。たとえば、貸し出しを準備するのに取引条件を交渉したり、借り手の支払い能力を保証したり、法的書類を起草作成したりなどに時間とおカネがかかる。大企業がある投資支出をするのに10億ドル資金調達する必要があるとしよう。どんな個人もそんな多額を貸したいと思わない。そして1人1人は少額の貸し出ししかしたくないので、それを何千人分も交渉すると、それぞれの取引にかかる費用の合計は多額になってしまう。その総費用はあまりにも大きく、取引は全体としてみると採算が合わなくなってしまうだろう。

▶ **取引費用**とは取引を交渉してとりまとめるのにかかる出費だ。

幸い、そんなことをする必要はない。大企業が資金を借りたければ、銀行に行って借りるか債券市場で債券を売ればよいのだ。銀行から貸し出しをしてもらうと大きな取引費用がかからずにすむ。なぜなら1人の貸し手と借り手の間の取引だからだ。次の節では債券がどのようなはたらきをするかをみる。とりあえずいまは、債券市場が存在する主な理由は企業が大きな取引費用をかけずに多額の資金を調達できるということを知っておくだけで十分だ。

役割2：リスクの軽減

現実世界で借り手と貸し手が直面する第2の問題は**金融リスク**だ。それは金融損失や利益を生むような将来に発生する事象についての不確実性だ。金融リスク、または単にリスクは問題だ。なぜなら将来は不確実で、潜在的に損失や利益をもたらすからだ。たとえば、自動車を所有して運転すると事故という費用がかかる金融リスクにさらされる。ほとんどの人が潜在的な損失と利益を非対称的に感じる。ほとんどの人が、一定額を失うことで感じる損は同じ額を獲得する利益よりも強く感じてしまう。一定額を得る利益よりも同額を失う損失をもっと敏感に感じてしまう人は**リスク回避者**と呼ばれている。程度の差はあるにせよほとんどの人が危険回避者だ。たとえば、お金持ちの人はさほどお金持ちでない人ほど危険回避的ではない。

▶ **金融リスク**とは金銭的な損失と利益の発生にかかわる将来事象の不確実性のことだ。

リスク回避者はリスク軽減を望んでおり、健全に機能している金融システムはその助けになる。ある会社の所有者が資本設備を追加購入すれば利潤はもっと大きくなると見込んでいるが、必ずそうなると確信しているわけではないとしよう。その所有者は自分の貯蓄を取り崩すか、自宅を売却すればその設備代金を支払える。だが利潤が予想よりもかなり小さければ貯蓄か自宅または両方を失うことになる。つまり事業がどれくらいうまくいくかという不確実性に関するリスクにさらされることになる（事業主たちは、典型的には個人資産の大部分を事業にかけているので、普通の人よりも

リスクを受け入れやすい人だという理由はこれだ)。

　リスク回避的な事業主は新規の資本設備購入がうまくいけば大きな利益を見込めるにもかかわらず、資本設備購入リスクをほかの人と分け合いたいと思っている。それはどうやってできるか？　それは自分の手持ち資産を売却して得た資金ではなく、自社株式を他の人に売却して得た資金を資本設備購入に使うことで達成できる。自社株式を売却することで、もし利潤が予想よりも小さかったときに個人的な損失を減らせる。つまり個人の手持ち資産を失わずにすむのだ。だが事業がうまくいったときには株式保有者たちがその投資に対する報酬として利潤の一部を獲得できる。

　自社株の一部を売却することで、この会社の保有者は分散を達成したことになる。投資を行うに際して、自分が直面する総合リスクを軽減するようにいくつかの対応をとることができたのだ。自分の銀行預金という投資、すなわち1つの金融資産と、自宅という物的資産、そして自社株の未売却分という金融資産を維持したのだ。これらの投資にはそれぞれリスクがある。たとえば預金先の銀行は破綻するかもしれないし、自宅も火事にあうかもしれない（ただし現代のアメリカではこれらのリスクからも保険によって部分的に保護されていることが多い）。

　だが、保険がなかったとしてもこの会社の保有者はこれらの異なった資産に投資していたことで得をする。なぜならこれらの異なったリスクはお互いに無関係、つまり独立な事象だからだ。これは、たとえば自宅が火事になりやすいからといって事業が失敗しやすくなるわけではないし、預金先の銀行が破綻しやすくなるほど自宅が火事になりやすいわけでもないのだ。言い換えれば1つの資産がうまくいかなくとも、ほかの資産には影響がないことが多い。その結果、損失するリスクの合計は減少したことになる。だが、もしすべての資産を会社の事業に投入すれば、もしその事業が失敗したときにすべてを失ってしまう可能性に直面する。**分散**をすること、つまり無関係、または独立したリスクをもついくつかの資産に投資することで、損失するリスクの合計を軽減することができる。

> 個人はいくつかの異なった資産に投資することで**分散**できる。そうすることで損失の可能性は独立した事象になる。

　分散をすることでリスクの合計を軽減する欲求こそが、株式と株式市場が存在する理由だ。金融資産のタイプについて論じる次節では、株式市場のいくつかの特性がリスクを管理して軽減する個人の能力をどのように高めているかをくわしく説明する。

役割3：流動性の供給　金融システムの第3のそして最後の役割は投資家に流動性を与えることだ。リスクと同様に、将来が不確実だということから発生する問題だ。貸し出しをした後に、急に貸し手に現金が必要になったとしよう。たとえば急な医療費が必要になったなどだ。資金の貸付先の会社が新設備購入にそれを使ってしまっていたならば、その会社は貸し手の急な資金回収要求に応じて返済をすることができない。貸し付けの返済期限前に資金が必要になる危険を前もってわかっていれば、貸し手はその会社に貸付資金を投じるのはいやがるだろう。

> 比較的に価値をあまり減らさずにすぐに現金化できる資産は**流動的**だ。
> 比較的に価値をあまり減らさずにすぐに現金化できない資産は**非流動的**だ。

　さほど価値を減らさずに現金化することができる資産は**流動的**だという。そうでない場合は**非流動的**だという。あとでみるように、株式や債券は流動性の問題に対する

部分的な解答だ。銀行は個人が流動的資産として保有しながらも非流動的な投資プロジェクトに資金融通するような追加的方法を提供している。

貸し手と借り手がともに得する取引を促進するには、取引費用の軽減、分散投資によるリスク軽減や管理、そして流動性供給といった方法が経済に必要なのだ。ではこれらはどのように達成されているのか？

2.2 金融資産のタイプ

現代の経済には、貸し付け、債券、株式、銀行預金という4種類の主要な金融資産がある。さらに、金融革新によってさまざまな種類の貸付担保証券が生み出された。それら証券の1つ1つは目的が多少ちがっている。まず貸し付け、債券、株式、そして貸付担保証券について確認する。銀行預金についての議論は次の節へ先送りする。

貸し付け（ローン） 貸し付け（ローン）は個人の貸し手と個人の借り手の間に取り交わされた貸出合意だ。多くの人は学生ローンや車や住宅購入時の銀行貸し付けといったかたちで貸し付けを経験する。小企業は銀行貸し付けを使って新しい設備を購入するのが普通だ。

▶ **貸し付け（ローン）** は個人の貸し手と個人の借り手の間の貸出合意だ。

貸し付けの良い点は1つ1つが借り手のニーズに合わせたものになっていることだ。小企業が貸し付けを受けるまでには、通常、事業プランや利益などを貸し手と検討する必要がある。その結果、借り手のニーズと返済能力に見合った貸し付けになる。

貸し付けの欠点は1個人または1企業に貸し付けをするには多くの取引費用がかかることだ。それは貸付条件の交渉や借り手の信用履歴や返済能力の調査といった費用だ。このような費用を最小化するために、大企業や政府といった大口の借り手はもっと合理化された方法をとる。つまり債券の売却（発行）だ。

債券 第7章で学んだように、債券は借り手が発行した借用証書だ。通常、債券の売り手は債券の保有者に対して、毎年定額の利子払いと、元本つまり債券に表示してある額面の支払いを定められた期日に行うことを約束している。したがって、債券は保有者からみれば金融資産になり、発行者からみれば債務になる。債券発行者は決まった利子率と満期の期日が記してある債券を何枚も買いたい人に売る。これで多数の個人の貸し手と貸付条件を交渉する費用をはぶくことができる。

債券購入者は、信用履歴といったような債券発行者の質についての情報を自分で費用を払って調査する必要はなく、債券格付け会社からタダで手に入れることができる。投資家にとってとくに気になることは**債務不履行**、つまり債券発行者が債券契約で指定されているとおりに支払い義務を果たさないリスク、の可能性だ。ある債券の債務不履行リスクがひとたび格付けされると、それはある程度標準化された商品、つまり条件と質が明確に定義された商品として債券市場で売却できる。一般に、債務不履行リスクが高い債券は投資家に買ってもらうために利子率を高くする必要がある。

▶ **債務不履行**は借り手が貸付契約あるいは債券契約で指定されているとおりに支払い義務を果たさなかったときに起こる。

債券のもう1つ重要な利点は、転売できることだ。これは債券保有者に流動性を

与えてくれる。もちろん、債券は満期がくるまでにいろんな人の手から手へと渡る。それに対して、貸し付けは転売するのがむずかしい。債券とちがって、それは標準化されていないからだ。貸し付けは1つ1つの額も、質も、貸付条件もちがっている。そのせいで、貸し付けは債券よりもずっと非流動的になるのだ。

貸付担保証券　**貸付担保証券**は貸し付け1つ1つを集めてプールし、それ全体の一部を売却すること（この過程は証券化と呼ばれる）でつくり出された資産だ。これは過去20年間ほどで非常に頻繁に行われるようになった。住宅ローン担保証券は、何千人もの個人住宅ローンが集められてその一部が投資家たちに売却されたもので、いちばん有名な例だ。そのほかに証券化は学生ローン、クレジットカードローン、自動車ローンなどにも広く行われている。これら貸付担保証券は債券と同じように金融資産市場で取引されている。投資家たちに好まれている理由は、個人向けの貸し付けよりも多くの分散と流動性を与えてくれるからだ。だが、あまりに多くのローンがごちゃまぜにされているので、その資産の本当の質を評価するのがむずかしくなる可能性がある。この困難が2008年の金融危機のときに投資家たちを襲った。住宅価格バブルの崩壊が住宅ローン債務不履行の蔓延を生み、「安全な」はずの住宅ローン担保証券を保有している人々は多大な損失をこうむった。その痛みは金融システム全体に広がった。

> **貸付担保証券**は個別の貸し付けをプールしてその一部を売却することでつくり出された資産だとする。

株式　第7章で学んだように、株式は企業の所有権の一部だ。株式は保有者からみると金融資産で、発行企業からみると負債になる。すべての会社が株式を販売（公開）しているわけではない。「非公開」企業の株式は1人か、あるいは少数のパートナーにより保有されていて、企業の利潤はすべて彼らのものになる。だが、ほとんどの大企業は株式を販売（公開）している。たとえばマイクロソフトは、110億株近くの発行済株式がある。それを1株もつと、マイクロソフトの利潤の110億分の1をもらえることになる。またマイクロソフトの意思決定に対する110億票のうちの1票をもつことにもなる。

　マイクロソフトは昔から高い利益を出している企業なのに、なぜ誰でもその所有権の一部を購入できるようにしているのだろう。創業者のビル・ゲイツとポール・アレンの2人が、株式を自分たちで保有して必要な投資資金は債券発行で調達しようとしなかったのはなぜなのか？　それは、ちょうどいま学んだように、リスクがあるからだ。一人で大企業を所有するというリスクを負いきれるほどの耐性をもつ人はほとんどいないのだ。

　株式の存在によって社会的な厚生が改善されるのは、事業主が直面するリスクを軽減することだけにとどまらない。株式の存在によって、株式を購入する投資家の厚生も高まるのだ。長い目でみれば、通常、株式は債券にくらべてより高い報酬を与えてくれる。過去1世紀の間、株式は物価上昇調整後の数値で約7％の収益率をもたらしたが、債券の収益率は約2％だった。だが、資産運用会社が警告しているように、「過去の成果が将来の成果を保証するわけではない」。やはり、短所もある。ある会社

の株式を保有することは、同社の債券を保有するよりもリスクが高いのだ。なぜかって？　おおざっぱにいうと、債券は約束だが株式は望みでしかないからだ。会社は利潤を株主に分配する前に、貸し手への資金返済義務を果たさなければならないと法律によって定められている。会社が倒産したとすれば（つまり利払い義務を果たせずに破産を宣告した場合には）、その会社が保有する物的資産と金融資産は債券保有者（貸し手）に分配される。そのとき株主は何も受け取れないのが普通だ。一般に株式は債券よりも高い報酬をもたらすが、リスクも高いのだ。

だが金融システムは、投資家と事業主がリスクを軽減しながらある程度高い報酬を得られるようにする仕組みもつくり出してきた。それを実現しているのが、金融仲介機関と呼ばれる機関が提供するサービスだ。

2.3　金融仲介機関

金融仲介機関とは、多くの個人から集めた資金を金融資産に転換する機関だ。もっとも重要な金融仲介機関は投資信託会社（ミューチュアル・ファンド）、年金基金、生命保険会社、それに銀行だ。アメリカ国民が保有する金融資産のうちの4分の3は、直接保有ではなく、これらの金融仲介機関を介して保有されている。

▶ 金融仲介機関とは多数の個人から集めた資金を金融資産に転換する機関だ。

投資信託会社　これまで説明してきたように、ある会社の株式を保有して高い報酬を得ようとするにはリスクがつきものだ。一方で、株式投資家が分散によって株式保有のリスクを軽減できることももうわかっただろう。分散された株式ポートフォリオを保有することで、つまり互いのリスクが無関係または相殺されるようなさまざまな株式を保有することで、株式投資家はある1社もしくは関連会社のグループだけに投資をするよりはリスクを軽減できる。またフィナンシャル・アドバイザーたちは、たいていの人がリスク回避的なのを承知しているので、顧客の保有する富全体のリスクを分散するために、分散された株式ポートフォリオだけでなく、債券、不動産、現金といった株式以外の資産をもつことを必ずすすめるのだ（おまけに、事故による損失に備えてたくさんの保険をかけることまですすめてくれる！）。

でも、それほど多くの投資資金をもたない、たとえば100万ドル以下の資金しかない個人投資家にとっては、分散投資された株式ポートフォリオをもつと取引費用（とくに株式仲買人に支払う料金）が高くついてしまう。そのような個人投資家は、多数の会社の株式を少しずつしか購入できないからだ。幸い、そうした個人投資家でも、投資信託を買えば、高い取引費用を負担せずにリスクを分散できるようになる。**投資信託会社（ミューチュアル・ファンド）** とは、多数の会社の株式を購入して株式ポートフォリオを構築し、その株式ポートフォリオの一部を個人投資家に転売する金融仲介機関だ。この株式ポートフォリオの一部を購入すれば、運用額が比較的小さい個人投資家も分散投資された株式ポートフォリオを間接的に保有できるようになる。それを保有すれば、同等のリスクがあるほかの運用方法よりも高い報酬を獲得できる。表10-1は、分散した投資信託商品の例として、バンガード500インデックス・ファンド

▶ 投資信託会社（ミューチュアル・ファンド）は、株式ポートフォリオを構築してその一部を個人投資家に転売する金融仲介機関だ。

を取り上げている。この表は、この投資信託のポートフォリオとして組み入れられた各大企業の株式に投資家の資金がそれぞれ何％ずつ使われているかを示している。

投資信託会社の多くは、投資先企業に関する市場調査も行っている。これは重要なことだ。というのも、株式を発行しているアメリカの企業（もちろんアメリカ以外の国の企業も）は何千もあり、それぞれに期待される収益率や配当といったものはさまざまだからだ。たった数社の企業を調査するのでさえ、個人投資家には膨大な時間と費用がかかるだろう。顧客投資家のためにこのような調査をすることで、投資信託会社は取引費用を節約しているのだ。

投資信託産業はアメリカの金融システムだけでなく、現代のアメリカ経済の大部分を代表している。2011年後半で、アメリカ全体の投資信託会社運用資産は10兆1000億ドルにのぼる。2011年12月時点での最大の投資信託会社はバンガード・グループで、1兆7000億ドルもの資金を運用している。

ところで、投資信託会社は提供しているサービスの手数料をとっていることを指摘しておくべきだろう。もうかる株をとくに選ぶことをせず、単に分散投資された株式ポートフォリオを組んでいるような投資信託の手数料は安く設定されている。でも、顧客の資金を株式投資に運用する専門ノウハウをもっていると主張する投資信託の手数料はかなり高くなる。

年金基金と生命保険会社　多くのアメリカ国民は投資信託に加えて**年金基金**に加入している。年金基金はその参加者の貯蓄資金を集めてさまざまな資産に運用し、加入者が退職したときに年金を支払っている非営利団体だ。年金基金は特別なルールに従う必要があり、また税金の優遇措置を受けているが、その機能は投資信託会社と同じようなものだ。年金基金は幅広い種類の金融資産に投資することで、加入者のためにもっと費用効率が高い分散投資ができるようにしたり、市場調査をしたりしている。2011年後半時点で、アメリカの年金基金は、10兆ドルを超える資産を保有している。

またアメリカ国民は、**生命保険会社**が発行する保険証券も大量に保有している。保

> **年金基金**は投資信託会社の一種で、その参加者に退職年金を支払うためにさまざまな資産を保有している。

> **生命保険会社**は保険証券を発行し、その保有者が死亡したときに保有者が指定した受益者に保険金を支払うことを約束している。

表10-1 | バンガード500インデックス・ファンドの投資先上位（2011年6月時点）

企業名	投資信託に占める運用割合（％）
エクソンモービル	3.3
アップル	2.6
IBM	1.7
シェブロン	1.7
ゼネラル・エレクトリック	1.7
マイクロソフト	1.6
AT&T	1.5
ジョンソン・エンド・ジョンソン	1.5
プロクター・アンド・ギャンブル	1.5
ファイザー	1.4

（出所）バンガード・グループ

険証券は、その保有者が死亡すると保有者が指定した受益者（典型的には家族）に保険金を支払うことを約束するものだ。保険証券保有者が死亡したときに受益者が直面する経済的困難を緩和することで、生命保険会社もリスクを軽減して経済厚生を改善する。

銀行 流動性の問題を思い出してほしい。他の条件を一定とすると、人々はすぐさま現金化できる資産のほうを望む。債券や株式は、急な支出をまかなうためにそれを売却する取引費用は高くなるだろうけど、物的資産や貸し付けよりもはるかに流動性が高い。また、多くの中小企業にとって、債券や株式を発行する費用は、彼らが調達したいささやかな金額にくらべると高すぎる。銀行は、貸し手の流動性ニーズと、債券や株式に頼りたくない借り手の資金調達ニーズが一致しないという問題を解消するのに役立つ機関だ。

　銀行はまず預金者から資金を集める。銀行に資金を預ける人は、銀行に資金を貸すという意味で、本質的な貸し手となっている。引き換えに預金者は**銀行預金**という信用を受け取るが、それは銀行に対する請求権だ。銀行は預金者が要求したときに現金を返却しなくてはならない。よって、銀行預金は預金者の保有する金融資産であり、銀行にとっては負債になる。

▶ **銀行預金**とは預金者の銀行に対する請求権で、銀行は預金者の要求に応じて現金を返却する義務がある。

　だが、銀行がすぐさま返却できるように保有している現金は、預金者が預けた資金のうちのごく一部でしかない。預けられたおカネの大部分は、事業主や新居の購入者、またはその他の借り手に対して貸し出されている。銀行はこの貸し出しによって、借り手と長期にわたる取引関係をもつようになる。つまり借り手が期日どおりに返済しているかぎり、銀行は貸付金を回収して現金化することはできない。このことから、銀行は、長期にわたって資金を借りたいと考えている人が、資金を貸したいが必要なときにはすぐさま現金化したいと考えている貸し手の資金を利用できるようにしているのだ。もっときちんというと、**銀行**とは銀行預金という流動性の高い金融資産を貸し手に提供し、そうして得た資金を流動的でない資産に融通したり、借り手の事業支出のニーズに応じて貸し出したりする金融仲介機関だ。

▶ **銀行**とは、銀行預金という流動的な資産を貸し手に提供し、そうして得た資金を流動的でない資産に融通したり、借り手の事業支出ニーズに応じて貸し出したりする金融仲介機関だ。

　要するに銀行は、一種のミスマッチを解消している。長期にわたる貸し出しを行う一方で、同時に預金者が要求すればいつでも資金を返済できるようにしているのだ。それはどのようにして実現できるのだろうか。

　銀行は、同時に預金引出要求をしてくる預金者は平均すると預金者のごく一部でしかないということをあてにしている。1日のうちには預金を引き出す人たちもいれば預金を積み立てる人たちもいる。その動きはおおよそ相殺しあう。つまり、預金を引き出す人の要求に応えるためには預金残高のごく一部に相当する現金を用意しておけば足りるのだ。また、銀行が預金引出に応えることができなくなったとしても、個々の預金は25万ドルまで連邦預金保険公社（FDIC）という連邦機関によって保護されている。これは預金者が預金をすることからこうむるリスクを軽減し、銀行の資産状況が悪化したときに預金者が預金を引き出そうとするインセンティブを弱くする。

よって通常の状況では、銀行は預金の一部だけを現金で用意しておけばよいのだ。

流動性を確保したいという貸し手のニーズと、長期にわたって資金を調達したいという借り手のニーズを調整するという重要な経済的役割を銀行は果たしている。次の「経済学を使ってみよう」で説明するように、きちんと機能する銀行システムを整備したことが、韓国経済成功の重要な転換点になった。

経済学を使ってみよう☞ 銀行と韓国の奇跡

韓国は経済成長の大成功例の1つだ。1960年代初頭、韓国はかなり貧しい国だった。その後、目を見張るほどの高い経済成長率を実現した。これには、韓国の銀行が大きな役割を果たした。

1960年代初頭の韓国の銀行システムはめちゃくちゃだった。インフレ率が高いのに、政府の規制によって銀行の預金利子率はとても低かった。物価上昇によって購買力が目減りするのをおそれて、人々は銀行に預金するのを避けた。かわりに、おカネを財・サービスの支出にあてたり、土地や金といった実物資産の購入にあてたりした。人々が銀行への預金を拒んでいたので、企業が投資支出のための資金調達をするのは非常に困難だった。

韓国政府は1965年に銀行の改革を行って、貯蓄主体が預金をしたくなるような水準まで利子率を引き上げた。その後の5年間で、銀行の預金残高は7倍に増加した。そしてGDPに占める国民貯蓄の割合である国民貯蓄率は、2倍以上に増えた。銀行システムが生き返ったことで、韓国企業による大きな投資ブームが生じた。銀行システムはこの国の経済成長を引き起こす重要な要因だった。

銀行以外にも、多くの要因が韓国の成功に寄与した。でもこの国の経験が、良い金融システムが経済成長にとってどんなに重要かを示していることは確かだ。

ちょっと復習

▶**金融資産**や**物的資産**を購入することで、家計は現在の貯蓄や**富**を投資(運用)することができる。金融資産は、その売り手からみると**負債**だ。
▶きちんと機能している金融システムは、**取引費用**を減らし**分散**によって**金融リスク**を低下させ、**流動的資産**を提供する。投資家たちは**非流動的資産**より流動的資産を好む。
▶金融資産の主要な4タイプは、**貸し付け**、債券、株式、**銀行預金**だ。最近の革新は**貸付担保証券**だ。これは個々の貸し付けよりも流動性が高く、より分散投資されている。**債務不履行**リスクが高い債券は典型的にはより高い利子がつく必要がある。
▶**金融仲介機関**のうちいちばん重要なのは**投資信託会社**、**年金基金**、**生命保険会社**と**銀行**だ。
▶銀行は銀行預金を引き受ける。これは預金者の現金引き出し要求にこたえる義務がある一方、その資金は長期間にわたって借り手に貸し付けられている。

✓ 理解度チェック 10-2

1. 以下の資産について、(i)取引費用の大きさ、(ii)リスクの大きさ、(iii)流動性の高さの観点から順序をつけなさい。
   a. 利子率の支払いが保証された銀行預金。
   b. 高度に分散され、すぐさま売却できる投資信託。
   c. 家族経営の会社の株式で、買い手がみつかりかつ家族全員が同意したときのみ売却可能な株式。
2. ある国の金融システムの発達の度合いと経済発展の度合いにはどのような関係があると考えられるか。その国の貯蓄と投資支出の観点から説明しなさい。

解答は https://str.toyokeizai.net/books/9784492314906 にある。

3 | 金融市場の変動

　ここまで、金融システムは経済にとって不可欠なものだということを学んできた。株式市場や債券市場、そして銀行がなければ経済成長が長く続くことは見込めない。でも、いいことずくめということはない。時には金融システムがうまく機能せず、短期的には不安定性の原因になることもある。実際、2007年夏に始まった住宅価格の急落が金融市場にもたらした影響は政策立案者にとって重大な問題になった。2008年の秋にはアメリカ経済は住宅価格低下に応じてきびしい不況に直面していた。そして2012年本文執筆時点でやっと経済はきびしい不況からゆっくりと回復している状態だ。

　資産市場の変動についてだけで簡単に1冊の本になってしまう。実際にそういう本は多い。ここでは簡潔に資産価格の変動の諸原因について述べる。

3.1　株式の需要

　いったん企業が投資家向けに株式を発行すると、それらは株式市場でほかの投資家たちに転売できる。近ごろでは、ケーブルテレビやインターネットのおかげで、1日中株式市場の変動を追うことも簡単にできる。ダウ・ジョーンズ平均株価のような株価の総合尺度だけではなく、個別の株式銘柄の価格が上がったり下がったりする様子がわかるのだ。このような株価変動は投資家たちの需要と供給の変化を反映している。では何が需要と供給を変化させるのだろうか？

　株式が金融資産だということ、つまり会社の所有権の一部だということを思い出してほしい。財・サービスの価値はそれを消費できることにあるが、それとちがって資産の価値は財・サービスの将来の消費を増やすことにある。金融資産が将来の消費を高める方法は2つある。第1に、利払いまたは配当というかたちで一定の所得を生み出すという方法がある。だが、多くの会社は将来の投資支出に備えて利潤を企業内に留保し、配当を支払っていない。でも投資家は、配当がない株式でも、後で高く売却することをねらって購入する。これが、将来の所得を高める第2の方法だ。投資家たちは、配当のある株式や債券であっても、その価格が将来、いまよりも低くなってしまうような資産なら買おうとはしない。その資産を将来売却したときに、彼らの富を減少させてしまうからだ。

　そのため、現在の金融資産の価値は、投資家たちがその資産の将来の価値や価格についてどんな信念をもつかに依存する。投資家たちがその資産の価値は将来高まると考えると、現在の価格がどの水準でもその資産への需要は増大する。その結果、その資産の今日の均衡価格は上昇する。逆に、投資家たちがその資産の価値は将来低下すると考えると、現在の価格がどの水準でもその資産への需要は減少する。その結果、その資産の今日の均衡価格は下落する。要するに、今日の株価の変化は将来の株価に対する投資家たちの予想の変化を反映しているのだ。

ある会社の株式の将来の予想価格を高めるような出来事が起きたとしよう。たとえば、最新のiPadの販売急増でアップルが予想収益の上方修正を発表したとしよう。すると同社の株式への需要は増大するだろう。同時に、アップル株の保有者は、現在の価格がどの水準であっても、その持ち株を市場に供給しようとはしないので、アップル株の供給減少を引き起こす。需要の増大や供給の減少（あるいはその両方）が、価格上昇を引き起こすことはわかっている。逆に、ある会社の株式の将来の予想価格を下落させるような出来事が起きたとしよう。たとえば住宅販売の不振が住宅改修需要を抑え込んでしまったためにホームデポが予想収益の下方修正を発表したとしよう。すると同社の株式への需要は減少するだろう。同時に同社の株式の供給は増えるだろう。同社株式保有者が市場に株式を売りたがるだろうからだ。この2つの変化はいずれも株価の下落をまねく。

　そういうわけで、株価は株式の需要と供給によって決まる。そしてそれらは投資家たちの将来の株価予想に依存しているのだ。

ちょっと寄り道

ダウ・ジョーンズはいまどうなっている？

　金融関連のニュース記事には、その日の株式市場の動きが出ていることが多い。株式市場の動きはダウ・ジョーンズ平均株価、S&P 500、ナスダック総合指数などの変化で表されている。これらの数値は何なのだろうか？　また、これらの数値から何がわかるのか？

　この3つの数値は株式市場の指数だ。消費者物価指数と同じように、株式市場の指数もいろいろな価格の平均としてまとめられる。この場合の価格とは株価のことだ。ダウ・ジョーンズ平均株価は、財務分析を行う企業であるダウ・ジョーンズ（『ウォールストリート・ジャーナル』紙のオーナーでもある）がつくったもので、マイクロソフト、ウォルマート、ゼネラル・エレクトリックといった優良企業30社の株価指数だ。S&P 500は、同じく財務分析を行う企業であるスタンダード・アンド・プアーズが作成している500社の株価指数だ。ナスダック総合指数は、衛星ラジオ会社のシリウス XM ラジオやコンピュータメーカーのデルなどのまだ新しくて小さい企業の株式を取引する全米証券業協会（NASDAQ）が作成している株価指数だ。

　これらの株価指数は異なる株式銘柄のグループを含んでいるので、いくらかちがったものを追跡している。ダウ・ジョーンズ平均株価は上位30社の株価しか含まないので、「オールド・エコノミー」つまりエクソンモービルのような従来型の大企業の状況を反映している。ナスダック総合指数はハイテク株の動きに影響される。S&P 500はその中間で、広範な企業の株価を追跡している。

　なぜこれらの指数が重要なのかって？　それは投資家たちが、経済のある特定部門がどういう状況かを手っ取り早く、簡単に把握することができるからだ。以下ですぐに説明するように、ある時点での株価はその会社が将来どうなるかについての投資家の予想を体現している。経済のある特定部門に属する企業の株価指数は、その特定部門が将来どうなるかについての投資家たちの予想を表していることがわかる。つまり、ナスダック総合指数が上昇してダウ・ジョーンズ平均株価が下落した日は、ハイテク部門の見通しが従来部門の見通しよりも明るいとされた日なのだ。このような指数の動きは、投資家たちが予想に基づいてダウ・ジョーンズ平均株価に含まれる株を売り、ナスダック総合指数に含まれる株を買ったことを反映している。

株価は、債券のような代替的な資産がどれだけ魅力的かということにも影響を受ける。すでに学んだように、たとえばある財の需要が減少するのは、その代替財が魅力的になったときだ。たとえば、その代替財の価格が下がったりすればそうなる。株式でも同じことがいえる。利子率上昇によって債券購入がより魅力的になると、株価は下落するのだ。逆に、利子率下落によって債券購入が魅力的でなくなると、株価は上昇する。

3.2　その他さまざまな資産の需要

　先ほど株式について述べたことすべてがその他の資産についても当てはまる。実物資産も含まれる。オフィスビル、ショッピングモール、その他事業用の施設といった商業用不動産の需要について考えよう。投資家たちがオフィスビルを買う理由は2つある。第1はビルの空き室を貸すことができるので、ビル保有者は賃貸料という所得を獲得できるためだ。第2に投資家たちはビル価値の上昇を見込んでいるかもしれないからだ。つまりいつか将来に、もっと高い価格で売ることができるかもしれないのだ。株式の場合のように、商業用不動産の需要は代替資産、とくに債券の魅力度に依存する。利子率が上昇すると、商業用不動産の需要は減少する。逆に利子率が下落すると、商業用不動産の需要は増加する。

　ほとんどのアメリカ国民は商業用不動産を保有していない。人口の半分しか株式を保有していない。投資信託を通じて間接的に株式を保有している人を含めてもそうなのだ。そして保有者のほとんどの人の株式保有額は5万ドルよりずっと少ない。だが2011年末時点にアメリカの66％の家計が保有している他の資産がある。それは自分の住宅だ。住宅価格を決めるものは何か？

　株価や商業用不動産価格を分析してきたのと同じ方法で住宅価格が分析できるかどうかとお考えのことだろう。何といっても、株式は配当金を、商業用不動産は賃貸料を保有者に支払う。だが一家が自宅に住んだ場合、他人から家賃が支払われるわけではない。

　でもそれは、経済学的にはどうでもいい。広く考えれば、自宅を保有する便益は他人に家賃を払わなくてもよいということだ。言い換えれば、自分自身に家賃を支払っているのだ。実際にアメリカ政府はGDP推計値のなかに「隠れた家賃」つまり自宅保有者が自身に支払っていると考えた家賃の推計値を含めている。

　住宅に支払ってもよいと人々が考えている金額は、その住宅から受け取れると見込める隠れた家賃にも依存する。住宅の需要はその他の資産の需要と同じように、将来の住宅価格の予想にも依存する。ある家をいつか将来高値で売却できると信じるなら人々がその家の購入に支払ってもよいと考える額は上がる。最後に住宅の需要は利子率にも依存する。利子率の上昇は住宅ローンの費用を押し上げ住宅需要を減らす。利子率の下落は住宅ローンの費用を下げて住宅需要を増やす。

　結局、すべての資産価格は似たような要因で決まる。だがそれは資産価格を決めるのは何かという問いには完全に答えてはいない。なぜなら将来の資産価格についての

投資家たちの予想を決定するのは何かを説明していないからだ。

3.3 資産価格予想

　資産価格予想がどのように決まるかについて2つの有力な見方がある。第1は伝統的な経済分析に基づいた見方で、なぜ予想は変化すべきなのかについて合理的な理由を重視する。もう一方は、市場参加者たちの大部分と一部の経済学者にも支持される見方で、市場参加者たちの非合理性を重視する。

効率市場仮説　ホームデポ株式の本当の価値はいくらなのか、評価しようとしているとしよう。そのために、同社の将来の利潤を左右する要因である**ファンダメンタルズ**をみる必要がある。そのなかにはアメリカ人のショッピング習慣の変化や住宅改装の将来見通しなどが含まれる。またホームデポ株保有から見込める収益を、債券といったようなその他金融資産がもたらしそうな報酬と比較したいだろう。

　資産価格についての第1の見方によれば、この種のことを注意深く調べた後に算出した株価が、市場ですでに取引されているホームデポ株価と一致する。なぜかって？

　ホームデポのファンダメンタルズに関するすべての公開情報は、すでにその株価に反映されているからだ。ファンダメンタルズを注意深く調べた結果算出される価格と市場価格に差があれば、それに乗じてもうけるチャンスを賢い投資家は逃さないはずだ。市場価格が高すぎると思えばホームデポ株を売り、低すぎると思えばそれを買うだろう。**効率市場仮説**とはこのような見方の一般形だ。つまり資産価格には公開された情報がすべてつねに反映されている。効率市場仮説が成立していればいつの時点でも株価は公正に評価されている。その会社のファンダメンタルズについて現在入手可能なすべての情報が株価に反映されている。そのため株価は過大にも過小にも評価されていない。

> **効率市場仮説**によれば、公開されているすべての情報は資産価格に反映される。

　効率市場仮説の1つの帰結は、株価やその他の資産価格はそれらのファンダメンタルズについての新しい情報が入ったときにしか変化しないということだ。新情報というのは定義によって予想できない。それが予想できるなら新情報ではないからだ。そのため資産価格の変化も予想できないのだ。この結果、たとえば株価の変動は**ランダムウォーク**になる。ランダムウォークとは、予測不能な変数が時間の経過とともにみせる動きを表す用語だ。

> **ランダムウォーク**とは、予測不能な変数が時間の経過とともにみせる動きだ。

　効率市場仮説は、資産市場がどう機能しているかを理解するのに重要な役割を果たす。だが、ほとんどのプロの投資家や経済学者の多くは、この仮説は単純化のしすぎだと考えている。彼らにいわせれば、投資家たちはそれほど合理的ではない。

市場は非合理的か　個人投資家やプロの資産運用マネージャーなど実際に市場に参加している多くの人々は、効率市場仮説には懐疑的だ。市場は非合理的な動きをすることがよくあるので、賢い投資家は、「市場のタイミング」をみて市場価格が割安なときに買い、割高なときに売ることでもうけることができると考えている。

経済学者は一般に、市場のタイミングを完全に読んで常に利益をあげる方法がある、という見方には懐疑的だし、また効率市場仮説に多くの人が反論もしている。しかし次のことを理解することは重要だ。市場が効率市場仮説とちがった動きをしている特定の事例を挙げるだけでは効率市場仮説を棄却することにはならない。人々の購入パターンが突如変化してホームデポの株価が40ドルから10ドルに暴落したからといって、当初40ドルという評価をつけた市場が非効率的だったとはいえない。購入パターンがいますぐにも変化しそうだという情報は、だれもが手に入れられる情報ではなかったので、それは当初の株価に反映されていないといえる。

　効率市場仮説に対する深刻な反論は、かわりに、市場価格に規則的な変動がみられることや、個人投資家たちが効率市場仮説に反する行動をとるといった証拠があることに着目する。たとえば経済学者のなかには、株価がファンダメンタルズの変化で説明できないくらい大きく変動することを示すたしかな証拠をみつけたと信じている者もいる。また個人投資家たちが体系的に非合理的な行動をとっているという強力な証拠をみつけたと信じている経済学者もいる。たとえば、人々は過去に上昇してきた銘柄の株価は上昇し続けると期待しているようだという。けれども効率市場仮説によると、それはありえない話なのだ。おなじことがほかの資産、とくに住宅についていえる。本節のすぐ後の「経済学を使ってみよう」で説明するように、住宅価格の大バブルが発生した大きな理由は住宅購入者たちが将来も住宅価格が上昇し続けるだろうと想定していたからだろう。

3.4　資産価格とマクロ経済学

　資産価格が大きく変動し、それが重大な経済的影響を及ぼすという事実についてマクロ経済学者と政策立案者はどう対応すべきか？　この問いは、マクロ経済政策が直面する重大な問題の1つになっている。一方で、政策立案者は市場が誤った動きをすること、資産価格が過大になったり過小になったりすることを認めたがらない。その理由の一部は、公開された情報はすでに資産価格の説明に使われているということを主張する効率市場仮説を反映しているかもしれない。これを一般化していえば、自分の資金を投じている民間投資家たちより政府官僚のほうが適正価格を正確に判断するということを正当化するのはむずかしいのだ。

　他方、過去15年間にわたり1度ならず2度も巨大な資産価格バブルを経験した。それぞれバブルが破裂したとき甚大なマクロ経済問題を引き起こした。1990年代後半にはドットコム－インターネット企業だけでなく、それを含んだ技術関連株が正当化できないほどの値にまで高騰した。このバブルが破裂して、それらの株式の価値の3分の2が短期間のうちに失われた。これが2001年の不況と高失業率の時期をもたらした。数年後には住宅価格の巨大なバブルが発生した。このバブルが2008年に崩壊したことが引き金となってきびしい金融危機とそれに続く深刻な不況が発生し、この本を執筆中のいまなお続いている。

　これらの事態が経済学者の間で白熱した論争を巻き起こした。それは、政策立案者

> **ちょっと寄り道**
>
> ## 行動ファイナンス
>
> しばしば個人は非合理的な行動、ときには予想可能な非合理的行動をとる。その結果、ほかにとることができた選択肢にくらべて損してしまうような選択をしてしまう。また人々は同じ意思決定上の間違いを繰り返す傾向がある。この種の行動が行動経済学の研究対象だ。そのなかでも成長している研究分野が行動ファイナンスだ。これは金融市場に参加している投資家たちがどのようにしてしばしば予測可能な非合理的行動をとるかを研究する分野だ。
>
> 多くの人と同じように、投資家たちも規則的に合理的でなくなる。とくに投資家たちが陥りやすいのは、自信過剰になってもうかる株をあてることができるという誤った思い込みをしてしまったり、損失回避のために不採算資産を売るのを嫌がって損失を受け入れることができなかったり、群集心理に陥ってすでに資産価格が上がってしまった後で資産を買ったり逆に価格が下がったあとで資産を売ったりすることだ。
>
> こういった非合理的行動は大きな問いを投げかける。合理的な投資家たちは、非合理的な投資家たちを犠牲にして大金をもうけることができるのか？　たとえば非合理的なおそれが発生して株価が安くなったときに買うなどして。
>
> この問いに対する答えは、ときにはイエスで、ときにはノーだ。プロの投資家の一部は非合理的な行動と反対の行動に賭けて（非合理的な売りがあれば買いで対抗し、非合理的な買いがあれば売りで対抗して）大もうけした。たとえば、億万長者ヘッジファンド・マネージャーのジョン・ポールソンは2007〜09年のアメリカ住宅価格バブル期にサブプライムローン証券に対する逆張り投資をして40億ドルもうけた。なぜならサブプライムローン証券を含む金融資産は高すぎる値段で売られていることを理解していたからだ。
>
> だが、ときには合理的な投資家たちですら市場の非合理的ふるまいからもうけることができない。たとえば資金運用管理者はたとえ顧客が出す売り買いの注文が非合理的でもそれに従わなくてはいけないからだ。同じように、プロの資金運用者も群れにならうのがずっと安全だ。そのようにして損失を出してもだれもそんなことを予見できなかったと言い訳をして職を失わずにすむ。だが群れにならわず投資した株が下落したら、まずい選択をしたことでクビになる可能性が高い。そのため、合理的投資家たちは金融市場での非合理的な行為を増長してしまうことにすらなるかもしれない。
>
> 歴史的傾向を観察している者の一部は金融市場が自己満足期と健忘期を行ったり来たりしているという仮説を立てている。価格は上昇し続けると投資家が非合理的に信じることでバブルが膨張し、それは後に破裂する。そのときは投資家たちは資産市場からまったく手を引き、資産価格は非合理的なまでに低くなると考えている。大きな住宅バブルの後に資産市場の大混乱が起きたという過去十年間の出来事は、明らかに行動ファイナンス分野の研究者たちに多くの研究材料を与えた。

は資産価格バブルが大きくなりすぎる前にそれをつぶしたほうがいいのかどうかについてだ。この論争については第17章で述べる。

経済学を使ってみよう☞　アメリカの大きな？住宅バブル

2000年から2006年の間にアメリカでは住宅価格が高騰した。2006年夏に至ってロサンゼルス、サンディエゴ、サンフランシスコ、ワシントン、マイアミ、ラスベガスを含む多くのアメリカ主要都市部の住宅価格は2000年1月の倍以上になっていた。

住宅価格上昇が加速していた2004年までに（本書の著者たちを含む）多くの経済学者がこのような価格上昇は過剰で、バブル状態つまり資産価格の上昇は将来の価格についての非現実的な予想によって引き起こされていると論じていた。

住宅価格の上昇が同等の家を借りるのにかかる費用以上に上昇したことは確かに真実だ。図10-9のパネル（a）には広く使われているアメリカ住宅価格指数とアメリカ政府が発表している住宅賃貸費用指数の両方が2000年1月を100として描かれている。賃貸料はゆっくり伸びているのに対して、住宅価格は急上昇している。

だが、また多くの経済学者がこの住宅価格の上昇を正当化できるといっていた。とくに、価格急騰の時期に利子率がいつになく低いという事実を指摘し、この低利子率と人口の増加といった他の要素と合わさって住宅価格急騰を正当化した。当時、FRB議長だったアラン・グリーンスパンは2005年に市場に小さな泡はあるかもしれないと譲歩はしたが、国全体での大きなバブルが発生していることは否定した。

残念ながら、価格急騰の懐疑派が正しかった。グリーンスパン自身が実際に国全体での大きなバブルが発生していたことを後に認めたのだ。2006年に住宅価格の伸びが止まると、多くの住宅購入者が将来の住宅価格について非現実的な予想をしていたことが明らかになった。住宅価格が下がりはじめると、将来の住宅価格予想は下方に修正され突然の急激な価格下落を引き起こした。住宅価格の下落とともに住宅需要が劇的に低下した。それは図10-9のパネル（b）に描かれている。

住宅市場の崩壊は、数多くの経済的困難を生み出した。それには銀行システムに非常に強い重圧がかかってしまったことも含まれる。これについては第14章で検討する。

> **ちょっと復習**
>
> ▶金融市場の変動は短期的なマクロ経済の不安定性の原因になりうる。
>
> ▶資産価格は需要と供給の影響を受けると同時に、債券のような代替資産の買いやすさにも影響を受ける。また需要と供給は将来の資産に関する予想も反映している。予想形成の1つの見方は**効率市場仮説**だ。その見方によると、株価の動きは**ランダムウォーク**となる。
>
> ▶市場参加者と一部の経済学者は効率市場仮説を疑問視する。実際には、政策当局は市場を思いどおりにできるとは考えていないし、また市場は常に合理的な動きをするとも考えていない。

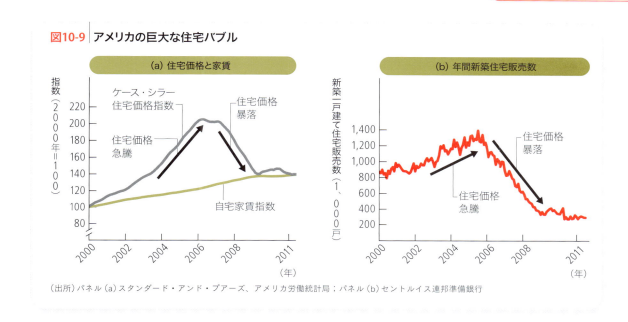

図10-9　アメリカの巨大な住宅バブル

（出所）パネル（a）スタンダード・アンド・プアーズ、アメリカ労働統計局；パネル（b）セントルイス連邦準備銀行

理解度チェック 10-3

1. 以下の出来事は会社の株価にどんな影響を及ぼすか。答えて、説明しなさい。
   a. この会社が、今年は利潤が少ないが、新しい事業をみつけたので来年は高い利潤を実現できると発表した。
   b. この会社が、今年の利潤は高いが、それは前年の予測よりも少ないだろうと発表した。
   c. この会社が属する産業の他の会社が、今年の販売額は予想外に伸びないと発表した。
   d. この会社が、以前に発表した利潤目標をちょうど達成できるだろうと発表した。
2. 次の主張を評価しなさい。「多くの投資家たちは非合理的かもしれないが、時間が経っても以前とまったく同じ、たとえばダウ・ジョーンズ平均株価が1％上昇した翌日には必ず株を購入するといった非合理的行動をとりつづけるとは考えにくい」。

解答は https://str.toyokeizai.net/books/9784492314906 にある。

要約

1. 長期の経済成長を達成するには物的資本への投資が不可欠だ。経済成長のためには貯蓄を投資支出に変換しなくてはならない。
2. **貯蓄・投資支出恒等式**によると、経済全体では貯蓄と投資支出は常に等しくなる。プラスの**財政収支**は**財政黒字**と呼ばれ、それが発生しているとき政府は貯蓄主体になる。逆にマイナスの財政収支は**財政赤字**と呼ばれ、それが発生しているとき、政府は負の貯蓄主体になる。閉鎖経済では、貯蓄は民間貯蓄と財政収支の合計である**国民貯蓄**に等しい。開放経済では、貯蓄は国民貯蓄と外国貯蓄の**純資本流入**の合計に等しい。負の純資本流入が発生しているとき、国民貯蓄の一部が他国の投資支出の資金として使われている。
3. **貸付資金市場**モデルは、貯蓄主体の貸付資金が投資支出プロジェクトをもつ借り手にどのようにして配分されるかを説明する。貸付資金市場は、貸し手と借り手の取引余剰最大化がどのように達成されるかを示し、それはきちんと機能している金融システムがより高い長期の経済成長をもたらす理由を説明している。財政赤字の増大や持続が**クラウディング・アウト**を引き起こしてしまうかもしれない。それは高い利子率が投資支出を減少させてしまうことだ。認識されているビジネスチャンスや政府借り入れが変化すると貸付資金需要曲線がシフトする。また民間貯蓄や資本流入が変化すると貸付資金供給曲線がシフトする。
4. 報酬 X が将来に実現するプロジェクトを評価するためには、利子率 r を用いて X を**現在価値**に変換する必要がある。1年後に受け取る1ドルの現時点での価値は $1/(1+r)$ ドルだ。それは今日貸すと、1年後に1ドルになるドルの額だ。利子率が低下するとプロジェクトの現在価値は増大し、利子率が上昇すると現在

価値は減少する。これでわかることは貸付資金の需要曲線は右下がりだということだ。

5. 借り手も貸し手も将来の利子率を知ることはできないので、貸し付けでは実質利子率ではなく名目利子率が決められている。将来のインフレ率が与えられると、貸付資金の需要曲線や供給曲線のシフトはそれで決まる実質利子率を変化させ、それが名目利子率の変化につながる。**フィッシャー効果**によれば、将来のインフレ率予想の上昇はちょうどその分だけ名目利子率を上昇させるので、予想実質利子率は変化しない。

6. 家計は自身の今期の貯蓄または家計が累積してきた貯蓄である**富**を、資産に投資する。資産は**金融資産**、つまりその売り手が買い手に対して将来の所得を請求する権利を保証するものか、あるいは**物的資産**、つまり将来の所得を生み出す目にみえる物体、のいずれかになっている。金融資産は売り手からみると**負債**になる。主に４種類の金融資産がある。**貸し付け**、債券、株式そして**銀行預金**だ。これらそれぞれはちがった必要性にこたえて、金融システムの３つの根本的役割を果たしている。それらは、金融取引をするのにかかる**取引費用**の削減、金融取引上の損得を生み出す将来事象についての不確実性、つまり**金融リスク**の削減、そして**流動的**資産、つまりあまり価値を減らさずにすぐ現金化できるような資産を提供することだ（それに対して**非流動的**資産は簡単には現金化できない資産だ）。

7. 中小規模の借り手の多くは投資支出資金の調達に銀行貸し付けを利用しているが、大企業は典型的に債券発行を利用する。**債務不履行**のリスクが高い債券はきまって高い利子率を支払わねばならない。事業主は株式を発行してリスクを軽減する。通常、株式は債券よりも報酬が高いが、投資家たちは**分散**投資をしてリスクを軽減したがる。それは相互依存関係のない独立した事象に依存して報酬が決まるようなさまざまな資産を保有することだ。ほとんどの人はリスク回避的で、ある額の利益よりも同額の損失のほうを強く感じる。**貸付担保証券**は最近の革新で、個々の貸し付けで発生したいろいろな資産をまとめてつくり出された金融資産でそのシェアが投資家たちに販売されている。個々の貸し付けよりもずっと分散投資されているし流動性も高いので、この債券は投資家たちに好まれる。でも、この債券の質を評価するのは困難になることもある。

8. **金融仲介機関**は、**投資信託会社**、**年金基金**、**生命保険会社**、そして**銀行**だ。これらの機関は金融システムの重要な構成要素だ。投資信託会社や年金基金は小規模投資家たちが分散投資することを可能にし、生命保険会社はリスクを削減する。

9. 銀行は個人に流動的な銀行預金を保有させ、その資金を非流動的な貸し付けにすることを可能にしている。銀行がこのミスマッチを解消することができるのは、平均するとごく一部の預金者しか資金を一度に引き下ろすことはないからだ。銀行部門がきちんと機能することは長期の経済成長にかかせない。

10. 資産市場の変動は短期的なマクロ経済の不安定性の原因になりうる。資産価格は需要と供給によって決まるが、同時に債券のような競合資産がどれくらい望まれ

ているかといったことによっても決まる。利子率が上昇すると株価や不動産といった実物資産価格は一般に低下する。利子率下落の場合は逆だ。人々の期待が資産の需要と供給を動かす。将来の資産価格上昇を予想すると現在の資産価格は上昇し、将来の資産価格の下落予想をすると現在の資産価格は下落する。どのように予想は形成されるかということについての1つの見方として**効率市場仮説**がある。それは、資産価格には公開された情報がすべて反映されているということだ。それがもたらす帰結は、資産価格の変動は本質的に予想できず、資産価格の動きは**ランダムウォーク**になるということだ。

11. 多くの市場参加者や経済学者は、実際の証拠を根拠に、資産市場は効率市場仮説が主張するほど合理的でないと信じている。そういった証拠としては、株価の変動がファンダメンタルズの変化だけで発生しているには大きすぎるということがある。政策当局は市場が常に合理的なふるまいをしているとも、市場を思いどおりにできるとも考えていない。

キーワード

貯蓄・投資支出恒等式	360ページ	財政黒字	362ページ
財政赤字	362ページ	財政収支	362ページ
国民貯蓄	362ページ	純資本流入	363ページ
貸付資金市場	367ページ	現在価値	369ページ
クラウディング・アウト	372ページ	フィッシャー効果	376ページ
富	378ページ	金融資産	378ページ
物的資産	378ページ	負債	378ページ
取引費用	379ページ	金融リスク	379ページ
分散	380ページ	流動的	380ページ
非流動的	380ページ	貸し付け（ローン）	381ページ
債務不履行	381ページ	貸付担保証券	382ページ
金融仲介機関	383ページ		
投資信託会社（ミューチュアル・ファンド）	383ページ		
年金基金	384ページ	生命保険会社	384ページ
銀行預金	385ページ	銀行	385ページ
効率市場仮説	390ページ	ランダムウォーク	390ページ

〈問題〉

1. ブリタニカという閉鎖経済に関する以下の情報に基づいて、投資支出、民間貯蓄、財政収支はいくらになるか答えなさい。これら3つの項目の関係を説明しなさい。

国民貯蓄は投資支出に等しくなるかどうかを答えなさい。ただし、政府移転支出はないとする。

GDP＝10億ドル　　　T＝5000万ドル

C＝8億5000万ドル　G＝1億ドル

2. レガリアという開放経済に関する以下の情報に基づいて、投資支出、民間貯蓄、財政収支、そして純資本流入はいくらになるか答えなさい。これら4つの項目の関係を説明しなさい。ただし、政府移転支出はないとする（ヒント：純資本流入は輸入 IM と輸出 X の差額に等しい）。

GDP＝10億ドル　　　G＝1億ドル

C＝8億5000万ドル　X＝1億ドル

T＝5000万ドル　　IM＝1億2500万ドル

3. 下の表はカプスランドとマルサリアという国の GDP に占める民間貯蓄、投資支出、純資本流入の割合を示している。カプスランドでは純資本流入、マルサリアでは純資本流出が生じている。両国の財政収支は（GDP の割合にして）いくらになるか。カプスランドとマルサリアの政府はそれぞれ財政赤字になっているか、それとも財政黒字になっているか答えなさい。

	カプスランド	マルサリア
GDPに占める投資支出の割合(%)	20	20
GDPに占める民間貯蓄の割合(%)	10	25
GDPに占める純資本流入の割合(%)	5	－2

4. ある国への資本の流入および流出があると仮定し、純資本流入は輸入（IM）から輸出（X）を差し引いたものだとする。以下の問題にそれぞれ答えなさい。

a. X＝1億2500万ドル

　IM＝8000万ドル

　財政収支＝－2億ドル

　I＝3億5000万ドル

　民間貯蓄を計算しなさい

b. X＝8500万ドル

　IM＝1億3500万ドル

　財政収支＝－1億ドル

　民間貯蓄＝2億5000万ドル

　I を計算しなさい

c. X＝6000万ドル

　IM＝9500万ドル

　民間貯蓄＝3億2500万ドル

     $I=$ 3億ドル

    財政収支を計算しなさい

  d. 民間貯蓄＝3億2500万ドル

     $I=$ 4億ドル

    財政収支＝1000万ドル

    $IM-X$ を計算しなさい

5. 下の表は国民所得生産会計表からとってきたもので、2009年と2010年のアメリカ GDP の内訳を10億ドル単位で示している。

(10億ドル)

年	国内総生産	民間消費支出	国内総資本形成	政府購入	政府貯蓄（財政収支）	政府税収－政府移転支払い
2009	13,939.0	9,866.1	2,052.2	2,412.2	−1,296.0	?
2010	14,526.5	10,245.5	2,300.4	2,497.5	?	1,198.5

  a. 空いている数値を埋めて表を完成しなさい。

  b. それぞれの年について政府移転支出を差し引いた政府税収の GDP に占める割合を計算しなさい。

  c. それぞれの年について国民貯蓄と民間貯蓄を計算しなさい。

6. 下の貸付資金市場の図を使って、以下のそれぞれのケースについて、民間貯蓄、民間投資支出、そして利子率がどうなるかを説明しなさい。閉鎖経済だとして答えなさい。

  a. 政府が財政赤字をゼロに減らした。

  b. どの水準の利子率でも、消費者がもっと貯蓄をするようになった。ただし財政収支はゼロとする。

  c. どの水準の利子率でも、企業が投資支出をして得られる将来の報酬が高くなるだろうと楽観するようになった。財政収支はゼロとする。

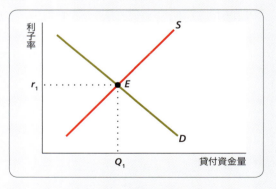

7. 政府が財政収支をゼロに均衡させていたとする。政府は教育支出を2000億ドル増やすことを決め、債券（国債）を発行することでその財源を確保した。右の図は政府が国債を発行する前の貸付資金市場の様子を示している。この国は閉鎖経済だとする。国債発行によって均衡利子率と均衡貸付額はどのように変化するか。この市場でクラウディング・アウトは起きるか。答えなさい。

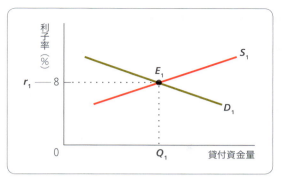

8. 2010年にアフガニスタンへのアメリカ軍派遣を3万人増兵する費用は360億ドルだとアメリカ連邦議会は推定した。当時、アメリカ政府は財政赤字をかかえていたので、増兵の資金は政府借り入れに頼ると仮定しよう。これは貸付資金供給には影響せずに貸付資金需要を増やすことになる。本問題はこの政府支出が利子率に及ぼす影響について考える。

   a. アメリカ軍増兵の費用増がないときの貸付資金市場での典型的な需要曲線（D_1）と供給曲線（S_1）を図示しなさい。タテ軸を利子率、ヨコ軸を貸付資金量としなさい。均衡点を（E_1）、均衡利子率を（r_1）で示しなさい。
   b. 増兵による費用増を考慮した新しい図を描きなさい。需要曲線を適切な方向にシフトさせなさい。新しい均衡点を（E_2）、均衡利子率を（r_2）で示しなさい。
   c. 増兵による政府支出増加が均衡利子率をどう変化させるか？ 説明しなさい。

9. 貸付資金市場での均衡がなぜ効率性を最大にするか説明しなさい。

10. 政府借り入れは民間投資支出をクラウドアウトしてしまうから政府は借り入れによる購入をすべて廃止すべきだと主張する友達がいたら、どう答えますか？

11. ボリス・ボロワーとリン・レンダーは次のような取引契約を締結した。リンはボリスに1万ドルを貸し付け、1年後にボリスはそれを利払いとともに返済する。名目利子率8％の利払いでそれを契約したが、それはみなが予想しているこれから1年のインフレ率5％のもとで実質利子率が3％になることを反映している。

   a. もし、これから1年の実際のインフレ率が4％だったとき、つまり予想より低い利子率はボリスとリンにどのような影響を及ぼすか？ 誰が得するか？
   b. もし、これから1年の実際のインフレ率が7％だったとき、それはボリスとリンにどのような影響を及ぼすか？ 誰が得するか？

12. 右の図を使って、予想インフレ率が2％ポイント低下すると貸付資金市場ではどのような変化が起こるかを説明しなさい。この予想インフレ率の低下は均衡貸付資金量にどう影響するか？

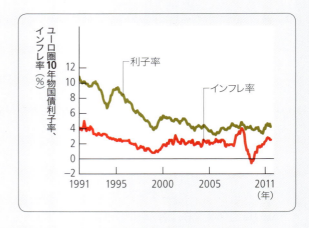

13. 上の図は欧州中央銀行の報告による、1991年から2011年中頃にかけてのユーロ圏10年物国債利子率とユーロ圏インフレ率のデータを表している。2種類のデータの関係をどのように言い表せるか？ そのパターンは図10-8で示したアメリカでの関係とくらべるとどうか？

14. 以下それぞれは、投資支出、金融資産への投資、物的資産への投資いずれの例になっているか？
    a. ルパート・マネーバック氏が発行済コカ・コーラ社の株式を100株購入する。
    b. ロンダ・ムービースターさんが1970年代に建てられた邸宅を1000万ドルで購入する。
    c. ロナルド・バスケットボールスター氏が太平洋の眺望を望む新築の邸宅を1000万ドルで購入する。
    d. ローリングス社がキャッチャーミット製造工場を新しく建設する。
    e. ロシアがアメリカ国債を1億ドル購入する。

15. 財政収支と資本流入が一定だとして、健全に機能している金融市場がどのように貯蓄と投資支出を増やすか説明しなさい。

16. アメリカ経済で重要な金融仲介機関の種類を説明しなさい。それら金融仲介機関が保有する主要な資産は何か？ そしてそれはどのように貯蓄と投資支出を行いやすくしているか？

17. 以下の事象が起きそれ以外は何も変化していないとき、その会社の今日の株価にどのような影響があるか、それぞれ説明しなさい。
    a. 債券の利子率が低下した。
    b. 同一産業内のいくつかの会社が予想外に売り上げを伸ばした。
    c. 昨年税法が変わり、今年の利潤が減少した。
    d. この会社が会計上の間違いのために昨年の会計報告を修正し、昨年度の利潤は

500万ドル少なかったと突然発表した。またこの変更は将来の利潤には何も影響しないことも発表した。

18. サリーメイは学生個人向け学資ローンをまとめてサリーメイ債として投資家たちにそれを販売する準政府金融機関だ。

   a. このような貸し出しプロセスは何と呼ばれているか？ 個々の学生ローンを売買するしかない場合にくらべて、このようなしくみは投資家たちにどのような効果をもたらすか？

   b. サリーメイの行動は学生の借り入れ能力にどのように影響すると思うか？

   c. 非常に大きな不況が襲ったとしよう。そのため多くの卒業生が就職できずローンの返済滞納が発生したとする。これはサリーメイ債にどのような影響を及ぼすか？ 投資家たちがサリーメイ債は予想していたよりもっと危険になったと考えるのがもっともらしいのはなぜか？ これが学資ローンの借りやすさにどのように影響するか？

Chapter 10 Appendix
Toward a Fuller Understanding of Present Value
現在価値をより深く理解するために

　第10章本文では1年後にもらえる1000ドルはいまもらえる1000ドルより価値が小さいということを、1年後の1000ドルの現在価値を年率5％で計算して示した。将来受け取れる便益だけでなくより広く、現在の費用の価値の計算についてもこの現在価値の考え方を応用することができる。

　以下の点に留意することがカギになる。つまり企業が投資支出をするときには、行っている事業に現在かかる費用と引き替えに将来の便益を獲得するということだ。利子率が低いほど、その事業をやる価値は高まるので、企業はもっと投資支出をしたくなるのだ。

1 単年度事業の現在価値はどのように計算するか？

　記号 r は百分率または小数表示の利子率（つまり $r=5\%=0.05$）だということを思い出そう。1000ドル単位ではなくいちばん簡単な数字1ドル単位で計算することにしよう。

　X ドルを貸し出すと、年末に受け取れる金額は次のとおりだ。

　　$X\times(1+r)=X$ ドルを貸して年末に受け取れる金額　　　　（10A–1）

式（10A–1）を使えば年末に1ドル受け取るためにいまいくら貸せばよいか計算できる。そのために式（10A–1）の右辺を1ドルとして X について解く。

　　$X\times(1+r)=1$ ドル　　　　（10A–2）

この式の両辺を（$1+r$）で割ると、

$$X = 1/(1+r) \text{ ドル} \tag{10A-3}$$

となる。本章で説明したように、Xは利子率がrのときの１ドルの現在価値だ。それは利子率がrのとき、１年後に一定額を受け取るために必要な現在の貸出額だ。rはゼロより大きいので、Xは１ドルより少ない。将来１ドル受け取るのに必要な現在の貸出額は１ドルより少ないのだ。

　利子率が高いほど将来受け取る資金の現在価値は小さくなる。たとえば、$r = 0.10$のときの１ドルの現在価値は$1/(1+0.10) = 1/1.1 = 0.91$ドルだが、$r = 0.02$のときの１ドルの現在価値は$1/(1+0.02) = 1/1.02$ドル$= 0.98$ドルになる。

2 複数年度事業の現在価値はどのように計算するか？

　２年後に１ドルを受け取るための現在の貸出額をX_{2yrs}としよう。今日X_{2yrs}を２年間にわたって貸し出すと１年後には、

$$X_{2yrs} \times (1+r) \tag{10A-4}$$

だけ受け取り、それを再び貸し出すと２年後には、

$$X_{2yrs} \times (1+r) \times (1+r) = X_{2yrs} \times (1+r)^2 \tag{10A-5}$$

を受け取れることになる。２年後に１ドル受け取るために現在どれだけ貸し出しすべきかは、式（10A-5）を使って計算できる。

$$X_{2yrs} \times (1+r)^2 = 1 \text{ ドル} \tag{10A-6}$$

X_{2yrs}は、式（10A-6）の両辺を$(1+r)^2$で割ると次のようになる。

$$X_{2yrs} = 1/(1+r)^2 \text{ ドル} \tag{10A-7}$$

たとえば、$r = 0.10$ならば$X_{2yrs} = 1/(1.10)^2$ドル$= 1/1.21$ドル$= 0.83$ドルになる。

　式（10A-7）はN年後の１ドルの現在価値を表す一般式を導くためのきっかけになっている。その一般式は次のとおりだ。

$$X_{Nyrs} = 1/(1+r)^N \tag{10A-8}$$

つまり、N年後に受け取る１ドルの現在価値は$1/(1+r)^N$ドルだ。

3 事業がもたらす収入とそれにかかる費用の現在価値はどのように計算するか？

　３つの事業のうち１つを選ぶ必要があるとしよう。事業Ａはいますぐに100ドルの収入を得ることができる。事業Ｂはいま10ドルの費用がかかるが１年後に115ド

表10A-1 3つの仮想的な事業の純現在価値

事業	現在実現する金額(ドル)	1年後に実現する金額(ドル)	現在価値の式(ドル)	$r=0.10$のときの純現在価値(ドル)
A	100	—	100	100.00
B	−10	115	$-10+115/(1+r)$	94.55
C	119	−20	$119-20/(1+r)$	100.82

ルの収入を得ることができる。事業Cはいますぐ119ドルの収入を得ることができるが、1年後に20ドルを支払う必要がある。$r=0.10$としよう。

これら3つの事業を比較するためには、異なる時期に得たりかかったりする収入と費用を評価しなくてはならない。もちろんここで現在価値の考え方が非常に便利になる。現在価値を使って将来の価値をいまの価値に変換することで時間のちがいをなくすことができる。時間のちがいをなくせば各事業の純現在価値、すなわち現在または将来の収入の現在価値から現在または将来にかかる費用の現在価値を差し引いたものを計算し、3つの事業を比較することができる。最良の事業は純現在価値が最大になる事業だ。

表10A-1は3つの事業それぞれの純現在価値をどのように計算するかを示している。第2列と第3列はいつ何ドルが実現するかを示している。費用はマイナスの値で示している。第4列は実現するドルの経過を現在価値に変換する式を示し、第5列は3つの事業それぞれの純現在価値を示している。

たとえば、事業Bの純現在価値を計算するには1年後の115ドルの現在価値を計算する必要がある。1年後の1ドルの現在価値は$1/(1+r)$ドルなので、1年後の115ドルの現在価値は$115 \times 1/(1+r)=115/(1+r)$ドルになる。事業Bの純現在価値は現在と将来の収入の現在価値から現在と将来にかかる費用の現在価値を差し引いた$-10+115/(1+r)$ドルになる。

第5列をみるとすぐわかるように、利子率10%のときには事業Cがいちばんよい。純現在価値は100.82ドルでもっとも高い。それは事業Aの純現在価値（100ドル）または事業Bの純現在価値（94.55ドル）よりも高い。

この例は現在価値の考え方がいかに重要かを示している。もし現在価値の考え方を使わずに単純に収入から費用を差し引いた値を使うと誤って事業Bの価値がもっとも高く、事業Cの価値がもっとも低いと結論づけてしまうことになるのだ。

〈問題〉

1. ある大きな都市の幹線道路は州間高速道路でもある。5億3500万ドルの費用をかけて再建するのに、この道路が2012年1月から2013年12月の2年間、完全に封鎖されるとしよう。工事中にも高速道路を通行できるようにするなら、この高速道

路再建事業にはもっと時間とおカネがかかる。通行可能な高速道路再建工事には4年かかり、総費用は8億ドルかかるとしよう。州交通局は建設開始の1年前（つまり初回の支払いは1年後になる）の2011年にどうするか決めねばならない。交通局には次の選択肢がある。

(i) 工事中は高速道路を閉鎖し、年間工事費2億6750万ドルを毎年2年間支払う。

(ii) 工事中に高速道路を通行可能にし、年間工事費2億ドルを毎年4年間支払う。

a. 利子率10％とする。それぞれの建設計画にかかる費用の現在価値を計算しなさい。どちらの案が工事費は安いか？

b. 利子率が80％だとする。それぞれの建設計画にかかる費用の現在価値を計算しなさい。こんどはどちらの案の工事費が安いか？

2. 州の宝くじにあたったとする。その賞金のもらい方は2つある。いま100万ドルを現金でもらうか、合計120万ドルをいま、1年後、2年後、3年後にそれぞれ30万ドルずつもらうかだ。利子率は20％のとき、どちらの方法で賞金をもらうほうがよいか？

3. 製薬会社ファイザーはがんの新薬開発に投資するかどうか考えている。開発には初期投資1000万ドルの費用が現在かかるが、1年後から年間利潤400万ドルを3年間にわたって得ることができる。

a. 利子率12％ならばファイザーは新薬開発に投資すべきか？　その答えの理由は？

b. 利子率8％ならばファイザーは新薬開発に投資すべきか？　その答えの理由は？

Part 5 Short-Run Economic Fluctuations

短期の経済変動

Chapter 11

Income and Expenditure

所得と支出

この章で学ぶこと

- 最初の支出の変化がさらなる変化を引き起こす**乗数**の性質。
- 現在の可処分所得の変化が消費支出にどう影響するかを示す**総消費関数**の意味。
- 将来の所得の予想額や経済全体での富の変化が消費支出にどう影響するか。
- 投資支出を決定する要因は何か。また意図した**投資支出**と意図しない**在庫投資**の区別。
- 需要の変化の後、経済は在庫の調整過程を通じてどのように新しい均衡に向かうか。
- 投資支出はどうして将来の経済状態を示す先行指標と考えられるか。

好況から不況へ

　フロリダ州フォートマイヤーズは2003年から2005年まで、好況に沸く街だった。仕事は豊富にあり、フォートマイヤーズ・ケープコーラル大都市圏の失業率は3％以下だった。ショッピングモールは活気づき、新しい店があちこちに出てきていた。

　だがその後、好況は不況へと変わった。仕事はわずかになり、2010年の中ごろまでに失業率は13％を超えた。店の客は少なくなり、多くが閉店となった。しかし、ある新たなビジネスだけは繁盛していた。地域経済が落ち込んでゆくなか、不動産業者たちが「差し押さえ物件ツアー」を提供しはじめた。これは所有者が住宅ローンを支払えなくなった後に銀行が差し押さえ、割引価格で売っている家を見て回るツアーだ。

　何が起こったのだろうか。フォートマイヤーズが2003年から2005年まで好況に沸いたのは住宅建設が増加したからで、その原因の一部は住むためではなく高値で転売するために家を買う投機家たちがいたからだった。住宅の建築によって土木作業員、電気技師、屋根職人、不動産業者などの仕事が生まれる。これらの労働者が順々に地元でおカネを使うことによって、ウェイター、植木屋、プール清掃業者、販売員等々の仕事が生まれる。さらにこれらの労働者たちが順々に地元でおカネを使うことによっていっそうの拡張が生まれる、といった具合だ。

　住宅建設が突如として事実上の中止に至ったとき、好況は不況へと転じた。投機は自分を餌にしていることがわかった。つまり人々は投資のために住宅を購入し、同じく投資のために住宅を購入しようとしている他者にそれを販売していて、住宅価格は本当に家に住みたい人が支払える額をはるかに超えていた。やがて「ワイリー・コヨーテの瞬間」——崖の端から走って飛び出してしまう習性があるのだが自分が下を覗くまでは落下せず、その後自分を支えているものが何もないことに気づくという漫画のキャラクターから名づけられた——がやってきた。2005年に人々は下を眺め、住宅価格が現実と乖離しているとすぐに気づいた。そしてまさにそのとき、住宅市場が崩壊したのだった。

先の好況を生んだプロセスが逆に作用したせいで、地元経済は崩壊した。住宅建設によって生まれた仕事は消え去り、地元での支出は減り、地元でのほかの仕事も減り、それによってさらに支出が減った。

フォートマイヤーズの好況と不況は規模が小さいが、経済全体で起こる好況と不況の仕組みを例示している。景気循環は投資支出——住宅投資支出（つまり住宅建設）もしくは非住宅投資支出（オフィスビル、工場、ショッピングモールの建設など）——の浮き沈みによって発生する場合が多い。投資支出が変化すると間接的に消費支出が変化し、それによって投資支出の変化の効果は経済全体で増幅する（経済学者は乗数倍されるという言い方をすることが多い）。

この章ではこのプロセスがいかに機能するかを考察し、乗数分析が景気循環を理解するうえで有用なことを示そう。第1のステップとして、乗数の概念をインフォーマルに導入しよう。

1 | 乗数：インフォーマルな導入

フォートマイヤーズの好況と不況の話は、総支出の初期の上昇や下落によって所得が変化し、それによってさらに総支出が変化する、といったある種の連鎖反応に関するものだ。この連鎖反応をよりくわしく、そして今回は経済全体の総支出の変化に与える効果を考察しながら検討することにしよう。

分析にあたって4つの単純化のための仮定をおこう。これらの仮定については以降の章で再検討することになる。

1. 生産者は一定の価格で追加的な生産物を供給する用意があると仮定する。つまり消費者ないし企業が追加的に10億ドルの投資財を購入すると決めたとすると、それによって物価が上昇することなく、10億ドルの価値がある追加的な財やサービスが生産される。その結果、総支出の変化は実質GDPで測った総産出量の変化に等しくなる。次章でみるように、この仮定は短期ではさほど非現実的ではないが、需要の変化が与える長期的な効果を考える場合には修正が必要になる。
2. 利子率は一定とする。
3. 政府支出や税はないものとする。
4. 輸出と輸入はゼロとする。

これらの単純化の仮定のもとで、投資支出が変化したときの効果について考えよう。具体的には、住宅建設業者が何らかの理由で、来年1年間を通じて1000億ドルの追加的支出を住宅建設に費やすと決めたとしよう。

この投資支出の増加による直接的な効果は、同じ額だけ所得と総産出量の価値額が増加するということだ。なぜなら住宅建設に費やされた1ドルは土木作業員、建築資材の供給者、電気技師などの1ドルの所得につながるからだ。それで話は終わりなら、住宅投資支出の増加によってちょうど1000億ドルだけ総支出も増加する。

だが、話はそこで終わらない。総産出量の増加は、家計が手にする利潤や賃金など

の可処分所得を増加させるのだ。そして家計の可処分所得の増加によって消費支出が増加し、それによってさらに企業が産出量を増やすことになる。するともう一度可処分所得が増加してもう一度消費支出が増加する、といった具合になる。つまり総産出量の増加は複数のラウンドにわたって起こるのだ。

このような支出の増加をすべてのラウンドで集計したとき、それは総産出量に全体としてどれだけの影響を与えるだろうか？　この疑問に答えるには、**限界消費性向（MPC）** の概念を導入する必要がある。これは可処分所得が1ドル増加したときの消費支出の増加分のことだ。消費支出の変化が可処分所得の増減によるものであるとき、MPC は、消費支出の変化分を可処分所得の変化分で割ったものに等しい。

> 限界消費性向（*MPC*）とは、可処分所得が1ドル増加したときの消費支出の増加分のことだ。

$$MPC = \frac{\Delta 消費支出}{\Delta 可処分所得} \quad (11\text{-}1)$$

ここで Δ（デルタ）は「変化分」を意味する。たとえば可処分所得が100億ドル増加したときに消費支出が60億ドル増加したとすれば、MPC は60億ドル/100億ドル＝0.6となる。

可処分所得がもう1ドル増えたとき、消費者はその追加分をすべて消費に回すわけではないので、MPC は0と1の間の数になる。追加的な可処分所得のうち、消費しない部分は貯蓄される。**限界貯蓄性向（MPS）** とは、追加的な1ドルの可処分所得のうち貯蓄される部分のことで、$1-MPC$ に等しい。

> 限界貯蓄性向（*MPS*）とは、可処分所得が1ドル増加したときの家計の貯蓄の増加分のことだ。

ここでは税や国際貿易のことを無視すると仮定しているので、総支出が1ドル増加すれば実質 GDP と可処分所得のいずれも1ドル増加する。よって最初の1000億ドルの投資支出の増加によって、実質 GDP は1000億ドル増加する。これは第2ラウンドの消費支出の増加をもたらし、実質 GDP を $MPC\times$1000億ドル分増加させる。さらに第3ラウンドの消費支出の増加分は $MPC\times MPC\times$1000億ドルになる、といった具合だ。無限回のラウンドが続き、実質 GDP に与える全効果は以下のようになる。

$$
\begin{aligned}
&投資支出の増加分 &&= 1000億ドル \\
&+第2ラウンドでの消費支出の増加分 &&= MPC \times 1000億ドル \\
&+第3ラウンドでの消費支出の増加分 &&= MPC^2 \times 1000億ドル \\
&+第4ラウンドでの消費支出の増加分 &&= MPC^3 \times 1000億ドル \\
&\quad\vdots &&\quad\vdots
\end{aligned}
$$

実質 GDP の増加分の合計 $=(1+MPC+MPC^2+MPC^3+\cdots\cdots)\times$1000億ドル

投資支出が1000億ドル増加したことで、経済には連鎖反応が生じる。投資支出が最初に1000億ドル増加したことの連鎖反応の最終的な結果は、この額の倍数だけの実質 GDP が増加するということだ。

この倍数とはどのくらいだろうか。x が0と1の間の数のとき、上の表にある、$1+x+x^2+x^3+\cdots\cdots$ は、数学的には $1/(1-x)$ に等しくなる。よって連鎖的な消費

支出の増加をすべて考慮すると、1000億ドルの投資支出 I の増加による最終的効果は（税や国際貿易がない場合）次のようになる。

I が1000億ドル増加したことによる実質 GDP の増加分の合計

$$= \frac{1}{1-MPC} \times 1000億ドル \qquad (11\text{-}2)$$

$MPC=0.6$ としたときの、つまり可処分所得がもう１ドル増えたことで消費支出が0.6ドル増加するという数値例を考えてみよう。第１ラウンドでは、投資支出の1000億ドルの増加で実質 GDP も1000億ドル増加する。第２ラウンドでは、消費支出の増加で実質 GDP が 0.6×1000 億ドル＝600億ドルだけ増加する。第３ラウンドでは、さらなる消費支出の増加で実質 GDP が 0.6×600 億ドル＝360億ドルだけ増加する。表11-1には連鎖的増加のプロセスが示されている。ここで「……」は、このプロセスが無限に続くことを意味している。最終的には、1000億ドルの投資支出の増加によって実質 GDP は2500億ドルだけ増加する。

$$\frac{1}{1-0.6} \times 1000億ドル = 2.5 \times 1000億ドル = 2500億ドル$$

実質 GDP の増加は無限回繰り返されるのだが、増加分の合計は2500億ドルに限られることに注意してほしい。それは各段階で可処分所得の増加分の一部が貯蓄されて「漏れる」からだ。可処分所得の１ドルの増加分のうちどれだけが貯蓄されるかは、限界貯蓄性向 MPS によって決まる。

これまで投資支出の変化の効果をみてきたが、その他の総支出の変化についても同様の分析が可能だ。重要なのは、実質 GDP が変化する前の最初の総支出の変化と、連鎖反応が展開していく過程で生まれる実質 GDP の変化による総支出の追加的な変化とを区別することだ。たとえば住宅価格が上昇したせいで消費者がよりリッチな気分になり、その結果どんな可処分所得の水準でもより支出を増加させたとしよう。これによって実質 GDP が増加するが、その前に、消費支出の増加が起こる。そして実質 GDP が増加するにつれて、第２ラウンド以降のさらなる消費支出の増加が起こる。

総支出の最初の増加や減少は、**総支出の自律的変化**と呼ばれている。ここで「独立」

総支出の自律的変化とは、企業・家計・政府の支出の最初の変化をいう。
乗数とは、総支出の自律的変化の大きさに対する実質 GDP の変化分の比率のことだ。

表11-1 $MPC=0.6$ のときの複数のラウンドにわたる実質 GDP の増加

	実質 GDP の増加分 （10億ドル）	実質 GDP の増加分の合計 （10億ドル）
第1ラウンド	100	100
第2ラウンド	60	160
第3ラウンド	36	196
第4ラウンド	21.6	217.6
⋮	⋮	⋮
最終ラウンド	0	250

しているという意味合いで自律的といっているのは、その変化がいま述べた連鎖的反応の結果ではなく原因だからだ。正式には、**乗数**とは総支出の自律的変化の大きさに対する実質GDPの変化分の比率のことだ。総支出の自律的変化の大きさをΔAASとし、実質GDPの変化分をΔYとすると、乗数は$\Delta Y/\Delta AAS$となる。乗数の値の求め方はすでにみたとおりだ。税や国際貿易がなければ、支出の自律的変化による実質GDPの変化は、

$$\Delta Y = \frac{1}{1-MPC} \times \Delta AAS \tag{11-3}$$

となり、

$$乗数 = \frac{\Delta Y}{\Delta AAS} = \frac{1}{1-MPC} \tag{11-4}$$

となる。

　乗数の大きさは限界消費性向MPCに依存することに注意してほしい。MPCが大きければ乗数も大きくなる。というのも、各ラウンドでの増加分が前のラウンドにくらべてどれだけ大きいかは、MPCによって決まるからだ。言い換えると、MPCが大きいほど、各ラウンドで貯蓄に回されて「漏れる」可処分所得が小さいということになる。

　後の章で、乗数の概念を使って財政政策や金融政策の効果を分析する。また、税や国際貿易のような要素を取り入れると、乗数の公式がより複雑になることをみる。だがまずは、何が消費支出を決定するかについてよりくわしくみておく必要がある。

経済学を使ってみよう☞　乗数と大恐慌

　乗数の概念はもともと、史上最大の経済破綻を理解しようとした経済学者たちによって考案されたものだ。その経済破綻とは、1929年から1933年にかけて生産と雇用が崩壊し、大恐慌につながった破綻のことだ。経済学者の大半は、1929年から1933年にかけての停滞は投資支出の崩壊によるものだと信じていた。だが経済が収縮するにつれて消費支出も急落し、実質GDPに対する効果を増幅させた。

　表11-2は、このひどい4年間での投資支出、消費支出、GDPの変化を示している。すべてのデータは2005年ドル表示だ。表からわかるように、投資支出は崩壊し、80％以上も落ち込んだ。しかし消費支出も劇的に下がり、実際に実質GDPの低下分

表11-2　大恐慌時の投資支出、消費支出、実質GDP（2005年ドル、10億ドル）

	1929年	1933年	変化分
投資支出	101.4	18.9	−82.6
消費支出	736.3	600.8	−135.5
実質GDP	976.1	715.8	−260.3

（出所）アメリカ経済分析局

のうち消費支出の低下分のほうがより多くを占めている（実質GDPの低下分は投資支出の低下分と消費支出の低下分の合計よりも大きくなっているが、これは主に技術的な会計上の問題だ）。

表11-2の数字によってわかることは、大恐慌のときの乗数はおおよそ3だったということだ。現代の乗数の推計値はこれよりもかなり小さいことが多いが、それには理由がある。1929年時点では、アメリカ政府は現代の基準からみるとかなり小さかった。税金は少なく、社会保障やメディケアといった大きな政府のプログラムは存在していなかった。現代のアメリカ経済では、税金はかなり多く、政府支出もそうだ。どうしてそのことが関係あるのかって？　それは税やいくつかの政府プログラムには自動安定化装置の機能があり、乗数が小さくなるからだ。第13章の付録で、税によって乗数がどう変化するかを説明する。

ちょっと復習

▶予想の変化による投資支出の変化から連鎖反応が生じる。それはまず実質GDPを変化させ、次に消費支出が変化し、さらにそれによって実質GDPが変化するといった具合に進んでいく。総産出量の変化の大きさは、最初の投資支出の変化分の倍数になる。

▶**総支出の自律的変化**は、つまり実質GDPの変化によって生じたのではない支出の変化は、同じような連鎖反応を生じさせる。実質GDPの最終的な変化分の大きさは、**乗数**の大きさによる。税や国際貿易がなければ、乗数は$1/(1-MPC)$に等しい。ここでMPCは**限界消費性向**だ。実質GDPの最終的な変化分ΔYは、$1/(1-MPC) \times \Delta AAS$に等しい。

✓ 理解度チェック　11-1

1. 企業の予想が変化して投資支出が減少することが、消費支出の減少をもたらす理由を説明しなさい。
2. 限界消費性向が0.5のとき乗数はいくらになるか。0.8のときはどうか。
3. スカニアという国ではアメリゴという国にくらべて、GDPに対する比率として貯蓄が経済での大きなシェアを占めている。乗数はどちらの国のほうが大きいだろうか。説明しなさい。

解答は https://str.toyokeizai.net/books/9784492314906 にある。

2 | 消費支出

贅沢してレストランで食事をすべきか、節約して家で食事をすべきか。新しい自動車を購入すべきか、もし購入するならどれくらいの値段のものにすべきか。浴室を改装すべきか、もう1年がまんすべきか。現実の家計は、常にこうした選択を迫られている。単に消費の組合せだけでなく、合計でどれだけ使うかも決めなくてはならない。そして家計の選択は経済に対して強大な効果をもっている。消費支出は通常、最終財・サービスに対する総支出のうちの3分の2を占めているのだ。とくについ先ほどみたように、追加的な所得1ドルのうちどれだけ支出するかについての意思決定、つまり限界消費性向によって乗数の大きさが定まり、支出の自律的変化が経済に与える究極的な効果が定まるのだ。

では、消費支出を決定する要因に何だろうか。

図11-1 アメリカの家計の可処分所得と消費支出（2009年）

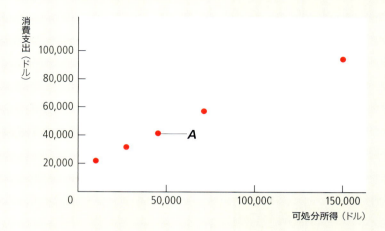

家計の各所得グループの2009年の平均可処分所得と平均消費支出の組合せがプロットされている。たとえば点 A が示しているのは、年間所得が3万5598ドルから5万7294ドルまでの中間の所得グループでは可処分所得の平均が4万5199ドルで、消費支出の平均が4万1150ドルということだ。データから、現在の可処分所得と消費支出の正の関係が、つまり現在の可処分所得が高い家計ほど消費支出が大きいということが明らかになっている。

（出所）アメリカ労働統計局

2.1 現在の可処分所得と消費支出

　家計の消費支出を左右するもっとも重要な要因は、税を支払って政府移転支出を受け取った後の所得である現在の可処分所得だ。日常の生活から明らかなとおり、可処分所得が高い人々はそれが低い人々よりもたいていは高価な車に乗り、高価な家に住み、食事や衣服にたくさんのおカネを使っている。現在の可処分所得と消費支出の関係はデータの上からも明らかだ。

　アメリカ労働統計局は家計の所得と支出に関する年次データを収集している。税引き前の所得によって家計が各グループに分類され、各グループの税引き後の所得も発表される。所得のなかには政府移転支出も含まれているので、アメリカ労働統計局が税引き後の所得と呼んでいるものは現在の可処分所得と同じだ。

　図11-1は2009年のアメリカ家計の各所得グループの可処分所得と消費支出の関係を表した散布図だ。たとえば点 A は、2009年に5つの所得グループのうちの真ん中のグループでは、可処分所得の平均が4万5199ドルで、消費支出の平均が4万1150ドルだということを示している。点の傾向から傾きは右上がりなので、現在の可処分所得が高い家計ほど消費支出が大きいことは明らかだ。

　個別の家計の現在の可処分所得とその家計の消費支出の関係を式で表しておくととても便利だ。個別の家計の消費支出が現在の可処分所得に応じてどう変化するかを示す式を**消費関数**という。もっとも単純な消費関数は次のような線形の式で表される。

$$c = a + MPC \times yd \quad (11-5)$$

▶ **消費関数**とは、個別の家計の消費支出が現在の可処分所得に応じてどう変化するかを示す式のことだ。

小文字の変数は、それが個別の家計についての変数であることを意味している。

　式（11-5）で c は個別の家計の消費支出、yd は個別の家計の現在の可処分所得を表している。限界消費性向 MPC は現在の可処分所得が1ドル増加したときに消費支

出がどれだけ増加するかを表すものだったことを思い出そう。最後に、a は個別の家計の独立消費支出、つまり可処分所得がゼロのときの支出額を表す定数項だ。可処分所得がゼロの家計でも、借り入れをしたり貯蓄を使って消費を行えるので、a の値はゼロよりも大きいと仮定する。ところで、所得のことを記号 y を使って表していることに注意してほしい。これはマクロ経済学での慣習になっている。所得（income）のスペルは yncome ではないのだが、記号 I は投資支出のために使われるからだ。

現在の可処分所得の変化分と消費支出の変化分の比率として MPC を表現したことを思い出してほしい。個別の家計についてそれを再現すると次のようになる。

$$MPC = \Delta c / \Delta yd \tag{11-6}$$

式（11-6）の両辺に Δyd をかけると、

$$MPC \times \Delta yd = \Delta c \tag{11-7}$$

が得られる。式（11-7）が意味しているのは、yd が1ドル増加すれば c は $MPC \times$ 1ドル分増加するということだ。

図11-2はヨコ軸に yd、タテ軸に c をとって式（11-5）を図で示したものだ。個別の家計の独立消費支出 a は yd がゼロのときの c の値であり、消費関数 cf のタテ軸上の切片だ。MPC は直線の傾きで、「距離当たりの上昇」で測られる。現在の可処分所得が Δyd だけ増加すれば、個別の家計の消費支出 c は Δc だけ増加する。MPC は $\Delta c / \Delta yd$ と定義されるので、消費関数の傾きは以下のようになる。

$$\begin{aligned}
&消費関数の傾き \\
&= 距離当たりの上昇 \\
&= \Delta c / \Delta yd \\
&= MPC
\end{aligned} \tag{11-8}$$

図11-2 ｜ 消費関数

消費関数は家計の現在の可処分所得と消費支出の関係を表す。タテ軸上の切片 a は個別の家計の独立消費支出、つまり現在の可処分所得がゼロのときの消費支出の量だ。直線の消費関数 cf の傾きは限界消費性向 MPC で、現在の可処分所得が1ドル増加すれば消費支出は $MPC \times 1$ ドル増加する。

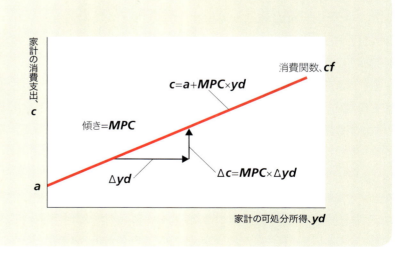

図11-3 データに適合する消費関数

この図では図11-1のデータを再現し、さらにそのデータにできるだけうまく適合する直線を描いている。2009年のアメリカの家計では、平均独立消費支出aの最良の推計値は1万7594ドルで、MPCの最良の推計値は0.518、ほぼ0.52だった。

（出所）アメリカ労働統計局

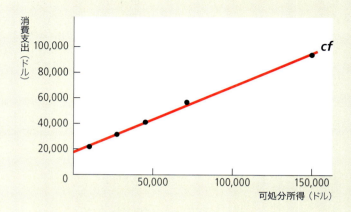

実際のデータが式（11-5）に完全に適合することはない。とはいえ適合の度合いはかなり高い。図11-3には、図11-1のデータと、そのデータにできるだけうまく適合するような直線が描かれている。2009年の家計の消費支出と可処分所得のデータによると、aの最良の推計値は1万7594ドルで、MPCは0.518だ。だからデータに適合する消費関数は、

$$c = 1万7594ドル + 0.518 \times yd$$

となる。

つまり、限界消費性向はほぼ0.52だということをデータは示している。これは、可処分所得が1ドル増加したときに貯蓄に回る分を示す限界貯蓄性向MPSがほぼ0.48で、乗数はほぼ$1/0.48 = 2.08$だということも意味している。

ここで重要なのは、図11-3は、個別の家計の現在の可処分所得と財・サービスへの支出の間のミクロ経済の関係を示しているということだ。だがマクロ経済学者は、これと同じような関係が経済全体で成立すると仮定する。つまり、現在の総可処分所得と総消費支出の間に**総消費関数**と呼ばれる関係があると仮定するのだ。総消費関数は家計の消費関数と同じ形をしていて、

$$C = A + MPC \times YD \tag{11-9}$$

と表される。

ここでCは総消費支出（単に「消費支出」と呼ばれる）、YDは現在の総可処分所得（単に「可処分所得」と呼ばれる）、Aは総独立消費支出、つまりYDがゼロのときの消費支出だ。この関係は図11-4では、図11-3のcfに相当するCFで表現されている。

> **総消費関数**とは経済全体での、現在の総可処分所得と総消費支出の関係を表すものだ。

図11-4 | 総消費関数のシフト

パネル（a）は、将来の予想総可処分所得が増加したときの効果を示している。消費者は現在の可処分所得 YD がどの水準にあっても支出を増やす。その結果、総独立消費支出は A_1 から A_2 に増加し、当初の総消費関数 CF_1 は CF_2 へと上にシフトする。富が増加したときも、総消費関数は上にシフトする。反対にパネル（b）は、将来の予想総可処分所得が減少したときの効果を示している。消費者は現在の総可処分所得 YD がどの水準にあっても支出を減らす。総独立消費支出は A_1 から A_2 に減少し、当初の総消費関数 CF_1 は CF_2 へと下にシフトする。富が減少する場合にも同じ効果がある。

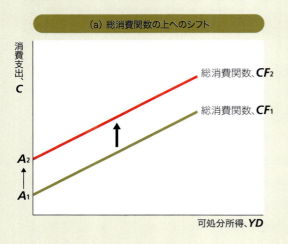
(a) 総消費関数の上へのシフト

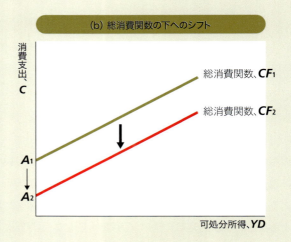
(b) 総消費関数の下へのシフト

2.2 総消費関数のシフト

総消費関数は、他の条件を一定として、経済全体での（現在の）可処分所得と消費支出の関係を示すものだ。可処分所得以外のものが変化すれば、総消費関数はシフトする。総消費関数をシフトさせる要因として、主に2つのものがある。将来の予想（期待）可処分所得の変化と、富の変化だ。

将来の予想可処分所得の変化　あなたが5月の大学卒業の後、高い給料を得られる良い職につくことが決まったとしよう。だが9月にならないと仕事は始まらず、給料も手に入らない。だからあなたの可処分所得はまだ増えてはいない。だとしても所得を得られるのはわかっているのだから、たとえば当初考えたものよりも高いスーツを買ったりして、最終財・サービスへの支出をいますぐ始めるというのはありそうなことだ。

逆に、良い職は得たのだがその後会社があなたの所属部門の縮小を考えていることがわかって、職を失いほかの低賃金の職に就く可能性が高まったとしよう。あなたの可処分所得はまだ減ってはいないのだが、この先のきびしい日々に備えて貯蓄を増やすため、雇用されてはいても支出を減らすということは十分に考えられる。

どちらの例も、将来の可処分所得に対する予想（期待）によって消費支出が変化することを示している。図11-4の2つのパネルは、可処分所得と消費支出を軸にとり、

将来の予想可処分所得の変化によって総消費関数がどう変化するかを示したものだ。どちらのパネルでも当初の総消費関数はCF_1だ。パネル（a）は良いニュースの効果を示している。良いニュースとは、消費者が将来の可処分所得の上昇を予想するような情報のことだ。消費者は現在の可処分所得YDがどの水準であっても支出を増やすので、総独立消費支出AはA_1からA_2に増加する。よって総消費関数はCF_1からCF_2へと上にシフトする。パネル（b）は悪いニュース、つまり消費者が将来の可処分所得の減少を予想するような情報の効果を示している。消費者は現在の可処分所得YDがどの水準であっても支出を減らすので、総独立消費支出AはA_1からA_2に減少する。よって総消費関数はCF_1からCF_2へと下にシフトする。

　ミルトン・フリードマンは1956年の有名な書物『消費関数の理論』で、将来の予想所得の効果を考慮に入れることによって消費者行動に関する不可解な事実を説明できることを示した。年間を通した消費支出をみてみると、現在の所得が高い人のほうが低い人にくらべて所得のうち貯蓄に回す部分の比率が大きい（これは図11-3のデータから明らかで、もっとも高い所得グループの人の支出は所得よりもかなり小さいが、もっとも低い所得グループの人の支出は所得よりも多い）。このことから、経済が成長して平均所得が増加すると全体の貯蓄率が上昇すると思うかもしれないね。しかし、そうはならないのだ。

　フリードマンの指摘によると、ある個人の特定の年の所得をみると現在の所得と将来の予想所得に系統的な差異があり、その差異のせいで現在の所得と貯蓄率の間に正の関係が生じる。一方で、現在の所得が低い人々はいつになく悪い年にあたっていることが多い。たとえばその人は、レイオフされたがいずれは新たな仕事をみつけられる労働者かもしれない。将来の予想所得が現在の所得よりも高い人々が存在するから、そうした人々の貯蓄が少ないかまたは負になってもおかしくはないのだ。他方で、特定の年に所得が高い人々はいつになく良い年にあたっていることが多い。たとえばその人は、投資が大当たりしたのかもしれない。その人たちは将来の予想所得が現在の所得よりも低いので、思いがけない大金のほとんどを貯蓄してもおかしくはない。

　しかし経済が成長すると、現在の所得と将来の予想所得のいずれも増加する。現在の所得が増加すると今日の貯蓄が増加するが、将来の予想所得が増加すると今日の貯蓄は減少しがちになる。その結果、現在の所得と貯蓄率の関係は弱くなってしまう。

　消費支出は究極的には現在の所得ではなく長期の予想所得に依存する、とフリードマンは論じている。これは恒常所得仮説として知られている。

富の変化　マリアとマークの2人がともに、今年3万ドル稼ぐと予想しているとしよう。だが2人の経緯は異なっている。マリアは過去10年堅実にはたらき、自分の家を所有していて20万ドルの銀行預金がある。マークはマリアと同い年だが職についたりつかなかったりで、家も買えなければ貯蓄もわずかだ。この場合、マリアにはあってマークにはないものがある。それは富だ。たとえ可処分所得は同じでも、他の条件を一定とすれば、マークよりもマリアのほうが消費支出は多いと予想できる。つ

まり富は消費支出に影響を与える。

富に応じて支出が変化することは、消費者の支出と貯蓄の選択を考察する1つの有力な経済モデルで強調されたことで、ライフサイクル仮説と呼ばれている。この仮説によると、消費者はただ現在の可処分所得に応じて支出を決めるのではなく、生涯を通じた支出の計画を考えている。その結果、人々は生涯を通じて消費をなめらかに（平準化）しようとする。つまり給料がもっとも高い時期（一般的には40代から50代）に現在の可処分所得の一部を貯蓄し、そうしてはたらいている時期に蓄えた富で退職後の生活を支えようとするのだ。この仮説についてくわしくは立ち入らないが、この仮説が、消費支出の決定の際に富が重要な役割を果たすことを示唆しているという点は指摘しておきたい。たとえば住宅ローンを払い終えていて、すでにたくさんの株や債券などの富をもっている裕福な中年の夫婦は、他の条件を一定とすれば、彼らと現在の可処分所得は同じでも退職後のためにさらなる貯蓄を必要とする夫婦にくらべれば、財・サービスを購入するのにより多くの支出をするだろう。

家計の消費支出が富に応じて変化するということから、経済全体での富の変化に応じて総消費関数がシフトするといえる。たとえば株式市場の高騰によって富の増加が起こると、タテ軸との切片である総独立消費支出 A が増加する。すると、将来の予想可処分所得が増加した場合と同じように、総消費関数が上にシフトする。たとえば2008年に起こったような住宅価格の下落によって富が減少した場合には、A が減少し、総消費関数は下にシフトする。

経済学を使ってみよう☞　最初の有名な予測の失敗

現代マクロ経済学は大恐慌によって誕生した。大恐慌はさらに、統計的な手法を使って経済モデルを実証データに適合させる計量経済学という分野も誕生させた。計量経済学者が最初に研究した対象の1つが総消費関数だ。そして彼らは案の定、経済予測に関する最初の大失敗を経験することになった。その失敗とは、第2次世界大戦後の消費支出が、戦前のデータに基づいた総消費関数による予測値にくらべてかなり大きかったことだ。

図11-5がこれを物語っている。パネル（a）は、1929年から1941年までの可処分所得と消費支出の集計データを2005年ドル表示で示したものだ。単純な線形の消費関数 CF_1 はデータにかなり適合しているように見える。多くの経済学者はこの関係が将来にわたって続くと考えた。だがその後実際に起こったことが、パネル（b）に示されている。左側の円のなかにある点は、パネル（a）にある大恐慌のときのデータだ。右側の円のなかにある点は1946年から1960年までのデータだ（第2次世界大戦中は配給のせいで消費支出が正常ではなかったので、1942年から1945年までのデータは含まれていない）。図の実線 CF_1 が1929年から1941年までのデータに適合する消費関数だ。図からわかるように、第2次世界大戦以降の消費支出は大恐慌のときに予測できたものよりもかなり大きい。たとえば1960年の消費支出は、CF_1 に

図11-5 | 総消費関数の時間の経過による変化

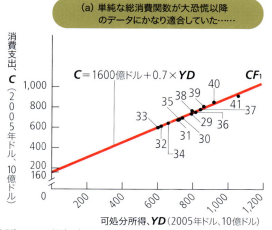
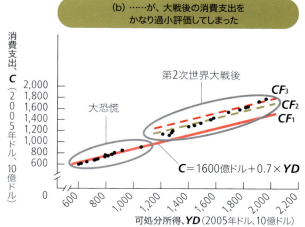

(a) 単純な総消費関数が大恐慌以降のデータにかなり適合していた……

(b) ……が、大戦後の消費支出をかなり過小評価してしまった

(出所) アメリカ経済分析局

よる予測値よりも13.5％も大きいのだ。

以前の関係に基づく推定値はなぜ大きくはずれてしまったのだろう？　その答えは、1946年以降、将来の予想可処分所得と富の両方が一貫して上昇しているということだ。消費者はますます自信に満ちあふれ、誰もが大恐慌の再来などはなく第2次世界大戦後の好況が続くと思うようになった。同時に、富も一貫して上昇を続けた。パネル(b)の点線 CF_2 と CF_3 で示されているように、将来の予想可処分所得と富の増加によって総消費関数が何回か上にシフトしている。

マクロ経済学では、経済政策上のものであれ経済予測上のものであれ、失敗によって知的な進歩が生じることが多い。第2次世界大戦後の消費支出に関する、総消費関数に基づく初期の推計が恥ずかしい失敗に終わったことで、消費者行動を理解するうえで重要な進歩が得られたのだ。

✓理解度チェック　11-2

1. アンジェリーナ、フェリシア、マリナの3人からなる経済を考える。表は、彼女たちの可処分所得が1万ドル増えたときに消費支出がどう変化するかを示したものだ。

    a. 各人の消費関数を求めなさい。ただし、MPC は1万ドルの可処分所得の変化によって求められるものとする。

    b. 総消費関数を求めなさい。

可処分所得	消費支出（ドル）		
（ドル）	アンジェリーナ	フェリシア	マリナ
0	8,000	6,500	7,250
10,000	12,000	14,500	14,250

▶**ちょっと復習**

▶**消費関数**は個別の家計の現在の可処分所得と消費支出の関係を示している。

▶**総消費関数**は経済全体での現在の可処分所得と消費支出の関係を示している。将来の予想可処分所得や富が変化すれば総消費関数はシフトする。

2. 資本市場に問題があって、消費者が借り入れや将来使うための貯蓄を行うことができないとしよう。それによって、将来の予想可処分所得が消費支出に与える効果はどうなると考えられるか。

解答は https://str.toyokeizai.net/books/9784492314906 にある。

3 | 投資支出

　消費支出は投資支出よりもかなり大きいのだが、投資支出の浮き沈みによって景気循環が生まれる。実際に起こった不況の原因のほとんどが投資支出の低下だ。この点は図11-6に示されている。図は1973年から2009年までの6回のアメリカの不況について、実質で表示した投資支出と消費支出の両方の年変化率を表示したものだ。投資支出の変動は、消費支出の変動よりも明らかにかなり大きい。さらに乗数プロセスから、経済学者は、消費支出の減少は投資支出の減少で始まるプロセスの結果である場合が多いと考えている。投資支出の停滞が乗数プロセスを通じていかに消費支出の低下につながるかは、すぐ後でよりくわしくみることにする。

　だがその前に、投資支出を決定する要因を分析して、それが消費支出の決定要因とは少々異なることをみておこう。投資支出を決定するもっとも重要な要因は、利子率と将来の予想実質GDPだ。さらに第10章の「ちょっと寄り道」で触れた事実について再考しよう。つまり、企業が実際に行う投資支出の水準は、ある一定の期間に企業が行おうとした投資支出である **意図した投資支出** の水準とは違う場合があるということだ。意図した投資支出を決定する3つの主な要因は、利子率、将来の予想実質GDP、現在の生産設備の水準だ。利子率の影響から分析しよう。

> **意図した投資支出** とは、ある一定の期間に企業が行おうとした投資支出のことだ。

図11-6 | 投資支出と消費支出の変動

棒グラフが示しているのは、最近の6回の不況における、投資支出と消費支出の年変化率だ。棒グラフの長さから明らかなように、変化率でみた投資支出の変動は消費支出の変動よりもかなり大きい。この傾向から、経済学者は、たいていの不況の原因は投資支出の停滞にあると考えるようになった。

（出所）アメリカ経済分析局

3.1　利子率と投資支出

　利子率はある特定の投資支出に対してもっともはっきりとした影響を与えている。それは住宅建設支出だ。理由は明らかで、住宅建設業者は販売できると思う住宅だけを建設し、利子率が低いときに住宅はより手ごろな値段になって販売できる可能性が高いからだ。家を買うために15万ドルの借り入れが必要な家族を考えよう。利子率が7.5％なら、30年物の住宅ローンの支払いはひと月1048ドル。利子率が5.5％なら、支払いはひと月851ドルになり、家の値段はかなり手ごろになる。次の「経済学を使ってみよう」でみるように、1990年代後半から2003年までの間に利子率は実際におよそ7.5％から5.5％に下がり、この章の「オープニング・ストーリー」でみたような住宅建設ブームのきっかけとなった。

　利子率はほかの投資支出にも影響を与える。投資支出のプロジェクトをかかえている企業がプロジェクトを実行に移すのは、必要な借入資金の費用よりも予想される収益率が高いときだけだ。第10章でみたように、利子率が上昇するとこのテストにパスできるプロジェクトの数が少なくなるため、その結果として投資支出が減少する。

　プロジェクト用の資金を借り入れではなくその企業の過去の利潤から捻出した場合には、企業はそういうトレードオフには直面しないのではないか、とあなたは思うかもしれないね。投資支出に使われる過去の利潤は留保利益と呼ばれている。でも留保利益によって投資支出を行う場合でも、企業は同様のトレードオフに直面するのだ。というのも、その留保利益の機会費用を考慮する必要があるからだ。たとえばその資金を、新しい設備の購入に使うのではなく、貸し付けをして利子を稼ぐこともできる。投資プロジェクトのために留保利益を用いることの機会費用は、それを貸し付けたときに得られたはずの利子を失うことだ。だから、プロジェクトの収益率と市場利子率を比較するときに企業が直面するトレードオフと、借り入れではなく留保利益で投資支出を行う場合のトレードオフは、同じものなのだ。したがって企業が投資支出の資金を借り入れでまかなうか留保利益を用いるかに関係なく、市場利子率が上昇すればどんな投資プロジェクトでも利益が低下する。逆に利子率が低下すると、以前なら利益をあげられなかった投資プロジェクトの一部が利益を得られるようになる。よって以前なら資金を調達できなかったプロジェクトの一部に、資金が提供されるようになるのだ。

　だから、意図した投資支出——企業がみずから採否を判断する投資プロジェクトへの支出——と利子率の間には、負の関係がある。他の条件を一定とすれば、利子率が上昇すると意図した投資支出は減少する。

3.2　将来の予想実質GDP、生産設備、投資支出

　ある企業が、現在の販売量を引き続き生産するのに十分な設備を保有していて、将来の販売量は増加しないと予想しているとしよう。このときの投資支出は、使い古したか新しい技術によって陳腐化した設備や建物を取り替えるためだけに行われる。反

対に将来の販売量がかなり増加すると企業が予想していれば、将来の生産活動にとって既存の生産設備では不十分ということになる。そうしたニーズに対応するために、企業は投資支出を行う。このことから、他の条件を一定とすれば、販売量が増加すると企業が予想しているときにはより多くの投資支出が行われることがわかる。

ここで企業が、現在の生産活動に必要な水準にくらべてかなり大きい設備を保有しているとしよう。この場合企業は、販売量の増加を見込んでいたとしても、その販売量の増加が過剰設備に見合うほどの水準になるまでは、投資支出を行おうとはしないだろう。だから他の条件を一定とすれば、投資支出と現在の生産設備の水準には負の関係がある。つまり現在の生産設備が大きければ、投資支出は減少するのだ。

将来の予想販売量の増加や現在の生産設備の大きさが投資支出に与える効果を組み合わせて考えると、企業が大きな投資支出を行うだろうと確信できる状況がみえてくる。それは、販売量が急激に増加しているときだ。このときは、過剰な生産設備もすぐに使い尽くされるので、企業は投資支出を再開するだろう。

では将来の予想販売量の増加の程度を表す指標は何だろう？　それは将来の実質GDPの予想成長率だ。将来の実質GDPの予想成長率が高ければ意図した投資支出は大きくなり、将来の実質GDPの予想成長率が低ければ意図した投資支出は小さくなる。この関係は、**加速度原理**と呼ばれる命題に要約されている。次の「経済学を使ってみよう」で説明するように、2006年に将来の実質GDPの予想成長率がマイナスになったとき、意図した投資支出、とくに住宅投資支出が急速に落ち込んで経済が不況に向かうのを加速させた。一般に、投資支出が低下する時期である投資停滞期には、加速度原理の効果は重要な役割を果たす。

> **加速度原理**によれば、実質GDPの成長率が高ければ意図した投資支出は大きくなるが、実質GDPの成長率が低ければ意図した投資支出は小さくなる。

3.3　在庫と、意図しない投資支出

たいていの企業は**在庫**をもっている。在庫とは、将来の販売のために保管される財のことだ。企業は迅速に買い手を満足させるために在庫をもつ。そのおかげで消費者は、製品が製造されるのを待つことなく財を購入できるのだ。企業はさらに、必要な材料や予備の部品を安定的に得るために、投入物の在庫をもつのが一般的だ。2011年の第2四半期末の時点でのアメリカの在庫総額の推計値は2兆3000億ドルで、GDPの約15%強を占めている。

> **在庫**とは、将来の販売のために保管される財のことだ。

第7章で説明したように、在庫を増加させている企業は投資支出を行っていることになる。たとえばアメリカの自動車産業では月に80万台が生産され、70万台が販売されるとしよう。残った10万台の車は自動車会社の倉庫かディーラーのところで在庫となり、将来の販売に備えることになる。**在庫投資**とは、ある一定の期間における総在庫の変動額のことだ。ほかの投資支出とは違って、在庫投資は負にもなりうる。たとえばひと月の間に自動車産業の在庫が減少したとすれば、負の在庫投資が行われたことになる。

> **在庫投資**とは、ある一定の期間における総在庫の変動額のことだ。

在庫投資の意味を理解するために、スーパーで缶詰部門を管理している経営者を想像してみよう。経営者は買い物客がほぼいつでも欲しいものをみつけられるように、

店舗に十分な在庫をもとうとする。だが棚のスペースは限られているし、商品はいずれだめになってしまうので、必要以上に多くの在庫をもとうとはしない。多くの企業がこれと同じような問題に直面し、在庫を注意深く管理しようとする。ところが販売量は変動する。企業は販売量を正確に予測することはできないので、保持する在庫の水準は意図した水準とは異なるのが一般的だ。予測不可能な販売量の変化によって生じる在庫の変動は、**意図しない在庫投資**と呼ばれている。意図しない在庫投資は、意図してはいないが実現した投資支出を表していて、正にも負にもなりうる。

> **意図しない在庫投資**が生じるのは、実現した販売量が企業の予想と異なり、在庫に意図しない変化が生じるときだ。

どの時点でも、**実現した投資支出**は意図した投資支出と意図しない在庫投資の合計に等しくなる。実現した投資支出を I、意図しない在庫投資を $I_{Unplanned}$、意図した投資支出を $I_{Planned}$ とすると、これら3つの関係は次のようになる。

> **実現した投資支出**とは、意図した投資支出と意図しない在庫投資の合計のことだ。

$$I = I_{Unplanned} + I_{Planned} \qquad (11\text{-}10)$$

意図しない在庫投資が生じる理由をみるために、引き続き自動車産業について考えて、以下の仮定を行うことにする。第1に、実現する販売量がわかる前に毎月の生産量を決定しなければならないとしよう。第2に、翌月の販売量は80万台と予想していて、さらに現在の在庫の積増しや取崩しは考えていないとしよう。つまり、予想される販売量である80万台分だけの生産が行われるということだ。

さて翌月の実際の販売量は予想よりも少なく、70万台だとしよう。その結果、自動車10万台に相当する価値額が意図しない在庫投資として投資支出に計上される。

この販売量の減少とその結果生じる意図しない在庫投資に対して、最終的にはもちろん自動車産業で調整が行われる。つまり在庫を減らすため翌月の生産量が削減される可能性が高い。実際、経済の今後の道筋を見きわめるためにマクロ経済の変数を調べている経済学者は、在庫の変動を注視している。在庫の増加は販売量が予測を下回ったことを意味するので、意図しない在庫投資が正の値となって経済が失速する兆候を示している場合が多い。逆に在庫の減少は販売量が予測を上回ったことを意味するので、意図しない在庫投資が負の値となって経済が成長する兆候を示している場合が多い。次の節では、販売量の変化や在庫の変動に応じた生産調整によって、実際に生産される最終財・サービスの価値と最終財・サービスの望ましい購入額が等しくなることをみることにしよう。

経済学を使ってみよう　利子率とアメリカの住宅ブーム

この章の冒頭で説明したフォートマイヤーズ大都市圏での住宅ブームは、より広い国全体での住宅ブームのうちの一部だ。この住宅ブームの原因となったのは、まず第1に利子率が低いこと、という点に疑いの余地はない。

図11-7は住宅購入の資金を借り入れる際の伝統的な方法である30年物の住宅ローン金利、および1995年から2011年半ばまでのアメリカでの月当たり住宅着工件数を示している。パネル(a)は住宅ローン金利を示していて、いかに金利が低下したか

図11-7 住宅ローン金利とアメリカの住宅ブーム

(a) 30年物住宅ローン金利

(b) 住宅着工件数

（出所）セントルイス連邦準備銀行

がわかる。住宅ローン金利は1990年代の後半には7％から8％の間で変動していたが、2003年までに5％と6％の間まで低下した。これらの金利の低下は、主に連邦準備銀行の政策によるものだ。連邦準備銀行は2001年の不況に対して金利を引き下げ、経済の景気回復が持続可能な雇用の拡大をもたらすほど十分ではないとの懸念から、2003年まで引き下げを続けた。

　低い金利によって住宅投資支出は大きく増加し、そのことはパネル（b）にある住宅着工件数の急激な増加に表れている。この投資支出の上昇によって、直接的な効果と乗数プロセスを通じた効果の双方によって経済全体で景気拡大が生まれた。

　残念ながら、住宅ブームはやがてありがた迷惑となってしまった。2006年までに、アメリカの住宅市場はバブルを経験していることが明らかになった。つまり人々は、将来の住宅価格が非現実的なまでに上昇することを予想して住宅を購入していた。バブルがはじけた後、住宅市場とアメリカ経済は落ち込んだ。この落ち込みはひどいもので、連邦準備銀行が金利をゼロ近くにまで引き下げて2009年のはじめに住宅ローン金利が5％以下に下がったときにやっと住宅市場が落ち着きを取り戻したのだった。2011年までの時点で、住宅着工件数はいまだ回復していない。

ちょっと復習

▶**意図した投資支出**は、利子率とは負の関係があり、将来の予想実質GDPとは正の関係がある。**加速度原理**によれば、意図した投資支出と将来の予想実質GDPの成長率には正の関係がある。

▶企業は将来の販売に備えて**在庫**をもつ。投資支出の一部でもある**在庫投資**は、正にも負にもなりうる。

▶実際の販売量が予想した販売量と異なるとき、**意図しない在庫投資**が生じる。実現した投資支出は意図した投資支出と意図しない在庫投資の合計に等しい。

✓理解度チェック　11-3

1. 以下のそれぞれの出来事について、意図した投資支出と意図しない在庫投資のどちらがどの方向に変化するか説明しなさい。

   a. 予期せぬ消費支出の増加。
   b. 企業の借り入れ費用の急増。
   c. 実質GDP成長率の急上昇。
   d. 予期せぬ販売量の減少。

2. 歴史的な事実として、投資支出は消費支出よりも上下の変動が極端だ。その理由は何だろうか（ヒント：限界消費性向と加速度原理を考えなさい）。
3. 2007年末に消費需要が低迷し、経済学者たちは過剰在庫（意図しない在庫投資が経済全体で大きくなること）によって経済がすぐには回復しない可能性を危惧した。過剰生産設備と同様に、過剰在庫によってどうして経済活動が不活発になってしまうのか説明しなさい。

解答は https://str.toyokeizai.net/books/9784492314906 にある。

4 所得・支出モデル

この章のはじめにみたように、住宅バブルがはじけたときの投資支出の低下のような支出の自律的変化によって、それが実質GDPに与える効果が乗数のはたらきによって増幅される多段階のプロセスを引き起こすのだった。この節では、その多段階のプロセスをよりくわしくみてみることにしよう。すぐに明らかになるように、複数のラウンドにわたって実質GDPが変化するのは、企業が在庫の変動に応じて産出量を変化させるからだ。在庫が短期の経済のマクロモデルで中心的な役割をもっている理由と、さらに将来の経済の状態を予測するときに経済学者が在庫の動向にとくに注目している理由も以下で明らかになる。

では分析に入る前に、乗数プロセスについての仮定を簡単に要約しておこう。

1. 総支出の変化は総生産量の変化をもたらす。生産者は一定の価格のもとで追加的な生産量を供給する用意があると仮定する。したがって、支出が変化すると物価水準が上下に動くことなく、そのまま生産量の変化につながる。物価水準が一定ということは、名目GDPと実質GDPが同じになることも意味する。だからこの章では、この2つの概念を区別しないで使うことにする。
2. 利子率は一定とする。利子率はあらかじめ決まっていて、モデルで分析する要因によって変化しないとする。つまり、物価水準と同様に、利子率の決定要因はモデルの外部にあるとする。これからみていくように、利子率が変化したときの効果を考察する場合にもこのモデルは有用だ。
3. 税・政府移転支出・財・サービスの政府購入はすべてゼロとする。
4. 輸出と輸入はともにゼロである。

次の章以降では、物価水準が一定という仮定ははずすことになる。第13章の付録で、税によって乗数プロセスがどう変化するかを考察する。利子率の決定は第15章で説明し、国際貿易は第19章で取り上げる。

4.1 意図した総支出と実質 GDP

　政府や国際貿易が存在しない経済では、総支出の項目は消費支出 C と投資支出 I だけになる。また税や政府移転支出がないと仮定しているので、総可処分所得は GDP（物価水準を一定としているので実質 GDP と同じ）に等しい。つまり、財・サービスの最終的な販売額は結局のところ家計の所得になる。このようにかなり単純化された経済では、国民経済計算の基本的な等式は以下の 2 つだ。

$$GDP = C + I \tag{11-11}$$
$$YD = GDP \tag{11-12}$$

　この章の前のほうで学んだように、総消費関数は可処分所得と消費支出の関係を表している。引き続き総消費関数は式（11-9）と同じく、

$$C = A + MPC \times YD \tag{11-13}$$

という形だとしよう。

　またここでの単純化された経済では、意図した投資支出 $I_{Planned}$ も一定だと仮定しよう。

　もう 1 つモデルに必要な概念がある。経済での意図した支出の総量を表す**意図した総支出**だ。企業とはちがい、家計が意図しない在庫投資のような計画しない行動をとることはない。よって、意図した総支出は、消費支出と意図した投資支出との合計になる。意図した総支出を $AE_{Planned}$ と表すことにすると、以下の式が成り立つ。

> **意図した総支出**とは、経済での意図した支出の総量のことだ。

$$AE_{Planned} = C + I_{Planned} \tag{11-14}$$

　ある年の意図した総支出の水準はその年の実質 GDP の水準に依存する。その理由をみるために、表11-3にある数値例をみてみよう。総消費関数は次のようになっているとする。

$$C = 300 + 0.6 \times YD \tag{11-15}$$

　実質 GDP、YD、C、$I_{Planned}$、$AE_{Planned}$ はすべて10億ドル単位で表示されていて、意図した投資支出 $I_{Planned}$ の水準は年5000億ドルで一定だとする。第 1 列は実質 GDP の水準を示す。第 2 列は可処分所得 YD で、ここでの単純化されたモデルでは実質 GDP に等しい。第 3 列は消費支出 C で、これは可処分所得 YD を0.6倍して3000億ドルを足したものだ。第 4 列は意図した投資支出 $I_{Planned}$ で、実質 GDP の水準とは無関係に5000億ドルとしている。最後の列は意図した総支出 $AE_{Planned}$ で、総消費支出 C と意図した投資支出 $I_{Planned}$ の合計だ（ここからは、表記の簡略化のために、表11-3にあるすべての数字が10億ドル単位で表示されていることはみなが了解ずみだとしよう）。表からわかるように、実質 GDP が増加すれば可処分所得も増加する。つまり実質 GDP が500増加すれば YD も500増加し、C は500×0.6＝300だけ増加し

表11-3

(10億ドル)

実質GDP	YD	C	$I_{Planned}$	$AE_{Planned}$
0	0	300	500	800
500	500	600	500	1,100
1,000	1,000	900	500	1,400
1,500	1,500	1,200	500	1,700
2,000	2,000	1,500	500	2,000
2,500	2,500	1,800	500	2,300
3,000	3,000	2,100	500	2,600
3,500	3,500	2,400	500	2,900

てAE_{Planne}も300増加する。

　図11-8は表11-3の情報をグラフにしたものだ。ヨコ軸には実質GDPがとってある。CFは総消費関数で、消費支出が実質GDPにどのように依存しているかを示している。意図した総支出$AE_{Planned}$は、総消費関数を500（$I_{Planned}$の量）だけ上にシフトさせたものになり、この直線から意図した総支出が実質GDPにどう依存しているかがわかる。どちらの直線も傾きは0.6で、限界消費性向MPCに等しい。

　だが、話はここで終わらない。表11-1をみると、実質GDPが2000のときだけ実質GDPと意図した総支出$AE_{Planned}$が等しくなり、そこ以外ではすべて意図した総支出$AE_{Planned}$と実質GDPの水準が異なっている。こんなことってありうるのかな？第7章の経済循環フロー図で学んだとおり、最終財・サービスに対する総支出は最

図11-8 ｜ 総消費関数と意図した総支出

下の直線CFは表11-3のデータから作成された総消費関数だ。上の直線$AE_{Planned}$は意図した総支出を表す直線で、やはり表11-3のデータに基づいている。$AE_{Planned}$は総消費関数を$I_{Planned}$の量だけ、つまり5000億ドル分だけ上にシフトさせたものになる。

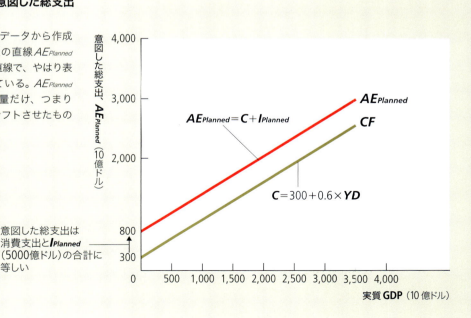

終財・サービスの産出量の総価値額に等しいのに？　その答えは、短い時間に限っては意図した総支出と実質 GDP が異なる場合があるということだ。それは意図しない総支出、つまり意図しない在庫投資 $I_{Unplanned}$ があるためだ。しかし次の項でみるように、経済は時間の経過とともに所得・支出均衡と呼ばれる、意図しない在庫投資が存在しない状態に到達する。そして経済が所得・支出均衡の状態にあるとき、最終財・サービスに対する意図した総支出は総産出量に一致する。

4.2　所得・支出均衡

　表11-3にある実質 GDP の値は、1 つを除き、消費支出と意図した投資支出を合計した値である意図した総支出 $AE_{Planned}$ とは異なっている。たとえば実質 GDP が1000のとき、消費支出 C が900で意図した投資支出は500なので、意図した総支出は1400になる。このときの総支出は実質 GDP の水準よりも400だけ大きい。次に実質 GDP が2500のときを考えよう。消費支出 C は1800で意図した投資支出は500なので、意図した総支出は2300になる。このときの総支出は実質 GDP よりも200だけ小さい。

　ここまで説明してきたように、意図した総支出と実質 GDP が異なるのは、意図しない在庫投資 $I_{Unplanned}$ が存在する場合だけだ。表11-4をみてみよう。そこには表11-3にある実質 GDP と意図した総支出 $AE_{Planned}$ の値が書かれていて、さらに両者から計算した意図しない在庫投資 $I_{Unplanned}$ の値も書かれている。たとえば実質 GDP が2500のときには、意図した総支出 $AE_{Planned}$ は2300だ。実質 GDP のほうが $AE_{Planned}$ よりも200だけ大きいということは、意図しない在庫投資の値が正だということを意味する。これは、企業が販売量を過大に見積もって生産量が過剰になり、予期せぬ在庫の増加がある場合に起こりうる状況だ。より一般的に述べると、実質 GDP が2000よりも大きいとき、企業の生産量は消費者や他の企業による購入量よりも大きくなり、予期せぬ在庫の増加が生じる。

　逆に実質 GDP が2000よりも小さいとき、意図した総支出のほうが実質 GDP よりも大きくなる。たとえば実質 GDP が1000のとき、意図した総支出は1400だ。実質 GDP よりも $AE_{Planned}$ のほうが400だけ大きいということは、意図しない在庫投資が

表11-4

(10億ドル)

実質 GDP	$AE_{Planned}$	$I_{Unplanned}$
0	800	−800
500	1,100	−600
1,000	1,400	−400
1,500	1,700	−200
2,000	2,000	0
2,500	2,300	200
3,000	2,600	400
3,500	2,900	600

−400だということを意味する。より一般的に述べると、実質GDPが2000よりも小さいとき、企業は販売量を過少に見積もっていて、意図しない在庫投資が負の値になる。

式（11-10）、式（11-11）、式（11-14）を組み合わせると、実質GDP、意図した総支出、意図しない在庫投資の間の次のような一般的な関係が得られる。

$$\begin{aligned} GDP &= C + I \\ &= C + I_{Planned} + I_{Unplanned} \\ &= AE_{Planned} + I_{Unplanned} \end{aligned} \quad (11\text{-}16)$$

この式からわかるとおり、実質GDPが$AE_{Planned}$よりも大きいと$I_{Unplanned}$は正になり、実質GDPが$AE_{Planned}$よりも小さいと$I_{Unplanned}$は負になる。

だが企業は自分の間違いを修正しようとする。企業は価格を変えないが生産量を調整することはできると仮定している。つまり予期せぬ在庫の増加があれば生産を縮小しようとするし、予期せぬ在庫の減少があれば生産を拡大しようとする。このような反応によって最終的には予期せぬ在庫の変化がなくなり、実質GDPは意図した総支出に等しくなる。いまの例でいえば、実質GDPが1000のときは意図しない在庫投資が負となるので、企業は生産を拡大し、実質GDPが増加する。実質GDPが2000よりも小さいとき、つまり実質GDPが意図した総支出よりも小さいときは常に、これと同じことが起こる。逆に、たとえば実質GDPが2500のときは、意図しない在庫投資が正となるので、企業は生産を縮小し、実質GDPが減少する。実質GDPが意図した総支出よりも大きいときは常に、これと同じことが起きる。

企業が次期の生産量を変更するインセンティブをもたないのは、実質GDPで測った総産出量とその期の意図した総支出が等しくなるときだけだ。その状態を**所得・支出均衡**という。表11-4では実質GDPが2000のときに所得・支出均衡が実現していて、このときだけ意図しない在庫投資がゼロになっている。今後は所得・支出均衡が実現する実質GDPの水準をY^*とし、これを**所得・支出均衡GDP**と呼ぶことにしよう。

図11-9は、所得・支出均衡の概念を図で示したものだ。ヨコ軸には実質GDPを、タテ軸には意図した総支出$AE_{Planned}$をとってある。2種類の直線のうち、実線は意図した総支出$AE_{Planned}$を表す。この直線は、$C + I_{Planned}$に等しく、$AE_{Planned}$が実質GDPの変化とともにどう変化するかを示している。この直線の傾きは0.6で限界消費性向MPCと等しく、タテ軸との切片は$A + I_{Planned}$（300 + 500 = 800）となっている。点線の直線は原点を通る傾き1の直線（通常45度線と呼ばれている）で、意図した総支出と実質GDPが等しくなる点を示している。この45度線によって、所得・支出均衡点を容易にみつけることができる。というのも、所得・支出均衡点は、45度線と意図した総支出を表す$AE_{Planned}$線の交点だからだ。よって所得・支出均衡点はEで、所得・支出均衡GDPであるY^*は表11-4で導いたものと同じく2000となる。

ここで、経済が所得・支出均衡にないときに何が起こるかを考えてみよう。図11-9からわかるように、実質GDPがY^*よりも小さいときは、$AE_{Planned}$線が45度線

▶ 実質GDPで測った総産出量と意図した総支出が等しいとき、経済は**所得・支出均衡**の状態にある。
所得・支出均衡GDPとは、実質GDPと意図した総支出が一致するときの実質GDPの水準だ。

図11-9 | 所得・支出均衡

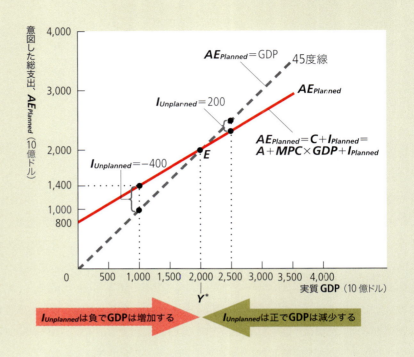

意図した総支出を表す $AE_{Planned}$ 線と45度線との交点 E で所得・支出均衡が成立する。点 E では実質GDPは年2兆ドルで、この点でのみ実質GDPと意図した総支出 $AE_{Planned}$ が一致し、意図しない在庫投資 $I_{Unplanned}$ がゼロになる。これが所得・支出均衡GDPの水準 Y^* だ。実質GDPが Y^* よりも小さいとき、$AE_{Planned}$ は実質GDPよりも大きい。その結果意図しない在庫投資 $I_{Unplanned}$ は負になり、企業は生産を拡大しようとする。実質GDPが Y^* よりも大きいとき、実質GDPは $AE_{Planned}$ よりも大きい。その結果意図しない在庫投資 $I_{Unplanned}$ は正になり、企業は生産を縮小しようとする。

よりも上にあって、意図した総支出のほうが実質GDPよりも大きい。このような場合には意図しない在庫投資 $I_{Unplanned}$ が負になる。図にあるように、実質GDPが1000のときの $I_{Unplanned}$ は−400だ。その結果、実質GDPは増加する。逆に実質GDPが Y^* よりも大きいときは、$AE_{Planned}$ 線が45度線よりも下にあって、$I_{Unplanned}$ は正になる。図にあるように、実質GDPが2500のときの $I_{Unplanned}$ は200だ。この予期せぬ在庫の増加によって実質GDPは減少する。

所得・支出均衡を、意図した総支出を表す直線と45度線の交点として表現した図11-9は、経済思想の歴史のなかで特別な位置をしめている。この図は**45度線図（ケインジアン・クロス）**と呼ばれており、20世紀の偉大な経済学者の1人でノーベル賞受賞者でもあるポール・サミュエルソンが、マクロ経済学の創始者として知られているジョン・メイナード・ケインズの思想を説明するために考案したものだ。

> **45度線図（ケインジアン・クロス）** とは、意図した総支出を表す直線と45度線との交点として所得・支出均衡を表現したものだ。

4.3 乗数プロセスと在庫調整

ここまで、マクロ経済の非常に重要な側面について学んできた。つまり家計や企業が意図した総支出がその時点での総産出量と異なる場合には、その差が在庫の変化となって現れる。その在庫の変化に対する企業の反応によって実質GDPが変化し、実質GDPと意図した総支出が一致する状態が実現するということだ。だからこそ、以前にも指摘したとおり、在庫の変動が将来の経済活動の先行指標になるのだ。

これで、意図した総支出を所与としたときに、実質GDPが所得・支出均衡に向かっ

てどう変化していくかを理解したので、次に、意図した総支出を表す直線がシフトしたとき何が起こるかを考えてみよう。当初の所得・支出均衡の点から新たな所得・支出均衡の点に向かって、経済はどう変化するのだろう？　また、意図した総支出が変化する要因は何なのか？

　ここでの単純なモデルでは、意図した総支出が変化する要因は、意図した投資支出 $I_{Planned}$ の変化と総消費関数 CF のシフトの2つだけだ。たとえば利子率が変化すると $I_{Planned}$ は変化する（利子率はモデルの外部の要因で決まるという仮定を置いたことを思い出してほしい。たとえそうでも、利子率が変化したときの効果を考えることは可能だ）。たとえば住宅の価値が上昇して富が変化すれば、総消費関数のシフト（つまりタテ軸との切片 A の変化）が起こる。意図した総支出を表す直線がシフトするということは、つまり実質 GDP がどの水準であっても意図した総支出が変化するということは、意図した総支出の自律的変化が生じたということだ。この章で前に学んだ意図した総支出の自律的変化とは、ある一定の実質 GDP のもとで企業・家計・政府（ここでは政府のことは考えてはいないけれど）が支出額を変化させることだったね。意図した総支出の自律的変化によって、所得・支出均衡での実質 GDP はどう変化するだろうか？

　表11-5と図11-10は、表11-4と図11-9で使った数値例をもとにしている。ただし意図した総支出が400だけ自律的に増加した、つまり実質 GDP がどの水準であっても、意図した総支出が400だけ増加した場合の効果が付け加えられている。まず表11-5をみてみよう。意図した総支出の自律的な増加以前には、意図した総支出と実質 GDP が一致する Y^* の水準は2000だった。自律的変化の後では、それは3000に上昇している。同じことが図11-10でも確認できる。当初の所得・支出均衡は E_1 で、Y_1^* は2000だった。意図した総支出の自律的な増加によって意図した総支出を表す直線 $AE_{Planned 1}$ が上にシフトし、新たな所得・支出均衡は E_2 で Y_2^* は3000になっている。

　所得・支出均衡 GDP は2000から3000に上昇しているが、この上昇幅は、総支出の自律的な増加分である400よりもかなり大きい。この事実は、もうおなじみとなっ

表11-5

（10億ドル）

実質 GDP	自律的変化前の $AE_{Planned}$	自律的変化後の $AE_{Planned}$
0	800	1,200
500	1,100	1,500
1,000	1,400	1,800
1,500	1,700	2,100
2,000	2,000	2,400
2,500	2,300	2,700
3,000	2,600	3,000
3,500	2,900	3,300
4,000	3,200	3,600

図11-10 | 乗数

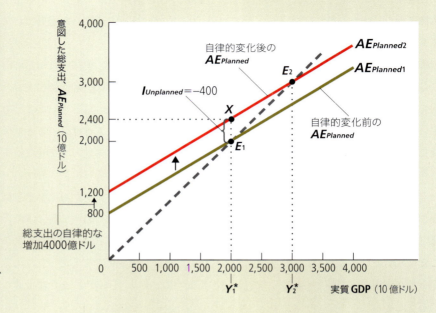

この図は、意図した総支出の自律的な増加で生じる Y^* の変化を示している。当初、経済は均衡点 E_1 にあり、所得・支出均衡 GDP の Y_1^* の水準は2兆ドルだ。$AE_{Planned}$ に4000億ドルだけの自律的な増加があると、意図した総支出を表す直線 $AE_{Planned1}$ は上に4000億ドルだけシフトする。すると経済はもはや所得・支出均衡ではなくなる。実質 GDP は2兆ドルだが $AE_{Planned}$ は点 X で表されているように2兆4000億ドルだ。意図した総支出を表す2つの直線の垂直距離は4000億ドルで、これが負の在庫投資 $I_{Unplanned} = -4000$億ドルを表している。企業は生産を拡大して、最終的に E_2 で新たな所得・支出均衡が実現し、所得・支出均衡 GDP は Y_2^* で3兆ドルになる。

た乗数プロセスで説明できる。ここでの例では、意図した総支出が自律的に400増加したことで、Y^* は2000から3000へと1000増加している。だから乗数は1000/400＝2.5だ。

図11-10を念入りにみながら、複数ラウンドにわたる乗数プロセスの背景についてくわしく検討しよう。まず E_1 から出発して、意図した総支出の自律的な増加によって、意図した総支出と実質 GDP の間にギャップが生まれる。このギャップは、点 X の2400と E_1 の2000との垂直距離によって表現される。この差は、意図しない在庫投資の減少 $I_{Unplanned} = -400$ を表している。企業は生産を拡大し、実質 GDP は Y_1^* よりも大きくなる。この実質 GDP の増加によって可処分所得 YD が増加する。これが連鎖反応の第1ラウンドだ。反応は続き、YD の増加で消費支出 C が上昇し、第2ラウンドの実質 GDP の増加が起こる。これがさらに可処分所得と消費支出の増加を引き起こす、といった具合だ。またこのプロセスは逆方向にも作用する。つまり、総支出の自律的な減少があれば実質 GDP と消費支出が減少するという連鎖反応が生じる。

以上の結果は次の式で要約できる。ここで $\Delta AAE_{Planned}$ は $AE_{Planned}$ の自律的変化を表し、$\Delta Y^* = Y_2^* - Y_1^*$ は所得支出均衡 GDP の変化を表している。

$$\Delta Y^* = 乗数 \times \Delta AAE_{Planned} = \frac{1}{1-MPC} \times \Delta AAE_{Planned} \qquad (11\text{-}17)$$

乗数 $1/(1-MPC)$ は 1 よりも大きいことを思い出すと、式（11-17）は、所得・支出均衡 GDP の変化分 ΔY^* は意図した総支出の自律的変化 $\Delta AAE_{Planned}$ の数倍も大きくなることを意味している。式（11-17）はさらに、次の重要な点を思い出させてくれる。すなわち限界消費性向は 1 よりも小さいため、各ラウンドでの可処分所得の増加とそれに対応した消費支出の増加は、その前のラウンドよりも小さくなるということだ。なぜかというと、どのラウンドでも可処分所得の増加の一部が貯蓄という形で漏れるからだ。その結果、どのラウンドでも実質 GDP は増加するのだが、その増加分はラウンドが進むごとに小さくなる。あるところまでいくと実質 GDP の増加分は無視できるものになり、経済は新たな所得・支出均衡 GDP の Y_2^* に収束する。

倹約のパラドックス　ここで、第 6 章で説明した倹約のパラドックスのことを思い出す人もいるかもしれないね。このパラドックスは、マクロ経済では、多数の個人の行動がそれら個人の行動を単に集計したものよりも悪い結果を引き起こすことがあることを描いている。具体的には、家計と企業が将来のきびしい経済状況を予想して支出を削減すると、経済が不活発になる。そして家計と企業は、苦境に備えた美徳とされる行動をとらなかったときよりも悪い状態におちいってしまうというものだ。これがパラドックスと呼ばれているのは、通常は「良いこと」（後で困らないように貯蓄すること）が「悪いこと」（すべての人の状態が悪化しうること）になってしまうからだ。

　乗数を使えば、この話がどのように展開するのかを正確にみることができる。2007 年から 2009 年までの不況につながった住宅建設投資支出の停滞のように、消費支出か投資支出、あるいはその両方が停滞したとしよう。その結果、当初の低下分の数倍も所得・支出均衡 GDP が低下する。そうした実質 GDP の低下によって、家計と企業が支出の削減を行わなかったときよりも状態が悪化してしまう。逆に、浪費が得となる場合もある。消費者か生産者が支出を増やせば、乗数プロセスによって、当初の支出の増加分の数倍もの所得・支出均衡 GDP の増加が生まれる。だから消費者や生産者は、慎重に出費するより浪費したほうが良い状態になる。

　ここで注意してほしいのは、乗数が $1/(1-MPC)$ に等しくなるという結果は、税や政府移転支出がなく可処分所得が実質 GDP に一致するという単純化の仮定に依存する、という点だ。第 13 章の付録では、税を導入すると乗数の表現がより複雑になって、その値が小さくなることをみる。しかしいま学んだ一般的な原理は依然として成立する。それは意図した総支出の自律的変化によって所得・支出均衡 GDP が直接変化し、さらに誘発された消費支出の変化によって間接的にも変化するということだ。

　この章の前のほうで触れたように、歴史的にみて意図した投資支出の停滞が総支出を自律的に減少させるもっとも主要な要因になっているので、不況の大きな原因はこの意図した投資支出の停滞にある場合が多い。この章の「経済学を使ってみよう：最初の有名な予測の失敗」で、時間の経過とともに消費関数が上方にシフトする傾向を指摘したね。これは、景気拡大には意図した投資支出と消費支出の両方の自律的変化

が重要な役割をもつことを意味している。だが原因は何であれ、経済には当初の総支出の変化を数倍の大きさにふくらませる乗数効果が存在するのだ。

経済学を使ってみよう　在庫と不況の終焉

乗数プロセスにおける在庫の役割を明確に示す例が2001年末に起こり、そこでその年の不況が終末を迎えた。不況の原動力となっていたのは、企業の投資支出の停滞だった。投資支出が住宅ブームの形で戻ってくるまでに何年もかかった。それでも、とくに自動車のような耐久財への消費支出が増加したことが主な原因で、2001年末に経済は回復しはじめた。

当初は、この消費支出の増加は製造業者にとって予想外だった。図11-11は、2001年と2002年の各四半期での実質GDP、実質消費支出、実質在庫の変化を示している。2001年の第4四半期に消費支出が突出していることに注意しよう。在庫の急落によって打ち消されたために、そのときはGDPが大きく伸びることはなかった。だが2002年第1四半期には、生産者が生産を大きく拡大して実質GDPが跳ね上がった。

> **ちょっと復習**
>
> ▶意図した**総支出**が実質GDPに等しいとき、経済は**所得・支出均衡**の状態にある。
> ▶産出量（実質GDP）が**所得・支出均衡GDP**よりも大きいときは常に、実質GDPは意図した総支出よりも大きくなり、在庫が増加する。産出量（実質GDP）が所得・支出均衡GDPよりも小さいときは常に、実質GDPは意図した総支出よりも小さく、在庫は減少する。
> ▶意図した総支出の自律的変化によって、経済は在庫調整プロセスを通じて新たな所得・支出均衡に向かう。この様子は**45度線図（ケインジアン・クロス）**で示される。乗数効果によって、所得・支出均衡GDPの変化分は総支出の自律的変化の数倍になる。

✅ 理解度チェック　11-4

1. 経済学者は不況が始まるのは投資支出の停滞による場合が多いと考えているが、さらに不況の間に消費支出が停滞するとも考えている。その理由を説明しなさい。
2. **a.** 図11-10のような図を使って、意図した総支出の自律的な低下が起こるときに何が起こるかを示しなさい。新たな所得・支出均衡に向かって経済がどのように調整されるか表現しなさい。

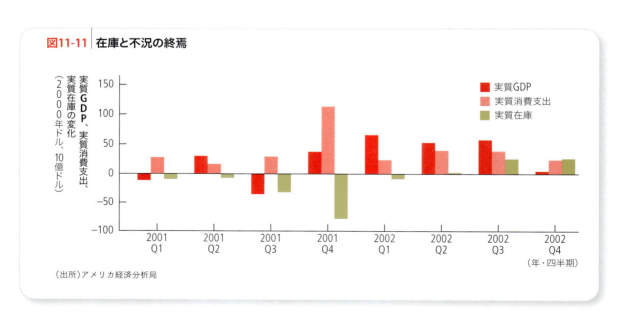

図11-11 在庫と不況の終焉

（出所）アメリカ経済分析局

b. 当初の Y^* は5000億ドル、意図した総支出の自律的な低下が3億ドル、MPC ＝0.5とする。自律的変化後の Y^* を計算しなさい。

解答は https://str.toyokeizai.net/books/9784492314906 にある。

BUSINESS CASE

ビジネス・ケース

マスキーゴンで何とかやり抜く

　ミシガン州マスキーゴン市はフォートマイヤーズとは違っていた。この章の「オープニング・ストーリー」でその不況と好況を表現したフロリダ州の都市とは異なり、マスキーゴンでは2000年代半ばに住宅ブームは存在しなかったし、住宅不況もそこまでひどくはなかった。地域経済にとって不動産はそれほど大きなものではなかったので、2007年末に住宅バブルがはじけたときも経済が大きく落ち込むことはなかった。だからマスキーゴン地区の企業は、国全体の景気下降からいくぶん保護されているように思えるかもしれない。

　だが実際には、マスキーゴンの企業は不況で大きな痛手を負っていた。たとえばイーグルアロイは住宅や建築部門に限らずさまざまな産業に製品を販売している製造会社だが、2007年から2009年までの不況の最悪期には販売が50％も落ち込んだ。しかも打撃を受けたのは、国中の市場で販売している製造業者だけではなかった。マスキーゴン・ノートンショアーズ大都市圏の工場では労働者のレイオフが行われ、地域の失業率は2001年には6％だったが2010年には15％超にも達した。それによって労働者の給与に依存していた地域企業も打撃を受け、不況の過程で小売企業の雇用は約8％落ち込んだ。

　しかしこの話はいくぶんハッピーエンドだ。アメリカ経済全体と同様に、イーグルアロイとマスキーゴン地区の製造会社も回復しはじめた。イーグルアロイは不況の間に労働者を430人から200人に削減したが、2011年5月までに労働者は400人に戻り、会社はさらに150人を雇おうとしていた。2011年末にイーグルアロイのマーク・ファザカーリー社長は25％の販売の増加を予測し、「来年は製造業にとってよい1年になるだろう」と宣言した。より広いマスキーゴン・ノートンショアーズ大都市圏では、2011年末までに地域の失業率が9％まで回復した。そして国全体の市場で製造業が回復し、地域に販売している企業も立ち直った。不況の間停止していたマスキーゴンのダウンタウンの再開発は、2011年までに再開された。

ビジネス思考力を鍛えよう

1. 建築産業にはさほど販売していなかったイーグルアロイのような会社が、住宅を発端にした国全体での不況によって影響を受けたのはなぜだろうか。
2. マスキーゴンの製造業者が抱えた苦難が、小売業のような他産業にも転移したのはなぜだろうか。

3. このマスキーゴンの話を参考にして、アメリカ経済のうち比較的小さな部分である住宅市場での停滞によってどうして国全体の不況が生じるのか説明しなさい。

要約

1. **総支出の自律的変化**は連鎖反応を引き起こし、実質 GDP の最終的な変化分は最初の総支出の変化分に**乗数**をかけたものになる。乗数の大きさは $1/(1-MPC)$ で、それは**限界消費性向**（MPC）の大きさに依存する。限界消費性向は、可処分所得がもう 1 ドル追加的に増えたときの消費支出の増加分だ。総支出の自律的変化の大きさを所与としたとき、MPC が大きいほど乗数も大きく、実質 GDP の増加分も大きい。**限界貯蓄性向**（MPS）は $1-MPC$ に等しい。

2. **消費関数**は、個別の家計の消費支出が現在の可処分所得に応じてどう決まるかを示している。経済全体での消費関数の関係を表したものが**総消費関数**だ。ライフサイクル仮説によると、家計は生涯を通じて消費をなめらかに（平準化）しようとする。その結果、将来の予想可処分所得の変化や富の変化によって総消費関数はシフトする。

3. **意図した投資支出**は、利子率や既存の生産設備とは負の関係があり、将来の予想実質 GDP とは正の関係がある。**加速度原理**によれば、投資支出は予想実質 GDP の成長率に大きく左右される。

4. 消費者の需要をすばやく満たせるように、企業は財の**在庫**をもつ。企業が在庫を増やすときには**在庫投資**は正になり、在庫を減らすときには在庫投資は負になる。しかし在庫の変動は、慎重な意思決定によってではなく販売予測の誤りによって生じる場合が多い。その結果**意図しない在庫投資**が生じ、これは正にも負にもなりうる。**実現した投資支出**は、意図した投資支出と意図しない在庫投資の合計だ。

5. 政府や国際貿易がない単純化されたモデルでは、**意図した総支出**は消費支出と意図した投資支出の合計に等しい。**所得・支出均衡**では、意図した総支出と実質 GDP が一致する。**所得・支出均衡 GDP** の水準 Y^* では意図しない在庫投資はゼロだ。意図した総支出が Y^* よりも大きければ意図しない在庫投資は負となり、予期せぬ在庫の減少のために企業は生産を拡大する。意図した総支出が Y^* よりも小さければ意図しない在庫投資は正となり、予期せぬ在庫の増加のために企業は生産を縮小する。**45度線図（ケインジアン・クロス）**は、所得・支出均衡に向かって在庫調整を通じて経済がどのように自己修正を行うかを表している。

6. 意図した総支出の自律的変化があると、在庫調整プロセスを通じて経済は新たな所得・支出均衡に向かう。支出の自律的変化による所得・支出均衡 GDP の変化分は、乗数 $\times \Delta AAE_{Planned}$ になる。

第11章 所得と支出

キーワード

限界消費性向（*MPC*）	409ページ	限界貯蓄性向（*MPS*）	409ページ
総支出の自律的変化	410ページ	乗数	411ページ
消費関数	413ページ	総消費関数	415ページ
意図した投資支出	420ページ	加速度原理	422ページ
在庫	422ページ	在庫投資	422ページ
意図しない在庫投資	423ページ	実現した投資支出	423ページ
意図した総支出	426ページ	所得・支出均衡	429ページ
所得・支出均衡 GDP	429ページ		
45度線図（ケインジアン・クロス）	430ページ		

〈問題〉

1. ウェストランディアとイーストランディアでは、消費者の富が増加して消費支出が400億ドルだけ自律的に増加した。どちらの国でも物価水準と利子率は一定で、税や国際貿易はないとする。ウェストランディアの限界消費性向は0.5でイーストランディアは0.75とする。それぞれの国で生じる各ラウンドの支出の増加を示す下の表を完成させなさい。その結果から、限界消費性向の大きさと乗数にはどのような関係があるといえるだろうか。

ウェストランディア

ラウンド	GDPの変化分	GDPの変化分の合計
1	ΔC = 400億ドル	?
2	$MPC \times \Delta C$ = ?	?
3	$MPC \times MPC \times \Delta C$ = ?	?
4	$MPC \times MPC \times MPC \times \Delta C$ = ?	?
...	...	...
GDPの変化分の合計	$(1/(1-MPC)) \times \Delta C$ =	?

イーストランディア

ラウンド	GDPの変化分	GDPの変化分の合計
1	ΔC = 400億ドル	?
2	$MPC \times \Delta C$ = ?	?
3	$MPC \times MPC \times \Delta C$ = ?	?
4	$MPC \times MPC \times MPC \times \Delta C$ = ?	?
...	...	...
GDPの変化分の合計	$(1/(1-MPC)) \times \Delta C$ =	?

2. 物価水準と利子率は一定で税や国際貿易はないとする。以下のそれぞれの出来事が起きたとき、GDPの変化はいくらか。
   a. 消費支出が250億ドル自律的に増加する。限界消費性向は2/3だ。
   b. 企業が400億ドルの投資支出を削減する。限界消費性向は0.8だ。
   c. 政府が軍の設備の購入を600億ドル増加させる。限界消費性向は0.6だ。

3. 経済学者が、たった5人しかいない非常に小さな経済を観察して、現在の可処分所得に対する各消費者の消費支出の推計値を求めた。下の表は、3種類の所得水準についてそれぞれの住民の消費支出を示したものだ。

個人	各個人の現在の可処分所得		
	0ドル	20,000ドル	40,000ドル
アンドレ	1,000	15,000	29,000
バーバラ	2,500	12,500	22,500
キャシー	2,000	20,000	38,000
デクラン	5,000	17,000	29,000
エレナ	4,000	19,000	34,000

   a. 各住民の消費関数はどのようになるか。また、各住民の限界消費性向はいくらか。
   b. 経済の総消費関数はどのようになるか。また、経済の限界消費性向はいくらか。

4. イーストランディアでは2003年から2008年にかけて、総消費支出と可処分所得は大きく変動したが、富、利子率、将来の予想可処分所得は変化しなかった。下の表は、この期間の総消費支出と可処分所得を100万ドル単位で示したものだ。この情報を使って以下の設問に答えなさい。

   (100万ドル)

年	可処分所得	消費支出
2003	100	180
2004	350	380
2005	300	340
2006	400	420
2007	375	400
2008	500	500

   a. イーストランディアの総消費関数を図示しなさい。
   b. 限界消費性向はいくらか。また、限界貯蓄性向はいくらか。
   c. 総消費関数を求めなさい。

5. アメリカ経済分析局の報告によれば、2010年10月の間に総消費支出は実質で354億ドル増加した。
   a. 限界消費性向が0.52のとき、総消費支出の増加によって実質GDPはどれだけ変

化するか。

b. a での消費支出の増加以外に自律的支出の変化はないが意図しない投資支出 $I_{Unplanned}$ が500億ドル減少したとき、実質 GDP はどれだけ変化するか。

c. 2010年9月末の GDP は13兆1395億ドルだった。b で求めた分だけ GDP が増加したとき GDP のパーセントでの変化はいくらか。

6. 2000年代はじめに、平均住宅価格の指標であるケース・シラー米住宅価格指数は2006年3月のピークまで一貫して上昇した。2006年3月から2009年5月までに同指数は32％下落した。その間、株式市場も同じような浮き沈みを経験した。2003年3月から2007年10月までに、広範囲の株価の指標であるスタンダード・アンド・プアーズ500（S&P500）株価指数は800.73から1565.15へ、ほぼ倍になった。2009年3月までに同指数はほぼ60％下落し、676.53になった。住宅価格の動きが2000年代の最初の5年間での実質 GDP の成長に寄与したか、また2006年に起こった住宅市場の崩壊後に消費支出を維持することへの懸念が住宅価格の動きによって増大したか、あなたの思うところを述べなさい。株式市場の動きによって、消費支出はどの程度影響を受けただろうか？

7. 以下のそれぞれの出来事が起きたとき、意図した投資支出はどう変化するだろうか。
a. 連邦準備制度の政策によって利子率が低下した。
b. アメリカの環境保護庁（EPA）が法令で、二酸化硫黄を削減するための機械の改善や更新を企業に義務づけた。
c. ベビーブーム世代が大量に退職し貯蓄を減らしはじめ、利子率が上昇した。

8. 以下のそれぞれの出来事で、意図した投資支出と意図しない在庫投資の水準がどう変化するか、説明しなさい。
a. 連邦準備制度が利子率を引き上げた。
b. 実質 GDP の予想成長率が上昇した。
c. 外国から巨額の資金が流入して利子率が低下した。

9. 次ページの表はある経済での国内総生産（GDP）・可処分所得（YD）・消費支出（C）・意図した投資支出（$I_{Planned}$）を示したものだ。この経済には政府や海外部門はないとする。意図した総支出（$AE_{Planned}$）と意図しない在庫投資（$I_{Unplanned}$）を計算して表を完成させなさい。

(10億ドル)

GDP	YD	C	$I_{Planned}$	$AE_{Planned}$	$I_{Unplanned}$
0	0	100	300	?	?
400	400	400	300	?	?
800	800	700	300	?	?
1,200	1,200	1,000	300	?	?
1,600	1,600	1,300	300	?	?
2,000	2,000	1,600	300	?	?
2,400	2,400	1,900	300	?	?
2,800	2,800	2,200	300	?	?
3,200	3,200	2,500	300	?	?

a. 総消費関数を求めなさい。

b. 所得・支出均衡 GDP の水準 Y^* はいくらか。

c. 乗数の値はいくらか。

d. 意図した投資支出が2000億ドルに低下したとき、新たな Y^* はいくらになるか。

e. 自律的な消費支出が2000億ドルに上昇したとき、新たな Y^* はいくらになるか。

10. 政府や海外部門がない経済で、自律的な消費支出は2500億ドル、意図した投資支出は3500億ドル、限界消費性向は2/3だとする。

a. 総消費関数と意図した総支出を図示しなさい。

b. 実質 GDP が6000億ドルのとき、意図しない在庫投資はいくらか。

c. 所得・支出均衡 GDP の水準 Y^* はいくらか。

d. 乗数の値はいくらか。

e. 意図した投資支出が4500億ドルに上昇したとき、新たな Y^* はいくらになるか。

11. ある経済の限界消費性向は0.5で、所得・支出均衡 GDP の水準 Y^* は5000億ドルだ。意図した投資支出が自律的に100億ドル増加したとき、それ以降複数のラウンドにわたる支出の増加を書き入れて次ページの表を完成させなさい。1行目と2行目はすでに書き入れてある。1行目では、意図した総支出が100億ドル増加して実質 GDP と可処分所得がともに100億ドル上昇している。これによって2行目で消費支出が50億ドル（MPC × 可処分所得の変化分）だけ増加し、実質 GDP と YD（可処分所得）がさらに50億ドル上昇している。

(10億ドル)

ラウンド	$I_{Planned}$ あるいは C の変化	実質 GDP の変化	YD の変化
1	$\Delta I_{Planned}=10.00$	10.00	10.00
2	$\Delta C=5.00$	5.00	5.00
3	$\Delta C=?$	?	?
4	$\Delta C=?$	?	?
5	$\Delta C=?$	?	?
6	$\Delta C=?$	?	?
7	$\Delta C=?$	?	?
8	$\Delta C=?$	?	?
9	$\Delta C=?$	?	?
10	$\Delta C=?$	?	?

a. 10ラウンドまでの実質 GDP の変化の合計はいくらになるか。乗数の値はいくらか。乗数の公式を使うと Y^* の変化分はどれだけになるか。最初の設問の答えと3番目の設問の答えを比較しなさい。

b. 限界消費性向は0.75だとして、再度2ラウンドから始まる表を完成させなさい。10ラウンドまでの実質 GDP の変化の合計はいくらになるか。乗数の値はいくらか。限界消費性向が上昇すれば乗数の値はどう変化するか。

12. アメリカは世界中でもっとも豊かな国の1つだが、世界最大の債務国でもある。この問題はアメリカの貯蓄率の低さが原因だとよくいわれる。政策立案者が貯蓄を奨励することによって、この問題を正そうとしたとする。彼らの試みによって実質GDP はどう変化するだろうか。

13. 2008年のはじめにアメリカ経済は急減速し、経済が成長できるかどうか、政策立案者たちはかなり心配になった。経済を押し上げるため、議会は総額7000億ドルの政府支出を行う一括救済法案（2008年の景気刺激法および2009年のアメリカ復興・再投資法）を通過させた。議論の便宜上、この支出は消費者に対して直接支払う形で行われると仮定しよう。その目的は、アメリカの消費者の可処分所得を増加させることによって経済を押し上げることだった。

a. アメリカの限界消費性向 MPC が0.5だとして、この政策措置によって初期の総消費支出の変化はいくらになるか。7000億ドルの支払いによって生じる実質GDP の変化はいくらになるか、計算しなさい。

b. 所得・支出均衡を描いた図を使って、実質 GDP への効果を示しなさい。ヨコ軸を実質 GDP、タテ軸を意図した総支出 $AE_{Planned}$ とすること。2本の意図した総支出曲線（$AE_{Planned1}$ と $AE_{Planned2}$）および45度線を描き、自律的な政策変化が均衡に与える効果を示しなさい。

Deriving the Multiplier Algebraically

Chapter 11 Appendix

乗数を代数的に導く

　この付録では、乗数を代数的に導く方法を示すことにしよう。まず、第11章では、意図した総支出 $AE_{Planned}$ は消費関数によって定まる消費支出 C と意図した投資支出 $I_{Planned}$ の合計だったということを思い出してほしい。つまり、$AE_{Planned}=C+I_{Planned}$ が成り立つ。すべての項目を表現するためにこの式を書き直すと、

$$AE_{Planned}=A+MPC\times YD+I_{Planned} \quad (11A-1)$$

が得られる。このモデルでは税や政府移転支出が存在しないので、可処分所得は実質 GDP に一致し、式（11A-1）は、

$$AE_{Planned}=A+MPC\times GDP+I_{Planned} \quad (11A-2)$$

となる。所得・支出均衡 GDP の Y^* は意図した総支出に等しいので、所得・支出均衡では、

$$Y^*=AE_{Planned}=A+MPC\times Y^*+I_{Planned} \quad (11A-3)$$

が成り立つ。残るステップは 2 つだ。式（11A-3）の両辺から $MPC\times Y^*$ を引くと、

$$Y^*-MPC\times Y^*=Y^*\times(1-MPC)=A+I_{Planned} \quad (11A-4)$$

となる。最後に両辺を $(1-MPC)$ で割ると、

$$Y^*=\frac{A+I_{Planned}}{1-MPC} \quad (11A-5)$$

となる。式（11A-5）は、A の変化であれ $I_{Planned}$ の変化であれ、意図した総支出が自律的に 1 ドル変化すれば、所得・支出均衡 GDP である Y^* は $1/(1-MPC)$ ドルだけ変化するということを意味している。したがって、この単純化されたモデルでは、

$$乗数 = 1/(1-MPC) \tag{11A-6}$$

となる。

〈問題〉

1. 以下のような経済を考える。政府購入、政府移転支出、税、輸出入はなく、自律的な総消費支出は5000億ドル、意図した投資支出は2500億ドル、限界消費性向は0.5である。
   a. 意図した総支出を式（11A-1）の形で表現しなさい。
   b. Y^* を代数的に導きなさい。
   c. 乗数の値を求めなさい。
   d. 自律的な消費支出が4500億ドルに低下したとき、Y^* はどれだけ変化するか。

2. 乗数の値を求め、さらに自律的な支出の変化によって生じる Y^* の変化分を求めて、下の表を完成させなさい。限界消費性向によって乗数の値はどう変化するだろうか。

MPC	乗数の値	支出の変化	Y^* の変化
0.5	?	$\Delta C = +5000万ドル$	?
0.6	?	$\Delta I = -1000万ドル$	?
0.75	?	$\Delta C = -2500万ドル$	?
0.8	?	$\Delta I = +2000万ドル$	?
0.9	?	$\Delta C = -250万ドル$	?

K

Chapter 12

Aggregate Demand and Aggregate Supply

総需要と総供給

この章で学ぶこと

- **総需要曲線**は経済の物価水準と総需要量の関係をどう表現しているか。
- **総供給曲線**は経済の物価水準と総供給量の関係をどう表現しているか。
- 総供給曲線はなぜ短期と長期でちがうのか。
- *AD-AS*モデルを使って経済変動をどう分析できるか。
- 金融政策と財政政策を用いてどう経済を安定化できるか。

システムへの衝撃

ベンであることがむずかしい場合もある。

2008年、著名な前プリンストン大学経済学部教授ベン・バーナンキは、金融部門の規制とともにアメリカの金融政策をつかさどる機関である連邦準備制度理事会の議長だった。連邦準備制度の仕事は、経済が高いインフレと高い失業という双子の悪魔から逃れられるようにすることだ。この目的のための手段は、大ざっぱにいうと、失業と戦うために経済に現金を注入するかインフレと戦うために経済から現金を引き上げることだ。

2001年にアメリカ経済が不況に陥ったとき、連邦準備制度は急いで金融システムに現金を注入した。それは容易な選択だった。というのは、失業は増大していたし、インフレは低率で下落していた。実際2002年の大半で、連邦準備制度はデフレの可能性を心配していた。

だが2008年の大半で、バーナンキはより困難な問題に直面した。実際、それは彼の地位にある者がもっともおそれる問題だった。それは許容しがたいほど高率なインフレと増大する失業の組合せで、スタグフレーションと呼ばれているものだ。スタグフレーションは1970年代の災禍で、1973年から1975年までと1979年から1982年までの2つの深刻な不況はいずれも急激なインフレをともなうものだった。そして2008年の前半、スタグフレーションの脅威がよみがえったかに思えた。

2008年前半の経済的苦境が2001年のときと大きくちがったのはなぜだろうか。それは原因がちがったからだ。1970年代のスタグフレーションの教訓は、不況にはさまざまな原因があり、その原因によって適切な政策が異なるということだ。1929年から1933年までの大恐慌からかなりゆるやかな2001年の不況に至るまで、たいていの不況では投資支出と消費支出の低下に原因がある。こうした不況では高率のインフレは脅威にはならない。実際1929年から1933年までの不況では、物価水準の急落が生じた。またこうした不況ではインフレが問題にならないからこそ、政策立案者たちは自分のすべきことがわかっている。それは現金を注入し、増大する失業と闘うことだ。

だが1970年代の不況の主な原因は、中東での出来事に端を発して世界中の原油生産が急速に縮小したために原油や他の燃料価格が急上昇したことにあった。偶然ではなく、2008年前半の経済的苦境にも原油価格の急騰が寄与している。どちらの時期でも、エネルギー価格の上昇により失業と高インフレの組合せが生

じた。さらに、経済政策上のジレンマまで生じさせた。経済に現金を注入して不況と闘うか、それとも現金を引き揚げてインフレと闘うかというジレンマだ。

ところで、2011年に連邦準備制度は2008年のときと同じ問題のいくつかに直面した。なぜなら、原油や食料の価格の上昇によって、高い失業にもかかわらずインフレが進行したからだ。だが2011年には、主な問題は需要にあることを連邦準備制度ははっきりと認識していた。

前章では、総支出の決定要因に焦点をあてる所得・支出モデルをみた。2001年の不況やそれからの回復のような出来事を理解するうえで、所得・支出モデルはかなり有用だ。だが所得・支出モデルは物価水準を一定としていて、だからこそ2008年に政策立案者たちが直面した問題を理解するにはあまり有用ではない。

この章では、大恐慌や2001年の不況のときのような需要ショックと1970年代や2008年のときのような供給ショックという具合に、所得・支出モデルを超えて短期の経済変動のタイプを区別する方法を示すモデルをみていく。

3つのステップでモデルをみていこう。まず総需要の概念を示し、次にそれと対になる総供給の概念をみて、最後に AD-AS モデルで両者を結合する。

1 | 総需要

大多数の経済学者が同意していることだが、大恐慌は巨大な負の需要ショックの結果だ。それはどういうことだろう？ 第3章で説明したように、経済学者がある特定の財やサービスに対する需要の低下について語るときには、需要曲線の左へのシフトについて言及している。同様に、経済学者が経済全体への負の需要ショックについて語るときには、**総需要曲線**の左へのシフトについて言及している。総需要曲線とは、物価水準と家計・企業・政府・外国の総需要量との関係を表現したものだ。

総需要曲線とは、物価水準と家計・企業・政府・外国の総需要量との関係を表現したものだ。

図12-1は、1929年から1933年までの不況の最後の1933年に総需要曲線がどうだったか示したものだ。ヨコ軸は、国内の財やサービスの総需要量を2005年ドル表示したものだ。総産出量の指標として実質 GDP を用い、これらの2つは区別せずに使うことが多い。タテ軸は GDP デフレーターで表した物価水準だ。これらの変数を両軸にとることで、ある特定の物価水準のもとで総需要量がどれだけかを示す曲線 AD を描くことができる。AD は1933年の総需要を表しているので、曲線上の点は1933年の実際のデータに対応している。物価水準は7.9で、国内での最終財・サービスの総購入量は2005年ドル表示で7160億ドルだった。

図12-1に描かれているように総需要曲線は右下がりだが、これは物価水準と総需要量の負の関係を表している。他の条件を一定とすれば、物価水準が上昇すれば総需要量は減少し、物価水準が下落すれば総需要量は増加する。図12-1によると、1933年の物価水準が7.9ではなく4.2であれば、国内の最終財・サービスの総需要量は7160億ドルではなく2005年ドル表示で1兆ドルとなっていたはずだ。

総需要曲線に関する最初の重要な疑問とは、それはなぜ右下がりなのかということだ。

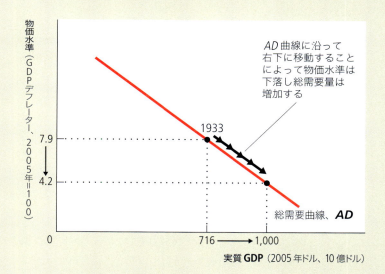

図12-1 総需要曲線

総需要曲線は物価水準と総需要量の関係を表している。これが右下がりなのは、物価変動の資産効果と利子率効果のためだ。1933年の実際のデータによれば、物価水準が7.9のとき財・サービスの総需要量は2005年のドル表示で7160億ドルだった。この仮想の曲線に従うと、もし物価水準が4.2だったら総需要量は1兆ドルになっていた。

1.1 どうして総需要曲線は右下がりなのか

　図12-1ではAD曲線は右下がりだ。なぜかって？　まずは国民経済計算の基本的な恒等式を思い出してほしい。

$$\text{GDP} = C + I + G + X - IM \tag{12-1}$$

ここでCは消費支出、Iは投資支出、Gは財・サービスの政府購入、Xは輸出、IMは輸入だ。これらの変数を一定のドル、つまり基準年の価格で測れば、$C+I+G+X-IM$は一定期間に国内で生産された最終財・サービスの量となる。Gは政府により決定されるが、残りの変数は民間部門によって決定される。総需要曲線が右下がりになる理由を理解するには、物価水準が上昇するとC、I、$X-IM$が減少する理由を理解する必要がある。

　あなたは、総需要曲線が右下がりになるのは、第3章で定義した需要法則による自然な結果ではないかと思うかもしれないね。つまり、個別の財の需要曲線は右下がりなのだから、総生産物の需要曲線も右下がりになるのが当然ではないかと思うかもしれない。でもこの対比は間違っている。個々の財の需要曲線は、それ以外の財・サービスの価格を一定としたときの、その財の価格と需要量の関係を表したものだ。その財の価格が上昇したときに需要量が減少する、つまり需要曲線に沿って上方へ移動すると財の需要量が低下する主な理由は、消費者がその財から別の財・サービスに消費を切り替えるためだ。

　ところが総需要曲線上での動きを検討する場合には、すべての最終財・サービスの価格が同時に変化することを考えなければならない。さらに、財・サービスへの支出

構成が変化したとしても、それは総需要曲線には関係がない。消費者が衣服を買うのを控えて自動車をたくさん買うようになったとしても、最終財・サービスの総需要量が変化するとは限らないのだ。

ではどうして、物価水準が上昇すると国内で生産された最終財・サービスの総需要量が減少するのだろうか。主な理由は2つある。それは物価変動の資産効果と利子率効果だ。

資産効果　他の条件を一定とすれば、物価水準が上昇するとたいていの資産の購買力が低下する。たとえば5000ドルの銀行預金をもっている人がいたとしよう。物価水準が25％上昇すると、以前は5000ドルだったものが現在では6250ドルになり、もはや買うことはできない。また以前は4000ドルだったものが現在では5000ドルになるから、5000ドルの銀行預金では以前は4000ドルで買えていたものしか買うことができなくなる。この購買力の低下のために、銀行預金の保有者は自分の消費計画を縮小する。他の大勢の人々も同じように反応するから、物価水準の上昇によって銀行預金の購買力が低下し、最終財・サービスへの支出が減少する。それに対応して物価水準が下落した場合には、消費者の資産の購買力が増加し消費需要が増加する。**物価変動の資産効果**とは、物価水準の変化によって消費者の資産の購買力が変化するために消費支出が変化する、という効果だ。この効果により、物価水準が上昇したとき消費支出 C が低下し、総需要曲線が右下がりになる。

◀ **物価変動の資産効果**とは、物価水準の変化によって消費者の資産の購買力が変化するために消費支出が変化する、というものだ。

利子率効果　経済学者が貨幣という用語を使うとき、もっともせまい意味ではそれは現金や、小切手が使える銀行預金のことを指している。人々や企業が貨幣を保有するのは、取引を行う際の費用や不便さを減らそうとするためだ。他の条件を一定とすれば、物価水準が上昇すれば保有している貨幣の購買力が低下する。物価水準の上昇以前と同じ財・サービスの組合せを購入するには、より多くの貨幣をもっておく必要がある。よって物価水準が上昇すると、人々は借り入れを増やすか債券のような資産を売却することで、貨幣の保有量を増やそうとする。するとほかの借り手に貸し出すために利用できる資金が減少するので、利子率が上昇する。

第10章で学んだように、利子率が上昇すると借り入れの費用が大きくなり、投資支出は低下する。また家計は可処分所得のなかからより多くを貯蓄に回そうとするため、消費支出も低下する。したがって、物価水準の上昇は保有している貨幣の購買力を低下させ、投資支出 I と消費支出 C を低下させる。**物価変動の利子率効果**として知られているこの効果によっても、総需要曲線は右下がりになる。

◀ **物価変動の利子率効果**とは、物価水準の変化によって消費者や企業が保有する貨幣の購買力が変化するために、消費支出や投資支出が変化するというものだ。

金融政策を扱う第15章で貨幣と利子率についてくわしく検討する。また開放経済のマクロ経済学を扱う第19章で、利子率の上昇によって間接的に輸出 X が減り輸入 IM が増えることをみる。さしあたって重要なのは、物価変動の資産効果と利子率効果の両方によって総需要曲線が右下がりになるということだ。

1.2 総需要曲線と所得・支出モデル

前章で所得・支出モデルを導入し、経済がどのようにして所得・支出均衡にたどりつくかをみた。そしてこの章で、財とサービスに対する総需要と物価水準を関連づける総需要曲線を導入した。これらの概念はどのように組み合わされるのだろう。

所得・支出モデルの仮定の1つに、物価水準が一定だと想定されていたことを思い出してほしい。ここではその仮定を取り外す。だが所得・支出モデルを使って、ある一定の物価水準のもとで総需要はいくらかを問うことができる。総需要曲線はまさにそれを示しているのだ。したがって AD 曲線は所得・支出モデルから導出することができる。経済学者は、所得・支出モデルは AD-AS モデルに「埋め込まれている」と表現することもある。

図12-2は、所得・支出均衡がどう決定されるかを再び示したものだ。ヨコ軸には実質 GDP を、タテ軸には実質での意図した総支出をとってある。他の条件を一定として、消費支出と意図した投資支出の合計である意図した総支出は実質 GDP が増加すれば上昇する。このことは、右上がりの線 $AE_{Planned\,1}$、$AE_{Planned\,2}$ に表されている。第11章で学んだように、所得・支出均衡は意図した総支出を表す線と45度線の交点だ。たとえば実質 GDP と意図した総支出の関係が $AE_{Planned\,1}$ なら、所得・支出均衡は点 E_1 で、そのときの実質 GDP の水準は Y_1 だ。

だが先ほどみたように、物価水準が変動すると、どんな実質 GDP の水準に対しても意図した総支出の水準は変化する。つまり物価水準が変動すると $AE_{Planned}$ 線がシフトする。たとえば、物価水準が下落したとしよう。資産効果と利子率効果の両方によって、物価水準が下落すると、どんな実質 GDP の水準に対しても意図した総支出

図12-2 物価水準の変動が所得・支出均衡に与える影響

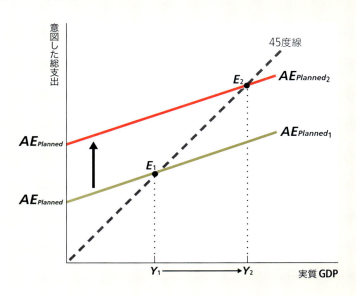

意図した総支出を表す $AE_{Planned}$ 線と45度線との交点で所得・支出均衡が成立する。物価水準が下落すると $AE_{Planned}$ 線は $AE_{Planned\,1}$ から $AE_{Planned\,2}$ へシフトし、所得・支出均衡 GDP は Y_1 から Y_2 へ上昇する。

図12-3 | 所得・支出モデルと総需要曲線

図12-2でみたのは、物価水準の下落によって意図した総支出を表す線が上にシフトし、実質GDPが上昇することだった。ここではそれと同じ結果を、需要曲線に沿った移動として示している。物価水準がP_1からP_2に下落すると実質GDPはY_1からY_2へ上昇する。だからAD曲線は右下がりだ。

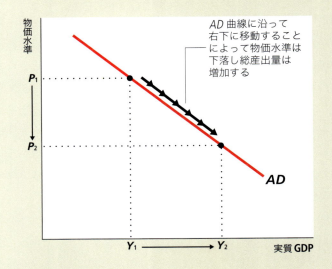

は増加する。だから図12-2に描かれているように、$AE_{Planned}$線は$AE_{Planned\,1}$から$AE_{Planned\,2}$へシフトする。この意図した総支出の増加によって乗数プロセスが生まれ、所得・支出均衡は点E_1から点E_2へ移動し、実質GDPはY_1からY_2へ上昇する。

図12-3では、この結果を使って総需要曲線がどのように導出できるかが示されている。図12-3は、物価水準がP_1からP_2に下落したことを示している。図12-2でみたのは、物価水準の下落によって$AE_{Planned}$線が上にシフトし、実質GDPが上昇することだった。図12-3でもそれと同じ結果を、AD曲線に沿った移動としてみることができる。つまり、物価水準が下落すると実質GDPはY_1からY_2へ上昇する。

したがって、総需要曲線は所得・支出モデルにとってかわるものではなく、物価水準の変動の効果について所得・支出モデルが主張していることを要約する1つの方法なのだ。

所得・支出モデルは厳密にはより完全なモデルの1つの構成要素とみられるべきだが、短期の経済変動を分析するにあたり、経済学者は実際に所得・支出モデルを使うことが多い。とくに短期では、所得・支出モデルは近道として妥当な場合が多い。

1.3　総需要曲線のシフト

第3章で個別の財市場での供給と需要を分析したが、そこで需要曲線に沿った移動と需要曲線のシフトを区別することの重要性を強調した。総需要曲線についても同じことがいえる。図12-1が示しているのは、物価水準が変動するときに財・サービスの総需要量が変化するという総需要曲線に沿った移動だ。

しかし図12-4が示しているように、どんな物価水準でも財・サービスの総需要量が変化するという総需要曲線のシフトが生じる場合もある。私たちは総需要曲線が右

図12-4 | 総需要曲線のシフト

パネル（a）は、企業や消費者の予想（期待）が改善したり政府支出が増えたりすることで、どの物価水準でも総需要量が増加するときの効果を示している。総需要曲線はAD_1からAD_2へ右にシフトする。パネル（b）は、株価が下落して富が失われたなどの理由で、どの物価水準でも総需要量が減少したときの効果を示している。総需要曲線はAD_1からAD_2へ左にシフトする。

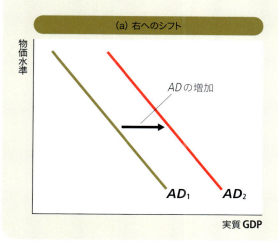
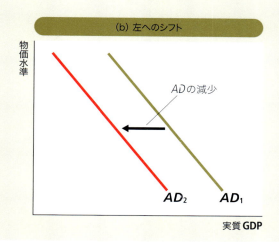

へシフトしたことを指して、総需要が増加したという。それは、パネル（a）のAD_1からAD_2への変化で示される。どの物価水準でも総需要量が増加するとき、総需要曲線は右にシフトする。一方でパネル（b）のように総需要曲線が左にシフトしたとき、総需要が減少したという。どの物価水準でも総需要量が減少するとき、総需要曲線は左にシフトする。

総需要曲線をシフトさせる複数の要因がある。なかでももっとも重要な要因は、予想（期待）の変化、富の変化、そして既存の物的資本ストックの大きさだ。さらに財政政策と金融政策によっても総需要曲線はシフトする。これら5つの要因のいずれによっても乗数プロセスが作動する。初期の実質GDPの上昇や下落が生じることで可処分所得が変化し、総支出の追加的な変化が生じ、それによって実質GDPがさらに変化する、といった具合だ。総需要曲線をシフトさせる要因の概要については表12-1をみてほしい。

予想の変化 第11章で説明したように、消費支出と意図した投資支出はともに、人々の将来に対する予想にも依存する。消費者は支出をする際、現在の所得だけでなく将来予想される所得も念頭に置いて判断をする。企業も意図した投資をする際、現在の状況だけでなく将来予想される売上げも念頭に置いて判断をする。つまり将来の予想が変われば消費支出と意図した投資支出は変化するのだ。消費者や企業がより楽観的になれば総支出は増加するし、より悲観的になれば総支出は減少する。実際に短期の経済予測を行う人々は、消費者心理や企業心理の調査に注目している。彼らがとくにみているのは、コンファレンス・ボード（全米産業審議会）が毎月提供している消費

表12-1 | 総需要曲線をシフトさせる要因

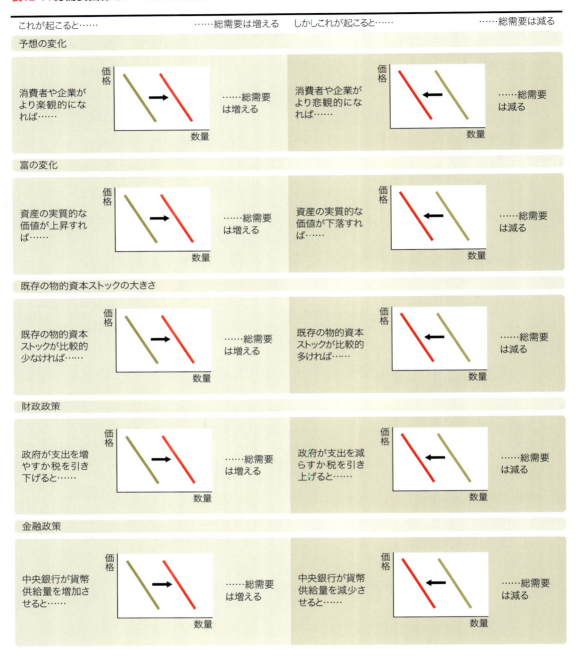

者態度指数（Consumer Confidence Index）とミシガン大学が提供している消費者心理指数（Consumer Sentiment Index）だ。

富の変化 消費者の支出は資産価値にも依存する。資産の実質的な価値が上昇すれば、資産の購買力も増加し、総支出の増加につながる。たとえば、1990年代には株式市場がかなり好調で総需要が増加した。逆にたとえば株式市場の暴落によって家計の資産の実質的な価値が下落すれば、資産の購買力は減少し総需要も減少する。大恐慌の

大きな要因は、1929年の株式市場の暴落だった。同様に、不動産の価値額が急速に下落したことが、2007年から2009年までの不況の間に消費支出が減退した大きな要因だった。

既存の物的資本ストックの大きさ　企業は物的資本のストックを増加させるために意図した投資を行っている。投資支出に対するインセンティブは、すでにどれだけの物的資本を所持しているかにも依存する。他の条件を一定とすれば、より多く所持しているほど新たに追加する必要性を感じなくなる。このことはちがうタイプの投資支出にも当てはまる。たとえば、最近の数年間で多数の住宅が建設されたなら、新築住宅に対する需要は停滞し、その結果住宅投資支出も減少するだろう。実際にそれが1つの原因となって、2006年に始まった住宅投資支出の深刻な落ち込みが生じた。過去数年間に住宅ブームがあれば住宅が過剰供給になってしまう。2009年春までに市場での売れ残り住宅の在庫は14カ月分の販売数よりも大きくなり、新築住宅価格はピーク時にくらべて25％以上も下落した。これによって建設業では、より多くの住宅を建築するインセンティブがほとんどなくなってしまった。

> **富の変化：**
> **総需要曲線に沿った移動と**
> **総需要曲線のシフト**
>
> 　1.1項で説明したように、AD曲線が右下がりになる理由の1つに物価変動の資産効果がある。つまり物価水準が上昇すれば消費者がもつ資産の購買力が低下し、消費支出Cが減少する。しかし1.3項で説明したのは、富の変化によってAD曲線がシフトするということだ。この2つの説明は矛盾していないだろうか。富の変化は、AD曲線に沿った移動とAD曲線のシフトのどちらを生じさせるのだろうか。答えは、その両方だ。それは富の変化の原因による。AD曲線に沿った移動が起こるのは、物価水準の変化によって消費者の手持ちの資産の購買力（資産の実質価値）が変化する場合だ。これは物価変動の資産効果で、富が変化する原因は物価水準の変化だ。たとえば物価水準が下落すれば消費者がもつ資産の購買力が増加し、AD曲線上を右下へと移動する変化が起こる。これに対して、物価水準の変化とは無関係に富が変化する場合には、AD曲線のシフトが起こる。たとえば株価が上昇したり不動産の価値が上昇したりすれば、どの物価水準でも消費者がもつ資産の実質的な価値は増加する。この場合の富の変化の原因は物価水準の変化をともなわない資産価値の変化、つまりすべての最終財・サービスの価格を一定に保ったままで資産価値が変化したことだ。

1.4　政府の政策と総需要

　マクロ経済学の重要な洞察の1つは、政府が総需要に対して大きな影響力をもっていて、この影響力をうまく使えば経済のパフォーマンスを改善できる場合があるということだ。

　政府が総需要曲線に影響を与えるには、財政政策と金融政策という2つの方法がある。詳しい議論は続く章にゆだねることにして、ここでは総需要への影響力について簡単に議論することにしよう。

財政政策　第6章で学んだように、財政政策は経済を安定化させるために、最終財・サービスの政府購入や政府移転支出などの政府支出か、課税の操作を通じて行われる。現実には、不況への対応として政府支出の拡大や減税、もしくはその両方が行われ、インフレへの対応として政府支出の抑制か増税が行われることが多い。

　最終財・サービスの政府購入 G が総需要に与える効果は、政府購入それ自体が総需要の構成要素なので直接的だ。政府購入の増加によって総需要曲線は右にシフトし、政府購入の減少によって左にシフトする。政府購入の増加が総需要に影響を与えた例として歴史上もっとも劇的だったのは、第2次世界大戦中の政府支出だ。大戦によって連邦支出は400％も急増した。大恐慌の終焉はこの支出増加の功績だと一般には考えられている。1990年代に経済が停滞した日本では、総需要を増加させるため、政府が融資して道路・橋・ダムなどを建設する大きな国家プロジェクトが行われた。同様にアメリカでは2009年に総支出を増加させるため、高速道路、橋、公共交通などの改良といったインフラに関するプロジェクトに対して1000億ドル以上も支出しはじめた。

　一方、税率や政府移転支出を変化させることは、可処分所得への影響を通じて間接的に経済に作用する。税率が低いと消費者は所得の多くを手元に残せるので、可処分所得は大きくなる。政府移転支出を増加させても消費者の可処分所得は増加する。いずれの場合でも、それによって消費支出は増大し、総需要曲線は右にシフトする。税率が高いか、もしくは政府移転支出が減少すると、消費者の可処分所得は小さくなり、消費支出は減少し、総需要曲線は左にシフトする。

金融政策　この章の「オープニング・ストーリー」は連邦準備制度が直面する問題についてだったね。連邦準備制度が統制しているのは金融政策、つまり貨幣供給量や利子率を操作して経済を安定化させることだ。ついさっきまで、物価水準が上昇すると貨幣の購買力が低下し、ひいては利子率が上昇するということを議論してきた。次に起こるのは、投資支出と消費支出の減少である。

　では、家計や企業が保有する貨幣量が変化したとき、何が起こるだろうか。現代の経済では、貨幣供給量は政府が創設した中央銀行の意思決定を通じてほぼ決められる。ただし第14章で学ぶように、アメリカの中央銀行である連邦準備制度は、政府に属するものでもなく、民間組織でもない特別な組織だ。中央銀行が貨幣供給量を増やすと家計や企業はより多くの貨幣を所有し、より多く貸し出そうとする。その結果、どの物価水準でも利子率は低下し、投資支出と消費支出が増加する。つまり、貨幣量が増加すれば総需要曲線が右にシフトする。貨幣量が減少すれば逆のことが、つまり家計や企業が保有する貨幣量が少なくなって借り入れが増え、貸し出しが減少する。これにより利子率が上昇し、投資支出と消費支出が減少して総需要曲線が左にシフトする。

> **経済学を使ってみよう☞　1979〜80年の総需要曲線に沿った移動**

　データを観察すると、支出の変化が総需要曲線に沿った移動なのか、それとも総需要曲線のシフトなのかを区別するのはかなり困難なようだ。しかし明らかな例外が1つある。この章の「オープニング・ストーリー」で触れた、1979年の石油危機の直後の状況だ。急激な物価水準の上昇（1980年3月に消費者物価のインフレ率は14.8％にも達した）に直面した、連邦準備制度は貨幣供給量をゆっくりと増加させる政策に固執していた。物価水準が急激に上昇する一方で、経済を流れる貨幣量を徐々に増やしたのだ。その結果、流通貨幣の購買力が低下した。

　これによって借り入れ需要が増加し、利子率が急騰した。銀行が最良の顧客に貸し出す際の金利であるプライム・レートは20％以上にも達した。この高金利のために消費支出と投資支出はともに減少し、1980年には、自動車のような耐久消費財への支出は5.3％減少し、実質投資支出は8.9％減少した。

　この1979年から1980年までの経済は、総需要曲線に沿った右から左への移動を象徴している。物価変動の資産効果と利子率効果によって、物価水準が上昇するにつれて総需要量が低下したのだ。もちろんこのことは、物価水準がなぜ上昇したかについて説明してはいない。だが「AD-ASモデル」の節では、この疑問に対する答えが短期総供給曲線の動きにあることをみる。

✓ 理解度チェック　12-1

1. 以下の出来事から総需要曲線はどんな影響を受けるか。総需要曲線に沿った左上または右下への移動か、あるいは総需要曲線の左シフトまたは右シフトのどちらが生じるか説明しなさい。

   a. 金融政策の変化による利子率の上昇。
   b. 物価水準の上昇による貨幣の実質価値の低下。
   c. 来年の労働市場の状況が予想よりも悪化するというニュース。
   d. 税率の低下。
   e. 物価水準の下落による資産の実質価値の増加。
   f. 不動産価値の急騰による資産の実質価値の増加。

   解答は https://str.toyokeizai.net/books/9784492314906 にある。

> **ちょっと復習**
>
> ▶**総需要曲線が右下がり**なのは、**物価変動の資産効果**と、**物価変動の利子率効果**による。
> ▶総需要曲線は、物価水準が変化したときに所得・支出均衡GDPがどう変化するかを示している。
> ▶富の変化や将来に対する予想の変化によって消費支出が変化し、総需要曲線のシフトが生じる。予想の変化や既存の物的資本ストックの大きさによって投資支出が変化するが、これも総需要曲線をシフトさせる。
> ▶財政政策は政府購入を通じて直接的に、また税や政府移転支出を通じて間接的に総需要に影響を与える。金融政策は利子率の変化を通じて間接的に総需要に影響を与える。

2 ｜ 総供給

　1929年から1933年にかけて、総需要は急速に減退した。つまりどの価格水準でも財・サービスの需要量は減少した。経済全体で需要が減退した結果、以下の3つのことが起こった。第1に、ほとんどの財・サービスの価格が下落した。（第7章で定義し

た物価指数の1つである）GDPデフレーターは1933年までに1929年の水準から26％低下し、その他の指標も同じくらい低下した。第2に、ほとんどの財・サービスの生産量が減少した。実質GDPは1933年までに1929年の水準から27％低下した。第3に、実質GDPの低下と密接に関係しているが、失業率が3％から25％へ急上昇した。

　実質GDPの急減と物価の急落が同時に起こったのは偶然ではない。1929年から1933年にかけて、アメリカ経済は**総供給曲線**に沿って左下に移動していたのだ。総供給曲線とは、物価水準（最終財・サービスの全体的な価格水準）と最終財・サービスの総生産量、あるいは生産者が供給しようとする総産出量との関係を示したものだ（私たちは総産出量を測る指標として実質GDPを使っていることを思い出してほしい。だから総産出量と実質GDPをしばしば同じ意味で用いる）。より正確にいえば、1929年から1933年にかけてアメリカ経済は短期総供給曲線に沿って左下に移動していた。

> **総供給曲線**とは、物価水準と総供給量（総産出量）の関係を表現したものだ。

2.1　短期総供給曲線

　1929年から1933年までの経験が教えてくれることは、短期的には物価水準と総供給量（総産出量）の間に正の関係があるということだ。つまり他の条件を一定とすれば、物価水準が上昇すれば総供給量は増加し、物価水準が下落すれば総供給量は減少する。この正の関係を理解するために、生産者が直面するもっとも基本的な問題を考えてみよう。1単位の生産物を生産することが利益を生むかどうかという問題だ。1単位当たりの利潤を次のように定義しよう。

生産物1単位当たりの利潤
　＝生産物1単位当たりの価格－生産物1単位当たりの生産費用　　　（12-2）

　したがって上の問題の答えは、1単位の生産物から得る価格が、その1単位を生産するのにかかる費用よりも大きいかどうかによる。ある1時点ではいつでも、生産者が直面する費用の多くは生産物1単位当たりでは固定的で、ある程度の期間にわたり変化しない。固定的な生産費用のうちの最大のものは、労働者に支払われる賃金だ。ここでの賃金は給料だけでなく、雇用者が支払う医療費や退職給付金などのあらゆるかたちでの労働者への報酬を意味している。

　賃金はたいてい固定的な生産費用となるが、なぜかというと、**名目賃金**と呼ばれるドル表示の賃金はかつて結んだ契約で定められていることが多いからだ。たとえ正式な契約がなかったとしても、経営者と労働者の間で暗黙の合意がある場合が多い。経済状況に応じて賃金を変えることは会社側にとっては抵抗があるのだ。たとえば経済が悪化している時期でも、その停滞が極端に長くきびしいものでないかぎり、会社は賃金を下げようとはしないだろう。労働者のうらみを買うことをおそれるからだ。逆に経済が良好な時期でも、競合他社に労働者を奪われるリスクがないかぎり、会社は賃金を上げようとはしないだろう。いつも高い賃金を要求されるということがないよ

> **名目賃金**とは、ドル表示の賃金のことだ。

うにするためだ。

　正式の合意や暗黙の合意の結果として、経済は**固定的賃金**の特徴をもつことになる。つまり名目賃金は、失業者が多くても下がりにくく、労働者が不足しても上がりにくくなる。ただ注意してほしいのは、名目賃金は永遠に固定的というわけではないことだ。どんな正式のもしくは暗黙の合意であっても、経済環境の変化に応じて最終的には再交渉が行われる。この節の終わりの「落とし穴」で説明するように、名目賃金が伸縮的になるまでにかかる時間の長さは、短期と長期を区別するのに不可欠な要素だ。

> **固定的賃金**とは、失業者が多くても下がりにくく、労働者が不足しても上がりにくい名目賃金のことだ。

　多くの費用が名目上は一定だと短期総供給曲線が右上がりになる理由を理解するために、市場の性質が異なれば価格の設定がいくらか異なるということを知っておこう。完全競争市場では生産者は価格を一定とみなすが、不完全競争市場では設定する価格を選択する能力をある程度もっている。どちらの市場でも、短期では価格と生産量に正の関係があるのだが、理由が少し異なっている。

　完全競争市場での生産者の行動から始めよう。彼らは価格を一定とみなすのだったね。何らかの理由で物価水準が下落し、最終財・サービスの生産者が受け取る価格が低下したとしよう。生産費用の多くは短期には固定的だから、生産物1単位当たりの生産費用はその価格ほどには低下しない。よって生産物1単位当たりの利潤は減り、完全競争市場での生産者は短期の供給量を減少させる。

　逆に何らかの理由で物価水準が上昇し、最終財・サービスの生産者が受け取る価格が上昇する場合を考えよう。やはり生産費用の多くは短期には固定的だから、生産物1単位当たりの生産費用はその価格ほどには上昇しない。そして完全競争市場の生産者は価格を一定とみなすから、生産物1単位当たりの利潤が増え、生産量は増加する。

　次に、みずからの価格を設定する能力がある不完全競争市場の生産者を考えよう。その生産者の製品に対する需要が上昇した場合には、どんな価格でも販売量を増加させることができる。自分の製品に対する需要が強くなれば、生産量1単位当たりの利潤を増やすために、生産量だけではなく価格も増加させることをおそらく選択するだろう。実際に業界アナリストたちは、産業の「価格決定力」のちがいについて話していることが多い。需要が強ければ価格決定力のある企業は価格を上昇させることができ、実際にそうしているのだ。

　逆に需要が衰退した場合には、販売量の低下を防ごうとするために通常は価格を切り下げる。

　完全競争市場の企業でも不完全競争市場の企業でも、その反応によって総生産量と物価水準の正の関係が生じる。名目賃金やその他の生産費用は固定的だとみなせる期間の、物価水準と生産者が供給したい総供給量との正の関係を表現しているのが、**短期総供給曲線**だ。短期には物価水準と総供給量に正の関係があるから、短期総供給曲線は右上がりになる。

> **短期総供給曲線**は、短期の物価水準と総供給量の関係を表現したものだ。短期とは、生産費用は固定的だとみなせる期間だ。

　図12-5は、1929年から1933年までのアメリカの実際のデータに合うような短期総供給曲線 $SRAS$ の例を描いている。ヨコ軸は最終財・サービスの総量である総産出

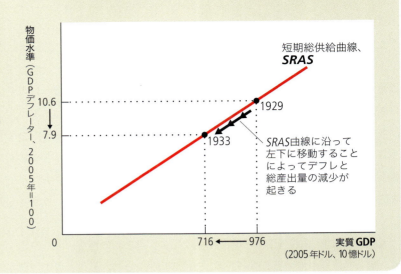

図12-5 短期総供給曲線

短期総供給曲線とは、名目賃金などの生産費用が固定的となる短期での物価水準と総供給量の関係を表現したものだ。名目賃金を所与とすれば、物価水準が高いほど生産物1単位当たりの利潤は大きくなり総供給量も増えるので、短期総供給曲線は右上がりになる。図中の数字は1929年から1933年までの大恐慌のときのものだ。デフレが生じて物価水準は1929年の10.6から1933年の7.9に下落し、2005年ドル表示の総供給量は9760億ドルから7160億ドルに減少した。

ちょっと寄り道 ☕ 本当に伸縮的なもの、本当に固定的なもの

ほとんどのマクロ経済学者は、図12-5で描かれている状況は基本的には正しいと考えている。他の条件を一定とすれば、物価水準と総供給量には短期には正の関係がある。でも多くの学者が、話の詳細はもうちょっと複雑だと主張している。

ここまで、物価水準と名目賃金の動きのちがいについて強調してきた。つまり、物価水準は伸縮的だが名目賃金は短期には固定的だと述べてきた。この仮定は短期総供給曲線が右上がりになる理由を説明するのには便利だ。だが、賃金と物価の実証データによれば、最終財・サービスの価格は伸縮的で名目賃金は固定的だとはっきり区別できるわけではない。

実際には、労働者のなかには、雇用者との契約や暗黙の合意がない者もいるので、名目賃金の一部はたとえ短期であっても伸縮的になる。名目賃金のなかには固定的なものも伸縮的なものもあるので、経済全体の労働者の名目賃金の平均である**平均名目賃金**は、失業者が急増するときには低下する。たとえば、大恐慌の初期には名目賃金は大きく低下した。

一方で、最終財・サービスの価格のなかには、伸縮的ではなく固定的なものもある。たとえば一部の企業、とくにぜいたく品やブランド品のメーカーは、需要が減退したからといって価格を引き下げようとはしない。1単位当たりの利潤が減っていなくても、生産量を減らすことを選択するのだ。

このように複雑な要素はあるものの、すでに述べた基本的な関係は変わらない。物価水準が下落した場合、一部の生産者は名目賃金が固定的だという理由で生産量を削減する。また物価水準が下落しても価格を下げずに生産量を削減するほうを好む生産者もいる。どちらの場合でも、物価水準と総供給量には正の関係が存在している。結局のところ、短期総供給曲線は右上がりなのだ。

量（実質GDP）の2005年ドル表示の値をとっている。タテ軸はGDPデフレーターで表した物価水準で、2005年の数値を100としている。1929年の物価水準は10.6で実質GDPは9760億ドルだったが、1933年には物価水準は7.9に下落し実質GDPは

7160億ドルまで減少した。この時期のデフレと総産出量の低下は、SRAS曲線に沿った左下への移動に対応している。

2.2 短期総供給曲線のシフト

図12-5が示しているのは、1929年から1933年までに物価水準と総産出量が低下したという短期総供給曲線に沿った移動だ。しかし図12-6が示しているように、短期総供給曲線がシフトする場合もある。パネル（a）は短期総供給の減少、つまり短期総供給曲線の左へのシフトを示している。どの物価水準でも生産者が供給したい量が少なくなれば、総供給は減少する。パネル（b）は短期総供給の増加、つまり短期総供給曲線の右へのシフトを示している。どの物価水準でも生産者が供給したい量が多くなれば、総供給は増加する。

なぜ短期総供給曲線がシフトするのかを理解するために、生産者は生産物1単位当たりの利潤をみて意思決定をすることを思い出してほしい。短期総供給曲線は物価水準と総産出量の関係を表している。生産費用の一部は短期には固定的なので、物価水準が変化することで生産物1単位当たりの利潤も変化し、その結果総産出量が変化する。しかし物価水準だけが、生産物1単位当たりの利潤や総産出量を変化させる要因ではない。短期総供給曲線をシフトさせるのは、物価水準以外の要因だ。

直観的に考えるため、たとえば原油価格の上昇のように、生産費用を増大させる出来事が起こったとしよう。すると、生産物価格がどの水準であっても、生産物1単位当たりの利潤は小さくなる。その結果生産者は、どの物価水準でも供給量を削減するので、短期総供給曲線は左にシフトする。また逆に、たとえば名目賃金の下落のよ

図12-6 短期総供給曲線のシフト

パネル（a）は短期総供給の減少を表している。短期総供給曲線が$SRAS_1$から$SRAS_2$へ左にシフトし、どの物価水準でも総供給量が減少している。パネル（b）は短期総供給の増加を表している。短期総供給曲線が$SRAS_1$から$SRAS_2$へ右にシフトし、どの物価水準でも総供給量が増加している。

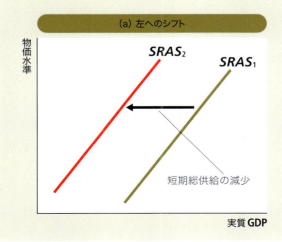

(a) 左へのシフト

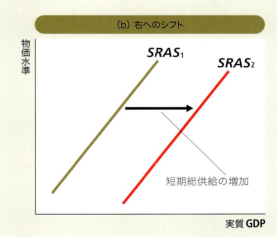

(b) 右へのシフト

うに生産費用を低下させる出来事が起これば、生産物価格がどの水準であっても、生産物1単位当たりの利潤は大きくなる。これによってどの物価水準でも総産出量が増加し、短期総供給曲線は右にシフトする。

　次に、生産物1単位当たりの利潤を変化させ、ひいては短期総供給曲線をシフトさせるいくつかの重要な要因について議論しよう。

原料価格の変化　この章の「オープニング・ストーリー」で、1970年代、2008年前半、2011年の原油価格の急騰がアメリカ経済にどんな問題を生じさせたかをみた。原油は1次産品で、大量購入・大量販売される標準化された投入物だ。原油という原料の価格上昇が経済全体の生産費用を高めるので、どの物価水準でも総供給量が減少して短期総供給曲線は左にシフトする。逆に原料価格が下落すると生産費用が低下し、どの物価水準でも総供給量が増加して短期総供給曲線が右にシフトする。

　原料価格の影響が短期総供給曲線にあらかじめ組み込まれていないのはなぜかって？　それは、原料はたとえばソフトドリンクのような最終財ではないので、物価水準を算出するときに原料価格は考慮されないからだ。またほとんどの生産者にとって、原料価格は名目賃金と同様に生産費用のなかで大きな部分を占めている。そのため原料価格の変化は生産費用に大きな影響を与える。さらに原料以外の財とちがって、原料価格は中東での戦争や中国での需要の上昇によってアメリカが利用できる原油が少なくなるというような、この産業に特有の供給ショックによって急激に変化する場合がある。

名目賃金の変化　多くの労働者の名目賃金は過去に結ばれた契約や暗黙の合意で決まっているので、どの時点でも固定的だ。しかし時間が経過して契約や暗黙の合意に関する再交渉が行われれば、名目賃金は変化する。たとえば、被雇用者に対する賃金の一部として雇用者が支払う医療保険料が経済全体で上昇した場合を考えてみよう。これを雇用者の観点からみれば、自分が負担する補償が増加するということなので、保険料の上昇は名目賃金の上昇と同じことになる。この名目賃金の上昇によって生産費用が増大し、短期総供給曲線は左にシフトする。反対に、保険料が経済全体で下落した場合を考えよう。これは雇用者の観点からは名目賃金の低下と同じことで、生産費用は減少して短期総供給曲線は右にシフトする。

　重要な歴史的事実として、1970年代の原油価格の急騰が名目賃金を上昇させるという間接的な効果をもたらした、ということがあった。この「ドミノ」効果が生じたのは、多くの賃金契約のなかに、消費者物価が上昇した場合に自動的に名目賃金が上昇するという生計費調整（COLA）が含まれていたからだ。消費者物価全体を上昇させた原油価格の急騰は、このルートを通じて、最終的に名目賃金を上昇させた。結局、短期総供給曲線は左へ2回シフトした。1回目は最初の原油価格の急騰によるもので、2回目は名目賃金の上昇によるものだった。原油価格の上昇が経済に与えた負の効果は、賃金契約に含まれた生活費手当によってかなり大きくなってしまった。今日では

生活費手当はほとんどない。

生産性の変化　生産性の上昇とは、労働者が同じ量の投入物を使ってより多くの生産物を生産できるようになることだ。たとえば小売店にバーコード・スキャナを導入することで、1人の労働者が商品を棚に並べ、仕入れ、調べて補充する能力は大きく改善した。その結果、小売店が1ドルの販売を「生産する」ための費用が低下し、利潤は増加した。またそれによって供給量も増加した（ウォルマートが総供給の増加によって店舗数を増やしたことを考えてみれば良い）。だから原因が何であれ、生産性が上昇すれば生産者の利潤は増加し、短期総供給曲線は右にシフトする。逆に、たとえば新しい規制が課されて労働者が書類の作成により多くの時間を使わなければならなくなり、生産性が低下したとしよう。このとき、労働者が同じ量の投入物を使って生産できる生産物の量は低下する。その結果生産物1単位当たりの費用は上昇し、利潤は低下し、供給量は減少する。これによって短期総供給曲線は左にシフトする。

短期総供給曲線をシフトさせる要因の概要については表12-2をみてほしい。

表12-2 | 総供給曲線をシフトさせる要因

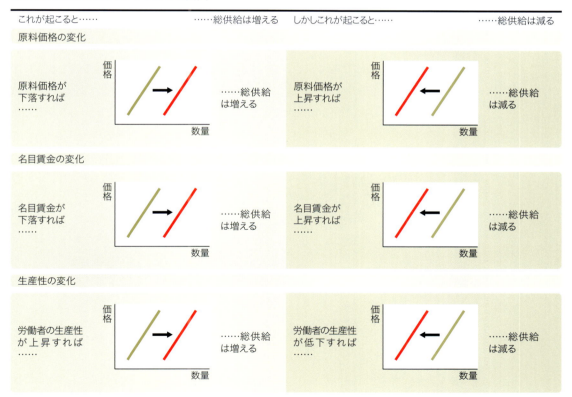

2.3　長期総供給曲線

これまでみてきたように、名目賃金は短期には固定的なので、短期では物価水準が

下落すると総供給量も減る。だがすでに述べたように、契約や暗黙の合意は長期には再交渉がなされる。だから長期的には、物価水準と同じく名目賃金も伸縮的になる。この事実から、長期の物価水準と総供給量の関係は短期とはかなりちがったものになる。実際長期には、物価水準は総供給量に影響を与えないのだ。

その理由をみるため、次のような思考実験をしてみよう。あなたが魔法の杖（あるいは魔法のバーコード・スキャナ）を振りかざせば経済のすべての価格がいっせいに半分になるとしよう。ここで「すべての価格」というのは、最終財・サービスの価格だけでなく名目賃金などの投入物の価格も含んでいる。物価水準が半分になり、名目賃金を含めてすべての投入物の価格が半分になるとき、総産出量はどうなるだろうか。

何も変わらないというのがその答えだ。もう一度、式（12-2）をみてみよう。生産物の価格は低下するが、費用のほうも同じ比率で低下する。その結果、価格が変化する前に1単位の生産物から利潤が得られていたなら、価格が変化した後もそこから利潤が得られることになる。だからすべての価格が半分になっても、総産出量は変化しない。言い換えると、物価水準の変化は総供給量に何の影響も与えないのだ。

すべての価格を同時に同じ比率で変化させることは、現実にはもちろん不可能だ。しかしいまは、すべての価格が完全に伸縮的になる期間である長期を考えている。長期では、インフレやデフレはすべての価格を同率で変化させることと同じ効果をもつ。だから物価水準が変化しても長期の総供給量は変化しない。なぜなら長期での物価水準の変化は、名目賃金を含むすべての投入物の価格を同じだけ変化させるからだ。

図12-7の *LRAS* 曲線で示されている**長期総供給曲線**は、名目賃金を含むすべての価格が完全に伸縮的な場合での物価水準と総供給量の関係を表している。長期総供給曲線が垂直なのは、物価水準が変化しても長期の総産出量は変化しないからだ。物価

◀ **長期総供給曲線**とは、名目賃金を含むすべての価格が完全に伸縮的な場合の物価水準と総供給量の関係を表したものだ。

図12-7 長期総供給曲線

長期総供給曲線は、名目賃金を含むすべての価格が伸縮的な場合の総供給量を示している。物価水準が変化しても長期には総供給量は変化しないので、長期総供給曲線は潜在産出量 Y_P のところで垂直になる。

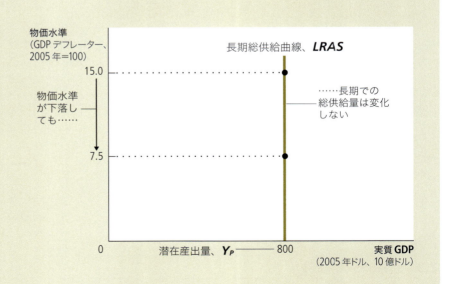

462　第Ⅴ部　短期の経済変動

水準が15.0のとき総産出量が2005年ドル表示で8000億ドルとすると、物価水準が半分の7.5になっても長期の総供給量は8000億ドルで変わらない。

$LRAS$曲線が垂直ということだけでなく、それがヨコ軸上のどこにあるかが重要な指標となることに注意しよう。図12-7で$LRAS$がヨコ軸と交わる切片（2005年ドル表示で8000億ドル）は経済の**潜在産出量**Y_Pを示している。これは、名目賃金を含めたすべての価格が伸縮的になったときに経済が産出する実質GDPの水準のことだ。

> **潜在産出量**とは、名目賃金を含めたすべての価格が伸縮的になったときに経済が産出する実質GDPの水準のことだ。

実際の実質GDPの水準はほとんどの場合、潜在産出量より大きかったり小さかったりしている。その理由はこの章の後のほう、$AD\text{-}AS$モデルを扱うところで明らかになるだろう。それでも潜在産出量が重要なのは、それによって毎年変動する実際の産出量のトレンドがわかるからだ。

アメリカでは、議会予算局（CBO）が連邦予算の分析のために毎年の潜在産出量を推計している。図12-8は、1990年から2011年までのアメリカの潜在産出量の推計値（黄色の線）と実際の実質GDP（赤い線）を示している。ヨコ軸でグレーの影がない年は実際の総産出量が潜在産出量を下回っていて、グレーの影がある年には実際の総産出量が潜在産出量を上回っている。

図からわかるように、アメリカの潜在産出量は時間の経過とともに一貫して上昇している。これは$LRAS$曲線が立て続けに右にシフトしていることを意味する。このシフトの原因は何だろうか。その答えは第9章で論じた長期の経済成長の要因、た

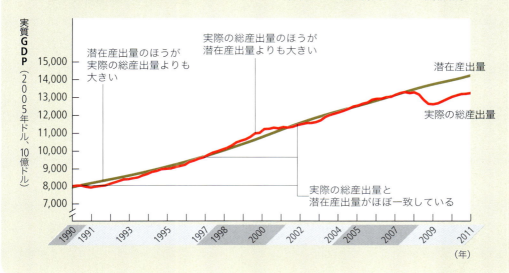

図12-8 実際の産出量と潜在産出量（1990〜2011年）

この図は、1990年から2011年までのアメリカの実際の産出量と潜在産出量の動向を示している。黄色の線が議会予算局による潜在産出量の推計値を表し、赤い線が実際の総産出量を表している。グレーの影がない年には実際の総産出量が潜在産出量を下回り、グレーの影がある年には実際の総産出量が潜在産出量を上回っている。

1990年代のはじめと2000年以降の不況期には実際の総産出量が潜在産出量を大きく下回り、逆に1990年代後半の好況期には実際の総産出量が潜在産出量を大きく上回った。2007年から2009年までの不況の後では、実際の総産出量が潜在産出量を非常に大きく下回った。

（出所）アメリカ議会予算局、アメリカ経済分析局

とえば物的資本や人的資本の増加および技術進歩にある。長期には労働力人口と労働生産性がともに上昇し、実質 GDP の水準も上昇する。実際には、長期の経済成長とは潜在産出量が成長することだと解釈できる。経済が長期的に成長するにつれて長期総供給曲線が次第に右にシフトすると考えられるのだ。

2.4 短期から長期へ

図12-8からわかるように、実際の産出量と潜在産出量は通常異なっている。実際の産出量は潜在産出量を、1990年代前半には下回り、1990年代後半には上回り、2000年代のほとんどで下回り、2007年から2009年までの不況の後は大きく下回った。したがって経済は長期総供給曲線上ではなく、通常は短期総供給曲線上にあった。だとすると、長期の曲線に何の意味があるのだろう？　経済は本当に短期から長期に向かうのか。もしそうなら、どのようにして向かうのだろうか？

これらの疑問に答えるための第1のステップとして、次のことを理解する必要がある。それは、短期と長期の総供給曲線に関していうと、経済は常に2つしかない状態のうちのどちらかの状態にあるということだ。1つは、経済が短期と長期の総供給曲線が交差する点にある場合で、図12-8でいうと実際の産出量が潜在産出量とほぼ等しかった数年間がこれにあたる。もう1つは経済が短期総供給曲線の上にあるが長期総供給曲線の上にはない場合で、実際の産出量と潜在産出量が乖離していた年にあたる。さらに、次のステップがある。短期総供給曲線上にあるが長期総供給曲線上にない場合には、時間の経過とともに短期総供給曲線がシフトし、2つの曲線が交

図12-9　短期から長期へ

パネル（a）では、当初の短期総供給曲線が $SRAS_1$ で、物価水準が P_1 のときの総供給量 Y_1 は潜在産出量 Y_P よりも大きい。失業者が少ないのでやがて名目賃金が上昇し、短期総供給曲線が $SRAS_1$ から $SRAS_2$ へと左にシフトする。パネル（b）では逆のことが起こっている。物価水準が P_1 のときの総供給量は潜在産出量よりも小さい。失業者が多いのでやがて名目賃金が下落し、短期総供給曲線が右にシフトする。

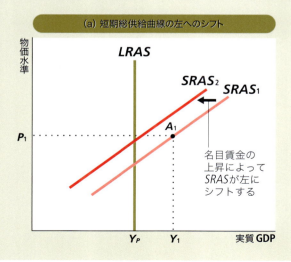
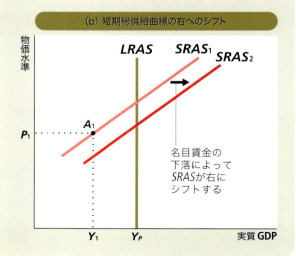

差する点、すなわち実際の産出量と潜在産出量が一致する点が実現するのだ。

そのプロセスがどういうものかが、図12-9に描かれている。どちらのパネルでも長期総供給曲線は $LRAS$ で、当初の短期総供給曲線が $SRAS_1$、物価水準は P_1 だ。パネル（a）では当初の経済が点 A_1 にあり、そのときの総供給量 Y_1 は潜在産出量 Y_P よりも大きい。（Y_1 のように）総産出量が潜在産出量（Y_P）よりも大きくなりうるのは、上昇するはずの名目賃金が完全には調整されていないときだけだ。名目賃金の上方への調整が終わるまで、生産者が得る利潤は大きく生産量は大きい。だが総産出量が潜在産出量よりも大きいということは、失業者が少ないことを意味する。職は豊富にあって労働者が希少なので、いずれ名目賃金が上昇し、短期総供給曲線は徐々に左にシフトする。最終的には $SRAS_2$ のような位置に移動する（この章の後ろで、短期総供給曲線がどこで停止するかをみる。いずれわかることだが、それは総需要曲線にも依存する）。

パネル（b）では、当初の経済は点 A_1 で、そのときの総産出量 Y_1 は潜在産出量 Y_P よりも小さい。（Y_1 のように）総産出量が潜在産出量（Y_P）よりも小さくなりうるのは、下落するはずの名目賃金が完全には調整されていないときだけだ。名目賃金の下方への調整が終わるまでは、生産者が得る利潤は小さいかまたは負で、生産量は小さい。総産出量が潜在産出量よりも小さいということは、失業者が多いことを意味する。労働者は豊富にいるが職が希少なので、いずれ名目賃金は下落し、短期総供給曲線は徐々に右にシフトする。最終的には $SRAS_2$ のような位置に移動する。

これからすぐに、短期総供給曲線のシフトによって長期には潜在産出量が実現することをみる。

まだわからない？ 長期の本当の意味って何？

私たちはこれまで、2つの文脈で長期という用語を使ってきた。以前の章で長期の経済成長を考察したが、それは数十年間にわたる成長を指していた。この章では、経済の潜在産出量を示す長期総供給曲線の概念を導入した。潜在産出量とは、名目賃金を含むすべての価格が完全に伸縮的になったときの総産出量だ。2つの異なる概念に対して長期という同じ用語を使っているようにみえるかもしれないが、そうではない。2つの概念は同じものだ。

経済は長期的には潜在産出量に回帰する傾向がある。そのため、実際の産出量が潜在産出量のまわりを変動するにしても、そこから大きく離れることはまれだ。その結果、数十年間という長い期間にわたる経済成長率は、潜在産出量の成長率にかなり近くなる。さらに潜在産出量の成長は長期の経済成長に関する章で分析した要因によって定まる。だから長期の成長でいう「長期」と長期総供給曲線でいう「長期」は同じことなのだ。

経済学を使ってみよう☞　大恐慌時の物価と産出量

図12-10は、GDPデフレーターで測った物価水準と実質GDPの1929年から1942年までの軌跡を示したものだ。図からわかるように、1929年から1933年まで総産出

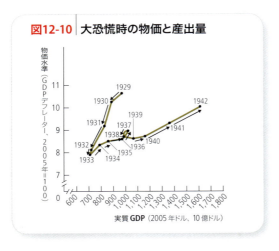

図12-10 大恐慌時の物価と産出量

量と物価水準はともに下落し、1933年から1937年まではともに上昇している。これは1929年から1933年までは短期総供給曲線に沿って左下に移動し、その後は（1937年から1938年にかけて一時逆行してはいるが）右上に移動したと考えれば不思議なことではない。

でも1942年の物価水準は依然として1929年よりも低いのに、実質GDPはかなり増加しているのはどうしてだろうか。

それは時間の経過とともに短期総供給曲線が右にシフトしたということだ。このシフトは部分的には、背後にある長期総供給曲線が生産性の上昇によって右にシフトしたことによる。またこの期間のアメリカ経済の産出量は潜在産出量を下回っていて失業率が高かったので、図12-9のパネル（b）にある調整過程が生じたことで、短期総供給曲線が右にシフトしたとも考えられる。つまり1929年から1942年までの総産出量の変化は、短期総供給曲線に沿った移動とそのシフトの両方を表しているのだ。

ちょっと復習

▶**総供給曲線**は物価水準と総供給量の関係を示したものだ。
▶**短期総供給曲線**は右上がりだ。つまり**名目賃金**が**固定的**だとすると、物価水準が上昇すれば総産出量は増加する。
▶原料価格の変化、名目賃金の変化、生産性の変化によって短期総供給曲線はシフトする。
▶長期にはすべての価格が伸縮的になり、物価水準が変化しても総産出量は変化しない。**長期総供給曲線**は**潜在産出量**のところで垂直になる。
▶実際の産出量が潜在産出量よりも大きい場合、名目賃金はいずれ上昇し短期総供給曲線が左にシフトする。実際の産出量が潜在産出量よりも小さい場合、名目賃金はいずれ下落し短期総供給曲線が右にシフトする。

☑ 理解度チェック 12-2

1. 以下の出来事によって短期総供給曲線はどのような影響を受けるか。$SRAS$曲線に沿った移動と$SRAS$曲線のシフトのどちらが生じるか説明しなさい。
   a. 消費者物価指数（CPI）の上昇によって生産量が増加した。
   b. 原油価格が下落して生産量が増加した。
   c. 労働者への退職給付金が義務づけられたことによって生産量が減少した。
2. 当初は潜在産出量に等しかった総供給量が増加したとする。これが$SRAS$曲線に沿った移動によるのか、それとも$LRAS$曲線のシフトによるのかを判定するためには、どのような情報が必要か。

解答は https://str.toyokeizai.net/books/9784492314906 にある。

3 | AD-ASモデル

1929年から1933年までアメリカ経済は短期総供給曲線に沿って左下に移動し、物価水準は低下した。それに対して1979年から1980年までは総需要曲線に沿って左上に移動し、物価水準は上昇した。どちらの場合も、一方の曲線に沿った移動の原因はもう一方の曲線のシフトだった。1929年から1933年までは消費支出が大きく低下し、総需要曲線が左にシフトした。1979年から1980年までは石油危機によって短期の総供給が大きく低下し、短期総供給曲線が左にシフトした。

図12-11 AD-ASモデル

AD-ASモデルは総需要曲線と短期総供給曲線を組み合わせたものだ。両者の交点 E_{SR} は短期マクロ経済均衡を表し、総需要量と総供給量が一致している。短期均衡物価水準は P_E で、短期均衡総産出量は Y_E だ。

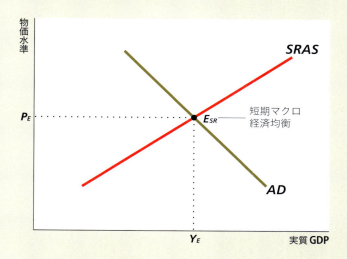

つまり、経済の動きを理解するには、総供給曲線と総需要曲線とを組み合わせる必要があるのだ。それが **AD-AS モデル**で、これは経済変動を理解するための基本的なモデルだ。

▶ **AD-AS モデル**では、経済変動を分析するために総供給曲線と総需要曲線の両方を使う。

3.1 短期マクロ経済均衡

まず短期に焦点を当てた分析を行うことにしよう。図12-11は、総需要曲線と短期総供給曲線を同じ図に描いたものだ。AD 曲線と SRAS 曲線との交点 E_{SR} が**短期マクロ経済均衡**で、そこでは総供給量と、国内の家計・企業・政府および外国による総需要量とが一致している。E_{SR} での物価水準 P_E は**短期均衡物価水準**で、E_{SR} での総産出量 Y_E は**短期均衡総産出量**だ。

第3章の供給と需要のモデルでみたように、ある財の供給不足はその財の市場価格を上昇させるし、また供給過剰はその財の市場価格を下落させる。こうした力が、市場が均衡に向かうことを保証するのだったね。同じ論理は短期マクロ経済均衡にも適用できる。物価水準が均衡の水準よりも高いときは、総供給量のほうが総需要量よりも大きくなる。そのため物価水準は下落し、均衡の水準に近づく。逆に物価水準が均衡の水準よりも低いときは、総供給量は総需要量よりも小さくなる。そのため物価水準は上昇し、やはり均衡の水準に近づく。これからの議論では、経済は常に短期マクロ経済均衡の状態にあると仮定することにしよう。

▶ 総供給量と総需要量が一致するとき、経済は**短期マクロ経済均衡**の状態にある。
短期均衡物価水準とは、短期マクロ経済均衡での物価水準だ。
短期均衡総産出量とは、短期マクロ経済均衡での総産出量だ。

現実の総産出量と物価水準はどちらも、長期的には上向きのトレンドがあることを踏まえて、もう1つ重要な単純化を行うことにしよう。それは、どちらの変数でも、低下したというときには、長期のトレンドとくらべたときの低下を意味するというものだ。たとえば物価水準が例年4％上昇しているときに3％しか上昇しない年があれば、その年には物価水準が1％低下したとみなす、ということだ。大恐慌以降、多

くの主要国で物価水準が低下した年はほとんどなく、1995年以降の日本のデフレの期間はそのわずかな例外の1つだ。その理由は第16章でみることにする。物価水準それ自体が低下することはまれだが、長期のトレンドにくらべて低下することは多い。

AD曲線のシフトとSRAS曲線のシフトのどちらの場合でも、短期均衡総産出量と短期均衡物価水準は変化する。それぞれのケースについて順にみていこう。

3.2 総需要曲線のシフト：短期的効果

予想、富の変化、既存の物的資本ストックの大きさの効果や財政政策・金融政策など、総需要曲線をシフトさせる出来事を**需要ショック**という。大恐慌は負の需要ショックによって起こった。1929年の株式市場の暴落と1930〜31年にかけての銀行危機によって富が消滅し、企業や家計が自信を喪失したのだ。大恐慌を終わらせたのは、第2次世界大戦中に生じた、政府購入の大幅増加という正の需要ショックだった。アメリカ経済は2008年に別の大きな負の需要ショックに直面したが、それは住宅市場が好況から不況になり、消費者や企業が支出を縮小したことによる。

> 総需要曲線をシフトさせる出来事を**需要ショック**という。

図12-12は正と負の需要ショックの短期的な効果を示している。パネル（a）で示されているように、負の需要ショックによってAD曲線はAD_1からAD_2へ左にシフトする。経済はE_1からE_2へSRAS曲線に沿って左下に移動し、均衡総産出量と均衡物価水準はともに低下する。一方パネル（b）で示されているように、正の需要ショックによってAD曲線は右にシフトする。経済はE_1からE_2へSRAS曲線に沿って右上に移動し、均衡総産出量と短期均衡物価水準はともに増加する。需要ショックによっ

図12-12 需要ショック

需要ショックによって総需要曲線はシフトし、物価水準と総産出量は同じ方向に変化する。パネル（a）では負の需要ショックによって総需要曲線がAD_1からAD_2へ左にシフトし、物価水準はP_1からP_2に、総産出量はY_1からY_2に低下する。パネル（b）では正の需要ショックによって総需要曲線は右にシフトし、物価水準はP_1からP_2に、総産出量はY_1からY_2に増加する。

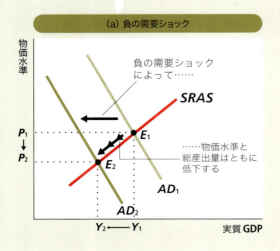
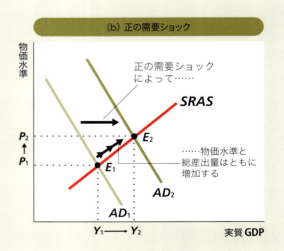

て総産出量と物価水準は同じ方向に変化する。

3.3 SRAS曲線のシフト

　原料価格、名目賃金、生産性の変化など、短期総供給曲線をシフトさせる出来事を**供給ショック**という。負の供給ショックは生産費用を増加させてどの物価水準でも供給量を減少させるもので、短期総供給曲線は左にシフトする。1973年と1979年に世界的に原油供給が途絶したために、アメリカ経済はきびしい負の供給ショックに直面した。反対に、正の供給ショックは生産費用を減少させてどの物価水準でも供給量を増加させるもので、短期総供給曲線は右にシフトする。アメリカ経済が正の供給ショックに直面したのは、1995年から2000年にかけてインターネットやその他の情報技術の利用が増して生産性が急に上昇したときだ。

▶ 短期総供給曲線をシフトさせる出来事を**供給ショック**という。

　図12-13のパネル（a）は負の供給ショックの効果を示している。当初の均衡はE_1で、物価水準はP_1、総産出量はY_1だ。原油供給が途絶することによって短期総供給曲線は$SRAS_1$から$SRAS_2$へ左にシフトする。AD曲線に沿った上への移動の結果、総産出量は減少し物価水準は上昇する。新たな均衡E_2では、短期均衡物価水準はP_2に上昇し短期均衡総産出量はY_2に減少している

　パネル（a）に示されているインフレと総産出量の減少の組合せは、「不況（スタグネーション）とインフレの共存」という意味で**スタグフレーション**と呼ばれている。スタグフレーションは非常に不愉快な現象だ。というのは総産出量が減少して失業が

▶ **スタグフレーション**とは、インフレと総産出量の減少の組合せのことだ。

図12-13　供給ショック

供給ショックによって短期総供給曲線はシフトし、物価水準と総産出量は逆の方向に変化する。パネル（a）は負の供給ショックを表し、短期総供給曲線が左にシフトしてスタグフレーションが起こる。つまり、総産出量が減少し物価水準が上昇する。短期総供給曲線は$SRAS_1$から$SRAS_2$へシフトし、経済はE_1からE_2へ移動する。

物価水準はP_1からP_2に上昇し、総産出量はY_1からY_2に減少する。パネル（b）は正の供給ショックを表し、短期総供給曲線が右にシフトして総産出量は増加し物価水準は下落する。短期総供給曲線は$SRAS_1$から$SRAS_2$へシフトし、経済はE_1からE_2へ移動する。物価水準はP_1からP_2に下落し、総産出量はY_1からY_2に増加する。

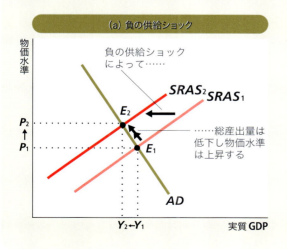
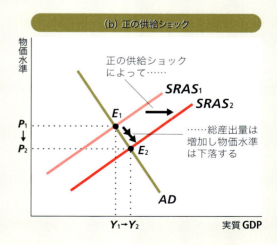

21世紀の供給ショック

原油やほかの原材料の価格は近年かなり不安定で、2007年から2008年まで急騰し、2008年から2009年まで急落し、2010年の後半からまた急騰している。この激しい変動の理由についてはいくぶん議論があるが、マクロ経済的な含意は明らかだ。つまり、世界の多くの国は一連の供給ショックに直面しているのだ。2007年から2008年まで負のショックがあり、2008年から2009年まで正のショックがあり、2010年から2011年まで再び負のショックがあった。

添付の図で供給ショックの効果をみることができる。これは3つの大きな経済でのインフレ率を示していて、インフレ率は消費者物価の前年比でのパーセント変化で測っている。経済政策はアメリカ、（ほかの多くのヨーロッパ諸国と通貨を共有している）ドイツ、中国でかなり異なっている。しかしどの国でもインフレ率は2007年から2008年まで急激に上昇し、その後劇的に低下してから2011年に再び急激に上昇した。

(出所)セントルイス連邦準備銀行

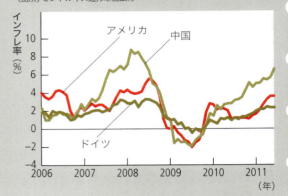

増加し、物価の上昇によって購買力が低下してしまうからだ。1970年代のスタグフレーションによって国民の間に悲観主義の空気が蔓延した。すぐにみるように、スタグフレーションはまた政策立案者にジレンマをもたらすものだった。

パネル（b）に示されている正の供給ショックには、逆の効果がある。$SRAS$曲線が$SRAS_1$から$SRAS_2$へ右にシフトすることによって、AD曲線に沿って下に移動し、総産出量は増加して物価水準は下落する。1990年代後半の好ましい供給ショックのおかげで、完全雇用とインフレの減退がともに実現した。インフレの減退とは、長期的なトレンドとくらべて物価水準が下落したことを意味する。完全雇用とインフレの減退という組合せによって、当分の間は国民の間に楽観主義の波が巻き起こった。

負のショックであろうと正のショックであろうと、供給ショックに固有の特徴は、需要ショックとちがって物価水準と総産出量が逆の方向に変化するということだ。

供給ショックと需要ショックにはもう1つ重要なちがいがある。すでにみたように金融政策や財政政策によってAD曲線がシフトするので、政府は図12-12にあるような需要ショックをつくり出せることになる。政府にとって、AS曲線をシフトさせるのははるかに困難だ。AD曲線をシフトさせることへの十分な政策的根拠はあるのだろうか。この疑問への答えは後でみることにして、まずは短期マクロ経済均衡と長期マクロ経済均衡とのちがいをみておくことにしよう。

3.4　長期マクロ経済均衡

図12-14は総需要曲線に短期と長期の総供給曲線を組み合わせたものだ。総需要曲線ADと短期総供給曲線$SRAS$はE_{LR}で交わる。ここでは、十分に時間が経過して

図12-14 長期マクロ経済均衡

短期マクロ経済均衡の点が長期総供給曲線 LRAS 上にもある。その結果、短期均衡総産出量は潜在産出量 Y_P に等しい。経済は E_{LR} で長期マクロ経済均衡の状態にある。

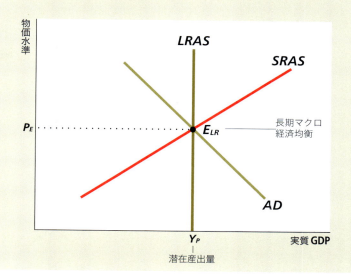

　経済が長期総供給曲線 LRAS 上にもあるとしよう。その結果 E_{LR} は3つの曲線 AD、SRAS、LRAS の交点になる。また、短期均衡総産出量は潜在産出量 Y_P に等しい。このように短期マクロ経済均衡の点が長期総供給曲線上にもある場合、経済は**長期マクロ経済均衡**の状態にあるという。

> 経済が**長期マクロ経済均衡**の状態にあるとは、短期マクロ経済均衡の点が長期総供給曲線上にもある場合だ。

　長期マクロ経済均衡の意味を理解するために、需要ショックによって経済が長期マクロ経済均衡からはずれたときに何が起こるかを考えてみよう。図12-15で当初の総需要曲線は AD_1 で短期総供給曲線は $SRAS_1$ だとしよう。当初のマクロ経済均衡は E_1 で、それは長期総供給曲線 LRAS 上にもある。よって経済の出発点は短期と長期のマクロ経済均衡で、そこでの短期均衡総産出量 Y_1 は潜在産出量に等しい。

　そこで、たとえば企業や家計の予想の急激な悪化などの理由から総需要が低下し、総需要曲線が AD_2 へ左にシフトしたとしよう。すると短期的には E_2 に落ち着くので、物価水準は P_2 に低下し総産出量は Y_2 に減少する。この総需要の減少による短期的な効果は1929年から1933年にかけてアメリカ経済が経験したもので、物価水準と総産出量はともに低下した。

　新しい短期均衡 E_2 での総産出量は潜在産出量よりも小さい。このとき、経済は**不況ギャップ**に直面する。不況ギャップは失業者が多いことを意味するので、非常に大きな苦痛をともなう。1933年までアメリカで続いた大きな不況ギャップは、深刻な社会的、政治的混乱を生んだ。また同時期にドイツで現れた破滅的な不況ギャップは、ヒトラーが権力を握るのに重要な役割を果たした。

> 総産出量が潜在産出量よりも小さいとき、**不況ギャップ**が存在している。

　しかしこれで話は終わらない。名目賃金も、ほかの固定的な価格と同じように、高い失業率が続けばついには低下するので、生産者は最終的には生産量を増やすことになるのだ。だから不況ギャップがあれば短期総供給曲線は次第に右にシフトしていく。これは $SRAS_1$ が $SRAS_2$ に到達するまで続き、均衡は AD_2、$SRAS_2$、LRAS がすべて

図12-15 負の需要ショックの短期的効果と長期的効果

長期には経済は自己修正的だ。つまり、需要ショックが総産出量に与える効果は短期的なものに限られる。E_1から始まり、負の需要ショックによってAD_1がAD_2へ左にシフトする。短期にはE_2への変化が起こり、不況ギャップが現れる。つまり物価水準はP_1からP_2に低下して総産出量はY_1からY_2に減少し、失業が増加する。しかしY_2では失業率が高いため長期には名目賃金が低下し、$SRAS_1$は$SRAS_2$へ右にシフトする。総産出量はY_2からY_1に増加し、物価水準はP_2からP_3に再び低下する。最終的に、E_3で長期マクロ経済均衡が復活する。

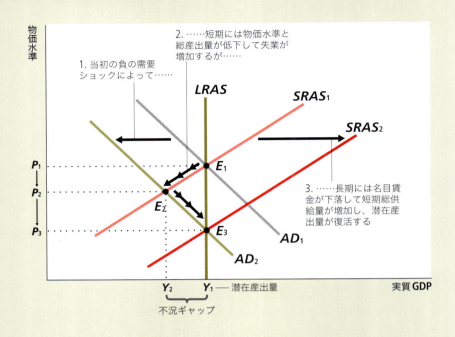

交わる点E_3になる。E_3は再び長期マクロ経済均衡の状態にある。そこでは潜在産出量Y_1が復活し、物価水準は長期的な下落を反映してP_3に低下している。結局、長期には経済は自己修正的だ。

逆に、総需要が増加した場合には何が起こるだろうか。その結果は図12-16に示されている。前の説明と同じく、当初の総需要曲線はAD_1で短期総供給曲線は$SRAS_1$であり、当初のマクロ経済均衡E_1は長期総供給曲線$LRAS$上にもあるとしよう。つまり当初の経済は長期のマクロ経済均衡の状態にある。

そこで総需要が増加し、AD曲線がAD_2へ右にシフトしたとする。これによって短期的にはE_2に落ち着くので、物価水準はP_2に上昇し総産出量はY_2に増加する。新しい短期均衡では総産出量が潜在産出量よりも大きく、高水準の総産出量を維持するため失業率は低い。このとき、経済は**インフレギャップ**に直面する。

◀ 総産出量が潜在産出量よりも大きいとき、**インフレギャップ**が存在している。

だが不況ギャップのときと同じく、これで話は終わらない。ほかの固定的な価格と同様に、名目賃金も低い失業率が続けばついには上昇する。名目賃金が上昇すれば生産者は生産量を減らそうとするので、インフレギャップによって短期総供給曲線は次第に左にシフトしていく。これは$SRAS_1$が$SRAS_2$に到達するまで続き、均衡はAD_2、$SRAS_2$、$LRAS$がすべて交わる点E_3になる。E_3は再び長期マクロ経済均衡の状態にある。そこでは潜在産出量Y_1が復活しているが、物価水準は長期的な上昇を反映してP_3に増加している。前と同様、長期には経済は自己修正的だ。

第12章｜総需要と総供給

> **ちょっと寄り道**
>
> ### デフレはどこにあるのか？
>
> *AD-AS* モデルによると、負の需要ショックか正の供給ショックのいずれかが物価水準の下落、つまりデフレを生じさせるはずだ。だが1949年以降、アメリカで実際に物価水準が下落したのはまれだ。ほかのほとんどの国も同様に、デフレの経験はほとんどないかまったくない。日本は1990年代後半から2000年代前半にかけてゆるやかな持続的デフレを経験しており、大きな、そしてあまたの論議を引き起こした例外だ。デフレに何があったのだろう？
>
> その基本的な答えは、第2次世界大戦以降、経済変動はほとんど長期的なインフレ趨勢のまわりで生じているということだ。大戦前は不況時には物価が下落するのが普通だったが、大戦後は負の需要ショックによって物価が実際に下落するのではなく、概してインフレ率の減少が生じている。たとえば、2001年の不況のはじめに消費者物価のインフレ率は3％以上下落して1年後に1.1％になったが、決してゼロ以下にはならなかった。
>
> 2007年から2009年までの不況では、これらのことがすべて変わってしまった。2008年の金融危機による負の需要ショックは相当きびしく、2009年の大半でアメリカの消費者物価は実際に下落した。だがデフレの期間は長くは続かなかった。2010年以降は、物価は再び年率1％から4％の間で上昇した。

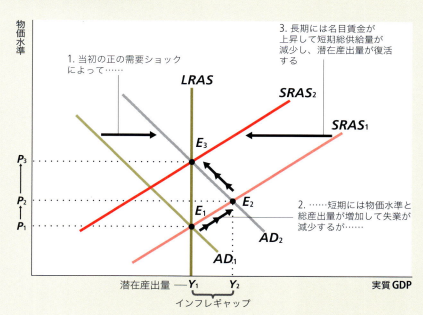

図12-16 正の需要ショックの短期的効果と長期的効果

E_1 から始まり、正の需要ショックによって AD_1 が AD_2 へ右にシフトし、短期には E_2 への変化が起こる。これによってインフレギャップが生まれ、総産出量は Y_1 から Y_2 に増加し物価水準は P_1 から P_2 に上昇して、失業が減少する。しかし Y_2 では失業率が低いため長期には名目賃金が上昇し、$SRAS_1$ は $SRAS_2$ へ左にシフトする。総産出量は再び Y_1 に減少し、物価水準はさらに P_3 まで上昇する。経済は自己修正的で、E_3 で長期マクロ経済均衡が復活する。

不況ギャップやインフレギャップに対して経済がどう反応するかについての分析を要約するため、実際の総産出量と潜在産出量とのちがいを比率で表した**産出量ギャップ**に焦点を当てよう。産出量ギャップは以下のように計算される。

▶ **産出量ギャップ**とは、実際の総産出量と潜在産出量とのちがいを比率で表したものだ。

$$産出量ギャップ = \frac{実際の総産出量 - 潜在産出量}{潜在産出量} \times 100 \qquad (12\text{-}3)$$

これまでの分析が示したことは、産出量ギャップはつねにゼロに向かうということだ。

不況ギャップがある、つまり産出量ギャップが負の場合、いずれ名目賃金が下落して経済は潜在産出量へと戻り、産出量ギャップはゼロになる。反対にインフレギャップがあって産出量ギャップが正の場合、いずれ名目賃金が上昇して経済は潜在産出量へと戻り、産出量ギャップは再びゼロになるということだ。つまり、長期には経済は**自己修正的**だ。需要ショックによって総産出量は短期には変化するが、長期には変化しないのだ。

> 需要ショックによって総産出量は短期には変化するが長期には変化しないとき、経済は**自己修正的**だ。

経済学を使ってみよう☞ 現実の供給ショックと需要ショック

供給ショックと需要ショックは、それぞれどの程度頻繁に不況を引き起こすのだろう？ 全員というわけではないが、ほとんどのマクロ経済学者の見解によると、不況は主に需要ショックによって起こる。だが負の供給ショックが起きたときの不況は、かなりきびしいものになりやすい。

具体的にみてみよう。アメリカでは第2次世界大戦以降、公式には12回の不況が起こった。しかし1979年から1980年までと1981年から1982年までの2回の不況は「2度落ち込んだ」1つの不況として扱われることが多いので、不況の総数は11回ということになる。11回の不況のうち、1973年から1975年までの不況と1979年から1982年までの「2度落ち込んだ」不況の2つだけは、総産出量の低下と物価水準の急騰というスタグフレーションの特徴が際立っている。どちらの場合も供給ショックの原因は中東での政治的な混乱にあった。1973年の第4次中東戦争と1979年のイラン革命で、世界の原油供給が途絶して原油価格が急上昇したのだ。世界の原油カルテルである石油輸出国機構（OPEC）の名称にちなんで、この2つの不況を「OPEC I」および「OPEC II」と皮肉って表現する経済学者もいる。

2007年から2009年には原油価格の高騰が原因とまではいかなくても、少なくとも悪化の一因となった3度目の不況があった。

つまり大戦後の11回の不況のうちの8回は供給ショックではなく、純粋に需要ショックによるものだった。しかし供給ショックによる数回の不況は、失業率でみ

図12-17 負の供給ショックはまれだがやっかいだ

（出所）アメリカ労働統計局

ると最悪のものだった。図12-17は1948年以降のアメリカの失業率を示していて、1973年の第4次中東戦争と1979年のイラン革命が起こった時点が記されている。このきびしい負の供給ショックの後に、第2次世界大戦以降でもっとも高い失業率のいくつかが記録されている。

供給ショックの余波が経済にとってかなりきびしくなりやすい理由は、需要ショックにくらべると供給ショックのほうがマクロ経済政策による対処が困難だからだ。実際に2008年に連邦準備制度が困難な時期を迎えた理由は、「オープニング・ストーリー」で述べたように、2008年前半のアメリカ経済の不況は（需要ショックにも直面していたが）主に供給ショックによるものだったからだ。次に、供給ショックがこうした問題をもたらす理由をみてみよう。

ちょっと復習

▶経済変動を分析するうえで**AD-AS モデル**は有用だ。
▶**短期マクロ経済均衡**は短期総供給曲線と総需要曲線との交点で成立する。これによって**短期均衡物価水準**と**短期均衡総産出量**が決まる。
▶**需要ショック**によって AD 曲線がシフトし、物価水準と総産出量は同じ方向に変化する。**供給ショック**によって SRAS 曲線がシフトし、物価水準と総産出量は逆の方向に変化する。**スタグフレーション**は負の供給ショックによって起こる。
▶**不況ギャップ**があれば名目賃金は下落し、**インフレギャップ**があれば名目賃金は上昇する。どちらの場合でも、AD 曲線、SRAS 曲線、LRAS 曲線がすべて交わる**長期マクロ経済均衡**に到達する。
▶長期には経済は**自己修正的**だから、**産出量ギャップ**はつねにゼロに向かう。

✓ 理解度チェック 12-3

1. 以下の各ショックが物価水準と総産出量に与える短期的効果を説明しなさい。
   a. 政府が最低賃金を急激に引き上げ、多くの労働者の賃金を上昇させた。
   b. 太陽エネルギー関連企業が多額の投資支出計画を開始した。
   c. 議会が増税し支出削減をした。
   d. 世界中で悪天候による作物の被害が起きた。
2. 生産性の上昇は潜在産出量を増加させる。だが、その増えた生産物に見合うだけの十分な需要は長期的にも発生しないのではないかと不安に思う人もいるだろう。そのような人に対して、あなたはなんと答えるか。

解答は https://str.toyokeizai.net/books/9784492314906 にある。

4 マクロ経済政策

ここまで、経済は長期には自己修正的でいずれ潜在産出量に回帰する傾向があることをみてきた。しかしほとんどのマクロ経済学者が信じているように、自己修正のプロセスには10年以上かかることも多い。とくに総産出量が潜在産出量よりも低い場合には、正常な状態に戻るまで総産出量が低く失業率が高いという時期が長くなる可能性がある。

これこそ、経済学でもっとも有名な格言の1つである、ジョン・メイナード・ケインズの「長期的には、われわれはみな死んでしまう」という宣言の背景にある信念だ。このケインズの主張について、次の「ちょっと寄り道」で説明しよう。

政府は経済がみずからを修正するまで待つべきではない、というのが経済学者による通常のケインズ解釈だ。全員ではないが多くの経済学者は、総需要曲線がシフトした場合には潜在産出量に戻すために金融政策や財政政策を使うべきだと主張している。これが積極的な**安定化政策**、つまりきびしい不況をやわらげたり過剰な好況を抑制し

安定化政策とは、きびしい不況をやわらげたり過剰な好況を抑制したりするために政策を使うことだ。

> **ちょっと寄り道**
>
> ### ケインズと長期
>
> イギリスの経済学者ジョン・メイナード・ケインズ卿（1883〜1946年）は、おそらくほかの誰よりも多くの現代マクロ経済学の諸分野をつくり上げた人物だ。ケインズの役割と彼の思想の解釈をめぐる論争についてはマクロ経済の事件とアイデアに関する後の章（第18章）で検討することにして、ここではケインズが残したもっとも有名な格言をみておこう。
>
> ケインズは1923年に、第1次世界大戦後のヨーロッパの経済問題についての小さな書物『貨幣改革論』を出版した。そのなかでケインズが説いたのは、彼の多くの同僚たちが経済に起きている長期的事態、いままさに分析した長期マクロ経済均衡のような事態にばかり注目して、そこに至るまでに生じるかなりひどい、時に破滅的でもある問題を無視する傾向があるということだ。ここでよりくわしく引用しておこう。
>
> 「この長期的観点は、現在の事柄については誤謬を生じやすい。長期的にみると、われわれはみな死んでしまう。嵐の最中にあって、経済学者にいえることが、ただ、嵐が遠く過ぎ去れば波はまた静まるであろう、ということだけならば、彼らの仕事は他愛なく無用である」（訳注：訳文は中内恒夫訳『貨幣改革論（ケインズ全集第4巻）』東洋経済新報社、1978年による）。

たりするために政策を使うことに対する根拠なのだ。

安定化政策によって経済は改善するのだろうか。もう一度、図12-8をみてみると、その答えはイエスだということがわかる。アメリカ経済は積極的な安定化政策によって1996年に、おおむね5年間にわたる不況の後で潜在産出量に戻った。また2001年には、おおむね4年間のインフレギャップの後に潜在産出量に戻った。積極的な安定化政策がなければ経済がみずからを修正するまで10年以上かかると信じられていることを考えれば、かなり短い期間で修正が行われたことになる。しかし以下ですぐにみるように、経済を改善できる能力が常に保証されているわけではない。それは経済が直面するショックの種類によるのだ。

4.1 需要ショックに直面したときの政策

経済が図12-15にあるような負の需要ショックに見舞われたとしよう。この章で議論したように、金融政策と財政政策によって総需要曲線はシフトする。もし政策立案者が総需要の低下にすばやく対応できれば、金融政策か財政政策によって総需要曲線を右にシフトさせて元に戻すことができる。また政策によって確実に総需要曲線がシフトするならば、図12-15にある調整過程を省略することができる。つまり総産出量が低下して物価水準が下落する時期を経験することなく、政府は経済が点E_1で変化しないようにすることができる。

政策によって図12-15にある調整過程を省略し、当初の均衡状態を維持することがどうして望ましいのだろうか。理由は2つある。第1に、政策介入がなければ一時的に総産出量が低下するが、それによって失業者が増加することはとくに望ましくないからだ。第2に、第8章で説明したように、一般に物価の安定は望ましい目標とされているからだ。だから物価水準が下落するデフレを回避することは望ましいこと

なのだ。

　では政策立案者は、総需要の減少を相殺するために常に行動を起こすべきなのだろうか。必ずしもそうとは限らない。後の章でみるように、総需要を増加させるための政策手段のうちあるものは、とくに財政赤字を増加させるようなものは、長期の成長を低下させるので長期的には有害となりうるからだ。さらに現実には、政策立案者がもつ情報は不完全で政策の効果は完全には予測不可能だということがある。そのため、安定化政策が改善どころか改悪につながる危険性がある。つまり、経済を安定化させる試みによって経済がより不安定になってしまうこともあるということだ。マクロ経済政策について長い間繰り広げられている論争については第18章で検討する。これらの留保条件にもかかわらずほとんどの経済学者が信じているのは、AD 曲線に対する大きな負のショックを相殺するためにマクロ経済政策を使うことには、十分な論拠があるということだ。

　政策立案者は総需要への正のショックをも相殺することを目指すべきだろうか。その答えははっきりしない。インフレは悪いことだとしても、総産出量が多くて失業者が少ないことは良いことではないかと考えるかもしれないが、必ずしもそうではない。いまやほとんどの経済学者は、インフレギャップによる短期的な利益は後でお返しが来ると信じている。だから今日の政策立案者は、負の需要ショックだけでなく正の需要ショックをも相殺することを目指している。理由は第15章で説明するが、不況ギャップやインフレギャップをなくすために使われるのは財政政策ではなく金融政策だ。連邦準備制度は2007年と2008年に不況ギャップの増大を阻止するために利子率を急激に引き下げ、2000年代前半にアメリカ経済がインフレギャップに向かっているように思えたときには逆の効果をねらって利子率を引き上げた。

　次に、供給ショックに対するマクロ経済政策の対応についてみていこう。

4.2　供給ショックへの対応

　これで話が一巡する。この章の「オープニング・ストーリー」に戻ることにしよう。ようやくここで、ベン・バーナンキの地位にいる人間がスタグフレーションをおそれる理由を説明できる。

　図12-13のパネル（a）で負の供給ショックの効果を示した。つまりこのショックによって短期には総産出量が低下して物価水準が上昇することをみた。すでにみたように、政策立案者は負の需要ショックが起きたときは金融政策と財政政策によって総需要をもとの水準に戻すことができる。だが負の供給ショックが起こったときには、何が可能で、何をすべきなのだろうか。

　総需要曲線とはちがって、短期総供給曲線をシフトさせる簡単な政策は存在しない。つまり、生産者の収益性を容易に変化させて短期総供給曲線のシフトを相殺するような政策は存在しないのだ。だから負の供給ショックに対する政策は、単にシフトした曲線を元の位置に戻すようなものではない。

　かりに供給ショックへの対処として、金融政策や財政政策を使って総需要曲線のほ

うをシフトさせようとしても、正しい政策が何かは明らかではない。失業の増加につながる総産出量の減少、くわえて物価水準の上昇という、2つの悪いことが同時に起こっているのだ。総需要曲線をシフトさせる政策では、このうち1つの問題を改善しようとすればもう1つの問題が悪化してしまう。仮に政府が総需要を増加させて失業の増加を防ごうとすれば、総産出量の減少は抑えられるものの、インフレは悪化してしまう。逆に総需要を減少させようとすれば、インフレは抑制できるがさらなる失業の増加を招いてしまう。

これは良い答えがないトレードオフだ。1970年代の供給ショックで苦しんでいたアメリカやほかの経済先進国は、結局のところ高い失業という費用を払ってでも物価を安定化させることを選択した。1970年代、もしくは2008年の前半に経済政策の立案者だった人々は、通常よりもきびしい選択を迫られたのだ。

経済学を使ってみよう☞ 安定化政策は成功しているのか？

これまで需要ショックに対処するための方法として、安定化政策に対する理論的な根拠をみてきた。しかし安定化政策によって、実際に経済は安定しているのだろうか。この疑問に答えるための1つの方法は、長期間にわたる歴史的な記録をみることだ。第2次世界大戦前には、アメリカ政府は安定化政策を採用していなかった。それは概して、今日私たちが知る形のマクロ経済学が存在しておらず、何をすべきかについて合意がなかったからだ。第2次世界大戦後、とくに1960年代以降に積極的な安定化政策は標準的な慣行になった。

そこで疑問がわく。つまり政府が安定化を目的にしはじめてから、経済は本当により安定的になったのだろうか。その答えは、条件つきのイエスだ。条件つきというのは2つの理由がある。1つは、第2次世界大戦以前の期間のデータは現在のデータにくらべて信頼性がないということだ。もう1つは、2007年に始まったきびしく長引いた不況のせいで政府の政策の有効性に対する信頼が揺らいできたことだ。それでもなお、変動の大きさは下がってきているようにみえる。

図12-18が示しているのは、1890年以降の非農業部門労働人口に対する失業者数の比率だ（非農業部門労働者数に注目する理由は、農業従事者は経済的困難に直面することが多くても失業者として報告されることはほとんどないからだ）。大恐慌の間の失業率の急騰を無視しても

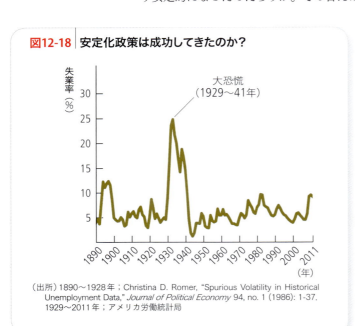

図12-18 安定化政策は成功してきたのか？

（出所）1890〜1928年；Christina D. Romer, "Spurious Volatility in Historical Unemployment Data," *Journal of Political Economy* 94, no. 1 (1986): 1-37. 1929〜2011年；アメリカ労働統計局

なお、第2次世界大戦前の失業率は大戦後にくらべて大きく変動しているようにみえる。さらに注目しておきたいのは、大戦後の失業率のピークである1975年と1982年には、そして前に触れた2010年にはある程度、安定化政策に良い答えがない大きな供給ショックに直面したことだ。

経済の安定性が増したのは政策ではなく幸運のせい、ということはありうる。しかし一見したところ、安定化政策によって安定している証拠があるのだ。

✓ 理解度チェック　12-4

1. 誰かが次のように主張したとしよう。「金融政策や財政政策で経済を押し上げるのは非生産的で、良い状態は続かず、いずれインフレの苦痛がやってくる」。
   a. *AD-AS* モデルの観点から、この主張の意味を説明しなさい。
   b. これは安定化政策に反対する議論として正しいものだろうか。答えて、その理由を説明しなさい。
2. 2008年に住宅バブルの崩壊やとくに原油価格などの商品価格の急上昇の余波で、どう対処するかについて連邦準備制度の内部で大きな不一致があった。利子率の引き下げを支持する者もあれば、それを実行するとインフレの上昇を招くと主張する者もいた。これらの見解の背後にある論拠について、*AD-AS* モデルの観点から説明しなさい。

解答は https://str.toyokeizai.net/books/9784492314906 にある。

◀ ちょっと復習

▶**安定化政策**とは、需要ショックを相殺するために財政政策や金融政策を使うことだ。だがそれには欠点がある。安定化政策によって長期的に財政赤字が増加し、クラウディング・アウトが長期の成長を低下させる可能性があるということだ。さらに不正確な予測に基づき間違った政策を行って、経済が不安定化することもありうる。

▶負の供給ショックは政策のジレンマをもたらす。なぜなら、総産出量の減少を克服しようとすればインフレが悪化し、インフレを抑制しようとすれば不況が悪化するからだ。

BUSINESS CASE

ビジネス・ケース

ユナイテッド航空の苦痛

航空産業は「循環的」なことで有名だ。つまり景気循環の全体を通じて利潤をあげるのではなく、不況の間は損失に陥って回復が始まった後しばらくしてから利益性を取り戻すことが多い。主にこれはエアラインの固定費用が大きく、航空券の販売が落ちても固定費用は大きいままだからだ。ある都市から別の都市へのフライトを運営するための費用は満席でも3分の2が空席でもほとんど変わらないので、どんな理由であれ不況のときには、かなり利益性の高い路線でも即座に赤字化してしまう。小さい航空機に切り替えたりフライトを整理統合したりすることで、エアラインがある程度は不況に適応できることは事実だ。だがこのプロセスには時間がかかり、乗客1人当たりの費用は以前よりも高いままになりやすい。

しかし不況によっては需要が落ち込んでも運営費用は上昇するので、ほかの産業よりもエアラインにとってひどくなることもある。2008年前半の不況ではまさにそうだった。その年の春、いわゆる2007年から2009年までの大不況はまだ初期の段階だったが、失業が増加しはじめた。だが『ロサンゼルス・タイムズ』の記事によると、エアラインはすでに「巨額の赤字」に陥っていた。その記事は、突如として大きな損

に陥って大規模なレイオフを計画していたユナイテッド航空を取り上げた。

　どうしてユナイテッド航空はそんなひどい状況になったのだろう？　ビジネス旅行は落ち込みはじめていたが、ディズニー・ワールドへのフライトなどの観光旅行は、その時点ではまだ横ばいだった。ユナイテッド航空とその姉妹会社を苦しめていたのは、2007年後半から2008年前半にかけて急騰した燃料費用だった。

　燃料価格は2008年後半に再び低下した。しかしそのときまでに、ユナイテッド航空では航空券の販売が急速に落ち込んでいた。2010年にようやく利益性を取り戻し、その年にコンチネンタル航空との合併に同意した。しかし2011年前半に燃料価格は再び上昇し、エアラインをより困難な状況にしている。

ビジネス思考力を鍛えよう

1. 2008年前半にユナイテッド航空が直面した問題は、不況の原因に関するこれまでの分析とどう関連づけられるか。
2. ベン・バーナンキは2008年前半に、2つの害悪と戦ううえである選択を行う必要があった。その選択が与えた影響について、ユナイテッド航空とたとえば医療のように、高価な原材料の投入物を必要としないサービスを提供する会社を比較しなさい。
3. 2008年前半にビジネス旅行は落ち込みはじめたが、観光旅行はまだ横ばいだった。経済全体の状況を所与として、経済がより深刻な不況に陥ったときに観光旅行にとって何が起こると予想されるだろうか。

要約

1. **総需要曲線**は、物価水準と総需要量の関係を表現したものだ。
2. 総需要曲線は2つの理由から右下がりになる。1つは、物価水準が上昇すると家計がもつ富の購買力が低下し消費支出が低下するという**物価変動の資産効果**。もう1つは、物価水準が上昇すると家計や企業が保有する貨幣の購買力が低下し、利子率が上昇することで投資支出や消費支出が低下するという**物価変動の利子率効果**だ。
3. 予想の変化、物価水準とは無関係に生じる富の変化、既存の物的資本ストックの大きさの効果によって総需要曲線はシフトする。政策立案者は財政政策や金融政策を使って総需要曲線をシフトさせることができる。
4. **総供給曲線**は、物価水準と総供給量の関係を表現したものだ。
5. **名目賃金**は短期には**固定的**なので、**短期総供給曲線**は右上がりになる。物価水準が上昇すると生産物1単位当たりの利潤が増加し、短期の総産出量が増加するからだ。
6. 原料価格の変化、名目賃金の変化、生産性の変化によって生産者の利潤が変化し

て短期総供給曲線はシフトする。

7. 長期には名目賃金を含むすべての価格が伸縮的になり、経済は**潜在産出量**に達する。実際の産出量が潜在産出量よりも大きい場合には、失業率が低いためにやがて名目賃金が上昇し、総産出量は減少する。実際の産出量が潜在産出量よりも小さい場合には、失業率が高いためにやがて名目賃金が下落し、総産出量は増加する。よって**長期総供給曲線**は潜在産出量のところで垂直になる。

8. *AD-AS* モデルでは、短期総供給曲線と総需要曲線の交点が**短期マクロ経済均衡**だ。そこで**短期均衡物価水準**と**短期均衡総産出量**が決まる。

9. 総需要曲線のシフト（需要ショック）か短期総供給曲線のシフト（供給ショック）によって経済は変動する。**需要ショック**によって短期総供給曲線に沿った移動が起こり、物価水準と総産出量は同じ方向に変化する。**供給ショック**によって総需要曲線に沿った移動が起こり、物価水準と総産出量は逆の方向に変化する。とくにやっかいなのは、負の供給ショックによってインフレと総産出量の減少が同時に生じる**スタグフレーション**だ。

10. 長期的には経済は**自己修正的**なので、需要ショックが総産出量に与える効果は短期的なものに限られる。**不況ギャップ**があればいずれ名目賃金が下落し、総産出量と潜在産出量が一致する**長期マクロ経済均衡**が実現する。**インフレギャップ**があればいずれ名目賃金が上昇し、長期マクロ経済均衡が実現する。不況ギャップやインフレギャップに対して経済がどう反応するかを要約するために、実際の総産出量と潜在産出量とのちがいを比率で表した**産出量ギャップ**を使うことができる。長期には経済は自己修正的だから、産出量ギャップはつねにゼロに向かう。

11. 不況ギャップは失業の痛みが大きく、インフレギャップは将来に悪影響を及ぼすので、多くの経済学者は需要ショックを相殺するために財政政策や金融政策を使うべきだという積極的な**安定化政策**を支持している。しかし安定化政策には欠点もある。政策によって財政赤字が長期的に増大し、民間投資支出のクラウディング・アウトを引き起こして長期の成長を低下させる可能性がある。また時期を誤った政策によって、経済がより不安定化することもある。

12. 負の供給ショックは政策のジレンマをもたらす。総需要を増加させて総産出量の減少を克服しようとすればインフレが悪化するし、総需要を減少させてインフレを抑制しようとすれば不況が悪化する。

キーワード

総需要曲線	446ページ	物価変動の資産効果	448ページ
物価変動の利子率効果	448ページ	総供給曲線	456ページ
名目賃金	456ページ	固定的賃金	457ページ
短期総供給曲線	457ページ	長期総供給曲線	462ページ
潜在産出量	463ページ	*AD-AS* モデル	467ページ

短期マクロ経済均衡	467ページ	短期均衡物価水準	467ページ
短期均衡総産出量	467ページ	需要ショック	468ページ
供給ショック	469ページ	スタグフレーション	469ページ
長期マクロ経済均衡	471ページ	不況ギャップ	471ページ
インフレギャップ	472ページ	産出量ギャップ	473ページ
自己修正的	474ページ	安定化政策	475ページ

〈問題〉

1. ほかの通貨に対するドルの価値が下落すると、アメリカの物価水準が変わらないとしても、外国人にとってアメリカの最終財・サービスは安くなる。その結果、アメリカの総生産物に対する外国人の需要は増加する。あなたの勉強仲間は、外国人が価格の低下を受けて需要量を増やしているのだから、これは総需要曲線に沿って右下への移動が起こっているのだといっている。それに対して、あなたは総需要曲線が右にシフトしているのだと主張している。どちらが正しいか、説明しなさい。

2. あなたの勉強仲間が右上がりの短期総供給曲線と垂直の長期総供給曲線とを混同してしまった。あなたはこれをどう説明するか。

3. ウェイジランドでは労働者はみな1月1日に年間の賃金契約を結んでいる。1年の間に最終財・サービスの価格がどう変化したとしても、労働者は年間の契約によって規定された賃金を受け取る。今年は予想に反して、契約を結んだ後で最終財・サービスの価格が下落した。当初は潜在産出量が実現していると仮定して、図を用いながら以下の設問に答えなさい。
   a. 価格の下落を受けて、短期的には総供給量はどうなるか。
   b. 企業と労働者が賃金の再交渉を行うとき、どんなことが起こるか。

4. 以下のそれぞれの事例について、短期的には曲線のシフトと曲線に沿った移動のどちらが起こるだろうか。どちらの曲線が関係しているかを述べ、変化の方向を示しなさい。
   a. ほかの通貨に対してドルの価値が上昇し、アメリカの生産者にとって主要な原料である鉄を外国から安く輸入できるようになった。
   b. 連邦準備制度が貨幣供給量を増やし、家計や企業が貸し出そうとする貨幣の量が増加して利子率が低下した。
   c. 労働組合の活動が活発になって名目賃金が上昇した。
   d. 物価水準が下落して家計や企業が保有する貨幣の購買力が上昇し、家計の借り入れが減り貸し出しが増えた。

5. 下図の点 A から出発して物価水準が P_1 から P_2 に上昇したとする。総供給量は短期と長期でどう調整されるだろうか。図を用いながら説明しなさい。

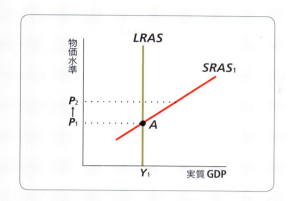

6. すべての家計が、物価水準が上昇すれば価値が上昇するような資産のかたちで富を保有しているとする（そのような資産の例に「インフレ連動債」と呼ばれるものがある。これは、利子率とインフレ率が1対1対応している債券だ）。このとき、物価変動の資産効果はどうなるか。総需要曲線の傾きはどうなるだろうか。それは右下がりのままだろうか。説明しなさい。

7. 現在、経済では潜在産出量が実現しているとしよう。あなたは経済政策の立案者で、経済学を専攻する大学生から、正の需要ショック、負の需要ショック、正の供給ショック、負の供給ショックの4つのショックを好ましい順に並べるように頼まれた。あなたはどういう順位をつけるか。またその理由を説明しなさい。

8. 以下のそれぞれの政策によって総需要曲線と短期総供給曲線のどちらがどのような影響を受けるか説明しなさい。
 a. 政府が最低名目賃金を低下させた。
 b. 政府が、扶養児童のいる貧しい家計への移転支出である貧困家庭向け一時援助金プログラム（TANF）の給付を増やした。
 c. 政府が財政赤字を削減するため、来年から家計に対して増税を行うことを表明した。
 d. 政府が軍事費を削減した。

9. ウェイジランドでは労働者はみな1月1日に年間の賃金契約を結んでいる。1月の後半、新しいコンピュータのOSが導入されて労働生産性が劇的に上昇した。ウェイジランドの短期マクロ経済均衡はどのように変化するか、図を用いて説明しなさい。

10. コンファレンス・ボード（全米産業審議会）は毎月、5000のアメリカの代表的

な家計の調査に基づいて、消費者態度指数（Consumer Confidence Index）を公表している。多くの経済学者が、経済の状態を追跡するためにこの指数を使っている。ボードによる2011年6月28日のプレスリリースによると、「コンファレンス・ボードの消費者態度指数は5月に下降し、6月にさらに低下した。指数は1985年を100として5月には61.7だったが、現在は58.5だ」。

a. 経済学者として、このニュースは経済成長を後押しするだろうか。

b. AD-AS モデルを用いてaの答えを説明しなさい。タテ軸を物価水準、ヨコ軸を実質GDPとして2つの均衡点E_1、E_2を示す図を描きなさい。他の大きなマクロ経済の要因はすべて変化がないと仮定すること。

c. このニュースに対して政府はどう反応すべきか。消費者態度の低下の効果を相殺するための政策措置は何だろうか。

11. 2007年にアメリカ経済にとって2つの大きなショックがあり、2007年から2009年までのきびしい不況につながった。1つは原油価格に関するもので、もう1つは住宅市場の停滞だった。この設問ではAD-ASの枠組みによって、これら2つのショックがGDPに与える効果を分析する。

a. ヨコ軸を実質GDP、タテ軸を物価水準として、総需要曲線と短期総供給曲線を図に描きなさい。均衡点をE_1、均衡産出量をY_1、均衡物価水準をP_1とすること。

b. エネルギー省のデータによると、世界の原油平均価格は2007年1月5日の1バレルあたり54.63ドルから2007年12月28日には92.93ドルに増加した。原油価格の増加は需要ショックか供給ショックか。aの図を再び描き、適切な曲線のシフトによってこのショックの効果を示しなさい。

c. 連邦住宅企業監督局（Office of Federal Housing Enterprise Oversight）が公表している住宅価格指数によると、2007年1月から2008年1月までの12カ月間にアメリカの住宅価格は平均で3.0％下落した。住宅価格の下落は供給ショックと需要ショックのどちらを引き起こすか。bの図を再び描き、適切な曲線のシフトによってこのショックの効果を示しなさい。新たな均衡点をE_3、均衡産出量をY_3、均衡物価水準をP_3とすること。

d. cの図で均衡点E_1とE_3を比較しなさい。2つのショックが実質GDPと物価水準に与える効果はどのようなものか（増加させるのか、減少させるのか、変化がないか）。

12. 総需要曲線、短期総供給曲線、長期総供給曲線の図を用いて、以下のそれぞれの出来事によって長期マクロ経済均衡がどのように変化するか説明しなさい。物価水準と総産出量に対する短期的効果と長期的効果はどのようになるか。

a. 株式市場の低迷によって家計の富が減少した。

b. 政府が政府購入を削減することなく税率を低下させ、家計の可処分所得が増加した。

13. 総需要曲線、短期総供給曲線、長期総供給曲線の図を用いて、以下のそれぞれの政策によって長期マクロ経済均衡がどのように変化するか説明しなさい。物価水準と総産出量に対する短期的効果と長期的効果はどのようになるか。
   a. 家計の税負担が増えた。
   b. 貨幣供給量が増加した。
   c. 政府購入が増加した。

14. 点 E_1 で短期マクロ経済均衡の状態にある経済を考えよう。下の図に基づいて、以下の設問に答えなさい。

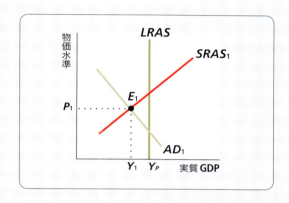

   a. インフレギャップと不況ギャップのどちらが存在しているか。
   b. 長期マクロ経済均衡を実現するためにはどんな政策を実行すればよいか、図を使って説明しなさい。
   c. 政府がこのギャップを放置するとき長期マクロ経済均衡が実現するかどうか、図を使って説明しなさい。
   d. ギャップをなくすために政府が実行する政策の長所と短所は何か。

15. 当初は点 E_1 で長期マクロ経済均衡の状態にあるが、石油危機によって短期総供給曲線が $SRAS_2$ にシフトしたとしよう。次ページの図に基づいて、以下の設問に答えなさい。
   a. 石油危機によって、物価水準と総産出量は短期的にどう変化するか。その現象は何と呼ばれているか。
   b. 負の供給ショックの効果に対処するために政府がとりうる財政政策や金融政策はどのようなものだろうか。実質GDPの変化に対処するための政策の効果を、図を使って示しなさい。また、物価水準の変化に対処するための政策の効果を別の図を使って示しなさい。
   c. 供給ショックが起こるとどうして政策立案者のジレンマが生じるのか説明しなさい。

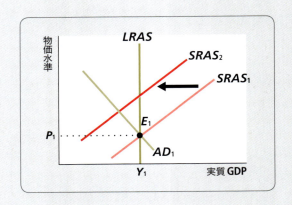

16. 1990年代後半のアメリカ経済の特徴は、高い経済成長と穏やかなインフレだ。つまり実質GDPが増加する一方で物価水準の上昇はごくわずかだった。総需要曲線と総供給曲線の図を使ってこの現象を説明しなさい。

Part **6** Stabilization Policy

安定化政策

Chapter **13**

Fiscal Policy

財政政策

この章で学ぶこと
- 財政政策とは何か。なぜ財政政策は経済変動を管理する重要なツールなのか。
- **拡張的財政政策、緊縮的財政政策**とはそれぞれどんな政策か。
- なぜ財政政策には乗数効果があるのか。また、乗数効果は**自動安定化装置**からどんな影響を受けるか。
- なぜ政府は**景気循環調整済み財政収支**を計算するのか。
- なぜ巨額の**公的債務**が懸念材料となるのか。
- なぜ政府の**隠れた債務**も懸念材料となるのか。

刺激するべきか、せざるべきか

　2009年2月17日、アメリカのオバマ大統領はアメリカ復興・再投資法に署名した。それは総額で7870億ドルにのぼる政府支出、公的援助、そして減税の組合せで、2007年12月に始まった深刻な不況により低迷するアメリカ経済の反転を助けることが目的だった。その1週間前、法案の最終的なアメリカ連邦議会通過が近づいたとき、オバマ大統領はその大きさを歓迎し、次のように述べた。「適切な額と適切な範囲だ。大まかには、その優先順位は、私たちの経済を活性化させ21世紀型に転換させる雇用を創出させるのに適切だと言える」。

　それほど確信をもてない者たちもいた。たとえば、アメリカの家庭が苦しんでいるこのとき、政府は支出を増やすよりもむしろ削減すべきだという意見もあった。下院のジョン・ベイナー共和党院内総務は、「いまこそ政府が財布のひもを締め直し、そしてアメリカの人々にそれを"成し遂げる"姿をみせるときだ」と述べている。一部の経済アナリストたちは、通常は復興法と呼ばれているような景気刺激法案は利子率を押し上げ国債の負担が増すと警告している。

　正反対の立場から不満を述べる者もいる。つまり経済が直面する困難に対して景気刺激策が小さすぎるというのだ。たとえば2001年にノーベル経済学賞を受賞したジョセフ・スティグリッツは刺激策について次のように述べている。「まず私がいま述べたことから明らかなように、十分な額ではない。つまり、総需要の不足を補う試みではあるが、単純に額が小さすぎるのだ」。

　時が過ぎてもこれらの論争は解消しなかった。そう。事前の予想の一部は誤りだと証明された。まず、復興法が経済を「活性化」させるというオバマ大統領の希望は期待はずれに終わった。公式には2009年6月に不況は終わったとされる。だが景気刺激策がすでに順調に消化されていたにもかかわらず2011年を通じて、そして2012年に入っても失業率は高いままだった。また一方で、刺激策反対派が予測した利子率の急上昇は発生せず、アメリカの借り入れコストは歴史的な水準とくらべて低いままだった。だが景気刺激策の本当の効果については依然として議論がわかれたままだ。反対派は経済の立て直しに失敗したと主張し、賛成派は復興法がなければもっとひどいことになったと主張している。

　評価が何であれ、そして経済学者と歴史家がこれから何十年も議論する論点の1つになるだろうが、2009

年の復興法は財政政策、つまり総需要を管理するために政府支出と課税を用いる手法の古典的事例だ。この章では、第11章と第12章で説明した経済変動のモデルに財政政策がどのように組み込まれるかを学ぼう。また、財政赤字と政府債務が問題となる理由、そして短期的関心と長期的関心が財政政策を別々の方向に引っ張ることをみていこう。

1 財政政策：基本的な議論

　明らかな事実から議論を始めよう。現代の先進諸国の政府は巨額の支出をし、同時に巨額の税金を集めている。図13-1は所得水準の高い5つの国について、2007年の政府支出と税収の対GDP比を示したものだ（もっと新しい年ではなく2007年に注目する理由は概して「通常の年」だったからだ。その後の年は2008年の金融危機とその後遺症の影響を受けている）。すぐにわかるように、スウェーデンは政府部門が比較的大きく、経済の半分以上を占めている。アメリカ政府はカナダや多くのヨーロッパ諸国にくらべて経済的役割は小さいが、それでもかなりの大きさだ。実際、アメリカ経済のなかで政府の役割は大きく、連邦予算の変化、つまり政府による支出や課税の変化はアメリカ経済にかなりの影響を与える。

　そうした影響を分析するために、課税と政府支出が経済の所得の流れ（フロー）にどんな影響を与えるかを説明することから始めよう。そうすることで、支出政策と課税政策の変化が総需要に及ぼす効果がわかるようになる。

1.1　税、財・サービスの政府購入、政府移転支出、そして政府借入金

　図7-1で経済全体の所得と支出の循環フローを示したね。図に描いた各部門のなかに政府も含まれていた。税金や政府借入金の形で政府には資金が流入し、財・サービ

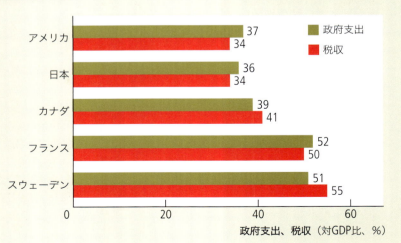

図13-1　高所得国の政府支出と税収（2007年）

深刻な不況の年ではなく、「通常の年」である2007年に注目する。政府の支出と税収を対GDP比で示している。スウェーデンは政府部門がとくに大きく、GDPの半分以上を占めている。アメリカの政府部門もかなり大きいとはいえるが、カナダや多くのヨーロッパ諸国にくらべると小さい。

（出所）経済協力開発機構（OECD）

図13-2 アメリカの税収の内訳（2007年）

個人所得税と法人所得税、そして社会保険税が政府の税収のほとんどを占めている。残りは資産税や売上税その他による。

（出所）アメリカ経済分析局

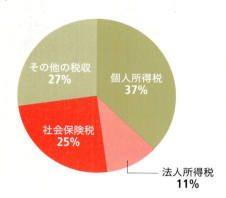

スの政府購入や家計への政府移転支出の形で資金が流出する。

それでは、アメリカの国民はどんな税金を支払っていて、そのおカネはどこに行くのだろうか。税金はもちろん政府に支払うことが要求される。図13-2は2007年のアメリカの税収の内訳を表したものだ。アメリカの税金は、国レベルでは連邦政府が徴収し、州レベルでは州政府が徴収する。さらに小さな自治体レベルでは、郡や市、町が徴収する。連邦政府レベルの主要な税には、個人所得税と法人所得税のほか、すぐに説明する社会保険税がある。州や自治体のレベルでは事情がもっと複雑だ。州政府や地方政府は売上税、資産税、所得税、それに各種の料金収入の組合せに依存している。全体としては、個人所得税と法人所得税が2007年の政府収入の48％を占め、社会保険税が25％、そして主に州政府や地方政府が徴収したその他のさまざまな税が残りを占める。

図13-3は2007年の政府支出の内訳を表したもので、この図から政府支出には2つの形態があることがわかる。1つは財・サービスの購入だ。それには軍の弾薬から公立学校の教師の給料まであらゆるものが含まれる（国民経済計算では、教師は教育というサービスの供給者という扱いになっている）。財・サービスの購入のうちで大きな項目は国防と教育だ。大きなカテゴリーに分類される「その他の財・サービス」は、

図13-3 アメリカの政府支出の内訳（2007年）

政府支出には財・サービスの政府購入と政府移転支出の2種類がある。政府購入のなかでは国防と教育への支出が大きい。政府移転支出のなかでは、社会保障と、メディケア（高齢者向け医療保険制度）やメディケイド（低所得者向け医療扶助制度）といった医療費補助プログラムへの支出が大きい（数字を合計して100％にならないのは四捨五入の誤差による）。

（出所）アメリカ行政管理予算局

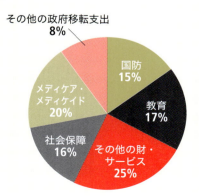

州政府や地方政府が提供する警察や消防から高速道路の建設・維持に至るまで、さまざまな財・サービスへの支出で構成されている。

政府支出のもう1つの形態は政府移転支出だ。政府移転支出は政府から家計に支払われるが、家計はその見返りとして政府に財・サービスを提供する必要はない。カナダやヨーロッパ諸国でもそうだが、現代のアメリカでは政府移転支出は予算のかなりの割合を占めている。アメリカ政府の移転支出は主に次の3つの要素から成り立っている。

- ■社会保障：老人や障害者、生計の中心者が故人となるか引退した場合の配偶者や扶養を必要とする子どもの所得を保証するために支払われるもの。
- ■メディケア：高齢者向け医療保険制度。アメリカの65歳以上の高齢者の医療費の多くをカバーしている。
- ■メディケイド：低所得者向け医療扶助制度。アメリカの低所得層の医療費をカバーしている。

経済的にきびしい状況にある家庭の保護を目的とした政府のプログラムを、**社会保険**という。これには社会保障やメディケア、メディケイドだけでなく、失業保険やフードスタンプ（食料配給券）といったより小規模なプログラムも含まれている。アメリカの社会保険制度は、賃金に課されるそれ専用の特別な税（目的税）によって維持されている。前に述べた社会保険税だ。

では、課税政策や政府支出は経済にどれほど影響を与えるのだろうか。その答えは、課税や政府支出はその経済の総支出に対して強い影響を与える、というものだ。

> **社会保険**プログラムは、経済的にきびしい状況にある家庭を保護するための、政府によるプログラムだ。

1.2　政府予算と政府総支出

国民経済計算の次の基本式を思い出してほしい。

$$GDP = C + I + G + X - IM \tag{13-1}$$

この式の左辺は、経済が生み出した最終財・サービスの価値の合計であるGDPだ。一方、右辺は経済が生み出した最終財・サービスへの全支出である総支出を示している。総支出は、消費支出C、投資支出I、財・サービスの政府購入G、そして輸出額Xから輸入額IMを差し引いた値の合計だ。総支出は総需要の源泉をすべて網羅している。

政府は式（13-1）の右辺にある変数の1つを直接コントロールできる。財・サービスの政府購入Gだ。けれども財政政策が経済の総支出に与える影響はこれだけにとどまらない。財政政策は課税と移転支出の変化を通じて消費支出Cにも影響を与えるし、その影響は時に投資支出Iにも及ぶことがある。

なぜ政府予算が消費支出に影響を及ぼすかを理解するために、家計が支出に使える総所得である可処分所得が、賃金や配当、利子、地代から税を差し引き、政府移転支

出を加えたものであることを思い出してほしい。とすると、増税や政府移転支出の削減によって、可処分所得は減少することになる。そして他の条件を一定とすれば、可処分所得の減少は消費支出の減少につながる。それとは逆に、減税や政府移転支出の増加は可処分所得を増加させ、他の条件を一定とすれば消費支出を増加させる。

投資支出に影響を与える政府の能力についての話はもっと複雑だ。ここではくわしく議論しないことにしよう。重要なのは、政府は企業の利潤に課税していて、企業の負担額を定めるルールを変更することで投資支出のインセンティブを変化させられるということだ。

政府自身が経済の総需要の源泉の1つであり、税と移転支出は消費者の支出と企業の支出に影響を与えるので、政府は税や政府支出を変更することで総需要曲線をシフトさせることができる。そして第12章でみたように、時に総需要曲線をシフトさせるもっともな理由が存在することがある。この章の「オープニング・ストーリー」で説明したように、2009年はじめオバマ政権は総需要を増加させる行動をとること、つまり総需要曲線をいまある位置よりも右側にシフトさせることがアメリカ政府にとって決定的に重要だと信じていた。2009年の景気刺激策は財政政策の古典的事例だ。**財政政策**とは、総需要曲線をシフトさせて経済の安定化を図るために、税や政府移転支出、財・サービスの政府購入を利用することだ。

1.3 拡張的財政政策と緊縮的財政政策

なぜ政府は総需要曲線をシフトさせたいと考えるのだろうか。それは、総産出量が潜在産出量を下回るときに生まれる不況ギャップや、総産出量が潜在産出量を上回るときに生まれるインフレギャップをなくしたいと考えるからだ。

図13-4は経済が不況ギャップに直面している状況を表している。図の $SRAS$ は短期総供給曲線、$LRAS$ は長期総供給曲線、そして AD_1 は当初の総需要曲線を示している。当初の短期マクロ経済均衡は E_1 で、そのときの総産出量は Y_1 だ。これは潜在産出量 Y_P を下回っている。ここで政府が実行したいのは、総需要を増加させ、総需要曲線を AD_2 までシフトさせることだ。すると総産出量は、潜在産出量と等しくなるまで増加する。総需要を増加させるような財政政策は**拡張的財政政策**と呼ばれ、通常、次の3つの形態をとる。

▶ **拡張的財政政策**は総需要を増加させる。

- ■財・サービスの政府購入の増加
- ■減税
- ■政府移転支出の増加

2009年のアメリカ復興・再投資法（もしくは単に復興法とも呼ばれる）はこれら3つすべての組合せだった。連邦政府支出の増加と州政府支出の維持を援助するための助成、ほとんどの家計にとっての減税、そして失業手当の増加だ。

図13-5は逆のケース、つまり経済がインフレギャップに直面している状況を表し

図13-4 拡張的財政政策は不況ギャップを解消する

点 E_1 で総需要曲線 AD_1 と SRAS が交わり、経済は短期マクロ経済均衡にある。だがそれは長期マクロ経済均衡ではない。E_1 では不況ギャップ $Y_P - Y_1$ が存在する。財・サービスの政府購入の増加や減税、もしくは政府移転支出の増加などの拡張的財政政策は総需要曲線を右にシフトさせる。拡張的財政政策は AD_1 を AD_2 にシフトさせることで不況ギャップを解消し、経済を新しい短期マクロ経済均衡 E_2 に移動させる。E_2 は長期マクロ経済均衡でもある。

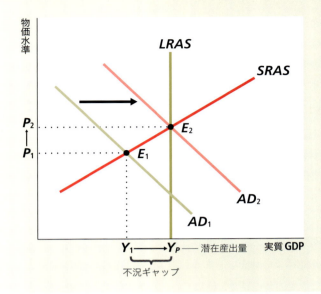

図13-5 緊縮的財政政策はインフレギャップを解消する

点 E_1 で総需要曲線 AD_1 と SRAS が交わり、経済は短期マクロ経済均衡にある。だがそれは長期マクロ経済均衡ではない。E_1 ではインフレギャップ $Y_1 - Y_P$ が存在する。財・サービスの政府購入の減少や増税、もしくは政府移転支出の削減などの緊縮的財政政策は総需要曲線を左にシフトさせる。緊縮的財政政策は AD_1 を AD_2 にシフトさせることでインフレギャップを解消し、経済を新しい短期マクロ経済均衡 E_2 に移動させる。E_2 は長期マクロ経済均衡でもある。

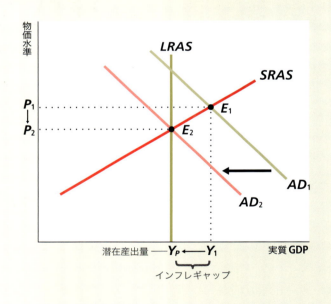

ている。先の説明と同様に、SRAS は短期総需要曲線、LRAS は長期総供給曲線、AD_1 は当初の総需要曲線を示している。当初の均衡 E_1 では、総産出量は Y_1 で潜在産出量の Y_P を上回っている。後の章で説明するように、政策立案者はしばしばインフレギャップを解消することでインフレーションを阻止しようとする。図13-5にあるようなインフレギャップを解消するには、総需要を減少させて総需要曲線を AD_2 ま

で左にシフトさせるような財政政策が必要となる。そうすることで、総産出量は潜在産出量と等しくなるまで減少する。総需要を減少させるような財政政策は**緊縮的財政政策**と呼ばれ、拡張的財政政策とは正反対の政策だ。緊縮的財政政策を実行するには次の3つの方法がある。

▶ **緊縮的財政政策**は総需要を減少させる。

1. 財・サービスの政府購入の削減
2. 増税
3. 政府移転支出の削減

　緊縮的財政政策の古典的な例に、1968年にアメリカが行ったものがある。当時、アメリカの政策立案者はインフレの進行を憂慮していた。リンドン・ジョンソン大統領は所得税の税率を一時的に10%上乗せすることを決めた。つまり、すべての人の所得税が10%増加したのだ。またジョンソン大統領は、ベトナム戦争に費やすために膨れ上がっていた財・サービスの政府購入の削減も試みた。

1.4　拡張的財政政策は実際に機能するのか？

　財政政策、とくに拡張的財政政策を不況ギャップに対して実際に利用することはよく物議を醸す。このような意見対立がどのように始まったかについては第17章で詳しく議論する。ここでは、拡張的財政政策についての論争の主要な点を手短にまとめておこう。すると、いつ批判が妥当で、いつ妥当ではないかを理解できるようになる。
　大まかには拡張的財政政策の利用に対しては3つの批判がある。

- 政府支出は民間支出を常にクラウド・アウトする（押し出す）。
- 政府借入金は民間投資支出を常にクラウド・アウトする。
- 政府の財政赤字は民間支出の減少を引き起こす。

　第1の主張は原理的に間違っている。にもかかわらず公の議論では大きな論点となる。第2の主張はいつもではないが、ある種の状況のもとでは正しい。第3の主張はある重要な論点を提起するが、拡張的財政政策が有効ではないと信じる正当な理由ではない。

主張1：「政府支出は民間支出を常にクラウド・アウトする（押し出す）」　拡張的財政政策は総支出を引き上げることはできず、よって総所得を引き上げることもできないという主張がある。理由は次のようなものだ。「政府が支出するおカネはすべて民間部門から移してきたものだ。だから、あらゆる政府支出の拡大は必ず同額の民間支出の縮小により相殺される」。言い換えると、政府が支出したあらゆるおカネは民間が支出するおカネをクラウド・アウト、つまり押し出してしまう。この見方のどこが間違っているのだろう？　その答えは、経済のあらゆる資源が完全に利用されており

経済で生み出される総所得が常に一定であるという想定が正しくない点にある。とくに、経済が不況ギャップに苦しんでいるならば、経済には利用されない資源があり、生産は、そして所得は潜在的水準を下回っている。そのようなときに拡張的財政政策を行えば、利用されていない資源が活用され、より高い支出とより高い所得を生み出す。よって拡張的財政政策が民間支出を常にクラウド・アウトするという議論は原則として間違っている。

主張２：「政府借入金は民間投資支出を常にクラウド・アウトする」 第10章で政府借入金が民間の投資支出に利用されていたかもしれない資金を使用している、つまり民間投資支出をクラウド・アウトする可能性を論じた。このような主張はどれほど有効なのだろうか？

「状況次第」というのが答えだ。より明確には経済が落ち込んでいるかどうかによる。もし経済が不況でないならば、貸付資金の需要増による政府借入金の増加は利子率を引き上げ、民間の投資支出をクラウド・アウトする。だが経済が不況ならばどうだろう？　そのような場合、クラウド・アウトは起こりそうにない。経済が完全雇用の状態よりもずっと小さいとき、財政の拡張はより高い所得をもたらし、すると利子率の水準に関係なく貯蓄が増える。この大きな貯蓄により、政府は利子率を上昇させることなく借り入れできるようになる。2009年の復興法はまさにこの事例だ。アメリカの政府借入金の水準が高いにもかかわらず、利子率は歴史的低水準に近いままだった。

主張３：「政府の財政赤字は民間支出の減少を引き起こす」 他の条件を一定とすると、拡張的財政政策により財政赤字と政府債務は大きくなる。そして債務が増えれば最終的にはそれを埋め合わせるために増税しなければならない。拡張的財政政策に反対する第３の主張によれば、政府債務を埋め合わせるため将来に高い税を支払わなければならないことを予想して、消費者は貯蓄を増やし現在の支出を切り詰める。19世紀の経済学者デヴィッド・リカードが最初に提示したこの主張は、リカードの等価定理として知られている。そして、将来を見据えた消費者が政府による拡張的な試みを相殺してしまうので、拡張的財政政策が経済に対して影響を与えないことを主張する（さらにいえば、緊縮的財政政策も相殺してしまう）。

だが現実には、消費者がそのような洞察と規律ある予算にもとづいて行動するのかは疑わしい。多くの人は（財政拡大で生み出された）余分な現金を目の前にしたら、少なくとも部分的には支出するだろう。だから、一時的な減税や消費者への現金の移転のかたちでの財政政策でさえ拡張的な効果をもつ。

さらにリカードの等価定理が成立するとしても、道路建設計画のような財・サービスの直接購入を含む政府支出の一時的な増加は、短期的な総支出の上昇を引き起こす。なぜなら、たとえ消費者が将来の増税を予想して支出を減らしたとしても、未来の税支払いのための節約は時間をかけてなされるので、支出の減少は長期的に計画される。その間、追加的な政府支出は経済がそれを必要とする近い将来に集中する。確かにリ

カードの等価定理が強調するような効果は財政拡大の影響を弱めるかもしれない。だが完全に無効だという主張は、消費者の現実での行動や政府支出の増加が影響をもたないとされる理由とつじつまが合っていない。結局、拡張的財政政策への批判として適切ではない。

まとめると拡張的財政政策が機能すると期待できる程度は状況に依存する。2009年の復興法が成立したときのように経済が不況ギャップにあれば、まさにこの状況にこそ拡張的財政政策が経済を救済すると経済学は教えてくれる。だが経済がすでに完全雇用の状態ならば、拡張的財政政策は間違った政策であり、クラウディング・アウトや経済の過熱、高インフレをもたらしてしまう。

1.5　注意点：財政政策のラグ

図13-4と図13-5をみると、政府が財政政策を積極的に利用すべきだというのは自明に思えてくる。つまり経済が不況ギャップに直面しているときは常に拡張的財政政策を適用し、インフレギャップに直面しているときは常に緊縮的財政政策を適用すべきだというわけだ。ところが、多くの経済学者は極端に積極的な安定化政策をとることを戒めている。財政政策であろうと金融政策であろうと、政策を通じて政府が経済を安定化することはあまりにも困難であり、かえって経済を不安定にする結果になりかねないというのだ。

金融政策についての注意点は第19章で議論することにしよう。財政政策で注意が必要なカギとなるひとつの理由は、政策の決定と実行のあいだに無視できない大きさのタイムラグが存在するということだ。このようなラグの性質を理解するために、不況ギャップと戦うために政府が支出を増加させる前に何が起きるかを考えてみよう。まず、政府は不況ギャップが存在することを認識する必要がある。ところが経済統計の収集と分析には時間がかかるので、不況が始まって数カ月後になってからそれが認識されることが多い。次に政府は支出計画を練り上げなければならない。ところが、その作業自体に数カ月を要する。とくに、政治家たちがおカネの使い道について議論を重ね、議会通過に時間がかかる場合はさらに遅れることになる。最後におカネの支出にも時間がかかる。たとえば、道路建設プロジェクトは、大きな支出を必要としない測量のような作業から始まる。こうして、巨額の支出が始まる前にかなりの時間を要することがあるのだ。

このようなラグがあるために、不況ギャップと戦うための支出増加を試みても長い時間を必要とし、経済はすでに自力で回復しているかもしれない。実際、財政政策が効果を発揮するころには、不況ギャップがインフレギャップに変化しているかもしれない。そうなると、財政政策は百害あって一利なしだ。

これは財政政策は絶対に積極的に使われるべきではないという意味ではない。2009年はじめ、アメリカ経済が直面していた落ち込みは深刻で長く続くこと、そして次の1～2年のあいだに実行されるように計画された財政刺激策が総需要を正しい

方向に後押しすることは、ほとんど確実であることを信じるに足る理由があった。実際には、本章で後に議論するように、2009年の景気刺激策の終結は間違いなく早すぎた。経済は深く落ち込んだままだった。けれどもラグの問題は、いま紹介した単純な分析から想像するよりもはるかに、財政政策や金融政策の実行をむずかしくする。

経済学を使ってみよう☞ 復興法の中身は何だったのか？

たったいま確認したように、財政刺激策には3つの形態がある。財・サービスの政府購入の増加、政府移転支出の増加、そして減税だ。では復興法はどの形態だったのだろうか？　その答えは少し込み入っている。

図13-6は復興法の予算への影響の内訳を示し、減税、移転支出、政府支出のドル価値を足し合わせた指標だ。ここでは区分の数は3つではなく4つに分かれている。「インフラその他の支出」は道路、橋、学校だけではなく研究開発のような「非伝統的」なインフラへの支出を意味しており、それらすべてが財・サービスの政府購入に該当する。「減税」は文字どおりの意味だ。「個人への政府移転支出」のほとんどは失業者への支出の拡張の形態をとる。4番目の区分、「州や地方政府への移転支出」も大まかには資金の3番目の区分に相当する。なぜ4番目の区分となっているのだろう？

それはアメリカには複数のレベルの政府が存在するからだ。筆者はアメリカ合衆国ニュージャージー州マーサー郡プリンストン・タウンシップに住んでいるが、州、郡、それぞれのレベルでそれぞれの予算がある。不況の影響の1つは州や地方レベルの収入の急落で、それが今度はより小さなレベルの政府の支出削減を強いることになった。州や地方政府への移転支出はこれらの支出削減を和らげるための連邦政府からの補助金だ。

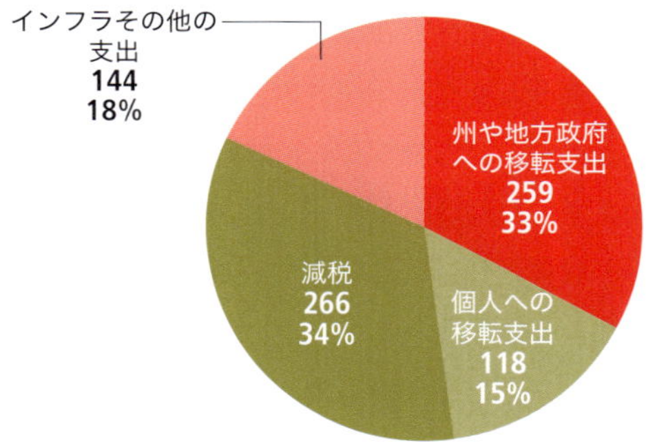

おそらく復興法のいちばんの驚くべき点は財・サービスへの連邦政府直接の支出が少ないことだろう。計画の大部分はさまざまな方法で人々におカネを与えることにある。それを支出してくれることを期待しているのだ。

図13-6 2009年アメリカ復興・再投資法（10億ドル）

- インフラその他の支出 144　18%
- 州や地方政府への移転支出 259　33%
- 減税 266　34%
- 個人への移転支出 118　15%

ちょっと復習

▶財政政策は主に税と政府支出を通じて行われる。政府支出には移転支出だけではなく財・サービスの政府購入もある。

▶アメリカでは政府移転支出の多くは経済的困難をやわらげるために策定された**社会保険プログラム**が占めており、主なものには社会保障、メディケア（高齢者向け医療保険制度）、メディケイド（低所得者向け医療扶助制度）がある。

▶政府がGを直接コントロールし、そして税や政府移転支出を通じてCやIに影響を与える。

▶**拡張的財政政策**の実行手段は財・サービスの政府購入の増加、減税、そして政府移転支出の拡大だ。そして**緊縮的財政政策**の実行手段は財・サービスの政府購入の減少、増税、そして政府移転支出の削減だ。

▶クラウディング・アウトに基づいた拡張的財政政策の有効性への反対論は経済が完全雇用にあるときのみ妥当だ。リカードの等価定理、つまり消費者は将来の増税を予想して現在の支出を切り詰めるので拡張的財政政策は機能しないという議論は、実際には正しくない。明らかに正しいことは、タイムラグは財政政策の有効性を損ない、かえって逆効果にもなりうる。

> **✓ 理解度チェック　13-1**
>
> 1. 次のそれぞれのケースについて、拡張的財政政策かそれとも緊縮的財政政策かを判断しなさい。
>   a. 全部で1万人を雇用しているいくつかの軍事基地が閉鎖されることになった。
>   b. 失業者が失業手当を得られる期間が延長されることになった。
>   c. ガソリン税の増税が決定した。
> 2. 台風や洪水、大規模な飢饉といった自然災害の被害者に対して早急に資金援助をするなどの特別災害支援が、立法措置を必要とする支援よりも効果的に経済を安定化させる理由を説明しなさい。
> 3. 次の主張は正しいだろうか、それとも間違っているだろうか。説明しなさい。「政府が拡大すれば民間部門は縮小し、政府が縮小すれば民間部門は拡大する」。
>
> 　　　　　　　解答は https://str.toyokeizai.net/books/9784492314906 にある。

2　財政政策と乗数

　2009年のアメリカの景気刺激策のような拡張的財政政策は、総需要曲線を右にシフトさせる。またリンドン・ジョンソン大統領による税の追加徴収のような緊縮的財政政策は、総需要曲線を左にシフトさせる。けれども政策立案者にとって、シフトの方向を知るだけでは十分とはいえない。政策立案者は、政策によって総需要曲線がどれだけシフトするのかを評価する必要がある。そのために、政策立案者は第11章でも紹介した乗数の概念を利用することになる。

2.1　財・サービスの政府購入の増加による乗数効果

　政府が橋や道路の建設ために500億ドルの支出を決定したとしよう。すると、最終財・サービスへの総支出は直接的に500億ドル増加することになる。けれども、第11章で学んだように、間接的な効果も存在する。政府購入は経済全体に及ぶ連鎖反応の口火を切るからだ。政府が購入する財・サービスを生産する企業の収入が増え、それが賃金や配当、利子や地代のかたちで家計に流れ込む。そして家計の可処分所得が増加し、消費支出の上昇へとつながる。すると今度は、消費支出の上昇によって企業の産出量が増加し、それがさらなる可処分所得の増加へとつながる。すると再び消費支出が上昇するといった具合だ。

　すでに知っているように、乗数とは、総支出の自律的な変化の大きさと、その変化が引き起こす実質 GDP の変化の大きさの比率のことだ。財・サービスの政府購入の増加は、総支出の自律的な増加の一例だ。

　第11章で、もっとも単純なケース（税も国際貿易も存在しないので、実質 GDP の変化がすべて家計のものとなり、物価水準が固定され、名目 GDP が増加すると常に実質 GDP も増加し、利子率も固定されているようなケースだ）では、乗数は

$1/(1-MPC)$ であることを学んだね。MPC は、可処分所得が追加的にもう 1 ドル増えたときに消費支出がどれだけ増加するかを示す限界消費性向だ。たとえば、限界消費性向が0.5なら、乗数は$1/(1-0.5)=1/0.5=2$となる。乗数が 2 だとすると、財・サービスの政府購入の500億ドルの増加は実質 GDP を1000億ドル増加させるというわけだ。1000億ドルのうち、500億ドルは G の増加がもたらす最初の効果だ。そして、残りの500億ドルは消費支出の増加による次の効果だ。

それでは、財・サービスの政府購入が削減されたときは何が起きるだろうか。計算方法はまったく同じだが、最初にマイナス符号をつけ忘れないようにしよう。政府購入が500億ドル減少し、限界消費性向が0.5なら、実質 GDP は1000億ドルだけ減少することになる。

2.2　政府移転支出と税の変化による乗数効果

拡張的財政政策や緊縮的財政政策の方法は、財・サービスの政府購入を変化させることだけではない。政府は政府移転支出や税も変化させることができる。けれども一般に、政府移転支出や税の変化による総需要曲線のシフトは、同額の政府購入の変化の場合と比較すると小さいものになり、実質 GDP への影響も少なくなる。

その理由をみるために、たとえば橋の建設に500億ドル支出するかわりに、政府移転支出のかたちで政府が500億ドルを単に家計に手渡すとしよう。このとき、財・サービスの政府購入のときに生じたような、総需要への直接的な効果は存在しない。実質 GDP は上昇するが、その理由は家計が500億ドルの一部を支出するからにすぎない。そして、すべてを支出しようとはしないだろう。

表13-1は 2 つの拡張的財政政策の仮想的な比較だ。MPC は0.5と仮定し、よって乗数は 2 となる。そして、比較する一方は政府による500億ドルの財・サービスの購入、もう一方は政府が移転支出を行い、消費者に500億ドルの小切手を支払う場合だ。政府の購入によっても小切手を受け取った消費者の購入によっても、どちらの場合も実質 GDP への最初の効果が存在する。それに続いて、実質 GDP の増加による可処分所得の上昇が引き起こす追加的な連鎖効果がある。

だが移転プログラムの最初の効果はより小さいものだ。なぜなら、MPC は0.5と想定したので、500億ドルのうち250億ドルしか支出されず、残りの250億ドルは貯蓄に

表13-1 | **乗数が 2 のときの仮想的な財政政策**

実質GDPへの効果	政府による財・サービスの購入の500億ドル増加	政府移転支出の500億ドル増加
第1ラウンド	500億ドル	250億ドル
第2ラウンド	250億ドル	125億ドル
第3ラウンド	125億ドル	62.5億ドル
⋮	⋮	⋮
最終的な効果	1000億ドル	500億ドル

まわってしまうからだ。その結果、その後のすべての連鎖の効果も小さくなってしまう。最終的には、移転支出は実質GDPを500億ドルだけ引き上げる。それに対し、政府購入の500億ドルの増加は実質GDPを1000億ドル引き上げる。

一般化すると、拡張的財政政策が移転支出の引き上げの形態をとるとき、実質GDPの上昇は当初の政府の支出より大きいこともあれば小さいこともある。つまり乗数は1より大きいことも小さいこともあり、それはMPCの大きさに依存する。表13-1ではMPCは0.5であり、このとき乗数はちょうど1だ、よって、移転支出の500億ドルの引き上げにより実質GDPは500億ドル増加する。もしMPCが0.5より小さく当初の移転より小さい割合のみが支出されるなら、移転支出の乗数は1より小さい。そしてより大きい割合が支出されるなら、乗数は1よりも大きい。

減税は政府移転支出とよく似た効果をもっている。減税は可処分所得を増加させ、消費支出の増加の連鎖へと結びつく。けれどもその最終的な効果は、同額の政府購入の増加とくらべると小さい。家計は税の減額分の一部を貯蓄に回すので、総支出の自律的な増加がより小さいものになるからだ。

税にはさらなる複雑さがあることにも注意しよう。それは、税は乗数の大きさを変化させてしまうということだ。なぜそうなるかというと、税額が所得に依存しない**一括税**を政府が現実に利用することはほとんどないからだ。一括税のもとでは乗数の変化は起きない。だが税はほぼすべて一括税ではなく、税収は実質GDPの水準に依存する。そして、これから簡単に議論するように（くわしくは本章の付録で分析しよう）、非一括税は乗数を小さくする。

> **一括税**は、納税者の所得に依存しない税だ。

現実問題として、全人口のうちで誰が減税や政府移転支出の増加の恩恵を受けるかも重要だと経済学者はよく主張する。たとえば、失業手当の増加の効果と、株主への配当に課される税の減税の効果とを比較してみよう。消費者調査によると、平均的な失業者は平均的な配当所得受領者にくらべて可処分所得のうちのより高い割合を支出に回す。つまり失業者は、多くの資産を保有する者とくらべると限界消費性向MPCが高くなる傾向があるというわけだ。というのも資産の保有者はより裕福なので、可処分所得の増加分のうちの大部分を貯蓄に回してしまいがちだからだ。それが正しいとすれば、失業手当への政府支出は同額の配当税の減税よりも総需要を増加させる効果が大きいということになる。

2.3 税は乗数にどんな影響を与えるか

第11章で乗数の分析を紹介したとき、実質GDPの1ドルの増加は可処分所得を1ドル増加させるとみなして問題を単純化したね。けれども実際には、増加した実質GDPの一部を政府が税として徴収してしまう。政府が課す税のほとんどは実質GDPの増加とともに増加するという性質をもつので、乗数プロセスの各ラウンドで実質GDPの増加の一部は税として徴収されることになる。よって税を考慮したモデルを考えると、可処分所得の増加は1ドルよりもかなり小さくなってしまう。

実質GDPが上昇したときに政府の税収が増加するのは、政府が計画的に決定した

り行動したりしたからではなく、税法がそうなっているからだ。実質 GDP が増加したとき政府収入が自動的に増加するのは、税法の条文によるところが大きいというわけだ。たとえば、所得税による税収は実質 GDP が増加すると増える。各個人への課税額は所得の上昇とともに増加するし、しかも実質 GDP が増加すれば家計の課税所得も増加するからだ。売上税による税収も実質 GDP が増加すれば増える。所得が増えれば人々の財・サービスへの支出も増えるからだ。そして実質 GDP が増加すれば法人税収も増加する。景気の拡大期には利潤も増えるからだ。

こうした税収の自動的な増加には、乗数の大きさを縮小する効果がある。乗数とは、実質 GDP の増加が可処分所得の増加につながり、それがより大きな消費支出につながり、それがさらなる実質 GDP の増加をもたらすという連鎖だったことを思い出してほしい。このプロセスの各段階で政府が実質 GDP の増加の一部を吸い上げてしまうと、税が存在しない場合にくらべて、プロセスの各段階での消費支出の増加が小さくなってしまうのだ。その結果は乗数の縮小だ。この章の付録では、実質 GDP の増加とともに税収も増加するような税を考慮したときの乗数の導き方を説明している。

多くのマクロ経済学者は、現実の生活においては、税が乗数の大きさを縮小することは良いことだと信じている。第12章で議論したように、不況は、すべてではないにしてもほとんどが負の需要ショックから生じる。景気の拡大が税収の増加をもたらすのと同じメカニズムで、景気の後退は税収の減少をもたらす。実質 GDP が低下すると税収も減少するので、負の需要ショックの効果は、税が存在しない場合よりも小さくなる。税収の減少は、総需要の当初の減少が経済に与える悪影響を相殺することになる。

実質 GDP の低下による政府税収の自動的な減少は、家計の支払う税金を削減するという点で、不況時に自動的に実行される拡張的財政政策のような役割を果たすことになる。同様に、景気拡大期には、政府は自動的に緊縮的財政政策を達成していることになる。税収が増えるからだ。政策立案者による意図的な意思決定がなくても、政府の支出と課税のルールによって、不況期には財政政策は拡張的となり、好況期には財政政策は緊縮的となる。そのような政府の支出と課税のルールは**自動安定化装置**と呼ばれている。

税の徴収方法を定めるルールは、確かにもっとも重要ではあるが唯一の自動安定化装置ではない。ある種の政府移転支出もまた経済を安定化させる役割を果たす。たとえば失業保険は、景気が悪くなるとより多くの人が受け取るようになるし、メディケイドやフードスタンプも同様だ。よって移転支出は景気後退局面では増加し、景気拡大局面では減少する傾向がある。税収の変化と同様に、これらの移転支出の自動的な変化も乗数を小さくしてしまう。実質 GDP の増加や低下に応じた可処分所得の総変化が小さくなるからだ。

政府税収の場合と同じように、政府移転支出が乗数の大きさを縮小することは良いことだと多くのマクロ経済学者は信じている。景気循環の極を平たくするので、自動安定化装置による拡張的財政政策や緊縮的財政政策はマクロ経済の安定化にとって有

自動安定化装置は、不況期には自動的に拡張的財政政策となり、好況期には自動的に緊縮的財政政策となるような政府支出と課税のルールだ。

第13章 | 財政政策

益だと広く認識されているのだ。

それでは、自動安定化装置によらない財政政策はどうだろう？　自動安定化装置によるのではなく、政策立案者の意図的な行動による財政政策を**裁量的財政政策**という。たとえば、不況が訪れると、政府は経済を刺激するために、減税や政府支出の意図的な増加を目的とする法案を議会で承認させることがある。一般に、いちじるしく深刻な不況のような特別な状況についてのみ、裁量的経済政策の利用を経済学者は擁護する傾向がある。第18章では、財政政策の適切な役割をめぐるマクロ経済学者の論争を概観しながら、その理由を説明しよう。

> **裁量的財政政策**は、ルールによるものではなく、政策立案者の意図的な行動による財政政策だ。

経済学を使ってみよう☞ 乗数とオバマの景気刺激策

オバマ景気刺激策としても知られるアメリカ復興・再投資法は、裁量的財政拡大としてはアメリカ史上最大の事例だ。景気の刺激は総額で7870億ドルにのぼった（とはいえ、一度にすべてが支出されたわけではなく、もっとも大きかった2010年で刺激策のおおよそ半分にあたる約4000億ドルが支出された）。それは確かに大きく、GDPのおおよそ2.7パーセントに相当した。だが十分だったのだろうか？　それについては当初から疑問視された。

景気刺激計画に関する最初の説明と効果予測は2009年1月はじめに提示され、それは次期政権の2人のトップ経済学者、大統領経済諮問委員会の委員長となるクリスティーナ・ローマーと副大統領の主席経済顧問を務めるジャレド・バーンスタインによってなされた。ローマーとバーンスタインが想定した乗数は明確なもので、連銀その他で開発されたモデルに基づいて、政府支出の乗数は1.57、減税の乗数は0.99とした。

これらの仮定によると景気刺激策による全体的な乗数は1.4となり、そのピークにあたる2010年には実質GDPを3.7パーセント上乗せする。また2人の推定によれば、それがなかった場合と比較して失業を1.8（パーセンテージ）ポイント引き下げる。

だがここには問題がある。オバマ景気刺激策が戦おうとした不況は大きな金融危機によりもたらされた。そして、この種の危機はとても深く、長期間継続する不況をもたらしがちだ。ローマーとバーンスタインが研究を発表した少し前、メリーランド大学のカーメン・ラインハートとハーバード大学のケネス・ロゴフは、歴史上の出来事を踏まえて"The Aftermath of Financial Crises（金融危機の余波）"という題名の論文を発表した。ラインハートとロゴフによれば、大きな危機のあとには失業率が平均すると7（パーセンテージ）ポイント上昇し、通常の水準に下がるまでには何年もかかるとのことだ。

経済が直面する問題とくらべると、オバマ景気刺激策は実際には小さい。2010年の失業率を1.8ポイント引き下げただけで、あとは急速に消えてしまった。そして問題に比して規模が小さいので、景気刺激策が持続的な高失業の回避に失敗しても無理はない。

> **ちょっと復習**
>
> ▶政府購入の変化による実質GDPの変化の大きさは、乗数で決まる。
>
> ▶課税と政府移転支出の変化もまた実質GDPを変化させる。だが同額の政府購入と比較すると変化の幅は小さい。
>
> ▶**一括税**の場合を除いて課税は乗数の大きさを縮小する。
>
> ▶税収は実質GDPの変化に対して同じ方向に反応し、政府移転支出は逆の方向に反応するので、税と政府移転支出は**自動安定化装置**として作用する。多くの経済学者は自動安定化装置により乗数の大きさを縮小することは良いことだと信じている。逆に**裁量的財政政策**の利用は議論の的である。

> **✓ 理解度チェック 13-2**
>
> 1. 財・サービスの政府購入が5億ドル増加したときの実質GDPの増加が、政府移転支出が5億ドル増加した場合とくらべて大きくなる理由を説明しなさい。
> 2. 財・サービスの政府購入が5億ドル減少したときの実質GDPの減少が、政府移転支出が5億ドル減少した場合とくらべて大きくなる理由を説明しなさい。
> 3. ボルドヴィア国には失業保険給付金がなく、課税システムは一括税のみだ。隣国のモルドヴィアの失業給付金は手厚く、住民は所得の一定割合を支払う。需要ショックに対して、どちらの国の実質GDPがより大きく変動するだろうか。説明しなさい。
>
> 解答は https://str.toyokeizai.net/books/9784492314906 にある。

3 財政収支

　政府予算に関するニュースの見出しは、黒字か赤字か、そしてその大きさはどれくらいか、というただ1点に集中しがちだ。通常、人々は黒字を良いことだと考えている。2000年にアメリカ連邦政府が黒字を達成したとき、多くの人々はそれを祝福すべきこととしてとらえた。逆に、通常人々は、赤字は悪いことだと考えている。2009年と2010年に連邦政府が赤字を記録したとき、多くの人々は憂慮すべきこととみなした。

　財政黒字や財政赤字は財政政策の分析とどう関係するのだろうか？　赤字が良く黒字が悪いということは、ありえないのだろうか？　これらの問題に答えるために、まず黒字と赤字の原因と結果をみてみよう。

3.1 財政政策の目安としての財政収支

　黒字と赤字って何を意味するのだろう？　第10章で定義したように、ある年の財政収支とは、その年の政府の所得である税収と、財・サービスの政府購入や政府移転支出などの政府支出の差額のことだ。つまり財政収支は政府の貯蓄に等しく、次の式（13-2）で定義される。

$$S_{Government} = T - G - TR \tag{13-2}$$

　ここでTは税収の値、Gは財・サービスの政府購入、TRは政府移転支出の値だ。第10章で学んだように、財政黒字とは正の財政収支のことで、財政赤字とは負の財政収支のことだ。

　他の条件を一定とすれば、財・サービスの政府購入の増加や政府移転支出の増加、また減税などの拡張的財政政策は、その年の財政収支を削減する。つまり拡張的財政政策は財政黒字を小さくしたり、財政赤字を大きくしたりするのだ。逆に、財・サービスの政府購入の削減や政府移転支出の減少、また増税などの緊縮的財政政策は、そ

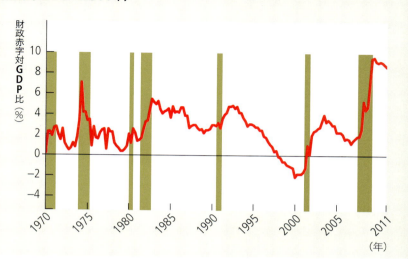

図13-7 アメリカの連邦財政赤字と景気循環（1970〜2011年）

財政赤字対GDP比は不況期（黄色の部分）に上昇し、好況期には低下する傾向がある。

（出所）アメリカ経済分析局、全米経済研究所

の年の財政収支を増加させ、財政黒字を大きくしたり、財政赤字を小さくしたりする。

このことから、財政収支の変化は財政政策を測る指標として使えるのではないかと考える読者もいるだろう。実際、経済学者はしばしばそうしている。財政収支の変化を、現在の財政政策が拡張的なものか緊縮的なものかを判断する「間に合わせの」方法として利用しているのだ。けれども、この間に合わせの方法は次の2つの理由で誤解を招きかねないことを心に留めておく必要がある。

1. 財政収支に同一の効果を与える2つの異なる財政政策が、経済にはまったく異なる効果を与えることがある。すでにみてきたように、財・サービスの政府購入の変化は、それと同額の減税や政府移転支出の変化よりも実質GDPに与える影響が大きい。
2. 財政収支の変化は多くの場合は経済変動の結果であり、その原因ではない。

この2つ目の点を理解するために、景気循環が財政に与える効果を調べてみよう。

3.2 景気循環と景気循環調整済み財政収支

歴史的に、連邦政府の財政収支と景気循環のあいだには強い関係が存在してきた。経済が不況になると財政収支も赤字になりがちだが、景気の拡大期には赤字は縮小する傾向にあり、黒字が発生することさえあった。図13-7はGDPに対する比率でみた（対GDP比の）1970年から2011年の連邦財政赤字を示している。黄色の部分は景気後退期で、そうでない部分は景気拡大期だ。すぐにわかるように、連邦財政赤字は各景気後退期付近で増加し、景気拡大期にはたいてい減少している。実際、1991年から2000年にかけての長期景気拡大期の終わりごろには、赤字はマイナスの値となっている。財政赤字が財政黒字に転じたのだ。

図13-8 アメリカの連邦財政赤字と失業率

財政収支と景気循環には密接な関係がある。財政収支は不況のときは赤字に向かい、好況のときは黒字に向かうというものだ。ここでは失業率が景気循環を表す指標の役割を果たしている。よって失業率が高いときには大きな財政赤字が発生していると予想できる。図でそれを確認できる。財政赤字の対GDP比は、失業率と密接に平行して推移している。

（出所）アメリカ経済分析局、全米経済研究所

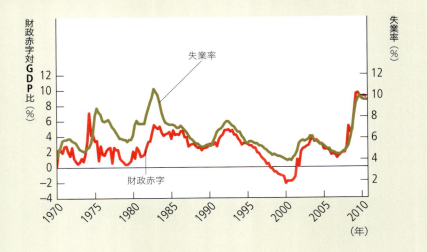

　景気循環と財政収支のあいだの関係は、財政赤字の対GDP比と失業率を比較するとより明確になる。図13-8をみてほしい。失業率が上昇するときはほぼ常に財政赤字も増加し、失業率が下落するときは財政赤字も減少している。

　この景気循環と財政収支の関係は、政策立案者が景気後退期には拡張的財政政策をとり、景気拡大期には緊縮的財政政策をとるという裁量的財政政策を行ったことの証拠なのだろうか。いや、そうとは限らない。図13-8にみられる関係のかなりの部分は、自動安定化装置の作用を反映したものだ。自動安定化装置についての議論からわかるように、景気拡大期には政府の税収は増える傾向にあり、失業手当給付のような政府移転支出は減少する傾向にある。逆に景気後退期には政府の税収は減少し、一部の政府移転支出は増加しがちだ。政策立案者の意図的な行動がないとしても、景気拡大期にはこうして財政は黒字に向かい、景気後退期には赤字に向かう。

　そのため財政政策を評価する際には、財政収支の変化を景気循環による変化と裁量的な政策変更による変化に区別することが有用となることが多い。景気循環による財政収支の変化は自動安定化装置の影響を、つまり裁量的な政策変更による変化は政府購入や政府移転支出、税の意図的変更の影響を受けている。さらに、景気循環が財政収支に与える影響は一時的なものだと認識することも重要だ。（実質GDPが潜在産出量を下回る）不況ギャップも、（実質GDPが潜在産出量を上回る）インフレギャップも、長期的には消滅する傾向にある。だから不況ギャップやインフレギャップが財政収支に与える影響を別に取り出すことで、政府の課税政策や支出政策が長期的に維持可能かどうかを判断することができる。言い換えれば、政府の課税政策は、支出に見合うだけの十分な収入を長期的にもたらしてくれるのか？　すぐにわかるように、これは当該年の政府財政が黒字や赤字かということよりも、本質的でより重要な問題だ。

図13-9 実際の財政赤字と景気循環調整済み財政赤字

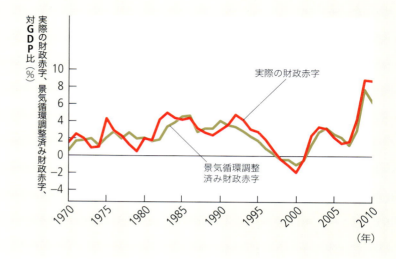

景気循環調整済み財政赤字は、経済が潜在産出量の水準にあると想定したときの財政赤字の推定値だ。それは実際の財政赤字よりも変動幅が小さい。財政赤字が大きい年は不況ギャップが大きい年ということが多いからだ。

（出所）アメリカ連邦議会予算事務局、アメリカ経済分析局

　景気循環の影響をほかの要因からの影響と区別するために、多くの政府は不況ギャップやインフレギャップが存在しないと想定したときの財政収支の推定値を作成している。実質GDPと潜在産出量が完全に等しいと想定したときの財政収支の推定値を、**景気循環調整済み財政収支**という。景気循環調整済み財政収支は、不況ギャップがないときに追加的に徴収できる税収や節約できる政府移転支出、またインフレギャップがないときの政府収入の減少や追加的に必要となる政府移転支出を考慮に入れたものだ。

　図13-9は、1970年から2010年の実際の財政収支と、アメリカ連邦議会予算事務局（CBO）が作成した景気循環調整済み財政収支の両方を対GDP比で示したものだ。すぐにわかるように、景気循環調整済み財政赤字は実際の財政赤字ほどには変動しない。とくに1975年や1983年、2009年に実際に発生した財政赤字のような巨額の財政赤字は、たいてい不況によってもたらされている。

> **景気循環調整済み財政収支**は、実質GDPと潜在産出量が完全に等しいと想定したときの財政収支の推定値だ。

3.3 財政収支は均衡すべきなのか？

　次の節で確認するように、継続的な財政赤字は政府と経済の双方に問題を引き起こしかねない。けれども政治家は赤字を発生させるという誘惑に常に駆られている。支出を削ることなく減税を実行したり、増税することなく支出を増やしたりすることで、有権者の心をつかめるからだ。よって政策立案者は、法律を制定したり、ときには憲法改正まで行って、財政規律を保ち、政府による財政赤字の蔓延を禁止しようと試みることがある。このことは通常、財政は「均衡」すべきだという要求として主張される。各財政年度で収入は少なくとも支出と等しくなければならないという要求だ。では、財政収支が毎年均衡することは望ましいことなのだろうか。

　多くの経済学者はそうは考えていない。彼らは、政府が平均的に財政収支を均衡さ

せれば良いと考えている。つまり経済が悪化したときの赤字はやむをえないもので、経済が良好な年にそれを埋め合わせれば良いと考えているのだ。毎年の財政収支を均衡させることを政府に強制すべきだとは、経済学者は考えていない。それは税や政府移転支出が果たす自動安定化装置としての役割を阻害してしまうからだ。この章の最初に学んだように、景気後退期には税収が落ち込んだり政府移転支出が増加したりする傾向があり、それが不況を軽減する助けとなっている。だが、こうした税収の減少や政府移転支出の増加は財政赤字につながる。もし均衡財政ルールに縛られるとすれば、政府は不況に対して緊縮的財政政策で対応しなければならなくなる。すると不況はさらに深刻になるだろう。

にもかかわらず、過度の財政赤字に対する懸念から、政策立案者は赤字を禁止する厳格なルールや、少なくとも財政赤字の上限が必要だと考えることがある。次の「経済学を使ってみよう」で説明するように、ヨーロッパは短期の財政政策の問題に対して財政責任を強制するようなルールをつくり、数多くのトラブルを引き起こした。

経済学を使ってみよう☞ ヨーロッパによる財政ルールの探求

1999年、一部のヨーロッパ諸国は重大な時期を迎えていた。フランスのフランやドイツのマルク、イタリアのリラといった各国通貨のかわりに、共通通貨であるユーロを導入したのだ。ユーロの導入によって欧州中央銀行（ECB）が設立され、地域全体の金融政策を担うこととなった。

新しい通貨をつくり出すための合意の1つとして、各国の政府は「財政安定協定」にサインした。この協定は財政赤字（景気循環調整済み財政赤字ではなく、実際の財政赤字）がその国のGDPの3％以下でなければならないこと、さもなければ罰則が科されることを各国政府に要求するものだった。この協定は政治圧力により発生する放漫な財政赤字を阻止し、新しい通貨の土台が崩壊するのを食い止めることを目的としていた。けれどもこの協定には深刻な欠点があった。経済の悪化により赤字が臨界水準を超えたときはいつでも、協定により各国は支出の大幅削減や増税を原則として強制される。これは不況と戦う財政政策を、不況を悪化させる力に変えてしまう。

実際のところ、安定協定での強制は不可能であることが証明された。フランスや、ドイツさえをも含むヨーロッパ諸国は、財政の健全さについての評判もあったので、2001年の不況とその余波の最中、ルールを単純に無視した。

2011年、ヨーロッパ諸国は再び挑戦した。今回は深刻な債務危機の遠因に対してだ。2008年の金融危機の発生を受けて、ギリシャ、アイルランド、ポルトガル、スペイン、そしてイタリアの各国は投資家の信頼を失った。債務をすべて返済する能力や意欲に対して疑念を抱かれ、そして赤字削減の努力がヨーロッパを不況に引き戻すと憂慮されたからだ。だが古い安定協定に戻ることは意味がないように思われた。とりわけ財政赤字の大きさについての安定協定のルールが危機の回避にあまり役立たないことは明らかだった。2007年、問題となったすべての債務国の赤字はギリシャを除いて

GDPの3パーセントを下回っていた。アイルランドとスペインは実際に黒字だった。

そこで2011年12月の合意は、本文で定義した景気循環調整済み財政収支におおよそ相当する「構造的」財政収支の観点から構成された。新ルールによれば各国の構造的財政収支はゼロにかなり近い水準であるべきだとされる。赤字はGDPの0.5%を超えるべきではない。これは以前の安定協定よりもかなりよいルールだと考えられる。

だが大きな問題が残されている。1つは構造的財政収支の推定値がどれほど信頼できるかという問題だ。また新ルールはあらゆる裁量的財政政策の利用を禁じているようにみえる。これは賢明といえるだろうか？

アメリカの財政ルールの優位を自画自賛する前に、アメリカ人もアメリカ政府が欠陥だらけだった最初のヨーロッパの安定協定のアメリカ版をもっていることに注意を払うべきだ。連邦政府予算は自動安定化装置として機能している。けれども50州のうち49州では、それぞれの州憲法によって毎年の財政収支の均衡が定められているのだ。2008年に不況に見舞われたとき、ほとんどの州はあることを強制された。何かって？　不況にもかかわらず、支出を切り詰め増税することを強制されたのだ。マクロ経済学の観点からは完全に間違っている。

☑ 理解度チェック　13-3

1. 政府の政策が長期的に持続可能かどうかを測るうえで、実際の財政収支よりも景気循環調整済み財政収支のほうが優れている理由は何だろうか。
2. 州憲法によって財政収支の均衡を要求されている州は、そうではない州よりも経済変動が激しい。なぜか。理由を説明しなさい。

解答は https://str.toyokeizai.net/books/9784492314906にある。

4　財政政策の長期的意味合い

2009年、ギリシャ政府は財政の壁にぶつかった。ほかのほとんどのヨーロッパ諸国の政府のように（そしてアメリカ政府もそうであるが）、ギリシャ政府は巨額の財政赤字を抱えていた。それはギリシャ政府がさらに資金を借り入れる必要があることを意味していた。出費を工面することと期限を迎えた負債の返済がその理由だ。けれども負債を返済する意欲と能力が十分にあると貸し手に信じてもらえたときのみ、政府は資金を借り入れることができる。それは企業や個人の場合と同じだ。2009年までにほとんどの投資家はギリシャの財政の将来について信用することをやめ、ギリシャ政府に資金を貸し出そうとはしなくなった。数少ない貸し手は、損失のリスクを埋め合わせるために高い利子率を要求した。

図13-10はギリシャ政府とドイツ政府が発行した10年物国債の金利を比較したものだ。2007年はじめ、ギリシャはとても安全な借り手と広く認識されており、ドイツ

ちょっと復習

▶財政赤字は不況期に増加し好況期に減少する傾向がある。これは景気循環が財政収支に影響を与えることを反映したものだ。

▶景気循環調整済み財政収支は経済が潜在産出量の水準にあると想定したときの財政収支の推定値だ。景気循環調整済み財政収支の変動幅は、実際の財政収支の変動幅よりも小さい。

▶ほとんどのマクロ経済学者は、政府は経済が悪化した年には財政赤字で、良好な年には財政黒字で財政を運営すべきだと信じている。財政収支の均衡を強制するようなルールは自動安定化装置としての役割を阻害することになる。

図13-10 ギリシャとドイツの長期金利

2008年後半にはギリシャはドイツよりも若干高い金利で借り入れることができ、安全な借り手と広く見なされていた。だが2009年はじめにはギリシャの債務と赤字はそれまで報告されていた値よりも巨額であることが明らかとなった。そして投資家の信用を失い、ギリシャの借り入れ費用は急激に上昇した。

（出所）欧州中央銀行

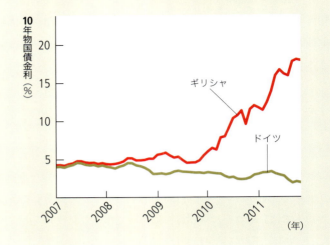

とほぼ同じ金利で借り入れることが可能だった。けれども2011年の終わりにはギリシャはドイツの10倍の金利を支払わなければならなかった。

なぜギリシャはこのような問題を抱え込むことになったのだろう。大きな理由は投資家がギリシャの債務を深く憂慮するようになったことだ（また、これまでに負った債務の額を隠すためにギリシャ政府が粉飾を行っていたことが明らかになってきたこともある）。政府債務は結局のところ貸し手に将来の支払いを約束するものだ。2009年までにギリシャ政府は支払い可能額を超えて約束しているようだとみなされるようになった。

その結果、ギリシャは民間の貸し手からはもう借り入れができないことを知ることとなった。ギリシャは他のヨーロッパ諸国と国際通貨基金（IMF）からの緊急融資を得たが、同時にギリシャ政府はきびしい支出削減を要求された。それは経済に大惨事をもたらした。そしてギリシャにとって深刻な経済的困難が到来し、ひどい社会不安を引き起こした。

政府の財政黒字と赤字の長期的意味合い、とくに政府債務の意味合いについて考察しないかぎり財政政策についての議論は終わったとはいえない。それでは財政政策の長期的な意味合いに目を向けてみよう。

4.1 赤字、黒字、そして債務

もしある家庭が1年間に収入よりも大きな出費をしたら、資産を売却するかおカネを借りるかして余分に資金を集めなければならない。もし何年も借金を重ねたら、巨額の債務を抱えることになるだろう。

同じことは政府にもいえる。ごく少数の例外を除いて、政府が国立公園などの資産を売却して資金を集めることはない。そのかわり、もし政府が税収よりも多くの支出を行って財政赤字を抱えたなら、ほとんどの場合追加的に資金を借り入れることにな

第13章｜財政政策

赤字 対 債務

いつも新聞記事でみかけるよくある間違いに、赤字と債務の混同がある。両者の違いを確認しておこう。

赤字とは、ある一定期間（必ずではないが、たいていは1年間だ）に政府が支出した金額と税収として受け取った金額の差額だ。赤字の額は、「2011財政年度のアメリカの財政赤字は1兆3000億ドルだ」といった具合に、その赤字が出た該当期間とともに述べられる。

債務とは、ある特定の時点で政府が借りているおカネの総額だ。債務の額は通常、「2011財政年度末のアメリカの公的債務の総額は10兆1000億ドルだ」といった具合に、特定の時点とともに述べられる。

政府が赤字を出すと政府の債務が増えるので、赤字と債務は結びついている。でも同一のものではないし、まったく異なる情報を伝えることさえある。たとえば、イタリアは2011年に債務の困難に直面したが、赤字は歴史的基準に照らし合わせるとずいぶんと小さかった。過去の政策の遺産により債務が膨れあがっていたのだ。

る。もし継続的に財政赤字を抱えた場合には、その債務は巨額なものとなる。

以下に出てくる数字を理解するために、あなたは連邦政府会計の特徴を少しだけ知っておく必要がある。歴史的な理由もあって、アメリカ政府は暦年での記録は行っていない。かわりに、予算の総額は**財政年度**に従い記録されている。アメリカの財政年度は10月1日に始まって9月30日に終わるが、その終わりの年が年度の名称になる。たとえば、2010財政年度は2009年10月1日に始まり、2010年9月30日に終わる。

2011財政年度の終わりに、アメリカ政府は合計でおよそ14兆8000億ドルにのぼる債務を抱えていた。けれども債務の一部、とくに社会保障などのある種の政府プログラムは、連邦政府の資金供給義務を定めた特別の会計ルールによるものだ。そのルールについては後で少し説明する。いまは**公的債務**という、政府以外の個人や機関によって保有される政府債務に焦点を当てよう。2011年財政年度末の時点で連邦政府の公的債務は「たった」10兆1000億ドル、GDPの68%だった。これに州政府や地方政府の債務を加えると、2011財政年度末のアメリカ連邦政府の公的債務は、2010財政年度末よりも大きかった。2011財政年度の連邦政府の財政収支が赤字だったからだ。継続的に財政赤字を出している政府は公的債務の水準の上昇を経験することになる。でも、なぜそれが問題なのだろう？

▶ アメリカの**財政年度**は10月1日に始まって9月30日に終わり、その終わりの年が年度の名称になる（訳注：日本の場合、4月1日に始まって3月31日に終わり、その始まりの年が年度の名称になる）。

▶ **公的債務**は政府以外の個人や機関によって保有される政府債務だ。

4.2　政府債務の増加によって生じる問題

政府が財政赤字を出し続けていることを懸念すべき理由は2つある。1つは、第10章で説明したことだ。経済が完全雇用であるときに政府が金融市場で資金を借り入れると、投資支出のために資金を借り入れようとしている企業と競合することになる。すると政府が民間の投資支出を「クラウド・アウト」し（押しのけ）、利子率が上昇し、長期の経済成長率が下がってしまう。

さらに第2の理由がある。現在の赤字が政府債務を増加させ、将来の予算に財政上の圧迫を加えてしまうことだ。現在の赤字は将来の財政に直接的に影響を与える。

509

GLOBAL COMPARISON グローバルに比較してみよう

アメリカン・ウェイ・オブ・債務

アメリカの公的債務は国際的にはどの程度のものだろうか？ 額面上は世界一だが、そのことにはあまり意味がない。アメリカ経済は他国よりも大きいので、政府の税基盤もまた大きいからだ。より意味のある比較は公的債務とGDPの比較だ。

図は2011年末の公的純債務の対GDP比を多くの富裕国について示している。純公的債務とは政府債務から政府資産をマイナスしたものだ（大きな違いを生み出しうる調整だ）。この図をみると、アメリカはおおよそにはごく普通の水準だとわかる。

ギリシャが一番であることや、債務問題で紙面をにぎわしてきたヨーロッパ諸国の公的純債務が高いことには驚かないだろう。だが興味深いことに日本もまた上位に位置している。1990年代に経済のてこ入れのために巨額の公的支出を用いたからだ。けれども投資家は日本を信用できる政府とみなしており、高い純債務にもかかわらず借り入れ費用は低いままだ。

ほかの諸国とは反対に、ノルウェーは大きな負の公的純債務を保有している。ノルウェーに何があったのだろう？ 早い話、北海沖合の油田によりノルウェーは世界有数の石油・天然ガス輸出国だからだ。ノルウェー政府は石油・天然ガスの収入をすぐには支出せず、かわりに伝統的な産油国サウジアラビアにならい、将来の必要に備えて投資ファンドを設立した。その結果、ノルウェーは大きな政府債務ではなく巨大な政府資産のストックを築き上げた。

（出所）国際通貨基金（IMF）

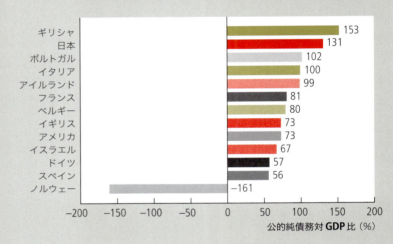

個人と同じように、政府も累積債務に対する利子などを支払わなくてはいけない。債務が膨れ上がっていると利子の支払いも巨額なものとなる。アメリカ連邦政府は2011財政年度に、GDPの1.8％に当たる2660億ドルを債務の利子として支払った。より重い債務国であるイタリアは、2011年にGDPの4.7％を利子として支払っている。

他の条件を一定とすれば、政府の利子支払いが大きくなると、政府は税収を増加させるか、またはその利子支払いがなければ可能だったはずの支出を削減しなければならない。あるいは税収と支出のギャップを埋め合わせる以上のおカネを借り入れる必要が生じる。でもすでに存在している債務の利子支払いのために借入金を増やすと、さらに債務が膨れることになる。このプロセスが進むと、最後には、貸し手が政府の返済能力に疑いを抱くような状況に到達してしまう。貸し手は、クレジットカードの限度額に到達してしまった消費者に貸し出さないのと同じように、政府にもそれ以上の資金を貸し出そうとはしない。その結果、債務不履行が起きることもある。債務不履行はたいてい深刻な金融不安や経済の混乱を引き起こす。

政府の債務不履行なんて起こりそうもないことだと思うかもしれないね。だが起こ

らないことはない。比較的所得が高い発展途上国のアルゼンチンは、1990年代にはその経済政策が広く賞賛されていた。そして海外の貸し手から巨額の借り入れができた。けれども、2001年までにアルゼンチンの利子支払いは急激にコントロールを失い、政府は満期の支払いを止めてしまった。ついにアルゼンチンは、当初の予定額の3分の1に満たない額しか支払わないという合意をほとんどの貸し手と取り付けた。2011年の終わりごろまでに、投資家はアルゼンチンタイプの債務不履行がいくつかのヨーロッパ諸国でも起きる可能性がかなり高いと考えるようになった。ギリシャ、アイルランド、そしてポルトガルだ。また、イタリアとスペインについてもかなり憂慮している。これらの国々は臆病になった貸し手から高い利子を支払うことを要求され、債務不履行のリスクがより深刻化した。

　債務不履行は国の金融市場に大混乱を巻き起こし、政府と経済に対する国民の信頼を大きく揺さぶることになる。アルゼンチンの債務不履行にともない、同国では銀行システム危機と深刻な不況が生じた。重い債務を抱える政府が仮に債務不履行を免れたとしても、重い債務負担は概して支出の切詰めや増税などの政治的に不人気な措置を強いるので、経済にダメージを与えることになる。時には、実際に政府に支払い能力があることを投資家に再び保証することを目的とした「緊縮財政」が経済をさらに落ち込ませてしまい、貸し手の信頼がさらに低下し続けることもある。このようなプロセスについては、本節の「経済学を使ってみよう」でより詳細にみよう。

　時に、借り入れ困難になった政府は支払いのために貨幣を刷ることはできないのか？　という疑問を耳にすることがある。自国の通貨があるならば、それは可能だ（ヨーロッパ諸国は自国通貨をもたないため混乱した）。だが政府の支払いのために貨幣を刷ると別の問題が発生する。インフレーションだ。実際、第16章でみるように、財政問題は非常に深刻なインフレの主な原因となっている。ここでのポイントは、債務不履行か、もしくは貨幣の印刷による債務帳消しのためのインフレかという選択を迫られるような局面に政府はみずからを追い込みたくはないということだ。

　赤字には長期的な懸念があるからといって、不況期の経済に刺激を与えるための拡張的財政政策を排除する必要はない。でもこの懸念から、政府は経済が悪化した年の財政赤字を良好な年の財政黒字で埋め合わせることを試みるべきだということがいえる。言い換えると、政府は時間を通じて財政収支がおおよそ均衡するように財政を運営すべきなのだ。でも、政府は実際にそうしてきたのだろうか。

4.3　赤字と債務の実際

　図13-11は1940年から2011年までのアメリカ連邦政府の財政赤字と債務を示したものだ。パネル（a）は連邦政府赤字の対GDP比だ。図からわかるように、第2次世界大戦中の財政赤字はとても大きい。戦後、短い黒字の期間があったが、その後のたいていの時期は赤字で、とくに1980年以降はその傾向が強い。これは、政府は経済が悪化したときの赤字を良好なときの黒字で埋め合わせるべきだというアドバイスと相反するようにみえる。

図13-11　アメリカの連邦財政赤字と債務

パネル（a）は1940年から2011年までのアメリカの連邦財政赤字の対GDP比を示している。第2次世界大戦中のアメリカ政府の財政赤字は巨額だったが、戦後の財政赤字はたいてい小さいものだった。パネル（b）はアメリカの債務/GDP比率を示している。パネル（a）とパネル（b）を比較すると、赤字があるにもかかわらずほとんどの年で債務/GDP比率が低下していることがわかるだろう。これは、逆説的にみえるかもしれないが、GDPが債務よりも速く成長するかぎり、債務が増加しても債務/GDP比率は低下しうることを反映している。

（出所）アメリカ行政予算管理局

(a) アメリカの連邦財政赤字（1940年以降）

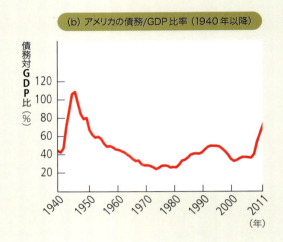

(b) アメリカの債務/GDP比率（1940年以降）

債務/GDP比率は政府債務の対GDP比だ。

だがパネル（b）から、ほとんどの期間でこれらの赤字がコントロール不能なほどの債務となってはいないことがわかる。政府の債務支払い能力を測るために、政府債務の対GDP比である**債務/GDP比率**が用いられることが多い。ここでも、単に債務の大きさをみるのではなく、この指標を用いることにしよう。経済全体の大きさを測るGDPは、政府が徴収できる潜在的な税収額の優れた指標だからだ。政府債務の増加速度がGDPの成長速度よりも遅いならば、債務支払いの負荷は政府の潜在的な税収額にくらべて実際には減少していることになる。

パネル（b）からみつけられることは、連邦債務はほとんど毎年増えているものの、債務/GDP比率は第2次世界大戦が終わってから30年間減り続けていることだ。このことから、たとえ債務が増加しても、GDPが債務よりも速く成長しているかぎり、債務/GDP比率は低下することがわかる。次の「ちょっと寄り道」で、第2次世界大戦中にアメリカ政府が抱えた巨額の債務に焦点を当て、政府が財政赤字を出し続けていても、経済成長とインフレによって債務/GDP比率が低下しうることを説明しよう。

一方で債務がGDPよりも速く成長するような巨額の財政赤字を続けていると、債務/GDP比率は上昇することになる。2008年の金融危機の余波の最中、アメリカ政府は第2次世界大戦の後にみられたどの水準よりも大きい赤字を出しはじめた。そして債務/GDP比率は急激に上昇しはじめた。2008年には似たような債務/GDP比率の急騰はほかの多くの国々でみることができた。経済学者と政策立案者は、これは持続可能な傾向ではない、そして政府は支出と歳入を以前のように等しくさせる必要が

第13章 | 財政政策

> ### ちょっと寄り道
>
> #### 第2次世界大戦の債務はどうなったか？
>
> 図13-11からわかるように、アメリカ政府は巨額の借り入れによって第2次世界大戦の出費を工面した。終戦までに公的債務はGDPの100％を超え、多くの人々は本当に完済できるのかどうかを懸念した。
>
> 決して完済されてはいないというのが真実だ。公的債務の額は1946年には2420億ドルだった。戦後、アメリカの財政は黒字に転じたので、数年間は公的債務が減少した。だが1950年に朝鮮戦争が始まると、政府の財政は赤字へと逆戻りした。そして1962年には公的債務は2480億ドルに戻ってしまった。
>
> けれども、当時、アメリカ政府の財政の健全性を心配する者はいなかった。債務/GDP比率がほとんど半分にまで下がっていたからだ。なぜかって？　力強い経済成長とゆるやかなインフレでGDPが急速に成長したからだ。この経験は、現代の政府はあまりに巨額なものでなければ赤字を永遠に出し続けられるという不思議な事実を示す明確な教訓といえる。

あるとして意見が一致した。だが支出と歳入とをどのタイミングで一致させるかについては大きな相違がある。いますぐ財政を引き締めるように論じる者もいれば、主要な経済が不調から回復するまで引き締めを伸ばすように主張する者もいた。

4.4　隠れた債務

図13-11をみると、アメリカの連邦予算は、2008年の危機が起きるまではかなり健全だったと結論づけたくなるかもしれないね。2001年以降の赤字財政への逆戻りは債務/GDP比率を少し悪化させたが、その比率は歴史的にも、またほかの富裕国と比較してもまだ低いといえる。けれども長期の財政問題の専門家たちは、アメリカの状況に警鐘を鳴らしている（日本やイタリアといった国々についてもだ）。その理由は隠れた債務だ。**隠れた債務**とは、通常の債務の統計には含まれないが事実上の債務と考えられる、政府の支払い保証だ。

> ▶ **隠れた債務**とは、通常の債務の統計には含まれないが事実上の債務と考えられる、政府の支払い保証だ。

アメリカ政府最大の隠れた債務は、社会保障とメディケアという、高齢者への支援を主目的とした2つの移転支出プログラムから生じている。3番目に大きな隠れた債務は低所得家庭への支援を目的とするメディケイドによるものだ。これらの各プログラムでは、政府は現在の支給だけではなく将来の支給も約束している。よって、たとえいまは債務の統計に表れていなくても、将来必ず支払わなければならない債務を意味しているのだ。これら3つのプログラムを合計すると、現在の連邦支出の40％を占めている。

財政の専門家たちは、これらの移転支出プログラムから生じる隠れた債務を懸念している。図13-12からその理由がわかる。図13-12は社会保障とメディケア、メディケイド、そしてCHIP（無保険の子どもに医療保険を提供するプログラム）の実際の合計支出額の2000年から2010年までの対GDP比と、アメリカ連邦議会予算事務局による2085年の予測を示している。この予測によると、社会保障への支出は今後数十年にわたって増え続け、3つの医療補助プログラムへの支出は急速に膨れ上がるよ

図13-12 連邦予算への将来の需要

図は社会保障とメディケア、メディケイドへの支出の対GDP比についての連邦議会予算事務局による予測を示している。一部には人口の高齢化、そして主に医療費の上昇という2つの理由により、これらのプログラムへの支出はこれからどんどんと増えていき、連邦政府予算にとって深刻な問題となっていく。

（出所）アメリカ連邦議会予算事務局

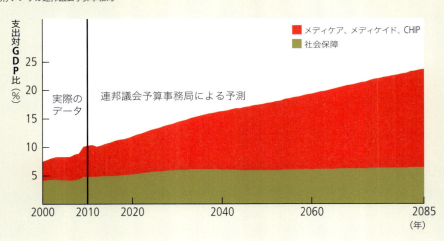

うだ。なぜだろう？

　社会保障については、人口統計のためだというのが答えだ。社会保障は賦課方式（ペイ・アズ・ユー・ゴー）を採用している。つまり現在の労働者の賃金に課される税が、現在の退職世代への給付を工面する資金源となっているのだ。したがって社会保障費を支払う現役世代の数と給付を受ける退職世代の数の比率が、社会保障の資金を運用するうえで重要となる。アメリカの出生率には1946〜64年に大きな波が訪れた。「ベビーブーム」だ。ベビーブーマーのほとんどは現在、現役世代として活躍している。つまり税を支払っていて給付は受けていないというわけだ。だが彼らの一部は退職しはじめ、退職者の数はどんどん増えている。そして課税対象となる所得を稼ぐことはなくなり、給付を受けるようになっている。その結果、給付を受ける退職世代の、社会保障制度を支える現役世代に対する比率は上昇するだろう。2010年時点では、制度を支える100人の現役世代に対して給付を受け取る退職世代が34人いることになる。社会保障庁（SSA）によると、2030年にはその数は46人に上昇し、2050年には48人、2080年には51人に達する。ベビーブーマーの退職が進むにつれて、経済の大きさと比較して給付額は相対的に増加し続けることになる。

　ベビーブーマーの高齢化それ自体が長期の財政にもたらす問題はそれほど大きいものではない。メディケアとメディケイドへの支出の増加予測はもっと深刻な問題だ。メディケアとメディケイドへの支出が増加するという予測の背後には、支出全体と比較したときの医療費支出の上昇が速いという長期的傾向がある。政府資金による医療費補助についても民間資金による医療費補助についてもそうだ。

アメリカ政府の隠れた債務は、ある程度はすでに債務統計に反映されている。すでに述べたように、2011年財政年度末の債務総額は14兆8000億ドルだ。ただし返済義務がある公的債務は、そのうち10兆1000億ドルにすぎない。なぜこうした不一致が生じるかというと、主な理由は、社会保障とメディケアの一部（入院保険プログラム）が目的税によって支えられているからだ。つまりそれらのための資金は賃金に課される特別な税で確保されているのだ。そして時には、目的税による収入が現在の給付支払いに必要な額を超すこともある。とくに1980年代半ば以降は、社会保障制度は当面の必要額よりも多くの収入を確保するようになった。ベビーブーマーの退職に備えるためだ。この社会保障制度の余剰金は社会保障信託基金として蓄積されてきた。2011年財政年度末時点で、その額は2兆9000億ドルにのぼる。

2兆9000億ドルの信託基金はアメリカ国債のかたちで保有されていて、14兆8000億ドルの債務総額のなかに含まれている。社会保障信託基金の債券を政府債務の一部に数えるのはちょっと変だって思うかもしれないね。つまるところ、社会保障信託基金は政府のある部分（社会保障制度以外のところ）が政府の別の部分（社会保障制度）から借りた資金だからだ。でもその債務は、隠れたものではあるものの、現実には債務に相当するものだ。将来の退職世代への給付という政府の約束に対応したものなのだ。よって多くの経済学者は、14兆8000億ドルという債務総額が、つまり社会保障信託基金やその他の信託基金などの政府債務と公的債務の合計が、公的債務だけの小さな金額よりも政府財政の健全性を示すより正確な指標だと主張している。

経済学を使ってみよう☞ 緊縮財政のジレンマ

国の経済が難局を迎え、すでに大きな負債を抱えている政府は貸付金の返済ができないのではないかと貸し手が憂慮しているとしよう。その結果、貸し手は貸し付けをやめてしまう。このようなとき、政府はどうするだろう？

通常の対処は緊縮財政だった。政府支出の削減と増税だ。さらなる資金借り入れの必要性を減らし、貸し手に負債返済の能力と必要なことの実行を明示するためだ。だが、痛みをともなうことと政治的に不人気であることを横に置いても、緊縮財政は本当に貸し手の信用危機から国を救い出すことになるのだろうか？　経済学者と歴史の両方が、答えはノーとなりそうだと示している。

緊縮財政とは縮小的な財政政策を意味している。そしてこれまでの分析からわかるように、経済がすでに不況であるならば縮小的な財政政策はそれをさらに不況へと向かわせる。さらに、アルゼンチンとアイルランドの経験から、緊縮財政により生じた経済状態の悪化のために、支えようと考えていた貸し手の信頼をさらに失ってしまうことがわかる。

アルゼンチンの事例は事態の経緯を明確に示してくれる。1990年代以来、アルゼンチンは海外の貸し手のお気に入りで国外から自由に借り入れ可能だった。だが債務が蓄積し、経済が低迷した1990年代終わり頃には貸し手の憂慮が始まった。1997年

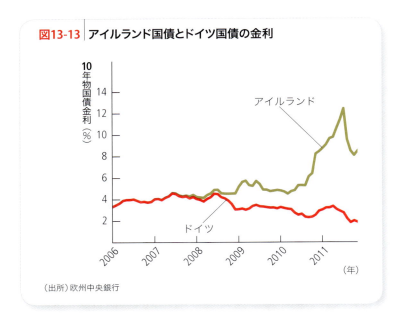

図13-13 アイルランド国債とドイツ国債の金利

（出所）欧州中央銀行

から2001年まで、アルゼンチンは増税と政府支出の切り詰めを繰り返すことで、信用力があることを貸し手に再確認させようとした。だが、いずれの緊縮財政も経済を弱体化させ、政府は財政収支を均衡させることができなかった。ついには大きな抗議運動に直面したすえ、政府は崩壊し債務不履行が起きた。

2009年以来、アイルランドも問題の原因は異なるものの似たような経験をした。2008年までアイルランド政府の財政収支はおおよそ均衡していた。しかし2000年代に、過度の銀行貸し付けが不動産開発業者に注ぎ込まれ、アイルランド経済は巨大な不動産バブルに見舞われた。バブルが崩壊したとき、アイルランドの銀行は大きな損失を抱え込んだ。その下支えのためにアイルランド政府は銀行の損失を保証し、アイルランドの納税者に銀行の債務を清算する責任を負わせた。けれども負債はとても巨額であることがわかり、政府自身による支払いは疑問視されるようになった。そして政府の借入金利は急上昇した。このことは図13-13にみることができる。アイルランド国債と（とても安全だと考えられている）ドイツ国債の乖離は2008年終わりから2009年はじめに急増している。

貸し手の信頼を取り戻すために、経済がすでに不況に陥っていたにもかかわらずアイルランドはきびしい緊縮財政を課した。たとえば政府職員を2万5000人削減する政策を採用した。人口比で評価すると、それはアメリカで250万人の職が失われることに等しい。

2010年半ばまでは、アイルランドの緊縮財政政策はうまくいっているようにみえた。アイルランド国債の金利は安定し、2009年から2010年には少し低下することもあった。けれども銀行の損失が膨らみ続け、緊縮財政政策が経済をより深い不況へと痛めつけていることが明らかになると、2011年には崩壊してしまった。2010年後半にアイルランドのGDPは2007年末よりも12％下がった。アイルランド経済の弱点は税収の低下にあり、緊縮財政の直接的な効果を打ち消してしまった。同時にGDPの減少により債務/GDP比率が急上昇した。本書執筆時には、アイルランド当局は、見込みは薄いが、緊縮財政をもっと強化することで貸し手の信頼を取り戻せるという望みをまだもっている。

それではなぜ自滅的な行為であるはずの緊縮財政政策を、貸し手は支持し、債務国は採用するのだろうか。それは経済を家計のようなものだと誤解したからだ。もし家

計が支出を切り詰めたら、考えればわかるようにクレジットカードの請求を支払うことができるだろう。けれどもすでに確認したように、経済は家計とは違う。ある人の支出は別の人の所得となる。よって支出を減らす緊縮財政政策は結局のところ所得を減らしてしまい、一国の債務の返済をより困難にすることもある。

理解度チェック 13-4

1. 次のそれぞれの出来事は、他の条件を一定とすると、アメリカ政府の公的債務と隠れた債務にどのように影響するだろうか。公的債務、もしくは隠れた債務は大きくなるだろうか、それとも小さくなるだろうか。
   a. 高い実質 GDP 成長率。
   b. 退職世代の寿命の延長。
   c. 税収の減少。
   d. 現在の公的債務の利子支払いを目的とした政府の借り入れ。
2. 経済が停滞して現在の公的債務が非常に巨額なものになったとしよう。赤字支出を実行するかどうかを決定するに当たって、政策立案者が直面する短期的な目標と長期的な目標の間のトレードオフを説明しなさい。
3. 緊縮財政により、政府の債務返済がより困難になるかもしれない理由を説明しなさい。

解答は https://str.toyokeizai.net/books/9784492314906 にある。

ちょっと復習

▶財政赤字の持続は**公的債務**の増加を生む。

▶公的債務の増加は政府の債務不履行を引き起こすことがある。それほど極端ではなくても、投資支出をクラウド・アウトし長期の成長を引き下げる。このことから、財政が悪化した**財政年度**の赤字は、財政が良好な財政年度の黒字で埋め合わせるべきだということがわかる。

▶財政の健全性を図る指標として広く利用されているのが**債務/GDP 比率**だ。GDP が上昇している国では、財政赤字があるとしても、GDP が債務よりも早く成長しているならば債務/GDP 比率は安定的かもしくは下落する。

▶現代の政府は公式の債務に加えて、隠れた債務も抱えている。アメリカ政府は社会保障とメディケア、それにメディケイドから生じる巨額の**隠れた債務**を抱えている。

BUSINESS CASE ビジネス・ケース

ポンプに呼び水を差す

　その昔、アメリカ人のほとんどは自動車をもたず、多くは農村地域に住み井戸から水を汲んでいた頃、財政拡張の支持者たちは今とは異なる例えを用いていた。オバマ大統領のように経済の「（エンジンの）ジャンプスタート」について語るかわりに、当時の人々は「ポンプに呼び水を差すこと」について語っていた。井戸の手押しポンプが旧式ならば、水を汲み上げる前に、差し水を加える必要がよくあることを知っているね。同じように、経済が仕事と所得を生み出すように仕向けるためには、そこに資金を加える必要があると議論したというわけだ。

　オバマ景気刺激策の場合には、呼び水を差すことは文字どおりの意味でもあった。大きな受益者のなかには、ポンプの製造会社もあった。復興法は70億ドルを飲用水と廃水プロジェクトに分配し、水関連ビジネスの企業に数多くの新しい機会を生み出した。

　代表例はガーニー建設だ。ガーニー社はカンザスシティを基盤とする企業で、「水を前進させよう（Advancing Water）」をスローガンとして上下水道事業を営んでいる。

2009年夏までに、ガーニー社は9個の上下水道関連事業を請け負う契約を勝ち取った。これらは、全額もしくは部分的に復興法を財源としていた。

これらのインフラ事業はどれもより多くのおカネを費やすために思いついたわけではない。州や地方政府がいずれは実行しようと計画していたものばかりだ。「思うにこれらの事業のほとんどは、たなざらしにされ資金を待っていたわけです」。ガーニー社の社長は地域のビジネス誌でこのように語った。

景気刺激策はガーニー社にとっては素晴らしいものだったが、金のなる木そのものではなかった。2007年、アメリカは1000億ドルを上下水道インフラに費やした。そして70億ドルが景気刺激策によって追加的に与えられたが、1年ですべてが与えられたわけではなく、1000億ドルと比較すると、まあ基本的にはごくわずかな額だ。実際、ガーニー社の事業のたった10パーセントが景気刺激策の資金によるものとのことだ。だが、それにもかかわらず、ガーニー社の事業規模はその2年前よりも減少していた。

それでもガーニー社やその他の上下水道事業の企業が復興法の恩恵をうけたことは明らかだ。

ビジネス思考力を鍛えよう

1. 財政拡大の反対者は、それが社会的価値の小さい不必要な事業に費やされると非難してきた。このような見方に対して、ガーニー社の話から何がいえるだろうか。
2. この事例から、政府支出は希少な資源を民間部門と競合しているといえるだろうか。
3. 上下水道事業をいずれは完遂させたいとしよう。深刻な不況期は事業を実行するための良いタイミングかそれとも悪いタイミングか？ またその理由は？

要約

1. 政府は経済のなかで大きな役割を果たしている。GDPのかなりの割合を税として集め、かなりの割合を財・サービスの政府購入や**社会保険**に代表される政府移転支出に費やす。財政政策は、総需要曲線をシフトさせるために税や政府移転支出、財・サービスの政府購入を利用するものだ。
2. 財・サービスの政府購入は総需要に直接的な影響を与える。税や政府移転支出の変更は、家計の可処分所得の変化を通じて間接的に総需要に影響を与える。**拡張的財政政策**は総需要曲線を右にシフトさせ、**緊縮的財政政策**は総需要曲線を左にシフトさせる。
3. 経済が完全雇用にあるときのみ、拡張的財政政策によって民間支出や民間投資支出がクラウド・アウトされる（押しのけられる）可能性がある。リカードの等価定理、つまり消費者は将来の増税を予想して現在の支出を切り詰めるので拡張的

財政政策は機能しないという議論は実際には正しくない。明らかに正しいことは、政策の立案と実行とのあいだのタイムラグにより、とても積極的な財政政策は経済をより不安定にするということだ。

4. 財政政策は経済に乗数効果をもたらし、その大きさは財政政策に依存する。一括税の場合を除いて、課税は乗数の大きさを減少させる。拡張的財政政策は実質GDPを増加させ、逆に緊縮的財政政策は実質GDPを減少させる。政府購入の変化は経済に対して、同額の税や移転支出の変化よりも強い影響を与える。税や移転支出の変化の一部は、支出の連鎖反応の1回目で貯蓄に回されてしまうからだ。

5. 課税（**一括税**は除く）や移転支出を定めるルールは**自動安定化装置**として作用する。つまり乗数の大きさを小さくし、景気循環の変動幅を自動的に小さくする。対照的に、**裁量的財政政策**は、景気循環ではなく政策立案者の意図的な行動によるものだ。

6. 財政収支は部分的には景気循環の影響を受けて変動する。景気循環による効果と裁量的財政政策による効果を区別するために、政府は実質GDPと潜在産出量が完全に等しいときの財政収支の推定値である**景気循環調整済み財政収支**を推定している。

7. アメリカ政府の予算会計は**財政年度**に基づいて計算されている。持続的な財政赤字がもたらす長期的な結末は**公的債務**の増加だ。これは2つの理由から問題となりうる。公的債務は投資支出をクラウド・アウトして（押しのけて）、長期の経済成長を阻害する。そして極端なケースでは、債務の増加は政府の債務不履行を引き起こす。その結果は経済と金融の混乱だ。

8. 財政の健全性の指標で広く利用されているのは**債務/GDP比率**だ。GDPが上昇しているときには、適度の財政赤字があっても債務/GDP比率は安定するか、または低下することもある。だが債務/GDP比率が安定的なら問題はないというのは誤った考えだ。それは、現代の政府は巨額の**隠れた債務**を抱えているからだ。アメリカ政府最大の隠れた債務は、社会保障とメディケア、そしてメディケイドから生じている。これらのための費用は人口の高齢化と医療費の上昇にともない増加している。

キーワード

社会保険　　490ページ	拡張的財政政策　　491ページ
緊縮的財政政策　　493ページ	一括税　　499ページ
自動安定化装置　　500ページ	裁量的財政政策　　501ページ
景気循環調整済み財政収支　　505ページ	財政年度　　509ページ
公的債務　　509ページ	債務/GDP比率　　512ページ
隠れた債務　　513ページ	

〈問題〉

1. 下の図はアルバーニアのマクロ経済の状況を表現したものだ。あなたは、経済が潜在的産出量 Y_P に到達できるように助言する経済コンサルタントとして雇われたとしよう。

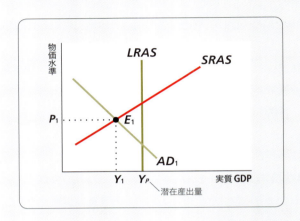

   a. アルバーニアが直面しているのは不況ギャップか。それともインフレギャップか。
   b. 拡張的財政政策と緊縮的財政政策のどちらをとればアルバーニア経済は潜在産出量 Y_P に到達できるだろうか。また、そのような政策の例を述べなさい。
   c. 財政政策が実行されてそれが成功した後のアルバーニアのマクロ経済的状況を図示しなさい。

2. 下の図はブリタニカのマクロ経済の状況を表現したものだ。実質 GDP は Y_1 で物価水準は P_1 だ。あなたは、経済が潜在的産出量 Y_P に到達できるように助言する経済コンサルタントとして雇われたとしよう。

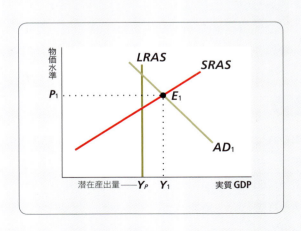

   a. ブリタニカが直面しているのは不況ギャップか。それともインフレギャップか。

b. 拡張的財政政策と緊縮的財政政策のどちらをとればブリタニカ経済は潜在産出量 Y_P に到達できるだろうか。また、そのような政策の例を述べなさい。
c. 財政政策が実行されてそれが成功した後のブリタニカのマクロ経済的状況を図示しなさい。

3. 経済が長期のマクロ経済均衡にあるとき、総需要に次のようなショックが起きたとしよう。ショックの後に経済が直面するのは、不況ギャップとインフレギャップのどちらだろうか。そして、経済を潜在産出量に戻すために、どんな財政政策が有効だろうか。また推奨したい財政政策は総需要曲線をどのようにシフトさせるだろうか。
a. 株式市場のブームにより家計が保有する株式の価値が上昇した。
b. 企業は近い将来不況が来ると信じている。
c. 戦争が近いと予想されているので政府は軍事関連設備の購入を増加した。
d. 経済の貨幣量が減少し利子率が上昇した。

4. 2008年のインタビューの際、ドイツの財務相ペール・シュタインブリュックは次のように述べた。「ヨーロッパやその他で、経済のマイナス［成長］と高インフレの組み合わせ、つまり専門家がスタグフレーションと呼ぶような状況が発生しないように警戒する必要がある」。そのような状況を下の図で示すと、短期の総供給曲線が当初の $SRAS_1$ から新しい $SRAS_2$ にシフトし、均衡が E_2 に移ることで描写できる。本問では財政政策によりスタグフレーションに対処することがとくにむずかしい理由を理解しよう。

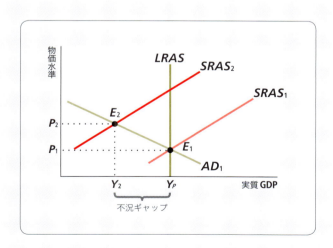

a. 政府の主な関心が経済成長の維持ならば、この状況に対する適切な財政政策はどのようなものか。図を用いて均衡点と物価水準に対する政策の影響を描写しなさい。
b. 政府の主な関心が物価安定の維持ならば、この状況に対する適切な財政政策はど

のようなものか。図を用いて均衡点と物価水準に対する政策の影響を描写しなさい。

c. スタグフレーションと戦う設問 a と設問 b の政策の有効性について議論しなさい。

5. 下の表を完成させて、政府購入 G の100億ドルの減少が政府移転支出 TR の100億ドルの減少よりも GDP に与える効果が大きい理由を示しなさい。ここで、限界消費性向 MPC は0.6だとする。1行目と2行目はすでに埋めてある。表の左側の1行目では、政府購入の100億ドルの減少が実質 GDP と可処分所得 YD を100億ドル減少させ、結果として2行目にあるように消費支出が60億ドル減少する（MPC ×可処分所得の変化だ）。一方、表の右側で示すように、政府移転支出の100億ドルの減少は、最初のラウンドでは実質 GDP に影響を与えず、YD を100億ドル減少させるのみだ。結果として第2ラウンドで消費支出が60億ドル減少する。

	政府購入 G の100億ドルの減少			移転支出 TR の100億ドルの減少		
ラウンド	G または C の変化（10億ドル）	実質GDPの変化（10億ドル）	YD の変化（10億ドル）	TR または C の変化（10億ドル）	実質GDPの変化（10億ドル）	YD の変化（10億ドル）
1	$\Delta G = -10.00$	-10.00	-10.00	$\Delta TR = -10.00$	0.00	-10.00
2	$\Delta C = -6.00$	-6.00	-6.00	$\Delta C = -6.00$	-6.00	-6.00
3	$\Delta C =$?	?	?	$\Delta C =$?	?	?
4	$\Delta C =$?	?	?	$\Delta C =$?	?	?
5	$\Delta C =$?	?	?	$\Delta C =$?	?	?
6	$\Delta C =$?	?	?	$\Delta C =$?	?	?
7	$\Delta C =$?	?	?	$\Delta C =$?	?	?
8	$\Delta C =$?	?	?	$\Delta C =$?	?	?
9	$\Delta C =$?	?	?	$\Delta C =$?	?	?
10	$\Delta C =$?	?	?	$\Delta C =$?	?	?

a. 政府購入が100億ドル減少したとき、10ラウンド後の実質 GDP の変化の合計はどれだけか。

b. 政府移転支出が100億ドル減少したとき、10ラウンド後の実質 GDP の変化の合計はどれだけか。

c. 政府購入の変化と政府移転支出の変化のそれぞれの乗数の式を利用して、政府購入の100億ドルの減少と政府移転支出の100億ドルの減少のそれぞれについて、実質 GDP の総変化額を計算しなさい。その違いはどう説明できるか。（ヒント：財・サービスの政府購入の乗数は $1/(1-MPC)$ だ。だが1ドルの政府移転支出の変化は当初の実質 GDP を $MPC \times 1$ だけ変化させるので、政府移転支出の乗数は $MPC/(1-MPC)$ となる。）

6. 次のそれぞれのケースでは不況ギャップとインフレギャップのどちらかが存在している。総供給曲線は水平で、総需要曲線のシフトによって生じる実質 GDP の変化は曲線のシフト幅と等しいとしよう。ギャップを埋め合わせるために必要な財・

サービスの政府購入の変化額と、政府移転支出の変化額をそれぞれ計算しなさい。

   a. 実質GDPは1000億ドル、潜在産出量は1600億ドル、限界消費性向は0.75だ。
   b. 実質GDPは2500億ドル、潜在産出量は2000億ドル、限界消費性向は0.5だ。
   c. 実質GDPは1800億ドル、潜在産出量は1000億ドル、限界消費性向は0.8だ。

7. ほとんどのマクロ経済学者は、税が自動安定化装置として機能し、乗数の大きさを小さくすることは望ましいと信じている。けれども乗数の大きさが小さくなるということは、インフレギャップや不況ギャップを埋めるのに必要な財・サービスの政府購入、政府移転支出、もしくは税の変化がより大きくなることを意味している。この明らかな矛盾をあなたならどう説明するか。

8. 下の表はある経済の限界消費性向と所得階層の関係を示している。

所得階層（ドル）	限界消費性向
0〜20,000	0.9
20,001〜40,000	0.8
40,001〜60,000	0.7
60,001〜80,000	0.6
80,000超	0.5

   a. 政府が財・サービスの購入を増やしているとしよう。それぞれの所得階層についての乗数の価値はどのように測れるか。つまり、財・サービスの政府購入の1ドルの増加に対する「出費に見合った価値」は、それぞれの所得階層についてどれだけか。
   b. 政府が不況ギャップやインフレギャップを埋める必要があるとしよう。財・サービスの政府購入の変化による財政政策は、主にどの所得階層にねらいを定めるべきだろうか。

9. マクロランドでは過去5年間財政黒字が増加しつづけた。2人の政策立案者の間で、その理由について見解の不一致がある。1人は財政黒字の増加は経済成長によるものだとし、もう1人は政府が緊縮的財政政策を利用したからだと主張している。どちらの政策立案者が正しいか、あなたは判断できるだろうか。できないとしたら、その理由は何か。

10. 図13-9は1970年から2010年のアメリカの実際の財政赤字と景気循環調整済み財政赤字を対GDP比で示したものだ。潜在産出量が一定だとして、1990年から2009年の間で、拡張的財政政策を用いた年と緊縮的財政政策を用いた年をこの図から判断しなさい。

11. あなたは官僚候補者の経済アドバイザーだ。彼女はあなたに連邦政府の均衡財政ルールが経済にもたらす効果についての概要の作成を求め、そしてそれを支持すべきかどうかについての意見を求めた。あなたはどう答えるか。

12. 2012年に、イーストランディア経済の政策立案者は、財政赤字増加に関する複数のシナリオに基づいて今後10年の債務/GDP 比率と赤字/GDP 比率を予測した。現在の実質 GDP は年間1兆ドルで、3％の成長率で成長している。また、2012年当初の公的債務は3000億ドル、2012年の財政赤字は300億ドルだ。

年	実質GDP （10億ドル）	債務 （10億ドル）	財政赤字 （10億ドル）	債務 （対実質GDP比）	財政赤字 （対実質GDP比）
2012	1,000	300	30	?	?
2013	1,030	?	?	?	?
2014	1,061	?	?	?	?
2015	1,093	?	?	?	?
2016	1,126	?	?	?	?
2017	1,159	?	?	?	?
2018	1,194	?	?	?	?
2019	1,230	?	?	?	?
2020	1,267	?	?	?	?
2021	1,305	?	?	?	?
2022	1,344	?	?	?	?

a. 政府の財政赤字が今後10年間一定で300億ドルだとしよう。債務/GDP 比率と赤字/GDP 比率を記入し表を完成させなさい（前年の赤字によって債務が増加することに注意）。

b. 政府の財政赤字が今後10年間、前年度の3％の伸び率で増加するとしよう。設問aと同じように、債務/GDP 比率と赤字/GDP 比率を記入し表を完成させなさい。

c. 政府の財政赤字が今後10年間、前年度の20％の伸び率で増加するとしよう。設問aと同じように、債務/GDP 比率と赤字/GDP 比率を記入し表を完成させなさい。

d. これらの3つの異なるシナリオのもとで、債務/GDP 比率と赤字/GDP 比率はどのようになるか。

13. あなたの勉強仲間が政府の赤字と債務の違いは、消費者の貯蓄と富との間の違いと似たようなものだと主張している。また、大きな赤字を抱えているならば債務も必ず大きくなるとも主張している。あなたの勉強仲間の正しい点と誤っている点を明らかにしなさい。

14. 次のそれぞれのケースで、政府債務の大きさと財政赤字の大きさは、経済の潜在的な問題を示すものだろうか。
    a. 政府債務は比較的小さい。だが、主要都市を結ぶ高速鉄道網を建設するために政府は巨額の財政赤字を生み出している。
    b. 最近終わった戦争で多額の赤字を出したため、政府債務は比較的大きい。だが現在の財政赤字は小さい。
    c. 政府債務は比較的小さい。だが、その債務への利子支払いのために政府は財政赤字を生み出している。

15. 次の出来事はアメリカ政府の公的債務と隠れた債務にどんな影響を与えるだろうか。
    a. 2003年、メディケア近代化法が議会を通過し、ブッシュ大統領はそれにサインした。この法律は、高齢者と障害者の処方薬の保険適用を約束するものだった。この法律による給付の一部はすぐに支給され、残りは将来のある時期まで始まらない。
    b. 退職者が社会保障給付を全額受け取ることができる年齢が、70歳以上に引き上げられた。
    c. 将来の退職者のうちで社会保障給付の対象となるのが低所得者のみに制限された。
    d. 医療費補助の費用がインフレ率よりも速く増大している。したがってインフレよりもむしろ医療費補助の増加によって社会保障給付が毎年増加している。

16. 家計とは異なり、政府はたいてい、巨額の債務を維持できる。たとえば2011年、アメリカ政府の債務は14兆8000億ドルに達し、それはGDPの約102.7%に相当する。その当時、アメリカ財務省によれば政府が債務に支払う金利の平均は2.2%だった。けれども巨額の債務が未払いである場合には、財政赤字は困難となる。
    a. 金利と債務が上記のとおりであるとしよう。政府債務に対する1年当たりの利子支払い額（ドル）を計算しなさい。
    b. 利子支払いを考慮しなければ財政収支は均衡しているとしよう。GDP成長率がどれだけであれば、債務/GDP比率は一定となるか。
    c. 2012年に政府の財政赤字が6000億ドルだとしよう。国の債務の総増加額を計算しなさい。
    d. 2012年の赤字が6000億ドルであるとき、GDP成長率がどれだけであれば、債務/GDP比率は一定となるか。
    e. 一国の債務を測るとき、債務の額面ではなく債務/GDP比率がより望ましい指標であるのはなぜか。この指標を制御し続けることが政府にとって重要であるのはなぜか。

Chapter 13 Appendix

Taxes and the Multiplier

税と乗数

　第13章本文では、実質 GDP と正の関係がある税が乗数の大きさを小さくし、自動安定化装置として機能することを説明した。その理由を数学的によりくわしく説明してみよう。

　具体的に政府は実質 GDP の増加のうち t の割合を税として「獲得する」としよう。t は税率で、0 から 1 の間の値をとる。それから、投資支出が1000億ドル増加したときの効果を考察した第11章の練習問題をもう一度やってみよう。同様の分析は任意の総支出の自立的な増加について妥当し、とくに、財・サービスの政府購入についても成立する。

　投資支出の1000億ドルの増加は、最初に実質 GDP を1000億ドル増加させる（第1ラウンド）。税がなければ可処分所得が1000億ドル増加する。だが、実質 GDP の増加の一部は税として徴収されるので、可処分所得は $(1-t) \times 1000$ 億ドルだけ増加する。第2ラウンドでは消費支出が増加する。その額は限界消費性向 MPC と可処分所得の増加額をかけあわせたものに等しく、$(MPC \times (1-t)) \times 1000$ 億ドルとなる。同様に第3ラウンドの消費支出の増加額は $(MPC \times (1-t)) \times (MPC \times (1-t)) \times 1000$ 億ドルとなる。第4ラウンド以降も同様だ。したがって、実質 GDP への最終的な影響は次のようになる。

$$
\begin{aligned}
\text{投資支出の増加} &= 1000\text{億ドル} \\
+\text{第2ラウンドの消費支出の増加} &= (MPC \times (1-t)) \times 1000\text{億ドル} \\
+\text{第3ラウンドの消費支出の増加} &= (MPC \times (1-t))^2 \times 1000\text{億ドル} \\
+\text{第4ラウンドの消費支出の増加} &= (MPC \times (1-t))^3 \times 1000\text{億ドル} \\
&\quad \vdots
\end{aligned}
$$

$$
\text{実質 GDP の変化の合計} = [1 + (MPC \times (1-t)) + (MPC \times (1-t))^2 + (MPC \times (1-t))^3 + \cdots] \times 1000\text{億ドル}
$$

第11章で学んだように、$0 < x < 1$であるようなxについて、$1 + x + x^2 + \cdots$は$1/(1-x)$に等しくなる。この例では、$x = (MPC \times (1-t))$だ。よって、投資支出が1000億ドル増加したときの最終的な効果は、それに続いて起こる消費支出の増加も考慮に入れると、実質GDPを次式の分上昇させる。

$$\frac{1}{1-(MPC \times (1-t))} \times 1000億ドル$$

税の効果を考慮しないで乗数を計算すると$1/(1-MPC)$となる。けれども実質GDPの変化のうちtの割合が税として徴収されるなら、乗数は次のようになる。

$$乗数 = \frac{1}{1-(MPC \times (1-t))}$$

これは常に$1/(1-MPC)$よりも小さく、その大きさはtが大きくなるにつれて小さくなる。たとえば$MPC = 0.6$としよう。このとき、税がない場合の乗数は$1/(1-0.6) = 1/0.4 = 2.5$だ。だが$t = 1/3$と仮定すると、つまり実質GDPの変化のうち$1/3$が税として徴収されるとすると、乗数は次のようになる。

$$\frac{1}{1-(0.6 \times (1-1/3))} = \frac{1}{1-(0.6 \times 2/3)} = \frac{1}{1-0.4} = \frac{1}{0.6} = 1.667$$

〈問題〉

1. ある経済の限界消費性向が0.6で、実質GDPは5000億ドルだとしよう。そして政府はGDPの20%を税として徴収している。ここで政府購入が100億ドル増加したとしよう。そのときに起きる支出の増加を次の表を完成させて示しなさい。1行目と2行目はすでに埋めてある。1行目では100億ドルの政府購入の増加が実質GDPを100億ドル増加させ、税収を20億ドル増加させる。そしてYDは80億ドル増加する。2行目ではYDの80億ドルの増加で消費支出が48億ドル増加する（$MPC \times$可処分所得の変化）。

(10億ドル)

ラウンド	GまたはCの変化	実質GDPの変化	税の変化	YDの変化
1	$\Delta G = 10.00$	10.00	2.00	8.00
2	$\Delta C = 4.80$	4.80	0.96	3.84
3	$\Delta C = $?	?	?	?
4	$\Delta C = $?	?	?	?
5	$\Delta C = $?	?	?	?
6	$\Delta C = $?	?	?	?
7	$\Delta C = $?	?	?	?
8	$\Delta C = $?	?	?	?
9	$\Delta C = $?	?	?	?
10	$\Delta C = $?	?	?	?

a. 10ラウンド後の実質 GDP の変化の合計はどれだけか。また乗数の大きさはどれだけか。また乗数の計算式に基づくと、実質 GDP の変化の合計はどれだけになると予想できるか。2つの答えはどう比較できるか。
b. 限界消費性向は0.75で、政府は実質 GDP の増加の10％を税として徴収しているとしよう。設問 a と同様の表を作成しなさい。10ラウンド後の実質 GDP の変化の合計はどれだけか。また乗数の値はどれだけか。2つの答えはどう比較できるか。

2. 次のそれぞれのケースについて、不況ギャップやインフレギャップを埋め合わせるために必要な財・サービスの政府購入の変化を計算しなさい。総需要曲線のシフトの大きさと、それによる実質 GDP の変化が等しくなるように、短期の総供給曲線は水平だと仮定しよう。
a. 実質 GDP は1000億ドルで、潜在産出量は1600億ドルだ。政府は実質 GDP の変化の20％を税として徴収する。限界消費性向は0.75だ。
b. 実質 GDP は2500億ドルで、潜在産出量は2000億ドルだ。政府は実質 GDP の変化の10％を税として徴収する。限界消費性向は0.5だ。
c. 実質 GDP は1800億ドルで、潜在産出量は1000億ドルだ。政府は実質 GDP の変化の25％を税として徴収する。限界消費性向は0.8だ。

Chapter 14

Money, Banking, and the Federal Reserve System

貨幣、銀行、連邦準備制度

この章で学ぶこと

☞ **貨幣**が経済で果たすさまざまな役割と、貨幣のさまざまな形態。
☞ 民間銀行と連邦準備制度の行動がどのように**貨幣供給量**を決めているか。
☞ 連邦準備制度が**公開市場操作**を行ってどのように**マネタリーベース**を変更しているか。

変な貨幣

　2004年10月2日、ニュージャージー州ニューアークに中国からの船便で到着したばかりのコンテナをFBIとシークレットサービスの職員が押収した。コンテナ内のプラスチック製おもちゃが入った段ボール箱の下に探していたものを発見した。総額30万ドル以上の偽100ドル札だ。その2カ月後、また300万ドルもの偽札の積み荷が取り押さえられた。この高品質で本物と見分けがつかない偽札は北朝鮮政府がつくったものだと政府と警察は発表した。

　変なことに、巧妙に装飾されたこの紙切れにはほとんど本質的な価値はない。もちろん100ドル札には青やオレンジのインクが印刷された紙切れそれ自体の価値もない。だがもしこの飾られた紙切れのインクの緑の陰影がちょうどよい色合いならば人々はそれを貨幣と考え本物の財・サービスに対する支払いとして受け取る。なぜか？　それは自分たちも同じこと、つまりこの緑色の紙切れを本物の財・サービスと交換することができると信じているからだ。

　実際に、次のことが問題なのだ。北朝鮮製の100ドル札がアメリカに入り、だれもそれが偽札だということに気づかなかった場合、だれがそれで損するのか？　偽100ドル札を受け取ることは買ってしまったあとに自動車が不良品だったりとても食べることができない食品だったりするのとはちがう。そのお札が偽物だとばれないかぎり本物の100ドル札とまったく同じように人から人へと手渡されていくのだ。本章で後に学ぶが、この問題の答えは、北朝鮮の偽札の被害者はアメリカの納税者ということだ。なぜなら偽札はアメリカ政府が経済活動するための収入を減らしてしまうからだ。それゆえ、シークレットサービスは、アメリカ通貨の完全性をしっかりチェックしどのような偽ドル札の報告でもしっかり調査する。

　シークレットサービスが懸命に摘発するのは貨幣が通常の財・サービスとはちがうことの証だ。貨幣は現代の経済のさまざまな活動をつなげる無二の役割を担っている。本章では、まず貨幣が果たす役割について考察し、次に現代の貨幣システムがどのようなはたらきをしているのか、また貨幣を維持し統率する諸機関について考察する。このトピックスはそれ自身重要だし、また次章で検討する金融政策を理解するのに不可欠だ。

1 | 貨幣の意味

日常会話でおカネといえば「富」を意味する。「ビル・ゲイツってどれくらいのおカネをもってるのかな？」と聞けば、「ああ、500億ドルくらいかなあ、でもだれもちゃんと数えちゃいないだろうけど……」というような答えが返ってくるだろう。その金額には彼が保有する株式や債券に不動産、またはそれ以外の資産価値が入っているはずだ。

でも、経済学者がおカネ（貨幣）というとき、そこにはあらゆる富が含まれているわけではない。財布のなかのドル紙幣はおカネ（貨幣）だが、自動車、住宅、株式といった富は貨幣ではない。では、経済学者が考えている貨幣とその他の富のちがいは何だろう？

1.1 貨幣とは何か？

貨幣はその役割によって定義される。財・サービスを購入するのに簡単に使える資産のことを**貨幣**という。第10章では、すぐさま現金化できる資産を流動的な資産と定義した。貨幣とは、定義によってそれ自身が流動的な現金とその他の非常に流動的な資産からなるものだ。

> **貨幣**とは財・サービスを購入するのに簡単に使える資産のことだ。

貨幣とそれ以外の資産の区別は、スーパーで食料品を買うときにどんなふうに支払うかを考えればわかりやすい。ミルクと冷凍ピザの代金をレジで支払うときに、レジの人はドル札などの現金なら受け取るだろうけど、株券や珍しいベースボールカードは受け取ってくれないだろう。株券や珍しいベースボールカードで食料品を手にいれたければ、まずはそれらを売って貨幣を手に入れてから食料品を購入すべきなのだ。

もちろん、小切手（またはあなたの銀行預金口座から現金が引き落とされるデビットカードでもいい）で支払える店はたくさんある。ということはまだ引き下ろして現金化していない銀行預金残高は貨幣といえるのだろうか？　もちろんそうだ。人々の手元にある現金は**現金通貨（流通現金）**と呼ばれ、貨幣に含まれる。また**当座預金口座**をもっていれば小切手を利用できるが、これも貨幣の一種だ。

> **現金通貨（流通現金）**は人々が保有する現金だ。
> **当座預金**は預金者が小切手を利用できる銀行預金だ。

貨幣とみなされる資産は現金通貨と当座預金だけだろうか？　場合による、というのがその答えだ。経済で貨幣とみなされる金融資産の総価値を**貨幣供給量（貨幣供給、マネーサプライ）**というが、後でみるようにそれには広く使われる2つの定義がある。もっともせまい意味での貨幣は、現金通貨、トラベラーズチェック、そして当座預金しか含まれていないのでもっとも流動性が高い。もう少し広い意味での貨幣には、電話一本、あるいはパソコンのマウスをクリックするだけで当座預金口座に移すことができる普通預金のようなほぼ当座預金と呼べる資産も含まれる。どちらの貨幣供給の定義も、財・サービスの購入にすぐさま使えるかそれともそうでないかという観点から貨幣とその他の資産を区別している。

> **貨幣供給量（貨幣供給、マネーサプライ）**とは経済のなかで貨幣とみなされる金融資産の総価値だ。

貨幣は取引の利益を生み出すのに決定的な役割を果たしている。貨幣のおかげで間

接的な取引が可能になるからだ。ある心臓外科医が新しい冷蔵庫を買おうとしているとしよう。その医師は心臓手術という価値あるサービスを提供できる。一方、電気店の店主は冷蔵庫やその他の家電製品といった価値ある財を提供できる。だがこの2人が貨幣を使わずに直接サービスと財を物々交換することは非常に困難だ。物々交換というシステムでこの医師が冷蔵庫を手に入れることができるのは、電気店の店主が心臓手術を必要としていて、かつその医師が新しい冷蔵庫を欲しがっているときだけだからだ。

これは「欲求の二重の一致」を探す問題と呼ばれている。つまり物々交換の世界では、お互いがもっているモノを双方が欲しいと思っているときにしか交換が成立しないのだ。貨幣はこの問題を解決してくれる。人々は自分が提供するものを貨幣と交換し、その貨幣と自分が欲しいと思っているものとを交換できるのだ。

物々交換をするよりも貨幣を使って取引をするほうがずっと楽に交換の利益を獲得できるので、貨幣の存在は経済厚生を高める。たとえ貨幣それ自身は直接何も生産しないにしてもそうなのだ。アダム・スミスが述べているように、貨幣を「ハイウエイ」にたとえることは適切だろう。道路が牧草や穀物を生み出しはしないが、その国の牧草や穀物はすべて道路を使って市場へと運ばれ流通するのだ」。

それでは一国経済で貨幣がどんな役割を果たしているのか、くわしくみることにしよう。

1.2 貨幣の役割

現代経済で貨幣には3つの役割がある。交換媒体の役割、価値の貯蔵手段の役割、そして計算単位の役割だ。

1．交換媒体 先ほどの心臓外科医と冷蔵庫の例は、貨幣がもつ**交換媒体**の役割を示している。つまり貨幣は消費するためではなく、財・サービスと交換するために使われる資産なのだ。ドル紙幣は食べられないが、それを食料品や食事のサービスと交換することはできる。

> **交換媒体**とは個人が消費するためにではなく財・サービスの交換のために獲得する資産だ。

アメリカのドルやメキシコのペソといった各国の公式貨幣は、平時にはその国内のほぼ全取引の交換媒体となっている。しかし経済的に困難な時期には、それ以外の財や資産が交換媒体の役割を果たすことがある。たとえば、その国の経済が混乱している時期には、外国の貨幣が交換媒体として使われることも多い。アメリカのドルは困難に直面した南米諸国でそうした役割を果たしてきたし、ユーロはやはり困難に直面した東欧で同様の役割を果たした。また第2次世界大戦時に捕虜収容所でタバコが交換媒体として機能したのは有名な例だ。タバコを吸わない者もタバコと財・サービスを交換した。タバコならほかの物品と簡単に交換できたからだ。1923年にドイツで激しいインフレが発生したときには、一時的に卵や石炭などの財が交換手段に使われた。

2. 価値の貯蔵手段 交換媒体として機能するためには、貨幣は**価値の貯蔵手段**であることも必要だ。つまり時間が経過しても購買力が保たれている必要がある。なぜこの役割が必要かを理解するために、たとえばアイスクリームが交換媒体になっている経済を想定してみよう。この経済ではすぐさま貨幣のメルトダウンに直面してしまう。何かと交換するまえに、この交換媒体はべたべたした塊と化してしまうだろう（第16章では高インフレが引き起こす問題の1つとして、貨幣の価値がまさに「溶けてなくなってしまう」ことを説明する）。もちろん貨幣だけが価値の貯蔵手段になるわけではない。購買力を保持し続ける能力がある資産はすべて価値の貯蔵手段になる。つまり貨幣には価値の貯蔵手段という役割は必要だが、それがあるからといって貨幣になるわけではない。

> 価値の貯蔵手段とは、時間が経過しても購買力を維持する手段だ。

3. 計算単位 貨幣は通常、**計算単位**として利用される。価格設定や、経済計算をする尺度に使われている。この役割の重要性を理解するために次の歴史的事実を考えよう。中世の時代に農民は地主に対して貨幣ではなく財や労働力を提供するのが典型だった。たとえばある農民は週1日は地主のためにはたらいたり収穫の5分の1を地主に差し出さなければならなかった。

現在、地代はほかの財の価格と同様にほぼ常に貨幣単位で決められている。これでものごとが明確になる。現代の家主が中世の慣習にならって家賃を請求するならどのアパートを借りるかを決めるのがどれほどむずかしくなるか想像してみてほしい。たとえばスミスさんが家を貸す条件は彼の家の週2回の掃除と毎日1ポンドの肉を提

> 計算単位とは価格設定や経済計算をする尺度だ。

ビッグ・マネー

アメリカ人は米ドルを世界の主要通貨と考えがちだ。米ドルはたしかに世界中でもっともよく支払いに使われている。だがほかにも重要な通貨はある。通貨の重要性を測る単純な指標の1つは流通量だ。図は2010年末時点での4つの主要通貨の流通量を示している。米ドルはユーロに次いで2位だ。ユーロが目立つのは驚くことではない。というのもユーロを使っている国・地域——ユーロ圏——の経済はアメリカと同程度の規模をもっているからだ。日本経済の規模はアメリカよりずっと小さいにもかかわらず、日本円の流通量は米ドルにほぼ匹敵している。日本人はヨーロッパ人やアメリカ人にくらべて、小切手やクレジットカードではなく現金をたくさん使うことが主な理由だ。急速な経済成長を遂げている中国は順位を上げている。

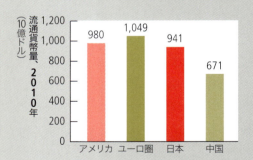

（出所）セントルイス連邦準備銀行、欧州中央銀行、日本銀行、中国人民銀行

供することなのに対して、ジョーンズさんが家を貸す条件は彼女の家の週1回の掃除と毎日鶏肉を4ポンド提供することだとしよう。どちらのほうがよい条件か？ はっきりさせるのはむずかしい。かわりにスミスさんは1カ月600ドル、ジョーンズさんは1カ月700ドルの家賃を要求しているというならば比較は簡単だ。つまり共通に受け入れられている尺度がなければ取引の条件を見極めるのはむずかしくなり、ひいては取引をして交換の利益を獲得するのがむずかしくなるのだ。

1.3 貨幣の種類

いろんな貨幣が、何千年もの間使われてきた。ほとんどの間、人々が使ってきたのは**商品貨幣**だった。つまり交換媒体となったのは通常は金や銀などで、別の用途に使えるものだった。商品貨幣はほかの用途に使えるので、単なる交換媒体とは別にそれ自体の価値がある。たとえばタバコは第2次世界大戦の捕虜収容所で貨幣の役割を果たしたが、多くの捕虜が喫煙者だったのでタバコそれ自体としても価値があった。金に価値があるのは、コインとして鋳造されるのとは別に、宝飾品にも使えるからだ。

商品貨幣は交換の媒体に使われる財で、他の用途に使える本質的な価値をもったものだ。

アメリカ合衆国が独立を宣言し、アダム・スミスが『国富論』を出版した1776年時点では、金貨銀貨に加えて紙幣が広く使われていた。現代のドル紙幣とはちがい、この紙の貨幣は民間銀行が発行した銀行券で、保有者の要求に応じて金や銀と交換されることが保証されていた。はじめに商品貨幣にとってかわった紙幣は**商品担保貨幣**だったのだ。それは、自身に本質的価値はなく、要求しだいで必ず価値のあるものと交換されることが約束されていることに究極の価値がある交換の媒体なのだ。

商品担保貨幣は交換の媒体だが、それ自身にはほかの用途に使えるような価値はないもので、価値のあるものと交換されることが約束されていることに究極の価値がある。

商品担保貨幣が単純な商品貨幣よりも大きく優位なのは、希少な資源を貨幣利用にしばりつける量が少なくてすむことだ。銀行券を発行する銀行はある程度金銀を保有していなくてはならないが、銀行券との交換要求にこたえるのに十分な量だけの保有ですむ。通常時には発行済銀行券のほんの一部だけが交換要求に迫られるという事実を当てにして、銀行は流通している銀行券全価値額の一部分に相当する金銀を金庫に保存しておけばよい。残りの価値額に相当する金銀はそれを利用したい者に貸し出すことができるのだ。このため、これら残りの金銀がもつ取引利益を生む能力をまったく損ねることなしに社会でほかの用途に使うことができるのだ。

『国富論』の有名な文章で、アダム・スミスは紙幣のことを「空中馬車道」と表現した。スミスは紙幣のことを貴重な土地を使わずにすむ仮想の高速道路にたとえたのだ。実際の高速道路は非常に便利なサービスを提供するが費用がかかる。それは、舗装されなければ収穫物を生み出す土地だ。高速道路が空中に建設できるなら利用価値のある土地を破壊せずにすむ。銀行が金銀通貨のかわりに紙幣を使ったことは、それと同じことだとスミスは理解したのだ。銀行は貨幣の役割をはたし社会で使われる実物資源の量を削減したのだ。

ここまで説明すると、読者は、貨幣システムでなぜ金貨や銀貨を交換媒体として使う必要があるのかと疑問をいだくかもしれない。実際、現在の貨幣システムはスミスが賞賛した当時の貨幣システムよりもずっと進展し、金銀は何の役割も果たしていな

い。米ドル紙幣は商品貨幣ではなく、商品担保ですらない。むしろ、支払い手段として一般に受け入れられているという事実だけが貨幣に価値が発生する原因で、究極にはアメリカ合衆国政府がそれを法的に布告している。交換手段として公式に位置づけられていることだけが価値の発生原因になっている貨幣は**法定不換貨幣（フィアットマネー）** と呼ばれている。その理由は、統治者の政策宣言を意味する歴史用語、フィアットを政府が発表することでフィアットマネーが存在するからだ。

> **法定不換貨幣（フィアットマネー）** とは交換の媒体で、公式の支払い手段としての地位こそがその価値の発生源だ。

　フィアットマネーには商品担保貨幣よりも優れていることが大きく2つある。第1に、よりいっそう「空中馬車道」の性質があることだ。フィアットマネー創出には紙幣を印刷する紙以外には実物資源を割く必要がない。第2に経済の必要に応じて貨幣供給を調整することできる。探鉱者がたまたま発見した銀や金の量に応じて決められてしまうことはない。

　でも、フィアットマネーにはリスクもある。この章の「オープニング・ストーリー」でそういったリスクの1つ、偽札づくりについて述べた。ドル札を印刷してもいいのは政府だけだという、政府の特権を贋造者は奪うのだ。贋造者が偽札を本物の財・サービスと交換して獲得する便益は、アメリカ連邦政府が負担する。連邦政府は増え続ける貨幣需要のニーズに応じて新規に通貨を発行することで、自身の支出のごく一部だけど無視できない額をまかなっているのだ。

　もっと大きなリスクは、政府は自分の好きなときに貨幣をつくれるのでその特権を乱用したくなってしまうことだ。第16章で、ときに政府は出費の支払いをするのに紙幣を刷ることに強く依存してしまい、それが高インフレを招いてしまうことを学ぶ。だが、この章では貨幣とは何か、そして貨幣をどのように管理するかという問題に焦点をとどめる。

1.4　貨幣供給量を測る

　連邦準備制度（この制度についてはすぐに説明する）は2つの**貨幣集計量**の大きさを計算している。これら2つはどちらも貨幣供給総量の測度だが厳格に貨幣をどのように定義するかでちがっている。この2つの集計量はM1とM2という記号表記で知られている。（以前は第3の集計量、そう、お察しのとおりM3というのがあったが、連邦準備制度は2006年にこの集計量を測定しても役に立たないと結論づけた）。

> **貨幣集計量**は貨幣供給を測る測度だ。

　もっとも狭義のM1が含むものは現金通貨（いわゆるキャッシュである）、トラベラーズチェック、そして当座預金だけだ。M2はそれにいくつかの金融資産をつけ加えたものだ。しばしば**準貨幣**とも呼ばれている、これら金融資産は交換媒体として直接使うことはできないが、現金通貨や普通預金のように当座預金にすぐさま交換できる。その例は、小口の譲渡性預金証書（CD）といった定期預金で、それは小切手を切ることはできないが、中途解約手数料を支払えば満期前に引き出しができる。現金通貨や当座預金は交換の媒体として直接使えるので、M1はもっとも流動性の高い貨幣だ。

> **準貨幣**は交換の媒体として直接使うことはできないが、現金や当座預金にすぐさま変換できる金融資産だ。

　図14-1は2011年9月の実際のM1とM2の構成を表している。M1は2兆1369億ド

図14-1 貨幣集計量（2011年9月）

連邦準備制度は貨幣供給の2つの定義を利用している。M1とM2だ。パネル（a）はM1の半分強は当座預金で残りのほぼすべてが現金通貨だということを示している。パネル（b）が示しているように、M2はもっと広く定義されている。M1にいろいろな預金や預金のような金融資産を加えたもので、M1の5倍の額になっている。

（出所）セントルイス連邦準備銀行

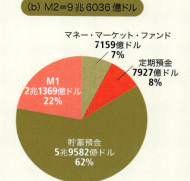

ル、そのうち半分を少々切るくらいが現金通貨、残りほとんどすべてが当座預金、そしてほんのわずかがトラベラーズチェックとなっている。そして9兆6036億ドルのM2のうち22%をM1が占める。M2はM1にほかの資産を加えたものだ。それらは貯蓄預金と定期預金として知られる2種類の銀行預金でどちらも小切手は切れない。それにマネー・マーケット・ファンドが加わる。これは運用先が流動性の高い金融資産に限られる投資信託で銀行預金に非常に近いものだ。現金通貨は利子を生まないが、これら準通貨は利子を生む。そしてどんな当座預金よりも高い利子が支払われる。

経済学を使ってみよう ☞ ドルの歴史

ドル紙幣は純粋な法定不換貨幣だ。ドル紙幣それ自体には価値はなく、また何か価値あるものと交換できるということも保証されていない。だが、アメリカの貨幣は

貨幣供給に含まれないものは

株式や債券といった金融資産は貨幣供給の一部だろうか？

ちがう。それらは流動的でないので、どんな定義をしても貨幣には含まれない。

大ざっぱにいうと、M1は食料品店で買い物をするのに使える金融資産が含まれている。現金通貨、トラベラーズチェック、当座預金（これはあなたの行きつけの食料品店が小切手やデビットカードでの支払いを受け付けてくれるならば買い物に使える）などだ。M2はもっと範囲が広い。なぜなら普通預金といった簡単かつすぐに

M1に変換できるものも含まれているからだ。たとえば、普通ならマウスをワンクリックするか自動化された電話システムに電話1本すれば普通預金から当座預金に資金を移すことができる。

それとは対照的に、株式や債券を現金化するにはそれらを売却する必要がある。そしてふつう、売却には時間がかかったり、仲介人に支払う手数料がかかったりする。そのためにこのような金融資産は銀行預金よりもずっと流動性が低い。それで株式や債券は銀行預金とはちがい、貨幣に含まれない。

> **ちょっと寄り道**
>
> ### すべての通貨って？
>
> 気がつく読者は貨幣供給についてのある数字、ほぼ1兆ドルもの流通通貨があるということに少々驚いただろう。これはアメリカに住む男性、女性、子ども全員に3000ドルをちょっと超える現金を与えていることになる。3000ドルもの現金を財布に入れてもち歩いている人なんて何人いるだろう？ 多くはない。だとするとそれほどの現金はいったいどこに行ったのだろう？
>
> その答えの一部は、個人の財布のなかにはなく、現金レジのなかにあるというものだ。個人と同様に会社も現金を保有する必要がある。
>
> また表沙汰にしたくないような取引をするときにも現金は重要な役割を果たすと経済学者は信じている。小さい企業や個人経営企業はときには現金での支払いを好む。それで内国歳入庁の目から所得を隠して税金を払わずにすませることができるからだ。また明らかにドラッグの仲買人やその他犯罪者たちも自分たちの取引についての銀行記録は欲しくない。実際、一部の経済学者たちは市中の現金保有総量から一国経済の不法経済行為の量を推定しようと試みている。
>
> だが、現金通貨保有量が巨額になっている最大の理由は海外でドルが使われていることだ。連邦準備制度の推定ではアメリカの通貨の60％は米国外で保有されている。その大部分は自国通貨があまりにも信用されておらずその国内では米ドルが交換の媒体として広く受け入れられているような国にあるのだ。

ずっと昔から不換貨幣だったわけではない。ヨーロッパの植民地だった初期の時代には、後にアメリカ合衆国となる植民地では商品貨幣が使われていて、一部にヨーロッパでつくられた金貨や銀貨の使用がみられた。けれども大西洋のこちら側ではそれらのコインが希少だったので、植民地ではいろいろな商品貨幣が使われた。たとえば、ヴァージニアの入植者たちはタバコを貨幣として使ったし、北東部の入植者たちはワムパムという貝殻を使った。

後になって商品担保紙幣が広く使われるようになった。しかしこれは、現在の私たちがよく知っている、財務省長官の署名が入った政府発行紙幣ではなかった。南北戦争以前には、アメリカ政府は紙幣をまったく発行していなかったのだ。当時のドル紙幣は民間銀行が発行しており、所有者の要求に応じて銀貨と交換することを約束するものだった。銀行は倒産することがあり、そこがもっていた紙幣は価値のない紙きれと化したので、この約束は絶対に守られるものではなかった。だから人々は資金面で問題がありそうな銀行が発行する紙幣を受け取るのをいやがった。つまり、あるドル紙幣は別のドル紙幣より価値が低いということがあったのだ。

いまに伝わる興味深い話に、ニューオーリンズを拠点とするルイジアナ市民銀行が発行した紙幣の話がある。これは南部諸州の間でもっとも広く使われた紙幣となった。この紙幣の片面には英語、もう片面にはフランス語が印刷されていた（当時のニューオーリンズはフランスの植民地で、住民の多くがフランス語を話していた）。そのため、10ドル紙幣の片面には英語で *Ten* と書かれていて、もう片面にはフランス語で10を意味する *Dix* と印刷されていた。この10ドル紙幣はディキシーズ（dixies）と呼ばれるようになったが、これがおそらくアメリカ南部諸州のあだ名であるディキシーの由

来だろう。

　アメリカ政府は南北戦争中に戦費をまかなうための手段として「グリーンバック」と呼ばれる正式の紙幣（裏が緑色の法定紙幣）を発行しはじめた。当初それには、商品と交換できるような価値が定められていなかった。1873年以降にアメリカ政府は1ドルを一定量の金と交換することを保証するようになり、ドルは実質的に商品担保貨幣となった。

　1933年には、フランクリン・D・ルーズベルト大統領が金とドルの交換を停止した。このとき大統領直属の予算局長はもし金による裏付けがまったくなければ国民はドルへの信頼をなくすのではと危惧しており、暗い口調で「これで西洋文明は終わるだろう」と不吉な宣言をした。だが、そうはならなかった。数年後に金とドルの交換が再開され、その後1971年8月に再び、そしておそらくほぼ永久に交換が停止された。破滅の警告とはうらはらに、米ドルはいまだに世界でもっとも流通している通貨となっている。

✅ 理解度チェック　14-1

1. 特定の店の特定の商品だけに使える商品券をもっているとしよう。この商品券は貨幣に含まれるだろうか？　答えて理由も述べなさい。
2. だいたいどんな銀行口座にも利子がつくが、譲渡性預金証書（CD）を保有すればより高い利子を得られる。CDと当座預金のちがいは、CDの場合、数カ月後あるいは数年後に来る満期前に資金を引き出すと違約金を取られることだ。小口のCDはM2に入るが、M1には入らない。CDはなぜM1に入らないか説明しなさい。
3. 商品担保貨幣システムのほうが商品貨幣システムよりも資源をより効率的に使うことになるのはなぜか、説明しなさい。

　　　　　解答は https://str.toyokeizai.net/books/9784492314906 にある。

2 銀行の貨幣的役割

　貨幣供給量のいちばんせまい定義であるM1のおおよそ半分は、1ドル紙幣や5ドル紙幣などの現金通貨だ。現金通貨をどこが発行しているかは明らかだ。アメリカ財務省が印刷しているのだ。M1の残りの部分は銀行預金で、またもう少し広い定義であるM2の大部分もさまざまな銀行預金で構成されている。つまり銀行預金はどちらの基準でも、貨幣供給量の大部分を占めているのだ。これが次のトピックスである銀行の貨幣的役割について説明する理由だ。

◀ ちょっと復習

▶財・サービスの購入に簡単に使える資産はすべて**貨幣**だ。**現金通貨（流通現金）**と**当座預金**はどちらも**貨幣供給量（マネーサプライ）**の一部になる。

▶貨幣には3つの役割がある。**交換媒体**としての役割、**価値の貯蔵手段**としての役割、そして**計算単位**としての役割だ。

▶歴史的には、貨幣は最初**商品貨幣**の形態をとり、後に**商品担保貨幣**が現れた。現在では、ドルは純粋な**法定不換貨幣（フィアットマネー）**だ。

▶貨幣供給量は2種類の**貨幣集計量**で測定されている。M1、M2だ。M1は、現金通貨、当座預金、そしてトラベラーズチェックで構成される。M2はM1に各種の**準貨幣**を加えたものだ。

2.1 銀行がやっていること

第10章で学んだように、銀行は銀行預金という流動的な資産（流動資産）を貸し出しという非流動的な投資に回す金融仲介機関だ。銀行が流動性を創出できるのは、預かったおカネすべてを高い流動資産のかたちで保有しておく必要がないからだ。すぐ後に説明する銀行取り付けが生じないかぎり、預金者全員が同時に預金を引き出そうとすることはない。だから銀行は預金者に対して流動資産を提供する一方で、受け入れた預金の大部分を住宅ローンや企業への貸し出しといった非流動資産への投資に使うことができるのだ。

とはいえ銀行は、預金者たちが預けた資金をすべて貸し出してしまうわけではない。預金者の引出要求にはいつでも応じる必要があるからだ。この引出要求に応えるために、銀行は相当量の流動資産を手元に残している。現代のアメリカの銀行制度では、これらの流動資産は銀行の金庫にある現金か、銀行が連邦準備制度に預ける預金というかたちをとる。後者は、この後すぐにみるように、ほぼ瞬間的に現金化することができる。銀行が保有する現金と連邦準備制度への預金は**銀行準備金**と呼ばれている。銀行準備金は銀行と連邦準備制度が保有していて、一般人が保有しているものではないので、現金通貨とはみなされない。

貨幣供給量の決定に銀行がどんな役割を果たしているかを理解するために、銀行の財務状況を分析する簡単な道具を取り入れよう。それは**T字型勘定**だ。ある会社のT字型勘定は1つの表に資産と負債を表示してその会社の財務状況をまとめたものだ。左側に資産、右側に負債を表示している。

図14-2は、銀行ではない仮想的な会社、サマンサズ・スムージーのT字型勘定を

> **銀行準備金**とは、銀行の金庫にある現金と連邦準備制度に預けてある預金のことだ。

> **T字型勘定**は（左側に）資産と（右側に）負債を1つの表に表示してその会社の財務状況をまとめたものだ。

図14-2 サマンサズ・スムージーのT字型勘定

T字型勘定はその会社の財務状況をまとめたものだ。このケースでは資産は建物とスムージー製造機で、左側に示されている。負債は地元の銀行からの借り入れで、右側に示されている。

資産		負債	
建物	30,000ドル	銀行からの借り入れ	20,000ドル
スムージー製造機	15,000ドル		

図14-3 ファースト・ストリート銀行の資産と負債

ファースト・ストリート銀行の資産は120万ドルの貸し出しと10万ドルの支払準備金だ。負債は100万ドルの預金——ファースト・ストリート銀行に預金した顧客のおカネだ。

資産		負債	
貸し出し	1,200,000ドル	預金	1,000,000ドル
支払準備金	100,000ドル		

示している。図14-2によればサマンサズ・スムージーは3万ドルの建物と1万5000ドルのスムージー製造機を保有している。これらは資産なので表の左側に記載されている。開店の資金として会社は地元の銀行から2万ドル借り入れた。これは負債だ。だから借り入れは表の右側に記載される。このT字型勘定をみるとサマンサズ・スムージーが何を保有し、何を借りているかがすぐさまわかる。あ、それからこの表の線がTの形をしているのでT字型勘定と呼ばれている。

サマンサズ・スムージーはごく普通の、銀行ではない会社だ。ではここで仮想の銀行、ファースト・ストリート銀行のT字型勘定をみてみよう。この銀行は100万ドルの預金を預かっている。

図14-3はファースト・ストリート銀行の金融状況を示している。ファースト・ストリート銀行の貸し出しは資産なので左側に記載されている。この数字はこの銀行から借りた人の返済予定額だ。この単純化された例では、この銀行がもつもう1つの資産は支払準備金だ。これはすでに学んだように、この銀行の金庫に現金として保有されているか連邦準備制度に預金されているかのいずれかだ。表の右側にはこの銀行の負債を記載している。この例ではそれはすべて、ファースト・ストリート銀行の顧客が預けた預金だ。それは負債だ。なぜなら預金保有者に返済されなくてはならない資金だからだ。

ところで、この例ではファースト・ストリート銀行の資産は負債よりも大きいことに注意してほしい。そうあるべきなのだ！ すぐに述べるように、実際に銀行は資産が負債より一定割合以上多くなるように法律で義務づけられているのだ。

この例では、ファースト・ストリート銀行は顧客から預かっている預金残高の10％にあたる準備金を保有している。銀行が保有している準備金の預金残高に対する比率を**支払準備率**という。現代のアメリカの金融システムでは、なかでもとりわけ連邦準備制度はアメリカ国内の銀行規制を執り行っていて、銀行が維持する必要がある支払準備率の下限を設定している。なぜ銀行が規制される必要があるのかを理解するために、銀行が直面する問題、銀行取り付けについて考えてみよう。

▶ **支払準備率**とは銀行預金に対する銀行準備金の割合だ。

2.2 銀行取り付けの問題

銀行は預金の大部分を貸し出すことができる。というのも、すべての預金者が同時に全預金を引き出すという事態は通常は起きないからだ。でも何らかの理由で預金者たちが全預金または預金の大部分を短期間のうちに、たとえば数日の間に引き出そうとすると銀行はどうなってしまうだろう？

預金者の多くが同時に預金引き出しを要求すると、銀行はそれに応じるだけの現金を用意できないだろう。その理由は預金者から預かった資金を銀行は貸し出しにあてているからだ。この貸し出しの金利から銀行は収入を得ているのだ。

だが、銀行貸し出しは非流動的だ。簡単には急に現金化することはできない。なぜかを理解するために地元の中古車ディーラー、ドライバピーチ中古車店にファースト・ストリート銀行が10万ドル貸し出ししていたと考えてみよう。預金引き出し要求に

応えるのに必要な現金を用意するために、ファースト・ストリート銀行はドライバピーチへの貸し出し債権を他の誰か、つまり他の銀行や個人投資家に売ることができる。だがファースト・ストリート銀行がその貸し出し債権を急いで売ろうとすると買い手側は不安に思う。ファースト・ストリート銀行がそれを売りたがっているのには何か問題があって返済がきちんと行われないのかもしれないと。その結果、ファースト・ストリート銀行がすぐさま貸し出し債権を売るには大幅に割り引いて売る、たとえば40％割り引いて6万ドルで売るしかなくなる。

つまり、ファースト・ストリート銀行の預金者の多くが突然預金の引き出しを行うと、銀行は必要な資金をすぐに準備しようと努力し、保有資産を大幅に安売りするしかなくなる。必然的にそれは銀行破綻につながる。銀行は預金者たちに満額払い戻しができなくなるのだ。

何がこの一連のプロセスを引き起こしているのか？　つまりファースト・ストリート銀行の預金者がこぞって自分の預金を引き出そうとした原因は何か？　もっともらしい答えはその銀行の資金繰りに困っているといったうわさの流布だ。そのうわさが本当かどうかわからなくても預金者たちは安全をとってできるうちに自分の預金を引き出そうとする。そしてそれはいっそう悪化する。他の預金者たちはパニックになって預金を引き出そうとしているのだと考えている預金者は、そのことが銀行を倒産させてしまうことをはっきりと理解している。それで自分も預金引き出しに走る。つまり銀行の資金繰り状態についてのおそれは自己実現的な予言になるかもしれない。ほかの預金者たちが逃げに走ると信じるなら、自身も逃げに走ることになるのだ。

銀行取り付けとは、ある銀行が倒産するのをおそれてその銀行の預金者の多くが資金を引き出そうとする現象だ。銀行取り付けはその銀行だけでなく、その銀行の預金者にとっても悪いことだ。多くの場合、銀行取り付けは伝染することが歴史的に観察されている。ある銀行への取り付けは他の銀行の信用までをも失わせ、さらなる銀行取り付けを引き起こすのだ。まさにこうした伝染の実際のケースを次の「経済学を使ってみよう」で説明する。それは、1930年代のアメリカ中に広がった銀行取り付けの連鎖だ。そうしたアメリカの経験や、他の国が味わった同様の経験から、アメリカやほとんどの先進国政府は、預金者を保護し銀行取り付けを防止するための銀行規制の制度を整えている。第17章でふたたび銀行取り付けの話が出てくる。その章では金融危機とその顛末について突っ込んだ分析をする。

> **銀行取り付け**とは、ある銀行が倒産するのをおそれてその銀行の多くの預金者が資金を引き出そうとする現象だ。

2.3　銀行規制

アメリカで、銀行取り付けが起こって預金を失うことを心配する必要があるかって？　答えはノーだ。1930年代に銀行危機が起きて以降、アメリカやその他諸国は銀行取り付けの被害から預金者や経済全体を守るための制度を整えた。この制度には4つの要素がある。預金保険制度、自己資本規制、支払準備制度、そしてさらに付け加えて必要なときに現金を準備するもとになる割引窓口だ。

1. 預金保険制度　アメリカのほぼすべての銀行が、「FDIC加入銀行」であることをうたっている。FDICとは連邦預金保険公社のことだ。第10章で学んだように、この機関は**預金保険制度**を運営している。これは、加盟銀行に預金引き出しに応じる資金がなくなっても、1口座につき決められた上限までの預金支払いを連邦政府が保証するというものだ。FDICは現在、1銀行の1預金者につき25万ドルまでの預金を保証している。

▶ **預金保険制度**は、銀行に預金引き出しに応じる資金がなくなっても、1口座につき決められた上限までの預金支払いを連邦政府が保証するものだ。

ここで重要なのは、預金保険制度は銀行取り付けが起こったときに預金者を守るだけではないということだ。預金保険制度は銀行取り付けの発生原因を取り除くことにもなる。銀行が経営難に陥っているといううわさが流れたとしても、銀行が倒産しても預金が保証されることがわかっていれば、そもそも預金者は預金引き出しに走る必要はなくなるからだ。

2. 自己資本規制　預金保険制度は銀行取り付けから銀行システムを守るが、そのかわりによく知られたインセンティブの問題を引き起こす。預金者は損失をこうむらないように保護されているので、預金者には銀行の財務状況が健全かどうかをしっかりと監視するインセンティブがないのだ。他方、銀行の所有者は、高利子率での貸し出しのような、リスクが高すぎる投資行動をとるインセンティブをもつ。その投資がうまく行けば銀行所有者は儲かるし、投資がうまく行かなくとも、政府がその損失を預金保険制度で穴埋めしてくれるからだ。

こうした過剰なリスクをともなう行動をとるインセンティブを減らすために、規制当局は銀行の所有者たちが銀行預金残高以上の資産を保持することを義務づけている。そうすれば、貸し出しの一部が不良債権化して回収できなくなっても、その損失は政府でなく、銀行所有者の資産で穴埋めされるからだ。ある銀行の保有資産が預金残高やその他の負債を超過している部分を、その銀行の**自己資本**という。たとえばファースト・ストリート銀行が30万ドルの自己資本をもつということは、保有資産の総価値に占めるその割合は30万ドル/(120万ドル+10万ドル)で23%くらいになる。実際には銀行の自己資本は保有資産の7%以上であることが要請されている。

3. 支払準備制度　銀行取り付けが起こるリスクを減らすためのもう1つの方法は、**支払準備制度**だ。これは連邦準備制度が銀行に対して支払準備率の下限を維持するように義務づけるルールだ。たとえば、アメリカでは当座預金の最低支払準備率は10%となっている。

▶ **支払準備制度**とは、連邦準備制度が銀行の維持すべき支払準備率の下限を定めるというルールだ。

4. 割引窓口　銀行取り付けに対する最後の防御方法は、この章の後のほうでもっとくわしく説明する。連邦準備制度が資金繰りに困っている銀行にいつでも貸し出しできるようにしておくことで、この準備策は**割引窓口**と呼ばれている。資金を借りる能力があるということは、預金者たちが急な現金要求を満たすために保有資産を叩き売りするしかなくなることを避けることができるという意味だ。そんなことをせずに、

▶ **割引窓口**は、資金繰りに困っている銀行に連邦準備制度がいつでも貸し出しできるようにしておく手配のことだ。

預金者たちに返済するのに必要な資金を連邦準備制度に借りることができるのだ。

経済学を使ってみよう☞ 素晴らしき哉、銀行制度

　クリスマスが近づくとローカルテレビ放送局が放映しはじめる定番映画と言えば、1946年に製作された『素晴らしき哉、人生！』だ。この映画では、ジミー・スチュワート扮する主人公ジョージ・ベイリーは天使に命を救われる。映画のクライマックスは、ベイリーが経営する銀行が取り付け騒ぎにあって預金者たちが預金引き出しに殺到する場面だ。

　この映画が製作されたころのアメリカ人の記憶には、そんなシーンが生々しく残っていた。1930年の後半に、銀行取り付けの第1波が押し寄せた。第2波は1931年春に、さらに第3波が1933年の前半に押し寄せた。最終的にアメリカの銀行の3分の1以上が倒産することになった。このパニックを沈静化するために、1933年3月6日、大統領に就任したばかりのフランクリン・D・ルーズベルトは、「バンクホリデー」を宣言して1週間ほどアメリカの全銀行を閉鎖し、銀行規制当局に不健全な銀行をつぶし健全な銀行を認証する時間を与えた。

　それ以来、アメリカやその他の先進国は規制のおかげでほぼすべての銀行取り付けから守られた。実際、『素晴らしき哉、人生！』が製作された時点ではそのクライマックスの場面は過去のものになっていた。だがこれまでの数十年、発展途上国に銀行取り付けの波が幾重にも連なってやってきた。たとえば、1997年から98年にかけて東南アジアを襲った経済危機や2001年後半に始まったアルゼンチンの過酷な経済危機では、銀行取り付けが重要な役割を果たした。そして第17章で説明するように、銀行取り付けの波と非常によく似た「パニック」が2008年の金融市場を襲った。

　「ほぼすべての」銀行取り付けから守られたといったことに注意してほしい。預金保険には限界がある。とくに、現在アメリカでは預金保険に加入している銀行の預金保有者1人について25万ドルまでしか保証していない。その結果、問題があると考えられた銀行に取り付けが起こる可能性はまだ残っている。実際2008年7月に、多数の問題がある住宅ローンを貸し出したパサデナを本拠地とする銀行、インディマックにそれが起こったのだ。インディマックに対する財務上の健全性に疑いが強まると、預金者たちは資金を引き揚げはじめ、それが連邦規制当局に介入と閉鎖をさせた。イギリスでは預金保険の保証額はもっと少なかったので、同年にノーザンロック銀行が典型的な銀行取り付けにあった。けれども、1930年代の銀行取り付けとはちがって、インディマックとノーザンロックの両方ともほとんどの預金者が自分の資金をすべて返済してもらえた。そしてこれらの銀行で発生したパニックがほかの銀行に伝染することもなかった。

ちょっと復習

▶ **T字型勘定**は銀行の財務状況を分析するのに使われる。銀行は、現金と連邦準備制度に預けてある預金からなる**銀行準備金**を保有している。**支払準備率**とは、銀行預金に対する銀行準備金の割合だ。

▶ 銀行の貸し出し債権は非流動的だが、預金者が資金引出しを求めればその支払い義務があるので、**銀行取り付け**が潜在的な問題としてある。銀行取り付けは1930年代に大規模発生したが、**預金保険制度**、自己資本規制、**支払準備制度**といった銀行規制や、**割引窓口**が設定されたおかげで現代のアメリカではほぼなくなった。

> **✓ 理解度チェック　14-2**
>
> 1. あなたがファースト・ストリート銀行の預金者だとしよう。この銀行が重大な損失に直面した、といううわさがあなたの耳に入った。預金者はみなそのうわさが正しくないことを知っているが、一方で他の大多数の預金者はそのうわさを信じていると考えている。預金保険制度がなければ、そのうわさで銀行取り付けが生じるのはなぜか。預金保険制度があれば取り付けが起きないのはなぜか。
> 2. ある詐欺師がいいアイデアを思いついた。自己資本を投入せずに銀行を開業し、集めた預金をすべて不動産業者に高い利子率で貸し出すのだ。不動産市場が高騰すれば、貸し出しへの返済が実現して大きな儲けになる。逆に不動産市場が暴落すれば返済はなされずに銀行はつぶれるが、それでも自分の資産は失わずにすむ。現代の銀行規制はこのアイデアのどこをうまくいかないようにしているか。
>
> 解答は https://str.toyokeizai.net/books/9784492314906 にある。

3 | 貨幣供給量の決定

　もし銀行がなければ、決済性の預金はなく、貨幣供給量は現金通貨（流通現金）量に等しい。その場合、鋳造と造幣を制御している者が貨幣供給量を唯一決定している。でも銀行は存在する。そして当座預金を創造することによって2つのやり方で貨幣供給に影響を与える。第1に、銀行は市中に出回っている現金通貨の一部を吸収する。銀行の金庫にあるドル紙幣は、人々の財布にあるドル紙幣とはちがい、貨幣供給の一部ではないのだ。より重要なのは第2で、預金を預かって貸し出しをすることで銀行は貨幣を創造している。つまり銀行は貨幣供給量を現金通貨の価値より大きくしている。次のトピックスは銀行がどのように貨幣を創造し、その量の決定要因は何かについてだ。

3.1　銀行はどう貨幣を創出するか

　銀行がどうやって貨幣を創出するかを理解するために、誰かが銀行に預金をしたときに何が起きるかを考えてみよう。けちん坊のサイラスの例を考えてみよう。彼は靴箱に現金をつめてベッドの下に隠している。彼が、そのおカネを銀行に預けて必要なときにデビットカードを使うほうが便利なだけではなく、安全だと思っているとしよう。そこで彼は、1000ドルの現金をファースト・ストリート銀行の当座預金口座に預けたとする。サイラスの行動は貨幣供給量にどんな影響を及ぼすだろうか。

　図14-4のパネル(a)は彼が預金したときに生じる最初の効果を示している。ファースト・ストリート銀行はサイラスの口座に1000ドルの入金を記載するので、銀行の当座預金が1000ドル増えることになる。一方でそのおカネは銀行の金庫に入るので、銀行準備金も1000ドル増える。

　この最初の取引は貨幣供給量には何の影響も与えない。現金通貨が1000ドル減

図14-4 ファースト・ストリート銀行の当座預金口座に現金を預けたときの貨幣供給量への影響

サイラスが（ベッドの下に隠していた）1000ドルを当座預金口座に預けても、最初は貨幣供給量に変化は生じない。現金通貨が1000ドル減った分、当座預金が1000ドル増えるからだ。これに対応するT字型勘定（パネル(a)）では、当座預金の最初の1000ドルの増加と銀行準備金の最初の1000ドルの増加を示している。第2段階（パネル(b)）では銀行はサイラスが預けたおカネの10%（100ドル）を準備金とし、残りの900ドルをマヤに貸し出している。その結果準備金は900ドル減少し、貸し出しが900ドル増えている。サイラスから預かった預金1000ドルを含む銀行の負債は変化していない。当座預金と現金通貨を合わせた貨幣供給量はこれで900ドル増えたことになり、その900ドルはマヤの手のなかにある。

(a) 銀行が新規の貸し出しをする前に起こる効果

資産	負債
貸し出し　　変化なし 銀行準備金　＋1,000ドル	当座預金　＋1,000ドル

(b) 銀行が新規の貸し出しをした後に起こる効果

資産	負債
貸し出し　＋900ドル 銀行準備金　−900ドル	変化なし

かわりに、やはり貨幣供給量の一部である当座預金の残高が1000ドル増えるだけだ。

だが、話はこれで終わりじゃない。ファースト・ストリート銀行はサイラスから預かった預金の一部を貸し出すことができる。銀行は預かった預金の10%、つまり100ドルを準備金としてとっておき、残りをサイラスの近所に住むマヤに貸し出したとしよう。この第2の効果はパネル（b）に示してある。ファースト・ストリート銀行の預金にも資産額にも変化はないが、資産の内容は変化している。貸し出しをしていない場合にくらべて、準備金は900ドルも少なくなっている（ただしサイラスが預金をする前とくらべれば準備金は100ドル増えている）。その900ドルの準備金の減少にかわって、貸出債権が900ドル増えている。これはマヤに貸し出した現金だ。

サイラスがもっていた現金をマヤに貸し出して世間に流通させることで、ファースト・ストリート銀行は実際に貨幣供給を増やしたのだ。つまり現金通貨と当座預金残高の合計はサイラスが現金をベッドの下に隠したままにしているよりも900ドル増えたのだ。サイラスは預金で1000ドルを保有しながらもマヤは借り入れた900ドルを使えるのだ。

そしてこれもまた話の最後じゃないかもしれない。マヤがアクメ・マーチャンダイズでテレビとDVDプレーヤーの購入に借りた現金を使ったとしよう。店のオーナーのアン・アクメさんは受け取った現金をどうするか？　それを彼女がもったままならば貨幣供給はこれ以上増えない。そのかわり、もし彼女がそのうち900ドルを、たとえばセカンド・ストリート銀行の当座預金口座に預けたとしよう。すると銀行は預かった預金の一部だけを準備金としてとっておいて残りを貸し出すので、さらに貨幣供給が増えることになる。

セカンド・ストリート銀行がファースト・ストリート銀行と同様に銀行預金の10%を準備金として保有し、残りを貸し出すとしよう。すると90ドルを準備金とし

表14-1 | 銀行はどう貨幣を創出するか

	現金通貨 (ドル)	当座預金 (ドル)	貨幣供給量 (ドル)
第1段階 サイラスが現金をベッドの下に隠している状態	1,000	0	1,000
第2段階 サイラスがファースト・ストリート銀行に預金し、そのうち900ドルがマヤに貸し出され、マヤはその900ドルをアン・アクメに支払った状態	900	1,000	1,900
第3段階 アン・アクメが受け取った900ドルをセカンド・ストリート銀行に預金し、そのうち810ドルが貸し出された状態	810	1,900	2,710

て保有し、アンの預金から810ドルを貸し出して、さらに貨幣供給を増やすことになる。

表14-1はこれまで説明した貨幣創出のプロセスを表している。まず最初に、貨幣供給はサイラスがもっていた1000ドルだった。彼がそれを銀行の当座預金口座に預金し、銀行がそれを貸し出した後に貨幣供給は1900ドルに増えた。2番目の預金預け入れと貸し出しが行われると、貨幣供給は2710ドルに増える。もちろんこのプロセスはこの後も続く（ここではサイラスが現金を銀行預金口座に預けるケースを考えたが、彼が貨幣に近い資産に資金を投入していれば結果は同じになる）。

この貨幣創出のプロセスにはなじみがあるかもしれない。第11章で乗数過程を説明した。GDPを増やすとその初期効果は消費支出の増加を引き起こし、これがさらにGDPを増やす、さらに同様のことが繰り返される。ここではまた別の種類の乗数、すなわち貨幣乗数が起こっている。次に、何が乗数効果の大きさを決めるのかについてみる。

3.2 準備金、銀行預金、貨幣乗数

表14-1を使ってサイラスの預金預け入れの影響をたどっていくときに、銀行が貸し出した資金はその銀行か、または別の銀行に必ず預金されると仮定した。つまり資金を貸し出したその銀行に戻ってはこないにしても、銀行部門のどこかには戻ってくると仮定したのだ。

現実には、貸し出された資金の一部は通貨として借り手が保有するだろうから、資金の一部は銀行部門から「漏れる」ことになる。このような漏れは貨幣乗数の大きさを小さくする。ちょうど、実質所得が貯蓄に回されたときに発生する漏れが乗数の大きさを小さくするのと同じようなものだ（ただし、ここでの「漏れ」は借り手が借り入れ資金の一部を現金のままもっておくことから発生しているのであって、消費者が所得の一部を貯蓄することから発生しているのではないことに注意してもらいたい）。

だがこうした複雑な話はさておき、まずは「当座預金しかない」貨幣システムでどのように貨幣供給量が決まるのかをみることにしよう。ここでは資金は常にすべて預金され、財布のなかに現金として保有されていない。つまり、われわれの当座預金し

かない貨幣システムでは、銀行から借り入れた資金はただちに当座預金口座に預けられる。銀行は最低準備金比率10%を満たすことが義務づけられていて、どの銀行も最低準備金比率を維持するのに必要以上な資金、つまり**過剰準備金**はすべて貸し出しているとしよう。

> **過剰準備金**とは、銀行準備金のうち、定められた下限を超える準備金だ。

さて、何らかの理由で、ある銀行に1000ドルの過剰準備金が発生したとする。何が起きるだろう？　銀行はその1000ドルを貸し出し、それは銀行部門のどこかに預金される。そして表14−1で示されるのと同様の貨幣乗数プロセスを生じさせるというのがその答えだ。

このプロセスの第1段階では、1000ドルの過剰準備金を保有している銀行はそれを貸し出し、それはどこか別の銀行の当座預金口座に預金される。その預金を受け入れた銀行は10%に当たる100ドルを銀行準備金として残し、90%に当たる900ドルを貸し出す。その900ドルはさらにまた別の銀行に預金されることになる。この900ドルを預金として受け入れた銀行はその10%の90ドルを準備金として残し、810ドルを貸し出す。810ドルを預金として受け入れた銀行は81ドルを準備金として残し、729ドルを貸し出す、といった具合にこのプロセスは続いていく。その結果、当座預金の増加分は次のような足し算で表せる。

$$1000ドル＋900ドル＋810ドル＋729ドル＋……$$

支払準備率を rr で表すことにしよう。より一般的にいえば、ある銀行が1000ドルの過剰準備金を貸し出すと当座預金は増加する。

$$
\begin{aligned}
&過剰準備金1000ドルを貸し出したことによる当座預金残高の増加額 \\
&＝1000ドル＋(1000ドル×(1-rr))＋(1000ドル×(1-rr)^2) \\
&\quad ＋(1000ドル×(1-rr)^3)＋……
\end{aligned}
\tag{14-1}
$$

第11章でみたように、このような無限級数の和は次のような簡単な形になる。

$$
\begin{aligned}
&過剰準備金1000ドルを貸し出したことによる当座預金残高の増加額 \\
&＝1000ドル/rr
\end{aligned}
\tag{14-2}
$$

支払準備率が10%または0.1だとすると、過剰準備金の1000ドル増加で当座預金の総額は1000ドル/0.1＝1万ドル増えることになる。実際に、当座預金のみの金融システムのもとでは、当座預金総額は銀行準備金を支払準備率で割った値に等しくなる。言い換えると、支払準備率が10%のとき、ある銀行が保有する1ドルの準備金で1ドル/rr＝1ドル/0.1＝10ドルの預金を維持できるのだ。

3.3　貨幣乗数の実際

現実には、貨幣供給量の決定は、上記の簡単なモデルよりもはるかに複雑なものだ。貨幣供給量の決定は支払準備率だけでなく、各人が保有している現金にも依存するからだ。このことはすでに、サイラスがベッドの下に隠しておいた現金を預金に回す例

でみている。彼が現金を当座預金口座に預けたことが、貨幣供給量が増加するきっかけになっていた。

　貨幣乗数を実際に定義する際によく理解しておくべきことは、連邦準備制度は銀行準備金と現金通貨の総量──マネタリーベース──を調整しているが、それらの比率は調整できないということだ。サイラスの預金についてもう一度考えてみよう。ベッドの下から現金を取り出して銀行に預けたことで、彼は現金通貨の量を減らし、かわりにその同額分だけ銀行準備金を増やしたことになる。その際にマネタリーベースの総量は変化していない。**マネタリーベース**とは金融当局が調整できる貨幣量で、現金通貨と銀行準備金の総量だ。

▶ マネタリーベースとは現金通貨と銀行準備金の総量だ。

　マネタリーベースと貨幣供給量には、2つのちがいがある。第1は銀行準備金の扱いで、これはマネタリーベースには含まれるが貨幣供給量には含まれない。ある人の財布に入っている1ドル札は、その人が買い物に使えるので貨幣供給量の一部だ。でも銀行の金庫に入っている1ドル札や、連邦準備制度に預金された1ドル札は、買い物には使えないので、貨幣供給量には入らない。もう1つのちがいは当座預金の扱いで、これはマネタリーベースには含まれないが貨幣供給量には含まれる。買い物に使えるからだ。

　図14-5はマネタリーベースと貨幣供給量の概念を図で示したものだ。左の円はマネタリーベースを表している。これは、銀行準備金と現金通貨を合わせたものだ。右の円は貨幣供給量を表している、これは、当座預金とそれに近い銀行預金、さらに現金通貨を合わせたものだ。図が示しているように、現金通貨は貨幣供給量の一部であり、またマネタリーベースの一部でもある。だが銀行準備金は貨幣供給量には含まれないし、当座預金またはそれに近い預金はマネタリーベースに含まれない。現実をみるとマネタリーベースのほとんどは現金通貨で、また現金通貨は貨幣供給量の半分くらいを占めている。

▶ **貨幣乗数**とは、マネタリーベースに対する貨幣供給量の比率だ。

　これで正式に**貨幣乗数**を定義できる。貨幣乗数とは、マネタリーベースに対する貨

図14-5　マネタリーベースと貨幣供給量

マネタリーベースは銀行準備金と現金通貨の総量だ。マネタリーベースは、当座預金とそれに近い銀行預金、さらに現金通貨を合わせた貨幣供給量とはちがうものだ。1ドルの銀行準備金で数ドルの預金を維持することができる。そのため貨幣供給量はマネタリーベースよりずっと多くなる。

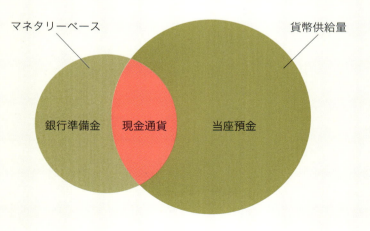

幣供給量の比率だ。通常時には、アメリカの貨幣乗数は、貨幣供給量の指標としてM1を使えば、1.5から3.0の間を振れている。2007年から2009年の不況期にはその値は0.7にまで低下した。通常期であっても、これは当座預金しかない貨幣システムで支払準備率を10％（アメリカのほとんどの当座預金で支払準備率はこれくらいだ）とした場合の貨幣乗数1/0.1＝10よりもずいぶん小さい。貨幣乗数がこんなに小さくなってしまう理由は、人々が結構な量の現金を保有するからだ。1ドルの銀行準備金とはちがい、1ドルの現金通貨ではその何倍もの貨幣供給量をつくり出すことはできない。実際に現金通貨がマネタリーベースの90％以上を占めている。だが、2012年1月に現金通貨は1兆690億ドル、マネタリーベース総額2兆6590億ドルの40％くらいだった。いったい何が起こったのか？

先ほど「通常期には」といったことに注意してほしい。この章の後で説明するように、そして第17章でより深く説明するように、カギとなった金融機関リーマン・ブラザーズが2008年9月に破綻した後にとても異常な事態が起こったからだ。利益になる安全な貸し出し先がほとんどみつからなくなり、銀行は多額の資金を連邦準備制度に預金として預けた。この預金はマネタリーベースに含まれるものだ。その結果2012年1月に現金通貨がマネタリーベースの40％にしかならず、2011年にマネタリーベースはM1よりも大きかった。つまり貨幣乗数は1よりも小さかったのだ。

経済学を使ってみよう☞　貨幣供給量の乗数的下落

銀行が貨幣を創出する様子を示した私たちの仮想例では、けちんぼのサイラスがベッドの下から現金を取り出して当座預金口座に預ける様子を描いた。サイラスが預けた資金をもとにして銀行から銀行へと貸し出しの連鎖が発生し、貨幣供給量の増加が起こった。ここからわかるのは、もし何事かが起こって、サイラスが逆に預金口座のおカネを引き出して前と同じようにベッドの下に隠したなら、銀行の貸し出しが減り、貨幣供給量が減少するということだ。そして、これこそまさに1930年代の銀行取り付けで生じたことだったのだ。

表14–2は、1929年から1933年にかけての銀行倒産で人々の銀行に対する信頼がなくなったときに、何が起きたのかを示している。第2列は人々の保有する現金通貨の量を示している。多くのアメリカ人が、おカネを銀行に預けるよりはベッドの下に隠しておいたほうが安全だと考えたために、現金通貨は急激に増えている。第3列

表14-2 | 銀行取り付けの影響（1929〜33年）

（10億ドル）

年	現金通貨	当座預金残高	M1
1929	3.90	22.74	26.64
1933	5.09	14.82	19.91
変化率	+31％	−35％	−25％

（出所）アメリカ国勢調査局、*Historical Statistics of the United States*

は当座預金だ。これが急激に減少したのは、人々が銀行からおカネを引き出したときに、いま分析したような乗数プロセスがはたらいたからだ。銀行の貸し出しも減少した。銀行取り付けの波をくぐり抜けた銀行が、次の波が来るのに備えて過剰準備金を増やしたからだ。第4列はM1の値を示している。M1は前に説明した第1の貨幣集計量だ。これも急激に減少した。当座預金やそれに近い預金の減少分が、現金通貨の増大分よりもはるかに大きかったからだ。

✓ 理解度チェック　14-3

1. 銀行準備金の総額が200ドルで、当座預金は1000ドルだったとしよう。また人々は現金通貨をまったく保有していないとする。ここで支払準備率が20%から10%に低下したとする。その結果銀行預金がどのように拡大するかを、順を追って説明しなさい。
2. サイラスが1000ドルの現金をファースト・ストリート銀行に預金するという例を再び考えてみよう。ただし現金準備率は10%だ。だが今度は、銀行からの貸し出しを受けた者はその資金の半分を現金で保有するとしよう。このときどのように貨幣供給量が拡大するか順を追って説明しなさい。

解答は https://str.toyokeizai.net/books/9784492314906 にある。

> **ちょっと復習**
>
> ▶銀行は貨幣を創出する。現金通貨が銀行に預金されると、銀行は**過剰準備金**を貸し出し、それは銀行部門内での新たな預金を生み、貨幣供給量に乗数効果をもたらす。
>
> ▶当座預金しかない金融システムでは、貨幣供給量は銀行準備金を支払準備率で割った値に等しくなる。人々が当座預金でなく現金を保有するようになると、貨幣乗数の大きさが小さくなる。
>
> ▶**マネタリーベース**は銀行準備金と現金通貨の合計で貨幣供給の一部だが貨幣供給と等しいものではない。**貨幣乗数**は貨幣供給をマネタリーベースで割った値だ。

4 連邦準備制度

　銀行が十分な準備金を維持するように管理しているのは誰だろう？　またマネタリーベースの量を決めるのは？　アメリカでは、連邦準備制度（FRS、非公式にはフェッド、the Fed）と呼ばれる機構がその役割を担っているというのが答えだ。連邦準備制度は**中央銀行**だ。中央銀行は銀行制度を監督・規制する機関であり、またマネタリーベースの量の調整も行う。他国の中央銀行には、イングランド銀行や日本銀行、欧州中央銀行（ECB）などがある。ECBはアイルランド、イタリア、オーストリア、オランダ、キプロス、ギリシャ、スペイン、スロバキア、スロベニア、ドイツ、フィンランド、フランス、ベルギー、ポルトガル、マルタ、ルクセンブルクのヨーロッパ16カ国の中央銀行だ（本書執筆時点）。ちなみに世界最古の中央銀行はスウェーデン国立銀行で、この銀行はノーベル経済学賞のスポンサーでもある。

▶**中央銀行**は銀行制度を監督・規制する機関で、マネタリーベースの量も調整する。

4.1　連邦準備制度の構造

　連邦準備制度は1913年に設けられたが、その法的立場は独特なものだ。アメリカ政府の一部でもないし、民間機関でもない。厳密には、連邦準備制度は2つの組織からなる。連邦準備理事会（FRB、連邦準備制度理事会とも訳される）と12の連邦準備銀行（連銀）だ。

連邦準備理事会はワシントンD.C.にあるオフィスを拠点に連邦準備制度を監督しており、政府機関のようになっている。つまり理事会のメンバー7人は大統領に任命され、また上院に承認されなくてはいけない。ただし直接政府の圧力がかかることのないように、その任期は14年となっている。(これが潜在的に問題になっているのはなぜかは第16章でインフレについて議論をしたときに明らかになる)理事会の議長はもう少し頻繁に、4年ごとに選出されることになっているが、実際は再任があるので4年を超える任期をつとめるのが普通だ。たとえば、ウィリアム・マックチェスニー・マーティンJr.は1951年から1970年にかけて連邦準備理事会の議長をつとめたし、アラン・グリーンスパンは1987年から2006年までその任に就いていた。

　12の連邦準備銀行はそれぞれアメリカ国内の各地区(連邦準備区)を担当し、さまざまな銀行業務・監督業務を行っている。たとえば、民間銀行の財務諸表を検査して財務上の健全性が保たれるようにしている。各地区の連銀は取締役会によって運営され、その役員は各地区の銀行や経済界から選出される。連銀のなかでもニューヨーク連銀は特別な役割を担っている。金融政策の重要な手段である公開市場操作を行っているのだ。図14-6は各連銀の管轄地区と所在都市を描いたものだ。

　金融政策に関する意思決定は、連邦準備理事会のメンバーと各地区の連銀総裁5人からなる連邦公開市場委員会(FOMC)で行われる。ニューヨーク連銀の総裁は常にこの委員会のメンバーだが、残る4人はほかの11の連銀総裁が持ち回りで担当する。通常、連邦準備理事会の議長が連邦公開市場委員会の議長になる。

　このような複雑な構造になっている理由は、究極的には、有権者に対して説明責任を果たす機関にするためだ。というのも連邦準備理事会のメンバーは大統領に任命され上院で承認されるが、その大統領も上院議員も有権者の投票によって選ばれている

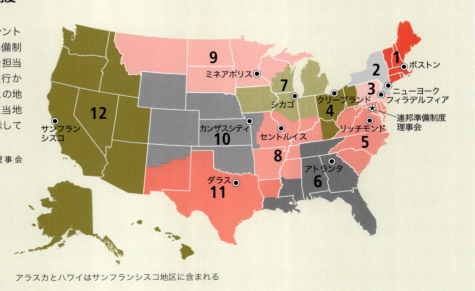

図14-6 連邦準備制度

連邦準備制度は、ワシントンD.C.にある連邦準備制度理事会と、各地区を担当する12の連邦準備銀行から成り立っている。この地図は12の各連銀の担当地区(連邦準備区)を示している。

(出所)連邦準備制度理事会(FRB)

アラスカとハワイはサンフランシスコ地区に含まれる

からだ。一方で理事会メンバーの任期が長いことと、また任命過程が間接的であることから、理事会メンバーには短期的な政治圧力がかからないようになっている。

4.2　連邦準備制度がやること：支払準備制度と公定歩合

　連邦準備制度には主に3つの政策手段がある（訳注：連邦準備制度（FRS）と連邦準備理事会（FRB）は、すでに述べられているように厳密には異なるものだが、一般には両者を区別せず、ともにFRBと呼ばれることが多い。以下では、厳密に区別する必要のある場合を除き、この慣例に従うことにする）。支払準備制度、公定歩合、そしてもっとも重要な公開市場操作だ。

　銀行取り付けについて説明したときに、連邦準備制度（以下FRB、上記訳注参照）が支払準備率の下限を設定することに言及したね。当座預金の支払準備率の下限は現在10%になっている。平均して2週間以上この支払準備率の下限を維持できなかった場合、その銀行は罰則を適用される。

　FRBが設定した現金準備率を守るための銀行準備金が不足している銀行はどうするだろう？　通常は、ほかの銀行から資金を借りることになる。銀行は**フェデラル・ファンド市場**（FF市場）で互いに資金を融通しあっている。これは準備金不足の銀行が過剰準備金をもつ銀行から、通常は一晩の間だけ資金を借りることができる金融市場だ。この市場で成立する利子率は供給と需要で決まるが、その供給と需要はFRBの政策の影響を強く受ける。次の章でみるように、フェデラル・ファンド市場で決まる利子率である**フェデラル・ファンド金利**（FF金利、FFレートともいう）は、現代の金融政策において重要な役割を果たしている。

　また銀行には、割引窓口を通じてFRBから準備金を借りるという手段もある。この貸し出しにFRBが銀行に課す利子率を**公定歩合**という。公定歩合は通常フェデラル・ファンド金利より1％高く設定されており、銀行がすぐにFRBに頼ることがないようにしてある。だが、2007年秋以降、発生中の金融危機に対応してFRBはフェデラル・ファンド金利と公定歩合の金利差（スプレッド）をせばめた。これはすぐ後の「経済学を使ってみよう」で説明する。その結果、2008年春には公定歩合はフェデラル・ファンド金利より0.25パーセンテージポイントしか高くなかった。そして2012年1月時点でも公定歩合はフェデラル・ファンド金利より0.65パーセンテージポイント高いだけだ。

　貨幣供給を変更するために、FRBは支払準備率か公定歩合、または両方を変更することができる。FRBが支払準備率を引き下げると、銀行は預かっている預金のより多くを貸し出しに回すことができるので、貸し出しが増えて貨幣乗数効果がはたらき、貨幣供給量は増える。逆にFRBが支払準備率を引き上げると、銀行は貸し出しを減らさざるをえなくなり、貨幣乗数効果を通じて貨幣供給量は減少する。またFRBが公定歩合とフェデラル・ファンド金利のスプレッドを縮小すると、準備金が不足したときにかかる費用が前ほど高くなくなる。それで銀行は貸し出しを増やし、貨幣乗数を通じて貨幣供給量が増える。FRBが公定歩合とフェデラル・ファンド金

> **フェデラル・ファンド市場**（FF市場）保有すべき銀行準備金が足りない銀行が過剰準備金をもっている銀行から資金を借り入れる場所。
> **フェデラル・ファンド金利**（FF金利、FFレート）はフェデラル・ファンド市場で決まる利子率だ。

> **公定歩合**はFRBが銀行に貸し出すときの利子率だ。

利のスプレッドを拡大すると、銀行の貸し出しは減少して、貨幣乗数の結果、貨幣供給量も減るだろう。

でも、現在の運用ではFRBは貨幣供給を積極的に管理するのに支払準備率の変更を使うことはない。支払準備率の大きな変更が行われたのは1992年が最後だ。またFRBは通常、公定歩合を使うこともない。先ほどふれたが、2007年はじめに金融危機に対応して割引窓口を通じた貸し出しが一時的に急増した。通常時の金融政策はほぼつねに第3の政策手段、公開市場操作によって行われる。

4.3 公開市場操作

銀行に資産と負債があるように、それを監督するFRBにも資産と負債がある。FRBが保有する資産は政府の負債で、その内容は主に短期国債だ。短期国債とは、満期が1年未満のアメリカ財務省証券（TB）だ。FRBは正確には政府ではないということを思い出してほしい。だからアメリカの短期国債（短期米国債）はアメリカ政府の負債となり、FRBの資産になる。FRBの負債は現金通貨と銀行準備金（銀行の金庫にある現金と、FRBに預けてある現金）だ。言い換えると、FRBの負債は、マネタリーベースに等しいということだ。マネタリーベースは現金通貨と銀行準備金の総量だからだ。FRBの資産と負債を図14-7のT字型勘定にまとめた。

公開市場操作とは、FRBが発行済みの短期国債を売買することだ。この政策は通常、住宅ローンではなく企業向け貸し出しを主業務とする**市中銀行**（商業銀行）との取引を通じて実行される。FRBが連邦政府から直接国債を購入することはけっしてない。それにはきちんとした理由がある。中央銀行が国債を直接買うということは、政府に直接資金を貸し出すということであり、実質的に財政赤字を紙幣の増刷で埋めることになるからだ。後でみるように、それは歴史的にみるとどうしようもないほど高いインフレにつながる方策なのだ。

図14-8にある2つのパネルは、FRBと市中銀行の資産保有状況が公開市場操作でどう変化するかを表している。FRBが短期米国債を購入したときの支払いは、その売り手の銀行がFRBにもつ預金口座に国債と同額の資金を振り込むというやり方で行われる。これはその銀行の準備金を増やすことになる。この様子はパネル（a）に描かれている。FRBが市中銀行から1億ドル分の短期米国債を購入すると、市中銀行の準備金が1億ドル増えるので、マネタリーベースも1億ドル増えることになる。

*公開市場操作*とはFRBが国債を売買することだ。

図14-7 | FRBの資産と負債

FRBが保有する資産はほとんど財務省証券という短期米国債だ。FRBの負債はマネタリーベース、つまり現金通貨と銀行準備金の合計だ。

資産	負債
政府債務 （短期米国債）	マネタリーベース （現金通貨＋銀行準備金）

図14-8 FRBによる公開市場操作

パネル（a）は、FRBが公開市場操作で市中銀行から短期米国債を買ってマネタリーベースを増やす様子を描いたものだ。この例では、FRBによる1億ドルの短期米国債の購入の支払いは、市中銀行の準備金の1億ドルの増加というかたちで行われているので、マネタリーベースが1億ドル増える。銀行は新たに増加した準備金の一部を貸し出しに回すので、貨幣乗数効果を通じて最終的に貨幣供給量が増える。パネル（b）は、FRBが公開市場操作で市中銀行に短期米国債を売ってマネタリーベースを減らす様子を描いたものだ。この例では、FRBによる1億ドルの短期米国債の売却により、市中銀行の準備金が1億ドル減少し、マネタリーベースも1億ドル減少する。この準備金の減少に応じて市中銀行が貸し出しを減らすので、貨幣乗数を通じて最終的に貨幣供給量が減少する。

(a) 1億ドルの公開市場買い操作（買いオペ）

	資産	負債
連邦準備制度	短期米国債　+1億ドル	マネタリーベース　+1億ドル

	資産	負債
市中銀行	短期米国債　−1億ドル 銀行準備金　+1億ドル	変化なし

(b) 1億ドルの公開市場売り操作（売りオペ）

	資産	負債
連邦準備制度	短期米国債　−1億ドル	マネタリーベース　−1億ドル

	資産	負債
市中銀行	短期米国債　+1億ドル 銀行準備金　−1億ドル	変化なし

逆にFRBが市中銀行に短期米国債を売却すると、市中銀行がFRBにもつ口座からその代金が差し引かれるので、市中銀行の準備金は減る。これはパネル（b）に描かれている。FRBが1億ドルの短期米国債を売るケースだ。この場合、準備金とマネタリーベースは減少する。

FRBは短期米国債を購入する資金をどこから捻出しているのかと、不思議に思う人がいるかもしれないね。答えは、数字を書き入れるだけで、または最近ではマウスをワンクリックするだけで購入先銀行がFRBにもつ口座に臨時の準備金が加えられる、というものだ（FRBが短期米国債を買うときに現金払いするのは売却側の銀行が追加的準備金を現金で欲しいと要求するときだけだ）。現代のドルは法定不換貨幣で、何の裏づけもなかったことを思い出してほしい。だからFRBは自分の裁量でマネタリーベースの追加分を創出できるのだ。

公開市場操作による準備金の増減が直接的に貨幣供給量に影響しない。そのかわりに公開市場操作は貨幣乗数プロセス発生の引き金になる。図14-8のパネル（a）は、準備金が1億ドル増えた後を示している。市中銀行が増えた準備金を貸し出しに回すと、すぐに貨幣供給量が1億ドル増える。この貸出金の一部は預金として銀行部門に戻り、銀行準備金を増やし、さらに貸し出しを増やしというようにして貨幣供給を増やす。公開市場売り操作（売りオペ）は逆の効果をもつ。それは銀行準備金を減らし、市中銀行の貸し出しを減らし、そして貨幣供給量の減少につながる。

経済学者はよく、FRBが貨幣供給量、つまり当座預金と現金通貨を合わせたもの

を調節するというが、正確にはマネタリーベース、つまり銀行準備金と現金通貨の合計を調節しているのだ。マネタリーベースを増減させることでFRBは貨幣供給量と利子率に多大な影響を及ぼすことができる。この影響力こそが金融政策の基礎になっている。次章では金融政策について説明しよう。

4.4 欧州中央銀行

前に述べたように、FRBは世界にいくつもある中央銀行のうちの1つだ。またスウェーデンのスウェーデン国立銀行やイギリスのイングランド銀行よりもずっと若い。一般にほかの中央銀行はFRBとほぼ同じ業務を行っている。とくに似ているのは、世界経済にとっての重要性という意味で唯一FRBに匹敵する欧州中央銀行だ。

ECBと呼ばれる欧州中央銀行は、1999年1月に創立された。そのときヨーロッパ11カ国が自国通貨を放棄しユーロを共通通貨として金融政策をECBの手にゆだねた（1999年から後6カ国がさらに参加した）。ECBは瞬時にしてきわめて重要な機関になった。ヨーロッパ諸国のいずれの国も経済規模はアメリカに匹敵はしないが、ユーロ圏経済全体、つまりユーロを通貨とした国々を合わせるとおおよそアメリカ経済と

ちょっと寄り道

FRBが保有する資産の利子はだれが受け取る？

先ほど学んだようにFRBはたくさんの資産をもっている。それは市中銀行から買い取った短期米国債で、その銀行の準備金口座残高への振り込みというマネタリーベースで支払われている。これらの資産は利子を生む。でもFRBの負債は主としてマネタリーベースで通常はFRBが利払いをしない。つまり事実上FRBは金利ゼロで資金を借り正の金利で資金を貸すという特権をもった金融機関なのだ。結構もうかるビジネスのように聞こえる。いったいだれがその利潤をもらっているか？

その答えはあなたたち、というよりもアメリカの納税者たちだ。FRBは利子収入の一部を操業費用にあてているが、大半はアメリカ財務省に納めている。たとえば2010年にFRBは793億100万ドル利子所得を得ている（そのほとんどは米国短期債と政府が発行主の不動産担保証券を保有して得た利子収入だ）が、そのうち792億6800万ドルは国庫に返還されている。

いま、やっとこの章の冒頭に書いた話を終わらせることができる。つまり北朝鮮で印刷されたと疑われる偽100ドル札の影響についての話だ。偽100ドル札が流通すると、それにはアメリカ政府が発行した本物の100ドル札と同じ経済効果がある。つまり、誰もそれが偽札だと気がつかないかぎり、まったく実際上、偽札はマネタリーベースの一部になるのだ。

他方、FRBは経済の状況を考慮してマネタリーベースの大きさを決める。とくにFRBはマネタリーベースがあまり大きくならないようにする。というのもそれは高いインフレを招くからだ。基本的にこれが意味することは、偽100ドル札が流通するたびにその分だけFRBは本物の100ドル札を印刷しなくなるということだ。だが、法にのっとってFRBが100ドル札を印刷するとそのかわりに短期米国債を手に入れる。そしてその利子収入はアメリカ政府歳出の一部をまかなう。つまり偽100ドル札の流通によってFRBはその額だけの短期米国債が入手できなくなりFRBとアメリカ財務省が獲得する利子収入を減らしてしまうのだ。つまり納税者たちが偽100ドル札流通の実質費用を負担することになるのだ。

同じ規模になる。その結果、ECBとFRBは貨幣の世界の2大巨頭になった。

FRBと同様に、ECBには特殊な地位がある。それは民間の機関ではないが、正確には政府機関でもない。事実、ECBは政府機関にはなれない。なぜなら汎ヨーロッパ政府などないからだ！　何だかよくわからないなあと思っているアメリカ人にとって都合のいいことは、ECBとFRBがとてもよく似ていることだ。

何よりも第1に、ドイツの1都市フランクフルトにあるECBはFRB（アメリカ連邦準備制度）全体に相当するものではないということだ。それはワシントンD.C.ある連邦準備制度理事会に相当する。アメリカでの各地区連邦準備銀行にヨーロッパで相当するものは、ヨーロッパ各国の国立中央銀行だ。フランス銀行、イタリア銀行等々だ。1999年までこれら国立銀行は、それぞれがFRBに相当するものだった。たとえば、フランス銀行はフランスのマネタリーベースを制御していた。

今日では、これらの国立銀行はFRBでの各地区連銀と同様に、地域の銀行や事業体にさまざまな金融サービスを提供したり公開市場操作を行ったりする。しかし金融政策の決定についてはECBに任せる。とはいえ、さまざまなヨーロッパの国立中央銀行は小さな機関ではない。それらは合計で5万人以上の行員を雇っているが、2010年12月時点でECBの行員は1607人しかいない。

ユーロ圏では、各国それぞれが自身の国立中央銀行を運営する者を選ぶ。ECBの役員会がFRBの連邦準備制度理事会に相当する。役員はユーロ圏政府の全会一致で選ばれる。連邦公開市場委員会に相当するのがECBの政策理事会だ。FRBの公開市場委員会の委員が連邦準備制度理事会のメンバーと各地区連銀総裁の輪番のメンバーで構成されているのと同じように、ECBの政策理事会は役員会と国立中央銀行総裁の輪番のメンバーで構成されている。

FRBと同様に、ECBは究極的には有権者たちに対する説明責任を負うが、国境をまたいで政治的な力がいろいろな場所からかかってくることを念頭において、FRB以上に短期的政治圧力が直接かからないようにしてある。

経済学を使ってみよう　FRBのバランスシート（貸借対照表）平常と非常

図14-7はFRBのバランスシートの簡略版だ。そこではFRBの負債はマネタリーベースだけ、そして資産は短期米国債だけだった。これは簡略化のしすぎだ。なぜならFRBがやっていること現実にはもっと複雑で、そのバランスシートにはいくつもの追加事項がある。しかし平常時には、図14-7のような近似は妥当だ。典型的にはFRBの負債の90％がマネタリーベースで、資産の90％が（短期米国債券のような）財務省に対する請求権だ。

だが、2007年後半にはもはや平常時でなくなったことは痛いほど明確になった。波乱の原因は第10章で説明した巨大な住宅価格バブルだ。それは住宅ローンに貸し出しをしたり、不動産抵当関連資産を保有していた金融機関に莫大な損失をもたらした。このため金融システムに対する信頼の喪失が広がってしまった。

次の節で説明するように、標準的な預貯金取扱銀行だけでなく、非預金取扱金融機関つまり顧客の預金を集めていない金融機関も経営危機に陥った。多額の債務を負い、住宅価格バブルの破裂によって巨額の損失を被りながらも非流動的な資産しかもっていなかったために、これら「ノンバンク」をパニックが襲った。これら金融機関が本質的には銀行取り付けにあってしまい、数時間のうちに金融システムは凍り付いた。

たとえば、2008年に多くの投資家たちがベアー・スターンズという借り入れた資金で金融資産を売り買いする複雑な金融取引を行っていたウォールストリートの非預金取扱金融機関の健全性に対して心配しはじめた。ベアー・スターンズに対する信頼がなくなってしまうと、そういった取引の決済時に必要な資金を調達することができなくなり、あっという間に破綻してしまった。

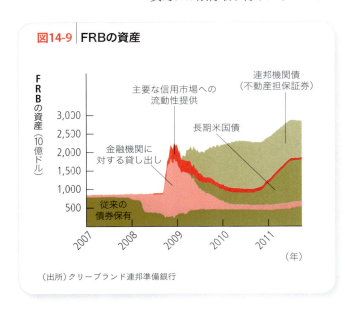

図14-9 FRBの資産
（出所）クリーブランド連邦準備銀行

FRBは金融部門全体のメルトダウンになってしまうことを防ぐためにすぐさま行動をとった。割引窓口を大幅に拡大し、預金取扱金融機関のみならずウォールストリートの金融機関といった非預金取扱金融機関にも巨額の貸し出しを行ったのだ。それは、いまとなっては金融市場が提供しようとはしなかった流動性をこれら金融機関に与えた。これら金融機関はFRBからの格安借り入れを利用するために、手持ちの資産、つまり不動産ローンや事業ローン等々を雑多に集めて担保とした。

図14-9をみると、2008年半ばからFRBは金融機関に対する貸し出しを急上昇させるとともに短期米国債のような従来の債券保有を急速に減らしている。「金融機関に対する貸し出し」とは割引窓口を通じた貸し出しを意味するが、FRBがベアー・スターンズのような会社に対する直接の貸し出しも入っている。「主要な信用市場への流動性提供」とはFRBによる社債のような資産の購入をさしている。それは企業への貸し出し金利が急騰することを防ぐために必要だった。最後に「連邦機関債」とはファニーメイ（連邦住宅抵当公庫）やフレディマック（連邦住宅抵当金融公庫）といった政府系住宅金融公庫の債務で、住宅ローン市場の暴落を防ぐためにやはりFRBが買うしかなかったものだ。

2009年に危機が収まってもFRBは従来の資産保有に立ち戻ることはなかった。そのかわりに、保有資産を長期米国債にシフトし「連邦機関債」の購入を増やした。このような事態はきわめて異常だ。FRBが通常行う運営方法からは大幅に逸脱している。でも金融と経済の崩壊を防ぐためには必要だと考えられたことなのだ。またこれは、FRBがマネタリーベースの大きさをただ単に決めている以上のことを行っているという事実をグラフで描いたものになっている。

> **✓ 理解度チェック　14-4**
>
> 1. 銀行が貸し出した資金はすべて当座預金として銀行部門に戻ってくるとする。また支払準備率は10％だとしよう。FRB が公開市場操作で短期米国債を1億ドル購入したとき、それが銀行部門の当座預金残高に与える影響を説明しなさい。貨幣乗数の大きさはいくらか？
>
> 解答は https://str.toyokeizai.net/books/9784492314906 にある。

5 | アメリカの銀行システムの進化

　ここまで、アメリカの銀行システムとそのはたらきについて説明してきた。このシステムを十分に理解するためには、それがどのようにそしてなぜ生まれてきたのかを理解することが助けになる。この話は、それがどのように、そしていつ具合が悪くなってしまったのかという話と密接な関係がある。というのも21世紀のアメリカの銀行システムのカギとなる要件はどこからともなくでき上がったものではないからだ。銀行業務を統率する規制と連邦準備制度の双方を変更する努力は2008年に始まり、それは金融改革を最優先事項にした。この改革はずっと将来にわたって金融システムの形を再び変え続けていくことになるだろう。

5.1　21世紀のアメリカ銀行業の危機

　1913年に創設された連邦準備制度は現代のアメリカ銀行業の始まりだ。1864年から1913年までアメリカの銀行業は連邦政府が規制するナショナル・バンク制度が大半をしめた。ナショナル・バンクだけが通貨を発行することが許され、通貨紙幣は同一の大きさとデザインのもとに連邦政府が印刷した。ナショナル・バンクがどれだけ通貨を発行してもよいかはその資本量に依存した。このシステムは銀行が自身の銀行券を統一性も規制もなしに発行していたような以前の時代にくらべると改善されてはいたが、ナショナル・バンク制はやはり数多くの銀行倒産や大きな金融危機に苛まれた。10年に少なくとも１度または多くの場合２度は危機に直面した。

　このシステムに降りかかった主とした問題は、必要に応じた貨幣供給ができなかったことだ。地域ごとの経済の変化に敏速に反応して通貨を国内で移動することができなかったのだ（とくに、ニューヨーク市の銀行と田舎の銀行の間で十分な通貨を確保しようと綱引きになった）。預金引き出し要求に必要な通貨が不十分だといううわさはすぐさま銀行取り付けを引き起こした。１件の銀行取り付けは伝染し、近隣の銀行にも取り付けが始まり、パニックが広がると地域経済は荒廃した。その対策として、ある地域の銀行家たちは自分たちの資源を集めてクリアリングハウス（清算所）をつくった。パニックが発生したときにクリアリングハウスのメンバーはお互いの債務を

ちょっと復習

▶ 連邦準備制度はアメリカの**中央銀行**であり、銀行を監督し金融政策を策定する。

▶ FRB は支払準備率を決める。銀行は**フェデラル・ファンド市場**で準備金を貸し借りする。この市場で決まる利子率は**フェデラル・ファンド金利**だ。銀行は FRB から**公定歩合**と呼ばれる利子率で準備金を借りることもできる。

▶ FRB は支払準備率や公定歩合を変更することができるが、実際の金融政策はほとんど**公開市場操作**によって行われる。

▶ 公開市場買い操作（買いオペ）で短期米国債を買うとマネタリーベースが増えるので貨幣供給量も増える。公開市場売り操作（売りオペ）は逆にマネタリーベースと貨幣供給量を減らす。

保証し合った。またいくつかの州政府は州内の銀行預金に対して預金保険を提供しはじめた。

　しかし、1907年恐慌の原因はそれまでの銀行危機とはちがった。実際に、それは2008年の危機の根源と不気味なほど似ていた。1907年恐慌の危機発生現場はニューヨーク市だったが、その結果は国全体を荒廃させ、4年間もの深刻な不況をもたらした。危機の発生源はニューヨークにあったトラスト（信託銀行）と呼ばれる金融機関だった。それは銀行のような金融機関で預金を受け入れたが、もともとは富裕層の相続や不動産を管理するだけのものだった。これら信託銀行は低リスクの投資だけ行うはずだったのでナショナル・バンクにくらべてあまり規制がなく、支払準備率も低く、現金準備も少なかった。

　だが、20世紀最初の10年間はアメリカ経済が好況だったので信託銀行は国立銀行には禁じられていた不動産と株式への投機を始めた。ナショナル・バンクよりも規制が少なかった信託銀行は預金者にもっと高い利払いをすることが可能だった。しかし信託銀行はナショナル・バンクの経営健全性の評判にただ乗りして、預金者に同じくらい安全だと思わせた。その結果、信託銀行は急激に成長した。1907年にはニューヨークの信託銀行の保有資産はナショナル・バンクと同じくらいの規模になった。その間、信託銀行はニューヨーク市の国立銀行が互いに健全性を保証する組合すなわちニューヨーク・クリアリングハウスに参加することを拒否した。参加すると信託銀行は現金準備増額の義務が発生し、利潤を減らしてしまうことになるからだった。

　1907年恐慌はニッカーボッカー信託銀行の破綻から始まった。それはニューヨーク市の大きな信託銀行で株式投機の失敗で莫大な損失を出してしまったのだ。すぐにニューヨークのほかの信託銀行も破綻圧力にさらされ、恐れをなした預金者たちは自分の資金を引き出そうとして長蛇の列に加わりはじめた。ニューヨーク・クリアリングハウスは助けに入って信託銀行に貸し出すことを拒んだ。すると健全な信託銀行までも深刻な危機に襲われた。2日間のうちに主要な信託銀行が12行も倒産した。信用取引市場は麻痺し、株式トレーダーが株取引に必要な資金を信用市場から調達できなくなったことや企業マインドが冷え込んでしまったために、株式市場は暴落した。

　幸運にもニューヨーク市でいちばん金持ちの銀行家J・P・モルガンがパニックを収拾するためにすぐさま介入した。危機はどんどん広がりすぐに健全な信託銀行や銀行も飲み込んでしまうことを理解していたので、彼はほかの銀行家たちや富豪のジョン・D・ロックフェラーそして財務省長官などとともに銀行や信託銀行の準備金を増強し、預金引出しに襲われても耐えられるようにした。人々が預金を引き出すことができるといったん保証されると、パニックは収まった。パニックそのものは1週間弱くらい続いたが、パニックと株式市場の暴落は経済に大きなダメージを与えた。4年間の不況が続き、生産高は11％低下し失業は3％から8％に上昇した。

5.2　銀行危機への対応：連邦準備制度の創設

　銀行危機頻発に対する危惧や、金融システムを救うためにJ・P・モルガンがこれ

までにないような役割を果たしたことが、連邦政府に銀行改革を始めさせた。1913年には国立銀行制度を廃止し連邦準備制度（FRB）が創設されて、それが預金を取り扱うすべての金融機関に十分な準備金を保有しておくことを義務づけ、規制当局者の検査に際して会計情報を開示させた。1907年恐慌は銀行準備金を中央集権的に制御する時期が来たということを多くの人に納得させた。それに加えて、国中で経済的条件を満たすのに貨幣供給が十分に対応できるようにするため、唯一FRBに通貨発行権が与えられた。

　この新体制は銀行の準備保有について標準化し集権化したが、それでも銀行取り付け発生可能性は除去されたわけではない。なぜなら銀行が保有する準備金の総額は預金残高の総額よりもまだ少ないからだ。銀行取り付けがまた起こる潜在的可能性は大恐慌のときに現実となった。商品価格の急落はとくにアメリカの農家に大きな打撃を与え、1930年、1931年、そして1933年と一連の銀行取り付けを引き起こした。いずれも中西部の銀行での取り付けを起点にして全国に広がった。

　1930年にとくに大きな銀行が破綻した後、連邦政府当局はあまり干渉しないという方法からもっと積極的な介入への転換を強いられた。1932年には復興金融公社（RFC）が設立され銀行部門を安定化するために銀行への貸し出しをする権限が与えられた。また1932年グラス・スティーガル法が制定されたことによって連邦預金保険が創設され銀行がFRBから借り入れをする能力が増強された。FRBがシカゴの主要銀行に貸し出したことは1932年の大きな銀行危機をくい止めたようにみえた。でも野獣はまだ飼いならされたわけではなかった。銀行はRFCから借り入れするのをおそれた。なぜなら、そうすることは銀行が弱体化しているというメッセージを人々に送ることになるからだ。

　1933年の壊滅的銀行取り付けの最中に、フランクリン・デラノ・ルーズベルト新大統領が就任した。彼はすぐさま「バンクホリデー」を宣言し、規制当局が事態を掌握するまで銀行を閉鎖した。

　1933年3月、緊急策がとられ銀行部門の安定化と再構築をするため、特別な権限がRFCに与えられ、貸し出しや株式購入による銀行への資本提供が行われた。この新しいルールのもとで、規制当局は存続不能な銀行をつぶし、存続可能な銀行についてはRFCに銀行の優先株（通常の株主よりもアメリカ政府にもっと経営権をもたせるような株式）を買うことを許可したりFRBからの借り入れ能力をぐんと拡大したりして銀行の資本を供給した。1933年には（2010年のドル価値で）RFCは162億ドルを銀行資本に投資した。これは当時アメリカにあった全銀行の資本の3分の1ほどの額だ。RFCはアメリカのほぼ半数の銀行の株式を購入した。この時期にRFCは銀行に（2010年のドル価値で）324億ドル以上貸し出した。

　経済史家たちはみな次のようなことに同意している。1930年代初頭の銀行危機は大恐慌のきびしさを増強した。そして銀行部門が崩壊し銀行から引き出された現金がベッドの下にためられ貨幣供給が減少していくにつれて金融政策の効果はなくなっていった。

> **市中銀行**は預金を預かり預金保険で保護されている。
> **投資銀行**は金融資産を取引し預金保険で保護されていない。

　RFCの強力な行動は銀行産業を安定化させたが、将来の銀行危機を防止するには新法の制定が必要だった。1933年に制定されたグラス・スティーガル法は銀行を2つに分類した。**市中銀行**は預金を預かる預金取扱銀行で預金保険によって保護されている。そして**投資銀行**は株式や社債といった金融資産の発行や取引に従事しているが預金保険の対象外だ。なぜなら投資銀行の活動はより危険だと考えられているからだ。

　「レギュレーションQ」は市中銀行が当座預金に利子をつけることを禁じた。それは不健全な銀行間競争を促進することになるという考えにもとづいている。さらに投資銀行は市中銀行にくらべてずっと規制が少ない。だが、銀行取り付けを防止するもっとも重要な方策は（もともとは1口座につき2500ドルを上限とする）連邦預金保険を導入したことだ。

　明らかにこれらの施策は成功した。アメリカは長期にわたって銀行の安定性を享受したのだ。過去の悪い記憶が薄れるにつれて、恐慌時代の銀行規制は緩和された。1980年にレギュレーションQは廃止され、1999年までにグラス・スティーガル法は非常に緩和され、金融資産を取引するようなサービスを提供することはもはや市中銀行に禁じられたものではなくなった。

5.3　1980年代の貯蓄貸付組合（S&L）危機

> **貯蓄貸付組合（S＆Lまたはスリフト）**は預金を預かるもう1つの種類の銀行だ。通常住宅ローンの貸し出しに特化している。

　銀行産業には銀行のほかに**貯蓄貸付組合**（**S＆L**や**スリフト**とも呼ばれている）も含まれる。それは貯蓄を預かり、それを住宅購入者への長期の住宅ローンに転換する金融機関だ。S＆Lは連邦預金保険で保護されており、安全をはかるためきびしく規制されていた。だが1970年代にインフレが高まり貯蓄者たちは利回りの低いS＆Lから資金を引き出し、もっと利払いの高い投資信託で運用するようになってS＆Lは困難に直面した。さらに高インフレ率がS＆Lの保有資産、長期保有している不動産担保債権を大幅に目減りさせてしまった。

　銀行に対するS＆Lの競争力の地位を上げようとして、連邦議会はS＆Lが長期住宅抵当債権に加えてもっとリスクのある投資が行えるように規制を緩和した。だが、この新たな自由には監視の増強がともなわなかったので、S＆Lは銀行ほど監視が行き届かなくなった。当然ながら、1970年代と1980年代の不動産価格上昇期にS＆Lはリスクが大きすぎる不動産への貸し出しをしてしまった。またいくつかのS＆Lの幹部が私的な用途への貸し出しに使うなどの汚職も発生した。

　不幸にも1970年代から1980年代初頭にかけて連邦議会からの政治的な介入で、支払い不能なS＆Lの操業が継続された。銀行が同じような状況にあれば規制当局によってすぐさま倒産させられていたはずだ。1980年代はじめになって多くのS＆Lが倒産した。預金は連邦預金保険で保護されていたので倒産してしまったS＆Lが負っていた債務はいまや連邦政府の債務になり、預金者への支払いは納税者が支払うことになった。連邦政府は1986年から1995年にかけて1000を超える倒産したS＆Lを清算し、アメリカの納税者に1240億ドルの負担をかけた。馬が逃げたあとに馬小屋の戸締まりをするということの典型例のように、1989年に連邦議会はS＆Lの業務活動

の総合的な監視を制定した。またファニーメイやフレディマックを増強して以前にS&Lが貸し出した住宅抵当債権を引き取らせた。ファニーメイとフレディマックは、大恐慌時代に低中所得家計が住宅所得をもっとしやすくするために設立された準政府系金融機関だ。S&L危機は金融および不動産産業を急速に冷え込ませてしまい、1990年代初頭の不況につながったとされている。

5.4 バック・トゥー・ザ・フューチャー、2008年の金融危機

　2008年の金融危機には以前と共通の特徴がある。1907年恐慌やS&L危機のように過剰な投機のみならず預金取扱銀行のように厳密に規制されていない金融機関がそれに関係していた。1930年代初頭の危機のように被害の大きさが明白になるまでなかなか政府が介入をしなかったことも関係した。さらに1990年代後半の技術と金融の革新が2008年にまたもや金融の全体的な脆弱性に中心的役割をはたした。ロングターム・キャピタル・マネジメント社（またはLTCM）の話はこれらの問題を際立たせた。

ロングターム・キャピタル・（ミス）マネジメント　LTCMは1994年に創立されたヘッジファンドで、富裕な個人と金融機関だけを顧客にした民間投資事業組合だ。ヘッジファンドは実質的に規制されておらず、平均的な投資家を顧客にしている投資信託よりもはるかに危険な投資をすることが可能だった。投資報酬を増やすために、多大な**レバレッジ**を使って、つまり借入資金を利用し、LTCMは洗練されたコンピュータモデルのもとにグローバル金融市場での金融資産価格差に目をつけ、それらを安く買い高く売ることでもうけようとした。LTCMは1年間に40％もの収益率をあげた。

▶ 金融機関が借入資金を使って投資をするとき、**レバレッジ**を使っているという。

　LTCMは多額の金融派生商品（デリバティブ）取引も行った。これはもっと根源的な金融資産を担保にした証券をもとにつくり出された、つまり派生した（ディライブした）、複雑な有価証券だ。デリバティブは人気のある投資手段だ。なぜなら基本的な金融資産よりも取引費用が安く、金融資産の売り手や買い手の特定のニーズにあうように作成することができるからだ。だがその複雑さのせいでその価値を測るのが非常にむずかしくなる。LTCMは自分たちのコンピュータモデルならば借りた資金を使ってデリバティブ取引で大きな賭けをするリスクを正確に計測できると信じていた。

　だが、LTCMのコンピュータモデルは1997年から1998年にかけてのアジアやロシアの一連の金融危機を織り込んでいなかった。多額の借り入れをしていたLTCMはグローバル金融市場であまりにも大きな市場参加者になっていたので、売ろうとしている手持ち資産を売ると、その値段を下げてしまうことになった。世界中で資産価格が下がりはじめると、パニックに襲われたLTCMの投資家たちは投資資金の払い戻し要求をした。それに応じるために資産を売ったLTCMの損失は積み上がっていった。もはや資金を借り入れることができなくなり、ほかの取引相手がLTCMとの取引を拒んだために、LTCMはすぐに操業不能になった。世界中の金融市場はパニッ

クで凍り付いてしまった。

　LTCMに残っている資産をパニックで暴落してしまった値段で売却させることは**バランスシート効果**を通じて金融システム全体に深刻なリスクをもたらすことにFRBは気づいた。バランスシート効果とは、LTCMが資産を売却することで世界中の資産価格を低下させ、ほかの会社の貸借対照表（バランスシート）に記載されている保有資産の価値を下げてしまうことだ。さらに、資産価格の低下は借り入れをしている会社のバランスシートにある保有資産の価値をある臨界点以下にまで下げてしまい、信用取引契約にある条件での返済が履行できなくなる。その結果、資金を貸している者に貸し出し資金の返還を強いてしまう。資金を借りている者はその要求に応えるために保有資産を売ろうとする。これがまた資産価格の低下と信用取引の不履行を生み、さらに貸し手の資金返還要求を生むというような**デレバレッジ（レバレッジ解消）の悪循環**が生み出される。

> **バランスシート効果**とは資産価格の下落によって企業の純資産が減少することだ。

> **デレバレッジ（レバレッジ解消）の悪循環**とは次のようなことが起きることだ。損失補填のために資産を売却すると他の企業のバランスシートに負の影響を与え、貸し手たちに貸し出し資金の返還を強いる。これがさらに資産売却を引き起こし、さらに資産価格の低下を生む。

　1998年にニューヨーク連銀は36億2500万ドルのLTCM救済策を準備した。そこで民間金融機関にLTCMの資産と債務を引き継がせ、整然と清算した。その結果、いくらかの利益も確保した。ニューヨーク連銀のすみやかな行動のおかげでLTCMの破綻が伝染することを食い止めることができたが、事実上LTCMに投資した者は全員一掃された。

サブプライムローンと住宅バブル　LTCM危機の後、アメリカ金融市場は安定化した。2000年から2002年にかけて株価が急落してアメリカ経済が不況に陥ってもなお多少は安定していた。だが2001年の不況時に次の金融危機の種はまかれていた。

　話は低利子率から始まる。2003年にはアメリカの利子率は歴史的な低水準だった。それは一部、FRBの政策のため、そしてもう一部は海外とくに中国からの多額の資本流入があったためだ。この低金利は住宅市場の活況を引き起こすのに役立ち、アメリカは不況から脱出することができた。だが住宅市場が活況をみせるにつれ、金融機関は大きくなりつつあるリスクを抱えた。まだ十分に理解されていなかったリスクだ。

　伝統的には、人々は住宅抵当ローンの返済に見合う所得があるのを示すことができるときにのみ住宅購入のための資金借り入れが可能だ。通常の借り入れ基準を満たさない人々へのローンは**サブプライムローン**と呼ばれる。それは全体の貸し出しのうちごく少数だった。でも2003年から2006年の住宅市場の好況ではサブプライムローンは安全な賭けにみえるかのようにして始まった。住宅価格は上昇し続けていたので、住宅ローンの返済ができない借り手は必要になれば住宅を売れば常に清算できた。その結果サブプライムローンは爆発的に増えた。

> **サブプライムローン**とは返済可能性の通常の基準を満たさない住宅購入者への貸し付けだ。

　だれがサブプライムローンを貸し出していたのか？　大部分の貸し手は預金を預かっている通常の銀行ではなかった。そのかわり、大部分は「ローン・オリジネーター（ローンの現保有者）」が保有している抵当債権をすぐにほかの投資家に売却する。この売却は**証券化**と呼ばれる過程で可能になる。それは金融機関がローンをまとめてそれらローンのまとまりから手に入る返済金請求権のシェアを売却することだ。この

> **証券化**とはローンをまとめてそのシェアを投資家たちに売却することだ。

シェアに対する投資は比較的に安全だと考えられている。というのも多数の住宅購入者たちが同時に返済不履行をするとは考えにくいからだ。

だが、まさにそれが起こってしまったのだ。住宅市場の活況はバブルだと判明し、2006年後半に住宅価格が下がりはじめると多くのサブプライムローンの借り手はローンの返済ができなくなるかまたは住宅を売却してもローンの清算には足りなくなった。その結果サブプライムローンを原資産にした証券に投資した投資家たちは大きな損失を出した。住宅ローンを原資産にした証券の多くは銀行や銀行のような役割を果たしている金融機関が保有していた。1907年恐慌のときに信託銀行がカギとなる役割を果たしたように、これらの「ノンバンク銀行」は市中銀行よりも規制を受けておらず、投資家たちに高い報酬を提供することを可能にしたが危機のときには非常に危うい状況にさらされた。そして住宅関連の損失は金融システムの信頼を失墜させたのだ。

図14-10はこの信頼の失墜を測る指標の1つだ。TEDスプレッドとは銀行同士で取引する3カ月物のローンの金利と連邦政府が3カ月物の財務省証券に支払う金利の差だ。国債はきわめて安全だと考えられているのでTEDスプレッドは銀行同士が貸し借りをするときにどれだけのリスクがあると考えているのかを表している。通常0.25パーセンテージポイントくらいだが、2007年8月に急上昇して2009年半ばに通常に戻る前の2008年10月には4.58パーセンテージポイントにまで拡大した。

危機と対応　金融システムの信用失墜は、金融業者たちの大きな損失と一緒になってきびしいデレバレッジの悪循環と経済全体での信用収縮を引き起こした。企業は借り入れが困難になり短期の操業ですらむずかしくなった。個人は住宅ローンを借りることができなくなり、クレジットカードの利用額上限も引き下げられた。

全体的に、金融危機の負の効果は大恐慌を引き起こすきっかけになった1930年代

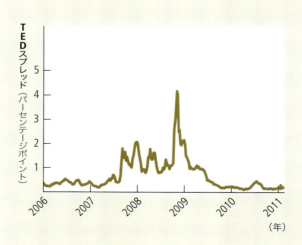

図14-10　TEDスプレッド

TEDスプレッドとは銀行同士の資金貸借取引の金利と米国債金利との差だ。よく使われる金融逼迫状況を測る指標の1つだ。2007年から2008年の金融危機の結果TEDスプレッドは急上昇した。

（出所）イギリス銀行協会、セントルイス連邦準備銀行

初頭の銀行危機のときと非常に似ていた。政策立案者はその類似性に気づき同じことの繰り返しを防ぐようにつとめた。2007年8月をはじめに、FRBは金融システムに現金を供給する一連の努力をした。さまざまな種類の金融機関に資金を貸し付け、民間の債務を買い取った。FRBと財務省は、投資銀行のベアー・スターンズやAIG保険会社のように倒産させてしまうとあまりに危機的状況をまねくかもしれない個別企業については救済介入した。

だが、2008年9月政策立案者は大手投資銀行リーマン・ブラザーズを倒産させてもよいと決めた。政策立案者はすぐにその決定を後悔した。リーマンが倒産して数日のうちに図14-10で描いたようにTEDスプレッドが急上昇し、金融市場にパニックが広がった。危機が高まるのに対応して、金融システムを下支えするためにアメリカ政府はさらに介入し、アメリカ財務省は銀行に資本を「注入」をしはじめた。実務的には資本注入とはアメリカ政府が株式と引き換えに現金を銀行に供給することだ。事実上、部分的に金融システムを国有化したことになる。

2010年秋には金融システムは安定したようにみえた。危機時に連邦政府が注入した資本の大部分を主要な金融機関は返済した。納税者は損失を穴埋めすることはないだろうと見込まれていた。だが銀行の回復に見合った経済全体の回復があったわけではない。不況は公式には2007年12月に始まり2009年6月に集結したとなっているが失業は2012年の今なお高止まりしている。

FRBはこの悩ましい状況に有名になった公開市場操作の1つの方法で対処した。従来型の公開市場操作は短期国債の取引に制限されていたが、FRBはいまやそれでは不十分だと考えた。FRBはその他の金融資産、主に長期国債、そして住宅融資を手助けする政府系金融機関ファニーメイやフレディマックの債務を大量に購入するほかに、割引窓口を通じて巨額の流動性を提供した。図14-9にみてとれる2008年9月以降のFRB保有資産の急増が、これを説明している。

以前の危機と同様に、2008年の金融危機は銀行規制の変更をもたらした。もっとも注目すべきは2010年に制定されたドッド＝フランク法と呼ばれる金融規制改革法だ。この法案についてこの後の「経済学を使ってみよう」で簡単に説明する。

経済学を使ってみよう☞ 2008年世界金融危機後の金融規制

2010年7月にオバマ大統領はドッド＝フランク・ウォール街改革・消費者保護法に署名した。これは上院と下院のそれぞれの法案制定代表者名をとって通称ドッド＝フランク法と呼ばれている。これは1930年代以来制定された最大の金融規制改革法だ。1930年代以来最悪の金融危機を経験したばかりなので驚くことではない。これで金融規制がどう変わったのか？

従来の預金取扱銀行の規制はおおよそこれまでどおりだ。これらの銀行が直面する変化は新しい監督庁の創設だ。それは消費者金融保護庁といい、その任務は一見もうかりそうにみえるが消費者には十分理解できない金融取引にだまされないよう保護す

ることだ。

　大きな変更は銀行以外の金融機関、リーマン・ブラザーズの倒産が示したように銀行危機の引き金になるような金融機関の規制だ。新法は特別な政府委員会、金融安定監督評議会に、通常の預金取扱金融機関でなくとも特定の金融機関が「システム安定のために重要」だと指定することができる。このようなシステムの安定のために重要な金融機関は銀行が従っているような規制を課せられる。それには比較的高い自己資本比率や負ってもよいリスクについての制限なども含まれる。さらに連邦政府は「破綻処理権限」をもつ。それは経営難に陥った銀行に対する通常の接収手続きと同じように経営難に陥った金融機関を接収できる権限だ。

　さらに、法律はデリバティブ取引の新ルールを制定している。デリバティブはLTCMを倒産させた複雑な金融証券で、2008年金融危機で重要な役割を果たしている。したがって、ほとんどのデリバティブは市場参加者全員が価格と取引量を観察できる取引所で売買しなくてはならない。ねらいは金融機関が負うリスクをより透明にすることだった。

　全体的に、ドッド＝フランク法はおそらく昔ながらの銀行規制の精神を21世紀のもっと複雑な金融システムにできるだけ適用できるようにしたものといえよう。これが将来の銀行危機防止に成功するだろうか？　そのままよく観察していてほしい。

ちょっと復習

▶連邦準備制度は1907年恐慌に対応して創設された。

▶1930年代初頭に広がった銀行取り付けは銀行規制の強化と預金保険制度をもたらした。銀行は2種類に分類された。（預金保険で保護される）**市中銀行**と（保護されていない）**投資銀行**だ。

▶1970年代と1980年代の**貯蓄貸付組合（S&Lまたはスリフト）**危機は、十分に規制されていなかったS&Lが危険な投機をして多大な損失を出したことで発生した。

▶1990年代半ばにヘッジファンドのLTCMが多額の**レバレッジ**を使ってグローバル金融市場で投機を行い巨額の損失を出した。LTCMがその損失を補填するために資産を売却したことが世界中の企業に**バランスシート効果**を与えた。**デレバレッジの悪循環**を断つためにニューヨーク連銀は民間企業救済を図った。

▶2000年代半ばに**サブプライムローン**による貸し出しが**証券化**を通じて金融システムに広がり、金融危機を引き起こした。FRBはそれに対応して、金融機関への資金の注入や民間債務の買い入れを行った。

▶2010年ドッド＝フランク法の制定により2008年金融危機が再発しないよう金融規制が改訂された。

✓ 理解度チェック　14-5

1. 1907年恐慌、S&L危機、そして2008年世界金融危機の共通点は何か？
2. FRBの創設がされても世界恐慌のときの銀行取り付けが阻止できなかったのはなぜか？　どのような方策が銀行取り付けを終息させたか？
3. バランスシート効果を説明しなさい。デレバレッジの悪循環を説明しなさい。なぜ政府が介入してデレバレッジの悪循環を断ち切る必要があるか？

解答は https://str.toyokeizai.net/books/9784492314906 にある。

BUSINESS CASE

ビジネス・ケース

完璧なギフト：現金それともギフトカード？

だれかに贈り物で感謝の気持ちを伝えてもらうのはいつも気分がいい。ここ数年ギフトカードを贈って感謝の気持ちを伝える人がどんどん増えている。ギフトカードは商品と交換できるものとして小売業者が発行するプリペイドカードだ。GiftCardUSA.com によれば、アメリカの小売業者トップ100社中80％以上でいちばん売れ行きがよいのはギフトカードだという。考えてみれば、もらった人が好きなものを選ぶ、それ以上簡単で便利なものってあるだろうか？　それに現金や小切手を封筒に包んだものをもらうよりもギフトカードのほうがもっと親しみを感じる（しかもかわいい絵までついているし）。

でもいくつかのウェブサイトはギフトカードをもらった人がしばしばそれを割り引いて売ってしまう、ときには結構な割引率で冷たくて親しみのない現金にしてしまうという事実に目をつけて金儲けをしている。

PlasticJungle.com はそういうウェブサイトの1つだ。この文章を書いている時点でホールフーズのギフトカードの額面90％で現金と交換している（たとえば100ドルのギフトカードを売る人は現金90ドルを手にいれることができる）。でも Gap カードは額面の70％でしか買い取らない。PlasticJungle.com は買い取った額にプレミアムを上乗せした額で再販売してもうけを出している。たとえば Gap カードを額面の70％で買って額面の88％で再販売している。多くの消費者はもっているギフトカードを相当な大きさの割引率で現金にしたいと思っているかもしれない。それでも小売業者は現金よりもギフトカードの利用をすすめたいと思っている。GiftCardUSA.com によればギフトカードの5〜15％は使用されない。この未使用のおカネは小売業者のものになるので、ギフトカードはとても利益になるビジネスなのだ。金融コンサルタント会社のタワーグループによれば、この「破損（未使用）分（breakage）」の価値、つまりギフトカードの価値のうちギフトカードの保有者でなく小売業者のものになる部分は2009年にはおよそ50億ドルもある。

この破損はどのようにして発生するのか？　カードを失くしてしまう人もいる。または、50ドルのギフトカードで47ドル分の買い物をしても、残りの3ドルのためにわざわざまた店に行かない人もいる。カードの利用に手数料をとったり、カードに有効期限をつけたりする小売業者もいる。そして小売業者が倒産したときには未使用のギフトカードの価値は消えてなくなる。

破損に加えて、次のようなときにも小売業者は利益を得る。消費者がギフトカードの価値をぴったり使おうとしてもそうするのはむずかしい、そのかわりギフトカードの額面以上の買い物をしたり、ときにはギフトカードがなければしないような支出をしたりする。

ギフトカードは小売業者にとって非常に得なので、お得意様に払い戻し小切手を贈っていた小売業者の多くがそれをギフトカードに変更している。小売業者がなぜ払

い戻し小切手よりもギフトカードを好むのか説明しようとしていたあるコメンテーターは「だれも現金ならば使わずにおいておくということはない」と指摘した。

でもギフトカードを発行する者にとってそれは将来さほど利益にならないだろう。2009〜2010年の経済的に困難な時期にギフトカード保有者がそれを使いきる割合が増加したことを業界アナリストは発見した。2010年に前年にくらべて破損は半分（25億ドル）に低下した。

ビジネス思考力を鍛えよう

1. なぜギフトカードの持ち主は額面より安い値段でギフトカードを売ろうとするのか？
2. ウォルマート、ホームデポ、ホールフーズといった小売業者が発行しているギフトカードはギャップやエアロポステールといった小売業者が発行しているものよりも小さい割引率で売れるのはなぜか？
3. 問2の答えを使って現金はなぜ割り引かれないのか説明しなさい。
4. 小売業者が得意客への見返りを払い戻し小切手ではなくギフトカードで与えるのを好む理由を説明しなさい。
5. 最近制定された法律では、小売業者がギフトカードの利用に手数料をとったり使用期限を設定したりすることを禁止した。なぜ連邦議会はこのような法律を制定したのか？

要約

1. **貨幣**とは財・サービスを購入するのに簡単に使える資産のことだ。**現金通貨（流通現金）**と**当座預金**はどちらも**貨幣供給量（貨幣供給、マネーサプライ）**の一部だ。貨幣には3つの役割がある。取引に用いられる**交換媒体**としての役割、時間が経過しても購買力を保持する**価値の貯蔵手段**としての役割、価格設定のための**計算単位**としての役割だ。
2. 金貨や銀貨などの**商品貨幣**は、貨幣としての役割のほかに、それ自身が商品価値をもっている。時代が進むにつれて、商品貨幣のかわりに、金などで担保された紙幣のような**商品担保貨幣**が登場した。現在のドルは純粋な**法定不換貨幣（フィアットマネー）**だ。その価値は、支払い手段として公式に認められているということだけを元にしている。
3. FRBは貨幣供給量の2つの指標を算出している。M1はもっともせまい**貨幣集計量**で、現金通貨、トラベラーズチェック、当座預金だけを含む。M2は**準貨幣**と呼ばれるもう少し多様な資産を含む。準貨幣は容易に当座預金口座に移せるような預金類だ。
4. 銀行は預金者が自分の資金をすぐに引き出せるようにしているが、一方で同時に

預金の大部分を貸し出している。預金者からの現金引出要求に応えるために、銀行は**銀行準備金**を確保している。これは銀行の金庫にある現金と連邦準備制度に預けてある預金だ。**支払準備率**は銀行預金に対する銀行準備金の割合だ。**T字型勘定**は（左側に）資産と（右側に）負債を1つの表に表示してその会社の財務状況をまとめたものだ。

5. 銀行はこれまでに幾度かの**銀行取り付け**を経験してきた。1930年代初頭の銀行取り付けは特筆に値する。銀行取り付けの危険を回避するために、現在では預金者は**預金保険制度**によって保護されている。また預金者の資金を過度に危険な貸し出しに回すインセンティブをもたないように、銀行の所有者は自己資本規制を受けている。また銀行は**支払準備制度**を遵守する必要がある。

6. 現金が銀行に預けられると、銀行が**過剰準備金**を貸し出して乗数プロセスが始まり、貨幣供給量が増加する。つまり銀行は貨幣を創出する。貨幣供給量がすべて当座預金で成り立っている場合には、貨幣供給量は銀行準備金を支払準備率で割った値になる。現実には**マネタリーベース**の大部分は現金通貨なので、**貨幣乗数**はマネタリーベースに対する貨幣供給量の比率になる。

7. マネタリーベースはアメリカの**中央銀行**である連邦準備制度によって調節されている。連邦準備制度（FRB）は銀行を規制し、支払準備制度を決める。それを満たすために、銀行は**フェデラル・ファンド市場**で**フェデラル・ファンド金利**に基づいて準備金を融通しあっている。銀行は**割引窓口**を通じて**公定歩合**という利子率でFRBから資金を借りることもできる。

8. FRBが行う**公開市場操作**は金融政策の主要手段だ。FRBは短期米国債を市中銀行に売買することでマネタリーベースを調節できる。

9. 1907年恐慌に対応してFRBが創設され準備金の保有を集権的に規制し、銀行の帳簿検査を行い、変化する経済条件に応じた十分な貨幣供給を行うよう対応する。

10. 1930年代初頭の世界恐慌は銀行取り付けが広範に広がり、不況を悪化かつ長期化させた。連邦預金保険制度が創設され、政府は銀行に貸し付けをして株式を取得するという形で資本を増強した。1933年には銀行は2種類に分類された。（預金保険で保護される）**市中銀行**と（保護されていない）**投資銀行**だ。預金保険制度を人々が認識してついに世界恐慌期の銀行取り付けは止まった。

11. 1980年代の**貯蓄貸付組合（S&Lまたはスリフト）**危機は、十分に規制されていなかったS&Lが危険な投機をして多大な損失を出したことで発生した。預金保険制度のおかげで破綻したS&Lに預金をしていた人は納税者の資金で補償された。この金融危機は金融セクターと不動産セクターに大きな損失をもたらし1990年代初頭の不況をもたらした。

12. 1990年代半ばに、ヘッジファンドのLTCMは多量の**レバレッジ**をグローバル金融市場での投機に使い、多額の損失を出して破綻した。LTCMはあまりにも大きかったので損失を埋めるために資産を売ったが、それは世界中の企業に**バランスシート効果**を及ぼし、**デレバレッジの悪循環**が見込まれることになった。その

結果、世界中で信用収縮が起きた。ニューヨーク連銀がLTCMの救済措置をとったことで世界の信用市場を復活させた。

2000年代半ばのアメリカ住宅市場バブルが起こった時期に、**サブプライムローンは証券化**を通じて金融システムに広がった。住宅市場バブルが破裂すると銀行またはノンバンク金融機関が巨額の損失を出し、金融システムが幅広く落ち込んだ。世界恐慌の再来を食い止めるためにFRBとアメリカ財務省は銀行とノンバンク金融機関に対する貸し付けを拡大し、銀行株購入によって銀行に資本を提供し、そして民間債務を購入した。金融危機の原因の大半はノンバンクだったので2008年世界金融危機がより広いセーフティーネットとさまざまな規制が金融部門には必要だということを認識させた。2010年に制定されたドッド＝フランク法は1930年代以来最大の金融改革で、危機の再来を防ぐ試みだ。

キーワード

貨幣　　532ページ	現金通貨（流通現金）　　532ページ
当座預金　　532ページ	
貨幣供給量（貨幣供給、マネーサプライ）　　532ページ	
交換媒体　　533ページ	価値の貯蔵手段　　534ページ
計算単位　　534ページ	商品貨幣　　535ページ
商品担保貨幣　　535ページ	
法定不換貨幣（フィアットマネー）　　536ページ	
貨幣集計量　　536ページ	準貨幣　　536ページ
銀行準備金　　540ページ	T字型勘定　　540ページ
支払準備率　　541ページ	銀行取り付け　　542ページ
預金保険制度　　543ページ	支払準備制度　　543ページ
割引窓口　　543ページ	過剰準備金　　548ページ
マネタリーベース　　549ページ	貨幣乗数　　549ページ
中央銀行　　551ページ	フェデラル・ファンド市場　　553ページ
フェデラル・ファンド金利　　553ページ	
公定歩合　　553ページ	公開市場操作　　554ページ
市中銀行　　562ページ	投資銀行　　562ページ
貯蓄貸付組合（S&Lまたはスリフト）　　562ページ	
レバレッジ　　563ページ	バランスシート効果　　564ページ
デレバレッジ（レバレッジ解消）の悪循環　　564ページ	
サブプライムローン　　564ページ	証券化　　564ページ

〈問題〉

1. 以下に示すそれぞれの取引がM1とM2に及ぼす初期効果（増大させるか減少させるか）を説明しなさい。
   a. 保有している株式を売却して得た資金を普通預金に預けた。
   b. 保有している株式を売却して得た資金を当座預金に預けた。
   c. 普通預金に入っている資金を当座預金に振り替えた。
   d. 自動車のフロアマットの下にあった0.25ドルを当座預金に預けた。
   e. 自動車のフロアマットの下にあった0.25ドルを普通預金に預けた。

2. 貨幣には3種類ある。商品貨幣、商品担保貨幣、法定不換貨幣だ。次の状況ではどの種類の貨幣が使われていることになるか。
   a. 植民地時代のオーストラリアではラム酒のビンが財購入に使われていた。
   b. 多くのヨーロッパ諸国で交換媒体として塩が使われていた。
   c. 短い期間ではあったが、ドイツでは一定のライ麦との交換が保証されている紙幣（ライ麦マルク）が使われた。
   d. ニューヨーク州のイサカの町では、イサカアワーズという町内通貨を発行していて、これで町の財・サービスが購入できる。

3. 下の表は、2010年に発表された「大統領経済報告」に掲載されている2000年から2010年にかけてのM1とM2の内訳を10億ドル単位で表したものだ。「M1」「M2」「M1に占める現金通貨の割合」「M2に占める現金通貨の割合」を計算して表を完成しなさい。「M1」「M2」「M1に占める現金通貨の割合」「M2に占める現金通貨の割合」についてどのような傾向とパターンがみられるか。その傾向はどのように説明できるか。

(10億ドル)

年	現金通貨	トラベラーズチェック	当座預金	貯蓄預金	定期預金	MMF	M1	M2	M1に占める現金通貨の割合(%)	M2に占める現金通貨の割合(%)
2000	531.2	8.3	547.7	1,878.0	1,046.0	902.0	?	?	?	?
2001	581.1	8.0	592.9	2,309.5	974.5	962.5	?	?	?	?
2002	626.2	7.8	585.7	2,773.4	894.5	887.5	?	?	?	?
2003	662.5	7.7	636.2	3,162.8	817.8	777.0	?	?	?	?
2004	697.7	7.6	671.1	3,508.8	827.9	694.7	?	?	?	?
2005	724.1	7.2	643.5	3,606.0	993.1	699.4	?	?	?	?
2006	749.6	6.7	610.0	3,694.6	1,205.3	799.0	?	?	?	?
2007	759.7	6.3	607.6	3,872.6	1,275.0	972.7	?	?	?	?
2008	815.0	5.5	782.1	4,106.1	1,455.7	1,080.5	?	?	?	?
2009	861.5	5.1	827.0	4,836.9	1,177.4	820.8	?	?	?	?
2010	915.7	4.7	911.7	5,357.6	926.6	700.0	?	?	?	?

(出所)「大統領経済報告」2011年

4. 以下のそれぞれの項目について、M1に属するか、M2に属するか、またはどちらにも属さない、のどれかを答えなさい。
   a. 学食の95ドル分の食事カード。
   b. 自動車の小銭入れに入っている0.55ドル。
   c. 普通預金に預けてある1663ドル。
   d. 当座預金に預けてある459ドル。
   e. 4000ドルの価値をもつ株式100株。
   f. 1000ドルまで使えるシアーズ百貨店のクレジットカード。

5. トレイシー・ウィリアムズはこれまで靴下入れにしまってあった500ドルを近くの銀行の当座預金口座に預けた。
   a. この預金で、近くの銀行のＴ字型勘定はまずはじめにどう変化するか。そして貨幣供給量はどう変化するか。
   b. 銀行が10％の支払準備率を維持するとして、いま受け入れた預金をどうするか。
   c. 銀行が貸し出しをするたびに、その貸し出し資金がすべて別の銀行に預金されるとすれば、トレイシーの預金によって経済全体の貨幣供給量はどれだけ増加するか。
   d. 銀行が貸し出しをするたびに、その貸し出し資金がすべて別の銀行に預金されるとして、また各銀行が５％の支払準備率を維持するとすれば、当初の500ドルの預金で貨幣供給量はどれだけ増加するか。

6. ライアン・コッツェンは近くの銀行に保有している当座預金口座から400ドルを引き出して、自分の財布に入れた。
   a. この預金引き出しは、この銀行のＴ字型勘定と貨幣供給量をどのように変えるか。
   b. 銀行が10％の支払準備率を維持するとすれば、この引き出しで銀行はどんな対応をとるか。準備金の不足に対して支払準備率の下限を満たすまで銀行が預かっている預金の額を減らすことで対応するとしよう。銀行はローンの一部を回収することで預金を減らす。それはローンの借り手が（同じ銀行の）当座預金口座に保有している預金から現金を引き下ろさせてそれでローンの返却を求める形で強制的に回収する。
   c. 銀行が貸し出しを減らすたびに、その貸し出し減少額だけ当座預金が減少するとすれば、ライアンの400ドルの預金引き出しでこの経済全体の貨幣供給量はどれだけ減るか。
   d. 銀行が貸し出しを減らすたびに、その貸し出し減少額だけ当座預金が減少するとし、また銀行が20％の支払準備率を維持するとすれば、400ドルの当座預金の引出でこの経済全体の貨幣供給量はどれだけ減るか。

7. イーストランディア政府はアメリカと同じような貨幣集計量の測定法を採用し

ている。またイーストランディアの中央銀行は市中銀行が10%の支払準備率を維持するように規制している。次の情報をもとに、以下の設問に答えなさい。

　　中央銀行が預かっている銀行の預金＝２億ドル

　　現金通貨＝１億5000万ドル

　　銀行の金庫にある現金＝１億ドル

　　当座預金＝５億ドル

　　トラベラーズチェック＝1000万ドル

a. M1はいくらか。

b. マネタリーベースはいくらか。

c. 市中銀行は過剰準備金を保有しているか。

d. 市中銀行は当座預金を増やすことができるか。もしできるとするならいくら増やすことができるか。

8. ウエストランディアでは、人々はM1の50%を現金通貨で保有している。銀行が維持すべき支払準備率は20%だとしよう。下の表の数値を埋めることで、500ドルの新規の預金によりどれだけ貨幣供給量が増えるか推定しなさい（ヒント：第１行は銀行が500ドルの預金に対して少なくともその20%である100ドルの準備金を保有する必要があることを示している。これで400ドルが貸し出し可能になる。でも人々は50%を現金で保有するので、貸し出された400ドルの50%すなわち400ドル×0.5＝200ドルを第２ラウンドの預金にあてることになる）。得られた解答は、貸し出された資金がすべて銀行部門に預金として戻り、人々が現金を保有しない場合とくらべるとどうちがうか。そのことから、人々が現金を保有する欲求と貨幣乗数にはどのような関係があるか。

（ドル）

ラウンド	預金	銀行準備金	過剰準備金	貸し出し	現金通貨
1	500.00	100.00	400.00	400.00	200.00
2	200.00	?	?	?	?
3	?	?	?	?	?
4	?	?	?	?	?
5	?	?	?	?	?
6	?	?	?	?	?
7	?	?	?	?	?
8	?	?	?	?	?
9	?	?	?	?	?
10ラウンド以降の合計	?	?	?	?	?

9. 以下の状況では貨幣供給量はそれぞれどうなるか。

a. 支払準備率の下限が25%のときに、預金者が当座預金口座から700ドル引き出した。

b. 支払準備率の下限が 5 %のときに、預金者が当座預金口座から700ドル引き出した。

c. 支払準備率の下限が20%のときに、当座預金口座に750ドルの預金があった。

d. 支払準備率の下限が10%のときに、当座預金口座に600ドルの預金があった。

10. FRBが支払準備率を変えることで貨幣供給量を調整することはないが、アルバーニアの中央銀行はそのような調整をする。アルバーニアの市中銀行には銀行準備金が1億ドル、当座預金残高が10億ドルあるとする。支払準備率の下限は10%だ。市中銀行は過剰準備金を保有しないようにしている。人々は一定額の現金を保有せず、銀行は当座預金のみである。

a. 支払準備率の下限が 5 %に変更されると貨幣供給量はどう変化するか。

b. 支払準備率の下限が25%に変更されると貨幣供給量はどう変化するか。

11. 図14-6を用いてあなたが住む場所の連邦準備区をみつけなさい。そして、https://www.federalreserve.gov/aboutthefed/federal-reserve-system.htm にアクセスしてあなたの連邦準備区の連銀総裁が誰か調べなさい。さらに https://www.federalreserve.gov/monetarypolicy/fomc.htm にアクセスしてあなたの連邦準備区の連銀総裁が連邦公開市場委員会（FOMC）の投票権をもった委員のメンバーかどうかを確かめなさい。

12. FRBが5000万ドルほど短期米国債を買うとFRBと市中銀行のＴ字型勘定はどう変化するか示しなさい。人々が一定量の現金を保有していて（そのため、銀行貸し出しはその貸し出しと同額の預金を生み出すとして）、支払準備率の下限は10%、市中銀行は過剰準備金をもたないとする。この場合、市中銀行にある当座預金残高はどれだけ変化するか。また貨幣供給量はどれだけ変化するか。貨幣供給量がそれだけ変化した場合、最終的には市中銀行のＴ字型勘定がどれだけ変化するかを示しなさい。

13. FRBが3000万ドルほど短期米国債を売却すると、FRBと市中銀行のＴ字型勘定はどう変化するか示しなさい。人々が一定量の現金を保有していて（そのため、銀行貸し出しはその貸し出しと同額の預金を生み出すとして）、支払準備率の下限は 5 %、市中銀行は過剰準備金をもたないとする。この場合、市中銀行にある当座預金残高はどれだけ変化するか。また貨幣供給量はどれだけ変化するか。貨幣供給量がそれだけ変化した場合、最終的には市中銀行のＴ字型勘定がどれだけ変化するかを示しなさい。

14. アメリカ議会調査局の推計では少なくとも4500万ドルもの偽100ドル札が北朝鮮政府によって印刷され流通している。

a. 北朝鮮政府が偽札を刷るとなぜアメリカの納税者が損失をこうむるか。
b. 2011年8月時点で1年物米国債の金利は0.11%だった。金利が0.11%のときに4500万ドルの偽札の流通でアメリカの納税者は1年当たりどれだけ損失をこうむることになるか？

15. 図14-9に示されているようにFRB保有資産のうち短期米国債の割合が2007年以来低下している。ウェブサイト https://www.federalreserve.gov にアクセスしなさい。Select Statistical Release（統計リリース）とある下の All Statistical Release（すべての統計リリース）をクリックしなさい。Money Stock and Reserve Balances（貨幣供給と準備金残高）の表題の下にある Factor Affecting Reserve Balances（準備金残高に影響を与える要因）をクリックしなさい。そして現在のリリースの日付をクリックしなさい。

a. Statement of Condition of Each Federal Reserve Bank（各地区連銀の状況）の表題にある Total（合計）の列をみなさい。Total Asset（資産合計）の横に表示されている数量はいくらか？ U.S. Treasury Securities（アメリカ財務省証券）の横に表示されている数量はいくらか？ FRBの総資産に占める米国債の割合はいくらか？
b. 図14-9にあるグラフの最初の部分が示す2007年1月の時点のときのように現在FRBが保有する資産は主にアメリカ国債が占めているか？ それともグラフの最後のほうが示す2011年中頃のようにFRBは未だにほかの資産をたくさん保有しているか？

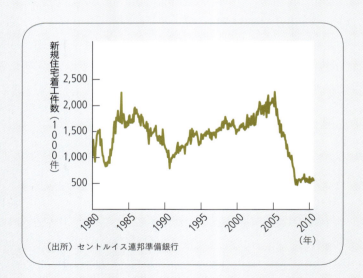

（出所）セントルイス連邦準備銀行

16. 上の図は1980年1月から2011年8月までのアメリカの新規住宅月間着工件数を示している。単位は1000件だ。図が示しているように1984年から1991年の間と2006年から2009年の間に新規住宅着工件数は大きく低下している。新規住宅着工

件数は住宅ローンの利用可能性と関連がある。
- **a**. 1984年から1991年にかけての新規住宅着工件数の大幅な低下の原因は何か？
- **b**. 2006年から2009年にかけての新規住宅着工件数の大幅な低下の原因は何か？
- **c**. 金融機関をどのようにうまく規制すればこの2つの出来事を阻止できただろうか？

Chapter 15

Monetary Policy

金融政策

この章で学ぶこと

- **貨幣需要曲線**とは何か。
- なぜ**流動性選好モデル**は短期利子率を決定するのか。
- 連邦準備制度理事会（FRB）は総産出量に影響を与えるため利子率を動かしてどのように金融政策を遂行するのか。
- なぜ金融政策は経済を安定させるための主要な手段なのか。
- 連邦準備銀行の行動はほかの中央銀行とどのようにくらべられるのか。
- なぜ経済学者は**貨幣の中立性**——金融政策は長期的には物価水準のみに影響を与え、総産出量には影響を与えない——を信じるのか。

パーソン・オブ・ザ・イヤー

　灰色の髭と疲れた目の禿げた男がワシントンにある彼の特大のオフィスに座り、経済について話をしている。彼は威風堂々とした存在感をもつものではない。彼は魅惑するような話し手ではない。彼は、ワシントンの特大オフィスによくいる、俺をみろというようなほらふきでもないし、俺のいうことを聞けというようなカリスマでもない。彼の主張は徒党を組むようなものでもないし、イデオロギー的でもない。それらは緻密であり、データと最新の学術文献に基礎づけられている。彼は何かを知らないときは、怒鳴ったり虚勢を張ったりしない。彼は専門家であり、その態度には意味がある。なぜならば、彼の経歴のほとんどは大学教授だったからだ。

　『タイム』誌が「2009年の人」と名づけたベン・バーナンキの人物紹介はこのように始まる。この柔らかな物腰の男は誰で、なぜこのように騒がれるのか。その答えは、バーナンキが、金融政策を管掌する組織である連邦準備制度理事会議長だからだ。

　人々はときどき、バーナンキはどれだけの貨幣を刷るのかを決めているのだという。これは正確ではない。1つには、FRBは文字どおりおカネを刷っているのではないこと、さらに貨幣に関する決定は1人ではなく、委員会でなされているのだ。しかし第14章で学んだように、FRBは貨幣供給を変えるために公開市場操作と必要準備の変更などのほかの手段を用いることができる。そしてベン・バーナンキはこれらの行動に対してはアメリカにいるほかの誰よりも影響力をもっているのだ。

　そしてこれらの行動はきわめて重要だ。アメリカが第2次世界大戦後に経験した景気後退のおよそ半分は、少なくとも部分的にはFRBによるインフレーションと闘うための引き締め政策の決定に帰せられる。ほかの多くの場合、FRBは不況と闘い回復を促進することのカギとなる役割を果たしている。2008年の金融危機はFRBを舞台の中央に押し上げた。危機に対するバーナンキの攻撃的な対処は、第14章でみたように、貨幣ベースを3倍にしたことも含めて、賞賛（「パーソン・オブ・ザ・イヤー」の指名も含めて）と非難の双方を浴びた。

　この章では金融政策がどのように機能するか、FRBの行動がどのように経済に対して強力な効果をもつかを学ぶ。まず家計と企業からの貨幣需要をみることから始める。次に、FRBの貨幣供給を変える能力が、

どのように短期の利子率を動かし、それによって実質 GDP に影響を与えるかをみる。実際のアメリカの金融政策をみて、それをほかの中央銀行と比較する。金融政策の長期的効果を検討することで締めくくる。

1 | 貨幣需要

　第14章では、さまざまなタイプの貨幣集計量について学んだ。もっともよく使われる貨幣供給量の定義である M1は、現金通貨（流通現金）と当座預金とトラベラーズチェックだということをみたね。より広義な貨幣供給の定義である M2は、M1に当座預金に簡単に変換できる預金を加えたものだ。また、人々がなぜ貨幣を保有するのかも学んだ。それは財・サービスをより簡単に購入できるからだ。ここではより深く、個人や企業がある時点でどれだけの貨幣を保有しようと決めるものは何であるかを考察する。

1.1　貨幣保有の機会費用

　ほとんどの経済的意思決定は限界でのトレードオフを含んでいる。すなわち、個人は財をどのくらい消費するかを、財をもう少し追加的に消費することから得られる便益が費用に見合う価値があるかを考えて決めている。同じ意思決定過程がどれだけの貨幣を保有するかを決めるのにも使われているのだ。

　個人と企業は、貨幣のもたらす便利さゆえに資産の一部を貨幣の形で保有することが有用だとわかる。貨幣は何かを買うことに直接使えるが、ほかの資産は使えない。しかし貨幣の便利さには支払うべき対価が存在する。貨幣は通常、非貨幣資産よりも低い収益しかもたらさないというのがそれだ。

　機会費用があるにもかかわらず、それがどれだけ便利さをもたらすかの例として、クレジットカードやデビットカードあるいは ATM が普及している今日でさえ、人々は利子のつく口座ではなく、財布に現金を入れ続けているという事実を考えればよい。彼らは、クレジットカードをまったく受け付けない、あるいは手数料がかかるため小額の支払いには応じないような場所で昼食をとるたびにおカネを引き出しに銀行へは行きたくない。別の言葉でいえば、財布のなかに現金を入れることの便利さは、貨幣を銀行に預けることによって得られるはずの利子よりも価値がある。

　貨幣を当座預金口座に保有することについても、便利さと得られる利子とのトレードオフを含んでいる。貨幣を当座預金口座以外の資産に移せばより高い利子率が得られるからだ。たとえば多くの銀行では譲渡性預金（CD、certificate of deposit）を提供しているが、通常の銀行預金よりも高い利子率がつく。しかし CD は定められた期間、たとえば6カ月が経過する前に引き出すことに対して違約金がある。資金を当座預金口座においておく個人は、必要なときにはすぐ現金が使えることの便利さのために、資金を CD でもっていたら得られた、より高い利子率を手放しているのだ。

だから貨幣需要の意味を理解することは、貨幣保有の便益――便利だが利子はつかない――と利子がつく非貨幣資産保有の便益――利子はつくが便利ではない――とを個人と企業がどのようにトレードオフしているかを理解することだ。そしてそのトレードオフは利子率から影響を受ける（これまでと同様に、利子率というときには名目利子率、すなわちインフレーションに対して調整されていないものを意味するという理解だ）。次に、2007年6月から2008年6月にかけて利子率の大幅な下落があったときに、このトレードオフがどのように劇的に変化したかを検討する。

表15-1は2007年6月時点での貨幣保有の機会費用を示している。最初の行は1カ月物の譲渡性預金の利子率、すなわち資金を1カ月間動かさないとしたときに個人が得られる利子率だ。2007年6月の1カ月物CDは5.30％だ。2行目は利子がつく要求払い預金（これらはとくにM2に含まれ、少額の定期預金を除く）の利子率を示している。これらの口座にある資金は、CDにあるものよりも利用しやすいが、便利さの価格はわずか2.3％というはるかに低い利子率だった。最後の行は、通貨――あなたの財布にある現金――の利子率で、当然ながらゼロだ。

表15-1は、ある一時点における貨幣保有の機会費用を表しているが、貨幣保有の機会費用は総体的な利子率の水準が変わるときに変わるのだ。とくに総体的な利子率の水準が下がるときには貨幣保有の機会費用も下がる。

表15-2はこの点を、2007年6月から2008年6月までの間、FRBが急速に悪化した景気後退と闘った（が成功しなかった）努力として大幅に利子率を下げていた時期に、選択された利子率がどのように変化したかを示すことによって説明している。2007年6月と2008年6月の利子率の比較は、貨幣保有の機会費用が急速に下落したときに何が起こるかを説明している。2007年6月と2008年6月に間に、FRBがもっ

表15-1 | 代表的な利子率（2007年6月） (%)

1カ月物の譲渡性預金（CD）	5.30
利子がつく要求払い預金	2.30
現金	0

（出所）セントルイス連邦準備銀行

表15-2 | 利子率と貨幣保有の機会費用 (%)

	2007年6月	2008年6月
フェデラル・ファンド金利	5.25	2.00
1カ月物の譲渡性預金（CD）	5.30	2.50
利子がつく要求払い預金	2.30	1.24
現金	0.00	0.00
CDの利子率－要求払い預金の利子率（パーセンテージ・ポイント）	3.00	1.26
CDの利子率－現金の利子率（パーセンテージ・ポイント）	5.30	2.50

（出所）セントルイス連邦準備銀行

とも直接に動かすことのできるフェデラル・ファンド金利は3.25パーセント・ポイント下落した。1カ月物のCDの利子率はほとんど2.8パーセント・ポイント下落した。これらの利子率は**短期利子率**で、1年以内に満期のくる金融資産の利子率だ。

2007年6月と2008年6月の間で短期利子率が下落したときに、貨幣の利子率は同じだけ下落したのではなかった。通貨の利子率はもちろんゼロにとどまっていた。要求払い預金に支払われた利子率は下落したが、短期利子率よりもはるかに小幅だった。表15-2の2つの列の比較として、貨幣保有の機会費用が下落したことを示している。表15-2の最後の2つの行はこの比較を要約している。それらは要求払い預金と通貨の利子率とCDの利子率の差を示している。これらの差、すなわち利子がつく資産ではなく、貨幣保有の機会費用は、2007年6月と2008年6月の間で急激に低下している。このことは以下の一般的な結果を反映している。「短期利子率が高いほど貨幣保有の機会費用は高く、短期利子率が低いほど貨幣保有の機会費用は低い」。

表15-2のフェデラル・ファンド金利と1カ月物CDの利子率がほとんど同じ割合で下落したのは偶然ではない。すべての短期利子率はまれな例外を除いて連動する傾向にある。短期利子率が連動する傾向にある理由は、CDとほかの短期資産（1カ月物と3カ月物のアメリカ財務省証券のような）は実際、同じビジネスについて競争しているのだ。平均以下の利子率の短期金融資産は、より高い利子がつく短期資産に富を移そうとする投資家によって売られるだろう。他方で、それを買わせるためには投資家により高い利子率をもたらさなければならないので、資産の売却はその資産の利子率を上げる力をもつ。

逆に投資家は、平均以上の利子率の短期金融資産へ富を移すだろう。売り手がその資産の収益率を下げても、なおかつ買い手をみつけられるとわかったとき、資産の購入はその利子率を下げる。このように、どの資産も平均よりも高い、あるいは平均よりも低い利子率を継続的に提供できないので、短期金融資産の利子率はおおよそ同じになる傾向にある。

表15-2は短期利子率のみを含んでいる。どの時点でも、**長期利子率**すなわち満期まで何年もかかる金融資産に対する利子率は短期利子率とは異なるかもしれない。短期と長期の利子率の差はしばしば現実問題として重要だ。さらに、貨幣を保有しようとする決定は現金保有の便利さと1年かそれ以下で満期となる資産を保有することの利得とのトレードオフを含んでいるため、貨幣保有に影響を与えるのは長期よりも短期利子率だ。しかし当面は、短期と長期の利子率の差を無視し、ただ1つの利子率があると仮定することにしよう。

1.2 貨幣需要曲線

一般的な利子率の水準は貨幣保有の機会費用に影響を与えるので、個人と企業が保有しようとする貨幣の数量は、他の条件を一定とすれば、利子率と負の関係にある。図15-1で、ヨコ軸は貨幣の需要量を示し、タテ軸は利子率rを示している。この利子率は1カ月物CDの利子率のような、代表的な短期利子率を考えることができる

> **短期利子率**は1年以下の期間で満期になる金融資産の利子率だ。

> **長期利子率**は将来の何年かの期間で満期になる金融資産の利子率だ。

図15-1 貨幣需要曲線

貨幣需要曲線は利子率と貨幣需要量との関係を表すものだ。それは右下がりだ。高い利子率は貨幣保有の機会費用を高め、貨幣需要量を減らす。同様にして低い利子率は貨幣保有の機会費用を減らし、貨幣需要量を増やす。

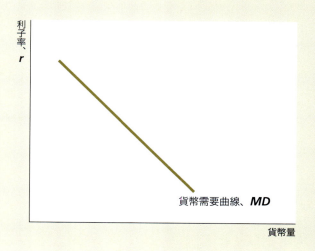

（第10章で議論したように、人々の貨幣の配分決定に影響を与えるのは実質利子率ではなく、名目利子率だ。それで図15-1とその後のすべての図での r は名目利子率だ）。

利子率と人々による貨幣需要量との関係は、図15-1において**貨幣需要曲線** MD として表される。他の条件を一定とすれば、高い利子率は貨幣保有の機会費用を増加させて、人々の貨幣需要量を減少させるので、この曲線は右下がりだ。たとえば、もし利子率が1％のように非常に低いならば、貨幣保有によって失われる利子は相対的に小さい。その結果、買い物をするときにほかの資産を貨幣に替える費用と不便さを避けるため、人々と企業は相対的に大きな額の貨幣を保有しようとする。

それとは対照的に、1980年代初頭のアメリカのように利子率が15％と相対的に高いならば、貨幣保有の機会費用は高い。人々は少額の現金と預金しかもたず、必要なときだけ資金を貨幣に替えるという対応をするだろう。

ここでなぜ、株式や不動産といったほかの資産の収益率ではなく、利子率をタテ軸にとって貨幣需要曲線を描くのか、という疑問をもつかもしれないね。その答えは、ほとんどの人々にとって、どれだけの貨幣を保有すべきかに関連する質問は、簡単に貨幣に替えることのできるほかの資産の形態にどれだけの資金をおくかという質問だということだ。株式を売るときにはかなりの手数料がかかるため（それが、株式市場の投資家が頻繁に売買しすぎないように忠告を受ける理由だ）、株式はこの定義に合致しない。不動産も売るときにはより高い手数料と長い時間がかかるので、この定義には合致しない。それで関係する比較は、CDのようにほどよく流動的な貨幣に「近い」資産に対してなされる。そしてすでにみたように、これらのすべての資産の利子率は通常は密接に連動する。

> **貨幣需要曲線**は利子率と貨幣需要量との関係を示す。

1.3 貨幣需要曲線のシフト

利子率以外の数多くの要因が貨幣需要に影響を与える。これらの要因の1つが変

図15-2 貨幣需要の増加と減少

貨幣需要曲線は、貨幣需要に影響を与える利子率以外の要因が変化したときにシフトする。貨幣需要の増加は貨幣需要曲線を MD_1 から MD_2 へと右方へシフトさせ、どんな利子率においても貨幣需要量は上昇する。貨幣需要の減少は貨幣需要曲線を MD_1 から MD_3 へと左方へシフトさせ、どんな利子率においても貨幣需要量は下落する。

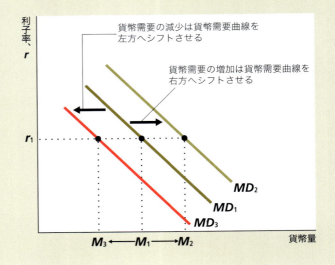

化したとき、貨幣需要曲線はシフトする。図15-2は貨幣需要曲線のシフトを示している。貨幣需要の増加は MD 曲線の右方向へのシフトに対応し、どの利子率の水準に対しても貨幣需要量が増加している。貨幣需要の減少は MD 曲線の左方向へのシフトに対応し、どの利子率の水準に対しても貨幣需要量が減少している。貨幣需要曲線をシフトさせるもっとも重要な要因は、物価水準の変化、実質 GDP の変化、信用市場と銀行業務の技術の変化、そして制度の変化だ。

物価水準の変化　今日のアメリカ人は1950年代とくらべて、はるかに多くの現金を財布のなかに入れてもち、資金を当座預金においている。そのことの1つの理由は、何かを買うことができるようにしたいなら、そうしなければならないからだ。現在は、ハンバーガーとフライドポテトと飲み物をマクドナルドで45セント、1ガロンのガソリンを29セントで手に入れられた時代とくらべて、ほとんどすべてのものにより多くの費用がかかる。それで、他の条件が同じならば高い物価水準は貨幣需要を増加させ（MD 曲線の右方シフト）、低い物価水準は貨幣需要を減少させるのだ（MD 曲線の左方シフト）。

　実際、これよりもっと特定化できる。他の条件が同じならば貨幣需要は物価水準に比例する。すなわち、もし物価水準が20％上昇したら、たとえば図15-2の r_1 のように、どんな利子率においても貨幣需要量も20％上昇する。それは M_1 から M_2 への動きだ。なぜって。なぜなら、もしすべての価格が20％上昇したら、同じ財・サービスの組合せを買うために20％多く貨幣がいるからだ。そしてもし物価水準が20％下落したら、利子率 r_1 においての M_1 から M_3 への動きで示されるように、貨幣需要量も20％下落する。あとでみるように、貨幣需要が物価水準に比例するという事実は金融政策の長期的効果についての重要な含意をもつ。

実質 GDP の変化　家計と企業は財・サービスの購入を簡便にする手段として貨幣を保有する。彼らが買う財・サービスの量がより大きくなれば、与えられた利子率のもとで彼らが保有しようと欲する貨幣の数量もより大きくなる。それで実質 GDP ——経済において生産され売られる財・サービスの総量——の増加は貨幣需要曲線を右方へシフトさせる。実質 GDP の下落は貨幣需要曲線を左方へシフトさせる。

信用市場と銀行業務の技術の変化　クレジットカードは今日のアメリカ生活のどこにでもあるが、いつもそうだったわけではない。顧客に残高の月ごとの持ち越しを認める（「リボルビング・バランス」と呼ばれる）最初のクレジットカードは1959年に発行された。それまで人々は、購入に対して現金を払うか、あるいは残高を毎月返済しなければならなかった。リボルビング・バランス・クレジットカードの発明は、購入に対する支払いのための貨幣保有を少なくし、貨幣需要を減少させた。それに加えて、クレジットカードを広く普及させ、広く受け入れ可能にさせた銀行業務技術の変化は、この効果を増幅し、人々が利子を生む資産から資金を移転させることなく買い物をすることをより容易にさせ、貨幣需要をさらに減少させたのだ。

制度の変化　制度の変化は貨幣需要を増やすことも減らすこともできる。たとえば、1980年にレギュレーション Q が廃止されるまでアメリカの銀行は当座預金に利子をつけることは認められていなかった。それで資金を、利子を生む資産ではなく当座預金に保有することによって得られなくなる利子は、資金を当座預金に保有することの機会費用をきわめて高くした。銀行規制が変化し、銀行が当座預金の資金に利子を払うことが認められると、貨幣需要は増加して貨幣需要曲線を右にシフトさせた。

経済学を使ってみよう☞　支払いのための円

　日本は、金融の専門家にいわせるといまだに「現金社会」だ。アメリカやヨーロッパからの訪問者は、日本人がどれほどクレジットカードを使っていないか、どれほど多くの現金を財布に入れているかに驚かされる。日本は経済的にも技術的にも先進国であり、ある尺度によれば、通信と情報技術の利用は合衆国を超えている。なぜこのように、経済大国の市民が、アメリカ人やヨーロッパ人が一世代前にしていたようなビジネスのやり方をいまだにするのだろうか。その答えは、貨幣需要に影響を与える要因に光を投げかける。

　日本人がなぜそのように多額の現金を使うかの1つの理由は、彼らの金融機関がプラスチック（クレジットカード）に大きな信頼をもつような変化をもたらさなかったからだ。さまざまな理由により、日本の小売部門はいまだに零細なパパママストアが支配的だが、それらの店はクレジットカード技術への投資をきらう。日本の銀行もまた、取引技術を進歩させることに熱心でない。日本への訪問者たちは、ATM が夜中開いているのではなく、夕方早くに閉まってしまうことにしばしば驚かされるのだ。

しかし日本人がそのように多額の現金を保有する理由はほかにもある。それは機会費用がほとんどかからないことだ。日本での短期利子率は、1990年代の中頃から1％以下になっている。日本での犯罪率が低く、現金がたくさん入った財布を盗まれる可能性が低いこともそれを助長している。だったら現金をもつのもいいんじゃないか？

> **ちょっと復習**
>
> ▶貨幣の収益率はほかの金融資産よりも低い。私たちは通常、貨幣の収益率を**長期**ではなく**短期利子率**と比較する。
> ▶貨幣保有は流動性をもたらすが、利子率とともに増加する機会費用がかかり、**貨幣需要曲線**の傾きは右下がりとなる。
> ▶物価水準、実質GDP、信用市場と銀行業務技術、そして制度の変化は貨幣需要曲線をシフトさせる。貨幣需要の増加は貨幣需要曲線を右方向にシフトさせ、貨幣需要の減少は貨幣需要曲線を左方向にシフトさせる。

✓ 理解度チェック 15-1

1. 以下のそれぞれが、貨幣需要量にどのように影響を与えるかを説明しなさい。その変化は貨幣需要曲線に沿った動きをもたらすのか、あるいは貨幣需要曲線のシフトをもたらすのか。
   a. 短期利子率の5％から30％への上昇。
   b. すべての物価の10％下落。
   c. 新しい無線技術がスーパーマーケットでの買い物を自動的にクレジットカードに課金し、現金レジで止まる必要がなくなった。
   d. 税金支払いの大幅な増加を避けるためラグリアの住人たちは彼らの資産を海外の銀行口座に移した。これらの口座は税務当局にとってたどることがより困難だが、所有者が資金を引き出して現金に換えることもより困難だ。

2. 以下のどれが貨幣保有の機会費用を増加させるか、減少させるか、影響を与えないか。説明しなさい。
   a. 50ドル以下の買い物に対するデビットカードまたはクレジットカードの使用に、商店が1％の手数料を課した。
   b. より多くの預金を集めるために銀行が6カ月物CDに対する利子率を上げた。
   c. 休暇中の買い物シーズンなので一時的に小売業者は、予想以上に低い水準まで価格を引き下げた。
   d. 食費が顕著に上がった。

解答は https://str.toyokeizai.net/books/9784492314906 にある。

2 | 貨幣と利子率

「連邦公開市場委員会（FOMC）は今日、フェデラル・ファンド金利の目標値を75ベーシス・ポイント下げて2.25％にすると決めた。

最近の情報は、経済活動の見通しがさらに弱くなっていることを指し示している。消費支出の成長は遅くなり、労働市場はゆるんでいる。金融市場はいまだにいちじるしい緊張のもとにあり、信用条件の強化と住宅市場の収縮の進展は今後のいくつかの四半期にわたり経済成長の重荷となるだろう」。

2008年3月18日の会合の後での、FOMCの記者発表の冒頭はそう読める（1ベーシス・ポイントは0.01パーセント・ポイントに等しい。それでこの声明文は、FRB

が目標値を3％から2.25％に下げたといっているのだ)。フェデラル・ファンド金利については第14章で学んだ。それは、支払準備率を満たすために銀行が準備金をお互いに貸し合うときのレートだ。声明文が意味しているように、年8回の各会合において、FOMCと呼ばれるグループはフェデラル・ファンド金利の目標値を設定する。そしてその目標の達成は、FRBの役員の仕事だ。それは、目標達成のために財務省証券として知られている短期の合衆国政府債務を売買する、ニューヨーク連邦準備銀行の公開市場デスクによってなされる。

すでにみたように、CDの利子率のようなほかの短期利子率は、フェデラル・ファンド金利といっしょに動く。それで、2008年3月にFRBがフェデラル・ファンド金利の目標値を3％から2.25％に引き下げたときに、ほかの多くの短期利子率も同じように約0.75パーセント・ポイント低下した。

FRBはどのように目標フェデラル・ファンド金利を達成しようとするのか。そしてさらに、そもそもFRBはどのように利子率に影響を与えることができるのか。

2.1 均衡利子率

簡単化のため、これまで短期も長期も非貨幣金融資産に対しては一種類の利子率しかないと仮定してきたことを思い出そう。利子率がどのように決められるかを理解するために、**利子率の流動性選好モデル**を示した図15-3を考えよう。このモデルは、利子率が貨幣市場における貨幣の供給と需要によって決定されるといっている。図15-3は、貨幣需要曲線 MD と、FRBによって供給される貨幣が利子率によって変動することを示す**貨幣供給曲線** MS とを結びつけている。

第14章では、連邦準備銀行がどのように貨幣供給を増減させうるかを学んだ。通

> **利子率の流動性選好モデル**によると利子率は貨幣の供給と需要で決まる。
>
> **貨幣供給曲線**は貨幣供給量が利子率とともにどのように動くかを示している。

図15-3 | 貨幣市場の均衡

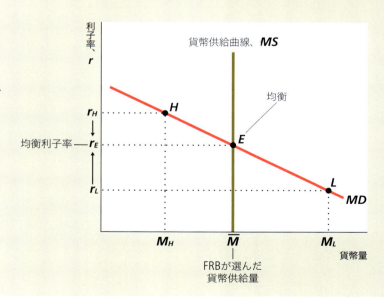

貨幣供給曲線 MS は、FRBが選んだ貨幣供給量 $\overline{M}$ で垂直になる。貨幣市場は利子率 r_E で均衡している。人々の貨幣需要量は貨幣供給量 $\overline{M}$ に等しい。
利子率 r_L が r_E を下回る L のような点では、貨幣需要量 M_L は貨幣供給量 $\overline{M}$ より大きい。投資家は、利子のつく非貨幣的金融資産から富を引き揚げ、貨幣保有を増やそうとするので、利子率は r_E まで引き上げられる。利子率 r_H が r_E を上回る H のような点では、貨幣需要量 M_H は貨幣供給量 $\overline{M}$ より小さい。投資家は貨幣から利子のつく非貨幣的な金融資産へと富を移そうとすることにより、利子率は r_E まで引き下げられる。

常それは公開市場操作で財務省証券を売買してなされるが、割引窓口によっても、あるいは必要準備を変えることによってもできる。簡単化のために FRB は、これらの方法の１つあるいはそれ以上を用いて、目標利子率を達成すると思われる貨幣供給の水準を単に選ぶと仮定しよう。すると図15-3にあるように、貨幣供給曲線 MS は垂直になり、ヨコ軸上の切片は FRB によって選ばれた貨幣供給 $\overline{M}$ に対応している。貨幣市場均衡は MS と MD が交わる E だ。この点で、貨幣需要量は貨幣供給 $\overline{M}$ に等しく、均衡利子率 r_E をもたらす。

なぜ r_E が均衡利子率かを理解するために、利子率 r_L が r_E より低いような点 L に貨幣市場がある場合に、何が起こるかを考えよう。r_L においては、人々は実際の貨幣供給 $\overline{M}$ よりも多い貨幣量 M_L を保有したいと思う。これは、L において人々は、彼らの富の一部を CD のような利子を生む非貨幣金融資産から貨幣へシフトさせようとしていることを意味する。

これには２つの意味がある。１つは、貨幣需要量は貨幣供給量より多いということだ。もう１つは、利子を生む非貨幣金融資産の需要量は、供給量より少ないということだ。それで、利子を生む資産を売ろうとする人々は、買い手を惹きつけるためにより高い利子率を提示しなければならなくなる。その結果として、利子率は r_L から人々が実際に利用可能な貨幣量である $\overline{M}$ を保有しようと思うまで引き上げられる。すなわち利子率は r_E に等しくなるまで上昇するのだ。

次に図15-3で、利子率 r_H が r_E より高いような点 H に貨幣市場がある場合に、何が起こるかを考えよう。その場合、貨幣需要量 M_H は貨幣供給量 $\overline{M}$ より少ない。それに対応して、利子を生む非貨幣資産の需要量は供給量よりも多い。利子を生む非貨幣資産を売ろうとする人々は、より低い利子でもまだ買い手をみつけることができる。これにより利子率は r_H より下がる。そして人々が実際に利用可能な貨幣量である $\overline{M}$ を保有しようと思うまで利子率は下がり続け、ふたたび利子率は r_E となるのだ。

2.2 利子率の２つのモデル？

利子率の決定について論じるのはこれで２度目だと気づいたかもしれないね。第10章では利子率の貸付資金モデルを学んだ。そのモデルによると、利子率は貸付資金市場において貸し手からの資金の供給と借り手による資金の需要が一致するように決定される。しかしここでは、利子率は貨幣市場において貨幣の供給と需要が一致するように決定されるという、異なるモデルを述べた。これらのモデルのどちらが正しいのか？

答えはどちらも正しいだ。モデルが互いにどのように整合的かは、この章の付録で説明する。いまのところ貸付資金説は横においておき、利子率の流動性選好モデルに集中する。このモデルからのもっとも重要な洞察は、それが FRB やほかの中央銀行の行動である金融政策がどのようにはたらくかを示してくれることだ。

目標 対 市場

何年も前に、FRBは金融政策が遂行される方法を変えた。1970年代後半から1980年代初頭にかけては、貨幣供給の目標水準を設定し、それを達成するためにマネタリーベースを動かしていた。この操作過程のもとで、フェデラル・ファンド金利は自由に変動した。今日のFRBは逆の過程を用い、フェデラル・ファンド金利の目標を設定し、その目標を達成するために貨幣供給が変動することを許容している。

よくある誤解は、FRBによる操作方法のこのような変化が、貨幣市場が機能する方法を変えたのではないかと思うことだ。すなわち人々が、FRBが利子率を設定するので利子率はもはや貨幣の供給と需要を反映していない、というのをときどき聞くだろう。

実際は、貨幣市場はいつも同じ方法で機能している。利子率は貨幣の供給と需要で決まっているのだ。唯一の違いは、いまではFRBは貨幣供給を、目標利子率を達成するために調整していることだ。FRBの操作過程の変化を経済が機能する方法の変化と混同しないことが重要なのだ。

2.3 金融政策と利子率

FRBが利子率を変えるために貨幣供給の変化をどのように使えるのかを検討しよう。図15-4は、FRBが貨幣供給を $\overline{M}_1$ から $\overline{M}_2$ へ変えたときに何が起こるかを示している。経済は当初、E_1で均衡しており、均衡利子率はr_1、貨幣供給は$\overline{M}_1$だ。FRBによる貨幣供給の$\overline{M}_2$への増加は、貨幣供給曲線をMS_1からMS_2へと右にシフトさせ、利子率のr_2への下落をもたらす。なぜかって？ なぜならば、r_2は人々が実際の貨幣供給量$\overline{M}_2$を保有しようとする唯一の利子率だからだ。

こうして、貨幣供給の増加は利子率を下げるのだ。同様にして、貨幣供給の減少は利子率を上げる。貨幣供給を増減させて調整することにより、FRBは利子率を設定

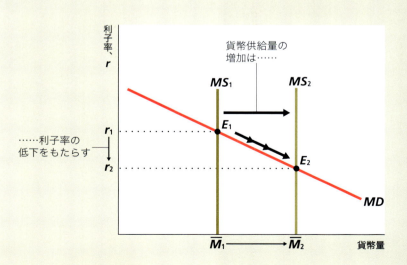

図15-4 貨幣供給量増加の利子率への効果

FRBは貨幣供給量を増加させて利子率を下げることができる。ここで均衡利子率は、貨幣供給量の$\overline{M}_1$から$\overline{M}_2$への増加に対応してr_1からr_2に低下している。人々により多くの貨幣を保有させるために利子率はr_1からr_2へ低下しなければならない。

できるのだ。

実際に、FOMCはそれぞれの会合で、次の会合までの6週間の利子率を決めている。FRBは、望ましいフェデラル・ファンド金利である**目標フェデラル・ファンド金利**を設定している。ニューヨーク連邦準備銀行の公開市場デスクは、現実のフェデラル・ファンド金利が目標金利に等しくなるまで、財務省証券の売買を通じて貨幣供給を調整する。金融政策のほかの手段である割引窓口を通じての貸し出しと必要準備の変化は通常ベースでは使われていない（FRBは2008年の金融危機に対処するための努力として割引窓口貸し出しを使ったとはいえ）。

> **目標フェデラル・ファンド金利**はFRBが望ましいと思うフェデラル・ファンド金利だ。

図15-5はそれがどのように機能しているかを示している。どちらのパネルも r_T は目標フェデラル・ファンド金利だ。パネル（a）では当初の貨幣供給曲線は MS_1 で貨幣供給は $\overline{M}_1$ であり、均衡利子率 r_1 は目標金利の上にある。この利子率を r_T まで下げるためにFRBは財務省証券の公開市場買いを行う。第14章で学んだように、財務省証券の公開市場買いは貨幣乗数を通じて貨幣供給の増加をもたらす。このことはパネル（a）のなかで貨幣供給曲線の MS_1 から MS_2 への右方へのシフトと貨幣供給の $\overline{M}_2$ への増加によって図示されている。これは均衡利子率を目標金利 r_T まで下げる。

パネル（b）は逆の場合を示している。ここでも当初の貨幣供給曲線は MS_1 で貨幣供給は $\overline{M}_1$ だ。しかしこのときは、均衡利子率 r_1 は目標フェデラル・ファンド金利 r_T の下にある。この場合にFRBは財務省証券の公開市場売りを行い、貨幣乗数を通じて貨幣供給の $\overline{M}_2$ への減少をもたらす。貨幣供給曲線は MS_1 から MS_2 へと左方へシフ

図15-5　フェデラル・ファンド金利の設定

FRBはフェデラル・ファンド金利の目標値を設定し、その目標を達成するために公開市場操作を用いる。どちらのパネルでも目標フェデラル・ファンド金利は r_T だ。パネル（a）では当初の均衡利子率 r_1 は目標レートよりも高い。FRBは財務省証券の公開市場買いによって貨幣供給を増加させて、貨幣供給曲線を MS_1 から MS_2 へと右方にシフトさせ、利子率を r_T まで引き下げる。パネル（b）では当初の均衡利子率 r_1 は目標レートよりも低い。FRBは財務省証券の公開市場売りによって貨幣供給を減少させて、貨幣供給曲線を MS_1 から MS_2 へと左方にシフトさせ利子率を r_T まで引き上げる。

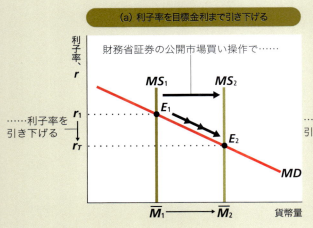
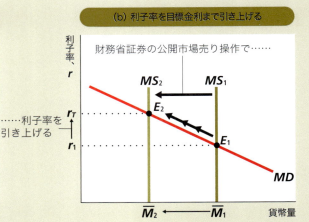

トし、均衡利子率を目標フェデラル・ファンド金利 r_T まで引き上げる。

2.4 長期利子率

　この章の最初のほうで、満期まで数年ある債券や貸し付けの利子率である長期利子率は、必ずしも短期利子率とは連動していないと述べた。どのようにそれが可能なのだろうか、そしてそれは金融政策について何をいっているのだろうか。

　今後2年間、1万ドルをアメリカ政府債券の形で保有しようと決めたミリーの場合を考えよう。しかしながら彼女は、4％の利子率の1年物の債券なのか5％の利子率の2年物の債券なのかはまだ決めていない。もし彼女が1年物の債券を買ったならば、1年のうちに彼女が債券に払った1万ドル（元本）＋利子を受け取るだろう。もし彼女がかわりに2年物の債券を買ったならば、ミリーは元本と利子とを受け取るために2年目の終わりまで待たなければならない。

　2年物の債券のほうが明らかにいいと思うかもしれないが、そうとは限らないのだ。ミリーが、1年物の債券の利子率は来年には大きく上がると期待しているとしよう。もし彼女が資金を今年、1年物の債券においているなら、彼女はまだ来年、きわめて高い率でおカネを得ることができるだろう。そしてそれにより彼女は、資金を2年物の債券においておくよりも高い、2年間の収益率を手にすることができる。たとえば、もし1年物の債券の利子率が今年の4％から来年8％に上がったなら、資金を1年物の債券においたことにより2年間で約6％の収益率が得られ、2年物の債券の5％よりも良いのだ。

　同じような考察が、短期債券か長期債券かを決めようとしている投資家に適用される。もし彼らが短期利子率は上がると期待するなら、長期債券の利子率がより高いとしても、短期債券を買うだろう。もし彼らが短期利子率は下がると期待するなら、短期債券の利子率がより高いとしても、長期債券を買うだろう。

　この例が示唆しているように、長期利子率は将来短期利子率に何が起きるかについて市場における平均的な期待を反映している。2010年にそうだったように、長期利子率が短期利子率よりも高いときに市場は、将来、短期利子率が上がると期待していると合図しているのだ。

　これはしかし話のすべてではない。リスクもまた要因なのだ。1年物か2年物の債券を買うか決めようとしているミリーの例に戻ろう。ちょうど1年後に、投資した分のなかの現金が必要となる、緊急な医療費の支払いのような偶発的な事態が起り得るとしよう。もし彼女が2年物の債券を買っているなら、この予期しない支出のために債券を売らなければならない。しかしこれらの債券に対してどれだけの価格を得るのだろうか。それは経済のほかの部分で利子率に何が起きたかに依存している。第10章で学んだように、債券価格と利子率は逆の方向へ動く。もし利子率が上がるなら、債券価格は下がり、逆のときは逆だ。

　このことは、もしミリーが1年物ではなく2年物債券を買ったなら追加的なリスクに直面することを意味している。なぜならば、もしいまから1年後に債券価格が

下落し、そして彼女が現金を得るために債券を売らなければならないとしたら、彼女は債券に換えた貨幣を失うからだ。このリスク要因により、長期利子率は、長期債券の購入者が直面する、より高いリスクを補償するために、短期利子率に対し平均すると高いのだ（とはいえこの関係は短期利子率が異常に高いと逆になる）。

この章の後のほうでみるように、長期利子率が必ずしも短期利子率と連動していないという事実は、しばしば金融政策にとって重要な考慮すべき事柄だ。

経済学を使ってみよう☞　FRBは路線を逆にした

この節は、目標利子率を切り下げた、という2008年3月18日のFRBによる声明から始まった。この特別な行動は長い物語——2007年9月に始まった、FRBの政策の劇的な逆転——の一部だ。

図15-6　FRBの路線転換

（出所）セントルイス連邦準備銀行

図15-6は2004年初頭から2011年の半ばまでの2つの利子率を示している。FOMCが決めた目標フェデラル・ファンド金利と市場における有効なあるいは実際の利子率だ。みればわかるように、FRBは2004年の後半から2006年の半ばまで段階的にその目標金利を上げた。経済の過熱とインフレが起こる可能性を避けるためだ（この章の後でより詳しく述べる）。

しかし2007年9月はじめに、FRBは住宅価格の下落が金融危機、最終的にはきびしい不況をもたらすことを察知してその路線の劇的な逆転に踏み切った。そして2008年12月にFRBはフェデラル・ファンド金利が0％と0.25％の間の目標幅のなかで動くことを容認することを決めた。2009年から2011年の半ばまでフェデラル・ファンド金利は、きわめて脆弱な経済と高い失業率への反応としてゼロの近くにとどまり続けた。

図15-6は、FRBがつねに目標を達成しているわけではないことを示している。とくに2008年には何回も、有効なフェデラル・ファンド金利が目標レートよりも大きく上回ったり下回ったりしていた。しかしこれらの出来事は長くは続かず、少なくとも短期利子率に関するかぎり、総じてFRBは望むものを得たのだ。

ちょっと復習

▶**利子率の流動性選好モデル**によると、均衡利子率は**貨幣需要曲線**と**貨幣供給曲線**によって決定される。

▶FRBは、貨幣供給曲線をシフトさせる公開市場操作を通じて利子率を動かすことができる。実際、FRBは**目標フェデラル・ファンド金利**を設定し、それを達成するために公開市場操作を使う。

▶長期利子率は、短期利子率に将来何が起きるかについての期待を反映している。リスクのために、長期利子率は短期利子率よりも高くなる傾向がある。

✓ 理解度チェック　15-2

1. どの利子率においても、貨幣需要の増加があったとしよう。貨幣供給量が一定の

ときに、均衡利子率にどのような効果があるかを、図を用いて示しなさい。

2. ここでFRBがフェデラル・ファンド金利の目標を設定する政策をとったとしよう。問題1の状況において、フェデラル・ファンド金利を不変に維持するためにFRBは何をするだろうか。図を用いて示しなさい。

3. フラニーは1年物債券を今日買い、別の1年物を1年後に買うか、あるいは2年物の債券を今日買うかを決めなければならない。以下のシナリオのどちらにおいて、第1の行動がより適しているといえるか。第2の行動はどうか。
   a. 今年、1年物債券の利子率は4%、来年は10%になるだろう。2年物債券の利子率は5%だ。
   b. 今年、1年物債券の利子率は4%、来年は1%になるだろう。2年物債券の利子率は3%だ。

解答は https://str.toyokeizai.net/books/9784492314906 にある。

3 | 金融政策と総需要

　第13章では、財政政策が経済を安定させるためにどのように用いられうるかを学んだ。ここでは、貨幣供給および利子率の変更である金融政策が、同じ役割を果たしうることを学ぼう。

3.1　拡張的金融政策と緊縮的金融政策

　第12章で、金融政策は総需要曲線をシフトさせることを学んだ。ここでは、金融政策の利子率への効果を通じて、それがどのように機能するかを説明することができる。

　図15-7はその過程を図示している。はじめに、FRBは利子率を下げようとして、貨幣供給を拡張したとしよう。図の上段にみられるように、利子率の低下は次に、他の事情が等しいときに、投資支出を上昇させる。このことは次に、乗数過程を通じて消費支出を上昇させ、需要される総産出量を増加させる。最後に、貨幣量が増加すると、どの物価水準においても需要される財・サービスの総量は上昇し、AD曲線は右にシフトする。財・サービスに対する需要を増加させる金融政策は**拡張的金融政策**として知られる。

　次は逆に、FRBは利子率を上げようとして、貨幣供給を縮小したとしよう。この過程は、図15-7の下段でみることができる。貨幣供給の縮小は利子率の上昇をもたらす。利子率の上昇は投資支出を減少させ、次に消費支出を下落させ、そして次に需要される総産出量を減少させる。それで、貨幣供給が減少したときには需要される財・サービスの総量は低下し、AD曲線は左にシフトする。財・サービスに対する需要を減少させる金融政策は**緊縮的金融政策**と呼ばれる。

▶ **拡張的金融政策**とは総需要を増加させる金融政策だ。

▶ **緊縮的金融政策**とは総需要を減少させる金融政策だ。

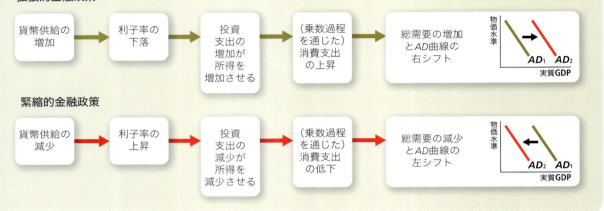

図15-7 拡張的金融政策と緊縮的金融政策

上段は、FRBが拡張的金融政策を採用し貨幣供給を増加させたときに何が起きるかを示している。利子率が下落して投資支出の増加をもたらし、それが所得を増加させ、それがさらに消費支出を上昇させAD曲線を右にシフトさせる。下段は、FRBが緊縮的金融政策を採用し貨幣供給を減少させたときに何が起きるかを示している。利子率が上昇して投資支出の減少をもたらし、それが所得を下落させる。それが消費支出を低下させAD曲線を左にシフトさせる。

3.2　実際の金融政策

　FRBは拡張的金融政策か緊縮的かのどちらを用いるかをどのように決定するのだろうか。そしてどれくらいが十分か、どのように決めるのだろうか。第6章で、政策立案者は景気後退に対しても戦おうとしているとともに物価安定、すなわち低い（とはいえ通常はゼロでない）インフレーションを確保しようとしていることを学んだ。現実の金融政策はこれらの目標の組合せを反映している。

　一般に、FRBとほかの中央銀行は現実の実質GDPが潜在産出量よりも低いときに拡張的金融政策をとる傾向がある。図15-8のパネル（a）は、第12章で現実のGDPと潜在産出量との比率として定義されたアメリカの産出量ギャップとフェデラル・ファンド金利の1985年以降の推移を示している（現実の実質GDPが潜在産出量を超えているときに産出量ギャップは正となることを思い出そう）。みてわかるように、FRBは産出量ギャップが上昇しているときに利子率を上げる傾向がある——すなわち、経済がインフレギャップを拡大しているときだ——そして産出量ギャップが低下しているときには利子率を下げる。

　大きな例外は1990年代の後半で、経済が正の産出量ギャップ（低失業率をともなっていた）を拡大しているときでさえ、FRBは数年にわたり利子率を安定的に保っていた。FRBが1990年代後半に利子率を低く保とうとした理由の1つはインフレ率が低かったからだ。図15-8のパネル（b）は、食料とエネルギーを除く消費者物価の変化率で測られたインフレ率をフェデラル・ファンド金利と比較している。そこでは

図15-8 産出量ギャップとインフレーションを用いた金融政策の軌跡

パネル（a）はフェデラル・ファンド金利が通常、産出量ギャップが正のとき——すなわち現実の実質GDPが潜在産出量を上回っているとき——に引き上げられ、産出量ギャップが負のときに引き下げられることを示している。パネル（b）はフェデラル・ファンド金利が、インフレーションが高いときに高くなり、インフレーションが低いときに低くなる傾向があることを例示している。

（出所）アメリカ労働統計局、アメリカ連邦議会予算事務局、セントルイス連邦準備銀行

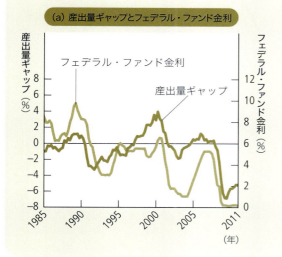
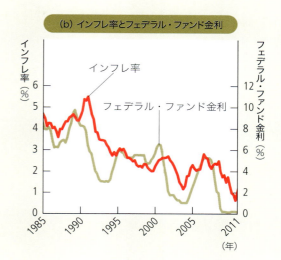

1990年代半ば、2000年代初頭、2000年代後半におけるインフレーションが、1990年代後半、2002年から2003年、そして再び2008年初頭に、どのように金融緩和政策の促進を助けたかをみることができる。

3.3 金融政策設定のテイラー・ルール方式

　1993年にスタンフォードの経済学者ジョン・テイラーは、金融政策は景気循環とインフレの双方を考慮した簡潔なルールに従うべきだと提唱した。彼はまた、現実の金融政策はしばしばあたかもFRBが実際に多かれ少なかれ提案されたルールに従っているようにみえると提唱した。**金融政策のためのテイラー・ルール**とは、インフレ率と産出量ギャップあるいは場合によっては失業率を考慮した利子率を設定するためのルールだ。

　広く引用されているテイラー・ルールの例はサンフランシスコ連邦準備銀行の経済学者によって推計された、FRBの政策とインフレーションおよび失業との関係だ。これらの経済学者は1988年から2008年までの間のFRBの行動は以下のテイラー・ルールによってうまく要約できることを発見した。

▶ **金融政策のためのテイラー・ルール**とは、フェデラル・ファンド金利をインフレ率と産出量ギャップあるいは失業率の水準に従って設定するルールだ。

$$\text{フェデラル・ファンド金利} = 2.07 + 1.28 \times \text{インフレ率} - 1.95 \times \text{失業ギャップ}$$

ここでインフレ率は食料とエネルギーを除く消費者物価の対前年比の変化率で測られ、失業ギャップは実際の失業と国会予算局による自然失業率の推計との差だ。

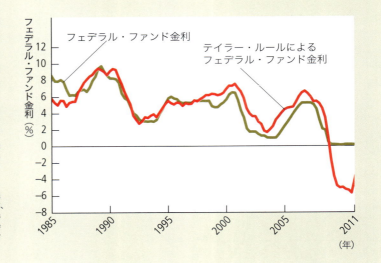

図15-9 テイラー・ルールとフェデラル・ファンド金利

赤い線は、利子率をインフレ率と失業率に関係づける、サンフランシスコ連邦準備銀行版テイラー・ルールによって予想されたフェデラル・ファンド金利を示している。黄色い線は実際のフェデラル・ファンド金利を示している。実際のレートは2008年の終わりまで予想レートにきわめて近い軌跡をたどっている。しかしながらそれ以降は、テイラー・ルールは実際には不可能な負の値を示している。

（出所）アメリカ労働統計局、アメリカ連邦議会予算事務局、セントルイス連邦準備銀行、Glenn D. Rudebusch, "The Fed's Monetary Policy Response to the Current Crisis," *FRBSF Economic Letter* #2009-17（May 22, 2009）

図15-9は1985年から2011年初頭までの、このルールによって予想されたフェデラル・ファンド金利と実際のフェデラル・ファンド金利を対比させている。みてわかるように、1988年から2008年の終わりまでにかけてFRBの意思決定はこの特定のテイラー・ルールによって予想されたものにきわめて近い。2008年以降に何が起こったかについて手短に語ろう。

3.4　インフレターゲット

2012年の1月までFRBは特定のインフレ率を達成することに明示的にコミットしていなかった。しかしながら、2012年1月にバーナンキは、FRBは年率およそ2％のインフレーションを維持するために政策を設定すると表明した。この声明とともにFRBは、明示的なインフレ目標をもつほかの多くの中央銀行に加わったのだ。つまり金融政策を設定するためにテイラー・ルールを用いるのではなく、そのかわりに達成したいインフレ率——インフレ目標——を表明し、この目標に達するように政策を設定する。**インフレターゲット**と呼ばれる、金融政策を設定するこの方法は、中央銀行が達成しようとするインフレ率を表明し、その目標に達するように政策を設定することを含んでいる。インフレターゲットを採用した最初の国であるニュージーランドの中央銀行は、目標の幅を1％から3％の範囲に特定化した。

ほかの中央銀行は特定の数値を達成することにコミットしている。たとえばイングランド銀行は2％のインフレーションを維持することにコミットしている。実際にはこれらの立場の間に大きな差があるとは思えない。インフレーションの目標幅をもつ中央銀行はその幅の中央をねらっているようだし、固定した目標をもつ中央銀行は広めの範囲を許容する傾向がある。

インフレターゲットとテイラー・ルール方式の1つの大きな差は、インフレター

インフレターゲットは中央銀行がインフレ率の明示的な目標を設定し、金融政策をその目標に達するように設定するときに生じる。

GLOBAL COMPARISON グローバルに比較してみよう

インフレターゲット

この図はインフレターゲットを採用した6つの中央銀行の目標インフレ率を示している。ニュージーランドの中央銀行は1990年にインフレターゲットを導入した。今日では1%から3%の目標幅をもつ。カナダとスウェーデンの中央銀行は同じ目標幅をもっており、また厳密な目標として2%と特定化している。イギリスとノルウェーの中央銀行はそれぞれ2%と2.5%という特定化されたインフレ目標をもっている。どちらも、目標からの逸脱にどう対応するかについては述べていない。2012年からアメリカのFRBもまた2%のインフレを目標にしている。

実際、これらの細部についての差異は結果での顕著な差異をもたらしてはいないようだ。ニュージーランドはその幅の中心である2%のインフレを目指している。イギリス、ノルウェーとアメリカは目標インフレ率の回りにかなりの変動の余地を許容している。

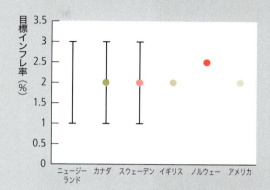

ゲットは後向きというより前向きということだ。すなわち、テイラー・ルール方式は金融政策を過去のインフレに対応させるが、インフレターゲットは将来のインフレーションの予想に基づいている。

インフレターゲットの擁護者は、テイラー・ルールよりもカギとなる2つの優位さがあると主張する。透明性と説明責任だ。第1に、中央銀行の計画が透明であると経済的不確実性が軽減される。人々はインフレターゲットを行っている中央銀行の目的を知っている。第2に、中央銀行の成功は実際のインフレ率がインフレ目標にどれだけ近いかで判定され、中央銀行家の説明責任可能にする。

インフレターゲットの批判者は、特定のインフレ率を達成するよりも、金融システムの安定性といったほかの事項が高い優先順位をもつような時期もあるので、インフレターゲットは制限的すぎると主張する。実際、2007年の終わりから2008年初頭まで、FRBは、金融市場の混乱がより大きな景気後退を招くことをおそれて、テイラー・ルールやインフレターゲットが示すよりもはるかに利子率を下げた（実際、景気後退を招いた）。

多くのアメリカのマクロ経済学者——連邦準備理事会議長であるベン・バーナンキも含めて——はインフレターゲットについて語るべき肯定的な内容をもっている。そして2012年1月にFRBは、「物価安定」は2パーセントのインフレーションを求めることを意味すると宣言した。ただしそのインフレ率がいつ達成されるかについての明確な言質はなかったが。

3.5　ゼロ下限問題

図15-9が示すように、インフレーションと失業率に基づくテイラー・ルールは

1988年から2008年にかけてFRBの政策を予測するのによいはたらきをしている。その後は、しかしながら単純な理由で物事はうまくいっていない。きわめて高い失業率と低いインフレーションで、同じテイラー・ルールはゼロより低い利子率を示唆するが、それは不可能なのだ。

なぜ負の利子率は不可能なのか。それは人々が常にゼロの利子率をもたらす現金保有という代替手段をもっているからだ。現金保有がよりよい代替手段なので、誰もゼロより低い利子をもたらす債券は買わない。

利子率はゼロより下がりえないという事実は——**利子率のゼロ下限**と呼ばれるが——金融政策の力に限界を設けている。2009年と2010年にインフレーションは低く、経済活動の水準は潜在水準よりもはるかに低かったので、FRBは総需要を増加させようとした。しかしそれを行う通常の方法——貨幣供給を拡大するための政府短期債務の公開市場買い——は短期利子率がゼロかそれに近かったため操作の余地がなかったのだ。

2010年11月にFRBはこの問題を回避するための試みを始めたが、それは少し曖昧な「量的緩和」という名でなされた。短期政府債務だけを買うかわりに、長期政府債務——3カ月物の財務省証券ではなく5年物あるいは6年物の国債——を買いはじめたのだ。すでに指摘したように、長期利子率は短期利子率を正確に追うわけではない。FRBがこのプログラムを始めたとき、短期利子率はほとんどゼロだったが長期債券の利子率は2〜3％だった。FRBは、これらのより長期の債券の直接的購入は長期利子率を引き下げ、経済に対する拡張的な効果をもたらすことを望んだのだった。

この政策は2011年に経済を少し押し上げたが、2012年の初頭に回復は苦痛なほどゆっくりだった。

> **利子率のゼロ下限**とは、利子率はゼロより下がりえないという意味だ。

経済学を使ってみよう☞ FRBが欲したもの、得たもの

FRBが実際に経済の収縮あるいは拡張をもたらすことができたかどうかの証拠は何だろうか。そうした証拠をみつけるには、単に利子率が上がったあるいは下がったときに経済に何が起きたかをみればよいと思うかもしれない。しかしその接近方法には明らかに大きな問題がある。FRBは通常、景気循環を緩和する試みとして利子率を変化させる。経済が拡張しているなら利子率を上げ、経済が落ち込んでいるなら下げる。それで実際のデータではしばしば、

図15-10 FRBが景気後退を望んだとき

（出所）アメリカ労働統計局、Christina D. Romer and David H. Romer, "Monetary Policy Matters," *Journal of Monetary Economics* 34 (August 1994): 75-88

低い利子率は弱い経済にともない、高い利子率は強い経済にともなって動いているかのようにみえるのだ。

マクロ経済学者のクリスティナ・ローマーとデビッド・ローマーは1994年の有名な論文「金融政策が問題だ」のなかで、金融政策が景気循環に対する反応ではないことを示すエピソードを調べてこの問題を解いた。とくに彼らは、FOMCの草稿やほかの資料を使って「FRBはインフレを下げるために事実上不況をつくり出す決断をした」というエピソードを明らかにしたのだ。第16章で学ぶように、金融政策を単にマクロ経済安定化の道具として使うよりも、時として埋め込まれたインフレーション──将来まで持続するだろうと人々が信じるようなインフレーション──を取り除くために用いられる。そのような場合、FRBは単にインフレギャップを取り除くのではなく、経済から埋め込まれたインフレーションを除去するために景気後退ギャップをつくり出す必要があるのだ。

図15-10は1952年から1984年までの失業率（黄色）を示し、またクリスティナ・ローマーとデビッド・ローマーによる、FRBが景気後退を欲した5つの日を特定化している（赤い垂直線）。5つのケースのうちの4つでは、経済を収縮させる決定の後は、若干の遅れをともない失業率の上昇が続いた。FRBが失業率の上昇が必要と判断した後に、平均すると、失業率が2パーセントポイント上昇することを彼らは発見した。

そう、FRBは欲するものを得ていたのだ。

理解度チェック 15-3

1. 経済が現在、産出量ギャップに苦しんでおり、FRBはこのギャップを埋めるため拡張的金融政策を用いているとしよう。この政策の以下のことに対する短期的効果を述べなさい。
   a. 貨幣供給曲線
   b. 均衡利子率
   c. 投資支出
   d. 消費支出
   e. 総産出
2. 金融政策を設定するにあたり、どちらの中央銀行は──1つはテイラー・ルールにしたがって操作し、ほかはインフレターゲットにより操作する──が金融危機により直接的に対応すると思われるか。説明しなさい。

解答は https://str.toyokeizai.net/books/9784492314906 にある。

ちょっと復習

▶ FRBは総需要を増加させるために**拡張的金融政策**を、総需要を減少させるために**緊縮的金融政策**を用いることができる。FRBとほかの中央銀行は一般的にインフレ率を低く、しかし正に保ちながら景気循環を緩和させようとしている。

▶ **金融政策のためのテイラー・ルール**のもとでは、目標フェデラル・ファンド金利は、高いインフレーションと正の産出量ギャップかあるいはきわめて低い失業率のときには上がり、低いあるいは負のインフレーションと負の産出量ギャップあるいは高い失業率のときには下がる。

▶ 対照的に、いくつかの中央銀行では後ろ向きの政策ルールであるテイラー・ルールではなく、前向きの政策ルールである**インフレターゲット**により金融政策を設定する。インフレターゲットには透明性と説明責任という便益があるにもかかわらず、ある人たちはあまりにも制限的だと考えている。2008年までFRBはゆるく定義されたテイラー・ルールにしたがってきた。2012年の初頭から年率2％目標のインフレターゲットを開始した。

▶ **利子率のゼロ下限**──ゼロより下がることはできない──は金融政策の効力を制限する。

▶ 財政政策よりも遅れが少ないため、金融政策はマクロ経済的な安定化にとっての主要な道具だ。

4 | 長期における貨幣、産出量および物価

一般に金融政策は拡張と緊縮という双方の効果を発揮し、経済の安定化を助けるためのえり抜きの政策手段だ。しかしながら中央銀行のすべての行動が生産的というわけではない。とくに次章でみるように、中央銀行はしばしば貨幣を印刷することで不況ギャップと戦うのではなく、政府の支払いを助けるのであり、それは経済を不安定化させる典型的な行動だ。

貨幣供給の変化が、経済を長期均衡に向かわせるのではなく、遠ざけるとき何が起きるだろうか。第12章で、経済は長期的には自己修正的であり、需要ショックは総供給に対して一時的な効果しかもたないことを学んだ。もし需要ショックが貨幣供給の変化の結果なら、より強い主張ができる。長期において貨幣供給量の変化は、物価水準に影響を与えるが、実質総産出や利子率は変えない。その理由をみるために、中央銀行が恒常的に貨幣供給を増加させる場合を考えよう。

4.1 貨幣供給増加の短期および長期的効果

貨幣供給増加の長期的効果を分析するためには、利子率ではなく貨幣供給を目標に

図15-11 | 貨幣供給増加の短期および長期の効果

経済がすでに潜在産出量にあるとき、貨幣供給の増加は、実質GDPに対し正の短期的効果をもつが、長期的効果はもたない。

経済は当初、短期と長期のマクロ経済的均衡 E_1 にある。貨幣供給の増加は AD を右方にシフトさせ、経済は新しい短期マクロ経済的均衡 E_2 へ移動し、新しい実質GDPは Y_2 となる。しかし E_2 は長期均衡ではない。Y_2 は潜在産出量 Y_1 を超えており、時間の経過とともに名目賃金の増加をもたらす。長期には名目賃金の上昇は短期総供給曲線を新しい位置 $SRAS_2$ まで左方にシフトさせる。

経済は $LRAS$ 上の新しい短期と長期のマクロ経済的均衡 E_3 に到達し、産出量は減少して潜在産出量 Y_1 に戻る。経済がすでに潜在産出量にあるとき、貨幣供給増加の唯一の長期的効果は、物価水準の P_1 から P_3 への上昇だ。

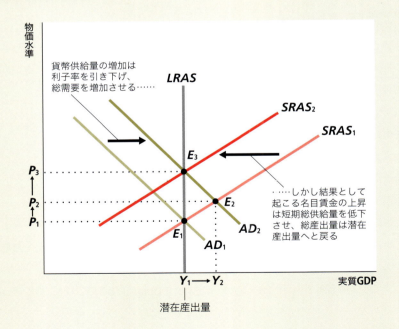

選ぶ中央銀行を考えることが助けになる。貨幣供給量増加の効果を評価するときに、第12章で最初にでてきた総需要増加の長期的効果の分析に戻ろう。

図15-11は、経済が潜在産出量Y_1から出発したときの、貨幣供給増加による短期的および長期的効果を示している。当初の短期総供給曲線は$SRAS_1$、長期総供給曲線は$LRAS$、そして当初の総需要曲線はAD_1だ。経済の当初の均衡はE_1で、短期と長期の総供給曲線の双方の上にあるので、その点は短期および長期の双方のマクロ経済的均衡になっている。実質GDPは潜在産出量Y_1だ。

ここで貨幣供給が増加したとしよう。他の条件を一定とすれば、貨幣供給の増加は利子率を下げ、それは投資支出を増加させ、それは消費支出をさらに増加させ、云々。このように貨幣供給量の増加は財・サービスの需要量を増加させ、AD曲線を右方のAD_2へとシフトさせる。短期においては、経済は新しい短期マクロ経済均衡E_2へと移動する。物価水準はP_1からP_2へと上昇し、実質GDPはY_1からY_2へと上昇する。すなわち、物価水準と産出量のどちらも短期においては増加する。

しかし総産出量水準Y_2は潜在産出量よりも上にある。その結果、名目賃金は時間とともに上昇し、短期総供給曲線を左方にシフトさせる。この過程は、$SRAS$曲線が$SRAS_2$までいき、経済が短期および長期の双方のマクロ経済均衡点である点E_3に行き着いてはじめて止まる。したがって貨幣供給増加の長期的効果は、物価水準はP_1からP_3へと上昇するが、総産出量は潜在産出量Y_1に戻るということだ。長期においては、貨幣的拡張は物価水準を増加させるが実質GDPには何の効果も与えない。

貨幣的緊縮の効果については詳述しないが、同じ論理が適用される。短期においては、貨幣供給量の減少は、経済が短期総供給曲線を低下させるので総産出量の減少をもたらす。しかしながら長期においては、貨幣的緊縮は物価水準だけを下落させ、実質GDPは潜在産出量に戻ってしまう。

4.2 貨幣の中立性

貨幣供給量の変化は長期においてどれだけ物価水準を変化させるのだろうか。その答えは、貨幣供給量の変化は長期において物価水準の比例的な変化をもたらす、だ。たとえば、貨幣供給量が25％減少したとすると長期では物価水準も25％減少する。貨幣供給が50％上昇したとすると長期では物価水準も50％上昇する。

なぜそうなるのかって？　次のような思考実験を考えよう。経済におけるすべての価格——最終財とサービス、名目賃金といった要素価格なども——が倍になったとしよう。そして貨幣供給量も同時に倍になったとしよう。このことは実質タームで経済にどのような差異をもたらすのだろうか。答えは、まったくない、だ。経済におけるすべての実質変数——実質GDPや貨幣供給の実質価値（それが買うことのできる財・サービスの数量）——は不変なので、誰にとっても行動を変える理由はない。

この論議を逆に述べることもできる。もし経済が長期的マクロ経済均衡にあって、名目貨幣供給量が変わったとすると、長期的マクロ経済均衡を回復するためには、すべての実質変数が当初の値に回復しなければならない。このことは、実質貨幣供給量

が当初の水準に戻らなければならないことも含んでいる。それで、もし貨幣供給量が25％下落すると物価水準も25％下落しなければならず、貨幣供給量が50％上昇したら物価水準も50％上昇しなければならないといった具合だ。

> **貨幣の中立性**の概念によると、貨幣供給量の変化は経済に何の実質的効果ももたない。

この分析は**貨幣の中立性**として知られる概念を指し示しており、そこでは貨幣供給量の変化は経済に対する実質的効果はない。長期的に、貨幣供給量増加の唯一の効果は、物価水準を同じ比率で上昇させることだ。経済学者は、貨幣は長期的に中立だ、と論じている。

しかしながら、ここでジョン・メイナード・ケインズの次の格言を思い出すべきだろう。すなわち「長期に、われわれはみんな死んでしまう」。長期には、貨幣供給量の変化は実質GDP、利子率、あるいは物価水準以外のいかなるものにも何の効果も与えない。しかしこのことから、FRBは何の関係もないと結論づけるのは愚かなことだろう。金融政策は短期においては経済に対して強力な実質的効果をもっており、しばしば景気後退と拡大との差をつくり出すのだ。そしてそれは社会の厚生にとって重要な意味をもつことだ。

4.3　長期における貨幣供給量の変化と利子率

短期においては、貨幣供給量の増加は利子率の下落をもたらし、貨幣供給量の減少は利子率の上昇をもたらす。しかしながら長期においては貨幣供給量の変化は利子率に影響を与えない。

図15-12は、なぜそうなるかを示している。それはFRBが貨幣供給量を増加させる前と後の貨幣供給曲線と貨幣需要曲線を示している。はじめに経済は点E_1にあり、潜在産出量水準において、名目貨幣供給量$\overline{M}_1$のもとで長期マクロ経済的均衡にあると仮定しよう。当初の均衡利子率は、貨幣需要曲線MD_1と貨幣供給曲線MS_1との交

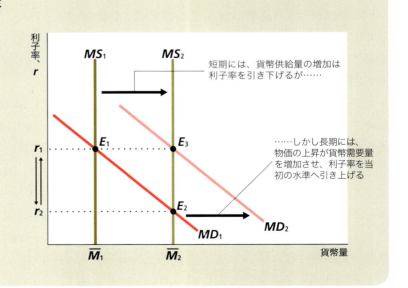

図15-12　長期における利子率の決定

短期において、貨幣供給量の$\overline{M}_1$から$\overline{M}_2$への増加は、均衡利子率をr_1からr_2へ押し下げ、経済は短期均衡であるE_2へと移動する。しかしながら長期では、物価水準は貨幣供給量に比例して上昇し、MD_1からMD_2へのシフトで示されるように、どんな利子率においても貨幣需要量を物価水準に比例して増加させる。その結果、どんな利子率においても貨幣需要量は貨幣供給量と同じ量だけ上昇するのだ。経済はE_3の長期均衡へと移動し、利子率はr_1に戻る。

点で決まり、r_1だ。

ここで名目貨幣供給量が$\overline{M}_1$から$\overline{M}_2$に上昇したとしよう。短期では経済はE_1からE_2へ移動し、利子率はr_1からr_2へと下落する。しかしながら時間の経過とともに、物価水準は上昇し、貨幣需要を増加させ、貨幣需要曲線をMD_1からMD_2へと右方へシフトさせる。経済は新しい長期均衡E_3に移動し、利子率は当初の水準であるr_1に上昇する。

そして長期均衡利子率は当初の利子率r_1であることがわかる。それは2つの理由による。第1に、貨幣の中立性により長期において物価水準は貨幣供給量と同じ比率で上昇する。それで貨幣供給量がたとえば50％上昇したら、物価水準もまた50％上昇する。第2に、貨幣需要は他の条件を一定とすれば物価水準に比例する。それで、貨幣供給量の50％増加は物価水準を50％上昇させ、それが貨幣需要量をどの利子率においても50％増加させる。その結果、当初の利子率r_1において貨幣需要量はちょうど供給量と同じだけ上昇する——それでr_1はなおも均衡利子率なのだ。長期においては、したがって貨幣供給量の変化は利子率に影響を与えないのだ。

経済学を使ってみよう☞ 貨幣の中立性の国際的な証拠

今日では富裕な国々の間での金融政策はきわめて類似している。主要な国家（あるいはユーロの場合にはユーロ圏）にはそれぞれ、政治的圧力から切り離された中央銀行がある。これらの中央銀行のすべては、物価水準をおおむね安定的に保とうとし、それは通常最大で年2％から3％のインフレを意味する。

しかしもし、より長期にそしてより広範な国々に着目すると、貨幣供給量の成長に大きな差異がみられる。1970年から現在までの間で、スイスやアメリカのような国々では貨幣供給量はわずかなパーセントしか上昇していないが、南アフリカのようなより貧しい国々でははるかに急速に上昇している。これらの差異により、貨幣供給量の増加が長期には同じパーセントの総物価水準の上昇を本当にもたらすかをみることができる。

図15-13は、サンプル国での1970年から2010年までの貨幣供給量の年間増加率と物価水準の平均年間上昇率——すなわち平均インフレ率——を示しており、各点が各国を表している。もし貨幣供給量の増加と物価水準の変化との関係が正比例ならば、それらの点はちょうど45度線上にあ

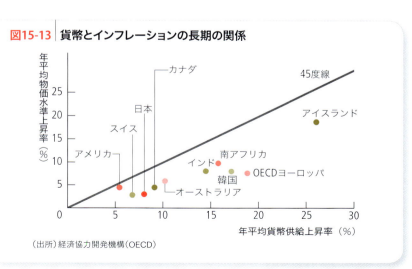

図15-13 貨幣とインフレーションの長期の関係

（出所）経済協力開発機構（OECD）

るだろう。実際は、貨幣以外の要因も物価水準に影響を与えるので、この関係は正比例ではない。しかしそれらの点は明らかに45度線の近くに散らばっており、貨幣と物価水準との比例関係を多かれ少なかれ示している。すなわちデータは長期には貨幣の中立性の概念を支持しているのだ。

> **ちょっと復習**
>
> ▶**貨幣の中立性**の概念によると、貨幣供給量の変化は実質GDPには影響を与えず、物価水準だけに影響を与える。経済学者は貨幣が長期において中立だと信じている。
>
> ▶長期において、経済の均衡利子率は貨幣供給量の変化に影響を受けない。

✓ 理解度チェック 15-4

1. 経済が当初、短期および長期のマクロ経済的均衡にあるにもかかわらず、中央銀行が貨幣量を25%増加させたとしよう。短期および長期（可能ならば数値を挙げて）における、以下の項目に対する効果を述べなさい。
   a. 総産出量
   b. 物価水準
   c. 利子率
2. なぜ金融政策は短期には経済に影響を与えるが長期には影響を与えないのか。

解答は https://str.toyokeizai.net/books/9784492314906 にある。

BUSINESS CASE　ビジネス・ケース

PIMCOは安いカネに賭ける

パシフィック・インベストメント・マネジメント・カンパニー（Pacific Investment Management Company）は一般にPIMCOとして知られるが、世界最大の投資会社の1つだ。ほかの業務とともに、世界最大のミューチュアル・ファンド（オープンエンド型投資信託）であるPISCOトータル・リターンを運営している。PISCOを率いるビル・グロスは、金融市場、とくにPIMCOがその投資の大部分を行っている債券市場の趨勢を予想する能力では伝説的な人物だ。

2009年の秋、グロスはPIMCOの資産をより多く長期アメリカ国債に投入することを決めた。長期利子率は下がるというほうに賭けたのだ。この賭けはとくに興味深かった。なぜならほかの多くの投資家が賭けたのは逆のほうだったからだ。たとえば、2009年11月に投資銀行のモルガン・スタンレーは顧客に長期利子率は急速に上がると予測しているといったのだ。

PIMCOの賭けの背後には何があったのか。グロスはその企業の考え方を2009年9月の声明のなかで説明している。彼は、失業は高くとどまり、インフレは低いだろうと示唆した。「世界的な政策金利は」と彼は主張する――意味するのはフェデラル・ファンド金利や、ヨーロッパやほかの地域でそれに対応するものだ――「かなり長い間、低い水準にとどまるだろう」。

PIMCOの見方は、ほかの投資家のそれとは鮮やかな対照をなした。モルガン・スタンレーは、FRBが2010年にフェデラル・ファンド金利を上げると期待したので、長期利子率はいくぶんなりとも上がると期待したのだ。

誰が正しかったのか。ほとんどPIMCOだ。図15-14が示しているように、フェデラル・ファンド金利はゼロの近くにとどまっており、長期利子率は、2010年の終わりに投資家たちが経済の回復について多少なりともより楽観的になったことにともない、多少上がったとはいえ、その年の多くの期間を通じて低下した。モルガン・スタンレーは利子率上昇に賭けたが、実際、投資家に見通しを誤ったことを謝罪した。

図15-14 フェデラル・ファンド金利と長期利子率（2009～11年）

（出所）セントルイス連邦準備銀行

ビル・グロスの見通しは、しかしながら2011年にははるかに不正確だった。2011年中盤までにアメリカ経済は顕著に強くなり、インフレをもたらす結果となることを予測して、グロスはその年の早いうちにアメリカ国債とは逆のほうへ大きく賭けたのだった。しかしこのときは、弱い成長が続くなかで、彼は間違った。2011年の夏の終わりまでに、アメリカ国債の価値は上がり彼のファンドの価値が下がるなかで、彼は自分の誤りを悟った。彼は『ウォールストリート・ジャーナル』に対して、賭けを「眠れないほど心配し」、それを「誤り」と呼んだことを認めたのだ。

ビジネス思考力を鍛えよう

1. PIMCO の見通しである、失業は高くとどまりインフレーションは低いことが、なぜ政策金利がかなり長い間、低くとどまるだろう、という予測を導くのか。
2. なぜ低い政策金利が低い長期利子率を示唆するのか。
3. いまだフェデラル・ファンド金利がゼロであったにもかかわらず、2010年の終わりに何が長期利子率を上げる要因となったのか。

要約

1. **貨幣需要曲線**は、貨幣保有の機会費用と貨幣がもたらす流動性とのトレードオフから生じる。貨幣保有の機会費用は、**長期利子率**ではなく**短期利子率**に依存している。物価水準、実質 GDP、技術、および制度の変化は貨幣需要曲線をシフトさせる。

2. **利子率の流動性選好モデル**は、利子率は貨幣市場において貨幣需要曲線と**貨幣供給曲線**とによって決定されると主張する。FRB は短期において、貨幣供給曲線をシフトさせることによって利子率を変えることができる。実際、FRB は、ほ

かの短期利子率が追随する、**目標フェデラル・ファンド金利**を達成するために公開市場操作を使う。長期利子率は必ずしも短期利子率といっしょに動かないとはいえ、それらは短期利子率に将来何が起きるかについての期待を反映している。

3. **拡張的金融政策**は、貨幣供給量を増加させることにより利子率を下げる。それは短期において投資支出と消費支出を増加させ、さらにそれらは総需要と実質GDPを増加させる。**緊縮的金融政策**は、貨幣供給量を減少させることにより利子率を上げる。それは短期において投資支出と消費支出を減少させ、さらにそれらは総需要と実質GDPを減少させる。

4. FRBやほかの中央銀行は、実際の産出量の変動を潜在産出量の近辺に制限させることにより経済の安定化を図ろうとしており、他方でインフレ率を低くしかし正に保とうともしている。**金融政策のためのテイラー・ルール**のもとでは、目標フェデラル・ファンド金利は、高いインフレーションと正の産出量ギャップかきわめて低い失業率のときに上がり、低いあるいは負のインフレーションと負の産出量ギャップか高い失業率のときに下がる。いくつかの中央銀行（2012年時点でのFRBを含む）は**インフレターゲット**を採用しており、テイラー・ルールの方法が後ろ向きの政策ルールであるのに対し、それは前向きの政策ルールだ。金融政策は財政政策にくらべて実現の遅れの制約がより小さいため、経済の安定化のために好まれる政策手段だ。利子率はゼロより下になりえない——**利子率のゼロ下限**——のため、金融政策の力は制限される。

5. 長期において、貨幣供給量の変化は物価水準には影響を与えるが、実質GDPや利子率には影響を与えない。データは、**貨幣の中立性**の概念が成立することを示している。すなわち貨幣供給量の変化は長期においては経済に何の実質的効果を与えない。

キーワード

短期利子率	582ページ	長期利子率	582ページ
貨幣需要曲線	583ページ	利子率の流動性選好モデル	587ページ
貨幣供給曲線	587ページ		
目標フェデラル・ファンド金利	590ページ		
拡張的金融政策	593ページ	緊縮的金融政策	593ページ
金融政策のためのテイラー・ルール	595ページ		
インフレターゲット	596ページ	利子率のゼロ下限	598ページ
貨幣の中立性	602ページ		

〈問題〉

1. 直近の FOMC 会議の後に出された声明を探すために、連邦準備制度理事会のウェブサイトで FOMC のページ (http://www.federalreserve.gov/FOMC/) に行きなさい (Meeting calendars and information をクリックし、さらに一覧表のなかの直近の声明のところをクリックする)。
   a. 目標フェデラル・ファンド金利は何か。
   b. その目標フェデラル・ファンド金利は前回の FOMC の声明のものと異なるか。もしそうならどのくらい異なっているか。
   c. その声明はアメリカのマクロ経済的状況についてコメントしているか。それはどのようにアメリカ経済を描写しているか。

2. 以下の出来事は、貨幣需要にどのように影響を与えるだろうか。それぞれの場合に、需要曲線のシフトであるか、あるいは需要曲線に沿った動きかを、またそうならばその方向を特定化しなさい。
   a. 利子率が12%から10%に下落する。
   b. 感謝祭が来て、休暇の買い物シーズンが始まる。
   c. マクドナルドや他のファストフード店がクレジットカードを受け入れはじめる。
   d. FRB がアメリカ財務省証券の公開市場買いを行う。

3.
   a. www.treasurydirect.gov/ に行きなさい。"Individuals" のなかの "Learn about Treasury Bills, Notes, Bonds, and TIPS" に行きなさい。"Treasury Bills" をクリックしなさい。"at a glance" のなかの "rates in recent auctions" をクリックしなさい。直近に発行された26週間財務省証券 (T-bills) についての投資率 (investment rate) はどれだけか。
   b. 好きな銀行のウェブサイトに行きなさい。6 カ月物 CD の利子率はどれだけか。
   c. 6 カ月物 CD の利子率はなぜ26週間財務省証券より高いのか。

4. www.treasurydirect.gov/ に行きなさい。"Individuals" のなかの "Learn about Treasury Bills, Notes, Bonds, and TIPS" に行きなさい。"Treasury Bills" をクリックしなさい。"at a glance" のなかの "rates in recent auctions" をクリックしなさい。Recent Note, Bond, and TIPS auction Result の一覧表を用いて以下の問に答えなさい。
   a. 2 年物と10年物手形 (notes) の利子率はどれだけか。
   b. 2 年物と10年物の手形の利子率は互いにどのように関係しているか。なぜ10年物の手形の利子率は 2 年物の手形の利子率よりも高い (あるいは低い) のか。

5. ある経済が、下の図のような不況ギャップに直面している。このギャップを取り除くために、中央銀行は拡張的金融政策と緊縮的金融政策のどちらを用いるべきか。その金融政策で不況ギャップを埋めようとしたとき、利子率、投資支出、消費支出、実質GDPおよび物価水準はどのように変化するか。

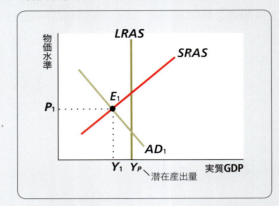

6. ある経済が、下の図のようなインフレギャップに直面している。このギャップを取り除くために、中央銀行は拡張的金融政策と緊縮的金融政策のどちらを用いるべきか。その金融政策でインフレギャップを埋めようとしたとき、利子率、投資支出、消費支出、実質GDPおよび物価水準はどのように変化するか。

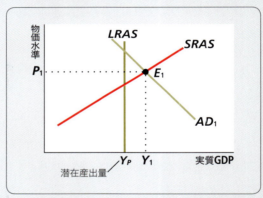

7. イーストランディアの経済が不況へと向かいはじめた当初、貨幣市場は均衡していた。

   a. イーストランディアの中央銀行が貨幣供給量を$\overline{M}_1$で一定に保つとき、利子率に何が起こるかを右の図を使って説明しなさい。

   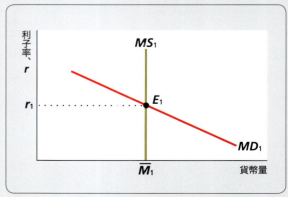

   b. 中央銀行が、その

かわりに目標利子率 r_1 を維持しようとするなら、経済が不況へと向かいはじめたときにどのように対応すべきか。問 a の図を使って中央銀行の対応を示しなさい。

8. ウェストランディアの貨幣市場が当初に均衡しており、中央銀行が貨幣供給量を減らすことを決めたとしよう。
   a. 問題 7 と同じような図を使って、短期利子率に何が起こるか説明しなさい。
   b. 長期利子率に何が起こるだろうか。

9. ある経済が長期マクロ経済的均衡にあって失業率が 5 % だったとき、政府が中央銀行に対して、失業率を 3 % に引き下げてそれを維持するために金融政策を用いることを求める法律を成立させた。中央銀行はどうすればこの目標を短期的に達成できるか。また長期的には何が起こるだろうか。図を用いて示しなさい。

10. 欧州中央銀行のウェブサイトによると、欧州連合を成立させた条約は「物価の安定を保証することは、好ましい経済環境と高い雇用水準を達成するために金融政策がなすことの最も重要な貢献であることを明らかにした」。もし物価の安定が金融政策の唯一の目標だとしたら、不況期にはどのような金融政策がとられるかを説明しなさい。需要ショックによる不況と供給ショックによる不況の両方の場合について分析しなさい。

11. 金融政策の有効性は、貨幣供給量の変化がどれくらい容易に利子率を変化させられるかに依存している。金融政策は利子率に影響を与えることを通じて投資支出と総需要曲線に影響を与える。アルバーニアとブリタニアの経済は、右の図にあるようにきわめて異なる貨幣需要曲線をもっている。貨幣供給量の変化は、どちらの経済にとってより有効な政策手段となるだろうか。またその理由は何か。

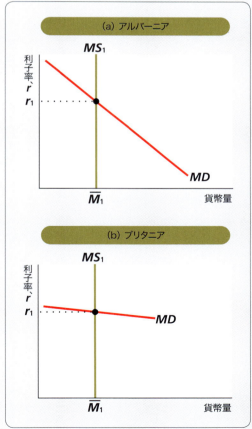

12. 大恐慌の時代、アメリカのビジネスピープルは経済成長の将来に対してきわめて悲観

的で、利子率が引き下げられてもなお投資支出を増やすことを嫌がった。このことは、恐慌の緩和に寄与しうる金融政策の可能性をどのように制限したか。

13. 2007年から2009年の不況にともなう経済の減速のため、FRB の連邦公開市場委員会 (FOMC) は、2007年9月18日から2008年12月16日までの間に、フェデラル・ファンド金利を段階的に5.25％の高さから、ゼロと0.25％の間の率まで引き下げた。その考えは、総需要を増加させることで、経済の後押しをすることだった。

   a. 流動性選好モデルを使って、FOMC が短期利子率をどのように下げたかを説明しなさい。そのメカニズムを示す典型的なグラフを描きなさい。タテ軸を「利子率」そしてヨコ軸を「貨幣量」としなさい。グラフに2つの利子率 r_1 と r_2 を示しなさい。
   b. 利子率の低下が短期においてなぜ総需要が増加する原因となるかを説明しなさい。
   c. 2013年に経済は潜在産出量の水準にあるが、貨幣の拡張を続けている FRB にはなぜか見落とされていたとしよう。この政策手段の効果を AD 曲線上に指し示しなさい。LRAS 曲線を使って、この政策手段の AD 曲線上への効果が、他の条件を一定とすれば、長期的に物価水準の上昇の原因となることを示しなさい。タテ軸を「物価水準」そしてヨコ軸を「実質 GDP」としなさい。

Reconciling the Two Models of the Interest Rate

Chapter 15 Appendix

利子率の2つのモデルを整合させる

　第15章で展開された利子率の流動性選好モデルのなかでは、均衡利子率において貨幣需要量は貨幣供給量に等しくなる。他方、第10章で展開された利子率の貸付資金モデルのなかでは、均衡利子率は、貯蓄者による貸付資金の供給量を投資支出のための貸付資金の需要量に一致させる。これら2つの利子率のモデルは整合できるのだろうか。そう、できるのだ。それを2つの段階に分けて行い、最初は短期に焦点を当て、そして次に長期に焦点を当てる。

1 | 短期利子率

　第15章で説明したように、利子率の下落は投資支出 I の上昇をもたらし、それは実質 GDP と消費支出 C の双方の上昇をもたらす。しかしながら、実質 GDP の上昇は消費支出のみの上昇をもたらすものではない。それは貯蓄の上昇ももたらす。乗数過程の各段階で、可処分所得の増加の一部は貯蓄される。貯蓄はどのくらい上昇するのか。第10章では、経済の総貯蓄はつねに投資支出に等しいという貯蓄・投資支出恒等式を紹介したね。このことから、利子率の下落はより高い投資支出をもたらし、その結果としての実質 GDP の増加は、投資支出の増加にちょうど見合うだけの追加的な貯蓄を生み出すことがわかる。別の見方をすれば、利子率下落の後、貯蓄の供給量は貯蓄の需要量にちょうど見合うだけ上昇する。この関係を理解することは、利子率の2つのモデルを整合することのカギとなる。

　図15A-1は、利子率についてのこの2つのモデルが短期においてどのように整合されるかを示している。パネル (a) は、利子率の流動性選好モデルを表しており、MS_1 と MD_1 は当初の貨幣供給曲線と貨幣需要曲線、そして r_1 は当初の均衡利子率で、貨幣市場において貨幣供給量を貨幣需要量に一致させている。パネル (b) は利子率

図15A-1 短期における利子率の決定

パネル（a）は利子率の流動性選好モデルを示している。均衡利子率は貨幣供給を貨幣需要量に一致させる。短期において利子率は貨幣市場で決定され、そこでは貨幣供給量が $\overline{M}_1$ から $\overline{M}_2$ へ増加すると均衡利子率は r_1 から r_2 へと押し下げられる。パネル（b）は利子率の貸付資金モデルを示している。貨幣市場における利子率の低下は、乗数効果を通じて実質GDPと貯蓄の増加、貸付資金供給曲線の S_1 から S_2 への右方シフト、そして利子率の r_1 から r_2 への下落をもたらす。その結果、貸付資金市場の新しい均衡利子率は r_2 において貨幣市場の新しい均衡利子率に一致する。

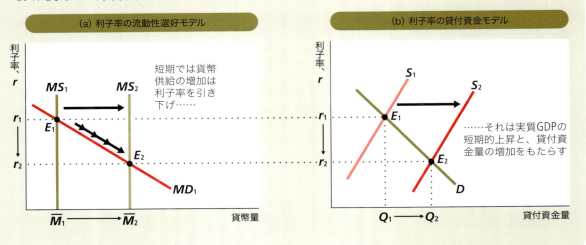

の貸付資金モデルを表しており、S_1 は貸付資金の当初の供給曲線、D は需要曲線、そして r_1 は当初の均衡利子率で、貸付資金市場において貸付資金の供給量を貸付資金の需要量に一致させている。

図15A-1では、貨幣市場と貸付資金市場の双方が、当初同じ利子率 r_1 のもと、E_1 で均衡している。それは偶然かと思うかもしれないが、しかし実際常に真なのだ。それを理解するために、パネル（a）の貨幣市場で、FRBが貨幣供給を $\overline{M}_1$ から $\overline{M}_2$ へと増加させたときに何が起きるかをみてみよう。この行動は貨幣供給曲線を右方に MS_2 へと押し、貨幣市場における均衡利子率を r_2 へと下落させ、経済を短期均衡 E_2 へと移動させる。パネル（b）の貸付資金市場では何が起こるだろうか。短期的には貨幣供給の増加による利子率の下落は実質GDPの上昇をもたらし、乗数過程を通じて貯蓄の上昇を生じさせる。この貯蓄の上昇は貸付資金の供給曲線を S_1 から S_2 へと右方にシフトさせ、貸付資金市場の均衡を E_1 から E_2 へ移動させて、貸付資金市場の利子率を低下させる。貯蓄の上昇はちょうど投資支出の上昇に見合うので、貸付資金市場における均衡利子率は r_2 へと低下しなければならず、貨幣市場での新しい均衡利子率と同じとなるのだ。

したがって短期的には、貨幣の供給と需要が利子率を決定し、貸付資金市場は貸付資金市場の均衡利子率が貨幣市場の均衡利子率と同じになるまで貨幣市場の先導にしたがう。

「短期的には」という言葉づかいに注意しよう。総需要の変化は短期的にのみ総産

出量に影響を与える。長期的には総産出量は潜在産出量に等しい。そうなので、利子率の下落が総産出量の上昇をもたらし、それが貯蓄の上昇につながるという話は、短期にのみ適用されるのだ。長期においては次でみるように、利子率の決定は、2つの市場の役割が逆になるので、まったく異なっている。長期においては貸付資金市場が均衡利子率を決定し、貨幣市場は貸付資金市場の先導に従うのだ。

2 長期利子率

短期においては、貨幣供給の増加は利子率の下落をもたらし、貨幣供給量の減少は利子率の上昇をもたらす。しかしながら長期においては貨幣供給量の変化は利子率に影響を与えない。

図15A-2は、それはなぜかを示している。図15A-1と同様にパネル（a）は利子率の流動性選好モデルを示し、パネル（b）は貸付資金の需要と供給を示している。どちらのパネルでも、はじめは経済はE_1において、潜在産出量水準で、貨幣供給$\overline{M}_1$のもとで長期マクロ経済均衡にあると仮定しよう。貸付資金の需要曲線はDで、貸付資金の当初の供給曲線はS_1だ。当初の均衡利子率はどちらの市場もr_1だ。

ここで貨幣供給が$\overline{M}_1$から$\overline{M}_2$に上昇したとしよう。図15A-1においてと同様に、こ

図15A-2 長期における利子率の決定

パネル（a）は貨幣供給の$\overline{M}_1$から$\overline{M}_2$への増加に対する流動性選好モデルの長期的調整を示し、パネル（b）は対応する貸付資金市場の長期的調整を示している。どちらのパネルも潜在産出量と利子率r_1における長期マクロ経済的均衡であるE_1から出発している。図15A-1で論じたように、貨幣供給の増加は短期には利子率をr_1からr_2へ低下させ、実質GDPと貯蓄を増加させる。このことはパネル（a）およびパネル（b）でE_1からE_2への動きとして示されている。しかしながら長期には、貨幣供給の増加は賃金とほかの名目物価を引き上げる。このことはパネル（a）のなかで、貨幣需要曲線をMD_1からMD_2へシフトさせ、経済がE_2からE_3へ動くにともない、利子率のr_2からr_1への増加をもたらす。この利子率の上昇は、実質GDPの低下と貯蓄の低下をもたらし、貸付資金の供給曲線をS_2からS_1へ戻し、貸付資金市場をE_2からE_1へ戻す。長期では均衡利子率は、実質GDPが潜在産出量に等しいときに生じる貸付資金の供給と需要を一致させることによって決まる。

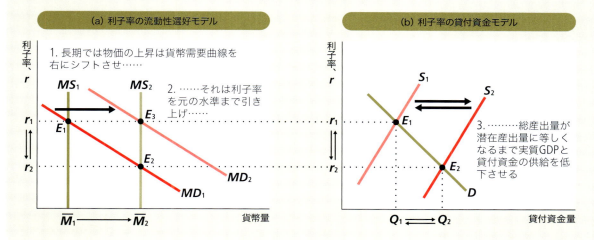

のことは当初、利子率をr_2へ低下させる。貨幣の中立性から、長期において物価水準は貨幣供給の増加と同じ割合で上昇する。そして私たちは、物価水準の上昇は同じ割合で貨幣需要を増加させることを知っている。それなので長期において、貨幣需要曲線は、貨幣需要がより高い物価に反応するにともないMD_2にシフトし、均衡利子率は元の水準であるr_1に戻る。

図15A-2のパネル（b）は、貸付資金市場で何が起こるかを示している。以前と同様に、貨幣供給の増加は実質GDPの短期的な上昇をもたらし、このことは貸付資金の供給をS_1からS_2へと右方へシフトさせる。しかし長期には、賃金や他の名目物価が上昇するので、実質GDPは元の水準に戻る。その結果、貸付資金の供給Sは、当初S_1からS_2へシフトしたが、S_1へ戻るのだ。

したがって長期には、貨幣供給の変化は利子率に影響を与えない。ならば、長期には何が利子率——図15A-2のr_1——を決めるのか。答えは、貸付資金の供給と需要だ。より詳しくいうと、長期では均衡利子率は潜在産出量において生じる貸付資金の供給と需要を一致させるのだ。

〈問題〉

1. 図15A-1と類似の図を用いて、貨幣市場と貸付資金市場が貨幣供給量の減少に対して短期的にいかに反応するかを説明しなさい。

2. 貨幣供給増加の、利子率に対する短期的効果を、貨幣供給増加の利子率に対する長期的効果に対比させなさい。短期ではどちらの市場が利子率を決定するか。長期にはどちらの市場がそうか。実質GDPに影響を与える、短期および長期における金融政策の有効性に対するあなたの答えの含意は何か。　K

Chapter 16

Inflation, Disinflation, and Deflation

インフレ、ディスインフレ、デフレ

この章で学ぶこと

- 貨幣の増発で**インフレ税**を徴収しようとするとなぜ高率のインフレやハイパーインフレを引き起こすのか。
- **フィリップス曲線**とは何か。それはインフレと失業率との間の短期的なトレードオフをどのように記述するのか。
- インフレと失業率との間に長期のトレードオフがないのはなぜか。
- なぜ拡張的な政策はインフレ予想の効果により制限されるのか。
- なぜゆるやかなインフレでさえも終結させるのがむずかしいのか。
- なぜデフレは経済政策にとって問題であり、政策立案者は低率でプラスのインフレ率を好むようになるのか。
- なぜ名目利子率は**ゼロ下限**を下回ることができず、**流動性の罠**の危険が生じるのか。

スーツケースを転がしながら銀行へ行こう

　2008年、アフリカのジンバブエは不名誉な記録を打ち立てた。ピーク時にはおよそ5000億％に達する歴史的な高インフレ率を実現したのだ。政府はより大きな額のジンバブエ・ドルを発行しつづけた。たとえば、2008年5月には5億ドル紙幣が発行された。にもかかわらず、日常の生活必需品のためにはまだ大量の通貨が必要だった。100米ドルに相当するジンバブエ・ドルを現金で積み上げると、その重さはおおよそ40ポンドにもなったのだ。ジンバブエの通貨価値があまりにも低かったので、銀行から現金を引き出す際には、日常の生活費を支払うのに十分な額をもち歩くことができるようにスーツケースを持参する者もいた。最後にはジンバブエ・ドルは文字どおり価値を失った。2008年10月までに市中で流通しなくなり、米ドルや南アフリカ・ランドにとってかわられた。

　ジンバブエの経験は衝撃的だったが、前代未聞というわけではない。1994年、アルメニアのインフレ率は2万7000％を記録した。1991年にはニカラグアのインフレ率が6万％を超えた。そして、ジンバブエが経験したインフレは、歴史上もっとも有名な極端なインフレに匹敵するものだった。それは、ドイツで1922〜23年に起きた事例だ。ドイツのハイパーインフレが終結したころ、物価は1日に16％上昇していた。それが積み重なると、5カ月間におよそ5000億％も物価は上昇することになる。こうなると人々は紙幣をもちつづけることをとてもいやがるようになり、紙幣の価値は1時間単位で失われていった。そして卵や石

炭が通貨として流通するようになった。ドイツの企業は従業員に対して1日に何度も賃金を支払った。稼いだカネを、その価値が失われる前に支出できるようにするためだ（時給という言葉に新しい意味を与えることができるね）。こんな伝説もある。人々はバーで席に着いたら1度に2杯のビールを注文したのだそうだ。なぜかって？　1杯目のビールを飲み干す前に2杯目のビールの価格が上昇することをおそれたからだ！

アメリカはこれほどのインフレを経験したことがない。アメリカの近年で最悪のインフレは1970年代の終わり頃のもので、消費者物価が年率で13％上昇していた。だがこの程度のインフレでさえ、アメリカの社会に多大な問題を引き起こした。そしてFRBがインフレ率を許容可能な水準に戻そうと政策を試みたが、それらは大恐慌以来となる深刻な不況をもたらすこととなった。

何がインフレ率の上昇や下落を引き起こすのだろうか？　この章ではインフレが起きる基本的な理由を確認する。そして、ジンバブエが苦しめられたような非常に高率のインフレが引き起こされる根本原因は、もっとゆるやかなインフレの原因とはまったく異なることをみていこう。さらに、インフレ率の低下であるディスインフレーションが、多くの場合にとてもむずかしい問題であることも学ぶ。最後に、物価水準の下落であるデフレーションにまつわる特別な問題について議論しよう。

1 貨幣とインフレーション

この章の後でわかるように、アメリカが経験してきたようなゆるやかなインフレには複雑な原因がある。1970年代終わりごろの2桁のインフレもそうだ。ただし、急激なインフレには常に急激な貨幣供給量の増加が関係している。

そうなる理由を知るには、貨幣供給量の変化が経済全体の物価水準にどんな効果を与えるかを再検討する必要がある。それから、政府が時には貨幣供給量を急激に増加させる理由を考えてみよう。

1.1 貨幣と価格の古典派モデル

第15章で学んだように、貨幣供給量の増加は短期的には実質GDPを増加させる。利子率を低下させ、投資支出と消費支出を刺激するからだ。けれども長期的には名目賃金や他の固定的な価格も上昇するので、実質GDPは元の水準に戻ってしまう。よって長期的には、貨幣供給量がどのような率で増加しても実質GDPは変化しない。他の条件を一定とすれば貨幣供給量の増加はむしろ、それと同率の物価水準の上昇をもたらす。名目賃金や中間財の価格も含めて、経済に存在するすべての財・サービスの価格の水準が同じ率だけ上昇するのだ。そして、すべての価格の水準が上昇すると、物価水準、つまり最終財・サービスの価格もまた上昇する。よって名目貨幣供給量Mの増加は長期的には物価水準を上昇させ、実質貨幣量M/Pを元の水準にとどめることになる。1つの例を挙げよう。2005年1月、トルコは通貨であるトルコ・リラから6個のゼロを取り去ったが、トルコの実質GDPは変化しなかった。ただ1つ変わったことは価格に含まれるゼロの数だ。200万リラ支払うべきところが2リラの支払いに変わったのだ。

繰り返していおう。これが長期に起きることだ。けれどもマクロ経済学者は、物価

水準の大きな変化を分析する際には短期と長期を区別しないほうが良いと考えることが多い。そしてマクロ経済学者は、単純化されたモデルを用いて分析を行う。貨幣供給量の変化が物価水準に与える影響が長期的にではなく、瞬間的に起きると考えるのだ。これまでの章では短期と長期の区別を強調してきたので、この仮定を不審に思う人もいるだろう。でもこれから説明するように、高率のインフレを考える際にはこの仮定は妥当だといえる。

実質貨幣量 M/P が常に長期均衡の水準にあるという単純化されたモデルは**物価水準の古典派モデル**として知られている。というのもこのモデルは、ジョン・メイナード・ケインズよりも前に活躍した「古典派」の経済学者が共有していたモデルだからだ。

▶ **物価水準の古典派モデル**によれば、実質貨幣量はいつも長期均衡の水準にある。

物価水準の古典派モデルによれば、実質貨幣量はいつも長期均衡の水準にある。古典派モデルと、高インフレ下ではなぜそれが役に立つかを理解するために、AD-AS モデルについて再考しよう。そして、AD-AS モデルで貨幣供給量増加の効果がどう語られるかを確認しておこう（とくに注意しないかぎり、貨幣供給量の変化は名目貨幣供給量の変化を指している）。

図16-1は、貨幣供給量増加の効果を AD-AS モデルを使って再検討したものだ。経済は当初、短期かつ長期のマクロ経済均衡である E_1 にある。E_1 は総需要曲線 AD_1 と短期総供給曲線 $SRAS_1$ が交差する点であり、同時に長期総供給曲線 $LRAS$ 上にも位置している。E_1 での均衡物価水準は P_1 だ。

ここで拡張的金融政策によって貨幣供給量を増加させたとしよう。すると総需要曲線が AD_2 まで右にシフトし、経済は新しい短期均衡 E_2 に移動する。だが時間の経過とともに、名目賃金が物価水準の上昇を反映するかたちで上昇し、$SRAS$ 曲線は $SRAS_2$ まで左にシフトする。新しい長期均衡は E_3 となり、実質 GDP は当初の水準に戻ってしまう。第15章で学んだように、物価水準の P_1 から P_3 への長期的な上昇は貨

図16-1 | 物価水準の古典派モデル

E_1 を当初の状態として、AD_1 から AD_2 へのシフトで示されるように、貨幣供給量の増加は総需要曲線を右にシフトさせる。新しい短期均衡は E_2 で、物価水準は P_2 へと上昇する。長期的には名目賃金が調整されて上昇するので、$SRAS$ 曲線は $SRAS_2$ まで左にシフトする。物価水準の P_1 から P_3 への上昇率は、貨幣供給量の増加率と等しい。物価水準の古典派モデルではこうした移行にかかる時間は無視され、物価水準は P_3 まですぐさま上昇すると想定される。これは高いインフレ率という条件のもとではかなり近い数値となる。

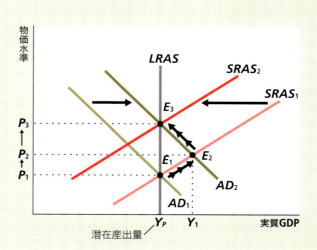

幣供給量の増加に比例する。結果として、長期的には貨幣供給量の変化は実質貨幣量 M/P や実質 GDP に影響を与えない。すでにご存じのように、長期的には貨幣は中立的だ。

物価水準の古典派モデルは E_1 から E_2 への短期の移動を無視し、経済はある長期均衡から別の長期均衡へとじかに移動すると想定している。言い方を換えれば、経済は E_1 から直接 E_3 へと移動し、貨幣供給量が変化してもそれに反応して実質 GDP が変化することは決してないと想定しているのだ。実際、古典派モデルは長期総供給曲線だけでなく短期総供給曲線も垂直だとみなして貨幣供給量の変化の効果を分析している。

じつは、低率のインフレの場合を考えると、この想定は適当ではない。インフレ率が低いときには、労働者や企業が貨幣供給量の増加に反応して賃金や価格を上昇させるには時間がかかってしまう。このシナリオのもとでは、短期的には名目賃金の一部、また財の価格の一部は固定的となるだろう。結果として低率のインフレのもとでは $SRAS$ 曲線は右上がりとなり、貨幣供給量の変化は短期的には実際に実質 GDP を変化させる。

だが高率のインフレのときはどうだろう？ 経済学者は、インフレ率が高いときには名目賃金や価格の短期的な粘着性が消え失せてしまう傾向があることを観察してきた。インフレに敏感になった労働者や企業が、貨幣供給量の変化に反応して素早く賃金や価格を上昇させるからだ。つまりインフレ率が高いときはインフレ率が低いときよりも賃金や中間財価格の調整が素早く行われる。よって短期総供給曲線はより速く左にシフトし、高率のインフレのもとではより速く長期均衡に戻ることになる。よって持続的な高インフレを経験している経済の現実を近似するものとして、物価水準の古典派モデルはより適切だといえるのだ。

高インフレが続いている国では、経済のすべての価格が素早く調整されるので、貨幣供給量の変化がすぐさまインフレ率の変化をもたらすことになる。ジンバブエの

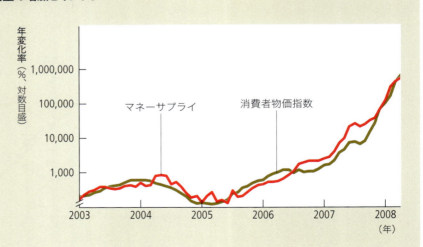

図16-2 ジンバブエの貨幣供給量の増加とインフレ

対数目盛で描かれたこの図は、ジンバブエの貨幣供給量と物価水準の年変化率を2003年から2008年4月まで示している。貨幣供給量の増加率の急増は、おおむね同じ大きさのインフレ率の急騰に即座に反映されている。

（出所）国際通貨基金（IMF）

ケースを検討しよう。図16-2は2003年から2008年4月までの貨幣供給量の年増加率と消費者物価の年変化率を示したものだ。みてわかるように、貨幣供給量の増加率の急増は、おおむね同じ大きさのインフレ率の急騰とほぼ一致している。数千％にもなるとても大きな増加を図示するために、タテ軸は対数目盛をとっていることに注意してほしい。すると、同じパーセントの変化は同じ大きさで描くことができる。

それでは、国家がそれほどまでに貨幣供給量を増加させ、結果として数百万％、ときには数十億％というインフレ率をも引きおこしてしまう理由はどこにあるのだろうか？

1.2　インフレ税

現代の経済では法定不換貨幣（フィアットマネー）という、それ自体には価値はないが交換媒体として受け入れられている紙切れが貨幣として利用されている。アメリカやほかのほとんどの富裕国では、どれだけの枚数の紙幣を発行するかという意思決定は、政治過程とは若干独立した中央銀行の手のなかにある。けれども政治家が金融政策の統制力を手中にしようと決めたなら、つねに独立性は侵害されうる。

それでは政府が増税や借り入れではなく、単に紙幣を印刷することで出費の一部をまかなうことを妨げるものはあるのだろうか？　何もないというのが答えだ。現に政府は、アメリカ政府も含めて、常にそれを実行している。では財務省ではなくFRBが貨幣を発行しているという状況で、アメリカ政府はどうやってそれを実行するのだろう？　財務省とFRBが協力して行うというのが答えだ。財務省は財・サービスの政府購入をまかなうために債務を生じさせる。そして、FRBは貨幣を創出し、公開市場で短期国債を国民から買い戻すことでその債務を貨幣に転換するのだ。つまりアメリカ政府は紙幣を印刷することで収入を増やすことができ、実際にそれを実行している。

たとえば2007年8月のアメリカのマネタリーベース、すなわち現金通貨と銀行準備金の合計はその1年前よりも6000億ドル大きかった。なぜならその1年の間にFRBが200億ドル相当の貨幣や電子的に同価値のものを発行し、公開市場操作を通じてそれを流通させたからだ。別の言い方をすれば、FRBは無から貨幣を創造し、それを使って民間部門から価値のある国債を購入したのだ。たしかにアメリカ政府はFRBが保有する債務に利子を支払った。だがFRBは、法律により、国債から受け取った利子を必要な資金を残して財務省に返還している。そして実際、このようなFRBの行動により、6000億ドルもの未払い債務を政府は紙幣を印刷することで償還できた。

これを別の視点でみると、貨幣を発行する権利それ自体が収入の源泉になるということになる。経済学者は、政府のもつ貨幣発行権によって生まれる収入をシニョレッジ（貨幣発行益）と呼ぶ。これは中世を起源とする古い言葉だ。そもそもこの言葉は金や銀から貨幣を鋳造する権利と貨幣鋳造の手数料負担を課す権利を意味しており、その権利は中世の封建領主たち——フランスではシニョールと呼ばれていた——が保有するものだった。

通常、シニョレッジはアメリカ政府予算のごくわずかな部分しか占めていない（1％未満だ）。さらにどれだけの貨幣を印刷するかについてのFRBの決定においてシニョレッジを考慮することはない。FRBは歳入ではなくインフレや失業を心配しているのだ。だが、アメリカでさえこのことがいつも正しいわけではない。南北戦争の際には、両陣営が財政赤字を埋め合わせるためにシニョレッジに頼った。歴史を振り返ってみると、政府が印刷機を主要な収入源に変えてしまった局面は数多く存在している。よくあるシナリオは次のようなものだ。政府は巨額の財政赤字を抱えているのだが、増税や支出削減によって赤字を消し去る能力も政治力ももち合わせていない。さらに政府はその赤字をまかなうために借金を重ねることもできない。というのも潜在的な貸し手は、政府の弱体化が続いて債務の返済が滞ることをおそれて、貸し付けを増やそうとはしないからだ。

こうした状況では政府は財政赤字をまかなうための紙幣の印刷に手を染めてしまう。けれども債務を返済するために紙幣を印刷すると、市中の貨幣量が増加することになる。そしてちょうどいま確認したように、貨幣供給量の増加はそれに匹敵する物価水準の上昇に転換される。財政赤字をまかなうための貨幣の増発はこうしてインフレを引きおこすのだ。

新しく発行された貨幣を元手にした財・サービスの政府購入を最終的に負担するのは誰だろう？ 貨幣による支払いを行おうとしているすべての人々だ。なぜかって？ インフレは、人々が保有している貨幣の購買力を損なうからだ。言い方を変えてみよう。財政赤字をまかなうために貨幣を増発しインフレを生み出すことで、政府は、国民が保有している貨幣の価値を減少させる**インフレ税**を課すことになるのだ。

> **インフレ税**とは、インフレによって国民が保有する貨幣価値が減少することだ。

この税が何を意味しているかを考えることは有益だ。仮にインフレ率を5％とすれば、1年後の1ドルで購入できる財・サービスの価値は今日の0.95ドルにしかならない。これは国民が保有するすべての貨幣の価値に5％の税を課したことと同等の意味をもつ。よってある期間のインフレ税の大きさは、その期間のインフレ率に貨幣供給量をかけたものだ。

だが、なぜ政府は数百、数千％もの率のインフレ税を強いてしまうのだろうか。次にハイパーインフレーションが起きる論理を考えてみよう。

1.3　ハイパーインフレーションの論理

インフレは貨幣を保有する個人に税を課す。そしてあらゆる税と同じように、インフレ税も人々の行動を変えることになる。とくにインフレ率が高いとき、人々は貨幣を手元に置くことを避けるようになり、貨幣のかわりに実物の財や利子を生む資産をもつようになる。この章の「オープニング・ストーリー」で、ドイツのハイパーインフレの時代に人々は卵や石炭を交換媒体として利用しはじめたことを描いた。なぜ人々はそんなことを始めたのだろうか？ 石炭は時間が経過しても実質価値を失わないが、貨幣は価値を失ってしまうからだ。実際、ドイツのハイパーインフレのピークでは、木材よりも価値が低いという理由で紙幣が燃やされることがよくあった。さら

に人々は名目貨幣の保有額を減らすことに飽き足らず、実質貨幣の保有額をも減少させた。つまり、インフレ率が低いときよりも保有する貨幣の量を大きく減らすことで購買力を低下させたのだ。そうするため人々は利用しつづけることができる財や、金のようにそれ自身が価値をもつ資産を購入した。なぜかって？ 実質貨幣の保有額が大きければ大きいほど、インフレ税を通じて政府に奪われる資源の実質量が大きくなるからだ。

これで、国家がどのように極端なインフレに陥りうるのかを理解する用意ができた。高率のインフレは、政府が巨額の財政赤字をカバーするために大量の紙幣を刷って巨額のインフレ税を集めなければならないときに生じる。

さて、たとえば1ヵ月のような短期間に政府が集めるシニョレッジは、その期間の貨幣供給量の変化と等しい。Mを貨幣供給量とし、Δという記号で「1ヵ月の変化」を表現することにしよう。すると、

$$\text{シニョレッジ} = \Delta M \tag{16-1}$$

となる。

けれどもシニョレッジの貨幣価値自体からわかることはあまりない。結局のところ、インフレの本質は一定量の貨幣で購入できるものが、時間が過ぎるにつれてどんどん減少することにある。だから次の式で表される実質シニョレッジ、つまり貨幣を印刷することで得た収入を物価水準Pで割った値のほうが有用だ。

$$\text{実質シニョレッジ} = \Delta M/P \tag{16-2}$$

式（16-2）は現在の貨幣供給量のレベルMを掛け合わせ、そして割ることで次のように書き直すことができる。

$$\text{実質シニョレッジ} = (\Delta M/M) \times (M/P) \tag{16-3}$$

つまり、

$$\text{実質シニョレッジ} = \text{貨幣供給量の成長率} \times \text{実質貨幣供給量}$$

が成立する。

だがたったいま説明したように、高率のインフレに直面した国民は実質貨幣保有額を減らす。つまり式（16-3）の右辺のM/Pが小さくなってしまう。ここで政府は一定の財やサービスへの支払いのために必要な貨幣を印刷する必要があるとしよう。つまり、政府は一定の実質額のシニョレッジを集めなければいけない。すると、人々が保有する実質貨幣量を減らし、実質貨幣供給量M/Pが減少するにつれて、政府は貨幣供給量の成長率$\Delta M/M$を加速させることで対応せざるをえなくなる。これはより高率のインフレを引き起こす。そして人々はこの新しいより高率のインフレに対して、実質貨幣保有額M/Pをさらに減少させることで対応する。このプロセスは自己強化的なので、制御不能なスパイラルに簡単に陥ってしまう。政府が債務を完済するため

に最終的に集めなければならない実質インフレ税の額は変化しないが、その額を集めるために政府が経済に課さねばならないインフレ率は上昇するのだ。よって政府はより速く貨幣供給量を増加させることを強いられ、それはより高率のインフレにつながり……というプロセスが続くことになる。

例え話を使うとわかりやすいだろう。ある自治体政府が、タクシー乗車に特別料金を課すことで多額の歳入を獲得しようと企んでいるとしよう。この特別料金はタクシーに乗車する費用を増加させるので、人々は徒歩やバスなどのすぐに利用可能な代替手段を使うようになるだろう。こうしてタクシー利用が減少するにつれて、政府は税収が縮小していることに気づき、以前と同じ額の収入を確保するためにより高い特別料金を課さなければならなくなる。確実に悪循環に陥ることが想像できるだろう。政府がタクシー乗車に特別料金を課すと、それがタクシーの利用数を減らすので、政府は特別料金を引き上げる必要がでてくる。そうするとタクシーの利用数はさらに少なくなり……というプロセスが続くのだ。

ここでタクシー乗車を実質貨幣供給量に置き換え、タクシーの特別料金をインフレ率に置き換えると、これはハイパーインフレの物語となる。政府の印刷機と国民の間で競争が起きるのだ。政府はより速い速度で印刷機をフル回転させて紙幣を印刷する。国民が減らしてしまった実質貨幣の保有額を補うためだ。あるところでインフレ率は爆発してハイパーインフレとなり、人々はもはやいっさい貨幣を保有したいとは思わなくなる（そして、ついには卵や石炭で取引するようになるのだ）。それで政府はインフレ税の利用を断念せざるをえなくなり、印刷機を停止させる。

経済学を使ってみよう☞　ジンバブエのインフレーション

この章の「オープニング・ストーリー」で述べたように、ジンバブエは非常に高いインフレを経験した国の近年の例だ。図16-2からわかるように、ジンバブエの貨幣供給量の急増は、それとほとんど同時期のインフレ率の急騰と一致している。だが変化率だけではどれほど物価が上昇したかについての実感はわからない。

図16-3はジンバブエの2000年1月を100としたときの、2000年1月から2008年7月までの消費者物価指数を示している。図16-2と同じく対数目盛で測っている。たった8年のあいだに消費者物価指数は80兆％も上昇したことがわかる。

なぜジンバブエ政府は制御できないインフレを引き起こすような政策を遂行したのだろうか？　その理由はつまるところ政治

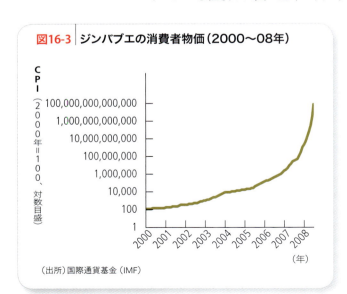

図16-3　ジンバブエの消費者物価（2000〜08年）

（出所）国際通貨基金（IMF）

的不安定性にあり、そのルーツはジンバブエの歴史に求められる。1970年代までジンバブエは少数の白人によって支配されていた。多数決原理に移行したあとも、農場は白人の手のなかにあった。やがてジンバブエ大統領ロバート・ムガベは、これらの農場を没収し彼の支持者たちに引き渡すことで、その地位を盤石なものとしようとした。けれどもこれらの没収は生産を崩壊させ、国の経済と税基盤を損なう結果となってしまった。そしてジンバブエ政府は、増税や支出削減で予算を均衡させることができなくなった。同時に、体制が不安定なために、世界市場で資金を借りることもできなかった。そしてこれまで多くの国々が行ったように、ジンバブエ政府は赤字を埋め合わせるために印刷機を回転した——そして大幅なインフレを引き起こしたのだ。

✅ 理解度チェック　16-1

1. これまでインフレ率が低かった経済で貨幣供給量が膨大に増加したとしよう。結果として総産出量は短期的に増加した。このことは物価水準の古典派モデルが適用される状況について、どんな示唆を与えてくれるだろうか。
2. 経済のすべての賃金と価格に物価スライド制が適用されていたとしよう。つまり賃金と価格が直近のインフレの数値に合うよう自動的に調整されるということだ。それでもインフレ税は存在しうるだろうか。

解答は https://str.toyokeizai.net/books/9784492314906 にある。

2 ゆるやかなインフレーションとディスインフレーション

　アメリカやイギリスのように富裕で政治的にも安定した国の政府は、借金返済のために貨幣の増発（つまり紙幣の印刷）を強いられるようなことはない。だがほかの多くの国々と同じく、両国は過去40年にわたってインフレにまつわる厄介な出来事を経験してきた。アメリカではインフレ率が1980年代はじめに13%というピークを迎え、イギリスでは1975年に26%に達した。なぜ政策当局はこのようなインフレの発生を許したのだろうか？

　答えを簡単にいえば、短期的に景気拡大を生み出す政策は高インフレをもたらす傾向があり、インフレ低下政策は経済を落ち込ませる傾向があるからだ。これが政府にとっての誘惑とジレンマをつくり出すのだ。

　はじめに、自分が1、2年後に選挙を控えた政治家だったとして、当面インフレ率がかなり低いと想定してみよう。たとえ経済顧問に結局は高インフレになるぞと警告されても、あなたは投票者を喜ばせるような方策として失業率を低下させる経済拡張政策を採用したくなるだろう。また、高インフレを心配しなくていいといってくれる別の経済顧問を探したくもなるだろう。政治においては、日常生活と同じく、こうあってほしいという考えのほうが現実的分析に打ち勝ってしまうこともよくあるのだ。

▶ **ちょっと復習**

▶ **物価水準の古典派モデル**は短期と長期を区別しない。このモデルは貨幣供給量の増加がどのように直接的にインフレを引き起こすかを説明する。このモデルは実際には高率のインフレやハイパーインフレが起きている国々の経済だけによくあてはまる。

▶ 政府は財政赤字をまかなうために紙幣を印刷することがある。結果として生じる貨幣価値の喪失は**インフレ税**と呼ばれている。

▶ 高率のインフレのとき人々は実質貨幣の保有額を減らすので、インフレ税を集めるために政府はより多くの貨幣を印刷し、さらにインフレが高まる。このようなプロセスはハイパーインフレーションへの自己強化的なスパイラルに陥りかねない。

逆に、自分がインフレに苦しむ経済に生きる政治家だと考えてみよう。おそらく経済顧問からは、インフレを低下させる唯一の方法は景気を後退させ一時的に高い失業率を甘受することだと助言されるだろう。あなたは進んでそんな犠牲を払おうとするだろうか。たぶん、そうはしないだろう。

この政治的な非対称性——インフレ促進政策は短期的に政治的利益を生むことが多いが、インフレ低下政策は短期的に政治的コストをもたらすこと——は、インフレ税を課す必要のない国々で時に深刻なインフレ問題が起きるのはなぜかを説明してくれる。たとえば、あの26％というイギリスのインフレ率は、イギリス政府が1971年に決定した非常に拡張的な金融財政政策の結果だった面が大きい。政治家たちはこうした政策をとればインフレが起きるだろうという警告を無視し、その警告が正しかったとはっきりしても道を引き返すことを極端にいやがったのだ。

だが、なぜ拡張的政策はインフレをもたらすのか。この問いに答えるためには、まず産出量と失業の間の関係をみる必要がある。

2.1　産出量ギャップと失業率

第12章で潜在産出量という概念を導入したね。これは、すべての市場価格が完全に調整された後に経済が生産する実質 GDP 水準のことだった。潜在産出量は典型的には、長期の成長を反映して時間の経過とともに着実に成長する。だが $AD\text{-}AS$ モデルで学んだように、実際の総産出量は短期的には潜在産出量の周りを変動する。つまり実際の総産出量が潜在産出量を下回るときには不況ギャップが生じ、実際の総産出量が潜在産出量を上回るときにはインフレギャップが生じる。第12章を思い出すと、総産出量（実質 GDP）の実際の水準と潜在産出量とのちがいを比率で表したものを産出量ギャップと呼ぶのだった。正または負の産出量ギャップが生じるのは、まだすべての価格が調整され尽くしていないために、経済が「期待された」以上のまたは以下の生産を行うときだ。そしてすでに学んだとおり、賃金は労働市場で決まる価格だった。

他方、第8章で学んだように、失業率は循環的失業と景気循環に影響されない自然失業から構成されている。したがって、失業率と産出量ギャップには関係がある。この関係は2つのルールによって規定される。

1. 実際の総産出量が潜在産出量に等しいとき、実際の失業率は自然失業率に等しい。
2. 産出量ギャップが正（インフレギャップ）のとき、失業率は自然失業率より低い。
   産出量ギャップが負（不況ギャップ）のとき、失業率は自然失業率より高い。

言い換えれば、潜在産出量の長期トレンドの周りでの総産出量の変動は、自然失業率の周りでの失業率の変動に対応している。

これは理に適っている。実際の産出量が潜在産出量より少ないとき、つまり産出量ギャップが負のときには、経済では生産的な資源が完全には利用されていない。完全に利用されていない資源のなかには、経済でもっとも重要な資源である労働がある。

図16-4 循環的失業と産出量ギャップ

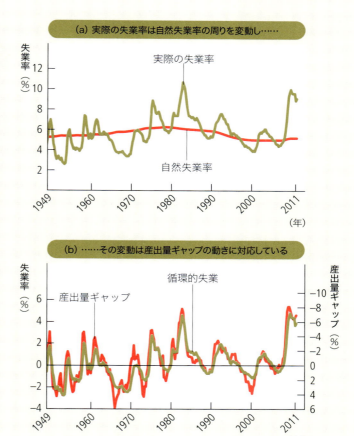

パネル（a）は1949年から2011年半ばまでのアメリカの実際の失業率を、連邦議会予算事務局（CBO）による自然失業率の推定値とともに示したものだ。実際の失業率はしばしば長期にわたって自然失業率の周りを変動する。パネル（b）は実際の失業率と自然失業率との差である循環的失業率と、CBOによる産出量ギャップの推定値を示している。失業率は左のタテ軸で、産出量ギャップは右のタテ軸で目盛の正負を逆にして測っているので、産出量ギャップは失業率と同じ向きで動いている。つまり産出量ギャップが正のとき実際の失業率は自然失業率より低く、産出量ギャップが負のとき実際の失業率は自然失業率よりも高い。2つの系列は互いに密接な関係をもって動いており、産出量ギャップと循環的失業率の間に強い関係があることを示している。

（出所）アメリカ連邦議会予算事務局、アメリカ労働統計局、アメリカ経済分析局

そのため、産出量ギャップが負のときには失業率は通常よりも高いと予想される。逆に、実際の産出量が潜在産出量より多いときには、経済では一時的に通常よりも高い率で資源が使われている。この正の産出量ギャップのもとでは、失業率は通常よりも低くなると予想される。

この法則は、図16-4で確認できる。パネル（a）は連邦議会予算事務局（CBO）の推計による実際の失業率と自然失業率を示している。パネル（b）は2つの数値を示している。1つは循環的失業率だ。これは実際の失業率とCBOが推定した自然失業率との差のことで、左の目盛で測られている。もう1つはCBOが推定した産出量ギャップで、右の目盛で測られている。両者の関係をよりはっきりさせるために、産出量ギャップの目盛は上下を「逆さま」にしてある。そのため実際の産出量が潜在産出量を上回るときグラフは下降し、下回るときグラフは上昇する。ご覧のとおり、この2つの数字はよく似た動きをしており、産出量ギャップと循環的失業の間に強い関係があることを示している。1982年、1992年や2009年のように循環的失業率が高い年には、負の産出量ギャップが大きくなっている。1960年代後半や2000年のように循環的失業率が低い年には、正の産出量ギャップが大きくなっている。

ちょっと寄り道

オークンの法則

循環的失業と産出量ギャップは一緒に動くのだが、循環的失業は産出量ギャップより変動が小さいようだ。たとえば、1982年に産出量ギャップは－8％に達したが、循環的失業率は4％にすぎなかった。この観察事実は、ジョン・F・ケネディ大統領の経済顧問だったアーサー・オークンがはじめて発見した重要な関係の基礎となるものである。

オークンの法則——産出量ギャップと失業率の間の負の関係——の現代の推計ではたいてい、産出量ギャップが1％上昇すると失業率は約1/2％低下するという結果が得られている。

たとえば、いま自然失業率が5.2％で経済が潜在産出量の98％を生産していると仮定する。その場合、産出量ギャップは－2％で、オークンの法則による予測では失業率は5.2％－1/2×（－2％）＝6.2％だ。

産出量が1％増加するとき失業率が1％の1/2しか低下しないのは不思議だと思うかもしれない。読者は産出量ギャップと失業率の間に1対1の関係を見出して、この係数は1ではないかと予想していたかもしれないね。総産出量を1％上昇させるには雇用を1％増やす必要があるのではないか？　あるいは失業率を1％低下させなくてはいけないのではないかって？

答えはノーだ。産出量ギャップの変化と失業率の変化との関係が1対1ではないことには、よく知られた理由がいくつかある。第1には、企業が需要の変化に対応するために既存の従業員の労働時間を変えることがしばしばあるからだ。たとえば、突然自社製品の需要が増加すると、企業は労働者数を増やすよりはむしろ既存の労働者に残業を依頼（または要求）することで対応するかもしれない。逆に、売り上げが減少した企業は従業員を解雇するかわりに労働時間を短縮することがよくある。こうした行動は産出量の変動が雇用量に与える効果を弱める。

第2には、職を探す労働者の数は就ける可能性のある職の数から影響を受けるからだ。たとえば職の数が100万減ったとする。すると失業中の労働者のなかにはやる気を失って積極的に仕事を探すのをあきらめる人たちも出てくるので、失業者数の実際の増加が100万人より少なくなることがある（第8章で、積極的に仕事を探していない労働者は失業しているとはみなされないとしたことを思い出してほしい）。逆に、職が100万増えたとすると、いままで積極的に職を探していなかった人たちも探しはじめるだろう。その結果、失業者数の実際の減少は100万人未満になるだろう。

最後に、労働生産性の成長率は一般に好況時には加速し、不況時には減速するかマイナスになることすらある。こうした現象が起きる理由は経済学者の間で論争の対象となっている。だがその帰結は、好況や不況が失業率に与える効果が弱められるというものだ。

> **オークンの法則**とは、産出量ギャップと循環的失業の間の負の関係のことだ。

2.2　短期フィリップス曲線

ここまで拡張的政策が失業率を低下させることをみた。政府に突き付けられる誘惑とジレンマを理解するための次のステップとして、失業とインフレの間に短期的にはトレードオフ関係があること、つまり低失業は高インフレにつながりやすくその逆もいえることを示そう。そのカギとなるのは、フィリップス曲線という概念だ。

この概念の起源は、ニュージーランド生まれの経済学者A・W・H・フィリップスが1958年に発表した有名な論文にある。イギリスの歴史データを観察して、彼は失業率が高いときには賃金率は下がり、失業率が低いときには賃金率は上がる傾向があることを発見した。まもなくほかの経済学者たちも、イギリス、アメリカその他の国のデータを用いて、失業率とインフレ率の間に類似した関係が観察されることを見出

図16-5 失業とインフレ（1955〜68年）

各点はアメリカの1年ごとの平均失業率とその直後の年の消費者物価指数の上昇率を示している。こうしたデータが当初のフィリップス曲線の概念の基礎にあったものだ。

（出所）アメリカ労働統計局

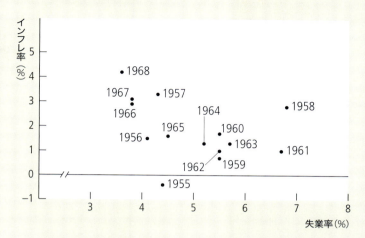

図16-6 短期フィリップス曲線

失業率とインフレの関係は負なので、短期フィリップス曲線 $SRPC$ は右下がりだ。

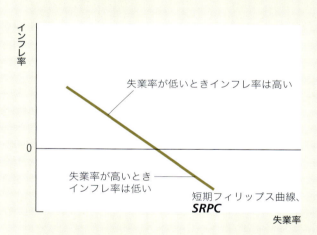

した。インフレ率とは、物価水準の変化率のことだ。たとえば図16-5は、1955年から1968年までのアメリカの失業率と消費者物価上昇率の関係を、1年ごとのデータで示したものだ。

図16-5のような証拠をみて、多くの経済学者は、失業率とインフレ率の間には短期的に負の関係があると結論づけた。その関係は**短期フィリップス曲線**（$SRPC$）と呼ばれている（短期と長期のフィリップス曲線のちがいは少し後で説明する）。図16-6は仮想的な短期フィリップス曲線を示したものだ。

アメリカの短期フィリップス曲線の初期の推定は非常に単純なものだった。失業率とインフレ率の負の関係を示しただけで、ほかの変数は何も考慮に入れていなかったのだ。1950年代と60年代にはこの単純な方法で当面は十分だと思われていた。そしてこの単純な関係は図16-5のデータでみれば明らかだ。

▶ **短期フィリップス曲線**とは失業率とインフレ率の間にある短期的な負の関係のことだ。

> **ちょっと寄り道**
>
> ## 総供給曲線と短期フィリップス曲線
>
> これまでの章では AD-AS モデルを頻繁に利用してきた。その際、実質 GDP と物価水準の関係を示す短期総供給曲線が中心的な役割を果たしていた。そしていま、失業率とインフレ率の関係を示す短期フィリップス曲線の概念を導入した。これら2つの概念にはどんな関係があるのだろう？
>
> この問題の答えの一部は、図16-7のパネル（a）から得られる。これは物価水準と産出量ギャップが総需要の変化を受けてどう変わるかを表したものだ。1年目の総需要曲線を AD_1、長期総供給曲線を $LRAS$、短期総供給曲線を $SRAS$ とする。マクロ経済の当初の均衡は E_1 で、このとき物価水準は100、実質 GDP は10兆ドルだ。E_1 では実質 GDP は潜在産出量に等しく、その結果産出量ギャップがゼロであることに注意しよう。
>
> では、翌年にかけてこの経済がたどりうる2つの経路を考えよう。1つは総需要が変化せず経済が E_1 にとどまるというものだ。もう1つは、総需要曲線が AD_2 へと右にシフトし、経済が E_2 に移動するというものだ。
>
> E_2 では実質 GDP は10兆4000億ドルで潜在産出量よりも4000億ドル多く、産出量ギャップは4%だ。一方、E_2 では物価水準は102で2%上昇している。つまり、パネル（a）のこの例ではゼロの産出量ギャップはゼロ・インフレに、4%の産出量ギャップは2%のインフレに対応している。
>
> パネル（b）は、これを失業とインフレの関係でいうとどうなるかを表している。自然失業率は6%、直前の「ちょっと寄り道」で説明したオークンの法則により、産出量ギャップが1%上昇すると失業率が1/2%低下すると仮定する。パネル（a）に示された総需要が変わらないケースと増えるケースの2つは、パネル（b）内の2点に対応している。E_1 では失業率は6%、インフレ率は0%だ。E_2 では失業率は4%で、4%の産出量ギャップが失業率を自然失業率の6%より4%×0.5＝2%低下させるのでインフレ率は2%だ。そこで失業率とインフレの間には負の関係があることになる。
>
> では短期総供給曲線は短期フィリップス曲線とまったく同じことをいっているのだろうか。いや、まったく同じということはない。短期総供給曲線は失業率の変化とインフレ率の関係を表すのだが、短期フィリップス曲線は失業率の水準とインフレ率の関係を表すものだ。これらの見方を完全に調和させることは本書の範囲を超えている。重要な点は、短期フィリップス曲線は短期総供給曲線と同一ではないが密接に関連した概念だということだ。

だが当時ですら、より正確な短期フィリップス曲線はほかの要因も含んでいるはずだと主張する経済学者もいた。第12章で、石油価格の突然の変化のような**供給ショック**の効果を議論したが、これは短期総供給曲線をシフトさせる。こうしたショックは短期フィリップス曲線もシフトさせる。石油価格の急騰は1970年代のインフレの重要な要因だったが、それは2007～08年にインフレを加速させるうえでも重要な役割を果たした。一般的には、負の供給ショックは任意の失業率水準においてインフレ率を上昇させるので $SRPC$ を上にシフトさせる。正の供給ショックは任意の失業率水準においてインフレ率を低下させるので $SRPC$ を下にシフトさせる。両者の結果は図16-8に示されている。

だが供給ショックがインフレ率を変化させうる唯一の要因というわけではない。1960年代初頭、アメリカ人にはほとんどインフレの経験がなかった。低いインフレ率が何十年にもわたって続いていたからだ。だが1960年代後半までに、インフレ率は何年間も着実に上昇したので、アメリカ人も将来のインフレを予想するようになっ

図16-7 | AD-ASモデルと短期フィリップス曲線

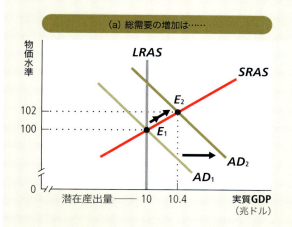
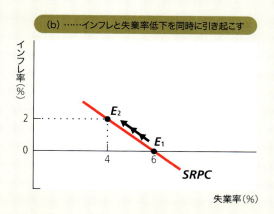

短期フィリップス曲線は短期総供給曲線と密接に関係している。パネル（a）で、経済は当初E_1という均衡にあり、物価水準は100、総産出量は仮定した潜在産出量に等しい10兆ドルだ。ここで2つの可能性を考える。もし総需要曲線がAD_1のままだったら、産出量ギャップはゼロでインフレは0%だ。もし総需要曲線がAD_2へと右にシフトしたら、産出量ギャップは4%だから失業率は4%まで下がり、インフレは2%になる。自然失業率が6%だと仮定すると、パネル（b）に示されるように、失業率とインフレについて次のような含意が導かれる。すなわち、もし需要が増加しなければ結果として6%の失業率と0%のインフレが生じる。もし総需要が実際に増加すれば4%の失業率と2%のインフレが生じる。

図16-8 | 短期フィリップス曲線と供給ショック

負の供給ショックは$SRPC$を上にシフトさせ、正の供給ショックは$SRPC$を下にシフトさせる。

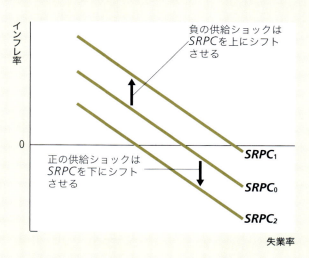

た。1968年、シカゴ大学のミルトン・フリードマンとコロンビア大学のエドモンド・フェルプスという2人の経済学者がそれぞれ独立に、将来のインフレについての予想が現在のインフレ率に直接影響するという非常に重要な仮説を発表した。今日ではほとんどの経済学者が、雇い主と労働者が予想する近い将来のインフレ率、すなわち予想インフレ率（期待インフレ率）が、失業率以外でインフレに影響を与えるもっと

も重要な要因だということに同意している。

2.3　インフレ予想と短期フィリップス曲線

　予想インフレ率（期待インフレ率）とは雇い主と労働者が予想する近い将来のインフレ率のことだ。現代マクロ経済学における決定的な発見の1つは、予想インフレ率の変化が失業とインフレの短期的なトレードオフ関係に影響を与え、短期フィリップス曲線をシフトさせるということだ。

　なぜインフレ予想の変化が短期フィリップス曲線に影響するのだろう？　来年の賃金を決める契約にサインしようとしている労働者か雇い主の身になってみてほしい。合意される賃金率は、多くの理由から、高いインフレ（賃金の上昇を含む）が予想される場合のほうが、価格が安定的だと予想される場合より高くなるだろう。労働者は所得の購買力が将来低下することを織り込んだ賃金率を望むだろうし、また自分の賃金率がほかの労働者たちよりも低くならないことを望むからだ。そして雇い主も、後になって労働者を雇うとより高くつきそうなときには、いまのうちに賃金の引き上げに同意する傾向が強くなる。さらに、価格上昇のおかげで売り上げが増えるので、雇い主が賃金率を引き上げる余裕は大きくなるだろう。

　これらの理由から、インフレ予想の高まりは短期フィリップス曲線を上にシフトさせる。どんな失業率のもとでも（失業率の水準にかかわらず）、予想インフレ率が高いときには実際のインフレ率も高くなる。事実、マクロ経済学者はインフレ予想の変化と実際のインフレ率の変化は1対1で対応していると考えている。つまりどんな失業率のもとでも、予想インフレ率が上昇すると実際のインフレ率はそれと同じ大きさだけ上昇し、予想インフレ率が低下すると実際のインフレ率はそれと同じ大きさだけ低下すると考えている。

　図16-9は予想インフレ率が短期フィリップス曲線にどのように影響を与えるかを

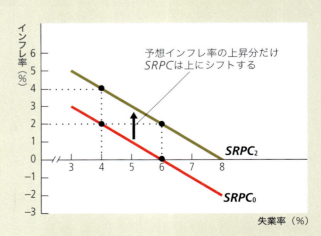

図16-9　インフレ予想と短期フィリップス曲線

予想インフレ率の上昇は短期フィリップス曲線を上にシフトさせる。$SRPC_0$は予想インフレ率が0％のときの当初の短期フィリップス曲線、$SRPC_2$は予想インフレ率が2％のときの短期フィリップス曲線だ。どんな失業率のもとでも、予想インフレ率が1％高まるごとに実際のインフレ率は1％ずつ上昇する。

示している。はじめに、予想インフレ率が0％だと仮定しよう。$SRPC_0$は、国民がインフレ率は0％だと予想するときの短期フィリップス曲線だ。$SRPC_0$によると、失業率が6％なら実際のインフレ率は0％だ。また失業率が4％なら実際のインフレ率は2％となる。

そうではない場合として、予想インフレ率が2％だと想定しよう。このケースでは雇い主や労働者はこの予想を賃金や価格に織り込む。つまりどんな失業率のもとでも、実際のインフレ率は人々が0％のインフレを予想する場合より2％だけ高くなる。予想インフレ率が2％のときの短期フィリップス曲線$SRPC_2$は、$SRPC_0$をどんな失業率のもとでも2％分だけ上に移動させたものだ。$SRPC_2$によると、もし失業率が6％なら実際のインフレ率は2％、失業率が4％なら実際のインフレ率は4％となる。

では予想インフレ率はどのように決まるのだろうか？　一般に、インフレ予想は人々のインフレ体験に基づいて形成される。ここ数年のインフレ率が0％近辺をさまよっているなら、人々は近い将来のインフレ率は約0％だと予想するだろう。だが最近のインフレ率が平均で5％前後だとしたら、人々は近い将来のインフレ率を約5％と予想するだろう。

インフレ予想は現代の短期フィリップス曲線の議論の重要部分となっているが、なぜそれが最初からフィリップス曲線の定式化に入っていなかったのか不思議に思われるかもしれない。その答えは歴史のなかにある。1960年代初頭の話を思い出してほしい。その時期人々は低いインフレ率に慣れていたから、将来のインフレ率もまた低いだろうと予想するのが理に適っていたのだ。持続的なインフレが現実のものとなったのは、1965年以降だったのだ。その時期になってはじめて、インフレ予想が価格設定にとって重要な役割を果たすことがはっきりしたというわけだ。

経済学を使ってみよう☞　恐怖の70年代から素敵な90年代へ

図16-5が示すように、1950年代と1960年代の経験に照らすと、失業率とインフレの間には短期的なトレードオフ関係があり、アメリカ経済には短期フィリップス曲線が存在しているという確信が支持される。

だが1969年以降のデータでは、その関係は崩れたように見える。図16-10は1961年から1990年までのアメリカの失業率とインフレ率を示している。みてわかるとおり、その軌跡はなめらかな曲線というよりはむしろ、もつれた糸のようにみえる。

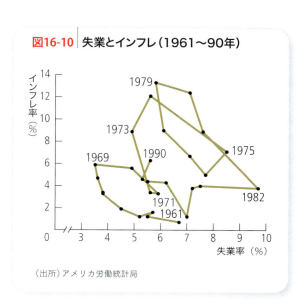

図16-10　失業とインフレ（1961〜90年）

（出所）アメリカ労働統計局

1970年代の大部分と1980年代はじめまでの間、アメリカ経済は平均を上回る失業率に加えて、近代アメリカ史上空前のインフレ率にも苦しめられた。高インフレと景気停滞の共存というこの現象は、スタグフレーションとして知られるようになった。これに対して1990年代後半には、アメリカ経済は低い失業率と低いインフレ率の組合せという幸福な経験をした。この変化はどう説明すればいいのだろう？

　答えの一部は、1970年代にアメリカ経済が見舞われた一連の負の供給ショックにある。中東での戦争と革命で石油供給が減少したり、石油輸出国が価格引き上げをもくろんで意図的に生産を抑制したりしたことで、とりわけ石油価格が急騰した。石油価格のショックに加えて、労働生産性成長の鈍化もあった。これら2つの要因は短期フィリップス曲線を上にシフトさせた。それとは対照的に、1990年代の供給ショックは正のショックだった。石油その他の原材料の価格が全般的に下がり、生産性成長が加速したのだ。その結果、短期フィリップス曲線は下にシフトした。

　だが同じくらい重要なのはインフレ予想の役割だった。先に触れたとおり、1960年代にはインフレが加速した。1970年代になると人々が高いインフレを予想するようになり、これが短期フィリップス曲線を上にシフトさせた。1980年代にはインフレを終息させるために多大な努力を払いつづけなければならなかった。だがその結果1990年代後半までにインフレ予想は非常に低くなり、低い失業率のもとでも実際のインフレ率を低くできるようになったのだ。

ちょっと復習

▶**オークンの法則**は産出量ギャップと循環的失業との関係を説明している。
▶**短期フィリップス曲線**は失業率とインフレ率との間の負の関係を表す。
▶**負の供給ショック**は短期フィリップス曲線を上にシフトさせるが、正の供給ショックはそれを下にシフトさせる。
▶**予想インフレ率**の上昇は短期フィリップス曲線を上に押し上げる。予想インフレ率が1%高まるごとに、どんな失業率のもとでも、実際のインフレ率は1%高くなる。
▶1970年代には、一連の負の供給ショックと労働生産性成長の鈍化によりスタグフレーションと短期フィリップス曲線の上へのシフトが生じた。

✓ 理解度チェック　16-2

1. 短期フィリップス曲線が予想インフレ率を所与として循環的失業と実際のインフレ率の間の負の関係を示すと考えられるのはなぜか、説明しなさい。
2. 財の価格の低下によって短期フィリップス曲線はどちらの方向に動くか。財の価格の上昇によってはどうか。説明しなさい。

解答はhttps://str.toyokeizai.net/books/9784492314906にある。

3 長期のインフレーションと失業

　短期フィリップス曲線によれば、任意の時点において失業とインフレの間にはトレードオフ関係がある。この見方に立てば、政策立案者は、低い失業を達成するために高いインフレという対価を受け入れる選択をするのかもしれない。事実、1960年代には、このトレードオフ関係が現実的選択を表すものだと多くの経済学者たちは信じていた。

　だが、こうした見方は、予想インフレ率が短期フィリップス曲線に影響を及ぼすことが後に認識されたことにより、大きく変更された。短期的には、予想はしばしば現実から乖離する。だが長期的には、一貫して変わらないインフレ率は必ず予想のなか

図16-11 | NAIRUと長期フィリップス曲線

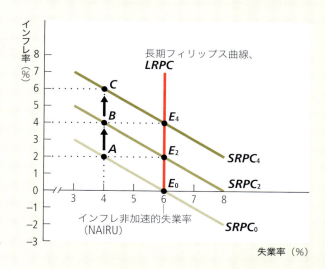

$SRPC_0$は予想インフレ率が0％のときの短期フィリップス曲線だ。失業率が4％のとき、経済は実際のインフレ率が2％の点Aにある。この高いインフレ率が予想に織り込まれると$SRPC$は上にシフトして$SRPC_2$となる。もし政策立案者が失業率を4％に維持する行動をとれば経済は点Bに移り、実際のインフレ率は4％に上昇する。インフレ予想は再び改訂され、$SRPC$はシフトして$SRPC_4$となる。失業率が4％のとき経済は点Cに移り、実際のインフレ率は6％に上昇する。ここでは6％という失業率がインフレ非加速的失業率（NAIRU）だ。失業率がNAIRUにあるかぎり実際のインフレ率は予想と合致しており、一定のままだ。失業率が6％未満のときは常に加速的なインフレが必要となる。長期フィリップス曲線$LRPC$はE_0, E_2, E_4を通っていて垂直だ。すなわち、失業率とインフレの間のトレードオフは長期的には存在しない。

に織り込まれる。1970年代にそうだったように、インフレ率が一貫して高ければ、人々は同じことが今後も起きるだろうと予想するようになる。近年そうであるように、インフレ率が一貫して低ければ、それも予想に織り込まれる。

そうすると、現実のインフレが予想のなかに織り込まれた長期においては、インフレと失業のトレードオフ関係はどんなものになるのだろうか。ほとんどのマクロ経済学者は、長期のトレードオフ関係はじつのところ存在しないと信じている。すなわち、高インフレを受け入れることによって低い失業を達成することは長期的には不可能なのだ。それがなぜかを理解するためには、長期フィリップス曲線という別の概念を導入する必要がある。

3.1 長期フィリップス曲線

図16-11は、図16-9の2本の短期フィリップス曲線$SRPC_0$と$SRPC_2$を再現したものだ。さらに4％の予想インフレ率を表す短期フィリップス曲線$SRPC_4$を加えてある。早速、垂直な長期フィリップス曲線$LRPC$のもつ意義を説明しよう。

この経済の過去のインフレ率が0％だったとしよう。その場合には、現在の短期フィリップス曲線は0％の予想インフレ率を反映して$SRPC_0$になる。もし失業率が6％なら実際のインフレ率は0％だ。

さらに、政策立案者が高いインフレ率と引き換えに低い失業率を達成しようと決意したとしよう。政策担当者は失業率を4％に低下させるために、金融政策、財政政

策あるいはその両方を駆使する。それによってこの経済は $SRPC_0$ 上の点 A に移り、実際のインフレ率は 2％になる。

時間が経つにつれて、国民は 2％のインフレ率を予想するようになるだろう。この予想インフレ率の上昇は短期フィリップス曲線を $SRPC_2$ へと上にシフトさせる。すると、失業率が 6％のとき実際のインフレ率は 2％になるだろう。この新しい短期フィリップス曲線を前提にして失業率を 4％に維持する政策を採れば、実際のインフレ率は点 A の 2％ではなく $SRPC_2$ 上の点 B の 4％になる。

この 4％という実際のインフレ率も最終的には将来のインフレ率に関する予想に織り込まれ、短期フィリップス曲線は再び上にシフトして $SRPC_4$ となる。失業率を 4％に維持するためには、実際のインフレ率が $SRPC_4$ 上の点 C の 6％になることを受け入れる必要がある。要するに、高いインフレと引き換えに低い失業率を達成しようとしつづけると、時間の経過とともにインフレが加速するのだ。

時間の経過とともにインフレが加速するのを避けるには、実際のインフレ率と予想インフレ率が一致するのに十分なほど失業率が高くなる必要がある。これは $SRPC_0$ 上の点 E_0 の状況だ。つまり予想インフレ率が 0％で失業率が 6％のとき、実際のインフレ率は 0％だ。それはまた $SRPC_2$ 上の点 E_2 の状況でもある。予想インフレ率が 2％で失業率が 6％のとき実際のインフレ率は 2％だ。さらにそれは $SRPC_4$ 上の点 E_4 の状況でもある。予想インフレ率が 4％で失業率が 6％のとき実際のインフレ率は 4％だ。第18章で学ぶように、このインフレ加速と失業率との関係は自然失業率仮説として知られている。

時間が経過してもインフレ率が変化しない失業率、たとえば図16-11での 6％の失業率は、**インフレ非加速的失業率**、略して **NAIRU** として知られている。NAIRU 未満の失業率を維持すると常にインフレが加速するので、それを維持することはできない。ほとんどの経済学者は NAIRU はたしかに存在しており、長期においては失業率とインフレの間にトレードオフは存在しないと考えている。

さて、これで垂直線 $LRPC$ の意義を説明することができる。垂直線 $LRPC$ は**長期フィリップス曲線**で、これは十分な時間が経過してインフレ予想が経験的事実に合致するようになった後に成立する失業率とインフレ率の関係を示すものだ。これが垂直になるのは、NAIRU 未満の失業率では常にインフレが加速するからだ。言い換えれば、長期フィリップス曲線は、NAIRU 未満の失業率が長期的には維持できないことから拡張的政策に限界があるということを示している。さらに、これに対応したことでまだ強調していなかった点がある。それは、NAIRU を超える失業率では常にインフレは減速するということだ。

3.2　自然失業率再考

自然失業率の概念を思い出そう。それは景気循環の影響を受けない失業率だった。いまここで NAIRU の概念を導入したが、これら 2 つの概念の関係はどうなっているのだろうか。

> **インフレ非加速的失業率（NAIRU）** は、時間が経過してもインフレ率が変化しない失業率のことだ。

> **長期フィリップス曲線**は、十分な時間が経過してインフレ予想が経験に合致するようになった後で成り立つ失業率とインフレ率との関係を表したものだ。

その答えは、NAIRUは自然失業率の別名だというものだ。インフレの加速を避けるために経済が「必要とする」失業率の水準は、自然失業率に等しいのだ。

実際、経済学者は、景気循環の過程でのインフレ率と失業率の動きからNAIRUの数値を求めることで自然失業率を推定している。たとえばヨーロッパのインフレは、1980年代後半と1990年代後半に、その失業率が9％から下がりはじめて8％に近づいたときに加速を始めた。ヨーロッパ主要国はこの不愉快な経験を通じて、自然失業率が残念ながら9％以上だということを学んだのだ。

図16-4で連邦議会予算事務局（CBO）によるアメリカの自然失業率の推定値を引用したね。CBOには、実際の失業率と自然失業率のギャップに基づいてインフレ率の変化を予測するモデルがある。失業とインフレ率の実際のデータが与えられると、このモデルに基づいて自然失業率の推定値が導かれる。これがCBOの数字の根拠だったのだ。2012年4月時点で、アメリカの自然失業率についてのCBOの推定値は5.5％だった。

3.3　ディスインフレーションのコスト

政策立案者は、インフレは起こすより低下させるほうがはるかにむずかしいことを経験的に知っている。その理由は、いったん人々がインフレの持続を予想するようになってしまうと、インフレ率の引き下げには痛みがともなうからだ。

自然失業率を下回る水準に失業率を維持しつづけようとすると、インフレが加速し、それが予想に織り込まれていく。インフレ予想を低下させるには、政策立案者はそのプロセスを逆転させ長期にわたって自然失業率を上回る失業率を維持するような緊縮的政策を実行する必要がある。予想のなかに組み込まれたインフレを取り除くプロセスは**ディスインフレーション**（ディスインフレ）として知られている。

ディスインフレはとても高くつく可能性がある。次の「経済学を使ってみよう」で述べるように、1980年代はじめにアメリカは高インフレから抜け出したが、それには年間の実質GDPの18％、現在の価値でおよそ2.6兆ドルに匹敵する費用を要した。このような費用負担を正当化できるのは、そうすることで恒久的な利益が得られるからだ。経済はディスインフレによる短期的な生産の損失を取り戻すことはできないが、持続的な高インフレがもたらす費用に苦しむことはもはやなくなる。実際、1970年代にインフレを経験したアメリカやイギリスなどの富裕な国々は、インフレを抑えることの痛み、つまり実質GDPの短期的な大幅減少は耐えるに値するものだと最終的に判断したのだった。

経済学者のなかには、政策立案者がインフレ退治を明言することでディスインフレの費用を減らせると主張する人たちもいる。その主張によれば、はっきりと宣言された信憑性のあるディスインフレ政策は将来の予想インフレ率を引き下げ、短期フィリップス曲線を下にシフトさせる。彼らは、1970年代にインフレと戦うとしたFRBの明確な意思決定には十分な信頼性があり、巨額だったディスインフレの費用を、その決定がなかった場合よりも低めたと信じている。

> **ディスインフレーション**は予想に組み込まれたインフレを取り除くプロセスのことだ。

世界のディスインフレーション

GLOBAL COMPARISON グローバルに比較してみよう

1980年代の大きなディスインフレーションは合衆国に固有なものではなかった。ほかの多くの先進諸国も、1970年代には高インフレに見舞われ、1980年代に深刻な景気後退という犠牲を払ってインフレを低下させる経験をした。この図は、1970年から2010年までのイギリス、イタリア、アメリカの年間インフレ率を示している。これら3カ国はすべて1973年と1979年の2回の石油ショック後に高インフレ率を経験したが、アメリカのインフレ率は3カ国で最低だった。その後これら3カ国はインフレを低下させるために深刻な景気後退を乗り切った。1980年代以降、すべての富裕国において、インフレは低位で安定しつづけている。

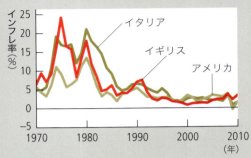

(出所) 経済協力開発機構 (OECD)

経済学を使ってみよう ☞ 1980年代の大きなディスインフレーション

この章でこれまで何度も述べてきたように、アメリカは高いインフレ率とともに1970年代を終えた。その水準は1980年に、少なくとも平時としては歴史的といえる13％にまで上昇した。このインフレは部分的には石油ショックという一度きりの出来事の結果だ。けれども1年当たり10％かそれ以上という将来のインフレ予想が経済のなかに強固に組み込まれていたことは明らかだ。

だが、1980年代半ばまでには、インフレは年率4％程度で推移するようになった。図16-12のパネル（a）はコアインフレ率とも呼ばれる、「中核的な」消費者物価指数（CPI）の年変化率を示している。変動の大きなエネルギー価格や食料品価格を排除したこの指標は、インフレの基調的なトレンドを示す指標としては、全体の物価水準を示すCPIよりも優れたものだと広く認識されている。この指標によれば、インフレは1970年代終わりの約12％から1980年代半ばの約4％まで落ち込んだ。

このディスインフレはどうやって実現されたのだろうか？　巨額の費用をかけてだ。1979年の終わりにFRBが強力な緊縮的金融政策をとりはじめ、経済は大恐慌以来最悪の不況に落ち込んだ。パネル（b）は議会予算事務局（CBO）による1979年から1989年までのアメリカの産出量ギャップの推定値を示したものだ。1982年には実際の産出量は潜在産出量を7％下回っており、それに対応して失業率は9％を超えていた。総産出量は1987年まで潜在産出量に回復しなかった。

フィリップス曲線の分析からわかるように、1980年代にあったような一時的な失業率の上昇は、インフレ予想のサイクルを壊すために必要なものだ。いったんインフレ予想が減退すれば、経済はより低いインフレ率のもとで自然失業率に戻ることがで

図16-12 大きなディスインフレーション

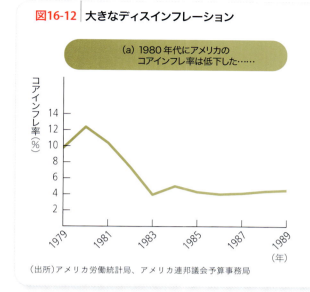

(a) 1980年代にアメリカのコアインフレ率は低下した……

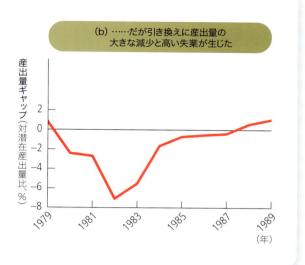

(b) ……だが引き換えに産出量の大きな減少と高い失業が生じた

(出所)アメリカ労働統計局、アメリカ連邦議会予算事務局

きる。これがまさに起きたということなのだ。

だがその費用は膨大だった。1980年から1987年までの産出量ギャップを合計すると、この期間の平均的な年間産出量のおよそ18%が犠牲にされたことがわかる。もし現在同じことを実行しなければならないとすれば、それはおよそ2.6兆ドルに匹敵する財・サービスを失うことになるのだ。

✓ 理解度チェック 16-3

1. 失業とインフレの間に長期的にはトレードオフ関係がないのはなぜか。
2. イギリスの経済学者は自国の自然失業率が1970年代に急激に上昇し、3%付近から10%程度になったと信じている。その期間、イギリスは急激なインフレの加速を経験し、インフレ率は一時的に20%を超えた。これらの事実はどのように関係しているだろうか。
3. なぜディスインフレは経済に大きな費用をもたらすのか。これらの費用を減らす方法はあるか。

解答は https://str.toyokeizai.net/books/9784492314906 にある。

4 | デフレーション

第2次世界大戦以前には、物価水準が下落するデフレーション（デフレ）はインフレと同じくらいよく発生した。実際に第2次世界大戦前夜のアメリカの消費者物価指数は1920年よりも30%低かった。第2次世界大戦後には、すべての国々でインフレが当たり前のものとなった。だが1990年代になると日本にデフレが再来し、そ

▶ちょっと復習

▶失業率を**インフレ非加速的失業率（NAIRU）**未満に維持する政策は、予想インフレ率がより高い水準にある実際のインフレ率に等しくなるよう調整されるまでの間、インフレを加速させる。NAIRUは自然失業率に等しい。

▶**長期フィリップス曲線**は垂直であり、これはNAIRU未満の失業率が長期的には維持できないことを意味している。その結果、拡張的政策には限界がある。

▶**ディスインフレーション**は、失業と産出量の損失という大きな費用を経済にもたらす。政府は持続的な高インフレというコストを避けるためディスインフレを実施する。

れを反転させるのはむずかしいことが判明した。2000年代はじめ、そして2008年には金融危機の余波として、潜在的なデフレはアメリカの金融政策においてとても重要な関心事となった。

なぜデフレは問題なのだろう？ そして、なぜそれを終わらせるのは困難なのだろうか？

4.1 債務デフレ

予想されないデフレは予想されないインフレと同じように勝者と敗者を生み出す。ただその方向は逆だ。物価水準が下落するので、現在のドルよりも将来のドルのほうがより高い実質価値をもつ。デフレ下では借り手の実質返済額が増加するので、返済を受け取る貸し手は利益を得る。そして実質的な債務負担が増加するので、借り手は損失をこうむるのだ。

大恐慌初期の有名な研究で、アーヴィング・フィッシャー（第10章で議論した予想利子率のフィッシャー効果を説明した経済学者だ）は、デフレが借り手と貸し手に与える影響によって不況はさらに深刻化すると述べた。デフレは実際に、借り手から実質の資源を取り上げてそれを貸し手に再分配するものだ。フィッシャーの議論によれば、デフレで損失をこうむる借り手はたいてい現金不足の状態にあるので、債務負担が重くなれば支出を大きく減らすことになる。けれども貸し手は保有する貸し付けの価値が上昇したからといってそれほど大きく支出を増加させようとはしない。この効果を全体としてみると、デフレは総需要を減少させて不況を深刻化させるとフィッシャーはいう。そして、それがさらなるデフレへとつながるという悪循環に陥る。総需要を減少させるというデフレの効果は**債務デフレ**として知られている。債務デフレはおそらく大恐慌で一定の役割を果たした。

> **債務デフレ**は、デフレによって未払い債務の実質負担が重くなることでもたらされる総需要の減少だ。

4.2 予想されたデフレーションの効果

予想されたインフレのように、予想されたデフレは名目利子率に影響する。図10-7に戻って考えてみよう。予想されたインフレが均衡利子率にどのように影響するかを説明した図だ。図10-7では、予想インフレ率が0％だとすれば均衡名目利子率は4％だ。予想インフレ率がマイナス3％だとすれば、つまり人々が年率3％のデフレを予想するなら、均衡名目利子率は明らかに1％となるだろう。

だがもし予想インフレ率がマイナス5％だとすればどうなるだろう？ 名目利子率はマイナス1％まで下落するだろうか。貸し手が借り手に1％の利子を支払うだろうか。そんなことはありえない。マイナスの名目利子率でおカネを貸す人はいない。ただ現金を保有するほうが望ましいからだ。経済学者によれば、名目利子率には**ゼロ下限**があるのでゼロを下回ることはできない。

> 名目利子率には**ゼロ下限**があるので、ゼロを下回ることはできない。

このゼロ下限は金融政策の有効性を制限することがある。経済が不況に陥ってしまい、産出量が潜在産出量を下回って失業率が自然失業率を上回っているとしよう。中央銀行は通常、利子率を切り下げて総需要を増やすようにして、これに対処できる。

図16-13 アメリカ史における利子率のゼロ下限

この図はアメリカの短期利子率を示している。とくに、3カ月物短期国債の利子率を1920年から2011年まで描いたものだ。左側の影のついたエリアから、1930年代のほとんどで利子率はほぼゼロで、裁量的金融政策の余地がほとんどなかったことがわかる。第2次世界大戦後は持続的なインフレにより、おおよその期間で利子率はゼロを上回っていた。けれども2008年終わり、住宅バブルの崩壊と金融危機が発生し、3カ月物短期国債の金利は再び実質的にゼロとなった。

（出所）セントルイス連邦準備銀行

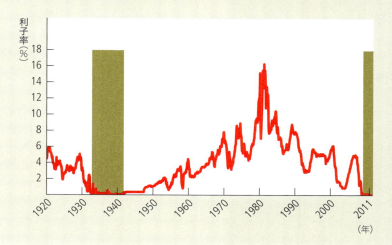

けれども、もし名目利子率がすでにゼロならば、中央銀行はそれをさらに下げることができない。銀行は貸し出しを拒否し、消費者と企業は支出を抑えるようになる。なぜならインフレ率がマイナスで名目利子率が0％ならば、現金を保有することで正の実質収益を得られるからだ。つまり物価が下落するならば、時間が過ぎるにつれて一定の現金で購入できるものが増えるからだ。マネタリーベースをどれだけ拡大しても、銀行の金庫室に入れられるか個人や企業が現金として保有するかのどちらかで、支出されることはない。

　名目利子率がゼロ下限を下回ることができないために従来の金融政策を利用できなくなる状況は、**流動性の罠**として知られている。貸付資金需要が急激に落ち込んだときは常に流動性の罠が起こりうる。それこそがまさに大恐慌の最中に起きていたことだ。図16-13はアメリカ国債の短期利子率を1920年から2011年12月まで示している。すぐにわかるように、1933年から第2次世界大戦によって経済が完全に回復するまで、アメリカ経済はゼロ下限に近い状態にあるか、もしくは実際それに直面していた。第2次世界大戦後は世界中でインフレが当たり前のものとなった。人々はデフレよりもインフレを予想するようになり、ゼロ下限は問題としてはほとんど消滅していた。

　けれども日本経済の最近の歴史は、図16-14に示されているように、デフレ問題と流動性の罠の近年の事例となった。日本は1980年代終わりに株価と不動産価格の急騰を経験し、そして2つのバブルは崩壊した。結果は長期にわたる経済の停滞だった。いわゆる失われた10年だ。インフレ率は徐々に下がり、ついには持続的なデフレに突入した。弱体化した経済を立て直すために、日本銀行は何度も金利を切り下げた。そしてついにはゼロ金利政策（ZIRP、zero interest rate policy）に到達した。1990年代になると、日本はゼロ下限の問題に直面していることを知った。そして持続的なデフレも経験した。コールレート（アメリカのフェデラル・ファンド金利に相当する）は文字どおりゼロに設定された。それでも経済は落ち込んだままだったので、さらな

> 名目利子率がゼロ下限を下回ることができないために従来の金融政策が使えなくなる状況を**流動性の罠**という。

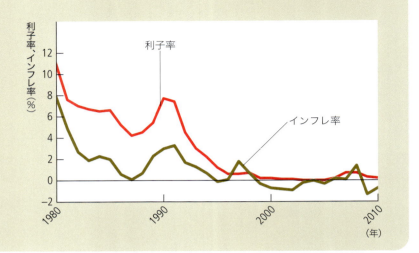

図16-14 日本の失われた10年

日本経済の長期低迷は1990年代終わりからデフレを引き起こした。日本銀行は利子率引き下げで対抗したが、最後にはゼロ下限に行き着いた。

（出所）経済協力開発機構（OECD）

る金利の引き下げが望まれた。だがそれは不可能だった。日本はゼロ下限に直面したのだ。2008年の金融危機の影響でFRBもまたゼロ下限に直面した。アメリカの短期国債の金利は実質的にゼロとなった。次の「経済学を使ってみよう」で説明するように、FRBは日本タイプの罠を恐れるようになり、非伝統的な行動へと駆り立てられた。

経済学を使ってみよう☞　2010年のデフレ不安

2008年の金融危機以来、アメリカの政策立案者は「日本化」の可能性を憂慮していた。つまり、1990年代以降の日本のように、アメリカもデフレの罠にはまり込んでしまったのではないかと心配した。実際、ベン・バーナンキFRB議長はFRBに来る前に日本について集中的に研究し、日本の当局よりもうまく対処することに努めた。

デフレのおそれは2010年夏と初秋がとくに深刻だった。図16-15をみるとその理由がわかる。この図はFRBが政策決定の際に慎重に注目した2つの数値の軌跡を描いている。1つは1年前に対する「コア」インフレ率で、変動が激しい食品やエネルギーの価格を除いた消費者物価の指標（個人消費支出デフレーター）のパーセンテージ表示での上昇率だ。FRBは通常このコアインフレ率が基調インフレ率のもっと

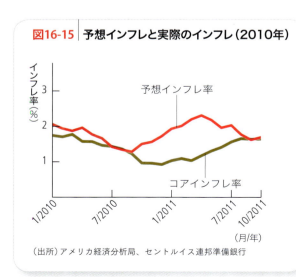

図16-15 予想インフレと実際のインフレ（2010年）

（出所）アメリカ経済分析局、セントルイス連邦準備銀行

も優れた指標だとみなしており、2％あたりを維持しようと試みている。もう1つの数値は予想インフレ率の指標で、普通国債の金利と利回りがインフレから保護されている国債の金利の差を計算して導いた値だ。

すぐにわかるように、2010年の夏の終わりまでに、実際のインフレ率と予想インフレ率の両方がFRBの2％のターゲットをかなり下回る水準まで下落している。FRB理事会は事態を憂慮し行動を起こした。2010年8月、ベン・バーナンキはワイオミング州ジャクソンホールで開催されたFRB年次総会で講演を行い、デフレへの懸念を払拭するために特別な行動をとることを示唆した。そして11月に、通常は短期国債のみを購入するFRBが長期国債の購入プログラムを開始した。それが経済を後押しすることを期待してだ。

バーナンキの講演とFRBの行動が投資家のデフレ懸念を後退させ、予想に大きな変化をもたらしたことが図16-15からわかる。実際のインフレ率も大きく回復した。

けれどもFRBの行動が一時的な変化をもたらしたにすぎないのかについては、まったく明確ではない。バーナンキの重要な講演から1年後、予想インフレは再び低下し、デフレへの懸念が再びもち上がった。

> **ちょっと復習**
>
> ▶予想されないデフレは貸し手の利益となり借り手には損失をもたらす。それは総需要を減少させる効果をもつ**債務デフレ**を生じさせることがある。
>
> ▶デフレは利子率を**ゼロ下限**にさせやすくする。そのとき経済は**流動性の罠**にはまり、金融政策は効果的ではなくなる。

✓ 理解度チェック　16-4

1. 負の名目利子率では誰もおカネを貸そうとしないのはなぜか。このことは金融政策にどんな問題を引き起こすだろうか。

解答は https://str.toyokeizai.net/books/9784492314906 にある。

BUSINESS CASE　ビジネス・ケース

貨幣印刷の免許

「貨幣印刷の免許」をもつ営利企業のことが話題にのぼることが時々ある。デ・ラ・ルー（De La Rue）というイギリス企業が、実際にそれをもっている。1930年、郵便切手などの商品を印刷していたデ・ラ・ルー社は貨幣の印刷へと事業を拡大し、当時の中国政府のために銀行券を作成した。今日、同社は約150カ国の通貨を作成している。

1969年以来リビアを支配してきた独裁者ムアンマル・カダフィが荒れ狂う民衆蜂起を鎮圧しようと闘っていた2011年、デ・ラ・ルー社の事業は予想もされなかった形で注目を集めた。彼は戦費調達をシニョレッジに頼り、およそ15億リビア・ディナールに相当する貨幣の印刷を命じた。だが、リビアの銀行券は、リビアではなくデ・ラ・ルー社のイギリスにある施設で印刷されていた。カダフィ政権に敵対していたイギリス政府は、新しい銀行券がリビアに空輸される前に没収し、カダフィが倒されるまで返還を拒んだのだ。

デ・ラ・ルー社やその主たるライバルであるドイツ企業ギーゼッケ アンド デブリエント（Giesecke and Devrient）のような民間企業に多くの国々が通貨の印刷を頼

るのは、なぜなのだろうか。短く答えるなら、貨幣の印刷は見た目ほど簡単ではないからだ。偽造しにくい質の高い銀行券をつくるには、特別な設備と専門技術が必要だ。アメリカのような富裕な大国は、みずからそれを容易に行えるだけの余裕があり、アメリカの通貨は財務省印刷局が印刷している。だが、より小さくより貧しい国々は、偽造を防ぐためのセキュリティ・スレッドやホログラフィ（訳注：レーザー光立体写真術）といったハイテク技術が使えるデ・ラ・ルー社のような専門家に頼るほうがうまくいくのだ。

じつのところ、デ・ラ・ルー社はみずからも品質管理上の問題を抱えている。2010年に噴出したスキャンダルでは、同社の工場の１つで欠陥のある証券用紙を作成したのだが、従業員たちがその問題を隠蔽していたことが明るみに出た。それでもやはり、自国の通貨を作成するために多くの国々が専門の民間企業に頼りつづけることは確かだろう。

ビジネス思考力を鍛えよう

1. 実際には誰かほかの人が貨幣を印刷しているとき、政府はどのようにして貨幣の印刷によって収入を得ることができるだろうか。
2. 2011年はじめにカダフィが印刷機を頼りにしたのは、正確にいえば、なぜなのだろうか。
3. 通貨ディナールを新政府に渡すとき、リビア経済にとって何かリスクはあるだろうか。

要約

1. 高率のインフレを分析する際に経済学者は**物価水準の古典派モデル**を利用する。物価水準の古典派モデルによれば、貨幣供給量の変化は短期的にも物価水準の比例的な変化をもたらす。
2. 政府は財政赤字を埋め合わせるために貨幣を増発することがある。それを行うとき、政府はインフレ率に貨幣供給量をかけた額に等しい税収を生み出し、**インフレ税**を貨幣保有者に課すことになる。インフレ率を実質貨幣供給量に乗じた実質インフレ税からの収入は、政府が手に入れる資源の実質価値だ。インフレ税の支払いを回避するために人々は実質貨幣保有量を減少させるので、政府は同額の実質インフレ税収を確保するためにインフレ率を上昇させなければならない。このことが実質貨幣量の縮小とインフレ率の上昇の悪循環を生み出し、ハイパーインフレと財政危機をもたらすことがある。
3. 産出量ギャップとは、実際の実質GDPと潜在産出量とのちがいをパーセント比率で表したものだ。産出量ギャップが正なら失業は正常な水準を下回っており、逆に産出量ギャップが負なら上回っている。産出量ギャップと循環的失業との関

係は**オークンの法則**によってとらえられている。

4. 政府赤字を埋め合わせるために貨幣を増発する必要がないような国々でも、政治的機会主義や希望的観測によってゆるやかなインフレに陥ってしまうことがある。

5. 所与の一時点において失業とインフレの間には右下がりの関係があり、これは**短期フィリップス曲線**として知られている。この曲線は、予想インフレ率が変化するとシフトする。**長期フィリップス曲線**は、時間をかけて予想が調整された後に成り立つ失業とインフレの間の関係を表すもので、垂直である。これにより、**インフレ非加速的失業率**すなわち**NAIRU**が定義されるが、それは自然失業率に等しい。高失業と高インフレの組合せである**スタグフレーション**は、短期フィリップス曲線の上へのシフトを反映している。

6. インフレは、いったん予想に織り込まれると取り除けなくなる可能性がある。**ディスインフレーション**の費用はとても大きく、大きな総産出量を犠牲にしたり、高い失業率を受け入れざるをえなくなる。だがアメリカやほかの富裕な諸国の政策立案者は、1970年代の高いインフレを抑えるための費用は負担するに値するものだと考えた。

7. デフレはいくつかの問題を突きつける。デフレは**債務デフレ**、つまり未払い債務の実質負担の増大による深刻な不況をもたらす可能性がある。またデフレ下の経済では、利子率が**ゼロ下限**に達する可能性が高い。ゼロ下限に達した経済は**流動性の罠**に陥り、伝統的な金融政策は効果的でなくなってしまう。

キーワード

物価水準の古典派モデル	617ページ	インフレ税	620ページ
オークンの法則	626ページ		
短期フィリップス曲線	627ページ		
インフレ非加速的失業率（NAIRU）	634ページ		
長期フィリップス曲線	634ページ		
ディスインフレーション	635ページ	債務デフレ	638ページ
ゼロ下限	638ページ	流動性の罠	639ページ

〈問題〉

1. スコットピアの経済では政策立案者が金融政策によって失業率を低下させ実質GDPを上昇させたいと考えている。次ページの図を用いて、この政策が最終的にはより高い物価水準をもたらすが実質GDPは変化させない理由を説明しなさい。

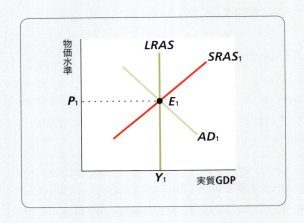

2. 次の例のそれぞれについて物価水準の古典派モデルは適切だろうか。
   a. 経済にはかなりの失業者がいてインフレの歴史はない。
   b. 経済は5年にわたるハイパーインフレを経験したところだ。
   c. 経済は3年前に10～20％のインフレを経験したが、近年は物価が安定していて失業率も自然失業率に近づいてきている。

3. FRBは定期的にアメリカのマネタリーベースのデータを公表している。そのデータには、たとえばセントルイス連邦準備銀行などさまざまなウェブサイトからアクセスできる。セントルイス連銀のホームページ（http://research.stlouisfed.org/fred2/）に行って"Money, Banking, & Finance"をクリックし、その後"Monetary Data"を、次に"Monetary Base"を順にクリックし、最新の報告をみるために"Board of Governors Monetary Base, Adjusted for Changes in Reserve Requirements"をクリックする。最後に、"View Data"をクリックしよう。
   a. 最後の2列の数字は昨年のマネタリーベースの水準を示している。それはどれだけ変化しただろうか。
   b. これは財政赤字を埋め合わせる政府の努力にどのように役立つだろうか。
   c. 中央銀行が政府の財政支出担当部門から独立していることはなぜ重要なのだろうか。

4. （実質）インフレ税に関する次の質問に答えなさい。物価水準は1からスタートするとしよう。
   a. マリア・マネーバッグはタンスのいちばん下の引き出しに1000ドルを1年間しまい込んでいる。その1年間のインフレ率は10％だ。この1年にマリアが支払ったインフレ税はどれだけか。
   b. マリアはもう1年1000ドルを引き出しにしまいつづけた。2年目のはじめに測ったこの1000ドルの実質価値はどれだけか。2年目のインフレ率も10％だった。2年目にマリアが支払った実質インフレ税はどれだけか。

c. 3年目もマリアは1000ドルを引き出しにしまい込んだままだ。3年目のはじめのこの1000ドルの実質価値はどれだけか。3年目のインフレ率も10％だった。3年目にマリアが支払った実質インフレ税はどれだけか。

d. 3年後、実質インフレ税の支払い額の合計はどれだけになったか。

e. インフレ率が25％であると想定してaからdを繰り返してみよう。なぜハイパーインフレは困った問題とされるのだろうか。

5. 徴税システムと申告制度が未発達なため租税回避が多い発展途上諸国では、しばしばインフレ税が主な収入源として使われる。

a. 下の表の数値を用いてアメリカとインド（ルピー）のインフレ税を計算しなさい。

	2010年のインフレ率	2010年の貨幣供給（10億）	2010年の政府収入（10億）
インド	1.65％	16,318ルピー	7,943ルピー
アメリカ	1.40％	1,838ドル	2,430ドル

（出所）アメリカ経済分析局、セントルイス連邦準備銀行、インド会計収支検査局、インド準備銀行、国際通貨基金（IMF）

b. 2国のインフレ税は、政府収入に占める割合としては、どのくらいの大きさだろうか。

6. 政府借り入れが民間投資支出に与えるクラウディング・アウト効果を考慮して、ある大統領候補がアメリカは財政赤字を埋め合わせるために貨幣を増発するべきだと論じた。このプランの長所と短所は何だろうか。

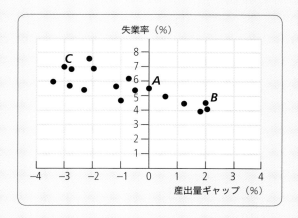

7. 上の散布図は、1990年から2004年までのアメリカの失業率と産出量ギャップの関係を表している。散らばった点のあいだを通る直線を図中に描きなさい。この線はオークンの法則を表していると仮定する。

失業率＝$b - (m \times 産出量ギャップ)$

b はタテ軸切片で、$-m$ は傾きだ。総産出量が潜在産出量に等しいとき、失業率はいくらか。産出量ギャップが2％なら失業率はいくらか。産出量ギャップが−3％だったらどうか。これらの結果からオークンの法則の係数 m について何がわかるか。

8. 過去2年間にわたって不況を経験したことから、アルバーニアの住民は失業率の低下を待ち望んでいた。だが6カ月続いた力強い経済成長の後にも失業率は依然として景気後退の末期よりほんのわずかしか低下しなかった。力強い経済成長を経験しているのに失業率がそれほど下がらないのはなぜかについて、どんな説明ができるだろうか。

9. 実際のインフレ率の変化がインフレ予想にどのくらいの速さで織り込まれるかは、歴史のちがいによって国ごとに異なることがよくある。近年インフレの記憶がほとんどない日本のような国では、実際のインフレ率の変化が予想インフレ率の変化に反映されるまでにより長い時間がかかるだろう。対照的に、近年非常に高いインフレのあったジンバブエのような国では、実際のインフレ率の変化が予想インフレ率の変化にただちに反映されるだろう。このことはこれら2つのタイプの国々の短期および長期のフィリップス曲線についてどんな含意をもつか。またそれは失業率を低下させるための金融・財政政策の有効性についてどんな含意をもつか。

10.
    a. アメリカ労働統計局のホームページ www.bls.gov に行きなさい。まず、"Subject Areas" というリンクをクリックし、次に左側の "Inflation & Prices" の下にある "Consumer Price Index" というリンクをクリックしなさい。下にスクロールして、"CPI Tables" というセクションに行き、"Consumer Price Index Detailed Report, Tables Annual Averages 2009 (PDF)" というリンクをみつけなさい。2008年から2009年の消費者物価指数（CPI）の変化率（パーセント）はいくらか。
    b. アメリカ財務省のホームページ www.treasury.gov に行き、"Resource Center" をクリックしなさい。そこから "Data and Charts Center" をクリックし、次に "Interest Rate Statistics" を開いて "TextView" をクリックしなさい。下へスクロールして "Daily Treasury Bill Rates" と "2009" を選択しなさい。"4 Weeks Bank Discount" のデータを調べると、最大値と最小値はいくらか。同じことを2007年についても行いなさい。2009年と2007年のデータはどのように対比できるか。このことは a の答えとどんな関係があるか。財務省証券利子率（Treasury Bill interest rates）のデータから、2009年と比較した2007年のインフレ率の水準についてどんなことが推測できるか（答えをチェックするには、アメリカ労働統計局 www.bls.gov. のウェブサイトに戻り2006年から2007年までのCPIの変化率をみればよい）。
    c. 2007年から2009年までのアメリカ経済の変化にはどのような特徴があるか。

11. 下の表はアメリカ経済の年平均失業率と年平均インフレ率のデータを示している。これを用いて図16-5と同様の散布図を作成しなさい。短期においてインフレ率が低下すると失業率が上昇するのはなぜかを考察しなさい。

年	失業率(%)	インフレ率(%)
2000	4.0	3.4
2001	4.7	2.8
2002	5.8	1.6
2003	6.0	2.3
2004	5.5	2.7
2005	5.1	3.4
2006	4.6	3.2
2007	4.6	2.9
2008	5.8	3.8
2009	9.3	−0.4
2010	9.6	1.6

(出所)アメリカ労働統計局

12. ブリタニカ経済は高いインフレ率に苦しんできた。失業率は自然失業率に等しい。政策立案者は経済的費用を可能なかぎり低く抑えながら経済をインフレから脱却させたいと考えている。経済の現状は負の供給ショックによるものではないと想定しよう。どのようにすればディスインフレによる失業の費用を最小化できるだろうか。ディスインフレの費用をなくすことは可能だろうか。

13. 住宅ローン会社が、10万5000ドルの価値をもつ家の購入費用としてミラー一家に10万ドルを貸し付け、1年目に予期せぬ10%の物価下落があったとしよう。どちらが得、または損をしているだろうか。デフレがさらに2～3年続いたときに何が起きると予想できるだろうか。持続的なデフレは経済全体の借り手と貸し手にどのような影響を与えるだろうか。

Chapter 17
Crises and Consequences
危機と
それがもたらしたもの

この章で学ぶこと
- 預金銀行と**影の銀行**のちがい。
- ちがいがあるにもかかわらず、両タイプの銀行とも取り付けに巻き込まれるのはなぜか。
- **金融パニック**と**銀行危機**の最中に何が起こったのか。
- パニックと危機が経済に及ぼす影響がこんなにも深刻で長引くのはどうしてか。
- 新しい規制の抜け穴と**影の銀行**の台頭がどのようにして2008年の金融危機を引き起こしたか。
- 新しい規制の枠組みはどのようにして次に来る危機を防ごうとしているのか。

生地屋から世界の壊し屋へ

　1844年、ドイツからの移民ヘンリー・リーマンはアラバマ州のモンゴメリーで生地屋を開いた。しばらくたつとヘンリーについてアメリカに来た兄弟たちと一緒に木綿の商売に手を広げ、さらに種々の金融活動を始めた。1850年には、リーマン・ブラザーズがウォール街に設立された。2008年には、金融資産の取引技術に優れるリーマン・ブラザーズはアメリカでトップクラスの投資銀行にのし上がっていた。商業銀行とちがって、投資銀行は金融資産の取引を行うだけで、顧客の預金は受け取らない。

　2008年の9月にリーマンのつきは落ちた。この会社はそれまでにサブプライム・ローン――標準的（優良（prime）ともいわれる）とされる抵当証券とは認められない、低所得、低資産の住宅購入者への貸し付け――に資金をつぎ込んでいた。2008年の夏から秋にかけて、アメリカの住宅市場の落ち込みがひどくなり、サブプライム抵当証券をめぐる投資が無価値になるなかで、リーマンは大きな打撃を受けた。

　リーマンは、日々の活動や取引の資金を手当てするため、短期信用の市場で大きく借り入れていた。次の営業日には返済しなければならないオーバーナイト・ローンを使うこともたびたびあった。リーマンがおしゃかになった住宅市場にどれほどつぎ込んでいたかという噂が広がりはじめるとその信用の水源は干からびてしまった。2008年9月15日に、同社は破産宣言に踏み切った。それはアメリカ史上最大の破産だった。この事態は世界を揺るがせた。

　リーマンの破産は次々に連鎖反応を引き起こし、ついには世界全体の金融システムの崩壊といってもいいほどの大惨事をまねきよせた。リーマンが内実のひどい弱みを隠していたことにより、その破綻は破廉恥な失敗として驚きをもって迎えられた。全世界の金融機関が証券化（第14章で定義した概念）を通じて不動

産貸し付けの不履行率の上昇とその急速な減価にさらされた。およそ資金をもっている者はリーマンのように没落する企業に貸し出して損失をこうむるよりはそれをもちつづけることにした。その結果、信用市場は凍りついてしまった。世界中の借り手は地球規模の信用収縮に見舞われた。彼らはそもそも信用にありつけなくなるか、法外に高い金利を要求された。株式は急落した。数週を経ないうちにダウ平均は3000ポイントも下落していた。

　危機の帰結は金融市場に限られたものではなかった。リーマンが倒産したとき、アメリカ経済はすでに景気後退に陥っていた。しかし、下降のペースはそれ以後の数カ月間に急激に加速した。アメリカの雇用が底を打った2010年はじめには、800万人の働き口が失われていた。ヨーロッパと日本も1930年代以来最悪の景気後退を経験していた。世界貿易はあの大恐慌の最初の1年よりも急速に落ち込んでいた。

　これらすべてが大きなショックだった。こんなことが21世紀のアメリカで起こるなんて誰も夢にも思わなかったからだ。しかし、歴史を知っているエコノミストたちは自分が何を目撃しているかにすぐに気づいた。それは金融市場が突然広範にわたって崩壊する、現代版の金融パニックだったのだ。第2次世界大戦以前は、金融パニックはアメリカの金融システムでは珍しくもない特徴だった。第14章で論じたように、2008年にアメリカを襲った金融パニックは、連邦準備制度を創設するきっかけとなった1907年のパニックと多くの点で共通の特徴をもっている。金融パニックはほとんど常に金融セクターの大部分が機能停止する銀行危機を含んでいる。

　いま振り返ってみると、リーマンの倒産に続いて起こったパニックは現代の世界でも珍しいものではなかった。1998年に破綻したロングターム・キャピタル・マネジメント（LTCM）も金融パニックを引き起こした。連邦準備制度が救済に乗り出し、その事業の幕引の音頭をとるまでは、世界の金融市場は凍りついたままだった。しかし、連邦準備制度がLTCMの危機を迅速に片づけたおかげで、その破綻は経済全体まで波及することはなかった。

　金融パニックと銀行危機はこれまでもけっこうしばしば起こったし、そのなかには生産や雇用に深刻な影響を及ぼすものもあった。1981年に起きたチリの銀行危機のあと、実質GDPが19%も落ち込み、10年もの間景気不振が続いた。1990年フィンランドの銀行危機のあとには、失業率が3.2%から16.3%まで急上昇した。1990年代初期の日本の銀行危機は10年以上にわたる経済停滞を招きよせた。

　本章では、銀行危機と金融パニックの原因と結果を検討する。これは第14章で取り上げたこの問題の論議を拡張するものとなる。手はじめに、銀行がどうして危機に陥りやすいか、またそれがどのようにして最大級の金融パニックに変身していくのかを検討する。次いで、こうした危機の歴史とその後の展開を振り返り、それらがなぜ経済にかくも大きな破壊的影響をおよぼしたのかを探る。最後に、各国の政府がいかにして金融危機のリスクに立ち向かってきたかをみる。

1 | 銀行の仕事：その便益性と危険性

　これまで学んできたように、現代経済で銀行の果たす役割はきわめて大きい。第14章では、商業銀行と貯蓄貸付組合（S&L）を定義して、貯蓄者に流動性の高い金融資産を預金の形で提供し、その資金を使って流動性の低い借入者の支出をまかなう金融仲介機関であるとした。預金銀行は貯蓄者に流動性を提供し、マネーサプライの水準を直接左右するという重要な機能を果たすのだ。

　リーマン・ブラザーズは預金銀行ではなく、（これも第14章で定義したとおり）自分と自分の投資者の利益のために投機的取引に携わる投資銀行だった。しかし、リーマンは信頼を失った預金銀行が直面する銀行取り付け、つまり多くの預金者が銀行の

破綻をおそれて資金を引き揚げようとする現象とよく似た困難を味わう羽目になった。リーマンは「影の銀行」（シャドー・バンキング）と呼ばれる大きな金融機関群の一環だった。影の銀行とは、巨大債券ファンドピムコ所属のエコノミスト、ポール・マッカリーがつくり出した造語で、広範で多様な金融企業、すなわちリーマンのような投資銀行、ロングターム・キャピタル・マネジメント（LTCM）のようなヘッジファンド、あるいは多くのマネー・マーケット・ファンドからなっている（あとでもっと詳しく説明するが、"影"というのは、2008年の危機以前には、これらの金融組織はあまり注目されず、効果的に規制されていなかったという事実によるものだ）。影の銀行が銀行取り付けに弱かったのは、預金銀行と同じように満期変換、経済学的にいえば短期債務の長期資産への変換という業務を行っていたからだ。これからあとでは、預金を受け入れる銀行（商業銀行及びS&L）を預金銀行と呼び、預金を受け入れない銀行（投資銀行、ヘッジファンド、マネー・マーケット・ファンド）を影の銀行と呼んで、両者をいっそう明確に区別しよう。

1.1 収益性と流動性のトレードオフ

　銀行が存在しない世界を想像してみよう。そしてさらに、あなたが多額のおカネをためてすぐにはそれを使う計画がないとしてみよう。あなたはそのおカネで何ができるだろうか。

　1つの答えは、そのおカネを単に保蔵する、たとえば、ベッドの下か金庫にしまっておくことだ。そのおカネは、あなたが必要とするときにいつでもそこにあるが、何の利子も稼いではくれない。

　そうするかわりに、あなたはそれをたとえば成長する企業に貸し出すこともできる。これはあなたのおカネを稼がせるという大きな利点をもっている。利子を生み出すという意味であなた自身のためになるだけでなく、あなたのおカネが投資のための支出に役立つという意味で経済全体のためにもなるのだ。だが、そこには不利な点も潜んでいる。貸出金が返済される前にそのおカネが必要になったとすれば、それを回収することができないかもしれない。

　たしかに、あなたはそのおカネをすぐに使う必要はないものと仮定した。しかし、いつあなたが現金を必要とするかを予測することが不可能なときもある。たとえば、あなたの車が故障するかもしれないし、外国留学の素晴らしいチャンスにめぐまれるかもしれない。貸し付けは一種の資産であり、それを現金化する方法はある。たとえば、貸し付けを誰かに売却しようと試みることはできる。だがそれはむずかしいかもしれない。とくに緊急に現金が必要なときには。だから、銀行がない世界では、予期しない現金の必要が生じることに備えて、いくばくかの現金を手元に置いておくことが望ましいだろう。

　換言すれば、銀行がなければ、貯蓄者は自分の資金をどれだけ貸し出しに回し、どれだけ手もとに置くかというトレードオフ、すなわち緊急時の必要に応じて自分の資産を現金化する能力である流動性と資産保有から得られる利子やその他の収益とのト

レードオフに直面することになる。銀行がなければ、人々はこのトレードオフに対して資産の大部分を生産的な投資支出をまかなうためではなく、金庫に退蔵するというかたちで費やすだろう。しかし、銀行は生産的な目的のために人々の資産を使えるようにしながらそれを自由に使うこともできるようにする。銀行によって事態は大きく変わるのだ。

1.2 銀行の目的

　誰でも知っている銀行は意外なところで生まれた。もともとそれは中世の金細工師の副業だったのだ。職業がら金細工師は自分が扱う金をしまっておくための金庫を必要とした。そのうちに、顧客の貴重品を預かるという仕事があることに気がついた。金持ちたちは自分の金や銀の袋を盗難に遭うかもしれない自宅よりも金細工師に預かってもらうほうがよいと考えるのではないかと。

　金細工師に金や銀を預けた者は、貴重なお宝をいつでも引き出せる引換券を受け取った。ところが、妙なことが始まった。人々は買い物をするときに金や銀ではなく、その引換券を使うようになったのだ。こうして、初期の紙幣が誕生した。

　そうこうするうちに、金細工師は別のことにも気がついた。顧客の要求があれば、彼はお宝を返さなければならないのだが、実際にすべての財宝を額面どおりもっている必要はないということに。すべての顧客が同じ期日に自分たちの金銀を手にしたいと思うようなことはあまりないだろう。とくに彼らがお宝の引換券を支払い手段として使っているような場合には。だから金細工師は顧客の富の一部をほかの事業者に貸し出して運用することができる。手もとにはお宝の即時の返却を申し出る数少ない顧客にこたえる分に加えて──思わざるのっぴきならぬ需要に備える分を残しておけばよい。

　こうして銀行が生まれた。抽象的な言い方になるが、今日の預金銀行は企業精神のある金細工師が思いついたのと同じことをしている。すなわち個人の貯金を受け入れ、全員が資金を一度に引き出すことはないことをたのみにして、各人の要求に応じていつでも返還すると約束し、じつはその大部分を運用しているのだ。普通の銀行預金は、いつでもあなたの好きなだけ引き出せることになっているが、銀行は実際にはみんなの現金を金庫に保管してはいないし、いつでも遅滞なく現金化できる形で保有しているわけでもない。それどころか、銀行は自行に託されている資金の大部分を貸し出し、毎日の引き出しにこたえるため限られた金額を準備しているにすぎない。預金を貸し付けにまわすことによって、銀行はあなたの貯蓄を安全に保管することに対して何ら要求しないか、あるいはほんのわずかな手数料を要求するにとどめている。あなたがもっている口座の種類によっては、預金に利子がつく場合さえある。

　もっと一般的な言い方をすれば、預金銀行がやっているのはいつでも要求に応じて引き出しに来る預金者から短期で借りて、契約期限の終わりまで変換を強制できないほかの人々に長期で貸し出すという仕事だ。これは経済学者がいうところの短期の債務（この場合は預金）を長期の債権（利子を生む銀行貸し付け）に変換する**満期変換**

満期変換とは、短期の債務を長期の債権に変換することだ。

にほかならない。リーマン・ブラザーズのような影の銀行もこの満期変換の仕事に携わっているが、預金を受け入れてはいない。

預金を受け入れるかわりに、リーマンは短期の信用市場で資金を借りてそれをもっと長期の投機的な事業に投資した。実際のところ、**影の銀行**といわれるのはどんな金融機関であってもよいが、預金を受け付けずに短期で借りて、長期で貸すか投資するという満期変換を行っているもののことをいうのだ。銀行預金者が現金を手元に置いておくよりも銀行が提供する流動性と収益性によって利益を得るのと同じように、リーマンのような影の銀行への資金提供者は、ほかの投資先にくらべて流動性（貸付金はすぐに、多くの場合は一夜のうちに回収される）とより高い収益性の恩恵に浴することができる。

▶ **影の銀行**とは、預金を受け取らずに満期変換に携わる金融機関のことだ。

一時代前には、銀行といえばほとんど預金銀行のことだった。だいたい1980年ごろから影の銀行が着実に台頭してきた。影の銀行がそこまで人気を集めてきたのは、預金銀行に課されている自己資本比率や預金準備比率などの規制を免れていたからだ。だから、規制対象ではないが1907年の危機を引き起こしたときと同じように、影の銀行は顧客の資金に対して高い収益率を提供することができたのだ。リーマンが倒産した2008年9月にどん底に達した金融危機が始まったとされる2007年の7月には、アメリカで影の銀行が銀行取引に占める割合は米ドルで正規の預金銀行の約1.5倍相当になっていた。

第14章で指摘したように、銀行取引は必ずしもそんなに単純なものではない。そこでは預金銀行でなぜ取り付け騒ぎが起こるかを学んだ。リーマンとLTCMの事例がケタちがいの度合いで暴き出したように、それと同じ弱みが影の銀行を悩ませた。次にその理由をみてみよう。

1.3 影の銀行と銀行取り付け騒ぎの再来

預金銀行は預金者の預金のごく一部しか手もとにもっていないので、銀行取り付けが起こると間違いなく銀行の破綻に結びつく。つまり、銀行は預金者の引き出しの要求にこたえることができず、閉店を余儀なくされるのだ。不吉にも、銀行取り付けは自己実現的な予言だ。たとえ銀行が良好な資産状態にあっても、多くの預金者が難局に陥ったと思いこみ預金を引き出そうとすれば、銀行の命運は最後には尽きる。

こうした事態を防ぐために1930年代以降、アメリカ（だけでなくほかの多くの国）は預金保険制度、自己資本比率規制、支払準備制度など広範囲の銀行規制を連銀による審査というかたちで実施し、問題のある銀行には連銀の貸し付け窓口を通じて借り入れを認めるといった方策をとってきた。

しかし、影の銀行は預金を受け入れていない。では、どうして取り付けが起こるのか。その理由は、普通の銀行と同じように影の銀行が満期変換を行っている、つまり、短期で借りて長期の貸し付けや投資にまわしているからだ。もし影の銀行の債権者たちが突然この貸し付けは安全でないと判断したら、たちまち資金繰りに行き詰まることになる。現金化するためにすぐさまその資産を売り払うことができなければ、短時

日のうちに破綻するのだ。これこそまさにリーマンを襲った出来事だった。

　リーマンは取引に必要な資金を、次の取引日には返済しなければならないオーバーナイトの短期信用市場（レポ市場とも呼ばれる）で借りていた。だから、非常に短い革ひもでつながれた犬のようなものだった。毎日のように、ここは資金を預けられる安心な場所ですよと債権者に信じさせなければならなかったのだが、ある日その力がなくなっていた。まったく同じことがLTCMでも起こっていた。このヘッジファンドはひどくレバレッジを効かせていた（つまり巨額の借金をしていた）──リーマンと同じで取引目的の資金を借りるためだった。ところがある日、その信用の根は枯れてしまった。この場合には、債権者たちに1997～98年のアジアおよびロシアの金融危機で大損失を出したことをかぎつけられたためだった。

　銀行取り付けはだれにとっても、株主にとっても、債権者にとっても、預金者にとっても、融資先の顧客にとっても、また従業員にとってもたいへん迷惑な話だ。しかし、感染症のように広がる銀行取り付けは、他銀行の顧客の信用まで台無しにし、連鎖的に銀行破綻と銀行危機を引き起こしていくという点でケタちがいに破壊的だ。これが1930年代の初頭にアメリカで起こったことだ。そのときは一般のアメリカ人が先を争って銀行預金を引き出し──預金総額が35％も減少──たんす預金を始めた。アメリカでは2008年までそんなことは一度も再発していない。次の問題は銀行取り付けがなぜ、またいかにして再発したかだ。

経済学を使ってみよう☞　リーマンの灯が消えた日

　2008年9月12日金曜日の夜、ウォール街にあるニューヨーク連銀の本社で緊急の会合が開かれた。出席者は、当時のブッシュ政権の財務長官で、陽気なハンク・ポールソン、当時のニューヨーク連銀の総裁（後にオバマ政権で財務長官となる）ティム・ガイトナー、それに加えてこの国の最大の投資銀行の代表たちといった面々だ。リーマン・ブラザーズは急速に自壊しつつあり、ポールソンがこの会合を招集したのは、投資銀行の重役たちを説得して、第14章で記述したLTCMの救済と同様な協調策を講じて面倒な倒産劇を回避するためだった。

　6カ月前、倒産寸前の投資銀行ベアー・スターンズがもっと経営状態の良い銀行に無理やり身売りさせられてから、リーマンに対する風当たりはずっと強くなるばかりだった。ベアー・スターンズと同様に、リーマンはサブプライム抵当証券やその他の不動産関連証券に多額に資金を投入していた。ベアー・スターンズの債権者たちが貸し付けを回収しはじめ、ほかの銀行が貸し付けを拒否していることがわかってベアー・スターンズが倒産したとき、多くの人々は次に倒れるのはリーマンではないかと考えた。

　2008年7月、リーマンは第2四半期（4～6月）の損失が28億ドルにのぼったことを明らかにして、54％もの株価の下落を招いた。株価の下落とともにリーマンの信用基盤は枯渇し、その取引活動はしぼんでいった。リーマンの最高経営責任者

だったリチャード・ファルドは必死で経営状態の良いほかの銀行に自社の株の購入や必要資金の手当てを懇願した。だが2008年の9月はじめには、第3四半期のリーマンの損失は39億ドルにのぼった。9月9日には、それまでリーマンの取引資金の主要な提供者で、はるかに経営状態の良かった投資銀行J・P・モルガン・チェースが50億ドルの担保積み増しができなければリーマンの口座を閉鎖し信用供与を断ち切ると要求してきた。それだけの現金を準備することができず、リーマンは倒産の崖っぷちで大きく揺らいだ。

9月12日の会合でポールソン財務長官は投資銀行重役の面々に対して資金をとりまとめてリーマンの不良債権を買い取るよう要請したのだ。しかし、極端な大荒れの市場で自分たちの生き残りさえ危ぶんでいた銀行は、ポールソンがリーマンの資産価値を政府保証するという条件が満たされなければ駄目だとして、この要請をはねつけた。その前に財務省は、ベアー・スターンズの買収者にニューヨーク連銀から巨額の貸し付けを与えさせたばかりだった。今回は、「不良銀行を救済するのか」という下院からの反発を受けてポールソンは政府援助を拒否した。そして2008年9月15日、月曜日の朝まだき、リーマンは沈んだ。歴史上もっとも高くついた倒産を宣言して。

しかし、ファルドが以前からポールソンに警告していたように、リーマンの倒産は狂躁を引き起こした。即日、アメリカの株式市場は504ポイントも急落し、銀行の借り入れコストが急増し、世界中のマネー・マーケット・ファンドや金融機関で取り付けが始まった。火曜日には、ポールソンはもう1つの揺らぐ巨大企業、当時アメリカ最大の保険会社だった国際金融グループ（AIG）に対して850億ドルの救済資金を融通することに同意した。数カ月後市場は安定したが、それに先だってアメリカ政府は主要なアメリカの銀行を支えるために2500億ドルの資本注入を行った。ポールソンがリーマンを救うために迅速に動かなかったことが大失敗だったかどうかは今後長年にわたって論争の対象となりそうだ。

> **ちょっと復習**
>
> ▶流動性と収益性の間にはトレードオフがある。銀行が存在しなければ、人々はこのトレードオフに富の大半を現金として退蔵することで対処するだろう。
>
> ▶銀行は**満期変換**によってこれよりもすぐれたトレードオフへの対処法を提供することができる。貯蓄者は銀行を利用することで資金をいつでも使える形で保持するだけでなく、利子を稼ぐこともできる。
>
> ▶1980年以来、影の銀行が着実に増えてきた。**影の銀行**——預金を受け入れず、満期変換に携わる金融機関——は概して規制の対象とならなかったので、貯蓄者に対してより高い利子を払うことができた。リーマンが倒産したとき、影の銀行は預金銀行部門の4.5倍の規模になっていた。
>
> ▶預金銀行と同じく、影の銀行は満期変換に携わるので、銀行取り付けに見舞われる可能性がある。影の銀行は短期の借り入れに依存しているため、短期の債権者が貸し付けを拒み、取り立てに走るようなことがあれば、影に銀行は立ちゆかなくなるのだ。

✓ 理解度チェック 17-1

1. 以下の記述のどれが満期変換の事例といえるか。どれが失敗への恐怖が自己実現的な予想に発展する取り付け騒ぎのような現象に見舞われそうか。
   a. 1枚につき1万ドルの賞金が当たるくじ引き券を売る。
   b. ダナは生活費を支払うためにクレジットカードで借金をしながら、自分の仕事能力を高めるために1年間かかる技能修得のコースに通っている。もっと良い働き口がなければ、クレジットカードの累積残高を払いきれないだろう。
   c. ある投資組合がオフィスビルに投資している。組合員が自分の投資額を回収するためには会員権を別の人に売らなければならない。
   d. 現地の学生組合貯蓄銀行は学生たちに小切手口座を提供し、そこに入る資金を学生ローンに投資している。

解答は https://str.toyokeizai.net/books/9784492314906 にある。

2 | 銀行危機と金融パニック

銀行の破綻はめずらしい現象ではない。良い年でもいくつかの銀行が何やかやの理由で倒れている。影の銀行もときどき破綻している。

銀行危機——預金銀行部門、あるいは影の銀行部門の大部分が破綻するか、破綻に瀕するような事態——はそう多くはない。しかしそれは起こるし、起きたときには広範囲の経済にきびしい悪影響を及ぼす。おびただしい数の金融機関が同時に窮地に陥る原因は何だろうか。銀行危機の論理を復習してからいくつかの歴史的な事例を振り返ってみよう。

2.1 銀行危機の論理

多くの銀行——預金銀行であれ影の銀行であれ——が同時に難局に陥るのはなぜか。それには、2通りの理由が考えられる。第1に、多くの銀行が**資産バブル**によって同様な間違いをしてしまうかもしれない。第2に、**金融危機の伝染**、すなわち1つの銀行の問題がほかの銀行に伝染してそこでも問題を引き起こす可能性がある。

間違いの共有 実際問題として、通常の銀行危機は多くの銀行が**資産バブル**に投資するという同じ間違いをすることに起因している。**資産バブル**では、住宅のような資産が投機家たちのさらなる値上がり期待によって途方もない水準まで押し上げられる。それからしばらくのあいだ、バブルは自己増殖的に膨らむ。その良い例は、1980年代の貯蓄貸付危機だ。当時、商業的な不動産、とくにオフィスビルの大建築ブームが起きていた。多くの銀行がブームはいつまでも続くと信じて不動産開発業者に巨額の貸し付けを与えた。1980年代の末期には、開発業者はこの国が必要とするよりもはるかに巨大なオフィス・スペースを建設してしまい、足下をすくわれたことが明白になった。それだけのスペースを貸し出すことができず賃貸料の引き下げを強いられて、多数の開発業者が債務不履行に陥った。その結果、津波のような銀行破綻が生じた。

似たような現象が2002年と2006年の間にも起こった。住宅価格が急上昇するなかで多くの人々がなお値上がりは続くと信じて、住宅を買うために多額の借り入れを行った。さらに多くの買い手が市場に流入し住宅価格をさらに押し上げることでこのプロセスは加速した。しまいには市場は新しい買い手をみつけられなくなり、バブルは崩壊した。この時点で資産価格が急落した。とくにアメリカの一部では、住宅価格は2006年から2009年の間に半分になった。その結果、資産価格の下落にさらされた金融機関の信用は失墜した。信用の失墜がきびしいものであれば、経済全体の下方への悪循環、いわゆる金融危機の伝染が始まる。

金融危機の伝染 とくにきびしい銀行危機の場合、**金融危機の伝染**と呼ばれる下方への悪循環が預金銀行と影の銀行の間に広がってくる。各機関の破綻が預金者、あるい

側注:

銀行危機とは預金銀行あるいは影の銀行の大部分が破綻するか破綻に瀕している状態をいう。

資産バブルとは、ある資産の価格がさらなる価格上昇の期待によって途方もない水準まで押し上げられている状態を指す。

金融危機の伝染とは預金銀行あるいは影の銀行相互間で生じる下方への悪循環のことだ。各銀行の破綻が不安を強めて他銀行が破綻する確率を高くする現象である。

は貸し手の恐怖を高め、さらに他行が破綻する可能性を大きくしていく。

　すでにみたように、金融危機の伝染の根底にある原因は銀行取り付けのロジックに潜んでいる。預金銀行の場合、1つの銀行が倒れれば、預金者はほかの銀行についても神経質になる。同様に、影の銀行の場合にも、短期信用市場の貸し手たちは1つの機関が倒れれば他の機関に貸すことにも戸惑いを感じるようになる。とくに影の銀行部門は政府の規制がほとんどないので、恐怖と風評による伝染にかかりやすい。

　伝染が発生する第2のチャネルは、資産市場と第14章で学んだレバレッジ解消という悪循環の現象だ。ある金融機関が負債を減らし現金を調達しなければならないという圧力を受けると、資産を売却しようとするだろう。資産を早期に販売するためには、しばしばかなりの値引きが必要になる。伝染が起こるのは、ほかの機関も同様な資産をもっていて、その価格がこの「値引きセール」で下がるためだ。この資産価格の下落はほかの金融機関の金融ポジションも傷つけ、貸し手の信頼を損なわせる。ドミノ効果でほかの金融機関も資産を売らざるをえなくなり、資産価格の下方スパイラルが強められる。この種の下方スパイラルはリーマン倒産後の数カ月間に明らかにみられた。誰もが資産を売って現金化しようとしたので、金融機関が保有していた社債から学生ローンまで広い範囲の資産価格が激落した。後に危機の激甚さがやわらぐと、これらの多くの資産価格は、少なくとも部分的には回復した。

　2008年のアメリカ経済で起こったように、本格的な**金融パニック**――人々が突然金融機関と金融市場の流動性に対する信頼を失ったときに生じる急激で広範囲にわたる金融市場の混乱――がいかにして生じるかを理解するには、資産バブル、放任されていた影の銀行システム、それにレバレッジ解消という悪循環の3点を組み合わせてみればよい。金融パニックは、ほとんどいつも預金銀行、影の銀行、あるいは両者の銀行危機を随伴するものだ。

　銀行は株式や債券などの金融資産の取引に必要とされる流動性の大部分を供給している。したがって、激しい銀行危機はほとんどいつも株式・債券市場の混乱を引き起こす。これらの市場の混乱は、資産を現金化しようとする性急な行動とあいまって、レバレッジ解消の悪循環をもたらす。危機が進展するなかで貯蓄する者も投資する者も自分のおカネのいちばん安全な保管場所はベッドの下だと思いこむようになり、こうした貨幣の退蔵が傷をますます深くしていく。

　銀行危機と金融パニックについて歴史は何を教えてくれるだろうか。

▶ **金融パニック**とは、人々が突然金融機関と金融市場の流動性に対する信頼を失ったときに生じる急激で広範囲にわたる金融市場の混乱を指す。

2.2　歴史的な銀行危機：金融パニックの時代

　南北戦争と大恐慌の間に、アメリカは危機に弱いことで有名な銀行システムをかかえていた。その当時でさえ、銀行は政府の規制を受けていた。ほとんどすべての銀行取引は連邦政府の規制下にある「国民銀行」によって行われ、後述するような準備と資本にかかわるルールにしたがうべきものとされていた。しかし、預金者保護のシステムは整備されていなかった。その結果、銀行取り付けは日常茶飯事で、当時金融パニックとして知られていた銀行危機もけっこう頻繁に起こっていた。

表17-1 銀行破綻の件数：国民銀行の時代と大恐慌期

国民銀行の時代（1863〜1912年）		大恐慌（1929〜41年）	
銀行危機の日付	銀行倒産件数	銀行危機の日付	銀行倒産件数
1873年9月	101	1930年11〜12月	806
1884年5月	42	1931年4〜8月	573
1890年11月	18	1931年9〜10月	827
1893年5〜8月	503	1932年6〜7月	283
1907年10〜12月	73（注）	1933年2〜3月	バンク・ホリデイ

（注）信託銀行の破綻を算入していないため、1907年の危機の規模は控えめにみえる。

　表17-1は、これらの銀行危機の日付とその都度の銀行倒産件数を示している。この表は2つの部分に分かれている。第1の部分は、これらの危機に終止符を打つことを期待された1913年の連邦準備制度創設に先立つ「国民銀行」時代にかかわっている。第2の部分は1930年代はじめに起きた一連の銀行破綻を記録している。

　これらのパニックを引き起こしたきっかけはさまざまだ。19世紀には、鉄道建設のにわか景気と不景気の交代があった。これは1980年代のオフィス建設の盛衰に似たところがある。現代の不動産会社と同じように、19世紀の鉄道会社は投資事業の資金調達のために借り入れに大きく依存していた。鉄道はオフィスビルと同じで建設に長い時間を必要とする。そのことから、過剰投資の繰り返しというエピソードに事欠かない。鉄道会社は拡張を競い、しまいには鉄道輸送の需要を超える過剰な鉄道を抱え込んでしまった。設備の過剰が明らかになると、事業の失敗、債務不履行、さらには全面的な銀行危機が追いかけてきた。1873年のパニックは鉄道事業に大きな権益をもっていたジェイ・クック社の倒産とともに始まった。1893年のパニックは、事業を拡大しすぎたフィラデルフィア＆レディング鉄道の倒産によって引き起こされた。

　本章の後段でみるように、19世紀および20世紀初頭の大きな金融パニックは強烈な景気後退をもたらした。しかし、1930年代の銀行危機にくらべれば、それ以前の危機は大したものではないようにみえる。1930年から32年の間に起こった4回もの銀行取り付けによって、アメリカの銀行の40％がつぶれた。その挙句、フランクリン・デラノ・ルーズベルト大統領は悪循環に終止符を打つため全銀行の一時的な閉鎖――いわゆるバンク・ホリデイ（銀行の休日）を宣言した。その間に、実質GDPは3分の1ほど縮小、物価も急落するなど、経済活動は急激に低下した。

　現在でも、1930年代はじめの銀行危機については大きな論争が続いている。この論争の一部は原因と結果に関するものである。銀行危機がより広範囲にわたる経済危機を導いたのか、あるいはその逆なのかという（いうまでもなく、因果関係は両方向にはたらいているのだが、そのどちらが強いかについては決着がついていない）。銀行危機をどの程度回避できたのかについても論争がある。ミルトン・フリードマンとアンナ・シュウォーツは有名な共著『アメリカ合衆国金融史　1867〜1960年

(*Monetary History of the United States, 1867–1960*)』のなかで、連邦準備制度が銀行危機を防げたはずだしそうすべきだった、もしそうしていれば大恐慌それ自体も防げたはずだと主張している。しかし、この見解に論駁する経済学者もいる。

アメリカでは、1930年代の経験によって銀行システムの改革が実現され、その後70年以上にわたって危機の再現を防ぐことができた。しかし、アメリカの外の世界では、数多くの大きな銀行危機が繰り返された。

2.3　世界中で起きている現代の銀行危機

世界を見渡せば、銀行危機は比較的頻繁に起きている。しかし、危機がどのようにして起きるかは、各銀行部門の制度的特性によって異なる。2008年に行われた国際通貨基金（IMF）の分析によれば、1970年から2007年までの間に世界中で少なくとも127件の銀行危機が起きている。その大部分は、先進国にあるセーフガード規制がない貧困小国でのことだ。貧困国では銀行が危機に陥るのはほとんど同じような理由、すなわち資本不足、未熟な会計技術、過度の貸し付け、そしてしばしば腐敗などによるものだ。とはいえ、たとえば（第14章で説明した）1980年代の貯蓄貸付組合の危機のときのように、先進国の銀行も似たような間違いを犯す可能性はある。

先進国では、銀行危機はほとんどいつも資産バブル――典型的には不動産バブルによって生じている。1985年から1995年までの間に3つの先進国――フィンランド、スウェーデン、日本――は不動産バブルがはじけたことによる銀行危機を経験した。これら3国の銀行は自分たちの貸し付けが少なからず助長した不動産バブルに深く関与していた。図17-1は1985年から1995年のフィンランド、スウェーデン、日本でのインフレ調整済みの不動産価格の推移を示している。それからみてとれるように、それぞれの国で急速な価格上昇の後で激しい下落が生じている。その結果、多くの借り手が不動産ローンの元利を返済できなくなり、各国の銀行システムの大部分が支払

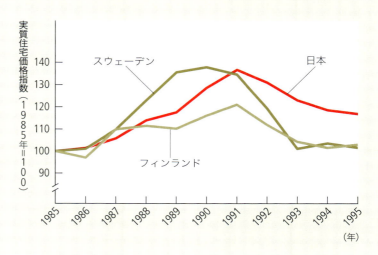

図17-1 3つの銀行危機にみる住宅価格の動向

1985年から1995年の間にフィンランド、スウェーデン、日本は不動産バブルによる銀行危機を経験した。この図から住宅の実質価格（インフレ調整済み）がいかに急激に上昇してから急落したかを読みとることができるだろう。住宅価格の激落によって、各国銀行部門の重要な部分が支払い不能に陥った。

（出所）イングランド銀行、スウェーデン統計局、日本不動産研究所、国際決済銀行、経済協力開発機構（OECD）

い不能状態に追い込まれた。

　アメリカでは、2008年のリーマンの倒産は、影の銀行部門では金融パニックだけでなく金融危機の伝染を含む銀行危機の導火線となったが、預金銀行はほとんど影響を受けなかった。「オープニング・ストーリー」で論じたように、2008年の危機が破壊的な影響を及ぼしたのは、証券化を通じてサブプライム・ローンがアメリカおよび世界の影の銀行部門にばらまかれたためだった。

　本書執筆時点では、証券化市場はまだ回復していない。影の銀行部門は昔の姿の影としかみえない。2008年以来、投資家たちは規制の便益を再発見し、預金銀行部門は影の銀行部門を犠牲にして拡大してきた。次節では、銀行部門の混乱がいかにすばやく広範な経済の混乱につながるかを学ぼう。

経済学を使ってみよう　エリンの破綻

　1990年代から2000年代にかけて、アイルランドは経済的成功譚の主人公「ケルトの虎」として名を馳せ、ほかのヨーロッパがうらやむしかないペースで成長していた。だが2008年、奇跡は突然終わった。アイルランドは巨大な銀行危機に直面したのだ。

　フィンランド、スウェーデン、日本の銀行危機と同様、アイルランドの危機は不動産への過大な期待から生まれたものだ。アイルランドの住宅価格は1990年代から上昇していたが、その一部は強い経済成長の結果だった。しかし、不動産の開発業者たちは価格がいつまでも上がると思いこみ、アイルランドの銀行は得たり賢しとこれらの開発業者の投機行動を支援する多額の資金を貸し付けた。1997年と2007年の間に、住宅価格は3倍になり、住宅建設は同じ期間に4倍になった。銀行の信用供与はヨーロッパのどこの国よりも急速に増加した。貸し付け騒ぎの資金を確保するため、アイルランドの銀行は、預金者の資金に上乗せする巨額の「卸売り」的な資金集め、すなわちほかの銀行や個人投資家からの短期の借り入れに走った。

　2007年に不動産ブームは崩壊した。住宅価格は下がりはじめ、住宅販売は激減した。ブームのとき銀行がしょいこんだローンの大半は債務不履行に陥った。「幽霊」宅地、すなわち人の住まない、荒れ果てた家屋が充満する新しい開発地が点在する光景が現れた。2008年、アイルランドの銀行の苦難は一種の取り付け騒ぎ——といっても預金者ではなく卸売りの銀行間貸付市場を通じて銀行に短期の貸し付けを提供してきた債権者が殺到する取り付け騒ぎに巻き込まれそうになった。こうした状況の安定化をはかるため、アイルランド政府はすべての銀行の債務の返還を保証するという介入に踏み切った。

　この措置は新しい問題を生み出した。なぜなら、潜在的に巨額の銀行損失を納税者に肩代わりさせることになるからだ。危機に襲われる前には、アイルランドは比較的軽い政府債務と財政黒字を誇る安定した財政状態にあるようにみえた。しかし、銀行危機はアイルランド政府に弁済能力があるかどうか、すなわち政府が債務履行に耐えるだけの資源をもち合わせているかどうかという深刻な疑念から、政府が国際市場で

借りた国債利子の高騰を招いた。

たいていの銀行危機と同様に、アイルランドの銀行危機もきびしい景気後退を引き起こした。失業率は危機以前の5％弱から2012年1月には14.8％強にまで上がった（訳注：エリンはアイルランドの愛称）。

✓ 理解度チェック　17-2

1. 「エリンの破綻」（経済学を使ってみよう）に関連して次の現象がどこに現れているか、特定しなさい。
    a. 資産バブル
    b. 金融危機の伝染のチャネル
2. 再び「エリンの破綻」に関連して、なぜアイルランド政府は銀行債務の保証によって状況の安定化を図ったと思うか、この施策はなぜ問題なのか。

解答は https://str.toyokeizai.net/books/9784492314906 にある。

3 | 銀行危機の帰結

もし銀行危機が銀行だけに影響するものであれば、そんなに重大な関心事ではないだろう。だが実際には、銀行危機はほとんどいつも景気後退をともない、激しい銀行危機は最悪の経済不振をもたらす。さらに歴史の示すところでは、多少とも銀行危機によって引き起こされた景気後退は長引く経済不調の元凶となり、その回復には何年もの歳月を要するのだ。

3.1　銀行危機、景気後退、そして回復へ

激しい銀行危機とは、銀行システムの大部分が全面的に破綻する（破産する）か、信用を大きく失墜させ、政府による救済を必要とするようなものだ。こうした危機はほとんど常に回復に時間を要する深刻な不況をもたらす。図17-2は、時間的にも空間的にも遠く隔たった2つの銀行危機、すなわちアメリカの1893年のパニックと1991年のスウェーデンの銀行危機のあとにみられた雇用の動向を追跡することでこの現象を例証している。この図では、t は危機が起こった年、アメリカでは1893年、スウェーデンでは1991年を示す。図が示すように、異なる大陸で、ほとんど1世紀を隔てて発生したこれらの危機は、まったく同様の破壊的な結果をもたらしている。失業は急増したのち、ゆっくりと不規則に下がっただけだった。その結果危機のあと5年経っても、職を失った人々の数は危機以前の標準よりも高止まりしていた。

これらの歴史的な事例は典型的なものだ。図17-3は、経済学者カーメン・ラインハートとケネス・ロゴフの、広く引用されている研究からとったものだが、多数の銀行危機のあとで生じた雇用動向を比較している。左側の棒グラフは危機の時期とその後に

▶ ちょっと復習

▶個々の銀行の破綻はよくあることだが、**銀行危機**は滅多にない事件であり、広い範囲の経済に深刻な悪影響を及ぼす。

▶銀行危機が起こるのは預金銀行ないし影の銀行が**資産バブル**に投資するか、あるいは銀行取り付けやレバレッジ解消の悪循環によって引き起こされる**金融危機の伝染**によるものだ。影の銀行の大半は規制されていないため、とくに伝染の影響を受けやすい。

▶2008年には、巨大な影の銀行部門の資産バブルとレバレッジ解消という悪循環が**金融パニック**と銀行危機を引き起こし、貯蓄者が支出を切りつめ、投資家が資金を退蔵したため、経済を急激に落ち込ませた。

▶南北戦争と大恐慌の間の時期に、アメリカでは数多くの銀行危機と金融パニックが発生し、その都度きびしい景気後退が追いかけてきた。1930年代の銀行改革は次の銀行危機の発生を2008年まで食い止めた。

▶銀行危機は通常は貧しい小国で起こる。しかし、先進国でも銀行危機の事例は事欠かない。リーマンの倒産は影の銀行部門で銀行危機と金融パニックを引き起こし、投資家を再び預金銀行部門に引き戻した。

図17-2 銀行危機前後の失業率

この図は、アメリカで1893年に起きたパニックと1991年にスウェーデンで起きた銀行危機という2つの銀行危機後の雇用動向を跡付けるものだ。tは危機の年——アメリカでは1893年、スウェーデンでは1991年——を示している。$t-2$は危機の2年前、$t+5$は危機から5年後を表す。どちらの場合にも経済は銀行危機から激烈な打撃を受けた。失業率は急上昇し、その後ゆっくりと不規則に下がっていった。どちらの場合にも、危機から5年経った後でも危機以前にくらべて失業率は高止まりしていた。

(出所)Christina D. Romer, "Spurious Volatility in Historical Unemployment Data," *Journal of Political Economy* 94, no.1（1986）: 1-37; Eurostat.

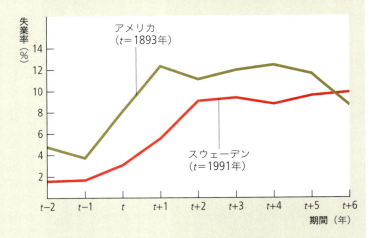

図17-3 銀行危機と失業のエピソード

経済学者のカーメン・ラインハートとケネス・ロゴフは、いくつかの国について深刻な銀行危機後の雇用状況を比較した。左のグラフは危機の間とその後の失業率の上昇、右のグラフは失業率が下がるまでの期間を示している。深刻な銀行危機の後、平均してみると失業率は7パーセンテージ・ポイント上昇し、失業率が下がりはじめ、危機前の状況に戻るまで多くの場合に4年かそれより長くかかっている。

(出所)Carmen, M. Reinhart and Kenneth S. Rogoff, "The Aftermath of Financial Crises," *American Economic Review* 99, no.2(2009): 466-472.

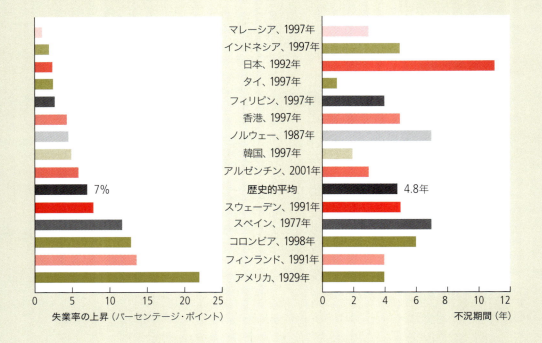

生じた失業の増加を示し、右側の棒グラフは失業が減りはじめる時期までに要した時間を示している。この数字はショッキングだ。激しい銀行危機は直後に平均７％もの失業率の上昇を招き、多くの場合に失業率が危機以前の水準に戻るどころか、ただ下がりはじめるまでに４年かそれ以上の年月を要しているのだ。

3.2 銀行危機による景気後退がこうもひどいわけは？

銀行危機が通常景気後退をもたらすのは理解に難くない。主な理由が３つある。資金不足による信用収縮、デット・オーバーハングによる金融逼迫、それに金融政策の効果喪失だ。

1. **信用収縮**。銀行システムの崩壊は通常、借りたい人が借りることができないか、できても非常に高い金利を払わされる**信用収縮**と呼ばれる資金不足の状態をつくり出す。借りることができないか、高い金利を払いたくないため、企業・消費者は支出を切りつめ、経済を不況に追いやることになる。

    ▶ **信用収縮**が起こると、潜在的な借り手はまったく信用が得られないか、さもなければ非常に高い金利を請求される。

2. **デット・オーバーハング**。銀行危機は概してレバレッジ解消の悪循環を通じて多くの資産の価格下落を引き起こす。返済を迫られる借り手が現金化を急いで資産を売り、資産価格を押し下げてさらなる金融逼迫の原因をつくる。すでにみたように危機蔓延の要因の１つは銀行がバランスシートに保有する資産の価値を低下させ、その資力を弱めるレバレッジ解消にある。それはまた、経済のほかのプレーヤーにとっても難題をつくり出す。最近の事件から誰でも知っている事例を引くと、住宅価格の下落は消費者にとって大きな重荷となる。とりわけ自分たちが住宅を購入するために負った債務の返済に苦しんでいればなおさらのことだ。こうして銀行危機は消費者にも企業にも**デット・オーバーハング**、つまり高い負債とともに目減りした資産を残すことになる。消費者も企業も負債を減らし資産を再建しようとするから、これは信用収縮と同じように支出減少と景気後退の原因となる。

    ▶ **デット・オーバーハング**が起こると、レバレッジ解消の悪循環によって借り手には高い債務と低い資産が残される。

3. **金融政策の効果喪失**。銀行危機に由来する景気後退の重要な特徴は、それが起こると金融政策——消費・投資支出の減少によって生じたマイナスの需要ショックと戦う政策担当者の主要な武器——の効果の大半が失われるということだ。金融政策の効果喪失によって銀行危機由来の不況はとくにきびしく、長引くものとなる。

第14章で連邦準備制度がいかに景気後退に対処するかを学んだ。銀行が保有する短期の国債を買い入れる公開市場操作を行うのだ。すると、銀行には超過準備ができるから、それを貸し出すので利子率が下がり、消費・投資支出の増加を通じて経済は拡大する。

正常な状況では、この政策対応はきわめて効果的だ。しかし、銀行危機のあとでは、このプロセスは全面的に崩壊する。銀行は顧客による取り付け、あるいは債権者の信

頼失墜をおそれて、超過準備を貸し出すどころか温存する傾向がある。他方、企業や消費者は資産価格の急落による資金難から利子率が下がっても借り入れを増やそうとはしない。

したがって、利子率がとことん引き下げられても、経済を完全雇用にまで回復させることはできないかもしれない。

第16章では、短期利子率をゼロの水準まで下げても経済の回復には十分でない流動性の罠という事態について説明した。事実、利子率がゼロの壁にぶつかったことが政策の重大な障害になった事例──1930年代のアメリカ、1990年代の日本、2008年以降の多くの国々など──はすべて大きな銀行危機のあとで起こっている。

通常の金融政策を使って銀行危機が引き起こした経済的困難を払拭できないということは、この種の危機が深刻で長引く不況を生み出す主な理由だ。解決するにはほかの政策手段を用いなければならないことは明白だ。実際、銀行危機に際して政府はさまざまな特別措置を講じている。

3.3　政府の介入

大恐慌以前には、政策担当者は銀行危機に対してしばしば自由放任の態度をとり、市場の力に解決させるべきだとして銀行が破綻するにまかせたものだ。しかし、1930年代の大惨事の後にはほとんどすべての政策担当者が銀行の破綻がもたらす災禍を封じ込める施策の必要性を認めるようになった。一般に、中央銀行と政府は銀行危機が巻き起こす火の粉を抑えるために3とおりの行動をとる。

1. 最後の貸し手として振る舞う。
2. 預金者やその他の債権者に銀行への請求権を保証する。
3. 極端な危機の場合には中央銀行が介入して民間の信用市場に融資を与える。

1. 最後の貸し手　**最後の貸し手**とは、金融機関が民間の信用市場から借り入れることができなくなったときに資金を供給する機関、通常は中央銀行のことである。とりわけ、中央銀行は、預金者からの取り付けにあったが基本的に健全な銀行に対して資金を供給することにより、銀行が資産の投げ売りをしないですむようにしてやることができる。これは、銀行の決済能力に対する不信を払拭し、それが自己実現的な予言とならないように手配りする生命線となる。

連邦準備制度は2008年の金融危機のときに最後の貸し手としてふるまっただろうか。まったくそうだったといえる。図17-4は、2005年から2010年までの銀行の連邦準備制度からの借り入れを示している。危機の前には、商業銀行の中央銀行からの借り入れはほとんどないに等しかったが、リーマンの破綻から数ヵ月の間に7000億ドルに急増した。これがどんなに巨額なものかをつかむには、危機以前の銀行の全準備が500億ドルに満たなかったこと、したがってこの借り入れは銀行の当初準備の14倍にもなっていたことを考えればよい。

> **最後の貸し手**とは、金融機関が民間の信用市場で借り入れ不能になったときに資金を供給する機関、通常は中央銀行を指している。

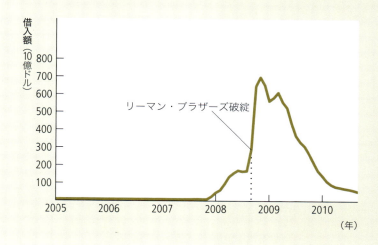

図17-4 預金機関の連邦準備制度からの借り入れ

2008年に危機が襲う前には商業銀行の連邦準備制度からの借入額はほんのわずかしかなかったが、リーマンが倒産して数カ月後には7000億ドル、すなわち危機以前の全銀行準備の14倍に跳ね上がっていた。

（出所）セントルイス連邦準備銀行

2. 政府保証　しかし、最後の貸し手ができることには限度がある。ある銀行が本質的に返済能力を失っていると信じるべき理由がある場合には、その信頼を回復することはできない。その銀行が短期的にはもてる資産を売り払わなくてもすむとしても、公衆が銀行の資産が負債を償うだけの値打ちがないと信じているような場合には、最後の貸し手はあまり助けにはならない。重大な銀行危機のときには、真の意味で破産していると信じるべき銀行が少なくなかった。

　そのような場合には、政府がしばしば介入して銀行の債務を保証する。2007年にイギリスの銀行ノーザン・ロックが取り付けにあい、イギリス政府が介入して、大小を問わず銀行が保有するすべての預金を保証するまで収まらなかった。アイルランド政府は結局銀行のすべての預金だけでなく、すべての債務を保証するところまでいった。スウェーデンは、1991年の銀行危機の後に同様な措置を講じた。

　政府が銀行のリスクを引き受けるとき、その代償——すなわち救済する銀行の所有権を求めることがある。ノーザン・ロックは2008年に国有化された。スウェーデンは1992年に銀行システムの相当部分を国有化した。アメリカでは、連邦預金保険公社が破綻した銀行を原則として差し押さえる。2009年には140の銀行を差し押さえた。しかしアイルランドは、納税者が負債を保証した銀行を一行も国有化しないという選択をした。

　こうした政府による接収はほとんどいつも一時的なものである。一般に、現代の政府は銀行を救済することは望んでも経営することは望まない。だから、国有化した銀行をできるだけ早く民間の買い手に売却し「再民営化」する。

3. 直接融資の提供　第14章で学んだように、2008年の深刻な金融危機の最中に連邦準備制度は通常の公開市場操作と預金銀行への貸し付けを超えてその活動範囲を拡

大した。影の銀行への貸し付けとコマーシャルペーパー——民間会社の短期社債——の買い付けを始めただけでなく、ファニーメイやフレディマックなどの政府が主導する住宅抵当会社の負債を買い取った。このように、連邦準備制度は民間の信用市場が枯渇したときに直接信用を供与して経済を浮揚させたのだ。

経済学を使ってみよう　銀行と大恐慌

公式の景気基準日付によれば、アメリカは1929年8月に景気後退に入った。それはその年に起きた有名な株式市場暴落の2カ月前のことだった。株価暴落はたしかに景気不振を悪化させたが、1930年代末まで多少とも通常の景気後退と変わらないようにみえた。ところが、それから銀行の破綻がはじまった。大多数のエコノミストたちはこの銀行危機が後にかなりきびしい不況の原因にはなるにしても、大恐慌に転じる壊滅的な不況を引き起こすものではなかったと信じている。

銀行危機はどのようにして広範囲の経済を傷つけていったのか。主として信用収縮によってであった。企業は資金の借り入れができず、できても非常に高い金利を払わされた。図17-5は信用収縮の1つの指標——「スプレッド」と呼ばれる——、すなわち、非常に良くもないがまずまず良い条件の企業が借りられる利子率と政府借り入れの利子率との差異を示している。

図17-5 1930年代の銀行危機と信用収縮

（出所）セントルイス連邦準備銀行

Baa社債とは信用格付け機関のムーディーズが「中級証券」——支払い能力はあるが、完全には信頼できないとする会社の債券である（Baaはそのような会社の債券に付される特定の格付けを指す）。銀行危機が襲来する前までは、Baaの会社は政府の借入利子率よりも2％ほど高い利率で借りていた。このスプレッドは1931年の夏まで低く抑えられていたのだが、それ以降急拡大し、1932年には7％以上のピークに達した。ただ、これは信用収縮の1つの指標にすぎないことに注意しよう。借り入れ希望をもつ多くの借り手は完全に閉め出されたのだ。

1930年代初頭の銀行危機に関して注目すべき1つの事実がある。それは、連邦準備制度が最後の貸し手としての役割を果たす法的権限をもっていたのに、概してそれを行使しなかったということだ。2007年から2009年にかけて連邦準備制度からの借り入れが急上昇したことと同様の出来事は起こらなかった。実際、1930年代の銀行危機の期間を通して銀行の連邦準備制度からの借り入れは1928～29年の水準より低かった。

他方、連邦準備制度も政府も1933年まで、つぶれかかった銀行にいっさい手をさしのべるようなことはなかった。このように、1930年代初頭は、政策担当者が何もせず放置した銀行危機の明確な事例を提供している。誰もこのような経験を繰り返したいと思わないだろう。

✓ 理解度チェック 17-3

1. 2010年現在、連邦準備制度は2008年の銀行危機がもう1つの大恐慌に発展するのを食い止めることができたが、それによって激増した失業を十分に減らすことはできなかった。なぜか説明しなさい。
2. 銀行危機のあとでは、低利子率、それも0％の利子率でさえ経済を完全雇用に回復するには十分ではないかもしれない。なぜか説明しなさい。

解答は https://str.toyokeizai.net/books/9784492314906 にある。

4│2008年の危機とその余波

ここまでみてきたように、銀行危機の後には深刻な経済問題がつきものだ。2008年の金融危機の余波は、歴史的に経験してきた危機とくらべてどうなのか。残念ながら、歴史が教えるとおり、今回の金融危機にともなう経済損失もこれまでと同様に巨額で長引くものだ。2008年秋のリーマン・ショック以後、危機の余波は世界経済を大きく揺るがした。

4.1 深刻な危機と遅い回復

図17-6には、金融危機の時期とそれ以降の世界二大経済圏——アメリカ合衆国と

▶ ちょっと復習

▶銀行危機はほとんどいつも景気後退をもたらす。とくに激しい銀行危機は最悪の経済的不振と結びついている。歴史的には、激しい銀行危機は平均7％の失業率上昇をもたらしてきた。

▶銀行危機によって引き起こされた景気後退はとくにきびしいものがある。それは、**信用収縮**、すなわちレバレッジ解消の悪循環と**デット・オーバーハング**がともに家計や企業の支出削減を助長するように作用し、景気の下降を加速するからだ。

▶銀行危機が誘発した経済不振がこれほど激甚で長引くのは金融政策の効果が奪われるからだ。中央銀行が利子率を下げることができても、金融的に窮迫した家計や企業は借り入れをして支出を増やそうとはしない。

▶中央銀行と政府は銀行危機がもたらす損失を抑えるため主として2つのタイプの政策を行う。**最後の貸し手**として行動すること、そして銀行が負った債務の返済を保証することだ。銀行の救済を終えてからも政府はしばしばその銀行を国有化し、あとで再民営化する。極端な場合には、中央銀行は民間金融市場へ融資を直接提供する。

図17-6 アメリカと欧州連合（EU）の危機と回復

2008年に起こった金融危機の余波で、EUとアメリカの総産出量は激しく低下した。危機前に記録したピーク値を100として指数化すると、それぞれの実質GDPが5％以上も下落したことがわかる。2011年の後半までに、アメリカの実質GDPはかろうじて危機前の水準まで回復したが、EUの総産出量は危機前のピーク値にはまだ至っていない。

（出所）アメリカ経済分析局、Eurostat

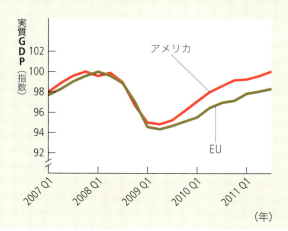

図17-7 2008年の危機の余波における失業

2008年以後、失業率は急激に上昇し高止まりしている。失業者のなかで27週間以上も職に就けない人の割合を示す長期失業も同時に上昇している。2011年までに、すべての失業者のうちほぼ半分が長期失業となっている。

（出所）アメリカ労働統計局

欧州連合（EU）——の実質 GDP が示されている。危機が起こる前、アメリカの実質 GDP は2007年第4四半期にピークを迎え、EU では2008年第1四半期がピークであった。図はそれぞれのピーク値を100として描かれている。ここからわかるように、どちらの経済も5％以上の深刻な落ち込みを経験し、その後の回復は相対的にゆるやかだ。2012年はじめ、ヨーロッパは危機前の産出量の水準をまだ取り戻していないし、アメリカもそのピーク値を超えるほどには回復していない。

深刻な落ち込みとゆるやかな回復は労働者にとっては悪い知らせだ。なぜなら労働市場が健全な状態に戻るには、経済成長が十分に加速して労働力と生産性の増加を達成しなければならないからだ。図17-7は、アメリカの失業にかかわる2つの指標——経済全体の失業率と27週間もしくはそれ以上職を得ていない失業者の割合——を示している。どちらの指標も危機の期間に急増し、その後も高止まりしていた。これは労働市場で職探しが非常に困難だったことを示唆している。

残念だがこうした事態は、今回の金融危機の重症度と歴史的な経験から判断すれば、当然の結果といわざるをえない。実際、アメリカの失業率に関していえば、これまでに起こった大規模な銀行危機の平均的な状況とほぼ同じである。ケネス・ロゴフが（先に引用した論文で）指摘したように、アメリカは「どこにでもある深刻な金融危機」を経験したのだ。

4.2　ヨーロッパへの余波

回復への期待に悪影響を及ぼした重要な要因の1つは、いくつかのヨーロッパ諸国でとくに困難な状況が起こったことだった。こうした困難な状況が第2の金融危機を引き起こすと繰り返し懸念された。

2008年の危機では、住宅ローンを主とした民間の負債が銀行の信用危機を引き起こしたが、2011年と2012年に心配された第2の危機では公的債務、とくに南欧諸国とアイルランドの公的債務に懸念が集中した。

図17-8 ドイツの10年物国債との金利差

政府の債務不履行リスクを投資家がどの程度認識しているかを示す指標の1つは、その国の国債と安全な投資先とみなされている国の国債の利子率の金利差である。イタリアとスペインの10年物国債とドイツの10年物国債の利子率の金利差は、投資家によるイタリアとスペインの債務不履行懸念が高まるにつれ上昇した。

（出所）Eurostat

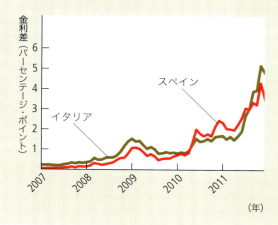

　ヨーロッパの問題は、長期にわたっての無責任な財政拡大の歴史があるギリシャで最初に表面化した。2009年の後半に、前ギリシャ政権が財政赤字の規模と政府の負債額を過少に申告していたことが明らかになると、駆り立てられた貸し手たちはギリシャへのさらなる融資を拒絶した。ほかのヨーロッパ諸国は厳格な予算縮小と引き換えにギリシャ政府への緊急融資を実施したが、これらの予算削減がギリシャ経済をさらに悪化させた。その結果2011年後半までに、ギリシャは負債を全額返済できないという一般的な合意が形成された。

　ギリシャはヨーロッパのGDPの3％未満しか占めていないため、この衝撃自体はヨーロッパ経済にとって、おそらく管理できる問題だった。残念なことに、ギリシャ問題に対処したヨーロッパ諸国の役人たちの遅い対応と、きびしい予算削減によるギリシャ経済への影響が重なり、投資家たちは驚いて逃げ出してしまったのだ。2011年の秋までに、その危機はギリシャの国境を越えて、ヨーロッパの主要国であるスペインとイタリアに飛び火した。

　図17-8には、2008年と2011年の危機の最中にイタリアとスペインにかかったプレッシャーの指標が示されている。それは、両国政府が発行した10年物国債の利子率と、多くの人が安全投資とみなすドイツ国債の利子率の差だ。これら3カ国は共通通貨ユーロを使用しているから、イタリア政府とスペイン政府の負債がドイツ政府の負債と同程度に安全だとみなされれば、利子率はすべて同じになるはずだ。すなわち、「スプレッド（利子率の格差）」の上昇はリスクの認識が高まっていることの表れだ。

　スペインの財政問題は主に2008年の危機の余波だった。その危機が起こる前、スペイン政府は負債も小さく黒字を計上する健全な状態にあるようにみえた。だが、アイルランドと同様に、スペインは2000年から2007年にかけて巨大な住宅バブルを経験した。バブルが破裂すると、スペイン経済は深刻な不振に落ち込み、政府の税収は激減し財政は巨額の赤字となった。それと同時に、スペイン政府は銀行救済にいずれ

巨額の資金を費やすことになるとの憶測が生じた。その結果、投資家がスペイン政府の返済能力に疑問をもち債務不履行を懸念した結果、利子率が急騰したのだった。

イタリアのケースは、それとはやや異なる。イタリアでは、GDPに対する公的負債比率は長期間にわたって高かったが、ここ数年は巨額の赤字を計上することもなく、2010年の春になっても財政状態は十分安定しているようにみえた。けれども、その時点で投資家たちはすでにイタリア政府の返済能力に疑問を感じはじめていた。というのも、2008年の危機の余波でイタリア経済の成長はゆるやかとなり、その結果、公的負債の返済に必要な税収が得られないのではないかとの懸念が生じていた。こうした懸念がイタリアの公的負債の利子率を押し上げ、さらにそれが悪循環をもたらした。つまり、イタリア政府の返済能力への懸念が利子率を上昇させ、それがイタリアの財政状態をさらに悪化させることで、政府を崖っぷちに追い込んでいった。

本書執筆時点でも、ギリシャは債務を不履行し、スペインの若年者失業率は50％を超えていた。現時点ではヨーロッパの苦境がどこまで続くのか見当もつかない。ヨーロッパの困難な状況は、2008年の金融危機から派生した損失が莫大なものだったとの認識を新たにしてくれた。

4.3　刺激策と緊縮策をめぐる論争

2008年の金融危機はその後長期にわたり経済的困難をもたらした。こうした困難に対する適切な政策対応について激しい論争が起こっている。大ざっぱにいって、経済学者や政策担当者の考えは二分されている。政府支出の拡大や場合によっては減税によって民間支出の促進と失業の削減を目指すべきだと考える財政刺激派と、政府支出の縮小や場合によっては増税により財政赤字の削減を目指すべきだとする"緊縮"財政派にわかれているのだ。

主要国の経済の動向が一貫してよくないうえに、高失業と低インフレが同時進行している状況では明らかに拡張政策が必要だと、財政刺激策の支持者は主張する。さらに、金融政策が金利のゼロ下限により制約されている以上、刺激派はその不足を補うためにも拡張的な財政政策が必要だと説く。

緊縮派はまったく異なる見方をもっている。ギリシャ、アイルランド、スペイン、イタリアの返済能力問題に強い影響を受けたことから、彼らは高水準の政府赤字と負債が共通の問題だと主張してきた。そうした見方によれば、2008年の危機の後に巨額の財政赤字を継続しているアメリカのような国は、負債の返済能力に対する投資家の信頼を損なうリスクがある。さらに彼らは、政府支出の削減は投資家の信頼を回復し政府負債の利子を低下させるので、実際には経済を縮小させる政策ではないと主張する。

論争の当事者たちは、ここ数年の経験によって相手方の誤りが明らかになったと主張してきた。緊縮派は、2009年にアメリカやほかの主要国が財政刺激策を採用したにもかかわらず、失業率が高止まりしたのは刺激策の効果がなかったからだと論じた。刺激派はこれらの政策は単に規模が不十分なだけであり、多くの経済学者は当初から

その問題を警告していたと反論した。さらに、問題をかかえたヨーロッパの負債国とはちがって、自国通貨をもつことで政策自由度のある日本、アメリカ、イギリスの国々では、借り入れ費用が上昇するどころか記録的な低水準にまで下がっており、財政赤字の危険に対する警告は杞憂にすぎないと主張した。また、支出削減が投資家の信頼回復につながるというのも幻想だと退けた。

本書執筆時点では、どちらの側も相手方に屈していない。この論争は今後の経済の展開とその解釈次第で決着がつくかもしれない。

4.4 危機後の停滞からの教訓

ほぼすべての主要経済国は、2008年の金融危機がもたらした余波の対応にかなり苦しんできた。高失業や低成長に加えて、返済能力に関する懸念や公的債務の高金利に苦しむ国もあった。

いうまでもなく、金融危機後の厄介な問題を避ける最善策は、第1に危機を起こさないことである。そのためには、どうすればよいのか。完璧ではないにしろ、金融機関に対する規制の改善によって希望がもてるかもしれない。次に、規制改革の試みを取り上げよう。

経済学を使ってみよう☞　切り詰めたイギリス

2010年5月、イギリスでは選挙により労働党から保守党主導の連立政権へ政権交代が起こり、デービッド・キャメロンが新首相に就いた。新政権は注目された危機後の政策論争では緊縮派の立場であったことからそれに応じて政策を変更した。

ギリシャやアイルランドとは異なって、イギリスには財政赤字を即時削減せよとのプレッシャーはなかった。アメリカ政府と同様、イギリス政府も巨額の財政赤字を抱えていたが、低費用で借り入れることができた。とはいっても、イギリス経済はアメリカ経済よりも落ち込みが深刻で、回復の兆しはほとんどなかった。だが、キャメロン政権は、公共支出の先行削減とある程度の増税が投資家の信頼確保には必要で、そうした削減策が信頼回復につながり経済を浮揚させると信じていた。

こうした政策はどの程度うまくいったのか。2012年はじめの時点では、緊縮策の試みは期待された成果を生み出していない。イギリスの経済成長は弱含みで、実際、精彩さを欠くアメリカの動向にくらべてさえ、かなりの程度で悪い。図17-9に示されているように、緊縮策が意図したような企業マインドの改善は、期待止まりで現実には起こら

図17-9　イギリスでの企業マインド

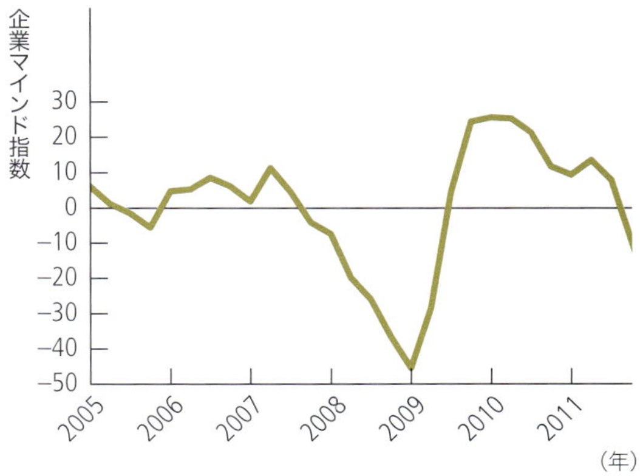

（出所）グラントソントン、UK Business Confidence Monitor.

なかった。

ちょっと復習

▶2008年の金融危機がもたらした経済損失は巨額で長期にわたって継続した。危機の余波はいまでも世界経済を揺るがしている。

▶世界の二大経済であるアメリカと欧州連合（EU）は5％以上の縮小をともなう深刻な不振に苦しんだ。きびしい不況と遅い回復は労働者にとってとても悪い知らせだ。

▶2008年の金融危機後に起こった経済的困難の結果、ヨーロッパのいくつかの国では政府の返済能力に関する重大な懸念が生じた。財政刺激と財政緊縮のどちらが正しい処方箋かをめぐって激しい論争が起こった。

✓理解度チェック 17-4

1. 2011年11月に、フランス政府は2012年の経済成長予測を下方修正すると公表した。また、経済の停滞は税収の減少につながるため、2012年の税収の推計値も下方修正した。税収の低下が財政赤字に及ぼす効果を相殺するため、政府は増税と支出削減を一体とする新たな政策を公表した。フランスは刺激派－緊縮派の論争において、どちらの立場をとっていたのか。

解答は https://str.toyokeizai.net/books/9784492314906 にある。

5 危機後の規制改革

　世界中の政府や中央銀行による介入の結果、2009年の終わりまでに金融市場は平穏さを取り戻した。だが、グローバル経済の損失は莫大なものだった。先進諸国の大半は1930年代以来でもっとも深刻な不況に苦しんだ。あらゆる指標が、金融危機後の回復の遅れという典型的なパターンが繰り返されたという事実を示していた。高い失業率は数年間持続した。

　2008年の銀行危機は、金融規制とは終わりのないプロセスであることをかなり明確に再認識させてくれた。変わりゆく世界に追いつくためにも規制は変化し、また変化すべきものであるということだ。影の銀行部門は、（レポと呼ばれる）超短期融資への依存、規制対象外、そして最後の貸し手機能の範囲外という特徴から、危機やパニックに陥りやすい。最新の危機は、規制にどのような修正をもたらしたのか。2008年の危機の後、誰の目にも明らかだったことは、それまでの銀行規制の範囲がせますぎたということだ。銀行部門の実態からみて大部分が影の銀行であるような世界では、預金を受け入れる金融機関のみを規制することは明らかに不適切である。

　危機の後、金融規制の見直しと修正が必要なことは明らかだった。2010年にアメリカ議会は、数年来の出来事に対応すべく新たな法案を制定した。ウォール街改革・消費者保護法──ドッド＝フランク法としてよく言及される──は、ほかの法と同様に詳細は複雑である。だが、その要点は次の4つである。

1. 消費者保護
2. 金融派生商品（デリバティブ）規制
3. 影の銀行の規制
4. ノンバンクの破綻処理権限

1. 消費者保護　金融危機の要因の1つは、人々が返済についてよく理解せず借り入

れていたことにある。たとえば、住宅ローンでは最初の1〜2年は返済が容易だが、その後返済額が急上昇するものがあった。将来同じような事態が起きないように、新法のもとでは特別機関である消費者金融保護局が創設され、金融産業の業務監督と借り手の保護にあたる。

2．金融派生商品規制　危機のもう1つの要因は、金融派生商品の拡散にある。金融派生商品は複雑な金融手段であり、リスク分散に役立つはずが、おそらく実際には単にリスクを隠しただけだった。新法のもとでは、金融派生商品は開放的で透明性の高い市場で売買されることが義務づけられている。この規制には、金融市場の参加者たちがみえないリスクをとらないようにする意図がある。

3．影の銀行の規制　これまでみてきたように、金融危機の主要な要因は、銀行の役割を果たし銀行危機のリスクにもなるが従来の銀行の定義には当てはまらない金融機関の出現にあった。どうやって、そのような金融機関にも規制の手を広げればよいのか。ドッド・フランクは銀行とは何か明示的な新しい定義を示していない。そのかわりに、金融版「みればわかる」的な基準が示された。具体的にいうと、新法では特別審査会が創設され、この審査会が業務に銀行危機の潜在要因があるかに基づいて個々の金融機関が「システム上重要」なのかを判断する。重要だと認定された機関は、資本や投資等の面で銀行と同様の規制に服すことになる。

4．破綻処理権限　2008年の危機で明らかになったように、政府は単なる預金だけでなく広範囲な金融機関の負債を保証せざるをえない場合がある。だが、こうした保証があると、いざというときに政府の救済に頼れることを見越して、金融機関はリスクを過剰にとろうとする。こうしたインセンティブの問題を回避して、どのように保証を実行できるだろうか。その答えの一部は、救済を必要とする金融機関の経営支配権限を政府に与えることだ。この方法はこれまでも破綻した商業銀行や貯蓄金融機関に適用された。破綻処理権限として知られるこの新たな権力は、いくつかの主要な金融機関が危機に瀕していた2009年はじめ、この緊急事態を解決に導いたとみなしてしかるべきだ。けれども、ワシントンの政府が納税者にとって公平な救済を実施する法的権限を与えられていたかは明らかでなかった。

　これらはどれも、いまではアメリカの法律である。だが、2つの問題が未解決のままだ。（1）こうした規制は、どのように国際金融システムに組み込まれるのか。外国も同様の政策を採用するのか。その場合、国家間の政策をめぐる対立はどのように解決されるのか。（2）こうした規制はうまくいくのか。1930年代後の銀行規制は、その後数十年の安定期間をもたらしたが、再び同じような安定期間が到来するのか。それとも、新しい金融システムは深刻な試練に直面し、再びうまくいかなくなるのか。

　その答えを知る者はいない。ただ待って確かめるのみだ。

経済学を使ってみよう　ベントが額面割れする

　1970年、金融商品発明家のブルース・ベントは、マネー・マーケット投資信託という新たな概念をアメリカの金融界に導入した。たいていの投資信託は、小口投資家が株式を購入する手段を提供する。つまり、フィデリティやヴァンガードのような会社の投資信託を一口購入すると、分散投資された株式の組合せを間接的に購入したことになる。だが、ベントは財務省短期証券やデフォルト・リスクが低い高格付け企業のコマーシャル・ペーパーのみを組み合わせた投資信託をつくり出した。彼のアイデアは、銀行預金よりも高い金利を得つつ安全に資金を託せる場所を提供するということだ。その後、多くの人々がマネー・マーケット投資信託は銀行預金と同等だがそれよりもすぐれていると気づきはじめた。

　だが、マネー・マーケット投資信託の資金が銀行預金と異なる決定的な側面があった。マネー・マーケット投資信託は連邦政府の保証対象ではなかった。リーマン・ブラザーズが破綻した翌日の2008年9月16日、ある主要なマネー・マーケット投資信託会社が、信託資金すべてを払い戻すのに十分な資産がない、つまり「額面割れ」に至るほど、リーマンとの取引で巨額の損失を出したことが明るみに出た。その結果、その投資信託会社は資金の引き出しを中止せざるをえなかった。事実上、「銀行」が突如として店の扉を閉めたのだった。

　この苦境に陥ったのはどの投資信託会社か。リザーブ・プライマリー・ファンド、ほかでもないブルース・ベントが経営する会社だった。マネー・マーケット投資信託の顧客たちはパニックとなり、2日間のうちに数千億ドルが引き出された。

　連邦政府は、マネー・マーケット投資信託への一時的な保険制度を創設し、銀行預金と同等の保護を与えることでパニックをしずめた。だが、マネー投資信託をめぐるパニックは、金融の技術革新が従来の銀行セーフティー・ネットを機能不全にするという教訓をともなった実例である。

ちょっと復習

▶リーマン・ブラザーズ破綻後にパニックが起こると、世界中の政府や中央銀行は危機と闘い市場を沈静化せるために介入した。ほとんどの先進国経済は、1930年代以来最悪の不況に苦しんだ。

▶2010年にアメリカ議会はドッド＝フランク法を制定し、2007～09年の危機によって表面化した規制の欠陥を改善しようとした。その法の要点は、借り手と消費者の保護を目的とした消費者金融保護局の創設、金融派生商品の規制強化、影の銀行部門への規制拡張、救済を要する金融機関の破綻処理権限を政府に付与することである。

理解度チェック　17-5

1. 短期借り入れへの依存と最後の貸し手機能の範囲外という特徴のために、影の銀行が取り付けと類似した事態に陥りやすいのはどうしてか。
2. 影の銀行部門がなく正式な預金銀行部門だけであったとすれば、2008年の危機はどのように軽減されていただろうか。
3. 影の銀行部門に関係する2007～09年危機への対応において、アメリカ政府が直面したインセンティブ問題を説明せよ。ドッド＝フランク法はこうしたインセンティブ問題にどう取り組もうとしただろうか。

解答は https://str.toyokeizai.net/books/9784492314906 にある。

要約

1. 銀行が存在しなければ、人々は富の大半を現金として退蔵することで流動性と収益性のトレードオフに対処するだろう。銀行は**満期変換**、つまり短期債務を長期資産へと変換する。銀行は貯蓄者が資金をいつでも使える形にしておくことに加え、その資金に利子を支払うことで貯蓄者の厚生を改善している。

2. 1980年以来、**影の銀行**が着実に増えてきた。影の銀行は概して規制の対象とならなかったので、貯蓄者に対して預金銀行よりも高い利子を払うことができる。預金銀行と同じく、影の銀行は満期変換に携わる。つまり、短期資金を借り入れ長期資産へ投資する。そのため、影の銀行もまた銀行取り付けに見舞われる可能性がある。

3. **銀行危機**は滅多にない事件であり、経済に深刻な悪影響を及ぼす。それには2つの原因がある。**資産バブル**に投資するといった誰もが犯す誤りや、あるいは**金融危機の伝染**だ。伝染は銀行取り付けもしくはレバレッジ解消の悪循環を通じて拡散する。規制されていない影の銀行は、とりわけ伝染の被害を受けやすい。2008年にアメリカを襲った**金融パニック**は、資産バブル、巨大な影の銀行部門、それにレバレッジ解消の悪循環から生じた。

4. アメリカでは数多くの銀行危機と金融パニックが発生し、その都度きびしい景気後退が起こった。1930年代の危機によって生まれた銀行改革によって次の危機の発生は2008年までくいとめられた。銀行危機は世界中で頻繁に起こるが、たいてい貧しい小国で起こる。しかし最近では、いくつかの先進国も不動産バブルによる銀行危機を経験した。

5. 激しい銀行危機はほとんどいつも深刻で長期にわたる景気後退をもたらすため、危機開始後の数年間は失業が高いまま推移する。銀行危機が経済にこれほど大きな被害をもたらすのは主に3つの理由がある。**信用収縮**やレバレッジ解消の悪循環による**デット・オーバーハング**が起こると同時に、経済が流動性の罠に陥ることにより金融政策が無効となるからだ。その結果、家計や企業は支出できないか、もしくは支出を増やそうとしないので、経済不振がより深刻になる。

6. 大恐慌時とは異なって、現代では政府が**最後の貸し手**として行動するとともに銀行債務の返済を保証することで、銀行危機がもたらす損失を抑えようとする。常にではないにしろ、政府が銀行を国有化し、あとで再民営化することもある。極端な危機の場合には、中央銀行は民間金融市場へ融資を直接提供する。

7. 2008年の金融危機がもたらした経済損失は巨額で長期にわたって継続した。世界の2大経済であるアメリカと欧州連合（EU）は5％以上の総生産縮小をともなう深刻な停滞に苦しんだうえに、その後の回復もこれまでとくらべてゆるやかだ。2008年以後も経済困窮が長期化したため、経済学者や政策担当者の間では、財政刺激と財政緊縮のどちらが正しい処方箋かをめぐって激しい論争が起こった。財政刺激派は、支出促進と失業削減のために財政支出拡大や場合によっては

減税を要求し、財政緊縮派は、財政赤字削減のために財政支出削減や場合によっては増税を主張した。

8. 1930年代に築かれた銀行の規制体系は、影の銀行の出現により蝕まれていった。短期融資（レポ）への依存、規制の欠如、最後の貸し手システムの範囲外という理由から、影の銀行部門は銀行パニックの影響を受けやすい。

9. 2008年の危機は不動産バブルが崩壊し影の銀行部門が巨額の損失をこうむったことで始まった。世界中の政府や中央銀行は介入して危機や経済不振と闘ったが、ほとんどの先進国経済は、1930年代以来最悪の不況に苦しんだ。高い失業率は今後数年間にわたり持続するであろう。

10. 危機の後、アメリカ議会は再発防止を意図してドッド＝フランク法を制定した。その新たな改革の要点は、消費者保護の強化、金融派生商品の規制拡大、影の銀行部門の規制、多様な金融機関の破綻処理権限である。こうした改革が適切であったのか、また他国も同様の規制を採用するのかを今後注視する必要がある。

キーワード

満期変換	652ページ	影の銀行	653ページ
銀行危機	656ページ	資産バブル	656ページ
金融危機の伝染	656ページ	金融パニック	657ページ
信用収縮	663ページ	デット・オーバーハング	663ページ
最後の貸し手	664ページ		

〈問題〉

1. 次のなかでデット・オーバーハングの例はどれか。どの例が支出の削減をもたらす可能性があるか。説明しなさい。

   a. あなたのおじがレストランを開業し、その資金を借り入れた。レストランの経営に失敗し、あなたのおじは店を閉めたが、その負債を返済しなければならない。

   b. あなたの両親が住宅購入のローンを組んだ。あなたの父親が転勤となりその家を売却しなければならない。そこに住んでいる間に、その家の市場価値は上昇した。

   c. あなたの友人の両親は、友人が大学在学中に住むマンションを購入するためにローンを組んだ。しばらくすると住宅価格が落ち込んで、あなたの友人が大学を出るまでに、そのマンションの価値は借入額よりもずっと低下した。

   d. あなたは就職の展望が明るい分野で優等学位を取得し大学を卒業する。あなたが返済しなければならない学生ローンの額は2万5000ドルだ。

2. 次のなかでレバレッジ解消の悪循環の例ではないのはどれか。説明しなさい。

a. あなたの大学はキャンパス内の建物を改築するために街中にあるいくつかの商業用ビルの売却を決めた。
b. ある企業は所有する多数の高価な美術品の売却を決めた。なぜなら、バランスシート上にあるその他の資産の価格が基準値よりも下落し、債権者がローン契約時に定められた条項に従って資金の返済を要求したからだ。
c. ある企業は負債を自発的に返済する目的でさらなる株式の発行を決断した。
d. 影の銀行は、資産価格下落の結果、債権者とのローン契約条件から債務不履行と判断されたので、みずから保有する社債を売却しなければならない。

3. 下の図には2000年から2010年までのケース・シラー・アメリカ住宅価格指数が示されている。アメリカの住宅価格は金融危機の前後どちらでピークを迎えたか。あなたの答えを説明しなさい。

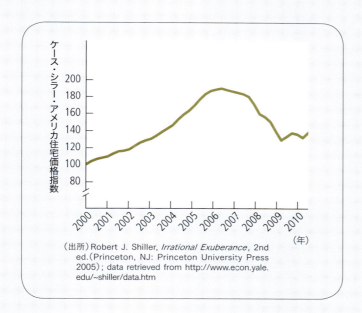

(出所) Robert J. Shiller, *Irrational Exuberance*, 2nd ed. (Princeton, NJ: Princeton University Press 2005); data retrieved from http://www.econ.yale.edu/~shiller/data.htm

4. 図17-2にはアメリカで1893年に起こったパニックの前後数年におけるアメリカの失業率と、スウェーデンで1991年に起こった銀行危機の前後数年のスウェーデンの失業率が示されている。
a. 図17-2では、1893年のパニック後、何年でアメリカの失業率がピークに到達したのか。
b. 図17-2では、1991年の銀行危機後、何年でスウェーデンの失業率がピークに到達したのか。

5. 2007年から2009年にかけて、連邦準備銀行は最後の貸し手として民間市場にかわって資金を提供した。また、連邦準備銀行は多くの銀行の経営を引き継いだ。2007年には3銀行、2008年には25銀行、2009年には140銀行が連邦準備銀行の管

理下に置かれた。www.fdic.gov を開いて、"Bank Closing Information" の下にある "Complete Failed Bank List" をクリックしなさい。今年これまでに連邦準備銀行が管理下に置いた銀行の数を調べなさい。2008年の危機以来、銀行の倒産は減少しているか。

6. 2008年10月の金融危機の間、連邦政府は2.73％（5年物財務省証券の利回り）で借り入れることができた。2008年の10月、Baa 格付けの借り手（ムーディーズにより完全には信頼の置けない借り手と格付けされた企業）は、8.88％支払う必要があった。
   a. こうした企業と連邦政府の借り入れ費用のちがいは何か。
   b. research.stlouisfed.org/fred2/categories/22. から "Treasury Constant Maturity" へのリンクをクリックし、10年物アメリカ財務省証券の最新の利子率をみつけなさい。次に、"Corporate Bonds" へのリンクをクリックし、Baa 格付け企業の債券の利子率をみつけなさい。こうした企業と連邦政府の現在の借り入れ費用のちがいは何か。
   c. 2008年10月の金融危機の高水準以来、借り入れ費用の差は拡大もしくは縮小しているか。それはなぜか。

7. www.federalreserve.gov を開き、"Banking Information & Regulation" タブをクリックしなさい。"Large Commercial Banks" が後に続く "Banking Data" リンクを選びなさい。そこで、最新の四半期データを選びなさい。
   a. 最大の連結総資産を保有するのはどの銀行か。
   b. 最大の国内総資産を保有するのはどの銀行か。
   c. 問題 b で取り上げた銀行の国内総資産はアメリカの GDP の何パーセントか（ヒント：アメリカの GDP は http://research.stlouisfed.org/fred2/series/GDP?cid=106で、"Gross Domestic Product（GDP）" と "Current-dollar and 'real' GDP" のリンクを使うと得られる）。

8. www.fdic.gov を開き "Industry Analysis" タブをクリックし、"Research & Analysis" リンクをクリックしなさい。"Historical Perspectives" の下にある "The First Fifty Years: A History of the FDIC 1933-1983" を選びなさい。第3章（Chapter 3）の "Establishment of the FDIC" を開き、"Banking Crisis of 1933" と "Federal Deposit Insurance Legislation" のセクションまでスクロール・ダウンしなさい。このセクションを読み、以下の問いに答えなさい。
   a. ルーズベルト大統領は1933年3月4日に大統領に就任した。銀行危機に際して彼が最初に大統領としてとった行動の1つは何か。
   b. 1933年にどれくらいの数の銀行が操業を中止したか。
   c. 議会における連邦預金保険の代表的な主導者は誰か。

d. 連邦預金保険の臨時資金はどの程度まで預金をカバーしていたか。

9. アメリカの会計検査院（GAO）は議会の意思決定を支持するために調査を実施した。ロングターム・キャピタル・マネジメント（LTCM）危機の後、会計検査院は危機にかかわる一連の出来事の要旨を http://www.gao.gov/products/GGD-00-3 に公開した。その要旨を読み、以下の問いに答えよ。

a. 1998年に LTCM は資本をいくら失ったか。

b. LTCM がレバレッジにより銀行システムのシステミック・リスクとなる規模の取引ポジションを確立できたと、会計検査院が結論づけたのはどうしてか。

c. 大統領のワーキング・グループが示した証券取引委員会（SEC）と商品先物取引委員会（CFTC）に関する提言とは何か。

Part 7 Events and Ideas
事件とアイデア

Chapter 18

Macroeconomics:
Events and Ideas

マクロ経済学：
事件とアイデア

この章で学ぶこと
- 古典派のマクロ経済学が大恐慌の投げかけた問題に適切に答えられなかったのはなぜか。
- ケインズと大恐慌の経験はいかにして**マクロ経済政策の積極主義**を正当化したか。
- **マネタリズム**とは何か。なぜマネタリストは**裁量的な金融政策**の行使には限界があると考えるのか。
- **ケインズ経済学**への挑戦はいかにしてその修正と**新古典派マクロ経済学**の生誕を導いたのか。
- なぜ**大平穏期の合意**は2008年の金融危機によって覆され、この困難な経済の時代の財政政策と金融政策の最善の運用について経済学者の間に激しい論争を引き起こしたのか。

2つの不況の物語

　2002年11月、連邦準備制度（FRB）はミルトン・フリードマン90歳の誕生日に際して、彼をたたえる特別な会を開いた。祝辞を述べた人々のなかにベン・バーナンキがいた。彼は当時プリンストン大学から連邦準備制度に移籍したばかりで、やがて連邦準備制度の議長となる人である。祝辞のなかで、バーナンキはフリードマンの知的貢献をひもときつつ、とくにフリードマンとその協力者アンナ・シュウォーツが展開した、連邦準備制度がなすべき仕事をきちんとしていたら1930年代の大恐慌は避けられたはずだという主張に焦点をあてた。

　祝辞の終わりに、バーナンキは聴衆のなかにいたフリードマンとシュウォーツに直接呼びかけた。「私の祝辞をしめくくるにあたり、連邦準備制度の公式代表としての地位をやや乱用することになるかもしれませんが、ミルトンとアンナにぜひ申しあげたいことがあります。大恐慌については、あなた方の主張が正しかった。たしかに、私たちは間違いをしてしまった。誠に申し訳ない。しかし、貴方がたのおかげでこの間違いを2度と繰り返すことはないでしょう」。

　おそるべき金融危機のあと、高い失業がなお経済を痛めつけている今日、こうした言葉はいささか空疎にひびく。経済のきびしい下降を防ぐことはフリードマン、シュウォーツ、バーナンキが信じていたほど容易ではないことがわかってきた。だが2008年の危機が悪影響を及ぼしたとはいえ、大恐慌ほどひどいものではなかった。その理由の一端は、マクロ経済学が1930年から2008年までの78年間に進化したことにあったといってもあながち理不尽ではあるまい。その結果、政策担当者は不況の原因と対策について大恐慌のときよりも多くのことを学んだのだ。

　本章では、過去80年の間のマクロ経済学のアイデアの発展をたどる。これからみていくように、この発展は1930年代の大恐慌に始まり、1970年代のスタグフレーション、1985年から2007年の時期に達成された驚くべき経済的安定といった経済的な出来事によって強い影響を受けてきた、このプロセスは、2008年以降の経済的困難により多くの経済学者が知っていたと思いこんでいた事柄の再考を迫られるなかでさらに続いていく。

1 | 古典派のマクロ経済学

マクロ経済学という用語は、1933年にノルウェーの経済学者ラグナー・フリッシュがつくり出したもののようだ。この年が大恐慌の最悪の年だったことは偶然ではない。だがそれ以前から、物価や総産出量といった私たちが現在マクロ経済の争点とみなしている現象を研究していた学者がいたのだ。

1.1 貨幣と物価

第16章では、物価水準の古典派モデルについて説明したね。このモデルによると、物価の変動は伸縮的で、総供給曲線は短期でも垂直になるとされる。そして、他の条件を一定とすると、貨幣供給量の増加はそれと比例的な物価水準の上昇をもたらすが、総産出量には何の影響も及ぼさない。その結果、貨幣供給量の増加はインフレーションにつながるだけだ、ということになる。1930年代以前には、この物価水準の古典派モデルが、金融政策の効果をめぐる経済学者の思考を制していた。

古典派の経済学者は本当に、貨幣供給量の変化は物価水準に影響するだけで総産出量には作用しないという確信をもっていたのだろうか？　たぶんそんなことはない。経済思想史の研究者によれば、1930年以前のほとんどの経済学者が、貨幣供給量の変化は短期的には物価水準だけでなく総産出量にも影響することに、現代の用語を使っていえば短期総供給曲線は右上がりであることに気づいていた。だが彼らはそのような短期的効果は重要でないと考え、長期的な効果に注目していたのだ。このような長期に執心する態度こそジョン・メイナード・ケインズが「長期的には、われわれはみな死んでしまう」と揶揄したものだった。

1.2 景気循環

当然のことながら、古典派経済学者は経済がいつも順調に成長するものではないことを知っていた。景気循環の定量的研究に先鞭をつけたのは、アメリカの経済学者ウェズレー・ミッチェルだ。彼は1920年に全米経済研究所（NBER）を創立した。この非営利組織は今日に至るまで、景気後退と景気拡大の開始時期を公式に宣言するという役割を担っている。ミッチェルの研究によって景気循環の測定の仕事は1930年までに大いに進捗した。しかし、広く認められた景気循環の理論は存在しなかった。

明確な理論がないままに、政策立案者は不況にどう立ち向かうべきかという議論はわかれた。拡張的な金融・財政政策を支持する学者がいるかと思えば、そのような政策は経済不振を悪化させるか、避けられない運命を先延ばしするだけだと説く者もいた。たとえば技術革新の重要性を先見した学者として有名なハーバード大学のヨーゼフ・シュンペーターは、1934年に、拡張的な金融政策によって世界大恐慌をおさえつけようとする試みは、結局のところそれが救済すべき不況よりももっとひどい経済破綻をもたらすことになると警告した。大恐慌に襲われたとき、こうした見解の不一

致によって経済政策は麻痺状態に陥った。現在では、このときの経済政策は多くの場合に間違った方向に運用されたと考えている学者が多い。

だが必要は発明の母だ。すぐ説明するように、大恐慌に刺激されて政策指針として役に立つ理論がつくり出された。経済学者は危機に対応したのだ。

経済学を使ってみよう　景気循環はいつ始まったか

全米経済研究所がもっているこれまでの景気循環の記録は1854年までしか遡れない。これには2つの理由がある。1つは、時間をさらに遡ると使える経済データが乏しくなるということだ。もう1つは、現代的な意味での景気循環が1854年以前にはあまり起きていないのではないかと思われることだ。

19世紀前半のアメリカは圧倒的に農業中心の経済だった。図18-1は1840年から1900年までの間に、農業と鉱工業の対GDP比がどのように変化したかの推定値を示している。これにみると、1840年には農業が鉱工業を圧倒しており、経済的重要性という点では1880年代まで工業は農業に追いつけなかったことがわかる。

なぜそれが重要なのかって？　農業経済の総産出量の変動は、現在知られているような景気循環とはまったく異なるものだからだ。なぜかというと、農産物の価格は総じて非常に変動しやすいからだ。そのため、主要産業が農業である国の短期総供給曲線はおそらく垂直に近いものとなり、需要側のショックは産出量の変動にはつながらない。そこでは、主として天候によって左右される農業生産の変化が短期の総供給曲線のシフトを通じて経済変動の主要な要因となる。現代の景気循環はそれとは対照的に、主として総需要曲線のシフトによるものだ。

図18-1　19世紀に起きた経済構造の変化

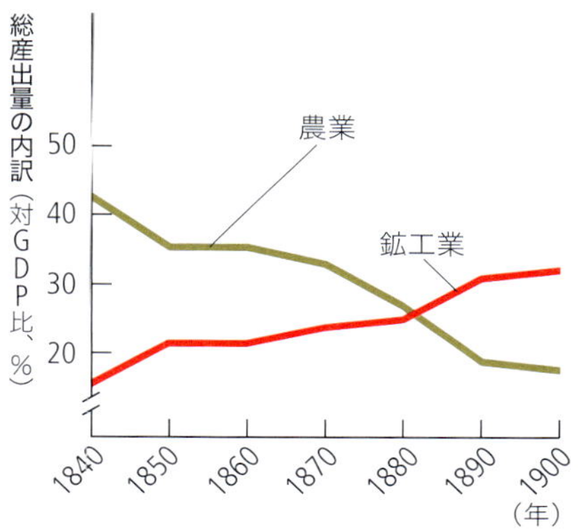

（出所）Robert E. Gallman, "Economic Growth and Structural Change in the Long Nineteenth Century," in Stanley L. Engerman and Robert E. Gallman, eds., *The Cambridge Economic History of the United States, vol. II: The Long Nineteenth Century* (Cambridge, UK: Cambridge University Press, 2000).

現代的な景気循環は、産業革命発祥の地であり、1820年までにすでに都市型の工業国となっていたイギリスで始まったといえるだろう。とりわけ、1846〜47年のイギリスの不況は現代的な性格のものだった。それは、企業が鉄道という心躍る新しい技術に大金を使い、後になってやりすぎたことに気づいた、あの「根拠なき熱狂」の時期に発生した。

ちょっと復習

▶古典派のマクロ経済学者は金融政策が物価水準に与える長期的な効果に注目したが、総産出量に与える短期的な効果は無視した。

▶大恐慌の時期までに景気循環の測定はかなり進んだが、なぜ景気循環が起こるかを解明する理論は存在しなかった。

> **✓ 理解度チェック　18-1**
>
> 1. ベン・バーナンキはミルトン・フリードマンへの献辞のなかで、「大恐慌については、私たちはやってしまった」といったとき、当時のFRBが拡張的な金融政策をとらなかったという事実を意味していた。なぜ古典派の経済学者はFRBの行動が大恐慌の長さや深さに影響を与えないと考えていたのだろうか。
>
> 解答は https://str.toyokeizai.net/books/9784492314906 にある。

2 │ 世界大恐慌とケインズ革命

　大恐慌によって経済学者は、短期をないがしろにしてはいけないということを肝に銘じることになった。それにともなう経済的な痛みが強烈だっただけでなく、社会・政治システムが揺さぶられたのだ。特筆すべきは、経済の激しい落ち込みがドイツでヒトラーの政治的台頭を招いたことだ。

　どうしてこのような経済破綻が生じたのか？　またどんな対策が講じられるべきか？　全世界がその答えを求めていた。しかし、景気循環の理論が確立されていなかったこともあって、経済学者がこの疑問に与えた答えは、矛盾に満ちた、そして時には今日の観点からすれば有害としか思えないものだった。ある者は、たとえば大部分の民間企業の国有化と市場経済から統制経済への再編成のような、経済システムの大変革のみが経済不振を終わらせられると信じていた。他方、経済の落ち込みは自然なものであり、有益でさえあるとして、どんな対策も講じてはならないと論じる者もいた。

　だが、この経済不振は市場経済の基本路線を変えることなく解決できるし、そのように解決すべきだと主張する経済学者が現れた。イギリスの経済学者ジョン・メイナード・ケインズだ。彼は、1930年に、アメリカとイギリスの経済を襲った問題をエンジンが故障した自動車にたとえた。経済を動かすためには、全面的な大修理ではなく、ちょっとした手直しが必要なだけだというのが彼の主張だった。

　すばらしいたとえだが、この経済不振の本質はいったい何だったのだろうか？

2.1 ケインズの理論

　1936年に、ケインズは大恐慌の分析──経済のエンジンのどこが悪いのかの説明──をまとめた『雇用・利子および貨幣の一般理論』という本を発表した。1946年に、アメリカの大経済学者ポール・サムエルソンは、「この本の書き方は感心しないし、全体の構成も拙い。……洞察と直観のひらめきが退屈な数式と入りまじっている。この本の分析は自明なのに斬新だ。……要するに、天才の作品というしかない」と述べている。『一般理論』はやさしい読み物ではないが、経済学についてこれまで書かれたなかで、もっとも影響力のある本の1つとしてアダム・スミスの『国富論』と比肩するものだ。

サムエルソンの記述が示しているように、ケインズの本はさまざまな新しいアイデアを煮込んだ大鍋料理のようなものだ。だがケインズ経済学と呼ばれるようになった学説には主として次の2つの革新がある。第1に、ケインズは物価水準が長期的にいかに決定されるかを問う前に、総需要のシフトが総産出量に及ぼす短期的な効果を強調した。「長期的には、みな死んでしまう」というケインズの有名な警句が思い出させてくれたように、彼の本が世に出る前には大多数の経済学者が短期は重要でないと考えていた。ケインズは、短期総供給曲線が右上がりで、総需要曲線のシフトが物価だけでなく産出量と雇用量に影響するような状況に経済学者の目を向けさせたのだ。

図18-2はケインズのマクロ経済学と古典派のマクロ経済学のちがいを示したものだ。この図の両方のパネルには短期総供給曲線 $SRAS$ が示されている。また、何かの理由で、たとえば株式市場で株価が暴落したことに反応して、家計が消費支出を減らし総需要曲線が AD_1 から AD_2 へと左にシフトしたと仮定している。

パネル（a）は古典派の見方を表している。ここでは短期総供給曲線は垂直になっている。総需要の減少は P_1 から P_2 への物価の下落をもたらすが、実質 GDP には何の影響も与えない。パネル（b）はケインズ派の見解を示している。ここでは短期総供給曲線は右上がりになっていて、総需要の減少は P_1 から P_2 への物価の下落だけでなく、Y_1 から Y_2 への実質 GDP の減少をももたらしている。

前に述べたように、たいていの古典派のマクロ経済学者は短期的には図18-2のパネル（b）のほうが正確な状況説明になっていることを認めていたと思われる。だがしかし、彼らは短期は重要ではないと考えていた。ケインズはこれに異を唱えた（はっきりいっておくと、ケインズの『一般理論』には図18-2のパネル（b）のような図は

図18-2 古典派とケインズ派のマクロ経済学

古典派経済学とケインズ派経済学との重要な相違点の1つは、短期総供給曲線に関するものだ。パネル（a）は古典派の見解を示している。$SRAS$ 曲線は垂直に描かれている。だから総需要曲線のシフトは物価には影響するが、総産出量には影響しない。パネル（b）はケインズ派の立場を表している。短期的には、$SRAS$ 曲線は右上がりになっている。そのため、総需要曲線のシフトは物価だけでなく総産出量にも影響する。

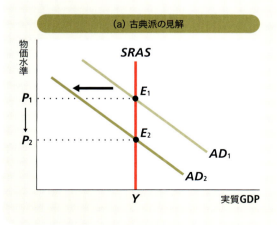

(a) 古典派の見解

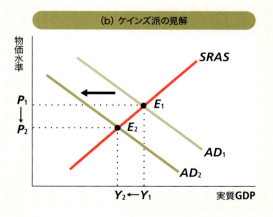

(b) ケインズ派の見解

ない。だがケインズの考察を現代の用語に翻訳すると、彼が右上がりの総供給曲線を考えていたことは間違いない）。

第2に、古典派の経済学者は総需要曲線をシフトさせる要因として貨幣供給量の変化を強調したが、ほかの要因にはほとんど目を向けなかった。しかし、ケインズはほかの要因、とりわけ「アニマル・スピリット」――現代のおもしろみのない表現を用いると景況感（ビジネス・コンフィデンス）なるもの――が景気循環の立役者だと主張した。ケインズ以前には、貨幣供給量が一定に保たれるかぎり、景況感が物価水準や総産出量に影響するはずがないと論じる経済学者が少なくなかった。ケインズは、それとはまったくちがった絵を描いてみせたのだ。

ケインズ経済学は公衆の意識の底深くまで浸透している。結果として、ケインズの名前さえ聞いたことのない人も、また聞いてはいても彼の理論には反対だと思っている人も、ケインズの考えを日常的に取り入れている。たとえば、経済評論家が次のようなことをいったとしよう。「景況感の悪化によって、投資支出が不振となって不況を招くことになった」。この評論家が知っていようがいまいが、これは純正ケインズ経済学の主張だ。

ケインズ自身、彼の思想が「誰もが知っている」事柄の一部になると予想していたふしがある。『一般理論』の末尾のほうに、もう1つの有名な文章がある。引用すると、「どんな知的な影響からも自由だと思いこんでいる実際家たちも、ご多分にもれず過去のどこかの経済学者の奴隷となっているのだ」。

> **ケインズ経済学**は2つの主要な教義に基づいている。総需要の変化は総産出量、雇用、物価に影響する。そして景気信頼感の変化は景気循環に影響する。

ちょっと寄り道

ケインズの政治学

ケインズ経済学という言葉は、しばしば左翼の経済学と同義に用いられる。ある種の積極的活動を行う論理的根拠を政府に与えたという理由で、ケインズがある種の左翼、でなければきっと社会主義者だと信じる論者が存在するようだ。だがことの真相はもっと複雑だ。

本文でも述べたが、ケインズのアイデアは広範囲にわたる政治層の間で受け入れられている。2004年当時には大統領も、その側近ナンバーワンの経済学者N・グレゴリー・マンキューも保守主義者だった。だがマンキューは『新しいケインズ経済学』（*New Keynesian Economics*）というタイトルの論文集の編集者でもあった。

ケインズ自身は社会主義者どころか、左翼ですらなかった。『一般理論』が刊行された当時、イギリスのインテリ層には、大恐慌が資本主義体制の最後の危機だという思いから、産業の国有化がイギリス経済を救う唯一の政策だと信じる者が多かった。ケインズはそれとは対照的に、体制が必要とするのは部分的補修にすぎないと論じていた。その意味で、彼の思想は資本主義擁護論であり、政治的には保守主義だった。

1940年代、50年代、60年代と続いたケインズ経済学の台頭期に政府の経済的役割が増大し、大きな政府を支持する人たちが熱烈なケインズ主義者となっていったことはまぎれもない事実だ。逆に、1970年代、80年代には振り子が自由市場政策の方向に逆戻りして、ケインズの思想に対する一連の挑戦があった。この点については本章の後半で述べることにしたい。ともあれ、ケインズの貢献に敬意を払いつつ保守的な政治信条をもつことも、またケインズの思想を疑問視しながら自由主義に傾倒することも、等しく完全に可能なのだ。

2.2 不況を克服する政策

ケインズの仕事によって実際に何が起こったのだろうか。その主な帰結は、景気循環を平準化するために金融・財政政策を活用する**マクロ経済政策の積極主義**が公認されたことだ。

マクロ経済政策の積極主義は、目新しいものではまったくなかった。ケインズ以前にも、激しい反対論もあったが、経済不振に対して金融緩和政策を提唱する経済学者は多かった。強い異論を唱えた者もいたが、不況期の一時的な財政赤字は良いことだとする者さえいた。実際のところ1930年代には、多くの国の政府が現在ではケインズ政策と呼ばれてもおかしくない政策を採用していた。アメリカでは、フランクリン・D・ルーズベルト政権が雇用創出を目的として小規模の赤字財政支出に踏み込んでいた。

だがこうした努力は中途半端なものだった。実際、ルーズベルトのアドバイザーたちは適切な政策は何かをめぐって深刻な対立をみせていた。1937年、経済が依然として不況下にあるなかで、ルーズベルトは均衡財政と利上げを迫る非ケインズ派の経済学者のアドバイスに従った。その結果、経済は新たな不振に陥ったのだ。

第2次世界大戦後、ケインズ派の考えはアメリカの経済学者の間で広く受け入れられた。しかしケインズ派の考えは一連の挑戦を受け、不況の要因分析についてはケインズがおおむね正しいと信じ続けている学者たちのあいだでも大きな転向が起きた。次節では、それらの挑戦とそこから生じた新しい学派、すなわち**新古典派**と**ニュー・ケインジアン**について学ぼう。

> **マクロ経済政策の積極主義**とは、景気循環を平準化するために金融・財政政策を活用することだ。

経済学を使ってみよう☞ 大恐慌の終わり

ケインズのアイデアが経済政策を変え、それによって大恐慌が終息したということなら、これほどめでたい話はない。だが残念ながら、事実はそうではなかった。それでも大恐慌の終わり方は、多くの経済学者にケインズは正しかったと確信させるものだった。

1930年代にケインズのアイデアを受け入れた多くの若い経済学者たちが彼の著作から学んだ基本的な教訓は、経済の回復には積極的な財政拡大──雇用創出につながるような大規模な赤字支出──が必要だという1点だった。この教訓は最終的に役に立ったのだが、それは政治家がそう説得されたからということではなかった。かわりに、非常に大きなおカネのかかる戦争、第2次世界大戦が起こったのだ。

図18-3は、1930年から1947年までのアメリカの失業率と連邦政府の財政赤字の対GDP比を示している。図からわかるように、1930年代の赤字支出は小規模なものだった。1940年、戦争のリスクが増大するにつれてアメリカは軍事力の大増強を始め、財政は大きく赤字化した。1941年12月8日に真珠湾攻撃が行われるや、アメリカは巨額の赤字支出に踏み切った。1942年7月に始まった1943財政年度には、その赤字

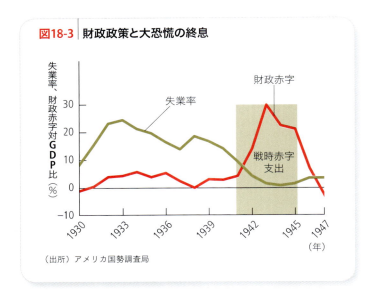

図18-3 財政政策と大恐慌の終息

(出所)アメリカ国勢調査局

はGDPの30%にものぼった。これは今日では4.3兆ドルに相当する赤字だ。

こうして経済は再生した。第2次世界大戦はケインズ流の財政政策として企図されたものではなかったが、この戦争によって拡張的な財政政策が実際に短期的に雇用をつくり出す効果をもつことがわかったのだ。

ちょっと復習

▶ケインズ経済学のカギとなる革新はSRAS曲線が垂直ではなく右上がりとなる短期を重視したこと、そして景況感の変化がAD曲線のシフトをもたらし、景気循環を生みだすことを強調した点にある。

▶ケインズ経済学はマクロ経済政策の積極主義に合理的根拠を与えた。

▶ケインズの名前を聞いたことがない人たちやケインズに異を唱える人たちも広くケインズのアイデアを利用している。

✓ 理解度チェック　18-2

1. 中小企業楽観度指標を作成する全米独立事業者協会は、2012年の新聞発表で「中小企業楽観度指数は1月に0.1ポイント上がった。歴史的にみても中小企業主の楽観度は景気後退の水準にある。彼らの景気や実質的な売り上げの予想は悲観的ではないようにみえるが、雇用や在庫投資の増加には結実していない」と述べた。これはケインズ派の経済学者にとって、おなじみの記述といえるだろうか。彼らは公共政策の必要性についてどんな結論を引き出すだろうか。

解答は https://str.toyokeizai.net/books/9784492314906 にある。

3 ケインズ経済学への挑戦

ケインズのアイデアは景気循環をめぐる経済学者の認識を根本的に変化させた。だがそれは疑問の余地なく鵜呑みにされたわけではない。『一般理論』が刊行されて以降何十年にもわたって、ケインズ経済学は一連の挑戦を受けた。その結果、マクロ経済学の常識は1950年代に支配的だった強力なケインズ主義の教義からは多少なりとも後退した。とくに、経済学者はマクロ経済政策の積極主義の限界をもっとよく知るようになった。

3.1 金融政策の復活

ケインズの『一般理論』では、金融政策は恐慌下ではあまり有効ではないと考えられていた。現代のマクロ経済学者の多くはこの考えに賛成だろう。第16章で流動性

の罠という概念を紹介したが、これは名目利子率がゼロの下限まで低下して金融政策が無力化した状態を指す。実際、ケインズが執筆していた1930年代には、利子率はほとんど０％の水準に下がっていた（流動性の罠という惹句は、イギリスの経済学者ジョン・ヒックスがケインズの考えをまとめた1937年の論文「ケインズ氏と古典派：１つの解釈」（"Mr. Keynes and The 'Classics'; A Suggested Interpretation"）と題する論文のなかではじめて導入したものだ）。

第２次世界大戦後、０％近辺の低利子率の時代は終わったのだが、多くの経済学者の間には依然として財政政策を重視し金融政策を軽んじる風潮が続いた。しかし、ついに金融政策の重要性を再認識するときがきた。この点で記念碑的な業績となるのは、シカゴ大学のミルトン・フリードマンと全米経済研究所のアンナ・シュウォーツが1963年に出版した『アメリカ合衆国金融史　1867〜1960年』（*Monetary History of the United States, 1867–1960*）だ。フリードマンとシュウォーツは、景気循環が歴史的に貨幣供給量の変動と相関していることを明らかにした。特筆すべきは、大恐慌が始まった時期に貨幣供給量が急激に減少していることだ。FRBが貨幣供給量の減少を食い止めるように行動していたなら大恐慌は回避できたかもしれない、とするフリードマンとシュウォーツの議論は、全員ではないとしても多くの経済学者を説得するに足るものだった。経済運営にあたって金融政策の役割が重要だという主張は、ほとんどの経済学者が受け入れるところとなった。

金融政策への関心が復活したことは、財政政策が経済運営の重荷を負わなくてすむようになったという点で、つまり経済運営が政治家の手を離れたという点で重要だった。財政政策は税率の変更や政府支出の修正を要するので、必然的に政治的な選択の対象となる。政府が減税によって経済を刺激しようとすれば、誰の税金を下げるべきかが問題になる。また政府支出によって経済を刺激しようとすれば、何におカネを使うかが問題になるのだ。

金融政策は、財政政策とは対照的に、こうした選択に苦慮する必要はない。不況に対抗して中央銀行が利子率を引き下げる場合、すべての人々の利子率を同時に下げることになるのだ。だから、政策の柱が財政政策から金融政策に切り替われば、マクロ経済運営は政治色を薄め、より技術的な性格のものになる。実際、第14章で学んだように、ほとんどの主要国経済で金融政策は政治的プロセスから切り離され、独立した中央銀行によって運営されている。

3.2　マネタリズム

『アメリカ合衆国金融史』の出版後、ミルトン・フリードマンは金融政策の重要性を担保しながらマクロ経済政策の積極主義を排除しようという運動を始めた。**マネタリズム**は貨幣供給が一定率で着実に成長すればGDPも一定率で着実に成長すると主張する。マネタリストの貨幣政策は、中央銀行に一定率、たとえば年率３％の貨幣供給の成長を達成するという目標を立てさせ、経済にいかなる変動が起ころうともそれを貫徹させるというものだ。

▶ **マネタリズム**は、貨幣供給量が一定率で増加すればGDPも一定率で成長するという主張だ。

マネタリズムがケインズのアイデアから多くのものを受け継いでいることに注意する必要がある。ケインズと同様に、フリードマンは短期が重要であり、総需要の短期的変化が物価とならんで総生産に影響を及ぼすと明言した。ケインズと同様に、フリードマンは大恐慌の最中にはもっと拡張的な政策が行われるべきだったと主張した。

だがマネタリストは、政策担当者が経済の浮き沈みを平準化しようとしても、そうした試みの大半は事態を悪化させるだけだと断言する。第13章で論じたように、マクロ経済学者が裁量的財政政策――経済の状況認識に対応した減税や政府支出――の有効性に対して懐疑的なのはそれ相応の理由がある。政府の状況認識は現実から遅れがちだし、財政政策の変更にも、またその効果が経済に浸透するまでにも、さらなる遅れがつきまとう。だから景気後退を克服するために企図された**裁量的金融政策**が結果的には景気の過熱に手を貸してしまうこと、また逆の場合には逆の結果になることが少なくないのだ。

▶ **裁量的金融政策**とは、中央銀行が経済状況をみながら利子率や貨幣供給量を変更することをいう。

フリードマンはまた、中央銀行が仮に自分の助言どおり経済の変動に応じて貨幣供給量を調整することを拒否するような場合には、財政政策はケインズ派がいうよりもはるかに少ない効果しか発揮できないと主張した。第10章で分析したように、政府赤字は利子率を高めて投資支出を押さえ込む**クラウディング・アウト**という現象を引き起こす。フリードマンもほかの論者も、貨幣供給量が固定されている状況で政府が拡張的な財政政策を追求しても、それが総需要に与える効果はクラウディング・アウトによって弱められると指摘している。

図18-4は、この主張を示したものだ。パネル（a）は総産出量と物価水準を示す。AD_1は当初の総需要曲線、$SRAS$は短期総供給曲線だ。当初の均衡点E_1では総産出

図18-4 貨幣供給量が一定のときの財政政策

パネル（a）では、拡張的な財政政策はAD曲線を右にシフトさせ、物価水準と総産出量を引き上げる。だがこの変化は貨幣需要の増加をもたらす。このとき貨幣供給量が一定であれば、パネル（b）に示すように貨幣需要の増加は利子率を押し上げ、投資支出を減少させ財政拡大の効果を一部相殺する。だからAD曲線のシフト幅は利子率が一定のときにくらべて小さくなる。つまり貨幣供給量が固定されている場合には財政政策の効果は弱められるのだ。

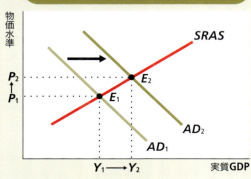

(a) 貨幣供給量が一定のとき、拡張的財政政策による総需要の増加は小さい……

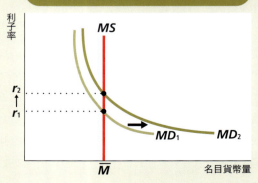

(b) ……なぜなら、貨幣需要の増加が利子率を上昇させ、投資支出を一部押しのけるからだ

量の水準は Y_1、物価水準は P_1 だ。パネル（b）は貨幣市場の状況を示している。MS は貨幣供給曲線、MD_1 は当初の貨幣需要曲線、したがって当初の利子率は r_1 となっている。

ここで、政府が財・サービスの購入を増やしたとしよう。これにより、AD 曲線は図にあるように AD_1 から AD_2 に右方にシフトし、総産出量は Y_1 から Y_2 に増加し、物価は P_1 から P_2 に上昇する。総産出量の増加と物価水準の上昇はどちらも貨幣需要の増加をもたらすので貨幣需要曲線は MD_1 から MD_2 に右方にシフトする。その結果、均衡利子率は r_2 まで上昇する。フリードマンの論点は、この利子率の上昇が投資需要を押し下げ当初の政府支出の増加を一部相殺するというものだ。だから AD 曲線の右方へのシフト幅は、第13章の乗数分析で示された幅よりも小さくなる。フリードマンによれば、貨幣供給量が一定とされるかぎり乗数はきわめて小さくなるので、経済が落ちこんでいたとしても財政政策を使う意味はなくなるのだ。

だがフリードマンは積極的金融政策にも難色を示している。タイムラグの問題が裁量的財政政策の経済を安定化させる能力を制限してしまうのと同様のことが、裁量的金融政策にも起きると論じた。フリードマンが提示した解決策は、金融政策を「自動操縦」させることだった。中央銀行はその行動を決定し、裁量権は比較的小さいままにする公式である**金融政策ルール**に従うべきだと彼はいう。1960年代、70年代に大半のマネタリストが最善の金融政策ルールと考えていたのは、ゆるやかで着実な貨幣供給量の成長を目標にすることだった。その基礎には、**貨幣の流通速度**という概念がある。貨幣の流通速度とは貨幣供給量に対する名目 GDP の比率のことだ。流通速度は1ドル札が1年間に売り手と買い手の間で平均何回往来するか（たとえば私がスターバックスのバリスタに1ドルのチップを払い、彼女はそれでランチを買う、等々）を測る指標だ。この概念から**数量方程式**、

$$M \times V = P \times Y \tag{18-1}$$

が生み出される。ここで、M は貨幣供給量、V は貨幣の流通速度、P は物価水準、Y は実質 GDP だ。マネタリストは、相当な歴史的根拠に基づいて V が短期的には安定し、長期的にもゆるやかにしか変化しないと信じ、そのことから中央銀行が貨幣供給量を着実に増加させれば、支出、そして GDP も着実に成長すると主張した。

マネタリズムは1970年代終わりから80年代はじめの金融政策に強い影響を与えた。だが貨幣供給量の着実な増加が経済の着実な成長を保証するものではない、ということがすぐに明らかになった。貨幣の流通速度は十分に安定的ではなく、こうした単純な政策ルールは有効ではなかった。図18-5は、1960年代、70年代のマネタリストがなぜこの単純な金融政策ルールを信じるに足るものとみなしたのか、またその後の展開で彼らはどのように足下をすくわれたのかを物語っている。この図は、1960年から2011年終わりまでの、M1と名目 GDP の比率で測った貨幣の流通速度を示している。みてとれるように、1980年までは流通速度はまずまずスムーズで、一見予想可能な趨勢にしたがっていた。だが1970年代終わりから80年代はじめに FRB がマネタ

> **金融政策ルール**とは中央銀行の行動を決定する公式のことだ。
>
> **貨幣の流通速度**とは貨幣量に対する名目 GDP の比率のことだ。

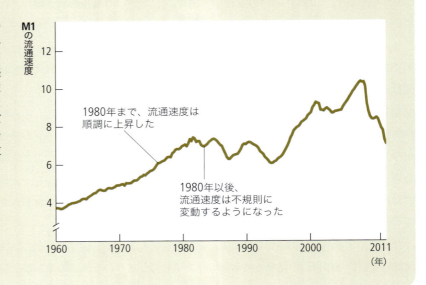

図18-5 貨幣の流通速度

1960年から1980年までは貨幣の流通速度は安定していた。それをみて、マネタリストはマネーサプライが着実に一定率で成長することが経済の安定をもたらすと確信した。だが1980年以降流通速度は不規則に変動しはじめ、伝統的なマネタリズムの主張はゆらぐことになった。その結果、伝統的なマネタリズムは支持を失った。

（出所）セントルイス連邦準備銀行

リストの提案を採用しはじめるや、貨幣の流通速度はむちゃくちゃに暴れまわるようになった。これはたぶん金融市場のイノベーション（革新）によるものだろう。

今日のマクロ経済学者のなかに伝統的なマネタリスト――貨幣供給量が着実に増加すればGDPも着実に成長すると信じる人々――を見つけることは難しくなった。だが後でみるように、金融政策の裁量的運用が行き過ぎると経済に有害な影響を及ぼすというマネタリストの考えは、マクロ経済学者の間で広く受け入れられている。

3.3 インフレーションと自然失業率

マクロ経済政策の利用をめぐるケインズ派の見解にマネタリストが挑戦状を突きつけていたころ、ほかにもマクロ経済政策の積極主義の限界について力説する経済学者たちがあらわれた。その一部はマネタリストだったが、全員がマネタリストではなかった。

1940年代と50年代には、ケインズ派の経済学者のなかには拡張的な財政政策で恒久的に完全雇用を実現できると信じる者が多かった。1960年代になると、多くの経済学者は拡張的な政策に頼るとインフレという問題が生じることに気づいたが、それでも政策担当者のやり方しだいでは、高いインフレと低い失業という選択が長期的にも可能だと考える者が多かった。

しかし1968年に、ミルトン・フリードマンとコロンビア大学のエドマンド・フェルプスが同時かつ独立に本書第8章で論じた自然失業率の概念を発表して事態は一変した。第16章で示したように、自然失業率とはインフレを加速させない失業率、すなわち（non-accelerating inflation rate of unemployment, NAIRU）と呼ばれるものでもあった。**自然失業率仮説**によれば、インフレは早晩、人々の予想に織り込ま

自然失業率仮説によれば、インフレは早晩、人々の予想に織り込まれてしまうため、加速度的インフレを避けるためには、現実のインフレ率が予想インフレ率と等しくなるように失業率を十分高い水準に維持する必要がある。

れてしまうため、失業率は現実のインフレ率が予想インフレ率に等しくなるように十分高く維持されなければならない。失業率を自然失業率よりも低い水準に抑えようとすれば、予想インフレ率が現実のインフレ率よりも高くなりインフレがどんどん加速する。

　自然失業率仮説は、それ以前の学説にくらべてマクロ経済政策の積極的役割をより限定するものとなった。政府は失業率を自然失業率以下に抑えることはできない。そうであるなら、政府がなすべき仕事は失業率をそれより低くすることではなく、失業が自然失業率から上下に大きく変動しないように安定化を図ることだ。

　フリードマン＝フェルプス仮説の重要な点は、強力な経済予測を生み出したことだ。フリードマンとフェルプスによれば、失業とインフレの間にみられるトレードオフは物価上昇が長く続けば崩れ去ってしまう。というのは、インフレがひとたび人々の予想に組み込まれてしまえば、失業率が高くなってもインフレは持続するからだ。実際、1970年代にはまさにそのような事態が生じた。この予測の成功はマクロ経済分析の偉大な勝利だった。その結果、大多数の経済学者が自然失業率仮説の正しさを確信した。対照的に証拠資料が蓄積されるにつれて伝統的なマネタリズムの影響力は衰退したが、自然失業率仮説は一部を除くほとんどのマクロ経済学者によって受け入れられた（一部のマクロ経済学者は、インフレ率が低いか負になる場合には、この仮説の妥当性は失われると信じている）。

3.4　政治的景気循環

　ケインズ経済学に対する最後の挑戦は、経済分析の妥当性ではなく、その政治的な帰結に焦点を当てるものだった。多くの経済学者や政治学者は、積極的なマクロ経済政策は政治的な操作の対象になると指摘している。

　統計的な検証によれば、選挙の結果はその直前数カ月の経済状況によって決まるようだ。アメリカでは、選挙当日から6カ月前までの間に経済が急速に成長して失業率が低下していれば、たとえそれ以前の3年間が不況だったとしても、与党が再選される傾向が認められるようだ。

　このことから、積極的なマクロ経済政策をとる誘惑が生み出されることは明らかだ。選挙の年に経済を底上げして、後からインフレ率の上昇や失業の増加、あるいはその両方という代償を払うという誘惑だ。その結果、経済は不必要な不安定さにさらされる可能性がある。マクロ経済政策を政治的な目的のために利用することから引き起こされる**政治的景気循環**がそれだ。

　よく引き合いに出されるのは、1972年の選挙の直前の拡張的な財政政策と金融政策があいまってアメリカ経済の急速な成長をもたらし、選挙が終わった後に急激なインフレを招いたという事例だ。国際通貨基金（IMF）の主任研究員でマクロ経済学者として名高いケネス・ロゴフは、その当時の大統領だったリチャード・ニクソンを評して「政治的景気循環の永世チャンピオン」と呼んでいる。

　第14章でみたように、政治的景気循環を回避する1つの方法は、政治圧力から遮

▶ **政治的景気循環**は、政治家が政治目的のためにマクロ経済政策を使うことによって起こる。

断された独立した中央銀行の手に金融政策をゆだねることだ。政治的景気循環は、非常事態を除いて裁量的な財政政策をとらないことの立派な根拠となりうる。

経済学を使ってみよう☞ FRBがマネタリズムに求愛した

1970年代末から80年代はじめにかけて、FRBはマネタリズムに求愛した。それ以前にはずっと、FRBは利子率を政策目標にしており、経済状況に応じて利子率を調整していた。しかし1970年代末にはある金融政策ルールを採用し、貨幣供給量のいくつかの指標の目標値を公然と発表し、利子率を目標とする政策をとりやめた。大方の論者はこの変化をマネタリズムへの強烈な方向転換だと考えた。

しかし1982年にはFRBはマネタリズムに背を向けた。1982年以降、FRBは裁量的金融政策を追求するようになり、結果として貨幣供給量は大きく変動するようになった。1980年代の終わりには、FRBは利子率を目標とする政策に戻った。

なぜFRBはマネタリズムに求愛し、その後変節したのだろう？ マネタリズムへの転向は、伝統的な経済政策の信用を失墜させた急激なインフレという1970年代の出来事を反映したものだった。自然失業率仮説が失業とインフレのトレードオフの悪化を見事に予測したことは、ミルトン・フリードマンとその知的追随者たちの権威を高めた。政策担当者たちはミルトン・フリードマンの政策提言を試してみたいと思ったのだ。

そしてマネタリズムからの離反もまた現実を反映したものだった。図18-5でみたように、1980年以前にはなめらかな趨勢を示していた貨幣の流通速度は1980年以後には不規則な変動に転じた。その結果、マネタリズムの評判は低下したようだ。

ちょっと復習

▶初期のケインジアンは財政政策にくらべて金融政策の有効性を軽視したが、後世のマクロ経済学者たちは流動性の罠の場合を除き金融政策の有効性に気づいた。

▶マネタリズムによれば、**裁量的な金融政策**は有害無益であり、単純な**金融政策ルール**にしたがうことこそ経済の安定化をもたらす最善の策とされる。マネタリストたちは、**貨幣の流通速度**は安定的であり、貨幣供給量の着実な増加が経済の着実な成長をもたらすと考えていた。この説は一時人気を博したが、その後影響力を失っていった。

▶現在広く受け入れられている**自然失業率仮説**は、マクロ経済政策の有効性にはきびしい限界があるとしている。

▶**政治的景気循環**を憂慮する立場から、中央銀行は独立性を保つべきであり、流動性の罠のような極端な状況を除けば裁量的財政政策を避けるべきだとする見解が生まれてくる。

✓理解度チェック 18-3

1. 図18-5について考えよう。
   a. 仮にFRBが貨幣供給量の成長率を一定に保つというマネタリストの政策をとっていたら、2008年はじめの国民総生産は数量方程式に照らしてどのように変わっていただろうか。
   b. 実際には、FRBは失業の大幅増加に対抗するため2008年はじめにM1の成長率を加速させていた。マネタリストはこの政策に同意しただろうか。マネタリストの観点からみて、失業率を変化させる試みにはどんな限界があるだろうか。
2. 積極的なマクロ経済政策の限界とは何だろうか。

解答はhttps://str.toyokeizai.net/books/9784492314906にある。

4 合理的期待、リアル・ビジネス・サイクル、新古典派マクロ経済学

すでにみたように、古典派経済学とケインズ経済学の重要な相違点は次のようなことだ。古典派の経済学者が短期の総供給曲線が垂直だと信じていたのに対して、ケインズは総供給曲線が短期には右上がりだと力説した。その結果、ケインズは需要ショック、すなわち総需要曲線のシフトが総産出量の変化を引き起こすと論じたのだ。

1950年代、60年代に出現したケインズ経済学への挑戦――金融政策への信頼の復活と自然失業率仮説――は、総需要の拡大が短期的に総産出量の増加をもたらし、総需要の縮小が短期的に総産出量の減少をもたらすという主張に疑いを差しはさむものではなかった。そのかわり挑戦者たちは積極的マクロ経済政策という薬は、経済変動という病気を悪化させるだけだと異を唱えた。

だが1970年代、80年代になると、**新古典派マクロ経済学**として知られる景気循環学説が現れ、総需要曲線のシフトは物価には影響するが総産出量には影響しないとする古典派的見解への回帰を標榜した。この新しいアプローチは2つのステップを踏んで展開された。第1に、合理的期待という概念に基づいて短期の総供給曲線の傾きに関する伝統的な観念に挑戦する経済学者が台頭した。第2に、生産性の変化が経済変動を引き起こすとするリアル・ビジネス・サイクル理論を掲げる経済学者が現れた。

> **新古典派マクロ経済学**は、総需要曲線のシフトは物価には影響するが総産出量には影響しないという古典派的見解への回帰を主張する景気循環学説だ。

4.1 合理的期待

1970年代に合理的期待と呼ばれる概念がマクロ経済学に強い衝撃をもたらした。**合理的期待**とは、もとをただせば1961年にジョン・ミュースによって導入された考えで、個人や企業はあらゆる利用可能な情報をすべて利用して最適な決定をくだすとするものだ。

> **合理的期待**とは、個人や企業が利用可能な情報をすべて利用して最適な決定を下すとするものだ。

たとえば、長期の賃金契約交渉をする労働者と雇い主は、契約期間中のインフレ率を予想する必要がある。合理的期待を形成する者は、将来のインフレを予想する際に、単に過去のインフレ率をみるだけでなく、金融・財政政策に関する利用可能な情報も考慮に入れるだろう。ここで、昨年の物価は上がらなかったが、政策担当者が公表した金融・財政政策をみると、今後の数年間に相当のインフレが起きることが明らかだとしよう。合理的期待によれば、過去の物価が上がっていないとしても、賃金契約はこのインフレ予想を反映するものとなるだろう。

政府による政策の効果を判断する際にも、合理的期待の考え方を用いるかどうかで大きな差が出る。自然失業率仮説の本来の主張は、インフレの高進という代償と引き換えに失業を減らそうとする政府の試みは短期的には有効だが、インフレが人々の予想に織り込まれると結局は失敗に終わるというものだ。合理的期待の立場からは、結局という副詞は除去され、すぐさまに置きかえられるべきものとなる。政府がインフレを高めることによって失業を減らそうとしていることが明らかならば、人々はそ

の理解に基づいてすぐさまインフレ期待を高めるからだ。合理的期待形成のもとでは、政府の介入は長期的にも短期的にも有効ではなくなるだろう。

　1970年代、シカゴ大学のロバート・ルーカスはこの論理を用いた一連の論文を発表して学会に大きな影響を与えた。ルーカスによれば、金融政策が産出量と失業の水準を変えることができるのはそれが人々に予期できない形で行われた場合だけだ。さもなければ、失業を減らそうとする試みは物価の上昇を招くだけのことになる。ルーカスの**合理的期待形成の経済モデル（合理的期待形成モデル）**によれば、金融政策は結局のところ経済の安定化には役に立たないということになる。この業績は広く賞賛され、ルーカスは1995年にノーベル経済学賞を獲得した。しかし、現在では多くの——たぶん大半の——マクロ経済学者、とくに政策担当者に近い人々は、ルーカスの結論は行き過ぎだと考えるようになった。FRBが経済安定化に有益な役割を果たせると信じていることは間違いない。

　多くのマクロ経済学者はなぜルーカスの合理的期待形成モデルが経済の現実の動向を正確にとらえていないと考えるのだろうか。1990年代に台頭した**ニュー・ケインジアン経済学**と呼ばれる学派がその答えを出している。それによれば、市場には不完全性が存在し、相互に作用して価格の多くに一時的な粘着性を与える。たとえば、あるニュー・ケインジアンの学者は、独占的企業は価格を「正しく」設定することにあまりこだわっていないと主張している。もし独占的企業が価格をあまりに高くつければ、販売単位当たりの収入は増えるが、販売量が大きく減る。また価格をあまりに低く設定すれば販売量は増えるが、単位当たりの収入が大きく減る。その結果、価格の変更にわずかでも費用がかかれば、価格を変えることに対する抵抗は大きくなり、経済全体としてケインズ的な強力な価格粘着性が生じるというのだ。

　ニュー・ケインジアンのアイデアと現実の経験があいまって、合理的期待の概念の実際的な影響力は時とともに弱くなった。しかし、合理的期待の考えは自分たちの経済運営能力を過剰に楽観視するようになっていたマクロ経済学者への有益な警告にはなった。

> **合理的期待形成モデル**によれば、予想された金融政策の変化は雇用と生産には何の効果もなく、ただ物価水準だけに影響する。

> **ニュー・ケインジアン経済学**によれば、市場の不完全性が経済全体としての物価の粘着性をもたらす。

4.2　リアル・ビジネス・サイクル

　第9章で導入した**全要素生産性（TFP）**という概念は、要素投入を一定として生産できる産出量を指すものだ。全要素生産性は時間の経過とともに成長するが、なめらかには成長しない。1980年代、多くの経済学者は生産性成長の低迷は技術進歩の途絶によって起こると考え、それこそが不況の主因だと主張した。**リアル・ビジネス・サイクル理論**は全要素生産性の成長率の変動が景気循環を引き起こすという。

　総供給曲線が垂直であると確信していたので、リアル・ビジネス・サイクル論者は、景気循環の原因を総供給曲線のシフトに求めた。景気後退が起きるのは生産性上昇の鈍化によって総供給曲線が左方にシフトするためで、景気回復が起きるのは生産性上昇の加速によって総供給曲線が右方にシフトすることによると主張する。リアル・ビジネス・サイクル理論の黎明期には、その唱道者たちは総需要の変化、ひいては積極

> **リアル・ビジネス・サイクル理論**によれば、全要素生産性の成長率の変動が景気循環を引き起こす。

> ### ちょっと寄り道
>
> ## サプライサイドの経済学
>
> 1970年代に一群の経済学者たちがのちに「サプライサイドの経済学」として知られるようになった経済政策論を提唱しはじめた。この見解の核心は、税率を引き下げること、それによって勤労意欲と投資意欲を高めることが潜在的な成長率に強力なプラスの効果をもつという信念だ。政府に対して、サプライサイダーたちは減税にともなう歳出削減など気にせずに減税を実施することを提言した。彼らの主張は減税による経済成長が財政赤字へのマイナスの効果を打ち消してあまりあるというものだ。サプライサイダーたちのなかには、税率の引き下げが経済成長に対して奇跡的ともいうべき効果を発揮し、結果として政府の税収総額が減税によってかえって増加するという者も現れた。アメリカはラッファー曲線、すなわち税率の低いところでは右上がりだが税率が高くなると右下がりとなる税収と税率との関係を示す曲線の間違った側にあるというのだ。
>
> 1970年代には、サプライサイドの経済学は『ウォールストリート・ジャーナル』の編集者やほかのマスメディアの指導者から熱狂的に支持された。政治家の間でも大いに人気を博した。1980年にロナルド・レーガンはサプライサイドの経済学を大統領選挙運動の基礎に据えた。
>
> サプライサイドの経済学は需要よりも供給を重視した。さらにサプライサイダーたちは、ケインズ経済学に対してきびしい批判を加えた。こうしたことから、サプライサイドの理論はここでいう新古典派マクロ経済学の陣営に属するとみられるかもしれない。だが合理的期待やリアル・ビジネス・サイクル理論とちがって、サプライサイドの経済学は大方の経済学者たちから無視された。
>
> 無視の主たる理由はその主張を支持する根拠が乏しいということだった。減税が勤労意欲や投資意欲を高めることについて異論を唱える経済学者は少ない。しかし、勤労・投資意欲を推計してみると、現状ではサプライサイダーたちがいうような強い主張を支持するほどのものとはならなかった。彼らの主張の具体例としては、1980年代にロナルド・レーガンが実施したような大規模な減税が実施されれば潜在的産出量は急角度で上向くはずだった。しかし、連邦議会予算事務局などの推計によればレーガン減税のあとで経済成長が加速した形跡はなかった。

的なマクロ経済政策が総産出量に及ぼす効果を否定していた。

この理論は強い影響力をもっていた。その証拠に、リアル・ビジネス・サイクルの2人の創始者であるカーネギー・メロン大学のフィン・キッドランドとミネアポリス連邦準備銀行のエドワード・プレスコットは、2004年のノーベル経済学賞を受賞している。しかし、現在のリアル・ビジネス・サイクル理論の状況は合理的期待とどこか似通っている。この理論はわれわれの経済理解に貴重な貢献をしたと広く認められているし、総需要に対する過剰な思い入れを戒める警告として有益な役割を果たした。だがいまではリアル・ビジネス・サイクル理論のほとんどの論者たちがデータとの適合性から右上がりの総供給曲線を認め、したがって総需要が総産出量の決定に影響を与える可能性があることを認めている。しかもこれまでみてきたように、政策担当者たちは不況との闘いのなかで総需要政策が重要な役割を果たすことを信じて疑わないのだ。

経済学を使ってみよう ☞ 全要素生産性と景気循環

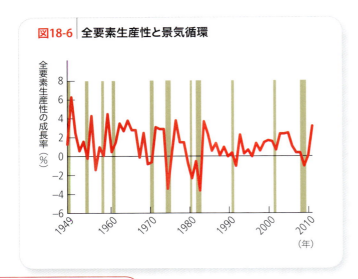

図18-6 全要素生産性と景気循環

リアル・ビジネス・サイクル理論は、景気循環の主因は全要素生産性の成長率だという。多くのマクロ経済学者はこの主張を認めていないが、この理論は全要素生産性の成長率と景気循環との間には強い相関関係があるという事実への注意を喚起した。図18-6は、アメリカ労働統計局が推計した全要素生産性の1年ごとの成長率を示している。図の黄色い網かけの部分は景気後退期を表している。景気後退期は、全要素生産性の成長率が急激に鈍化するかマイナスに転じた時期と明らかに重なっている。この事実に経済学者の目を向けさせたことだけでも、リアル・ビジネス・サイクル理論の論者たちは高い評価を受けるに値する。

だがこの相関関係をどう解釈するかについては論議の余地がある。リアル・ビジネス・サイクル理論の初期に新古典派マクロ経済学の論者たちが主張したのは、生産性の変動はもっぱら不均等な技術進歩の結果だとするものだった。これに対して、その批判者たちが指摘したのは、1974～75年、あるいは1980年代初期のような本当にきびしい景気後退期には全要素生産性は実際に低下するが、リアル・ビジネス・サイクル理論が正しいとして、その時期に技術が本当に後退したとは信じられない、というものだ。

それでは、全要素生産性が低下したこれらの景気後退期にいったい何が起こっているのか？ ある経済学者は、全要素生産性の低下は景気後退の原因ではなく結果だと主張する。例を挙げて説明したほうがわかりやすいだろう。地方郵便局の生産性を測るのに郵便局員1人当たりの郵便物の配達量を用いるとしよう。郵便局が、郵便物の少ないときにはいつでも局員を休業させるということはない。だから郵便局が暇な日、つまり郵便配達量が少ない日には、郵便局員の生産性が下がっているようにみえる。だがそれは郵便物が少ないから郵便配達量が低下しているのであって、その逆ではない。

現在では、全要素生産性と景気循環の相関関係のなかには、景気循環の結果生産性の低下が起きていてその逆ではないケースがあることが広く認められている。しかし、これがどの程度正しいかは今後の研究を待たなければならない。

ちょっと復習

▶**新古典派マクロ経済学**によれば、短期の総供給曲線は結局垂直になると主張する。そこには2つの分派がある。合理的期待形成モデルとリアル・ビジネス・サイクル理論だ。

▶**合理的期待**によれば、労働者や企業はすべての情報を考慮に入れて行動するので、貨幣供給量の予期せぬ変化だけが産出量と雇用量に影響する。予想された変化は物価水準だけに影響する。

▶**ニュー・ケインジアン経済学**は物価の粘着性を引き起こす市場の不完全性によって、総供給曲線は右上がりになると主張する。だから総需要の変化が総産出量と雇用量に影響するというのだ。

▶**リアル・ビジネス・サイクル理論**は生産性成長率の変動が景気循環を引き起こすと主張する。

▶ニュー・ケインジアン経済学のアイデアと事実観察によって合理的期待形成モデルの評価は低下し、リアル・ビジネス・サイクル理論への信頼も深刻な不況時には生産性が低下するとする含意によって傷つけられた。現在では、総供給曲線は右上がりだという認識が一般に受け入れられている。

> **理解度チェック　18-4**
>
> 1. 2008年の末に、アメリカの景気後退が明らかになりつつあったとき、FRBは大がかりな積極的金融政策の枠組（いわゆる「量的緩和」）の一環としてフェデラル・ファンド金利の目標水準をほぼゼロにまで引き下げた。ほとんどの観測筋は、この積極的な金融政策が2007年から2009年の不況の長さと深刻さを抑制したという結論に達していた。
>   a. 合理的期待論者はこの結論についてどう論評するだろうか。
>   b. リアル・ビジネス・サイクルの理論家はどういうだろうか。
>
>   解答は https://str.toyokeizai.net/books/9784492314906 にある。

5 現代マクロ経済学の合意点と対立点

1970年代と1980年代の前半はアメリカ経済にとって（そしてほかの主要国経済にとっても）、疾風怒濤の時期だった。1974～75年にはきびしい景気後退があった。その後、1979～82年には2つの背中合わせの景気後退があり、失業率はほとんど11％にまで上昇した。それと同時に、インフレ率は2ケタに急騰し、その後急落した。これまでみてきたように、これらの事件はマクロ経済学の考え方に強い焼印を残した。

しかし、1985年あたりから経済は落ち着いてきた。1990～91年の景気後退は1974～75年のそれや1979～82年のW型の不景気よりずっと穏やかなものだったし、インフレ率もほぼ4％未満に収まっていた。1985年から2007年までのこの時期の経済は**大平穏**と呼ばれた。経済の平穏は少なからずマクロ経済政策論の同様な平穏に表れる。実際、この時期にはいくつかのカギとなるマクロ経済問題について大まかな意見の一致があったように思われる。

▶ **大平穏**とは1985年から2005年までの時期、アメリカ経済が比較的わずかな変動と低いインフレを保っていた状況をいう。

大平穏のあとで大不況、すなわち2008年の金融危機に起因する激烈で執拗な景気不振が襲ってきた。後に大不況によって巻き起こされた政策論争について論じるが、その前にまず大平穏の形成された表面的な政策対応の合意（ここでは**大平穏期の合意**と呼ぶ）を調べておこう。それは、景気安定化のための主要な政策手段として金融政策の活用に信頼を寄せる一方、財政政策の利用には懐疑的であり、自然失業率と政治的景気循環によって課される制約を容認するというものだった。それはどこから生まれてきたのか、またまだ論争中なのはどんな問題かを理解するために、マクロ経済学者がマクロ経済政策をめぐる5つの基本的問題への解答をどのように変更してきたかをみることにしよう。その5つの問題とマクロ経済学の諸学派が過去数十年間に与えてきた解答を、表18-1に示してある（この表では新古典派経済学は古典派経済学に吸収され、ニュー・ケインジアン経済学は大平穏期の合意に吸収されている）。古典派マクロ経済学はどの問題に対しても「いいえ」の解答をしていることに注目しよう。そもそも古典派マクロ経済学者はマクロ経済政策ができることはあまりないという考えなのだ。では5つの問題について、1つずつみていこう。

▶ **大平穏期の合意**とは、金融政策が安定化政策の主軸であるという信念と財政政策への不振をないまぜにし、自然失業率と政治的景気循環によって課される制約を認める政策スタンスを指す。

表18-1 マクロ経済政策をめぐる5つの問題

	古典派マクロ経済学	ケインズ経済学	マネタリズム	大平穏期の合意
拡張的金融政策は不況の克服に有効か	いいえ	ほぼいいえ	はい	特別な状況を除きはい
拡張的財政政策は不況の克服に有効か	いいえ	はい	いいえ	はい
金融ないし財政政策は長期の失業削減に有効か	いいえ	はい	いいえ	いいえ
財政政策は裁量的に運用すべきものか	いいえ	はい	いいえ	特別な状況を除きいいえ
金融政策は裁量的に運用すべきものか	いいえ	はい	いいえ	論争中

問題1　拡張的金融政策は不況の克服に有効か

　すでに指摘したように、古典派マクロ経済学者は一般に拡張的金融政策は不況の克服に有効でないどころか、有害でさえあるかもしれないと思い込んでいた。初期のケインズ経済学の場合、不況期の金融緩和に異論は唱えなかったものの、その効果については疑問を投げかける者が多かった。ミルトン・フリードマン一派は金融政策が結局は有効だとしてほかの経済学者を説得した。

　現在、たいていのマクロ経済学者は金融政策で総需要曲線をシフトさせて経済安定化に資することができると考えている。貨幣供給量の変化は物価に影響するだけで総供給には影響しないという古典派の見解は、今日ではほとんど支持されていない。かつて初期のケインズ経済学者は貨幣供給量を変化させることの効果はほとんどないと論じたが、この説も今日では同様に支持されていない。唯一の例外は経済が流動性の罠に陥る場合だ。このとき、金融政策は無効になる。

問題2　財政政策は不況の克服に有効か

　古典派マクロ経済学者は、金融政策以上に財政政策に強く反対した。他方、ケインズ経済学者は財政政策を不況対策の中心に据えた。マネタリストは、貨幣供給量が一定であるかぎり財政政策は何の効果ももたないと主張した。このような強烈な主張もだんだん影を潜めてきた。

　現在たいていのマクロ経済学者は、財政政策も金融政策と同様に総需要曲線をシフトさせることができると考えている。また、たいていのマクロ経済学者は、経済が置かれた状況に配慮せずに財政収支の均衡を求めるべきではないとする点でも一致している。財政が自動安定化装置として経済の安定化に果たす役割を認めているからだ。

問題3　金融ないし財政政策は長期の失業削減に有効か

　古典派マクロ経済学者は、失業問題について政府に何かできることがあるとは思っていなかった。一部のケインズ経済学者はその対極に走り、多少のインフレを覚悟すれば、拡張的な政策を通じて失業を長期的に低位水準に抑えられると主張した。マネタリストによれば、失業を自然失業率以下に減らすことはできない。

今日では、たいていのマクロ経済学者が自然失業率仮説を受け入れている。この仮説から、金融・財政政策にできることには明確な限界があることが認識されるようになった。金融・財政政策を効果的に用いれば実際の失業率を自然失業率の近辺にとどめることは可能だが、自然失業率よりも低い水準に維持しつづけることは不可能なのだ。

問題 4　財政政策は裁量的に運用すべきものか

これまでにみたように、財政政策の有効性に関する見方は大きく揺れ動いてきた。古典派の経済学者は有効性はないといい、ケインズ経済学者は有効だとし、マネタリストは再び効果はないとした。今日では、たいていのマクロ経済学者が減税と支出拡大が総需要の増加に多少とも有効なことを認めている。

しかし全員ではないが多くの学者が、裁量的財政政策が通常人畜無害とはいえないと考えている。第13章で論じたように、財政政策を調整するにはタイムラグがあるため、不況対策として計画された財政政策がかえって景気の過熱を引き起こしてしまうといった事態が頻繁に起こるからだ。

こうして現代マクロ経済学では一般的合意として、経済安定化の指導的な役割を金融政策に与えるようになった。しかし、とくに利子率がゼロに近い水準にあって流動性の罠にはまっているような特別の場合には、財政政策を政策の場に引き戻すべきだとする経済学者も存在する。すぐ後でみるように、2008年以降、財政政策の適切な利用が大きな論争点となったのだ。

問題 5　金融政策は裁量的に運用すべきものか

古典派マクロ経済学者は、不況克服のために金融政策を使うべきだとは思わなかった。ケインズ経済学者は裁量的金融政策に反対はしなかったが、その有効性には懐疑的だった。マネタリストは裁量的金融政策は有害無益だと主張した。現在、私たちはどのような立場をとるべきだろうか。この問題はいまも論争中で決着がついていない。現在、大平穏期の合意のもとでは、たいていのマクロ経済学者の間では、以下の諸点については幅広い合意がある。

- 金融政策は景気安定化政策のなかで主要な役割を果たすべきだ。
- 中央銀行は、政治的圧力から遮断された独立な地位を保持し、政治的景気循環を避けるべきだ。
- 政策のタイムラグや政治的景気循環のリスクがある以上、裁量的財政政策を濫用すべきではない。

だが大平穏期は、難題を突き付ける事態、本書執筆中もなお荒れ狂っている難局にあって崩壊した。ここで、何が起こったのか、なぜ現在進行中の論争がそこまで激烈なのかをみておくことにしよう。

5.1 危機とその余波

　大不況は、重要な政策問題について恒久的な合意の時代に入ったという、マクロ経済学者の間にあった安心感をとことん打ち砕いてしまった。不況の性格からして、これは何ら驚くべきことではなかった。なぜかって？　不況のきびしさをみれば、大平穏の時期には有効と思われた政策が不十分なことは議論の余地はあるかもしれないが、明白だったからだ。

　大平穏期の合意のもとでは、経済安定化の仕事はFRBや諸外国の同等の機関が経済状況にあわせて利子率を上げ下げすることでもっともうまく対応できるという広範な諒解があった。しかし、経済が深刻な不況下にあり、FRBが通常操作する利子率がゼロ近くまで下がり、それ以下にはなりえないとしたら（つまり経済が流動性の罠にはまっていたら）、いったい何をすべきなのか。一部の経済学者は裁量的財政政策の積極的な実施を求め、またある者は利子率がゼロ下限にあるときでも結果を生み出すかもしれない非伝統的な金融政策を要請した。ほかの者たちはこうした施策が有効ではないか、あるいは望ましからざる副作用があるとして、強く反対した。

財政政策をめぐる論争　2009年には、アメリカを含め多くの政府が一時的な支出増加と減税のミックスという形で拡張的財政政策、すなわち「刺激策」をとった。しかし、当初からこうした努力には反対者が多かった。

　財政的刺激策の支持者たちは裁量的財政政策への通常の反対論を打破する3つの主要な論点を提出した。

1. 利子率がすでにゼロ水準にあるため、経済安定化の通常の手段である金融政策が使えないので裁量的財政政策が必要だ。
2. 拡張的財政政策に対する通常の懸念、すなわち赤字財政が利子率を引き上げ民間投資支出を押しのけるのではないかという懸念は不況下の経済では問題にならない。これまた、利子率がゼロ水準にあり、不況のもとではそこから脱却できそうもないからだ。
3. 最後に、裁量的財政政策をめぐるもう1つの懸念——その効果が出てくるまで長い時間がかかるという懸念——は通常考えられるよりは重要でない。というのは、どのみち長期にわたって不況が続きそうだからだ。

これらの論点は2009年のはじめには一般に人気があった。しかし、財政的刺激策に反対する者は次の2つの主要な論点を提示した。

1. 家計も企業も、政府支出の増加は課税負担が将来増加する兆候だとみなし、民間支出を減らすので、政府支出の効果を相殺してしまう（第13章で学んだリカードの等価定理の主張）。

2. 追加的な支出計画が政府の債務返済能力への信頼を傷つけ、金融緩和のもとでも長期金利の上昇を招く。

実際、2010年まで経済を押し上げるいちばん良い方法として多くの経済学者が推奨したのはなんと政府支出の削減だった。それによって民間部門の信頼が回復し、生産と雇用の増加につながるというのだ。しばしば「拡張的引き締め」説と呼ばれるこの考えはとくにヨーロッパで人気があり、欧州中央銀行の役人に支持され、また2010年春に発足したイギリスのキャメロン内閣の公式政策となった。

現実の出来事がこの論争に決着をつけると期待する向きもあるだろう。しかし、本書が刊行される時点では、論争は依然として続いていた。財政的刺激の批判者は、アメリカ政府の刺激策は失業の軽減にはみるべき成果がなかったと主張した。しかし、その擁護者は、それが不況の深刻さにくらべあまりに小さく当初から予想されていたことだと反論した。他方、イギリスなどの「拡張的引き締め」策も経済の転換をもたらすどころかえって不況の深刻化を招いた。それでも、これらの施策の支持者は、潜在的な信頼の崩壊を防ぐためにはやむをえなかったと論じた。

だが1つだけ明らかになったことがある。それはアメリカの利子率が政府の財政赤字によって急上昇し、典型的なクラウディング・アウト（政府支出による民間支出の押しのけ効果）をもたらすと予言していた人々は間違っていたということだ。2011年の秋までアメリカの利子率は大きな財政赤字が続いていたにもかかわらず、記録的な低水準にとどまっていた。

金融政策をめぐる論争　第16章でみたように、総需要を増やしたい中央銀行は、短期国債を購入し短期利子率を下げることで支出の増加を促す。しかし、2008年の秋までに、この典型的な金融政策の手法は限界に達した。それは頼みの利子率がゼロに近い水準まで下がってしまったからだ。そこで、連邦準備理事会などの中央銀行が使えるほかの方法が何かあるかということが問題になった。

2008〜09年、それから2010年の秋にふたたび、FRBは「量的緩和」と呼ばれるそのような代替策を追求した。それは、利子率がゼロ水準をかなり上回っていた短期国債以外の資産、とりわけ長期国債の購入を含むものだった。たとえば、2010年の11月には、FRBは6000億ドルに上るアメリカ国債の購入計画（一般にQE 2と呼ばれる）をスタートさせた。そのねらいは民間支出にとって短期利子率よりもおそらく重要とみられる長期利子率引き下げをはかることにあった。2011年9月には、FRBはもう1つの計画を発表した。今度は、利子率がすでにほぼゼロの短期の資産を売って、かわりにより長期の資産を買おうというものだった。

量的緩和政策は論議を呼んだ。FRBがやりすぎていると考える人たちからも、まだ足りないと考える人たちからも批判が来た。やりすぎていると考える人たちは将来インフレを招くのではないかと心配した。彼らは、経済が回復したときにこの非伝統的な政策を逆転することがむずかしく、結局は非常に過大なインフレ政策に陥ること

になるだろうと案じた。

ほかの側からの批判は、FRBの行動は効果的でないというものだった。長期利子率は主として将来の短期利子率の予想によって影響を受けるので、FRBによる長期国債の大量買い付けもほとんど効果がないだろうと断じた。

FRBがもっと積極的な行動に出るべきだとする人々の多くは、理事会はインフレ目標を明確に定め、その引き上げをはかるべきだと主張した。第8章と第10章で通常取り上げられる名目利子率と名目利子率から予想（期待）インフレ率を差し引いて得られる実質利子率とのちがいを説明したね。実質利子率こそ投資の決定にあたって重要となるものだ。インフレ目標の引き上げを主張する人々は、今後10年間にわたって物価を平均年率で3％から4％引き上げると約束すれば、FRBは名目利子率がゼロ下限よりも高い水準にあっても、実質利子率を下げることができると論じた。

このような提案はしかし、激しい論争を呼んだ。ある経済学者は、連邦準備理事会が長年にわたってインフレ期待を押さえるために戦ってきた歴史があることを指摘し、その方針を変えることは、激しい戦いの末に勝ち取った名声を傷つけることになると論難した。ほかの論者は、高い失業率による莫大な経済的、人的損失を思えば、異次元の施策を導入すべきときであり、インフレ対抗策はもはや焦眉の課題とはいえないと主張した。

本書を執筆している時点では、これらの論争はなお進行中であり、マクロ経済政策をめぐる新しい合意が近いうちに形成されるとは思えない。

経済学を使ってみよう☞　アイルランドモデル？

2010年から2011年にかけて経済学者と政策立案者との間で激しい論争が行われた。大きな財政赤字に陥っている国が同時に高い失業に苦しんでいるとき、政府は赤字の

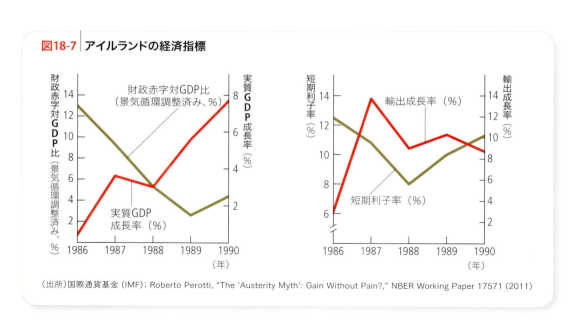

図18-7　アイルランドの経済指標

（出所）国際通貨基金（IMF）; Roberto Perotti, "The 'Austerity Myth': Gain Without Pain?," NBER Working Paper 17571 (2011)

削減を急ぐべきかどうかをめぐるものだった。多くの経済学者は、経済が回復するまでは政府支出の削減や増税の実施を遅らせたほうがよいと論じた。だが本文で説明したように、赤字を減らす応急措置をとることで人々の信頼感を改善すれば経済に良い効果が出てくるという「拡大的引き締め」論を唱える者もいた。

この論争はどのように決着がつけられたか。研究者の目は歴史的な事例、とくに政府赤字の急速な削減と強力な経済成長を結びつけることができた国々の事例に向けられた。その中の1つの事例が知的論争の主戦場となった。1980年代後半のアイルランドだ。

図18-7の左のパネルはなぜアイルランドの経験が注目されたかを示す。この図は、アイルランドの実質GDP成長率と財政赤字対GDP比（景気循環調整済み）を対比している。1986年から1989年の間にアイルランド政府は支出削減と増税との組合せで赤字を劇的に減らし、急速な成長を実現した。それをみて、2008年の金融危機の余波で大きな赤字を抱えた国に対してこの経験から学ぶようにすすめる人がたくさんいた。

だがよくみてみると、1980年代にアイルランドがおかれた状況と2010年と2011年に西側諸国の経済が直面した状況はまったくちがっていたことに気づく。図18-7の右のパネルは1986年から1990年のアイルランドに関するもう2つの経済指標を示している。短期利子率と輸出成長率だ。この時期、アイルランドは高い利子率のもとできびしい財政緊縮に入っていたが、1986年から1988年にかけて政府の債務履行能力への投資家の信頼が回復したため利子率が急落した（もっともその後また上昇したが）。それと同時に、隣国イギリスの急成長もあってアイルランドの輸出がブームになった。支出削減と課税強化による緊縮効果が、これら2つの要因によって、相殺されたのだ。

要するに、もしたとえばアメリカが支出を切り詰めていたらこれらの「緩衝効果」は得られなかっただろうということだ。短期利子率はすでにゼロ近くになっていてさらに下がる可能性はなく、近隣に輸出できる好況を起こしている国も存在しなかった。

2011年の末までには、歴史上の記録をていねいに調べることによって、この問題を研究していたすべてではないが大多数の経済学者が「拡大的引き締め」への願望が実現する見込みは多分ないという結論に達していた。しかし、アメリカをはじめ難局に陥っていた国々が何をなすべきかに関する論争は実は決着せず、ますます燃えさかっていた。

理解度チェック 18-5

1. 大不況が大平穏期の合意の崩壊をもたらしたのはなぜだろうか。その後の出来事から、新しい合意が出現しなかったのは予想外ではなかったといえる。なぜか。

解答は https://str.toyokeizai.net/books/9784492314906 にある。

ちょっと復習

▶ **大平穏**とは、1985年から2007年まで続いた経済が比較的安定していた時期を指し、**大平穏期の合意**を生み出した。

▶ 大平穏期の合意によれば、金融政策は景気安定化の主要な手段として用いられることが望ましい。政治的景気循環を回避するため、中央銀行は政府から独立であるべきで、経済が流動性の罠にはまっていて自然失業率が積極的金融政策の活用を制限しているような特別な場合を除けば、財政政策を用いてはならない。

▶ 大平穏期の合意は大不況によってきびしい試練を受けた。流動性の罠にあり、金融政策の有効性が失われたとして、積極的な財政政策が復活した。アメリカでは、激しい論争の挙げ句に財政刺激策による失業のみるべき解消には失敗した。批判者は、これは財政政策が役に立たない証拠だとしたが、支持者は景気刺激策の規模が小さすぎたためだと反論した。だが批判者たちが予想していたクラウディング・アウトは実際には起こらなかった。

▶ 大不況に入ってからは、FRBが「量的緩和」や非伝統的政策を追求するなかで金融政策もまたきびしい論争にさらされた。批判者はFRBの政策が過剰でも過小でもあると難癖をつけ、実質利子率を下げるためにもっと高いインフレ目標率を採用すべきだと提言する者もあった。

要約

1. 古典派マクロ経済学は、金融政策は物価水準には影響するが総産出量には影響しないと断じ、短期の分析を軽視した。1930年代までに景気循環は研究テーマとしては確立されていたが、景気循環の理論として広く認められた学説は存在しなかった。

2. ケインズ経済学は景気循環が景気信頼感のゆらぎによる総需要曲線のシフトに起因すると考えた。ケインズ経済学はまた、**マクロ経済政策の積極主義**に理論的根拠を与えた。

3. ケインズの仕事が世に出てからから数十年を経て経済学者は、一定の条件のもとでは金融政策も財政政策と同様に有効だと考えるようになった。**マネタリズム**は、**裁量的金融政策**に反対して**金融政策ルール**の導入を推奨し——**貨幣の流通速度**が安定しているという信念に基づいて——貨幣供給量の着実な増加によりGDPも着実に成長すると主張した。この説は一時的に影響力があったが長続きせず、ついには多くのマクロ経済学者から否定された。

4. **自然失業率仮説**は、失業率を自然失業率以下に押さえ込もうとする政策を批判し、マクロ経済政策の役割を、恒久的な低失業率の追求ではなく、経済安定化に限定した。この説は大多数のマクロ経済学者の賛同を得ることになった。**政治的景気循環**への警戒から金融政策は政治から切り離されるべきだとする主張が説得力をもち、幅広い合意を得た。

5. **合理的期待**は個人も企業も利用可能な情報をすべて利用して意思決定をすると主張する。**合理的期待形成モデル**によれば、金融政策の予想されなかった変化だけが総生産と雇用に影響する。他方、予想された変化は物価水準に影響するだけだ。**リアル・ビジネス・サイクル理論**は、景気循環は主として全要素生産性の成長率の変化によって引き起こされると主張する。これらの学説はどちらも**新古典派マクロ経済学**の変種だといえるが、どちらも広く注目され畏敬された。しかし、財政金融政策が総産出量に何の効果もないとする結論を受け入れる政策担当者や経済学者は少なかった。

6. **ニュー・ケインジアン経済学**は市場の不完全性が価格粘着性をもたらすとし、その結果として総需要の変化は結局、総生産に影響を及ぼすと論じる。

7. 1985年から2007年にかけての**大平穏**は**大平穏期の合意**を生み出した。安定化政策の主要手段としての金融政策への信頼、流動性の罠のような例外的な状況をのぞけば財政政策への懐疑、自然失業率と政治的景気循環がもたらす政策の制約への配慮がその特徴だ。大平穏期の合意は2008年以後の危機的な出来事によって挑戦状を突き付けられた。金融政策は流動性の罠のなかで有効性を失った。結果的に、深刻な不況には財政政策を用いるべきだという者が多くなった。

8. 2009年には、アメリカを含む多くの国の政府が流動性の罠のなかで深刻な不況下にある経済を支えるために財政的刺激を用いた。財政政策の利用は依然として

賛否両論のある問題だった。アメリカでは、それは失業の削減には大して役立たなかった。批判する者は、一般的に財政政策が有効でないことの証明だとした。財政政策の支持者は刺激策の規模が小さすぎたと論じた。しかし、批判者が予想したクラウディング・アウトは起こらなかった。

9. 大不況の余波を受けて、FRBが「量的緩和」などの流動性の罠に対処すべく非伝統的政策を打ち出すと、金融政策も熱い論争の対象となった。批判者は、FRBは過剰反応しており、これまで苦労を重ねて築いてきたインフレファイターとしての信用を傷つけることになるだろうと予言した。ほかの者はFRBの反応はそもそも過小だと反論し、さらにほかの者はほとんど何の効果もないとした。実質利子率を下げるために、FRBはもっと高いインフレ目標を掲げるべきだと提言する者もいた。

キーワード

ケインズ経済学	686ページ	マクロ経済政策の積極主義	687ページ
マネタリズム	689ページ	裁量的金融政策	690ページ
金融政策ルール	691ページ	貨幣の流通速度	691ページ
自然失業率仮説	692ページ	政治的景気循環	693ページ
新古典派マクロ経済学	695ページ	合理的期待	695ページ
合理的期待形成モデル	696ページ		
ニュー・ケインジアン経済学	696ページ		
リアル・ビジネス・サイクル理論	696ページ		
大平穏	699ページ	大平穏期の合意	699ページ

〈問題〉

1. 1989年に株式市場が暴落して以来、日本経済はほとんど成長の兆しをみせず、デフレの様相を呈してきた。経済協力開発機構（OECD）からとった下の表は、1991年（正常年）と1995〜2003年の日本経済の主要なマクロ経済指標を示している。

年	実質 GDP 成長率（年率、%）	短期利子率（%）	政府債務 対 GDP 比（%）	財政赤字 対 GDP 比（%）
1991	3.4	7.38	64.8	−1.81
1995	1.9	1.23	87.1	4.71
1996	3.4	0.59	93.9	5.07
1997	1.9	0.60	100.3	3.79
1998	−1.1	0.72	112.2	5.51
1999	0.1	0.25	125.7	7.23
2000	2.8	0.25	134.1	7.48
2001	0.4	0.12	142.3	6.13
2002	−0.3	0.06	149.3	7.88
2003	2.5	0.04	157.5	7.67

a. データから、この期間に日本の政策担当者は経済の成長を促進するどんな施策を試みたか。

b. 0.8%以下の利子率は実効0%の利子率とみなすことができる。このような状況は何と呼ばれるか。それが金融政策の有効性に対して何を意味するか、財政政策に対してはどうか。

2. 全米経済研究所（NBER）は過去のアメリカの景気循環の日付を公表している。そのウエブサイト（http://www.nber.org/cycles/cyclesmain.html）に行き、次の問いに答えなさい。

a. 1945年に第2次世界大戦が終結してからいくつの景気循環が生じたか。

b. 景気循環の持続期間は1つの拡張の終わり（頂点）から次の拡張の終わりまでの時間で測られる。1945年から現在までの期間について、その平均的な長さはどれくらいだったか。

c. 全米経済研究所の景気循環日付委員会の最後の発表はいつで、その内容はどのようなものだったか。

3. 1989年のソ連の崩壊（アメリカの軍事上のライバルだった）によって、アメリカはその後数年にわたって軍事支出を大幅に削減できた。「大統領経済報告」から引用した次ページの表を使って、1990〜2000年の期間について図18-3と同様な図を作成しなさい。1990年代末のアメリカの力強い経済成長を眼のあたりにして、

ケインズ主義者はこの時期の軍事支出の削減を幸運と考えるだろう。なぜか。

年	財政赤字対 GDP 比(%)	失業率(%)
1990	3.9	5.6
1991	4.5	6.8
1992	4.7	7.5
1993	3.9	6.9
1994	2.9	6.1
1995	2.2	5.6
1996	1.4	5.4
1997	0.3	4.9
1998	−0.8	4.5
1999	−1.4	4.2
2000	−2.4	4.0

4. 現代の世界では中央銀行はマネーサプライを自分の判断で自由に増減できる。だが金本位制の「古き良き」時代を懐古する人々もいる。金本位制のもとでは、マネーサプライが増やせるのは、金の保有量が増えたときだけだった。

   a. 金本位制のもとで経済が拡大しているときに貨幣の流通速度が一定だったとしたら、物価を安定させるためには何が起こる必要があっただろうか。

   b. 現代のマクロ経済学者が金本位制は良くない制度だと考えるのはなぜだろうか。

5. マネタリストは一時、貨幣の流通速度は一国内では安定していると信じていた。しかし、1980年以降の金融革新とともに貨幣の流通速度は不規則に乱高下するようになった。予想されるように、流通速度は金融システムの洗練度に応じて国ごとに異なる——発展した金融システムをもつ国では高くなる傾向がある。下の表は6つの国について2005年の貨幣供給量とGDPの情報を示している。

国名	通貨	M1（10億、各国通貨単位）	名目GDP（10億、各国通貨単位）
エジプト	エジプト・ポンド	101	539
韓国	ウォン	77,274	806,622
タイ	バーツ	863	7,103
アメリカ	ドル	1,369	12,456
ケニア	ケニア・シリング	231	1,415
インド	ルピー	7,213	35,314

(出所) Datastream

   a. これらの各国の貨幣の流通速度を計算しなさい。次ページの表は各国の2005年の1人当たりGDPをUSドルで示している。

国名	1人当たり名目GDP（米ドル）
エジプト	1,270
韓国	16,444
タイ	2,707
アメリカ	41,886
ケニア	572
インド	710

（出所）国際通貨基金（IMF）

b. これらの国を1人当たり名目GDPと貨幣の流通速度で降順にランクしなさい。富裕な国と貧しい国をくらべて、どちらが1年間に貨幣をより多く「回転」しているか。富裕な国がより洗練された金融システムをもっていると予想できるか。

6. この章で説明したように、ケネス・ロゴフはリチャード・ニクソンを「政治的景気循環の永世チャンピオン」と呼んだ。「大統領経済報告」からの表（下の表）を使ってニクソンがこんな称号を頂戴することになった理由を説明しなさい（注：ニクソンは1969年1月に就任し、1972年11月に再選され、1974年8月に辞職した）。

年	政府収入（10億ドル）	政府支出（10億ドル）	財政収支（10億ドル）	M1成長率（%）	M2成長率（%）	財務省証券3カ月物利率（%）
1969	186.9	183.6	3.2	3.3	3.7	6.68
1970	192.8	195.6	−2.8	5.1	6.6	6.46
1971	187.1	210.2	−23.0	6.5	13.4	4.35
1972	207.3	230.7	−23.4	9.2	13.0	4.07
1973	230.8	245.7	−14.9	5.5	6.6	7.04

7. アルバーニアの経済は不況ギャップに直面している。この国の指導者が、古典派、ケインズ派、マネタリスト、リアル・ビジネス・サイクル、そして大平穏期の合意のグループを代表する5人の最良の経済学者を招いてマクロ経済をめぐる見解を質した。各グループの経済学者は何をどのような理由で勧告するだろうか。説明しなさい。

8. 以下の政策勧告のうち、古典派、ケインズ派、マネタリスト、大平穏期の合意と適合するものはどれか。
 a. GDPの長期成長率は2％なので貨幣供給量は2％で成長するのが良い。
 b. インフレ圧力を軽減するため政府支出を削減すべきだ。
 c. 不況ギャップを緩和するため貨幣供給量を増やすべきだ。
 d. いついかなるときにも均衡予算を維持すべきだ。
 e. 不況ギャップに直面したときには財政赤字の対GDP比を下げるべきだ。

9. 図18-4と同様の図を使って、マネタリストは、貨幣供給量が一定のときには緊縮的な財政政策が必ずしも実質GDPの減少を引き起こさないと、どのように論じることができるかを示しなさい。また説明しなさい。

Part **8** The Open Economy
開放経済

Chapter
19

Open-Economy
Macroeconomics

開放経済の
マクロ経済学

この章で学ぶこと
- **国際収支**の意味。
- 国際資本移動の決定要因。
- **外国為替市場**と**為替レート**の役割。
- **実質為替レート**の重要性と**経常収支**の決定にそれが果たす役割。
- **固定為替レート制度**、**フロート為替レート制度**など、さまざまな**為替レート制度**が選択されるわけ。
- フロート為替レート制度のもとで開放経済への配慮がマクロ経済政策に影響するわけ。

スイスはあなたのおカネにうんざりしているのだ

　あなたのおカネをスイスの銀行に預けておいてもお金持ちにはなれない。スイスの銀行が提供する金利は低いからだ。実際、スイスの銀行が最近預金に対して払っているのは、顧客に資金を保管するサービスへの手数料としての負の金利でしかない。

　だが何世代にもわたって、スイスの銀行はあなたがお金持ちでいるための方便、つまりあなたの富を安全に保管してくれる場所とみなされてきた。2008年の金融危機に続く困難な時代にスイスの銀行の安全性に対する評判はとくに重要視された。とりわけヨーロッパの投資家たちはスイスの銀行におカネを注ぎ込んだ。

　スイスの人たちはこのことを忌み嫌っていたのだ。外国の資金のスイスへの流入は結果的にスイスフランの暴騰をもたらし、スイスの輸出を壊滅させたからだ。

　2008年初頭には1スイスフランは約0.6ユーロと等価で売買されていた。2011年の半ばには、1スイスフランが約0.9ユーロになっていた。他の条件が同じなら、これはスイスの輸出品の労働コストがヨーロッパのほかの国にくらべて約50％も割高になったことを意味している。品質が良いという評判のおかげで、労働コストが高かったにもかかわらず、スイス製品の世界への輸出はそれまで躍進してきた。スイスの時計やチョコレートを値切ろうなんて誰も考えなかった。だがこのスイスフラン高で事態は破綻寸前まで来ていた。

　ではどうすればよかったか。2009年はじめ、スイス国立銀行（連邦準備銀行のスイス版）はスイスフランの価値を下げようと外国為替市場でスイスフラン売りを始めた。スイスフラン売却の見返りとして他国の通貨、主として、ドル、ユーロなどを入手して外国為替準備に追加した。半端な売りではない。2年半の間に1800億ドルもの金額を積み増したのだ。それはスイスのGDPの約3分の1に相当する。アメリカなら5兆ドルを売り払ったのと同じことになる。

　だがそれさえもスイスフランの高騰を止めるのに十分ではなかった。2011年9月、スイスフランが1ユー

ロかそれ以上の価値に向かうかにみえたころ、スイス国立銀行は1ユーロが0.833スイスフランより高くなるという目標（あるいは実際の表現では1ユーロが1.2スイスフランより安くなるという目標）を達成するまではできることは何でもやる――つまり無制限にスイスフランを売ると宣言した。この宣言でついにスイスフランの騰勢は抑えられたかと思われた。少なくともはじめのうちは。

　スイス国立銀行のこのたいへんな政策努力は、本書でこれまで強調してこなかったマクロ経済学の対象範囲――現代の国民経済が財・サービス、資産を自余の世界と取引する開放マクロ経済だという事実――の重要性を物語っている。国際マクロ経済学は国民経済相互間の関係を扱うマクロ経済学の1分野だ。この章では、国際マクロ経済学の主要な課題のいくつか、一国の国際収支の決定、為替レートに影響する諸要因、異なる国々が採用する為替レート政策のちがい、さらには為替レートとマクロ経済政策との関係などを学んでいく。

1 資本の流れと国際収支

　アメリカに住む人々は2010年に約3.5兆ドルの品物を外国に住む人々に売り、見返りに約3.5兆ドルの品物を買った。どんな品物かって？　ありとあらゆる品物だ。アメリカの居住者（アメリカで活動する企業を含む）は、航空機、債券、小麦、その他の多くのものを外国の居住者に売った。またアメリカの居住者は、自動車、株式、石油、その他の多くのものを外国の居住者から買った。

　これらの取引を追跡するにはどうすればよいのだろう？　第7章で私たちは、国内取引が国民所得勘定と国民生産勘定を用いて記録されることを学んだ。国際取引は、これとは異なるが関連する国際収支勘定を使って記録される。

1.1　国際収支勘定

> 一国の**国際収支勘定**は、その国と他国との取引を要約したものだ。

　一国の**国際収支勘定**は、その国と他国との取引を要約したものだ。

　国際収支勘定の背後にある基本的な概念を理解するため、小規模な事例、それも一国のではなく家族農場の事例を考えてみよう。私たちはカリフォルニアでアーティチョーク農場を所有するコスタ家の収支が昨年どのようになされたかについて知っているものとしよう。

- アーティチョークの販売で10万ドルの収入を得た。
- 新しい農業機械の購入を含む農場の運営に7万ドル、さらに食料の購入、公共料金の支払い、老朽車の更新等々に4万ドルを使った。
- 銀行預金の利子として500ドルを得たが、住宅ローンの利子支払いに1万ドルを使った。
- 農場の改良費にあてるため新たに2万5000ドルを借り入れたが、すぐに全部は使わなかった。残額は銀行に預けた。

　コスタ家の1年をどのように要約したらよいだろうか。1つの方法は表19-1のよ

表19-1 | コスタ家の会計年

(ドル)

	入ってくるおカネ	出て行くおカネ	差額
財・サービスの販売と購入	アーティチョークの販売：100,000	農場の運営と生活費：110,000	−10,000
利子支払い	銀行預金からの利子：500	住宅ローンの利子支払い：10,000	−9,500
ローンと預金	新たな借り入れからのおカネ：25,000	銀行に預け入れたおカネ：5,500	19,500
合計	125,500	125,500	0

うな表をつくり、入ってきたおカネと出て行ったおカネの源泉をいくつかの大きな見出しのもとに表示してみることだ。表19-1の第1行は財・サービスの販売と購入を示している。アーティチョークの販売、食品雑貨、灯油、例の新車の購入などだ。第2行は利子の支払い、つまりコスタ家の銀行預金からの利子収入、住宅ローンの利子支払いだ。第3行は新たな借り入れから得られた現金収入に対して銀行に預入されたおカネの差額だ。

各行には例示された取引から生じる現金の純流入を示している。第1行の純流入が−1万ドルとなっているのは、コスタ家が稼ぎより1万ドル余計に使っているからだ。第2行の純流入は−9500ドルだ。これはコスタ家が銀行預金から得た利子収入と住宅ローンの利子支払いとの差額だ。第3行の純流入は1万9500ドルとなっている。コスタ家は新しいローンによって2万5000ドルの現金を得たが、そのうち5500ドルしか使わなかったからだ。

最終行はすべての源泉から得た現金の純流入の合計と使った現金の合計を示している。これらの合計は定義によって等しくなる。というのは、どの1ドルにも源泉があり、受け取ったすべてのドルがどこかで使われるからだ（コスタ家がマットレスの下に現金を隠したとしたらどうか。それもまた現金のもう1つの「使い道」と勘定される）。

一国の国際収支勘定は、その国と世界との取引を、コスタ家の会計年を要約したのと基本的に同様の方法で、表を用いて要約する。

表19-2は2010年のアメリカの国際収支勘定を単純化して示したものだ。コスタ家

表19-2 | アメリカの国際収支（2010年）

(10億ドル)

	外国人からの支払い	外国人への支払い	差額
1 財・サービスの輸出と輸入	1,838	2,338	−500
2 要素所得	663	498	165
3 移転支出	──	──	−136
経常収支（1+2+3）			−471
4 公的部門による資産の売買	350	−6	356
5 民間部門による資産の売買	910	1,011	−101
金融収支（4+5）			255
合計	──	──	−216

（出所）アメリカ経済分析局

の勘定で受け取りと支払いとされていたところが、国際収支勘定では外国からアメリカ人への支払い額——事実上アメリカの受け取り総額——と外国人への支払い額となっている。

表19-2の第1行は財・サービスの販売から生じる受取金額を示している。たとえば、アメリカの小麦の輸出額と外国人がアメリカのコンサルティング会社に支払う手数料は第2列にあらわれる。アメリカの石油輸入額とアメリカの会社がインドのコールセンター——1-800番のコールに出てくる人々——に支払う費用は第3列にある。

第2行は要素所得——各国が外国の居住者が所有する生産要素の使用に対して支払う所得額——を示している。そのほとんどが投資所得、つまり海外からの貸し付けの利子、外国人が所有する会社の利潤などだ。たとえば、アメリカに本拠があるウォルト・ディズニー社が所有するディズニーランド・パリが稼ぐ利潤は第2列に記載される。日本の自動車会社がアメリカで稼ぐ利潤は第3列にあらわれる。この項目はまた労働所得も含んでいる。たとえば、ドバイの建設現場で一時的にはたらくアメリカ人技師の賃金は第2列に記載される。

第3行は国際トランスファー（国際移転支出、すなわち一国の居住者から外国の居住者に送られた資金）を示している。その主要な内容はアメリカで雇用された何百万人ものメキシコ生まれの労働者のような移民が母国の家族に送るおカネだ。表19-2はトランスファーの純額だけを示していることに注意しよう。これは、アメリカ政府が外国人への移転支出と外国人からの移転支出の内訳を示さず、その純額だけを報告していることによる。

表19-2の次の2つの行は資産の売買から生じた支払いを取引主体別に分けて示している。第4行は政府、あるいは政府の代理者、主に中央銀行がかかわる取引を示す。後で学ぶように、2010年にはこの項目に示した政府支払いの大部分は中国および産油国の中央銀行の外国為替準備の蓄積によるものだ。第5行は民間の主体による資産の売買を示している。たとえば2010年にフォード・モーターのボルボ・ブランドが中国のジーリー（吉利）自動車に売却されたことは第5行の第2列にあらわれる。ヨーロッパの株式がアメリカの投資家によって買われたことは第3列に出てくる。

表19-2の作成にあたって、第1、2、3行を1つのグループに、第4、5行をもう1つのグループに仕分けしたのは、これら2つのグループが将来に及ぼす影響が根本的に異なることを明確にするためだ。

アメリカの居住者が小麦のような財を外国人に売るとすれば、取引はそれで完結する。しかし債券のような金融資産の場合には、それで終わりにはならない。債券は将来利子や元本を支払う約束だということを思い出してもらいたい。アメリカの居住者が債券を外国人に売れば、それは負債をつくり出す。将来、アメリカの居住者は利子と支払い元本を償還しなければならない。国際収支勘定は、負債をつくり出す取引とつくり出さない取引を区別している。

負債をつくり出さないような取引は**経常勘定収支**、あるいは簡単にいえば**経常収支**に記録される。経常収支は、財・サービス収支プラス純国際移転収支と純要素所得だ。

> 一国の**経常勘定収支（経常収支）** は財・サービス収支プラス純国際移転収支と純要素所得だ。

表19-2の第1行の差額−5000億ドルは経常収支のもっとも重要な部分である**財・サービス収支**、すなわち一定期間中の輸出と輸入の差額に対応している。

ところで、経済ニュースを読む人は、これとは異なる指標で**商品貿易収支**、しばしば簡単に**貿易収支**と呼ばれる指標に出くわすかもしれない。これはその国の財だけの（サービスを除いた）輸出と輸入の差額のことだ。サービスに関する国際貿易のデータが物的な財貿易のデータほど正確ではなく、発表も遅れがちなので、不十分ながら商品貿易収支が注目されることがある。

上で学んだように、経常収支は債務を引き起こさない国際取引からなるものだ。資産の売買をともない、したがって将来の負債を生み出すような取引は**金融勘定収支**、あるいは簡単に**金融収支**に計上される（数年前まで、金融収支〈financial account〉のかわりにしばしば**資本収支**〈capital account〉という用語が使われていた。ここでは古い用語ではなく新しいほうの用語を使うが、読者は古い用語にぶつかることがあるかもしれない）。

それではすべてを総計するとどうなるだろうか。表19-2の経常収支の行と金融収支の行はその結果を示している。2010年のアメリカの経常収支と金融収支だ。みてとれるように、このとき、アメリカの経常収支は赤字となっている。アメリカが財・サービス、生産要素、それに移転のために外国に支払った金額は受け取った金額よりも大きかったのだ。それと同時に、アメリカは金融収支では黒字を出していた。つまり外国に売った資産の価値は外国から買った資産の価値を上まわっていた。

2010年の公式統計では、アメリカの経常収支の赤字と金融収支の黒字は互いに相殺していない。2010年の金融収支の黒字は経常収支の赤字よりも2160億ドルだけ少ない。だがそれはおそらく公式資料の不完全さからくる統計上の不突合にすぎないといえるだろう（2160億ドルという差異はたぶん外国によるアメリカ資産の購入が公式統計で捕捉しきれなかったことによるものだろう）。実際、国際収支会計の基本原則は経常収支と金融収支の合計がゼロになるということ、すなわち、

$$経常収支（CA）＋金融収支（FA）＝0 \tag{19-1}$$

あるいは、

$$CA = -FA$$

ということだ。

式（19-1）はなぜ正しいといえるのか。その基本的な説明はすでにコスタ家の会計を示した表19-1でみた。受け取った現金の合計は使われた現金の合計に等しくなければならない。これと同じ原理が国際収支会計にも当てはまるのだ。図19-1は国内マクロ経済を考えたときに役立った循環図と同工異曲の図だが、こうした集計がどうして成立するかを見定める助けになるかもしれない。図19-1は、一国経済のなかのカネの流れを示すかわりに、異なる国々の間のおカネの流れを描いている。

外国からアメリカへのおカネの流れは、アメリカの財・サービスの輸出、アメリカ

> 一国の**財・サービス収支**は一定期間中の輸出と輸入との差額だ。
> **商品貿易収支（貿易収支）**は一国の輸出と輸入の差額だ。

> 一国の**金融勘定収支**、あるいは簡単に**金融収支**は一定期間中の外国人への資産の売却と外国人からの資産の購入との差額だ。

図19-1 | 国際収支

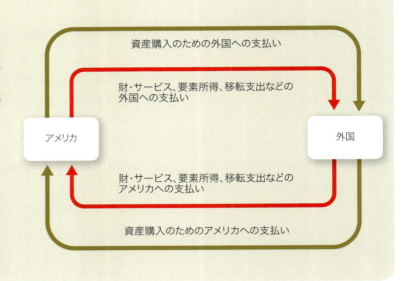

黄色の矢印は経常収支に計上される支払いを示し、赤色の矢印は金融収支に計上される支払いを示す。アメリカへの総流入額はアメリカからの総流出額に等しくなければならないので、経常収支と金融収支の合計額はゼロとなる。

が所有する生産要素の使用料、さらにはアメリカへの移転支出の結果として生じる。この流れは、（下方の黄色の矢印で示されるように）アメリカの経常収支でプラスの要素となるものだ。これはまた（下方の赤色の矢印で示されるように）アメリカによる外国資産の取得をともない、アメリカの金融収支でプラスの要素となる。

これと同時に、アメリカから外国への貨幣の流れがアメリカの財・サービスの輸入、外国が所有する生産要素の使用、さらにはアメリカからの移転支出の結果として生じる。この流れは上方の赤色の矢印で示され、アメリカの経常収支でマイナスの要素となる。アメリカから外国への貨幣の流れはアメリカの外国資産の購入によっても生じる。この流れは上方の黄色の矢印で示され、アメリカの金融収支でマイナスの要素となる。どんな循環図でもそうだが、箱形の図に入り込む流れの量とそこから出て行く流れの量は等しい。ということは、アメリカに入り込む黄色と赤色の流れの合計はそこから出て行く黄色と赤色の流れの合計に等しくなっているのだ。つまり、

$$
\begin{aligned}
&\text{経常収支のプラスの数値（下方の黄色の矢印）}\\
&+\text{金融収支のプラスの数値（下方の赤色の矢印）}\\
&=\text{経常収支のマイナスの数値（上方の黄色の矢印）}\\
&+\text{金融収支のマイナスの数値（上方の赤色の矢印）}
\end{aligned} \quad (19\text{-}2)
$$

となる。この式を移項して再整理すると、

$$
\begin{aligned}
&\text{経常収支のプラスの数値}-\text{経常収支のマイナスの数値}\\
&+\text{金融収支のプラスの数値}\\
&-\text{金融収支のマイナスの数値}=0
\end{aligned} \quad (19\text{-}3)
$$

式（19-3）は式（19-1）と同等だ。このことから、経常収支と金融収支（どちら

> ### GDP、GNP と経常収支
>
> 第7章で国民所得計算を説明したが、そこで GDP と支出の構成要素を結びつける次のような基本式を導出したね。
>
> $Y = C + I + G + X - IM$
>
> ここで X と IM はそれぞれ輸出と輸入をあらわす。だがこの章で学んだように、財・サービスの輸出入は経常収支の一項目にすぎない。国民所得の基本式に経常収支全体が用いられないのはなぜなのか。
>
> 一国で生産される財・サービスの価値額である国内総生産 Y には、経常収支の計算に用いられる2つの所得源、すなわち国際要素所得と国際移転が含まれていないためだ。イギリスのフォード自動車会社の収益はアメリカの GDP には含まれず、ラテン・アメリカ移民の母国家族への送金はアメリカの GDP から引かれない。
>
> これらの所得源を含むより広い国民所得指標をつくるべきではないだろうか。実際、国民総生産（GNP）という指標は要素所得を考慮に入れてつくられている。アメリカの GNP の推計は GDP の推計と少しちがっている。というのは、GNP はアメリカの会社が外国で得た収益のような項目を算入し、中国や日本の居住者が所有するアメリカの債券の利子のような項目を除外しているからだ。だが移転支出をきちんと考慮に入れてつくられた指標は存在しない。
>
> なぜ経済学者はもっと広い国民所得指標を使わず GDP を使うのだろうか。2つの理由がある。第1に、国民経済計算はもともと所得ではなく生産を追跡する目的で始められたからだ。第2に、国際的な要素所得や移転支払いのデータは一般にいささか信頼性が低いと考えられているためだ。だから、経済変動の追跡を目的とするならば、このような信頼性の低いデータに依拠しないですむ GDP を使ったほうがよいのだ。

もプラスの数値とマイナスの数値の差に等しい）の和はゼロに等しいといえる。

だが、経常収支と金融収支の決定要因は何だろうか。

1.2 金融収支をモデル化する

一国の金融収支は外国人への資産の純販売の指標となる。しかし、金融収支については別の解釈も考えられる。すなわち、国内の投資支出に利用できる外国貯蓄の、資本流入の指標という見方だ。

こうした資本流入の決定要因は何だろうか。

そのすべてをいますぐここで説明することはできない。国際的な資本の流れの一部は政府や中央銀行によるものであり、その行動原理は民間投資家とはしばしばまったく異なるからだ。しかし、民間部門の意思決定によって生じる資本の流れについては、第10章で展開した貸付資金モデルを用いてその動機を説明できる。このモデルを適用するに当たり、次の2つの単純化の仮定をおく。

■ 国際的な資本の流れはすべて貸し付けというかたちで行われると仮定する。ただし、現実の国際的な資本の流れは、外国の会社の株式や不動産の購入、さらには外国工場やその他生産設備の取得による外国直接投資など、さまざまな形態のものが

ある。
- 為替レートの変化、すなわち異なる通貨間の相対価値の変化の予想が及ぼす影響についても考慮しない。為替レートの決定要因については、本章の後のほうで分析する。

図19-2は閉鎖経済の貸付資金モデルを要約したものだ。貸付資金の供給曲線 S が貸付資金の需要曲線 D と利子率4％の水準で交わる点 E が均衡をあらわしている。

図19-2 | 貸付資金モデル再掲

利子率の貸付資金モデルによれば、均衡利子率は貸付資金の供給曲線 S と貸付資金の需要曲線 D との交点で決まる。点 E で均衡利子率は4％となっている。

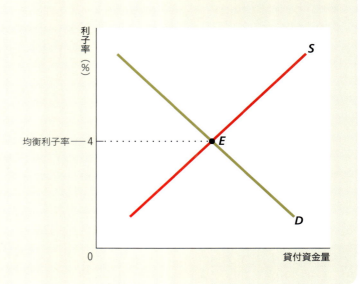

図19-3 | 2国からなる世界の貸付資金市場

ここではアメリカとイギリスという2つの国、それぞれの貸付資金市場が図示されている。アメリカでは均衡利子率は6％だが、イギリスではたった2％だ。そのため、イギリスからアメリカへと資本が流れる誘因が存在する。

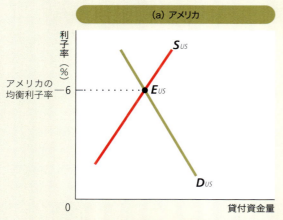
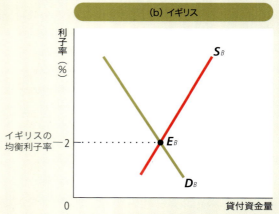

だが国際的な資本の流れが可能だったら、この図は変化し点 E は均衡ではなくなるかもしれない。図19-3は2国の貸付資金市場の図を横に並べたものだ。この図を使って、国際資本移動の原因と効果を分析することができる。

図19-3は、アメリカとイギリスという2国だけからなる世界を描いている。パネル（a）は、アメリカの貸付資金市場だ。そこでは、国際資本移動がない場合の均衡は利子率が6％の水準にある点 E_{US} とされている。パネル（b）は、イギリスの貸付資金市場を示す。そこでは、国際資本移動がない場合の均衡は利子率が2％の水準にある点 E_B となっている。

ではアメリカの利子率は実際に6％の水準に、またイギリスの利子率は実際に2％の水準に保たれるだろうか。イギリスの居住者がアメリカの居住者に容易に資本を貸し付けることが可能な状況ではそうはならないだろう。その場合、イギリスの貸し手のなかにはアメリカの高金利に誘われて貸付資金の一部をアメリカにまわす者があるだろう。この資本の流入はアメリカの借り手に供給される貸付資金を増やし、アメリカの利子率を押し下げるにちがいない。同時にそれはイギリスに供給される貸付資金

巨額の黒字国

すでにみたように、アメリカは経常収支で概して巨額の赤字を出している。実際、アメリカは経常収支の赤字では世界をリードしている。GDP比でみると、アメリカより大きな赤字を出している国もあるが、そのような国はアメリカよりもずっと小さい国である。だからアメリカの赤字は絶対的にはずっと大きいといえる。

しかし、世界全体としてはある国の赤字はほかの国の黒字とバランスしなければならない。ではどの国がアメリカの赤字を相殺する黒字を生み出しているのだろうか。それらの国に共通する点があるとすればそれは何だろうか。

図は2001年から2010年までの10年間に最大の黒字を記録した6カ国の平均黒字額を示したものだ。中国がこのリストのトップに来ていることに驚きはないだろう。本章の後段で述べるが、中国の黒字は主として自国の通貨を他国に対して割安に保つという政策に起因するものだ。ほかの国々についてはどうだろうか。

日本とドイツが黒字を出しているのはほぼ同じ理由による。両国とも高い貯蓄率を維持する裕福な国で、投資のために使える多くの資金をもっている。その一部は国外に流出するから、結果的に両国は金融収支で赤字、経常収支で黒字を出すことになるのだ。

ほかの3カ国はすべて主要な石油輸出国だ（ロシアとノルウェーが「産油国」だと思う人は少ないかもしれない。だがロシアは輸出収入の約3分の2を石油から生み出しているし、ノルウェーは北海に巨大な油田をもっている）。これらの国々は石油が枯渇したときに糊口をしのぐために国外に資産を築いているのだ。

黒字国は全体として多様な国々だ。アメリカの赤字対中国の黒字という見方で世界を概括しては事柄の真相を見誤ることになる。

（出所）国際通貨基金（IMF）

図19-4 2国からなる世界の国際資本移動

イギリスの貸し手がアメリカの借り手に資金を貸すことによって両国の利子率は4％の水準で均等化する。この利子率のもとでアメリカの借入額は貸付額を上回る。その差額はアメリカへの資本流入で埋め合わされる。他方、イギリスの貸付額は借入額を上回る。その差額はイギリスからの資本流出となる。

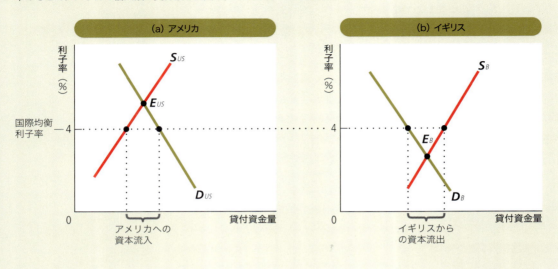

を減らすからイギリスの利子率を押し上げる。こうして、国際資本移動はアメリカとイギリスの利子率格差を縮小するようにはたらくだろう。

ここでさらに、イギリス人の貸し手にとってアメリカ人への貸し付けがイギリス人への貸し付けと同一の利益があり、アメリカ人の借り手にとってイギリス人からの借り入れとアメリカ人からの借り入れの費用は同じと考えていると仮定しよう。この場合、イギリスからアメリカへの資金の流れは両国の利子率格差がなくなるまで続くだろう。つまり、外国の資産が自国の資産と同等で自国の負債が外国の負債と同等だと両国の居住者が信じるかぎり、国際資本移動は両国利子率を均等化させるといえる。

図19-4は貸付資金市場の国際均衡を示している。そこでは、アメリカ、イギリス両国の均衡利子率は4％になっている。この利子率のもとでアメリカの借り手が需要する貸付資金量はアメリカの貸し手が供給する貸付資金量を上回っている。この差額は「輸入された資金」——イギリスからの資本流入——によって埋められる。それと同時に、イギリスの貸し手が供給する貸付資金量はイギリスの借り手が需要する貸付資金量を上回っている。この超過額はアメリカへの資本流出という形で「輸出される」ことになる。そして2つの市場は共通の4％という利子率のもとで均衡する。このとき、両市場全体で借り手が需要する借り入れの総額は貸し手が供給する貸し付けの総額に等しくなる。

要するに、国際的な資本の流れは国際的な財・サービスの流れとよく似ている。資本移動がなかったときに資本が安価だったところから高価だったところへと資本は流れていくのだ。

1.3　国際資本移動の決定要因

　貸付資金モデルを開放経済に拡張することで、貸付資金の供給と需要という観点から国際資本移動を理解することが可能になる。だが貸付資金の国際的な差異の要因はそもそもどこにあるのだろうか。また、国際資本移動がなかったときに内外の利子率が乖離し、資本が移動するインセンティブが生じるのはなぜなのか。

　資金需要が国ごとに異なるのは、投資機会が国ごとに異なるからだ。他の条件が同じなら、経済が急速に成長している国は成長速度が遅い国にくらべてより多くの投資機会を提供する傾向がある。したがって、資本移動が行われないとすれば、急速に成長する経済では低成長の経済にくらべて、投資の需要と収益率は通常――いつもというわけでもないが――高くなるはずだ。その結果、資本は低成長の経済から急速に成長する経済に流れる傾向がある。

　724ページの「経済学を使ってみよう」にあるように、1870年から1914年までの間にイギリスから主としてアメリカに向かった資本の流れはその古典的な事例だ。この時代、アメリカの経済は人口が増加し西部開拓と工業化が進行するなかで急速に成長していた。その結果、鉄道、工場等々の投資支出がさかんに行われた。他方、イギリスでは人口増加率はずっと低かったし、工業化は一巡し、全国の鉄道網はすでにでき上がっていた。だからイギリスには貯蓄余力があり、その大部分はアメリカやほか

ちょっと寄り道 ☕

世界的なカネ余り

　21世紀はじめの数年間、アメリカの経常収支は大幅な赤字に突入した。これは世界のほかの国々（とくに中国などのアジア諸国、中東）からの大量の資本流入を意味するものだった。どうしてこんなことが起こったのか。

　2005年初頭の重要な演説で、ベン・バーナンキ（当時連邦準備制度理事会の理事ですぐに次期議長）は、この事態はアメリカの責任ではないという仮説を述べ、「アメリカの経常収支赤字の主要な原因はこの国の国境の外側」にあると宣言した。とくに彼は特殊な要因が「世界的なカネ余り」をつくり出し、それが世界中で利子率の低下を引き起こし、さらにアメリカで投資支出が貯蓄を上回る事態を招いたのだと主張した。

　では何が世界的なカネ余りをつくりだしたのか。バーナンキによれば、その主因は1997年タイで始まった一連の金融危機にある。それは多くのアジア諸国に飛び火し、1998年にはロシアに、1999年にはブラジルに、そして2002年にはアルゼンチンに打撃を与えた。それに付随する恐怖心と経済の破綻によって多くの比較的貧しい諸国で投資が急減し貯蓄が急増した。その結果、従来アメリカのような先進国からの資本流入の受け手だった多くの国々が巨額の資本輸出を始めた。その大部分はアメリカに向かうものだった。多分「アメリカ金融市場の懐の深さと使いやすさ」が投資先として魅力的だったからだろう。

　バーナンキの講演は、当時アメリカが世界の金融市場のカネ余り状況に適切に対応していると念押しするものと受け取られた。だがそのあとで、外国からの安価なカネの流入が国内の住宅バブルに火をつけ、それが破裂すると広範な金融・経済の損失を引き起こしたことが明白になった。

の新世界経済に貸し出されたのだ。

　貸付資金の供給が国際的に異なるのは、国々の貯蓄のちがいを反映するものだ。それは国々の間で大いに異なる民間貯蓄率の差異によるものかもしれない。たとえば、2010年には、日本の総貯蓄はGDPの28.5%を占めていたのに、アメリカのそれはGDPのたった19.2%にすぎなかった。それはまた、政府貯蓄の差異によるものかもしれない。とりわけ、政府予算の赤字は一国の総貯蓄の減少を招くので、資本流入につながる可能性がある。

1.4　双方向の資本の流れ

　貸付資金モデルは純資本流動——国内への流入が純流出を超過する額、あるいはその逆の説明に役立つ。純流動の方向は、他の条件が同じならば国々の間の利子率の差で決定される。しかし、表19-2でみたように、総資本流動はどちらの方向にも生じる可能性がある。たとえば、アメリカは外国人に資産を売ると同時に外国人から資産を買っている。どうして資本は双方向に流れるのだろうか。この質問に対する答えは、これまでに学んだ単純なモデルとちがって現実の世界では、国際資本移動はより高い利子率を追求するだけでなくほかの動機もはたらいているということだ。

　個人の投資家は多くの国々に株式をもつことでリスクの分散をはかる。ヨーロッパの株式は好調だがアメリカの株式は不調となるかもしれないし、あるいはその逆の事態もありうる。だからヨーロッパの投資家はアメリカの株をいくらか買ってリスクを減らそうとするし、アメリカの投資家はヨーロッパの株を買ってリスクを抑えようとする。その結果、資本は双方向に流れるのだ。

　他方、企業はビジネス戦略の一環としてしばしば国際投資に乗り出す。たとえば、自動車会社は自社製品の一部を現地で組み立てたほうが国内市場で有利に競争できると考えるかもしれない。このようなビジネス投資もまた双方向の資本の流れをつくり出す可能性がある。たとえばアメリカのコンピュータ会社がヨーロッパに生産設備をもとうとしているときにヨーロッパの自動車メーカーがアメリカにプラントを立てるように。

　最後に、アメリカを含むいくつかの国々は国際銀行センターだ。世界中の人々がアメリカの金融機関におカネをつぎ込み、その資金の多くの部分がそこから海外に投資される。

　こうした双方向の資本の流れの結果として、現代の経済は典型的には債務国（外国に借金のある国）であると同時に債権国（外国が貸金をしている国）ともなっている。資本流入と流出を積み重ねた結果、2010年末にアメリカは20.3兆ドルの外国資産を積み上げ、外国は22.8兆ドルの資産をアメリカ国内に積み上げている。

経済学を使ってみよう　　**資本移動の黄金時代**

　技術は世界をせまくするといわれる。ジェット機は世界の諸都市をたがいに数時間

の飛行距離に近づけた。現代の遠距離通信は情報を一瞬のうちに全地球に伝える。だから、国際的な資本の流れはいまやかつてないほどの規模にふくれあがっていると思われるかもしれない。

だが資本の流れを世界の貯蓄と投資に占める割合で測ると、この予想は正しくない。実際には、資本移動の黄金時代は第1次世界大戦以前、1870年から1914年の時期にさかのぼるのだ。

この資本の流れは、主としてヨーロッパ諸国、とくにイギリスから当時「最近の入植地域」と呼ばれ、大量のヨーロッパ移民を呼び込んだ国々に向かうものだった。その大きな受入国はオーストラリア、アルゼンチン、カナダ、そしてアメリカだった。

当時の巨大な資本の流れは投資機会のちがいを反映するものだった。産業経済が成熟し、天然資源が乏しく、人口成長率が低かったイギリスでは、投資機会は比較的少なかった。これに対して、人口が急速に増加し天然資源が豊富な最近の入植地域は投資家に高率の収益を約束して資本流入を促した。この期間に、イギリスは鉄道やそのほかの大規模な投資事業をまかなうため総貯蓄の約40％を外国に輸出したと推計されている。現代にこの記録を超えた国は存在しない。

私たちの世代が曾々祖父の世代の資本移動の記録を抜けないのはなぜだろうか。経済学者が確かな答をもっているとはいえないが、2つの理由が指摘されている。移民の規制と政治的なリスクだ。

資本移動の黄金時代には、資本の流れは人口移動を補完するようにはたらいた。ヨーロッパからの資本流入の大きな受入国は同時に多数のヨーロッパ人が移住した場所だった。第1次世界大戦前にこうした大規模な人口移動が可能だったのは移民に対する法的な規制が少なかったからだ。これと対照的に今日の世界では、アメリカやヨーロッパへの移住を考える人なら誰でも知っているように、移民に対する広範な法的障壁が存在する。

時代とともに変わったもう1つの要因は政治的リスクだ。現代の政府は国民の自立を脅かすことをおそれて外国投資を制限することが少なくない。また、政治上、安全保障上の配慮から外国人の財産を接収することもある。このリスクがあるために、投資家は自分の財産のほんの一部しか外国には投資しようとしないのだ。19世紀には、国家がそのような行動に出ることは珍しかった。1つには、主要な投資先はまだヨーロッパの植民地だったし、当時の列強の政府は自国の投資権益を守るために軍隊や砲艦を送ることを辞さなかったからだ。

ちょっと復習

▶**国際収支勘定**は一国の国際取引を記録するものだ。それは**経常勘定収支**ないし**経常収支**と**金融勘定収支**ないし**金融収支**からなる。経常収支でいちばん重要な要素は**財・サービス収支**で、そのなかに**商品貿易収支**、すなわち**貿易収支**を含んでいる。

▶支払いの原資はその用途に等しくなければならないので、経常収支と金融収支の合計はゼロとなる。

▶資本は国々の間で利子率を均等化するように流れる。しかし、利子率以外の要因も投資家の意思決定に影響するので、国々の間には双方向の資本流動が生まれる可能性がある。

▶資本の流れは、貯蓄行動と投資機会の国際的差異によって生じる国々の間の利子率格差を反映する。

✓ 理解度チェック 19-1

1. 以下の出来事は国際収支のどの部分に影響するか。
   a. アメリカに本社のあるボーイング社が中国に新しい航空機を販売する。
   b. 中国の投資家がアメリカ人からボーイング社の株式を購入する。
   c. 中国の会社がアメリカン・エアライン社から中古の航空機を購入して中国に出荷

する。
d. アメリカに資産をもつ中国人の投資家がアメリカ国内で旅行に使うために社用のジェット機を購入する。
2. アメリカの住宅バブルの崩壊とそれに続く不況がアメリカへの資本の流れに及ぼした影響をどう考えるか。

解答は https://str.toyokeizai.net/books/9784492314906 にある。

2 | 為替レートの役割

　これまでの説明で国際資本移動が貯蓄による貸付資金の供給と投資のための貸付資金の需要とのギャップから生まれることを学んだ。他方、一国の経常収支と金融収支との合計がゼロになること、換言すれば一国の純資本流入が経常収支の赤字に一致すること、そして純資本流出が経常収支の黒字に対応するということもわかった。

　資本の流入、流出によって生じる金融収支の動きは国際貸付資金市場の均衡によってもっともよく説明できる。同時に、経常収支の主要な構成要素である財・サービス収支の動きは財・サービスの国際市場で決定される。金融収支は資本移動を、経常収支は財・サービスの移動を映し出すとすれば、国際収支が現実にバランスする、つまり双方の収支が実際たがいに相殺するのは何によって保障されるのだろうか。

　驚くことではないが、ある価格が双方の収支をバランスさせるのだ。具体的にその価格とは、外国為替市場で決まる為替レートだ。

2.1 為替レートの解明

　一般に、ある国の財・サービスや資産を買うにはその国の通貨で払わなければならない。アメリカの生産物を買うにはドルで払わなければならない。ヨーロッパの生産物を買うにはユーロを、日本の生産物を買うには円を払う必要がある。売り手がほかの国の通貨を受け取ることも時にはあるが、そのような場合でもあとで自国の通貨に両替するだろう。

　そうであれば、国際取引にあたっては、異なる通貨を交換する市場——**外国為替市場**——が必要になる。外国為替市場では、異なる通貨が交換される価格、すなわち**為替レート**が決定される（実際の外国為替市場は特定の地点に存在するものではない。というか、それは通貨を売買するために世界中で使われている地球規模の電子市場な

> 異なる通貨が**外国為替市場**で取引されている。
> 異なる通貨が取引される価格は**為替レート**と呼ばれる。

表19-3 | 2011年9月24日、東部標準時午後5時55分の為替レート

	米ドル	円	ユーロ
1米ドルの交換比率	1	76.6850	0.7412
1円の交換比率	0.0130	1	0.0097
1ユーロの交換比率	1.3492	103.4596	1

のだ）。

表19-3は、2011年9月24日、東部標準時午後5時55分現在、世界でもっとも重要な3つの通貨の為替レートがどうなっていたかを示す。各欄の数字は、「列」の通貨で表示された「行」の通貨の価格だ。たとえば、その時点で1米ドルは0.7412ユーロと交換された。つまり、1ドルを手に入れるには0.7412ユーロが必要だった。同様に、1ユーロを買うには、1.3492ドルが必要だった。これら2つの数字はユーロと米ドルの同一の為替レート、1/1.13492＝0.7412を表している。

為替レートには2通りの表記方法がある。この場合、1ドルに対して0.7412ユーロという表記と1ユーロに対して1.3492ドルという表記だ。どちらの表記法が正しいのだろうか。決まったルールはないというのが答だ。たいていの国で、為替レートといえば自国通貨であらわしたドルの価格を指すことが多い。だがこのルールは普遍的なものではない。ドルとユーロの為替レートの場合、両方の表記がよく用いられている。重要なことは自分がどちらを用いているかをしっかりわきまえて使うことだ。このページの「落とし穴」を参照してほしい。

為替レートの変化について論じるとき、経済学者は混同を避けるため特別の言葉づかいを用いる。ある通貨がほかの通貨にくらべて価値が上がるとき**増価する**といい、逆にある通貨がほかの通貨にくらべて価値が下がるとき**減価する**という。たとえば、1ユーロが1ドルから1.25ドルになる、すなわち1ドルが1ユーロから0.8ユーロになる（1/1.25＝0.8だから）としよう。この場合、ユーロは増価しドルは減価するという。

▶ ある通貨がほかの通貨にくらべて価値が上がるとき、その通貨は**増価する**という。
ある通貨がほかの通貨にくらべて価値が下がるとき、その通貨は**減価する**という。

為替レートの変化は、他の条件が同一なら、異なる国々の財・サービスあるいは資産の相対価格の変化を意味する。たとえば、アメリカのホテルの室料が100ドルで、

どちらが上がったのか

誰かが「アメリカの為替レートが上がった」といったとしよう。この人は何を伝えたいのだろうか。

じつははっきりしないのだ。あるときには為替レートは外国通貨で測った米ドルの価格をあらわし、またあるときにはドルで測った外国通貨の価格をあらわしている。だからこの人の言葉はドルが増価したともとれるし、ドルが減価したともとれる。

とくに注意を要するのは公表された統計を読むときだ。アメリカ以外のほとんどの国では、為替レートは自国の通貨で表したドルの価値を意味している。たとえば、メキシコの役所で為替レートが10だというとき、それは1ドルが10ペソに相当するという意味だ。だがイギリスでは歴史的な理由から為替レートを通常別の仕方で表記している。2011年9月24日、1米ドル＝0.64620ポンドと、1ポンド＝1.5475ドルとは等価だった。この場合、為替レートは1.5475といわれることが多い。実際には、プロの経済学者やコンサルタントでさえポンド騰落の方向を取り違えて困惑することがある。

ところで、アメリカ人は一般に外国の言い方にならっている。通常は、メキシコに対する為替レートは1ドル当たり10ペソといい、イギリスに対する為替レートは1ポンド当たり1.55ドルといっている。だがこの原則はあてにならない。ユーロに対する為替レートについてはしばしばどちらの言い方も使われている。

だから為替レートの数字がどちらの意味でいわれているのかをあらかじめ確認しておく必要がある。

フランスのホテルの室料が100ユーロだとしよう。もし1ユーロ＝1ドルだったら両国の室料は同じだ。だが為替レートが1.25ユーロ＝1ドルならば、フランスの室料はアメリカの室料にくらべて20％安くなる。もし0.80ユーロ＝1ドルならば、フランスの室料はアメリカの室料よりも25％高くなる。

それでは、為替レートは何によって決まるのだろうか。外国為替市場の需要と供給で決まるのだ。

2.2 均衡為替レート

話を簡単にするため、世界に米ドルとユーロという2つの通貨しか存在しないと仮定しよう。アメリカの財・サービスや資産を買いたいヨーロッパの人々は外国為替市場でユーロをドルに替えようとする。つまり、ヨーロッパ人は外国為替市場でユーロを供給し、かわりにドルを需要する。ヨーロッパの財・サービスや資産を買いたいアメリカの人々は外国為替市場でドルをユーロに替えようとする。つまり、アメリカ人は外国為替市場でドルを供給し、かわりにユーロを需要する（外国為替市場には、国際的なトランスファーや要素所得の支払いも入り込んでくるが、ここでは話を簡単にするために無視している）。

図19-5は外国為替市場のはたらきを図解するものだ。与えられたユーロ－ドルの為替レートのもとで需要され供給されるドルの数量がヨコ軸に測られ、ユーロ－ドルの為替レートがタテ軸に測られている。為替レートは、通常の需給曲線図での財・サービスの価格と同様の役割をはたすと考えられる。

この図には、ドルに対する需要曲線と供給曲線という2つの曲線が描かれている。これらの曲線の傾きを理解するカギは、為替レートの水準が輸出入に及ぼす効果にある。一国の通貨が増価すれば（価値が上がれば）、輸出は減って輸入が増える。一国

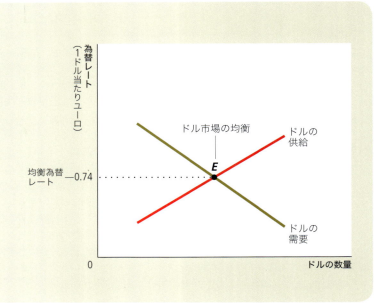

図19-5　外国為替市場

外国為替市場は、自国の財・サービスや資産を買いたい外国人の通貨需要と外国の財・サービスや資産を買いたい自国居住者の通貨供給を結び付ける。この図では、ドル市場の均衡は点 *E* で達成されている。均衡為替レートは1米ドルに対して0.74ユーロという水準にある。

の通貨が減価すれば（価値が下がれば）、輸出は増えて輸入が減る。

　ドルに対する需要曲線が右下がりになっているのはなぜだろうか。他の条件を一定とすれば、アメリカの財・サービスや資産の、ヨーロッパの財・サービスや資産に対する相対価格は為替レートに依存して決まることを思い出そう。ドルがユーロに対して上がれば（増価すれば）、ヨーロッパではアメリカの生産物がヨーロッパの財に対して高価になる。だからヨーロッパ人はアメリカからの購入を減らし、したがって為替市場で買うドルの数量を減らすだろう。こうして、1ドルを買うのに必要なユーロの数量が増えれば、ドルの需要量は減少する。他方、ドルがユーロに対して下がれば（減価すれば）、ヨーロッパではアメリカの生産物がヨーロッパの財に対して安価になる。これを受けて、ヨーロッパ人はアメリカからの購入を増やし、外国為替市場で買うドルの数量を増やすだろう。1ドルを買うのに必要なユーロの数量が減れば、ドルの需要量は増加する。

　同様な推論によって、図19-5のドルの供給曲線が右上がりとなる理由を説明できる。1ドルを買うのに必要なユーロの数量が増えればアメリカ人のドル供給量は増える。そのわけはここでも為替レートが財の相対価格に及ぼす効果にある。ドルがユーロに対して高くなれば、ヨーロッパの財はアメリカ人の目からみれば安くなり、その需要は増加するだろう。そのため、アメリカ人はもっと多くのドルをユーロに替えようとするのだ。

　均衡為替レートとは、外国為替市場で需要される米ドルの数量がそこで供給される数量に等しくなるような為替レートのことだ。図19-5では、均衡は点 E にあり、均衡為替レートは0.74となっている。つまり、為替レートが1米ドルに対して0.74ユーロという水準にあるとき、外国為替市場で供給されるドルの数量が需要される数量に等しくなるということだ。

　均衡為替レートの意味を理解するには、外国為替市場の均衡がどうなっているかを数値例でみるのがよい。表19-4にはそのような例が示されている（この表は仮想のもので実際の数字には対応していない）。第1行には、アメリカの財、あるいはアメリカの資産を購入するつもりのヨーロッパ人の米ドルに対する需要量が記入されている。第2行には、ヨーロッパの財、あるいはヨーロッパの資産を購入するつもりのアメリカ人のドルの供給量がある。為替レートが均衡水準にあるとき、ヨーロッパ人が買いたいドルの総量はアメリカ人が売りたいドルの総量に等しくなっている。

　国際収支では国際取引が2つのタイプに分けられていることを思い出そう。財・

> **均衡為替レート**とは、外国為替市場で需要される通貨の数量がそこで供給される数量に等しくなるような為替レートのことだ。

表19-4 | 外国為替市場の均衡：仮想例

ヨーロッパ人のドル買い （兆ドル）	アメリカの財・サービスを 買うため　1.0	アメリカの資産を買うため 1.0	ドル買い総計 2.0
アメリカ人のドル売り （兆ドル）	ヨーロッパの財・サービスを 買うため　1.5	ヨーロッパの資産を買うため 0.5	ドル売り総計 2.0
	アメリカの経常収支 −0.5	アメリカの金融収支 +0.5	

サービスの売買は経常収支に計上される（ここでも単純化のために移転と要素所得を無視している）。資産の売買は金融収支に計上される。為替レートが均衡水準にある場合、表19-4に示した状況になる。経常収支と金融収支の合計はゼロになるのだ。

ここで、ドルに対する需要の変化が外国為替市場の均衡にどんな影響を及ぼすかについてちょっと考えてみよう。何かの理由で、たとえばヨーロッパの投資家の選好が変わったことでヨーロッパからアメリカに向かう資本の流れが増加したとしよう。その効果は図19-6に示されている。ヨーロッパの投資家がアメリカでの新しい投資をまかなうためにユーロをドルに換金しようとするため、外国為替市場でドルに対する需要が増える。これは、需要曲線のD_1からD_2へのシフトとして示される。その結果、ドルはユーロに対し増価する。ドルに対するユーロの交換比率は均衡でXR_1からXR_2に上昇する。

この増加した資本流入は国際収支にどんな結果をもたらすだろうか。外国為替市場に供給されるドルの数量は依然としてその需要量に等しくならなければならない。したがって、アメリカへの資本流入の増加——金融勘定の収支増加——は経常勘定の収支減少で相殺される必要がある。それでは、経常勘定の収支減少は何によってもたらされるのだろうか。ドルの価値の上昇だ。1ドルで得られるユーロの数量が増えれば、アメリカの人々はヨーロッパの財・サービスをもっと多く買いたいと思うだろうし、ヨーロッパの人々はアメリカの財・サービスを買い控えようとするだろう。

表19-5はこれがどのようなはたらきをするかを例示している。ヨーロッパの人々はアメリカの資産を買い増し、金融収支を0.5から1.0に増やすだろう。これは経常収支の変化によって相殺される。米ドルの増価の結果として、ヨーロッパの人々はアメリカの財・サービスを買い控え、アメリカの人々がヨーロッパの財・サービスを買い増すからだ。このように、アメリカ金融勘定の収支変化は経常勘定の収支に同額で逆

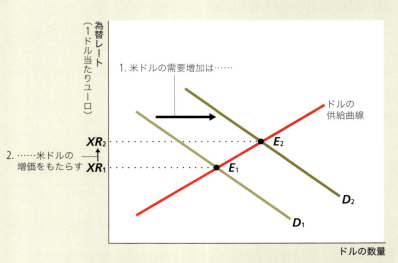

図19-6　米ドルに対する需要の増加

ヨーロッパの投資家たちの選好が変わったことによって米ドルに対する需要が増加したとしよう。米ドルに対する需要曲線はD_1からD_2にシフトする。こうして、1米ドルと交換されるユーロの数量は増加する、言い換えればドルが増価する。その結果、経常勘定の国際収支が減少し、金融勘定の国際収支が増加する。

表19-5 資本流入の増加の効果:仮想例

ヨーロッパ人のドル買い (兆ドル)	アメリカの財・サービスを 買うため 0.75 (0.25減)	アメリカの資産を買うため 1.5 (0.5増)	ドル買い総計 2.25
アメリカ人のドル売り (兆ドル)	ヨーロッパの財・サービスを 買うため 1.75 (0.25増)	ヨーロッパの資産を 買うため 0.5 (不変)	ドル売り総計 2.25
	アメリカの経常収支 −1.0 (0.5減)	アメリカの金融収支 +1.0 (0.5増)	

向きの変化をもたらす。金融勘定の収支変化と経常勘定の収支変化が必ず相殺されるように為替レートが動くのだ。

この過程の順序を逆にして簡単にふりかえってみよう。ヨーロッパからアメリカへの資本の流れが減少した——ここでもヨーロッパの投資家の選好の変化によって——としよう。外国為替市場でドルに対する需要が低下し、ドルが減価する。言い換えれば、均衡為替レートのもとで1ドル当たりに交換されるユーロの数量が減少する。アメリカ人はヨーロッパの生産物の購買量を減らし、ヨーロッパ人はアメリカの生産物の購買量を増やす。その結果、アメリカの経常収支は増加する。このように、アメリカへの資本流入の減少はドルを弱くし、それがアメリカの純輸出の増加をもたらすのだ。

2.3　インフレと実質為替レート

1993年、1米ドルは平均して3.1メキシコペソと交換されていた。2011年までにペソはドルに対しておよそ75%も減価し、ドルに対するペソの平均為替レートは12.4ペソになった。この18年間にメキシコの生産物はアメリカの生産物に比較して大幅に下がったのだろうか。ドルで表示したメキシコの生産物の価格はやはり75%も下がっただろうか。答はノーだ。理由は、この間のメキシコのインフレ率がアメリカよりもはるかに高かったからだ。実際、1993年から2011年の間に為替レートが大きく変化したにもかかわらず、アメリカとメキシコの生産物の相対価格はほとんど変わらなかった。

経済学者はインフレ率の乖離を考慮して**実質為替レート**、すなわち物価水準の国際的相違を調整した為替レートを算定している。ドルと交換されるペソという為替レートを考えよう。アメリカとメキシコの物価水準の指標がそれぞれ P_{US}、P_{Mex} であらわされるとき、ペソとドルの実質為替レートは、

> 実質為替レート
> ＝1米ドルと交換されるメキシコペソの数量×(P_{US}/P_{Mex})
> 　　　　　　　　　　　　　　　　　　　　　　　　　(19–4)

と定義される。物価水準の相違に対して未調整の為替レートは、実質為替レートと区別するため名目為替レートと呼ばれることがある。

実質為替レートと名目為替レートとのちがいが何を意味するかをみるために、次の

▶ **実質為替レート**とは、国際的な物価水準の相違を考慮して調整された為替レートのことだ。

ような例を考えてみよう。ペソがドルに対して減価し、為替レートが1ドル＝10ペソから1ドル＝15ペソに50％下がったとしよう。しかし、同時にメキシコではあらゆるものの価格がペソで50％上がり、メキシコの物価指標が100から150に上昇したとしよう。同時にまた、アメリカの物価は変化せず、物価水準は100のままだったとしよう。この場合、当初の実質為替レートは、

$$1ドル当たりペソ数 \times (P_{US}/P_{Mex}) = 10 \times (100/100) = 10$$

ペソが減価しメキシコの物価が上昇した後の実質為替レートは、

$$1ドル当たりペソ数 \times (P_{US}/P_{Mex}) = 15 \times (100/150) = 10$$

となる。

　この例では、ペソはドルの単位では大きく減価したのにペソとドルとの間の実質為替レートは少しも変化していない。ペソとドルとの実質為替レートが変化しなかったことから、ペソのドルに対する名目上の減価はメキシコからアメリカに輸出される財・サービスの数量にもメキシコがアメリカから輸入する財・サービスの数量にもまったく影響しないだろう。

　どうしてそういえるのか。ここでまた、ホテルの部屋代の例を考えてみよう。当初、この部屋が一晩1000ペソ、したがって1ドル＝10ペソの為替レートでは100ドルだったとしよう。メキシコの物価とペソのドルに対する交換比率がどちらも50％上昇したあとでは、その部屋は一晩1500ペソとなるが、1500ペソを1ドル15ペソのレートで割ればわかるように、そのホテルの部屋代は依然として100ドルだ。だから、メキシコ旅行を考えているアメリカ人観光客は計画を変更しなければならない理由は何もないのだ。

　同じことが貿易されるあらゆる財・サービスについて当てはまる。つまり、経常収支は名目為替レートではなく実質為替レートの変化にのみ反応する。ある国の生産物

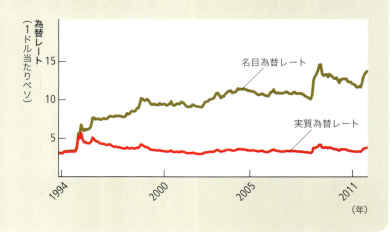

図19-7 実質為替レートと名目為替レート（1993〜2011年）

1993年11月と2011年12月の間にメキシコペソで測った米ドルの価値は大幅に上昇した。だがメキシコのインフレ率がアメリカより高かったので、メキシコの財・サービスの相対価格を測る実質為替レートはほぼ当初の水準に戻っている。

（出所）セントルイス連邦準備銀行

が外国人にとって安くなるのは、その国の通貨が実質で減価した場合だけであり、逆に、高くなるのはその通貨が実質で増価したときだけである。したがって、財・サービスの輸出入の変化を分析する際には、経済学者は名目ではなく実質為替レートに注目する。

図19-7は、名目と実質の為替レートとの区別がどんなに重要かを例示している。「名目為替レート」線は、1993年11月から2011年12月までの間に1ドルに交換されたペソの数量を示すものだ。みてのとおり、この期間にペソは大幅に減価している。これに対して、「実質為替レート」線は、1993年を100とするメキシコとアメリカの物価指標を考慮し、式（19-4）を使って計算された実質為替レートを表示している。1994年から1995年までペソは実質的に減価したが、その程度は名目為替レートほどではなかった。2011年末にはペソとドルの実質為替レートはほぼ初期の状態に戻っている。

2.4 購買力平価

実質為替レートと密接に関連する概念で為替レートの有用な分析用具として、**購買力平価**が有名だ。2つの国の通貨の間の**購買力平価**とは、財・サービスの一定のバスケットがそれぞれの国で同額になるように計算された名目為替レートのことだ。たとえば、ある財・サービスのバスケットを買うのにアメリカでは100ドル、メキシコでは1000ペソかかるものとしよう。この場合、購買力平価は1米ドルに対して10ペソとなる。バスケットの市場価値はこの10ペソ＝1ドルという為替レートで1000ペソ＝100ドルと等価になるからだ。

通常、購買力平価は多くの財・サービス――自動車や食料から住宅や電話料にいたるありとあらゆるもの――を含む広範囲のバスケットの費用を推計して計算される。だが734ページの「ちょっと寄り道」にあるように、『エコノミスト』誌は年に1度たった1つの品目――マクドナルドのビッグマック――しか含まないバスケットに

▶ 2つの国の通貨の間の**購買力平価**とは、財・サービスの一定のバスケットがそれぞれの国で同額になるような名目為替レートのことだ。

図19-8 購買力平価と名目為替レート（1990～2011年）

アメリカとカナダの間の購買力平価――一定の財・サービスバスケットの購入額を等しくするような為替レート――はこの期間に1米ドルに対して1.2カナダドル近辺にとどまり、ほとんど変化していない。だが名目為替レートは大幅に変動している。

基づく購買力平価のリストを公表している。

　名目為替レートは購買力平価からほとんどいつも乖離している。この乖離の一部は体系的に生じる傾向がある。一般に、貧しい国では富裕な国にくらべてサービスの価格が安く一般物価もその分だけ低くなる。だがほぼ同じ発展段階にある国々の間でも名目レートと購買力平価が大きく乖離することがある。図19-8は、1990年から2011年までの期間についてカナダドルで測った米ドルの名目為替レートを同じ期間の購買力平価レートの推計値と並べて示したものだ。アメリカとカナダのインフレ率がほぼ

ちょっと寄り道　ハンバーガーの経済学

　長い間、イギリスの『エコノミスト』誌は毎年世界中で売られている特別の品目であるマクドナルドのビッグマックの費用を国ごとに調べて比較し、その結果を毎年発表してきた。同誌は各国の現地通貨で表示されたビッグマックの価格をつきとめ、2つの数値を計算する。1つはそのときの為替レートを使ってドルに換算したビッグマックの価格、もう1つは現地通貨表示のビッグマックの価格をアメリカ国内の価格に等しくするような為替レートだ。もし購買力平価がビッグマックにあてはまるとすれば、ビッグマックのドル価格は世界中どこでも等しくなるはずだ。そして、もし購買力平価が長期的に妥当性の高い理論だとすれば、各国のビッグマックの価格をアメリカ国内の価格に等しくするような為替レートは、将来の為替レート予測に何らかの指針を与えてくれるだろう。

　表19-6は、2011年7月28日付の『エコノミスト』誌に発表された推計からいくつかの国を選んでビッグマックのドル価格を低いほうから順に示したものだ。もっともビッグマック価格が安い国々、したがってこの指標ではもっとも通貨価値が低い国々はインドと中国で、どちらも発展途上国だ。だがすべての途上国のビッグマック価格が低いわけではない。ブラジルでのビッグマックのドル換算価格はアメリカよりもかなり高い。これはブラジルが近年投資家のあいだで人気が高くなり、この国の通貨レアルが急騰したことによるものだ。またスイスはこのリストのトップで、アメリカよりもビッグマックが75%も高い。この章のオープニング・ストーリーで述べたように、スイスは2011年に通貨価値を引き下げるため非常手段に訴えていたのだ。

表19-6　購買力平価とビッグマックの価格

国名	ビッグマックの価格		現地通貨／米ドル	
	現地通貨建て価格	米ドル換算の価格	ビッグマックの価格から算出した購買力平価	実際の為替レート
インド	84.0ルピー	1.6642	20.7	50.475
中国	14.7元	2.289	3.6	6.422
メキシコ	32.0ペソ	2.2988	7.87	13.9205
イギリス	2.39ポンド	3.7233	0.59	0.6419
アメリカ	4.07ドル	4.07	───	1
日本	320円	4.1503	78.7	77.103
ユーロ圏	3.44ユーロ	4.6032	0.85	0.7473
ブラジル	9.50レアル	5.1271	2.34	1.8529
スイス	6.5スイスフラン	7.1539	1.6	0.9086

同じだったため、購買力平価は全期間を通じてほとんど変化していない。だがこの期間のはじめの頃は、名目為替レートは購買力平価を下回っていたので、一定のバスケットはカナダでアメリカより高価だった。2002年まで、名目為替レートは購買力平価レートを大きく上回るようになったので、一定のバスケットはカナダでアメリカよりずっと安価になった。

とはいえ、長期的には購買力平価は実際の名目為替レートの予測にあたってかなり良い目安になる。とりわけ、類似の経済発展段階にある国々の間の名目為替レートは、一定のバスケットの費用を等しくするような水準を中心に変動する傾向がある。事実、アメリカとカナダの間の名目為替レートは2005年7月までには1米ドルに対して1.22カナダドルと、ほぼ購買力平価に等しい水準となった。さらに2011年まで生活費はふたたびアメリカよりもカナダで高くなった。

経済学を使ってみよう☞ 低コスト国アメリカ

ビジネスの意思決定が為替レートで左右されるだろうか。しかもどのようにしてか。ヨーロッパの自動車メーカーが2008年に何をやっていたか考えてみよう。ここにあるアイオワ大学からの調査報告がその状況を要約している。

図19-9 アメリカの純輸出（1995〜2011年）

（出所）セントルイス連邦準備銀行

「ドイツの高級車メーカーBMWとメルセデスは1990年代からアメリカ南部に製造プラントを維持してきたが、BMWは次の5年間にサウスカロライナ州での生産量を50%増やす計画を立てている。スウェーデンのボルボはニューメキシコ州にプラントを建設する交渉に入っている。イタリアの自動車メーカー、フィアットのアナリストたちは目前に迫ったアルファロメオモデルの再投入で利益を上げるには北米に新工場を建てる必要があると決定した。最近、テネシー州はフォルクスワーゲンに5億7700万ドルを誘因として提供し10億ドルの工場を建てさせる契約を結んだ」。

なぜヨーロッパの自動車メーカーはアメリカに群がっていくのだろうか。テネシーのフォルクスワーゲンの事例が示すように、ある程度まで特別の誘因が与えられたためだといってよい。だが大きな要因は為替レートだった。2000年代初頭には1ユー

ロの価値は平均して1ドルに満たなかったが、2008年夏までにはほぼ1ユーロ＝1.5ドルになった。この為替レートの変化で、ヨーロッパの自動車メーカーの製品は、とくにアメリカ市場向けの場合には自国よりもアメリカで生産するほうがずっと割安になったのだ。

安いドルのおかげで利益を得たのは自動車製造業だけではなかった。アメリカの輸出は全般的に増加し輸入は落ち込んだ。図19-9はアメリカの貿易成果の1つの指標として2005年ドル価格で表示した財・サービスの純実質輸出、すなわち輸出マイナス輸入の動向を描き出したものだ。みてとれるように、この貿易差額は長い落ち込みのあとで2006年に急激に増加している。2007～09年の景気後退からの回復を受けて輸入が増加したため2009～10年にはわずかながら反転しているが、貿易差額の大幅な縮小傾向は変わっていない。

ちょっと復習

▶**外国為替市場**で通貨が取引され、**為替レート**が決定される。

▶為替レートは2通りの仕方で測られる。混乱を避けるため、経済学者は一国の通貨が**増価する**とか**減価する**という表現を使う。**均衡為替レート**とは、外国為替市場で通貨の需給を等しくする為替レートのことだ。

▶経済学者は、国々の物価水準のちがいを考慮して**実質為替レート**を算定する。経常収支は名目為替レートの変化に対してではなく、実質為替レートの変化に対してのみ反応する。

▶**購買力平価**とは、一定の市場バスケットの価格を2つの国の間で均等化するような名目為替レートのことだ。名目為替レートはほとんどの場合購買力平価と一致することはないが、購買力平価は名目為替レートの実際の変化の予測に良い手がかりを与える。

✓ 理解度チェック　19-2

1. メキシコは大規模な油田を発見しアメリカに石油の輸出を始めた。これが下記の事柄にどんな影響を及ぼすかを論じなさい。
   a. ペソ対米ドルの名目為替レート
   b. ほかの財・サービスのメキシコからの輸出
   c. 財・サービスのメキシコへの輸入
2. アメリカで100ドルする財・サービスのバスケットがメキシコでは800ペソかかり、現在の名目為替レートは1米ドルに対して10ペソだとする。5年後にはこの市場バスケットの費用はアメリカで120ドル、メキシコで1200ペソになるが、名目為替レートは1米ドルが10ペソという水準に張りついているとする。下記の計算をしなさい。
   a. 両国で現在の物価指数が100だとして、現在および5年後の実質為替レート
   b. 現在および5年後の購買力平価

解答は https://str.toyokeizai.net/books/9784492314906 にある。

3 為替レート政策

ほかの価格と同様に、名目為替レートは需要と供給によって決まる。だが小麦や石油とちがって、為替レートは一国の貨幣の（他国の貨幣で表した）価格だ。貨幣は民間部門で生産される財・サービスの類ではない。貨幣は供給量が政府の政策によって決められる資産なのだ。だから、政府は名目為替レートに対して通常の価格よりも強力な影響力をもっている。

名目為替レートは多くの国にとって非常に重要な価格だ。為替レートは輸入物価、輸出物価の決定要因だ。輸出や輸入がGDPの大きな割合を占める経済では、為替レー

トの動きは総産出量や物価水準に重大な影響を及ぼす。この重要な価格に対して影響力をもつ政府は、はたしてどのような行動をとるのだろうか。

その答は状況次第で変わる。異なる時期、異なる場所で、政府はさまざまな**為替レート制度**を用いてきた。以下ではそれらの制度について、それらがどのように実施されてきたか、そもそも政府がどの制度をいかに選択してきたかを論じよう（これから先、為替レートとは名目為替レートを指すものとする）。

3.1 為替レート制度

為替レート制度とは、政府の為替レートに対する政策を取り決めるルールのことだ。主要な為替レート制度としては2つのものがある。政府がほかの通貨に対する為替レートを特定の目標水準、あるいはその周辺に維持するような場合、その国は**固定為替レート制度**のもとにあるといわれる。たとえば、香港は1米ドルに対して7.80香港ドルという水準に為替レートを設定するという公式の政策をとってきた。対照的に政府が為替レートを市場で決まる水準にまかせるような場合には、その国は**フロート為替レート制度**を敷いているといわれる。これはイギリス、カナダ、アメリカが用いている政策だ。

為替レート制度は、固定為替レート制度とフロート為替レート制度に尽きるものではない。いろいろな国がいろいろな時期に固定制度とフロート制度の中間に位置する妥協的な政策をとってきた。そのなかには、為替レートがある一時点では固定されているが頻繁に調整される制度、固定されてはいないが大幅な乱高下を防ぐために政府によって「管理される」制度、あるいは「目標圏」の範囲内ではフロートするが圏外への逸脱は防止される制度などがある。だが本書では、2つの主要な為替レート制度にしぼって考察する。

固定為替レート制度をめぐってすぐ浮かぶ疑問は、為替レートが需要と供給で決まるとすれば政府はどのようにして固定レートを維持できるのかというものだ。

3.2 どうすれば為替レートを固定できるのか

一国が為替レートをどのように固定できるかについて理解するため、架空の国ジェノヴィアについて考えてみよう。この国は何かの理由で通貨1ジェノの価値を1.50米ドルに固定することにしたとする。

当然のことながら、1.50米ドルは外国為替市場の均衡レートとは限らない。均衡レートはそれよりも高いかもしれないし低いかもしれない。図19-10はジェノに対する外国為替市場の様子を示している。ジェノの需要量と供給量はヨコ軸に、米ドルで表示されたジェノの価値はタテ軸に測られている。パネル（a）はジェノの均衡値が目標値よりも低いケースを、パネル（b）は均衡値が目標値よりも高いケースを描いている。

まず、ジェノの均衡値が目標為替レートよりも低いケースを考えよう。図19-10のパネル（a）に示したように、目標為替レートがジェノに対して1.50米ドルのところでは、外国為替市場は供給過剰の状態になっているので普通ならジェノの価値は低下

> **為替レート制度**とは、政府の為替レートに対する政策を取り決めるルールにほかならない。政府がほかの通貨に対する為替レートを特定の目標水準あるいはその近くに維持するような場合、その国は**固定為替レート制度**のもとにあるといわれる。
> 政府が為替レートを市場で決まる水準にまかせるような場合、その国は**フロート為替レート制度**を敷いているといわれる。

図19-10 | 為替市場介入

どちらのパネルにも、仮想国ジェノヴィアの政府は通貨ジェノの価値を1.50米ドルに固定された水準に維持しようとしている姿が描かれている。パネル（a）では、外国為替市場はジェノが供給過剰の状態にある。ジェノの1.50米ドル以下への下落を防ぐためにはジェノヴィアの政府はジェノを買い米ドルを売ればよい。パネル（b）ではジェノが供給不足におちいっている。ジェノの1.50米ドル以上への上昇を防ぐためにはジェノヴィアの政府はジェノを売り米ドルを買えばよい。

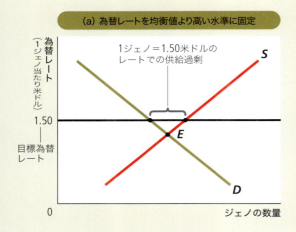
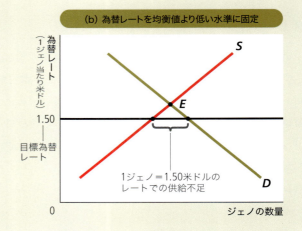

するはずだ。いったいどのようにして、ジェノヴィアの政府はジェノの価値を望みの水準に維持できるのだろうか。およそ3通りの答が考えられる。そのどれもどこかの政府がある時点で用いてきた方法だ。

ジェノヴィアの政府ができる1つの方法は、外国為替市場で自国の通貨を買い上げて余分のジェノを抜きとることだ。政府が外国為替市場で通貨を売ったり買ったりすることは**為替市場介入**と呼ばれる。外国為替市場でジェノを買うためには、ジェノヴィアの政府はもちろんジェノと交換するためのドルをもっていなければならない。実際、多くの国は**外貨準備**、すなわち外国通貨（通常は米ドルかユーロ）のストックを保有し、自国通貨価値を維持するために用いている。

> 外国為替市場での政府による通貨の売買は**為替市場介入**と呼ばれる。**外貨準備**は外国為替市場で自国通貨を買い入れるために政府が準備する外国通貨のストックだ。

本章のはじめのところで、国際資本移動の重要な部分は政府や中央銀行による外国資産の売買によるものだと述べておいた。政府はなぜ外国資産を売却するのだろうか。ここでその理由を説明することができる。それは、為替市場介入を通じて自国の通貨を支援するためなのだ。すぐみるように、為替市場介入によって自国の通貨価値を低めにおさえるためには、外国資産を買う必要がある。だがその前に、政府が為替レートを固定するために講じることができるほかの施策についてみておこう。

第2に、ジェノヴィアの政府はジェノを支援するため外国為替市場でジェノの供給曲線と需要曲線を動かすことができる。通常、それは金融政策を通じて行われる。たとえば、ジェノを支援するためにジェノヴィアの中央銀行はジェノヴィアの利子率を引き上げることができる。これはジェノヴィアへの資本移動を誘発しジェノに対する需要を増加させると同時に、ジェノヴィアからの資本流出を抑制しジェノの供給を

減少させる効果がある。だから他の条件が一定なら、一国の利子率の上昇はその通貨価値の上昇をもたらすといえる。

第3に、ジェノヴィアの政府には外国為替市場に向かうジェノの供給を削減することによってジェノを支援するという選択肢が残されている。外国為替を買いたい国内居住者に許可を取ることを義務づけ、認可された取引（たとえばジェノヴィアの政府が不可欠と考える輸入品の買い付け）に携わる者だけにその許可を与えるというやり方だ。個人が外国通貨を購入することを制限する許可制度は**外国為替管理**と呼ばれる。他の条件が同じなら、外国為替管理はその国の通貨の価値を高めるように作用する。

> **外国為替管理**とは、個人が外国通貨を購入する権利を制限する許可制度だ。

これまで政府がジェノの下落を防ぐためにどうすればよいかという問題を考えてきた。逆に図19-10のパネル（b）に示したようにジェノの均衡値が目標為替レートである1.50米ドルを上回り、ジェノが不足するような事態を想定してみよう。目標為替レートを実現するためにはジェノヴィアの政府は同じ3つの基本的な選択肢を逆方向に適用すればよい。外国為替市場に介入して今度はジェノを売り米ドルを買って外国為替準備を積み増すというのが1つの方法だ。利子率を引き下げてジェノの供給を増やし需要を減らすこともできる。あるいはまた、外国人がジェノを購入する能力を制限する外国為替管理を敷くことも可能だ。他の条件が同じなら、これらの行動はどれもジェノの価値を下げる効果をもつだろう。

これら3つの選択肢はすべて固定為替レートを管理するための技法として用いられてきたものだ。だからといって、為替レートを固定することが望ましい政策だとはいえない。実際、為替レート制度の選択は政策立案者に対して悩みの種となってきた。固定為替レート制度とフロート為替レート制度はそれぞれ利点と欠点をもっているからだ。

3.3 為替レート制度のジレンマ

固定為替レート制度を選択すべきか、それともフロート為替レート制度を選択すべきか。これほどマクロ経済学の論議を呼んできた問題は少ない。両方の主張に支持すべき点があるからだ。

固定為替レート制度が支持される理由を理解するには、アメリカで州境を越えてビジネスをすることがどんなに簡単か、ちょっと考えてみればよい。州際貿易が問題なく行われる要因は数多くあるが、その1つは貨幣の価値について何らの不確実性もないことだ。ニューヨークでもロサンジェルスでも1ドルは1ドルだ。

これと対照的に、ニューヨークとトロントとの取引では1ドルは1ドルではない。カナダドルと米ドルの為替レートは変動する。時には大幅に変動することもある。アメリカの会社がカナダの会社に対して1年後に一定額の米ドルを支払う約束をしたとしよう。この約束のカナダドルでの評価は10％、あるいはそれ以上も変化するかもしれない。この不確実性は両国間の貿易を躊躇させる効果をもつものだ。固定為替レート制度の利点の1つは通貨の将来価値に不確実性がないことだといえる。

ちょっと寄り道

ブレトン・ウッズからユーロまで

　1944年、第2次世界大戦がまだ熱く続けられている最中、連合国の代表達がニューハンプシャーのブレトン・ウッズに集まり、主要国の通貨の為替レートを固定する戦後の国際通貨制度を設立する相談をした。この制度は当初は大成功をおさめたが、1971年に崩壊した。その後しばらく続いた混乱期に政策担当者たちは新しい固定レート制度を確立しようと試みたがうまくいかず、1973年になるとほとんどの経済先進国はフロート為替レート制度に移行した。

　しかし、ヨーロッパでは多くの政策担当者はフロート制度に満足していなかった。それがビジネスに及ぼす不確実性が大きすぎると考えたからだ。1970年代の終わりごろから、ヨーロッパでは数回にわたって多少とも固定的な為替レート制度を創設する試みがなされた。その到達点が為替レートメカニズムとして知られる取り決めだった（為替レートメカニズムは、厳密にいえば「目標相場圏」制度、すなわちせまい範囲で為替レートの変動を容認するが圏外では認めない制度だ）。そして1991年には、ヨーロッパの政策担当者たちは究極の固定為替レート制度である共通通貨ユーロの導入に合意した。しかも多くの分析者の驚愕をよそに彼らはそれに成功したのだ。今日ではヨーロッパの大半の国は国民通貨を捨ててユーロに乗り換えている。

図19-11　ユーロへの道

フランスフランとドイツマルクの推移は、ヨーロッパのユーロへの長い道のりを物語るものだ。1970年代と80年代にヨーロッパ諸国は固定レート制度に向けた試行を何度も繰り返した。はじめの2つの試行は失敗したが、1987年以降はだいたい成功した。1990年末に為替レートは固定され、2001年末にはフランとマルクはユーロに置き換えられた。

（出所）セントルイス連邦準備銀行

　図19-11はヨーロッパで為替レートの取り決めがどのように変遷したかを例示している。1971年以降の1ドイツマルクに対するフランスフランの為替レートの推移がみてとれる。当初、為替レートは大幅に変動した。そのなかで為替レートの変動がわずかしかみられなかった「台地」は固定為替レートの回復への試みが進められていた時期だ。為替レートメカニズムは何度かつまずいたが、1987年に実効あるものとなり、1マルクに対して3.4フランというレートで安定した（1990年代はじめの動揺は2つの通貨危機を反映している。当時、さしせまった切り下げ予想が広がり、大規模ではあったが一時的な資本移動が生じたのだ）。

　1999年には、為替レートは固定された。フランやマルクからユーロへの切り替えの準備が整い、それ以降の為替レートの変動は認められなくなった。2001年末には、フランとマルクは姿を消した。

　ユーロへの移行は犠牲をともなうものだった。ユーロを採用した国々は重要な政策手段を失った。自国に特有の経済状況に合わせて金融政策を調整することができず、通貨の減価を通じてほかのヨーロッパ諸国に対するコストの低下を達成することもできなくなった。2010年代半ばには、ヨーロッパは深刻なストレスのもとにあり、ギリシャ、スペイン、イタリアの3大国を含む数か国では債務不履行とユーロ放棄を回避するために必要な経済的調整能力への悲観論が広まっていた。

場合によっては、固定為替レートを採用することによってそれ以上の便益が得られる。一国が固定為替レートを維持する約束をすることはインフレ政策をとらないと約束することに等しい。たとえば、1991年にアルゼンチンは1アルゼンチンペソに対して1米ドルという固定為替レートを採用することにした。これは、長年にわたって行ってきた無責任な金融政策に決別し、将来は非インフレ政策をしっかりと守っていくという決意を示すものだった（2001年の末にはアルゼンチンの固定為替レート制度は無惨に破綻してしまった。だがそれとこれとは別問題だ）。

　重要な点は、為替レートの安定性を維持することにはそれなりの経済的な利益があるということだ。前ページの「ちょっと寄り道」で説明したように、安定的な為替レートの利点は第2次世界大戦後に創設された国際的な固定為替レート制度の暗黙の前提だったし、ユーロ導入の主要な理由でもあった。

　残念なことに、為替レートを固定するためのコストも馬鹿にならない。介入によって為替レートを安定化するためには、政府は膨大な量の外国通貨を手許に準備しなければならない。通常、この投資の収益率は低いのだ。

　そのうえ、大規模な資本流出が起こるような場合には巨額の外貨準備もたちまちのうちに枯渇してしまう可能性がある。もし一国の政府が介入によってではなく金融政策を通じて為替レートの安定化を図る道を選ぶならば、金融政策のほかの目標、とくに生産やインフレ率を安定化するという目標がおろそかにされる。最後に、輸入割当や関税などと同様、為替管理政策は財やサービスの輸出入に対する誘因を歪める効果をもつ。官僚支配や腐敗などによるコストも小さくない。

　だからジレンマがあるのだ。通貨をフロートさせれば、金融政策をマクロ経済の安定化のために使うことができるが、ビジネスの不安定要因になる。為替を固定すれば、ビジネスの不安定要因を取り除くことができるが、金融政策を放棄するか為替管理を採用するか、その両方を強いられる羽目になる。この問題に関する結論は国によって、また時によって異なる。イギリスを除くほとんどのヨーロッパ諸国では、大部分の国際貿易が相互間で行われている主要諸国間の為替レートは固定したほうがよいと長い間信じられてきた。だがカナダでは、ほとんどの国際貿易がアメリカとの間で行われているにもかかわらずフロート為替レート制度に満足しているようだ。

　幸い、このジレンマをここで解決する必要はない。これからあと、本章では為替レート制度を所与としたうえで、マクロ経済政策がそれによってどのような影響を受けるかを問題にしよう。

経済学を使ってみよう☞　中国人民元をペッグする

　固定為替レートを維持するために一国はどれほどの道のりを歩まなければならないのだろうか。21世紀初頭の数年間に、中国はその特筆すべき事例を提供してくれた。背景はこうだ。中国は輸出国として目を見張るような成功を収め、経常勘定の黒字が増加した。それと同時に、中国人以外の民間投資家たちは中国経済の成長を見込んで

中国への資金移動に熱中するようになった。こうした資本の流れは外国為替管理によって多少とも制限されたが、とにかく継続した。経常勘定の黒字と民間資本流入の結果、中国は図19-10のパネル（b）に示したような状況に陥った。つまり、当時の目標為替レートの水準では人民元に対する需要が供給を上回るようになったのだ。だが中国政府は為替レートを均衡水準よりも低い値に固定する決意を固めていた。2005年にはわずかな切り上げが許容されたが、本書執筆時2011年には多くのエコノミストが中国元の過小評価水準は15から25％にのぼると推計している。

この為替レートを維持するために、中国政府は大規模な為替市場介入を行い、人民元を売りほかの諸国の通貨（主として米ドル）を買い、準備を積み上げた。2010年には、中国の外国為替準備は4500億ドルも積み増され、2011年の夏までに外国為替準備の総額は3.2兆ドルに増加した。

これらの数字の膨大さを感じとるには、2010年の中国の名目GDPは約5.9兆ドルだったことを知るとよい。これは、2010年に中国がGDPの約7.5％にのぼる米ドル他の通貨を買い付け、GDPの半分以上の累積準備を積み上げたことを意味する。アメリカ政府にたとえれば、すでに8兆ドルもの外国通貨をもっているのに、単一年度に円とユーロを1兆ドル以上も積み増したようなものだ。当然ながら、中国の為替レート政策が中国の輸出を後押ししているのではないかと疑う貿易相手国との間で摩擦を引き起こしている。

ちょっと復習

▶国がちがえば、選択される**為替レート制度**も異なる。そのなかで2つの制度、すなわち**固定為替レート制度**と**フロート為替レート制度**が主要なものだ。

▶為替レートを固定する方法として**外貨準備**の裏付けのもとに行われる**為替市場介入**が有効だ。国内政策を用いて外国為替市場の需要や供給を変化させる方法も使える。さらには、**外国為替管理**を導入することもできる。

▶為替レート制度の選択にはジレンマがある。安定した為替レートはビジネスには好都合だ。だがそのために巨額の外貨準備を保有するのは不経済だ。為替レートを固定するために国内政策を使えば、他の政策目的に使うことが難しくなる。外国為替管理は人々の誘因を歪める欠点がある。

✓ 理解度チェック 19-3

1. 図19-10と同様の図を描いて、為替レートを固定していた時期の中国の外国為替事情をあらわしなさい（ヒント：為替レートは1人民元に対する米ドルの値で測る）。以下に述べる政策変更がそれぞれ市場不均衡の解消にどのように役立つかを図によって示しなさい。
   a. 人民元の増価
   b. 中国に投資したい外国人に対する規制
   c. 外国に投資したい中国人に対する規制の撤廃
   d. 衣類の出荷など輸入国で政治的な反発を招いている中国の輸出に対する課税

解答は https://str.toyokeizai.net/books/9784492314906 にある。

4 | 為替レートとマクロ経済政策

1999年にユーロが創出されたとき、いくつかの注目すべき国々を除いて、ヨーロッパ全土がお祝いムードに包まれた。新しい通貨を採用しない国々もあったのだ。もっとも重要な例外国はイギリスだったが、ほかにもスウェーデンのように、ユーロを受け入れない国もあったのだ。

なぜ当初、イギリスはノーをつきつけたのか、答の一部は国民のプライドだ。イギリスがポンドを捨てたら、女王の肖像を掲げる通貨を失うことになる。だがそれだけではなく、ポンドを捨ててユーロをとることには深刻な経済的懸念もあった。ユーロの採用を支持するイギリスの経済学者は、イギリスが隣国と同一の通貨を使うようになれば、国際貿易が拡大し、イギリス経済の生産性は上がるだろうと論じた。だがユーロの採用はイギリスが独自の金融政策を行う能力を失わせ、マクロ経済に禍根を残すおそれがあると指摘する学者もいた。

この論争が示しているように、現代のマクロ経済は国際貿易や資本移動に門戸を開いているという事実がマクロ経済政策の分析に新しいレベルの複雑な問題をつきつけているのだ。開放マクロ経済学が提起する3つの政策問題を取り上げてみよう。

4.1　固定為替レートの切り下げと切り上げ

歴史的にみれば、固定為替レートは恒久的な取り決めではなかった。固定レート制度をとっていた国がフロート制度に切り替えることがある。2001年のアルゼンチンがそうだった。このほか、固定レート制度を維持しながら目標為替レートを変更する事例もある。740ページの「ちょっと寄り道」に記したように、ブレトン・ウッズ体制のもとでは、そのような目標為替レートの調整は頻繁に行われた。たとえば1967年にイギリスはポンドの米ドルに対する為替レートを1ポンド2.80ドルから1ポンド2.40ドルに変更した。現代の事例にはアルゼンチンがある。アルゼンチンは1991年から2001年までドルに対して固定為替レートを維持したが、2001年末にフロート為替レート制度へと変更した。

固定為替レート制度のもとで定められた通貨価値の減少は**平価切り下げ**と呼ばれる。すでに学んだように、通貨価値の下方への変化は為替減価といわれる。平価切り下げとは固定為替レートの修正によって生じる為替減価にほかならない。固定為替レート制度のもとで定められた通貨価値の増加は**平価切り上げ**と呼ばれる。

為替減価一般と同様に、平価切り下げは外国通貨であらわした自国財価格の低下と輸出の増加をもたらし、同時に自国通貨であらわした外国財価格の上昇と輸入の減少をもたらす。したがってそれは経常収支を増やす効果をもつ。同様に、平価切り上げは外国通貨であらわした自国財価格の上昇と輸出の減少もたらし、同時に自国通貨であらわした外国財価格の下落と輸入の増加をもたらす。したがってそれは経常収支を減らす効果をもつ。

平価切り下げと切り上げは固定為替レート制度のもとで2つの役割を果たす。第1は、外国為替市場の供給不足や供給過剰を取り除くという役割だ。たとえば、2010年に何人かの経済学者と政治家は、中国の為替レート政策が中国の輸出を不当に助けていると信じたので、中国は人民元を切り上げるべきだと主張した。

第2に、平価切り下げと切り上げはマクロ経済政策の道具として使われる可能性がある。平価切り下げは輸出を増やし輸入を減らし総需要の増加をもたらす。だからデフレギャップを縮小し、ひいては除去するために用いることができる。平価切り上

> **平価切り下げ**とは固定為替レート制度のもとで定められた通貨価値の減少のことだ。
> **平価切り上げ**とは固定為替レート制度のもとで定められた通貨価値の増加のことだ。

げはそれとは逆の効果、すなわち総需要を減らす効果をもつ。だからインフレギャップを縮小し、ひいては除去するために用いられる。

4.2 フロート為替レート制度下の金融政策

　一国の中央銀行はフロート為替レート制度のもとでは独立した金融政策を追求する能力を取り戻す。つまり、利子率を下げることによって総需要を増やし、利子率を上げることによって総需要を減らすことができる。しかし為替レートが金融政策の効果にもう1つの側面を付け加える。そのわけを解き明かすために、ふたたびジェノヴィアという仮想国を思い出し中央銀行が利子率を下げたらどんなことが起こるかを考えてみよう。

　閉鎖経済とまったく同じように、利子率の引き下げは投資支出と消費支出を高めるだろう。だがそれは外国為替市場にも影響を及ぼす。貸し付けの収益率が低下するので、外国人はジェノヴィアへの資金移動をひかえるだろう。その結果、米ドルをジェノに替える必要が少なくなり、ジェノに対する需要は減少する。それと同時に、ジェノヴィアの人々は外国への資金移動を増やそうとするだろう。自国での貸し付けの収益率が下がることから外国での投資に魅力を感じるようになるからだ。その結果、ジェノを米ドルに替える必要が増すのでジェノの供給は増えることになる。

　図19–12は利子率の引き下げが外国為替市場に与える効果を示している。ジェノの需要曲線は D_1 から D_2 へ左方にシフトし、供給曲線は S_1 から S_2 へ右方にシフトする。

図19-12　金融政策と為替レート

ここでは、ジェノヴィアが利子率を引き下げると何が起こるかを示している。ジェノヴィアの居住者は国内に資金を置いておくよりも外国で運用しようという気になるだろう。その結果、ジェノの供給は S_1 から S_2 へと右方にシフトする。他方、外国人はジェノヴィアから資金を引き上げる誘因をもつためジェノの需要は D_1 から D_2 へと左方にシフトする。したがってジェノは減価する。つまり、均衡為替レートは XR_1 から XR_2 へ低下する。

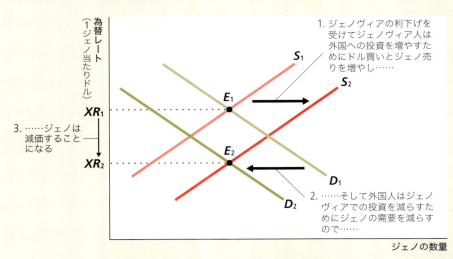

ジェノに対するドルの交換比率で測られる均衡為替レートはXR_1からXR_2へ下落する。すなわち、ジェノヴィアの利子率引き下げはジェノの減価をもたらすのだ。

ジェノの減価はまた総需要に影響する。これまでのところで、平価切り下げ——固定為替レートの変更の結果として生じる為替減価——が輸出を増やし輸入を減らして総需要を増やす効果をもつことをみた。利子率の低下によって生じる為替減価も同じ効果をもつ。すなわち、輸出を増やし輸入を減らし、総需要を増やす効果をもつ。

要するに、フロート為替レート制度のもとでの金融政策は閉鎖経済についてみてきた以上の影響力があるといえる。閉鎖経済では、利子率の引き下げは投資支出と消費支出を通じて総需要の増加をもたらす。フロート為替レート制度下の開放経済の場合にも利子率の引き下げはたしかに投資支出と消費支出を増やすが、別の仕方でも総需要の増加に貢献する。すなわち、それは為替減価を通じて輸出を増やし輸入を減らすことによって総需要をいっそう拡大するのだ。

4.3 国際的景気循環

これまでのところ、開放経済ではあっても需要側のショックがすべて国内経済から生じるという想定でマクロ経済学を論じてきた。実際には、経済が外国からの衝撃を受けることもある。たとえば、アメリカの景気後退がメキシコの景気後退をもたらすのは歴史の常だった。

肝腎なのは、総需要の変化は国内で生産された財・サービスだけでなく、外国にも影響するということだ。他の条件が等しければ、景気縮小は輸入を減らし景気拡大は輸入を増やす。そして一国の輸入は他国の輸出だ。景気循環が異なる国々の間で（いつもというわけではないが）しばしば同時化するのは、1つには国々の間にこのような結びつきがあるからだ。いちばん良い例は世界大恐慌だ。世界中のすべての国々がそれによって影響を受けた。

しかし、この結びつきの強さは為替レート制度のあり方によって異なる。この点をみるために、外国の景気後退によってジェノヴィアの輸出に対する需要が減るものとして、その結果何が起こるかを考えてみよう。ジェノヴィアの財・サービスへの外国需要が減少するということは外国為替市場でジェノへの需要が減少するということだ。もしジェノヴィアが固定為替レートをとっていれば、この減少に対して為替市場介入が行われるはずだ。だがフロート為替レート制度のもとにあれば、ジェノが減価することになる。ジェノヴィアの財・サービスが外国人にとって安くなるので、輸出に対する需要が下がったときに、輸出される財・サービスの数量は固定為替レートのときほどは減少しないだろう。同時に、ジェノの減価によって外国品の国内価格は上がるから輸入は減少する。これらの効果は、固定為替レートのときと比べてどちらもジェノヴィアの総需要の減少に歯止めをかけるものだ。

フロート為替レート制度の擁護者によれば、この制度の利点の1つは外国発の景気後退の自国への波及を遮断するということだ。2000年代の初頭、この説はかなりあてはまっていたようにみえる。イギリスはフロート為替レートのもとで大陸ヨー

ロッパを襲った景気後退を何とか回避することができた。カナダもフロート為替レートのもとでアメリカほどきびしい景気後退にあわずにすんだ。

2008年には、しかしながらアメリカで始まった金融危機は事実上すべての国に景気後退をもたらした。この場合、金融市場の国際的な結びつきは、フロート為替レート制度によってもたらされる海外からのかく乱要因に対するいかなる隔離効果よりもはるかに強いと思われる。

経済学を使ってみよう☞　ポンド切り下げのよろこび

740ページの「ちょっと寄り道」で為替レートメカニズムについて触れた。これは1999年のユーロ創設に途を開いたヨーロッパ限定の固定為替レート制度だった。イギリスは1990年にこの制度に参加したが、1992年には離脱した。イギリスの為替レートメカニズム離脱までの物語は開放経済下のマクロ経済政策の古典的な事例だといえる。

もともとイギリスは固定為替レートを選択していた。それは本章のはじめのほうで述べておいた2つの理由によるものだった。イギリスの指導者たちは、固定為替レートが国際貿易を促進すると信じていたし、インフレーションの克服にも役立つと考えていたのだ。だがイギリスは1992年までに高い失業率に苦しむようになった。1992年9月の失業率は10％を超えていた。固定為替レート制度をとっているかぎり、政府ができることはあまりなかった。とくに問題だったのは、利子率が下げられないことだった。政府はポンドの価値を維持するために利子率を高めに据え置く必要があったのだ。

1992年夏、ポンドに対する投機が始まった。ポンドの価値が切り下げられるという期待が広まり、ポンドが売られはじめた。外貨準備が減少するにつれて、この投機はイギリス政府の手を縛ることになった。1992年9月16日、イギリスは固定為替レートを放棄した。ポンドは、当時ヨーロッパでもっとも重要な通貨とされていたドイツマルクに対してただちに20％減価した。

当時、ポンドの切り下げはイギリス政府の威信を大きく傷つけるものだった。だがイギリスの大蔵大臣（アメリカの財務長官にあたる）は歓迎の意を表していた。彼が報道関係者に語ったところでは、「家内にとって私が浴室で歌をうたうなんて前代未聞のこと」だったそうだ。なぜ彼はそんなにうれしかったのだろうか。それにはいくつかの理由がある。1つは、イギリス政府がポンドの価値を維持するためにひたすら大規模な為替市場介入をしなくてもすむようになったことだ。もう1つは、ポンド切り下げをすれば国内総需要が増え失業が減ると期待されるからだ。最後に、固定為替レートをやめたことにより何の束縛もなく不況を克服するための拡張的な金融政策を追求できるようになったことだ。

実際、その後の成り行きをみると、大蔵大臣のよろこびには根拠があったことがわかる。それからの2年間、フランスとドイツの失業率が上がるなかで、イギリスの

失業率は下がったのだ。だが失業率低下の恩恵に浴さなかった者が1人いた。大蔵大臣その人だ。かれは浴室でうたったという発言をしてから間もなくクビになってしまった。

理解度チェック 19-4

1. 図19-11のデータをみてみよう。フランのマルクに対する切り下げと切り上げはどこで生じているか。
2. 1980年代の終わり頃、カナダの経済学者によればカナダ銀行の高金利政策は高失業率の原因になっただけでなくカナダの製造業のアメリカに対する競争力を弱めたとされていた。フロート為替レート制度のもとで金融政策がどのように機能するかを示した本章の分析を使って、この論評を説明しなさい。

解答は https://str.toyokeizai.net/books/9784492314906 にある。

ちょっと復習

▶各国は為替レートを変更することができる。平価切り下げないし平価切り上げによって外国為替市場の供給過剰や需要不足を和らげ総需要を増やしたり減らしたりすることが可能になる。

▶フロート為替レート制度のもとでの開放経済では、利子率が為替レートに影響する。したがって金融政策は輸出入に対する為替レートの作用を通じて総需要に影響を及ぼす。

▶一国の輸入は他国の輸出だから、国々の間で景気循環が同時化されることがある。だがフロート為替レート制度はこの連関を弱める可能性がある。

BUSINESS CASE ビジネス・ケース

建設機械戦争

世界各地の建設現場を訪れてみたとしよう。そこで視界に入ってくる建設機械——トラクター、ダンプカー、油圧ショベル、地ならし機、スクレーパー、等々——はたぶんアメリカのキャタピラー社か日本のコマツのどちらかの製品だ。キャタピラーもコマツも、国内市場だけへの販売というよりもむしろ輸出に頼っている部分が大きく、30年にわたり互いに競合他社として争ってきてダウン寸前のようだ。

両社のリーダーに、この一進一退の攻防を説明してもらうなら、彼らは企業文化と経営の意思決定に関する物語を語るだろう。キャタピラーのストーリーは1980年代に始まる。同社は建設機械産業における長年のトップ企業という地位に大いに満足していたが、結局、コマツ台頭の衝撃によって倒産寸前にまで追い込まれた。キャタピラーは経営慣行の改革に取り組み、1990年代に再び優位に立つ

図19-13 実質為替レート比較（1980～2011年）

（出所）セントルイス連邦準備銀行

た。すると今度はコマツが破綻の危機に晒されたものの、同社の経営は再び勢いづいてようやく同社は安定化した。

とはいえ、以上がこの話の全貌かというと、そうではない。経営の意思決定は両社にとって間違いなく決定的だったが、為替レートも極めて重要だった。図19-13は消費者物価を用いて1980〜2011年のアメリカと日本の実質為替レートを示したものだ。図からは、1980年代における競争の影響からキャタピラーが復活した一因を直接にみて取ることができる。それは、1985年から始まった急激な円高だ。そしてコマツがキャタピラーの猛追を切り抜けられたのは、1995年以降、とくに2000年以降の円安への転換に後押しされてのことだ。

本書の執筆時点では、両社は相対的に安定した地位で落ち着いているようにみえる。キャタピラーのほうが大企業ではあるが、コマツもまた好調だ。これには中国からの需要の急増が寄与している。だがコマツ（と他の企業）の日本人幹部は、また円高になったときの影響について恐れを抱いている。

ビジネス思考力を鍛えよう

1. なぜ円ドルの為替レートがキャタピラーとコマツの命運にとってそんなに問題となるのだろうか？
2. なぜ図のタテ軸は名目為替レートではなく実質為替レートなのだろうか？　このことで物語に重大な違いが生じるだろうか？
3. 2011年、日本の政策立案者は外国為替市場の円売り介入について議論をしていた。これはキャタピラー vs. コマツの競争にどのような影響を及ぼすだろうか。

要約

1. 一国の**国際収支勘定**はすべての外国との取引を要約したものだ。**経常勘定収支**あるいは**経常収支**は**財・サービス収支**と要素所得および移転収支を含んでいる。**商品貿易収支**あるいは**貿易収支**は財・サービス収支のなかで頻繁に参照される部分だ。**金融勘定収支**あるいは**金融収支**は資本の流れを記録するものだ。定義によって、経常勘定収支と金融勘定収支を合算すればゼロとなる。

2. 資本の流れは利子率などの収益率の国際的な格差に反応する。そのありようは国際版の貸付資金モデルを用いてうまく分析できる。それによれば、貸付資金は資本移動がないとしたときの利子率が低い国から利子率が高い国に流れる。資本移動の基本的な決定要因は貯蓄と投資機会の国際的なちがいにあることもわかる。

3. **外国為替市場**では異なる通貨が取引される。それらの取引価格は**為替レート**と呼ばれる。ある通貨の価値が他の通貨に対して上がるときには**増価する**といわれ、下がるときには**減価する**といわれる。**均衡為替レート**は、外国為替市場に供給されるその通貨の数量と需要される数量を等しくするようなレートのことだ。

4. 国々の間でインフレ率が異なる場合、経済学者は**実質為替レート**という修正概念を用いる。これは2国の通貨間の為替レートに両国の物価比率を乗じたものだ。経常収支は名目為替レートではなく実質為替レートにのみ反応する。これに関連する**購買力平価**という概念は、一定の財・サービスのバスケットの費用を2国間で等しくするような為替レートのことだ。購買力平価と名目為替レートはほとんどの場合一致することはないが、購買力平価は名目為替レートの実際の変化の予測に良い手がかりを与える。

5. 為替政策がしたがわなければならないルールは**為替レート制度**と呼ばれる。さまざまな為替レート制度が用いられているが、主要な類型として**固定為替レート制度**と**フロート為替レート制度**がある。前者は政府が為替レートを目標水準に維持するように行動するもので、後者は為替レートを自由に変動させるものだ。政府は**為替市場介入**を用いて為替レートを固定できるが、そのためには自国通貨の余剰分を買い上げる原資として**外貨準備**を保有しておく必要がある。為替市場介入のかわりに国内政策、とりわけ金融政策を使って一定の目標レートを達成するように外国為替市場の需要曲線と供給曲線を適当にシフトさせることも可能だ。最後に、**為替管理**を用いることも可能だ。

6. 為替レート政策にはジレンマがある。為替レートを安定化することによる経済的な利益に対して、為替レートを固定するのに必要な政策費用を勘案しなければならない。為替市場介入を行うには莫大な外国為替準備が必要だし、為替管理は人々の経済的誘因を歪める。為替レートを固定するために金融政策が使われれば国内の政策には使えなくなる。

7. 固定為替レートは必ずしも恒久不変の約束事ではない。固定為替レートを標榜する国でも時には**平価切り下げ**や**平価切り上げ**に打って出ることがある。平価切り下げは外国為替市場で自国通貨の余剰を取り除くだけでなく総需要の増加をもたらす。同様に、平価切り上げは自国通貨の不足を緩和し総需要の減少をもたらす。

8. フロート為替レートのもとでは、拡張的な金融政策は部分的には為替レートを通じて経済に影響する。利子率の引き下げは為替減価を引き起こし、その結果輸出の増加、輸入の減少、さらには総需要の増加をもたらす。緊縮的な金融政策はそれとは逆の効果をもたらす。

9. 一国の輸入は他国の輸出だ。この事実から異なる国々の景気循環につながりが生まれる。しかし、フロート為替レートのもとではこのつながりは弱くなる可能性がある。

キーワード

国際収支勘定	714ページ	経常勘定収支（経常収支）	716ページ
財・サービス収支	717ページ	商品貿易収支（貿易収支）	717ページ

金融勘定収支（金融収支）	717ページ		
外国為替市場	726ページ	為替レート	726ページ
増価	727ページ	減価	727ページ
均衡為替レート	729ページ	実質為替レート	731ページ
購買力平価	733ページ	為替レート制度	737ページ
固定為替レート制度	737ページ	フロート為替レート制度	737ページ
為替市場介入	738ページ	外貨準備	738ページ
外国為替管理	739ページ	平価切り下げ	743ページ
平価切り上げ	743ページ		

〈問題〉

1. アメリカの国際収支勘定で以下の取引はどのように仕分けされるか。経常収支に（外国人への支払いもしくは外国人からの受取として）記録されるか、金融収支に（外国人への資産の売却もしくは外国人からの資産の購入として）記録されるか。その結果、経常収支、金融収支はどのように変化するか。

   a. フランスの輸入業者がカリフォルニアワインを500ドルで購入する。
   b. フランスの会社につとめるアメリカ人がパリの銀行から引き出された給与をサンフランシスコの口座に預金する。
   c. アメリカ人が日本の会社の債券を1万ドル購入する。
   d. アメリカの慈善団体が凶作に襲われたアフリカの地方に食糧援助として10万ドルを送る。

2. 次ページの図は、アメリカ国内にある外国人の資産と、外国にあるアメリカ人の資産の推移を示している。いずれも外国のGDPに占める割合だ。図からわかるように、1980年から2010年にかけて双方とも約5倍に増加した。

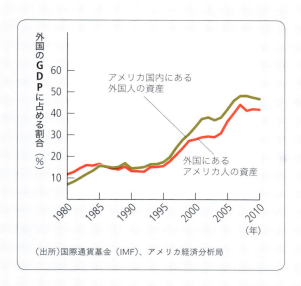

(出所)国際通貨基金（IMF）、アメリカ経済分析局

a. 外国にあるアメリカ人の資産は増加しているが、アメリカはこの期間を通じて、純資本流出だったか。

b. この図から、2010年の世界経済は1980年よりも緊密に結びついているといってよいか。

3. 2010年のスコットピア国の経済では、財・サービスの輸出がそれぞれ4000億ドルと3000億ドル、財・サービスの輸入がそれぞれ5000億ドルと3500億ドルだった。他方、諸外国は2500億ドル相当のスコットピア国の資産を購入した。スコットピア国の貿易収支はいくらだったか。経常収支や金融収支はどうか。スコットピアの諸外国からの資産の購入額はいくらだったか。

4. 2010年のポパニア国の経済では、諸外国からの資産の総購入額が3000億ドル、諸外国のポパニア国からの資産の総購入額が4000億ドル、ポパニア国の財・サービスの輸出額が3500億ドルだった。2010年のポパニア国の金融収支はいくらだったか。経常収支はどうか。輸入額はいくらだったか。

5. 世界の貿易取引がノースランディアとサウスランディアの2国のみで行われており、それぞれの経常収支、金融収支がどちらもゼロであると仮定しよう。しかも、各国の資産は同格、同質のものとみなされているとしよう。もし国際資本移動が可能であれば、各国の貸付資金の需要と供給、利子率、さらには経常収支と金融収支はどのように変化するか。次ページの図を用いて説明しなさい。

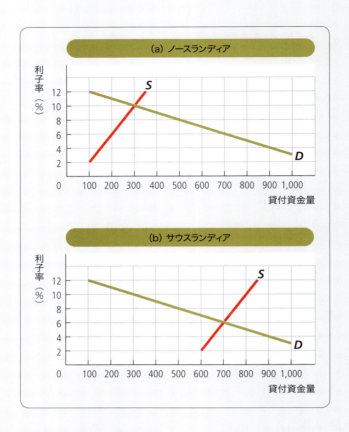

6. 下の表には2011年と2012年の取引開始日の為替レートが示されている。米ドルは2011年中に増価したか減価したか。米ドルの対外価値の変化によって、アメリカの財・サービスの外国人からみた魅力は高くなったか低くなったか。

2011年1月3日	2012年1月3日
1英ポンド＝1.55米ドル	1英ポンド＝1.57米ドル
1米ドル＝29.08台湾ドル	1米ドル＝30.28台湾ドル
1カナダドル＝0.99米ドル	1カナダドル＝1.01米ドル
1米ドル＝81.56日本円	1米ドル＝76.67日本円
1ユーロ＝1.34米ドル	1ユーロ＝1.31米ドル
1米ドル＝0.93スイスフラン	1米ドル＝0.93スイスフラン

7. http://fx.sauder.ubc.ca/ に行き、「主要通貨の最新のクロスレート」という表をみなさい。そこで、イギリスポンド（GBP）、カナダドル（CAD）、日本円（JPY）、ユーロ（EUR）、スイスフラン（CHF）が2012年1月3日以降、増価したか減価したかを確認しなさい。2012年1月3日の為替レートは、上記の問題6に記されている。

8. 世界の貿易取引がアメリカと日本の2国のみで行われていると仮定しよう。このとき、以下のようなことが起こったら、他の条件を一定としてドルの価値はどう

なるだろうか。

a. 日本が輸入制限の一部を緩和する。

b. アメリカが一部の日本製品に対して輸入関税をかける。

c. アメリカの利子率が劇的に上がる。

d. 日本車の耐久年限がとくにアメリカ車にくらべて従来考えられていたよりもはるかに高いことを示した報告が出る。

9. 2001年1月1日から2003年6月までに、アメリカのフェデラル・ファンド金利は6.5%から1%に下がった。同じ期間に欧州中央銀行の限界貸付金利は5.75%から3%に下がった。

a. この間の利子率の低下を考慮し貸付資金モデルを用いて、資金がアメリカからヨーロッパに流れたのか、あるいはヨーロッパからアメリカに流れたのか、どちらだと思うか答えなさい。

b. 下の図は、2001年1月1日から2008年9月までの米ドルとユーロの為替レートを示している。2001年1月から2003年6月までの為替レートの動きはa.で推測した資金の流れと整合的か。

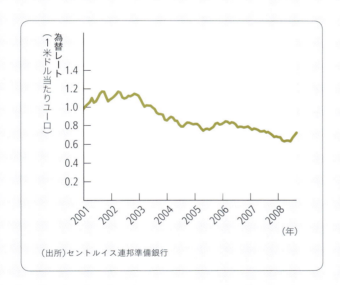

（出所）セントルイス連邦準備銀行

10. 以下の各シナリオに登場する2国が世界でただ2つの貿易取引国だと仮定しよう。そこで示されているインフレ率と名目為替レートの変化によってどちらの国の財の魅力が増しただろうか。

a. インフレ率はアメリカで10％、日本で5％。米ドルと日本円為替レートは不変。

b. インフレ率はアメリカで3％、メキシコで8％。米ドルのメキシコペソに対する価格は12.50から10.25に下落。

c. インフレ率はアメリカで5％、ユーロ地域で3％。ユーロの価格は1.30ドルから1.20ドルに下落。

d. インフレ率はアメリカで8％、カナダで4％。カナダドルの価格は0.60米ドル

から0.75米ドルに上昇。

11. 固定為替レート制度のもとで外国為替市場が当初均衡していたとしよう。この国の財・サービスに対する諸外国の需要が高まったとして、為替レートを固定値に維持するには政府はどのように対応しなければならないか。

12. アルバーニアの中央銀行がその通貨であるバーンの価値を米ドルに対して（1バーンに対して1.50米ドルのレート）固定し、その値を動かさないと約束するものとしよう。下の図に示したように、バーンの外国為替市場は当初1.50ドルの水準で均衡している。だがアルバーニア人もアメリカ人もアルバーニア資産の保有には大きなリスクがあると信じるようになって、アメリカ資産よりも高い収益率が得られないかぎりアルバーニア資産を保有しようとしなくなるとしよう。それによって下の図はどのような影響を受けるだろうか。もしアルバーニアの中央銀行が金融政策を用いて為替レートを当初の水準に固定するとすれば、アルバーニアの経済はそれによってどんな影響を受けるだろうか。

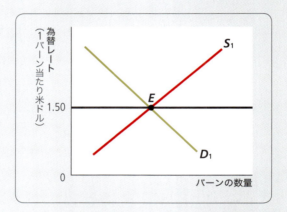

13. 「固定為替レート制度のもとで中央銀行が裁量的な金融政策を使う能力を失うとしたら、どうして固定為替レート制度の採用に国際的な合意が得られるだろうか」と勉強仲間に聞かれたら、あなたはどう答えるか。 **K**

訳者あとがき

　本書はPaul Krugman and Robin Wells, *Economics*, Third Edition, Worth Publishers, 2013のマクロ経済学関連の章を翻訳したものである。ポール・クルーグマン（Paul Krugman）は2008年にノーベル経済学賞を受賞した著名な経済学者だ。2000年から2015年までプリンストン大学教授をつとめ、2015年からニューヨーク市立大学大学院センター教授に就任している。政治経済の分野で人気の高い評論家でもある。共著者のロビン・ウェルス（Robin Wells）はプリンストン大学の同僚で、現在のクルーグマン夫人だ。以下では、主著者のクルーグマンの人となりと業績を紹介するとともに、本書がもつすぐれた特徴を説明したい。

クルーグマンとの出会い

　私はこれまで何度か英書の翻訳をしてきたが、2004年に慶應義塾大学を65歳で定年退職してからもう翻訳はやりたくないと考えていた。私に残された時間は少なくなり、何よりも翻訳は「労多くして功少ない仕事」と感じていたからだ。とくに、専門書の翻訳はそうだ。専門家ならたいてい原書で読めるし、訳書で読むよりも内容をその人なりに適切に理解することができるはずだ。他人の拙い翻訳から得るものは不満と怒りぐらいのものだ。専門家でないならそもそも訳書を読んでもわけがわからないだろう。東洋経済新報社からはじめて本書の初版の翻訳依頼の電話を頂いたとき、著者名も書名も聞かないでとっさに「原則として翻訳の仕事はお断りしています」と申し上げた。だが主な著者がポール・クルーグマン、書名が『マクロ経済学』と伝えられて、ふがいなくもあっさり原則を変えることにした。

　クルーグマンの教科書なら話は別だ。私はクルーグマンの論文や一般人向けの書物を数多く読んできて、彼の経済学的なセンスと文筆の才能を非常に高く買っているからだ。慶應義塾大学経済学部の私のゼミでは、彼の論文、著書をたびたび取り上げた。たとえば、『為替レートの謎を解く』（伊藤隆敏訳、東洋経済新報社、1990年）、『現代の貿易政策——国際不完全競争の理論』（大山道広訳、東洋経済新報社、1992年）、『脱「国境」の経済学——産業立地と貿易の新理論』（北村行伸ほか訳、東洋経済新報社、1994年）、『クルーグマンの良い経済学　悪い経済学』（山岡洋一訳、日本経済新聞社、1997年）などの原書だ。このなかで『現代の貿易政策』はエルハナン・ヘルプマンとの共著による上級の教科書で、学部の学生にはちょっとむずかしかったようだが、その他の著作に対して学生はほとんど例外なく強く反応した。彼の文章を読み始めると、学生たちの目の色が変わったといっても過言ではない。そこには読者を刺激し、興味をかき立てさせる何かがあったのだ。

　1987年にクルーグマンは慶應義塾大学で開かれた国際コンファレンスで論文を発表し、私はたまたま討論者をつとめた。コンファレンス後の懇親会でクルーグマンの文章を褒めたところ、彼は「文章には自信がある、文章に関してはたいていの経済学者にくらべて絶対優位があると思っている」と率直に語った。そのころから、彼は一般人向けの執筆に関

心をもち、ひそかに意欲を燃やしていたようだ。

　クルーグマンと私との出会いは1980年にさかのぼる。その夏、イギリスのウォーリック大学にいた若きインド人の学者アビナッシュ・ディキシットが中心になって世界の国際経済理論を専攻する学者に呼びかけ、3週間のワークショップを開催した。ジョン・チップマン、ロナルド・ジョーンズ、ビクター・ノーマン、エルハナン・ヘルプマン、マイケル・マイケリーなどのそうそうたる学者に混じって私も末席に加わった。そのなかにポール・クルーグマンがいたのだ。当時弱冠27歳だったクルーグマンがワークショップで圧倒的な存在感を発揮していた。アメリカ人にしては小柄で、黙っていると地味でちょっと暗い感じだったが、ひとたび口を開くと印象ががらりと変わった。白い歯を輝かせ、大きな目をきらめかせて甲高い声でしゃべりまくった。その舌鋒は鋭く、論敵を容赦なく撃破した。当時エルハナン・ヘルプマンとともに、すでに「新しい貿易理論」の先鋒として注目されていたが、このワークショップでなみいる論客を驚かせ、一躍スターダムにのし上がった感がある。その後、私はいろいろなコンファレンスでクルーグマンと同席した。彼自身述懐しているように、若き日のクルーグマンは大のコンファレンス好きで、いつも主役として迎えられていた。年とともに円熟し最近では大家の雰囲気を漂わせているが、この若き日の先鋭な論客ぶりは特筆すべきものがあった。

クルーグマンの仕事

　クルーグマンは、1953年、アメリカのベビー・ブームの最中にニューヨーク市の郊外で生まれた。少年時代にアイザック・アシモフの空想科学小説に熱中し、ハリ・セルダンの心理歴史学にあこがれたそうだ。マサチューセッツ工科大学（MIT）では経済学を主専攻にしたが、同時に歴史の科目を多く受講したという。当時から国際経済の重要な政策課題に興味をもち、1973年春のノルドハウスの学部セミナーで資源問題を研究し、ガソリン需要の弾力性に関する実証研究を発表して注目された。

　1970年代半ばは、ミルトン・フリードマンの流れをくむ合理的期待革命、変動為替レート制度の導入などで、経済学が大きく揺れていた時期だった。1975年、大学院生だったクルーグマンは赴任早々のルディガー・ドーンブッシュの影響を受け、変動為替レート制度の理論的解明に関心をもち、通貨危機の理論を着想した。同じころ、ロバート・ソローの独占的競争に関する講義にヒントを得て、それを国際貿易理論に応用することを考えはじめた。大学院修了後、イエール大学に就職したが、間もなくMIT、それからスタンフォード大学に転職し、収穫逓増と不完全競争の要素を取り入れた国際貿易の「新しい理論」を展開した。この業績によって、クルーグマンは1991年にアメリカ経済学会（AEA）のジョンベイツクラーク賞を受賞した。これは、2年に1度40歳未満のもっとも優秀な経済学者に与えられる賞で、ノーベル賞への跳躍台ともいわれる。その後のクルーグマンの多岐にわたる学術活動の詳細は割愛するが、ドーンブッシュ、ソローというMITの2人の恩師がまいた種子を大きく育て、国際金融論、国際貿易論の両分野でめざましい研究業績をあげていった。国際経済学に軸足を置きながら地域分析、経済発展など関連分野のテーマにも研究対象を拡げ、独創的なアイデアと斬新な方法論で時代を画する仕事を生み出している。そして前述のように、2008年にはノーベル経済学賞を受賞した。

　理論的な学術研究に携わるかたわら、クルーグマンは政策分析、経済評論の分野でめざましい才能を発揮した。まず、1982年にはレーガン大統領の経済諮問委員会の一員として迎えられ、1983年の「大統領経済報告」の主要な起草者となった。このポス

トはクルーグマンにとって必ずしも心地よいものではなかったようだが、このときにむずかしい経済分析を平明な英語でかみ砕き読者を啓蒙する自分の才能を見出したという。1年間でワシントンに見切りをつけたクルーグマンは、内外経済の重要な問題を次々に取り上げながら一般の知識人を対象とする広範な著述活動に乗り出していく。その縦横無尽、快刀乱麻を断つ活躍は目を見張るべきものがあった。

私の印象に残ったほんの数例を挙げると、1980年代前半のアメリカドル独歩高の分析とその反転の予測、80年代後半の日本の貿易産業政策に対する「批判」の批判、1990年代前半の国家間競争力論争（ポップ・インターナショナリズム）の叱正、『東アジアの奇跡』（世界銀行報告書）への懐疑と問題提起、90年代後半の日本経済の長期停滞の分析とインフレターゲット政策の提唱などがある。2000年代に入ると、『ニューヨーク・タイムズ』紙の常任コラムニストとして、強者にタフで弱者に優しい論陣を張り続けている。こうした評論活動によって、彼は「アメリカで最も重要な政治評論家」（*Washington Monthly* 誌）と認められ、2002年には「年度コラムニスト」賞（*Editor and Publisher* 誌）、2004年にはヨーロッパのピューリッツァー賞とされる「アストゥリアス皇太子賞」を獲得した。

本書はどこが素晴らしいか

本書は経済学の入門書であり、大学教養課程の学生を主な対象としている。だがそれだけでなく、経済や経済学に少しでも関心のある一般人から、大学経済学部の卒業生、ひいては経済学の教育、研究に携わる専門家まで幅広く楽しく読め、しかもそれぞれの目的に応じて経済学を活用できるように周到に工夫されている。

最大の工夫は、現実にみられるおもしろい事例を示して、経済学に対する読者の学習意欲を高めていることだ。著者が本書初版の「はしがき」で述べたように、本書の各章の冒頭部分は、「第3センテンスまでに読者をひきつけなければ、逃がしてしまう」という信念にしたがって書かれている。そこにはかならず「オープニング・ストーリー」がある。これは経済学をめぐる手あかのついたエピソードや漠然とした寓話の類ではなく、その章のテーマや基本的な概念にかかわる現実的で読者の好奇心をそそるストーリーだ。このストーリーはその場限りでは終わらず、章の全般を通じて引用され、繰り返し利用されることが多い。つまり、読者の関心を引きつけるだけでなくそれを持続させ、各章のテーマを思い起こさせ、そこに経済学がどのようにかかわり役立つかを教えてくれるのだ。「オープニング・ストーリー」は、本書が多くの教科書にありがちな現実から遊離した抽象的な記述や堅苦しい説明とはきっぱり決別し、現実経済と経済理論をつなぐ橋渡しをめざしていることを明確に宣言するものだ。

これとならんで、本書には「経済学を使ってみよう」と「ちょっと寄り道」という魅力的なコラムが随所にちりばめられている。前者は各章の主要節に付され、そこで学んだばかりの概念を使った短いケース・スタディを提供する。後者はその章の概念や理論の延長線上にある現実的な事例や問題を取り上げる。読者に経済理論と現実経済とのかかわりを考えさせるという意味で、どちらも「オープニング・ストーリー」を補完する役割を果たしている。

もう1つの重要な工夫は、読者の理解を助けるためのさまざまな仕掛けが考えられていることだ。何よりもまず、平明でわかりやすい記述が心がけられている。クルーグマンは「専門家ではない読者に向かって書くときに前提できる基本的計算能力は足し算と引き算だけで、それ以上は駄目だ」という。これはアルフレッド・マーシャルの時代のイギリスから現代の日本まで当てはまる基本原則だといって

もよい。本書で数式が極力避けられていて、ほとんどすべての概念がくどいほどていねいな文章で表現されているのはこの基本原則による。もちろんグラフによる分析は多用されているが、高校卒業者ならだれでも十分理解できる程度のものだ。それでも基礎の基礎から学びたい読者のために、第2章の付録としてグラフのわかりやすい解説が与えられている。

次に、経済学の森に分け入る者が道に迷わないように親切な標識があちこちに立てられている。すぐ目につく標識はほとんど毎ページのように欄外に出てくるキーワードの定義で、重要な概念を再掲示している。これによって読者はページごとに学んだことを確認することができる。また、所々に「落とし穴」に注意せよという標識もある。そこには入門者が陥りがちな陥穽を指摘し、そこから抜け出すための親切な解説が書かれている。各章の概要を示す指標として、はじめに「この章で学ぶこと」という欄外のメモがあり、章末にはその章の内容を要約した箇条書きがある。これに加えて、各節の末尾には、そこで学んだ内容を再確認するための「ちょっと復習」という覚え書きがあり、理解を深めるための「理解度チェック」というミニ問題集まで用意されている。これはその節で学んだ重要な概念を咀嚼し銘記するために役立つ。「理解度チェック」の問題への答と解説はその場ではなく、東洋経済新報社ホームページでダウンロードできる。またこの改訂版では各章本文の末尾に、新たに「ビジネス・ケース」が加えられている。

クルーグマンは、これまでにも専門的な論文や一般読者向けの著書を通じて現実の社会経済問題にユニークで先鋭な切り口で挑戦し、多くの俗論や通説をくつがえしてきた。その著作は一方では大きな喝采を博したが、他方では反発と怨嗟を招いたかもしれない。本書は入門的な教科書として構想され、上述したように非常にバランス良く、大きく、ていねいにつくられている。随所に独特の問題提起や気の利いた経済分析もあり、切れ味のよい語り口とあわせて、読者を引きつけて飽きさせないだろう。一般の知識人を対象とした彼一流の「アカデミックエンターテインメント」の集大成ともいえるものだ。

本書の翻訳は、大山道広（はしがき、序章、第1〜3章、第17〜19章および第2章付録）、塩澤修平（第4章、第15章および第5章付録、第15章付録）、蓬田守弘（第5章、第6・7章、第17章）、大東一郎（はしがき、第8・9章、第16章）、白井義昌（第10章、第14章および第10章付録）、石橋孝次（第11章、第12章および第11章付録）、玉田康成（第13章、第16章および第13章付録）の7名（いずれも慶應義塾大学OB）で行った。このチームに東洋経済新報社の中山英貴・佐藤朋保両氏の編集者を加えて、打ち合わせと読み合わせを重ねた。原著者たちの軽快で歯切れのよいスタイルを伝えるため、訳文は「である、であろう調」ではなく、「だ、だろう調」を採用した。また、堅苦しい直訳を避け、日本文として読みやすくわかりやすいものにするため、場合によっては意訳、超訳を採用することも辞さなかった。にもかかわらず、あるいはそれゆえに思わざる誤訳や不適切な表現が多々残っているに違いない。大方のご指摘、ご叱正をお願いしたい。

最後になるが、編集者の中山・佐藤両氏には、訳文のまわりくどさや生硬さを取り除き、文体をととのえる仕事を手伝って頂いた。ここに記して感謝の意を表したい。

　　　　　　　　　　　訳者を代表して

　　　　　　　　　　　　　　　　　大山道広

追　記

　本書の訳者代表であった大山道広先生は、2017年5月に逝去されました。この場をお借りして、残された共訳者一同の大山先生への想いの一端を記させて頂きます。先生の学者としての大きな業績は改めて述べるまでもないと思われますが、人間としても素晴らしい師を失った大きな喪失感は、共訳者共通の想いです。

　われわれ共訳者一同は、学部、大学院さらにその後もさまざまな形で大山先生から薫陶を受けた者たちです。この訳業も先生からのお誘いであったからこそ、一同喜んで参加させて頂きました。活発な議論を交わした編集会議の後、皆でビールを酌み交わした楽しさも忘れがたい思い出です。先生がそこにおられるだけで、周りの人間の心が温まりました。先生は、つねに個々の後進の良いところを見出し、褒め、励まし、そして的確な助言を与えておられました。大山先生はまた、「君たちは自由にやれ、何かあったら責任は俺がとる」という典型的な「最も上司にしたいタイプ」でもありました。大学内での、学事に関するさまざまな──正確さは要求されるが煩雑で無味乾燥な──業務も、大山先生がその長であれば、むしろ楽しささえ感じられたものです。

　「チーム大山」としての作業を終えるにあたり、ここに改めまして大山先生に対する共訳者一同の心からの感謝の気持ちを表したいと思います。有り難うございました。

　2019年7月
　　共訳者を代表して

　　　　　　　　　　　　　　　　塩澤修平

用語解説

ア行

安定化政策 stabilization policy：景気後退の深刻さを軽減し、景気拡大の行き過ぎを制御するために行われる政策。金融政策と財政政策という2種類の政策がある。

一括税 lump-sum taxes：どんな行動をとるかにかかわらず、すべての人々に同じ額が課される税。

意図した総支出 planned aggregate spending：経済における意図した支出の総量のことで、消費支出、意図した投資支出、政府支出、純輸出を含む。

意図した投資支出 planned investment spending：ある一定の期間に企業が行おうとした投資支出のこと。意図しない在庫投資が存在するので、意図した投資支出と実際の投資支出は乖離する。

意図しない在庫投資 unplanned inventory investment：実現した販売量が企業の予想と異なり、在庫に意図しない変化が生じるときに発生する。

因果関係 causal relationship：2つの変数のうちの片方の値がもう1つの変数の値を直接決定する関係。

因果関係の逆転 reverse causality：2つの変数の間の因果関係の真の方向を逆転して、独立変数と従属変数を逆に認識したときに生じる誤り。

インセンティブ incentive：行動を変える人たちに利得を与えるようなすべての要因。

インフラストラクチャー（インフラ） infrastructure：道路、電力供給ライン、港湾、情報ネットワークなど、経済活動の土台となる物的資本。

インフレギャップ inflationary gap：総産出量が潜在産出量よりも大きいときに生じる。

インフレーション inflation：物価水準の上昇のこと。

インフレ税 inflation tax：インフレによって国民が保有する貨幣価値が減少すること。

インフレターゲット inflation targeting：金融政策の運営方法の1つで、中央銀行がインフレ率をあらかじめ決められた水準近くに維持するよう努力することを求めるもの。

インフレ非加速的失業率（NAIRU） nonaccelerating inflation rate of unemployment (NAIRU)：時間が経過してもインフレ率が変化しない失業率のことだ。

インフレ率 inflation rate：価格指数――通常は消費者物価指数――の各年の変化率のこと。物価水準が上昇しているとき（インフレのとき）、インフレ率は正で、物価水準が下落しているとき（デフレのとき）、インフレ率は負になる。

ウェッジ（くさび） wedge：財の数量が法的に制限されたときに生じる、その数量での需要価格と供給価格の乖離のこと。割当てや税のせいで生じることが多い。

売り手の間での販売機会の非効率的な配分 inefficient allocation of sales among sellers：もっとも低い価格で財を売ろうとしている人々が、実際にそれを売る人々になるとは限らないという、非効率性の一種。下限価格規制のせいで生じることが多い。

AD-ASモデル AD-AS model：総産出量と物価水準の変動を理解するために用いられる基本モデル。このモデルでは、各種のショックや経済政策に反応して経済がどう変化するかを分析するため、総供給曲線と総需要曲線を使う。

円グラフ pie chart：何かの総計がどのようにその構成要素に分けられるかを示す円形のグラフ。各構成要素の比率は「扇型」の大きさで表される。

欧州連合（EU） European Union (EU)：欧州28カ国間の関税同盟。

オークンの法則 Okun's law：産出量ギャップが1％上がるごとに失業率は1％未満だけ低下するという、産出量ギャップと失業率の間にある関係を示す広く観察される法則。

オフショア・アウトソーシング offshore outsourcing：さまざまな業務を外国の人たちに委託すること。

カ行

外貨準備 foreign exchange reserves：外国為替市場で自国通貨を買い入れるために政府が準備する外国通貨のストックのこと。

外国為替管理 foreign exchange controls：個人が外国通貨を購入する権利を制限する許可制度。

外国為替市場 foreign exchange market：通貨が取引される市場。

開放経済 open economy：他国と財・サービスを貿易する経済。

解明経済学 positive economics：経済が実際にどうなっているかを記述する経済学の一分野。

価格統制 price controls：市場価格がどの水準まで高くなってよいか、または低くなってよいかを定める法的な制限。

拡張的金融政策 expansionary monetary policy：利子

率を引き下げることで総需要、すなわち産出量を増加させる金融政策。

拡張的財政政策 expansionary fiscal policy：減税や政府移転支出の増加、財・サービスの政府購入の増加などによって総需要を増加させる財政政策。

隠れた債務 implicit liabilities：通常の債務の統計には含まれないが事実上の債務と考えられる、政府が保証する支出のこと。アメリカでは、隠れた債務の大部分は、現在と将来の退職者への移転支出である社会保障と、高齢者への移転支出であるメディケアから生じている。

家計 household：個人あるいは所得を分け合う個人のグループ。

影の銀行 shadow bank：預金を受け取らずに満期返還に携わる金融機関。

下限価格規制 price floor：買い手がある財に支払わなくてはいけない最低の価格を定める政府の規制。価格統制の一形態。

貸し付け（ローン） loan：特定の借り手と特定の貸し手の間で取り交わされる貸出合意。貸し付けは通常、個々の借り手のニーズと支払い能力に応じて設定されるが、その分取引費用は相対的に高くなる。

貸付資金市場 loanable funds market：借り手による資金需要と貸し手による資金供給がどう調整されるかを見るための仮想の市場。貸付資金量とその価格である利子率は、市場均衡で決まる。

貸付担保証券 loan-backed security：個別の貸し付けをプールしてその一部を売却することでつくり出された資産。

過剰準備金 excess reserves：銀行準備金のうち、法律や規制で定められた下限を上回る銀行準備金。

可処分所得 disposable income：所得に政府移転支出を加えて税金を差し引いたもの。家計が消費したり貯蓄に回したりできる所得総額。

加速度原理 accelerator principle：実質GDP成長率が高いと意図した投資支出も大きくなるという命題。なぜそうなるかというと、実質成長率が高いということは売り上げの成長も大きいということなので、企業の投資が促進されるからだ。

傾き slope：直線あるいは曲線の傾斜の程度を測る尺度。直線の傾きは「距離当たりの上昇」――直線上の2点間でのy変数の変化を同じ2点間のx変数の変化で割った値――で測られる。

価値の貯蔵手段 store of value：時間が経過しても購買力を保持しつづける手段となる資産。うまく機能している経済では、貨幣はそうした資産の1つとなる。

株式 stock：株主が保有する企業の所有権の一部。

貨幣 money：財・サービスを購入するのに簡単に使える資産のこと。

貨幣供給曲線 money supply curve：FRBによる名目貨幣供給量と利子率の関係を図で表現したもの。貨幣供給曲線はFRBが選んだ貨幣供給量のところで垂直になる。

貨幣供給量（貨幣供給、マネーサプライ） money supply：経済のなかで貨幣とみなされる金融資産の総価値。貨幣供給量にはいくつかの異なる指標があり、それらは貨幣集計量と呼ばれる。

貨幣集計量 monetary aggregate：貨幣供給量を測る全体的な指標。アメリカでもっとも一般的な貨幣集計量は、流通現金、トラベラーズチェック、当座預金で構成されるM1と、M1に準貨幣を加えたM2だ。

貨幣需要曲線 money demand curve：貨幣需要量と利子率の負の関係を図で表現したもの。貨幣需要曲線の傾きが負になるのは、他の条件を一定とすれば、利子率が高くなると貨幣を保有する機会費用が上昇するからだ。

貨幣乗数 money multiplier：マネタリーベースに対する貨幣供給量の比率。

貨幣の中立性 monetary neutrality：貨幣供給量の変化は長期的には経済に何の実質的効果ももたず、それと比例的な物価水準の変化をもたらすだけだとする原理。

貨幣の流通速度 velocity of money：名目GDPを名目貨幣量で割ったもの。1単位の貨幣が1年間にどれだけ使われたかを示す尺度。

為替市場介入 exchange market intervention：政府による外国為替市場での通貨の売買。

為替レート exchange rates：ほかの国の通貨で表示したある国の通貨の価格。外国為替市場で決まる。各国間の物価水準の差異を調整していないものが名目為替レートで、それを調整したものが実質為替レートだ。

為替レート制度 exchange rate regime：為替レートに対する政府の政策を取り決めるルール。

関税 tariff：輸入に課される税。

機会費用 opportunity cost：ある品目の本当の費用。すなわちそれを得るためにあなたがあきらめなければならないもののこと。

企業　firm：企業は販売を目的として財・サービスを生産する組織。

技術進歩　technological progress：財・サービスの技術的な生産方法の改善のこと。

希少　scarce：供給不足。すべての生産的用途を満たすのに十分なほど資源が利用可能ではないとき、資源は希少だ。

規範経済学　normative economics：経済がどうあるべきかについて処方箋を書く経済学の一分野。

供給価格　supply price：生産者がある数量を供給するときの価格のこと。

供給過剰　surplus：供給量が需要量を上回るときに生じる供給の超過分。価格が均衡価格よりも高いときに発生する。

供給曲線　supply curve：供給表をグラフで表現したもの。供給量と価格の関係を示す。

供給曲線に沿った移動　movement along the supply curve：価格変化の結果として生じる供給量の変化。

供給曲線のシフト　shift of the supply curve：ある一定の価格のもとでの供給量の変化。図では、当初の供給曲線が新しい位置に移動することで表される。

供給ショック　supply shock：短期総供給曲線をシフトさせる出来事のこと。負の供給ショックは生産費用を増加させ、どの物価水準でも供給を減少させて総供給曲線を左にシフトさせる。正の供給ショックはどの物価水準でも供給を増加させて、総供給曲線を右にシフトさせる。

供給と需要のモデル　supply and demand model：競争市場がどうはたらくかを示すモデル。

供給表　supply schedule：ある財・サービスがさまざまな価格でどれだけ供給されるかを示した表。

供給不足　shortage：供給量が需要量を下回るときに生じる供給の不足分。価格が均衡価格よりも低いときに発生する。

供給量　quantity supplied：それぞれの価格水準で、売り手が実際に売ってもよいと思う数量。

競争市場　competitive market：同じ財・サービスについて多数の買い手と多数の売り手がいるが、誰もその財・サービスの価格に影響を及ぼすことはできないような市場。

許可証　license：政府またはその財の所有者から与えられる、財を供給してよいという権利。

曲線　curve：2つの変数の間の関係をグラフ上に示す線で、まっすぐな線であることも曲がった線であることもある。

均衡　equilibrium：どの個人も何かちがったことをすることで生活をもっとよくすることができなくなった状態。

銀行　bank：資金の貸し手に対し銀行預金という流動的な資産を提供し、そうして得た資金を非流動的な資産に回したり、借り手が投資支出を行うための資金を貸し出したりする金融仲介機関。

均衡価格　equilibrium price：市場が均衡にある状態、つまりある財・サービスの価格が需要量と供給量が等しくなる水準に落ち着いた状態の価格。市場清算価格とも呼ばれる。

均衡為替レート　equilibrium exchange rate：外国為替市場で需要される通貨の数量がそこで供給される通貨の数量に等しくなる為替レート。

銀行危機　banking crisis：預金銀行あるいは影の銀行の大部分が破綻するか破綻に瀕している状態。

銀行準備金　bank reserves：銀行の金庫にある現金と連邦準備制度に預けてある預金のこと。

均衡数量　equilibrium quantity：均衡（市場清算）価格で売買される財・サービスの数量。

銀行取り付け　bank run：ある銀行が倒産するのをおそれてその銀行の多くの預金者が資金を引き出そうとする現象。

銀行預金　bank deposit：銀行に対する預金者の請求権で、銀行は預金者の要求に応じて現金を返却する義務を負う。

緊縮的金融政策　contractionary monetary policy：利子率を引き上げることで総需要、すなわち産出量を減少させる金融政策。

緊縮的財政政策　contractionary fiscal policy：増税や政府移転支出の減少、財・サービスの政府購入の減少などによって総需要を減少させる財政政策。

金融勘定収支（金融収支）　balance of payments on financial account（financial account）：ある国の、ある一定期間中の外国人への資産の売却と外国人からの資産の購入との差額。

金融危機の伝染　financial contagion：預金銀行あるいは影の銀行相互間で生じる下方への悪循環のこと。各銀行の破綻が不安を強めて他銀行が破綻する確率を高くする現象。

金融資産　financial asset：それを購入した買い手に対して売り手が将来の収入を保証する請求権証書。貸し付け（ローン）、株式、債券、銀行預金など。

金融市場　financial markets：民間貯蓄や外国貸し付けを投資支出、政府借り入れ、外国借り入れへと誘導する銀行取引や株式市場、債券市場のこと。

金融政策　monetary policy：貨幣供給量や利子率の変更による景気安定化政策。

金融政策のためのテイラー・ルール　Taylor rule for monetary policy：フェデラル・ファンド金利をインフレ率と産出ギャップあるいは失業率の水準に従って設定するルールだ。

金融政策ルール　monetary policy rule：中央銀行の行動を決定する公式のこと。

金融仲介機関　financial intermediary：投資信託会社（ミューチュアル・ファンド）、年金基金、生命保険会社、銀行のように、多数の個人から集めた資金を金融資産に転換する機関のこと。

金融パニック　financial panic：人々が突然金融機関と金融市場の流動性に対する信頼を失ったときに生じる、急激で広範囲にわたる金融市場の混乱。

金融リスク　financial risk：将来の結果に関する不確実性で、金銭的な損失や利益をもたらす。

靴底コスト　shoe-leather costs：人々がインフレ税から逃れようとして取引回数を増やすために生じる費用。

クラウディング・アウト　crowding out：財政赤字が民間の投資支出に与える負の効果のこと。政府の借り入れによって利子率が上昇するために生じる。

グローバリゼーション　globalization：国家間の経済連関が深化する現象。

景気拡大　expansions：産出量と雇用が増加する経済の上昇期。景気回復とも呼ばれる。

景気後退　recessions：産出量と雇用が減少する経済の下降期。

景気循環　business cycle：景気後退として知られる経済の下降期と、景気拡大として知られる経済の上昇期の短期間における繰返し。

景気循環調整済み財政収支　cyclically adjusted budget balance：実質GDPが潜在産出量と完全に等しいと想定したときの財政収支の推定値。

景気循環の谷　business-cycle trough：経済が後退から拡大に転じる時点。

景気循環の山　business-cycle peak：経済が拡大から後退に転じる時点。

経済　economy：社会の生産活動を調整するシステムのこと。

経済学　economics：財・サービスの生産、分配、そして消費を研究する社会科学。

経済循環フロー図　circular-flow diagram：経済で行われる取引を、財や労働のようなモノのフローと、それらのモノに対して支払われるカネのフローという円の周りの2種類のフローで表すモデル。

経済成長　economic growth：経済が財・サービスを生産する能力の増加。

計算単位　unit of account：価格を設定したり、経済計算をする際の尺度。

計算単位コスト　unit-of-account costs：インフレが貨幣という測定単位の信用度を低下させることによる費用。

経常勘定収支（経常収支）　balance of payments on current account（current account）：財・サービス収支に、純国際移転収支と純要素所得を加えたもの。

ケインズ経済学　Keynesian economics：ジョン・メイナード・ケインズの仕事から生み出された学説で、次の2つの主要な教義に基づいている。総需要の変化は総産出量、雇用、物価に影響するということ。そして景気信頼感の変化は景気循環に影響するということだ。

減価　depreciates：ある通貨がほかの通貨にくらべて価値が下がるとき、その通貨は減価するという。

限界消費性向（MPC）　marginal propensity to consume（MPC）：可処分所得が1ドル増加したときの消費支出の増加分。

限界貯蓄性向（MPS）　marginal propensity to save（MPS）：可処分所得が1ドル増加したときの家計の貯蓄の増加分。

限界的決定　marginal decision：何かの活動をもうちょっとだけ増やすか、あるいはもうちょっとだけ減らすかに関して、「限界」でなされる決定。

限界的待機労働者　marginally attached workers：職に就きたいと考えて最近まで職探しをしていたが、現在は探していない人たち。

限界分析　marginal analysis：限界的決定に関する研究。

研究開発（R&D）　research and development：新しい技術を創造し実用化するための活動だ。

現金通貨（流通現金）　currency in circulation：人々が保有する紙幣や硬貨などの現金。

現在価値　present value：ある利子率のもとで将来のある時点にXだけ受け取るのに必要な現在の資金量をXの現在価値という。

原点 origin：2変数のグラフで2つの軸が交わる点。

公開市場操作 open-market operation：FRBが国債を売買することで、マネタリーベース、すなわち実際は貨幣供給量を変化させることで行われる。

交換媒体 medium of exchange：消費するためでなく財・サービスの交換に用いるために人々が保有する資産のこと。経済での貨幣の主な役割の1つは、何よりも交換媒体として機能することだ。

構造的失業 structural unemployment：現行賃金率のもとで、提供される職の数よりも多くの求職者が労働市場にいる結果生じる失業のこと。

公定歩合 discount rate：支払準備制度を満たせない銀行に対するFRBからの貸し付けの利子率。

公的債務 public debt：政府以外の個人や機関によって保有される政府債務。

購買力平価 purchasing power parity：ある通貨とほかの通貨で、財・サービスの一定のバスケットが同額になるような名目為替レート。

公平 equity：公正さ。誰もが自分の公正な分け前を受け取ること。何が「公正」かについては意見が分かれるから、公平の概念は効率の概念ほど明確に定義されているとはいえない。

効率市場仮説 efficient markets hypothesis：公開されているすべての情報は資産価格に反映されるという、資産価格決定に関する理論。この理論によると、株価は予想不可能で、その動きはランダムウォークする。というのも、ファンダメンタルズについての新しい情報が出たときしか変化は生じないからだ。

効率賃金 efficiency wages：従業員からより良いパフォーマンスを引き出すためのインセンティブとして、雇い主が均衡賃金率より高く設定する賃金。

効率的 efficient：ほかの人々を犠牲にすることなく誰かの暮らしを良くするようなあらゆる機会が活用し尽くされているときの市場や経済の状態。

合理的期待 rational expectations：個人や企業は利用可能な情報をすべて利用して最適な決定を下すとする期待形成に関する理論。

合理的期待形成の経済モデル（合理的期待形成モデル） rational expectations model：合理的期待形成の経済モデルによれば、予想された金融政策の変化は雇用と生産には何の効果もなく、ただ物価水準だけに影響する。

国際収支勘定 balance of payments accounts：ある国が他国と行った取引を要約したもの。主に、経常勘定収支と金融勘定収支という2つの要素からなる。

国際貿易協定 international trade agreements：相手国からの輸出に対する貿易保護の削減に合意した国どうしが結ぶ協定。

国際貿易のリカード・モデル Ricardian model of international trade：機会費用が一定という仮定のもとで国際貿易を分析するためのモデル。

国内供給曲線 domestic supply curve：国内生産者の供給量が、その財の価格に応じてどう変化するかを示す供給曲線。

国内需要曲線 domestic demand curve：国内消費者の需要量が、その財の価格に応じてどう変化するかを示す需要曲線。

国内総生産（GDP） gross domestic product（GDP）：ある年に、ある経済で生産された最終財・サービスの総額。

国民所得・生産物計算（国民経済計算） national income and product accounts（national accounts）：消費支出、生産者の売上げ、企業の投資支出や、またそれ以外の経済の異なる部門間での貨幣の流れを記録したもの。国民経済計算とも呼ばれ、経済分析局（BEA）によって算出される。

国民貯蓄 national savings：一国の経済で生み出された貯蓄の総額で、民間貯蓄と政府の財政収支の合計に等しい。

個人の選択 individual choice：個人が何をすべきかを決定することだが、何をすべきでないかの決定も当然含まれる。

固定為替レート制度 fixed exchange rate：ほかの通貨に対する為替レートを政府が特定の目標水準に維持するという為替レート制度。

固定的賃金 sticky wages：失業者が多くても下がりにくく、労働者が不足しても上がりにくい名目賃金のこと。労働供給の過剰や不足に直面した雇い主が賃金を変更するのに時間がかかっている状況を指す用語。

個別供給曲線 individual supply curve：個別の生産者の供給量と価格との関係をグラフで表したもの。

個別需要曲線 individual demand curve：価格と個々の消費者の需要量との関係をグラフで表したもの。

個別消費者余剰 individual consumer surplus：個々の買い手が財の購入から得る純便益で、その買い手の支払い意欲額と、支払った価格の差に等しい。

個別生産者余剰 individual producer surplus：個々の

売り手が財を売ることから得る純便益で、受け取った価格とその売り手の費用の差に等しい。

雇用 employment：経済で現在雇われている人々の総数。

雇用なき景気回復 jobless recovery：実質GDP成長率はプラスだがまだ失業率が上昇している期間のこと。

サ行

債券 bond：企業や政府が発行する、貸付金（ローン）の返済を約束する法的な証書。通常は利子をつけて返済される。

在庫 inventories：将来の販売のために保管される財。事業運営に備えて保有される商品や原材料のストック。

在庫投資 inventory investment：ある一定期間における総在庫の変動額。それ以外の投資支出とは違って、在庫が減れば在庫投資は負になりうる。

最後の貸し手 lender of last resort：金融機関が民間の信用市場で借り入れ不能になったときに資金を供給する機関。通常は中央銀行を指す。

財・サービス収支 balance of payments on goods and services：ある国の、一定期間中の財・サービスの輸出と輸入の差額。

財・サービスの市場 markets for goods and services：企業が生産した財・サービスを家計に売る市場。

財・サービスの政府購入 government purchases of goods and services：財・サービスを買うための連邦政府、州政府、地方政府による支出の総額。

最終財・サービス final goods and services：最終需要者（エンド・ユーザー）に販売される財・サービス。

最小点 minimum：非線形曲線上の最低点。この点で曲線の傾きは負から正に変わる。

財政赤字 budget deficit：政府支出が税収を超えるときの、政府支出と税収の差額。財政赤字という政府による負の貯蓄は、国民貯蓄にとって負の貢献となる。

財政黒字 budget surplus：税収が政府支出を超えるときの、税収と政府支出の差額だ。財政黒字という政府による貯蓄は、国民貯蓄にとって正の貢献となる。

財政収支 budget balance：税収から政府支出を差し引いた差額。正の財政収支は財政黒字と呼ばれ、負の財政収支は財政赤字と呼ばれる。

財政政策 fiscal policy：課税や政府移転支出、財・サービスの政府購入の変更による景気安定化政策。

財政年度 fiscal year：ほとんどの政府会計で用いられる時間枠で、10月1日に始まって9月30日に終わる。その終わりの年が年度の名称になる（訳注：日本の場合、4月1日にはじまって3月31日に終わり、そのはじまりの年が年度の名称になる）。

最大点 maximum：非線形曲線上の最高点。この点で曲線の傾きは正から負に変わる。

最低賃金 minimum wage：法で定められた賃金率の下限。賃金率は労働の市場価格のこと。

債務/GDP比率 debt-GDP ratio：政府債務の対GDP比で、政府の債務返済能力を示す尺度としてしばしば用いられる。

債務デフレ debt deflation：デフレによって未払い債務の実質負担が重くなることでもたらされる総需要の減少。デフレのために実質的な債務負担が重くなる借り手が支出を急激に減らす一方で、資産の実質価値が上昇した貸し手は支出をそれほど増やさないという理由で生じる。

債務不履行 default：借り手が貸付契約あるいは債券契約で指定されているとおりに支払い義務を果たさないこと。

裁量的金融政策 discretionary monetary policy：中央銀行が経済状況をみながら利子率や貨幣供給量を変更する政策。

裁量的財政政策 discretionary fiscal policy：ルールによるものではなく、政策立案者の意図的な行動による財政政策。

サブプライムローン subprime lending：返済可能性の通常の基準を満たさない住宅購入者への貸し付け。

産出量ギャップ output gap：実際の実質GDPと潜在産出量との違いを比率で表したもの。

散布図 scatter diagram：x変数とy変数の実際の観測値に対応する諸点を示すグラフ。通常、散布点に当てはまる、データの傾向を示す曲線が加えられる。

死荷重 deadweight loss：ある行動や政策が効率的市場均衡数量よりも取引量を減らすときに起こる、総余剰の損失。

自給自足 autarky：ある国が外国と貿易しない状況。

時系列グラフ time-series graph：2変数のグラフで、ヨコ軸に日付をとり、タテ軸にそれらの日付に生じた変数の値を示すもの。

資源 resource：土地、労働、資本のように、何か別のものを生産するために使えるすべてのもの。天然資

源（自然環境から得られる）や、人的資源（労働力、スキル、知性）を含む。

資源の浪費　wasted resources：上限価格規制で生じる供給不足に対処するため、消費者がおカネと労力と時間を費やすという、非効率性の一種。

自己修正的　self-correcting：需要ショックによって総産出量は短期には変化するが、長期には変化しないという事実を述べたもの。

資産バブル　asset bubble：ある資産の価格がさらなる価格上昇の期待によって途方もない水準まで押し上げられている状態。

市場経済　market economy：個々の生産者や消費者が生産や消費の決定を行う経済のこと。

市場清算価格　market clearing price：市場が均衡にある、つまり需要量と供給量が等しくなる価格。均衡価格ともいう。

市場の失敗　market failure：個人の自己利益追求が社会全体に悪い結果をもたらすとき生じる状態。

自然失業率　natural rate of unemployment：摩擦的失業と構造的失業から生じる正常な失業率。実際の失業率はその周りを変動する。

自然失業率仮説　natural rate hypothesis：自然失業率仮説によれば、インフレは早晩、人々の予想に織り込まれてしまうため、加速度的インフレを避けるためには、現実のインフレ率が予想インフレ率と等しくなるように失業率を十分高い水準に維持する必要がある。

持続可能な長期的経済成長　sustainable long-run economic growth：天然資源の供給の有限性と成長の環境影響に対処しつつ長期的に継続できる経済成長のこと。

市中銀行　commercial bank：預金を預かり預金保険で保護されている金融仲介機関。

失業　unemployment：職を探しているが現在のところ雇われていない人々の総数。

失業率　unemployment rate：労働力人口に占める失業している人々の割合。次のように計算される。失業率＝失業/(失業＋雇用)。

実現した投資支出　actual investment spending：意図した投資支出と意図しない在庫投資の合計。

実質為替レート　real exchange rates：各国間の物価水準の相違を考慮して調整された為替レート。

実質GDP　real GDP：ある年に国内で生産されたすべての最終財・サービスの総価値を、基準年の価格を使って計算したもの。

実質所得　real income：所得を物価水準で割ったもの。

実質賃金　real wage：賃金を物価水準で割ったもの。

実質利子率　real interest rate：インフレを調整した利子率で、名目利子率からインフレ率を差し引いた値に等しい。

GDPデフレーター　GDP deflator：ある年の実質GDPに対する名目GDPの比率に100をかけたもの。

自動安定化装置　automatic stabilizers：不況期には拡張的財政政策となり、好況期には緊縮的財政政策となるような政府支出と課税のルール。可処分所得に課される税は、自動安定化装置のもっとも重要な例だ。

自動制御の経済　self-regulating economy：政府介入がなくても、失業等の問題がみえない手のはたらきを通じて解決される経済。

支払い意欲額　willingness to pay：消費者がこの財を買っても良いと思う最高価格。

支払準備制度　reserve requirements：連邦準備制度が銀行の維持すべき支払準備率の下限を定めるというルール。アメリカでは、当座預金口座の支払い準備率の下限は10％だ。

支払準備率　reserve ratio：銀行預金に対する銀行準備金の割合。アメリカでは、支払い準備率の下限はFRBによって定められている。

社会保険　social insurance：社会保障、メディケア、失業保険、フードスタンプなどのような、経済的にきびしい状況にある家庭を保護するための政府によるプログラム。

就業意欲喪失者　discouraged workers：はたらく能力はあるが、いまの労働市場の状況のもとでは職探しをあきらめたために、はたらいていない人たち。

集計的生産関数　aggregate production function：生産性（1人当たり実質GDP）が、労働者1人当たりの物的資本や人的資本の量、また技術水準にどう依存しているかを表す仮想的な関数。一般的に、$Y/L = f(K/L, H/L, T)$というかたちをとる。

収束仮説　convergence hypothesis：1人当たり実質GDPが低い国は一般に経済成長率が高いので、1人当たり実質GDPの国際的な格差は時間が経つと小さくなる傾向があるとする仮説。

従属変数　dependent variable：因果関係において、決定される側の変数。

自由貿易　free trade：政府の関税やその他の人為的な障壁がなく、需要と供給のバランスから自然に輸出

量と輸入量が決定される貿易。

需要価格 demand price：消費者がある数量を需要するときの価格のこと。

需要曲線 demand curve：需要表をグラフで表現したもの。それは、消費者がある財・サービスをそれぞれの価格でどれだけ買いたいかを示す。

需要曲線に沿った移動 movement along the demand curve：価格変化の結果として生じる需要量の変化。

需要曲線のシフト shift of the demand curve：すべての価格水準での需要量の変化。図では、当初の需要曲線が新しい位置に移動することで表される。

需要ショック demand shock：総需要曲線をシフトさせる出来事のこと。正の需要ショックはどの物価水準でも総産出量に対する需要を増加させ、総需要曲線を右にシフトさせる。負の需要ショックはどの物価水準でも総産出量に対する需要を減少させ、総需要曲線を左にシフトさせる。

需要表 demand schedule：消費者が買う財・サービスの数量と価格の関係を描いた表。

需要法則 law of demand：ある財の価格が上昇すると、他の条件が一定なら人々はその財を買いたいと思う量を減らすという命題。

需要量 quantity demanded：ある特定の価格で消費者が実際に買いたいと思う財・サービスの数量。

準貨幣 near-moneys：それ自体は交換媒体としては使えないが、すぐさま現金に換えたり当座預金口座に移せる金融資産。

循環的失業率 cyclical unemployment：景気循環の下降局面で生じる実際の失業率と自然失業率とのギャップのこと。

純資本流入 net capital inflow：ある国への資本流入額からある国の資本流出額を差し引いたもの。

純輸出 net exports：輸出額と輸入額の差。この値が正ということは、その国が財・サービスの純輸出国だということを意味し、この値が負ということは、その国が財・サービスの純輸入国だということを意味する。

証券化 securitization：ローンをまとめてそのシェアを投資家たちに売却することだ。

上限価格規制 price ceiling：売り手がある財につけてもよい最高の価格を定める政府の規制。価格統制の一形態。

乗数 multiplier：総支出の自律的変化の大きさに対する実質GDPの変化分の比率。

消費関数 consumption function：各家計の消費支出が現在の可処分所得に応じてどう変化するかを示す式のこと。通常、消費と可処分所得は正の関係にある。一般的でかつ単純な消費関数は次のような線形のものになる。$c = a + MPC \times yd$.

消費支出 consumer spending：国内または海外の企業が生産した財・サービスに対する家計の支出。

消費者物価指数（CPI） consumer price index（CPI）：都市に住む典型的なアメリカ人家庭の消費を表すように作られたマーケット・バスケットの価格を示す尺度。アメリカでもっともよく使われている尺度だ。

消費者への非効率的な配分 inefficient allocation to consumers：ある財を非常に欲していて、それを得るために高い価格を支払う意欲のある人がそれを得られず、逆にその財に比較的低い関心しかなく低い価格を支払う意欲しかない人がそれを得るという非効率的な状態。上限価格規制のせいで生じることが多い。

消費者余剰 consumer surplus：個別消費者余剰と総消費者余剰の両方の意味でよく使われる用語。

商品貨幣 commodity money：交換媒体として使われるが、ほかにも用途があるという点でそれ自体が価値をもつ財のこと。金貨や銀貨は商品貨幣だ。

商品担保貨幣 commodity-backed money：それ自身にはほかの用途に使えるような価値はないが、価値ある財と必ず交換できるという約束によって価値が保証された交換媒体。金貨や銀貨と自由に交換することができる紙幣は商品担保貨幣だ。

商品貿易収支（貿易収支） merchandise trade balance（trade balance）：ある国の財の輸出と輸入の差額。

除外された変数 omitted variable：ほかの諸変数への影響を通じて、それらの諸変数の間に直接的な因果関係があるかのような見かけ上の効果をつくり出す観察されない変数。

職探し（ジョブサーチ） job search：就職先を探すための活動。

所得・支出均衡 income-expenditure equilibrium：実質GDPで測った総産出量と意図した総支出が等しく、企業が生産量を変更するインセンティブをもたない状態。

所得・支出均衡GDP income-expenditure equilibrium GDP：実質GDPと意図した総支出が一致するときの実質GDPの水準のこと。

所得分配 income distribution：経済の総所得をさまざまな生産要素の所有者の間でどのように分けるかを

表す。

新古典派マクロ経済学 new classical macroeconomics：短期においても、総需要曲線のシフトは物価だけに影響し、総産出量には影響しないという古典派的見解への回帰を主張する景気循環学説。

人的資本 human capital：労働者に体化された教育や知識が生み出す労働力の改善のこと。

信用収縮 credit crunch：信用収縮が起こると、潜在的な借り手はまったく信用が得られないか、さもなければ非常に高い金利を請求される。

数量統制 quantity control：政府が設定する、売買可能な財の数量の上限。割当てともいう。

スタグフレーション stagflation：インフレの進行と総産出量の減少の組合せ。

生産可能性フロンティア production possibility frontier：2財のみを生産する経済が直面するトレードオフを描き出すモデル。一方の財の生産量が任意の水準に与えられているときに、もう一方の財の最大限可能な生産量を示す。

生産者物価指数（PPI） producer price index（PPI）：生産者が購入する財・サービスの価格の変化を測る尺度。これらの商品価格は需要の変化に敏感に反応するので、PPIは通常インフレ率の変化の先行指標とみなされている。

生産者余剰 producer surplus：個別生産者余剰と総生産者余剰の両方の意味でよく使われる用語。

生産性 productivity：労働生産性を参照。

生産要素 factors of production：財・サービスを生産するのに必要な資源。労働や資本はその例。

政治的景気循環 political business cycle：政治家が政治目的のためにマクロ経済政策を使うことによって起こる景気循環。

正常財 normal good：所得の増加によって需要が増えるという「正常」な財。

成長会計 growth accounting：集計的生産関数に含まれる各主要要因（物的資本、人的資本、労働力人口、技術）の経済成長への貢献度を推定するもの。多くの成長会計が、一国の経済成長の主要因が全要素生産性であることを見出している。

正の関係 positive relationship：1つの変数の値の増加がほかの変数の値の増加と結び付いている2つの変数の関係。左から右に上向きの傾斜をもつ曲線で図示される。

政府移転支出 government transfers：対価として財・サービスの提供をすることなく、政府から個人に与えられる支払い。

政府借り入れ government borrowing：金融市場で連邦政府、州政府、地方政府が借り入れる資金の総額。

生命保険会社 life insurance company：保険証書の保有者が死亡したときに、保有者が指定した受益者に保険金を支払うことを約束する保険証書を販売する金融仲介機関。

世界価格 world price：ある財が海外で購入または販売されるときの価格。

世界貿易機関（WTO） World Trade Organization（WTO）：国際貿易協定を監督し、また協定に関する国際紛争に裁定を下す機関。

接線 tangent line：接線とは、非線形曲線に特定の点で接する直線。この接線の傾きは、非線形曲線のその点での傾きに等しい。

絶対値 absolute value：正や負の符号をつけずにその値を表したもの。

絶対優位 absolute advantage：ある個人や国が、ある財・サービスをほかの個人や国より上手に生産できるとき、その財・サービスに絶対優位をもつ。ある国がある財・サービスを労働者1人当たりでほかの国より多く生産できるとき、その財・サービスに絶対優位をもつ。

ゼロ下限 zero bound：名目利子率の下限のこと。

線形関係 linear relationship：傾きが一定の、つまりグラフ上ではまっすぐな曲線で描かれる2つの変数の間の関係。

潜在産出量 potential output：名目賃金を含めたすべての価格が伸縮的になったときに経済が産出する実質GDPの水準。経済の実際の産出量が潜在産出量と一致することはまれだが、潜在産出量によって、実際の産出量が年ごとにその周囲を変動するというトレンドが決まる。

全要素生産性（TFP） total factor productivity：物的資本、人的資本、労働力という要素投入量を一定として生産できる産出量。

増価 appreciates：ある通貨がほかの通貨にくらべて価値が上がるとき、その通貨は増価するという。

総供給曲線 aggregate supply curve：物価水準と総供給量（総産出量）の関係を図で表現したもの。

相互作用 interaction（of choices）：私の選択があなたの選択に影響し、逆にあなたの選択が私の選択を左右することはたいていの経済状況にみられる。こ

うした相互作用によって、個人が意図したこととはまったく異なる結果が生じることが少なくない。

総産出量 aggregate output：ある一定期間（通常は1年間）に経済で生み出される最終財・サービスの生産総額のこと。経済学者は総産出量の尺度として主に実質GDPを用いる。

総支出 aggregate spending：消費支出、投資支出、財・サービスの政府購入、輸出マイナス輸入を合計したもの。これは、国内で生産された最終財・サービスへの全支出だ。

総支出の自律的変化 autonomous change in aggregate spending：実質GDPが一定のときの、企業、家計、政府の支出の最初の変化のこと。

総需要曲線 aggregate demand curve：物価と、家計・企業・政府・外国による総需要量との関係を図で表現したもの。物価変動の資産効果と物価変動の利子率効果のために、総需要曲線の傾きは負になる。

総消費関数 aggregate consumption function：経済全体での、現在の総可処分所得と総消費支出の関係を表すもの。総消費関数は一般的に $C = A + MPC \times YD$ というかたちをとる。

総消費者余剰 total consumer surplus：財の各買い手の個別消費者余剰を全員分合計したもの。

総生産者余剰 total producer surplus：財の各売り手の個別生産者余剰を全員分合計したもの。

総余剰 total surplus：消費者余剰と生産者余剰を合計したもの。

タ行

代替財 substitutes：1つの財の価格が上がると、もう1つの財の需要量が増えるような財の組合せ。

大平穏 Great Moderation：1985年から2005年までの時期、アメリカ経済が比較的わずかな変動と低いインフレを保っていた状況のこと。

大平穏期の合意 Great Moderation consensus：金融政策が安定化政策の主軸であるという信念と財政政策への不振をないまぜにし、自然失業率と政治的景気循環によって課される制約を認める政策スタンス。

タテ軸 vertical axis：y 変数の値が測られる図の垂直な数直線。y 軸ともいう。

タテ軸上の切片 vertical intercept：曲線がタテ軸にぶつかる点のこと。x 変数の値がゼロのときに y 変数がとる値を示す。

他の条件一定の仮定 other things equal assumption：モデルをつくるときに、研究対象の要因以外の他のすべての要因が変化しないとする仮定のこと。

短期均衡総産出量 short-run equilibrium aggregate output：短期マクロ経済均衡での総産出量。

短期均衡物価水準 short-run equilibrium aggregate price level：短期マクロ経済均衡での物価水準。

短期総供給曲線 short-run aggregate supply curve：物価水準と短期の総供給量の関係を図で表現したもの。短期とは、生産に関する各種の費用が固定的だとみなせる期間を指す。短期総供給曲線の傾きは正になる。というのも、生産費用が固定的だとしたときに、物価水準の上昇は利潤を増加させ産出量を増やすからだ。

短期フィリップス曲線 short-run Phillips curve：失業率とインフレ率の負の関係を図で表現したもの。

短期マクロ経済均衡 short-run macroeconomic equilibrium：総供給量と総需要量が一致する状態。

短期利子率 short-term interest rates：1年以下の期間で満期になる金融資産の利子率。

中央銀行 central bank：銀行制度を監督・規制する機関で、マネタリーベースの量も調整する。

中間財・サービス intermediate goods and services：ある企業が別の企業から購入する財・サービスで、最終財・サービスを生産する際の投入物となるもの。

長期総供給曲線 long-run aggregate supply curve：名目賃金を含むすべての価格が完全に伸縮的な場合の物価水準と総供給量の関係を図で表したもの。長期には、物価水準は総産出量に何の影響も与えないので、長期総供給曲線は垂直になる。長期には、総産出量はその経済の潜在産出量で決まる。

長期の経済成長 long-run economic growth：数十年にわたる総産出量の持続的な上昇トレンド。

長期フィリップス曲線 long-run Phillips curve：十分な時間が経過してインフレ予想が経験に適応するようになった後で成り立つ失業率とインフレ率との関係を図で表したもの。自然失業率のところで垂直になる。

長期マクロ経済均衡 long-run macroeconomic equilibrium：短期マクロ経済均衡の点が長期総供給曲線上にもある状況。つまり短期均衡総産出量が潜在産出量に等しい状況だ。

長期利子率 long-term interest rates：満期まで数年の期間がある金融資産の利子率。

貯蓄貸付組合（スリフト）　savings and loan (thrift)：預金を預かる銀行で、通常は住宅ローンの貸し出しに特化している。

貯蓄・投資支出恒等式　savings-investment spending identity：経済全体では貯蓄と投資支出が常に等しくなるという会計上の事実。閉鎖経済では貯蓄は国民貯蓄に等しいので、国民貯蓄と投資が等しくなる。開放経済では、貯蓄は国民貯蓄と外国貯蓄（いわゆる資本流入）から成るので、国民貯蓄と資本流入の合計と投資が等しくなる。

T字型勘定　T-account：（左側に）資産と（右側に）負債を1つの表に表示してその会社の財務状況をまとめたもの。

ディスインフレーション　disinflation：自然失業率以上の失業率を長期間にわたって保つことで、予想に組み込まれたインフレを取り除くプロセス。

テクノロジー　technology：財・サービスの技術的な生産方法だ。

デット・オーバーハング　debt overhang：デット・オーバーハングが起こると、レバレッジ解消の悪循環によって借り手には高い債務と低い資産が残される。

デフレーション　deflation：物価水準の下落のこと。

デレバレッジ（レバレッジ解消）の悪循環　vicious cycle of deleveraging：損失補塡のために資産を売却するとほかの企業のバランスシートに負の影響を与え、貸し手たちに貸し出し資金の返還を強いる。これがさらに資産売却を引き起こし、さらに資産価格の低下を生む。以上のプロセスをデレバレッジの悪循環という。

当座預金　checkable bank deposits：預金者が小切手を利用できる銀行預金。

投資銀行　investment bank：金融資産を取引し預金保険で保護されていない金融仲介機関。

投資支出　investment spending：機械や建造物のような生産的な物的資本や、在庫変動に対する支出のこと。

投資信託会社（ミューチュアル・ファンド）　mutual fund：株式ポートフォリオを構築してその一部を個人投資家に転売する金融仲介機関。

投入物　input：ほかの財・サービスの生産に用いられる財・サービス。

独立変数　independent variable：因果関係において、決定する側の変数。

特化　specialization：各人が得意とするものに専念することで生じ、通常はより高い質を実現したり、生産量を増やしたりする。

（家計の）富　wealth：累積された貯蓄の価値だ。

トランケート　truncated：省略。つまりトランケートされた軸上では、数値のある範囲が省略される。これは通常スペースを節約するために行われる。

取引　trade：市場経済において、ほかの人々に財・サービスを提供し、ほかの人々からその見返りに財・サービスを受け取ること。

取引の利益　gains from trade：分業と取引による利益。人々は取引を通じて自給自足でいるよりも欲しいものをより多く手に入れることができる。

取引費用　transaction costs：取引を交渉してとりまとめるのにかかる費用。

トレードオフ　trade-off：何かをすることの便益と費用との比較。

70の法則　Rule of 70：時とともに成長する変数が2倍になるのにかかる時間は、70をその変数の1年間の成長率で割った値にだいたい等しいという公式。

ニュー・ケインジアン経済学　new Keynesian economics：ニュー・ケインジアン経済学によれば、市場の不完全性が経済全体としての物価の粘着性をもたらす。

年金基金　pension fund：投資信託会社の一種で、その参加者に退職年金を支払うためにさまざまな資産を保有している。

バーター（物々交換）　barter：貨幣を用いない、財・サービスの直接交換。

バランスシート効果　balance sheet effect：資産価格の下落によって企業の純資産が減少すること。

比較優位　comparative advantage：ある個人や国が、ある財・サービスを生産するための機会費用がほかの個人や国よりも低ければその財・サービスの生産に比較優位をもつ。

非効率的に高い品質　inefficiently high quality：買い手が低価格で低品質の財を好んだとしても、売り手は高価格で高品質の財を提供するという非効率性の一種。下限価格規制のせいで生じることが多い。

非効率的に低い品質　inefficiently low quality：買い手

が高価格で高品質の財を好んだとしても、売り手は低価格で低品質の財を提供するという非効率性の一種。上限価格規制のせいで生じることが多い。

非線形関係 nonlinear relationship：傾きが一定ではなく、それゆえグラフ上では曲がった線で描かれる２つの変数の間の関係。

非線形曲線 nonlinear curve：曲線上の各点を組み合わせて求められるさまざまな傾きの値がどれも同じでない曲線。

１人当たりGDP GDP per capita：GDPを人口で割ったもので、各個人の平均GDPに等しい。

費用 cost (of seller)：売り手がその財を売ってもよいと思う最低の価格。

非流動的 illiquid：比較的に価値を減らさずにすぐに現金化できない資産を指す用語。

フィッシャー効果 Fisher effect：将来インフレ率予想値が上昇すると名目利子率のみ上昇し、予想実質利子率は変化しないという原理。

フェデラル・ファンド金利 federal funds rate：準備金不足の銀行が、過剰準備金をもつ銀行から資金を借りる際の利子率。フェデラル・ファンド市場で決まる。

フェデラル・ファンド市場 federal funds market：保有すべき銀行準備金が足りない銀行が過剰準備金をもっている銀行から資金を借り入れる場所。

付加価値 value added：売上額から投入物の購入額を差し引いたもの。

不完全就業者 underemployment：フルタイムの職に就きたいのだがパートタイムではたらいている労働者。

不況 recession：経済が落ち込むこと。

不況ギャップ recessionary gap：総産出量が潜在産出量よりも小さいときに生じる。

負債 liability：将来所得の支払い義務。

物価指数 price index：物価水準の尺度。ある年のマーケット・バスケットの価格を測定するもので、基準年の価格の値が100となるよう基準化されたもの。

物価水準 aggregate price level：経済の最終財や最終サービスの価格の全体的な水準のこと。

物価水準の古典派モデル classical model of the price level：実質貨幣量は常に長期均衡の水準にあるとする物価水準のモデル。このモデルは短期と長期のちがいを無視しているが、高率のインフレを分析する際には有用だ。

物価の安定 price stability：物価水準がゆるやかに変化する、もしくはまったく変化しないこと。

物価変動の資産効果 wealth effect of a change in the aggregate price level：物価水準の変化によって消費者の資産の購買力が変化するために、消費支出が変化するという効果。物価水準の上昇は消費者の保有する資産の購買力を減らすので、消費者は消費を減らす。物価水準の下落は消費者の保有する資産の購買力を増やすので、消費者は消費を増やす。

物価変動の利子率効果 interest rate effect of a change in the aggregate price level：物価水準の変化によって消費者や企業が保有する貨幣の購買力が変化するために、消費支出や投資支出が変化するという効果。物価水準の上昇（下落）は消費者の保有する貨幣の購買力を減らす（増やす）。それを受けて、消費者は貨幣保有を増やそう（減らそう）とするので、利子率が引き上げ（引き下げ）られ、消費と投資が減る（増える）。

物的資産 physical asset：所有者はそれを望みどおりに使うことができるという、有形のモノに対する請求権および将来所得を生み出すために使える有形物。

物的資本 physical capital：生産に使われる建物や機械のような人工の資源のこと。

物的資本に関する収穫逓減 diminishing returns to physical capital：集計的生産関数の性質で、人的資本と技術を一定として、物的資本を増やすごとに生産性の上昇分が小さくなるというもの。

負の関係 negative relationship：１つの変数の値の増加がほかの変数の値の減少と結び付いている２つの変数の関係。左から右に下向きの傾斜をもつ曲線で図示される。

ブラック・マーケット black market：財・サービスが非合法に売買される市場。その財を売ること自体が非合法な場合もあるし、財につけられた価格が上限価格規制で法的に禁じられている場合もある。

フロート為替レート制度 floating exchange rate：ほかの通貨に対する為替レートを市場で決まる水準にまかせるという為替レート制度。

分散 diversification：発生する可能性のある損失が独立した事象となるように、複数の資産に投資すること。

平価切り上げ revaluation：固定為替レート制度のもとで定められた通貨価値を増加させること。

平価切り下げ devaluation：固定為替レート制度のもとで定められた通貨価値を減少させること。

ヘクシャー＝オリーン・モデル　Heckscher-Ohlin model：各国は国内に豊富にある生産要素を集約的に使う財に比較優位をもつことを示すモデル。

変数　variable：2つ以上の値をとる数量。

貿易赤字　trade deficit：ある国が外国人から買った財・サービスの額が外国人に売った財・サービスの額を上回るとき、その国は貿易赤字を計上する。

貿易黒字　trade surplus：ある国が外国人から買った財・サービスの額が外国人に売った財・サービスの額を下回るとき、その国は貿易黒字を計上する。

貿易保護政策　trade protection：輸入を制限する政策。

棒グラフ　bar graph：各変数の観測値の相対的な大きさを、さまざまな高さまたは長さの棒を使って示すグラフ。

法定不換貨幣（フィアットマネー）　fiat money：支払い手段として公式に認められているという理由のみによって価値が発生している交換媒体のこと。米ドルは法定不換貨幣だ。

補完財　complements：1つの財の価格が上がると、もう1つの財の需要量が減るような財の組合せ。

北米自由貿易協定（NAFTA）　North American Free Trade Agreement（NAFTA）：アメリカ、カナダ、メキシコ間の自由貿易協定。

保護政策　protection：貿易保護政策の別の言い方で、輸入を制限する政策のこと。

マ行

マクロ経済学　macroeconomics：経済全体の浮き沈みを研究対象とする経済学の一分野。

マクロ経済政策の積極主義　macroeconomic policy activism：景気循環を平準化するために金融・財政政策を活用すること。

マーケット・バスケット　market basket：消費者が購入する財・サービスの仮想の組合せで、物価水準の変化を測るのに用いられる。

摩擦的失業　frictional unemployment：職探しに時間がかかるという理由から生じる失業。この失業は失業者全員が職を得られる状況でも生じるので、必ずしも労働力の過剰供給のシグナルとはならない。

マネタリズム　monetarism：ミルトン・フリードマンと結びつけられる景気循環に関する理論で、貨幣供給量が一定率で増加すればGDPも一定率で成長すると主張する。この理論によれば、景気循環を平準化しようとする政策担当者の試みは非生産的なものということになる。

マネタリーベース　monetary base：現金通貨と銀行準備金の総量で、金融当局が操作する。

満期変換　maturity transformation：短期の債務を長期の債権に変換すること。

みえない手（みえざる手）　invisible hand：個人の自己利益追求が社会全体のためによい結果をもたらす可能性があることを表す用語。

ミクロ経済学　microeconomics：人々がどのように意思決定をし、そのような意思決定がどう相互作用するかを学ぶ経済学の一分野。

民間貯蓄　private savings：可処分所得から消費支出を差し引いたもの。可処分所得のうち消費に回されない部分。

名目GDP　nominal GDP：ある年に国内で生産されたすべての最終財・サービスの総価値を、その年の価格を使って計算したもの。

名目賃金　nominal wage：ドル表示の賃金のことだ。

名目利子率　nominal interest rate：インフレを調整していない利子率。

メニューコスト　menu cost：値札の変更にともなう実物的コストのこと。

目標フェデラル・ファンド金利　target federal funds rate：FRBが望ましいと思うフェデラル・ファンド金利。FRBは実際の金利が目標金利と等しくなるまで、国債の売買を通じて貨幣供給量を調整する。

モデル　model：現実を単純化して表現したもの。現実生活の状況を理解するために用いられる。

ヤ行

輸出　exports：外国に販売した財・サービス。

輸出産業　exporting industries：外国に販売される財・サービスを生産する産業。

輸入　imports：外国から購入した財・サービス。

輸入競争産業　import-competing industries：輸入もされている財・サービスを生産する産業。

輸入割当て　import quota：輸入可能な財の数量を決める法的な制限。

要素市場　factor markets：企業が財・サービスの生産に必要な資源——生産要素——を買う市場。

要素集約度　factor intensity：各産業で各財を生産する際に用いられる生産要素の比率のちがいのこと。た

とえば石油の精製には衣服の生産にくらべて資本が多く用いられるので、石油精製は衣類製造よりも資本集約的だ。

預金保険制度 deposit insurance：銀行に預金引き出しに応じる資金がなくなっても、一口座につき決められた上限までの預金者への預金支払いを連邦政府が保証するという制度。

ヨコ軸 horizontal axis：x変数の値が測られる図の水平な数直線。x軸ともいう。

ヨコ軸上の切片 horizontal intercept：曲線がヨコ軸にぶつかる点のこと。y変数の値がゼロのときにx変数がとる値を示す。

予測 forecast：将来についての単純な予報。

45度線図（ケインジアン・クロス） Keynesian cross：意図した総支出を表す直線と45度線との交点として所得・支出均衡を表現した図。

ラ 行

ランダムウォーク random walk：予測不能な変数が時間の経過とともにみせる動き。

リアル・ビジネス・サイクル理論 real business cycle theory：全要素生産性の成長率の変動が景気循環を引き起こすという理論。リアル・ビジネス・サイクル理論によれば、全要素生産性の成長率の変動が景気循環を引き起こす。

利子率 interest rate：借り手が、貸し手の貯蓄を1年間利用する対価として貸し手に支払う価格。借入額に対する割合で表される。

利子率のゼロ下限 zero lower bound for interest rates：利子率はゼロより下がりえないということを示す用語。

利子率の流動性選好モデル liquidity preference model of the interest rate：利子率は貨幣の供給と需要によって決まるという、貨幣市場のモデル。

流動性の罠 liquidity trap：名目利子率がゼロ下限を下回ることができないために従来の金融政策が使えなくなる状況。

流動的 liquid：比較的に価値を減らさずにすぐさま現金化することができる資産を指す用語。

劣等財 inferior good：所得の増加によって需要が減る財。

レバレッジ leverage：金融機関が借入資金を使って投資をするとき、レバレッジを使っているという。

連鎖ドル chained dollars：実質GDPの変化を計算する方法。前のほうの年を基準に求めた成長率と後のほうの年を基準として求めた成長率の平均を利用する。

労働参加率 labor force participation rate：16歳以上の人口のうち労働力となっている人々の割合。

労働生産性 labor productivity：労働者1人当たりの産出量。単に生産性と呼ばれることも多い。労働生産性の増加は長期の経済成長をもたらす唯一の源泉だ。

労働力 labor force：雇用と失業の合計。

ワ 行

割当て quota：政府が設定する、売買可能な財の数量の上限。数量統制ともいう。

割当て制限 quota limit：割当てまたは数量統制下で合法的に取引可能な財の数量。

割当てレント quota rent：割当て制限での需要価格と供給価格の差。その差は許可証の所有者が得る収入となる。割当てレントは、許可証が取引されるときの許可証の市場価格に等しい。

割引窓口 discount window：資金繰りに困っている銀行に連邦準備制度がいつでも貸し出しできるようにしておく手配のこと。

索引

ア行

安定化政策	475
一括税	499
意図した総支出	426
意図した投資支出	420
意図しない在庫投資	423
因果関係	73
因果関係の逆転	86
インセンティブ	13
インフラストラクチャー	333
インフレギャップ	472
インフレーション	233
インフレ税	620
インフレターゲット	596
インフレ非加速的失業率（NAIRU）	634
インフレ率	264
ウェッジ（くさび）	158
売り手の間での販売機会の非効率的な配分	150
S&L	562
x 軸	72
AD-AS モデル	467
円グラフ	83
欧州連合（EU）	195
オークンの法則	626
オフショア・アウトソーシング	198

カ行

外貨準備	738
外国為替管理	739
外国為替市場	726
開放経済	235
解明経済学	57
価格統制	136
拡張的金融政策	593
拡張的財政政策	491
隠れた債務	513
家計	53
影の銀行	653
下限価格規制	136
貸し付け	381
貸付資金市場	367
貸付担保証券	382
過剰準備金	548
可処分所得	247
加速度原理	422
傾き	74
価値の貯蔵手段	534
株式	246
貨幣	532
貨幣供給	532
貨幣供給曲線	587
貨幣供給量	532
貨幣集計量	536
貨幣需要曲線	583
貨幣乗数	549
貨幣の中立性	602
貨幣の流通速度	691
為替市場介入	738
為替レート	726
為替レート制度	737
関税	190
機会費用	10
企業	53
技術進歩	323
希少	9
規範経済学	57
供給価格	156
供給過剰	114
供給曲線	105
供給曲線に沿った移動	106
供給曲線のシフト	106
供給ショック	469
供給と需要のモデル	92
供給表	104
供給不足	115
供給量	104
競争市場	92
許可証	155
曲線	73
均衡	18
銀行	385
均衡価格	112
均衡為替レート	729
銀行危機	656
銀行準備金	540
均衡数量	112
銀行取り付け	542
銀行預金	385
緊縮的金融政策	593
緊縮的財政政策	493
金融勘定収支	717
金融危機の伝染	656
金融資産	378
金融市場	248
金融収支	717
金融政策	222
金融政策のためのテイラー・ルール	595
金融政策ルール	691
金融仲介機関	383
金融パニック	657
金融リスク	379
靴底コスト	300
クラウディング・アウト	372
グローバリゼーション	172
景気拡大	225
景気後退	225
景気循環	225
景気循環調整済み財政収支	505
景気循環の谷	225
景気循環の山	225
経済	2
経済学	2
経済循環フロー図	53
経済成長	4
計算単位	534
計算単位コスト	301
経常勘定収支（経常収支）	716
ケインジアン・クロス	430
ケインズ経済学	222, 686
減価	727
限界消費性向（MPC）	409
限界貯蓄性向（MPS）	409
限界的決定	12
限界的待機労働者	282
限界分析	12
研究開発（R&D）	332
現金通貨（流通現金）	532
現在価値	369
原点	72
公開市場操作	554
交換媒体	533
構造的失業	290
公定歩合	553
公的債務	509
購買力平価	733
公平	21
効率市場仮説	390
効率賃金	292
効率的	20
合理的期待	695
合理的期待形成モデル	696

国際収支勘定	714
国際貿易協定	195
国際貿易のリカード・モデル	174
国内供給曲線	184
国内需要曲線	184
国内総生産（GDP）	249
国民所得・生産物計算（国民経済計算）	246
国民貯蓄	362
個人の選択	8
固定為替レート制度	737
固定的賃金	457
個別供給曲線	109
個別需要曲線	100
個別消費者余剰	211
個別生産者余剰	214
雇用	280
雇用なき景気回復	286

サ行

債券	246
在庫	249, 422
在庫投資	422
最後の貸し手	664
財・サービス収支	717
財・サービスの市場	53
財・サービスの政府購入	248
最終財・サービス	249
最小点	79
財政赤字	362
財政黒字	362
財政収支	362
財政政策	222
財政年度	509
最大点	79
最低賃金	147
債務/GDP 比率	512
債務デフレ	638
債務不履行	381
裁量的金融政策	690
裁量的財政政策	501
サブプライムローン	564
産出量ギャップ	473
散布図	82
死荷重	139
自給自足	175
時系列グラフ	81
資源	9

資源の浪費	142
自己修正的	474
資産バブル	656
市場経済	2
市場清算価格	112
市場の失敗	4
自然失業率	293
自然失業率仮説	692
持続可能な長期的経済成長	343
市中銀行	562
失業	281
失業率	281
実現した投資支出	423
実質為替レート	731
実質 GDP	259
実質所得	298
実質賃金	298
実質利子率	302
GDP デフレーター	266
自動安定化装置	500
自動制御の経済	222
支払い意欲額	210
支払準備制度	543
支払準備率	541
社会保険	490
就業意欲喪失者	282
集計的生産関数	323
収束仮説	339
従属変数	73
自由貿易	190
需要価格	156
需要曲線	93
需要曲線に沿った移動	96
需要曲線のシフト	95
需要ショック	468
需要表	93
需要法則	94
需要量	93
準貨幣	536
循環的失業率	293
純資本流入	363
純輸出	255
証券化	564
上限価格規制	136
乗数	411
消費関数	413
消費支出	246
消費者物価指数（CPI）	265
消費者への非効率的な配分	142

消費者余剰	211
商品貨幣	535
商品担保貨幣	535
商品貿易収支	717
除外された変数	85
職探し	288
所得・支出均衡	429
所得・支出均衡 GDP	429
所得分配	54
ジョブサーチ	288
新古典派マクロ経済学	695
人的資本	322
信用収縮	663
数量統制	155
スタグフレーション	469
スリフト	562
生産可能性フロンティア	40
生産者物価指数（PPI）	266
生産者余剰	214
生産性	321
生産要素	46
政治的景気循環	693
正常財	99
成長会計	326
正の関係	73
政府移転支出	247
政府借り入れ	248
生命保険会社	384
世界価格	184
世界貿易機関（WTO）	196
接線	78
絶対値	77
絶対優位	51
ゼロ下限	638
線形関係	73
潜在産出量	463
全要素生産性（TFP）	327
増価	727
総供給曲線	456
相互作用	16
総産出量	258
総支出	250
総支出の自律的変化	410
総需要曲線	446
総消費関数	415
総消費者余剰	211
総生産者余剰	214
総余剰	216

タ行

代替財	98
大平穏	699
大平穏期の合意	699
タテ軸	72
タテ軸上の切片	74
他の条件一定の仮定	38
短期均衡総産出量	467
短期均衡物価水準	467
短期総供給曲線	457
短期フィリップス曲線	627
短期マクロ経済均衡	467
短期利子率	582
中央銀行	551
中間財・サービス	249
長期総供給曲線	462
長期の経済成長	231
長期フィリップス曲線	634
長期マクロ経済均衡	471
長期利子率	582
貯蓄貸付組合	562
貯蓄・投資支出恒等式	360
T字型勘定	540
ディスインフレーション	303, 635
テクノロジー	46
デット・オーバーハング	663
デフレーション	233
デレバレッジ（レバレッジ解消）の悪循環	564
当座預金	532
投資銀行	562
投資支出	249
投資信託会社	383
投入物	107
独立変数	73
特化	17
富（家計の）	378
トランケート	84
取引	17
取引の利益	17
取引費用	379
トレードオフ	11

ナ行

70の法則	319
ニュー・ケインジアン経済学	696

年金基金	384

ハ行

バーター（物々交換）	52
バランスシート効果	564
比較優位	50
非効率的に高い品質	151
非効率的に低い品質	143
非線形関係	73
非線形曲線	76
1人当たりGDP	260
費用	213
非流動的	380
フィアットマネー	536
フィッシャー効果	375
フェデラル・ファンド金利	553
フェデラル・ファンド市場	553
付加価値	252
不完全就業者	282
不況	4
不況ギャップ	471
負債	378
物価指数	264
物価水準	263
物価水準の古典派モデル	617
物価の安定	234
物価変動の資産効果	448
物価変動の利子率効果	448
物的資産	378
物的資本	322
物的資本に関する収穫逓減	324
負の関係	73
ブラック・マーケット	143
フロート為替レート制度	737
分散	380
平価切り上げ	743
平価切り下げ	743
ヘクシャー＝オリーン・モデル	180
変数	71
貿易赤字	235
貿易黒字	235
貿易収支	717
貿易保護政策	190
棒グラフ	83
法定不換貨幣	536
補完財	99
北米自由貿易協定（NAFTA）	195
保護政策	190

マ行

マクロ経済学	4
マクロ経済政策の積極主義	687
マーケット・バスケット	263
摩擦的失業	288
マネーサプライ	532
マネタリズム	689
マネタリーベース	549
満期変換	652
みえない手（みえざる手）	3
ミクロ経済学	3
ミューチュアル・ファンド	383
民間貯蓄	248
名目GDP	259
名目賃金	456
名目利子率	302
メニューコスト	300
目標フェデラル・ファンド金利	590
モデル	38

ヤ行

輸出	172, 248
輸出産業	188
輸入	172, 248
輸入競争産業	188
輸入割当て	192
要素市場	54
要素集約度	180
預金保険制度	543
ヨコ軸	72
ヨコ軸上の切片	74
予測	57
45度線図	430

ラ行

ランダムウォーク	390
リアル・ビジネス・サイクル理論	696
利子率	301
利子率のゼロ下限	598
利子率の流動性選好モデル	587
流動性の罠	639
流動的	380
劣等財	99
レバレッジ	563
連鎖ドル	260

労働参加率	281
労働生産性	321
労働力	281
ローン	381

ワ行

y 軸	72
割当て	155
割当て制限	155
割当てレント	158
割引窓口	543

【訳者紹介】

大山道広（おおやま　みちひろ）
1938年東京都生まれ。1961年慶應義塾大学経済学部卒業。1972年ロチェスター大学Ph.D.。
慶應義塾大学教授、東洋大学教授等を歴任。2017年5月逝去。

石橋孝次（いしばし　こうじ）
1964年山口県生まれ。1987年慶應義塾大学経済学部卒業。1998年ボストン大学Ph.D.。
現在、慶應義塾大学経済学部教授。

塩澤修平（しおざわ　しゅうへい）
1955年東京都生まれ。1978年慶應義塾大学経済学部卒業。1986年ミネソタ大学Ph.D.。
慶應義塾大学経済学部教授等を経て、現在、東京国際大学学長。

白井義昌（しらい　よしまさ）
1963年大阪府生まれ。1988年慶應義塾大学経済学部卒業。1999年ノースウエスタン大学Ph.D.。
現在、慶應義塾大学経済学部准教授。

大東一郎（だいとう　いちろう）
1964年千葉県生まれ。1995年慶應義塾大学大学院経済学研究科後期博士課程修了。慶應義塾大学博士（経済学）。
現在、慶應義塾大学商学部教授。

玉田康成（たまだ　やすなり）
1968年兵庫県生まれ。1992年慶應義塾大学経済学部卒業。2002年ウィスコンシン大学マジソン校Ph.D.。
現在、慶應義塾大学経済学部准教授。

蓬田守弘（よもぎだ　もりひろ）
1969年神奈川県生まれ。1992年慶應義塾大学経済学部卒業。2003年ロチェスター大学Ph.D.。
現在、上智大学経済学部教授。

クルーグマン　マクロ経済学（第2版）
2019年9月19日発行

著　者──ポール・クルーグマン／ロビン・ウェルス
訳　者──大山道広／石橋孝次／塩澤修平／白井義昌／大東一郎／玉田康成／蓬田守弘
発行者──駒橋憲一
発行所──東洋経済新報社
　　　　〒103-8345　東京都中央区日本橋本石町1-2-1
　　　　電話＝東洋経済コールセンター　03(5605)7021
　　　　https://toyokeizai.net/
ブックデザイン・ＤＴＰ……デザインワークショップ ジン（遠藤陽一・髙岩美智）
翻訳協力………………水野孝之
印刷・製本……………丸井工文社
編集担当………………中山英貴
Printed in Japan　　ISBN 978-4-492-31490-6

本書のコピー、スキャン、デジタル化等の無断複製は、著作権法上での例外である私的利用を除き禁じられています。本書を代行業者等の第三者に依頼してコピー、スキャンやデジタル化することは、たとえ個人や家庭内での利用であっても一切認められておりません。
落丁・乱丁本はお取替えいたします。